KB002859

법의 깊이

이 상 돈

法 文 社

도 입 글

1.

법학을 학문으로 연구해온 학자뿐만 아니라 오랫동안 실무를 해온 변호사나 검사 그리고 판사들도 사건을 처리하면서 종종 “도대체 법이란 무엇인가?”라는 물음을 다시 하게 된다. 이 물음은 과거에는 법철학적 지평에 머물렀다. 그러나 복잡성, 다원성, 고유성, 전문성, 초국가성이 증가한 현대사회에서는 법철학적 논의만으로 이 물음에 현명한 답을 찾아갈 수가 없다. 철학이 그러했던 것처럼 오늘날 법철학은 다양한 기초법학들, 예를 들면 법이론, 법사회학, 법역사학, 법경제학, 법심리학, 법여성학, 법미학, 법문학, 법예술학, 법인류학 등을 분가시켰다.

이 분과들은 각기 고유한 중점을 갖고 있다. 이를테면 법철학은 정의에, 법사회학은 법의 합리성에, 법역사학은 법의 거시사적 지층과 미시사적 심층에, 법경제학은 법의 효율성(후생)에, 법심리학은 인간정신의 무의식에, 법여성학은 법의 성차性差와 성담론에, 법미학은 미학적 정의에, 법문학과 법예술학은 비평과 수사 그리고 예술성으로서 법에, 그리고 법인류학은 다양한 인간상과 다원주의에 각각 중점을 갖고 있다.

그렇기에 법률가가 어려운 사건에 직면할 때면 갖게 되는 ‘도대체 법이란 무엇인가?’라는 궁극적인 물음은 이렇게 다양한 기초법학 분과들이 제기하는 문제들과 거기서 개발한 (전문)지식들을 다루면서 대답되어야 한다. 기초법학 분과들이 제기하는 문제들의 수위와 그것을 바라보는 관점과 접근방법 그리고 해결방안들은 상당한 ‘깊이’(depth)를 갖고 있다. 의식의 꼭대기인 (관념) 철학적 차원에서부터 시작하여 (사회) 과학적 차원과 인문학적 차원을 지나서 가장 깊게는 인간의 무의식이라는 깊은 바다에까지 내려가 보아야 한다. 이 책의 이름을 『법의 깊이』(The Depth of Law)라고 지은 것은 바로 이 때문이다. 물론 실무에서 법문제를 해결할 때 들어가 보아야 하는 법의 깊이는 사안에 따라 다르다. 하지만 궁극적으로는 모든 법문제가 이 책에서 다루는 법의 깊이를 잠재적으로 갖고 있을 것이다. 이 책은 법의 깊이를 구성하는 요소로 ① 정의, ② 방법, ③ 인권, ④ 시민불복종, ⑤ 도덕, ⑥ 경제, ⑦ 정치, ⑧ 언어, ⑨ 역사, ⑩ 아름다움, ⑪ 문학(비평), ⑫ 예술(비평), ⑬ 춤, ⑭ 성차, ⑮ 무의식을 다룬다.

이미 지금도 그러하지만 인공지능(AI) 법로봇이 일하는 미래사회에서 법지식의 양 자체는 그리 중요하지 않게 될 것이다. 법률가에게 요구되는 덕목은 법의 깊이에서 작동하는 다양한 원리를 이해하고, 새로운 (학제적) 법지식을 만들어 내거나 기존의 법지식들을 새로운 방식으로 융합하는 창조적 사고이다. 그런 창조적 사고는 실정법(법률해석학과 판례)의 공부에 눈물겹도록 헌신하는 것만으로는 결코 바람직한 수준에까지 성장할 수 없다. 모든 법률가들, 특히 법률가가 되려는 학생들이 기초법학에 관심을 가져야 하는 이유이다. 이 책, 『법의 깊이』가 그런 관심과 함께 할 수 있으면 좋겠다는 바람을 가져본다.

2.

이 책은 나의 박사학위논문(Wortlautgrenze, Intersubjektivität und Kontexteinbettung, 1991)에서부터 법이론(1996), 법학입문(1997), 의료체계와 법(2000), 법사회학(2000, 공저), 생명공학과 법(2003), 인권법(2005), 헌법재판과 형법정책(2005), 시민운동론(2005), 공익소송론(2005) 등의 모던법학적 연구와 그것을 집결시킨 기초법학(2008), 그리고 법문학(2005, 공저)부터 법미학(2008), 법정신분석학입문(2010, 공저), 법의 춤(2012), 미술비평과 법(2013), 예술형법(2014) 등의 포스트모던법학적 연구를 망라한 것이다. 나의 모던법학의 연구는 언어철학, 법해석학 그리고 대화이론에 기반을 두고 있고, 포스트모던법학의 연구는 해체주의와 정신분석학에 큰 도움을 받고 있다.

한 명의 학자가 이렇게 상반된 흐름의 학문들을 연구한 것이 이상하게 보일 수 있으나, 이는 '성찰적 모더니즘'의 법, 그리고 그것과 접점을 이루는 '반성적 포스트모더니즘'의 법을 이루기 위함이다. 하지만 이 책 『법의 깊이』를 내면서 과거에 펴낸 모던법학적 연구들은 포스트모더니즘의 성찰에 의해 수정·보완되었고, 거꾸로 최근에 펴낸 포스트모던법학적 연구들은 모더니즘의 기획 아래 편입도록 반성적으로 절제되었다.

또한 이 교차적 수정과 보완의 과정에서 1990년대부터 2017년까지 국내에서 쌓인 기초법학문헌들을 열심히 공부하여 그 문헌들의 학문적 성과와 번득이는 통찰들을 간략하게나마 이 책에 담았다. 이와 같은 작업을 통해 2010년에 펴낸 기초법학은 그 이후 공간된 나의 논문들과 포스트모던 기초법학의 연구서들과 종합되어, 이 책 『법의 깊이』가 되었다.

3.

다음의 도표는 이 책의 각 단락마다 원천이 된 나의 저서들을 보여준다. 특히 음영색의 저서들은 포스트모던 기초법학의 연구서들로서 기존의 『기초법학』(2010)이 담지 못한 내용이면서 동시에 기존의 내용을 새롭게 수정·보완하는 바탕이 된 연구서들이다.

이 외에도 나의 많은 논문들이 이 책의 각 단락에 입체적으로 활용되었는데, 그 부분들은 가능하고 필요한 경우 각주에서 개별적으로 언급한다.

		이 책의 원천이 된 저서들	
		기초법학(2010)	그 밖의 저서
모던법학	01 법과 정의	기초법학(2010) [1]단락	법미학(2008) 미술비평과 법(2015)
	02 법과 방법	기초법학(2010) [12]단락	법이론(1996)
	03 법과 인권	기초법학(2010) [5]단락	법정신분석학입문(2010)
	04 법과 시민 불복종	기초법학(2010) [6]단락	시민운동론(2005)
	05 법과 도덕	기초법학(2010) [9]단락	생명공학과 법(2003)
	06 법과 경제	기초법학(2010) [10]단락	경영과 형법(2011) 경영판단원칙과 형법(2016)
	07 법과 정치	기초법학(2010) [8]단락	헌법재판과 형법정책(2005)
	08 법과 언어	기초법학(2010) [11]단락	
포스트모던법학	09 법과 역사	기초법학(2010) [13]단락	문헌연구 포스트모더니즘과 법(2006)
	10 법과 아름다움	기초법학(2010) [2]단락	법미학(2008)
	11 법과 춤		법의 춤(2012)
	12 법과 문학	기초법학(2010) [20]단락	법문학(2005, 공저) 예술형법(2015)
	13 법과 예술		미술비평과 법(2015) 예술형법(2015)
	14 법과 성차이	기초법학(2010) [21]단락	문헌연구 포스트모더니즘과 법(2006) 법정신분석학입문(2010)
	15 법과 무의식		법정신분석학입문(2010)

이 책을 펴내면서 고마운 마음을 전하고 싶다. 이 책의 바탕이 되는 저술 과정에서 학문적 대화상대가 되어 준 많은 기초법학분야의 제자교수들인 영남대 양천수 교수, 제주대 안성조 교수, 숙명여대 홍성수 교수, 성신여대 김나경 교수, 제주대 이소영 교수, 단국대 민윤영 교수,

포항공대 정채연 교수, 한국형사정책연구원 김대근 박사에게 학문적 동료로서 고마움을 전한다. 한국법철학회의 저널 『법철학연구』 창간호부터 최근호까지 498편의 논문들을 읽으면서 우리나라에도 기초법학의 '학문세계'가 있다는 감동을 느끼게 해준 많은 학자들에게도 세대와 진영의 차이를 넘어서 깊은 연대와 존경의 마음을 보내고 싶다. 그 논문들에 대한 나의 비평이 때로는 오해와 편견에서 비롯된 것일 수 있겠지만, 그것마저도 학문세계에서는 새로운 창조의 힘이 되어줄 것이라고 믿는다. 끝으로 이 책의 교정을 성실하게 해준 고려대학교 대학원 박사과정생 김문정 변호사, 최샘, 박민정 양의 노고에 감사의 마음을 전한다. 그리고 이 책을 만든 법문사 사람들에게도 경의를 표하고 싶다.

2018년 입춘,
고려대학교 연구실에서
이 상 돈

목 차

01 법과 정의

Ⅰ. 법과 법학의 임무로서 정의

법이란 무엇인가? 법은 자신의 '규범적 이념'[1]에 따라 현실을 규율하는 기획을 갖고 있다. 그런 규범적 이념의 가장 보편적인 개념은 정의(justice)이다.

1. 법의 임무로서 정의

법의 개념은 정의와 무관하게 정의되기도 한다. 몇 가지 예를 들자.

(1) 법의 실증주의적 개념들 법이란 흔히 '인간의 공동생활을 규율하고 인간들 사이의 갈등을 해결하는, 국가에 의해 보장된 일반적인 규범의 총체'로 정의되곤 한다. 그러나 이런 개념정의는 '규범적 이념'에 대한 물음에 답할 수 없다. 또한 법의 본질을 '법률요건이 충족되면 예정된 법률효과가 발생한다는 계산가능성'으로 보는 기능적·사회학적 해석도 답을 주지 못하기는 마찬가지다.[2] 정의의 실현이라는 법의 고유한 함의를 담고 있지 못하기 때문이다. 이런 개념정의는 실증주의적(positivistisch)이다. 모두가 이미 존재하는 실정법의 특성을 묘사하고 있기 때문이다. 실증주의적인 법의 개념정의는 법실무가의 일상이기도

---

1 김영환, *법철학의 근본문제* (홍문사, 2006), 40쪽 참조.
2 A. Kaufmann(김영환 역), *법철학* (나남, 2007), 303쪽.

하다. 한 법질서 내에서 구체적인 사례가 '현행법'에 따라 어떻게 해결되는지[3]에 대한 법률가의 대답에는 법의 규범적 기획인 정의에 대한 물음이 괄호 쳐진다.

가령 타인의 명예를 훼손하는 사실을 공공연하게 다른 사람에게 알린 자는 민법상 손해배상책임(민법 제750조)을 지는 것을 넘어서 형법상 명예훼손죄(제307조)로 처벌된다. 그러나 여기서 명예훼손이 형사처벌되어야 마땅한 불법행위인가에 대한 물음, 바꿔 말해 형법은 명예훼손을 범죄로 규정하고 처벌하는 것이 정의로운 것인지에 대한 물음은 괄호 쳐진다.

(2) **법의 정의실현임무** 그러나 법의 개념에는 정의의 실현이라는 의미가 포함되지 않으면 안 된다.[4] 타당성(Richtigkeit, validity)을 주장할 수 없는 규범은 법이 될 수 없다.[5] 이 점은 역사적인 진실이기도 하다. 정의의 실현이라는 법의 고유한 역할[6]을 외면한 법은 독재체제에 의해 제정된 실정법(예: 나치 형법)에서 보듯 단지 정치적 권력이나 폭력적인 힘으로 기능할 뿐이기 때문이다. 그렇기에 독일 법철학자 라드부르흐(Radbruch)는 일찍이 '법률적 불법과 초법률적인 법'[7]을 구분한

---

3 K. Seelmann(윤재왕 역), *법철학* (지산, 2000), 52~60쪽.

4 이와는 달리 정의는 법률가의 도덕적 품성으로 내화되어야 하지, 법제도의 이념문제로서 외화되어서는 안 된다는 주장도 있다. 예컨대 강희원, "아리스토텔레스의 정의론에 비추어 본 '법이념으로서 정의'", *법철학연구* (제6권 제2호, 2003), 76~80, 89~91쪽 참조.

5 R. Alexy(이준일 역), *법의 개념과 효력* (고려대학교 출판부, 2007), 54쪽.

6 ★ **법의 역할과 기능의 구별** ① 법의 '역할'(Aufgabe)과 '기능'(Funktion)은 구별된다. 법의 역할이 마땅히 해야 할 임무라면, 법의 기능은 법이 현실적으로 수행하는 규율효과를 가리킨다. ② 법이 정의를 실현하는 역할을 다하면, 사람들은 그 법규범의 타당성을 승인하고 준수한다. ⓐ 이에 따라 사람들은 자신의 행동방향을 법에 맞추어 정돈하고(행위방향설정), ⓑ 다른 사람들과 동질적인 의미구조, 즉 하나의 법질서 속에 기꺼이 편입되고자 하며(사회적 통합), ⓒ 하나의 질서에 편입됨으로써 사람들은 서로 평화를 얻게 되고(평화질서보장), ⓓ 바로 그런 평화질서 안에서 비로소 사람들은 공평하게 자유이익을 누릴 수 있게 된다(자유보장).

7 G. Radbruch, *Gesetzliches Unrecht und übergesetzliches Recht* (Berliner Wissenschafts-Verlag, 1946) 참조.

바 있다. 이러한 구분은 의회에서 제정하는 법률의 내용뿐만 아니라 법원이 법률을 적용하여 선고하는 판결에서도 마찬가지로 타당하다.

> 예컨대 현재의 의료기술로는 어쩔 수 없는 치료의 실패(나쁜 결과)에 대하여 민사법원이 의사에게 거액의 손해배상금을 지불하도록 판결을 내리거나, 머리핀 하나를 훔친 소녀에게 형사법원이 징역형을 선고하고 또 강제로 집행한다면, 피고(피고인)는 물론이고 일반인들도 법에 실망하게 된다.

실정법률이나 판결이 정의를 외면할 때에는 좀 더 정의로운 내용의 법에 대한 요구가 시민사회에 등장하게 된다. 이 요구는 '조직화'되어 인권운동이나 시민불복종운동으로 발전한다. 인권운동이나 시민불복종운동은 법을 더 정의롭게 변화시키는 법의 자기반성적 계기가 된다. 민주적 법치국가에서 이들은 법 밖이 아닌 법 안의 '성찰적' 요소가 된다.

2. 법학적 정의론의 임무

법이 정의를 현실에 실현하는 기획을 갖는 규범이라면 법학 역시 정의를 좇는 학문이어야 한다. 즉, 법학은 현재 '있는 것'(법현실)이 무엇인지에 대한 조사·연구를 외면해서도 안 되지만, 그 있는 현실이 어떤 모습이 되어야 하는가, 즉 '있어야 할 것'(법이념)[8]을 기획하는 학문이다.

(1) 정의론의 불확정성과 이원적 구조 그러나 정의가 무엇인가 하는 물음에 대한 법학의 대답은 한 가지가 아니다. 사물의 본성(Natur der Sache) 혹은 인간의 본성, 최대다수의 최대행복, 평등취급원칙, 또는 규범의 보편화가능성(Universalisierbarkeit) 등 다양한 답이 제시되어 왔다. '정의의 문을 여는 마스터 키'[9]를 법학자들이 긴 세월동안 찾

8 박은정, "'있는 법'과 '있어야 할 법'의 연관성", *법철학연구* (제12권 제1호, 2009), 281~314쪽 참조.
9 R. Zippelius(이재룡 역), *법의 본질* (길안사, 1999), 100쪽.

아 왔지만, 끊임 없는 논박만이 있을 뿐이었다.

① 예컨대 기독교적 정의관은 '하느님의 이성(ratio divina)으로부터 도출된'[10] 자연법 혹은 이성법을 지지할 테지만, 칸트와 같은 의식철학을 원용하는 정의관은 인간의 실천이성으로부터 정의의 단서를 찾는다. ② 이와 같은 신성법과 이성법이 대립했던 시대를 지나, 서구의 근대사회 이후에는 자연법과 법실증주의 논쟁이 오래도록 이어져오고 있다. 자연법론이 정의는 '실체로서 존재'한다는 신념을 고집하는 반면, 법실증주의는 정의는 법제정권력의 '권위'일 뿐이라는 회의론을 고집한다. ③ 또한 오늘날에는 정의의 의미론적 핵으로서 옳음이 좋음(윤리적 선)과 구별되는지에 관한 자유주의와 공동체주의의 논쟁[11]이 활발하며, ④ 옳음이나 좋음이 아름다움과 구별되는지의 논쟁도 법에서 정의의 불확정성을 넓혀 놓는다.[12]

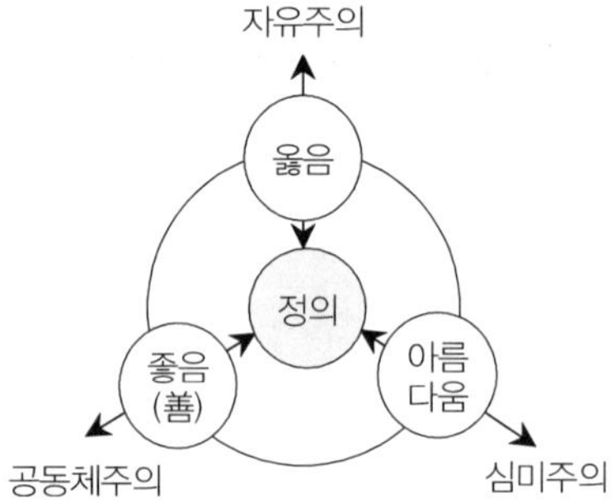

이와 같은 이분법적 구도의 논쟁들은 역사가 오래된 것이지만 오늘의 법적 근본문제를 다룰 때에도 언제나 힘을 발휘한다. 이 힘은 세계관, 가치관, 심미관의 다원화와 과학적 '이론과 지식의 다원화'가 현저한 현대사회에서는 다원주의라는 보호구

10 대표적으로는 박영도, "법과 도덕-토마스 아퀴나스의 법사상", *법학연구* (제34권 제1호, 1993), 199쪽 참조.

11 자유주의와 공동체주의의 논쟁은 1980년대 공산권의 몰락, 전 세계적인 경제불황 속에서 극단적인 자유주의의 등장, 포스트모더니즘의 확산 속에서 펼쳐지게 되었다는 분석으로 김정오, "공동체주의와 법에 관한 연구", *법철학연구* (제3권 제1호, 2000), 71~72쪽 참조.

12 그 밖에도 정의와 관련된 고전적인 이분법적 쟁점으로 '동기주의냐 결과주의냐' 내지 '목적론이냐 의무론이냐' 하는 대립이 있다. 동기주의-결과주의 쟁점에 관해 자세히는 김종국, "칸트 대 공리주의", *칸트연구* (제14집, 2004), 105쪽 참조; 하지만 이 논의는 법학에서 중요하지 않다. 실천적인 문제로 등장하지 않기 때문이다.

역 안에서 더 커져 있다. 따라서 오늘날 법의 정의를 논하려면 자연법론과 법실증주의의 대립 속에서 나오는 옳음과 힘(Ⅱ.), 자유주의와 공동체주의의 대립 속에서 나오는 옳음과 좋음(Ⅲ.), 그리고 옳음이나 좋음의 이성주의와 아름다움 중심의 심미주의(Ⅳ.) 사이의 대립 속으로 들어가지 않을 수 없다.

(2) **법적 정의론의 출발점** 여기서 이러한 논쟁들이 종식될 수 없는 것임을 통찰한다면 법의 정의를 연구하는 법학은 다음 두 가지 점을 출발점으로 삼을 수 있게 된다.

1) 사이성으로서 법의 정의 첫째, 법학은 법적 정의란 시대를 넘어 대립하는 정의론들의 두 극단 '사이에'(inbetween) 위치한다는 직관적 정의판단을 출발점으로 삼을 수 있다. 법의 정의란 자연법적 의미의 옳음도 실정법제정의 힘도 아닌 그 둘 사이에, 단순히 자유주의적 의미의 옳음(자유의 평등)도 공동체주의적 의미의 좋음(공동선)도 아닌 그 둘 사이에, 그리고 이성주의적 의미의 옳음이나 좋음도 심미주의적 의미의 아름다움도 아닌 그 둘 사이에 존재한다는 것이다. 둘 사이에 존재한다는 수사학적 표현, 즉 '사이성(inbetweenness)으로서 법의 정의'는 대립하는 그 둘 사이의 대립을 지양하고, 화해와 조화를 창출하는 변증의 지속적인 과정 속에서 생성될 수 있다는 점을 뜻한다.

2) 학제적 법학의 정의 둘째, 법학은 다양한 정의이론들이 서구의 철학적 · 신학적 · 정치적 · 심미적 지성사에 뿌리내린 보편적 정당성에 대한 편향된, 때로는 허구적인 믿음과 모종의 연관성을 갖고 있다. 이는 법학이 어떤 정의론을 세우더라도, 그 이론의 보편타당성을 주장하기는 어렵다는 점을 스스로 인정하게 만든다. 그렇기에 기초법학은 스스로 다양한, 때로는 새로운 정의관련적인 지식들에 개방되어 있어야 한다. 이를 위해 법학은 언제나 다양한 학문(예: 신학, 철학, 사회학, 여성학, 역사학, 문학, 미학, 인류학, 정신분석학 등)들과 통섭하는 연구, 즉 학제적 연구를 수행하여야 한다.

★ 법학의 패러다임 변화와 학제적 법학으로서 기초법학 ① **서구의 법학 패러다임**은 대체로 ≪문헌해석학적 법학 → 정신과학적 법학 → 사회과학적 법학≫의 발전을 거쳐 왔고, 현재는 '학제적 법학'으로 나아가고 있다.[13] 최근에는 법과 인문학(예: 인류학, 문학 등)의 소통이 중요하다는 점, 즉 인문학으로서 법학이 새롭게 강조되기도 한다.[14] 그러나 법학은 이제 어느 한 학문 분과와의 소통이나 그 분과(예: 법철학, 법사회학)로서 자리매김하기 어렵다. 내가 말하는 학제적 법학은 지금까지의 학문적 자기이해를 종합하고, 다양한 분과들을 종합적으로 활용하는 법학이다. 문헌해석학과 정신과학, 사회과학 그리고 때로는 인문학으로서[15] 법학을 수행하고, 각 분과에서 그리고 그 분과와의 교류 속에서 성장하는 지식들을 법적 지식의 재생산과정에 변증적으로 종합시켜야 한다.

② 물론 **사회과학적 법학**은 여전히 실천적 중요성을 좀 더 많이 갖는다. 왜냐하면 복잡성, 탈중심성(문화적 다원성), 가치평가의 중층성 등과 같은 현대사회의 현상을 고려할 때, 사회과학적 분석이 뒷받침하지 않는 법은 이념이나 논리의 세계에 갇히기 쉽고, 현실을 규율하는 힘을 잃어버리기 쉽기 때문이다. 특히 법체계가 다양한 사회적 하부체계의 기능적 세분화와 함께 다양한 전문법[16]으로 분화되어 가는 현상을 고려할 때 더욱 그러하다. 예컨대, 경제법이 다양한 종류의 시장이 갖고 있는 특성을 충분히 고려하지 못한다거나, 의료법이 임상의 현장에서 펼쳐지

---

13 이런 진단에 관해 자세히는 이상돈, "변화 속의 한국법학, 어디로 가고 있나?", *지식의 지평* (창간호, 2006), 127~157쪽; *기초법학* (법문사, 2010), 688쪽 아래 참조.

14 법학이 인문학이 되어야 함을 자세한 역사적 고찰로 살핀 서을오, "인문학으로서의 법학: 체계적 사고와 문제 중심적 사고의 간격", *법철학연구* (제9권 제1호, 2006), 35~58쪽 참조.

15 가령 문화예술법의 법이념을 인문성(humanity)으로 보고, 문화예술과 법을 매개하는 통합적 접근으로 문화예술법을 일구려고 하는 시도도 학제적 법학의 흐름에 속한다고 볼 수 있다. 그런 시도로 대표적으로 박지윤, "법에서의 인문성과 문화예술법의 과제", *홍익법학* (제18권 제1호, 2017), 79~104쪽 참조; 여기서 인문성이란 자유 확장의 정신으로 해석할 수 있을 것이다. 이에 관해 정대현, "인문정신으로서 법", *법철학연구* (제5권 제2호, 2002), 213~232쪽 참조.

16 여기서 전문법(subject specific law)이란 '전문가의 직업활동에 관한 법' (professional law)을 가리키는 것이 아니라 지속적으로 세분화되어 가는 사회적 하부체계의 영역마다 고유하게 생성·발전하고 있는 법을 가리킨다. 이에 관한 자세한 논의는 이상돈, "전문법－지역화된 이성의 실천", *고려법학* (제39호, 2002), 113~151쪽 참조.

는 의료관계의 현실(의료경제학적, 의료사회학적 분석결과)을 충분히 고려하지 못한다면, 각 분야의 법은 행위규범이나 분쟁해결제도로 제대로 기능하기 어렵다.

③ 그렇지만 문헌해석학적 법학에서 개발된 법논리, 특히 언어와 규범의 엄밀한 논리에 의해 법률텍스트의 의미론을 구체화하는 방법적 도구들, 즉 법률해석학(Rechtsdogmatik)의 이론도구들은 여전히 중요하다.[17] 그것은 정책의 합리성에 법치국가적 품격을 더해주고, 법과 정책의 상호작용을 인정하면서도 법의 고유성을 잃어버리지 않게 해주기 때문이다. 이것들을 법의 사회정책적 기능에 대한 비판적 전망 속에서 사용한다면, 정책적 목표가 실행되면서도 정책적 논의의 차원에서는 장악되지 않는 사회현실의 복잡성이 장악될 수 있다.[18] 법률해석학은 사회과학으로서 법학에서도 법률가들의 전문언어로 기능하며, 전문화된 법언어의 기능이 없다면 오늘날의 사회현실은 적절하게 규율될 수가 없다.

④ 또한 법학은 **정신과학이나 인문학의 유산**을 계승한 가운데 진행되는 것이어야 한다. 이를테면 계몽의 정치철학적 전통이나 인류학적 다원성의 이해 또는 진실에 대한 문학적 직관 등은 사회과학적 방법으로 형성·운용되는 법에서도 그 이념적 구심점으로 작용한다. 실천이성을 지닌 존재나 문화적 자율성을 지닌 존재로서 인간의 모습은 사회과학적인 법(학)의 기초가 된다. 또한 인간이해에 대한 해석학적 통찰은 법의 형성과 운용에 기능하는 특정한 사회과학적 방법으로 하여금 자기성찰의 세계로 들어갈 수 있게 하는 다리를 놓아 준다. 물론 이와는 정반대로 정신과학이나 인문학의 지식과 방법에 의해 형성·운용되는 법은 사회과학적 방법에 의해 뒷받침될 때 비로소 현실을 올바르게 이념적으로 인도하는 것일 수가 있다. 이를테면 사회현실의 각 영역에서 행위를 하는 다양한 주체들의 실제적 인간상(예: 의사, 자본시장에서의 투자자)에 대한 경험과학적 연구는 이념적 인간상에 기초하여 형성된 법의 오류를

17 같은 문제의식으로는 위에서 언급한 학술대회(사회과학자가 본 법학연구, 2006. 5.29.)에서 양현아 교수의 발제문(「사회학적 사고와 법해석의 교감(交感)을 위해」)을 참조해 볼 만하다.

18 이러한 법도그마틱의 기능을 '복잡성의 체계내재적 축소'라고 개념화하는 N. Luhmann, *Rechtssystem und Rechtsdogmatik* (Kohlhammer, 1974), 20~21쪽 참조.

교정하는 기능을 수행할 수 있다.[19]

⑤ 이렇게 볼 때 법학은 인문학이나 정신과학, 사회과학이나 경험과학 그리고 자연과학과 공학 등 다양한 학문의 지식과 방법을 수용하고, 그와 반성적으로 교류하면서, 법적 지식을 재생산하는 종합과학으로 자리 잡아야 한다.[20] 우리나라 법학의 역사도 전체를 균형 있게 바라본다면 그와 같은 종합과학, 즉 **학제적 법학**으로 나아가고 있다. 즉 법학은 '언제나' '동시에' 법철학이면서, 법사회학이고, 법경제학이면서 법인류학이며, 법문학이면서 법미학이며, 법심리학(정신분석학)이면서 법윤리학 등일 수밖에 없는 것이다. 이러한 학제적 연구를 통해 법의 기초를 연구하는 학문이 바로 기초법학이다.

Ⅱ. 옳음(자연법론)과 힘(법실증주의) 사이의 법적 정의

법이 실현해야 할 정의는 법을 제정하는 정치적 힘과 구별되지만, 거꾸로 정치적 힘이 뒷받침되지 않는 정의는 법이 될 수 없다. 이와 같은 법과 정의 그리고 힘의 관계를 어떻게 이해할 것인지에 관해서는 오랜 세월 자연법론과 법실증주의 사이의 법철학적 논쟁이 이어져오고 있다: 자연법론은 법적 정의를 정치적 힘과 절연시킨 채 형이상학이나 존재론에 의해 구성하는 반면, 법실증주의는 법적 정의를 형이상학이나 존재론과 절연시킨 채 정치적 힘과 권위로 환원시키는 사유방식을 보

19 비슷한 취지로 이철우, "사회과학으로서의 법학인가, 법에 대한 사회과학적 법학인가", *법철학연구* (제9권 1호, 2006), 94쪽: "그러나 연구가 사회과학적이 되고자 한다면, 현실을 살아가는 사람들이 그런 개념에 어떤 의미를 부여하고 있는가를 현상학적·해석학적으로 탐구하든지, 그에 대한 사람들의 믿음이 어떤 사회적 동력에 의해 실현되거나 저지되는가를 관찰하든지, 또는 그런 개념들이 법체계와 기타 사회체계들 속에서 어떻게 자리잡고 있는지를 분석하는 등등의 작업을 수행해야 하지, 그런 이상을 성취하겠다는 연구자의 실천적 의지를 명시적으로 선언하는 것이 되어서는 안된다."

20 이러한 학제적 법학방법론의 의의에 대해서는 배종대, "법이론이란 무엇인가?", *고려대학교 법학논집* (제25호, 1987), 1~71쪽; 이를 헌법연구에서 적용한 정종섭, "우리 법학의 올바른 자리매김을 위하여—헌법학의 통합과학적 연구에로", *법과 사회* (제2호, 1990), 221~254쪽; 신우철, *헌법과학: 새로운 방법론의 탐색* (동현출판사, 2002) 참조.

여주어 왔다.

1. 자연법론의 전통

자연법론은 법철학의 장자 위치를 누려왔다. 법철학의 역사는 자연법의 역사라고 말해도 지나치지 않다. 그 길고 풍부한 역사를 다음과 같이 짧게 요약해볼 수 있다.

(1) **자연법의 역사적 발전** ① 고전적 의미의 자연법은 신적 존재와 질서를 상정하고 그것을 숭배·모방하는 인류사적 전통 속에서 형성되었다.[21] 인간질서는 상위에 놓인 신적 질서를 따를 때 효력을 가지며, 자연적 질서와도 본질적으로 착종되어야 한다는 것이다. 이 정의 관념은 그 기원이 그리스철학에까지 거슬러 올라간다.[22] ② 이후 기독교철학은 플라톤과 사도 바울의 교지[23]에서 착안하여, 영구법永久法(lex aeterna), 자연법(lex naturalis), 인정법(세속법; lex temporalis)을 구분하였다. 이 셋은 각각 신의 계시, 자연의 질서, 인간의 이성이라는 보편타당한 원천을 갖는다.[24] 하지만 이 셋은 자연법이 신의 의지인 영구법을 모방하고 또한 세속법이 영구법과 자연법으로부터 도출될 때만 비로소 구속력을 갖게 되는 관계이다. 기독교적 자연법사상은 영구법의 모방이 신의 계시에 의한 것이 아니라 인간 이성에 의한 것이라는 토마스 아퀴나스(Thomas Aquinas)[25]를 거쳐 살라망카(Salamanca) 학파에 의해 더

---

21 "자연법이론에 관해 논의할 때의 어려움은 그것이 하나의 이론이기보다는 전통이란 점에서 기인한다." I. Jenkins, *Social Order and the Limits of Law* (Princeton University Press, 1980), 316쪽.

22 H. Welzel(박은정 역), *자연법과 실질적 정의(Naturrecht und Materiale Gerechtigkeit)* (삼영사, 2001), 18쪽.

23 "그들이 '본성에 따라서' 율법이 명하는 것을 실행한다면 비록 율법이 없을지라도 그들 자신이 율법구실을 합니다"(로마서 2:14-15)라는 사도 바오로의 '말씀'에서, 자연법 특유의 표지인 '본성에 따른'(physei) 불문법적 도덕률을 착안했다는 것이다. 이에 대해서는 오세혁, *법철학사* (세창출판사, 2004), 57~58쪽 참조.

24 강경선·정태욱, *법철학* (한국방송통신대학교 출판부, 2000), 96쪽.

25 토마스 아퀴나스의 자연법은 '인간이 자신의 이성을 가지고 인식한 영구법', 다시 말해 '영구법의 일부이면서 동시에 인간이성의 자연적 판단능력의 결과이기도 하다.

욱 자유주의적 법사상으로 발전하였다.[26] ③ 근대 계몽주의 이후, 이른바 '신의 빛'이 흐릿해진 이후에, 자연법은 '인간의 본성'과 '사물의 본성'(Natur der Sache)에 기초하는 것으로 보았다. 또한 이성적 자연법은 20세기에는 '구체적 자연법'의 모습으로 발전하였다.[27] 이러한 자연법론은 인간의 이성에 대한 철학적 신념과 시민사회의 자율성에 대한 정치적 앙가쥬망에 기반한다. 그런데 이와 같은 신념과 앙가쥬망은 법이 실정성을 띠건 그렇지 않건 상관없이 펼쳐지기 때문에, 자연법은 실정법 '밖'에 존재하는 것이지, 실정법 안에 존재하거나 실정법을 통해서 비로소 존재하는 것일 수가 없었다.[28]

★ 우리나라에서 자연법론의 발전사　김도균 교수에 의하면[29] 우리나라에서 자연법론은 ① 악법을 적용해야만 하는 딜레마에 빠진 법관들(예: 유병진 판사[1914~1966])이 자유법운동[30]에 근거하여 태동시킨 자연법론('법은 자연적·도덕적 원리에 위반하지 않아야 된다')의 단계, ② 토마스 아퀴나스의 자연법론을 계승한 이태재 교수[1921~2003]의 자연법론("법은 인간생활에 투영된 정의의 영상이다"), ③ 1970~80년대 유신헌법과 긴급조치에 항거한 민주화운동과정에서의 인권변론, 제5공화국 하에서

이에 관해서는 유지황, "이성과 계시 합일의 도덕: 토마스 아퀴나스의 법 개념에 관한 비판적 이해", *한국교회사학회지* (제11권, 2006) 참조.

26 이 점을 자세히 연구한 오세혁, "살라망카 학파의 자연법론", *법철학연구* (제13권 제2호, 2010), 99~130쪽 참조. 살라망카 학파의 자연법론은 정치공동체, 저항권, 폭군방벌론을 발전시켰다고 한다.

27 계몽철학의 자연법론에 대해 심재우, "법치주의와 계몽적 자연법", *법철학연구* (제1권, 1998), 11~30쪽 참조.

28 자연법론의 역사적 발전에 대해 상세히 고찰하는 박은정, *자연법의 문제들* (세창출판사, 2007), 제5장 참조.

29 자세히는 김도균, "한국 법체계에서 자연법론의 형성과 발전", *법철학연구* (제11권 제2호, 2008), 183~226쪽.

30 에를리히(Ehrlich)에 의해 대표되는 자유법운동(Freirechtsbewegung)이란 20세기 초 독일에서 그간 지배해왔던 개념법학의 대항으로 출현한 법을 사회생활의 실재를 직시하는 법관인격(Richterpersönlichkeit)에 의해 발견되는 규범으로 바라보는 법이론이다. 이에 의하면 법률의 흠결에 대한 보충(유추)도 개념의 논리적인 확장과 같은 기술적인 법발견방법이 아니라 민중들의 확신이나 시대의 지혜에 의거해야 한다. 이에 관해 장영민, "자유법론의 형성과 전개과정", *이화여대 법학논집* (제7권 제1호, 2002), 21~32쪽 참조.

전개된 저항권의 자연법론(김철수 교수, 심재우 교수[31]), 1985년의 사법적 극주의에 의한 자연법론(이회창 대법관), 그리고 실천을 위한 보편적 이론으로서 존재론적 자연법론(박은정 교수)과 ④ 5.18. 구테타에 대한 1995년의 재판을 두고 펼쳐진 자연법론(라드브루흐 공식의 부활)으로 발전해 왔다고 볼 수 있다. ⑤ 김도균 교수는 민주화 이후 오늘날의 자연법론은 다음 두 가지 점에서 반反민주주의, 과도한 도덕주의의 반론에 처해 있다고 진단한다. ⓐ 첫째, 2004년 행정수도이전에 관한 법률에 대한 위헌결정(憲裁決 2004헌마554)이 근거한 '관습헌법론'(수도-서울 명제[32])에 밑바탕을 이루는 자연법론은 공공적 정당화가능성(public justification)이나 대화적 다성악적 성격을 잃어버린 반민주주의적, 엘리트주의적 자연법론이다. ⓑ 둘째, 특정 윤리학이나 종교의 관점으로 구체화한 자연법, 즉 가치다원성을 잃은 도덕주의적 자연법이 강화되고 있다. 김 교수는 도덕주의적 자연법의 구체적인 예를 제시하지 않고 있으나, (기독교적) 생명윤리가 침전되어 있는 생명윤리 및 안전에 관한 법률을 들 수 있을 것이다.

---

31 김도균 교수는 대표적으로 김철수 교수를 꼽고 있으나, 나는 법철학적인 연구에 더 집중한 심재우 교수를 당시의 대표적인 저항권론자라고 본다. 심재우 교수의 자연법론('올바른 법')이 '사회계약', '인간의 존엄', '저항권'의 세 축이라는 분석으로 김영환, "법의 존재론적, 인간학적 기본구조-심재우 교수님의 법철학-", *법철학연구* (제2권, 1999), 321~334쪽.

32 ★ 수도—서울 관습(헌)법의 문제 ① 양선숙 교수는 성문법 국가에서 관습헌법의 일반적 가능성을 부인한다(양선숙, "수도-서울 명제의 '관습헌법' 성립에 대한 비판적 검토", *법철학연구* [제9권 제2호, 2006], 251쪽). 그러나 관습법은 성문법에도 (해석을 통해) 내재할 수가 있다는 점에서 성문법 국가라고 해도 관습법이 인정되지 않는 것은 아니다. 하지만 성문법에서 관습법이 성립할 수 없는 것이라고 '가정'한다면, 관습헌법의 인정은 초실정법의 인정이며, 초실정법의 인정은 김도균 교수가 말하듯 자연법의 인정에 해당하게 된다. ② 김도균 교수가 이런 자연법으로서 관습헌법의 비민주성을 비판하는 데에 비해, 양 교수는 관습헌법에 대한 논증 실패를 비판한다. 즉 헌재의 결정은 수도-서울 명제의 성립과 수용, 인지과정이 규범력을 창출하는 관행의 성립과정인 점, 국민들이 서울이 수도였던 관행을 수도는 서울이어야 한다는 규범(관습헌법)으로 승인한 점에 대한 논증이 성공하지 못했다는 것이다(양선숙, 앞의 논문, 특히 235~246쪽 참조). ③ 관습법은 제정법과 생활세계의 변화 사이의 틈을 메우며, 탈집중화된 절차 속에서 제정주체와 수범자가 거의 일치된 법, 바꿔 말해 직접민주주의를 실현하는 법으로서 그 현대적 의미가 있다고 보지만, 다만 수도-서울 명제 관습헌법은 (대선공약과 신행정수도건설특별법 제정의 과정에서) 국민적 합의가 사라짐으로써 소멸했다고 보는 오세혁, "관습법의 현대적 의미", *법철학연구* (제9권 제2호, 2006), 173~175쪽 참조.

(2) **자연법론의 구조적 특징** 자연법의 발전역사에서 등장한 다양한 모습의 자연법론에 공통된 구조적 요소로 다음 세 가지를 들 수 있다.

1) 존재와 당위의 일원론 자연법론은 존재와 당위는 분리되지 않고 하나라는 일원론 위에 서 있다.[33] 즉 존재는 당위를 정당화하고, 당위는 존재의 근거가 된다. 예컨대 "존재와 선은 서로 치환한다"는 토마스 아퀴나스의 명제[34]는 '존재로서의 자연의 본성(혹은 인간의 본성)으로부터 당위로서의 정당한 행위기준을 찾으려 했던' 자연법의 모습을 잘 보여준다.[35]

오늘날에도 존재로부터 당위를 이끌어내는 이론적 시도는 다양하게 전개되고 있다.[36] 20세기 법철학계에서 풍미했던 '사물의 본성'(Natur der Sache)이론이나 자연주의적 자연법이론[37] 등이 대표적이다. 이 이론들은 법이 사물의 본성이나 인간의 본성을 따르지 않으면 진정한 법이 될 수 없다고 본다. 그러나 사물의 본성이든 인간의 자연적 본성이든 이론적으로는 명쾌한 것처럼 보여도, 실천적으로는 언제나 추상적이

---

33 최봉철, *현대법철학* (법문사, 2007), 219쪽.

34 Thomas Aquinas, *Summa Theologica* I, II, 18, 1.

35 '법존재론으로서의 자연법론'에 대해 자세히는 박은정, *자연법의 문제들* (세창출판사, 2007), 76쪽 이하 참조.

36 대표적으로 수반(supervenience) 이론을 들 수 있는데, 이에 관해 자세한 고찰은 김현철, "수반이론의 법철학적 의의-예비적 고찰", *법철학연구* (제8권 제1호, 2005), 261~282쪽 참조.

37 ★ 자연주의적 자연법 예를 들어 7가지 근본선(생명, 지식, 놀이, 미적 경험, 사회성, 종교, 실천적 합당성)을 주장한 **피니스(John Finnis)**와 10가지 기본역량(생명, 신체건강, 신체보전, 감각/상상/사고, 감성, 실천이성, 관계, 인간 이외의 종, 놀이, 환경통제)을 주장한 **누스바움(M. Nussbaum)**의 영향 아래 실정법이 유기체로서 나의 생존과 번영에 적합한가라는 자연주의적 물음을 수행하는 사유방식을 **(개방적) 자연주의적 자연법**으로 보기도 한다. 자세히는 김현철, "자연주의적 자연법이론의 가능성", *법철학연구* (제20권 제1호, 2017), 35~62쪽 참조; 누스바움의 자연법사상에 대해서 자세히는 김연미, "M. Nussbaum의 자연법 사상", *법철학연구* (제12권 제1호, 2009), 405~442쪽 참조. 피니스의 실천적 합당성에 관해 자세히는 이정훈, "존 피니스(John Finnis)의 실천적 합당성(Practical Reasonableness)에 관한 연구", *법철학연구* (제16권 제3호, 2013), 117~144쪽 참조.

고 모호하며, 매우 넓은 해석공간과 다툼의 여지를 남겨 놓는다.

★ 벨첼의 사물논리적 구조와 현상학적 법이론　① 가령 형법학자 벨첼(Welzel)은 사물의 본성으로서 '사물논리적 구조'(sachlogische Struktur), 특히 행위의 목적적 구조(목적성)를 제시하고, 이로부터 고의는 책임과 분리되어 구성요건의 요소가 되고('인적 불법론'), 위법성인식의 흠결은 고의범으로 처벌할 가능성을 배제하지 않고 단지 책임의 면제나 감소를 가져올 뿐이라는 체계적 결론(예: 현행 형법에서 제13조[범의]와 제16조[법률의 착오]의 분리)을 도출하였다. ② 벨첼의 사물논리적 구조의 철학적 배후인 에드문트 훗설(E. Husserl)의 중기 현상학(Phänomenologie)과 그의 아들 게하르트 훗설(Gehart Husserl)의 Rechtsgegenstand (1930) 등의 저작을 보면 현상학적 법이론은 자연법론처럼 법의 근원을 법 바깥에서 찾는 것이 아니라 "법이라는 사태 자체(Sachen selbst)에서 찾으려는 특성"이 있다. 또한 이는 켈젠의 순수법학처럼 법 안에서 찾는 것(법의 형식화)도 아니다.[38]

또한 '법은 존재와 당위의 상응(Entsprechung)이다'(Arthur Kaufmann)[39]라고 보는 경우에도 법은 비록 존재로부터 도출되는 것은 아닐지라도 존재와 분리될 수 없는 것이 된다.

2) 법과 도덕의 분리불가능성　자연법론은 도덕과 법의 분리불가능성 위에 서 있다. 이런 전제는 전통적인 자연법론이나 현대적 자연법론이나 마찬가지이다. 다만 전통적 자연법론이 법을 보편적인 도덕(체계)의 하나로 바라보았다면, 현대적 자연법론[40]은 법을 사회제도나 사회실

38 **현상학적 법이론**은 자연법론과 법실증주의 사이 어딘가에 위치할 것으로 보는 최경섭, "현상학적 법 이론의 의의와 방법-에드문트 후설과 게하르트 후설의 현상학을 중심으로-", *법철학연구* (제12권 제1호, 2009), 402쪽 참조. 우리나라에서 법의 현상학적 이해로는 벨첼의 사물논리적 구조에 대해 권영백 등이 한 1960년대의 논의 이외에는 거의 없다. 최근의 현상학적 법이론은 오랫동안 독일서 현상학을 공부한 최경섭 박사의 이 문헌이 거의 유일하다.

39 A. Kaufmann, *Analogie und Natur der Sache* (Decker und Müller, 1982) 참조.

40 B. Bix, *Juriprudence: Theory and Context* (1996), 79쪽 아래 참조. 빅스는 대표적인 현대 자연법론자로 풀러(Fuller)와 드워킨(Dworkin)을 거론하고 있고, 전통적

천의 하나[41]로 보고, 법의 도덕성은 사회제도나 사회실천이 도덕적으로 선한 것이 될 수 있기 위한 (사유의[42]) 형식과 절차의 보장에 있다는 방향으로 나아가고 있다.[43]

3) 자연법론의 하위명제 자연법론의 하위명제[44]로 불법명제와 법원리명제가 있다.

㈎ 불법명제 ① 불법명제는 '극도로' 부정의한 법은 법이 아니라는 점을 말한다. 이는 "법률적 불법과 초법률적 법"(Gesetzliches Unrecht und übergesetzliches Recht)이라는 라드부르흐(Radbruch)의 공식[45]에서 비롯된다. 이 자연법론적인[46] 공식은 "법실증주의적 승인율 모델에 따라 인정된 규범들 중 극도로 부정의한 규율은 법이 아니다라는 승인율"로 재구성될 수 있다.[47] 이에 따르면 단순히 정의롭지 않

자연법론자로 키케로, 아퀴나스 등을 거론한다. 한편 자연법론을 존재론적 자연법론과 의무론적 자연법론으로 나누고, 현대의 자연법론(풀러, 피니스, 드워킨 등)은 의무론적 자연법론이라고 특징지우기도 한다. 이에 대하여 자세히는 오병선, "현대의 자연법론과 법실증주의의 수렴경향", *법철학연구* (제1권, 1998), 34~43쪽 참조. 드워킨의 법철학 사상을 일목요연하게 정리한 장영민, "드워킨의 법철학 사상", *이화여대 법학논집* (제9권 제1호, 2004), 285~310쪽 참조.

41 이와 같이 자연법은 "법과 국가제도뿐만 아니라 일체의 윤리적 실천영역을 망라한, 즉 인간에 있어서 일체의 실천을 위한 초실정적 구속력에 대한 총괄 개념"이었다. 이러한 맥락에서 자연법론을 '실천을 위한 보편이론'으로 바라보는 박은정, *자연법의 문제들* (세창출판사, 2007), 3쪽 참조.

42 이처럼 자연법을 실정법(제정법)의 윤리를 고취시키는 사유형식으로 바라보는 벨첼(Welzel)의 자연법론(H. Welzel[박은정 역], *자연법과 실질적 정의* [삼영사, 2001])에 대한 비평으로 장영민, "법의 개념과 법의 윤리", *법철학연구* (제5권 제2호, 2002), 326쪽 아래 참조.

43 이런 경향을 두고 "자연법철학의 세속화"라고 부를 수 있다. 이에 대해 정해창, "풀러의 법철학: 자연법철학의 세속화", *정신문화연구* (제32호, 1987) 참조.

44 이에 관해 자세히는 박은정, *자연법의 문제들* (세창출판사, 2007), 60쪽 아래; 김도균, "한국 법체계에서 자연법론의 형성과 발전", *법철학연구* (제11권 제2호, 2008), 188쪽 아래 참조.

45 G. Radbruch, "Gesetzliches Unrecht und übergesetzliches Recht", *Südeutsche Juristenzeitung* (1946), 105~108쪽 참조.

46 자연법론적 명제가 법실증주의적인 승인율로 재구성될 가능성에 대하여 김도균, "자연법론적 승인율 모델의 가능성", *법철학연구* (제3권 제2호, 2000), 65~88쪽 참조.

47 이런 입장으로 김도균, "자연법론적 승인률의 필연성에 대하여", *법철학연구* (제4권 제1호, 2001), 47~74쪽 (인용문은 68쪽) 참조.

은 법은 도덕적으로 결함이 있어 개선될 필요가 있으나 법규성이 부정되지는 않는다. 이런 입장은 (아퀴나스에서 보듯) '부정의한 법은 법이 아니다'라는 '강한 자연법론적 승인율 모델'에 비해 '약한 자연법론적 승인율 모델'이라고 부를 수 있다. 그러나 이 약한 자연법론적 승인율 모델은 무엇이 법이 아닌가라는 소극적 기준을 제시할 뿐, 헌법원리로서 정의, 기회균등 등의 해석기준과 같은 적극적인 기준을 제시하지 못한다.

(나) **법원리명제** 법원리명제는 입헌민주주의의 법체계에서 법이란 실정법 이외에 법원리(예: 신뢰보호원칙, 책임원칙, 비례성원칙[48], 형법상 법익보호원칙 등)를 포함함을 뜻한다. 또한 이러한 법원리는 (서구의 근대사회 이래로) 법문화적으로[49] '처분불가능한 것'(Unverfügbarkeit)[50]으로 이해되기도 한다. 법원은 이러한 법원리를 재판의 근거규범, 즉 법원法源으로 사용하여야 한다. 그러나 법문화가 다른 국가에서는 이러한 법원리가 제한적으로 적용되거나 외면되기도 한다.

2. 법실증주의의 전통

(1) 법실증주의의 성장 자연법론에 맞서는 법실증주의의 발전은 무엇보다 19세기 이래 민주주의와 법치국가원리(Rechtsstaatprinzip) 또는 법의 지배(rule of law)가 실정법에 제도화되는 과정과 함께 이루어졌다.

1) 악법의 구속력 오해 그렇기 때문에 법실증주의는 실천적으로는

---

48 헌법 제37조 제2항 단서(기본권제한에서 본질적 내용의 침해금지)는 과잉금지원칙을 규정하고 있고, 이 규정을 비례성원칙으로 본다면, 비례성원칙은 실정법상의 원리이지만, 이 규정이 없거나 또는 이 규정을 비례성원칙의 하위원칙으로서 적합성, 필요성(최소침해성), 균형성 가운데 주로 균형성을 규정한 것이라고 본다면, 비례성원칙은 실정법은 아니지만 실정법에 내재하는 법원리로도 볼 수 있다.

49 대표적으로 W. Hassemer, "Unverfügbarkeit im Strafprozeß", *Rechtsstaat und Menschenwürde* (Ffm., 1988), 138쪽 참조.

50 자연법적 정의의 처분불가능성 개념의 생성과 발전, 그 이론적 한계에 관하여 자세히는 양천수, "현대 독일 법철학에서 '처분불가능성'에 관한 논의", *법철학연구* (제18권 제1호, 2015), 65~96쪽.

민주적 법치국가의 역사적 형성과 발전에 기여한 바도 있다. 이 점에서도 법실증주의는 나쁜 정치에 대한 복종의무를 내용으로 한다는 식의 ―'악한 법률도 형식적으로 바르게 제정되어 있는 한 구속력이 있다'(K. M. Bergbohm)는 명제에 대한 오해에서 비롯되는[51] ― 이해는 지양되어야 한다. 특히 민주적 법치국가가 확립된 사회에서는 법실증주의에 대한 이론적 성찰이 중요하다.

2) 권위로 환원된 정당성 법실증주의는 이론적으로는 법의 정당성이 법의 실증성(Positivität)에 내재한다고 보는 입장이다. 물론 실정법에 내재하는 정당성은 ― 법규범들이 몇 단계로 이루어진 효력상 위계질서의 체계 속에 놓인다고 할 때 ― 하위의 법(예: 규칙)이 직상위의 법(예: 명령)에, 또한 그 상위의 법이 다시 그 직상위의 법(예: 법률)에 정당성의 근거를 갖는 식으로 확보된다. 하지만 최상위의 법(예: 헌정질서 속에서는 헌법)은 그 법이 실정법으로 현존하게 만든 제정자(입법자)의 권위(권력)에서 그 정당성을 발견할 수밖에 없다. 결국 법실증주의는 실천적으로는 법의 정당성을 법제정자의 권위(권력)에서 찾을 수밖에 없다. 이와 같이 법제정자의 권위에 정당성을 의존하게 되는 것은 하위의 법들(예: 시행령, 시행규칙)에서도 발견할 수 있다. 예컨대 각종 법률의 시행규칙은 각부 장관의 시행령에, 그리고 법의 시행령은 대통령의 권위에 그 정당성을 일정 부분 의존하게 된다.

★ 우리나라에서 법실증주의의 발전사 김현철 교수에 의하면[52] 우리나라 법실증주의의 발전사는 다음과 같이 요약된다. ① 우리나라에서 법실증주의는 일제시대 경성제국대학에서 법철학을 담당하였고, 오스트리아의 켈젠(Kelsen)에게서 학위를 한 일본학자 오다카 도모오(尾高朝雄)에게서

51 Karl Magnus Bergbohm의 이 유명한 문장에서 비롯되는 법실증주의에 대한 부정적 기억을 해부하고 법실증주의와 법률실증주의를 구별하는 윤재왕, "법실증주의와 법률실증주의－Karl Bergbohm에 대한 오해와 이해－", *안암법학* (제44권, 2014), 1～42쪽.

52 김현철, "한국의 법실증주의에 대한 연구", *법철학연구* (제12권 제1호, 2009), 335～352쪽 참조.

배운 이항녕, 황산덕[53] 교수가 소개한 켈젠의 이론에서 시작한다. ② 1960년대는 전원배 교수가 자연법론(의 보수적인 기능)을 비판하고, 건전한 법의식과 결합한 법실증주의(의 자연법적 기능)를 옹호하였으며,[54] ③ 1970년대와 80년대에는 심헌섭 교수에 의해 '비판적 법실증주의', 제도적 법실증주의와 (도덕)포용적 법실증주의가 소개되었고, 이 연구는 지금까지 여러 학자들(예: 장영민[55] 교수 등)에게 영향을 미치고 있다. ④ 1990년대 이후는 좀 더 세분화된 법실증주의의 주제들이 연구되었는데, 특히 오병선,[56] 김현철,[57] 박준석,[58] 김연미,[59] 이정훈[60] 교수 등의 하트(Hart)와 라즈(Raz)의 법철학에 대한 연구가 그것이다.[61] ⑤ 김현철 교수에 의하면 이와 같은 "한국의 법실증주의는 법실증주의의 순수한 이론 그 자체보다는 시대적 현실적 맥락을 염두에 둔 이론으로 자리매김"[62]된 것이다. ⑥ 김현철 교수의 정리는 '한국의 법실증주의'가 아니라 한국의 법실증주의 '연구사'에 대한 것이다. 우리나라에서 법실증주의는 근대법의 계수 이전의 역사를[63] 제외한다면 이론(학자)보다는 실무(법조,

---

53 대표적으로 황산덕, "법실증주의", *법정* (7.10, 1952) 참조.

54 대표적으로 전원배, "악법의 법리-악법규준에 있어서의 법실증주의와 법의식의 기능-", *서울대 법학* (제11권 제1호, 1969), 5~34쪽.

55 대표적으로 장영민, "법실증주의의 현대적 전개-도덕포용적 법실증주의에 관한 약간의 고찰-", *법철학연구* (제4권 제1호, 2001), 131~148쪽 참조.

56 대표적으로 오병선, "하트의 법철학 방법과 법의 개념", *현대법철학의 흐름* (법문사, 1996) 참조.

57 대표적으로 김현철, "하트 법이론의 철학적 의의에 대한 비판적 고찰", *이화여대 법학논집* (제11권 제2호, 2007), 35~48쪽 참조.

58 대표적으로 박준석, "하트(H.L.A. Hart)와 라즈(Joseph Raz)의 법철학", *이화여대 법학논집* (제11권 제2호, 2007), 49~61쪽; "조셉 라즈(Joseph Raz)의 권위론에 대한 비판적 고찰", *법철학연구* (제10권 제1호, 2007), 315~340쪽 참조.

59 대표적으로 김연미, "하트의 권리론", *법철학연구* (제6권 제1호, 2003), 125~156쪽 참조.

60 대표적으로 이정훈, "법실증주의 승인율과 관행에 관한 연구", *법철학연구* (제10권 제2호, 2007), 377~408쪽 참조.

61 그 밖에도 다이시(Dicey)의 형식적 법실증주의를 다룬 연구도 있다. 김종철, "다이시의 법사상과 정치사상-그 상호관련성에 주목하여", *법철학연구* (제7권 제2호, 2004), 39~62쪽 참조.

62 김현철, "한국의 법실증주의에 대한 연구", *법철학연구* (제12권 제1호, 2009), 350쪽.

63 ★ 조선시대의 포용적 법실증주의 　조선시대의 법실증주의 자체를 다루는 매우 흥미로운 연구도 있다. 예컨대 이정훈 교수는 조선시대의 예(禮)[특히 '춘추(春秋)의 법'과 '강상(綱常)의 원칙']는 형벌법으로 환원된 법(法)과 구분되는 것이 아니라 '법의

정치인)에서, 이를테면 유신헌법제정의 이론적 기초로서 또는 5. 18. 쿠데타에 대한 검찰의 불기소처분의 기초[64]로서 실현되었다. 민주적 법치국가가 터 잡은 이후에도 법실증주의는 '권위적 합법주의'의 형태로 다양한 법실무에 실현되고 있다.

(2) **법실증주의의 구조적 특징** 이런 법실증주의는 자연법론과 대비해 볼 때 두 가지 특징을 갖는다: 법과 도덕(및 정치, 종교)의 구분, 존재와 당위의 이원론.

1) 법과 도덕의 분리 법의 근거가 법제정자의 힘을 배후에 두고 있는 법의 실정성에 있게 된다면 법과 도덕 또는 종교는 서로 분리된다.

(가) 도덕배제적 법실증주의 ① 법이 도덕을 배제한다는 법실증주의의 관점은 하트(H. L. A. Hart)[65]와 라즈(J. Raz)가 대표한다.

ㄱ) 하트의 법이론 하트에 의하면 법의 본질적인 징표(근거)는 내용과 무관하게(content-independent) 일정한 행위를 의무화할 수 있는 '권위'(authority)이다.[66] 여기서 의무는 한 공동체에서 일반적으로 승인된 규칙을 수범자가 그의 행위의 근거로 삼는다는 내부적 관점을 전제한다.[67] 이 점에서 법은 단순히 행위를 강제하는 힘과 구분된다. 하트는 힘과 도덕으로부터 구분되는 법의 효력 근거를 승인의 규칙(승

유교적 승인률' 또는 '확장적 법규'로서 기능했다는 분석을 내놓는다. 이에 의하면 당시 법치는 '유교적 승인률에 의한 법치'이고, 조선시대의 법현실은 포용적 법실증주의의 관점에서 적절하게 이해될 수 있다. 이론으로서 법실증주의는 자연법론에 근접하는 경향을 확인시켜 준다. 이정훈, *조선시대 법과 법사상: 포용적 법실증주의자의 분석* (도서출판 선인, 2011), 특히 141쪽 아래, 165쪽 아래 참조.

64 물론 이를 법실증주의의 오해라고 보기도 하지만(심헌섭, "법철학·혁명·쿠데타: 검찰의 5.18불기소 처분을 계기로", *5·18 법적 책임과 역사적 책임* [이화여자대학교 출판부, 1995], 65쪽), 이는 이론으로서 법실증주의의 관점에서 비판하는 것이고, 현실로서 법실증주의는 그와 같은 실무 그 자체라는 것이다.

65 H.L.A. Hart, "Positivism and the Separation of Law and Morals", *Harvard Law Review* (Vol. 71, No. 4, 1958), 593~629쪽. 번역글로 장영민, "실증주의와 법·도덕 구별론", *법철학연구* (제8권 제1호, 2005), 285~302쪽 참조.

66 H.L.A. Hart, *The Concept of Law* (Clarendon Press, 1961), 20쪽 아래 참조.

67 이에 관해 자세히는 권경휘, "현대법실증주의와 규범성의 문제: 하트의 '내적 관점'을 중심으로", *법철학연구* (제18권 제1호, 2015), 97~130쪽 참조.

인율 rule of recognition)[68]에서 찾는다. 승인의 규칙이란 ⓐ 시민들이 효력이 인정되는 규칙을 따르고 있고, ⓑ 공무담당자가 그 규칙을 공식적 행동의 판단기준으로 수용할 때 법이 확인된다는 것을 말한다.

ㄴ) **라즈의 법이론** 권위에서 법이 생성된다는 관점은 라즈에 의해 더욱 계승 발전되는데, 하트가 인정한[69] 법준수의무의 조건으로서 공정성과 같은 도덕적 의무를 라즈는 인정하지 않는다.[70] 그에게 법준수의무란 단지 법의 정치적 권위에 대응하는 시민들의 의무, 바꿔 말해 시민적 덕성(civic virtue)일 뿐이다. 법의 권위는 ⓐ (배제적 우월적 지위를 지닌) 법이 통상적으로는 개인들의 행위근거에 (개인의 판단보다 더) 잘 합치할 개연성이 높고,[71] ⓑ 개인의 행위목적의 달성에 이바지하며,[72] ⓒ 또한 이 점을 수범자들이 신뢰한다는 점[73]에서 인정된다. 이로써 도덕배제적인 법실증주의(적극적 법실증주의)가 완성된다.[74] 즉 라

---

68 이에 관해 자세히는 안준홍, "승인규칙의 규범성에 대한 일 고찰", *법철학연구* (제16권 제3호, 2013), 69~96쪽 참조.

69 이런 점에서 하트는 **연성 법실증주의**(soft positivism)라고 부를 수 있다. 이에 비해 라즈의 도덕 배제적 법실증주의는 **경성 법실증주의**(hard positivism)라고 부를 수 있다.

70 라즈는 법과 도덕을 분리하되 그 필연적 연관성을 부인하지는 않았으며, 단지 "법은 도덕과 달리 법의 특유한 방식으로 사회적으로 실행하고 있는 사실적 역할을 강조" 한 것이라고 보는 엄순영, "라즈의 원천 명제", *법철학연구* (제18권 제3호, 2015), 13쪽 아래 참조.

71 기상청의 우산지참 권고 일기예보는 비를 맞지 않겠다는 그 개인들의 행위근거에 의거한 것(의존명제 dependence thesis)이고, 실제로 개인들의 비를 맞지 않을 목적 달성에 개인의 판단보다 통상적으로 더 이바지한다는 점(통상적인 정당화 normal justification thesis)에서 권위를 누린다. 법의 권위도 이와 같다는 설명으로 조홍식, "경제학적 논증의 법적 지위: 배제적 법실증주의의 관점에서", *서울대학교 법학* (제48권 제4호, 2007), 154쪽.

72 라즈의 서비스적 권위 개념(service conception of authority)에 관해서 상세한 분석과 비판으로 박준석, "조셉 라즈(Joseph Raz)의 권위론에 대한 비판적 고찰", *법철학연구* (제10권 제1호, 2007), 315~340쪽, 특히 326쪽 아래 참조.

73 라즈의 권위테제를 수용하여 법을 행위의 근거로 삼는 이유를 ① 법이 배제적 우월적 지위를 갖고 ② 바람직한 행위의 근거를 제시하며, ③ 수범자들이 이런 법의 역할을 믿는다는 점에서 찾는 권경휘, "법을 행위의 근거로 삼는 이유에 관한 고찰-법실증주의의 관점에서", *법철학연구* (제15권 제3호, 2012), 143~176쪽 참조.

74 라즈가 권위의 담론과 권력의 담론을 구분하려는 시도는 권위가 "배제할 수 있고

즈에게 법이란 사회적 사실(social facts)(또는 약정, 관행)로서 확인 가능한 규칙'체계'라는 원천으로부터만 추출될 수 있는 것(원천명제 source thesis)이며, 법관의 판결도—'있어야 할 법'이 아니라—이미 '있는 법'을 단지 적용하는 것일 뿐이다.[75]

(나) **켈젠의 근본규범** 도덕을 배제한 법의 정당성 근거는 권위뿐만 아니라 켈젠(Kelsen)이 말하는 근본규범(Grundnorm)에서도 찾을 수 있다.[76] 도덕을 배제하고, 존재와 엄격히 구분되는 당위[77]로서 법은 상위의 법, 그리고 그 법은 다시 상위의 법에, 최종적으로는 근본규범에서 그 정당성 근거를 찾을 수 있다는 것이다. 여기서 ① 첫째, 근본규범은 "규범의 효력근거를 가치가 아닌 규범에서 찾기 위하여" 고안된 것이지만, 근본규범이 '객관적으로 효력이 있는(objektiv gültig)' 규범이라는 논증은 성공하지 못한 것으로 평가된다.[78] 또한 근본규범이 전제하는 인간은 "책임 있게 행위 하는 주체자"가 아니라 "규범에 연결되는 사

선취할 수 있는 힘"으로 규정되는 한, 위압적인 권력이 되기 쉽고, 반면 이행이 강제되지 않는 충고(예: 의사의 충고)가 될 수는 없다는 점에서 결함이 발견되는데, 이를 권위의 절제기능으로 메울 수 있다고 보는 박효종, "권위의 정당화가 가능한가: 라즈의 정당화담론을 중심으로", *법철학연구* (제7권 제1호, 2004), 62쪽 아래 참조.

75 '있어야 할 법'과 '있는 법'의 구별은 법과 도덕을 구분하는 입장을 표현하는 실증주의의 법인식을 보여준다. 그런 법인식으로 H.L.A. 하트(장영민 역), "실증주의와 법·도덕 구별론", *법철학연구* (제8권 제1호, 2005), 285~302쪽 참조.

76 켈젠의 근본규범도 규범정립적 권위로 바라보는 견해에 의하면 켈젠의 근본규범도 다른 법실증주의와 차이가 더욱 사라지게 된다. 그런 견해로 고봉진, "신, 국가, 근본규범에 나타난 '규범정립적 권위'", *법철학연구* (제18권 제1호, 2015), 133~156쪽 참조.

77 켈젠은 도덕과 법의 분리, 존재와 당위의 이원론으로써 규범체계의 자율성을 추구한 점에 관해 상세히는 권경휘, "켈젠의 규범 일반 이론-효력 이론을 중심으로-", *법철학연구* (제14권 제3호, 2011), 139~174쪽 참조. 권 교수는 켈젠이 말하는 하나의 궁극적인 규범은 오늘날 유럽연합국가들의 예에서 보듯 여러 개의 궁극적인 규범이 존재할 수 있다는 점에서 오류가 있다고 본다.

78 이런 입장으로 오세혁, "켈젠의 법이론에 있어서 규범과 가치", *법철학연구* (제18권 제3호, 2015), 122쪽 참조; 오 교수가 켈젠의 법이론은 3단계로 나눌 때 3단계의 시대에 켈젠은 근본규범을 의제(Fiktion)로 이해했다. 이에 관해 자세히는 오세혁, "켈젠 법이론의 시기구분-연속성 테제를 중심으로", *법철학연구* (제4권 제1호, 2002), 99쪽 참조.

실거점으로서 행위로만 추상화되어 규범적 구성체의 일부를 이"루는 추상체일 뿐이다.[79] ② 둘째, 근본규범은 하위규범의 효력근거 뿐만 아니라 효력내용까지도 제시해 주는 것(법정태론)이 아니라 하위규범의 효력근거만 제시하는 데에만 그친다(법동태론). 법정태론은 예컨대 "조화로운 삶을 살라"는 근본규범으로부터 "약속을 지켜라," "이웃을 해치지 말라" 등의 하위규범들이 효력과 내용을 받는 것을 말하고, 법동태론은 근본규범은 단지 하위규범의 규범창설권한을 부여할 뿐이라는 점을 말한다.[80] 법동태론에 의하면 법의 최종근거인 근본규범은 단지 '헌법을 따르라'고 말할 따름이며, 실정법체계의 '내용'에 간섭할 수 없다. 결국 실정법체계의 내용적 규제는 헌법제정자의 의지에 달려 있게 된다.[81]

(다) **법실증주의의 한계** 법실증주의는 — 비록 (헌)법제정자가 법을 제정하는 정치적 힘은 예외이지만 — 법관이 독자적으로 도덕과 선 또는 가치에 대한 판단을 행하지 않아도 되기 때문에, 오히려 정치적 영향으로부터 벗어날 수 있는 측면도 있다. 그 점에서 법실증주의는 법관의 독립에도 기여하였다는 평가를 받기도 한다.[82] 하지만 "법의 개념적 명확성을 도모하는 문제가 아니라, 법 자체의 본질에 내재한 제재의 정당한 구속력에 관한 담론으로 파악되어야 한다. 그러므로 법담론은 법을 도덕과 정의에 연관 짓지 않고서는 가능할 수 없다"는 비판[83]에서 도덕배제적 법실증주의의 법이론은 자유로울 수 없다.

---

79 켈젠의 규범이론의 이러한 인간상을 말하는 박은정, "'있는 법'과 '있어야 할 법'의 연관성", *법철학연구* (제12권 제1호, 2009), 287쪽.

80 이에 대해 자세히는 H. Kelsen(변종필 · 최희수 역), *순수법학(Reine Rechtslehre)* (길안사, 1999) 참조.

81 최봉철, *현대법철학* (법문사, 2007), 214쪽 아래.

82 이와 다른 맥락에서 켈젠의 순수법이론이 자연법론으로 해석될 가능성과 '근본규범' 개념이 존재론적으로 파악될 가능성을 바라보는 박은정, *자연법의 문제들* (세창출판사, 2007), 211~230쪽 참조.

83 박은정, "'있는 법'과 '있어야 할 법'의 연관성", *법철학연구* (제12권 제1호, 2009), 303쪽.

2) 존재와 당위의 이원론 또한 법실증주의는 주로 존재와 당위의 '이원론'에 서게 된다.[84] 전통적인 법실증주의자인 오캄(Ockam)은 이렇게 말한다: "목적에 대한 물음은 자연현상에 설 자리가 없다. 왜냐하면 '어떤 목적으로 불이 생기는가'하는 물음은 무의미하기 때문이다."[85] 즉, 당위는 다른 당위명제를 통해 정당화해야만 하고, '사실상 존재하는 것으로부터 마땅히 그래야만 할 당위를 도출해 낼 수는 없다'는 것이다.[86] 오캄은 더 나아가 '일반적'인 자연법칙을 부정하고 "선한 법률은 존재하지 않으며 선한 입법자만이 존재한다"[87]고 말한다. 이처럼 당위인 법이 당위를 낳거나 제약하는 존재로부터 절연된다면 결국 실정법률은 그 자체로서 모든 문제를 해결할 수 있는 역량이 있다는 전제를 갖게 된다. 그러므로 '실정법률의 전지전능함'[88]은 법실증주의의 실용적 태도가 될 수밖에 없다.

3. 자연법론과 법실증주의의 변증

법제사의 긴 역사에서 본다면 자연법론이 법실증주의보다 오랜 세월 우세해 왔다고 평할 수 있다. 특히 오랜 세월에 걸쳐 성장한 자연법론은 근대법(전)에 제도화되면서 그 결실을 맺었다. 하지만 자연법의 법제화가—즉, 대륙법계의 법전편찬(codification), 영미법계의 보통법의 성립·발전이—진행될수록 법실증주의가 점점 더 힘을 얻어갔다. 법실증주의는 법전에 제도화된 자연법을 지키는 방법론적 파수꾼으로 기능할 수 있었기 때문이다. 서구사회에서 대략 19세기 중반부터 20세기 초반

84 존재와 당위에 관한 가장 깊고 종합적인 연구로 심헌섭, "존재와 당위", *분석과 비판의 법철학* (법문사, 2001), 387~488쪽.

85 H. Welzel(박은정 역), *자연법과 실질적 정의(Naturrecht und Materiale Gerechtigkeit)* (삼영사, 2001), 124쪽 아래.

86 R. Zippelius(이재룡 역), *법의 본질(Das Wesen des Rechts)* (길안사, 1999), 102쪽.

87 김영환, *법철학의 근본문제* (홍문사, 2006), 95쪽.

88 김영환, 앞의 책, 95쪽.

까지 자연법론과 법실증주의는 행복한 동거를 한 셈이다. 그러나 지난 1세기의 역사에서 법실증주의와 자연법론은 다시금 서로를 누르고 서로에 대해 우위를 점하려는 길항관계 속으로 들어갔다. 이 점을 자연법의 부흥과 새로운 법실증주의로서 권위적 합법주의의 등장으로 설명할 수 있다.

★ **2차 대전 직후의 법실증주의와 자연법론의 논쟁** 2차 대전 직후 법실증주의자들과 자연법학자들 간의 다양한 논박이 벌어졌다. 그 논박에서 주목할 만한 것으로 켈젠과 라드부르흐, 하트와 풀러의 논쟁을 들 수 있다. ① 대륙법권에서 켈젠(Kelsen)은 법실증주의적인 정의원칙의 하나로 '관용'(Toleranz)을 듦으로써 법실증주의의 정치적 악용을 경계했다. 즉 근본규범은 하위규범들의 내용을 결정할 수 없고, 종교적·정치적 의견들이 서로 다를 때도 평화로운 발표의 기회를 박탈하지 말아야 한다는 것이다. 물론 그는 관용의 한계도 인정했다. 민주주의를 파괴하는 민주주의의 적에게는 관용이 허용될 수 없다. 이렇게 함으로써 켈젠은 실정법질서가 '고약하게 느껴지더라도 하나의 법상태'[89]라는 주장을 언제나 견고히 유지하였다.[90] 하지만 라드부르흐(Radbruch)는 법률이라도 정의에 '현저히' 반하면 법이 아니라 불법이며, 법률에 들어와 있지 않은 법("법률적 불법과 초법률적 법"[91])도 있음을 역설하였다. ② 영미법권에서는 하트와 풀러의 논쟁(Hart-Fuller debate)이 주목할 만하다. 하트(Hart)는 비록 인간의 지속적인 생존을 위한 사회적 장치로서 폭력의 자제, 약자보호 등 사회적 평화와 안정을 위한 규칙들[92]과 같이 자연법

---

89 H. Kelsen(민준기 역), *일반국가학(Allegemeine Staatslehre)* (민음사, 1990), 427쪽.

90 나종석, "정의와 법의 연관성에 대한 고찰-켈젠의 법실증주의적 이론을 중심으로", *동서철학연구* (제27호, 2003), 159쪽.

91 G. Radbruch, *Gesetzliches Unrecht und übergesetzliches Recht* (Berliner Wissenschafts-Verlag, 1946).

92 ★ **홉스와 로티의 자연법사상** 이를 자연법적인 것으로 볼 수 있는 것은 홉스(Hobbes)나 로티(Rorty)가 자연법을 인정했다고 보는 것과 비슷하다. ① 홉스는 자연상태에서의 공포(만인의 만인에 대한 투쟁)로부터 벗어나게 하는 사회계약과 그것의 실행으로서 법의 역할을 인정함으로써 자연법을 인정한 것으로 평가되기도 한다(대표적으로 심재우, "Thomas Hobbes의 법사상", *법사상과 민사법* [1979], 61~83

적인[93] 최소한을 인정하지만[94] 기본적으로 '사악한 법도 법'이라고 본다. 다만 사악한 법은 복종의무를 낳지 못하며 준수할 필요도 없다고 본다.[95] 이에 비해 풀러(Fuller)는 '나치정권의 법은 (합법성의 원칙을 심각하게 훼손했었기 때문에) 애초부터 법이 아니었다'고 보며 하트를 비판하였다.[96] 풀러의 비판은 그가 "법을 근본적으로 사람들 사이의 상호작용과 상호기대로부터 나오는 질서 원리"로 파악하고, 법의 내적 도덕성 또는 합법성(legality)을 "사람들 사이에 올바른 관계가 유지되기 위해서는 존중되지 않으면 안 될 규준"으로 이해하는 데서 비롯된다.[97]

(1) **자연법의 부흥과 자기시대의 상실** 법실증주의의 성장이 부정적으로 변증된 역사의 대표적인 예는 '헌법제정자의 의지'가 극단적으로 남용된 독일 나치시대의 법(특히 1934년, 1938년의 나치법)이라고 할 수 있다. 법실증주의를 배후에 둔 법의 내용적 무제약성[98]에 대한 공포는 자연법사상의 '부활'을 가져왔다.

쪽 참조). 또한 이런 식의 자연법이해는 로티(Rorty)식의 정의론과도 접점을 갖는다. ② 로티는 정의 그 자체의 내용은 존재하지 않지만 사회구성원들 간에는 치욕적인 '고통에 대한 감수성' 혹은 '잔인성에 대한 혐오'로 인해 생기는 연대감이 존재하고, 이것이 사회를 유지하는 최소한이라 본다. 이에 관해 R. Rorty(김동식·이유선 역), *우연성, 아이러니, 연대성(Contingency, Irony, and Solidarity)* (민음사, 1996), 79쪽 아래 참조.

93 한편 빅스(Bix) 등은 하트가 자연법론을—부분적으로도—수락한 것으로 볼 수는 없다고 주장한다. B. Bix, *Jurisprudence: Theory and Context* (Sweet & Maxwell, 1996), 46~47쪽.

94 최봉철, *현대법철학* (법문사, 2007), 103쪽.

95 H. Hart, "Positivism and the Separation of Law and Morals", *Harvard Law Review* (제71권, 1958), 619쪽.

96 위의 하트(Hart) 논문에 대한 반박글로 쓰여진 L. Fuller, "Positivism and the Fidelity of Law—A Reply to Professor Hart", *Harvard Law Review* (제71권, 1958), 650쪽 참조.

97 론 풀러(박은정 옮김), *법의 도덕성(The Morality of Law, 1969)* (서울대학교출판문화원, 2015), 6~8쪽(역자서문) 참조. 박은정 교수는 이 번역서 서문에서 풀러는 "법을 만들고 유지하는 문제를 절차적·형식적으로 접근하면서도, 궁극적으로는 이러한 접근을 내용적·실질적인 이슈와 연관하여 설명하는 것이다. 이런 입장은, 그가 법을 도덕의 가지로 설명하는 전통적인 자연법론자와 구별되는 동시에, 건전하게 이해된 자연법 전통 속에 지혜의 둥지를 틀고 있음을 확인케 한다"(8쪽)고 평하고 있다.

98 장영민, "법실증주의의 현대적 전개", *법철학연구* (제4권 제1호, 2001), 132쪽.

이 부흥은 제2차 세계대전 직후 독일연방법원 판례와 통일 후 구舊 동독의 사악한 실정법의 과거를 청산하는 1990년대의 독일연방법원 판례[99]에서 인상적으로 확인할 수 있다.[100] 독일연방법원은 자연법을 재판규범(法源, Rechtsquellen)의 하나로 원용하기도 하였다. 우리나라 법원도 친일파 반민족행위자의 재산을 포괄승계한 자에 대하여 개별 실정법상의 보호제외사유가 없음에도 불구하고 "반민족행위를 통하여 직접 또는 간접적으로 취득한 재산에 관한 법의 보호를 구하는 것은 현저히 정의에 반하는 것"[101]이라는 이유로 법적 보호를 외면하는 판결을 내놓기도 하였다.

자연법은 판결만이 아니라 법률의 차원에서도 부흥되곤 한다. 예컨대 자연법은 인간존엄을 배아의 단계에까지 확장한 독일의 배아보호법(Embryonenschutzgesetz)이나 우리나라의 「생명윤리 및 안전에 관한 법률」에서 새로운 서식지를 찾는다. 특히 생명의 '자연성'(naturality), 즉 생명에 대한 공학적 개입을 배제하는 것은 인간의 존엄을 구성하며, 이를 지키는 것은 처분 불가능한 자연법이 된다는 것이다.[102]

1) 자연법론의 정치화기능 그러나 자연법의 부흥은 현대사회에서는 자기시대를 잃은 것이다. 복잡하고 다원적인 사회에서 민주적인 입법절차 밖에 명확하게 존재하는 구체적인 내용의 정의를 확정할 수 없기 때문이다. 자연법론의 정치화기능은 나치시대의 법에서 이미 드러났

99 대표적인 예로 동독의 국경법(1982) 제27조 제2항 제1문에 따라 국경을 넘는 사람을 합법적으로 총살한 국경수비대원에게 살인죄를 인정하고 위법성조각사유를 인정하지 않은 판결(BGH, Urt.v.3.11.1992)을 들 수 있다.

100 '자연법의 르네상스'로 통용되기도 하는 이러한 흐름은 독일 등 유럽뿐만 아니라 전 세계적인 추세로 나타났으며, 이러한 요인으로 역사·정치적 요인 이외에, 교회법이론에서 자연법사상의 지속, 사회주의의 법실증주의 비판, 국제법의 융성(1948년 유엔인권선언, 1950년 유럽인권협약) 등이 제기되기도 한다(박은정, *자연법의 문제들* [세창출판사, 2007], 5쪽).

101 서울지법 2001.1.16. 선고 99가합30782; 이 판결을 **법의 도덕성(해석상의 자연법)**으로 소개하고 그 문제점을 검토하는 김영환, *법철학의 근본문제* (홍문사, 2006), 12~15쪽 참조.

102 이 점을 자세히 밝힌 이상돈, *생명공학과 법* (아카넷, 2003), 특히 147쪽 아래 참조.

다. 제2차 세계대전 직후 부흥한 자연법론이 나치를 청산하는데 기여한 것은 사실이지만, 역설적이게도 나치가 인종주의와 총통원리를 자연법이라고 외치는 데에도 무기력했었다.[103] 그렇기에 자연법론은 나치체제를 구축하는 데 기여하기도 하고, 청산하는 데 기여하기도 한 셈이다. 여기에서 자연법론의 정치적 무기력을 엿볼 수 있다.

현대사회에서도 자연법은 비민주적이고 억압적인 실정법을 정당화하는 논거로 남용될 수 있다. 현대사회에서 자연법논증은 기존의 정치적 지배를 공고히 하는데 기여할 수도 있다.[104] 이를테면 인간존엄의 근거로서 제시되는 인간적 생명체(예: 배아)의 '자연성'(naturality)이란 것도 실은 "인간 스스로가 또는 권력 자체가 유전자에 부여한 지위와 의미, 그로부터 귀결된 권력적 작용들"[105]을 전제하고 있는 것이다. 이런 전제 속에서 생명윤리안전법은 윤리적 권력을 생산하고 생명공학이 개입하는 현실을 더욱 공고하게 지배할 수 있다.

2) 법률실증주의로 변질 어떤 법정책을 자연법적 논증으로 주장·관철하게 되면, 법의 고유한 논리들, 이를테면 자유, 평등, 책임원칙, 비례성, 정합성, 신뢰보호와 같은 요소들이 밀려날 수 있다.[106] 가령 '5·18 특별법'은 자연법적 정의(과거청산)의 관철을 위해 공소시효제도라는 법치국가적 장치(예: 소급효금지원칙[107])를 폐기시켰다.[108] 이는 자연법이 —

103 이 점에 대한 분석은 강경선·이재승, *법사상사* (한국방송통신대학교 출판부, 1999), 270~274쪽 참조.

104 N. Brieskorn(김일수 역), *법철학* (서광사, 1996), 118쪽.

105 임미원, "생명윤리적 담론의 비판적 고찰", *법철학연구* (제13권 제1호, 2010), 277쪽.

106 이상돈, *법철학* (법문사, 2003), 140쪽.

107 그러나 공소시효를 형사사법의 기능적 조건의 하나로 바라보고, 범죄피의자는 그 반사적 이익만을 누릴 뿐이라고 본다면, 죄형법정주의의 적용영역 밖에 있는 제도이고, 따라서 공소시효를 연장하는 소급입법도 허용될 수 있다고 보는 양천수, "공소시효에 대한 법철학적 시론", *영남법학* (제35호, 2012), 21~37쪽 참조.

108 과거에 저질러진 국가의 "권력 불법을 개인의 책임으로 귀속시키는 데 주저함이 없다면, 그것이야말로 청산되어야 할 또 다른 역사를 끊임없이 이어가고 있는 것에 불과하다"고 보고, 형사처벌에 의한 과거청산의 한계를 비판하는 홍영기, "과거사에 대한 법적 처리의 정당성과 가능성 대안", *법철학연구* (제10권 제2호, 2007), 57~58쪽; 아울러 "소급효금지원칙의 확립 근거와 구체적 적용", *안암법학* (제22권, 2006),

실정법(예: 형사소송법)에 대한 윤리적 · 도덕적 비판을 넘어 — 실정법의 정당성을 근거 짓는 법치국가적 장치를 훼손했음을 보여준다.[109]

㈎ 자유 방어적 법과 법의 정치적 기능화 물론 이를 두고 자유민주주의 아래서 '최적의 평등한 자유'와 (약자에 대한) 자유침해의 최소화를 위해 '희생자의 목소리'에 민감하고, '공포로부터의 자유'[110]를 지향하는 "방어적 법치주의"[111]라고 해석할 여지가 있다. 그러나 그와 같은 소급입법은 "실정법의 정치적인 기능화"[112]라거나 "법의 도덕적 카테고리 파괴"[113]라는 비판을 피할 수 없다.[114] 법치주의는 바로 그런 것들을 막아주는 방파제이다. 민주주의는 그의 적들을 민주정치에서 배제시킬 수 있지만('방어적 민주주의'), 그런 민주주의의 적들에게도 자유와 인권을 보장하는 법의 적법절차는 보장되어야 한다. 그런 점에서 방어적 법치

69~109쪽 참조.

109 김영환 교수는 자연법과 실정법을 대립시키고 둘을 형량하게 되면, 그 결과는 언제나 자연법 쪽의 승리가 예정되어 있다고 본다. 자연법과 법실증주의의 부당한 대립에 대한 비판은 김영환, "공소시효와 형벌불소급의 원칙", *형사판례연구* (제5권, 1997), 25쪽 이하 참조; 김영환 교수가 바라본 자연법의 승리는 아마도 이론적, 논증적 차원에서일 것이다. 현실정치에서는 실정법이 늘 승리한다.

110 주디스 슈클라의 "공포로부터의 자유"(Liberalism of Fear)에 대한 자세한 연구로 정태욱, "주디스 슈클라(Judith N. Shklar)의 자유주의에 대한 연구", *법철학연구* (제7권 제1호, 2004), 65~98쪽 참조.

111 이를 자유주의적 정치도덕에 부합하는 법치주의로 보는 정태욱, "김명호 교수 사건의 고법판결(서울고등법원 2007. 1. 12. 선고 2005나84701 판결)과 법치주의", *법철학연구* (제10권 제1호, 2007), 149~194쪽; 정태욱, *자유주의 법철학* (한울아카데미, 2007), 242쪽 아래 참조..

112 김영환, "법을 통한 과거청산", *법치국가와 형법* (세창출판사, 1998), 184쪽.

113 이상돈, *형법학* (법문사, 1999), 221쪽; 여기서 도덕적 카테고리라고 한 것은 형사절차는 그것이 제도로서 갖는 한계를 통찰하고 그 제도의 기능이 합리적일 수 있기 위한 테두리조건들을 유지해야 하는데, 공소시효가 그런 조건 가운데 하나라는 의미이다. 공소시효제도에서 누리는 범죄피의자의 이익은 단순히 반사적 이익도 아니고, 주관적 권리도 아니고, 형사소송절차의 법치국가성에 대한 (시민의) 신뢰이익에 해당한다.

114 법이념 중 정의가 법적 안정성보다 우위에 놓는 바와 같은 법이념(정의, 법적 안정성, 합목적성)들 "상호 간의 우위설정은 각자의 정의감정에 따른 결론지어진 생각을 학문적 용어로써 한번 수식해주기만 하는 법학이론의 도구화" 위험이 있다고 보는 홍영기, "법개념요소의 법비판작용-법이념 간의 우위관계 적용에 대한 비판-", *법철학연구* (제8권 제2호, 2005), 특히 117쪽 참조.

주의는 형용의 모순(contradictio in adjecto)과도 같다. 자연법은 언제나 정의(예: 과거청산)의 이름으로 은밀하게 특정 정치적 힘을 관철하는 매체로서 기능할 수 있음을 간과해서는 안 된다. 다시 말해 역설적이게도 자연법의 내용적 실질은 언제나 법실증주의의 힘으로 변질될 위험성을 갖고 있는 것이다.

㈏ **법명령설의 역설** 이와 같은 자연법론의 정치화기능은 일찍이 벤담(Bentham)이 법률실증주의를 주창하게 된 배경이도 하다.[115] 그가 보기에 자연법은 당시 지배자들이 자신들의 지배에 유리한 실정법질서를 포장하는 수단이었다. 그래서 그는 오히려 '법은 주권자의 명령'(법명령설 command theory of law)이라고 역설한 것이다. 그의 정치상황 분석이 맞았다면, 법명령설로 대표되는 영미식 법률실증주의가 당시에는 오히려 현실변혁적인 이론이 될 수도 있었을 것이다.

3) 이행기 정의 총체적인 불법국가나 심각한 불법상태를 극복하는 거점으로서 자연법이 부흥되었지만, 자연법의 정치화 기능을 반성적으로 바라본다면, 자연법적 정의는 불법국가나 불법상태의 과거를 극복하는 과정에서만, 즉 과도기적으로만 타당한 것으로 보자는 이론이 등장할 수 있다. 이행기 정의(transitional justice)의 이론이 바로 그것이다.[116] 예를 들어 5.18. 사태의 과거를 청산하는 법(예: 5 · 18민주화운동 관련자 보상 등에 관한 법률)은 제5공화국의 불법국가로부터 민주적 법치국가로 이행시키는 정의, 즉 이행기 정의를 실현하는 법으로 보자는 것이다.

㈎ **정의와 화해 사이에** 이행기 정의는 처벌을 통해 잘못된 과거

---

115 여기에 대한 간략한 소개는 강경선 · 정태욱, *법철학* (한국방송통신대학교 출판부, 2000), 제4장 참조.

116 이 개념에 관해 자세히는 C. Bell, "Transitional Justice, Interdisciplinarity and the State of the 'Field' or 'Non-Field'", *The International Journal of Transitional Justice* (Vol. 3, 2009), 7쪽; 정채연, "다원주의적 사법을 통한 이행기 정의와 초국가적 인권의 실현", *고려법학* (제65호, 2012), 139~184쪽, 특히 158쪽 아래 참조.

(역사적 부정의)의 청산을 도모하면서 동시에 화해를 통해 새로운 미래의 구축을 도모하는 것이다. 다시 말해 이행기 정의를 실현하는 법은 '정의와 화해 사이의 조화를 이루는 것'[117]이어야 한다. 이행기의 정의는 과거의 부정의를 청산하는 거점으로는 자연법을 필요로 하면서도, 다른 한편 미래의 새로운 질서와 정의를 창출하기 위해 자연법의 처분불가능성(Unverfügbarkeit)을 포기하여야 한다.[118]

이는 청산해야 할 과거에서 비롯되는 현재의 상태가 부분적으로는 승인되고 합법화되는 것을 의미한다. 그런 점에서 이행기 정의는 자연법에서 법실증주의로 한 걸음 다가간 정의라고 볼 여지가 있다. 그렇기에 이행기 정의는 자연법적 정의와 법실증주의적 힘 사이의 정치적 타협이 아니라 과거를 청산하는 자연법적 정의가 (정치화 기능에 대한) 반성과 성찰을 통해 그 결함을 교정한 정의가 될 수 있어야 한다.

(나) 다른 집단기억과 내러티브의 고려 이를 위해서 이행기 정의는 청산되는 과거(역사적 부정의)에 대한 집단기억을 법에 제도화함으로써 배제되는 다른 집단기억과 (소수자의) 내러티브를 반성적으로 고려한 것이어야 한다.[119] 예컨대 5·18민주화운동 관련자 보상 등에 관한 법률에서 보듯이 5·18민주화운동 관련자의 명예회복과 생활안정 및 복지향상을 도모하는 금전의 지급이 국가의 '배상'이 아니라 '보상'의 개념을 취하는 것은 5.18. 사태에 대한 집단기억들의 정치적 차이를 고려한 것일 수 있다. 그 법률은 이를 통해 "국민화합과 민주발전에 이바지"한다는 미래적 기획을 세우고 있다. 즉, 5·18민주화운동 관련자 보상 등

117 정채연, 앞의 논문, 172쪽 참조.

118 처분불가능성이란 "인류가 만들어 낸 허구에 불과"하지만, "지금 시점에서 처분불가능성을 찾고자 하는 시도를 포기"할 수는 없는 것이라고 말할 때(양천수, "현대 독일법철학에서 '처분불가능성'에 관한 논의", *법철학연구* [제18권 제1호, 2015], 94쪽), 처분불가능한 자연법이란 이행기 정의에 근접한 것이기 쉽다.

119 이런 입장과는 반대로 다수의 역사인식과 소수의 다른 역사인식을 자칫 역사긍정과 역사부정으로 극단화하고, 역사부정의 세력이 설령 극소수가 아니더라도 "헤게모니를 가르는 수준이 아니라면 비중도 고려사항에 불과하다"고 보는 이재승, "기억과 법: 홀로코스트 부정", *법철학연구* (제11권 제1호, 2008), 248쪽.

에 관한 법률은 정의와 화해 사이의 조화를 지향하고 있다고 볼 수 있다. 이처럼 이행기 정의는 자연법적 정의가 포착하지 못하는 다른 집단기억과 다른 (소수자의) 내러티브에 기초한—때로는 다원주의적 사법에 의해 실현될 수 있는—'다른 정의'를 성찰적으로 수용하는 것이어야 한다.

(2) **법실증주의의 세련화와 발전** 법실증주의도 현대사회에 여전히 살아 있다. 근대법전에 제도화된 자연법의 수호자였던 법실증주의가 나치와 같은 불법국가나 독재체제의 정치적 시녀로 변질되긴 했지만, 법의 내용이 정의롭게 제정되는 한, 법실증주의는 정의를 지키는 방법론적 수호자가 될 수 있기 때문이다.

1) **권위적 합법주의** 그러나 법실증주의는 현대사회에서 정의로운 법의 내용이 자연법의 형태로 존재하지 않음에도 불구하고, 실정법의 정당성을 당연히 전제하고, 그것의 수호에만 몰두한다. 법실증주의는 정당성의 문제를 법제정자의 권위(권력)로 환원시킬 수밖에 없는 이론적 한계가 있고, 실정법은 정치적 힘을 좇을 수밖에 없는 특성을 갖고 있기 때문이다. 여기서 법실증주의는 권위적 합법주의(autoritärer Legalismus)[120]로 자신을 표현하게 된다. 이때 합법주의는 법수호의 방법론적인 강경함을 표현하며, 권위적이란 정당성을 제정자의 권위에 환원시키는 맹목성의 표현이다. 이를테면 나름의 합리적 논거에 의해 특정한 실정법에 불복종하는 시민운동(시민불복종운동)을 범죄로만 바라보고 진압하는 태도는 이런 권위적 합법주의의 전형을 이룬다.

2) **절차적 합법주의** 오늘날의 민주적 법치국가에서 법제정자의 권위는 독재체제에서와는 달리 민주적인 입법절차에 근거하는 것이므로, 권위적 합법주의는 입법절차에 하자가 없으면 그 절차에서 형성된 법을 정당한 것으로 전제하고(절차에 갇힌 정당성[121]) 법의 효율적인 절차

120 J. Habermas, "Ziviler Ungehorsam–ein Testfall für den demokratischen Rechtsstaat", Glotz 편, *Ziviler Ungehorsam im Rechtsstaat* (1983), 43쪽 참조.

에만 몰두하게 된다. 즉 권위적 합법주의는 민주적 법치국가에서는 '절차적인 합법주의'로 발현되는 것이다.[122] 이때 절차가 법의 공정성을 실현하는 과정이라면 공정성이라는 도덕성은 법에 합체하게 된다.

(가) 도덕포용적 법실증주의 이런 현상을 법실증주의로 수용한 대표적인 예가 영미 법철학계의 도덕포용적 법실증주의이다. ① 도덕포용적 법실증주의(또는 소극적 법실증주의)는 도덕을 배제하는 법실증주의(또는 적극적 법실증주의)와 같이 '도덕과 법 사이의 필연적 연관성을 부정하지만, 도덕과 법의 필연적인 분리도 부정하면서',[123] 도덕과 법의 임의적인 연관가능성을 인정한다.[124] ② 이에 의하면 도덕규범이 곧 법이 되는 것은 아니지만, (헌법과 실정법에 등장하는) 도덕원리는 하트(Hart)의 승인의 규칙에 영향을 가하여 법에 합체될 수 있다. 다시 말해 법이 사회적 사실(관행)이라는 원천에서 추출된다는 점을 부인하거나 법의 권위 자체를 무시하고 입법의 정당화 근거를 검토하지는 않지만(승인규칙은 효력인정[validation]의 조건), 법은 공정성 등과 같은 도덕성 심사를 통과할 때 비로소 효력이 있게 된다. 도덕포용적 법실증주의는 분명 자연법론과 법실증주의의 대립을 완화해 줄 수 있다.

(나) 절차적 합법주의의 미래 하지만 절차가 실현하는 법의 도덕성은 공정성이나 승인율에 국한되지 않는다. 가령 예외적인 불공정성이

---

121 절차의 정당성을 성찰하지 않고, 절차를 거치면 정당하다고 보는 사고를 나는 "절차에 갇힌 정당성"이라고 비판한 바 있다. 이상돈, *시민운동론* (세창출판사, 2007), 28쪽.

122 내가 말하는 절차적 합법주의는 아마도 풀러(Fuller)의 합법성(Legality)에 가깝다고 볼 수 있다. 풀러의 합법성 개념을 극단적으로 사악한 지배를 배제하는 도덕적 효과를 지닌 형식적 법치주의의 개념으로 설명하는 최봉철, "풀러의 합법성론", *법철학연구* (제7권 제2호, 2004), 7~38쪽 참조.

123 이정훈 교수는 배제적 법실증주의가 승인율을 통해 도덕원칙을 배제하는 것이 아니고, 포용적 법실증주의도 법과 도덕의 분리테제를 포기한 것이 아니라고 본다. 승인율을 배제주의자들은 구성적 관행으로 보고, 포용주의자들은 행위조정적 기능을 하는 것으로 보는 차이가 있을 뿐이라고 한다. 이정훈, "법실증주의 승인율과 관행에 관한 연구", *법철학연구* (제10권 제2호, 2007), 377~408쪽 참조.

124 도덕포용적 법실증주의에 관해 자세히는 장영민, "법실증주의의 현대적 전개-도덕포용적 법실증주의에 관한 약간의 고찰-", *법철학연구* (제4권 제1호, 2001), 131~148쪽 참조.

거시적으로는 정의를 가져올 수 있고, 승인이 아니라 새로운 규칙의 창조가 합리적 절차를 통해서 이루어질 수도 있다. 그러므로 "도덕원리를 법에 합체한다고 하는 벅찬 과제는 승인율의 굴레를 벗어나야 하는 것"[125]이다. 그러므로 법실증주의의 발전은 <법실증주의→권위적 합법주의→절차적 합법주의>의 역사로 보는 것이 더 생산적인 관점이다. 이 발전사를 놓고 볼 때, 우리나라의 경우 1970년대 유신체제에서는 고전적인 법실증주의가 지배했고, 1990년대 이후 시민운동의 시대에는 권위적 합법주의가 지배했다고 볼 수 있다. 그러나 21세기 이후에는 절차적 합법주의가 법실증주의의 중심형상이 되어 가고 있다.

(3) **자연법론과 법실증주의의 변증** 자연법론과 법실증주의의 각자의 발전은 그 둘이 접점을 이루는 지점에 왔다.

1) 절차적 공정성과 대화적 이성의 만남 절차적 합법주의로까지 발전한 법실증주의가 만일 입법절차를 민주적 의사형성의 과정이 되도록 지속적으로 성찰하고, 자기교정을 한다면, 법실증주의는 법적 정의를 단지 법의 '실증성'(positivity)이나 '폐쇄적인' 절차적 정당성으로 환원시키지 않게 될 것이다. 또한 법실증주의는 절차적 공정성을 실현할 수 있게 된다.

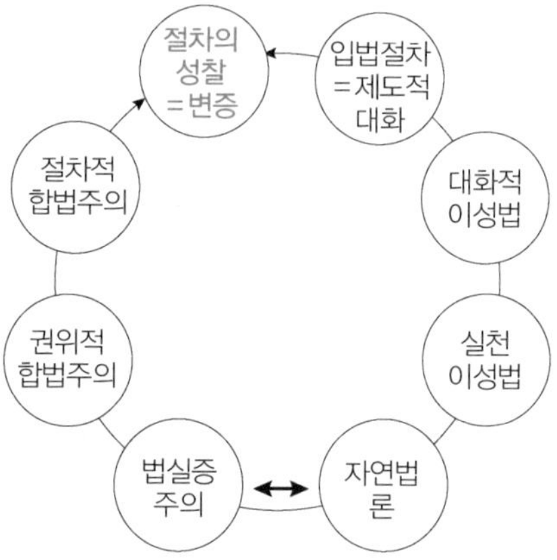

반면 자연법론은 정의가 실정법 밖에, 그것과 무관하게 존재하는 것이라는 도그마를 버리고, 정의는 절차적인 것임을 받아들일 수 있다. 근대법의 시대에 실천이성이 자연법의 공리가 된 것처럼 현대사회에서는 대화적 이성이 자연법의 공리가 될 수 있다는 것이다. 대화적 이성

125 장영민, 앞의 논문, 146쪽.

은 정의의 실체를 인정하는 것이 아니라 자유롭고 기회 균등한 비판과 토론의 지속적인 과정 속에서 형성되는 합의를 정의로 받아들이는 것이다. 여기서 비판과 토론의 과정은 (하버마스의) '이상적인 대화상황'(ideale Sprechsituation)에는 못 미치지만 합리적 대화(rationaler Diskurs)는 될 수 있어야 한다.[126] 이럴 경우 자연법은 공식적인 입법절차가 합리적 대화를 구현하고 있는 정도로 실정법을 통해서 실현되는 것이라 할 수 있다.

2) 합법성 개념의 재구성 이로써 법실증주의와 자연법론은 서로 접점을 가지면서 변증될 수 있게 된다.[127] 바꿔 말해 "법의 실증성과 자연법성은 서로 수렴하는 방향으로 움직인다."[128] 민주적 법치국가에서 법은 그 접점과 변증을 지속적으로 도모하는 한에서만 타당할 수 있다. 그 접점에서 실정법은 '제도적으로 제한된 정당성'(Legitimität)을 가지면서 '도덕적으로 제한된 실증성(Positivität)'을 갖는다.

㈎ 정당성과 실증성의 합일 좀 더 자세히 말하면 ① 첫째, 실정법은 입법제도에 민주성이 부족한 만큼 정당성을 충분히 가지지 못하고, 정치적 힘이 도덕적 이유로 약해지는 만큼 실증성을 충분히 가지지 못하면서도, ② 둘째, 입법제도가 구현하는 민주성만큼 정당성을 가지고, 정치적 힘이 있는 만큼 법의 강제력과 집행력을 낳는 실증성을 갖는다. 이처럼 정당성과 실증성의 변증된 상태를 실정법의 합법성(Legalität, legality)이라고 부를 수 있다. 하지만 이 합법성은 민주성의 최대화를 지향하는 것이라는 점에서 권위적인 것이 아니라 성찰적이며, 명령적인

126 J. Habermas, *Vorstudien und Ergänzungen zur Theorie des kommunikativen Handelns* (Suhrkamp, 1984), 127쪽 아래 참조. 하버마스는 이상적 대화상황이 형이상학 또는 허구라는 비판을 받은 후로는 "합리적 대화"란 개념을 주로 사용한다(예: J. Habermas, *Faktizität und Geltung* [Suhrkamp, 1992], 138쪽 아래 참조).

127 자연법론과 법실증주의와의 통합적 접점을 실천적 노력의 결과로 바라보고, 이러한 자연법의 '실정법 내재성'을 자연법의 실천철학으로서의 가능성을 의미하는 것으로 해석하기도 한다(박은정, *자연법의 문제들* [세창출판사, 2007], 제2장 참고).

128 박은정, "전환시대의 법철학—자연법론의 귀환", *법철학연구* (제20권 제2호, 2017), 11쪽.

것이 아니라 대화적인 것이다. 따라서 합법성은 '대화적 합법성', '성찰적 합법성'인 것이다. 이런 합법성은 법실증주의와 자연법론이 각자 부정의 변증을 거쳐 서로에게 변증되어짐으로써 가능해지는 것이다.

(나) 정당성과 합법성의 대립관계 해체 여기서 부언할 점으로 이런 합법성 개념에 의하면 칼 슈미트의 유명한 저서 "합법성과 정당성"(Legalität und Legitimität)과 같이 정당성을 실증성이 아니라 합법성과 대립항으로 설정하는 것은 타당하지 않게 된다. 즉 정당성을 법치에 대한 대립항으로서의 정치와 법치주의에 대한 대립항으로서의 민주주의의 산물로만 이해되는 관점[129]은 타당하지 않다. 그럼에도 불구하고 이와 같은 정당성과 합법성의 대립항은 아직까지도 정당성과 실증성의 대립항으로 교체되지 않고, 시민불복종에 대한 논의 등에서도 계속 사용되고 있다. 이는 우리사회에서 자연법론과 법실증주의의 패러다임이 아직 완전하게 극복되지 않았음을 말해준다.

Ⅲ. 법적 정의의 요소로서 옳음과 좋음

법적 정의는 자연법적 의미의 정법과 법실증주의적 의미의 실정법이 법적 대화의 지속적인 과정 속에서 변증되어·생성되는 옳음에 그치지 않는다. 법이 정의는 그런 의미의 (이성적) 옳음(the right)과 (윤리적) 좋음(the good)이 갈등과 대립을 지양하고 변증될 때 한 단계 더 나아갈 수 있다.[130] 자유주의는 옳음을 좋음(윤리적 선)과 분리하지만, 공동체주의는 오히려 좋음으로부터 옳음을 추출해낸다.[131] 이 둘이 어

---

129 이러한 관점을 대표하는 Carl Schmitt(김도균 옮김), *합법성과 정당성(Legalität und Legitimität)* (도서출판 길, 2016) 참조.

130 이 둘의 변증은 하버마스에게는 근대성(modernity)을 구축하는 역사적 실천이고, 푸코에게는 상호보완적인 지배의 도구라는 실천성을 갖는다. 이런 분석으로 이재정, "자유주의와 공동체주의의 역사적 실천성", *대한정치학회보* (제11집 제3호, 2004), 169~191쪽.

131 자유주의와 공동체주의가 the right(도덕적 범주, 옳음, 정당성), the good(가치의

떻게 변증될 수 있는지를 살펴보기 한다.

1. 옳음의 전승자로서 자유주의와 그 한계

자연법적 전통의 정의로서 옳음은 자유의 공평한 향유라는 실천이성적 기획을 갖고 있었다.

(1) **자유주의의 이론** 근대 이후 자연법적 전통의 정치적 근원지로서 자유주의(liberalism)는 18세기 유럽에서 성장한 부르주아지(신흥시민계급)의 사상이다.[132] 자유주의에서는 타인의 자유를 침해하지 않는 한 자신의 인격을 자율적으로 발현하는 인간의 자유와 권리(인권)를 보장하는 것이 바로 정의가 된다.[133] 따라서 자유주의는 국가권력이나 집단(공동체)의 간섭으로부터 개인의 자유와 자율을 최대한 보장하려고 한다. 예컨대 거주이전의 자유나 사적 소유권, 영리추구의 자유 등과 같은 권리는 천부인권 또는 자연권이 되었다. 시민사회의 성장과 자본주의의 발전은 인권을 경제적 자유에서 종교, 양심, 사상, 학문, 언론·출판, 집회·결사의 자유와 같은 정치적 자유로 확장시켰다. 근대법은 그와 같은 자유와 권리를 보장한 인권실현의 법이었다. 즉 법적 질서는 자연권인 인권의 실현에서 그 정당성을 길어오며,[134] 인권은 (천부의) 주관적 권리이고, 법이 이 권리를 제도화함으로써 사적 자치(Privatautonomie)가 구현된다.[135]

범주, 좋음 또는 선)의 관계를 어떻게 설정하고, 그 구성원리가 무엇인지에 관해 자세히는 장동진, "자유주의와 공동체주의의 구성원리: 정당성과 선", *법철학연구* (제6권 제2호, 2003), 267~294쪽 참조.

132 이하 자유주의에 관한 설명은 주로 이상돈·홍성수, *법사회학* (박영사, 2000), 139~143쪽의 내용을 요약하고, 보완하고, 발전시킨 것임.

133 자유주의에 관해서는 김세균, "자유민주주의란 무엇인가?", *현대민주주의론 1* (창작과 비평사, 1992); 박우룡, "자유주의", *서양의 지적운동* (지식산업사, 1998); 자유주의에 대한 역사적 해명에 관해서는 노명식, *자유주의의 원리와 역사* (민음사, 1991) 참조.

134 근대국가와 근대법을 창설하는 사회계약은 자연상태에서 개인이 보유한 자유를 권리라는 담론의 형태로 이해했다고 보는 분석으로 김현철, "근대 초기 사회계약론에서 자유와 권리의 지위", *법철학연구* (제5권 제2호, 2002), 35~54쪽.

1) 칸트의 법적 정의 자유주의의 철학적 기초로는[136] 칸트(Kant)의 사상이 대표적이다.[137] 그는 인간을 '이성적 존재로 자기를 규정해가는 존재'(이성능력이 부여된 존재)로 보고, 인간화의 과정을 계몽(Aufklärung)의 과정으로 보며, 인간은 바로 그런 과정을 수행할 수 있다는 점에서 존엄과 가치를 누린다고 본다. 인간화의 과정은 한편으로는 자신의 자연성 속에서 자기를 보존하고(자기보존의무), 그 자연성보다 더 완전하게 자기를 발전시키는 과정이다(자기발전의무). 각종 인권은 이를 위해 요청되고 정당화된다. 다른 한편 인간은 타인도 그의 존엄과 가치를 누리도록 존중해야 한다(타인에 대한 존중의무). 타인에게 인간화의 과정을 위한 자유와 권리를 승인하지 않고는 자신도 인간화를 할 수 없기 때문이다(상호성원칙). 그렇기에 칸트가 말하는 인간들은[138] 서로를 목적 자체로 존중하고, 그 결과 모두가 평등하고 자유롭게 계몽의 과정을 수행할 수 있는 상태, 즉 '자유의 일반법칙'(allgemeines Gesetz der Freiheit)이 지배하는 '목적의 왕국'(또는 '인간질서의 근본상황') 속에서 살아야 한다. 그런 목적의 왕국에서 법이란, 너무나도 유명한 다음과 같은 공식으로 정의될 수 있게 된다.

---

135 시민의 사적 자율성은 인권과 익명적인 법의 지배를 통하여 보장된다는 J. Habermas, "Nachwort"(1994), *Faktizität und Geltung* (제5판, 1997), 669쪽 참조.

136 칸트의 실천이성에서 사회적 법사상을 읽어내는 견해도 있다. 대표적으로 엄순영, "칸트의 실천이성에 근거한 사회적 법사상", *민주법학* (제19호, 2001), 107~122쪽.

137 이하의 칸트에 대한 설명은 I. Kant, "Die Metaphysik der Sitten", W. Weischedel 편, *Kant-Werke, Bd.7* (Darmstadt, 1968); I. Kant, "Grundlegun zur Metaphysik der Sitten", W. Weischedel 편, *Kant-Werke, Bd.6* (Darmstadt, 1968) 참조. 국내 문헌으로 칸트의 법사상을 간명하면서도 완벽하게 정리하고 있는 심재우, "인간의 존엄과 법질서", *고려대 법학행정논집* (제12집, 1974), 103~136쪽을 참조한 것임; 심재우, "칸트의 법철학", *법철학연구* (제8권 제2호, 2005), 7~26쪽 참조.

138 ★ 목적적 존재로 승인 불가능한 동물 '인간을 목적으로 대하라'는 칸트의 요청은 인간과 동물 사이에 확장(예를 들어 P. Taylor, *Respect for Nature* [Princeton University Press, 1986])될 수 없다. 왜냐하면 인간과 동물 사이에는 예컨대 서로 죽이지 말라는 규범의 준수에서마저 상호존중이 불가능하기 때문이다. 이런 입장으로 권경휘, "환경의 개념에 관한 법철학적 고찰", *연세대 법학연구* (제22권 제2호, 2012), 204~205쪽.

★ 칸트의 법개념 법이란 '한 사람의 자의가 다른 사람의 자의와 자유의 일반법칙에 따라 서로 양립할 수 있는 조건의 총체'(Inbegriff der Bedingungen, unter denen die Willkür des einen mit der Willkür des anderen nach einem allgemeinen Gesetz der Freiheit zusammen vereinigt werden)이다.

이처럼 칸트에게 법은 "공동체의 목적에 대한 헌신도, 도덕적 선에 대한 헌신도 요구하지 않으면서 오로지 '자유'의 가능조건으로만 작용하는 것"[139]이다.[140]

2) 홉스의 자연법과 안전국가 홉스(Thomas Hobbes)도 자유주의적 정의이론의 전범을 이룬다.[141]

(가) 사회계약과 자연상태의 극복 그는 법적 질서가 없는 자연상태는 '만인의 만인에 대한 투쟁'의 상태, '인간이 인간에 대해 늑대가 되는 상태'라고 본다. 그에 의하면 자연상태 안에서 투쟁할 권리, '늑대가 될 권리'가 곧 자연권(ius naturale)이다. 사회계약은 이 자연권을—더 정확히는 자연권이 아니라 자신의 "권리행사를 방해하는 자에 대해 '대항할 수 있는 자유'"[142]를—포기하고, 시민상태와 자연법의 상태로 들어가는 합의이다.

자연상태에서 투쟁은 한계를 모르며 누구도 자기보존이 안전하고

---

139 임미원, "칸트 법철학의 실천적 의의", *칸트연구* (제14집, 2004), 277쪽.

140 따라서 합법성은 법률적 입법(juristische Gesetzgebung)이 설정한 의무준수만으로 인정되며, 윤리적 입법(ethische Gesetzgebung)이 설정한 의무를 따르는 자율적인 내적 동기가 필요하지 않다. 이에 관해 자세한 설명은 임미원, "칸트와 헤겔의 법철학", *법철학연구* (제6권 제1호, 2003), 106쪽 아래 참조. 또한 이런 점에서 임 교수에게는 "칸트의 법상태는 이성적 합의를 통해 정당화된 실정적 질서 혹은 실정성을 내용으로 하는 자연법적 질서에 가깝다"고 볼 수 있고, 따라서 칸트법론은 "실증주의에 대한 자연법적 정당화의 시도"라고 해석할 수 있게 된다(임미원, "칸트에 있어서 법치국가성의 의미", *칸트연구* [제16집, 2005], 201쪽).

141 여기서 홉스에 대한 설명은 홉스의 사상을 자유주의적인 '자연법사상'으로 재해석한 심재우, "Thomas Hobbes의 법사상", *법사상과 민사법: 현승종박사 화갑기념논문집* (법문사, 1979), 61~83쪽을 요약정리한 것임.

142 이런 분석으로 김현철, "근대 초기 사회계약론에서 자유와 권리의 지위", *법철학연구* (제5권 제2호, 2002), 39쪽 참조.

확실한 상태에 있을 수 없기 때문에 이 같은 사회계약이 이루어지는 것이다. 자연법은 인간공존의 가능조건으로서 인간의 생명을 침해한다거나 자기보존의 수단을 박탈하는 등의 일체의 행위를 금지시킴으로써 자연상태를 평화로운 질서상태로 전환시킨다. 이 때 자연법은 이성의 명령이며 그 실질적 내용은 자기보존의 이익이 된다. 이성의 명령으로서 자연법은 사회계약의 체결에 참여한 개인들의 '숙고'(deliberation)[143]를 통해서 구속력('의무')을 갖게 된다.

(나) 리바이어던과 안전국가 홉스는 이런 자연법의 관철을 위해 절대적인 권한을 지닌 국가인 '리바이어던'(Leviathan)을 창설한다. 국가는 외적의 침략으로부터 시민을 지켜주고, 시민들의 상호침해로부터 시민을 보호해주는 안전국가(Sicherheitsstaat)이어야 한다. 리바이어던은 안전국가로서 기능하지 못하면 사망하게 되고 자연상태로 되돌아온다고 한다.[144] 이러한 홉스의 안전국가사상은 — 주의주의(voluntarism)의 성격에도 불구하고 — 국가와 법의 목적이 개인의 자유 보호에 있음을 분명히 보여준다.

이상과 같은 홉스해석은 "자유주의 내재적 관점"의 해석이며, 오늘날 "자유주의 비판적 관점"의 홉스해석이 대항적으로 펼쳐지기도 한다.[145]

---

143 홉스의 사상을 주의주의에도 불구하고 자연법론으로 바라보는 근거를 '숙고', '계약', '의무'에서 바라보면서 홉스에 대한 다양한 해석을 자세하게 다루는 양선숙, "홉스에서 숙고와 의무", *법철학연구* (제4권 제2호, 2001), 7~34쪽 참조.

144 가령 죄형법정주의에 위반한 처벌, 반란죄처럼 주권자에 의해 적으로 선언된 사람의 처벌 등은 정당한 폭력으로서 형벌이 아니라 "적대행위"이므로 형벌에 저항할 수 있다. 이에 관해 자세히는 김도현, "홉스에서의 형벌권과 저항권", *법철학연구* (제19권 제3호, 2016), 115~142쪽 참조.

145 "자유주의 내재적인 관점"과 "자유주의 비판적 관점"의 개념을 사용하는 임미원, "홉스의 법 및 정치사상에 대한 재해석 가능성: 슈미트, 아감벤, 푸코, 아렌트의 홉스 해석을 중심으로", *법과 사회* (제42호, 2012), 293쪽 참조. 임 교수는 "자유주의 내재적인 관점에서 해석된 홉스의 이론"에 대항한 해석으로 (푸코나 아감벤, 아렌트 등의) '자유주의 비판적 관점'의 홉스해석을 정리하면서, 이러한 자유주의 비판적 관점의 해석들에 공통된 점은 "정치적으로 산다는 것이 무엇인가에 대해 사유하라"는 요구라고 본다(앞의 논문, 315쪽).

3) 민주주의와 정치의 의미 칸트나 홉스에게서도 자유주의체제와 정치의 의미가 간접적으로 읽혀지긴 하지만 하버마스(Habermas)의 이론에 오면 더욱 선명해 진다.[146]

오늘날 민주주의는 정치체제의 보편적인 형식이 되었다. 하버마스에 의하면 민주주의에서 자유주의의 의미는 ≪인권 (및 법의 지배)→정치→국가≫의 체제라고 해석된다. 즉, 개인의 사적 이익(인권)은 그 자체가 하나의 가치로서 정치와 국가에 선재한다. 법치국가는 이를 보장하는 법공동체이다. 그리고 개인들 간의 상호작용 네트워크는 '(시민)사회'를 형성하며, 이것이 공적 행정을 수행하는 국가를 통제한다는 것이다. 그러니까 사적 이익으로 결합된 힘은 정치적으로는 주권, 경제적으로는 합리적 선택의 총화로 표현되며, 이 힘이 정부를 규제 및 감시하고 권력행사를 매개한다. 이때의 정치란 행정권력을 행사하는 국가기구에 대항하여 시민들의 사적 이익을 하나로 결집시켜 관철하는 것을 가리킨다. 또한 이런 자유주의적 정치 개념에서 주권의 담당자는 국민인 개인이 된다. 그리고 그 주권은 국민인 개인이 사적 이익을 국가권력을 통해 관철시키려는 권리로서 행사된다. 그러나 이와 같이 자유(인권)의 공평한 보장만을 꾀하는 법이 정의를 실현하는 데에 내재적인 한계가 있다.

(2) 공리주의의 비판 자유주의적 정의관에 대한 성찰은 일찍이 정의(옳음)와 상충되는 '공리'(utility)의 개념을 발견한 공리주의에 의해 촉진되었다. 밀(Mill)은 다음과 같이 말한다. "행복을 증가시키는 경향에 비례하여 올바르며, 행복에 반대되는 것을 산출하는 경향에 비례하여 그르다",[147] "여기서 행복이란 쾌락을 의미한다",[148] "정의는 인간복

146 J. Habermas, "Drei normative Modelle der Demokratie", *Die Einbeziehung des Anderen: Studien zur politischen Theorie* (Suhrkamp, 1996), 277~292쪽; 하버마스의 대화적 법이론과 의사소통적 합리성을 잘 정리한 엄순영, "법적 판단의 합리성에 관한 연구-하버마스의 의사소통적 합리성 개념을 중심으로-", *민주법학* (제14호, 1998), 97~128쪽 참조.

147 J. S. Mill(이을상 · 김수청 역), *공리주의(Utilitarianism)* (이문출판사, 2002).

지의 핵심에 더욱 긴밀히 관심을 갖는 도덕규칙들의 집합에 대한 이름이다".[149]

공리주의에서 말하는 행복이나 복지에서 유용함은 형이상학적 전통이나 이성법적 전통의 옳음(의 정의)과 다르다. 이런 다름이 지금은 당연한 듯 여겨지지만, 밀의 시대에는 매우 도발적인 것이었다. 예컨대 부하의 목숨을 몸을 던져 구하는 적장의 용감함은 누구나 존경할 (정)'의義'로움일 수 있지만 우리의 행복을 침해한다.[150] 하지만 공리는 좋음의 한 양식일 뿐이고, 공리주의의 논설은 옳음과 좋음의 중심적인 쟁점을 이루지 못한다. 공리주의가 '직접적'으로 영향을 준 분야도 실제로 법적 정의의 이론이 아니라 법의 경제적 분석이론에 그쳤다.[151] 하지만 공리주의의 정의관은 분명 옳음과 좋음의 긴장과 갈등을 반영하는 자유주의-공동체주의의 논쟁에 도화선이 되었다고 평가할 수 있다.

(3) 롤즈의 공정으로서 정의 자유주의는 옳음(the right)의 정의 관념에 대한 공리주의의 비판을 대적하면서 그 의미를 새롭게 할 수 있다. 롤즈(Rawls)의 자유주의적 정의론은 공리주의적 요소를 고려하면서 자유주의의 의미를 재구성한[152] 대표적인 이론이다.[153] 그는 다수의 이익을 위해서라면 소수에게 불평등을 감내하게 할 수 있는지를 되물었다.[154] 그는 수많은 사람들이 향유하는 '최대행복'이 최소수혜자가 겪는 자유상실을 결코 정당화하지 못한다고 주장한다.[155] 그래서 그는 정의

148 J. S. Mill, 앞의 책, 10쪽.

149 J. S. Mill, 앞의 책, 73쪽.

150 R. Zippelius(이재룡 역), *법의 본질(Das Wesen des Rechts)* (길안사, 1999), 104~105쪽.

151 K. Seelmann(윤재왕 역), *법철학(Rechtsphilosophie)* (지산, 2000), 233쪽 참조.

152 김항규, "롤즈의 정의관과 공리주의 정의관의 비교연구", *목원대 현대사상연구* (제5권, 1988), 66쪽.

153 정세근, "법의 정의론", *동서철학연구* (제33호, 2004), 87쪽.

154 J. Rawls(황경식 역), *사회정의론(A Theory of Justice)* (서광사, 1988), 54쪽: "문제는 소수자에게 불편을 부과하는 일이 타인이 누릴 보다 큰 이익의 총량에 의해 정당화될 수 있는지 여부"이다.

155 J. Rawls(황경식 역), 앞의 책, 65쪽.

를 '공정'(Fairness)으로 바라본다. 즉 정의는 '공정한 원초적 상황(original position)에서 사람들이 합의한 것'이다. 여기서 '공정한 원초적 상황'[156]이란 하나의 사고실험이다. 즉 '실재했던 것'이 아니라, '그랬다면 어땠을까'하고 연상된 상황이다.[157] 원초적 상황에 참여한 구성원들은 자기의 신분이나 계층, 타고난 능력이나 체력, 종교적 조건, 심리적 성향, 그리고 자기가 속한 정치적·경제적·문화적 배경에 대해 무지하다고 가정된다. 즉 원초적 상황의 구성원들은 무지의 베일(veil of ignorance) 속에 있다고 가정되며, 그래서 그들은 어떤 결론이 자신에게 유리할 것인지 모르며, 따라서 흥정할 근거도 갖지 못한다고 전제한다.[158] 그래서 원초상태에 있는 사람들은 현실의 삶에서 자신의 위험을 줄여주는 원리들을 선택하며, 가장 불리한 처지에 있는 자에게도 가능한 한 가장 큰 이익이 돌아가게 만드는 원칙, 즉 '최소극대화(maximin)의 원칙'에 따르는 경향을 보이게 된다. 이렇게 가정된 원초상태에서 사람들은 다음과 같은 사항을 정의의 원리로 합의(계약)할 수 있게 된다.

원리 1. 모든 사람은 모든 사람이 누리는 기본적 자유(basic liberties)에 대해 평등한 권리를 갖는다(평등한 자유의 원리).[159]

---

156 이 '원초적 상황'의 설정은 칸트(Kant)에게서 착안한 듯하다. 칸트는 로크나 홉스처럼 이기적 욕구에 근거한 사회계약의 이론과 거리를 둔다. 그 대신 한 사람의 자의가 보편법칙에 따라 다른 사람의 자의와 조화를 이룰 수 있는 원칙에 기초하여 시민사회의 질서로 들어옴으로써 자신의 권리활동의 정당성을 확보하는 것을 원초적 계약이라 본다. 칸트에게 있어 원초적 계약은 정언명령으로서 존재한다. '원초적 상황 속에서 이성적 인간이 공존을 위해 합의한다'는 롤즈의 발상 역시 여기에 기초하고 있다. 이러한 논지로서 김석수, *칸트와 현대사회철학* (울력, 2005), 165쪽 아래 참조; '평등한 양심의 자유는 원초적 입장에 선 이들이 받아들일 수 있는 유일한 원칙'이라는 롤즈의 생각 또한 "도덕의 마지막 법정은 양심이다"라는 칸트의 명제의 또 다른 표현이라고 할 수 있다. I. Kant(백종현 역), *윤리형이상학 정초(Grundlegung zur Metaphysik der Sitten)* (아카넷, 2005), §13 참조.

157 김민권, *불평등의 패러독스: 존 롤즈를 통해 본 정치와 분배정의* (개마고원, 2004), 91쪽.

158 J. Rawls(황경식 역), *사회정의론(A Theory of Justice)* (서광사, 1988), 13쪽.

159 롤즈의 자유 개념은 자율성에 바탕을 둔 것으로서 민주적 시민으로서의 자율성 함

원리 2. 불평등은 ① 그것이 모든 사람의 이익에 기여하게 될 것, 바꿔 말해 최소수혜자에게도 최대의 이득을 보장하게 될 것(최소극대화)이라는 합리적 기대가 가능하고(차등원칙), 또한 ② 그 불평등이 일정한 직책과 직위에서 비롯될 경우에 그 직책과 직위는 모든 사람에게 개방되어 있어야, 즉 접근이 기회균등하게 보장되어 있어야 한다(공정한 기회의 원칙).

(4) **자유주의의 한계** 그러나 롤즈가 밝힌 바와 같은 자유주의적 의미의 옳은 질서는 그 안에서 일어나는 사회경제적 불평등을 정당화기 어렵다. 불평등은 언제나 평등한 자유의 정당성을 흔들어 놓는다.[160]

1) 롤즈 정의론의 미국의료체계에 대한 적용 이 점을 의료현실에서 쉽게 이해할 수 있다. 롤즈의 자유주의적 정의론은 사실 미국의료체계의 현실이기도 하다.[161] 미국의 자유의료시장체제는 누구나 능력껏 다양한 의료재화를 누릴 자유, 즉 평등한 자유의 원칙을 구현한다. 그 자유의 원칙에 따라 의료재화(예: 적정진료, 최선진료)의 배분에서는 사회적 차등이 발생한다. 하지만 이러한 의료의 차등적 분배의 원천이 되는 사회적 직책이나 지위에 접근할 수 있는 기회는 약속의 땅인 미국에서 누구에게나 균등하게 개방되어 있다(공정한 기회의 원칙). 다만 롤즈에 의하면 그러한 차등은 결과적으로는 최소 의료수혜자에게도 최대의 이익이 돌아가는 것이어야 한다. 이 차등원칙의 내포로서 최소극대화원칙은 주로 보상의 원칙(a rule of redress)으로 실현된다.[162] 예컨대 장애

양과 실현이라는 기준에 의해 판단된다. 이에 관해 자세한 논의는 김도균, "John Rawls 자유론에 있어서 분석적 차원과 규범적 차원", *법철학연구* (제5권 제1호, 2002), 5~34쪽 참조.

160 롤즈 정의론에 대한 또 다른 비판으로 센(Amartya Sen)의 정의론을 소개하면서, 그에 따라 정의문제를 자원의 배분 중심이 아니라 개인의 역량(capability) 중심으로 접근해야 하고, 자유란 개인의 역량을 키우는 것이며, 복지국가도 능동적 개인에 의한 자기통제를 달성함에 지향하여야 정의가 실현될 수 있다고 보는 김대근, "Amartya Sen의 정의론의 방법과 구조", *법철학연구* (제14권 제1호, 2011), 179~212쪽.

161 이하 의료체계에 롤즈 이론을 적용하고 그 결과를 비판한 내용은 이상돈, *의료체계와 법* (고려대학교 출판부, 2000), 58~60쪽을 요약한 것임.

162 ★ 자선의 의미와 복지국가 ① 미국은 자유시장체제를 통하여 자산의 파이를 크게

인의 신체적 결함이나 노인의 신체기능약화로 인한 재정능력의 약화는 더 좋은 재화(의료)를 그들의 능력으로는 획득할 수가 없게 하는 것이다. 그러나 이는 그들이 책임질 수 없는 사유에서 비롯된다. 따라서 이들에게 초래되는 의료재화의 불공평한 분배는 공정한 기회의 원칙에도 반한다. 미국의 노령자에 대한 공공의료부조인 메디케어(medicare)나 생활보호대상자에 대한 공공의료부조인 메디케이드(medicaid)는 바로 이런 이들에 대한 보상이다. 하지만 이 두 집단 이외의 일반시민들로서 민간의료보험에 가입할 재정능력이 없는 사람들은 의료혜택을 거의 못 받는데, 이런 현실은 공정기회원칙에 반하지 않으며, '차등원칙'이 예정하는 결과이다.

2) 취약한 평등지향 미국의 의료현실에서 보듯이 롤즈에 의해 현대적으로 해석된 자유주의적 의미의 옳음은 온전한 정의가 될 수 없다. '자유'의 이념은 강하지만 '평등' 또는 공동선의 이념을 지나치게 많이 외면했기 때문이다.[163] 공동선을 외면한 정의는 아무리 최소극대화원칙이나 보상의 원칙을 말한다고 해도 그것은 단지 '정서적인 공명'[164]을

키우고 대신 부자들의 자선(charity)을 장려하는 방식으로도 최소극대화(maximin) 원칙을 실현한다. 즉, 자유시장체제의 결과적 차등이 크다 해도 파이가 크므로, 자선을 통해 최약층에게 — 완전히 평등을 지향하는 사회보다 — 더 나은 혜택이 돌아갈 수 있다는 것이다. ② 반면 유럽의 복지국가들은 세금을 많이 걷어서 그 자원으로 국가가 사회복지(안전)망을 구축하여 최약자 층과 부자 사이의 차이를 현저히 줄인다. 이런 체제에서 정의는 개인적인 자선에 의존하지 않는다. ③ 우리 사회는 사회국가이념이 미국보다는 강하고, 유럽의 복지국가보다는 다소 약하다. 이 점에서 개인적 자선의 필요성과 미덕은 미국보다는 작고 유럽 복지국가보다는 다소 커야 한다고 볼 수 있다.

163 물론 롤즈의 정의론은 노직(R. Nozik)의 자유지상주의적인 정의론(이에 관해서 김대근, "자유지상주의의 인권과 정의에 대한 시론", *법철학연구* [제14권 제3호, 2011], 103~138쪽 참조)에 비하면 평등에 지향된 정의론이다. 그렇기에 롤즈의 정의론을 평등지향적 자유주의(egalitarian liberalism) 정의론이라고 명명하기도 한다. 이런 입장으로 김도균, "한국 법질서와 정의론: 공정과 공평, 그리고 운의 평등", *서울대학교 법학* (제53권 제1호, 2012), 385쪽 아래 참조. 그러나 롤즈의 정의론은 평등지향적이라고 부르기엔 평등의 실제적인 실현이 미약한 이론이라고 볼 수 있다.

164 이런 냉소적인 비판으로 A. Kaufmann, *Rechtsphilosophie 제2판* (1997), 274~275쪽 참조.

표현할 뿐이다.

3) 시장의 실패와 옳음의 정의의 한계 여기서 롤즈의 정의론은 비록 사회계약의 이론에서 출발했지만 그 끝은 단지 (자유)'시장의 이론'으로 빠져버렸다는 지적[165]을 놓쳐서는 안 된다. 미국에서 나타난 의료소외 현상은 근본적으로는 의료영역의 특수성[166]으로 인하여 시장원리가 제대로 기능하기 어렵다는 점, 즉 '시장의 실패'[167]에서 비롯된다. 이처럼 시장의 실패가 일어나는 영역에서 자유주의적 의미의 '옳은' 질서는 정의를 실현하기가 어렵다.

2. 윤리적으로 좋음과 공동체주의

자유주의적 정의론은 고립된 개인상을 암암리에 전제한다. 고립된 개인상은 롤즈가 말하는 무지의 베일 속에 있는 사람들에게서도 발견된다. 이런 개인상은 매킨타이어(MacIntyre)의 비판처럼 '무연고적 자아'(unencumbered self)라는 허상이다.[168]

(1) 공동체주의 그러나 자아는 개인사나 인류사의 차원 어디에서든 무지의 베일 속이 아니라 현실의 맥락 속에 존재한다.[169] 현실 속의 자아는 타자와의 사회적 접촉을 하지 않을 수 없고, 사회적 공동생활의 조직화에 대한 결정을 먼저 하게 된다. 이는 공동체주의(communitarinismus)가 전제하는 인간상이다.[170] 개인의 '자기의식'이라는 것도 쌍방적 승인

---

165 H. P. Müller, "Staat und individuelle Freiheit. Zur soziologischen Kritik individualistischer Vertragstheorien", L. Kern · H. P. Müller(Hrsg.), *Gerechtigkeit, Diskurs oder Markt?* (1986), 127~148쪽 참조.

166 이에 관해서 양봉민, "우리나라 의료제도의 구성과 성과", *건강보장연구* (통권 1호, 1997), 11~12쪽 참조.

167 조병희 교수는 미국의 의료소외 현상을 Downs(*Inside Bureaucracy*, 1967)의 분석에 힘입어 '시장의 실패'라고 규정하고, 이를 의료서비스 시장에서 특정집단에게 의료서비스의 접근이 구조적으로 제한되는 현상이라고 정의한다. 이에 관해서는 조병희, *의료문제의 사회학* (태일사, 1999), 291쪽 참조.

168 정세근, "법의 정의론", *동서철학연구* (제33호, 2004), 96쪽.

169 박은정, "여성주의와 비판적 법이론", *현대법철학의 흐름* (법문사, 1996), 321쪽.

170 공동체주의에 대한 입문적 설명으로는 황경식, "자유주의와 공동체주의", *사회철학대*

을 전제로 한다.[171] 그렇기에 공동체주의가 내세우는 정의의 잣대는 구체적인 맥락 속의 '덕'(virtue)이다.[172] 이 덕은 대체로 '공동선'共同善을 지향한다. 덕은 (사람들이 어떻게 생각하든, 어떻게 받아들이든 상관없이) 옳기 때문이 아니라, 사람들이 '좋아'하고 그래서 행복할 수 있기 때문에 정의의 자격을 갖는다. 이로써 정의의 의미중점은 이성적인 의미의 옳음에서 윤리적인 의미의 좋음(ethical good)으로 이동한다. 그리고 좋음은 공동체의 미덕이 된다.[173] 가령 위기에 처한 사람에 대한 구조의무를 그 사람과 아무런 관계가 없는 사람에게까지 법이 인정한다면, 그것은 평등한 자유의 보장이라는 자유주의적 정의의 이념을 깨뜨리고, 미덕이라는 공동체주의적 정의를 실현하는 것이 된다.[174]

★ **공동체주의와 구조의무** ① 공동체주의의 입법례로 착한 사마리아인의 법으로 유명한 독일형법 §323c[175]나 오스트리아 형법 §95[176]를 들

계 (제2권, 1993) 참조.

171 K. Seelmann(윤재왕 역), *법철학(Rechtsphilosophie)* (지산, 2000), 246쪽.

172 아리스토텔레스적 정의개념에 착안한 공동체주의의 덕(virtue)개념은 특히 A. MacIntyre(이진우 역), *덕의 상실(After Virtue)* (문예출판사, 1997) 참조. 아리스토텔레스의 덕 사상은 최근에는 덕법학(virtue jurisprudence)으로 논의되기도 한다. 덕법학에 관한 논의로 한상수, "법에 있어서 덕의 역할", *법철학연구* (제19권 제2호, 2016), 5~32쪽 참조.

173 현대의 공동체주의에서 미덕의 의미는 불확정적이다. 이를테면 샌델(Sandel)은 공동체의 미덕을 다원적으로, 예컨대 소비자의 미덕, 시민적 미덕, 종교적 미덕 등으로 이해함으로써 경제논리가 최고의 미덕이 되는 것을 경계한다. 이로써 샌델의 자유주의적 공동체주의는 공리주의와 구분된다. 이와 같은 샌델의 자유주의적 공동체주의에 대한 분석으로 양천수, "자유주의적 공동체주의의 가능성－마이클 샌델의 정치철학을 중심으로 하여－", *법철학연구* (제17권 제2호, 2014), 222쪽.

174 서구사회에서 공동체주의는 자유주의의 기본가치가 확립된 시대 이후에 주장되는 것이므로 자유주의의 가치를 수용하는 공동체주의를 가리키고, 우리사회에서는 자유주의 이전의 공동체적 가치도 포함하는 공동체주의를 가리킬 수 있다. 전자를 **공동체자유주의**(liberal communitarianism), 후자를 **보수적 공동체주의**(conservative communitarianism)라고 부르는 김도균, "전통윤리의 법적 강제와 법의 중립성: 시론적 고찰－자유주의와 공동체주의 논쟁의 맥락에서－", *아세아여성법학* (제13권, 2010), 46쪽.

175 StGB §323c: "사고 또는 일반적인 위험이나 곤경에 있어서, 부조(Hilfe)가 요구되며 여러 상황에 비추어 특히 자신에 대한 현저한 위험이 없고 다른 중요한 의무의 위반 없이 가능하다고 기대되는 부조를 행하지 아니한 자는 1년 이하의 자유형 또는

수 있다. 이 조항들은 곤경에 처한 사람에 대한 구조의무를 설정함으로써 공동체주의의 이념을 실현한다. ② 이에 반해 우리나라 형법은 법률상 또는 계약상 의무가 있는 경우에만 유기죄(형법 제271조 이하)를 인정함으로써 자유주의적 입법형태를 취하고 있다. 다만 응급의료종사자의 응급의료업무영역에서 응급의료종사자는 응급의료의무를 지는데(응급의료에 관한 법률 제6조 2항), 이로써 의료기관은 응급진료비의 회수가 사실상 완전하게 될 수 없는 경우가 발생할 수 있음에도 불구하고 응급환자를 구조할 의무를 지게 된다. 응급환자의 구조는 의료인의 덕성이 된다.

또한 사람들은 그런 의무의 부과를 '좋아'할 수 있다. 그런 의무를 모두가 부담할 때 이 사회는 더 살만한 사회가 될 것이라 믿기 때문이다. 여기서 좋음은 법적 정의의 한 내용이 될 수 있음을 알 수 있다.

(2) 공화주의의 정치 그래서 공동체주의는 (개인의 희생과 억압을 최소화하기 위해서) 논리필연적인 것은 아니지만 대체로 정치적으로는 '공화주의'(republicanism)라는 민주주의 형태와 결합한다.[177] 공화주의는 다양한 개인의 이익을 공동선의 아래에 위치시킬 수 있다. 공화주의에서 보면 자유주의의 기획인 '평등한 자유'는 그 자체가 정의이기 때문이 아니라 공동선을 실현하는 방편일 수 있고, 또한 그런 한에서 정의로운 것이 된다. 따라서 공화주의는 덕성(virtue)을 가진 시민들이 적극적으로 공동체(국가)의 일에 참여하면서 공공이익의 실현에 공헌하는 이상적인 정치체제로서 '공화국'(republic)을 지향한다.[178]

벌금형에 처한다."

176 Österreich StGB §95: "사고 또는 일반적인 위험에 있어서 사망 또는 현저한 신체상해나 건강훼손의 위험에 처한 사람을 구조하기 위해 필요한 부조를 행하지 않은 자는 6개월 이하의 자유형 또는 360일수 이하의 벌금형에 처하고, 만약 부조를 행하지 않은 결과 사람이 사망한 경우에는, 그 부조가 행위자에게 기대할 수 없는 것이라 할지라도, 1년 이하의 자유형 또는 360일수 이하의 벌금형에 처한다."

177 공화주의의 기본개념에 대해서는 조승래, "공화주의", *서양의 지적운동* (지식산업사, 1998); 황해봉, "독립혁명기 미국 공화주의의 기본원리들과 그 변형", *미국사연구* (창간호, 1993) 참조.

178 공화주의적 가치들은 민주주의, 법치국가, 사회국가로 분화·발전해 왔다는 점에서 헌법 제1조 제1항("대한민국은 민주공화국이다.")를 독자적인 헌법원칙이 아니라 "헌법공동체의 이상"으로서 헌법해석과 헌법실천을 향도하는 헌법이론 또는 헌법관으로

1) 루소의 일반의지 공화주의에서 말하는 공공이익은—아리스토텔레스의 폴리스철학, 키케로의 국가이론, 마키아벨리의 공화국 구상 등에서도 발견되고, 칸트의 공화국 사상에서 더욱 발전된 모습을 보이지만[179]—일찍이 루소(J. J. Rouesseau)의 '일반의지'(volonté générale)에서 가장 잘 설명된다.[180] 루소에게 있어 일반의지는 자기지배로서 민주주의 원리를 구성하는 공리이다. 일반의지는 '전체의지'(volonté de tous)와는 구별된다. 전체의지는 주관적 또는 개별적 '특수의지'(volontés particuliéres)의 총체를 가리키는 반면, 일반의지는 서로 대립된 이해관계 속에 있는 공통된 요소, 즉 공동의 이익이라는 의미의 객관적 의지를 가리킨다. 법은 그런 일반의지의 문서화이며, 국가는 일반의지를 기반으로 형성된 이념적인 법적 통일체이다. 따라서 국가는 공공복지라는 목적에 따라 설립된 것이고, 국가의 모든 힘은 바로 그런 설립목적으로 조직화되는 것이며, 국가의 사회에 대한 통치도 일반의지를 기반으로 한다.

2) 공화주의 ① 이에 따라 정치의 개념도 달라진다. 자유주의처럼 사적 이익의 중재보다는 자유롭고 동등한 법동료들이 공동체를 (주권적으로) 형성해 나아가는 과정이 곧 정치가 된다. ② 민주주의의 의미도 충돌하는 이익들 사이의 타협보다는 '공동의 윤리적 실체'를 구현하는 의사형성의 방식에 그 중점이 놓이게 된다. 그에 따라 정치는 사람들의 생활공동체에 축적되어 있는 이념, 즉 공동선(공공이익)을 추구하는 것이며, 이런 공동선의 가치는 자유주의적 의미의 옳음, 즉 평등한 자유

바라보자는 강일신, "헌정원칙으로서 민주주의-공화주의적 이해: '신공화주의' 관점에서의 고찰", *법철학연구* (제18권 제2호, 2015), 50~51쪽 참조.

179 공화주의를 이와 같은 역사적 발전사로 이해하는 이계일, "공화국 원리의 함의에 대한 이념사적 고찰-고전적 공화주의의 이론의 유형화와 그 법적 구체화의 상관관계를 중심으로-", *연세대 법학연구* (제21권 제2호, 2011), 71~84쪽 참조.

180 루소의 사상에 관해서는 Rousseau(이태일·최현 역), *사회계약론* (범우사, 1991), 특히 제2편; 루소의 사상을 법철학적 관점에서 면밀히 조명한 심재우, "Rousseau의 법철학", *고려대학교 법률행정논집* (제19집, 1981), 1~27쪽 참조; 루소의 일반의지는 자율적인 자기입법성과 자기지배성을 갖는 것으로서 실천이성의 관념론자 칸트의 계몽사상과 크게 다르지 않다는 해석으로 임미원, "자연법과 사회계약", *법철학연구* (제6권 제2호, 2003), 39~58쪽.

의 이념보다 상위에 놓이게 된다. 여기서 공화주의는 ≪주권→국가→정치→공동선의 실현≫의 체계로 구성됨을 알 수 있다. ② 그러므로 시민권은 국가권력에 대하여 방어되어야 할 개인의 자유라는 소극적 권리가 아니라 국가의 의사를 형성하는 정치적 참여라는 적극적 권리가 된다. ③ 따라서 시민들은 이러한 권리의 행사를 통해 국가를 형성하고 공동선의 실현에 이바지하는 정치를 행하며, 그런 정치의 실행과정으로서 자율적인 법제정의 주체가 된다.[181]

(3) **공동체주의의 한계** 그러나 (윤리적) 공동체주의와 (정치적) 공화주의도 법적 정의를 보장하는 데에는 한계가 있다. 무엇보다도 공동선과 같은 거대한 윤리적 실체가 정의 개념의 중심에 놓이게 되면, 실천적으로는 개인들의 인권이나 자유는 억압되기 쉽다. 공동선과 개인의 자유 사이에는 억압 없는 조정도 어렵다. 예컨대 의료체계가 공동선의 하나로서 평등한 의료의 보장을 위해 짜이면 의료의 자유는 억압되고, 의료산업의 국제경쟁력은 약화될 수 있다. 이것은 증권시장(자본시장)처럼 평등한 자유가 무제한 보장되지만, 그 결과로 심한 불평등이 발생하는 것에 정반대되는 경우이다. 또한 대다수의 시민들이 공동선에 지향한 의료체계를 '좋아'한다고 하여, 그 체계의 정의가 보장되는 것은 아니다.

3. 옳음과 좋음의 변증으로서 법적 정의

그러므로 오늘날 법적 정의는 자유주의적 의미의 옳음만으로 또는 공동체주의적 의미의 좋음(공동선)만으로 확보되지 않고, 양자가 서로

181 이계일 교수는 헌법상 공화국조항의 함의로서 ⓐ 시민적 덕성, ⓑ 지배의 공화적 정당화, ⓒ 공적 자유(이계일, "공화국 원리의 함의에 대한 이념사적 고찰－고전적 공화주의의 이론의 유형화와 그 법적 구체화의 상관관계를 중심으로－", *연세대 법학연구* [제21권 제2호, 2011], 99~104쪽)를 든다. 여기서 ⓐ 시민적 덕성은 공동선(본문의 ①)에, ⓑ 지배의 공화적 정당화는 국가의사 형성에 대한 시민의 참여(본문의 ③)에, ⓒ 공적 자유는 정치적 참여의 자유와 권리(본문의 ②)에 관한 나의 설명에 상응한다.

변증됨으로써만 온전하게 실현될 수 있을 것이다.

(1) **자유주의와 공동체주의의 변증적 종합의 과제** 한국사회에서는 공동체주의가 더 강하다는 판단은 공동체주의와 "전통적 소집단이나 연고적 집합주의와 혼돈하기 때문"[182]에 일어난 것일 수 있다.

1) 변증적 종합의 필요성 현대사회에서 자유주의와 공동체주의의 변증적 종합이 필요하다는 점은 이미 직관적으로 옳다. 왜냐하면 (순수하게) 자유주의적 의미의 법적 정의는 '이성적으로 옳은 것'을 추구하지만 사회경제적 불평등을 초래함으로써 사회적 통합의 기능을 충분히 수행할 수 없는 반면, (순수하게) 공동체주의적 의미의 법적 정의는 '윤리적으로 좋은 것'을 추구하지만 자유의 상실을 초래함으로써 개인의 인격적 자율이라는 가치를 훼손하기 때문이다. 이와 같은 자유주의와 공동체주의의 이율배반적 관계는—비록 특정한 문제, 이를테면 환경 문제처럼 세대 사이의 정의문제에 대해 '자율적인 공동체주의적 자아' (autonomous communitarian self)라는 개념의 설정[183]과 실현을 통해 얼마간 해소될 가능성이 없는 것은 아니지만—하나의 법이념이나 하나의 법제 안에서 온전하게 해소되기는 어렵다.

★ 공동체주의적 자유주의의 법제로서 불법행위법 예컨대 민법 제750조는 고의·과실로 타인의 법익을 훼손한 것이 아니면 배상책임을 묻지 않음(과실책임원칙)으로써 자유의 평등한 보장을 기획한다. 그러나 이 조항을 위험책임으로 해석함으로써 사회적 약자의 보호를 도모하게 되면, 제750조는 공동체주의적 자유주의의 법제가 되고 그 조항의 자유보장기능은 약화된다.

2) 자유주의와 공동체주의 사이의 법 그러므로 자유주의와 공동체주의는 "막대기의 두 끝과 같이 우리 삶을 구성하는 것이다"[184]라고 볼

---

182 이종수, "공동체주의의 이론적 전개와 자유주의와의 논쟁 고찰", *지방정부연구* (제14권 제3호, 2010), 14쪽.

183 이런 제안을 하는 오병선, "세대간 정의의 자유공동체주의적 접근", *법철학연구* (제6권 제2호, 2003), 295~322쪽.

수 있다. 바꿔 말하면, 법적 정의는 자유주의와 공동체주의 그 둘 사이에(inbetween) 위치하는 것이다.

★ 자유주의의 하위문제와 공동체주의의 혼동 ① 흔히 학계에서는 다음과 같은 헌법재판소의 결정을 자유주의와 공동체주의를 조화시키는 입장으로 이해한다: "우리 헌법질서가 예정하는 인간상은 자신이 스스로 선택한 인생관·사회관을 바탕으로 사회공동체 안에서 각자의 생활을 자신의 책임 아래 스스로 결정하고 형성하는 성숙한 민주시민인바, 이는 사회와 고립된 주관적 개인이나 공동체의 단순한 구성분자가 아니라, 공동체에 관련되고 공동체에 구속되어 있기는 하지만 그로 인하여 자신의 고유가치를 훼손당하지 아니하고 개인과 공동체의 상호연관 속에서 균형을 잡고 있는 인격체라 할 것이다"(憲裁決 2002헌마518).[185] 그러나 고립된 주관적 개인은 무정부주의의 인간상일 뿐이다. 권리와 의무의 대칭적 분배와 개인들 사이의 상호존중의무를 중시하는 자유주의적 법체계는 고립된 개인이 아니라 공동체에 관련된 개인을 상정한다. ② 헌법재판소 결정에 대한 오해와 마찬가지로 자유주의(법체계)의 하위문제가 종종 자유주의와 공동체주의의 조화문제로 오해되기도 한다. 예컨대 저작물에 대한 창작자의 배타적 권리(지적재산권)의 인정은 자유주의의 발현이고, 공정이용(fair use)의 법리에 의해 일반인이 사용할 권리를 인정하는 것은 공익을 좇는 공동체주의의 발현이라고 보는 것이다.[186] 그러나 공익을 좇는 것이 공동체주의의 고유한 의미는 아니다. 공익은 자유주의 법체계도 도모하는 것이다. 더욱이 저작물의 (일반인의 사적인) 공정이용은 공익이 아니라 '집단적 사익'을 보장하는 것이다. 배타적 저작권과 집단적 사익 사이에 경계를 설정하는 일은 자유주의 법체계 내의 하위

---

184 이런 이해로 신동룡, "법담론에 있어서 자유주의와 공동체주의", *법철학연구* (제13권 제3호, 2010), 38~39쪽.

185 이 결정에서 자유주의 요소와 공동체주의 요소를 분석하는 조수영, "공동체주의적 관점에서의 헌법 고찰", *세계헌법연구* (제16권 제2호, 2010), 535~570쪽, 특히 552쪽 참조.

186 이런 전제 하에 대화윤리에 의해 그 조화의 가능성을 모색하는 신동룡, "대화윤리와 저작권법", *법철학연구* (제9권 제1호, 2006), 239쪽 아래 참조. 신 교수가 취하는 조화의 방법은 적절하지만, 그 전제, 즉 배타적 저작권과 공정이용의 권리인정의 충돌은 자유주의와 공동체주의의 충돌이 아니라는 점에 주의할 필요가 있다.

문제일 뿐이지, 공동체주의와의 조화 문제는 아니다. 왜냐하면 공동체주의는 '자유'의 평등(향유)이 아니라 '평등'의 자유, 즉 재화의 '평등'한 분배(향유)에 지향된 자유[187]를 좇는 사회국가적 기획이나 자유를 제한하는 (기독교, 유교)윤리적 기획을 말하기 때문이다.

그렇기에 현대사회에서 자유주의는 '공동체적 자유주의' (또는 "공화주의 자유론", 비지배로서의 자유관인 공화적 자유[188])일 수밖에 없고, 공동체주의는 자유주의적 가치를 인정하는 '자유로운 공동체주의'일 수밖에 없다.

★ 공화주의 자유론과 신공화주의 ① 김도균 교수는 헌법 전문의 '자유민주' 개념에는 자유의 평등과 평등한 주권자로서의 시민이라는 이념이 포함되어 있다고 보고, 현대의 정치 및 법철학은 모두 이 공통의 상위개념에 대한 상이한 해석의 결과라고 본다. 즉, 자유는 더 이상 불간섭(non-interference)의 자유가 아니라 그런 자유가 보장되기 위한 '공화주의적 조건'(republican conditions)을 충족한 자유, 바꿔 말해 비예속상태(non-domination)의 자유[189]이어야 한다는 것이다. 이를 공화주의 자유론이라고 부른다.[190] ② 강일신 박사는 페팃(Pettit)의 (비지배자유)이론을 배경으로 공공선을 매개로 한 '인민을 위한 지배'에 지향점을 두고 ⓐ 정치적 참여의 평등 이외에 ⓑ 심의적 참여제도, ⓒ 사적 영역의 민주화(교

187 평등분배에 지향함으로써 자유를 상실하게 되는 체제는 사회국가가 아니라 (현실)사회주의 국가임에 주의를 요한다. 현실사회주의란 교환적 정의 중심의 자본주의 사회에서 사라진 분배적 정의를 회복하고 "능력에 따른 반대급부에 제약이 없는" 사회인 공산주의사회를 가리킨다. 마르크스의 공산주의 사회의 정의론적 측면에 대해 자세히는 강희원, "마르크스가 본 아리스토텔레스-정의론을 중심으로-", *법철학연구* (제20권 제2호, 2017), 215~290쪽 참조.

188 김도균 교수와 비슷하게 '비지배로서 자유', 즉 '공화적 자유'를 우리 헌법상 이념으로 볼 수 있다는 이계일, "민주적 헌정국가에서 공화적 자유의 이념이 가지는 함의와 역할에 관한 연구", *연세대 법학연구* (제24권 제4호, 2014), 295~357쪽 참조.

189 공화주의의 한계를 보완하기 위해 페팃은 공동체 안에서 (공적 지배이든 사적 지배이든) 누구에게도 예속되지 않게끔 하는 (정신적·물질적) 지위의 확보(=비지배자유)를 정치적 이상으로 삼는 신공화주의 이론을 주장한다. 자세히는 Philip Pettit(곽준혁 옮김), *신공화주의: 비지배 자유와 공화주의 정부* [나남, 2012]) 참조.

190 자세히는 김도균, "불간섭으로서의 자유와 비예속상태로서의 자유-한국사회의 자유담론과 관련해서-", *법과 사회* (제39권, 2010), 237~267쪽, 특히 259쪽 참조.

육민주주의, 경제민주주의), ⓓ 배심제도 등에 의한 국가영역참여와 견제민주주의의 실현 등을 신공화주의적 민주주의원리로 제시한다.[191]

3) 정치철학적 논쟁과 법학적 논쟁의 차이 그러나 이러한 변증적 종합의 필요성은 모든 법이 항상 공동체주의적 자유주의이거나 자유주의적 공동체주의의 정의를 좇아야 함을 뜻하지 않는다. 법영역과 법분과적 특성에 따라 (순수한) 자유주의나 (순수한) 공동체주의의 정의를 좇을 수도 있다. 그러므로 법학에서 자유주의와 공동체주의는 (정치)'철학'적인 논쟁으로서 자유주와와 공동체주의와는 다른 측면을 갖는다. 즉, (정치)철학적 논쟁에서 자유주의와 공동체주의는 어느 것을 선택할 것인가, 아니면 어느 것을 중심에 놓고 다른 것을 주변에 놓는 식의 적절한 혼합의 문제로 다루어진다. 그러나 법(학)은 그런 선택이나 혼합을 모든 법(영역)에 단일한 정의의 기초로 삼는 것이 아니라, '어떤 법영역'(예: 의료법영역, 자본시장법영역 등)에서 '어떻게'(예: 단일한 법제 속에 또는 다원적이고 다층적인 법제 속에 각기 자유주의와 공동체주의를 좇는 방법으로) 그 둘을 변증시킬 것이냐의 문제에 답을 해야 하는 것이다.

(2) 자유주의와 공동체주의의 법철학적 변증방법 법학은 이 문제를 다음과 같은 두 가지 방식으로 해소할 수 있다.

- **수직적 해소** 자유주의와 공동체주의의 이율배반성을 해소하는 다층적 법제 (아래 1) 단락)
- **수평적 해소** 하나의 법제에서 자유주의와 공동체주의의 이념에 대한 지향성에 대한 공론의 결정 (아래 2), 3) 단락)

1) 자유주의와 공동체주의의 이율배반성과 다층적 법제 자유주의와 공동체주의의 갈등과 대립은 자유주의(및 공동체주의적 자유주의)의 정의를 기획하는 법제와 공동체주의(및 자유주의적 공동체주의)의 정의를 기

191 강일신, "헌정원칙으로서 민주주의-공화주의적 이해: '신공화주의' 관점에서의 고찰", *법철학연구* (제18권 제2호, 2015), 59~60쪽 참조.

획하는 법제를 차별화하여 다차원적인 법제를 형성함으로써 해소될 수 있다. 이를 비유적으로 자유주의와 공동체주의의 갈등의 수직적 해소라고 부르기로 한다.

예컨대 ① 의료사고피해가 민법(책임법)이나 형법에 의해 규율될 때에는 엄격한 과실책임원칙이 적용되는데, 이런 법제는 (순수한) 자유주의의 정의를 실현한다. ② 다음으로 자유주의 법제인 민법(책임법)과 형법을 사회적 약자보호를 위해 위험책임으로 변형하여 운영하는 경우(예: 환자보호를 위해 입증책임을 전환한 의료사고배상판결)에는 공동체주의적 자유주의의 정의가 실현된다.

이에 반해 공동체주의의 정의는 보험법이나 각종 사회보장적 법제에 의해 실현될 수 있다.[192] ③ 예컨대 (잠재적) 가해자가 납입하는 보험료로 기금을 형성하는 배상책임보험(또는 공제조합제도)은 — 위험책임[193]을 귀책요건으로 삼는 점에서 자유주의의 요소를 구현하면서도 — 사고로 인한 피해의 부담을 그 사고의 피해자가 홀로 짊어지게 하지 않고 사회가 분담한다는 점에서 (자유주의적) 공동체주의의 정의를 실현한다. ④ 이에 비해 모든 사회구성원이 함께 연대하여 누구에게도 책임을 물을 수 없는 사고(예: 원인이 된 과실을 밝히기 어려운 비행기사고, 선박침몰사고)의 피해자를 도와주는 사고보험법제나 특별법(예: 세월호피해지원법)의 경우에는 아예 가해자의 과실여부나 위험책임여부와 상관없이 보상해줌으로써 (순수한) 공동체주의의 정의를 실현한다. 또한 사회적 약자(예: 생활보호대상자)인 개인의 아무런 기여 없이 국가가 그의 생존을

192 의료사고배상책임영역에서 다차원적 법제의 설계로는 이상돈, *의료체계와 법* (고려대학교 출판부, 2000), 77쪽 아래 참조; 부실감사배상책임영역에서는 이상돈, *부실감사법: 이론과 판례* (법문사, 2007), 162~174쪽 참조.

193 위험책임은 위험원을 지배하는 자가 그 위험원에서 발생하는 사태에 대한 책임을 지는 원리에 입각해 있다. 이에 관해 자세히는 이상돈, *법학입문* (법문사, 2009), 70, 71쪽 참조. 이와 같은 이해에서 보면 위험책임은 요나스(H. Jonas)의 윤리적 책임개념, 즉 권력을 가진 자가 (행위결과가 아니라) 사태 자체에 대해 지는 책임과 상당한 부분 포개진다. 이 점에 대해 자세한 설명은 양천수, "책임구상의 다양한 지평", *안암법학* (제30호, 2009), 147~181쪽 참조.

배려해주는 사회보장적 법제(예: 국민건강보험법, 의료급여법)도 (순수한) 공동체주의의 정의를 실현한다.

수직적 해소

수평적 해소

공론 – 결정 →

정의의 유형		다층적 법제	현행법의 예
공동체주의	공동체주의	사고보험법 / 사회보장적 법제	세월호피해지원법/ 국민건강보험법
	자유주의적 공동체주의	(배상)책임보험법	의료사고피해구제 및 의료분쟁 조정 등에 관한 법률
자유주의	공동체주의적 자유주의	위험책임으로 운영되는 민법, 형법	환자보호를 위해 입증책임 전환한 판결
	자유주의	민법(책임법), 형법	민법 제750조 이하, 형법 제268조

2) 법제형성에서 자유주의와 공동체주의의 결정 이와 같이 ≪자유주의 → 공동체주의적 자유주의 → 자유주의적 공동체주의 → 공동체주의≫의 정의를 실현하는 다층적인 법제가 구축되더라도 어떤 사회영역에 어떤 정의를 실현하는 법제를 구축할 것인가 하는 문제가 남는다.

㈎ 공론에 의한 결정 이런 가치문제를 결정해주는 정의이론(즉, 자유주의와 공동체주의의 메타이론)은 없다. 이 가치문제는 정의이론이 아니라 시민사회와 공론이 결정해줄 수 있을 뿐이다. 이를 비유적으로 자유주의와 공동체주의의 갈등의 수평적 해소라고 부를 수 있다. 즉 현행법이 시민들이 살아가는 생활세계 속에 어떤 정의결과를 가져오는지를 시민들이 느끼고, 문제제기하고, 다른 대안적인 정의규율을 제안하고, 그것들을 누구나 자유롭고 기회균등하게 비판하고 토론하며, 더 나아가 그 주장들이 시민단체에 의해 조직화되고 미디어에 의해 공적 관

심의 대상이 되며, 마침내 정당에 의해 정치체계 내의 정책으로 수용될 가능성이 검토되는 공론의 장에서 어떤 정의관념이 더 많은 설득력과 지지를 얻어내느냐(공론경쟁력)가 법적 정의에서 이성적 옳음과 윤리적 좋음의 구성(비율)을 결정할 수 있을 뿐이다.

(나) **우리나라 법제의 현황과 변화가능성** 현재 우리나라의 경우 실정법을 기준으로만 본다면 자본시장에서는 자유주의의 정의가 지배하는 반면, 의료시장에서는 공동체주의의 정의가 지배한다. 또한 노동시장에서는 자유주의적 공동체주의의 정의가 지배하고, 방송시장에서는 공동체주의적 자유주의의 정의가 지배한다. 물론 비트코인 시장처럼 당대에는 언제나 아직 정의론적 결정이 이루어지지 않은 영역도 존재한다. 그런데 우리사회에서 내려진 기존의 가치결정도 언제나 공론경쟁을 통해 변화할 수 있다. 예컨대 증권거래로 얻은 수익에 대해 누진적인 소득세를 부과해야 한다는 공론이 성장하면 자본시장법의 정의는 (순수한) 자유주의에서 공동체주의적 자유주의로 이동하게 될 것이다. 또한 이와 반대로 현행 마약류관리에 관한 법률을 지배하는 건전사회라는 공동체주의는 연성마약에 대한 치료목적의 사용과 같은 자유주의 정책을 부분 수용하면 자유주의적 공동체주의에게 정의의 기반이 될 위치를 내주게 된다.

(3) **인권과 주권의 변증** 법에서 자유주의와 공동체주의의 변증은 인권과 주권의 변증으로 나타난다.[194] 인권은 자유주의적 정의관념의 기초이며, 주권은 공동체주의의 정치적 표현인 공화주의적 정의관념의 기초이기 때문이다.

★ 주권 개념의 발전사 ① 전근대사회에서는 절대적 인격체(예: 절대왕정의 군주)가 누리는 "분할불가능하고 영속적인 최고의 절대적인 힘"(J.

194 이를 인권과 주권의 동근원성이라는 개념으로 그 역사적인 발전과정을 설명하는 양화식, "하버마스의 담론윤리적 보편주의", *법철학연구* (제12권 제2호, 2009), 379쪽 아래 참조.

Bodin)[195]이라는 주권개념이 지배했다면, ② 민주주의체제가 확립되어 갔던 근대사회에서는 민주주의의 정당성 기초로서 '추상적 국민의 일반 의지'(J. J. Rousseau),[196] 즉 공동체 구성원 전원이 함께 갖는 의지의 총화總和라는 집단적-공화주의적 주권개념이 지배하였다. ③ 현대사회에서도 '여전히 국민이 국가적 결정의 주체로 위치할 수 있는 가능성과 관련하여'[197] 시민들의 선거참여 이외에 공론(Öffentlichkeit)이라는 대화적 소통의 장을 통해 시민이 일상에서 주권을 행사한다는 하버마스(J. Habermas)의 의사소통적 주권개념이 실천적으로 지배하고 있고, 이에 더하여, ④ 초국가적 법(transnational law)과 법다원주의가 전개되는 포스트모던 사회에서 토이브너(Teubner)가 제안한[198] 자율헌법적 체제(Autokonstitutionelles Regime), 즉 분화된 사회체계들이 독자적으로 국경을 넘는 헌법적 규범을 생산하는 권력이라는 '세분화된 사회적 주권' 개념이 등장한 바 있다.[199] ⑤ 그 밖에 우리나라에서는 최근 주권을 국가권력이나 사회체계에서 배제된 소외된 개인들도 누리는 권리(주권의 개인화[200]), 심지어 국민이 아닌 미등록 외국인도 누리는 권리(주권의 보편화[201])로 이해하기까지 한다. 그러나 이는 주권을 인권으로 환원시키거나[202] "탈국가적 시민권"(postnational citizenship)[203]의 개념으로 환원시

---

195 장 보댕(임승휘 역), *국가론* (책세상, 2005), 39쪽.

196 루소의 일반의지가 갖는 의미에 대해서는 심재우, "Rousseau의 법철학", *고려대 법률행정논집* (제19집, 1981), 1~29쪽 참조.

197 하버마스의 주권이론을 이런 관점에서 바라보는 이계일, "주권론의 위협상황과 국민주권론의 재구성가능성에 대한 고찰", *법철학연구* (제16권 제1호, 2013), 274쪽 아래; 같은 취지로 국민주권의 추상성은 "의회존중주의를 다시 강조함으로써 그리고 의사소통적 권력이 형성될 수 있는 활발한 공론장과 시민사회를 활성화함으로써 가능하다"고 보는 엄순영, "현대 법치이념", *법철학연구* (제10권 제2호, 2007), 18쪽 아래, 27쪽 참조.

198 G. Teubner, *Verfassungsfragmente: Gesellschaftlicher Konstitutionalismus in der Globalisierung* (Berlin, 2012) 참조.

199 토이브너의 이론을 주권의 전제로서 사회적 힘들에 직면하여 국가가 사회에 대한 규율가능성을 유지하는 법리적 방안으로 바라보는 이계일, 앞의 논문, 268쪽 아래 참조.

200 대표적으로 오정진, "주권개념의 변환을 위한 시론", *법철학연구* (제15권 제1호, 2012), 264~265쪽.

201 이국운, "대한민국 헌법 제1조의 한 해석", *법과 사회* (제45호, 2013), 233쪽.

202 이런 입장으로 양천수, 앞의 논문 96~97쪽. 양천수 교수는 분권화된 사회적 주권을

키는 문제점이 있다.[204] ⑥ 주권은 의사소통적 권력을 이해하되, 포스트 모던 사회의 특성을 고려하기 위해 분권화된 사회적 주권의 개념(예: 경제영역에서 소비자주권)을—아렌트(Arendt)의 권력[205] 개념(사람의 연대에서 발생하는 정당성)과 같이 "개개인의 자유로운 행위의 연대에서 발생하는 권력"[206]으로 해석된 주권 개념을—부분적으로 고려할 필요가 있다. 그러나 예컨대 사회적 주권으로서 소비자주권은 공정거래법의 기획에서 보듯 소비자후생을 위해 대기업과 소비자 사이의 힘의 비대칭성(asymmetry)을 교정하는 개념으로 기능하는데, 이 개념은 공감(empathy)의 법을 형성하는 것이며, 법원칙과 법체계에 근거를 둔 법개념과 충돌할 수 있다. 즉 사회적 주권의 개념은 "공감의 법과 원칙의 법 사이에"[207]에 위치하는 것이다. 이러한 사회적 주권이 다문화주의 속에서 다양화되고 외국인에게도 인정된다면, "다문화주의 시민권"[208]이 확립될 수도 있을 것이다.

1) 하버마스에게서 인권과 주권의 변증 하버마스는 인권과 주권은 변증된다고 본다.[209] 그는 자유주의와 공화주의의 대립을 <자유주의-

인정하더라도 정치적 주권이 우선되는 것이고, 포기불가능한 것임을 강조한다.

203 이를 경계하는 이철우, "영토와 인민의 대립과 통일", *법과 사회* (제34권, 2008), 293쪽 참조; 이철우 교수는 재외국민의 참정권과 국내의 정주외국인의 참정권 문제는 분리되지 않으며, 주권인민으로 편입(예: 이중국적)시키는 동력과 국가의 표준적 시민상에 부합하지 않는 집단을 타자화하는 배제의 동력이 균형점을 찾아야 한다고 본다.

204 이런 입장으로 양천수, "오늘날 우리에게 필요한 주권 개념 모색: 결단과 토론 사이에 선 주권 개념", *법과 사회* (제46호, 2014), 94쪽.

205 Hannah Arendt, *On Violence* (Harvest Books, 1970). 번역본으로 한나 아렌트(김정한 역), *폭력의 세기* (이후, 1999) 참조.

206 엄순영, "주권의 행위규범성 연구", *법철학연구* (제17권 제3호, 2014), 70쪽; 엄 교수에 의하면 주권은 일상적으로 지속하는 항상적 권력이면서 권리이며, 주체의 실존적 존재방식과 연관되는 것으로서 "주권이 법질서를 정당화는 추상적이고 허구적인 프리즘이 아니라 법질서 전체와 함께 법질서 속 안까지 환하게 비추는 법의 돋보기"(엄순영, 앞의 논문, 68쪽)이다.

207 이에 관해 자세히는 이상돈, *공정거래법* (법문사, 2010), 66쪽 아래 참조; 특히 공감의 법해석이 법원칙을 외면할 경우 많은 문제들이 등장하게 된다. 이에 관해 자세히는 이상돈, 앞의 책, 67~68쪽 참조.

208 김비환, "한국사회의 문화적 다양화와 사회 통합: 다문화주의의 한국적 변용과 시민권 문제", *법철학연구* (제10권 제2호, 2007), 339쪽 아래 참조.

209 이 단락의 설명은 하버마스의 인권이론을 상세히 분석한 이상돈・홍성수, "하버마스

사적 자율성-인권>의 사상[210]과 <공화주의-공적 자율성-주권>의 사상 사이의 '대립'(바꿔 말해 '자유와 주권의 양립불가능성'[211])으로 본다. 이때 인권은 인간에게 인간성을 바탕으로 선천적으로 주어지는 권리로서, '인간은 무엇인가'라는 자기규정과 관련된 권리이며, 주권은 '인간성은 어떻게 실현될 수 있는가'에 대한 권리가 된다.[212] 이런 의미에서 자유주의는 인권을 '도덕적(moralisch) 자기규정의 표현'이라고 파악하고, 공화주의는 주권을 '윤리적(sittlich) 자기실현의 표현'이라고 이해한다.[213]

(가) **인권과 주권의 내적 연관** 하버마스에 의하면 먼저 인권은 추상적 원리로만 규율되어 있기 때문에 그것의 해석이 수반되어야 한다. 해석이 수반될 때에만 인권은 실질적으로 보장될 수 있다. 그래서 그는 "개인의 도덕적 자율에 의해 개별적으로 근거지어진 인권은 오직 국가시민의 정치적 자율을 통해서만 그 실제 형태를 획득한다"[214]고 말한다. 따라서 인권은 민주주의적 절차를 통해 구체적 해석과 형태를 얻게

의 인권이론", *고려법학* (제42호, 2004), 71~95쪽을 요약·정리하고 수정·확장한 것임.

210 이러한 인권 개념의 전형은 칸트(Kant)에게서 찾을 수 있다. 그러나 임미원 교수는 "만인의 보편적 자유권, 즉 인간성의 권리(Rechte der Menschheit)라는 형식을 통해 공적 자율이 인정될 수 있고, 더 나아가 "도덕적 자율의 이념에서 출발하는 인권원리와 국민의 자기입법의 이념을 표현하는 주권원리 간의 연관관계는 하버마스보다 칸트에게서 더 내적이고 긴밀하다"(임미원, "도덕적 권리와 정치적 권리-칸트와 하버마스의 인권관념을 중심으로-", *법철학연구* [제7권 제2호, 2004], 132쪽)고까지 말한다.

211 이러한 대립은 '자유와 주권'의 대립으로 볼 수 있는데, 엄순영 교수는 한나 아렌트(Hannah Arendt)의 자유와 주권에 대한 이해를 새롭게 다음과 같이 해석한다: "아렌트는 자유를 자유의지와 일치시키고, 주권을 최고권으로 이해한다면, 자유와 주권은 양립할 수 없지만, 자유를 원칙에 따른 행위로 이해하고, 주권을 이러한 행위의 연대에서 생성되는 권력으로 이해한다면, 자유와 주권이 양립할 수 있다"(엄순영, "한나 아렌트의 '자유와 주권의 양립불가능성과 그 가능성'", *민주법학* [제47호, 2011], 169쪽).

212 이진우, "급진민주주의의 규범적 토대", *하버마스의 비판적 사회이론* (문예출판사, 1996), 191쪽.

213 J. Habermas, *Faktizität und Geltung* (Suhrkamp, 1992), 129쪽.

214 J. Habermas, 앞의 책, 123쪽.

되며, 이를 위해서는 민주주의적 절차에 참여할 수 있는 권리가 필요한데 이것이 바로 주권이다. 즉 인권은 시민이 정치적 자율을 적절하게 사용함으로써만 비로소 보장될 수 있다는 것이다.

다른 한편 국가시민은 인권의 충분한 보장, 즉 평등하게 보장된 사적 자율을 근거로 하여 충분히 독립적일 때에만 정치적 자율을 이룰 수 있다. 예를 들어 루소와 같이 일반적이고 추상적인 법률규칙(즉, 일반의지)만을 상정하고, 이성적 의지가 민족과 같은 집단적 주체에 주어졌다고 생각한다면, 기본적 인권의 규범적 내용은 적절하게 규정될 수가 없고, 그런 인권상황에서 국가시민은 정치적 자율을 이룰 수 없다. 간단히 말해 인권이나 시민의 사적 자율이 보장되지 않으면 주권이나 공적 자율도 실현될 수 없다는 것이다.

> ★ 사적 자율과 공적 자율　이렇게 볼 때 법에서 자율성 개념은 사적 자율과 공적 자율을 포괄하고, 전자는 소극적, 형식적 자유를 넘어 적극적, 실질적 자유, 즉 스스로가 자기지배자가 되는 상태이며,[215] 후자는 민주주의적 법치국가의 정당화 원리이며, 국민 전체의 참여를 통한 입법절차의 보편화라고 보는 임미원 교수의 지적[216]은 정확하다. 다만 '포괄'한다는 개념보다는 '변증적으로 종합'하는 것이라는 표현이 좀 더 나을 듯하다.

그러므로 하버마스는 자유주의와 공화주의(또는 법치주의와 민주주의)[217]의 내적 연관을 바라본다.[218] 즉, 국가시민은 평등하게 보장된 사

215 간섭의 부재인 '소극적 자유'와 '자기지배'를 핵심으로 하는 적극적 자유의 대립을 부각한 영국의 철학자 이사야 벌린(Isaiah Berlin)의 사상에 대해서는 안준홍, "이사야 벌린의 소극적 자유론과 한국헌법 제10조", *법철학연구* (제13권 제3호, 2010), 85~106쪽 참조.

216 자세히는 임미원, "자율성과 자유", *법철학연구* (제5권 제2호, 2002), 55~74쪽. 임 교수는 이러한 자율 개념이 칸트의 자율성 개념에 이미 내재해 있는 것으로 보는 것같다. 이처럼 칸트의 법론이 민주주의론에 적극적인 의미를 갖는다는 분석으로 임미원, "칸트에 있어서의 법치국가성의 의미", *칸트연구* (제16집, 2005), 195~212쪽, 특히 211쪽 참조.

217 이는 법치주의와 민주주의의 내적 연관으로 파악할 수 있고, 이를 근거지는 하버마스의 소통이론에 대한 자세한 설명과 그 이론이 세계(공동체)의 차원에서는 한계가

적 자율을 근거로 하여 충분히 독립적인 경우에만 공적 자율을 적절하게 사용할 수 있다. 그러나 다른 한편으로, 국가시민은 국가시민으로서 정치적 자율을 적절하게 사용하는 경우에만 사적 자율에 대한 합의가능한 규율을 획득할 수 있다.

(나) 민주주의와 법치주의의 내적 연관 또한 전통적으로 인권(사적 자율)의 보장은 법치국가원칙에 속하고, 주권(공적 자율)의 보장은 민주주의원칙에 속한다는 점에서 인권과 주권의 내적 연관은 법치국가와 민주주의의 내적 연관을 의미하게 된다. 그러므로 민주국가와 법치국가는 분리되어 홀로 성취될 수 없고, 언제나 '민주적 법치국가'로서만 성취될 수 있을 뿐이다.[219]

하버마스에게 민주적 법치국가는 "대화적인 의견·의사형성의 결과가 이성적인 것으로 추정될 수 있을 정도로 그 의견·의사형성의 흐름을 규율하는 의사소통형식들(Kommunikationsformen)"[220]을 실현하는 법공동체이다. 이런 법공동체에서 시민적 자기결정은 하나의 포괄적 거대주체(공화주의)에게 귀속된 것도 아니고, 다수의 고립된 사적 주체에 귀속되는 것(자유주의)도 아니다. 인권을 구체화하고 주권을 실효성 있게 하는 의사소통적 구조[221]가 잘 확보된 정치가 새로운 정치패러다임

있다는 점을 지적한 권경휘, "법치주의와 민주주의의 관계: 하버마스의 관점에 대한 비판적 고찰", *연세대 법학연구* (제24권 제1호, 2014), 343~379쪽 참조.

218 엄순영 교수는 하버마스의 담론적 민주주의론이 자유주의와 공화주의의 중간지대에서 상호수렴되지만, "공화주의적 입장에 좀더 가깝다"고 평가한다(엄순영, "법의 형식성과 민주주의의 결합 모색-프란츠 노이만과 위르겐 하버마스의 법사상을 중심으로-", *민주법학* (제29호, 2005), 274쪽. 그러나 담론적 민주주의는 자유주의와 공화주의를 변증시키는 것이어서 멀고 가까움의 위치를 정하는 것은 부적절하고 그 둘 사이에(inbetween)에 있다고 말해야 한다.

219 아렌트(H. Arendt)의 재해석 속에서 설계된 법학자 마이클만(F. Michelman)의 공화주의적 입법정치(republican legislative politics)도 민주주의(자치)를 법 생성의 원천이자, 민주적 참여를 보호하고 행위를 절제시키는 관계로 이해한다고 보는 김비환, "아렌트의 정치사상에서 정치와 법의 관계: 민주공화주의체제에서의 법의 본질을 중심으로", *법철학연구* (제6권 제2호, 2003), 116쪽. 이런 이해에 따르더라도 민주주의와 법치주의는 언제나 '민주적 법치국가'로서만 존재할 수 있다.

220 J. Habermas, *Faktizität und Geltung* (Suhrkamp, 1992), 365쪽.

이 된다. 그런 정치패러다임을 하버마스는 심의정치(deliberative Politik)라고 부른다.

2) 이성적 옳음과 윤리적 좋음의 변증태 인권과 주권의 변증은 '이성적으로 옳은 것'과 '윤리적으로 좋은 것' 사이의 변증이 이루어지는 것이기도 하다. 이 점을 구체적인 예로 설명해보자.

(가) 주권에 의한 인권의 교정 양심적 병역거부를 양심의 자유라는 천부인권의 하나로 본다면, 그것을 보호하는 법은 정의로운 법이고, 그것을 처벌하는 법은 부정의한 법이 된다. 이는 순수한 자유주의의 결론이다. 하지만 이와 같은 양심의 자유에 대한 관용은 평등한 자유의 원칙이 인정되는 범위를 넘어선다.[222] 그와 같은 인권은 모든 시민들의 주권행사를 통해 교정된다.[223] 병역의무의 공평성은 국가안전보장이라는 공동선의 실현을 위해 (국민)윤리적으로 좋은 것이라는 시민들의 판단이 정치적 의사형성과 입법에까지 이어질 정도의 합의를 이룬다면 양심적 병역거부는 법에 의해 처벌될 수 있다. 이는 공동체주의의 결론이다.

그러나 그런 정치적 의사형성과 입법의 과정에서 양심적 병역거부의 인권성에 대한 국민들의 이해가 넓어지면서 양심적 병역거부(의 인권)는 (특히 모든 다른 대체복무의 부담보다 가장 중한) 대체복무권으로

---

221 의사소통적 주권이란 국민 개인이 아니라 시민들이 다원적인 대화적 소통을 통해 집단적으로 행사하는 권력을 말하며, 이런 주권개념을 설계한 Habermas, "Volkssouveränität als Verfahren", *Faktizität und Geltung: Beiträge zur Diskurstheorie des Rechts und des demokratischen Rechtsstaats* (FfM, 1998), 600쪽.

222 신동룡, "법담론에 있어서 자유주의와 공동체주의", *법철학연구* (제13권 제3호, 2010), 75쪽.

223 이계일 교수는 근대 이전의 관용의 역사를 탐구한 결과, 관용을 (근대적인) 자유권 등의 기본권을 제도화한 것으로 바라본다. 자세히는 이계일, "민주적 헌정국가에 있어 관용의 법적 제도화와 그 한계", *법철학연구* (제17권 제2호, 2014), 7~54쪽 참조. 이 교수에 의하면 오늘날 자유권을 넘어서는 관용의 문제는 자유권을 제도적으로 재구성하여 자유와 관용 사이의 친연성을 다시 회복함으로써 해결되어야 한다고 본다. 자유권의 제도적 재구성은 바로 모든 시민들의 주권행사를 통해 이루어지는 것이라 볼 수 있다.

수정될 수 있다. 이를테면 대체복무제도는 양심의 자유를 존중하면서도 (가령 헌신으로서 부역을 공동선으로 재해석함으로써[224]) 공동선을 실현하는 것이다. 이렇게 볼 때 대체복무제도는 인권과 주권의 변증태이며, 자유주의와 공동체주의의 종합태라고 할 수 있다.

(나) 인권에 의한 주권의 교정 이와는 정반대로 주권도 인권을 통해서 교정된다. 예컨대 우리나라 의회가 제정한 국적법은 이중국적을 허용하지 않는다. 이는 주권행사의 결과이며, 국민들의 애국심고취와 국가정체성의 확립이라는 공동선을 위해 국민윤리적으로 좋은 것이라고 이해될 수 있다. 이중국적금지가 국민윤리적으로 좋은 것이라면 그 법은 정의로운 법이고, 이중국적을 허용하는 법은 부정의한 법이 된다. 그러나 이와 같은 주권은 인권에 의해 교정된다. 인권은 국가이전의 권리이고, 어느 국가에 가서 그 구성원으로 살지를 결정하는 것도 인권의 하나이다. 인권에 의한 주권의 교정은 그와 같은 절대적인 인권이해 자체를 변화시킬 수 있다. 즉 이중국적금지를 비판하는 인권사상은 제한된 범위에서, 예컨대 성인남자라면 병역의무이행을 조건으로 삼거나 적대적 국가의 이중국적을 제한하거나 3개 국가 이상의 다중국적을 금지하는 등의 테두리조건[225] 아래서 이중국적을 인권으로 바라볼 수 있다. 이와 같은 모습의 이중국적제도는 바로 주권과 인권의 변증적 합일태라고 하겠다.

---

224 이런 성찰적 재구성을 통해 자유주의와 공동체주의의 변증을 도모하고, 그런 관점을 '성찰적-구성적 관점'이라고 부르는 신동룡, 앞의 논문, 79~80쪽 참조.

225 이중국적을 인정할 필요성을 자세히-주권, 충성과 애국심, 이민자의 거주국 사회통합저해, 국제질서의 불안정초래 등의 문제에서-논증하면서도 공직의 제한, 거주하지 않는 국가에서의 참정권 제한이 비윤리적인 것은 아니라고 보는 이철우, "이중국적의 규범적 평가", *법과 사회* (제27권, 2004), 278쪽 참조.

Ⅳ. 아름다움으로서 법적 정의

이성적인 의미의 옳음과 윤리적인 의미의 좋음이 동조와 긴장의 관계를 가지면서 법적 정의를 형성한다고 하여 법적 정의의 문제가 모두 해결되는 것은 아니다. 오늘날 법적 정의는 실천적-도덕적 담론의 지평을 넘어서 심미적 담론(아름다움의 양식, 기준, 내용 등에 대한 사회적 의사소통)의 지평에 들어가기 때문이다.

1. 아름다움이 추방된 단일한 법적 정의의 불가능성

먼저 법적 정의가 이성적인 의미의 옳음과 윤리적 의미의 좋음으로만 채워진다는 것의 의미가 무엇이며 왜 그것이 문제인지를 살펴본다.

(1) **옳음과 아름다움의 담론분화** 법적 정의가 옳음과 좋음으로만 채워진다는 것은 아름다움을 정의 개념 밖에 위치시키는 것을 의미한다. 이는 생활세계의 근대화와 합리화 과정 속에서 실천적-도덕적 담론과 심미적 담론이 구별되고 각기 분화·발전되어옴으로써 발생했다. 이성적인 옳고 그름이나 윤리적인 좋고 나쁨은 모두 어떤 행위에 대한 규율(규제)의 타당성과 그 실효성에 관한 사회구성원들의 의사소통에 따라 정해진다. 이런 의사소통은 거시적인 차원에서는 담론이라고 — 미시적 차원에서는 대화라고 — 표현될 수 있고, 그 담론이 행위규제의 타당성과 실효성에 관계된다는 점에서 실천적-도덕적인 담론이라고 말할 수 있다.

이에 반해 아름다움과 추함은 실천적-도덕적 담론과는 구별되는 심미적 담론 속에서 그 기준이나 양식들이 결정된다. 그래서 아름다움은 근대법의 발전과 함께 정의를 구성하는 요소로 자리잡지 못하고, 단지 순수하게 상징적인 차원에만 위치해 왔다. 예컨대 법정의 심미적 요소는 사법부의 권위를, 법복의 패션적 요소는 법관이나 검사의 권위를 상징화하는 요소로만 기능한다. 또한 정의의 여신상(Justitia)이 갖고 있는 법형성에 직접 관계되는 의미의 근원도 — 예컨대 유스티티아의 눈가리개의 상징[226]은 감각으로부터의 자유, 즉 비당파성이나 균형 잡힌 관점교환을 의미하고, 저울은 형평성, 즉 자유와 평등, 미와 추, 선과 악의 변증을 의미하고, 옷은 성과 속의 중재자(mediator), 즉 법의 세속적 기준에 대한 지속적 반성과 성찰을, 칼은 위엄과 힘, 즉 권력을 상징한다[227]는 의미도 — 잊혀져버렸다.

(2) **단일한 정의와 동일성강제** 그러면 왜 이성적으로 옳고 윤리적으로 좋은 것들로만 채워진 법이 충분히 정의로울 수 없는 것일까? 그것은 포스트모더니즘의 이성비판에서 보듯 단일할 수 없는 정의를 단일한 것으로 획일화하고, 다른 것들에게는 그 단일화된 정의를 따라오라는 강제작용이 이성 개념에 내재해 있기 때문이다.

1) **이성(적 옳음)의 동일성강제** 예컨대 (구체적) 자연법론은 '그 자체로 존재(an-sich-seiende)'하는 '지금, 여기'에서의 절대적 가치서열을 인정한다.[228] 법실증주의에서도 당위는 입법자, 즉 '권한 있는 기관'에 의해 그 효력이 부여되지만, 그 권한 있는 기관의 근거는 켈젠(Kelsen)이 말하는 궁극적으로는 단일한 '근본규범'에로 거슬러 올라간다.

(가) **사회적 구성물로서 법적 정의** 하지만 법이라는 '존재(정의)의 가치'란 그렇게 바라보는 관점의 구성물이며, 어떤 존재의 가치를 다르게 바라보는 관점이 사회문화적으로 성장하면 그 가치는 다르게 승인된다.

---

226 이에 대해 자세히는 I. Capers, "On Justitia, Race, and Blindness", *Michigan Journal of Race and Law* (가을호, 2006) 및 M. Jay, "Must Justice Be Blind?", *Law and Image* (1999) 참조.

227 이 상징해석에서 '즉' 이후의 해석은 나의 고유한 해석이고, '즉' 앞의 해석은 주로 M. Loughlin, "The Iconography of Justice", *Sword & Scale: An Examination of the Relationship between Law & Politics* (Mart Publishing, 2000), 55~63쪽 참조.

228 N. Hartmann, *Ethik 제4판* (Walter de Gruyter, 1962), 제29장의 e 참조.

★ 뇌사의 결정과 인식관심　예컨대 뇌사자의 생명이 처분 가능한 것인지는 뇌사의 존재상태 그 자체에 의해 결정되는 것이 아니라 그 존재상태를 바라보는 관점에 의해서 결정된다. 장기이식의 활성화에 대한 관심은 뇌사자 생명의 처분가능성을 쉽게 인정하며, 뇌사자의 생명을 절대적으로 처분 불가능한 인간생명에서 제외시킨다. 또한 그런 관점은 심지어 뇌사의 존재상태 그 자체를 구성하기도 한다. 즉 서로 유효범위가 다르고 동일 환자에 대해 각기 다른 뇌사판정을 내놓기도 하는 뇌사판정방법들(예: 뇌파검사, 뇌혈류단층, 무호흡검사 등) 가운데 가장 쉽게 뇌사를 인정할 수 있게 하는 방법을 선택함으로써 뇌사의 존재상태 그 자체를 결정짓는다.[229]

이처럼 정의의 구성내용으로서 이성적인 것이란 언제나 특정한 관점의 구성물임을 알 수 있다.[230] 그럼에도 불구하고, '이성적으로 옳은 것'을 주장하는 사람은 다른 사람의 관점을 이성적이지 않은 것으로 억압하고, 자신의 관점에 따라 생각할 것을 요구하기 쉽다. 아도르노는 이를 이성의 동일성강제(Identitätszwang)[231]라고 불렀다.

(나) 약자를 위한 정의의 동일성강제　동일성강제는 사회국가적 기획이나 정치적 문제의식에 기인한 사회적 약자(예: 여성, 장애인)에 대한 적극적 우대조치 혹은 심지어 미래세대에 지향된 환경운동이나 동물권리운동 등에까지 연장되기도 한다.

ㄱ) 합리적 여성상의 강제　가령 여성 보호를 위한 (1994년에 그 개념이 언론에 등장한 것으로 보이는) 성희롱의 처벌이 법적 정의인지를 살펴보자. 급진적 페미니스트들 사이에서는 "여성을 대상화한 모든 성적 유희는 폭력이지 에로틱한 것이 아니다"[232]라는 인식이 지배한다.

---

229 뇌사판정의 이론의존성과 해석적 지평을 분석하는 이상돈, "뇌사―죽음 개념의 합리화인가 기능화인가?", *인권과 정의* (제267호, 1998), 70~85쪽 참조.

230 이 점은 이성이란 임미원 교수가 말하듯(임미원, "인격성의 개념사적 고찰", *법철학연구* [제8권 제2호, 2005], 171~192쪽, 특히 189쪽 참조) 근대적 인격체성, 즉 '자율성―이성능력―존엄성―책임능력'이 귀속되는 인격체의 규범적 부담임을 보여준다.

231 T. Adorno, *Negative Dialektik* (Suhrkamp, 1982), 24쪽.

232 이러한 주장으로 특히 C. MacKinnon, *Femminism Unmodified: Discourse on*

이 명제에서 성적 유희는 성놀이와 성적 일탈행위의 사이에 위치한다. 남성은 자신의 행위를 놀이로 이해하는데, 상대 여성(이른바 '합리적 여성')은 그녀의 성적 자기결정권을 침해하는 일탈행위로 이해한다. 이런 차이는 남성과 여성 사이에 문화적으로 형성된 놀이방식이나 놀이의식의 차이 그리고 놀이를 해나감에 있어서 펼치는 소통방식의 차이에서 비롯된 것일 수 있다.[233] 이런 점에서 (여성주의자들이 말하는 합리적인 여성의 관점에서) 이성적인 의미의 옳음(정의)이란 남성과 (여성주의자들이 비판하는 남성적 문화에 호응하는) 비합리적 여성의 성놀이(에 대한 이해)를 폐기하고, 그들이 합리적 여성의 관점으로 편입될 것을 강제하는 작용을 한다. 이런 이성적 사고의 동일성강제는 상호주관적인 성놀이 문화를 위축시킨다.

ㄴ) **동물권리운동에서 이성의 동일성강제** 이와 같은 이성적 의미의 옳음이라는 정의 개념에 내재된 동일성강제는 "모든 생물체는 응당 그 자체로서만 보호되어야 한다"[234]는 동물권리운동에서도 마찬가지이다. 동물보호의 이념에서 동물권은 인간중심주의 아래 파묻혀 있다. 인간중심주의란 인간은 동물과 달리 '이성'을 소유하고 있고, 그 이성의 실현 차원으로 인간이 '합리적으로' "동물을 적정하게 보호 관리"(동물보호법 제1조)하고, 그런 합리적 관리의 반사적 혜택으로 동물의 이익이 보호된다는 생각이다. 동물의 합리적 관리보호도 결국은 이성적 존재인 인간에게는 "생명의 존중 등 국민의 정서함양에 이바지"하기 위한 것이다. 예컨대 애완견과 식용견의 구별논리는 이성과 합리를 중심으로 한 동물보호가 갖는 한계를 명확하게 보여준다. 이러한 동물보호법제 아래서는 동물에 대한 인간의 우위라는 이성은 강제되지만, 동물에 대

Life and the Law (Harvard University Press, 1987), 85쪽 아래 참조.

233 이런 분석으로 이상돈, "여성주의와 형법", *인권과 정의* (11월호, 1997), 84쪽 아래 참조.

234 J. Feinberg, "The Rights of Animals and Unborn Generations", *Rights and Duties* (Routledge, 2002), 45~46쪽.

한 처우의 현실은 개선되기 어려울 수 있다. 그러나 동물권리운동은 이러한 인간이성의 동일성강제를 벗어날 때 비로소 동물권을 정립해나갈 수 있다. 즉, 동물권은 "동물이 지워진 인간"[235]의 이성법을 극복할 때 비로소 가능한 것이다.

2) 윤리적 좋음의 동일성강제 이성은 도덕의 그릇 속에 담겨져 있고, 도덕의 그릇은 윤리적 좋음까지 담아기도 한다. 윤리적 '좋음'은 그것이 외형상 띠는 보편성으로 인해 이성적 의미의 도덕적 '옳음'과 구별되기가 매우 어렵다. 그렇기에 공동선이라는 윤리적으로 좋은 것(ethical good)에 대한 관념도 단일한 정의의 오류와 동일성강제에 빠지기 쉽다. 그러나 공동체주의는 아무리 보편주의의 외양을 갖고 있다고 할지라도 사회문화적 또는 체계적으로 특수하게 각인된 정의관념을 표출한다는 점을 인식할 필요가 있다. 두 가지 예를 들어 보자.

㈎ 문화적 특수성의 한계 먼저 법적 정의는 문화적 특수성의 한계를 갖고 있다. 다른 사람이 곤경에 처했을 때 그와 아무런 관계가 없는 자가 그를 구해줄 법적 의무를 인정하는 법문화권에서 고려장이나 에스키모인들의 노인버리기 등은 윤리적으로 극도로 나쁜 행위로 인식된다. 그러나 그 사회, 그 시대의 문화적 맥락(예: 고려사회, 에스키모사회) 속에 들어가 보면, 그 사회·시대는 지금의 서구사회와는 다른 공동선의 개념을 갖고 있었을 가능성이 높다. 그렇기에 윤리적 좋음을 지향하는 공동체주의는 '가장 나쁘게 말해서는' 백인의 법에 의한 미국의 정의일 수도 있다는 비판[236]을 받을 수도 있다.

㈏ 체계적 특수성의 한계 다음으로 법적 정의는 체계적 한계를 갖고 있다. 가령 영국과 같은 사회보장적 의료보험법제는 (평등한) '자유'(옳음)의 이념을 외면하고 의료의 공공성과 의료재 분배의 공평성이라는 공동선(좋음)을 추구한다. 그러나 그런 공동선만으로는 의료영역에

235 민윤영, "법의 새로운 기초로서 동물권 담론", *법과 사회* (제41권, 2011), 310쪽.
236 정세근, "법의 정의론", *동서철학연구* (제33호, 2004), 84쪽.

서 법적 정의가 다 실현되지는 않는다. 의료영역에 대한 국가의 관료적 통제와 공공보험기관의 비능률 아래에서는 의료기술이 발전하기 어렵고, 의료의 공공성과 의료재 분배의 공평성으로 인해 의료체계의 기능과 효율이 모두 떨어지기 쉽다. 그런데도 많은 시민단체의 리더들은 사회보장적 의료법제가 공동선의 실현을 위해 유일하게 정의로운 의료체계라고 생각하곤 한다. 이런 생각 속에서 다른 공동선의 가능성은 매장된다. 이를테면 미국처럼 전면적일 필요는 없지만, 수익성을 지향하는 자유의료시장의 제한적 허용이 의료기술의 발전을 촉진시키게 되면, 사회보장적 의료서비스의 평균적 수준도 높아질 수밖에 없고, 그로 인해 거시적으로는 전체 의료소비자의 후생이 증가된다는 점이 시야에서 사라진다.[237] 그래서 일체의 의료 민영화가 부정의한 것으로 간주된다. 하지만 의료의 공공성과 분배의 공평성이라는 공동선은 사회'체계적'으로 상대적인 것이다.

그러니까 윤리적 옳음은 어디까지나 사회적 특수성이 각인된 이성이며, 따라서 다른 사회(문화 또는 체계)에서는 보편성을 잃어버리게 된다. 그러므로 한 사회 안에서 펼쳐지는 도덕적 실천적 담론이 생산하는 정의가 다른 사회에도 관철('동일성강제')되어야 한다면, 정의는 단일한 것이 되고, 역설적으로 더 이상 정의로울 수 없게 된다.

(3) 단일한 정의의 불가능성 그러나 단일한 정의는 현대사회의 현실에서 불가능한 것임을 인식해야 한다. 왜냐하면 단일한 정의의 배후(이론)는 이미 해체되었고(아래 1) 참조), 현대사회의 현실은 단일한 정의가 더 이상 정의로울 수 없는 복잡성을 띤 현실이면서, 법적 정의를 구성하는 가치(관점)도 매우 다원화되어 가고 있기(아래 2) 참조) 때문이다.

---

237 이를 의료체계의 사적 자율로 표제화하고 자세히 논증하는 이상돈, *의료체계와 법* (고려대학교 출판부, 2000), 93쪽 아래 참조. 가령 사회보장적 건강보험을 중심으로 하되 제한적인 자유의료시장을 인정하는 독일의 의료체계가 국가의 건강서비스체계로 단일화된 영국의 의료체계보다 의료기술의 발전과 의료체계의 기능이 더 원활한 현실은 이 점을 증명해준다.

1) 단일한 정의의 배후 해체 이 문제를 다루기에 앞서 단일한 정의(또는 몇몇 개의 유형적인 정의)의 관념은 다음과 같은 종교적, 정치적, 심미적 배후를 갖고 있다.

- **기독교적 전통** "모든 인간의 법칙은 신의 '유일한 원리'로부터 자양분을 얻는다"[238]는 식의 종교적 전통
- **정치적 전통** 미국의 노예제도, 독일의 나치체제 또는 남아프리카공화국의 인종차별법제(Apartheid), 우리나라의 유신헌법체제 등과 같은 정치적 경험들로 인해 생겨난 법의 정의에 대한 불신 속에서도 법을 통해 특정한 정의를 관철시키는 정치적 전통
- **심미적 전통** 발레가 근대서구사회의 무용예술로서 독점적 지위를 차지한 데서 보듯이[239] 황금률이나 완벽한 기하학적 조형미와 같은 절대미를 추구하려는[240] 심미적 전통

그러나 이러한 단일한 정의의 배후는 오늘날 해체되었다고 볼 수 있다. 예컨대 ① 종교적 배후는, 니버(Niebhur)가 말했듯이 기독교의 절대적 정의명령인 무조건적(절대적) 사랑이란 자기희생을 통해 완성되는 것이지만,[241] 그것은 원죄의 세계 속에서 애당초 '불가능한 것'이라고 보는 관점[242] 또는 완전한 사랑이란 편파적인 사회이해를 보편적인 이해인 것처럼 꾸미는 포장과 같은 것[243]이라고 보는 관점에 의해 해체될

---

238 H. Welzel(박은정 역), *자연법과 실질적 정의(Natur und materiale Gerechtigkeit)* (삼영사, 2001), 18쪽.

239 발레의 기호학적 의미를 근대 이성법으로 풀이하는 이상돈, *법의 춤* (법문사, 2013), 119쪽 아래; 발레의 기술적 발전을 막스 베버(M. Weber)가 말하는 합리화의 역사로 바라보는 Phillip E. Hammond and Sandra N. Hammond, "The Internal Logic of Dance: A Weberian Perspective on the History of Ballet", *Journal of Social History* (Vol. 12, No. 4, 1979), 591~608쪽 참조.

240 N. Spyke, "The Instrumental Value of Beauty in the Pursuit of Justice", *University of San Francisco Law Review* (Vol. 40, 2000), 453쪽.

241 G. Outkam, *Agape: An Ethical Analysis* (Yale University Press, 1972), 169쪽.

242 K. Lebacgz(이유선 역), *정의에 관한 여섯 가지 이론(Six Theories of Justice)* (크레파스, 2001), 182쪽.

243 R. Niebhur, *An Interpretation of Christian Ethics* (Seabury, 1979), 137쪽.

수 있다. ② 또한 단일한 정의의 정치적 배후는 단일한 정의의 관념이란 이데올로기적인 사회의 억압구조를 은폐하는 개량주의적인 미봉책으로서, 관념론적·형이상학적인 것이라고 본다든지, '법은 정의이다'라는 수사(rhetoric)는 정치적으로 악용될 수 있다고 보는 관점에 의해 해체될 수 있다. 그리고 ③ 심미적 배후는 아도르노(Adorno)가 말하는 예술의 '거꾸르는 힘', 즉 절대미와 절대정의가 서로를 근거짓는 오류에서 벗어나 아름다움의 다양화, 탈중심화, 실험성과 해방적 역능에 의해 해체된다.[244]

2) 정의기준의 세분화와 다원화 단일한 정의의 이론적 배후 해체를 넘어 현대사회에서는 단일한 정의가 실천적으로 불가능한 이유들이 있다. 첫째, 과학과 기술에 의해 현실이 관리되는 오늘날의 사회에서는 과학과 기술의 성장에 비례하여 정의에 관한 판단기준이 점점 더 세분화되어 간다는 데 있다.

> 예를 들어 누진소득세율을 결정하는 기준은 직업종류의 급격한 증가나 국민재화의 생산에 대한 각 직업군의 기여도 등에 따라 이전 사회보다는 더 세분화될 수 있다. 또한 이혼하는 가정주부의 재산형성기여도는 가사노동을 제공하는 노동시장의 성장이나 교육프로그램의 증가에 따른 육아시간의 감소, 또는 가사노동을 대체하는 제조업의 성장과 그에 따른 가사노동시간의 단축 등 점점 더 다양한 요소들을 고려한 가운데 결정된다. 폐수방출행위에 대한 형사처벌의 기준도 마찬가지이다. 하천의 자연적 정화능력이나 다른 오염원인들의 오염기여도, 오염원인들 간의 상호작용형태(예: 중화가능성) 등 헤아릴 수 없이 많은 요소들에 의해 거의 무한대로 세분화될 수 있다.

둘째, 정의를 판단하는 기준을 결정하는 요소들을 선별하는 관점이 점점 더 다원화되어 간다는 점은 단일한 정의를 불가능하게 한다.

---

244 김유동, *아도르노와 현대사상* (문학과 지성사, 1997), 22쪽.

> 예컨대 현재의 시장구조가 특정 자유직업종사자(예: 연예인 등)에게 그들이 수행하는 노동의 실질적 가치보다 부당하게 훨씬 더 많은 부를 가져다주고 있다는 비판적인 관점에 서느냐에 따라 자유직업종사자에게 봉급생활자보다 더 높은 소득세율을 적용할 것인지 여부를 결정할 수 있게 된다. 가정주부의 재산형성기여도도 가사노동을 사회적 노동의 하나로 보는 여성주의적 관점과 가사노동을 하찮은 일로 여기는 가부장적·남성주의적 관점 중 어떤 관점에 서느냐에 따라 각기 다른 판단기준이 선택될 수 있다. 그리고 다양한 환경위태화행위에 대한 형사처벌의 기준 역시 각 행위에 대해 사람들이 얼마만큼의 관용을 가지느냐에 따라 각기 다르게 설정될 것이다.

이처럼 정의판단관점의 다원화는 문화적으로는 '세계관과 가치관의 다원화'에서 비롯되지만 과학적으로는 각각의 가치관을 뒷받침할 수 있는 '이론과 지식의 다원적 성장'(과학에서 다원주의)에 의해 뒷받침되고 있다.

3) 복합평등적 정의의 한계 여기서 현대사회의 새로운 정의기준으로 복합평등(complex equality) 또는 다원적 평등을 생각해볼 수 있다. 복합평등 또는 다원적 평등이란 이를테면 의료와 같은 복지는 필요에 의하여, 처벌과 명예는 공과에 의하여, 교육은 재능에 의하여, 부는 자유교환에 의하여, 정치권력은 논쟁과 투표에 의하여 분배하자는 것이다.[245] 이런 제안이 전제하고 있는 점들, 이를테면 단순평등이 정의가 될 수 없다는 통찰이나 사회가 다원적이고 복합적으로 분화된 하위영역들로 구성된 경우에 그런 하위영역들을 모두 포섭하는 보편적 원리의 정의기준이 존재하기 어렵다는 통찰은 타당하다.

하지만 이와 같은 제안으로도 현대사회에서는 법적 정의의 일반적인 기준은 여전히 마련되지 않는다. 예컨대 의료영역에서는 복지의 필

---

245 오세혁, *법철학사* (세창출판사, 2004), 411~412쪽; 왈쩌(Walzer)는 이러한 정의를 복합평등(complex equality)으로 개념화한다. 이에 대해 자세히는 M. Walzer(정원섭 역), *정의와 다원적 평등: 정의의 영역들(Spheres of Justice: A Defence of Pluralism and Equality)* (철학과 현실사, 1999) 참조.

요에 의해 정의기준이 설정되어야 한다고 보더라도, 현재 우리나라의 사회보장적 의료체계처럼 평등이념이 자유이념보다 과도하게 지배하여 다양한 병리적 현상(예: 방어의료, 의료전달체계의 왜곡, 의료신기술개발의 저해)이 발생하고 있음을 주목해보면, 복지의 필요에 따른 배분은 거시적으로 정의의 이념을 완전하게 실현하는 데에는 분명한 한계가 있다.

4) 법적 정의와 사회적 합리성 사이의 구조적 괴리 이런 한계는 현대사회에서 법적 정의와 다양한 사회적 합리성 사이의 괴리[246]가 구조적으로 '불가피'하게 발생하고, 때로는 그 둘이 서로 충돌한다는 점에서 비롯된다.

㈎ **체계 간 충돌과 법의 불확실성** 법적 정의가 아무리 하위영역별로 차별화된 내용으로 구체화되더라도 그와 같은 구조적 괴리와 충돌은 사라지지 않는다.

★ 체계 간 충돌의 예들 예를 들면 ① '생명을 절대적으로 보호하라'는 법적 정의의 요청과 '의학적 유용성은 사라졌으나 아직 생존확률이 제로에 이르지 않은' 환자에 대해 치료를 중단하는 의학적 합리성[247]은 서로 충돌한다. ② 어느 해에 수익을 많이 올린 기업이 다음 해의 어두운 경기전망에 대비하여 수익의 일부를 계상하지 않고 다음 해에 계상하는 회계(이익의 유연화)는 합리적 경영의 하나가 될 수 있으나, '진실에 어긋나는 회계(분식회계)를 하지 말라'는 법적 정의의 요청과는 충돌한다. ③ 법이 정한 세금을 납부하지 않은 행위를 처벌하라는 법적 정의의 요청은, 세무당국이 정책적으로 그 해 조세징수의 목표를 정해놓고 그 달성 수준에 따라 탄력적으로 탈세행위 가운데 일부만을 (전속)고발·처벌하는 조세행정의 합리성과 충돌한다. ④ 이사는 회사의 재산에 손해를 끼쳐서는 안 된다는 (배임죄의) 법적 정의와 비록 (투자실패로 인해) 손해가 발생할 위험이 있어도 그 위험을 무릅쓰고, 더 많은 수익을 좇는

246 합리성 개념의 분화와 충돌에 관한 독일의 이론들을 자세히 소개하는 양천수, "합리성 개념의 분화와 충돌", *법과 사회* (제31권, 2006), 211~234쪽, 특히 217~226쪽 참조.

247 이에 관해 자세히는 이상돈, *치료중단과 형사책임* (법문사, 2002), 특히 38쪽 아래 참조.

경영행위를 해야 한다는 경영상의 합리성은 서로 충돌한다.

이런 법체계와 사회체계 사이의 구조적 괴리, 법적 정의와 사회적 합리성 사이의 충돌과 같은 현대사회의 구조적 특성을 고려한다면, 법적 정의의 구체적 내용은 존재론적으로 확고한 것이 아니라는 점이 명확해 진다. 현대사회에서 법적 정의는 다른 사회체계의 합리성에 개방적이고 법이 다른 사회체계와 지속적으로 소통할 경우에만 실현될 수 있다.

(나) 체계 간 원칙에 의한 조율 법과 다른 사회체계 간의 소통은 두 체계의 기능을 동시에 최대화하는 방향으로 조율하는 체계 간 원칙(inter-systemic principle)[248] 또는 체계들 '사이의 원칙'(inbetween principle)[249]에 의해 효과적으로 이루어질 수 있다.

★ 체계 간 원칙으로서 경영판단원칙 예컨대 ① 이사는 회사의 자산과 수익증대를 위해 위험을 감수해야 한다는 '경영상 합리성'의 요청과 회사 재산에 손해를 끼칠 위험을 회피해야 한다는 '형법적 정의'가 충돌하는 상황, 즉 경영에서 위험감수(taking risk)의 요청과 법에서 위험회피(avoiding risk)의 요청이 충돌하는 이율배반적인 상황에 놓인다. 이때 이사는 하려는 경영행위로 손해보다 이익이 발생할 것이라는 믿음, 즉 선의(good faith)와 성실한 주의(due care)로 경영행위를 수행하였다면 그로 인해 결과적으로 손해가 발생하더라도 법적 책임(예: 손해배상책임, 배임죄)을 지지 않는다는 경영판단원칙(Business Judgement Rule)이 없이는 경영을 할 수 없다. 법은 경영판단원칙의 적용요건을 충족하지 않은 이사의 경영행위에 대해서만 책임을 물음으로써 자신의 정의실현임무를 수행하면서도 경영의 합리성을 보호해야 한다. 여기서 경영판단원

248 체계 '간' 소통이란 말은 내가 다양한 글에서 피력해왔는데, 이 개념을 마치 영어 개념으로 옮긴 듯한 개념으로 intersystemic communication이 사용되기도 한다. 이러한 용어의 사용에 대하여는 대표적으로 Alberto Febbrajo · Gorm Harste, *Law and Intersystemic Communication: Understanding 'Structural Coupling'* (Ashgate Pub Co., 2013) 참조.

249 이런 용어는 아마도 내가 처음 사용하고 있는 것이데, 이는 데리다의 하이멘(Hymen)을 응용하여 '사이성의 정의' 사상을 전개(그런 작업으로 이상돈 · 민윤영, *법정신분석학입문* [법문사, 2011], 211쪽 아래 참조)하면서 생성된 용어이다.

칙은 경영상의 원칙도, 법원칙도 아니라 법(체계)와 경영(체계) 사이의 원칙(intersystemic principle), 즉 체계 간 원칙이 된다.[250] ② 충돌하는 체계의 합리성을 조율하는 법적 기제는 체계 간 원칙만 있는 것은 아니다. 전속고발제도도 또 다른 기제의 하나이다. 행정관청(예: 공정거래위원회, 국세청 등)의 전속고발권은 경제체계와 법체계 사이의 합리성충돌을 조율하는 기능을 수행한다.[251]

그러나 체계 간 원칙은 이성법의 원칙처럼 확립된 것이 아니라 충돌하는 두 사회체계 사이를 유영遊泳하는 원칙이다. 체계 간 소통에 따라 두 체계 사이를 합리적으로 조율하는 선은, 바꿔 말해 체계 간 원칙의 적용요건과 적용범위는 법원칙(이나 법적 규칙)의 의미론적 공간보다 훨씬 큰 폭으로 변화할 수 있다. 그러므로 체계 간 원칙의 발전에도 불구하고 현대사회에서 법적 정의는 다른 사회체계의 합리성과의 충돌을 완전히 해소할 수는 없고, 그 한에서 구조적으로—사회적 합리성을 외면해도 정의로울 수 있다는 의미에서—단일한 정의로 남을 수 없게 된다.

2. 심미적 아름다움과 법적 정의의 재통합

아무리 법형성이 대화적 의사소통의 논리를 최대한 구현하는 민주적인 입법절차를 통해 이루어질지라도 이성적인 옳음과 윤리적인 좋음의 정의만을 좇는 법이 실현하는 정의에는 언제나 부족분이 있다. 그 부족분의 대부분은 물론—아무리 대화적 의사소통으로 법을 형성하고 운영하더라도 완전히 제거되지 않는—이성의 동일성강제와 단일한 정의의 불가능성, 바꿔 말해 이성의 한계로부터 나오는 것이다. 이처럼 옳음과 좋음을 사유하는 이성의 정의실현이 끝나는 곳에서 다른 차원의 정의가 시작되어야 한다. 그 다른 차원은 바로 아름다움의 차원, 즉 미학적

250 경영과 법 사이의 체계간 원칙으로서 경영판단원칙의 기능과 적용요건, 확장필요성 등을 자세히 해명하는 이상돈, *경영판단원칙과 형법* (박영사, 2015) 참조.

251 이런 기능을 조세법영역에서 설명하는 이상돈, *조세형법론* (법문사, 2009), 155~171쪽; 공정거래법영역에서 설명하는 이상돈, *공정거래형법* (법문사, 2010), 229쪽 아래 참조.

정의(aesthetic justice)이다.

(1) **정의의 독자적인 범주로서 아름다움** 예컨대 살인마를 처형하는 것은 이성적으로는 옳다. 또한 연쇄살인의 차단을 위해 사형은 필요하고 그것은—또 다른 살인의 예방을 통해 다수의 생명을 보호한다는 점에서—공동선을 위한 것이기도 하다. 그런데 국제 암네스티에서 보듯 오늘날 사형 당하지 않을 권리는 인권의 하나로 인정된다. 이처럼 이성적으로, 윤리적으로 정의로울 수 있는 사형이 부정의한 것이 되려면 이성적 옳음과 윤리적 좋음 이외에 그것을 때로는 물리치면서 새롭게 정의를 실현하는 차원이 필요하다. 그 차원이 바로 심미적 차원이다. 사형은 이성적으로 옳고, 공동선을 실현하는 좋은 일일 수 있지만, 우리 인간사회에서 지양해야 할 '아름답지 않은 것'이다. 이런 주관적 체험으로서 심미적 체험이 사람들 사이에서 널리 일반화되고, 정의를 결정짓는 힘을—특히 이성적인 옳고 그름과 윤리적인 좋고 나쁨의 판단보다 상대적으로 더 많이—갖게 될 때, 아름다움은 법적 정의를 구성하는 독자적인 범주가 된다.

1) **에로스의 체험으로서 아름다움** 다만 감안해야 할 것은, 아름다움이란 주관적으로 체험되는 현상이지 논리적으로 형성되는 이치가 아니라는 점이다. 물론 이성적인 옳고 그름이나 윤리적인 좋고 나쁨에도 주관적인 측면이 있고, 그래서 그 판단의 결과도 사람마다 상이할 수는 있지만, 그 판단의 '내용'은 적어도 (사후적으로라도) '논리적 구성물'로 만들어질 수는 있다. 그러나 아름다움은 그 판단의 결과만을 논리적으로 비평할 수 있을 뿐이다. 아름다움은 논리적으로 판단되는 것이 아니라 감성적으로 체험될 뿐이다. 이 체험의 핵은 바로 에로스(eros)이다.

어떤 대상으로부터 연상·유발되는 에로스가 그 대상을 아름답다고 체험하게 한다. 다시 말해, 아름다움의 체험은 그 대상을 에로스하는 과정이라고 할 수 있다. 이에 비해 이성적 옳고 그름과 윤리적 좋고 나쁨은 단지 체험되는 것이 아니라 논리적으로 판단된다. 어떤 사태가 아름답다고 체험되어도 그 사태가 갖는 의미가 이를테면 평등한 자유의 이념에 부딪히거나, 공동선을 외면하는 경우라면 그 사태는 아름답지만 이성적으로 그릇되고, 윤리적으로 나쁜 것이 된다. 아름다움의 체험이 에로스라면 이성적인 옳음과 윤리적인 좋음의 이성은 로고스(logos)이다.

아름다움의 체험은 많은 경우에 이성적 옳고 그릇됨과 윤리적 좋고 나쁨과 거리를 두는 과정에서 일어난다. 아름다움에 대한 사회적 기준은 '로고스'이며, 우리는 그런 미의 사회적 기준의 지배로부터 거리를 둠으로써 (즉, 로고스와 거리를 두는 과정 속에서) '자기 자신'에게 아름다운 것이 무엇인지를 체험할 수 있게 된다. 말하자면, 우리가 일반적인 미의 기준에는 맞지 않는 대상을 사랑함으로써 그 대상을 아름답다고 느낄 때, 그 체험은 '나 자신'의 미적 체험인 것이다. 따라서 심미적 기준의 동일성을 강제하는 것은 아름다움이 에로스의 체험이라는 것을 부정하고 진정한 심미적 체험의 가능성을 박탈하는 것이 된다. 그래서 법미학자 스캐리(Scarry)는 "아름다운 것을 보는 바로 그 순간, 우리는 급진적인 탈중심화를 경험한다"[252]고 말한다.

2) 아름다움의 정의구성으로 법문학과 법감정 그런데 이처럼 아름다움이 법적 정의를 구성하는 것, 그리고 이러한 분야를 전문화하고 있는 법미학은 완전히 새로운 것은 아니다.

㈎ 법문학과 미학적 정의 예컨대 법미학은 그보다 먼저 생장한 법문학 속에 씨앗을 갖고 있다. '법은 그 자체로서 연작소설과 같은 문학이 된다'는 드워킨(Dworkin)의 법문학적 통찰을 보자.[253] 판결이 연작소설이라고 하면 법의 소설적 측면만을 얼핏 떠올리기 쉽지만, 그렇게 정의내림으로써 정반대로 연작소설의 문학적 아름다움이 법적 정의의 요소로 되새김될 가능성이 열리게 된다. 즉 그런 법문학적 통찰을 통해

252 E. Scarry, *On Beauty and Being Just* (Princeton University Press, 1999), 111쪽.

253 드워킨(Dworkin)의 연작소설론에 관해서는 이상돈 · 이소영, *법문학* (신영사, 2005), 80~83쪽 참조.

법의 정의는 문학적 아름다움으로 이체되는 것이다. 판결문의 문학적 추함은 판결 자체를 제약하게 만들 수 있는 것이다.

(나) **법감정과 미학적 정의** 또한 아름다움이 법적 정의를 구성하는 것은 법학방법론에서도 완전히 새로운 것은 아니며, 그리 낯설지 않다. 20세기 후반의 법학방법론은 이성이나 윤리가 아니라 법감정(Rechtsgefühl)이 법을 형성한다는 점을 발견하였다.[254] 그런데 법감정이란 그 구체적인 내용이 변화무쌍하고, 한없이 다양하다. 그렇기 때문에 그런 법감정이 정의의 요소가 된다는 점에 대해 비판적이고, 제한적인 긍정의 태도가 지배적이다. 한편 법원은 "국민 일반의 가치관 내지 법감정"[255]이라고 하여 막연한 가치관과 법감정을 동일시한다. 이는 법감정을 윤리적 선으로 환원시키는 (고의적인) 오류를 범함으로써 법감정을 법발견의 일반조항으로 사용하는 것이다. 그러나 법감정은 이성과 윤리의 구성요소가 아니라 외재적 요소이다. 그리고 그 내용은 법의 정형성 요건을 충족시키기 어렵다. 그럼에도 법감정이 법적 정의의 구성요소가 되는 것은 법감정이 '어떤 법은 아름답다'거나 '추하다'는 판단으로 양식화될 수 있기 때문이다. 즉 감정의 내용은 헤아릴 수 없이 다양하지만, 그 결과는 법이 아름답다 또는 추하다는 이원적 코드로 표현될 수 있다. 아름다움과 추함은 이성적으로 옳음과 그름, 윤리적으로 좋음과 나쁨과 같이 이원적인 코드의 형식을 띄며, 법의 형식적 본질, 즉 루만(Luhmann)이 말하는 합법과 불법의 이원적 코드[256]와 조응된다. 이렇게 법감정은 미추판단의 양식을 통해 법적 정의를 구성하는 요소가 된다.

---

254 법학방법으로서 법감정 문제를 자세히 다룬 변종필, "법감정의 일반화를 위한 제언", *법철학연구* (제3권 제1호, 2000), 235~264쪽 참조.

255 수많은 판결들에서 이 용어가 사용되지만 최근 예로 大判 2007도4818 참조.

256 루만에게서 이원적 코드는 모든 사회체계가 작동하는 방식이다. 법체계도 합법과 불법의 이원적 코드를 통해 사회체계로 기능한다. 이에 관해 자세히는 N. Luhmann, *Ökologische Kommunikation* (Westdeutscher Verlag, 1986), 제8장 참조. 또한 사회체계로서 법체계는 다른 체계에 대해 폐쇄적인 작동기제를 갖는다. 합법과 불법은 신분과 계층, 부나 정치적 기회 등과 무관하게 부가되는 것이다(N. Luhmann, 앞의 책, 125~126쪽).

그러므로 이제 법학방법론은 법감정이 아니라 법의 아름다움과 추함을 범주적인 구성요소로 대체할 필요가 있다. 법감정 그 자체는 법의 이원적 코드와 조응되는 코드를 갖고 있는 것이 아니기 때문이다. 또한 법감정은 아름다움과 추함을 체험하는 단지 한 요소일 뿐이고, 그 이외에도 더 많은 체험요소가 있다. 감정에 내재적인 이성을 말하기는 어렵지만 아름다움에 내재적인 이성("심미적 이성")을 말할 수 있다는 점에서도 아름다움과 추함이라는 이원적 코드는 이성법의 전통과 접점을 쉽게 찾을 수 있다.[257]

(2) **아름다움과 정의의 변증** 아름다움과 추함이 법적 정의를 구성하는 현상은 아마도 이성의 해체를 지향한 포스트모더니즘의 융성 속에서 더욱 설득력 있게 될 것이다. 근대화의 과정을 권리의 평형을 지향한 이성과 공동선을 지향한 윤리가 과잉 성장해온 역사라고 보는 경우에, 그런 과정은 바로 아름다움이 정의의 범주에서 밀려난 역사로 이해할 수 있다. 이제 모더니즘은 포스트모더니즘과 함께 옳음과 좋음 이외에 아름다움을 균형 있게 법적 정의의 범주로 위치시키는 역사로 접어들고 있다. 이 점을 아름다움이 법적 정의로 변환되는 과정을 통해 설명해보자. 아름다움이 법적 정의로 변환되는 과정은 주로 아름다움이 이성적인 옳음이나 윤리적인 좋음과 일단 구분되고, 그것들과 갈등과 동조의 관계에 놓이는 상태에서 법적 정의를 새롭게 구성하는 방식으로 진행된다.

1) 아름다움의 정의 구성 이 진행은 아름다움 자체의 정의, 즉 '심미적 이성'(ästhetische Vernunft)을 발견하는 과정이 아니라 정의 밖에서 — 더 정확히는 이성적 옳음과 윤리적 좋음의 판단 밖에서 — 인정되는 아름다움이 정의를 구성하는 과정을 가리킨다.

257 법감정이라는 개념을 계속 사용하더라도 그 개념의 기능은 사안의 질감미(texture)에 대한 판단을 법의 적용에 고려하는 것으로 정립함으로써 법감정의 주관성이 갖는 폐해를 줄일 수 있을 것이다. 이에 대해 자세히는 이상돈, *법미학* (법문사, 2008), 88쪽, 128쪽 아래 참조.

㈎ 감성법(공감법)과 이성법[258] 아름다움이 정의를 구성하는 인간의 인지작용은 옳음과 좋음을 판단하는 인지작용과 구별된다. 인간의 인지작용은 이성(사유)와 감정, 감각과 직관으로 구별할 수 있다.

ㄱ) 이성과 감각의 법 이성(Vernunft)이란 의식의 지배를 받아 사물을 과학적으로 인식하고, 논리적으로 추론하고 아울러 그 가치를 체계적으로 평가하는 인지작용이다. 이성은 합리적인 이해(understanding)의 능력이기도 하다. 가령 인간이면 누구나 다른 사람을 죽여서는 안 된다는 법은 인간의 생명권을 보호한다. 이런 법은 인간사회가 약육강식의 자연상태에 머무를 경우엔 어느 누구의 생명도 완전하게 보호될 수가 없고, 따라서 나부터 다른 사람을 죽여서는 안 된다는 실천적 인식을 통해서 생성된다.

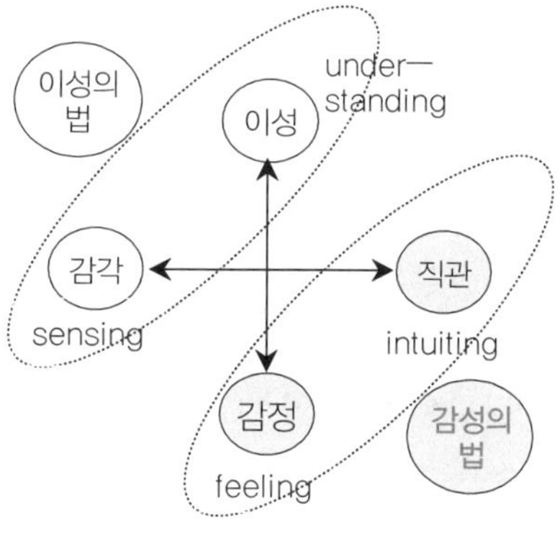

감각(sensing)은 오관五官(눈, 귀, 코, 피부, 혀)을 통한 지각을 말한다. 예컨대 소송법상 검증(Augenschein)은 '눈을 통한 직접적 지각'(unmittelbare Wahrnehmung durch das Augen)을 가리킨다. 이성법은 소송에서 그와 같은 감각을 통해 인지되는 대상에 관한 정보들을 사용하여 확정하는 사실에 대해 적용된다. 이처럼 감각은 이성을 도와 이성법을 실현하는 지각작용이 된다. 이런 점에서 이성법은 이성과 감각의 인지작용을 중심으로 구축된다.[259]

258 이러한 법의 새로운 구분은 아직 시론적인 단계에 있다. 그런 시론적 작업으로 이상돈, "공감의 법—공감법의 현상, 개념, 정당성, 미래—", *법적 이슈 공감하기* (세창출판사, 2017), 15~31쪽 참조.

259 이성법이 감정과 상상력을 배제하고 형성된 것임을 "비감성적 법적 테제"(no-emotion legal these)로 설명하는 김연미, "법적 상상력과 법시학: 정의의 기획들", *법철학연구* (제19권 제2호, 2016), 81쪽 참조.

ㄴ) 직관과 감정의 법 지각의 대척점에 있는 인지작용인 직관直觀(intuition, Anschauung)은 감각(또는 그에 따른 관찰)에 의존하지 않으며, 합리적 분석을 통하지도 않으며, 느낌(감정)보다는 주관적이지 않지만, 순간적이면서도 종합적인 지각의 총체이다. 직관은 이성법의 한계를 넘어서거나 그 결함을 보완하는 이성법 밖의 법발견 방법이 될 수 있다.[260]

> ★ 저작권의 직관적 판단 예를 들어 2002년 월드컵 시절 히딩크 넥타이라고 불렸던 넥타이의 도안은 당시 응용미술작품으로 인정되었는데, 그 넥타이를 모방한 타사의 넥타이제품이 히딩크 넥타이의 저작(복제)권을 침해하였다는 판단(大判 2003도7572)은 이성이나 감각에 의존하는 것이 아니라 직관에 의존한 것이다. 어떤 이성적인 분석과 비평도 히딩크 넥타이의 도안과 그것을 모방한 제품의 도안 사이에 존재하는 차이가 갖는 (모방제품의 예술성과 고유성을 포함한) 의미를 모두 해명할 수가 없기 때문이다.

이성의 대척점에 있는 감정(feeling)이란 이성을 기준으로 볼 때 비과학적으로, 비논리적으로, 비체계적으로 사물을 파악하는 느낌이다. 예컨대 남자가 여자를 강제 키스할 때 여자에게는 혀를 절단하여 방어할 정당방위권을 인정(大判 89도358)하면서 그 반대의 경우에는 인정하지 않는(大判 2014도17023) 판례의 남녀차별은 사람들의 '감정'적 판단으로만 지지될 수 있다. 이처럼 감정과 직관에 의해 형성되는 법을 이성법에 대응하여 감성법이라고 부를 수도 있겠다.

(나) 직관적·감정적 판단과 공감 아름다움을 체험하는 과정에서 일어나는 직관과 감정에 의한 판단은 매우 주관적이기 쉽다.

ㄱ) 미학적 판단의 주관성과 편견성 미학적 판단의 대상인 사건의

---

260 감각과 지각, 감정이 생성한 삶의 경험에 감응하는 법적 문제해결의 방법이 된다는 점에서 법을 아르스(ars)로 재해석하는 시도도 여기서 말하는 감성법과 같은 것으로 볼 수 있다. 그런 시도로 박지윤, *아르스로서의 법적 판단* (이화여대 박사학위논문, 2016) 참조.

미추는 텍스트가 아니기 때문에 미학적 판단은 그 대상(과 그것이 주는 이미지)을 직접 체험해야 가능하고(대면의 원칙 acquaintance principle), 그 체험은 텍스트이해보다 훨씬 더 복잡 미묘하여 그 체험을 표현할 언어는 매우 부족하다(인식적 모호성 perceptual elusiveness).[261] 또한 미학적 체험은 그것을 깨닫지 못하는 심리상태, 이른바 "이차 의식(second-order awareness)이 없는 심미적 반응"[262]인 경우, 즉 자신의 기호에 대한 신념이 자신의 감정에 일어나는 변화를 따라가지 못하는 경우도 많다. 여기서 기존의 신념체계는 새로운 심미적 경험에 대해 일종의 선이해로서 작용을 하게 되고, 그 경험을 통해 기존의 신념체계는 변화할 수 있다. 이런 순환은 마치 기존의 법과 새로운 사안(이 제기하는 정의의 요구내용) 사이의 해석학적 순환에 견줄 수 있다.

★ 미학적 판단의 선이해로서 비평관점 지배적인 심미적 비평관점은 심미적 판단에 작용하는 기존의 신념체계의 중요한 요소가 된다. 그런데 이 지배적 비평관점은 새로운 아름다움의 체험을 편향적으로 좋게 또는 나쁘게 평가하는 심리적 경향, 즉 "정서-유형 편견"[263](affect-type bias)으로 기능하기 쉽다.[264] 미학적 판단의 주관성은 편견으로 각인되기 쉽고, (법률)텍스트 해석보다 더 큰 불확성을 초래한다. 심미적 판단은 '양식을 평가하는 법칙'(evaluative laws of the form)을 설정할 수가 없고,[265] 심미적 판단의 타당성을 판정해 줄 법과 같은(law-like)

---

261 대면의 원칙과 미학적 서술의 인식적 불명확성에 관하여, María José Alcaraz León, "The Raional Justification of Aesthetic Judgments", *The Journal of Aesthetics and Art Criticism* (Vol. 66, No. 3, 2008), 292쪽.

262 Kevin Melchionne, "On the Old Saw 'I know nothing about art but I know what I like'", *The Journal of Aesthetics and Art Criticism* (Vol. 68, No. 2, 2010), 135쪽.

263 Kevin Melchionne, 앞의 논문, 137쪽 아래 참조.

264 이는 전문가들의 비평은 일종의 수행적 기능(performative function)을 함을 의미한다. 이런 주장으로 Arnold Isenberg, "Critical Communication", *The Philosophical Review* (Vol. 58, 1949), 330쪽 참조.

265 Mary Mothersill, "Critical Reasons", Francis J. Coleman 편, *Contemporary Studies in Aesthetics* (McCraw Hill, 1968), 210쪽.

규칙[266]도 세울 수가 없다. 이 점에서 심미적 판단은 법률해석과 다르다.

ㄴ) 놀이로서 미학적 체험 미학적 판단의 주관성에도 불구하고 보편화가능성은 미학적 체험이 일종의 놀이라는 점에 있다. 미학적 체험의 근원은 인간의 행위(작품, 사건)에 대한 에로스(eros)이다. 여기서 에로스란 그 행위(작품, 사건)가 불러일으키는 이미지가 욕망이 억압된 현실의 고통과 슬픔으로부터 인간을 '해방'시킬 때 생성시키는 체험적 의미(experientialistic meaning)[267]를 말한다. 이 의미를 공유하는 주체는 힘든 현실의 삶을 견뎌 낼 수 있게 하는 힘을 얻는다. 타나토스(thanatos)는 이러한 에로스가 약화될수록 커지며, 우리를 급기야는 죽

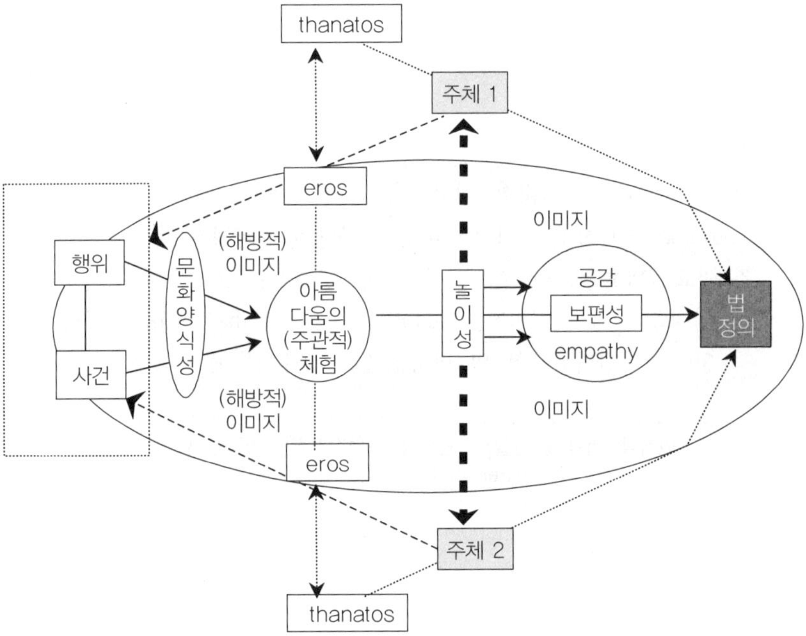

266 María José Alcaraz León, 앞의 논문, 298쪽.
267 이상돈, *법미학* (법문사, 2008), 18쪽.

음에 이르도록 만드는 충동적인 힘이다. 그런데 미학적 체험은 양식(style, form)에 의해 매개되는 측면이 있다. 양식이란 아름다움을 담는 그릇이며, 체험적 의미를 지닌 이미지를 형성하는 틀을 말한다.

이 점에서 미학적 체험의 양식은 규칙이 아니며, 그 자체로서 가치를 갖는 실체도 아니다. 미학적 체험의 동일한 양식을 갖고 그 양식이 기능하는 한 그 양식을 공유하고 있는 사람들은 동일하거나 비슷한 미학적 체험을 가질 수 있을 뿐이다. 또한 사람들은 공유하는 양식을 함께 해체함으로써 새로운 미학적 체험을 공유할 수도 있다. 즉, 사람들은 미학적 체험의 양식과 놀이를 하는 셈이다. 이 점에서 양식은 단지 대상의 아름다움이 주는 체험적 의미를 공유하게 만드는 가능조건이라고 말할 수 있다. 이런 기능을 하는 양식은 문화적으로 특수한 형태를 취하며, 역사적으로 계속 변화한다. 심미적 체험의 사회문화적 양식을 인지적 자원으로 습득하는 과정은 사회화의 한 부분이 된다.

ㄷ) 미학적 판단의 주관적 보편성 물론 미학적 체험의 공유는 양식의 공유나 양식 해체의 공유로 환원되지는 않는다. 양식이나 그것의 해체를 통한 심미적 체험에다 귀속시킨 언어가 이끄는 판단자의 '정서적 상태'로 수많은 사람들이 이입移入하게 되는 과정이 일어날 때[268] 미학적 판단은 보편성을 얻게 된다. 이를 공감(empathy)이라고 부를 수 있다. 공감은 합리적 논거에 의해 상대방을 설득하거나 자신이 설득당함으로써 이루게 되는 동의(consent)의 개념과 구별된다. 물론 미학적 판단의 타당성 범주인 공감이나 규범적 판단의 타당성 범주인 동의(합의)는 모두 한 주체의 존재에 대한 정확한 인식이 아니라 주체들 사이의 상호적 승인이라는 지향점을 갖는다. 규범적 판단이나 미학적 판단의 궁극적 주체는 개인이 아니라 상호주관성(intersubjectivity)이다. 물

268 공감을 담당하는 뇌기능이나 항생제, 오차범위 내의 허용수치 등에 대한 은유적 맵핑을 통해 감성 우위의 도덕관념을 정초하고 그것을 토대로 관용의 보편적 규범성을 설명하는 김연미, "관용에 대한 (생물학적) 접근: 공감의 은유적 맵핑", *법철학연구* (제17권 제2호, 2014), 55~84쪽.

론 "심미적 반응의 잘못된 귀속"[269](false attribution of aesthetic responses)[270]이 종종 일어나기 때문에 공감은 합의보다 정의를 창출하기에는 더 불안정적인 기반이다. 이 점은 법이 아름다움을 정의의 요소로 받아들이는 경우에 법적 정의가 이성적 논의에 의해 형성되는 합의보다 불안정해질 수 있음을 말해준다. 그런 점에서도 법은 기본적으로는 이성적 합의가능성을 지향하여 구성하되, 다만 아름다움의 감성적 판단을 통해 이성의 폐해(예: 동일성강제)를 반성적으로 지양하는 길(성찰적 모더니즘)을 가야 함을 알 수 있다.

(다) **감성법으로서 동물권** 사람들이 미학적 판단의 체험적 의미를 공유함으로써, 즉 공감을 형성함으로써 법적 정의를 만드는 현상을 동물권을 예로 설명해보자. 동물의 존엄이 아직 법적 권리로 승인되지 않은 상태에서 개고기를 맛있게 먹기 위해 잔인한 방법으로 도축하는 행위는 (인간중심의 이성이지만 어쨌든) 이성적으로 그릇되거나 윤리적으로 나쁜 것이 아니다. 현재까지는 적어도 옳다 그르다, 좋다 나쁘다를 확정적으로 말할 수 없다. 그러나 사람들은 직관적으로 또는 감정적으로 그런 행동이 인간의 행동으로서 추하다고 판단할 수 있다. 그런 추함의 체험은 문화적인 삶의 양식이 변화하면서 많은 사람들이 함께 하게 된다. 이를 통해 '공감'의 현상이 일어난다. 이 공감은 장기적으로 이성적으로 그릇되고, 윤리적으로 나쁘다는 판단으로 변환될 수도 있다. 하지만 그런 변환이 있기 이전에도 이 공감은 기존 법률의 해석적용에 반영됨으로써 법적 정의의 내용으로 수용될 수 있다. 여기서 아렌트

---

269 Kevin Melchionne, "On the Old Saw 'I know nothing about art but I know what I like'", *The Journal of Aesthetics and Art Criticism* (Vol. 68, No. 2, 2010), 138쪽.

270 오늘날 이런 잘못된 귀속은 자본의 거대권력들, 국제 비엔날레나 제도기관의 큐레이터들이나 상업화랑이 미술비평가들의 비평을 무력화시키고 있는 데서 비롯되기도 한다. 이런 비평의 보평성 상실과 무력화에 대해서는 정헌이, "1970년대 이후 한국미술의 내셔널리즘과 미술비평", *서양미술사학회논문집* (제31집, 2009.8), 273쪽 아래 참조.

(Arendt)처럼 심미적 판단에서 추구되는 공감(공통감각)을 얻어나가는 실천은 이성에 대한 대안적인 정치로 바라볼 수 있게 된다.[271]

2) 정의의 아름다움 구성 그러나 미추美醜의 체험과 이성적 윤리적 판단 또는 법적 정의의 구성 사이의 관계는 이와 정반대로 역전될 수도 있다. 예를 들어 개의 잔인한 도축 사례에서 윤리적 논쟁이 동물의 존엄권을 인정하는 설득력을 사람들에게 발휘하게 되면, 그리고 그것을 법제도로 강제하면, 이전에는 잔인한 도축을 그렇게 추한 일로 느끼지 않았던 사람들도 점차 추한 일로 체험하게 될 가능성이 높다. 그러므로 아름다움과 정의는 쌍방향의 관계에 놓인다. 즉 아름다움이 정의를 구성하고, 정의도 아름다움을 구성하는 것이다.

여기서 옳고 그름, 좋고 나쁨 그리고 아름다움과 추함 사이의 상호작용관계는 순환적으로 일어날 수 있고, 그 과정에서 법적 정의가 구성될 수 있다.

예컨대 학생에 대한 교육목적의 체벌이 교육현장에서 자주 선함의 옷을 입고는 있으나 '추한 것'으로 체험되곤 한다. 이런 체험은 체벌권의 이성적인 제한과 윤리적인 한계를 설정하는 공론을 형성케 한다. 그래서 가령 재판과 유사한 체벌절차나 체벌도구의 규격화 등과 같은 정형화된 체벌 제도를 법으로 만드는 방향으로 몰아갈 수 있다. 그런 법은 학생의 인권과 교육목적의 달성을 조화시키는 '이성적인' 것일 수는 있겠으나, 추한 법일 수도 있다. 특히 교사의 입장에서는 그러하다. 체벌에 담았던 열정과 사랑은 체벌의 정형화와 규격화와 함께 싸늘하게 식고, 자신의 정체성을 학생들의 삶을 열정적으로 지도하는 교사로부터 단순한 지식전달자로 재구성하는 내적 과정은 교사들에게 추한 것일 수 있다. 그런 추함은 언젠가는 학생들도 같이 체험할 수도 있으

271 이에 관해 자세히는 임미원, "아렌트의 정치적 판단력 개념과 그 적용에 관한 일고찰-아이히만 사례와 관련하여", *한양대 법학논총* (제31집 제3호, 2014), 49~72쪽 참조.

며, 그런 체험이 일반화된다면 다시금 그 체벌법을 변화시키게 될 것이다.

(3) 대화적 의사소통과 법적 정의 바로 여기서 법적 대화의 정의 생산력이 주목된다. 아름다움의 체험이 이성적 권리의 재구성이나 윤리적 공동선에 대한 상호이해를 통해 변화될 수 있다는 것은 아름다움에도 이성이 내재할 수 있음을 시사해준다.

사실 미의 체험은 주관적인 것이지만, 미의 기준은 사회적이고 역사적인 것이다. 예컨대 우리사회의 미의 기준은 (한국적인 것보다는) 서구적인 것, (자연이나 동물의 존엄보다는) 인간편의적인 것, (농촌적인 것보다는) 도시적인 것에 편향되어 있다. 그런 편향은 그 기준에 부합하지 않는 것들을 아름답지 않거나 추한 것으로 체험하게 만든다. 하지만 그렇게 추한 것으로 인지되는 대상들은 고통과 불행을 겪는다. 그런 고통과 불행을 방치하는 것은 추한 것이며, 이 추한 것의 체험은 그 대상들의 입장에서 바라볼 때 가능해진다. 즉 관점의 교환은 미추체험에 변화를 가져온다. 이처럼 아름다움의 기준이 가능한 더 많은 사람들과 사물들(동물, 자연)이 그 기준에 부합하여 아름다움의 승인을 받을 기회를 누릴 수 있게 하는 방향으로 나아가게 하는 기획을 '심미적 이성'이라고 말할 수 있다.[272] 심미적 이성은 곧 미추의 기준에 대한 성찰적 관점을 교환하는 의사소통이다. 즉 심미적 이성은 대화적 이성인 것이다. 여기서 법적 정의는 이성적 옳고 그름, 윤리적 좋고 나쁨, 아름다움과 추함을 관통하는 대화적인 의사소통의 흐름 속에서만 가능한 것임을 알 수 있다. 대화적 의사소통은 자연법론과 법실증주의, 자유주의와 공동체주의를 변증시킬 뿐만 아니라 이성과 윤리를 아름다움과 함께 법적 정의 속에서 변증시키는 인프라가 된다.

---

272 이에 관해서 이상돈, *욕망은 행복을 낯설게 한다* (연극과 인간, 2003) 참조.

3. 옳음, 좋음 그리고 아름다움의 합일태로서 법적 정의

이성, 윤리, 아름다움의 완전한 법적 변증은 예컨대 하버마스가 말하는 이상적인 대화상황(ideale Sprechsituation)[273] 속에서나 궁극적으로 가능하다.

(1) **옳음, 좋음, 아름다움을 변증시키는 법적 대화의 현실**　그러나 모든 사람에게 제한 없이 말하고 근거 짓고, 제한 없이 반박하고, 심지어 사용하는 언어에 대한 비판과 사회체계에 의한 소통의 왜곡도 전혀 없는 대화상황이란 대화의 '반反사실적 전제' 또는 '유토피아적인 이상'일 뿐이다. 현실에서는 그런 완벽한 대화적 의사소통은 없다. 그렇기에 이성적 옳음, 윤리적 좋음, 심미적 아름다움은 서로 엇갈리기 쉽다. 그런 현실을 유형화해보는 것은 법적 정의의 미래 기획을 위해 유익할 뿐만 아니라 꼭 필요한 일이다.

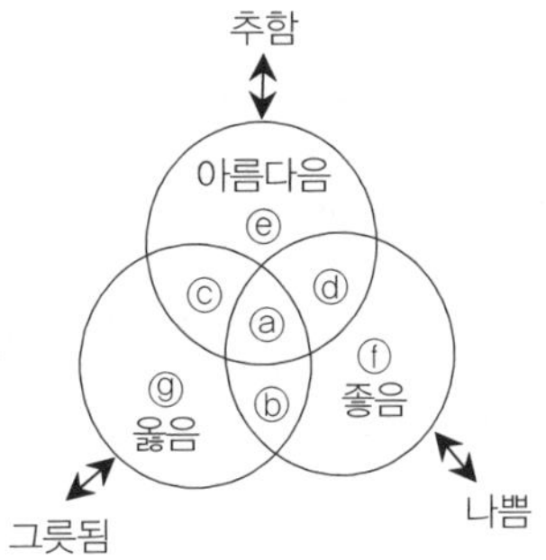

다음 도표의 각 부분에서 이성적 옳음, 윤리적 좋음, 심미적 아름다움이 충족되는 경우를 ○으로 표기하고 충족되지 않는 경우, 즉 이성적으로 그릇됨, 윤리적으로 나쁨, 심미적으로 추함을 각각 ×로 나타내면 아래 표처럼 분석적인 조합이 이루어진다.

---

273 하버마스(J. Habermas, "Wahrheitstheorien", *Vorstdien und Ergänzungen zur Theorie des kommunikativen Handelns* [Suhrkamp, 1984], 174쪽 아래 참조)가 말하는 이상적 대화상황이란 요약해서 정의한다면 ① 모든 사람의 제한없는 자유롭고 기회균등한 말행위의 가능성(Habermas, 앞의 논문, 177쪽), ② 모든 주장의 제한없는 근거지음과 반박가능성(Habermas, 앞의 논문, 177쪽), ③ 말행위자의 동등한 (감정, 태도 등) 표현적 말행위 기회향유(Habermas, 앞의 논문, 178쪽), ④ 말행위자의 동등한 (명령, 금지, 약속 등) 규제적 말행위 기회향유(Habermas, 앞의 논문, 178쪽)가 보장된 대화상황을 말한다.

범주 / 유형	옳음	좋음	아름다움	사 례 예 시
ⓐ	○	○	○	기부금에 대해 소득세를 공제해주는 법은 부담(기부)과 이익(법적 혜택)이 맞대응된다는 점에서 이성적으로 옳고, 사회적 약자 등을 위한 자원으로 사용된다는 점에서 윤리적으로 좋은 일이며, 또한 아름다운 일로 받아들여지는 기부행위를 촉진시킨다는 점에서 아름다운 법이 된다.
ⓑ	○	○	×	연쇄살인범을 처형하는 것(사형을 형벌로 승인하는 형법)은 응보사상에서 보듯 이성적으로 옳고, 연쇄살인의 위험을 예방하여 다른 구성원들의 생존을 안전하게 한다는 점에서 윤리적으로도 좋은 일일 수 있으나 문명화된 사회에서는 결코 아름답다고 볼 수 없다.
ⓒ	○	×	○	동성애자들이 시민적 결합체로 살아갈 권리를 주는 법은 이성애자와 평등하게 자유를 실현할 기회를 주므로 옳지만, (종교)윤리적으로는 아직 좋지 않은 것으로 인식될 가능성이 높다. 하지만 그들의 인권을 존중한다는 점에서는 아름답다.
ⓓ	×	○	○	응급환자에 대한 응급의료의무를 부과하는 법(응급의료에 관한 법률)은 (그 발생근거가 평등한 자유의 이념에서 비롯되지 않고, 또한 의무의 이행에 대해 충분한 보상이 이루어지지[274] 않을 수 있다는 점에서) 이성적으로 옳은 것은 아니지만, 윤리적으로 좋은 일이며, 또한 아름다운 일이다.
ⓔ	×	×	○	아버지의 돈을 친구와 함께 훔친 자식을 형 면제하는 법(형법)은 친구가 여전히 처벌될 수 있다는 사실에 비추어 보면 더욱 이성적으로 옳지 않고, 윤리적으로도 나쁘지만, 부자관계의 인간적인 애정이라는 차원에서 보면 아름답거나, 적어도 추한 것은 아니다.
ⓕ	×	○	×	배우자의 혼외정사를 처벌하는 법(위헌결정으로 폐지된 간통죄)은 자유의 과잉제한이라는 점(성은 인격이고, 성의 배타적 소유는 인격의 소유화라는 점)에서 이성적으로 옳지 않고, 윤리적으로는 좋지만(공동선에 이바지함) 아름답지 않다.
ⓖ	○	×	×	진료비를 낼 수 없는 환자에게 치료를 거부하는 것을 정당한 이유가 있는 진료거부로 승인하는 법은 진료의무와 진료비청구권을 균형적으로 인정한다는 점에서 이성적으로

				옳으나, 의료윤리적으로는 좋은 일이 아니며, 또한 아름답지도 않다.
ⓗ	×	×	×	대통령이 단지 자신의 정치적 충복이라고 하여 중대한 범죄를 범한 자를 사면·복권시켜주는 것(을 가능케 하는 법)은 옳지도 않고 좋지도 않으며,[275] 추하기까지 하다.

(2) **법적 정의의 이상** 물론 이 유형들에서 옳고 그름, 좋고 나쁨, 아름다움과 추함에 대한 구체적인 판단은 견해에 따라 다를 수 있다. 여기서 중요한 점은 어쨌든 이와 같은 유형화가 가능하다는 것, 그리고 각 유형에 대한 구체적인 판단의 차이는 다시 대화적 의사소통을 통해 지양될 수 있다는 점이다. 또한 법적 정의의 이상은 옳음, 좋음, 아름다움을 변증적으로 종합할 때 비로소 실현되는 것이라는 점이다.

V. 법적 정의의 해체와 재구성

법적 대화가 이상적이기 어려운 현실적 한계 속에서 실정법은 언제나 이성적 옳음, 윤리적 좋음, 아름다움이라는 정의의 세 요소를 완전하게 구현하기가 어렵다. 실정법에 기초가 된 옳음에 대한 판단은 자연법적 확신의 오류에 빠지기 쉽고, 좋음에 대한 판단은 자유주의의 나르시시즘이나 윤리적 공동선의 강박에 시달리기 쉬우며, 아름다움에 대한 판단은 주관적 체험에 머무르기 쉽다. 여기서 법적 정의의 불완전함을 어떻게 고쳐나갈 수 있는 것인지가 문제로 등장한다.

---

274 이는 환자가 경제적으로 어려운 경우에 응급의료기금으로 그 치료비용이 모두 조달되지 않고, 또한 치료비의 조기회수도 어려운 경우가 많이 발생하기 때문이다.

275 대통령이 자신에게 충복한 사람에 대한 의리를 지키기 위한 것은 조폭세계의 의리와 차별화가 되지 않기 때문에, 또는 공동선의 실현과는 직접이든 간접이든 관련이 전혀 없기 때문에 윤리적으로 좋은 일이라고 할 수 없다.

1. 해체적 정의의 에토스

실정법이 옳음, 좋음, 아름다움을 완전하게 구현하지 못하는 한, 그리고 그런 만큼 실정법은 해체될 때 더 나은 정의의 가능성이 열리게 된다.

(1) **법의 해체로서 정의**　여기서 데리다(Derrida)의 해체적 정의가 법적 정의에 수용될 필요가 있다. 데리다가 『법의 힘』(Force de loi)에서 펼친 해체적 정의론의 핵심은 '정의는 형언불가능한 것이면서 동시에 해체불가능한 것'[276]이며, 정의는 법을 해체함으로써 생성된다는 것이다.

1) 실정법의 해체를 통한 정의의 실현　그런데 흔히 해체주의(deconstructionalism)는 근대 이후 발전해 온 이성(또는 이성법)의 해체를 의미한다고 이해된다. 이런 의미의 해체주의는 오직 의식과 이성에 대척점에 있는 무의식을 분석하고, 의식과의 균형을 지향하는 정신분석학과 이를 수용한 법정신분석학[277]에 의해 수행된다고 볼 수 있다. 그러나 데리다의 해체적 정의는 이성(또는 이성법)의 해체를 지향하지 않는다. 두 가지 점에서 그러하다. 첫째, 데리다가 말하는 해체는 (법적) 정의 자체를 향해 있는 것이 아니라 '실정법'을 향해 있는 것이다. 법학자들에게 법은 정의와 등식화될 수 있는 법(Recht)을 의미하지만, 철학자인 데리다에게 법은 현실에서 체험하는 법, 즉 실정법(Gesetz)일 뿐이다. 따라서 데리다의 해체적 정의론을 법학에 번역해보면 '법(Recht)은 실정법을 해체함으로써 생성된다'는 것이 된다. 데리다도 이 점을 인식했을 것으로 보인다. 왜냐하면 데리다에게도 법은 정의를 무력하게 하면

276 J. Derrida(진태원 역), *법의 힘(Force de loi)* (문학과 지성사, 2004), 25쪽; 데리다의 해체주의 법사상을 우리나라에서 처음 정리한 글로 김정오, "법에 있어서의 포스트모더니즘", *연세대 법학연구* (제6권, 1996), 207쪽 아래; 김재원, "포스트모더니즘과 법", *법과 사회* (제7권, 1993), 285~298쪽 참조.

277 이런 기초법학적 연구의 시작으로 이상돈 · 민윤영, *법정신분석학입문* (법문사, 2011) 참조.

서도, 정의를 실현하기 위한 가장 기본적인 조건으로 남아 있기 때문이다.[278]

① 가령 뇌암 말기로 극심한 고통에 시달리는 아버지의 거듭된 간청에 따라 아버지를 목 졸라 숨지게 한 아들에게는 현행법상 존속살해죄(형법 제250조 제2항)가 적용된다. ② 그러나 만일 존엄사라는 '생명인권'이 승인되었다면, 아들의 행위는 위법성이 조각될 수도 있다. ③ 그러므로 이러한 사안유형에서는 존속살해죄의 실정법 — 여기서는 '아버지의 인간존엄을 위한 아버지 살해행위도 존속살인죄에 해당한다'는 구체적인 법규범 — 이 해체될 때 비로소 '존엄사라는 생명인권의 실현'과 같은 정의가 생성될 수 있다.

둘째, 데리다가 말하는 법의 해체는 실정법의 전면적 해체가 아니라 실정법이 정의를 실현하지 못하는 한에서 이루어지는 해체인 것으로 보인다.

예컨대 위 사례에서 존속살해죄 자체를 폐지하는 것이 아니라 그것의 위법성조각사유로서 존엄사라는 생명인권을 승인하는 한에서만 그 효력을 제한하는 것이다.

2) 지금 여기의 정의가 아닌 전미래시제의 정의 또한 ① 데리다에게 정의란 현전불가능한 '도래할 정의'에 의해 소급적으로 정당화되는 전미래시제(future antétieur)[279]의 구조를 갖고 있다.[280] 그렇기에 정의는

---

278 이러한 데리다 해석으로 Andreas Philippopoulos-Mihalopoulos, "The Suspension of Suspension: Settling for the Improbable", *Law and Literature*, (Vol. 15, No. 3, University of California Press, 2003), 359쪽. Andreas Philippopoulos-Mihalopoulos의 비슷한 표현으로는 "정의는 법이 물러날 때 나타나지만, 오직 법을 통해서만 나타날 수 있다.", Andreas Philippopoulos-Mihalopoulos, "Spatial Justice: law and the geography of withdrawal", *International Journal of Law in Context*, (Vol. 6, Issue 3, Cambridge University Press, 2010), 209쪽.

279 프랑스어에서 전미래 시제란, 이를테면 "내가 집필을 마칠 무렵이면, 나의 친구가 그곳에 도착해있을 것이다"라는 문장에서, 미래 어느 시점(내가 집필을 마칠 시점)이면 완료될 미래의 행위를 가리킨다. 데리다는 이를 과거에 대해 소급적이고 구조적인 영향을 미치는 시제로 이해한다. 이에 대해 자세한 설명은 J. Derrida(진태원 역), 앞의 책, 196쪽 참조.

280 이에 관한 논의로 특히 D. Cornell, "Beyond Accommodation: Ethical Feminism,

언제나 이미(always already) 사후 추인될 뿐이다. 해체적 정의는 전미래 시제의 정의라는 점에서 구체적 자연법론에서 말하는 '지금 그리고 여기서'(hic et nunc)의 정의와 구별된다. ② 따라서 해체적 정의는 미래에 언젠가 성취될 법의 관점에서 지금 여기의 법이 구현하는 정의에 대한 회의를 가져다준다. 다시 말해 '전미래'시제의 정의는 '미래의' 정의가 아니라 현재의 정의를 회의(지속적인 반성과 해체)하는 '또 다른 현재의 정의'인 것이다.

① 위 사례에서 아버지를 존엄사의 의미로 살해한 아들을 존속살해죄로 처벌하지 않는 것이 정의롭다는 것은 '지금 여기의' 정의가 아니라 존엄사와 그에 조력할 권리가 생명인권으로 승인되는 '미래의 어느 시점에' 가서야 '소급적으로 원래부터'(살해행위시점에 이미) 정의로웠던 것이 된다. ② 전미래시제의 정의는 지금 여기의 정의에 대한 회의를 가져온다. 즉, 이 사례에서 존엄사의 생명인권이 미래에 언젠가 승인된다면 이 사건의 아들을 존속살인죄의 법정형인 7년 이상의 징역형으로 처벌하는 것은 존속살인죄의 '지금 여기의 정의'를 원래부터 정의가 아니었던 것으로 만든다.

(2) **정의의 아포리아** 법의 해체를 통해 정의가 생성된다고 말하는 데리다는 정의가 무엇인지를 적극적으로 말하지는 않고, 단지 '정의에 대한 회의'만을 말한다. 데리다는 정의에 대한 회의를 — 선물의 아포리아[281]와 마찬가지로 — 정의의 아포리아(aporia)[282]라고 부르고, 정의의 아

Deconstruction and the Law", *Feminist Alliance with Deconstruction* (Routledge, 1991) 참조.

281 ★ 선물의 아포리아 선물을 주는 경우에 그 보상(욕구)이 그림자처럼 뒤따르기 때문에 선물은 불가능한 것인데도 인간은 끊임없이 선물을 주고받는다. 선물에는 보상, 예를 들면 많게는 유형의 물질적 반대급부, 적게는 무형의 도덕적 만족감이나 우월감 같은 것이 항상 뒤따른다. 그러므로 인간은 선물을 주는 순간, 이미 되가진다. 이를 재전유(再專有), 우리말로 **되가짐(reappropriation)**이라고 한다. 다시 말해 선물은 주는 순간 선물을 무효화한다. 그렇기 때문에 데리다는 선물(gift)과 정의는 공통된 아포리아를 갖는다고 보았다. 정의의 결정불가능성은 선물의 불가능성과 같은 것이다. 이런 입장을 표명한 데리다의 말은 John D. Caputo 편, *Deconstruction in a Nutshell: A Conversation with J. Derrida* (Fordham University Press,

포리아로 ① 규칙의 판단중지, ② 결정불가능성의 유령, ③ 긴급하고 촉박한 유한한 순간의 결정을 든다.[283] 정의는 바로 이런 "아포리아의 경험 자체"[284]를 통해—즉 정당한 것과 부당한 것 사이에서 결정을 할 때 그 결정이 어떠한 규칙에 의해서 보증되지 않는 순간을 경험[285]함으로써—생성된다.[286]

1) 규칙의 판단중지와 법의 재해석 '규칙의 판단중지'(épokhè of the rule)는 정의로운 결정을 내리기 위해서 기존의 규칙에 구속되어서는 안 된다는 의미이다. 법에서 규칙은 법률과 법관이 판결을 통해 형성한 법률텍스트의 사용규칙을 포함한다. 데리다가 규칙에 의한 판단을 중지하라는 것은 곧 법(법률과 법률텍스트의 사용규칙)이 실현하는 정의에 대해 회의를 하라는 것과 같은 의미이다. 그러므로 '규칙의 판단중지'는 법관에게는 기존의 선례("법률텍스트의 사용규칙"[287])에 구속되어서는 안 됨을 뜻한다. 기존의 선례에 따른 법관의 결정은 선례에 의해 형성된

1997), 18~19쪽 참조; 그러나 ① 첫째, 정의가 선물인 것이 아니라 법이 선물인 것이다는 점에 데리다의 오류가 있다. ② 둘째, 불교에서 말하는 무주상보시(無住相布施)는 되가짐이 없는 베푸는 것, 즉 선물의 아포리아를 극복한 선행의 가능성을 보여준다. ③ 되가짐의 사용은 뒤집어지기도 한다. 예컨대 카퓨토는 선물과 정의는 재전유될 수 없다고 말한다(John D. Caputo, "Justice, If Such a Thing exists", *Deconstruction in a Nutshell: A Conversation with J. Derrida* [Fordham University Press, 1997], 140~142쪽). 그러나 선물은 줄 수 없는 것이다. 왜냐하면 선물 하는 순간, 되가짐이 일어나기 때문이다.

282 아포리아는 그리스어인 길(poros)과 부정어인 a가 붙어 '길이 없음'을 의미한다 J. Derrida, 앞의 책, 37쪽 각주 49.

283 데리다가 말하는 세 가지 아포리아는 하나의 아포리아의 세 가지 특징이라고 보기도 하는 John D. Caputo, *Deconstruction in a Nutshell: A Conversation with Jacques Derrida* (Fordham University Press, 1997), 136쪽 참조.

284 J. Derrida, 앞의 책, 36쪽.

285 이때 경험은 막막함뿐만 아니라 "그 한계를 넘쳐흐르는", 즉 주어진 규율만으로는 정의가 채워지지 않고 넘쳐흐르는 현상에 대한 체험이라고 보는 Marko Ziomislic, *Jacques Derrida's Aporetic Ethics* (Lexington Books, 2007), 28쪽 참조.

286 이하의 세 가지 아포리아에 관한 설명은 이상돈·박명화, "정의의 아포리아(aporia)와 형의 유예제도에 대한 법문학적 이해-카뮈의 <손님>을 예로 하여", *고려법학* (제72호, 2014), 209~252쪽에서 발췌 요약 재정리한 것임.

287 이상돈, *법이론 제2판* (박영사, 1997), 180쪽.

법규범에 순응했기 때문에 합법적(legal)이라고는 말할 수 있지만, 그런 결정이 정당하다고(just) 단언할 수는 없다.[288] 왜냐하면 모든 사건은 사건마다의 '고유성'(singularity)[289]을 갖고 있어서 그 사건에 맞는 정의로운 결정을 하기 위해서는 기존의 선례에 따라 계산해서 법적 판단을 내리는 것만으로는 부족하기 때문이다. 데리다에 의하면 법관은 단순히 (규칙적으로) 계산하는 기계가 아니라 사건의 고유성을 고려하여 매 순간 법을 "재발명"(reinvent)[290]해야 한다. 하지만 다른 한편 데리다도 이런 재발명을 하는 법관이란 규칙을 고려하지 않고 즉흥적으로 행동하는 법관을 뜻하지는 않는다고 본다.[291] 그러므로 법관은 사안의 고유성과 법의 보편성 사이에서(inbetween) 정당한 결정을 찾아야 한다.[292] 바꿔 말하면, 법은 "부정의(inequities)를 줄이고, 고유성(singularity)의 희생 없이 평등(equality)을 증진시키기 위한 노력"[293]이라고 볼 수 있다.

① 뇌암 말기 환자인 아버지를 존엄사로 살해한 아들에게 존속살인죄의

288 John D. Caputo, *Deconstruction in a Nutshell: A Conversation with Jacques Derrida* (Fordham University Press, 1997), 17쪽.

289 singularity는 국내에서 특이성, 단독성, 독특성 등으로 번역되고 있다. 하지만 singularity는 법이론적 맥락에서는 '고유성'이라 번역하는 것이 적절하다고 생각한다. 법이론적으로 singularity는 특이하다, 독특하다는 평가에 앞서 사안마다의 구체적 상황과 사건의 개별성을 강조하는 의미로 해석할 수 있으며, 그 개념적 의미는 고유성이라는 번역을 통해 충분히 드러날 수 있다. singularity를 독특성으로 번역한 견해로는 J. Derrida · Bernard Stiegler(김재희 · 진태원 옮김), *에코그라피: 텔레비전에 관하여(Echographies de la television: entretiens filmes)*(민음사, 2002), 24~25쪽의 옮긴이주 참조.

290 J. Derrida, 앞의 책, 50쪽.

291 J. Derrida, 앞의 책, 50~51쪽: "만약 그가 어떤 법에도, 어떤 규칙에도 준거하지 않는다면 … 그가 자신의 결정을 중지하고, 결정 불가능한 것에 직면하여 멈춰 서거나 모든 규칙과 모든 원칙 바깥에서 즉흥적으로 행동한다면, 우리는 또한 마찬가지로 말할 것이다. 이러한 역설로부터 우리는 … "나는 정당하다"고 현전적으로 말할 수는 없다는 결론이 따라 나온다."

292 John D. Caputo, *Deconstruction in a nutshell: A Conversation with Jacques Derrida* (Fordham University Press, 1997), 137쪽.

293 이런 데리다 해석으로 Michel Rosenfeld, "Derrida, Law, Violence and the Paradox of Justice", *Cardozo Law Review* (Vol. 13, Issue 4, 1991), 1272쪽.

보편성과 그 생명인권(존엄사) 실현의 고유성 사이에서 법관에게 데리다가 요구하는 '규칙의 판단중지'(épokhè of the rule)라는 정의의 아포리아는 그를 보통의 존속살인죄(7년 이상의 징역형으)로 처벌하는 법의 적용을 중지할 것을 요구한다. ② 여기서 더 나아가 규칙의 판단중지라는 정의의 아포리아는 형의 유예(suspension of penalty)라는 현행법상 제도[294]에 이식시킬 수 있다고 본다. 따라서 이 사례의 아들에게 부과되는 형은 (책임감경과 작량감경의 법률상 감경을 거쳐) 집행유예의 자유형이 될 수 있다.

2) 결정불가능성의 유령과 법의 부정합성 법관이 법을 재발명하여 결정을 내릴 경우에도 그 법이 정의롭다고 단언할 수는 없다.

㈎ 차연으로서 정의 데리다에 따르면 정의는 지금의 것이 아니라 차연差延(différance),[295] 즉 "도래할 것으로 남아 있으며, 도래해야 하고, 도래하는 중인"[296] 것이기 때문이다. 이처럼 정의를 실현하려고 재발명하는 결정을 내리지만 정의는 언제나 도래할 것으로 남아 있을 뿐이라는 점에서 데리다는 정의를 결정불가능성의 유령(the ghost of the undecidable)[297]이라고 말한다: "다시 한 번 어떤 규칙, 주어져 있었거나 발명된 또는 재발명된, 그리고 재긍정된 어떤 규칙을 따랐던 것이 된다. … 이 시험은 결코 통과되거나 극복되지 않는다. … 결정 불가능한 것은 적어도 하나의 유령, 하지만 본질적인 유령으로서, 모든 결정, 모

---

294 물론 기존의 형법학계의 이해에 의하면 선고유예나 집행유예를 받는 범죄행위에 대해 어떤 정의의 요소를 인정하는 것이 아니다. 바로 그렇기 때문에 데리다의 정의의 아포리아에 대한 논의를 통해 형의 유예라는 법제도의 의미가 재해석될 수 있다고 보아야 한다.

295 데리다에 의하면 라틴어 동사 differre에서 유래한 불어 동사 différer는 '차이가 나다'와 '연기하다'의 두 가지 의미를 갖고 있음에도 불구하고, 이 동사의 명사형인 différerence는 '차이가 남'만을 뜻하기 때문에 현재와 미래 시간차를 담는 개념으로, 다시 말해 시간화(temporalization)한 차이의 개념은 신조어가 필요하다고 본다. 그래서 데리다는 différer의 두 가지 의미를 모두 포함하는 차연(différance) 개념을 새롭게 만들었다고 한다. 이에 관해 Jaques Derrida, *Margins of Philosophy* (trans. Alan Bass, The University of Chicago Press, 1982), 8~9쪽 참조.

296 J. Derrida(진태원 옮김), *법의 힘(Force de loi)* (문학과 지성사, 2004), 58쪽.

297 J. Derrida, 앞의 책, 52쪽.

든 결정의 사건에 포함되어 있고 깃들여 있다."[298]

(나) **완전한 상황서술의 요청과 불가능성** 하지만 결정불가능성은 무기력함이 아니라 "행동하고 결정하는 가능성의 조건"[299]을 뜻한다.[300] 결정 불가능성의 유령이 실천적으로 말하는 바는 법관은 '끊임없이' 계산을 해야 한다는 것이다. 이 끊임없는 계산의 요청은 법의 정합성整合性(coherence)[301]에 대한 요청이다. 왜냐하면 법(법률과 법적 규칙)의 정합성은 입법자나 법관이 그 법(법률과 법적 규칙)이 적용되는 모든 현실의 수많은 고유성들을 고려하고 결정(입법과 판결)을 내렸어야 하기 때문이다.[302] 귄터(Günther)는 이와 같은 정합성의 전제조건을 "완벽한 상황서술"(vollständige situationsbeschreibung)[303]이라고 부른다. 그러나 이는 이념일 뿐, 현실에서는 충족할 수 없는 전제조건이다. 법관에게는 그런 조건을 충족하도록 부단히 애쓸 것이 요구될 뿐이다. 데리다가 말하는 결정 불가능성은 완전한 상황서술의 불가능성을 의미하며, 데리다가 말하는 사안의 고유성을 고려하기 위한 끊임없는 섬세한 계산은 완전한 상황서술에의 끊임없는 지향을 의미한다.

★ 소송에서 완전한 상황서술 ① 뇌암 말기 환자인 아버지를 존엄사로 살해한 아들에게 존속살인죄를 적용하되 형을 유예하는 결정이 정의로울 수 있으려면 이런 사례 이외에도 (존속)살인죄가 적용되는 유사하면

---

298 J. Derrida, 앞의 책, 53쪽.

299 John D. Caputo 편, *Deconstruction in a Nutshell: A Conversation with Jacques Derrida* (Fordham University Press, 1997), 137쪽.

300 그렇기에 데리다는 오직 결정 그 자체만이 정당하며, 주체에게 결정이란 우연한 사건(accident)과도 같다고 한다. J. Derrida, 앞의 책, 52쪽 참조.

301 법과 법적 규칙들이 논리적 모순이 없음 뿐만 아니라 그것들에 대한 근거지움이 체계적으로 연관성을 갖는 것을 뜻한다. 이에 관해 자세히는 이상돈, *법이론 제2판* (박영사, 1997), 317쪽.

302 비슷한 취지의 견해를 일상의 삶의 자세에 적용한 문광훈에 의하면 정의로운 삶을 살기 위해서는 일상에서 사는 방식에 대해 "꼼꼼하고도 철저하게 성찰하고", 세부적 경험에 무감각하지 않아야 한다. 문광훈, "무한한 정의-발터 벤야민과 자크 데리다의 법 이해-", *독일언어문학* (제51권, 2011), 120쪽.

303 Klaus Günther, *Der Sinn für Angemessenheit* (Ffm., 1987), 290쪽.

서도 세밀한 차이가 나는 수많은 사례들(예: 식물인간 치료중단, 진통제거 목적의 몰핀 과다투약으로 인한 인식가능한 사망, 경제적 궁핍의 심각한 압박 등 다양한 요소들의 다양한 조합을 이루는 다양한 사례들)을 모두 비교분석하고, 다양한 가치형량적 요소들의 가치서열을 매기는 평가작업을 남김없이 한다는 전제가 충족되어 있어야 한다. ② 그러나 소송이라는 제도의 시간적, 물적, 인적 자원의 제약 속에서 법관은 그런 완전한 상황서술을 하지 않은 채 결정을 내리게 된다. 여기서 유사한 다른 사례들에 대한 비교분석과 가치형량적 평가에 필요한 모든 지식을 사용할 수 없는 소송의 상황은 데리다가 말하는 '지식의 지평을 차단하는 긴급성'에 해당한다. 또한 소송이라는 제도 속에서 법관은 여하튼 결정을 내려하는 결정의 강제에 놓이게 된다. ③ 지금 여기에서 그런 살해행위를 한 아들에 대한 존속살인죄의 적용을 굴절시키는 판결이 정의로운 것인지는 불확실한 채로 남아 있게 된다. 그럼에도 불구하고 법관은 그런 행위가 재산상속을 노리고 아버지를 살해하는 아들의 살해행위와 다른 고유한 의미를 갖고 있음을 고려한 채 그에 적절한 형을 선고함으로써 정의를 실현할 수박에 없게 된다.

3) 지식의 지평을 차단하는 긴급성과 결정의 강제 완전한 상황서술을 할 수 없는, 즉 끊임없는 계산을 다 할 수 없는 상황을 데리다는 "긴급하고 촉박한 유한한 순간"[304]의 상황이라고 말한다. 법관은 바로 그런 상황에서 판결(결정)을 내릴 수밖에 없다. 데리다는 이런 결정의 순간을 키에르케고르(Kierkegaard)[305]의 광기라는 개념에 주목해 이렇게 설명한다: "결정의 순간은 키에르케고르가 말하듯 하나의 광기다. 시간을 갈라내야 하고 변증법들에 저항해야 하는 정당한 결정의 순간에 대해서는 특히 그렇다. … 하나의 광기인 이유는 이러한 결정이 과잉능동적이면서도 또한 수동적이기 때문이다."[306]

304 J. Derrida(진태원 옮김), *법의 힘(Force de loi)* (문학과 지성사, 2004), 56쪽.

305 데리다의 키에르케고르 분석에 관하여는 윤원준, "신의 음성과 책임: 레비나스와 데리다의 생각 속의 키에르케고르적 윤리", *한국조직신학논총* (제28권, 2010), 149~176쪽 참조.

306 J. Derrida(진태원 옮김), *법의 힘(Force de loi)* (문학과 지성사, 2004), 56쪽.

여기서 긴급성은 현재의 고유한 상황 속에서 규칙을 재발명하는 데 필요한 '지식의 지평을 차단하는 긴급성'을 말한다. 법관의 법률적용도 그런 긴급성 속에서 (어쩔 수 없이 결정이 강제된 상황에서) 지금 여기의 정의를 실현할 수밖에 없을 뿐이다.[307] 입법도 어떤 법안의 올바름에 대한 검토를 위해 필요한 지식이 충분하지 않거나 아직 수집되지 않은 상황에서 그 법의 제정을 필요로 하는 사회정치적 상황의 압박에 밀려 순간 광기와 같이 이루어진다. 이런 긴급성과 결정의 강제는 결정이 실현할 정의를 불확실하게 만든다.

2. 절차적 법적 정의의 에토스

(1) 해체주의적 정의론과 비판적 법해석학 이렇게 볼 때 데리다의 해체주의적 정의이론은 비판적 법해석학(Kritische Juristische Hermeneutik)[308]과 구조적으로 매우 유사성을 보인다. 비판적 법해석학은 다음과 같이 요약해서 말할 수 있다:

> 과거로부터 전승된 선이해先理解(Vorverständnis)가 침전되어 있는 의미(예: 법텍스트의 사용규칙)를 승계하여 법을 형성(제정, 적용)하면서도, 동시에 그 의미(예: 법텍스트의 사용규칙)가 갖는 이데올로기를 비판하며, 그 이데올로기가 극복된 미래의 규범상태에 대한 예료(Antizipation)에 의해 의미(예: 법텍스트의 사용규칙)를 (전면적으로 또는 부분적으로) 새롭게 재구성한다.

1) 규칙의 승인과 전통의 승계 데리다는 정의를 고유성에 편향시킨 것이 아니라 보편성과 고유성 사이에 위치시킨다. 즉, 보편성을 지

---

307 Andreas Philippopoulos-Mihalopoulos, "Law's Spatial Turn: Geography, Justice and a Certain Fear of Space", *Law, Culture and the Humanities* (Vol. 7, Issue 2, 2011), 198쪽.

308 비판적 법해석학의 입장으로 법률해석방법론을 전개한 이상돈, *법이론* (박영사, 1996). 비판적 법해석학과 비트겐슈타인의 언어사용이론을 결합해서 나는 법관의 법률해석이란 '말놀이의 구성적 참여', 즉 기존의 말놀이를 따르면서 동시에 새롭게 재구성하는 행위라고 본다.

향하는 규칙이 승인되지 않고는 (고유성을 위해) 해체할 것도 없는 것이므로, 법적 규칙의 해체와 재발명은 규칙을 '통해서' 이루어지는 것이다. 이는 법해석학에서 법적 규칙의 의미를 전승받아 법을 발견하는 것에 견줄 수 있다.

2) 규칙의 판단중지와 이데올로기 비판 데리다는 실정법이 실현하는 정의를 회의하는 새로운 정의를 적극적으로 말하지 않고, 단지 지금 여기의 법적 정의를 회의해야 정의가 생성된다고 본다. 그가 말하는 규칙의 판단중지는 법적 규칙의 이데올로기를 비판하는 것과 다르지 않다. 이데올로기 비판은 법적 규칙을 전면적으로 폭파해버리는 것이 아니라 그 의미의 부정적 요소만을 제거하는 수술과 같은 것이다. 다시 말해 전통에 대한 이데올로기 비판은 전통계승으로서 역사를 무력하게 만드는 것이 아니라 과학과 산업화 이전 시대의 내용적으로 생각된 특정한 전통을 무력화시키는 것일 뿐이다.[309]

3) 결정불가능성의 유령과 다른 정의에 대한 예료 데리다가 말하는 실정법이 실현하는 정의에 대한 회의는 미래에 성취될 다른 정의가 지금 여기의 정의로 들어오기 위한 정지작업과 같다. 그런데 그에 상응하는 비판적 법해석학이 수행하는 이데올로기비판은 그 비판의 거점으로 미래에 성취될 법이나 규범 또는 질서상태에 대한 대강의 기획(예료豫了 Antizipation)을 전제로 한다. 데리다가 말하는 '결정불가능성의 유령'도 미래의 다른 정의에 대한 기획이 없다는 것이 아니라, 단지 그 내용이 불확정적이고 단정지을 수 없는 것임을 말한다고 보아야 한다. 왜냐하면 데리다가 말하는 규칙의 판단중지도 이데올로기 비판과 마찬가지로 '잠정적이나마' 어떤 대강의 다른 정의를 구상하지 않고는 불가능하기 때문이다.

★ 해체적 정의와 비판적 법해석학의 유사성의 예시 뇌암말기 환자인 아버

309 이런 입장으로 K. O. Apel, "Szenistik, Hermeneutik, Ideologiekritik", *Hermeneutik und Ideologiekritik* (Suhrkamp, 1980), 34쪽.

지를 존엄사로 살해한 아들에게 존속살인죄를 적용하되 형을 유예하는 결정이 데리다가 말하는 '전미래시제의 정의'를 실현하는 것이라고 가정해보자. 이때 이런 결정은 보통살인죄와 차별화하여 존속살인죄를 적용하는 규칙을 일단 적용하되, 그런 적용이 갖는 이데올로기성을 비판하는 것인데, 이 비판은 미래의 규범(예: 존엄사라는 생명인권)에 대한 기획(예료)을 전제한다. 이를 설명해보면, ① 첫째, 존속살인죄의 규칙을 적용하는 것은 데리다에게도 법의 재발명은 즉흥적 행동이 아니라 규칙을 고려하고 이루어지는 것임을 가리킨다. 이는 존속살해의 전통적 의미가 보통살인에 비해 가중 처벌하는 근거로서 승인되는 것, 즉 가다머(Gadamer)의 개념으로는 전통의 '영향사'(Wirkungsgeschichte)[310] 속에 있는 것이 된다. 이것은 바로 법해석학의 이해방식이다. ② 둘째, 존속살인죄의 가중처벌은 부자유친父子有親이나 효사상과 같은 유교윤리에 기반한 규칙이라고 볼 수 있는데, 데리다는 이런 규칙에 따른 결정(판결)을 중지하는 것을 해체적 정의의 아포리아로 이해한다. 법해석학에도 이런 전통윤리의 이데올로기에 대한 비판(Ideologiekritik)이 수행될 수 있다.[311] 즉, '탈관습적 도덕의식' 속에서 존속살인죄의 적용규칙이 품고 있는 유교윤리의 이데올로기를 — 여기서는 유교윤리 일반을 가리키는 것이 아니라 이 사례에서 아들의 살행행위가 아버지에 대한 아들의 인간적인 연민 속에서 이루어졌음에도 아들에게 오히려 불리하게 작용하는 점을 — 비판하는 것이다. ③ 셋째, 그런 이런 회의와 비판은 미래에는 정의로 승인될 법이나 규범, 질서상태에 대한 기획 없이는 불가능하다. 데리다는 바로 정의에 대해 적극적으로 말하지 않는다고 하지만, 말하지 않아도 전미래시제의 정의에 대한 (대강의) 기획은 지금 여기의 법적 정의에 대한 회의를 수행하는 것과 언제나 동시에 이루어진다. 그런 기획을 예료豫了(Antizipation)라고 할 수 있다. 비판적 법해석학에 비해 데리다의 해체적 정의론에서 결핍된 부분은 바로 이런 예료에 대한 '명시적인' 인식이라 할 수 있다. 위 존속살해사례에서 그런 기획은 바로 존엄사라는 새로운 생명인권이라는 정의에 대한 기획이었으며, 존속살인죄의 적용에서 데리다가 말하는 규칙의 판단중지도 이런 정의에 대한 잠정적인 기획

310 H. G. Gadamer, *Wahrheit und Methode* (Tübingen, 1986), Teil II 참조.
311 이 문제를 다룬 대표적인 저술로 Karl-Otto Apel, *Hermeneutik und Ideologiekritik* (1980) 참조.

없이는 불가능한 것이다.

(2) 정의의 궁극적 기반으로서 대화적 이성 해체적 정의나 비판적 법해석학에서 전제되는 새로운 다른 정의에 대한 기획은 어디까지나 잠정적인 것이며, 확정적인 것이 아니다. 기존의 이해를 비판하고 새로운 해석을 도모하는 행위는 더 나은 정의에 대한 하나의 '주장'(말행위 speech act)일 뿐이다. 이 주장이 보편성을 얻는 과정과 그 토대는 하버마스가 말하는 합리적 대화의 과정이라고 할 수 있다.

1) 개인주의적 이성 합리적 대화가 전제하는 이성은 칸트의 실천이성과 다르다. 이성법적 전통은 오랜 세월 실체적 정의가 있다는 믿음을 유지해 왔고, 그 기반은 실천이성(praktischer Vernunft)이었다. 그러나 실천이성의 왕국을 건설한 칸트 자신도 '각 개인의 양심이 정의의 마지막 법정'이라는 고백을 한 바 있다. 이는 정의의 불확실성에 대한 고백이다. 하지만 이런 불확실성은 '자기 자신의 판단을 (불확실할 수 있음에도) 믿으려는 결단'을 인간이 성숙해지기 위한 조건의 하나로 자리매김한다.[312] 그런 성숙이 이루어질 때 비로소 '모든 국면에서 나의 이성을 공적으로 사용할 수 있는 자유'[313]에 의해 법을 설정할 수도 있고, 또한 그것에 따라 살아갈 수도 있게 된다.

2) 대화적 이성 그러나 이런 이성은 여전히 개인주의적으로(individualistisch) 해석된 것임을 간과해서는 안 된다.[314] 무엇보다 각자 다른 그 양심의 잣대'들'이 모두 법적 정의가 될 순 없기 때문이다. 하지만 이런 점을 두고 칸트를 '정의의 해체자'로 위치지우는 건 매우 실험적이고 위험한 발상이다. 또한 그런 발상을 실행에 옮겨보는 것도

312 장동진 · 장휘, "칸트와 롤즈의 세계시민주의: 도덕적 기획과 정치적 기획", *정치사상연구* (제9집, 2003), 200쪽.

313 I. Kant, "계몽이란 무엇인가에 대한 답변"(An Answer to the Question: What is Enlightenment?), *칸트의 역사철학* (서광사, 1992), 18쪽.

314 이런 통찰로 K. Günther, "Möglichkeiten einer diskursethischen Begründung des Strafrechts", *Recht und Moral* (Baden-Baden, 1991), 207쪽 아래 참조.

적절하지 않다.[315] 실천이성의 제왕 칸트에게서마저 확인할 수 있는 바는 결국 개인의 양심이 법의 원천이 되는 것이 아니라 모든 사람이 평등한 도덕적 권능을 갖고 자유로운 경쟁을 거쳐 일정한 규범적 내용을 정의로운 것으로 합의하게 되는 과정이 '실천적으로' 법의 원천이 된다는 점이다. 다시 말해 대화적 이성이 법의 원천이 된다.

(3) **대화이론과 절차적 정의** 그러나 '지금 여기'의 법적 정의에 대한 회의나 해체 또는 법적 정의의 이데올로기에 대한 비판이 전제하는 다른 정의에 대한 기획(예료)은 하나의 규범적 주장('말행위')으로서 합리적 대화의 과정 속에서 다른 사람을 설득하여 합의를 형성할 수 있을 때 비로소 보편적인 법이 된다. 이를 (진리의) 합의이론이라고 부른다. 이에 의하면 합의의 형성 과정 밖에 어떤 정의(또는 진리)가 실재하지 않는다고 본다. 따라서 정의는 합의를 창출해가는 대화적 의사소통의 (절차적) 과정에 '내재'하는 것이 된다. 이를 절차적 정의이론이라고 부를 수 있다.[316]

1) 하버마스의 대화이론 그런 이론의 철학적 배후는 바로 하버마스(Habermas)의 대화이론(Diskurstheorie)[317]이다. 하버마스는 '모든 개인들이 어떤 규범의 타당성(올바름)에 대하여 (개별)주제설정, 의견개진, 정보화 및 근거제시를 공적인 (대화의) 마당에서 자유롭고 기회균등하게 할 수 있는 의사소통조건 속에서 펼쳐지는 상호이해의 과정'을 '합

---

315 그런 작업의 일환으로 칸트에게서 라캉, 료따르, 들뢰즈, 푸코 등의 단초를 읽어낸 한국칸트학회 편, *포스트모던 칸트* (문학과지성사, 2006) 참조.

316 도덕포용적 법실증주의 진영에서도 이런 경향이 발견되기도 한다. 이들은 도덕배제적 법실증주의 진영(특히 라즈)에서 내세우는 '도덕을 법에 포용함으로써 법의 윤곽이 한층 불확실해진다'는 반론은 인정하지만, 그 '불확실성'의 한계영역이 완전하게 제거될 수 없고, 그렇기에 이를 관용하고 나아가 환영하기까지 해야 한다고 말한다. 이에 관해 자세히는 장영민, "법실증주의의 현대적 전개", *법철학연구* (제4권 제1호, 2001), 142쪽 참조.

317 국내에 이를 처음 소개한 나의 초기 작업들, 특히 이상돈, *법이론 제1판* (박영사, 1996) 참조; 양화식, "법과 도덕에 관한 하버마스의 담론이론", *법철학연구* (제10권 제1호, 2007), 77~106쪽; 이준일, "법학에서의 대화이론", *법철학연구* (제3권 제2호, 2000), 89~112쪽 참조.

리적 대화'(rationaler Diskurs)라고 부르고, '하나의 규범은 그의 적용을 받는 모든 사람들이 그 규범의 타당성에 관한 합리적 대화에 참여한 가운데 모두 동의할 수 있는 경우에만 타당할 수 있다'는 것을 '대화원칙'(Diskursprinzip)이라고 부른다.

(가) 법적 대화와 민주주의원칙 첫째, 합리적 대화는 법체계에서 보면 법의 형성과 적용이 가능한 한 많은 개인들의 '민주적 참여가 최대한 보장된 의사소통적 상황' 속에서 이루어지는 것을 가리킨다. 그런 대화를 법적 대화라고 부를 수 있다. 둘째, 대화원칙은 민주주의원칙(Demokratieprinzip)으로 변환된다. 즉 법을 통한 합리적 대화의 상황, 즉 민주적 참여가 최대한 보장된 의사소통적 상황 속에서 가능한 한 많은 사람들이 합리적인 동기에 의하여 그 규범의 타당성(올바름)에 대하여 동의(Konsens)할 때 그 규범을 제도화한 법은 비로소 타당성이 인정될 수 있다. 공식적인 입법과정은 민주적 참여가 최대한 보장되는 의사소통의 통로를 만드는 제도로 이해할 수 있다.

(나) 공론과 절차적 정의 그런데 이런 의사소통적 상황은 무엇보다도 특정한 사회적 쟁점에 대한 각자의 견해와 입장이 미디어에 의해 매개되고 정치체계에 영향을 미칠 수 있는 방식으로 공적으로 교환되는 의사소통의 그물망, 즉 공론장(Öffentlichkeit)이 끊임없이 재생산된다는 점을 전제한다.

공론장에서 합리적인 논거에 의해 규범적 주장들이 서로 경쟁을 펼치고, 그 과정에서 각 주장은 논증적인 정치적 영향력을 발휘하게 된다. 공론의 재생산이란 언제나 이와 같은 시민사회의 비판과 토론을 배후에 두고 있기 때문에 이 영향력(의사소통적 권력 kommunikative Macht)은 민주적인 것이 된다. 즉, 일상적인 삶의 현장에서 개인이나 단체에 의해 제기된 다양한 사회적 현안들이 활발하게 토의되고, 그렇게 활성화된 논의과정을 거쳐 공론이 형성되며, (강하게는) 의회와 행정기관, 그리고 (약하게는) 헌법재판소와 법원 등에 영향력을 행사하게 되는 것이다. 여기서 법이 실현하는 정의는 의사소통절차의 통로 만들기와 의사소통조건의 창출이라는 새로운 임무의 수행을 통해서 정당화된다. 이런 법의 정의를 절차적 정의라고 할 수 있다.

2) 구성적 해체와 해체적 구성의 전략적 선택 하버마스의 대화이론에 기반을 둔 절차적 법적 정의는 법의 이성을 (개인주의적인) 실천이성에서 의사소통적 이성으로 변환시킨 것이지만, 기존 법규범의 해체와 재구성이라는 정의실현의 현대적 방식에서 볼 때, 해체보다는 지속적인 재구성에 더 중점을 두는 이론이다. 즉, 정의는 '전미래시제'의 정의가 아니라 미래지향적 현재의 실천으로서 현존하게 된다. 하지만 새로운 정의의 재구성도 언제나 기존의 전승된 정의의 부분적인 해체를 전제로 한다. 이에 비해 데리다의 해체주의는 재구성보다는 지속적인 해체에 더 중점을 두는 이론이다. 하지만 해체적 정의도 비판적 법해석학처럼 미래의 다른 정의에 대한 잠정적인 기획을 전제한다. 즉, 지금 여기의 법적 정의에 대한 해체는 언제나 새로운 정의의 구성을 예정한다.

이처럼 해체와 재구성은 언제나 함께 하는 것이다. 그렇기에 법에서 포스트모던니즘은 성찰적 모더니즘과 언제나 접점을 이룬다고 볼 수 있다. 이론적으로는 법적 대화이론이 정의의 궁극적 기반이 된다고 보지만, 실천적으로는 해체적 정의의 전략을 선택할 수도 있다. 그것은 사회의 역사적 발전상황에 따라 다르게 정해질 수 있는 사항이다.

(가) 민주적 법치국가가 터 잡은 사회와 해체적 정의 민주적 법치국가가 터 잡은 사회, 즉 자유와 평등이라는 근대법의 전통을 계승하고 그 기획을 새롭게 완성해가는 법공동체에서는 이미 정의로운 법규범의 총량이 상당한 수준으로 역사적으로 축적되어 있다는 점에 주목해야 한다. 계몽의 역사를 되돌릴 수 없는 인류의 진보로 자리매김하는 민주적 법치국가의 사회에서는 부족한 정의를 실현하기 위한 방법론적 전략으로는 이성의 미래지향적, 건설적 힘보다는 정의의 전미래시제적인 구조, 탈이성적 사고가 실천적으로 더 유용할 수 있다. 조금 각도를 달리

해 바라보면, 법적 정의가 옳음과 힘(자연법론과 법실증주의)의 갈등관계만이 아니라 이성적인 옳음과 윤리적인 좋음(자유주의와 공동체주의), 그리고 옳음이나 좋음과 아름다움(이성주의와 심미주의)이 길항과 동조의 관계를 활발히 펼치는 사회에서는 해체적 정의의 전략이 실천적으로 더 유용한 것일 수 있다.

(나) 전근대적 체제나 전체주의체제와 절차적 정의 이에 비해 공산주의체제나 전체주의체제에서 막 탈피한 사회나 전근대적인 문화가 강하게 지속되는 사회의 경우에는 이성의 미래지향적, 건설적 힘이 실천적으로 더 중요하다. 달리 말하면, 옳음과 힘이 노골적으로 대결하는 사회, 자연법론과 법실증주의가 변증되지 못한 채 서로 대립각을 세우고 양자택일의 강제상황이 지속되는 사회에서는 하버마스의 대화이론과 절차적 법적 정의의 이론이 실천적으로 더 유용한 법발전의 전략이 될 수 있다.

02 법과 방법

Ⅰ. 법학방법론의 과제

의회에서 민주적으로 제정된 법률의 구체적 내용은 법률적용자(행정관료, 법관)가 그 법률(텍스트)을 해석・적용(또는 위임입법)함으로써 형성된다. 그렇게 형성된 법규범을 구체적 법규범(konkrete Rechtsnorm)이라고 부른다.

★ 법관법의 문제 법원이 형성하는 구체적 법규범을 법관법(Richterrecht)이라고 부르기도 한다. 법관법에 법원성法源性(Rechtsquelle)[1]이나 규범적 구속력을 인정할 것인지에 관한 논쟁이 있다. 이 논쟁은 학문적 의미는 있지만, 실무적으로는 의미가 별로 없다. 어떤 학문적 입장을 취하든 ① (헌법상의 최종적인 법률해석권을 지닌) (대)법원의 법률해석은 구체적 법규범을 생산하는 것이고, ② 그렇게 형성된 구체적 법규범은 (헌법상 평등원칙에 따라) 유사성이 인정되는 사례군에서 동일하게 적용되어야 하며,[2] ③ 그렇지 않으려면 (법치국가가 요구하는 수준의 논증을 함으로써) 판례가 형성한 구체적 법규범을 변경하여야만 한다.[3] ④ 또한 그

---

1 이에 관해 자세한 연구로 이계일, "법관법의 법원성에 대한 유형적 탐구-독일 학계의 논의를 중심으로", *법철학연구* (제19권 제2호, 2016), 33~76쪽 참조.

2 법원조직법 제8조("상급법원 재판에서의 판단은 해당 사건에 관하여 하급심을 기속한다.")에 의하면 법률해석으로 형성된 구체적 법규범도 하급심을 기속한다.

3 대법원의 법률해석으로 구체적 법규범이 형성되는 것을 '법산출'이라고 표현하고, 법관법의 성격과 지위에 대한 논쟁에서 ①, ②, ③까지 나와 거의 같은 입장을 보이는 이계일, "판결의 법산출성을 강조하는 법이론의 입장에서 본 법관법", *법철학연구*

> 런 변경에도 법의 진리성을 유지하려면 새로운 법률해석으로 형성되는 구체적 법규범의 타당성이 사람들에게 받아들여질 수 있어야 한다.

이 구체적 법규범의 형성은 법률적용자가 법률(텍스트)을 해석하고 적용하는 방법에 크게 좌우된다. 그런 방법을 체계적으로 논의하는 이론을 법학방법론(juristische Methodenlehre)이라고 한다.

1. 법인식의 과학주의적 이해와 법률해석론

법관이 법률을 해석·적용함으로써 구체적 법규범을 형성하는 것을 두고 '법을 인식하는 것'(Rechtserkenntnis)이라고 표현할 수 있다. 여기서 '법인식'은 (자연법론의 관점에서) 선험적으로 존재하는 올바른 질서나 (법실증주의의 관점에서) 실정법과 그것들을 완벽하게 구성하고 있는 행동준칙을 캐내는 사유 활동이라는 의미로 이해해서는 안 된다. 하지만 법인식은 근대법전체제가 확립된 19세기 중반 이래로 법률적 삼단논법(아래 II. 단락)의 틀 속에 갇혀 있었다. 그 결과 법인식은 오랜 세월 단지 이미 존재하는 법을 법적용자가 사후적으로 '인식'하는 수동적이고 단선적인 사유로 이해되어 왔다. 이런 이해에서 법적 '방법' (juristische Methode)은 그런 사유를 보조하는 기술적 도구로 위치한다. 또한 그런 기술적 도구의 체계적 개발은 과학주의의 이름으로 포장되고, 법실증주의의 은밀한 협조자로 기능하기도 하였다.

> "법관은 헌법과 법률에 의하여 그 양심에 따라 독립하여 심판한다"(헌법 제103조). 그래서 법관들은 흔히 자신의 판결에 대해 '헌법과 법률, 그리고 양심에 **따라** 작성하면서 상식만을 보탰다'라고 말한다. 이런 태도는 다음과 같은 비판을 받는다: "자신의 판결에 대한 정치적 해석의 혐의를 미리부터 차단하고자 했을 것이라는 점에서 '**따라**'는 주관성을 배제하고 전적으로 법률 및 법적 논리에 충실하게 법을 '인식'했을 뿐이라는 생각을 강조하기 위한 언어적 장치"[4]이다.

(제19권 제3호, 2016), 34~42쪽 참조.

이런 법인식은 오랜 세월 법조인의 직업사회화과정을 지배해 왔다. 그렇게 형성된 법학고유의 방법론을 흔히 법률해석론(법도그마틱 Rechtsdogmatik)이라고 한다. 법률해석론의 성장은 법률의 해석·적용이 정치적으로 좌우되지 않게 하고, 법의 예측가능성을 높이며, 사안들을 형평있게 다룰 수 있게 함으로써 법치국가의 발전에 크게 기여해 왔다.

2. 개방적인 법발견의 과제

그러나 사회현실이 복잡해지고, 문화가 다원화되고, 초국가적인(transnational) 법이 성장한 현대사회에서 이러한 법인식과 법률해석론은 정의로운 법을 실현하는 데 한계가 있다.[5] 현대사회에서 법은 다양한 정책(정치)을 실현하는 수단이 되었기에 더 이상 정치적 중립이라는 순수이상은 정의로운 규범의 체계를 이룰 수 없다. 또한 법률해석론의 습득이 중심을 이루는 직업사회화과정에서 배제되었던 현실사회에 대한 경험과학적－사회과학적 이론과 사회현실에 대한 다양한 정보의 습득이나 비판적 성찰의 과정은 정의로운 법의 실현에 필수적인 요소가 되었다.

법인식은 더 이상 이미 존재하는 정의로운 것에 대한 객관적－과학적 인식이 아니라 특정한 관점을 전제로 하는 창조적인 해석으로서 언제나 다른 해석들과 경쟁을 펼쳐야 하고, 그 경쟁에서 더 많은 사람들의 동의와 공감을 얻는 경우에야 비로소 법(구체적 법규범)이 될 수 있는 시대가 되었다. 그렇기에 법률의 해석·적용은 더 이상 존재하는 법의 객관적 인식이 아니라 언제나 다툼의 여지가 많고 동의와 공감을 얻기 위해 설득의 부담을 짊어져야 하는 하나의 말행위(speech act)가 된다(아래 Ⅲ. 단락).

---

4 윤재왕, "한스 켈젠의 법해석이론", *고려법학* (제74호, 2014), 527쪽.

5 법률해석론의 문제점에 대한 비판으로 배종대, "우리나라 법학에 대한 반성과 전망", *현상과 인식* (제11권 1호, 1987), 103쪽 아래 참조.

이런 법과 사회의 변화에 대한 인식이 점증하면서 법인식은 — 독일 법학계의 경우 1970년대 전후, 우리나라는 1980년대 중반부터[6] — 과학주의적(또는 실증주의적) 의미에서 벗어나서 법발견(Rechtsfindung)이라는 개념으로 표현되기도 하였다. 그러나 법'발견'의 개념은 마치 이미 존재하는 법을 찾아낸다는 함의가 짙고, 이는 '주체의 객체(법)에 대한 인식'이라는 인식패러다임을 벗어나지 못하는 한계가 있다. 이 한계를 벗어나기 위해서, 그리고 모든 법률의 해석・적용은 정도의 차이가 있을 뿐 창조적인 말행위일 수 있다는 점에서 법률의 해석・적용은 법인식이나 법발견이 아니라 구체적 법규범의 형성이라는 의미에서 법형성(Rechtsfortbildung)이라고 볼 수 있다.

법형성은 개념적으로 이미 법에 대한 전문가들의 독점을 배제한다. 오늘날 현실의 법형성은 국회의원의 입법, 행정관료의 집행, 법관의 판결, 법학자의 학설형성[7]과 같이 법의 재생산구조 중심부에 속하는 행동들, 그리고 언론의 법 비평이나 사회단체의 입법 및 법률개정운동, 시민의 반응 등과 같이 주변부에 위치하는 행동들 사이의 복잡한 상호작용에 의해 이루어진다. 이와 같은 시대에 법학의 방법(methode)이란 법체계 내부의 논리적 장치기술에 머물지 않고 다원주의의 문화와 복잡한 사회현실에 대한 다양한 학문들의 지식과 교류하는 학제적 방법을 지향하게 된다.

---

6 우리나라에서 법학방법론의 발전역사에 관해 자세히는 오세혁, "우리나라 법학방법론의 전개", *한국법철학의 형성과 전개* (한국법철학회 편, 2010), 232~270쪽 참조.

7 학설형성이 법을 형성하는 힘은 학설의 발전이 비유전적인 전달과 복제의 요소로 일컬어지는 밈(meme: 어원은 그리스어인 mimeme[모방])들 간의 대립과 경쟁에서 비롯되는 것으로 보는 흥미로운 설명으로 안성조, "법학에서 학설대립은 경쟁하는 밈들 간 대립인가? 소수설을 위한 밈학적 변론", *연세대 법학연구* (제25권 제1호, 2015), 441~483쪽 참조.

Ⅱ. 법학방법론의 발전과 그 한계

1. 삼단논법으로서 법률의 해석·적용

오랜 세월 동안 법률의 적용은 — 사기죄를 예로 하여 설명하면 — 다음과 같은 논리적 삼단계로 이루어진다고 보았다.

(상위명제 Obersatz)	사기 친(=사람을 기망하여 재물을 교부받거나 재산상의 이익을 취득한) 자는 10년 이하의 징역을 받아야 한다(형법 제347조 제1항의 의미).
(하위명제 Untersatz)	a는 사기를 쳤다. 즉 그는 사기꾼이다(소송에서 사실확정).
(결론 Schluß)	따라서 a는 10년 이하의 자유형을 받아야 한다(법률적용, 사안포섭).

(1) **법률적 삼단논법의 의미** 법률적용의 첫 번째 단계는 법률해석을 통하여 법률텍스트의 의미를 확정하는 것이고, 두 번째 단계는 그 법률이 적용될 사실을 소송절차에서 확정하는 것이며, 세 번째 단계는 확정된 사실에 법률을 적용하는 단계, 이를 거꾸로 말하면 법률에 사안을 '포섭'(Subsumption)하는 것이다.

★ 법원리 규범과 확정적 법규범의 구분 ① 김도균 교수는 법규범을 '법원리(legal principle) 규범'(예: 헌법 제10조 [인간의 존엄과 가치])과 '확정적 (구성요건과 법률효과를 갖춘) 법규범'(legal rules)(예: 형법 제347조 제1항 [사기죄])으로 나누고, '확정적 법규범'의 적용에서는 법률적 삼단논법이 작동하지만, '법원리 규범'의 적용에서는 이익형량이 작동한다고 본다.[8] ② 그러나 우리나라 법원의 실무에서는 법원리 규범의 적용도 법률적 삼단논법의 형태를 띠는 반면, 확정적 법규범(법규칙)의 적용도 실제로는 이익형량(Interessenabwägung)[9]에 의한 경우가 많다. 그러므로

---

8 김도균, "법적 이익형량의 구조와 정당화문제", *서울대학교 법학* (제48권 제2호, 2007), 31~115쪽 참조.

여기서 법률적 삼단논법의 문제점에 대한 분석, 특히 실증주의적 법인식의 패러다임은 모든 법규범의 적용에서 관철된다고 볼 수 있다. ③ 법원리 규범이나 확정적 법규범이나 모두 법원法源으로 사용할 수 있고, 따라서 법규범으로 기능하지만, 전자에 비해 후자가 좀 더 사안에 근접해(fallimprägnant) 있다는 점, 즉 전형적인 포섭사안의 형상이 정해져 있다는 점에서 상대적인 차이가 있을 뿐이다. ④ 그 밖에 법원리와 법규칙(확정적 법규범)의 구분기준인 (드워킨의) 방향지시성과 전부－전무의 적용방식 및 비중과 퇴출이라는 규범충돌시의 해결방식, (알렉시의) 최적화명령과 확정적 명령 등의 차이는 양자 사이의 구조필연적 차이가 아니며[10] 서로 교차할 수 있는 것들이다. 가령 규칙의 적용에서도 최적화명령이 작동할 수 있고, 법원리의 적용에서도 확정적 명령이 작동할 수 있다.

1) 법인식과 법형성의 구별 대부분의 법률가들은 법률적 삼단논법의 각 단계는 엄격한 인식활동에 의해 진행된다고 믿어 왔다. 여기서 '인식'(Erkennen)이란 어떤 법칙성을 발견해내는 이해이고, 그렇기 때문에 법률적용에는 법관개인의 법창조적 활동이 개입되지 않는다는 함의를 갖는다. 실제사안을 규율할 법률이 흠결되어 법관이 법을 형성하는 경우에야 비로소 법관 개인의 창조적인 역량이 작용한다고 보는 것이다.

2) 해석금지 전통 법률의 적용을 삼단논법적 인식행위로 바라보는 것은 몽테스키외(Montesquieu)의 다음 명제에서 잘 드러난다[11]:

---

9 ★ 이익형량의 법리 이익형량은 무엇인 법(＝구체적 법규범)인지를 정함에 있어 가령 개인의 권리에 대한 제한 여부와 그 범위를 어떤 확고한 (우선순위)규칙에 의하지 않는다. 이익형량은 일반적으로 파악이 곤란한 이익들 사이의 복잡한 충돌과 대립의 관계를 탄력적인 기준과 가치에 따라 그것도 그때그때의 상황에 맞추어 출처를 알기 어려운 전략적인 관점에서 어떤 이익을 선택하고 다른 어떤 이익은 배제하는 방식으로 작동한다. 이익형량의 법리에 대해 자세히는 K. H. Ladeur, "Abwägung", *ARSP* (1983), 473쪽; 현대사회에서 이러한 이익형량이 새로운 법 개념이 되는 현상에 대한 비판적 분석으로 W. Hassemer, "Die Funktionstüchtigkeit der Strafrechtspflege－ein neuer Rechtsbegriff?" *Strafverteidiger* (1982), 275~280쪽 참조

10 이 점에서 비슷한 관점을 보이는 안준홍, "법규칙과 법원리를 질적으로 구별할 가능성에 대한 비판적 고찰", *법철학연구* (제11권 제2호, 2008), 442, 447쪽 아래 참조.

11 몽테스키외는 『법의 정신』에서 루이 14세 사후 영국을 개혁모델로 설계한(이에 관해서는 안두환, "몽테스키외의 『법의 정신』: 정치, 경제 그리고 법 개혁", *법철학연*

> "법관은… 법률이 자신의 말을 토해 내는 입이며, 법률의 준엄함이나 엄격함 그 어느 것도 완화시킬 수 없는 무의지의 존재이다."[12]

여기서 이러한 명제를 이성법적이라고 부르는 이유는 당시의 법률은 '실정화된 이성'[13]으로 이해할 수 있었고, 바로 그러한 법률의 이성적 성격을 유지하기 위해서 법관의 결정은 오직 법률로부터 도출되어야만 했기 때문이다.[14] 법률적용이 사안을 법률에 논리적으로 포섭하는(subsumieren) 것이라면 포섭의 유일한 준거점은 오직 법률의 텍스트(법문언)[15]이어야 한다. 법관은 법률을 해석해서 안 된다는 금지가 서양사회에서 19세기 초까지 지속되었고 사비니(Savigny)에 와서야 극복되기 시작했다.[16]

3) 개념법학 법률적 삼단논법에 터 잡은 실증주의적 법인식이 가장 꽃피운 것은 19세기 후반 독일의 개념법학(Begriffsjurispurudenz)[17]

구 [제9권 제2호, 2006], 315~350쪽) 군주정 하에서 법관은 포섭기계가 아니라 상당한 재량을 갖는 창조적인 법관이고, 법관이 법률의 입이라는 명제는 당시 영국헌법과 배심제 하의 사법에 국한되어 있다는 점 등에서 몽테스키외를 포섭기계의 형식적 법적용모델의 시조로 바라보는 것을 비판하는 몽테스키외에 대한 연구로 윤재왕, "법관은 법률의 입? 몽테스키외에 관한 이해와 오해", *안암법학* (제30권, 2009), 129쪽 아래 참조.

12 C. Montesquieu, *Vom Geist der Gesetze* (1951), 225쪽 참조.

13 근대법을 실천이성의 제도화로서 설명하는 이상돈, *법학입문* (박영사, 1998), [4] 단락.

14 G. Haverkate, *Gewißheitsverluste im juristischen Denken* (Duncker & Humblot, 1977), 151쪽.

15 글자란 사람의 말을 적는 부호를 뜻한다(이희승 편, *국어대사전* [민중서림, 1976], 410면). 법률글자는 종래 법문언(法文言)이라고 표현되었었다(예를 들어 김형배, *민법학연구* [박영사, 1989], 2~74면 참조).

16 이러한 역사적 전개과정에 대하여는 Krey, *Studien zum Gesetzesvorbehalt* (1977), 56쪽 아래; 해석금지에 대한 사비니의 비판에 대해 상세하게는 Ogorek, *Richterkönig oder Subsumtionsautomat* (1986), 149쪽 아래; Wieacker, *Privatrechtsgeschichte der Neuzeit* (Vandehoeck & Ruprecht, 1967), 390쪽 아래 참조.

17 개념법학에 대해서는 김영환, "법의 계수와 결과현상들: 개념법학적 사유형태와 일반조항으로의 도피", *법철학연구* (제4권 1호, 2001), 149~175쪽 참조; 양천수, "개념법학: 형성, 철학적·정치적 기초, 영향", *법철학연구* (제10권 1호, 2007), 233~258쪽 참조. 개념법학의 연원은 일반법학이다. 예컨대 Merkel은 실정법체계의 완전무결성을 전제로 하여 실정법을 구체적인 사안에 적용하는 것은 단순히 기계적인 삼단논법이며, 법관이 법창조를 할 여지는 없다면서 일반법학을 주장했다. 이에 대해 예링

에서였다. 개념법학은 법을 '개념의 피라미드'로 불릴 수 있는 일종의 완결된 논리적 체계로 이해하였다. 법률의 적용이란 완전무결한 개념체계 속에서 논리적-연역적 추론을 통하여 구체적 법명제(삼단논법에서 상위명제)를 도출해내는 형식논리적이며 기계적인 작업으로 이해되었다. 그런 법해석을 '개념의 계보학'(Genealogie der Begriffe)이라고 불렀다. 개념의 계보학에서 법은 사회현실이나 도덕, 정치와 분리된 독자적인 개념체계가 되며, 법체계 이외의 다른 어떠한 것의 도움이 없이도 법해석은 독자적으로 가능한 것이 된다. 이러한 주장에서 법학체계는 어떠한 흠결도 없는 자족적이고 폐쇄적인 체계이며 그 자체로 논리적 완결성을 갖는 체계로 이해된다.[18] 이런 개념법학에 따르면 법률적용은 '법률텍스트의 개념체계적 논리조작을 통하여 법률텍스트를 사안에 그대로 옮기는 것'이 된다.[19]

(2) 분석적 법이론의 발전된 법률적 삼단논법 법률적 삼단논법의 모델은 현대사회의 복잡한 실무현실에 맞게 현대화되기도 하였다. 그 대표적인 것이 코흐(Koch)의 '분석적 법이론'(analytische Rechtstheorie)[20]

(Jhering)은 이러한 일반법학자들의 생각은 구체적인 법적 문제를 해결하기 위해 노력하는 것이 아니라 단지 개념을 가지고 노는 것과 같다고 비판하면서 (부정적인 의미로) 개념법학이라고 부르게 된 것이다.

18 A. Kaufmann, *Rechtsphilosophie* (C.H. Beck, 1997), 30쪽; 실제로 하트는 '법개념분석의 독자성'과 '법체계를 하나의 닫힌(완결된) 논리체계로서 그 안에서의 올바른 결정은 법적 규정으로부터 논리적 방법에 의해 연역된다'는 주장을 법실증주의의 주요 특징으로 언급하고 있다; H.L.A. Hart, "Positivism and the Separation of Law and Morals", *Harvard Law Review* (Vol. 71, No. 4, 1958), 601~602쪽; H.L.A. Hart, "Legal Positivism", *The Encyclopedia of Philosophy* (제5권, Macmillan, 1972), 418쪽 아래 참조. 또한 이것은 근대법의 특징이기도 하다. 베버가 정리한 근대시민법의 다섯 가지 공준은 근대법에 끼친 개념법학의 영향을 잘 보여준다. M. Weber, *Wirtschaft und Gesellschaft: Grundriss der verstehenden Soziologie* (J.C.B. Mohr, 1956), 397쪽 참조.

19 물론 법실증주의와 포섭이데올로기의 등식화는 '이론사적으로' 오류를 넘어 낙인(윤재왕, "한스 켈젠의 법해석이론", *고려법학* [제74호, 2014], 530~531쪽)이 될 수도 있다. 그러나 법실증주의와 포섭이데올로기가 서로 논리적인 전제이거나 그 결론인 것은 아닐지라도, 둘 사이에 고도의 친화성이 있다는 점은 부인하기 어렵다고 본다. 그런 한에서 둘을 서로를 필요로 하고, 서로에 향해 있다고 말하는 것은 '실천적인' 관점에서는 여전히 타당하다.

이다. 분석적 법이론의 법률적 삼단논법을 구체적인 예로써 설명해보자.

> 甲은 2013. 11. 7. A동 M아파트 상가 乙의 S 상점 안에서, X 아파트 지하상가 아파트의 공유지분 5평을 분양받을 의사나 능력이 전혀 없으면서도 乙에게 함께 그 지분을 분양 받자면서 2억 원을 마련해달라고 하여, 乙로부터 20013. 11. 10. B동 M카페에서 2억 원을 받고, 종적을 감췄다.

상위명제인 형법 제347조 제1항의 법률요건부분(사람을 기망하여 재물의 교부를 받거나 재산상의 이익을 취득함)을 T라고 표시하고 법률효과부분(10년 이하의 징역 또는 2천만원 이하의 벌금)을 OR이라고 표기하자. 그러면 상위명제는 다음과 같은 논리기호로 표기될 수 있다.

P_1: $\wedge x\ (Tx \rightarrow ORx)$

여기서 $\wedge x$란 모든 x에 대하여 타당하다는 뜻이며 x는 불특정한 개인 즉 '인적변수'를 가리킨다. 그런데 '사람을 기망하여 재물을 교부받거나 재산상의 이익을 취득함'이라는 법률요건(T)은 5가지의 요소(① 기망, ② 착오, ③ 재산상 처분행위, ④ 재산상 손해 발생, ⑤ 재산상 이득)로 구성되어 있고, 각 요소를 Ma, Mb, Mc, Md, Me라고 표기하면 P_1는 다음과 같이 표현된다.

P_{1-1}: $\wedge x\ (Max \wedge Mbx \wedge Mcx \wedge Mdx \wedge Mex \leftrightarrow Tx)$

논의의 단순화를 위하여 기망하여(Ma)가 다른 모든 개별 구성요건 표지(Mb, Mc, Md, Me)를 대표한다고 가정하면 P_{1-1}는 다음과 같이 단순해진다.

P_{1-2}: $\wedge x\ (Mx \leftrightarrow Tx)$

---

20 대표적인 작품으로 H. Koch · H. Rüßmann, *Juristische Begründungslehre* (1982) 참조.

甲의 행위가 기망행위라는 구성요건표지에 포섭되기 위해서는 또 다른 전제로서 기망 개념의 법률해석이 요구된다. 예컨대 "기망"이란 "재산상의 거래관계에 있어서 상호간 지켜야 할 신의성실의 의무를 위반하는 것"(大判 4294형상109)이라고 해석하자. 이를 M_1이라 표기하면 P_1의 법률요건부분은 다음과 같이 표기된다:

$$P_2: \wedge x \ (M_1x \leftrightarrow Tx)$$

M_1도 다시금 더 구체화된 내용설명을 요구한다. 예컨대 "상대방으로 하여금 거래의 기초가 되는 사실에 관한 왜곡된 정보를 갖게 하는 것"이 M_1의 내용이 된다고 보고 이를 M_2라고 표기하자. 그러면 甲의 행위와 기망 간의 의미적 동질성을 확인시켜 주는 또 다른 새로운 전제 P_3이 생긴다:

$$P_3: \wedge x \ (M_2x \leftrightarrow M_1x)$$

M_2는 구체적 사안의 예시를 통해 더욱 구체화될 수 있다. 예컨대 "상가 아파트 지하상가를 분양받을 의사나 능력이 전혀 없으면서도 다른 이에게 함께 분양받아 공동으로 사용하자고 제안하여 그로부터 일정금액을 교부받은 행위"는 M_2에 해당한다. 이러한 구체적 사안을 S라고 표기하자. S는 개인변수(x)를 열어놓은 일반화된 구체적 사안을 가리킨다. 이를 '포섭사안서술'(Subsumtionsbeschreibung)이라고 부른다. 그러면 다음의 전제 P_4가 성립한다:

$$P_4: \wedge x \ (Sx \leftrightarrow M_2x)$$

위 사례에서 甲을 a라고 표기하고 a의 특정한 행위가 S에 해당한다고 보면 a의 행위는 Sa라고 표기된다. 이는 형사소송에서 확정된 사실로서 법률적 삼단논법의 하위명제에 해당한다.

이상에서 甲의 행위(Sa)는 $S \leftrightarrow M_2 \leftrightarrow M_1$을 매개로 하여 법률구

성요건(T)에 포섭된다. 이상으로부터 아래와 같은 법률적용의 일반구조가 만들어진다.

P_1	$\wedge x\ (Tx \rightarrow ORx)$	
P_2	$\wedge x\ (M_1x \leftrightarrow Tx)$	
P_3	$\wedge x\ (M_2x \leftrightarrow M1x)$	상위명제(Obersatz)
	$\vdots$	
P_{n+2}	$\wedge x\ (Sx \leftrightarrow Mnx)$	(Sx 포섭사안서술)
P_{n+3}	Sa	하위명제 (Untersatz)
K	ORa	결론 (Schluß)

(3) 형식적 정의의 실현과 한계 이 도표에서 표현되는 법률적용의 논리적 구조에서 P_1부터 P_{n+2}까지가 '법률의 해석'을 가리키며 P_{n+3}은 소송절차에서 '사안 확정'(또는 진실발견)을 지칭하며, K는 '확정된' 사안을 '해석된' 법률에 포섭·적용한 결과를 나타낸다.

이러한 삼단논법의 구조는 소송에서 확정한 사실(사안)이 상위명제(P_1에서 P_{n+2})에 해당한다면 그 상위명제에 해당하는 다른 사안들과 마찬가지로 똑같은 법적 효과를 받게 된다는 점에서, 판결의 보편화가능성을 보장한다고 말할 수 있다. 알렉시(R. Alexy)는 이러한 법률적 삼단논법을 법원판결의 내부적 정당화(interne Rechtfertigung)라고 부르고,[21] 그 기능을 형식적 정의(formelle Gerechtigkeit)의 실현에 있다고 보았다.[22]

1) 법률적 삼단논법의 전제 그러나 이와 같은 발전된 법률적 삼단논법의 기능이 형식적 정의를 제대로 실현할 수 있으려면 법률적 삼단논법의 모든 추론과정들이 '창조적인' 형성이 아니라 존재하는 것의 발

21 R. Alexy, *Theorie der juristischen Argumentation* (Suhrkamp, 1983), 273~280쪽.

22 R. Alexy, 앞의 책, 280쪽.

견과 '인식'(Erkenntnisakt)의 과정이 될 수 있어야 한다. 이는 다음과 같은 세 가지 점을 전제한다.

- ① 법관 개인의 창조적 요소가 개입하지 않는 **개념적, 언어논리적** 또는 **규범논리적 조작**을 통해 P_1(법률텍스트)으로부터 단계적으로, 즉 **'연역적으로'**(deduktiv) 포섭사안서술(Sx)을 도출할 수 있다.
- ② 사실확정(Sa)은 P_1에서 P_{n+2}를 이끌어내는 작업, 즉 **법률해석과는 전혀 별개로 소송절차에서 확정**될 수 있다.
- ③ 사실(Sa)이 확정되고 나면 그 사안은 자동적으로 P_{n+2}에 포섭되고 OR(법률효과)이 개인 a에게 부과된다.

2) 포섭이데올로기 그러나 이러한 전제들은 허구적이다. 그런 점에서 법률적 삼단논법을 흔히 '포섭이데올로기'(Subsumtionsideologie)라고 표현한다. 물론 법률적 삼단논법은 법률을 사안에 적용하는 사유적 활동에 내재하는 보편적인 형식적 구조이며, 이는 법관의 사유에서 제거될 수 없다. 따라서 여기서 포섭이데올로기란 표현은 법률적용을 좌우하는 다양한 변수들을 고려하지 않고, 정의 실현의 과제를 법률적용의 사유에 내재하는 형식적 구조로 환원·축소시키는 것을 비판하기 위한 것이다.

2. 법률해석의 불명확성

포섭이데올로기는 언어이론적으로 불가능하다. 법언어는 언제나 불명확하며, 그 불명확성을 '확실하게' 제거해줄 (해석)방법도 없기 때문이다.

(1) 언어의 불명확성 법률적 삼단논법의 대전제는 법률언어의 모호성 때문에 사안에 적용함이 없이 그 자체만으로 확정될 수 없다.

1) 통시적 모호성 사회는 끊임없이 변화하고 있고, 기존의 법률언어로서 생각할 수 없었던 새로운 현실(데이터)이 끊임없이 생산된다. 말하자면 법률언어들은 자신들의 의미창고를 미래를 위하여 항상 일정한 정도는 '비워'놓을 수밖에 없다.[23] 그런 점에서 법률개념은 시간의 흐름

속에서는 언제나 '구멍 난(porös) 개념'이다. 이는 현재시점의 법률언어의 의미가 모호할 수밖에 없음을 뜻한다. 이런 '통시적通時的 모호성'(diachronic vagueness)[24]을 무시할 때에만 포섭이데올로기는 가능한 것이다.[25]

★ 통시적 모호성의 예　① 복사기술이 없었던 1954년의 형법전 입법자들은 문서죄의 문서 개념(형법 제225조)에 복사물(大判 87도506, 현행 형법 제237조의2)의 포함여부를 고려하지 못했고, 문서 개념과 같은 전문적인 일상언어도 일상언어와 마찬가지로 미래에 출현하게 될 현실인 복사본에 대해서 의미의 구멍이 나 있는 것이었다. ② 밴이 출현하기 전까지 여객자동차 운수사업법과 자동차관리법은 자동차의 종류에 화물, 승용, 승합의 유형만을 갖고 있었기 때문에 그 법 제정 이후에 출현한 밴과 같은 '승용겸화물형 승용자동차'(大判 2004도1228)에 대해서 의미의 구멍이 나 있는 것이었다.

법률개념은 일정한 가치평가요소를 포함하고 있고, 그런 가치평가는 언제나 시간이 흐름에 따라 변화하기 마련이기 때문에 법언어의 통시적 모호성은 불가피한 것이다. 이 점은 '음란한'이나 '선량한' 같이 그 자체로 추상적인 개념뿐만 아니라 '사람' 같이 자명해 보이는 개념도 마찬가지이다. 예컨대 사람 개념은 생명공학기술에 의해 인위적으로 생성된 배아가 '인간'적 생명체의 하나로 취급됨에 따라 불확정인 것이 되었다.

2) 공시적 모호성　시간의 변화를 전제하지 않아도 언어는 사람(법관)마다 가치평가가 다름으로 인해 공시적空時的 모호성(synchronic vagueness)

23 이러한 맥락에서 "**법률이 입법자보다 영리하다**"라는 유명한 명제가 이해될 수 있다. 이에 관해서는 F. Haft, *Generalklauseln und unbestimmte Begriffe im Strafrechts* (JuS, 1975), 481쪽 참조.

24 이는 "잠재적 모호성"(W. Hassemer, *Einführung in die Grundlagen des Strafrechts* [C.H. Beck Verlag, 1990], 182쪽) 혹은 "단어의미의 상대성"(E. Oksaar, "Sprache als Problem und Werkzeug des Juristien", *ARSP* (1967), 116쪽 아래)이라고 불리기도 한다.

25 비슷한 지적으로는 G. Haverkate, *Gewißheitsverluste im juristischen Denken* (Duncker & Humblot, 1977), 18쪽 참조.

을 갖는다. 이를 언어의 유형별로 살펴본다.

(가) **법언어의 유형화** 법률언어는 ① 정서적·평가적 요소 없는 서술적 개념, ② 정서적·평가적 요소가 포함되어 있는 '규범적 개념'(예: 문서, 재물, 위험한 물건), ③ 규범적 개념 중 경험적 지각이 무력한 가치충전필요개념(wertausfüllungsbegriff)(예: "개전의 정", "음란한"), ④ 법률적용의 일반적 지침만 제시되고, 그 지침을 법적용자가 구체화하는 기준을 정립해야만 사용가능한 일반조항(예: "정당한 이유")으로 유형화할 수 있다.

(나) **언어의 불명확성의 제거불가능성** 먼저 규범적 개념, 가치충전필요개념, 일반조항의 불명확성은 제거가 불가능하다.

ㄱ) **가치충전 필요개념의 불명확성** 가령 대법원은 "음란한 물건"이라는 개념을 "성욕을 자극하거나 흥분 또는 만족케 하는 물품으로 일반인의 정상적인 성적 수치심을 해치고 선량한 성적 도의관념에 반하는 것"(大判 87도2331)이라 구체화하는데, 여기서 "음란한"의 개념은 "선량한 성적 도의관념"이나 "일반인의 정상적인 성적 수치심"이라는 개념들에 의해 재차 설명될 뿐 법적용의 예측가능성이나 형평성을 보장할 정도의 명확성을 얻지 못한다.

ㄴ) **정상성의 이데올로기** 정상성(일반성) 개념은 심지어 위험하기도 하다. 그것은 실제로 존재하는 어떤 사람의 고유한 속성이 아니라, 사회가 어떤 사람에게 통제나 제재를 가하기 위하여 '그를 통제·제재를 받아 마땅한 존재로 낙인찍을 때 사용하는 언어'[26]이기 때문이다. 법률단어사용의 정상성(일반성)을 얻기 위해 법원은 설문조사를 의

26 이러한 관점에서 서양의 초기시민사회에서의 '비정상성'이란 언어의 형성을 지식고고학적으로 분석한 대표적인 문헌으로 M. Foucault(오생근 역), *감시와 처벌* (나남출판사, 2003)을 꼽을 수 있다; 법문학의 중심적인 방법론이라고 할 수 있는 내레이션 분석의 기법(이에 관해서는 이상돈·이소영, *법문학* [신영사, 2005], 특히 [10] 단락 참조)을 사용해보면 비정상인으로 낙인 찍힌 사람의 내적 욕구체계 안으로 들어가 그의 행위가 갖는 실존적 의미를 바라볼 수 있게 된다. 이러한 분석기법들은 넓게 보면 해체주의의 울타리 안에 있다.

뢰하고 그 결과를 근거로 일반인의 정상적 도의관념의 기준을 설정할 수도 있다. 그러나 이 경우에도 법원은 조사대상을 누구로 할지, 어떤 방법으로 조사를 할지,[27] 몇 퍼센트가 합의해야 '정상인(일반인)의 생각'으로 간주할 것인지 등 다양한 '가치평가'의 문제에 직면한다.

ㄷ) **서술적 개념의 동등한 불명확성** 그래서 입법은 가능한 한 서술적 개념을 많이 활용하고 규범적 개념 중에서도 비교적 더 명확한 개념을 사용해야 한다고 주장되기도 한다.[28] 하지만 사회의 복잡성이 증대하는 후기산업사회에서 평가적 요소가 적은 개념만으로 현실을 규율한다는 것은 불가능하다. 즉, 현대사회에서 공시적 모호성은 피할 수 없는 것이다. 설사 서술적 개념을 선호한다고 해도, 서술적 개념이 반드시 덜 모호한 것도 아니다. 차이가 있다면[29] ① 서술적 개념은 사람들이 그 지칭대상을 반복하여 경험함으로써 더 분명한 것처럼 느낀다는 점,[30] ② 의미내용을 구체화하는 지점이 규범적 개념보다는 조금 늦게 찾아온다는 점뿐이다. 그러나 이 차이에도 불구하고 법관이 서술적 법언어를 적용하는 경우에 겪게 되는 모호성은 규범적 언어의 경우와 다르지 않다.

★ 서술적 개념의 불명확성 예를 들어 버스정류장 부근 1.5평(정면 230cm, 옆면 110cm) 정도의 알루미늄 새시로 된 구조물(예: 구두수선점,

---

27 설문조사의 방법은 엄청나게 다양하다. 예컨대, '예/아니오'를 묻는 단순 설문조사도 가능하겠지만, 패널을 선정해 해당 소설을 읽게 하고 토론을 시키고 결론을 내게 하는 '심의적'(deliberative) 방법도 있을 것이다.

28 예컨대 일반조항과 관련하여 김영환 교수는 법관의 법률구속을 위해서, 그리고 법적 판단을 도덕적 판단과 구분하기 위해서 (규범적 개념 중에서도 특히 그 모호성이 심한) 일반조항적인 개념의 논리적인 맥락을 가능한 한 법외적인 영역으로 편성하여야 한다고 주장한다. 김영환, "법의 계수와 결과현상들: 개념법학적 사유형태와 일반조항으로의 도피", *법철학연구* (제4권 1호, 2001), 149~175쪽 참조.

29 예컨대 H. J. Koch, "Über juristisch-dogmatisches Argumentieren im Staatsrechts", *Seminar: Die juristische Methode im Staatsrecht* (Suhrkamp, 1977), 50쪽 아래; M. Herberger, "Die deskriptiven und normativen Merkmale im Strafrecht", *Juristische Methodenlehre und analytische Philosophie* (1976), 42쪽 참조.

30 서술적 개념의 핵(Begriffskern)이 규범적 개념보다 한 단계 더 명확하다고 보는 T. Lenckner, *Wertausfüllungsbedürftige Begriffe im Strafrecht und der Satz 'nullum crimen sine lege'* (JuS, 1968), 256쪽 아래 참조.

미니편의점)이 야간주거침입절도죄(제330조)의 "건조물"에 해당하는지에 대해 여론조사를 실시하면 규범적 개념에서와 마찬가지로 의견이 분분할 것이다. 예컨대 "야간주거침입절도죄에 있어서 침입행위의 객체인 건조물은 주위벽 또는 기둥과 지붕 또는 천정으로 구성된 구조물로서 사람이 기거하거나 출입할 수 있는 장소를 말하며 반드시 영구적인 구조물일 것을 요하지 않는다"(大判 88도2430)고 보자. 그러면 우동집으로 임시사용하고 있는 폐차버스도 건조물에 해당한다고 볼 수 있는가? 또한 폐차된 봉고차는 어떠한가? 만약 폐차된 버스는 건조물에 해당하지만 폐차된 봉고차는 해당되지 않는다면 그 이유는 무엇인가? 폐차 차량의 측면 철판의 크기와 두께는 어느 정도여야 주위벽이라 부를 수 있는가? 등의 물음은 끊임없이 제기되고 완전하게 해결되지도 않는다. 여기서 서술적 개념이 규범적 개념보다 반드시 더 명확하다고 할 수도 없음을 알 수 있다.

(2) **해석방법론에 의한 모호성 해소** 이러한 법률언어의 모호성을 해소하기 위하여 법률언어의 사용방식을 정하는 해석방법론(Auslegungscanones)이 발전해 왔다.

1) 사비니의 해석카논 대표적인 것이 사비니(Savigny)가 제시한 다음 네 가지 법률해석방법(또는 해석카논)이다.[31]

- **문리해석** 법문언의 일상언어적 의미 또는 (판례에 의하면 종종) 사전적 의미에 따라 해석하는 방법을 문리해석(grammatische Auslegung)이라고 한다.
- **체계적 해석** 법문언이 그 법률에서 놓인 위치에 의미를 두어 해석

31 F.C.v. Savigny, *System des Heutigen römischen Rechts* (Scientia Verlag, 1981), §33; 전통적 해석방법에 대한 한국문헌으로는 심헌섭, "법철학적 법학방법론", *서울대학교 법학* (제24권 1호, 1983), 1~13쪽; 박동진, "전통적 의미의 법해석방법론에 관한 일고찰", *사법행정* (1997년 6월호), 29~38쪽; 한편 체계적 해석방법을 뺀 채, 문언중심적, 의도중심적, 목적중심적 해석방법의 세 가지로 나누는 최봉철, "문언중심적 법해석론 비판", *법철학연구* (제2권, 1999), 271~275쪽 참조. 이 밖에 해석의 논거유형을 언어적 논거, 체계적 논거, 목적론적/평가적 논거, 초규범적 의도에 의거한 논거로 구분하는 N. MacCormick · R. S. Summers(박정훈 역), "해석과 정당화(上)", *법철학연구* (제5권 제2호, 2002), 187~210쪽 참조.

하는 방법을 체계적 해석(systematische Auslegung)이라고 한다.

- **역사적 해석** 법문언을 입법자가 그 법률로써 추구한 목표, 즉 입법자의 의사에 따라 해석하는 방법을 역사적 해석(historische Auslegung)[32]이라고 한다.
- **목적론적 해석** 법률의 객관적인 규율목적, 즉 입법취지(ratio legis)에 따라 해석하는 방법을 목적론적 해석(teleologische Auslegung)이라고 한다.

★ 해석방법론의 예시 ① **문리해석** 예를 들면 큰 주먹으로 사람을 때려 다치게 한 권투선수의 주먹을 특수상해죄(형법 제258조의2)의 표지인 "위험한 물건"에 해당하지 않는다고 해석하는 것이다. 이는 일상언어(Alltagssprache)에서 사람의 '주먹'을 '물건'이라고 부르지 않는 점에 근거한다.

② **체계적 해석** 예컨대 출판물명예훼손죄(형법 제309조 제1항)가 명예훼손죄의 위법성조각사유(제310조)보다 법전체계에서 앞에 위치한 점을 고려할 때 그 위법성조각사유를 명예훼손죄(제307조 제1항)에 대해서뿐만 아니라 출판물명예훼손죄에도 적용할 수 있다고 해석하는 것이다.

③ **역사적 해석** 예컨대 도주차량죄(특정범죄가중처벌 등에 관한 법률 제5조의3 제1항)를 무겁게 처벌하는 — 입법이유서 등의 자료를 기초로 확인되는 — 입법자의 의사(의지, 목표)가 피해자 생명·신체의 안전도모와 피해자의 민사상 손해배상청구권의 확보에 있다고 보고, 교통사고 가해자가 피해자를 병원으로 옮겨 놓은 뒤 피해자 몰래 사라진 경우도 도주차량죄가 성립한다고 해석하는 것이다.

④ **목적론적 해석** 예컨대 사기죄(형법 제347조 제1항)의 목적(또는 입법취지)이 개인의 재산권 보호뿐만 아니라 '건전한 유통질서'의 보호 등에도 있다고 해석하여, 옷을 정상가에 팔면서도 세일인 것처럼 속여서

---

32 법률해석을 크게 역사적인 입법자의 주관적 의도를 찾는 '주관적 법해석방법'과 입법의 객관적 의미를 찾는 '객관적 법해석방법'으로 나누기도 한다. 역사적 해석은 전자에 해당하고, 목적론적 해석은 후자에 해당한다. 법해석에서 주관설과 객관설의 대립에 대해서는 R. Zippelious(김형배 역), *법학방법론* (삼영사, 1995), 36쪽; 김형배, "법률의 해석과 흠결의 보충－민사법을 중심으로", *민법학연구* (박영사, 1986), 7~12쪽; 심헌섭, "법철학적 법학방법론", *서울대학교 법학* (제24권 1호, 1983), 5~8쪽 참조.

판 행위에 대해서도 매수자의 재산권을 침해하지 않았음에도 불구하고 사기죄가 성립한다고 해석하는 것이다.

2) 방법종합주의 사비니가 정립한 이 네 가지 해석방법론은 아직까지 그리고 우리나라 법원의 실무에서도 법관들이 즐겨 사용한다.[33] 하지만 이러한 네 가지 해석방법 가운데 어떤 해석방법을 어떤 사안에 사용해야 하는지에 관한 규칙(즉 메타규칙)은 없다.

㈎ 위계질서설정의 실패 해석카논들의 사용에서 우선순위('위계질서')를 정하려는 시도가 일찍이 독일에서 행하여졌다.[34] 예를 들면 코흐(Koch)[35]와 탈실증주의적 법사고(nachpositivistisches Rechtsdenken)[36]를 대표하는 뮬러(Müller)[37]는 ≪문법적 해석→체계적 해석→역사적 해석→목적론적 해석≫과 같은 우선순위규칙을 설정하였다. 그러나 그런 시도는 독일에서도 실패한 것으로 평가되고 있고, 뮬러 자신도 후기의 저작에서 이를 인정하였다.[38] 우열관계설정의 실패는 언어인식론에서

---

33 최봉철, "대법원의 법해석론", *연세대 법학연구* (제8호, 1998), 195~222쪽; 오세혁, "한국에서의 법령해석: 우리나라 법원의 해석방법론에 대한 비판적 분석", *법철학연구* (제6권 제2호, 2003), 119~150쪽; 김학태, "법률해석의 한계: 판례에서 나타난 법해석방법론에 대한 비판적 고찰", *외법논집* (제22집, 2006), 177~206쪽.

34 예컨대 A. Neumann, "Der mögliche Wortsinn als Auslegungsgrenze in der Rechtsprechung der Strafsenate des BGH"; Savigny, *Juristische dogmatik und Wissenschaftstheorie* (1976), 50쪽 아래; K. Zweigert, "Juristische Interpretation", *Studium generale* (제7권, n.p., 1954), 384쪽 참조.

35 H. Koch · H. Rüßmann, *Juristische Begründungslehre* (1982), 176쪽 아래 참조.

36 Müller의 법이론을 '포스트실증주의 법사고'로 번역하고 이를 자세히 소개하는 이계일, "포스트실증주의 법사고와 법효력론", *법철학연구* (제13권 제2호, 2010), 7~58쪽; 뮬러의 서열론에 대해서는 이계일, "법해석기준의 서열론에 대한 비판적 연구", *법철학연구* (제18권 제3호, 2015), 154~172쪽 참조.

37 대표적으로 F. Müller, *Juristische Methodik 2판* (Duncker & Humblot, 1976), 198쪽 아래; 그러나 Müller 교수가 제자들과 함께 펴낸 *Untersuchungen zur Rechtslinguistik* (1989)를 보면 사실상 그 기획을 포기하고 있다.

38 제자들과의 언어학적 연구를 거듭한 뒤에 내놓은 F. Müller · R. Christensen · M. Sokolowski, *Rechtstext und Textarbeit* (Duncker & Humblot, 1997)를 보면 나의 박사논문(Sangdon Yi, *Worlautgrenz, Intersubjektivität und Kontexteinbettung*, 1992)이 제기한 문제의식을 수용하면서(앞의 책, 128쪽 참조) 문언의 한계를 부정하고, 방법론적으로 가능한 것에는 제한이 없으며(das methodisch mögliche ist unbegrenzt)(앞의 책, 130쪽 아래 참조), 법적 텍스트작업의 한계, 즉 문법적 해

보면 당연하다. 왜냐하면 다툴 수 없을 정도로 명확한 문법적 해석은 누구도 다투지 않는 문법의 이상, 이를테면 촘스키[39]의 이상적인 구문론 속에서만 가능할 뿐, 사람들이 일상에서 사용하는 자연언어 속에서는 가능하지 않기 때문이다.

(나) **대법원의 방법종합주의** 그렇기 때문에 법률의 해석에서 어떤 해석방법을 사용하느냐는 법관의 자유에 속한다. 우리나라의 실무에서도 법원은 네 가지 해석방법을 모두 사용하고 있다.[40] 독일에서는 이를 흔히 '방법종합주의'[41] 또는 '방법다원주의'라고 부른다. 다만 학자에 따라서는 우리나라 대법원이 목적론적 해석방법을 최우선적으로 선택하고 있다고 보거나[42] 문리해석이 강세를 보인다고 분석[43]하기도 한다.[44] 이런 강세여부는 방법종합주의의 현실을 부정할 수는 없다. 우리나라

석의 한계는 그 작업을 행하는 실무에 부과된 임무임(앞의 책, 133쪽 아래 참조)을 인정하고 있다. "뮐러에 따르면 문헌의 한계는 규범프로그램의 한계를 말하고 규범프로그램의 한계는 곧 규범구체화의 합리적 논증가능성과 민주적 법치국가성에 의해 뒷받침되는 관계적인 것이라 말할 수 있다."(양천수, *법해석학* [한국문화사, 2017], 331쪽).

39 N. Chomsky, *Aspekte der Syntax-theroie* (Ffm., 1973) 참조.

40 우리나라의 법원에서 사용된 네 가지 해석방법에 대한 사례분석으로는 오세혁, "한국에서의 법령해석: 우리나라 법원의 해석방법론에 대한 비판적 분석", *법철학연구* (제6권 제2호, 2003), 119~150쪽; 김학태, "법률해석의 한계: 판례에서 나타난 법해석방법론에 대한 비판적 고찰", *외법논집* (제22집, 2006), 177~206쪽; 변종필, "대법원의 형법해석론에 대한 비판적 고찰", *비교형사법연구* (제7권 제1호, 2005), 1~28쪽; 독일헌법재판소의 경우로는 A. Bleckmann(유성재 외 역), "독일연방헌법재판소의 판결에 나타난 법해석방법", *중앙법학* (제5집 제3호, 2003), 321~340쪽 참조.

41 N. Horn, "Rationalität und Autorität in der juristischen Argumentation", *Rechtstheorie* (1975), 147쪽 참조. 이에 반대하는 입장(방법엄숙주의; Methodenrigorismus)으로는 C. Canaris, *Systemdenken und Systembegriff in der Jurisprudenz* (Dunkner & Humblot, 1969), 143쪽 아래 참조.

42 오세혁, 앞의 논문, 144쪽.

43 최봉철, "문언중심적 법해석론 비판", *법률해석의 한계* (법문사, 2000), 151~152쪽.

44 이러한 상반된 분석은 전통적 해석방법이 얼마나 애매모호한 것인지를 보여주는 것이기도 하다. 실제로 통계기법을 활용해서 모든 판례를 분석한다고 해도 정확한 분석을 하는 것은 거의 불가능하다. 여러 가지 해석방법이 동시에 사용될 수 있는데다가, 어떤 해석방법을 사용했는지를 판단하는 것 자체가 지극히 자의적일 수밖에 없기 때문이다. 그런 상황에서 어떤 해석방법이 우위에 있는지를 분석하는 것 자체가 불가능한 것일지도 모른다.

대법원도 공식적으로는 다음과 같이 방법종합주의의 입장을 선언한 바 있다.

> "법규범의 의미내용은 그 **문언**뿐만 아니라 **입법 목적**이나 입법 취지, **입법 연혁**, 그리고 **법규범의 체계적 구조** 등을 **종합적으로 고려**하는 해석방법에 의하여 구체화하게 되므로, 결국 법규범이 명확성 원칙에 위반되는지 여부는 위와 같은 해석방법에 의하여 그 의미내용을 합리적으로 파악할 수 있는 해석기준을 얻을 수 있는지 여부에 달려 있다."(大判 2013도12939)

3) 해석방법의 불명확성 해석방법들은 언제나 명확하지가 않다.

㈎ **문리해석의 불명확성** 문리 해석은 언어의 불가피한 '모호성' 때문에 명확한 잣대라고 보기 힘들다. 하지만 많은 법률가들이 문리해석이 법률해석의 한계를 정한다고 믿고, 그런 한계를 흔히 '법규정의 가능한 의미'(大決 94모32)라고 표현한다. 그러나 법률언어가 인공적인 과학언어가 아니라 '전문적 일상언어'[45]인 이상 법률언어 자체로부터 해석의 한계가 정해질 수는 없다.[46]

> 예컨대 하나의 판결에서도 다수견해는 '법규정의 가능한 의미를 벗어나지 않았다'고 하고, 소수견해는 '법규정의 가능한 의미를 벗어났다'고 판단한다.[47] 두 의견은 근거와 결론이 모두 다름에도 불구하고, 똑같이 문리해석에 의한 결론이라고 주장하기도 한다. 이는 문리해석이 설정하는 해석의 한계란 주관적 언어감각에 따라 달라짐을 말해준다.[48] 그러므로

45 R. Wassermann, *Sprachliche Probleme in der Praxis von Rechtspolitik und Rechtsverwirklichung* (ZRP, 1981), 257쪽 아래.

46 해당 법률문구의 분석을 언어학자에게 의뢰한다고 해도 불분명한 것은 마찬가지이다. 언어학적 분석 자체에서도 의견이 갈릴 수 있으며, 언어학적 결론이 (참고는 되겠지만) 일상언어의 의미나 법률언어의 의미를 우선한다고 할 수도 없기 때문이다. 법조문에 대한 언어학적 분석의 예로는 김기영, "법과 언어: 형법 제170조 2항의 언어학적 분석과 기호론적 해석", *독일어문학* (제37집, 2007), 177~197쪽.

47 大決 94모32 (전원합의체). 이 결정을 둘러싼 법이론적 논쟁에 대해서는 신동운 · 김영환 · 이상돈 · 김대휘 · 최봉철, *법률해석의 한계* (법문사, 2000) 참조.

48 여기서 '법규정의 가능한 의미'라는 문언의 한계에 대한 반성은 "법을 통해 추구해야 할 것과 추구할 수 없는 것을 구별할 수 있게" 하는 비트겐슈타인의 언어이론에 의

해석자는 "자신의 머리에 떠오르는 문언의 가능한 의미를 절대적인 것으로 전제하고 그것이 존재하는 한 여타 해석기준의 적용가능성을 무조건 도외시하는 태도를 취하는 것은 조심할 필요가 있다"[49]는 지적은 경청할만하다. 법원의 실무에서도 법률 문언 범위 내에서만 법률을 해석해야 한다는 이론은 관철되지 않는 것으로 평가된다.[50]

(나) 역사적 해석의 불확정성 역사적 해석으로 입법자의 단일한 의사를 확인하는 것은 불가능하다. 입법자의 의사를 확인하기 위해 입법 당시 의회 의사록이나 입법이유서, 법안작성자의 의견서 등을 참고한다. 그러나 입법은 대개 여당과 야당의 대립 속에서 타협적으로 이루어지기 때문에 입법에서 통일된 입법의사를 찾아내는 것은 엄밀하게는 불가능하다. 입법자의 의사가 무엇인지 자체가 언제나 논쟁거리로 남을 수 있다. 결국 역사적 해석의 핵심인 입법자의 의사는 언제나 '해석된 의사'로만 존재하게 된다. 게다가 입법자의 의사에 집착하는 것은 법률의 의미가 (입법자가 생각하지 못한 새로운 현실을 가리키는 의미로) 재해석될 가능성을 봉쇄해 버린다.

(다) 입법취지의 불확정성 법원이 가장 즐겨 사용하는 해석방법론은 목적론적 해석이다. 입법목적이나 입법취지(ratio legis)는 법률의 이성과 동의어로서 그 이성적 내용이 구체적으로 무엇인지를 사실상 법관이 정할 수 있고, 따라서 목적론적 해석은 법관에게 넓은 해석재량을 준다.

해 수행될 수 있다고 보는 김재원, "법과 언어-비트겐슈타인을 중심으로-", *법과 사회* (제30권, 2006), 42쪽; 그 외에 문리해석방법의 내용과 그에 대한 상세한 비판은 최봉철, "문언중심적 법해석론 비판", *법철학연구* (제2권, 1999), 280~290쪽.

49 이계일, "법해석기준의 서열론에 대한 비판적 연구", *법철학연구* (제18권 제3호, 2015), 175쪽.

50 법률보충적 법형성(praeter legem)을 법률의 문언을 넘은 해석으로 번역하고, 이런 해석이 실무에서 불가피함을 보여준 박철, "법률의 문언을 넘은 해석과 법률의 문언에 반하는 해석", *법철학연구* (제6권 제1호, 2003), 198~214쪽.

ㄱ) **목적론적 해석의 구조** 목적론적 해석은 다음과 같이 구조화할 수 있다. ① 해당법률의 목적(입법취지)를 OZ이라고 할 때, ② 어떤 사안에 그 해당법률을 적용하지 않는 해석(~R)을 하면, 그 목적을 달성할 수 없게 되는(~OZ) 경우에 ③ 해당법률은 그 사안에 적용된다는 해석(R)을 하여야 한다.

① OZ
② (~R) → (~OZ)
―――――――――――
③ R

ㄴ) **목적론적 해석의 충족되지 않은 규범적 전제** 목적론적 해석은 언제나 일정한 경험적 및 규범적 전제들을 갖고 있다.[51] 첫째, 목적론적 해석이 기준으로 삼는 입법취지(위 도식의 ① OZ)는 언제나 입법 이후에 법률해석자에 의해 '구성' 또는 '형성'되는 것이다. 법관은 이 구성을 위해 다양하고 종합적인 (도덕적, 경제적, 정치적인) 가치판단과 이익형량을 하고, 그 결과를 해당조항의 규범프로그램(Normprogramm)[52]으로 확정한다. 하지만 그런 규범프로그램은 민주적인 입법절차와는 달리 시민들의 의견을 수렴하고 그 규범적 타당성에 대한 광범위한 동의를 얻은 채 구성되는 것이 아니다.

ㄷ) **목적론적 해석의 충족되지 않은 경험적 전제** 둘째, 입법취지(또는 규범프로그램)가 타당하게 구성되더라도 어떤 사안에 그 해당조항을 적용하지 않으면 그 입법취지(또는 규범프로그램)가 실현될 수 없는 것인지(위 도식의 ② ~R → ~OZ)는 경험적으로 입증되어야 할 사항이다. 그러나 법원이 이 경험적 전제들을 충족시키면서 법률을 적용하려면 막대한 가용자원(예: 경험적 사회조사를 통한 진단과 예측, 인적 자원과 재정)을 필요로 한다. 사법체계와 소송제도는 그런 가용자원을 갖고 있지 않으며, 가질 수도 없다. 그렇기에 법원은 목적론적 해석의 경험적

---

51 R. Alexy, *Theorie der juristischen Argumentation* (Suhrkamp, 1983), 296~297쪽 참조.

52 이를 형법상 명확성원칙에 적용하면 "형법적 규율기획의 정립요청"이라고 할 수 있는데, 이에 관해서는 이상돈, *형법강론 제2판* (박영사, 2017), 24쪽 아래 참조.

전제들을 충족하라는 요구(Sättigungserfordernis)를 들어줄 수가 없다.

목적론적 해석이 이와 같이 규범적, 경험적 전제들을 충족시키지 못한 채 적용되는 한, 수범자는 그 해석방법이 제시하는 결론이 어떤 방향으로 나아가게 될지를 예측하기 어렵다. 그러므로 목적론적 해석으로 해명되는 법률텍스트의 의미는 여전히 많은 모호성을 가질 수밖에 없다.

(3) **해석방법론의 확장** 이러한 해석방법론의 한계에도 불구하고 해석방법론은 그 나름의 확장을 거듭해 왔다. 그 가운데 대표적인 해석방법으로 유추(Analogie)와 역추(Umkehr 반대추론)를 들 수 있다. 이들은 모두 목적론적 해석의 연장이며 확장이다.

1) 유추 유추(Ra)란 사안(b)에 적용할 법규범(B)이 흠결되어 있을 때 그 사안과 가장 유사한 사안들(a_1~an)을 규율하는 법규범(A)을 적용하여, 그 흠결을 보충하는 해석방법을 말한다. 사법私法의 흠결이 있는 경우 법관은 이 유추의 방법으로 법규범의 흠결을 보충해야 하는 반면, 형법의 흠결이 있는 경우에는 죄형법정주의로 인하여 그 흠결을 보충하는 것이 금지된다.

(가) 의미창조적 확장해석의 정당성 문제 유추해석의 합리성은 해당 사안에 대한 법적 규율의 흠결을 방치하면 법의 분쟁해결기능에 커다란 공백이 생길 수 있다는 점에 있다. 이러한 합리성을 뒤집어 보면, 그러한 유추를 하지 않으면(~Ra) 유추하여 적용되는 법규범(A)의 입법취지가 온전하게 실현될 수 없다(~OZ)는 결론이 나온다. 여기서 유추는 목적론적 해석의 하나이면서 동시에 목적론적 해석을 법률'해석'의 차원을 넘어 법률의 형성, 즉 실질적인 입법의 차원으로 확장하는 현상임을 알 수 있다. 그래서 유추는 흔히 "의미창조적 확장해석"[53]이

---

53 대법원의 '의미창조적 확장해석'을 비판하는 이용식, "형법해석의 방법 형법해석에 있어서 법규구속성과 정당성의 문제", *서울대학교 법학* (제46권 제2호, 2005), 40쪽; 의미창조적 확장해석을 통해 대법원이 형법상 허용되지 않은 유추를 감행하고 있다고 비판하는 양천수, "의미창조적 확장해석-법이론의 관점에서-", *안암법학* (제37권, 2012), 382쪽 참조.

라고 불리기도 한다. 이러한 유추는 법원(의 목적론적 해석)에 의한 입법권의 찬탈(삼권분리원리의 위배)과 판결의 민주적 정당성 상실에 대한 우려를 가져온다.

(나) **법규정의 가능한 의미** 이 점을 은폐하기 위해 법원은 때때로 입법의 성격을 띠는 유추('의미창조적 확장해석')를 하면서도 그런 해석이 "법규정의 가능한 의미"를 넘어서지 않았다는 논증을 하기도 한다. 법규정의 가능한 의미는 법률해석과 법형성 또는 법창조 사이의 경계표와 같이 이해되는 것이다.

★ 법률해석의 한계로서 법규정의 가능한 의미 ① 甲은 乙 소유의 사과나무 밭에서 바람이 세게 부는 탓에 마른 풀을 모아 놓고 성냥불을 켜 담뱃불을 붙인 뒤, 그 불이 완전히 꺼졌는지를 확인하지 않고 자리를 떴고, 남은 불씨가 주변에 있는 마른 풀과 잔디에 옮겨 붙고, 계속하여 丙 소유의 사과나무에 옮겨 붙어 사과나무 217주 등을 소훼시켰다. ② 대법원은 甲의 행위에 형법 제170조 제2항을 적용하면서 다음과 같이 판시하였다: "형법 제170조 제2항에서 말하는 '자기의 소유에 속하는 제166조 또는 제167조에 기재한 물건'이라 함은 '자기의 소유에 속하는 제166조에 기재한 물건 또는 자기의 소유에 속하든, 타인의 소유에 속하든 불문하고 제167조에 기재한 물건'을 의미하는 것이라고 해석하여야 할 것이며, 이렇게 해석하더라도 그것이 **법규정의 가능한 의미**를 벗어나 법형성이나 법창조행위에[54] 이른 것이라고는 할 수 없어 죄형법정주의의 원칙상 금지되는 유추해석이나 확장해석에 해당한다고 볼 수는 없"다(大決 94모32<전원합의체>). ③ 이 사건에서 형법 제170조 제2항('과실로 인하여 자기의 소유에 속하는 제166조 또는 제167조에 기재한 물건을 소훼하여 공공의 위험을 발생하게 한 자')에서 '또는'은 '연결어'(Konjunktion)이지

54 위 결정에서 '법형성이나 법창조행위에 이른 것이라고는 할 수 없어'라고 한 것은 대법원이 '법형성'과 '법창조'를 구분하지 않는다는 것을 보여준다. 전통적인 법학방법론은 '법창조'(자유로운 법발견)와 '법형성'(법문의 가능한 의미 안에서 법획득 Rechtsfindung)을 구분한다. 형법에서 보면 유추가 법창조에 해당하고 확장해석은 법형성에 해당한다. 말하자면 대법원은 유추와 확장해석을 이론적으로 구별하지 않듯이 법창조와 법형성도 이론적으로 구별하지 않는 것이다.

'분리어'(Disjunktion)로 이해될 수 없다는 견해[55]는 유럽언어와 한국어의 구문론적 차이를 간과한 것이다. 즉, 동 조항이 <자기의 소유에 속한 제166조에 기재한 물건> 또는 <자기의 소유에 속하는 제167조에 기재한 물건>으로만 이해되어야 하는 구문론적 법칙성이 한국어에는 없다. 한국어에서 '또는'은 유럽언어의 경우(or, oder)와는 달리 연결어로도 분리어로도 기능할 수 있다.[56] 형법 제170조 제2항은 그러니까 <자기의 소유에 속한 제166조에 기재한 물건> 또는 <제167조에 기재한 물건>으로 읽을 수도 있다. 이것은 근본적으로는 ― 마치 격조사가 문장요소들 간의 관계설정기능을 실질적으로 갖지 않는 것처럼 ― 유럽언어의 구문론적 전문용어로서 접속사로 분류되는 한국말들도 그와 같은 논리적 기능을 실질적으로 갖고 있지 않은 데서 비롯된다.[57] 그렇기 때문에 법관이 '내가 이렇게 해석한 이 법률단어의 의미는 언어적으로 가능한 것이다'라고 진술하는 것은 의미가 없다. 왜냐하면 법관은 어떤 실질적인 힘의 작용 속에서 법률을 해석한 후 언제나 그것은 '언어적으로 가능한' 것이라고 간주할 수 있기 때문이다. 자신의 해석이 '언어적으로 가능하다'는 선언은 실제에 있어서는 '언어적으로 가능할 수 있어야 한다'(können sollen)는 결단의 표현인 것이다. 그렇기 때문에 법률단어의 가능한 의미(또는 문리)라는 논증언어로써 법률해석을 정당화하는 법관은 근거지어야 할 대상(법률해석의 실질적 힘과 근거)을 바로 그 대상(의 내용)을 그대로 반영하는 것(법률단어의 언어적 효력범위)으로써 근거지우는 오류를 범하고 있는 것이다. 이를 '선결문제요구의 오류'(petitio principi)라고 부른다. 이 오류 때문에 법관의 해석활동을 지배한 실질적인 힘들은 은폐되고 법관의 법률해석의 자의성과 형식성(비실질성)은 더욱 커지게 된

55 김영환, "형법해석의 한계", *법률해석의 한계* (법문사, 2000), 37쪽; 같은 입장으로 홍영기, "법률해석의 허용과 한계", *가톨릭대학교 법학연구* (3권 1호, 2008), 166쪽.

56 비슷한 취지로 민법교수가 조교에게 도서관에서 "내 민법책과 형법책 "을 가져다 달라고 부탁하면 '내'는 민법책과 형법책을 모두 수식하는 연결어이기 어려움을 지적하는 안성조, "법문언의 가능한 의미의 실재론적 의의", *한국법질서와 법해석론* (김도균 엮음, 2013), 165쪽.

57 이와 같은 해석의 다양한 가능성들은 법의 불확정성을 보여주는 것이지만, 그것이 "개인의 자의적 판단이 아닌 이성적인 법에 의한 판단"이라는 법치이념의 중심부(core) 의미를 전혀 훼손시키지 않는다고 보는 안성조, "법적 불확정성과 법의 지배", *법철학연구* (제10권 제2호, 2007), 61~114쪽 참조.

다.[58]

ㄱ) **적극적, 중립적, 소극적 후보자** 법규정의 가능한 의미는 법률해석에 외재적인 한계를 설정한다. 이 기준은 독일연방법원의 "법률단어의 가능한 의미"(der mögliche Sinn des Gesetzeswortes)에서 온 것으로 추정된다. 법규정의 가능한 의미란 헤크(Heck)처럼 개념의 핵심'(Begriffskern)과 '뜰'(Begriffshof)을 구분할 때 '개념의 뜰'에 대응된다. 하트(Hart)가 말하는[59] 개념의 핵(core)와 주변부(penumbra)도 이와 같다. 또한 개념의 핵처럼 한 단어가 의심 없이 적용될 수 있는 대상을 적극적 후보자(positive Kandidate), 한 단어가 의심 없이 적용될 수 없는 대상을 소극적 후보자(negative Kandidate), 그리고 이 두 종류의 후보자 중 어디에도 속하지 않는 대상들을 중립적 후보자(neutrale Kandidate)라고 구분하는 경우에[60] 법규정의 가능한 의미는 중립적 후보자에 상응한다. 법률언어의 핵심영역(적극적 후보자)에서 그 법률언어는 반드시 적용되어야 한다는 점에서 포섭의무영역이라고 부르고, 뜰 영역(중립적 후보자 영역)에서 법관은 사실상 '법률을 파생시키는 법형성'(Rechtsfortbildung secundum legem)을 한다는 점에서 포섭가능영역이라고 부르며, 그 영역 밖의 사안들은 그 법률에 포섭할 수 없다는 점에서 포섭불가영역이라고 부르기도 한다.[61]

ㄴ) **확장해석과 법형성(법창조)의 구분** 확장해석이란 포섭가능영역까지 법문언의 외연을 넓히는 해석을 말한다. 즉, 법규정의 (일상언어적으로) 가능한 의미를 넘어서지 않으면서 최대한 넓게 해석하는 것이

58 Krawiez, "Juristische Methodik und ihre rechtstheoretischen Implikationen," *Jahrbuch für RSuRT* (Bd.Ⅱ), 33쪽 참조.

59 허버트 하트(오병선 역), *법의 개념* (아카넷, 2001), 159~160쪽.

60 Priester, "Zum Analogie im Strafrecht," *Juristische Methodenlehre und analytische Philosophie*, 155~185쪽.

61 이 구분은 언어이론적으로 유지될 수 없는 구분이지만, 이를 전제로 판례를 유형적으로 분석하는 시도로는 김대휘, "법관의 법발견의 3단계", *사법연구자료* (제13집), 7쪽 아래 참조.

다. 하지만 확장해석을 유추와 같은 법형성이나 법창조와 같은 개념으로 사용하는 견해도 있다. 가령 확장해석을 법문언의 의미한계를 넘어서는 법발견으로 정의하는 것이다.[62] 그러나 법문언의 한계를 넘어선 경우에는 — 법문언의 해석안내기능만 인정하고 한계기능은 인정하지 않는 나의 이론에서 보면 법률해석의 근거지음이 더 이상 성공하지 못하는 경우에는 — 더 이상 '해석'이라고 부를 수 없다. 그렇기 때문에 법문언의 한계기능을 인정함을 전제로 할 때 해당 법문제에 대한 해결책을 법문의 가능한 의미 안에서"(secundum oder intra legem) 찾는 것을 법발견(Rechtsfindung)으로, 법문의 가능한 의미 안에서 발견할 수 없는 법흠결을 유추나 목적론적 해석에 의해 보충하는(praeter legem) 것을 법형성(Rechtsfortbildung)으로 개념화하는 것[63]은 논리필연적이다. 그러나 법문언의 가능한 의미가 해석의 한계를 설정하는 기능을 발휘할 수 없다고 보는 한, 법발견이나 법형성 또는 법창조 사이에는 질적인 차이가 없게 된다. 세 가지 개념은 모두 호환 사용이 가능하다.

ㄷ) 제한해석과 확장해석, 축소와 유추 또한 법문언(Gesetzeswortlaut, the letter of the statute)의 가능한 의미를 넘지 않는 해석은 적극적 후보자와 중립적 후보자의 구분을 고려할 때 두 가지로 나눌 수 있다. ① 법문언을 적극적 후보자에 국한시키는 해석은 제한해석(restriktive Auslegung)이라고 부르고, ② 중립적 후보자까지 포함시키는 해석은 확장해석(extensive Auslegung)이라고 부르는 것이다. 따라서 법문언의 한계를 넘어선 해석이나 유추를 굳이 확장해석으로 표현하려고 한다면 '의미창조적' 확장해석이라는 수식어를 붙여서 사용하는 것이 바람직하다.

(다) 법률수정적 법형성과 법률보충적 법형성 법규정의 가능한 의미를

62 A. Kaufmann, *Rechtsphilosophie 2.Auflage* (C. H. Beck, 1994), 86~89쪽.

63 이런 개념의 체계화로 김영환, "한국에서의 법학방법론의 문제점 −법발견과 법형성: 확장해석과 유추, 축소해석과 목적론적 축소 간의 관계를 중심으로−", *법철학연구* (제18권 제2호, 2015), 143쪽 아래 참조.

넘어서 영역, 즉 포섭불가영역에 위치한 사안에 대해 해당 법률을 적용(유추)하거나 법규정의 핵심영역, 포섭의무영역에 위치한 사안에 대해 해당 법률을 적용하지 않는 것(=축소)은 모두 법형성(또는 법창조)이 된다. 이때 전통적인 법학방법론에 의하면 그런 법형성이 기존의 (다른) 법률텍스트에 반反하는 경우에는 '법률수정적 법형성'(Rechtsfortbildung contra legem)이라고 부르고, 기존의 법률텍스트에 반하지 않는 경우는 '법률보충적 법형성'(Rechtsfortbildung praeter legem)이라고 부른다.[64] 그러므로 법률수정적 법형성과 법률보충적 법형성을 사안에 적용할 법텍스트의 흠결유무로 가르는 것[65]은 옳지 않다. 해당사안에 적용할 법규정의 흠결을 보충하는 법형성도 다른 법규정의 문언을 수정하는 부수결과를 가져올 수 있기 때문이다.

★ 법률수정적 법형성의 예시 판례는 "횡령죄에 있어서의 불법영득의 의사라 함은 타인의 재물을 보관하는 자가 자기 또는 제3자의 이익을 꾀할 목적으로 업무상의 임무에 위배하여 보관하는 타인의 재물을 자기의 소유인 경우와 같이 사실상 또는 법률상 처분하는 의사를 의미하고, 반드시 자기 스스로 영득하여야만 하는 것은 아니다"(大判 2000도4005)라고 본다. 이는 형법 제355조 제1항의 법문언은 우리나라 형법상 강도죄, 사기죄, 공갈죄, 배임죄, 그리고 독일 형법상 횡령죄(제246조 제1항)[66]와 같이 "제3자로 하여금"이라는 문언을 갖고 있지 않다. 그러므로 제3자로

64 praeter legem을 법률의 문언을 넘은 해석으로 contra legem을 법률의 문언에 반하는 해석으로 번역하기도 한다. 이는 박철, "법률의 문언을 넘은 해석과 법률의 문언에 반하는 해석", *법철학연구* (제6권 1호, 2003), 186쪽 참조.

65 이런 입장이 독일 민법학계의 거목 Larenz의 법학방법론이라는 설명으로 박종희·윤재왕, "판례의 법형성적 기능과 한계", *고려법학* (제70호, 2013), 215쪽 참조. 그러나 박종희·윤재왕 교수는 문제의 핵심을 다른 곳, 즉 법관에 의한 법형성의 헌법적 한계를 인정하고, 특히 법형성에 대한 심사와 통제는 합의가능성이 해석에 비해 낮기 때문에 법관은 더 높은 수준의 논증의무를 부담하고 이행하여야 한다고 본다(앞의 논문, 216, 217쪽 참조). 타당한 지적이다.

66 독일 형법 StGB §246①("타인의 재물을 횡령하거나 제3자에게 영득하게 한 자" Wer eine fremde bewegliche Sache sich oder einem Dritten rechtswidrig zueignet)와 한국 형법 제355조 제1항의 법문언("타인의 재물을 보관하는 자가 그 재물을 횡령하거나 그 반환을 거부한 때")은 명확한 차이가 있다.

하여금 불법영득하게 하는 행위를 횡령죄로 바라보는 것은 독일형법과 비교하면 법률보충적 법형성으로 볼 수 있다. 하지만 그런 법형성은 실제로는 자신의 영득만을 횡령죄로 인정하는 현행 법문언에 정면으로 반하는 것이며, 따라서 그와 같은 해석은 법률수정적 법형성이라고 보아야 한다.

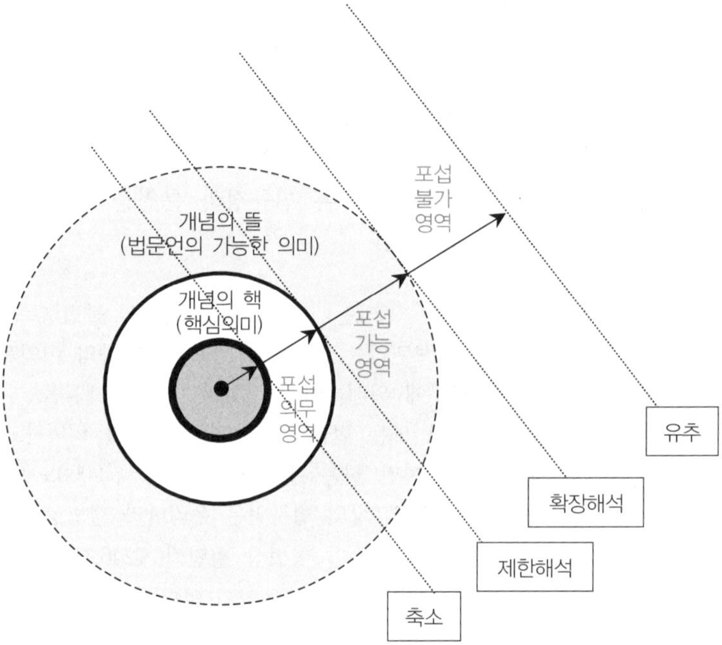

㈑ **목적론적 축소** 법률수정적 법형성은 포섭의무영역에 있는 사안(개념의 핵, 적극적 후보자)에 대해서 해당 법률을 적용하지 않는 형태로도 이루어진다. 이를 목적론적 축소(teleologische Reduktion)[67]라고 부른다.

67 K. Larenz, *Methodenlehre der Rechtswissenschaft 5.Aufl.* (Springer-Verlag, 1983), 308쪽 참조.

★ 목적론적 축소의 예시 가령 민법 제1114조는 유류분반환청구의 대상이 되는 "증여는 상속개시전의 1년간에 행한 것에 한"하도록 규정하고 있으나 대법원은 "공동상속인 중에 피상속인으로부터 재산의 증여에 의하여 특별수익을 한 자가 있는 경우에는 민법 제1114조의 규정은 그 적용이 배제"된다고 본다(大判 93다11715). 이러한 해석은 제1118조의 입법취지를 고려하고 "공동상속인들 사이의 공평"이라는 목적의 달성을 위해 제1114조의 규범영역을 축소시킨다는 점에서 목적론적 축소해석이면서, 제1114조의 문언에 반한다는 점에서 법률수정적 법형성에 해당한다.

㈒ **법형성(법창조)가 금지되는 법영역** ① 법률수정적 법형성은 법관의 해석으로는 일체 금지되어야 한다. 입법권을 침해하기 때문이다. 이에 비해 ② 법률보충적 법형성은 사법분야에서는 허용될 수 있다. 법률의 흠결을 이유로 사적 분쟁에 대한 재판을 하지 않을 수 없기 때문이다. 하지만 ③ 형사법이나 조세법에서는 법률보충적 법형성이 아무리 실질적 정의(예: 조세정의, 형사정책적 필요성)의 실현을 위해 필요한 것일지라도 죄형법정주의(헌법 제12조 제1항)와 조세법률주의(헌법 제59조)에 의해 금지된다. 형사법이나 조세법 분야에서 법의 흠결은 반드시 의회의 입법에 의해서만 메울 수 있다.[68]

★ 조세법률주의와 법형성의 금지 조세피난처 소재 해외 SPC(특수목적회사)가 해외금융기관과 Custody 계약을 맺고, 그에 따라 그 해외금융기관이 국내 주식을 취득하여 자기의 명의로 보관하고 주식거래의 수익은 주식취득자금을 제공한 SPC의 실질적 지배자가 가진 사안에 대한 상속증여세법 제45조의2 제1항("권리의 이전이나 그 행사에 등기 등이 필요한 재산 … 의 실제소유자와 명의자가 다른 경우에는 … 그 명의자로 등기 등을 한 날 … 에 그 재산의 가액 … 을 명의자가 실제소유자로부터 증여받은 것으로 본다")의 적용에서 ① "실제소유자"를 사법상 명의신탁자(소유자)에

68 이런 점에서 법률흠결의 보충(법형성)과 법률해석(법발견)을 구분하지 못하는 법실무는 비판되어야 한다. 그런 비판으로 김영환, "한국에서의 법학방법론의 문제점-법발견과 법형성: 확장해석과 유추, 축소해석과 목적론적 축소 간의 관계를 중심으로", *법철학연구* (제18권 제2호, 2015), 156쪽 참조.

국한하는 해석이 제한해석이라면, ② 실제소유자를 해외 SPC까지 포함한다고 보는 해석은 확장해석이 된다. 다만 Custody거래가 국제금융거래로 널리 승인된 점을 외면한다는 점에서 이 해석은 초국가적 법(transnational law)을 존중하지 않는 문제점이 있다. ③ 더 나아가 조세피난의 방지(조세정의, 실질과세)를 위해 SPC의 실질적 지배자, 즉 실질적 수익자(beneficial owner)를 실제소유자로 보는 것[69]은 법문언의 한계를 벗어난 법형성(법률보충적 법형성)이고, 이는 조세법률주의(헌법 제59조)에 위반한다. 그런데 이 법형성은 SPC 소재 국가의 조세주권을 침해하고 SPC를 세법상 권리·의무의 주체로 인정하는 국제조세조정에 관한 법률 제17조도 수정한다는 점에서 법률의 흠결을 보충하는 데에 그치는 것이 아니라 위헌적인 법률수정적 법형성이 된다. ④ 이렇듯 해석은 문리만 따르는 것이 아니라 (조세회피방지와 같은) 정책의 힘에 좌우된다. 그러나 해석은 각 법분과의 법원칙(예: 조세법의 실질과세원칙과 그것보다 우위에 놓이는 조세법률주의)이 형성하는 규범적 맥락에 들어가 합리적 근거지음의 한계를 설정하고 그 한계를 넘지 않아야 한다.

2) 반대해석 목적론적 해석의 또 다른 확장은 법원[70]에서 종종 사용하는 반대해석(역추逆推 argumentum e contrario)의 형태로 이루어진다.

(가) 반대해석의 구조 가령 절도죄(OG)는 타인의 재물을 취거竊取하는 것이므로 취거가 가능한 재물(F)만이 행위객체가 된다. 즉 절도죄는 취거가능한 동산인 재물에 대하여 적용된다. 이때 반대해석은 부동산은 취거가능한 재물이 아니므로(~F) 절도죄가 적용될 수 없다(~OG)고 해석하는 것을 말한다. 이를 논리학적 기호로 표기하면 다음과 같다.

$$\wedge x\ (OGx \rightarrow Fx)$$
$$\wedge x\ (\sim Fx \rightarrow \sim OGx)$$

이런 반대해석은 목적론적 해석의 하나이지만, 입법취지(ratio legis)에 대한 논증을 생략시키는 논리적 조작이 되기 쉽다.

(나) 반대해석의 예시설명 이 점을 사례로써 설명해보자. 가령 甲이

---

69 서울행정법원 2017. 12. 22. 선고 2017구합52436 판결.

70 우리나라에서 반대해석은 대법원의 논증형태일 뿐만 아니라 하급법원에서 즐겨 사용되고 있는 것으로 보인다.

고속도로에서 70Km/h의 속도로 준법 운행하던 중 우측 진입로를 통해 깜빡이를 켜지 않은 채 그 고속도로로 진입해오던 乙의 트럭과 측면으로 추돌하여 乙이 사망에 이르게 하였다. 甲의 업무상 과실치사죄 여부에 대한 판단에서 구 도로교통법 제60조 제1항(고속도로진입시의 우선순위)를 반대해석하여 적용해본다.

> (구) 도로교통법 제60조 제1항(고속도로진입시의 우선순위): 자동차(긴급자동차를 제외한다)는 고속도로에 들어가고자 하는 때에는 그 고속도로를 통행하고 있는 다른 자동차의 통행을 방해하여서는 아니 된다.

> ∧x (OGx → Fx) : 다른 고속도로 주행 자동차의 통행방해금지의무(OG)는 고속도로 진입 자동차(F)에게 있다.
> ∧x (~Fx →~OGx) : 甲의 자동차는 고속도로 진입 자동차가 아니므로(~F) 통행방해금지의무가 없다(~OG).

이 반대해석에 따라 원심법원은 제53조(통칙)으로 준용되는 제44조(안전운전의무)의 적용이 배제된다는 결론을 추론하였으나 대법원은 그런 반대해석을 하더라도 제53조와 제44조는 적용되고, 따라서 고속도로 진입차량과의 충돌사고를 방지할 조치를 취할 법적 주의의무가 있다고 보았다(大判 87도249). 똑같은 반대해석을 하면서도 원심은 제60조 제1항의 입법취지를 고속도로진입시의 우선순위규칙과 준수의무 외에 고속도로 주행차량 운전자가 진입하는 차량의 안전을 배려할 의무까지 정한 것으로 본 반면, 대법원은 입법취지를 우선순위규칙 설정에만 국한시킨 셈이다.

(다) 반대해석의 불안정한 확장기능 여기서 반대해석은 ① 실제로는 입법취지에 대한 해석, 즉 목적론적 해석을 전제하고 있는데도 ② 그 입법취지의 구체적 내용과 그 근거를 명확하게 제시하지 않은 채 ③ 마치 근거지음이 필요하지 않는 단순한 논리적 추론(역추)인 것처럼 이해되고 있음을 알 수 있다. 이 세 가지 잘못된 전제 속에서 반대추론은

목적론적 해석을 매우 불안정한 형태로 확장한다는 점을 알 수 있다.

(4) 법률해석을 결정하는 실질적인 힘 이상에서 살핀 바와 같이 법률언어는 언제나 불명확하고, 법률해석은 충족시키지 못한 규범적, 경험적 전제들 속에서 이루어지며, 그로 인해 법률언어의 불명확성을 충분히 제거해줄 수도 없다.

1) 언어의 수레로서 해석방법 이러한 방법론적 불확실성을 고려할 때, 해석방법론이 법률해석을 좌우한다는 생각과는 정반대의 생각을 해볼 수 있다. 즉 법률해석을 좌우하는 것은 해석방법론이 아니라 법원이 밝히지 않지만 어떤 실질적인 힘이며, 해석방법은—특히 하쎄머(W. Hassemer)에 의하면—그런 힘의 작용에 의해 이루어진 해석의 결과를 단지 사후적으로 다른 사람들에게 전달하는데 사용되는 "언어의 수레"(Sprachliches Vehikel)[71]라고 보는 것이다. 해석방법은 법관의 법률해석을 결정할 수 없고, 이미 결정된 법률해석을 설명하는 데 사용되는 틀(논증형태[72])에 불과하다는 것이다.

여기서 해석방법을 단지 '언어의 수레'라고 부르는 것은 다소 지나친 것일 수 있다. 그런 표현은 해석방법이 법률해석에 관한 법관의 실질적인 결정에 관여하는 바가 전무하다는 뜻으로 오해될 수 있기 때문이다. 하지만 해석방법론은 법관이 자신의 법률해석에 관한 결정을 반성해보는 길잡이 역할을 할 수 있다. 특히 자신의 해석이 얼마나 법률텍스트나 입법자의 의사로부터 멀리 떨어져 나와 있는 것인지를 되돌

---

71 언어의 수레로 보는 W. Hassemer, *Einführung in die Grundlagen des Strafrechts* (C. H. Beck Verlag, 1990), 117쪽 참조; 그러나 해석규준들이 가설적인 규범명제를 설립하는 기능이 있다고 보는 견해로는 B. C. Funk, "Juristische Auslegung als Erkenntnis- und Entscheidungsprozeß", *Argumentation und Hermeneutik in der Jurisprudenz, Rechtstheorie Beiheft 1* (Duncker & Humblot, 1979), 107쪽 아래 참조.

72 Alexy는 해석방법을 법관의 결정에 근거를 제시하는 논증의 형태(Argumentformen)라고 보면서, 이를 법관의 결정을 외적으로 정당화(externe Rechtfertigung)하는 한 형태라고 본다(R. Alexy, *Theorie der juristischen Argumentation* [Suhrkamp, 1983], 285쪽 아래 참조).

아 볼 수 있다. 언어의 수레라는 표현은 이런 기능을 배제하지 않는다는 의미로 완화되어야 한다..

2) 해석을 좌우하는 실질적인 힘 법률언어의 모호성과 법률해석방법의 불확실성이 남겨놓는 해석공간을—해석방법의 사용에서 충족되지 않은 규범적 전제와 경험적 전제들의 빈 공간을—비집고 들어와 법관의 법률해석을 결정짓는 실질적인 힘[73]은 비합리적이거나 언어적 설명이 불가능한 그런 성격의 것이다. 하지만 법률해석을 결정짓는 실질적인 힘은 단편적이고 불완전하지만 정치적, 경제적 또는 윤리적 판단의 형태로 그 모습을 드러낸다. 또한 법률해석의 실질적 힘은 법관이 놓여 있는 사회적, 시대적 상황과 법관의 개인적 경험에 따라 끊임없이 변하고 그러한 힘의 합리적 논증형태(실질적인 근거)인 정치적, 경제적, 윤리적 판단도 끊임없이 변한다.

★ 해석을 결정하는 실질적 힘과 논증형태로서 해석방법 예를 들어 설명해 보자. ① 甲이 H 종금사의 주식을 K 그룹의 도움을 받아 매입하여 마침내 제1대주주인 H 그룹회장의 지분을 능가하게 되었고, 이에 H 종금사이사회는 400억원의 전환사채를 발행하여 우호세력에게 인수시킨 뒤 곧바로 주식으로 전환함으로써 경영권을 방어하였다. 또한 이 당시 전환사채의 발행에 관하여는 신주발행의 경우에 기존주주에게 신주인수권을 인정하는 내용의 명문규정(상법 제513조의2)이 없었다. 단지 정관에 규정이 없으면 전환사채는 이사회가 발행여부를 결정하고, 발행사항만을 주주총회의 특별결의로 결정하도록 하는 규정(상법 제513조 제2항)이 있었다. 그러나 당시에도 기존주주(甲)에게 전환사채 인수의 기회를 주지 않으면, 그의 사원권적, 재산권적 지위는 현저히 부당하게 침해될 수 있었다.[74] 따라서 기존주주의 사원권적, 재산권적 지위를 보호한다는 목적을 실현하는 방편으로서 신주발행에 관한 상법 제418조 제1항의 "주식의

---

73 이를 해석학에서는 선이해(Vorverständnis)라고 부른다; 선이해의 개념과 분류에 대해 자세히는 이 단락 Ⅲ.3. 참조.

74 이러한 점에 대한 자세한 논의는 이준섭, "주주의 신주인수권 배제", *상사법연구* (제13집, 1994), 195쪽 아래 참조.

수에 따라서 신주新株의 배정을 받을 권리"에서 "신주"는 전환사채를 포함한다고 해석할 수 있었다. ② 이런 해석은 제418조 제1항의 목적론적 해석에 해당한다. 이 해석에 의하면 H 종금사의 위와 같은 전환사채발행은 위법(제418조 제1항 위반, 현행 상법 제513조 제2항)이므로 무효가 된다. 물론 이러한 목적론적 해석은 신주와 전환사채가 전혀 별개의 법률단어라는 점에서 제418조 제1항의 문리해석과는 어긋나는 해석이 된다. ③ 재산권적 지위를 보호하기 위하여 이사회에 의한 전환사채의 발행을 제한하는 해석, 즉 상법 제418조 제1항을 '목적론적으로 해석'할 것인지, 아니면 전환사채의 발행에 제한을 두지 않음으로써 기업인수와 합병을 좀 더 자유로이 할 수 있도록 하는 해석, 즉 제418조 제1항이나 제513조 등을 '문리해석'할 것인지는 기업인수와 합병이 경제계에 미치는 긍정적인 측면과 부정적인 측면을 비교형량 하여 결정할 수 있다. 여기서 이런 법률해석을 실질적으로 좌우하는 힘은 일종의 정책(적 결정)이고, 해석방법은 그런 힘(정책적 결정)에 의해 이루어진 법률해석의 근거를 다른 사람들에게 전달해주는 논증의 도구임을 알 수 있다.

법률해석의 실제 모습이 이러하다면 한 법관이 자신이 어떤 법률을 왜 그렇게 해석했는지를 남김없이 해명한다는 것은 거의 불가능한 것임을 알 수 있다. 게다가 한국사회에서 그와 같은 정치적, 경제적, 윤리적 판단들의 근본방향은 정의에 대한, 특히 윤리적 좋음에 대한 '직관적(intuitive) 판단'[75]이나 법'감정'(Rechtsgefühl)[76]에 의해 좌우되기도 한다. 이는 법률해석을 좌우한 실질적인 힘의 정체를 드러내기 어렵게 만든다.

3. 사실확정의 불확실성

법률적 삼단논법(포섭이데올로기)의 또 다른 전제는 소전제의 확정

---

75 R. Lautmann, *Justiz-die stille Gewalt* (Athenaum Fischer Taschenbucher Verlag, 1972), 83쪽.

76 비합리적인 법감정이 법발견과 합의형성의 중요한 요소임을 강조하는 Lampe, *Das sogenannte Rechtsgefühl* (1985); Obermeyer, *Über das Rechtsgefühl,* 1쪽 아래, 5쪽 참조.

(법률에 포섭할 사안의 확정)이 법률의 해석과는 무관한 독자적인 인식활동이라는 것이다. 즉, 사실확정이 법률적용 이전에 독자적으로 정확하게 이루어질 수 있다는 것이다.[77] 하지만 이것은 인식론적으로 불가능하다.

(1) **정보의 불충분성과 편파성** 법관은 당사자가 주장하는 사건 자체를 체험하는 것이 아니라 일정한 시간이 흐른 뒤 증언이나 증거물 등을 통해 과거의 사실을 판단한다. 이 판단은 '인식'의 성격을 띠기 어렵다. 그 판단의 근거가 되는 정보(증거)들이 언제나 불충분하고 정보수집자의 활동과 이해관계에 따라 편파적이기 때문이다. 그러므로 법관은 과거의 일정한 사실을 인식한다기보다는 가령 '내게 수집된 정보(증거)에 따르면 ~사실이 있었다고 본다'는 식으로 말할[78] 뿐이다.

(2) **비언어적 인식의 불가능성** 사실확정이 불확실할 수밖에 없는 더 근본적인 이유는 어떤 종류의 사건에 대한 서술에서도 피할 수 없는 인식론적 한계 때문이다.

1) 인식의 감옥으로서 언어 현대의 인식이론에서는 사실이란 존재하는 것 그 자체가 아니라고 보는 것이 지배적인 관점이다.[79] 왜냐하면 사실이란 언어에 의해 매개되는 한도 내에서만 우리의 지각으로 의식되고 타인과 그 지각의 내용을 함께 나눠 가질 수 있기 때문이다. 다시 말해 언어의 매개 없이는 어떠한 지각도 인식의 형태로 전환되지 못한

---

77 ★ 사실심과 법률심의 인식론적 전제 ① 바로 이런 전제 위에서만 제1심이나 제2심인 항소심은 '사실심'이고 제3심인 상고심은 (사실확정은 하지 않고 오직 법률문제만을 다루는) '법률심'이라는 '사실심-법률심 이분론'이 가능하다. ② 그러나 상고심도 사실확정 문제를 다루는데, 다만 서면심리를 하고, 1심과 항소심은 구두변론을 한다는 점에서 차이가 있을 뿐이다. ③ 또한 형사소송에서 '실체적 진실' 역시 이러한 이분법 전제에서만 성립할 수 있다. 이에 관해 자세히는 이상돈, "형사소송에서 항소심과 상고심의 공판형태", *안암법학* (창간호, 1993), 338~370쪽 참조.

78 법관은 사실확정에서도 말행위(Sprechakt, speech act)를 하고 있는 것이다. 이에 관해서는 이상돈, "법관의 말행위와 올바른 법", *저스티스* (제25권 제2호, 1992), 155~175쪽.

79 G. Patizig, "Satz und Tatsache," *Sprache und Logik* (1970), 43쪽 참조.

다. 언어의 옷을 벗어던진 사태는 설령 우리 몸의 감각기관의 유기체적 작용을 통해 지각된다 할지라도 우리 의식의 사유작용을 통해 인식되지는 못한다. 이런 의미에서 우리의 인식은 '언어의 감옥'에 갇혀 있다고 말할 수 있다. 그런데 인식의 감옥인 언어가 결코 제거할 수 없는 모호성을 갖고 있기 때문에, 규범뿐만 아니라 사실에 대한 인식도 결코 수학적 확실성을 가질 수 없다.

2) 사태기술의 다양성 가령 법관이 소송절차에서 사실을 확정할 때 갖는 한계인 시간의 간극과 사건 지각의 간접성 및 정보의 불충분성과 편파성이라는 요소를 넘어설 수 있다고 가정해보자. 즉 소송에서 심판하고 있는 그 사건을 그것이 발생한 시간과 공간 속에 법관이 들어가 직접 '참여적 관찰자'(teilnehmender Beobachter)[80]의 위치에서 바라본다고 가정해보자. 그리고 법관의 눈 앞에 다음과 같은 사태가 벌어진다고 가정해보자.

> "한 총회 장소에서 A는 B를 쳐다보고 있었고 그의 입은 잠시 옹알거렸으며 잠시 후 무슨 침방울 같은 것이 튀어나온다."

물론 이러한 사태기술은 이미 언어적 기술이다. 여기서는 다만 이런 사태를 법관의 "A는 B에게 침을 뱉었다"라는 인식과 관련한 '비언어적 사태'로 잠시 가정해보자는 것이다. 이런 사태를 법관이 "A는 B에게 침을 뱉었다"라고 기술할 때 그는 과연 자신의 사실확정이 비언어적인 인식 또는 수학적 정확성을 지닌 사실확정이라고 주장할 수 있을까? 우선 갈등의 당사자인 A와 B는 그 사태를 서로 다르게 주장할 수 있을 것이다. B는 평소 불만을 품고 있던 A에게 어떠한 방식으로든 제

80 참여적 관찰자란 참여자역할과 관찰자역할을 동시에 교환하면 취하는 것을 말한다. 이것의 법학적 의미와 실천의 예로서 이상돈, *부실감사법* (법문사, 2004), 5~21쪽 참조. 참여자 관점이란 정신과학적 이해를 지향하고, 관찰자 관점은 자연과학적 설명을 지향하는 것이다. 법학에서 이 두 관점의 종합이 갖는 의미와 세부적인 문제점에 대한 논의로 양천수, "법 영역에서 바라본 참여자 관점과 관찰자 관점", *안암법학* (제23권, 2006), 91~122쪽.

재를 가하고 싶은 의지적, 정서적 작용에 의해 A가 자신에게 감히 모욕적으로 침을 뱉었다고 그 사태를 언어적으로 묘사할 것이다. 반면 A는 자신은 단지 무의식적으로 입안의 침을 되새기면서 B의 총회에서의 발언에 대해 부정적인 생각을 하던 중 자신도 모르게 입 장난을 하다가 약간의 침이 B에게 튀었던 것 같다며 자신이 B에게 침을 "뱉었다"고 말하는 것은 천만부당하다고 말할 수 있다. 그 밖에 그 사태를 직접 목격한 다른 사람들도 각자의 '정서적', '의지적' 작용에 따라 각기 다른 언어기호를 통해 그 사태를 기술할 것이다.

(3) **언어귀속으로서 사실확정** 여기서 우리는 어떤 사태를 언어적으로 기술하는 것이 지각되는 대상에 (의지적·정서적 요소를 개입시켜) 일정한 언어적 기호를 귀속(Zuschreibung)시키는 작업임을 알 수 있다.

> 우리나라에서 많이 연구되고, 즐겨 인용되는 하트(Hart)의 귀속이론에 관한 설명에서도 이와 같은 관점에 매우 근접한 부분이 있다.[81] 예컨대 길가다 시계를 떨어뜨린 사람에게 그 시계를 주어 건네주면서 '이거 당신 시계예요'라는 말한다고 가정하자. 이런 진술은 '이 시계가 당신 호주머니에서 나왔다'는 서술적인 측면과 훔친 것이 아니라는 점을 확인해줌으로써 '이건 너의 것'이라는 규범적인 측면을 포함하고 있다는 것이다. 이런 설명은 사실확정이 언어귀속이라는 통찰과 상통한다.

1) **의지적·정서적 작용** 이렇게 되면 사실확정에서 '인식의 정확성'은 '언어귀속의 적절성'으로 전환된다. 그렇다면 언어귀속의 과정에 개입하는 법관의 의지적, 정서적 요소는 무엇일까? '의지적 작용'이라 함은 법관이 사회적 세계와의 관계 속에서 갖고 있는 정치적, 윤리적, 경제적인 관점에서 내리는 결단을 뜻하고, '정서적 작용'이라 함은 법관 한 개인이 — 자신의 내면세계, 즉 그의 인격이 형성되는 사회화과정에서 고유하게 겪은 체험의 총체 속에서 — 갖는 비합리적, 감정적 반응양식(예:

81 이하의 설명에 관해 자세히는 김현철, "하트 법이론의 철학적 의의에 대한 비판적 고찰", *이화여대 법학논집* (제11권 제2호, 2007), 38쪽 아래; "법학의 인과관계 이론에 관한 연구", *법철학연구* (제11권 제2호, 2008), 500~501쪽 참조.

이미지체험, 무의식의 봉합작용)을 가리킨다.

2) 내적 성향의 사실확정 법관의 사실확정이 '인식'이 아니라 '의지적 결단과 정서적 작용에 의한 언어귀속'이라는 점은 소위 고의, 목적, 자의성自意性(형법 제27조) 등과 같은 개념들을 적용할 때 더욱 선명하게 드러난다.[82] 이 개념들은 인간의 '내적 성향'(Disposition)[83]을 나타내고 있고 내적 성향은 법관이 지각하거나 직접 체험할 수 없다. 따라서 소송절차 안에서 법관은 법률개념들의 적용대상(인간의 내적 성향)을 확정할 때, 그런 대상의 존재를 '추론'하게 해주는 다른 데이터(소송법상 간접사실)에 의존할 수밖에 없다. 예컨대 甲이 乙을 상해한 행위가 고의인지를 확정할 때, 甲의 내면을 관찰하는 것이 아니라 다른 데이터(예: 甲의 乙에 대한 원한관계 여부 등)에서 추론하여 판단하는 것이다. 물론 이 추론데이터들은 외부에서 지각 가능한 것이지만, 문제는 이러한 추론데이터의 수가 너무 많다는 것이다. 수많은 추론데이터(간접사실) 가운데 어떤 것을 선택하느냐는 내적 성향에 해당하는 사실(예: 고의, 목적)의 확정에 대해 결정적이다. 그리고 이 '선택'에도 위에서 말한 법관의 의지적 결단과 그의 특유한 정서적 감응의 메커니즘이 매우 강력하게 작용한다.

4. 실증주의적 법인식의 한계와 반성

(1) 법률적 삼단논법의 한계들 이상의 논의로부터 우리는 법률적 삼단논법의 대전제와 소전제를 구성하는 작업이 언어논리에 따라 이루어지는 명확하고 확실한 법칙적 인식이 아님을 알 수 있다. ① 흔히 인식(Erkennen)에 의해 발견되었다고 말해지는 법문언의 규범내용은 해석방법(법학방법론)에 의해 다소간 반성적으로 길을 잡아갈지라도 궁극

82 구체적인 사례에 대한 상세한 설명은 이상돈, *법이론 제3판* (세창출판사, 2005), 41쪽 아래 참조.

83 이에 관해서는 W. Hassemer, *Einfuhrung in die Grudlagen des Strafrechks* (C.H. Beck Verlag, 1990), 183쪽 아래 참조.

적으로는 법관의 (밝히지 않는) 정치적, 윤리적, 정책적 판단의 결과이다. ② 또한 사실확정의 언어적 구성과정에도 언어로 분석할 수 없는 의지적, 정서적 요소가 작용한다. 그럼에도 불구하고 전통적인 법학방법론에서는 법률적용이란 법률적 삼단논법이며, 이 삼단논법은 법칙적으로 작동할 수 있다고 생각하는 경향이 강하다. ③ 때로는 '법리'나 '문리' 또는 '법규정의 가능한 의미'와 같은 추상적 언어로 그것이 법칙적으로 작동하고 있다고 은폐하기도 하고, 소송에서 실체적 진실의 발견(인식)이 가능하다는 인식론적 오만을 드러내기도 한다.[84] 이는 논증의무를 이행하지 않는 실무현실로 이어지기도 한다. ④ 아울러 법률해석과 사실확정은 연역적 추론과 같은 일방적 관계가 아니라 법률이 적용될 사안을 확정함으로써 그 법률의 의미가 형성되는 상호적 관계에 놓이는 것이며, 바로 그런 상호적 관계 속에서 법률의 의미, 즉 구체적 법규범이 형성된다는 점이 더 논의되어야 한다. 이 점은 아래 법률해석과 사실확정의 통합적 지평(아래 V. 단락)을 논의할 때 자세히 다루기로 한다.

(2) **실증주의적 사고의 잔재** 법률적용은 법률적 삼단논법이라는 사고는 실증주의적 사고이다. 여기서 실증주의라는 개념은 실정법 이외의 법규범이 법원法源(재판규범)으로 사용될 가능성을 부인하는 전통적인 의미의 (법)실증주의를 가리키는 것이 아니라 법관의 법에 대한 인식이 —자연세계의 물리법칙을 발견하고 깨닫는 인식과 같이—'주체의 객체에 대한 인식'(Subjekt-Objekt-Paradigma)에 속한다는 의미이다.

1) **사실확정의 실증주의적 인식구조** 법률적 삼단논법에서 사실확정이란 법률해석과 그 해석을 지배하는 실질적인 이해관계와는 독립해 있고, 또한 언어에 앞서 외부세계에 이미 존재하는 실체를 인식하는 것이라는 생각은 허구(포섭이데올로기)이다.

---

84 독일과 한국의 법조실무에서의 두 가지 은폐전략에 대한 상세한 것은 이상돈, *법이론 제3판* (세창출판사, 2005), 102쪽 아래 참조.

(가) **소송에서 사실확정의 인식패러다임** 형사소송에서 즐겨 사용되는 '실체적 진실'(materielle Wahrheit)이라는 개념은 이와 같은 포섭이데올로기의 대표적인 예이다. 이 인식패러다임에서는 법관이 자신의 사실확정에 관해 판결이유에서 말하는 것은 객관세계에 있는 비언어적 대상(außersprachliches Objekt)을 인식하고 난 후에 단지 그 내용을 언어라는 매체에 의해 사후적으로 다른 사람에게 전달하는 것을 뜻하게 된다. 이 때 전달내용의 진리성은 — 전달받는 사람들이 그에 관해 어떻게 생각하건 아랑곳없이 — 객관세계의 실체와 일치하느냐에 따라 판단된다. 이를 진리이론에서는 흔히 '상응설'(Korrespondenztheorie)이라 부른다.

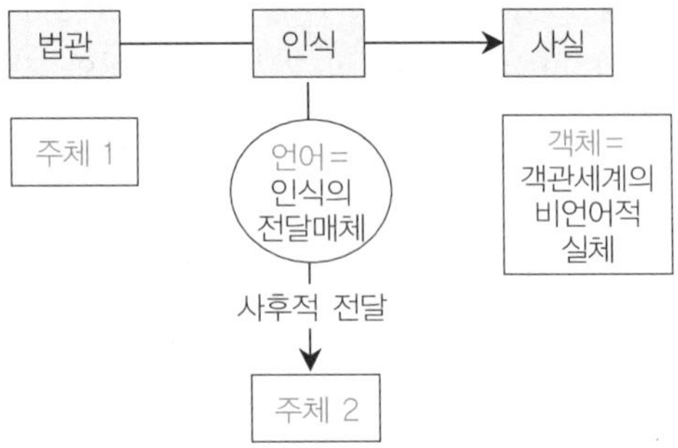

(나) **인식론적 외로움과 오만** 이러한 주체-객체의 인식모델에 서 있는 법관은 사실확정에서 외롭다. 혼자서 진실(비언어적 실체로서 사건)을 인식해야하기 때문이다. 외로운 인식주체는 흔히 경직되고 오만해지기가 쉽다. 홀로 인식한 진실에 대한 회의를 차단하지 않고는 자신의 권위가 서지 않기 때문이다. 장기적으로 보면 이와 같은 인식모델에 젖어 있는 법관들은 혼자서 행하는 진실인식의 효율성과 유아론적(solipsistic) 권위를 쌓으려는 경향을 갖기 마련이다. 그러한 경향은 예를 들어 형사소송에서 증거능력 제한제도들의 완화나 공판의 비용을 절감시키는 간이공판의 확대,[85] 증인신문과 같은 증거조사나 공판조서 및 판결서 작성의 편의주의적 간소화[86] 등과 같은 법정책으로 나아가기 쉽다. 또한

85 이에 대한 비판적 이해로 이상돈, "간이공판의 법정책-공판의 식민지화인가 합리화인가?", *안암법학* (제2호, 1994), 401~419쪽 참조.

86 이에 대한 비판적 이해로 이상돈, "형사소송에서 논증의무의 조절과 이성적 법정책-공판조서와 판결서 작성의 편의주의적 간소화에 대한 비판", *법과 사회* (1994, 상반

자유심증주의는 그와 같은 법관의 인식론적 오만을 제도화하는 것으로 잘못 이해된다.

2) 법률해석에 있어서의 실증주의적 인식모델 법률적 삼단논법에서 상위명제인 법률해석을 통한 법률텍스트의 의미 인식도 실증주의적 사고를 갖고 있다.

(가) 연역적인 언어논리적 단어풀이 법률적 삼단논법에서 말하는 포섭사안서술은 법률언어에 '이미 내재해 있는' 의미를 '언어논리적으로' 풀이하는 '단계적인' 작업이다. '언어논리적'이란 문법에 의한다는 뜻으로서 법률해석에 정치적 판단이 개입하지 않음을 뜻한다. 법률해석에 대한 이런 이해는 자연주의적 의미이론이나 언어약관주의를 전제하기 쉽다.

ㄱ) 자연주의적 의미이론 자연주의적 의미이론은 법률언어기호 자체가 자신이 적용될 현실(객체)들을 존재론적으로(ontologically) 지시해준다는 생각이다.[87] 법률문언이 법률해석의 한계, 즉 문언의 한계(Wortlautgrenze)를 설정한다는 생각도 자연주의적 의미이론에 속한다. 자연주의적 의미이론은 언어, 현실(객체) 그리고 인식주체가 서로 분리되어 독자적으로 자리잡는다는 존재론적 관점에 서 있다. 다음과 같은 의미론적 삼각형(semantisches Dreieck)은 이런 관점을 가장 잘 설명해준다. 언어기호는 지시대상(객체)들과 직접 1대1의 관계를 맺지 않는다. 그렇게 된다면 외부세계에 존재하는 사물의 수만큼 언어기호가 있어야하지만 이는 불가능한 일이다. 따라

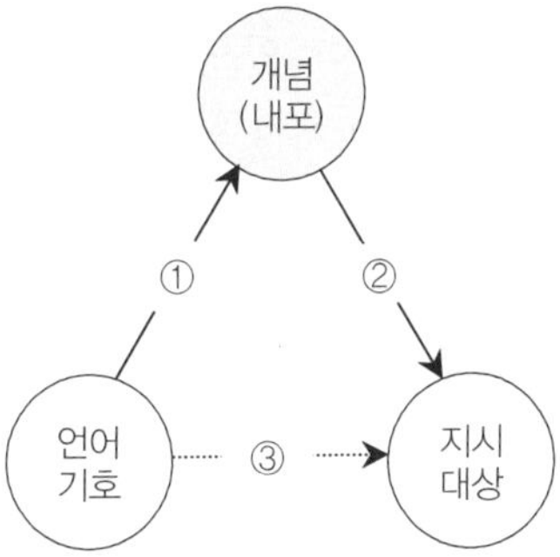

기), 162~183쪽 참조.

87 Wank, *Die juristische Begriffsbildung* (1985), 9쪽 아래; Koch, "Das Postulat der Gesetzesbindung im Lichte sprachphilosophischer Überlegungen", *ARSP* (1975), 29쪽 참조.

서 언어기호와 현실(지시대상)들 사이에는 제3의 매개자가 필요하다. 이 매개자를 언어기호의 '개념'(의미)이라고 부른다. 이 개념을 카르납(Carnap)은 내포(Intension)라고도 불렀다. 언어기호의 개념(내포)은 그 언어기호가 표현하는 대상들의 공통되는 속성을 뜻한다.[88] 언어기호의 개념이 '존재론적으로' 확정되고 나면 언어기호의 개념은 그 언어기호가 적용될 수 있는 현실대상들을 지시해주게 된다(개념의 지시대상확정기능).

> 가령 독일연방법원의 판례[89]처럼 창문의 존재론적 의미, 즉 개념은 빛의 투과(Lichtdurchlässigkeit)에 있다고 보고, 공기유입(Luftzufuhr), 밖을 볼 가능성(Ausblicksmöglichkeit)이나 소음 들어옴(Geräuschldurchlässigkeit) 등은 개념의 요소가 아니라고 본다. 그러면 '(반투명)유리'벽돌로 채워져 있는 벽창도 창문에 해당하게 된다.

이러한 존재론적 개념의 설정과 그 개념의 지시대상 확정기능을 통하여 언어기호는 구체적 범위의 지시대상들을 가리킬 수 있게 된다.

ㄴ) **언어약관주의** 법률해석을 언어논리적 풀이작업으로 바라보는 또 다른 언어이론은[90] 약관주의(Konventionalismus)이다. 약관주의는 언어기호의 사용에 관해서는 사람들 사이에 보이지 않는 약속(보이지 않는 규칙)이 있으며 그 규칙에 의해 언어기호는 자신이 적용될 현실(객체)를 지시할 수 있다고 본다. 언어의 약속이란 다른 말로 언어규범(Sprachnorm)이며, 이는 비록 실체는 아니지만 개인이 확인할 수 있는 그런 성격의 것이다.

그러나 한 단어의 보이지 않는 사용규칙도 다른 언어기호로써 표현되고 그것을 또 다시 언어기호와 현실대상 사이의 자연적 연관관계를 나타내는 언어기호처럼 개념(내포)이라고 부를 수 있다. 그렇기 때문에

88 Carnap, *Bedeutung und Notwendigkeit* (1972), 21쪽.
89 BGH JZ 1961, 494쪽.
90 이렇게 약관주의를 이해하는 견해로 Kutschera, *Sprachphilosophie* (1975), 117쪽 참조.

언어약관이론도 언어기호의 개념이 법관의 법률해석에 앞서 이미 주어져 있는 (고정된 혹은 유동적인) 실체로 본다는 자연주의적 의미이론과 그 본질에서는 큰 차이가 없다.[91]

ㄷ) **의미론적 투쟁** 하지만 존재론적 성격의 개념을 인식하는 행위는 사람들 사이의 평화롭게 확립되고 준수되고 있는 약속(규칙이나 언어규범)을 단순히 확인하기만 하면 되는 그런 것이 아니다. 언어기호의 개념을 확정하는 행위는 근본적으로는 하나의 사회적 '투쟁'이다. 왜냐하면 개념을 형성하고 개념을 현실세계에 옮긴다는 것은 언제나 크고 작은 차이는 있지만 사람들 사이에 날카로운 이해관계의 대립과 갈등을 가져다주기 때문이다. 이런 맥락에서 법률언어의 개념을 구체화하는 법률해석은 비유적으로 '의미론적 투쟁'(semantischer Kampf)[92]이라 부를 수 있다.

(나) **법률해석의 실증주의적 인식구조** 이러한 자연주의와 약관주의에 기초한 법률적 삼단논법의 모델에서 법관의 법률해석은 법관이 법률텍스트와 현실(객체)과의 자연적(존재론적) 연관관계나 사람들 사이의 보이지 않는 확고한 약속(약관)을 '개념'의 매개작용을 통하여 사유적으로 '인식'하는 행위가 된다. 즉 법관은 법률해석에서 그와 같은 자연적 연관관계나 사용약관을 인식하여야 한다. 법관이 인식주체라면 자연적 연관관계나 사용약관은 인식객체이다. 이것은 법관의 법률해석이 일종의 주체의 객체인식, 즉 <주체-객체-관계>의 모델 위에 서 있는 것임을 알 수 있다.[93] 바로 이런 점에서 법률적 삼단논법은 실증주의적 인식패러다임에 머물러 있다고 말할 수 있다.[94] 이러한 언어이론 위에 서 있는 법관은 자신의 법률해

---

91 이에 관해서는 무엇보다도 E.v. Savigny, *Die Philosophie der normalen Sprache* (1974) 참조.

92 이 개념에 관해서는 Keller, Kollokutionäre Akte, *Germanistische Linguistik 1/2* (1977), 1쪽 아래 참조.

93 물론 약관주의이론에서 법관의 언어사용이 기존의 약관을 변경하기 때문에 법관은 법률해석에서 단순히 기존의 언어약관에 의지하는 것만으로 법률해석의 타당성을 확보할 수 없는 것이라 한다면 약관주의모델은 주체-객체-인식모델에서 떠나게 된다.

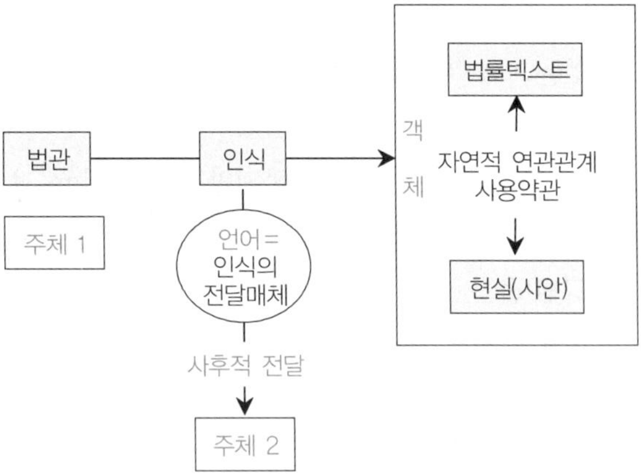

석이 진리임(올바름)을 주장하기 위해서는 자신이 자연적 연관관계나 보이지 않는 사용약속을 정확하게 인식했다는 점을—판결이유의 말미에 습관적으로 "~점은 법리法理 또는 문리文理에 위배됨이 없다"라는 선언을 하는 식으로—내세우기만 하면 된다. 이때 다른 사람들의 동의는 중요하지 않으며 소통도 필요하지 않다. 이로써 법관은 유아론적 법관상에 빠지게 된다.

(3) 실증주의적 법인식론의 해체 법률적 삼단논법은 주체, 객체, 언어의 관계를 다음과 같이 데카르트(Descartes)적인 방식으로 설정[95]함을 전제한다.

- ① 인식주체(법관)는 그의 사유능력으로써 객체(사실 또는 개념이나 언어사용약관이 매개하는 현실대상)를 인식할 수 있다.
- ② 인식의 진리성은 그 인식내용이 객관세계의 실체에 상응하느냐에 따라 정해진다(상응설의 진리이론).

---

94 물론 법률적 삼단논법 가운데 법률텍스트로부터 구체적인 포섭사안의 서술에까지 이르는 과정이 연역적 추론과정이 될 수 있으려면 법률단어와 그 단어의 개념(내포) 사이에는 "1대1의 대응관계"(Eins-zu-eins-Beziehung)가 있어야 한다는 전제가 요구된다. 이 점에 대해서 Wimmer·Christensen, "Praktisch-semantische Probleme zwischen Linguistik und Rechtstheorie", *Untersuchungen zur Rechtslinguistik* (1989), 41쪽; Jeand'Heur, *Sprachliches Referenzverhalten bei der juristischen Entscheidungstätigkeit* (1989), 18쪽: 이러한 요구에 따르면 법관은 법률단어와 일대일의 대응관계에 놓이는 개념(내포)를 인식하고 그 인식된 내용에 따라 법률을 적용해야 한다.

95 K.-O. Apel, "Szenistik, Hermeneutik, Ideologiekritik", *Hermeneutik und Ideologiekritik* (Ffm., 1980), 7쪽 아래 참조.

– ③ 언어는 인식주체가 자신의 인식내용을 다른 사람에게 사후적으로 전달하는 도구에 불과하다.

1) 유아론적 인식의 해체 각 전제(①②③)은 다음과 같은 이유로 유지될 수 없다. ① 첫째, 사회학과 민속학의 수많은 연구들에 의하면 실재세계란 한 사회의 일정한 해석틀의 반영이고 세계는 언제나 '해석된' 세계로서만 우리 앞에 등장할 수 있다.[96] 따라서 해석틀이 다양하면 파악되는 실재세계도 다양하게 된다.[97] 실재세계란 사물 자체에 대하여 한 사회의 사람들이 함께 나누어 갖는 해석방식의 총집합이기 때문에 어떤 사람도 자신의 삶의 세계 밖으로 떨어져 나온 위치에 설 수는 없다.[98] ② 둘째, 실재세계는 그 자체로서 인간의 언어에 앞서 주어져 있지 않다. 언어의 옷을 입기 이전에는 단지 외부세계에 대한 지각만이 있을 뿐, 인식은 없다.[99] 인식이란 지각된 것에다 언어(적 표현)를 귀속시키는 행위이다. 인식이 언어귀속이라면 세계는 언어가 펼쳐주는 한도 내에서만 우리에게 모습을 드러낸다. ③ 셋째, 언어는 모든 인식의 "물적 선험"[100]이다. 언어는 이제까지 살아 온 사람들의 경험의 의미내용이 응집되어 침전되어 있는 사회적 실재이다.[101] 따라서 언어는 우리 이전에 삶을 산 사람들로부터 전승된 의미내용과 지금 살고 있는 사람의 사고 사이를 중재한다. 그와 같은 언어 없이는 누구도 의미 있는 인식을 할 수 없다. 즉 인식주체는 언어 밖으로 나와 설 수가 없다.[102] 그런 점에서 법률적 삼단논법의 패러다임에선 법관은 법률의 해

96 자세히는 Schütz · Luckmann, *Strukturen der Lebenswelt, Bd.1, 3.Aufl.* (1988) 참조.

97 Weingarten · Sack · Schenkein, *Ethnomethodologie* (Ffm., 1976), 304쪽 참조.

98 Habermas, *Theorie des kommunikativen Handelns, Bd.2.* (Ffm., 1981), 191쪽 참조.

99 Schütz · Luckmann, 앞의 책, 249쪽; Habermas, 앞의 책, 189쪽; Apel, 앞의 책, 22쪽 참조.

100 Apel, 앞의 책, 11쪽.

101 Adam Schaff, *Sprache und Erkenntnis* (1974), 159쪽 아래 참조.

102 Habermas, 앞의 책, 190쪽.

석·적용에서 존재론적 실체를 홀로 인식하려 애쓰는 유아론적 법관상에 머물러 있는 것이다.

2) 지배기획의 해체 유아론적 법관상에 머문 법관은 법률의 해석·적용에서 의식적이든 무의식적이든 지배의 기획을 좇는다고 볼 수 있다. 인식을 매개하는 언어는 인간사회가 아직 극복하지 못한 지배예속관계를 반영하고 있기 때문이다. 객관적, 과학적 인식의 강조는 바로 언어의 사유틀에 내재해 있는 지배예속의 권력관계에 대한 성찰을 외면하는 것이다. 그로 인해 실증주의적 법인식은 기존의 이데올로기를 재생산하는 행위가 된다. 또한 법원은 이데올로기 생산하는 국가기구(ideological state apparatus)라는 알튀세(Althusser)의 과격한 비판[103]도 쉽게 물리치기는 어렵다. 실증주의적 인식틀에서 머물러 있는 법관은 자신의 법률적용에 작용한 정치적, 윤리적, 정책적 판단을 덮어버리고, 법률언어들 간의 체계나 논리적 정합성에만 관심을 집중한 채 자신의 법률적용을 '객관적 인식'이라고 생각한다. 하지만 그런 생각은 일종의 "자기정당화의식"[104]이다. 이런 자기정당화의식은 궁극적으로는 법관의 '지배'에 대한 인식관심을 보여주는 것이며, 그 한에서 법관의 법률적용은 지배의 실행이라는 성격을 갖게 된다.

(4) 법률적 삼단논법의 사회역사적 극복 법률적 삼단논법의 실증주의적 법인식론을 궁극적으로 해체하려면 그 삼단논법이 서양의 시민사회에서 설정한 정치적 프로그램을 이해하여야 한다.

1) 개인의 자유와 시민사회의 자율성 법률적 삼단논법이 터 잡은 19세기의 서양사회에서 실정법은 개인의 자유와 시민사회의 자율성을 이념으로[105] 하는 이성법을 텍스트화한 것이며[106] 근대법체계의 성립은

---

103 Althusser, "Ideologie und ideologische Staatsapparate", *Sozialstruktur und politische Systeme* (1976), 286쪽 아래 참조.

104 Rottleutner, "Zur Soziologie richterlichen Handelns (Ⅱ)", *KritJ* (1971), 60쪽 참조.

105 Ogorek, *Richterkönig oder Subsumtionsautomat?* (1986), 37쪽.

106 Haverkate, *Gewißheitsverluste im juristischen Denken* (1977), 33, 151쪽 참조.

바로 자유로운 시민사회의 성립을 뜻하는 것이었다. 법률적 삼단논법은 이러한 '근대시민사회를 지키려는 정치적 프로젝트'(계몽의 정치철학)의 법률적 표현이었다.[107] 그러한 정치적 프로젝트는 인류의 역사적 진보로 받아들일 수 있고, 처분해서는 안 된다.[108] 이 정치적 프로젝트는 법률적 삼단논법 이외에 법전을 제정하고,[109] 법관을 — 특히 개념법학의 법률해석학에 힘입어[110] — 그 법률에 구속시켜 법률을 말하는 입으로 위치지우고[111] 법관에 의한 의회의 입법권 찬탈을 막기 위해 법형성과 법해석을 엄격히 구분하는 방법론에 의해 뒷받침되었다.

바꿔 말해 법률적 삼단논법, 법관의 법률에의 엄격한 구속, 법률해석과 법형성의 구분은 시민사회에서 '법적 안정성'을 하나의 타부개념으로 만드는 것이었고 그 개념은 시민사회의 공리(개인의 자유와 재산의 보장)를 실천하는 정치적 프로젝트와 논리적으로 동일한 것이었다.[112]

2) 시대착오적 방법론 그러나 현대사회의 현실은 법률적 삼단논법, 개념법학적 법률해석론, 법형성과 법해석을 구분하는 방법론으로는 개인의 자유와 시민사회의 자율성이라는 근대시민사회의 정치적 프로젝트를 제대로 실현할 수가 없다. 사회의 복잡성이 생활세계의 (언어)규범으로 질서를 잡을 수 있는 수준을 넘어섰고, 법이 기초하는 가치체계도 통일성을 상실하고, 다원화되어 가고 있기 때문이다. 게다가 올바른 법의 이상도 의회의 법률제정만으로는 실현이 불가능하고, 사회현실과

---

107 Simon, *Die Unabjängigkeit des Richters* (1975), 68쪽.

108 이에 관해 Wesel, *Frühformen des Rechts* (1984); Habermas, "Wie ist Legitißmität durch Legalität möglich?" *KritJ* (1987), 3쪽 아래; 형법분야에서 같은 생각으로 Hassemer, "Rechtsphilosophie, Rechtswissenschaft, Rechtspolitik-am Beispiel des Strafrechts", *ARSP* (Beiheft 44, 1991), 13~143쪽 참조.

109 Ogorek, *Richterkönig oder Subsumtionsautomat?* (1986), 13쪽 아래 참조.

110 이처럼 개념법학은 비현실적인 법논리의 집합과 같은 부정적인 것이 아니라 법의 합리성을 높이고, 법학의 객관성과 학문성을 확립시킨 것이었다. 비슷하게 개념법학의 역사적 가치를 긍정하는 양천수, "개념법학: 형성, 철학적,정치적 기초, 영향", *법철학연구* (제10권 제1호, 2007), 233~258쪽.

111 Christensen, *Der Richter als Mund des sprechenden Textes* (1989), 50쪽 참조.

112 Lerche, "Stil, Methode, Ansicht", *DVBl* (1961), 692쪽 참조.

사안에 더 근접해 있는 국가기구나 민간단체에 의한 법형성(법다원주의 legal pluralism)을 필요로 한다.

다른 한편 한국사회에는 형이상학적 전통윤리를 내용으로 하는 법률이 여전히 남아 있고, 그런 법률이 법률적 삼단논법의 허구적인 이상대로 현실에 그대로 옮겨지고 실현되는 것은 근대시민사회의 정치적 프로젝트 실현에 오히려 방해가 되기도 한다. 게다가 형이상학적 전통윤리의 판단은 대개 직관(intuition)과 감정(feeling)에 의존하기 쉽다는 점에서도,[113] 법률적 삼단논법의 이상은 실현되기 어렵다.

Ⅲ. 법률해석-말놀이에의 구성적 참여

1. 말행위로서 법률적용

(1) 판결의 정치적 성격 법률적 삼단논법은 법률의 해석·적용의 현실적 모습이 아니라 단지 논리적 구조이며, 법률해석방법들은 해석을 성찰할 수 있게는 하지만 해석을 실질적으로 좌우하는 것이 아니라 이미 해석된 결과의 논증형태(Argumentationsformen)로만 기능할 수 있다. 법률텍스트의 해석도 모든 텍스트에 대한 해석은 '궁극적으로 분석해 보면 정치적이다'라는 제임슨(Jameson)의 생각[114]에서 비켜서지 못한다.[115] 여기서 '정치적'이라는 말은 이데올로기적이라든가 편파적이라는 말이 아니라, 넓은 의미의 정치적 요소, 즉 욕구충족의 기회분배와 관련한 다양한 요소들이 고려될 수밖에 없다는 점을 가리킨다. 즉 법률의 해석·적용에는 정치적, 경제적, 도덕적 판단이 모두 들어가게 되며,

---

113 이러한 점에 관해 이상돈, *형법의 근대성과 대화이론* (홍문사, 1994), 116~121쪽 참조.

114 F. Jameson, *The Political Unconscious* (Cornell University Press, 1981), 20쪽.

115 이와 같은 이해방식으로 J. Habermas, "Wie ist Legitimität durch Legalität möglich?", *KJ* (1987), 1~16쪽(장영민 역, "정당성과 합법성", *인하대 법정대학보* [1992], 76~93쪽) 참조.

이를 아우르는 넓은 의미로 법률의 해석·적용도 정치적이라고 말하는 것이다. 법률의 해석·적용을 이렇게 이해하면 법원의 판결은 다른 사람들의 광범위한 상호이해와 동의를 얻어야만 정당할 수 있게 되고, 판결은 동시에 그런 동의를 얻기 위한 소통적 행위로 이해되어야 한다.

(2) **말행위로서 판결** 그런 이해의 대표적인 방향은 판결을 법관의 말행위로 바라보는 것이다.

1) **법률해석의 규범적 말행위** 가령 법률해석은 다음과 같은 규범적 말행위(normativer Sprechtakt)[116]라고 볼 수 있다.

> ★ 법률해석의 말행위의 예시 "상대방으로 하여금 거래의 기초가 되는 사실에 관한 왜곡된 정보를 갖게 하는 것은 (형법 제347조 제1항의 사기죄의) 기망행위에 해당한다"고 보아야 마땅하며 그래서 내 말을 받는 모든 사람들이 이 점을 옳은(타당한) 것으로 받아들일 것을 요구한다.

이러한 규범적 말행위에는 이중적인 사회적 관계가 담겨져 있다. 즉 말하여지는 내용 자체는 일정한 사회적 관계의 질서모형을 설정하고, 말하는 행위는 말하는 사람과 말을 받는 사람 사이에 모종의 사회적 관계를 창설한다. 여기서 두 주체 사이의 사회적 관계란 말하는 사람이 자신의 말을 받는 사람에게 그 말의 내용을 승인할 것을 요구하고 말을 받는 사람은 그 말의 내용을 승인하지 않으면 안 되는가라는 점을 둘러싸고 펼쳐지는 긴장관계를 뜻한다. 이 긴장관계는 곧 법률텍스트의 의미를 둘러싼 투쟁이며, 이는 소송 안에 국한되지 않고, 널리 사회적인 비판과 토론의 의사소통적 상호작용으로 지속된다.

2) **사실확정의 규범적 말행위** 해석된 법률이 적용되는 사실의 확정도 법률해석과 마찬가지로 다음과 같은 법관의 규범적 말행위(Sprechakt)로 바라볼 수 있다.[117]

---

116 Alexy, *Theorie der juristischen Argumentation* (Suhrkamp, 1983), 145쪽; 이 책의 번역본으로는 박달현·변종필·최희수 역, *법적 논증이론* (고려대학교 출판부, 2007) 참조.

★ 사실확정의 말행위 "(판시된 사실과 같은) 사실이 존재한다"고 봄이 (규범적으로) 타당하며, 따라서 내 말을 받거나 듣는 모든 사람들도 이 점을 다 같이 인정할 것을 요구한다.

이렇게 사실확정도 단순한 사실확인적 말행위(Konstativa)가 아니라 타당성 획득을 지향하는 규범적 말행위로 보는 까닭은 다음과 같다. 첫째, 소송이라는 제도 안에서는 시간적, 공간적, 비용적 가용자원의 한계로 인해 실체로서 진실을 발견할 수 없고, 법관은 단지 수집 가능한 증거(정보)를 최대한 합리적으로 사용하여 과거의 사안을 재구성할 수 있을 뿐이다.[118] 둘째, 그렇기 때문에 법관은 그가 소송 안에서 재구성한 사실(사안)의 타당성에 대한 논거를 제시(예: 증거설명)하여 근거 지워야 하고, 셋째 그 근거지음이 성공적일 때 비로소 그 사실은 진실의 자격을 얻을 수 있다. 넷째, 법관의 근거지음의 성공 여부는 소송이 주장과 반대주장, 근거지음과 탄핵하기 등을 자유롭고 기회균등하게 할 수 있는 대화적 구조를 얼마나 갖추는가에 달려 있다. 이 한에서 법관의 사실확정은 규범적 말행위와 같다고 말할 수 있다. 다만 이 말행위의 타당성에 대한 대화는 삼심제의 한계 속에서 펼쳐지므로, 법관이 재구성한 사실의 타당성은 언제나 불완전한 것으로 남는다.

2. 법률해석과 말놀이 이론

법관의 법률해석을 말행위라고 보는 것은 언어가 지시하는 대상이 실체로서 존재한다고 보는 개념실재론과 유명론(Nominalismus)[119] 사이

---

117 알렉시(Alexy)는 법률해석에 관련해서만 규범적 말행위로 보고 있지만 나는 사실인정에 관련해서도 적용될 수 있다고 본다. 이 점에 관해서 자세한 것은 이상돈, "법관의 말행위와 올바른 법", *저스티스* (제25권 제2호, 1992), 155쪽 아래 참조.

118 Dencker, *Verwertungsverbote im Strafprozeß* (1977), 72쪽; Hassemer, *Einführung in die Grundlagen des Strafrechts* (C.H. Verlag, 1990), 153, 165, 239쪽 참조.

119 유명론자인 오캄(Ockham)은 실재 세계 속에 개념의 보편성(universality)에 대응하는 존재를 부정했다(이경희 역, *오캄 철학 선집* [간디서원, 2004] 참조).

에 위치하는 비트겐슈타인(Wittgenstein)의 언어이론을 인식론적 기초로 삼는다.

(1) 비트겐슈타인의 언어이론 여기서 말하는 비트겐슈타인의 언어이론은 1922년의 『논리철학논고』(Tractatus logico-philosophicus)에서 전개한 존재론적 언어이론(언어는 현실을 반영하는 거울과 같다)[120]이 아니라 그의 유고집 『철학적 탐구』(Philosophische Untersuchungen)에 담긴 1930년대 중반 이후의 언어이론, 즉 '화용론적 전환'(pragmatische Wende)이라고 불리는 언어이론을 가리킨다. 이 언어이론의 핵심내용은 다음(아래 1)~3))과 같다.

1) 말놀이와 삶의 형식 존재가 언어에 앞서 있는 것이 아니라 언어가 존재에 앞서 있다. '세계는 언어적 서술 속에서야 비로소 우리 앞에 자기모습을 드러낼 수 있다'(언어의 세계 개시開示성). 사람들은 다양한 삶의 맥락 속에 있는 고유한 규칙들에 따라 언어기호를 사용한다. 그런 의미에서 언어는 '삶의 형식'(Lebensform)을 구성하는 한 부분이 된다. 인간의 행동과 결합되는 언어의 사용형식도 삶의 형식의 숫자만큼[121] 존재한다. 이처럼 각각의 삶의 형식에 고유한 언어사용이 바로 '말놀이'[122](Sprachspiel)이다. 말놀이란 언어의 사용이 마치 '놀이'와 같은 규칙을 갖는다는 점을 표현해준다. 언어기호는 존재론적 실체와 필연적 관련을 갖는 것이 아니며, 언어사용규칙은 그저 사람들이 그렇게 서로

---

120 L. Wittgenstein, *Tractatus logico-philosophicus* (Suhrkamp, 1963); 이 책에 나타나는 초기언어이론과 실무법조인들의 언어관과의 유사성에 관하여는 Roellecke, "Grundfragen der juristischen Methodenlehre und die Spätphilosophie Ludwig Wittgensteins", *Festschrift für Gebhard Müller* (J.C.B. Mohr, 1970), 330쪽 아래 참조.

121 삶의 형식이 인간의 삶을 통해 구현되는 것이 삶의 '양식'이며, 삶의 양식은 셀 수 없이 많은 반면, 삶의 형식은 "단일한 종으로서 인간의 공통된 것"으로 보는 안성조, "삶의 형식과 법의 지배", *법철학연구* (제16권 제1호, 2013), 7쪽 아래 참조. 이 견해는 삶의 형식을 개념실재론에 접근시킴으로써 비트겐슈타인의 사용이론과 어느 정도 거리를 둔 것으로 볼 수 있다.

122 L. Wittgenstein, *Philosophische Untersuchungen* (1953) (Suhrkamp, 2003), §7.

같은 방식으로 사용하고 있을 뿐임을 보여준다. 야구경기의 규칙이 어떠한 심오한 존재론적 근거 때문이 아니라 그저 그렇게 정해졌을 뿐인 것과 같다. 이런 언어이론에 의하면 단어의 의미는 사람들이 그 단어를 같은 방식으로 규칙적으로 사용할 때 형성된다. 즉, "한 단어의 의미는 언어 속에서의 그것의 사용"[123]인 것이다. 사람들이 언어기호를 사용해 의사소통할 수 있는 것은 그 언어에 이전에 형성된 규칙이 들어 있기 때문이며, 우리가 말을 배운다는 것은 그렇게 형성된 말놀이의 규칙(즉 삶의 형식)을 배우는 사회화과정이다.

2) 말놀이의 개방성과 구속성 말놀이의 규칙은 고정되어 있지 않다. 한 언어기호를 사용하는 사람이라고 해도, 그 구체적 사용에 관한 확고부동하며 정밀한 규칙을 확인할 수는 없다.[124] 말놀이란 개념은 그저 사람들의 언어사용에는 일정한 규칙이 있다는 점을 말해줄 뿐이다. 그리고 그 규칙들이 삶의 형식과 맞물려 있는 것으로서 삶의 형식의 변화에 따라 함께 변화하게 된다.[125] 그렇다고 언어사용이 사람들의 의지적 요소에 의해 일방적으로 결정된다는 것은 아니다.[126] 언어사용주체의 의지작용은 이미 물려받은 말놀이의 규칙성과 삶의 형식에 일방적으로 제약만 받는 것은 아니지만, 그렇다고 그것들을 단순히 무시할 수도 없다. 한 개인은 사람들이 이제껏 해온 말놀이의 지평 속에서 그 말놀이를 조금씩 서서히 변화시키는 실천을 할 수 있고, 그 실천이 모

123 L. Wittgenstein, *Philosophische Untersuchungen* (1953) (Suhrkamp, 2003), §43.

124 그런 점에서 언어사용규칙이 마치 사람들 사이에 맺어진 계약서처럼 누구나 그 내용을 똑같이 확정할 수 있다고 믿는 언어약관주의(Konventionalismus)는 바로 이 점을 간과하고 있다.

125 L. Wittgenstein, *Philosophische Untersuchungen* (1953) (Suhrkamp, 2003), §§19, 23, 241 참조.

126 그런 점에서 단어의 의미결정에서 언어사용주체의 의지적 요소를 결정적인 요소로 바라본 지향주의적 의미이론(intentionalistische Semantiktheorie)은 잘못된 것이다. 이러한 언어이론의 바탕에서 법률적용이론을 전개하는 대표적인 예로 E. Baden, *Gesetzgebung und Gesetzesanwendung im Kommunikationsprozeß* (Nomos, 1977); R. Hegenbarth, *Juristische Hermeneutik und linguistische Pragmatik* (Athenäum, 1982) 참조.

아져 새로운 말놀이가 형성되어 간다.

3) 말놀이의 가족유사성 어느 대상에 한 단어를 귀속시키는 말놀이의 규칙이 있다는 말은, 다르면서도 같은 무언가가 존재한다는 뜻이다. 그것을 비트겐슈타인은 (한 가족의 구성원들이 동일하지 않음에도 불구하고 어떤 유사점이 발견된다는 뜻에서) "가족유사성"(Familienähnlichkeit)이라고 부른다.[127] 즉, 어떤 단어가 지시하고 있는 대상들 사이에는 (닮았지만 결코 같지는 않은) 가족유사성이 존재한다는 것이다. 예컨대 사과의 모양은 다 다르지만 사과들 사이에는 (가족에서 발견되는 것과 같은) 유사성이 있기 때문에 그 모든 것들을 그 차이에도 불구하고 '사과'라고 부르는 것이다.

(2) 법률단어의 의미 규범적 관점이 들어간다는 특성이 있으나 법률해석도 어디까지는 법률의 언어기호를 사용하는 것이기 때문에 비트겐슈타인의 언어이론을 응용해 볼 수 있다.

1) 연역적 사고의 부정 비트겐슈타인의 이론에 따른다면, (법률)언어와 그 지시대상 사이에는 어떠한 존재론적 연관성도 없으며, 그저 그 (법률)언어를 사용하는 사람들 사이에 마치 놀이를 하는 것처럼 일정한 규칙이 존재할 뿐이다. 법률말놀이에 참여하는 사람들의 총집합을 '법적 의사소통공동체'라고 부른다면[128] 법률단어의 의미는 그것이 법적 의사소통공동체 속에서 사용됨으로써 비로소 형성된다.[129] 법률단어의 개념(적용대상들에 공통되어 있는 속성)을 먼저 찾고 그 개념이 지시해주

127 L. Wittgenstein, *Philosophische Untersuchungen* (1953) (Suhrkamp, 2003), §67.

128 말놀이의 규칙을 따르는 것은 공동체를 전제로 하는 것이지, 어떤 실재론적 지시관계가 존재하거나 슈퍼크루소도 가능하지 않다는 설명으로 권경휘, "법해석론에 있어서 언어철학의 잘못된 적용에 대한 비판: 후기 비트겐슈타인의 관점에서", *법철학연구* (제16권 제1호, 2013), 62쪽 아래; "비트겐슈타인의 규칙-따르기 고찰과 법이론", *법철학연구* (제10권 제1호, 2007), 343~374쪽 참조.

129 비슷한 생각의 U. Schroth, *Theorie und Praxis subjektiver Auslegung im Strafrecht* (Duncker & Humblot 1983), 16쪽 아래; R. Christensen, *Was heißt Gesetzesbindung?* (Duncker & Humblot, 1989), 272쪽 참조.

는 구체적 대상들을 확정하는 (의미론적 삼각형의) 법률가들의 연역적 사고는 지양되고, 사람들이 법률단어를 사용한 범위(=외연)가 그 법률단어의 개념(의미)을 규정하게 된다.[130] 이 한에서 법률단어의 의미는 귀납적 추론을 통해 정해진다고 볼 수 있다.[131]

2) 법률언어의 명확성　'법률언어의 명확성'도 종래의 이해처럼 '언어기호 자체에 내재해 있는 속성'이 아니라 많은 사람들이 같은 방식으로 그 법률언어를 사용할수록 커지는 동적인 개념이 된다. 법률언어의 모호성은 입법자가 모호한 언어기호를 사용했기 때문이 아니라 그 언어의 사용방식에 대하여 사람들의 생각이 일치하지 않기 때문에 발생한다.

㈎ 명확성의 동적 개념　'사람'처럼 명확해 보이는 서술적 개념을 선택했다 하더라도, 가령 생명공학기술의 발달에 따라(즉, 삶의 형식변화에 따라) 반인반수가 출현하게 된다면 '사람'이라는 개념의 사용규칙은 극도로 불분명해진다. 반대로 '위험한 물건'과 같은 규범적 개념도 사람들이 그 개념에 대한 높은 수준의 합의를 이루고 있다면 얼마든지 명확한 개념이 될 수 있다. 요컨대 법률언어의 유형적 선택은 법률언어의 명확성을 보장해주지 못한다. 법률언어의 명확성은 그 언어의 사용이 누적되고, 사람들이 그 사용방식을 수용함으로써 생성되는 것이다.

㈏ 헌법재판에서 명확성원칙　헌법재판소는 명확성원칙을 일반인이 이해 가능한 언어로 법률텍스트를 구성하여야 한다는 원칙(일반적 이해가능성 Allgemeinverständlichkeit)으로 이해한다.[132]

예를 들어 헌법재판소는 단체협약위반죄(구 노동조합법 제46조의3)에서

---

130 이런 결론은 비트겐슈타인이 말하는 말놀이가 단어(언어기호)의 개념(내포)과 외연의 구분이라는 이원론을 넘어서 있는 것임을 일단 제쳐 놓고서 한 말이다.

131 법학방법의 합리성 확보를 위해서는 연역적 추론이 아니라 귀납적 추론, 원리론(Dogmatic)이 아니라 결의론(Casuistic)적 사고가 요구된다고 보는 김현철, "법적 추론에 대한 법이론적 고찰", *법과 사회* (제30권, 2006), 99쪽 참조.

132 이 점에 대한 분석과 비판으로 이상돈, *헌법재판과 형법정책* (고려대학교 출판부, 2005) 참조.

"단체협약"이 사업장에서 개별적으로 체결되므로 일반적 이해가능성이 없다고 보거나(憲裁決 96헌가20) 부실감사죄(주식회사의 외부감사에 관한 법률 제20조 제2항 제2호)의 "감사보고서에 기재하여야 할 사항"의 문언이 금감위가 정립하는 회계감사기준에 의해 정해진다는 점에서 일반적 이해가능성이 없다고 보고 명확성 원칙에 위배된다고 보았다(憲裁決 2002헌가20, 2002헌가21[병합]).

그러나 복잡한 사회현실을 규율하는 현대사회의 법률은 일반적 이해가능성이 있는 언어로만 제정될 수 없다. 또한 사용이론의 관점에서 볼 때 법률언어의 사용을 통해 그 법률언어의 사용규칙(Gebrauchregeln)이 정립되기 전에는 일반적 이해가능성도 존재할 수가 없다. 법률언어의 사용규칙은 헌법상 위임입법뿐만 아니라 그 밖의 규범(예: 고시, 위임 없는 행정부령의 제정)에 의해서도 정립될 수 있고, 또한 그렇게 전문적으로 형성되는 수많은 (구체적) 법규범의 명확성은 시민들에게 그 규범들을 정보화시키는 특수한 '기술적 의사소통의 메커니즘(Kommunikationstechnologien)[133](예: 매스컴의 판결보도나 정당, 각종 사회단체의 홍보활동, 기업의 연수프로그램)의 기능에 의해 더 커지게 된다.[134]

3) 법적 의사소통공동체와 법관 법적 의사소통공동체는 법률단어의 사용주체뿐만 아니라 그 단어의 사용에 이해관계를 가지는 모든 사람으로 구성된다. 검사, 판사, 변호사, 법학자뿐만 아니라 일반시민 모두가 법률말놀이의 주체이다. 그러나 법률말놀이를 관리하는 '제도적 주체'는 궁극적으로는 법관이다. 법관에게는 법률단어의 의미, 즉 법률말놀이의 규칙을 확정지을 수 있는 권한이 헌법에 의해 보장되어 있기 때문이다(헌법 제101조 제1항, 제103조). 따라서 법관의 법률텍스트 해석은 그 텍스트의 언어적 효력범위를 구성한다.

하지만 법률말놀이의 다른 참여자가 수행하는 역할이 법관에 비해

---

133 W. Hassemer · Hart-Hönig, "Generalprävention im Straßeverkehr," W. Hassemer 편, *Sozialwissenschaft im Strafrecht* (1984), 230쪽 아래 참조.

134 이상돈, *형법의 근대성과 대화이론* (홍문사, 1994), 141쪽 아래 참조.

부차적인 것만은 아니다. 다른 참여자들이 법관의 법률단어사용방식에 따르지 않는다면 그것은 말'놀이'가 될 수 없다. 놀이는 혼자 하는 것이 아니라 '함께' 하는 것이기 때문이다. 따라서 법관은 법률단어를 사용할 때 언제나 다른 사람들이 그 사용방식에 대해 공감하고 기꺼이 같은 방식으로 사용할 것인가에—바꿔 말하면 상호주관성 또는 규범적 상호이해가능성에—대한 성찰을 하지 않으면 안 된다.[135] 그렇다면 법관은 자신이 설정한 놀이규칙을 법적 의사소통공동체에 설득력 있게 설명하고 납득시키려고 노력해야 하며, 그것을 단순히 선언하거나 근거 없이 강변하려고 해서는 안 된다. 법원은 겸허한 자세로 자신의 판결에 대한 충분한 근거를 시민 앞에 내놓아야 한다.[136]

(3) 법률말놀이에의 구성적 참여로서 법률해석 그렇다면 법률말놀이의 제도적 주체인 법관은 어떻게 법률단어를 사용할 수 있는가? 먼저 일상언어에는 일정한 사용규칙이 있지만, 그 경계선이 모호하고, 때로는 사용규칙이 예비하지 못했던 상황들도 있다.[137] 이런 불명확성은 언어가 법률언어로 사용될 때 다시 한 번 반복된다. 일상언어의 규칙이 명확한 경우에도 법률언어가 처음 공포된 경우에는 기존의 말놀이 규칙이 없다.[138] 물론 그 법률언어에도 일상언어로서 사용규칙은 있겠지만, 그것은 법률언어로서는 그 경계선이 매우 불명확하다. 일상언어적 의미는 참고자료가 될 뿐이다. 그러므로 법률말놀이는 주어져 있는 것

135 그런 점에서 하버마스는 사법부가 자신의 견해를 비판적 토론 속에서 정당화해야 하는 의무를 지니며, 이를 위해서는 전문가 문화를 넘어서서 신중하게 법원의 중요 결정들을 토론하는 '**법적 공론장**'(Rehctsöffentlichkeit)의 제도화가 필요하다고 말한다. J. Habermas, *Faktizität und Geltung* (Suhrkamp, 1992), 530쪽 참조.

136 민주주의사회에서 "법원이 시민 앞에 나서지 않으려고 하는 태도는 결코 찬성할 수 없"는 것이라고 보는 N. MacCormick · R. S. Summers(박정훈 역), "해석과 정당화(下)", *법철학연구* (제6권 제1호, 2003), 353쪽 참조.

137 이 두 가지를 비트겐슈타인의 언어이론에서 남는 두 가지 모호성으로 설명하는 권경휘, "비트겐슈타인의 규칙-따르기 고찰과 법이론", *법철학연구* (제10권 제1호, 2007), 370~372쪽 참조.

138 이것은 법언어가 '일상적 전문언어'이기 때문이다. 이에 대한 자세한 설명은 이상돈, *법이론 제3판* (세창출판사, 2005), 187쪽 아래 참조.

이 아니라, 법관이 판결로써 만들어 가야 하는 것이다.

1) 말놀이 참여 그러나 판례를 통해 어떤 법률단어의 사용규칙이 일단 정해진 경우에 법관들은 그 말놀이 규칙을 존중하면서, 새로운 사건에다 그 법률단어를 적용할 수 있게 된다. 선례구속의 원칙이나 하급심의 대법원판례존중(기속력[139]) 등은 기존의 법률말놀이규칙에 따라 법관들이 법률단어를 사용한다는 것, 즉 "규칙 따르기"[140]를 뜻한다. 이러한 맥락에서 보면 법관의 법률해석은 그 이전의 법관들이 판결을 통하여 형성해놓은 법률말놀이에 '참여'하는 것이라 할 수 있다.[141]

2) 말놀이의 창설 법관은 "양심에 따라" 자신이 참여하는 법률말놀이가 다른 사람들의 진정한 이해를 얻지 못한다고 판단되면 새로운 말놀이(의 규칙)를 설정해야만 한다.

(가) 상호이해지향성을 향한 창설 예컨대 대법원의 전원합의체에 의한 판례변경은 새로운 말놀이(의 규칙)의 창설을 제도화한 것이다. 물론 판례변경이 그 이전의 법률말놀이가 반드시 잘못되었음을 뜻하는 것은 아니다. 사람들의 '삶의 형식' 변화에 따라 이전에는 타당했던 법률말놀이의 규칙이 변하는 것은 자연스러운 일이기 때문이다. 또한 법관은 삶의 현실이 변하지 않았음에도 새로운 법률말놀이를 제시하여 현실의 변화(법을 통한 사회의 형성)를 도모하기도 한다. 특히 기존의 법률말놀이가 정당하지 않다는 판단이 설 때에는 더욱 그러하다. 이처럼 법관은 법률해석을 통해 기존의 법률말놀이를 새롭게 '변경'할 수 있다.[142]

---

139 법원조직법 제8조(상급심재판의 기속력) 상급법원의 재판에 있어서의 판단은 당해 사건에 관하여 하급심을 기속한다.

140 이를 언어사용의 규칙에 따르는 것으로 표현할 수도 있다. 이에 관해 안성조, "형법의 해석과 적용에 있어서 규칙따르기(Rule−Following) 논변의 의의", *경찰법연구* (제4권 제1호, 2006), 80~121쪽 참조.

141 그런 점에서 종래의 사법연수원의 교육은 바로 이런 참여능력을 키우는 데에만 너무 편향되어 있는 점이 문제이다.

142 이러한 나의 법률말놀이 구성 이론과 비슷하게 비트겐슈타인의 삶의 형식을 "확장된 의미의 삶의 형식"으로 재해석하여 법의 지배를 설명하는 안성조, "삶의 형식과 법의 지배", *법철학연구* (제16권 제1호, 2013), 7~42쪽 참조.

법관의 법률해석은 법률말놀이를 창설하고, 창설된 법률말놀이에 참여하고 끊임없이 새롭게 변경해나가는 행위이다. 즉, 법관의 법률해석은 "법률말놀이에의 구성적 참여"이다. 법관은 자신의 판결로써 (새롭게) 전개되는 법률말놀이가 법적 의사소통공동체의 모든 구성원들의 진정한 동의를 이끌어 낼 것이라는 (규범적 상호이해가능성에 대한) 희망과 함께 법률말놀이에 참여해야 한다.[143]

(나) **법관의 법률구속의 재해석** 법률해석이 법률말놀이의 구성적 참여라면 법관의 법률구속(헌법 제103조)의 의미도 달라질 수밖에 없다. 법률말놀이의 이론에 의하면 법관은 한편으로는 자신이 사용규칙을 정할 수 있는 권한을 부여받지만, 다른 한편 그 결정은 항상 법적 의사소통공동체에 납득 가능한 해석을 제시하고 동의를 구해야 한다는 것이다. 결국 법관의 법률구속은 법률말놀이의 상호주관성을 실현하려는 법관들의 '직업에토스'(Berufsethos)에 달려 있게 된다. 상호이해가능성이 있는 법률말놀이에 지향된다는 점에서는 법관의 법률구속은 타자구속의 성격을 띠지만 그 말놀이의 규칙을 스스로 정립한다는 점에서는 자기구속이 된다. 그러므로 법관의 법률구속은 '자율적인 타자구속'이라고 할 수 있다. 헌법 제103조가 법관은 "헌법과 법률에 따라 독립하여 심판한다"고 규정하지 않고 "헌법과 법률에 의하여 그 양심에 따라 독립하여 심판한다"고 규정하는 점도 이러한 해석을 뒷받침한다.[144]

(4) **법률말놀이의 민주성문제** 법관의 법률말놀이는 지나치게 비민주적인 이론이라는 의문이 들 여지가 있다.

1) 비민주적인 민주적 법적 통제의 패러독스 법률말놀이가 법적 의

---

143 그런 점에서 법관은 법률을 '인식'하는 것이 아니라 '해석'한다는 점을 인정하고, 자신이 해석한 방법을 가능한 한 명확하고 솔직하게 표현해야 한다. N. MacCormick · R. S. Summers(박정훈 역), "해석과 정당화(下)", *법철학연구* (제6권 제1호, 2003), 353쪽 참조.

144 독일 기본법 제20조는 "입법은 헌법질서에 그리고 행정권력과 사법은 법률과 법에 구속된다"라고 규정하고 있는데 여기서 '법'이라는 것도 바로 법률말놀이의 상호주관성(에 대한 성찰의무)을 가리키는 것으로 해석할 수 있다.

사소통공동체에 기반한다는 것은 그 놀이의 '민주성'을 말하는 듯하지만, 다른 한편 '자율적 타자구속'이라는 말로 법관에게 사실상 그 해석 권한을 위임해 버리는 것은 오히려 비민주적인 것으로 비춰질 수 있다. 더 나아가 법관을 국민의 대표가 만든 법률에 구속시키는 문제(법관의 법률구속)에서조차, 강제 수단이 아닌 '직업에토스'에 의존시킨다는 것은 효율적인 통제가 될 수 없다고 생각할 수도 있다.[145]

하지만 법률말놀이의 민주화가 반드시 시민의 사법참여(예: 배심제)나 법관의 국민선거, 그리고 평판사의 대표조직에 의한 법원행정 등과 같은 제도의 도입으로 연결되어야 하는 것은 아니다. 그런 점에서 법률말놀이는 어느 정도 '비민주적'일 수밖에 없다. 하지만 이런 의미의 비민주성이 반드시 비이성적인 것만은 아니다. 현대사회에서는 법의 기능과 임무에 대한 전문적인 이해 없이 시민사회의 여론만으로 복잡한 사회문제를 이성적으로 해결하기 어렵기 때문이다. 더욱이 현대사회에서 일반시민들은 점점 더 강하게 이익집단이 되어 가고 있다. 이런 상황에서는 이성적인 전문가집단에게 이성적인 말놀이를 기대할 수밖에 없다. 그런 점에서 포들레히(Podlech)가 말하는 "불가피하게 비민주적인 민주적 법적 통제의 패러독스"[146] 또는 퍼트남(Putnam)이 말하는 (법률전문가와 일빈시민 사이의) "언어적 분업"(Sprachliche Arbeitsteilung)[147]은 현대사회에서 불가피하다.

2) 사법부와 법적 공론장의 이원구조 따라서 시민들의 법적 실천은

145 김대휘, "형법해석의 한계와 법방법론", *법철학연구* (제1권, 1998), 389쪽; 김영환, "형법상 해석과 유추의 한계: 이상돈 교수의 반론에 대하여", *저스티스* (제30권 1호, 1997), 81쪽.

146 A. Podlech, "Die juristische Fachsprache und die Umgangssprache", J.S. Petöfi · A. Podlech · E.v. Savigny, *Fachsprache–Umgangssprache, Scriptor* (1975), 180쪽 참조.

147 Putnam의 언어적 분업의 개념은 언어기호의 외연(Extension)에 국한되어 있다. 그리고 이 명제와 뒤에서 설명할 법률해석의 해석학적 구조의 등가적 관계에 대하여 흥미있는 설명으로 Wittmann, "Die Signifikanz der Sprachphilosophie H. Putnams für die Semantik der Rechtssprache", *ARSP* (1986), 369쪽 아래, 376쪽 참조.

어느 정도 자기제한(Selbstbegrenzung)[148]이 필요하다. 여기서 '공식적인 영역'(행정권력)'과 그를 둘러싼 '비공식적 영역'(시민사회와 공론장)의 이원구조를 설정하고, 그 두 영역이 각각 자기 역할을 하면서 적절한 경계를 유지해야 한다고 보는 하버마스(Habermas)의 공론장이론[149]은 사법부와 법적 공론장의 이원구조로 응용할 수 있다. 즉 법적 의사소통 공동체의 중심에 법률가집단을 상정하고, 그 주위를 일반시민들의 공론이 이를 감시하고 비판하는 형태의 '이원구조'를 설정하고, 그 두 영역이 각각 자기 역할을 하면서 적절한 경계를 유지하는 것이다. 물론 이를 위해서는 ① 법률언어를 일상언어와 관계없는 용어로 만들어내는 방식이 아니라, 일상언어를 특수화하는 방식으로 형성해야 하고,[150] ② 법률가집단 자체가 자유로운 대화공동체로 짜여야 하며, ③ 시민사회가 법률가들의 법률말놀이를 적절하게 감시하고 비판할 수 있어야 한다.

3. 법률해석의 해석학적 구조

그러면 법관은 법률말놀이를 어떠한 방식으로 구성하는가? 이 물음에 답을 주는 것이 법해석학(Juristische Hermeneutik)[151]이다.

(1) 법해석학의 핵심내용 법해석학의 대표적인 법철학자 카우프만(Kaufmann)은 '법이란 당위와 존재의 상응'이며, 법해석은 법규범과 생

148 하버마스는 코헨과 아라토의 견해(J. Cohen · A. Arato, *Civil Society and Political Theory* [The MIT Press, 1994])를 참조하여 시민사회와 공론장에서 기인하는 급진민주주의적 실천의 '자기제한'(Selbstbegrenzung)이 구조적으로 필수적이라고 보는데, 이것은 시민들의 법적 실천의 문제에서도 동일하게 적용될 수 있을 것이다. J. Habermas, *Faktizität und Geltung* (Suhrkamp, 1992), 449쪽 참조.

149 이에 대해서는 J. Habermas, *Faktizität und Geltung* (Suhrkamp, 1992), 제8장 참조.

150 예컨대 일상적으로 사용하지 않는 일본법률언어는 한국의 법률말놀이의 출발점이 되어서는 안된다. 2002년 민사소송법 개정은 이런 원칙을 수용한 중요한 출발점이다.

151 법해석학은 독일에서 1960~70년대에 융성한 방법론이다. 이 분야의 대표적인 문헌으로 Arthur Kaufmann, *Rechtsphilosophie im Wandel* (1972); Esser, *Vorverständnis und Methodenwahl* (1972); Kriele, *Theorie der Rechtsgewinnung* (1976); Müller, *Juristische Methodik* (1976); 독일 법해석학과 국내 수용사를 상세히 다룬 양천수, *법해석학* (한국문화사, 2017) 참조.

활사안을 상응관계(Entspreching)[152]에 넣는 것임을 밝혀냈다.

1) 규범과 사안의 상호수렴 이런 법철학적 인식의 발전에 힘입어 성장한 해석학적 법이론[153]에 의하면 법률해석이란 다음과 같은 '사안을 통한 규범구체화'와 '규범을 통한 사안구성'이 '동시적으로' 그리고 '단계적으로' 이루어지는 과정이다.[154]

- **사안을 통한 규범구체화** 법률의 해석은 그 법률이 적용될 사안(포섭사안)(의 집합)을 확정하기 이전에 또는 그와 무관하게 이루어지는 것이 아니다. 법률의 규범적 내용은 일정한 평가관점에서 그 법률이 적용되어야 할 사안들(의 집합)을 정함으로써 비로소 구체화된다.
- **규범을 통한 사안구성** 법률이 적용될 사안은 그 법률을 해석하기 이전에 이미 주어져 있지 않다. 한 외부세계의 사건(Geschehen)들이 갖고 있는 수많은 정보들을 일정한 (법적) 평가관점에서 선별하고 구조화함으로써 그 사건은 한 법률이 적용될 '법적 사안'(Sachverhalt)이 된다.

2) 법률해석과 선이해 법률해석은 "법률과 사안의 해석학적 순환"인데, 이때의 순환은 폐쇄회로를 도는 순환이 아니라 나선형적 순환(spirales Zirkel)[155]이라고 표현된다. 외부세계의 사건을 평가하는 법규범은 바로 그 작업에 의해 비로소 구체화될 법규범이 아니라 법률적용자의 '일정한 평가관점'에 의해 잠정적으로 표상한 (법)규범이다. 이렇게 '잠정적으로' 선별 및 구조화된 사안이 그 법률이 적용되어야 마땅한 사안인가, 즉 그 사안에 의해 그 법률텍스트의 규범언어적 효력범위

---

152 A. Kaufmann, *Analogie und Natur der Sache* (1982), 38쪽. 이는 일찍이 Engisch가 "법률규범과 생활사안 사이에 시각의 왕래"(Engisch, *Logische Studien zur Gesetzesanwendung* [1963], 15쪽)라고 표현한 것의 법철학적 해석이라고 할 수 있다.

153 해석학적 법이론의 핵심내용을 가장 분명한 언어로 보여주는 Hassemer, "Juristische Hermeneutik", *ARSP* (1986), 195쪽 아래 참조.

154 이를 "법률(구성요건)과 사안이 동시성의 카테고리 속에서 서로를 향해 발전하는 것"(Hassemer, *Tatbestand und typus* [1968], 108쪽)이라고도 표현한다.

155 Hassemer, 앞의 책, 107쪽.

(규범영역)[156]가 구체화되어야 마땅한가 하는 점은 다시 법률적용자의 '일정한 평가관점'에 따라 정해진다. 여기서 일정한 평가관점을 선이해(Vorverständnis)라고 부른다. 선이해를 구성하는 다양한 정보들은 사안이나 법률에 담겨 있는 정보가 아니고, 다음과 같은 것들이다.

- **개인적인 의미기대** 법률해석자 자신의 삶의 역사 속에서 갖게 된 가치체계나 정서체계를 바탕으로 해석대상에서 기대하는 일정한 의미
- **사회역사적 의미기대** 법률해석자가 놓여 있는 역사적, 사회적 및 문화적 맥락의 특정한 영향에 의해 법률해석자가 해석대상에게 기대하는 일정한 의미
- **전문직업적 의미기대** 법률해석자가 법률가로 양성되는 직업적 사회화 과정에서 특정한 법지식을 학습함으로써 해석대상에게 기대하게 되는 일정한 의미

사안을 통한 규범구체화와 규범을 통한 사안구성이 동시적이며 단계적으로 진행할 수 있는 것은 바로 이러한 선이해의 개입에 의한 것이다. 그런데 해석자의 경험은 시간이 흐르면서 새로워지고, 사회역사적 맥락도 변하며 직업적 사회화의 경험도 변하기 마련이다. 그래서 해석자의 선이해는 시간에 열려 있는 것이며, 법률해석은 과거에 형성된 선이해에 의해 재생산되면서도 시간의 흐름 속에서 새로이 형성된 선이해에 의해 지속적으로 조금씩 변화되어 간다. 그렇기에 법률해석은 순환하면서도 앞으로 나아가는 나선형()의 모습을 띤다.[157]

---

156 뮐러(Müller)는 이를 규범영역(Normbereich)라고 부르고 있다(Müller, 앞의 책 참조).

157 코흐(Koch)는 규범과 사안 사이의 순환이란 철학적 해석학의 거목인 가다머(Gadamer)가 말하는(Gadamer, *Wahrheit und Methode* [1986], 270쪽) 해석학적 순환가 아니라고 비판한다. 그 이유는 가다머가 말하는 순환은 이해주체와 이해대상 사이의 순환인데 규범과 사안은 이해대상들 사이의 순환이기 때문이라 한다(Koch, "Die Begründung von Grundrechts-interpretation", *EuGRZ* [1987], 351쪽). 그러나 법해석학에서 말하는 법률과 사안 사이의 해석학적 순환은 좀 엄밀하게 말하면 법률과 사안의 상응성(상호수렴성)과 그것을 인식하는 주체인 법률해석자(법관) 사이의 순환을 가리키는 것이다.

(2) **법률해석의 해석학적 구조** 그러면 법관은 어떻게 '법률과 사안의 나선형적 순환에 올바르게 들어'갈 수 있을 것인가, 다시 말해 법관은 법률해석의 말놀이에 어떻게 참여할 수 있을 것인가? 아래서는 법해석학에 의거하여 법관이 법률과 사안의 나선형적 순환에 올바르게 들어가는 방법의 대강을 설명하기로 한다.[158]

1) 보통사안의 안내기능 법률을 해석할 때 법관은 제일 먼저 그 법률텍스트를 일상언어라고 생각하고 그 언어에 대해 사람들이 하고 있는 말놀이의 규칙을 확인함으로써 그 법률텍스트가 적용될 사안이 어떤 것들인지를 '안내' 받아야 한다. 법전문가가 아닌 보통사람들이 보기에 그 법률이 적용된다는 점에 의심이 없는 사안을 '보통사안'(Normalfall)[159]이라고 부른다.

> 일반인이 평균적인 일상언어적 감각으로 형법 제347조 제1항(사기죄)의 텍스트("사람을 기망하여 재물을 교부받거나 재산상의 이익을 취득한 자")를 이해한다면 가령 10만원짜리의 샤갈그림 프린트를 500만원 상당의 리토그라피(석판화)라고 속여 다른 사람에게 판 사건은 제347조의 보통사안이라고 볼 수 있다.

이처럼 법관이 법률텍스트의 일상언어적 의미(보통사안)를 법률해석의 출발점으로 삼음으로써 보통사람들이 일상언어를 통해 인지하는 규범을 고려하게 되고, 그 법률에 관한 사회의 규범적 상호이해(normative

158 이렇게 이해된 법해석학은 법관의 말행위에서 어떤 점에 대해 논증을 해야 하는지를 밝히는 논증이론(Argumentationstheorie)으로 발전하게 된다.

159 ★ 보통사안과 하트의 표준사안의 차이 보통사안이란 개념은 하프트의 "Normalfall"에서 유래한다. 이에 대해서는 F. Haft, *Juristische Rhetorik* (Verlag Karl Alber, 1985), 69, 70쪽; '**표준사안**'이라는 하트(H.L.A. Hart)의 개념도 이와 같은 의미이다. 하트(장영민 역), "실증주의와 법·도덕 구별론", *법철학연구* (제8권 제1호, 2005), 285~302쪽 참조. 물론 하트의 개념은 '실증주의적인' 법해석의 이론을 대변한다는 점에 주의를 요한다. 즉 보통사안이나 표준사안과 그 밖의 사안들 사이를 구분하고, 보통사안(또는 그와 내적으로 연결되어 있는 주변부의 사안들)에 대해서만 법률을 적용해야 하며, 이는 그런 적용을 정당화하는 규칙, 즉 법적 규칙(legal rule)만이 사회적으로 승인된 규칙으로서 효력이 있기 때문이라고 보는 관점이 바로 실증주의적인 법인식이다.

Verständigung)를 촉진하게 된다. 이는 또한 법관이 법률해석에서 일반 사람들에게 대화적인 태도를 취하는 것이기도 하다. 물론 보통사안에 대한 판단 역시 법관의 언어적 감수성이나 가치평가에 따라 변화할 수 있다.[160] 그런 점에서 보통사안은 법률텍스트의 단지 잠정적인 의미(prima-facie-Bedeutung)라고만 보아야 한다.

2) 유사성 창출로서 법률해석 보통사안이 확정되고 나면 문제가 된 사안과 그 보통사안 사이의 (가족)유사성을 판단함으로써 법관은 기존의 (법률)말놀이에 참여하거나 새롭게 구성하게 된다.[161]

㈎ 유사성 판단 예를 들어 '가짜 골동품을 진짜라고 속인 경우', '정상가격으로 팔면서 세일이라고 표시한 경우(大判 91도2994)', '할인어음이 지급기일에 결제되지 않을 것임을 알면서도 고지하지 않고 할인받아 간 경우'(大判 84도1461) 등을 형법 제347조 제1항의 법률문언에 포섭할 수 있는 것은 이들 사안이 '동일'해서가 아니라, '가족유사성'이 있기 때문이다.

모든 사안은 그 자체로서 하나의 작은 우주라고 부를 수 있을 만큼 무수히 많은 데이터를 갖고 있기 때문에,[162] 어떤 두 개의 사안도 모든 데이터가 같을 수는 없다. 그런 점에서 사안들 사이에는 유사성만 말할 수 있을 뿐 '동일성'은 말할 수 없다. 유사성의 판단은 무수한 데이터들 가운데 어떤 관점에서 어떤 종류의 데이터를 비교데이터로 사용할 것인가(데이터의 선별), 또 어떤 관점에서 두 사안이 갖고 있는 데이터 사이의 유사성을 판단할 것인가(데이터의 평가)에 따라 달라진다. 비교데이터를 선별하거나 선별된 데이터를 평가하는 일정한 관점을 '제3의 비교인자'(tertium comparationis)라고 부른다. 이것은 정책적 결단일

160 하버카테(Haverkate)도 보통사안을 넘어서 어느 정도까지의 법관의 법발견이 정당한 것인가 하는 문제가 방법론의 과제라고 본다. Haverkate, *Gewißheitsverluste im juristischen Denken* (1977), 147쪽 참조.

161 이 점을 인상 깊게 해명하는 A. Kaufmann, *Analogie und Natur der Sache* (Decker und Müller, 1982) 참조.

162 J. Sartre, *Das Sein und das Nichts* (Hamburg, 1980), 610쪽 아래 참조.

수도 있고, 윤리적 관점일 수도 있다. 이렇게 데이터를 선별하고 평가하는 관점은 앞서 설명한 법률해석자의 선이해에 영향을 받는다.

(나) 학설사안과 법률해석학의 기능 이런 선이해에도 불구하고 법관의 법률해석·적용이 형평성과 정합성을 갖기 위해서는 법률해석학(법도그마틱 Rechtsdogmatik)이 기능해야 한다.

ㄱ) 이념유형적 포섭사안의 구성과 선이해의 작용 법률해석학은 가령 가짜골동품 사건을 '보통사안'으로 삼고, 이 사안의 수많은 데이터들을 ⓐ 속임수(기망), ⓑ 상대방의 착오, ⓒ (착오에 기초한) 재산처분행위, ⓓ 재산상 손해발생, ⓔ (손해의 뒷면으로서) 재산상 이익 취득이라는 다섯 가지 데이터유형으로 분류함으로써 법률에 해당할 수 있는 '이념유형적 포섭사안'을 만들 수 있다. 그리고 다른 사건(예: 백화점거짓세일 사건)이 보통사안(예: 가짜골동품 사건)에서 추출한 이 데이터유형에 일치한다면, '가족유사성'이 인정되고, 따라서 사기죄의 구성요건에 포섭된다고 말하게 된다. 그러나 이 유사성 판단은 다시금 일정한 '평가'를 전제한다.

> 백화점거짓세일 사건에서는 가짜골동품 사건과 같이 재산상 손해발생(ⓔ)이 있었는지 여부가 불분명하다. 구매자가 거짓가격표시에 속기는 했지만, 정상가격보다 돈을 더 지불한 것은 아니므로 손해가 없다고 말할 수도 있을 것이고, '경제적 행동의 합리성'을 해친 것도 손해라고 본다면 손해가 있다고도 말할 수 있다.

또한 보통사안의 데이터유형분류(위의 ⓐⓑⓒⓓⓔ)를 수정하여 재산상의 손해발생(ⓓ)이 사기죄 요건이 아니라고 이론구성을 할 수도 있다.[163] 법률해석학의 이론들의 형성과 변화 역시 선이해의 영향 아래 있는 것이다. 하지만 법률해석학의 이론들과 그 이론들이 제시하는 해

163 大判 91도2994. 이 경우에는 아까 가짜골동품사건을 보통사안이라고 보고 추출한 데이터 유형에서 '재산상 손해발생'을 제외시키는 것이다. 보통사안의 데이터유형을 다르게 판단하는 것은 물론 가능하다.

당법률에 포섭이 가능한 사안들, 즉 학설사안들을 학습하고 함께 관리해가는 법률해석공동체가 있음으로 해서 법관의 법률해석은 선이해에도 불구하고 상당한 정도의 형평성과 정합성을 유지할 수 있다.

ㄴ) **법해석공동체와의 대화와 복잡성의 축소** 또한 법관이 법률해석학의 이론(과 학설사안)을 고려하는 것은 거시적으로 보면 그 이론을 개발하고 관리하는 (전문적인) 법해석공동체와 대화를 진행하는 것이 된다. 이를 법해석공동체 쪽에서 바라보면 법률해석학의 이론(또는 학설)들은 장기적으로 사법체계에 대해 호소기능[164]과 설득의 힘[165]을 발휘하는 것이라고 볼 수 있다. 더 나아가 현대사회의 사안들이 생활세계의 지평을 넘어서는 고도의 복잡성을 가졌음을 주목할 때 법률해석학의 이론들은 루만(Luhmann)이 말하듯 '복잡성의 체계내재적 축소'[166] 기능을 수행한다고 말할 수 있다.

㈐ **판례사안과 규범적 상호이해** 유사성판단을 통한 법관의 판결이 축적될수록 법률에 실제로 포섭된 사안, 즉 판결사안의 숫자는 늘어난다. 이는 법률텍스트의 사용규칙이 더 구체적이고 명확하게 확립됨을 뜻한다. 그러므로 가다머(Gadamer)의 철학적 해석학에 머물러 있는 법해석학에서 해명할 수 없는 바이지만, 판결사안이 축적될수록 법관은 자신이 심판하고 있는 문제사안과 법률 사이의 상응성(상호수렴성)을 판단할 때 보통사안보다는 판결사안들과의 유사성을 더 많이 고려해야만 한다. 판결사안의 축적은 법률텍스트의 사용에 의한 법률말놀이[167]의 형성과 확립을 가리키기 때문이다.

ㄱ) **판결사안의 근거지음 필요성** 또한 법률해석이 말'놀이'가 되기 위해서 법관은 그와 같은 말놀이의 근거를 설득력 있게 제시하여야

164 Wieacker, "Zur praktische Leistung der Rechtsdogmatik", *Hermeneutik und Dialektik II* (1970), 312쪽.

165 Neumann, *Rechtsontologie und juristische Argumentation* (1979), 84쪽.

166 Luhmann, *Rechtssystem und Rechtsdogmatik* (1974), 20~21쪽 참조.

167 이에 관하여 이상돈, "법률해석-말놀이에의 구성적 참여", *저스티스* (第27권 제2호, 1994), 특히 184~192쪽; *법이론* (박영사, 1996), 제2장 제1절 참조.

한다. 그렇지 않다면 사람들이 그 규칙성을 승인하고 따르지 않게 되고, 법관의 판결은 말'놀이'가 될 수 없게 된다. 말놀이의 근거를 제시할 의무를 논증의무(Argumentationspflicht)라고 한다. 법관이 논증의무를 이행하여 자신의 판결에 대해 사람들의 상호이해를 얻어내어 가는 것을 '사회의 규범적 상호이해'(normative Verständigung)라고 표현할 수 있다.[168] 법관의 법률해석과 그 말행위는 '법률의 구체화를 계기로 이루어질 수 있는 사회의 잠재적인 규범적 상호이해를 현실화하는 행위'[169]이다.

ㄴ) **판결사안의 해석학적 순환** 판결사안들의 숫자는 판결이 축적될수록 점점 더 많아지고 각 판결사안이 갖고 있는 데이타의 내용과 종류도 거의 무한대이므로 기존의 판결사안들과 문제사안의 유사성을 비교하려면 판결사안들의 축약이 필요하다. 이 축약은 흔히 먼저 문제사안에 대한 법률적용의 방향을 결단하고 그런 결단을 뒷받침하는 문제사안과의 유사성을 가진 판결사안의 유형(群)[170]을 찾는 방식으로 이루어진다. 이런 결단에도 법관의 선이해는 작용하며, 따라서 법률해석에서 기존 판결사안을 고려하는 것 역시 해석학적 순환에서 벗어나지 않는다.

3) 법률해석의 구조 이상의 설명을 종합해보면 법관의 법률해석의 구조를 다음과 같이 설명할 수 있다.

㈎ **법률해석의 정태적 구조** 법률해석은 ⓐ 보통사안, 판결사안, 학설사안을 확인하고, ⓑ 법률해석학에 의해 이 사안들을 포괄하는 이념유형적 포섭사안을 구성하고, ⓒ 이 이념유형적 포섭사안과 문제사안

168 Germann, *Präjusizien als Rechtsquelle. Eine Studie zu Methoden der Rechtsfindung* (1960), 27쪽.
169 같은 취지에서 '법률텍스트 의미의 적극적 구성'을 말하는 Wimmer · Christensen, "Prkatisch-semantische Probleme zwischen Linguistik und Rechtstheorie", *Untersuchungen zur Rechtslinguistik* (1989), 40쪽.
170 판결사안의 중재기능을 유형(Typus)으로 파악하는 Schlüchter, *Mittlerfunktion der Präjudizien* (1986), 125쪽 참조.

사이에 유사성이 있는지를 일정한 비교관점(제3의 비교인자)에서 확인하고, ⓓ 유사성이 있으면 문제사안에 해당법률을 적용하고, 유사성이 없으면 해당법률을 적용하지 않는 (말)행위이다. 하지만 이는 법률해석의 정태적인 구조를 보여줄 뿐이다.

(나) 법률해석의 동태적 구조 그런데 이 정태적인 구조는 법률해석의 현실이 아니다. 현실은 그런 구조에다 법관의 선이해가 작용하는 모습이기 때문이다. 여기서 선이해의 작용이란 이념유형적 포섭사안을 찾는 비교샘플사안의 선별이나 법률해석학(법도그마틱)의 이론구성, 그리고 비교데이터의 유사성 판단, 적용법률의 선택・변경 등에 작용하는 보이지 않는 힘을 말한다. 이 힘을 고려해 넣으면 법률해석의 정태적 구조는 다음과 같은 동태적 구조로 바뀐다.

- ⓐ 법관은 자신의 선이해에 따라 문제사안에 대한 특정 법률의 적용 여부를 미리 결단한다.
- ⓑ 그러고 나서 보통사안이나 학설사안 또는 특히 기존의 판결사안 가운데 일정한 샘플을 찾아 그것들(이하 '샘플사안')과 — 때로는 법률해석학(법도그마틱)에 의해 일반화된 개념의 체계를 사용하여 확인되는 보통사안・학설사안・판결사안의 이념유형적 포섭사안과 — 문제사안 사이에 유사성이 있는지를 일정한 관점(제3의 비교인자)에 따라 탐색한다.
- ⓒ 사안들의 데이터를 비교한 결과가 처음 내린 결단의 방향(법률적용)과 다를 때에는, 그러한 사안들과 문제사안의 유사성을 인정할 수 있도록 (샘플사안의 비교데이터를 다르게 선별하게 하는 방향으로) 법률해석학의 개념과 이론에 변경을 가한다.
- ⓓ 그러한 법률해석학 이론의 재구성으로도 문제사안과 샘플사안 사이의 유사성 인정이 무리라고 판단되면 유사성인정이 가능한 또 다른 학설사안이나 판결사안을 샘플사안으로 찾는다.
- ⓔ 아무리 법률해석학의 이론과 개념을 재구성하고 심지어 샘플사안을 달리 선택하여도 처음 내린 결단을 관철하기가 무리일 경우엔 다른 법률의 적용을 다시 검토하기 시작한다.

이와 같은 유사성 판단과 창출을 통해 법규범은 현실 속의 사안으로 구체화하고, 동시에 현실 속의 사건은 법규범에 포섭될 사안으로 그 의미가 구성된다. 이런 상호적 수렴과정[171]을 두고 독일의 법해석학은 '법률과 사안의 해석학적 (나선형적) 순환'이라고 부른 것이다.

(3) **법률해석의 근거지음** 이러한 법률해석의 해석학적 성격으로 인해 어느 정도 주관적일 수밖에 없는 법률해석이 보편성(universality)을 얻기 위해서 법관은 자신의 해석을 — 소송당사자뿐만 아니라 법공동체의 구성원들을 향해서도 — 근거지어야 한다. 이는 법관이 법률해석에 대해 소통적 태도를 취함을 의미한다.

1) **근거지음** 근거지음이란 법관이 법률텍스트를 자기 앞에 놓인 사안과 관련하여 '그렇게' 이해하는 합리적 근거를 대고, 모든 사람들이 그의 그러한 의미이해를 납득할 수 있게 하는 것을 말한다.

㈎ **자기성찰** 모든 사람들이 법관이 제시한 해석의 근거를 납득할 것인지 여부는 법관이 혼자서 어떤 외재적 기준(예: '법문언의 가능한 의미'나 '일부 집단에 대한 설문조사결과')에 의하여 판단할 수 있는 것이 아니다. 법관은 그가 제시한 근거가 다른 근거들보다도 '더 나은 근거'로서 더 나은 설득의 힘을 갖고 있는 것[172]인지에 관하여 끊임없이 성찰(Reflexion)[173]할 수 있을 뿐이다. 이러한 성찰에서 유사성 판단의 비교사례들을 구조적으로 분석하고 비교하는 작업방법(법수사학의 구조기능적 사고)[174]은 유용한 방편이 된다.[175]

---

171 그럼에도 불구하고, 여기에서는 법률해석과 사실확정을 따로 설명하고 있는데 그것은 단지 설명의 편의를 위한 것이다. 현실에서 두 과정은 통합적으로 이루어진다. 이 두 과정이 어떻게 통합적으로 설명될 수 있는지에 대해서는 이상돈, *새로 쓴 법이론* (세창출판사, 2005), [8] 단락 참조.

172 이를 하버마스(Habermas)는 '더 나은 논거의 합의형성력'이라고 부른 바 있다(Habermas, "Wahrheitstheorien", *Vorstudien und Ergänzungen zur Theorie des kommunikativen Handelns* [Ffm., Suhrkamp, 1983], 162쪽).

173 이 성찰은 드워킨(Dworkin)의 구성적 해석에서 말하는 '반성적 평형'(reflective equilibrium)에 상응한다. 이에 관해 자세히는 장영민, "드워킨의 권리와 원리의 법철학", *현대법철학의 흐름* (법문사, 1996), 70~73쪽.

또한 법관의 법률해석에 의해 형성되는 구체적 법규범(법문언의 사용규칙)은 법률전문가 사이에서는 물론이고 때로는 매스컴의 보도 등에 의해 일반인 사이에서도 활발한 비판과 토론의 대상이 된다. 그러한 의사소통적 교류는 법관의 법률해석을 '근거지은 해석'(begründete Auslegung)으로 판명함으로써 그 해석을 지속할 수 있게 하고 때로는 '근거지우지 못한 해석'으로 판명함으로써 그 해석을 변경하게도 만든다. 이런 의사소통적 교류를 전개하는 모든 사람들의 집단을 '법적 의사소통공동체'(juristische Kommunikationsgemeinschaft)[176]라고 할 수 있다.

㈏ **법률해석의 내재적 한계** 여기서 법률해석의 한계는 법률문언과 같이 해석에 외재적인 것이 아니라 내재적인 것으로 재해석될 수 있다. 내재적(intern)이란 말은 법률해석은 '근거지울 수 있는 데'까지만 행해짐으로써 자기 스스로를 한계 지운다는 것이다. 그러므로 다음과 같은 명제가 성립한다.

> 법률해석의 한계는 그 근거지음(Begründung)이 더 이상 가능하지 않은 곳에서 비로소 시작된다.[177]

---

174 자세한 설명으로 특수폭행죄 등에 관련한 설명으로 이상돈, "'위험한 물건을 휴대하여'의 해석에서 법정책의 지평", *고려대 판례연구* (1994), 211~227쪽; 합동범과 공동범의 개념에 관한 설명으로 이상돈, "합동범과 공동범의 해석정책", *저스티스* (6월호, 2003), 95~116쪽; 카르텔의 요건과 제재에 관한 설명으로 이상돈, *공정거래형법* (법문사, 2010) 참조.

175 나와 같은 입장에서 형법상 폭행, 업무, 휴대, 주거 개념을 예로 하여 구조기능적 분석을 실현해보여주는 양천수, "의미창조적 확장해석－법이론의 관점에서", *안암법학* (제37권, 2012), 369~394쪽 참조.

176 내가 말하는 의사소통공동체는 해석사회학적 연구에 의해서도 확인된다. 스탠리 피쉬(S. Fish)의 해석공동체 개념이나 타마나하(Tamanaha)의 상호주관적 공동체(intersubjective community), 가핑켈(H. Garfinkel)의 민속학적 연구를 비판적으로 종합하여 이계일 교수가 **해석사회학적으로 재구성한 법실무**(이에 관해 이계일, "해석사회학의 관점에서 본 법실무의 구조", *법철학연구* [제12권 제2호, 2009], 277~330쪽 참조)도 이러한 의사소통공동체의 모습을 보여주고 있다.

177 록신(Roxin)은 그의 교과서 제2판 주54a (Roxin, *Strafrecht AT 2. Auflage* (1994), 107쪽)에서 '해석'과 '유추'의 구분을 부인하는 진영에서 내리게 될 수 있는 유추금지에 대한 결론의 대표로서 이러한 나의 명제를 인용하고 있다.

그러므로 법률해석의 한계는 — 유추금지원칙도 마찬가지이지만[178] — 장기적인 관점에서 볼 때 법적 의사소통공동체가 얼마만큼 자유로운 비판과 토론이 가능한 구조로(합리적 대화의 구조[179]) 짜이느냐에 따라 그 실현정도가 달라질 수밖에 없다.

2) 결정과 논증 법관이 자신의 법률해석을 근거지우는 것은 결정과 논증의 두 차원에서 이루어진다.

(가) 결정의 차원과 말할 수 없음 첫 번째는 법률텍스트의 의미를 다른 모든 사람들이 동의할 수 있는 방향으로 선택하는 것이다. 이를 법률해석의 근거지음에서 '결정'(Entscheidung)의 차원이라 부를 수 있다.

이 결정의 차원에는 법관의 선이해가 작용한다. 선이해의 작용은 '말할 수 없는 것'(Unsagbarkeit)이기 때문에 결정의 차원에서 어떤 일이 일어났는지를 법관 자신도 '말할 수 없다'.

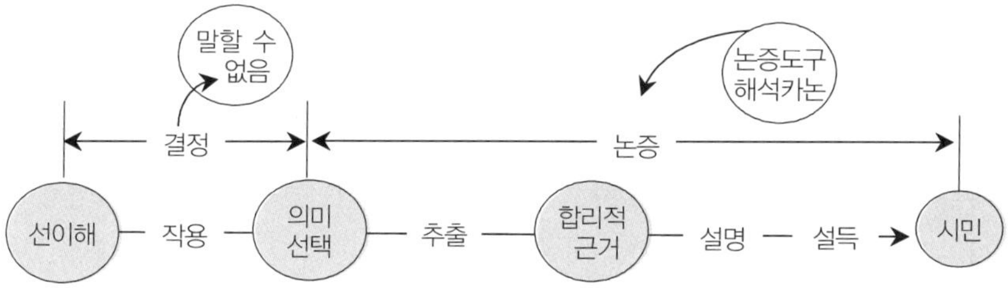

(나) 논증의 차원과 합리적 설명 두 번째는 법률텍스트의 의미 선택에서 그 선택에 바탕이 된 '말할 수 없는' 수많은 요소들 가운데 '합리적 근거'들을 추려내고, 그것을 언어적 표현으로 다른 사람에게 설명하는 것이다. 이를 법률해석의 근거지음에서 '논증'(Argumentation)의 차원이라 부를 수 있다. 논증은 법관이 법률텍스트의 의미선택에 대해 사

178 이상돈, "형법상 유추금지의 대화이론적 재구성", *형사법연구* (제5집, 1992/1993), 1쪽 아래; *형법의 근대성과 대화이론* (홍문사, 1994), 특히 131쪽 아래 참조.

179 나는 그러한 구조를 대화적 구조라고 부른 바 있다. 이에 관해서 자세히는 이상돈, "법관의 말행위와 올바른 법", *저스티스* (1992), 155쪽 아래 참조.

람들이 동의하도록 '납득'시키는 말행위이다. 전통적인 법학방법론의 네 가지 해석카논이나 법률해석학은 바로 이 논증의 '도구'로 사용된다. 이는 법관이 내린 법률문언의 의미결정에 대한 근거를 추려서 다른 사람들에게 전달해주는[180] '언어의 수레'(sprachliches Vehekel)와 같은 것이다. 이러한 논증도구는 '결정'을 지배하지 않는다. 가령 네 가지 해석카논 가운데 어떤 해석카논으로써 법률해석이 합리적인 것으로 설명될 수 있는지에 관한 메타규칙은 있을 수 없다. 그것은 '결정의 차원'에서 일어나는 일이기 때문이다. 논증도구의 사용은 이미 결정된 바를 정당화하는 '합리적인 설명방식'일 뿐이다.

(다) 논증의 잠정적 성공과 결정의 전미래시제성 그러므로 어떤 법률해석이 '합리적으로 설명'된다고 해서 그 해석이 '최종적으로 근거지어진 것'이 되는 것은 아니다. 그 합리적 설명의 대상인 '결정'이 모든 사람들에 의해 받아들여질 수 있는 것이어야 하기 때문이다. 그러나 적어도 법관의 논증이 일응 성공하고 있는 한, 그 해석을 타당하지 않은 해석(형법에서는 유추금지에 위반한 해석[181])으로 판정내릴 수 없다. 물론 논증이 일단 성공한다고 해도 그 해석이 행한 법문언의 의미 선택이 지속적인 비판을 견디지 못하고 변경될 수 있다. 그러면 과거에 이루어진 법률해석은 미래의 어느 시점에 가서 비로소 '(결정의 차원에서) 근거지우지 못한 해석'(형법에서는 유추금지에 위반한 해석)이었던 것이 된다. 그러므로 현재의 법률해석이 정의를 실현하는 것인지 여부는 지금 순간에는 언제나 알 수 없는 것이며, 그 한에서 데리다가 말하는 전미

180 알렉시(Alexy)는 이를 "**외부적 정당화**"(externe Rechtfertigung)라 부르고 있다(R. Alexy, *Theorie der juristischen Argumentation* [Ffm., Suhrkamp, 1983], 283쪽 아래). 여기서 '외부적'이란 말은 이 글에서 내가 사용한 '외재적'이라는 말, 즉 법률해석을 '반증'하는 외재적 기준이 있다는 의미가 아니라 이미 이루어진 결정을 '외부에 표현하는' 기법이라는 의미로 이해되어야 하겠다.

181 형법의 해석에서는 형법상 유추금지에 위배되는 것으로 판정내릴 수 없다는 것이다. 그러나 논증이 완전히 실패하거나 전혀 행해지지 않은 경우에는 그것만으로 이미 유추금지위반의 판정을 내릴 수 있다. 자세하게는 이상돈, "형법상 유추금지의 대화이론적 재구성", *형사법학법연구* (제5호, 1992/1993), 1쪽 아래.

래시제(future antétieur)[182]는 법률해석의 구조를 이룬다고 볼 수 있다.

3) 논증의무 법관은 자신의 법률해석(법률말놀이)에 대해 법공동체가 의사소통을 할 수 있게 하여야 한다.

(가) 선이해의 언어적 설명 이를 위해 법관은 자신의 '결정'에 작용한 '선이해'를 최대한 투명하게 언어로 드러내야 한다. 그렇게 할 때 법관이 법률해석으로 하는 (법률)말놀이에 다른 사람들도 참여할 수 있게 된다. 물론 법관은 자신의 결정에 작용한 수많은 요소들의 작용관계를 세세히 언어로 옮길 수 없다. 하지만 결정의 '결과(내용)'만큼은 언어로 옮길 수 있고, 또한 법관은 이를 하여야 한다. 이를 '논증의무'라 한다.

★ 법관의 논증과 비판적 토론의 가능성 논증의 기능을 여성으로 성전환한 자를 강간한 사건에 대한 판례를 예로 설명해보자.[183] 과거 강간죄(2012년 개정 전의 형법 제297조)는 강간의 객체를 '부녀'婦女로 한정하였었다. ① 법원(大判 96도791)이 이 성전환자에 대한 강간죄 성립을 부인하면서 그 근거로서 성전환자를 '부녀'라고 보는 것은 그 '문언의 가능한 의미'를 넘어서는 것이며, 그 점은 정상인의 사회통념[184]을 고려해보아도 마찬가지라는 식으로만 판시했다면, 그런 말놀이에 대한 다른 사람들의 비판과 토론은 거의 봉쇄되었을 것이다. ② 그러나 당시 대법원 판결은 나름대로 충실히 논증을 하였다.[185] 가령 '정상적인 남자로서 생활한 기

182 이에 대해 자세한 설명은 J. Derrida(진태원 옮김), *법의 힘(Force de loi)* (문학과지성사, 2004), 196쪽; 이 책의 [1] V.1.(1).2) 참조.

183 관련 판례에 대한 비평으로는 김일수, "합동강간치상죄의 불능미수: 대법 1996.6.11. 95도791", *판례연구* (고려대 법학연구소, 제8집, 1996), 91~121쪽; 정현미, "강간죄의 객체: 성전환수술자의 강간죄 객체 여부", *고시계* (제490호, 1997.12), 59~68쪽 참조.

184 판결이 사회통념을 말하는 지점은 사회과학적 추론의 필요성을 대체하는 경우이다. 이에 관해 양현아, "사회학적 사고와 법해석의 교감(交感)을 위해", *서울대학교 법학* (제47권 제3호, 2006), 267쪽.

185 大判 96도791: "(…) 비록 어릴 때부터 정신적으로 여성에의 성귀속감을 느껴 왔고 위의 성전환 수술로 인하여 남성으로서의 내·외부성기의 특징을 더 이상 보이지 않게 되었으며 남성으로서의 성격도 대부분 상실하여 외견상 여성으로서의 체형을 갖추고 성격도 여성화되어 개인적으로 여성으로서의 생활을 영위해 가고 있다 할지라도, 기본적인 요소인 성염색체의 구성이나 본래의 내·외부성기의 구조, 정상적인 남자로서 생활한 기간, 성전환 수술을 한 경위, 시기 및 수술 후에도 여성으로서의

간'이나 '성전환 수술을 한 경위', '여성염색체나 여성생식능력의 부재'를 근거로 피해자를 여성으로 보지 않았음을 드러냈다. 그렇기에 이 판결에 대한 비판[186]이 활발해질 수 있었다. ③ 또한 판결문에서 열거된 근거들이 많을수록 법적 의사소통공동체의 구성원들은 비판과 토론을 통해 법원의 법률말놀이에 참여하기 쉬워진다. 이 점에서 법관은 자신의 법률해석에 대해 논증의무를 가능한 최대로 이행함으로써 법적 의사소통공동체의 구성원들이 법률말놀이에 참여할 기회를 높이고, 그것을 통해 장기적으로 더 나은 법을 '함께' 실현해 나아갈 수 있다. 이는 우리 시대가 요구하는 법관의 직업윤리이다.

(나) **규율프로그램에 대한 논증** 문제사안과 비교샘플사안 사이의 유사성(법률과 사안의 상응성) 판단에서 실질적인 논거가 출현하는 장소, 즉 논증장소(Argumentationstopos)는 '법률의 규율프로그램'과 '판결의 실제결과'이다.

ㄱ) **규율프로그램의 구성** 법률의 규율프로그램(Normprogramm)이란 종래 역사적 해석에서 말하는 '입법자의 의사'나 목적론적 해석에서 말하는 '법률의 목적'(ratio legis)이 통합된 개념이다. 입법자의 의사는 입법과정에서 정당 간의 타협 현상에서 보듯 '하나의 통일적 의사' 형태로 존재하지 않고, 법률언어의 불명확성(모호성)은 입법자 의사의 불확정성을 더욱 높인다. 입법자의 의사를 온전히 확인하려고 하는 법률해석은 "실증주의적 법이해의 직접적인 후속"[187]판이 된다.

라드부르흐(Radbruch)는 법률해석을 법률을 물살을 헤치고 예정된 항로로 부두를 떠나는 배에 비유한 바 있다.[188] 배는 항구를 일단 떠나고 나면 선장의 지휘 아래 광활한 바다 위에서 나름대로의 고유한 항해길을 찾게 된다. 입법자의 의사는 마치 대충 정해져 있는 예정항로와 같다.

생식능력은 없는 점, 그리고 이에 대한 사회 일반인의 평가와 태도 등 여러 요소를 종합적으로 고려하여 보면 위 피해자를 사회통념상 여자로 볼 수는 없다."

186 이 판결에 대한 대표적인 비판으로 정현미, "강간죄의 객체: 성전환수술자의 강간죄 객체 여부", *고시계* (제490호, 1997), 65쪽 참조.

187 Hassemer, *Strafrechtsdogmatik und Kriminalpolitik* (1974), 30쪽.

188 Radbruch, *Rechtsphilosophie 8.Auflage* (1973), 207쪽.

> 달리 말해 입법자의 주관적인 의사를 확인하려면 법률의 객관적인 의미 영역에 발을 들여 놓지 않을 가능성은 전혀 없다.[189]

하지만 법관은 입법자의 의사를 찾으려고 애써야 한다. 그렇지 않는다면 법관은 자신이 생각하는 규범내용을 법률텍스트에 마음대로 집어넣었다 뺐다하기 쉽고, 사실상 입법권을 찬탈할 위험이 커지기 때문이다. 그러므로 입법자의 규율표상은 법관의 "성찰보다 우위에 놓이는 앙가주망"[190]이 되어야 한다.

ㄴ) **입법과 법률해석(사법)의 콘텍스트 융합** 입법자 의사의 이와 같은 이율배반적 요구[191]는 법관이 입법이유서, 국회회의록 등을 반드시 해석에 참고하면서 의회입법자의 규율프로그램을 그의 선이해가 작용하는 다양한 평가관점에서 재구성하는 방식으로 해소될 수 있다. 이 점에서 법률의 규율프로그램은 입법자의 (통일적으로 확인할 수 없는) 의사와 법관의 "이해(해석)의 콘텍스트가 융합한 결과"[192]가 된다.

> 예를 들어 백화점의 거짓세일판매에 사기죄를 적용하는 판결에는 '건전한 거래질서의 유지나 소비자보호정책의 실행이 재산권 보호의 연장선상에 있으며 재산권의 보호는 입법자가 의도한 사기죄의 규율프로그램이다'라는 식의 해석학적 재구성이 밑바탕에 깔려 있다. 이러한 해석에는 거짓세일판매를 규제하고 소비자를 보호하려는 정책적 의지, 거대유통업체의 비윤리적 상거래방식에 대한 반감 등과 같은 선이해가 결정적인 역할을 하고 있다.

아무리 입법자의 규율의사를 추적하려고 해도 미래에 달성되기를 바라는 어떤 실제적 결과에 대한 해석자의 기획이 역사적 해석의 과정

---

189 Christensen, *Was heißt Gesetzesbindung?* (1989), 104쪽.

190 이 개념에 대하여 Apel, "Szientistik, Hermeneutik, Ideologiekritik", *Hermeneutik und Ideologiekritik* (Ffm., 1980), 33쪽.

191 주관적 해석과 객관적 해석의 이율배반성의 부적절성을 지적하는 Schroth, *Theorie und Priaxis subjektiver Auslegung im Strafrecht* (1983), 61쪽 참조.

192 이 개념에 대하여는 Gadamer, *Wahrheit und Methode 5.Auflage* (1986), 295쪽 아래, 311쪽 참조.

에 들어가기 마련이다. 그렇게 구성된 입법자의 규율의사가 바로 규율프로그램이며, 이는 역사적 해석과 목적론적 해석이 서로에게 수렴된 결과라고 말할 수 있다.

ㄷ) **투입지향적 결과고려** 또한 규율프로그램의 구성에서 법관이 일정한 미래적 결과를 예측, 판단, 고려하는 것은 '결과고려'(Folgen-berücksichtigung)의 방법론에 속한다.[193] 다만 이 결과고려는 법률텍스트에 투입(input)되는 입법자의 규율표상을 추적하는 과정에서 이루진다는 점에서 '투입지향적 결과고려'라고 말할 수 있고, 이는 판결(법률해석)의 산출(output)로서 판결이 가져오는 실제결과에 대한 고려, 즉 산출지향적 결과고려와 구분된다.

ㄹ) **논증의무** 법관이 재구성한 입법자의 규율표상, 즉 자신이 바라보는 법률의 규율프로그램이 무엇인지를 가능한 구체적인 언어로써 명확하게 표현하는 것은 법관의 핵심적인 논증의무가 된다. 우리나라 대법원은 이러한 논증의무를 이행하는 경우에는 대체로 충실히 이행하고 있다. 문제는 사안에 따라 아예 이러한 논증을 생략한다는 점(Unterlassung der Argumentation)이다.

(다) 판결의 실제결과에 대한 논증 법규범의 기능이 도덕규범의 실현에서 '정책의 기획 · 집행'으로 그 중점이 변해가고 있는 현대사회에서 법관은 입법자의 규율표상과는 무관하게 자신의 판결이 장래에 발생시킬 실제결과들을 예측, 평가하여 법률해석에 고려하기도 한다.

ㄱ) **실제결과의 의미** 이는 법률의 규율프로그램을 입법자의 기획과 무관하게 '독자적'으로 구성하는 것이 된다.[194] 여기서 '실제결과'

193 이런 결과고려를 객관적-목적론적 해석에 의한 결과고려'라고 부를 수 있다. 이에 관해서 Koch · Rüßmann, *Juristische Begründungslehre* (C. H. Beck, München, 1982), 222쪽 아래 참조.

194 대표적인 연구로 Sambuc, *Folgenerwägungen im Privatrecht. Die Berücksichtigung von Entscheidungsfolgen bei der Rechtsgewinnung, erörtert am Beispiel des § 1 UWG* (1977); Lübbe-Wolf, *Rechtsfolgen und Realfolgen* (1981) 참조.

란 법률해석이 다른 해석이나 법도그마틱의 이론에 대해 발생시키는 결과와 같은 내재적 변화가 아니라 '외부적'(extern) 변화이며, 경험적으로 서술할 수 있고 어느 정도의 개념화가 가능할 수 있는 '미래의 일정한 상태'를 가리킨다.

예를 들어 복사문서를 문서위조죄의 행위객체로 처음 인정했던 판례(大判 87도506)는 복사문서에 대한 사회적 신용을 보호함으로써 복사문서의 사용관행을 시민들 사이에 더욱 굳게 확립시킬 것이라는 미래 결과를 '예측'하고 긍정적으로 '평가'하고 그 점을 문서 개념의 해석에 '고려'한 것이다. 이 법률해석은 사실상 입법과 같은 기능을 수행했고, 그 뒤 형법 제237조의2(복사문서 등)를 신설하는 입법이 뒤따랐다.

ㄴ) **산출지향적 결과고려** 이러한 해석방법을 "결과고려"[195]의 방법이라 한다. 이러한 결과고려는 입법자의 규율표상, 즉 투입(input)과는 무관하게 해석자가 해석이 초래하는 실제결과, 즉 산출(output)을 고려한다는 점에서 '산출지향적 결과고려'라고 부를 수 있다.

이러한 산출지향적 결과고려는 고의, 자의성 등과 같은 "성향개념"의 해석에서도 자주 발생한다. 성향개념은 경험적 관찰이 불가능한 인간의 내면적 의식상태를 대상으로 하는 개념이다.[196] 따라서 그러한 개념의 의미는 형사절차에서 그러한 개념이 표현하는 인간의 내면적 의식상태의 존재를 간접적으로 추론하는 데 사용되는 경험적 지각이 가능한 간접사실들의 수집과 활용에 따라 좌우된다. 바로 이러한 성향개념의 해석·적용에서도 결과고려가 행해진다. 예컨대 어음할인 당시 지급기일에서의 지급가능성에 대한 확신이 존재하지 않은 경우에 사기죄의 고의를 일반적으로 인정하는 대법원의 고의해석에는 '거래안전의 보호나 채권자보호' 등과 같은 사회정책적 목표 또는 결과의 고려가 밑바탕에 깔려 있다.[197]

---

195 형법분야에서 대표적인 논문으로 Hassemer, "Über die Berücksichtigung von Folgen bei der Auslegung der Strafgesetze", *Festschrift für H.Coing zum 70. Geburtstag* (1982), 493쪽 참조.

196 Hassemer, *Einführung in die Grundlagen des Strafrechts* (München, 1990), 183쪽 아래.

그러나 하나의 판결에 의해 발생될 장래의 결과는 매우 다양한 영역에서 수없이 많을 뿐만 아니라 그러한 결과들을 남김없이 예측한다는 것은 현재의 경험지식의 발달수준에서 볼 때 거의 불가능하다. 따라서 예측된 결과는 언제나 선별된 것일 뿐이다. 또한 예측된 결과에 대한 긍정과 부정의 평가도 관점에 따라 다양하게 변할 수 있다. 이 평가관점은 법관의 선이해에 따라 달라진다. 게다가 현대사회에서 가치평가의 준거점은 '다층적인 맥락성'(polykontexual)을 갖고 있어서 하나의 결과에 대해서도 맥락선택에 따라 긍정과 부정의 평가가 동시에 엇갈리게 된다.

> 예를 들어 연극 M을 공연음란죄(형법 제245조)에 해당한다고 볼 때, 전통적인 풍속규범의 존속이라는 생활세계의 보호 측면에서는 긍정적일 수도 있다. 그러나 그러한 통제가 전면적이며 지속적으로 이루어지게 되면, 사람들이 음란성에 대한 욕구를 갖고 있는 한 사람들은 법망을 피해 점차 룸살롱과 같은 곳에서 자신들의 욕구를 해소하게 되며, 이는 다시 룸살롱의 번창과 지하소비경제의 성장을 촉진하며, 지하소비경제의 성장은 다시 경제체계 또는 문화체계의 왜곡을 낳게 될 수 있다. 즉 사회체계 측면에서 그와 같은 법률해석은 부정적일 수 있다.

ㄷ) **산출지향 결과고려방법의 사용한계** 결과고려의 방법론을 제한 없이 사용하는 것은 위험할 뿐만 아니라 정당하지도 않다. 법관이 법률을 해석할 때 입법자의 규율표상과는 전혀 관계없는 산출지향적 결과고려를 많이 하게 되면 그는 사실상 의회입법자와 같은 지위에 서는 셈이 되기 때문이다. 즉 산출지향적 결과고려를 토대로 법률적용자가 생산한 구체적 형법규범은 민주적 정당성을 상실할 위험이 크다. 물론 결과고려를 법률단어의 의미론적 공간(semantische Spielräume) 안에서만 허용하자는 제안[198]도 이런 문제를 해결해줄 수 없다. 법률단어

---

197 이 점에 대한 비판적 고찰로 이상돈, "고도산업사회와 고의귀속의 절차적 지평", 손해목박사 *화갑기념논문집* (1993), 81~96쪽 참조.

198 Rottleutner, "Zur Methode einer folgenorientierten Rechtsanwendung", *Wis-*

의 의미면적이란 문제사안과 법률사이의 상응성을 판단하는 결과고려 방법의 사용에 의해 구성되는 것이기 때문이다. 이러한 위험성에도 불구하고 결과고려의 방법은 사법의 영역에서는 법률이 명확한 규율을 갖고 있지 않다면 사용해도 무방하다. 하지만 형사법이나 조세법에서는 결과고려의 방법을 범죄와 형벌, 또는 과세처분을 근거지우는 방향으로 사용해서는 안 된다. 이는 죄형법정주의와 조세법률주의가 요청하는 바이다. 물론 이 법분과에서도 입법자의 규율표상을 해석학적으로 재구성하는 과정에서 이루어지는 장래의 실제결과에 대한 (투입지향적) 고려와 산출지향적 결과고려가 구분되기 어려운 한에서는 결과고려의 방법이 사용될 수 있다.

ㄹ) **논증의무** 이처럼 결과고려의 방법을 사용하여 법률을 해석하는 경우에 법률해석의 타당성은 결과고려의 적절성에 달려 있게 된다. 결과고려의 적절성에 대한 비판적 논의가 펼쳐질 수 있도록 법관은 자신이 예측한 장래의 실제결과와 그에 대한 평가관점을 구체적인 언어로 명확하게 표현하는 논증의무를 이행하여야 한다.

4) 논증의 한계와 내레이션 법관이 자신의 말행위에 대해 아무리 논증의무를 충실하게 이행하려고 해도 다음과 같은 아도르노(Adorno)의 지적을 되새길 필요가 있다: '언어가 전달에 있어 더 완벽하게 나타날수록' 그리고 '사유된 것을 더 투명하게 전달할수록' 더 '이해할 수 없게' 되어버린다.[199]

㈎ **내레이션에 의한 근거지음** 판결의 근거지음이 오로지 언어적 논증에만 국한되면서도 그것으로써 법적 결정이 투명한 것인 양 꾸며지면 판결에 실제로 작동한 비이성적 요소들은 은폐되거나 포장되는 결과를 낳을 수 있다. 정의를 이성적 의미의 옳음, 윤리적 의미의 좋음

---

senschaften und Philosophie als Basis der Jurisprudenz (ARSP-Beiheft n.F. Nr.13, 1980), 114쪽.

199 T. Adorno, "Dialektik der Aufklärung", T. Adorno · R. Tiedmann 공편, *Gesammelte Schriften* (Suhrkamp, 1973), 187쪽.

그리고 심미적 아름다움의 변증적 합일태라고 본다면,[200] 언어에 의한 논증은 애당초 그 법(판결)이 기획하는 정의의 근거를 모두 드러내 보일 수가 없다. 그러므로 선이해의 언어적 논증으로 드러나지 않는 비합리적이고 비논증적인 요소들, 예컨대 개인적 편견이나 과거경험, 직관이나 집단적 판타지 등은 애써 논증언어로 포장하기보다는 있는 그대로 드러내게 하는 별도의 방법이 필요하다. 그런 방법으로 내레이션(Narration)의 방법을 들 수 있다. 물론 법관이 판결문에서 내레이션을 무한정 할 수는 없다. 하지만 법관은 판결문에서 얼마간의 내레이션을 할 수 있고, 또한 그렇게 가능한 범위에서 내레이션을 하여야 한다.

(나) 이성과 비이성의 평형 법관이 언어적 논증 이외에 비논증적인 내레이션을 한다는 것은 곧 이성이 비이성적 요인들을 억누르지 않거나 최소한 그것이 문제시되지 않을 만큼 조화관계를 유지하게 함을 의미한다. 특히 위헌성이 문제시되는 사안들일수록 이성이 비이성적인 것들을 억압하는 정도가 큰 경우이기 쉽다. 이성적인 법은 '비스듬하고 불투명하고 붙잡을 수 없는 것들'이나 약자나 소수자의 특수한 경험과 이해를 외면하기 쉬운 것이다.[201] 따라서 위헌성이 문제시되는 사안에서 법관은 더욱 더 그와 같은 비논증적 요소들을 대화적 근거지음 안으로 끌어들이는 성찰적 태도가 필요하다.

그러나 다른 한편 비논증적인 내레이션에서 드러나는 비언어적, 비논증적인 근거들이 법(판결)의 핵심도덕[202]적 구조를 해체하는 데까지 가서는 안 된다. 그렇게 되면 거꾸로 비이성이 이성을 압도하게 되고, 주관적인 미추(아름다움과 추함)체험이 이성적인 옳음을 누르게 될 수 있기 때문이다.

---

200 이런 입장은 이상돈, *법미학* (법문사, 2008); 이 책의 [1] 단락 참조.
201 이에 관해서는 J. Dreyzek, *Deliberative Democracy and Beyond* (Oxford University Press, 2000), 64~65쪽 참조.
202 핵심도덕 개념에 관해서는 [9] 단락 참조.

Ⅳ. 사실인정-마당적 이해

법관이 소송에서 당사자의 주장과 입증활동, 직권적인 증거조사를 통해 과거에 존재한 사건의 내용을 확정짓는 것을 사실인정이라고 부른다.

1. 마당적 이해

법률적 삼단논법에서 법률해석과 사실인정은 서로 무관하게 작동하는 인식활동으로 취급된다. 그리고 이 인식활동은 흔히 (실체적) 진실(Wahrheit)을 발견하는 것이라 이해된다. 즉 사실확정이란 주체가 객체를 인식하는 행위로 이해되는 셈이다. 그러나 사실확정은 소송에서 등장하는 정보를 합리적으로 사용하여 과거에 존재했을 사안을 재구성하고, 그 재구성의 타당성을 주장하는 말행위라고 보아야 한다. 물론 사실인정의 말행위에는 법률해석과 달리 말놀이가 없다. 하지만 사실인정은 자유롭되 합리적인 심증형성의 결과를 말하는 것이어야 한다. 그런 심증형성의 이해를 '마당적 이해'로 개념지울 수 있다.[203]

(1) **장면적 이해의 개념** '마당적 이해' 개념은 하쎄머(Hassemer)의 해석학적 개념, 장면적 이해(szenisches Verstehen)[204]를 한국적 법문화에 변화·수용한 개념이다.

> 마당적 이해는 통상적으로는 법관의 유·무죄 또는 양형에 관한 심증형성의 인식활동을 표현하는 개념이다. 다만 유·무죄의 심리와 양형의 심리가 분리되어 진행된다면, 양형심리는 비공개로 진행되며, 아래에서 설명하는 마당적 이해의 특징들이 상당 부분 제한될 것이다.[205] 하지만 현

203 이하 1.2.단락의 내용은 이상돈, "현대적 형사사법에서 공판개혁의 방향", *사법* (창간호, 2007), 83~106쪽의 내용을 부분 발췌하여 정리한 것임.

204 W. Hassemer, *Einführung in die Grundlagen des Strafrechts* (Beck, 1990), 122~126쪽 아래 참조.

행 공판절차는 공판절차를 둘로 나누지 않으므로 부득이 양자를 모두 포괄하여 마당적 이해로 바라볼 수밖에 없다.

하쎄머가 말하는 장면적 이해의 구조적인 특징을 요약하여 설명하면 다음과 같다. 첫째, 사실인정에 관한 법관의 이해는 정보(증거)를 매개로 이루어지는데, 소송에서 등장하는 정보(예: 특히 태도정보)는 법관이 인지하기도 전에 너무 쉽게 날아가 버리는 속성이 있다(ⓐ 휘발성 Flüchtigkeit). 둘째, 소송에서 등장하는 정보의 양과 질은 법관을 비롯한 소송참여인들 사이의 상호작용(Interaktion)과 의사소통(Kommunikation)의 복잡한 양상에 따라 달라진다(ⓑ 상호작용의존성). 예컨대 법관이 신문하는 태도는 피고인의 진술이나 증언에 매우 큰 영향을 미친다. 셋째, 법관은 소송에 등장하는 정보를 선별(선택과 배제)하여 인지하며, 그렇게 선별된 정보들만을 하나의 정합적인 (정보들의) 체계 속에 마치 직물짜기[206] 하듯이 짜 넣는다(ⓒ 정보의 선별과 조합). 넷째, 그런데 이 선별의 과정은 그 이유를 '말할 수 없는'(unsagbar), 심지어 표현할 수도 없는 주관적 기준, 즉 선이해(Vorverständnis)에 의해 영향을 받는다(ⓓ 인지의 주관성). 다섯째, 이와 같은 네 가지 특성으로 인해 사실확정의 인식은 언제나 성공이 불확실하다(ⓔ 성공의 불확실성). 여기서 성공이 불확실하다는 것은 소송당사자들이 법관의 사실인식을 '진실한 것'으로 승인하기가 매우 어려움을 말한다.

(2) 마당적 이해의 특성 마당적 이해는 이러한 장면적 이해를 한국의 법문화적 전통에서 변용한 것이다.[207]

---

205 이 부분은 특히 2007.5.28. 서울중앙지방법원에서 행한 나의 강연에 대한 판사들의 의문(특히 구회근, "공판개혁과 마당적 이해에 관한 지정토론문" 참조)에 대한 답변이다.

206 프랑스 해체주의 철학자 데리다(Derrida)는, '날실과 씨실이 서로 얽혀들면서 직물이 짜이듯, 상이한 정보들이 서로 얽혀들며 텍스트의 패턴을 구성한다'고 말한다. 이에 대해 자세히는 J. Derrida, *Marges de la philosophie* (Editions de Minuit, 1972), 191쪽 혹은 김형효, *데리다의 해체철학* (민음사, 1993), 27쪽 참조.

207 자세히는 이상돈, "형사소송의 사실인정에서 인식, 이론, 현실 그리고 정책", *법실천의 제문제* (김인섭 변호사 화갑기념논문집, 1996), 431~476쪽 참조.

1) 마당 개념과 장면 개념의 차이 첫째, 여기서 '마당'은 마당극에서 말하는 마당의 개념이다. 마당극은 공연자와 관람자가 서양의 공연처럼 무대 위의 주체와 객석의 객체로 날카롭게 구분[208]되지 않고 모두가 함께 깊은 상호작용을 펼침으로써만 비로소 그 심미적 체험이 가능하다. 사실확정의 인식을 마당적 이해로 개념화하는 것은 그처럼 극도의 상호주관성이 구현된 공판 속에서—비유적으로 표현하면 '마당성' 속에서—비로소 상호이해가 가능한 사실확정이 가능함을 말해준다.[209] 이것은 마당적 이해가 민주적 법치국가와 유사한 내부구조를 갖고 있음을 보여준다. 먼저 주체와 객체의 구분이 없고, 함께 상호작용을 펼쳐야 성공가능한 점은 민주성을 보여준다. 법관의 사실인식은 민주적이지 않고는 성공할 수 없는 인식인 것이다. 하지만 이 민주성은 마당에 참여할 권리를 보장하지 않고서는 불가능하다. 즉, 마당에의 참여는 자유이되, 공평하게 그 기회가 보장될 때 비로소 마당성이 실현된다. 이는 마치 공평하게 분배된 자유의 권리체계로 이해되는 법치국가성에 견줄 수 있다.

둘째, 이러한 마당적 이해의 개념은 이 개념의 모델이 된 하쎄머(Hassemer)의 장면적 이해보다 다소 의무론적인(deontologisch) 성격을 띤다. 즉 법원실무에서 사실인정이 실제로 마당적 이해라는 것이 아니라 그래야 한다는 것이다. 하지만 마당적 이해는 오로지 의무론적인 것만은 아니며, 정도의 차이는 있으나 언제나 일정한 정도로 현실적인 것이기도 하다.

2) 마당적 이해의 추가적 특성 이렇게 재해석된 장면적 이해의 요소들 외에도 마당적 이해는 다음 두 가지 특성을 더 가진다.

---

208 우리나라 법문화에서 재판의 주체와 객체(소송당사자, 소송대리인)의 엄격한 구분에 대한 비판으로 김정오, "법원의 법문화: 법원의 이미지 vs 법원의 현실", *법과 사회* (제21권, 2001), 184쪽 참조.

209 형사소송에서의 '마당적 이해'에 대한 보다 자세한 설명은 이상돈, *형사소송원론—형사소송의 근대성과 대화이론* (법문사, 1998), [1] 마당적 이해와 형사소송의 근대성 중 특히 3~50쪽 참조.

(가) **무정형성** 소송에서 참가자들 사이의 상호작용과 의사소통은 계획되거나 그 양상이 정형화될 수 없다는 점이다(ⓕ 무정형성). 왜냐하면, 앞에서 보았듯이 소송참여인들이 누구와 어떤 상황에서 대면하고, 상대방들이 어떤 반응을 보이느냐에 따라 자신의 반응은 그때그때 즉흥적으로 변화하고, 그런 변화는 다시 상대방으로 하여금 다른 반응을 하게 만들기 때문이다. 예컨대 방청객이 얼마나 모였느냐, 법관이 1명이나 3명이냐, 증인의 태도가 공격적이냐, 더 나아가 법정의 조명이 어두운지, 밝은지와 같은 공간적 요소들도 소송참여의 능동성이나 적극성 등에 영향을 미친다. 그러므로 형사소송법 제266조의13처럼 공판준비기일에[210] 채택되지 않은 증거를 공판기일에 원칙적으로 증거로 신청할 수 없게 하는 식의 '계획심리'[211]는 이러한 무정형성의 특성을 외면하는 것이며, 다음에서 설명하는 법정심리의 미학적 차원을 거세하는 것이기도 하다.

(나) **스토리텔링** 둘째, 소송에 등장하는 정보들을 창출시키는 상호작용과 의사소통에 계속 참여한 사람들(법관, 피고인, 변호인, 검사)의 사실인식은 언제나 상이하고 주관적인 스토리텔링(storytel-ling)[212]이기 쉽다(ⓖ 스토리텔링). 즉 마당적 이해에는―'정보의 선별과 조합에 선이해

---

210 2007년 개정형사소송법은 수명법관으로 하여금 공판준비기일에 재판장의 권한을 행사함은 물론이고, 증거채부결정(제266조의9 제1항 제8호)과 같은 법원의 권한까지 수행하고, 소송지연을 가져오거나 공판준비기일에 증거제출 못한 부득이한 사유가 없거나 있어도 중대한 과실이 있다면 원칙적으로 증거신청을 할 수 없게 하고(제266조의13) 있다.

211 계획심리란 쟁점이 복잡하고 증거가 방대한 사건에서 모두진술 후에 법정이나 기타 장소에서 쟁점을 정리하고, 기일진행협의 등을 법원의 소송지휘로 행하며, 더 나아가 증인신문에 장시간이 소용될 것으로 예상되면 검사와 변호인에게 증인신문사항을 제출하게 하여 가급적 일과 중에 증인신문이 끝나게 하는 것을 말한다. 이러한 계획심리에 대한 비판으로 이상돈, "현대적 형사사법에서 공판개혁의 방향", *사법* (창간호, 2007), 103쪽 참조.

212 법학이란 이야기하기(storytelling)의 일종이며, 법 또한 해석되어야 할 하나의 이야기에 다름 아니라는 점은 D. Farber · S. Sherry, "Telling Stories Out of School: An Essay on Legal Narratives," *Stanford Law Review* (제45호, 1993), 807쪽 참조.

가 개입한다'는 점, 사태에 대한 기술이 인식과 언어적 표현의 순차적 과정이 아니라 불확실한 언어의 귀속이라는 점[213] 이외에도—법관이 인식했다고 말하는 과거의 사건에는 분석 불가능한 법관의 문학적 (또는 수사학적) 상상[214]이나 미학적 체험이 개입한다. 이러한 차원을 밝히는 분과로 법정미학을 들 수 있다.[215]

> 예컨대 ① 아름다운 증인, 이를테면 '법관의 눈을 똑바로 바라보고, 크고 분명하게 말하며, 적대적이지도 논쟁적이지도 교활해 보이지도 둔해 보이지도 않는 증인'(이른바 좋은 증인 good witness)[216]이 제공하는 정보는 선택되기 쉽고, 쉽게 휘발되지 않고 오래 기억에 남으며, 신빙성이 있다고 믿기 쉽다. ② 변론종결과 같은 소송지휘도 미추체험에 의해 어느 정도 의무화된다. 가령 법관의 입장에서 아름다운 증인과의 만남은 변론을 빠르게 종결하기 쉽게 한다면, 추한 증인과의 만남은 덜 추한, 더 아름다운 증인에 대한 미련을 갖게 한다. ③ 또한 심리과정에서 소송참여인들 사이의 상호작용이 추해질수록, 법관은 변론을 제한하고, 종결하려는 의지를 강하게 갖기 쉽다. 그렇기 때문에 심리가 어디까지, 어떤 방향으로 진행될지는 심리를 해나가면서 그때그때 갖는 미추체험에 의해 상당한 정도로 좌우된다.

(3) 마당적 이해에서 선이해의 작용 마당적 이해에는 법률해석에서와 마찬가지로 선이해(preunderstanding)가 작동한다. 선이해는 사건이 구성되는 모든 과정, 즉 수집정보의 범위 설정, 법정에서 비언어적 정보(예: 태도증거)의 인지, 수집 또는 인지된 정보의 진실성(신빙성)에 대한 판단, 진실성이 인정된 정보들 사이의 중요성 평가나 그 연관관계에 대한 판단 등에서 작용한다.

---

213 이런 인식을 처음으로 전개한 나의 학위 논문 Sangdon Yi, *Wortlausgrenze, Intersubjektivität und Kontexteinbettung* (Ffm., 1992), 207쪽.

214 이상돈 · 이소영, *법문학* (신영사, 2005), 78쪽 아래.

215 이상돈, *법미학* (법문사, 2008), [5] 단락 참조.

216 이를 "좋은 증인(good witness)"으로 표현하는 Peter Heerey, "Aesthetics, Culture and the Whole Damm Thing", *Law and Literature* (Fall, 2003), 299쪽.

1) 정보의 진실성판단과 중요성판단 가장 인상적인 장소는 정보의 진실성판단과 중요성판단의 영역이다. ① 첫째, 변론이나 공판에서 조사된 정보(증거)들의 신빙성에 대한 판단은 전적으로 주관적 판단이다. 이는 마당적 이해에 사용하는 정보(증거)의 (형사소송에서) 증거능력의 유무 판단이 법률이나 법관법의 정형화된 기준에 따른 객관적 판단인 것과 대조된다. 그 이유는 자유심증주의가 지배하는 소송체계에서 정보의 신빙성의 유무를 판단하는 규칙은 — 형사소송법상 자백보강법칙(제310조)을 제외하면 — 존재할 수 없는데, 신빙성에 대한 판단에는 법관마다 다양한 선이해가 작용하기 때문이다. ② 둘째, 법관의 선이해는 신빙성을 인정한 정보들을 하나의 정합적 체계(사건)으로 짜는 이해활동에, 특히 신빙성을 인정받은 정보들이 서로 모순되거나 부정합적인 상황에서 그 정보들을 선별하고 재조합하여 하나의 통일적인 이야기(사건)를 형성하는 과정에 강하게 작용한다.

2) 선이해의 말할 수 없음 여기서 주의할 점은 선이해란 정책 그 자체가 아니라는 점이다. 선이해는 정보(증거)의 신빙성 판단과 중요성 평가에 작용하는 '정책'이나 '정치적 당파성' 또는 '윤리적 확신'을 형성하는 데 작용한 분석불가능하고, 말할 수 없는 그 어떤 무엇이다. 그 무엇이란 예를 들면 그 개인적 경험과 반성, 그의 사회화과정을 지배한 문화와 언어적 감수성, 시각적 스테레오타입의 작용,[217] 역사적-사회적 상황, 그 사건이나 유사한 사건의 사회적 의미를 둘러싼 소통적 교류(특히 매스컴의 보도방식) 등이 뒤섞여 있는 말로 분석할 수 없는 작용이다. 미학적 체험도 이런 작용과 함께 일어난다. 정책적 결정이나 정치적 관점 또는 윤리적 확신은 선이해를 담는 그릇일 뿐이다. 그 그릇을 사실인정의 실질적인 논거(Argument)라고 부를 수 있다.

217 예컨대 미국의 배심재판에서 백인의 금발미녀는 유죄판결 받기가 매우 어렵고, 곱슬머리의 흑인남자는 무죄판결 받기가 매우 어려운 현실을 들 수 있다.

2. 소송의 임무의 변화

(1) **재판상 진실 개념** 선이해의 작용과 마당적 이해의 특성을 고려하면 법관이 행한 어떤 마당적 이해가 진실한 것인지를 검증할 수 있는 실체적인 척도는 없다. 또한 한 개인의 선이해를 밝혀내어 각각에 자리매김을 하고 또한 각각의 바른 용도를 지시할 수 있는 상위규칙(메타규칙)도 없다. 오직 진실을 놓고 펼치는 다양한 형식의 논쟁만이 있을 뿐이다. 이처럼 단지 소송에서 등장한 제한된 정보를 토대로, 법관의 선이해가 작용한 가운데 합리적으로 추론된 결론이라는 점에서, 마당적 이해의 진실은 오직 '재판상의 진실'(forensisiche Wahrheit)[218]일 뿐이다.

1) **형사소송에서의 진실개념** 그런데도 형사소송에서는 '실체적 진실의 발견'(materielle Wahrheitsfindung)을 소송의 목표라고 본다.[219] 하지만 마당적 이해의 특성을 고려해보면 이 목표는 완전히 포기되어야 한다.[220] 사실인정은 주관적인 것이며, 단지 '합리적인 주관적 이해'가 될 수 있을 뿐이다. 따라서 '실체적 진실주의'는 마당적 이해의 합리성

---

218 W. Hassemer, *Einführung in die Grundlagen des Strafrechts* (C.H. Beck Verlag, 1990), 149쪽.

219 大判 2007도3061<전원합의체>: "법이 정한 절차에 따르지 아니하고 수집한 압수물의 증거능력 인정 여부를 최종적으로 판단함에 있어서는, **실체적 진실 규명**을 통한 정당한 형벌권의 실현도 헌법과 형사소송법이 형사소송 절차를 통하여 달성하려는 중요한 목표이자 이념이므로, 형식적으로 보아 정해진 절차에 따르지 아니하고 수집한 증거라는 이유만을 내세워 획일적으로 그 증거의 증거능력을 부정하는 것 역시 헌법과 형사소송법이 형사소송에 관한 절차 조항을 마련한 취지에 맞는다고 볼 수 없다. …(중략)… 전체적·종합적으로 살펴 볼 때, 수사기관의 절차 위반행위가 적법절차의 실질적인 내용을 침해하는 경우에 해당하지 아니하고, 오히려 그 증거의 증거능력을 배제하는 것이 헌법과 형사소송법이 형사소송에 관한 절차 조항을 마련하여 적법절차의 원칙과 실체적 진실 규명의 조화를 도모하고 이를 통하여 형사 사법 정의를 실현하려 한 취지에 반하는 결과를 초래하는 것으로 평가되는 예외적인 경우라면, 법원은 그 증거를 유죄 인정의 증거로 사용할 수 있다고 보아야 한다."

220 같은 견해로 변종필, "형사소송의 목적과 '실체적 진실' 원칙", *안암법학* (제4호, 1996), 1~21쪽; 변종필, "형사소송이념과 범죄투쟁, 그리고 인권", *비교형사법연구* (제5권 제2호, 2003), 929~950쪽 참조.

을 낳는 한 가지 요청, 즉 '정보를 최대로 수집하라는 요청'[221]으로 재해석하여야 한다. 이로써 조서중심의 심증형성, 구두변론주의를 형해화하는 서면에 의한 증인신문[222] 등과 같은 재판현실을 마땅히 지양되어야 한다.

2) 민사소송에서의 진실개념 반면 민사소송에서는 형사소송의 실체적 진실개념과는 정반대로 '형식적 진실'개념이 지배한다.[223] 이 형식적 진실개념은 소송에 표현된 '사적 자치'(Privatautonomie)라고 할 수 있다. 소송에서 사적 자치란 법관의 마당적 이해가 진실발견을 향한 당사자들의 의사와 행위에 의존하는 것을 말한다. 즉 법관은 당사자가 주장한 사실들만 고려하고 법정에 등장시킨 정보(증거)만을 갖고 그 사실들에 관한 확신을 형성하여 법적 쟁송의 대상인 사안을 확정할 수 있을 뿐이며(변론주의), 또한 법관이 고려할 (주장)사실과 법관의 확신형성에 정보로 사용할 증거도 그 처분이 당사자의 의사에 맡겨져 있다(처분권주의). 결국 민사소송에서 마당적 이해의 성공은 전적으로 당사자들에게 달려 있는 셈이다. 그러나 이러한 점이 법관의 마당적 이해를 '구조적으로' 일그러뜨린다고 말할 수는 없다. 민사소송의 고전적인 목표는 소송당사자들 사이의 이해관계를 조정하는 데에 있기 때문이다.

다만 민사소송에서도 법관의 마당적 이해가 (형식적) 진실의 자격을 부여받기 위해서는, 소송절차가 당사자들에게 주장과 입증을 위한 전략적 행동의 기회를 공평하게 분배하는 방향으로 짜여야 한다. 또한 민사소송절차의 합리성 문제를 전적으로 사적 자치에 맡겨둘 순 없다. 현실

---

221 U. Neumann, "Funktionale Wahrheit im Strafverfahren", H. Scholler · L. Philipps 공편, *Jenseits des Funktionalismus, Arthur Kaufmann zum 65. Geburtstag* (R.v.Decker & C.F. Müller, 1989), 77쪽.

222 마당적 이해에 기반한 우리 형사사법의 개혁과제에 대해 자세히는 이상돈, "현대적 형사사법에서 공판개혁의 방향: 2007년 개정형사소송법의 공판개혁에 대한 비평과 전망", *사법* (창간호, 2007), 83~106쪽 참조.

223 민사소송도 실체적 진실발견주의를 버리는 것이 아니라는 판례(大判 4291민상336)도 발견되지만 소송물의 처분이나 변론주의 등의 제도를 고려할 때 민사소송은 실체적 진실발견을 목표로 하지 않는다.

사회에서의 권력관계가 사적 자치라는 옷을 입고 민사소송에 반영되어 형식적 의미의 진실마저 왜곡시킬 수 있기 때문이다. 따라서 법원에게 실질적인 정의의 관점에 서서 진실발견이나 갈등의 형평성 있는 중재를 도모하는 적극적 역할이 기대된다. 그러한 역할로 마당적 이해의 성공여부를 당사자의 의사와 활동에 일임하지 않고 법원이 당사자와 협동 작업함으로써(변론주의를 대신하는 '협동주의'[224]) 마당적 이해의 성공을 적극적으로 도모해야 하는 역할을 생각해볼 수 있다. 석명권이나 지적의무(표명의무)[225] 등의 강화는 그러한 역할의 제도화라고 할 수 있다.[226]

(2) **말행위로서 사실인정** 이처럼 소송에서 확정하는 진실이란 실체적 진실이든 형식적 진실이든 오직 소송 제도 안에서의 진실(prozessuale Wahrheit)임을 말한다. 그러면 어떻게 법원의 사실인정이 타당성을 확보하고 시민들로부터 사법에 대한 신뢰를 얻을 수 있을 것인가? 이 점은 특히 법률해석에서는 법관이 참여할 '말놀이'가 있는 반면, 마당적 이해에는 그런 말놀이가 거의 없다는 점을 고려할 때 더욱 더 큰 문제이다.

---

224 이에 관하여는 R. Wassermann, *Der soziale Zivilprozeß* (Luchterhand Verlag GmbH, 1988).

225 민사소송법 제136조 4항에 의하면 법원은 당사자가 명백히 간과한 것으로 인정되는 법률상의 사항에 관하여 당사자에게 의견진술의 기회를 주어야 하는데, 이를 표명의무 또는 지적의무라고 한다. 장석조, "법원의 법적 관점 표명 의무", *민사소송법의 제 문제* (삼영사, 1992), 99쪽. 한편 형사소송법의 제298조 공소장 변경제도도 표명의무의 표현으로 이해될 수 있다. 이상돈, *사례연습 형사소송법* (법문사, 2004), 256, 270쪽 참조.

226 소송의 대화적 구조를 완성하기 위해서는 이와 반대짝으로 소송참여인이 소송절차에 참여하여 법적 판단에 논증적으로 영향을 미칠 기회가 보장되어야 한다. 이를 법적 청문청구권이라고 부른다. 장석조, "민사소송상 법적 청문청구권", *채권법에 있어서 자유와 책임* (박영사, 1994), 728쪽 아래; W. Hassemer, *Einführung in die Grundlagen des Strafrechts* (C.H. Beck Verlag, 1990), 139쪽. 그 외 대표적인 문헌으로는 민사소송에서는 H. Laumen, *Das Rechtsgespräch im Zivilprozeß* (Heymanns, 1984). 형사소송에서는 I. Müller, *Rechtsstaat und Strafverfahren* (Europäische Verlagsanst, 1980), 49~59쪽 참조.

사실인정의 타당성 확보는 법관의 사실인정을 가령 '甲 …행위를 하였다'라는 내용(명제부분)이 참(wahr)인 것으로 소송당사자들이 받아들여 줄 것을 요구하는(실행부분) 말행위(speech act)로 바라보는 대화이론에 상당한 정도로 의존할 수 있다. 물론 마당적 이해는 법률해석보다 그 올바름에 대한 심사가 훨씬 어렵다. 마당적 이해는 법률해석과는 달리 그 자체[227]를 언어로 표현할 수 없기 때문이다. 하지만 마당적 이해의 옳고 그름은 제한된 범위이긴 하지만 여전히 심사될 수 있다. 즉 마당적 이해가 형성되는 절차를 규율하는 소송법규범이나 합리적 사고의 한계규칙(예: 검증된 과학적 지식이나 논리)의 위반여부를 심사하여 마당적 이해의 옳고 그름을 통제할 수 있다. 그런 점에서 법관의 마당적 이해도 법률해석과 마찬가지로 '규범적 말행위'(normativer Sprechakt)라고 할 수 있다.[228]

★ 소송개혁의 목표로서 대화의 논리　① 법률해석뿐만 아니라 사실인정에서도 말행위를 하는 법관은 진실을 발견하는 외로운 주체가 아니라 소송참여인과 부단히 관점을 교환하는 대화적 주체가 된다. 그러므로 법관은 소송당사자에게 주장과 입증의 기회를 충분히 보장하고, 그들의 말에 귀를 기울이며, 그들의 관점과 논증적으로 교류하는 과정 속에서 자신의 사실인식을 표현해야 한다. 말행위의 타당성은 그 내용이 실체에 부합하기 때문이 아니라 그 내용이 그 말을 받는 사람들에 의해 타당한 것으로 승인되기 때문이다. ② 여기서 소송은 법관의 말행위가 소송당사자나 일반시민들에 의해 널리 타당한 것으로 승인되기 위한 일반적인 조건[229]을 창출하는 임무를 갖게 된다. 여기서 조건[230]은 대화이론적 법

227 이것은 왜 이 증언을 믿고 저 증언은 믿지 않는지, 또 이 증언과 다른 증거물이 어떻게 결합되어 피고인의 어떤 범행을 말해주고 있는지 하는 등을 말한다.

228 법관의 판결은 언어이론적으로 표현하면 '규범적(규제적) 말행위'(normativer Sprechakt)라고 할 수 있다. 이 점에 관해 자세히는 이상돈, "법관의 말행위와 올바른 법", *저스티스* (제25권 제2호, 1992), 156쪽 아래 참조.

229 사실확정이 당사자는 물론 시민들에 의해 널리 진실로 승인된다는 것은 시민들로부터 사법이 신뢰받을 경우에 가능하다. 소송의 대화적 조건은 법에 대한 시민의 신뢰를 창출하고 강화시키는 가치로서 "공정성, 불편부당성, 중립성으로 구성된 정의의 가치"(김도균, "집단행동, 신뢰, 법–공적 신뢰의 토대에 관한 고찰", *서울대학교 법*

이론[231]에 따르면 법관의 말행위가 대화의 논리(Logik des Diskurses)를 따를 수 있게 하는 조건들의 총체를 가리킨다. ③ 따라서 공판이나 변론은 법관의 말행위가 소송 안에서 성공적으로 진행된 마당적 이해의 결과로서 행해질 수 있는 제도가 되어야 한다. 아울러 대화적 소송을 가능하게 하는 사법체계의 역량이 확보되어야 한다. 예컨대 법관들이 과중한 업무에 시달리는 사법체계의 기능장애 속에서는 소송 안에서 대화의 논리는 작동하지 않고, 소송의 결말을 맺은 법관의 말행위도 타당성을 확보할 수 없다. 바로 이와 같은 두 가지 차원의 조건을 성취해 나아가는 것은 민주적 법치국가에서 사법이 수행해야 할 핵심적 임무이다.

3. 마당적 이해에 대한 논증의무

마당적 이해에 대한 비판과 토론은 오로지 상소제도 안에서만 이루어진다. 상소법원은 마당적 이해가 소송법규범이나 합리적 사고의 한계규칙에 위반하여 이루어졌는지 여부를 심사한다. 당사자의 입장에서 보면 상소는 법관의 마당적 이해(와 법률텍스트이해)의 올바름을 다투는 행위이다. 이러한 행위를 할 수 있기 위해서는 법원의 판결에 대하여 '무엇을' '어떤 이유'로 다투어야 할지를 알아야만 한다. 따라서 법관은 이러한 점을 언어로써 표현해야 하는 (논증)의무를 진다. 마당적 이해에 대한 논증의무는 마당적 이해의 결론과 그 형성과정 및 근거를 언어화해야 하는 의무이다. 이 논증의무는 판결서 작성과 (변론·공판)조서 작성를 통해 이행된다.

(1) 판결서 작성과 논증의무 예컨대 ① 형사실무에서 판결서의 '범죄될 사실'란은 마당적 이해의 결론(범죄사실)을 설시하고, '증거요지의

학 [제54권 제3호, 2013], 543~599쪽, 인용구는 583쪽 참조)라고 볼 수 있다.

230 그런 조건을 탐구하는 언어철학적 분과를 보편적 말행위이론(Universalpragmatik)이라고 부른다. 자세히는 J. Habermas, "Was heißt Univeralpragmatik?", *Vorstudien und Ergänzungen zur Theorie des kommunikativen Handelns* (Suhrkamp, 1989), 353쪽 참조.

231 대화이론적 법이론의 핵심은 J. Habermas, *Faktizität und Geltung* (Frankfurt/M., 1992), 492쪽 참조.

설시'(제323조)는 마당적 이해의 근거(증거)와 형성과정(증거취사선택, 증명력평가)을 설시한다. 이러한 설시는 논증의무의 이행을 의미한다. ② 이에 반해 민사판결서에서 마당적 이해에 대한 논증은 주문이 정당함을 인정할 수 있는 한도에서 당사자의 주장과 기타 공격 또는 방어방법의 전부에 관한 판단을 설명하는 방식으로 행해진다. ③ 물론 판결서에는 법관의 법률해석에 관한 논증이 이루어지기도 하나 이는 기존의 판례(특히 대법원판례)와 다를 때에만 예외적으로 이루어진다.[232] 즉, 판결서작성제도는 주로 마당적 이해에 대한 논증을 행하는 제도이며, 기존판례에 어긋나는 법률해석에 대한 논증의 근거를 언어화하는 제도라고 할 수 있다. 하지만 우리나라 법원은 판례변경의 경우에도 논증을 하지 않기도 한다.[233]

1) 형사소송과 민사소송에서 논증의무의 정도차이 법관의 마당적 이해에 대한 논증의무는 민사소송에서보다 형사소송에서 상대적으로 더욱 강화되어 있다. 민사소송에는 논증의무를 약화시키는 그 밖의 제도들도 있다. 예를 들면 ① 소액사건의 판결서에는 이유를 기재하지 아니할 수 있으며(소액사건심판법 제11조의2 제3항), ② 심리불속행과 상고이유서미제출로 인하여 상고기각판결을 하는 경우에도 이유를 기재하지 아니할 수 있다(상고특례법 제5조 제1항). 이러한 차이는 형사소송과 민사소송에서 논증의무가 갖는 의미의 차이에서 비롯된다. 형사소송에서 법관의 논증의무이행은 단순히 당사자의 이익을 보장(예: 상소권의 실제적 보장)하기 위한 것을 넘어서, '정의'의 실현(범죄라는 不法에 대한 응징)이라는 형사소송의 고유한 과제를 이행하기 위한 전제조건이기 때문

---

232 이것은 물론 논증부담에 관한 규칙의 하나라 할 수 있다; R. Alexy, *Theorie der juristischen Argumentation* (Suhrkamp, 1983), 335쪽 아래 참조.

233 예를 들어 외국국가에 대해 우리 법원의 재판권이 미치는지에 관해 이전에는 국제관습법을 이유로 재판권을 부인해오다 大判 97다39216<전원합의체>에서 이 입장을 '외국국가의 사법적 행위까지 다른 국가의 재판권으로부터 면제된다는 것이 오늘날의 국제법이나 국제관례라고 할 수 없다'는 결론만을 제시한 채 변경한 점은 이를 잘 보여준다.

이다.

2) 판결이유설시의 부담과 마당적 이해의 구조적 왜곡 판결이유설시의 부담은 법관의 마당적 이해 자체를 구조적으로 왜곡하기도 한다. 가령 형사소송의 경우 판결이유에서 증거의 요지를 설명하는 방법에는 세 가지가 있다:

- ① 법원이 인정한 범죄사실의 단순한 열거,
- ② 제시된 증거와 범죄를 구성하는 개별사실들 사이의 형식적 관련성 명시,
- ③ 법원이 범죄사실의 인정을 위해 채택한 증거와 경합하거나 반대사실을 입증하거나 혹은 증명력을 다투는 (질의−/반대−/탄핵)증거들을 배척한 사실과 그 이유에 대한 설명, 즉 배척증거의 설시.

①에서 ③으로 갈수록 법관은 강한 논증의무를 진다. 그런데 우리 형사소송실무는 유죄판결의 경우에는 ①과 ②의 논증의무만을 이행하고 ③의 논증의무는 이행하지 않는다.[234] 그러나 반대로 무죄판결에서는 검사가 제출한 증거를 배척하는 경우 증거능력이나 신빙성을 배척하는 이유까지 설명함으로써 ③의 논증의무를 이행하는 관행이 정착되어 있다. 현재 형사사법의 인적·물적 자원을 고려할 때, ③단계까지의 논증의무이행은 법관들에게 과중한 업무부담을 주는 것이라고 한다. 그런데 만약 무죄판결을 내릴 때에만 ③단계의 논증의무를 이행하여야 한다면 법관들은—판결서 작성의 과중한 부담으로 인해—유죄심증이 애매한 경우 무죄보다는 유죄로 결말을 짓고, 그로 인한 피고인의 피해는

234 다만 예외적으로 피고인 측이 인용증거의 증명력을 강하게 다투거나 자기에게 유리한 증거를 제출하여 다툰 경우(예: 알리바이를 주장하고 그에 대한 증거를 제출한 경우)에는 증거요지설명 다음에 "그런데 피고인은 ~라 주장하나 이는 받아들이지 않는다"는 식으로 간단히 언급하기도 한다(大判 85도2109). 물론 이 경우에도 증거배척의 이유까지 설명하지는 않는다. 그리고 더 나아가 피고인 측이 범죄성립조각사유의 존재를 주장한 경우(제323조 제2항) 법원이—적당한 증거를 들어가며—그에 대한 판단의 이유(와 과정)를 간결하게 제시하지만(大判 4285형상82) 피고인 측이 그러한 조각사유의 존재를 입증하기 위하여 제출한 증거에 대한 배척이유까지 엄밀하게 설명하지 않는 것이 실무관행이다.

양형상의 혜택(예: 선고유예, 집행유예)으로 상쇄하려는 경향을 보이게 될 것이다. 여기서 논증의무는 마당적 이해의 향방을 구조적으로 제약할 수도 있음을 알 수 있다.[235]

(2) **변론조서, 공판조서와 논증의무** 그러나 마당적 이해의 논증은 판결서만으로 충분할 수 없다. 증거(정보)의 획득이 변론이나 공판을 지배하는 법원칙이나 법규범에 맞게 이루어졌는지, 판결서에 나타난 증거의 취사선택에 잘못이 있는지 등은 판결서만을 통해서는 알 수 없기 때문이다.[236] 따라서 그러한 사항을 통제할 수 있기 위해서는 변론조서 또는 공판조서(기본적 변론조서 또는 공판조서+각종 신문조서+증거목록) 작성이 필요하다.[237] 조서의 작성은 그 자체로서는 언어적 표현이 불가능한 마당적 이해의 형성과정의 '흔적'을 기록하는 제도라고 할 수 있다. 물론 조서 작성 자체만으로는 소송에서의 합리적 대화를 실현하는데 충분치 않다.

예컨대 공판진행의 시간적 간극이 지나치게 크면(예: 3주 간격의 공판기일 개최, 공판종결 후 2주 뒤의 선고) 공판을 통해 등장한 살아있는 정보(증거)에 대한 법관의 기억은 사라지고,[238] 따라서 법관은 공판조서에 기록된 언어적 의미내용(증거자료)만을 토대로 사실인정을 하게 된

235 이에 관한 자세한 논의는 이상돈, "형사소송에서 논증의무의 조절과 이성적 법정책－공판조서와 판결서 작성의 편의주의적 간소화에 대한 비판", *법과 사회* (제9권, 1994), 162~183쪽.

236 형사소송에서 공판기일의 소송절차 즉 공판의 진행에 관한 입증은 공판조서에 기재된 것만으로 하며(형사소송법 제56조), 민사소송에서도 변론의 방식에 관한 규정의 준수는 조서에 의하여만 증명할 수 있다(민사소송법 제147조).

237 물론 공판조서의 작성은 공판기일, 공판정에서 공판에 참여한 (제275조 제2항에 따라 열석한) 법원사무관이 작성(제51조 제1항), 서명날인한다. 그래서 법원사무관을 공판조서작성의 주체라고들 한다. 그러나 공판조서는 작성된 후 5일이내에(제54조 제1항) 재판장이 그 기재의 정확성을 인증하는 서명날인(제53조)을 하도록 되어 있다. 이를 "정리"(整理)라고 하는데 이 점은 바로 논증의무이행제도로서 공판조서작성의 주체가 당연히 법관임을 말해준다.

238 기억은 시간이 지날수록 흐려지는 것은 경험법칙이다. 그렇기 때문에 목격자의 "기억이 시일이 지남에 따라 흐려질 수는 있으나 오히려 처음보다 명료해진다는 것은 이례적인 점에 비추어" 그 신빙에 의문이 남게 된다(大判 92도2884).

다. 이렇게 되면 사실인정은 마당적 이해가 아니라 일종의 텍스트이해가 되어 버린다. 또한 변론조서나 공판조서는 절대적 증거능력을 인정받고, 그것을 상소심(특히 항소심)이나 갱신된 공판절차(형사소송법 제301조, 제301조의2, 규칙 제143조)에서 사실인정의 기초로 삼게 되는데, 그렇게 되면 마당적 이해는 텍스트(공판조서)이해로 전환된다.

★ 조서작성방식과 마당적 이해의 구조적 왜곡 현재의 변론조서나 공판조서의 작성실무는 마당적 이해를 구조적으로 제약하고 있다. ① 가령 조서작성의 편의를 돕는다는 명목 아래 증거신청 시 신문사항을 서면으로 정리하여 미리 법원에 제출케 하고(민사소송규칙 제80조, 형사소송규칙 제66조) 그 서면에 따라 증인신문 등을 행하고 그 서면을 기초로 증인신문 등에 관한 조서를 작성하는 실무을 들 수 있다. ② 이러한 실무에 의하면 법관은 대개 미리 제출된 증인신문사항(서면)만을 쳐다보고, 변호인의 신문 시 증인이 보이는 태도, 표정 등 살아있는 정보(태도증거)를 섬세하게 지각하지 않게 될 수 있다. ③ 또한 증언내용은 증인을 신청한 당사자가 구성한 증인신문사항에서 사실상 거의 예측할 수 있고, 따라서 법관은 증인신문이전에 이미 그 증언내용을 제3의 매체인 증인신문사항(서면)에서 지각하게 된다. 이러한 현실에서 증인신문에서 지켜야 할 형사소송법상의 법원칙인 구술주의와 직접주의는 사실상 침해된다. ④ 그뿐만 아니라 증인신문사항(서면)은 증인의 증언내용을 정리하기 쉽게 즉 '예/아니오'의 형태로 대답될 수 있도록 구성되기 때문에 상호신문제도(형사소송법 제161조의2, 민사소송법 제327조)의 본래기능이 위축될 수밖에 없다. 이러한 실무는 마당적 이해를 텍스트이해로 변질시킨다. 조서에 담기는 내용이 사실상 법정 밖에서 또는 기일이전에 이미 확정되는 것을 막고 오직 변론이나 기일에 법정에서 수집한 정보만을 담아야 한다는 원칙이 준수될 때에 비로소 마당적 이해가 성공적으로 진행될 수 있다.

4. 법률해석과 사실인정의 통합적 지평

법률적 삼단논법은 법률해석과 해석된 법률에 포섭될 사안의 확정은 전혀 별개의 과정이라고 본다. 그러나 법률해석에 대한 해석학적 이해와 사실인정에 관한 마당적 이해는 하나의 법률적용과정에서 통합되는 지평을 갖고 있다. 이를 간단히 설명해보기로 한다.

(1) **법률텍스트이해와 선이해** 첫째, 법적 해결을 요구하는 하나의 역사적 사건은 수많은 사실로 분해될 수 있다. 이 때 그 낱낱의 사실들을 정보라고 표현할 수 있다. 하나의 사건을 구성하는 수많은 사실들, 즉 정보들 가운데 어떤 사실들을 (선별)수집할 것인지는 그 사건에 적용이 가능한 법규범에 포섭되는 사안의 이념유형적 표지에 의하여 결정된다. 여기서 사안의 이념유형적 표지는 적용할 법규범이 실제로 적용된 판결사안들, 학설이 제안하는 포섭사안들을 구성하는 정보들의 최대공약수를 개념화한 것을 말한다. 법률텍스트의 이해(법률해석)는 그와 같은 최대공약수를 확정하는 이해활동이며 여기에는 법관의 선이해(Vorverständnis)가 작용한다. 최대공약수를 기준으로 또는 그것을 일반적 언어에 담은 개념표지들을 기준으로 하나의 역사적 사건에서 '의미있는 정보'들과 그렇지 않은 정보들을 가려냄으로써 당사자의 주장사실이나 공소사실을 구성하게 된다. 전통적인 법해석학에서 말하는 '규범에 의한 사안의 구성'이란 직접적으로는 바로 이 점을 두고 하는 말이다.

(2) **마당적 이해와 선이해** 둘째, 주장사실이나 공소사실을 구성하는 정보는 특정한 증거방법에 의하여 증명이 되어야 하는데, 소송에서 등장한 증거방법들에 의하여 법규범과 상응할 수 있는 사안이 존재한다고 말할 수 있는가에 관한 법관의 확신형성, 즉 마당적 이해에는 앞에서 설명한 바와 같이 선이해의 작용이 있고 그 작용은 정책적 결단, 정치적 관점, 윤리적 확신의 형태로 등장하기도 한다.

(3) **선이해작용의 변환** 셋째, 여기서 선이해의 작용은 사안구성과 법률해석 사이에서 자유롭게 변환될 수 있다. 즉 같은 종류, 같은 방향의 선이해가 마당적 이해와 법률텍스트이해를 넘나들면서 작용할 수 있다. 이러한 선이해작용의 변환은 법해석학에서 말하는 '사안을 통한

규범구체화'로 나타날 뿐만 아니라 '사안을 통한 규범의 변경'으로도 나타난다.

1) 마당적 이해의 변경과 규범구체화 예컨대 소송에서 등장한 증거만으로 법규범과 명백하게 상응할 수 있는 사안의 존재를 인정할 수 있다면 그것으로 법률의 적용은 끝이 난다. 그러나 그런 사안을 구성할 수 없는 경우에는 적어도 그런 사안과 유사성을 인정할 수 있고, 그래서 그 법규범의 적용을 허용할 수 있는 사안의 존재를 확신할 수 있는지를 검토하게 된다. 이 확신의 과정(마당적 이해)에는 법관의 선이해가 작용한다. 물론 이러한 확신은 소송법규칙이나 자유심증의 내재적 한계를 벗어나지 않는 것이어야 한다. 이러한 과정에 의하여 법규범과 상응할 수 있는 사안들이 많이 축적될수록 그 법규범의 의미는 구체화된다(법률단어의 사용이론). 법해석학에서 말하는 '사안을 통한 규범구체화'는 바로 이를 두고 하는 말이다.

2) 법률텍스트이해의 변경과 규범변경 그러나 소송에서 등장한 증거만으로는 소송법규범 위반 없이는 법규범과 상응할 수 있는 사안을 전혀 구성할 수 없는 경우에, 선이해의 작용이 그 법규범을 사안에 적용하려는 방향으로 이루어진다면 법관은 법규범을 새로운 해석을 통해 변경시킬 수도 있다. 다시 말해 선이해가 일정한 법규범을 문제의 사건에 적용하려는 방향으로 작용한다고 할 때, 소송에서 등장한 증거를 바탕으로 그 법규범의 포섭사안이 존재한다는 내용의 마당적 이해를 형성하는 것이 마당적 이해의 합리성 한계를 넘어선다고 판단되면, 법관은 합리성을 유지할 수 있는 마당적 이해를 행하고, 그 대신 그런 이해로 구성된 사안이 해당 법규범에 포섭될 수 있도록 그 법규범을 부분적으로 변경하게 된다.

3) 적용법률의 변경 그러나 마당적 이해의 변경이나 법률텍스트이해의 변경으로써 합리적인 범위 내에서는 그 역사적 사건에 그 법규범을 적용하는 것이 불가능하다고 판단될 때에는 선이해는 적용법률의

변경으로 그 작용방향을 선회할 수도 있다. 이상의 설명에서 법률해석과 사실인정은 별개의 인식행위가 아니고 선이해의 작용에서 통합되는 해석학적 이해의 행위임을 알 수 있다.

V. 법률적용의 진리성

1. 법률적용의 주관성과 진리이론

법률적용에 대한 해석학적 이해는 법률적용이 말놀이라는 성격을 띠는 한에서는 상호주관성이 있지만 (개인적인) 선이해가 작용하는 한에서는 주관성을 띤다. 그럼에도 불구하고 법률적용이 어떻게 — 인지적으로(kognitivistisch) — 진리성('타당성')을 인정받을 수 있는가?

(1) 법률적 삼단논법의 진리이론　근대법을 구축했던 자연법적 사고에서는[239] 진리란 어떤 실체이다. 진리로서 실체를 법률적용에서 찾아본다면 법언어가 지시하는 존재론적(ontologisch) 의미[240]와 법관의 법률적용이 일치하는 것을 말한다. 이를 상응이론(Korrespondenztheorie)이라고 부른다. 법률적 삼단논법이나 실체적 진실의 개념은 이러한 진리이론을 전제로 한다. 그러나 인간의 의식과 언어를 벗어난 실체는 존재하지 않으며, 그러한 실체를 인정한다고 할지라도 법관이 사용하는 법언어와 어떤 실체 사이에는 너무 많은 상응관계가 있을 수 있기 때문에[241] 진리이론으로서 기능하기 어렵다.

(2) 수렴이론　이런 문제점을 통찰한 카우프만(Arthur Kaufmann)에 의하면 진리는 실체이고, 그것은 존재하지만 "하나에 통합될 수 없고 서로 대립하며, 서로 약화시키고 심지어는 서로 지양시켜 버리는"[242] 인

---

239 반면에 법실증주의적 사고에서 법률적용의 진리성은 힘의 문제로 환원되므로 이 문제가 진지하게 등장하지 않는다.

240 Neumann, *Rechtsontologie und juristische Argumentation* (Heidelberg, 1979), 33쪽.

241 Putnam, *Vernunft, Wahrheit und Geschichte* (Ffm., 1990), 104쪽.

식의 주관적 요소들이 하나로 모일 때"[243]에만 실현된다. 이를 수렴이론(Konvergenztheorie)이라고 한다. 이런 수렴을 위해서는 끊임없는 비판과 열린 토론의 과정에서 합의하고 또 그 다시 그 합의를 교정하는 지속적인 과정이 필요하다고 본다.[244] 하지만 그러한 수렴의 가능성은 다시금 "함축적인 정의내림"(implizite Definition)으로써 작업할 수밖에 없다.[245] 법언어의 "함축적인 정의내림"이란 가치영역에서 규범적 판단이 뒤따르게 될 경험의 발견을 시도하는 것이다. 그러나 그런 경험은 전통의 영향을 받고 있고,[246] 우리의 삶을 이끄는 보편적인 통찰에는 이데올로기가 내재해 있기 마련이다. 그러므로 법률적용의 진리성을 위해서는 이데올로기를 비판하고[247] 극복할 수 있는 가능성을 확보하여야 한다.

(3) **합의이론** 이런 가능성은 첫째, 실체(사실, 존재)가 언어로부터 독립되어 있는 것이 아니라,[248] 언어 안에서, 언어에 의해서만 매개된다는 점을 통찰하고, 둘째 모든 실체(사실, 존재)에 대한 인식의 표현은 단지 말행위(Sprechakt 말함)임을 인정하며, 셋째 말행위는 그 타당성을 얻기 위해 구축된 절차적 조건 속에서 이루어질 때 더 타당할 수 있다고 보는 하버마스(Habermas)의 대화이론에 의해 확보될 수 있다. 여기서 대화란 간단히 말하면 합의를 이룰 수 있게 하는 논증을 통해 말행

242 Kaufmann, "Über die Wissenschaftlichkeit der Jurisprudenz als Wissenschaft", *ARSP* (71, 1986), 37쪽 아래.

243 Kaufmann, *Das Schuldprinzip* (Heidelberg, 1979), 76쪽 아래.

244 Kaufmann, *Grundprobleme der Rechtsphilosophie* (1994), 219쪽.

245 Kaufmann, "Recht und Rationalität", *Maihofer-Festschrift* (1988), 36쪽.

246 이를 가다머는 영향사(wirkungsgeschichte)라고 부른다. Gadamer, *Wahrheit und Methode: Grundzüge einer philosophischen Hermeneutik 5.Auflage,* (Tübingen, 1979), 285쪽 아래 참조.

247 전통에 대한 이데올로기비판은 전통계승으로서의 역사를 무력하게 만드는 것이 아니라 과학과 산업화 이전의 시대의 내용적으로 생각된 특정한 전통을 무력화시키는 것이라는 Apel, "Szentistik, Hermeneutik, Ideologiekritik", *Hermeneutik und Ideologiekritik* (1980), 34쪽; Habermas, "Zu Gadamers 'Wahrheit und Methode'", 앞의 책, 47, 52쪽 아래 참조.

248 Patzig, "Satz und Tatsache", *Sprache und Logik* (Göttingen, 1970), 43쪽.

위의 타당성을 인정받는 의사소통의 과정을 가리킨다.[249] 이처럼 대화적 소통 속에서 이루는 합의가 바로 진리라고 보는 이론을 합의이론(Konsensustheorie)이라고 한다.

1) 법관의 말행위의 두 가지 의사소통 차원 법관의 말행위는 하버마스가 말하는 '의사소통행위'(kommunikatives Handeln)와 '대화'(Diskurs)라는 두 가지 의사소통의 차원에 관계한다. ① 의사소통행위의 차원이란 법관의 말행위가 '그런 말행위에 항상 수반되는 말 이외의 맥락 속에서'[250] 다른 사람과 교류되는 경우를 말한다. 예를 들면 일상언어적 규칙이나 판결사안들이 법률과 사안 사이의 상응성을 판단하는 데 확실성 있게 기여하는 경우가 이에 해당한다. ② 이에 반해 대화란 '말행위의 타당성에 대한 의심으로 인해 말행위의 타당성요구를 논증의 테마로 삼는 의사소통의 차원'을 가리킨다. 대화는 그 주장내용대로 행위를 할 부담이나 개인의 특정한 경험으로부터 자유로운 상황에서 새로운 합의를 창출하기 위해 합리적 논거에 의한 논증을 주고받는 과정이다.[251] 판례의 변경은 이러한 대화를 통해 이루어진다.

2) 합리적 대화와 근거지은 합의 그리고 합의는 무엇보다도 "더 나은 논거의 힘"[252]에 의해 만들어진다. 즉 진리의 기준으로서 합의는 현실의 타협이 아니라 "근거지은 합의"(begründeter Konsensus)인 것이다. 이런 합의는 이데올로기적인 이해지평의 기반인 문화와 언어에 대한 비판이 자유롭고, 또한 그러한 비판을 통해 모든 개인들의 욕구가 왜곡 없이 (재)해석될 수 있고, 이를 전제로 모든 개인들의 욕구가 공

---

249 Habermas, "Wahrheitstheorien", *Vorstudien und Ergänzungen zur Theorie des kommunikativen Handelns* (Ffm., 1983), 159쪽. 이 논문의 번역문으로 변종필 역, "하버마스의 진리이론", *안암법학* (제3집, 1995), 29~87쪽 참조; Habermas, "Diskursethik", *Moralbewußtsein und kommunikativen Handels* (Ffm., 1983), 77쪽.

250 Habermas, "Vorbereitende Bemerkungen zu einer Theorie der kommunikativen Kompetenz", *Theorie der Gesellschaft oder Sozialtechnologie—Was leistet die Systemforschung?* (1971), 114쪽.

251 Habermas, "Wahrheitstheorien", 160쪽.

252 Habermas, 앞의 논문, 162쪽.

평하게 충족될 수 있는 기준들이 충분히 모색된 가운데 이루어진 합의[253]만을 가리킨다.

하버마스에 의하면 그런 합의는 '합리적 대화(rationaler Diskurs)에서만 가능하다. 합리적 대화란 "모든 개인들이 문제가 된 말행위의 타당성(또는 말행위가 제기하는 규범의 올바름)에 대하여 (개별)주제설정, 의견개진, 정보화 및 근거제시를 공적인 (대화의) 마당에서 자유롭고 기회균등하게 할 수 있는 (의사소통)조건 속에서 상호이해를 도모"[254]하는 소통을 가리킨다.

3) 대화원칙과 민주주의원칙 법관의 말행위가 제기하는 규범도 그와 같은 합리적 대화 속에서 참여자들이 모두 동의할 수 있는 경우에 타당성(진리성)을 획득할 수 있다. 이를 하버마스의 용어로는 "대화원칙"(Diskursprinzip)이라고 부를 수 있다. 그러나 대화원칙은 '이상'일 뿐이며, 현실 법관의 말행위는 소송의 시·공간적, 인적·물적 한계와 소송당사자나 이해관계인들, 때로는 정치권력이나 각종 사회단체의 압력과 매스컴의 여론몰이 등이 작용하는 왜곡된 의사소통적 구조 속에 이루어진다. 여기서 대화원칙은 법관의 말행위가 그와 같이 왜곡된 의사소통적 구조를 최대한 지양한 상황 속에서 이루어져야 한다는 요청, 즉 '민주주의원칙'(Demokratieprinzip)[255]으로 제도화된다. 법적 대화란 이와 같은 민주주의원칙이 지배하는 의사소통을 가리킨다.

2. 법적 대화의 중층성과 전문성

법적 대화는 하버마스가 말하는 도덕적-실천적 대화와는 달리 중층성과 전문성이라는 특수성이 있다.

(1) 법적 대화의 중층성 법을 말하는 행위는 단지 사법기관인 법

253 Habermas, 앞의 논문, 173, 175쪽 아래 참조.
254 Habermas, *Faktizität und Geltung* (1992), 138쪽 참조.
255 Habermas, 앞의 책, 140쪽 참조.

관만 하지 않는다. 행정기관도 법을 말하고 또 의회도 법을 말한다. 따라서 법적 대화는 행정과 입법의 차원에서도 이루어질 수 있다. 이를 법적 대화의 중층성 내지 다차원성이라고 할 수 있다.

1) 규범창설대화와 규범적용대화의 구분 균터(K. Günther)는 입법 차원의 법적 대화를 '규범창설대화'(Begründungsdiskurs), 사법 차원의 법적 대화를 '규범적용대화'(Anwendungsdiskurs)라고 구분 짓고,[256] 규범창설의 말행위가 요구하는 타당성은 '올바름'(Richtigkeit)인 반면, 규범적용의 말행위가 요구하는 타당성은 구체적인 적용상황에의 '적절성'(Angemessenheit)이라고 본다.[257] 하버마스도 이 규범적용대화의 이론을 받아들인 바 있다.[258]

★ 균터(K. Günther)의 규범적용대화와 적절성 예를 들면 '약속은 지켜야 한다'는 규범(N_1)과 '곤경에 처한 이웃을 도와야 한다'는 규범(N_2)은 각각 보편화가능성이 있는 것으로서 그 타당성을 인정할 수 있다. 그러나 여자친구 乙이 초대한 저녁파티에 가기로 약속한 甲이 파티장소로 집을 나설 때 옆집 친구 丙이 부상을 입어 돌봄이 필요하게 된 경우를 가정하자. 이때 가령 "乙과의 약속은 그리 중요한 것이 아니고 丙을 돕는 것은 더 중요하므로 甲은 乙과의 약속을 지키지 않고 丙을 도와야 한다"는 규범적용은 서로 충돌하는 N_1과 N_2가 甲의 구체적 행위상황 속에서도 타당성(상호주관성, 보편화가능성)을 잃어버리지 않게 해준다. 즉 N1과 N_2는 그런 규범적용을 통해 다시금 서로 타협과 조화를 이루게 되는 것이다. 이런 규범적용을 두고 '적절하다'(angemessen)라고 부르면서 그

256 Günther, *Der Sinn für Angemessenheit* (Suhrkamp, 1987), 60쪽 아래; 균터의 규범적용대화이론의 내용과 의미에 대해 자세히는 양천수, "법과 대화이론—클라우스 균터의 대화이론적 법이론", *법철학연구* (제4권 제2호, 2001), 159~194쪽 참조.

257 이에 대하여 자세한 것은 이상돈, "하버마스의 법이론", *하버마스의 사상* (장춘익 외) (나남, 1996), 243쪽 아래; Günther, 앞의 책, 170쪽 아래 참조.

258 Habermas, *Faktizotät und Geltung* (Suhrkamp, 1992), 268쪽: "법이론은 예나 지금이나 현행법이 새로운 모든 적용상황에 대하여 올바른 결정을 마련할 수 있도록 현행법을 합리적으로 재구성하는 과제를 갖고 있다. 그러나 이론은 구체적인 적용대화 속에서야 비로소 사안에 관련하여 하나의 능동적인 질서에 놓이게 되는 유동적인 양의 원칙이나 목표설정을 갖고 있다. 현재 효력 있는 규범들의 관계는 결정이 필요한 사안이 그때 그때 갖고 있는 상황요소들에 종속하여 변화되어 간다."

규범들의 타당성과 구별하자는 것이 귄터(K. Günther)의 제안이다.[259] 그리고 그와 같은 N_1과 N_2에 대한 해석을 '정합적 해석' 또는 정합성원칙에 따른 해석이라 부른다.

2) 법을 말하는 행위의 중층성 귄터(Günther)는 법관의 법적 논증을 규범적용대화의 특별한 경우라고 본다.[260] 민주적 절차로 성립한 법률규범의 효력은 법률적용단계에서는 전제되어 있기 때문이라고 한다.

(가) 규범적용대화의 규범생산성 그러나 의회의 입법을 규범창설로, 법관의 법률적용을 규범적용의 말행위로 이분하는 것은 옳지 않다. 첫째 법관은 법률을 해석하여 무엇이 법인가를 말할 때 그 법률의 타당성을 언제나 전제하지 않기 때문이다. 가령 어떤 법률의 올바름에 의문을 가진 법관은 그 법률의 적용을 최대한 축소시킬 수 있다(해석자의 저항). 둘째, 법률을 처음으로 적용하거나 기존 판례의 법률해석을 변경하는 법관의 말행위는 법률단어의 사용규칙(Wortgebrauchregeln)을 창설하는 것이며, 이로써 형성되는 구체적인 법규범의 타당성요구는 '적절성'이 아니라 '올바름'이다.

앞의 귄터가 언급한 사례에서 약속의 내용이 사람의 생명·신체를 보호하는 것보다 중대하지 않은 경우(예: 파티참석)에는 곤궁에 처한 이웃을 돌보라는 규범 N_2가 규범 N_2가 약속준수규범 N_1보다 더 우선하여야 한다. 보다 더 우선하여야 한다는 한 단계 '더 구체적인' 규범 N_3이 정립된다. 이 규범은 甲의 사안과 유사한 사안에서 타당성을 가지며, 준수되어야 한다. N_1과 N_2가 법률(규범)이라면, N_3는 법관이 설정하는 구체적 법규범이며 N_1과 N_2의 텍스트를 사용하는 규칙(법률단어사용규칙)이기도 하다.

물론 법관은 법률을 구체화하는 말행위를 할 때, 미래에 등장할 새로운 상황과 그 상황이 던져주는 의미를 충분히 고려할 수가 없다. 그

---

259 Günther, "Ein normativer Begriff der Kohärenz für eine Theorie der juristischen Argumentation", *Rechtstheorie* (1989), 170쪽 아래 참조.

260 Günther, 앞의 논문, 188~190쪽 참조.

렇기 때문에 법관이 법률단어사용규칙을 설정할 때에는 그 규칙보다 구체적 상황에 대해 법률을 더 적절하게(angemessen) 적용하는 다른 법률단어사용규칙이 있을 수 있는지를 검토하여야 한다. 그러므로 법관의 말행위에서 규범창설과 규범적용은 동시에 존재하는 것이 된다.

(나) **법생산권한의 분배** 이상에서 법을 말하는 행위의 타당성요구에 대한 대화는 입법의 차원에서 뿐만 아니라 법률적용의 차원에서도 전개되어야 함을 알 수 있다. 이를 법적 대화의 중층성(Mehrdimensionalität)이라고 할 수 있다. 이런 법적 대화의 중층성은 법생산권한이 입법자와 법률적용자 사이에 분배되어 있음을 말해준다. 이는 입법자의 규율프로그램이 법률언어의 불명확성으로 인해 법전에 불완전하게 입력될 수밖에 없고, 사회현실의 복잡성으로 인해 있을 수 있는 사건 모두를 남김없이 규율할 수도 없다는 점, 그리고 입법 후에 진행되는 빠른 현실변화도 입법당시의 규율프로그램을 언제나 시대에 뒤떨어진 불충분한 것으로 만들어버린다는 점 때문에 발생하는 현상이다.

(2) **법적 대화의 전문성** 입법과 법률적용의 단계에서 펼쳐지는 법적 대화 사이에는 중요한 차이가 있다.

1) 입법과 법률적용 단계의 전문성 차이 입법 단계의 일반적인 법적 대화에는 비법률가도 법학적 맥락[261](juristischer Kontext) 속으로 들어감이 없이 직접 참여할 수 있다. 물론 입법 단계의 법적 대화에도 헌법지식이나 그 규율프로그램을 입력시키려는 법분과(예: 행정법이나 형법)의 임무나 기능에 대한 전문적 이해가 대화참여자들에게 요구된다. 하지만 입법과정의 법적 대화에는 여전히 비전문가가 참여할 공간이 상당한 정도로 남아 있다.

이에 비해 법관의 법률적용 차원에서 펼쳐지는 법적 대화는 오직 '법률적으로 논증'(juristisch argumentieren)할 수 있는 사람만 참여할

261 법발견에서 법적 맥락의 의미에 대한 광범위한 연구로 Hoecke, *Norm, Kontext und Entscheidung* (Leuven, 1988) 참조.

수 있다. 법관은 법률적용으로 '한 행위자가 그 사안의 특정한 상황 속에서 자신의 사회적 행동을 어떻게 정돈해야 하는 지'(구체적 법)를 말한다. 이 말함의 과정에 법관은 다른 사람들과 의견을 교류하는 법적 대화를 전개하지만, 말하고 난 이후에도 그 말함의 내용적 타당성에 대한 비판과 토론의 대화과정이 펼쳐진다. 이때 법적 대화에 참여하는 사람들은 경험적이거나 사회과학적인 논거를 사용하여 자기주장을 할 수 있지만 그 논거들은 어디까지나 법적 맥락에 들어간 형식을 띠어야만 한다. 이로써 법관의 말행위에 대한 법적 대화는 — 그 법률에 관한 법학지식, 축적된 판례에 대한 이해, 타학문분과의 관련지식, 법논리적 사고 등이 요구되는 — 전문화된(fachspezialisiert) 대화가 된다.[262] 따라서 법률적용단계의 법적 대화 참여자들은 그런 전문성을 가진 자에게 국한되어야만 한다. 물론 그런 전문가들은 법률해석의 실제결과가 일반시민들의 이익에 기여하도록 자신들의 해석을 지속적으로 성찰할 의무를 진다. 법적 대화의 전문성은 법이 도덕으로부터 분화된 독자적인 지식체계를 형성하고, 도덕의 역할을 대체하거나 보완하면서도 도덕과 다른 역할을 하게 된 현대사회에서는 불가피한 것이다.

2) 합리적 대화의 특별한 경우로서 법적 대화 알렉시(Alexy)는 법률적용단계에서 펼쳐지는 법적 대화란 현행 실정법의 테두리 안에서 이루어지고, 언어적(문법적), 발생적(역사적) 및 체계적 논거(해석)와 법률해석학(Rechtsdogmatik)에 의해 수행되고, 그런 '법적 대화'가 법관의 말행위가 제기한 타당성요구를 충족시킬 수 없는 경우에 하버마스가 말하는 바와 같은 일반적인 도덕적-실천적 대화가 펼쳐진다고 본다. 다시 말해 법적 논증의 합의형성력이 끝나는 곳에서 비로소 일반적인 합리적 대화에 의한 합의형성이 시작된다는 것이다. 그러므로 법적 대

262 법률적용 단계의 법적 대화의 전문성에 대한 최초의 본격적인 논증이론으로 Sangdon Yi, *Wortlautgrenze, Intersubjektivität und Kontexteinbettung* (Ffm., 1992), 286쪽 아래 참조.

화는 도덕적-실천적 문제에 대한 대화의 특별한 경우(Sonderfall)가 된다.[263]

그러나 해석카논이나 해석원칙에 의한 논증을 '합리적 대화의 특별한 경우'라고 부르는 것은 잘못이다. "법적 대화란 도덕적 논증의 부분집합이 아닐"[264] 뿐만 아니라, 그와 같은 해석카논이나 해석원칙들은 도덕적-실천적 대화의 일반적인 조건을 현행법 속으로 특수화시키는 것도 아니기 때문이다.[265] 그것들은 법관의 말행위가 제기하는 타당성 요구가 대화적으로 해소될 수 있기 위한 단지 '형식적인 조건'에 속할 뿐이다. 합리적 대화의 지평은 오히려 그러한 해석카논이나 해석원칙의 선별과 적용을 실질적으로 결정한 논거들에 대한 열린 비판과 토론의 가능성에 있다. 그러므로 법률적용단계의 법적 대화가 일반적 도덕적 대화의 특별한 경우라는 알렉시의 명제는 '법률적용단계의 법적 대화란 해석카논이나 법률해석학의 지식들을 갖춘 법전문가들 사이에서 펼쳐지는 전문적 대화이다'라는 의미로 재해석되어야 한다.[266] 물론 이렇게 이해하게 되면 법률전문가들의 전문적 대화가 '폐쇄적 대화가 되지 않고' 어떻게 일반시민들의 생활세계 속에 귀속될 수 있을 것인가 하는 문제가 남게 된다.

3. 법률해석의 말행위와 법적 대화

합의이론에 의하면 법률적용의 진리성 문제는 법관의 말행위가 어떻게 대화원칙(민주주의원칙)으로 짜인 의사소통 상황 속에서 이루어질 수 있을 것인가 라는 문제로 전환된다. 물론 이 문제는 법적 대화의 중층성과 전문성을 고려한 가운데 대답되어야 한다. 법률텍스트의 이해에 관한 법관의 말행위가 법적 대화가 된다는 것은 말행위 자체가 '대화

263 Alexy, *Theorie der juristischen Argumentation* (Ffm., 1978) 참조.
264 Habermas, *Faktizität und Geltung* (Suhrkamp, 1992), 283쪽.
265 Habermas, 앞의 책, 284쪽.
266 분명하지는 않지만 하버마스도 이 점을 인식한다. Habermas, 앞의 책, 236쪽 참조.

적'(diskursiv)으로 이루어지고(아래 (1)), 그 말행위가 제기하는 규범에 대한 대화의 전개가 최대한으로 펼쳐질 수 있는 것(아래 (2))을 말한다.

(1) 규범적 말행위에 내재적인 법적 대화 법관의 말행위(법률해석)가 설정하는 구체적 법규범은 궁극적으로는 모든 사람에게 욕구충족의 기회를 공평하게 보장하는 것이어야 한다(보편화가능성 Universalisierbarkeit).

1) 도덕적 직관에 의존하는 법률해석의 한계 그러나 현실 법관은 자신의 도덕적 직관에 의존하여 법률해석(법규범의 창출)을 하기 쉽고, 그런 법률해석은 '완벽한 규범'의 이상을 쫓는 것이기[267] 쉽다. 완벽한 규범의 이상을 좇으려면 법관은 드워킨이 "통합성(integrity)으로서의 법관념을 받아들이는 초인적 지력과 인내를 가진 상상의 판사"라고 부른 헤라클레스(Hercules)[268]가 되어야 한다. 그러나 현실의 법관은 헤라클레스가 아니다.[269] 물론 미래 사회에서 인공지능(AI) 로봇은 판사에게 헤라클레스에게 기대하는 유용성, 특히 과중한 업무부담을 처리하는 능률의 기술을 가져다줄지 모른다. 하지만 인공지능 로봇으로 대체할 수 없는 법관의 능력이 있다. 그것은 바로 성찰의 능력이다. 물론 현실의 법관도 '완벽한 규범'일 수 없는 현실의 법규범이 보편화가능성의 요청을 충족하는 것인지 여부를 성찰하는 능력을 완벽하게 갖출 수 없다. 하지만 미래의 법로봇은 그 점이 아예 불가능하다.

★ 인공지능 법로봇의 포스트모던적 성찰의 한계 ① 물론 인공지능 로봇이 논리적 사고와 분석적 사고를 겸비하고 규범적 판단능력까지 갖추게 되는 한,[270] 인공지능 로봇은 판사의 역할을 일정부분 대리할 수도 있을

267 이 점을 갈파하는 K. Günther, "Ein normativer Begriff der Kohärenz für eine Theorie der juristischen Argumentation", *Rechtstheorie* (1989), 168쪽 참조.

268 R. Dworkin(장영민 옮김), *법의 제국(Law's Empire)* (아카넷, 2004), 339쪽.

269 드워킨(Dworkin)은 정합성개념에다 이런 초능력인간을 요청하지 않을 수 없는 과제를 설정하는 오류를 범하고 있다: Dworkin, *Bürgerrechte ernstgenommen* (Ffm., 1984), 182쪽 아래 참조. 드워킨의 법철학에 관해서는 장영민, "원리와 권리의 법철학", *황산덕박사 추모논문집* (1989), 113~138쪽 참조.

270 ★ 로봇의 형사책임가능성 미래의 인공지능 로봇이 규범적 판단능력을 갖추게 되면 형사책임의 주체가 될 수 있는지에 관해서는 ① 탈인간중심적 법의 전망 속에서 그

것이다.[271] 그 한에서 이른바 인공지능 법로봇이 탄생할 수 있다. ② 하지만 인공지능 법로봇은, 설령 탈인간적 (법)인격(체)로 승인되더라도, 동일체로 다량 생산되는 기계인 한에서 포스트모던 성찰, 특히 타자와의 상호적 관계망 속에서 그리고 그 관계에 대한 비판적 성찰 속에서 '자기 자신이 되는 것'(becoming self)의 의미를 성찰하기는 어려울 것이다. 그렇기에 자연인간의 포스트모던 성찰이 수행하는 법의 발전은 고도로 발달한 미래의 인공지능 법로봇에게 기대하기 어려운 일이다. ③ 또한 로봇 사랑을 자기애적이며, 네크로필리아(necrophilia: 시체애호증)의 증폭된 현상으로 보는 민윤영 교수의 비판도 주목할 만하다.[272] 그 비판의 요점을 법로봇의 성찰능력문제에 전용해보면, 로봇에게 인간의 법적 사무를 맡기는 식의 로봇 사랑은 그 동안 인류가 해왔던 법적 사무의 방식과 수준에 대한 반성과 성찰을 중단하고, 지금까지의 문명화 수준에 만족하고 안주하는 것을 의미하게 된다. 또한 법분야에서 인류의 자기애적 로봇 사랑은 법에 대한 소통과 합의지향적 대화의 에토스를 급감시킬 것이므로, 법의 정합성 실현정도도 낮게 만들 것이다.

법관의 보편화 가능성에 대한 성찰은 롤즈가 말하는 "반성적 평형"(reflective equilibrium)[273]을 이루는 기반이기도 하다. 반성적 평형의 방법을 사용하기 위한 규칙을 정립[274]하기는 매우 어렵다. 롤즈의 반성적

필요성을 인정하는 견해(양천수, "인공지능과 법체계의 변화", *법철학연구* [제20권 제2호, 2017], 69~70쪽), ② 형사책임은 인간의 도덕적 인격이 전제되지만 로봇은 그런 전제를 충족할 수 없다는 점에서 로봇의 형사책임을 부정하는 견해(김영환, "로봇 형법(Strafrecht für Roboter)?", *법철학연구* [제19권 제3호, 2016], 143~168쪽), ③ 현재로서는 인간-종 중심적 부족주의에 비추어 볼 때 로봇이 형사책임의 주체가 되기는 어렵지만 진화적 동인에서 비롯된 심리적 저항감이 해소되고 처벌실익에 대한 사회적 합의가 형성된다면 가능하다고 견해(안성조, "인공지능 로봇의 형사책임", *법철학연구* [제20권 제2호, 2017], 77~122쪽)가 있다.

271 인공지능을 초인공지능, 강한 인공지능, 약한 (딥러닝 수준까지의) 인공지능으로 나누고, 강한 인공지능이 형사사법의 구성부분이 되는 '탈인간중심적(posthuman) 법'이 현실화된다고 전망되기도 한다. 대표적으로 양천수, 앞의 논문, 65쪽 아래 참조.

272 민윤영, "인간, 동물, 로봇 그리고 바이오필리아(biophilia)의 법: 에리히 프롬(Erich Fromm)의 사상을 중심으로", *법철학연구* (제20권 제1호, 2017), 1~33쪽 참조.

273 Rawls, *A Theory of Justice* (Mass., 1971), 48쪽.

274 이런 시도로 최경석, "생명의료윤리에서의 넓은 반성적 평형과 판단력", *법철학연구* (제11권 제1호, 2008), 80쪽 아래 참조. 이를테면 ① 정합성과 포괄성의 최대화, ② 부정확한 믿음의 최소화, ③ 임시 고정의 믿음의 상호수정과정이 반성적 평형을 위

평형은 개인적 이성의 극적인 모습을 가리킬 뿐이다. 그러나 법관의 법률해석을 규범적 말행위로 바라본다면 말행위가 제기하는 타당성을 근거지우는 지평이 개인의 이성이 아니라 사람들 간의 소통과 합의 지향적 대화임을 간과해서는 안 된다.

2) 완전한 상황서술과 보편화가능성 법률적용에서 법관이 대화를 한다는 것의 실천적 의미는 법관이 해당법률이 적용될 수 있는 모든 상황을 고려하고 그 법률이 적용되어야 마땅한 사안을 선별해야 한다는 요청으로 현실화할 수 있다. 이를 '완전한 상황서술'(vollständige Situationsbeschreibung)의 요청이라고 한다.[275] 즉 법관은 법률텍스트의 의미를 정하려 할 경우 자기 앞에 놓인 사안의 구체적 상황을 계기로 하여 법률텍스트가 가질 수 있는 '모든 의미의 가능성들을 검토'(Ausschöpfung der Bedeutungsmöglichkeit)[276]할 의무를 진다. 법률텍스트의 의미에 관해 법관이 하는 말은 이런 의무를 이행하는 경우에야 비로소 모든 사람에게 타당성을 요구할 수 있다.[277]

(가) 정합적 해석의 요청 먼저 이 완전한 상황서술의 요청은 현대사회에서 법의 새로운 합리성 기반인 정합성整合性(Kohärenz, Coherence)의 핵심적 내용이 된다는 점을 언급할 필요가 있다.[278] 근대법에서 합리성

해 필요하다고 본다.

275 Günther, *Der Sinn für Angemessenheit* (Suhrkamp, 1987), 294쪽.

276 K. Günther, 앞의 책, 257쪽: 균터도 '하나의 규범이 특정한 상황에서 적절한 것인지를 확정하기 위하여 그러한 규범을 상황의 모든 요소들을 고려하고 의미 있을 수 있는 모든 대안 규범을 고려하여 판단하는 것이 필요하고 또 충분하다'고 보고 있다.

277 이런 입장을 수용한 하버마스도 "하나의 판단의 정당화는 상황을 완전하게 해석할 때 사안마다 각각 의미 있는 모든 규범적인 관련근거들의 총계에 의해 뒷받침"되어야 한다고 말한다. 이에 관해 Habermas, *Faktizität und Geltung* (Suhrkamp, 1992), 267쪽 참조.

278 ★ 법체계의 정합성 법률해석의 정합성과 법체계의 정합성은 구분된다. 법체계의 정합성에 관해서는 알렉시가 제시한 8가지 기준을 주목할 만하다: ① 한 법체계의 진술들이 그 법체계의 또 다른 진술들에 의해 근거지어지는 경우가 많을수록 그 법체계는 그만큼 더 정합적이다. ② 한 법체계에 속하는 근거지움의 연쇄고리가 길면 길수록 그 법체계는 그만큼 더 정합적이다. ③ 하나의 공통된 출발전제를 갖는 근거지움의 연쇄고리들이 많을수록 그 법체계는 그만큼 더 정합적이다. 또한 거꾸로 더

은 "모든 법적 개념과 명제들 사이의 내적 연관이나 유사성을 인식"[279] 할 수 있다면 실현될 수 있는 것이었다. '논리적 모순 없음', 즉 일관성(Konsistenz)은 합리성의 핵심인 것이다. 이에 비해 법의 실질화로 인해 베버(Weber)가 말하듯 "법논리의 추상적 형식주의와 실질적 정의에 대한 요구 사이의 피할 수 없는 모순"[280]이 증대하고, 사회체계가 분화되고 발전되어 가고, 법률적용이 창조적 작업의 성격을 더 많이 띠게 된 현대사회에서는 일관성만으로 법의 합리성을 실현할 수 없다. 법률해석이 근거지음이 필요한 말행위인 사회에서 법의 합리성은 법관의 근거지음이 최소한 다른 법관의 근거지음이나 자신의 다른 사안결정에 대한 근거지음과 체계적으로 연관되어 있는 것이어야 한다. 이를 정합

욱 많은 근거지음의 연쇄고리들이 하나의 공통된 결론을 가질수록 그 법체계는 그만큼 더 정합적이다. ④ 한 법체계의 원칙들 사이에 우선순위관계가 더욱 많이 확정될수록 그 법체계는 그만큼 더 정합적이다. ⑤ 한 법체계에서 하나의 진술이 다른 진술과 경험적, 분석적, 규범적으로 서로 근거지우는 경우가 많을수록 그 법체계는 그만큼 더 정합적이다. ⑥ 한 이론이 사용하는 개념이 일반적일수록 그 이론은 그만큼 더 정합적이다. ⑦ 한 이론이 개념들의 횡적 결합을 많이 내보일수록 그 이론은 그만큼 더 정합적이다. ⑧ 한 이론이 적용될 수 있는 사안의 범위가 다양하고 많을수록 그 이론은 그 만큼 더 정합적이다.

이 기준 2에 의하면 예컨대 소급효금지는 죄형법정주의에 의해 죄형법정주의는 법치국가원칙에 의해 정당화되는 식으로 '근거지음의 연쇄고리'가 길수록 법체계는 더 정합적인 것이다. 이에 비해 기준 4에 의하면 근거지음의 연쇄고리는 서로 용납할 수 없는 결론에 이르기도 한다. 예컨대 ≪법치국가원칙→적정절차원칙→피고인방어권보장→피고인공판정출석보장≫이라는 근거지음의 연쇄고리의 가장 구체적 진술과 ≪사회국가원칙→증인보호원칙→(예: 성범죄피해여성의 보호를 위한) 피고인퇴정≫이라는 연쇄고리의 가장 구체적 진술(피고인방어권보장과 피고인퇴정)은 서로 충돌한다. 또한 기준 7에 의하면 예컨대 적격성(적합성)원칙은 비례성원칙의 요소이면서 법익보호원칙의 한 요소가 되는 것처럼 횡적 결합이 많이 이루어질수록 각 원칙들은 더 정합적이 된다는 의미이다. 이처럼 알렉시가 제시한 기준들을 보면 첫째, 법체계의 정합성은 유무의 문제가 아니라 정도의 문제이다. "~할수록, 그만큼 더 정합적이다"라는 구문은 이를 잘 보여준다. 둘째, 위 기준 사이에는 우열이 없고, 사용순서를 정하는 메타원칙도 없다. 그러므로 한 법체계는 모든 기준들에 최대한 골고루 부합할 때 비로소 가장 정합적일 수 있다. 따라서 이 기준들은 최적화요청 아래 놓인다고 할 수 있다.

279 Savigny, *Vom Beruf unsrer Zeit für Gesetzgebung und Rechtswissenschaft* (Heidelberg, 1814), 22쪽.

280 Weber, *Wirtschaft und Gesellschaft* (Studienausgabe, 1964), 601쪽.

성의 요청이라고 할 수 있다. 정합성요청을 충족하는 해석은 다양한 법률들이 경합하고 충돌하는 복잡한 법체계에서 어떤 법률을 어떤 사안에 적용하는 것이 '적절하다'고 평가되는 해석을 말한다. 이런 정합적 해석이 가능하려면 적어도 그 법률이 적용될 다양한 사안들의 가능한 모든 유형들을 고려한 것이어야 한다. 이 점에 관해 균터는 다음과 같이 설명한다.

★ 균터의 완전한 상황서술의 의미 친구 乙과의 약속을 깨고, 아픈 옆집 丙을 돌본 甲의 사안에서는 규범 N_1(=乙과의 약속이행)보다 규범 N_2(=丙을 돌봄)가 중요하다는 평가를 전제한다. 이런 중요성평가는 어떤 상황요소를 고려했느냐에 따라 달라진다. 예컨대 乙의 어려운 상황을 도와줄 乙의 애인이 옆에 있었는지 여부, 乙이 개최하는 파티에 甲이 나타남으로 인해 불우이웃돕기 자선모금의 규모가 엄청나게 커질 수 있어 그 기부금으로 더 많은 이웃을 도울 수 있었는지 여부 등 수없이 많은 상황요소들이 고려되지 않았다면 甲의 규범적용은 적절한 것일 수 없다. 여기서 규범적용의 적절성은 규범이 적용될 상황을 완벽하게 서술함(vollständige Situationsbeschreibung)[281]을 전제하지 않고는 불가능한 것임을 알 수 있다.

이와 같은 완전한 상황서술의 요청을 외면하는 법관의 근거지음은 임시방편적인 근거지음(ad hoc-Begründung)일 수밖에 없으며 그것은 이미 법규범의 보편성요청을 충족시킬 수가 없다.[282]

★ 정합성과 통합성의 구분 여기서 정합성은 폐쇄된 체계의 완벽한 구조, 이를테면 드워킨(Dworkin)이 말하는 '이상적으로 정당화된 법체계의 정합성',[283] '통합성으로서의 법'(law as integrity)[284]과 같은 것이 아님

281 Günther, *Der Sinn für Angemessenheit* (Suhrkamp, 1987), 290쪽 참조.

282 N. MacCormick, "Coherence in Legal Justification", *Theory of Legal Science* (1984), 243쪽 참조.

283 R. Dworkin, *Bürgerrechte ernstgenommen* (Frankfurt/M., 1984).

284 integrity 개념을 **통일성**으로 번역하는 것은 오역에 가깝다. 법의 통일성이 감소하는 시대에도 정합성은 유지, 증대할 수도 있기 때문이다. integrity 개념은 진실성, 성실

을 알 수 있다.[285] 또한 정합성의 실현을 위해 헤라클레스의 물리적 힘에 견줄만한 지적 능력을 가진 '법관'[286]이 요구되는 것도 아니다. 또한 드워킨이 상정하는 원리의 공동체, 즉 "각자를 동등한 배려와 존중으로 대하여야 한다는 최고의 원리를 기반으로 이 원리를 구현하는 원리들과 규칙에 입각해서 구성원들을 대하는 공동체"[287]가 전제되어야만 정합성이 실현되는 것도 아니다.

(나) **패러다임적 법이해와 법적 대화** 그러나 완전한 상황서술의 의무마저도 '소송' 안에서 말행위를 하는 현실의 법관에게는 완전한 이행을 기대할 수 없다.[288] 시간과 가용자원의 제한을 받고 있기 때문이다. 다만 완전한 상황서술과 같은 법적 대화의 부담은 "패러다임적 법이해"(paradigmatische Rechtsverständtnis)[289]에 힘입어 어느 정도 축소될 수

성, 일관성의 개인적 덕성 그리고 정의나 공정성과는 별개의 정치적 덕성(법가치)을 가리킨다고 보고 law as integrity를 '**통합성**으로서의 법'으로 번역(장영민, "드워킨의 법철학 사상", *이화여대 법학논집* [제9권 제1호, 2004], 288, 293, 297쪽 참조)하는 것은 통일성보다는 더 타당하다. 그러나 통합성의 개념이 이해가 잘 되지 않고, 번역도 한계가 있지만, 그 실제 내용은 법관의 입장에서는 진실성과 수법자의 입장에서는 **정합성**이라고 이해하면 무방하다. 이 둘을 아우르는 개념으로는 진정성이 더 타당할 듯하다.

285 J. Habermas, *Faktizität und Geltung* (Suhrkamp, 1992), 269쪽.

286 R. Dworkin, *Bürgerrechte ernstgenommen* (Frankfurt/M., 1984), 296쪽.

287 드워킨의 정합성 개념은 '법질서를 도덕적으로 가장 정합적으로 만들도록 노력하라'는 입법차원의 통합성(integrity)과 '법을 가능한 한 정합적인 것으로 보이게 해석하라'는 사법차원의 통합성에 포함된다. 자세히는 김도균, "우리 대법원 법해석론의 전환: 로널드 드워킨의 눈으로 읽기", *법철학연구* (제13권 제1호, 2010), 101~102쪽 참조.

288 그렇기 때문에 "정합성이론을 완벽한 정답도출절차가 아닌 '규제이상'(regulative ideal)으로 받아들여야 한다"고 보는 강일신, "정합적 법해석의 의미와 한계: 원리규범충돌의 해결이론 관점에서", *법철학연구* (제17권 제1호, 2014), 245쪽.

289 Habermas, 앞의 책, 270쪽; 패러다임적 법이해의 틀은 법인식의 사회역사적 지평에서 그 전형을 찾아 볼 수 있다. 자유주의적 법이해, 사회국가적 그리고 절차주의적 법이해(자세한 논의로 B. Peters, *Rationalität, Recht und Gesellschaft* [Ffm., 1991]와 같은 것들을 들 수 있다. 물론 이러한 법의 사회역사적 패러다임은 물론 법정에서 사안을 결정해야 하는 법관에게 구체적인 결론을 '지시'(결의적 해결 kasuistische Lösung)해줄 수 없다. 그러나 그런 패러다임은 법칙적인(또는 결의적인) 법인식의 가능성이 끝나는 곳에서 법발견의 '근본적인 배후지식'으로서 작용할 수 있다. 나는 그런 법인식의 패러다임을 '거시적인' 패러다임이라고 부르고자 한다.

있다. 패러다임적 법이해란 법률해석학(Rechtsdogmatik)의 지식과 명제, 해석카논 및 선례先例들을 고려하여 법률을 해석하는 것이다. 이들은 법관에게 문제사안과 비교할만한 중요한 사안의 상황들에 대한 전형(사안비교의 준거점)들을 제공해준다는 점에서 법관이 직접 완전한 상황서술을 해야 하는 부담을 덜어준다. 패러다임적 법이해도 어느 정도는 '대화적'인 것이다.[290] 왜냐하면 법률해석학의 명제나 선례 등에는 수많은 다양한 사안들의 구체적 상황이 축적되어 있기 때문이다. 이러한 패러다임적 법이해는 법관의 법률해석 속에 (경제성에 의해) '제한된' 합리적 대화의 원칙, 즉 민주주의원칙을 매개하는 기능을 한다고 볼 수 있다.

> 우리 실무현실을 보면 이와 같은 패러다임적 법이해에 의한 법적 대화의 제한적인 실현도 충분하지 않다. 대법원은 선례를 고려하고 이 점을 판결이유에 설명하기도 하지만,[291] 상소되지 않은 하급심의 판례와 교류하거나 학자들의 학설을 인용하지 않는다.[292] 이는 사법을 '위계질서화' 하고 '법조와 법학을 차등화'하는 관료적 권위주의의 모습이다. 이러한 실무는 '반'反대화적인 것이다. 또한 판결이유에 나타나는 논증언어들은 일상언어에 지나치게 생경한 경우도 있다. 이는 생활세계 속의 시민들과의 대화를 소홀히 하는 태도라고 할 수 있다.

(다) 이데올로기의 성찰의무 그러나 패러다임적 법이해의 대화실현 기능은 제한적이다. 그런 패러다임들은 경합할 수 있고, 또한 경합하는 것들 사이에 잠정적인 우열을 근거지울 수는 있지만, 패러다임이 법적

---

290 알렉시는 이러한 (미시적인) 패러다임이 법적 결정의 '내부적 정당화'(interne Rechtfertigung) 기능을 발휘하는 것으로 이해한다. Alexy, *Theorie der juristischen Argumentation* (Suhrkamp, 1978), 273쪽 아래 참조. 그러나 패러다임적 법이해를 내부적, 외부적 정당화로 나누어 내부적 정당화에 속하는 것으로 보는 것은 부적절하다. 대화의 논리에서 내부, 외부의 구분은 의미가 없고, 패러다임적 법이해는 그냥 법해석공동체가 대화를 진행하는 방식인 것이다.

291 이럴 경우 대법원은 '당원 0년 0월 0일 선고, 000판결 등 참조'하는 식으로 표현한다.

292 독일연방법원의 판례는 학자들의 주장을 광범위하고 치밀하게 인용하고 있다. 예를 들면 Jagow NZV 1990,13,17; Heck NZV 1991, 173라는 식으로 성명, 출처, 인용 페이지까지 언급한다.

결정의 합리성 문제를 모두 해결해주지는 못하기 때문이다. 다만 패러다임적 법이해가 강해질수록 법적 안정성[293](Rechtssicherheit)의 요소는 증가한다.

ㄱ) **법이해의 이데올로기 위험** 그러나 하버마스가 지적하는 바와 같이 법이해의 패러다임은 "이데올로기의 형성에 물들기 쉽게 된다. 패러다임이 체계적으로 새로운 상황해석에 맞서고, 새로운 역사적 경험의 조명 아래 이루어지는 권리와 원칙의 재해석에 대하여 문을 닫아 버릴수록 그 패러다임은 이데올로기로 고착된다."[294] 물론 이데올로기화의 위험 때문에 법이해의 패러다임들을 포기할 수는 없다. 그것은 법관에게 감당하지 어려운 도덕적 근거지음의 부담을 되돌려 주기 때문이다.

ㄴ) **공감과 주관적 보편성** 이처럼 법률해석에서 법관 개인의 이성은 언제나 한계가 있고, 그 한계는 이데올로기의 성격을 띠기 쉽다. 가령 평등원칙이라는 이성적 법원칙을 법률해석에 굴절 없이 적용하면 오히려 비이성의 결과가 초래되는 경우도 있다.

> 예를 들어 남자로부터 강제키스를 당한 여자가 자기방어를 위해 필요한 행위로 그 남자의 혀를 절단한 경우에 정당방위가 인정된다(大判 89도358). 법질서를 수호하고 자기보존을 위한 정당방위는 이성적인 것이다. 평등원칙을 적용하면 여자가 남자를 강제키스 하는 경우에도 같은 정당방위권을 인정하여야 한다. 하지만 대법원은 몸을 밀쳐내는 등의 다른 방어수단을 사용하지 않았다는 이유로 정당방위를 인정하지 않았다(大判 2014도17023). 보통의 남자보다 신체방어능력이 뛰어난 여자도 있고, 보통의 여자보다 신체방어능력이 부족한 남자도 있으므로 이런 차별은 합리적 차별이 될 수 없다.

이런 경우에 이성이 아니라 감성(감정과 직관)이 법률해석을 지배하

293 이를 정합성의 개념으로 이해할 경우 그 정합성 개념은 매우 편협한 실증주의적 개념이 되기 쉽다. 대화원칙의 논리에서 정합성은 재구성되어야 하고 이에 관하여 자세한 논의는 이상돈, "법체계의 정합성과 법적 논증의 정합성원칙", *법철학과 사회철학* (제4집, 1994), 29~53쪽 참조.

294 Habermas, *Faktizität und Geltung* (Suhrkamp, 1992), 271쪽.

는 것이 더 정의로운 결과를 가져오기도 한다. 즉, 감성은 이성의 한계를 보완하는 요소로 기능할 수 있다. 물론 감성은 대화의 논리에서 벗어나 있고, (이성보다 상대적으로 훨씬 더) 주관적인 것이어서 그 진리성을 보장할 수 없다는 점이 문제이다. 하지만 법관의 감성에 의한 법률해석에 대해 다른 사람들도 같은 감정을 느끼는 경우, 즉 공감(empathy)을 얻는 경우에는 주관적 보편성(subjective universality)이 인정될 수 있다. 이때 공감의 핵심은 사람들이 그 사안에 대해 그리고 그 사안에 대한 형사처벌에 대해 같은 미추판단(위 사안에서는 추하다는 판단)을 한다는 데에 있다.[295] 즉 감성의 법률해석은 이성에 의한 정의 판단이 놓치기 쉬운 미학적 정의를 실현한다.

(2) **말행위의 타당성에 대한 법적 대화** 패러다임적 법이해의 문제점에서 보았듯이 법관은 언제나 도덕적 근거지음의 과중함과 이데올로기화의 위험이라는 딜레마에 빠지게 된다. 그러므로 "법의 패러다임이 서로에 대해 개방적이며 그때그때 다양한 상황해석의 유동적인 중층성을 유지하는 차원"[296]이 필요하게 된다. 그런 차원은 소송을 넘어서 법관의 말행위에 대해 펼쳐지는 거시적인 대화를 말한다.

1) 법관의 규범적 말행위에 대한 의사소통적 교류 즉 법률을 사안에 '적절하게' 적용했건 그렇지 않았건 법관의 말행위가 제기하는 규범(구체적 법규범, 법률단어사용규칙)의 '올바름'에 대하여 또 다른 법적 대화가 전개될 수 있다. 상소절차는 그러한 대화를 제도하는 것이다. 그러나 여기서 말하는 대화는 소송이라는 지평을 넘어서는 대화이다. 법관의 말행위에 대한 학자들의 평석, 변호사단체들의 입장표명, 매스컴의 반향, 각종 사회단체의 견해표명과 실천운동 등 다양한 주체들의 다원적인 원칙과 관점에 입각한 해석과 주장이 교류되는 대화의 차원이 있다.

---

295 이런 설명으로 이상돈, "공감의 법—공감법의 현상, 개념, 정당성, 미래", *법적 이슈 공감하기* (세창출판사, 2017), 15~31쪽 참조.

296 Habermas, 앞의 책, 272쪽.

(가) **시민문화** 법관의 말행위의 타당성은 궁극적으로는 이러한 지평의 의사소통이 비판과 대안제시의 건설적인 기능을 수행할 수 있어야 비로소 확보될 수 있다. 이를 위해 법률해석의 토양으로 토론을 통해 합리적 해결을 모색하는 시민사회의 문화가 필요하다. 그런 문화가 없는 곳에 법관의 말행위는 민주적일 수 없고, 민주적이지 않는 말행위는 이데올로기적인 법을 생산할 가능성이 높기 때문이다. 그러므로 장기적인 관점에서 볼 때 법관의 규범적인 말행위의 타당성을 보장하는 가장 확실하면서도 가장 기초적인 기반은 성숙한 시민사회의 토론문화라고 할 수 있다. 우리사회는 이런 차원의 의사소통구조가 아직도 매우 왜곡되어 있다. 자연과학적 진리문제, 실천적 윤리적 문제, 법문제, 그리고 심미적 문제 등에 대한 의사소통이 분화되지 않은 채 뒤섞여 있다는 점은 그 대표적인 현상이다.[297] 집단지성(Collective Intelligence)의 이름으로 특정한 집단의 여론이 인터넷상의 소통공간을 지배하기도 한다. 이런 의사소통구조의 미분화와 왜곡은 권력으로부터 자유로운 소통이라는 대화의 조건을 파괴하기 쉽다.

(나) **전문가문화와 시민문화의 중재** 법관의 말행위의 타당성을 둘러싼 의사소통적 교류에서 비법률가의 견해가 개진될 경우, 그 견해는 법률가에 의하여 '번역'되어야 한다. 여기서 '번역'된다고 함은 해석되는 법률이 속한 법분과의 고유한 법적 맥락 속으로 들어가 그 분과에서 개발되어 온 개념과 원칙의 옷을 입은 법적 논증으로 전환되는 것을 말한다. 이것은 앞에서 살핀 바와 같은 법적 대화의 전문성에서 비롯되는 요청이다. 여기서 법률가에게 또 하나의 중대한 역할이 기대됨을 알 수 있다. 즉 법률가는 일반 시민들의 실천적 논거를 법전문가의 문화 속에 옮겨 놓고, 동시에 법전문가의 문화적 생산물을 일반 시민의 문화가 되도록 이식시키는 활동이 기대된다. 이러한 활동은 법전문가의 문화를 생활세계의 사회통합적 역량을 높이는 밑거름이 되도록 할 뿐만

297 이에 대한 논의로 이상돈, *형법의 근대성과 대화이론* (홍문사, 1994), 54쪽 아래 참조.

아니라 법전문가의 문화가 생활세계로부터 지나치게 떨어진 것이 되지 않게 한다.

2) 논증의무 이상과 같은 법관의 말행위에 대한 대화가 가능하기 위해서 법관은 자신의 말행위를 토론의 대상으로 삼을 수 있게끔 명확한 언어로 드러내어야 한다. 이를 논증의무라고 한다.[298] 예를 들어 법률텍스트의 의미영역에 들어온다고 본 사안의 데이터를 분석적으로 드러내고, 그 데이터를 중요하게 보고 다른 데이터는 중요하지 않은 것으로 본 관점을 밝히고, 그러한 관점의 배후에 있는 실질적인 힘이 작용한 정책적 목표나 정치적 결단 또는 윤리적 판단 등을 제시하여야 한다. 우리나라의 법원실무는 종종 이런 논증을 아예 생략하는 모습을 보여주기도 한다.

4. 사실인정의 말행위와 법적 대화

사실행위에 관한 법관의 말행위도 비록 법률해석보다는 제한적이긴 하나 '대화적'(diskursiv)으로 이루어져야 하고, 그 말행위가 제기하는 타당성요구에 대한 대화의 전개가 법률해석의 경우와는 달리 '소송' 안에서나마 최대한으로 펼쳐질 수 있어야 한다.

(1) **마당적 이해의 내재적인 대화** 마당적 이해가 '대화적'이기 위해서는 법관은 적어도 사고법칙과 보편적인 경험법칙에 위반하지 않아야 한다. 사고법칙과 보편적 경험법칙은 수많은 인간들의 경험과 실험 속에서 획득한 지식이므로 이 지식을 존중한다는 것은 곧 수많은 인간들의 경험과 교류함을 뜻한다.

1) 정보의미의 완벽한 심사숙고 또한 법관은 하나의 증거자료가 어떤 사실을 말해주는지를 적절하게 정하기 위해서 그 증거자료가 가질 수 있는 모든 의미가능성들을 충분히 심사숙고하여야 한다. 이를 '정보

---

298 이에 대한 자세한 논의는 이상돈, "법률해석의 해석학적 구조와 논증의무", *고려대 법학논집* (제31집, 1995), 305~338쪽.

의미의 완벽한 심사숙고' 요청이라고 할 수 있다. 예컨대 빽소니차량의 소유주라는 증거자료는 그가 바로 뺑소니운전자라는 사실을 말해줄 수도 있고 그렇지 않을 수도 있다. 다른 관련증거들을 모두 고려할 때 그 증거자료가 갖는 의미가 적절하게 정해질 수 있다. 이러한 요청은 법률해석에서 '완전한 상황서술'의 요청에 상응하는 것이다. 자유심증주의(형사소송법 제308조, 민사소송법 제187조)는 이 요청의 충족을 전제로 어떤 정보에 어떤 의미를 부여하느냐를 법관의 자유로운 판단에 맡기는 것이다.

(가) 배척증거와 증거사용의 정합성원칙 이와 같은 정보의미의 완벽한 심사숙고라는 요청은 소송에서 완전하게 충족될 수는 없다. 한 정보의 의미에 영향을 미칠 수 있는 다른 정보의 수집이 소송에서는 필연적으로 '제한'될 수밖에 없기 때문이다. 그러나 그러한 요청이 소송에서 전혀 충족될 수 없는 것은 아니다. 무엇보다도 소송에서 등장한 정보들이 서로 모순되거나 반대되거나 경합할 경우에 그러한 요청은 상당한 부분 충족될 수 있다. 예컨대 형사소송에서 검사의 주장을 뒷받침하는 증거는 그 증거와 모순, 반대 또는 경합하는 피고인 측의 증거를 고려하지 않고서는 그 증거가 공소사실의 인정에서 가질 수 있는 의미를 올바르게 판단할 수가 없다. 이처럼 증거의 배척은 정보의미의 완벽한 심사숙고라는 의무를 이행하는 가장 중요한 영역이라고 할 수 있다. 배척하는 증거에 대한 충분한 고려는 법관의 마당적 이해가 '대화적'이기 위한 조건 가운데 최소한이라고 할 수 있다. 이런 점에서 정보의미의 완벽한 심사숙고의 요청은 증거사용의 정합성원칙이 된다.

(나) 변론의 전취지 또한 정보가 가질 수 있는 의미의 여러 가지 가능성들은 법관이 증거조사에서 등장하는 비언어적 정보(예: 증인의 몸짓, 표정, 목소리의 떨림 등)를 주의 깊게 수집하고 고려해 넣는 경우에만 드러날 수 있다. 따라서 정보의 모든 의미가능성에 대한 남김 없는 심사숙고의 의무에는 '변론이나 공판의 전과정을 주의 깊게 살필 의무'

가 전제되어 있다. 이를 민사소송에서는 '변론의 전취지'(Inbegriff der Verhandlung)라고 부르고, 형사소송에서도 입법례에 따라서는 "공판의 전취지"(독일형소법 제261조, 제264조)라고 부르기도 한다.[299]

(다) 미학적 체험정보의 숙고 이성에 의한 정보(증거)의 인지, 정보의 의미 해석 및 정보들을 토대로 사건을 구성하는 추론이 진실을 발견하는 데에 있어 한계를 갖는 지점에서 마당적 이해에는 감성(감정, 직관)이 작동할 수 있다. 예컨대 법정미학이 밝히듯이[300] 법관이 증인의 증언태도에 대해 갖는 미학적 체험은 그 증언의 증명력 판단에 영향을 미친다. 변론의 전취지는 이처럼 미학적 체험의 정보가 '정보의미의 완벽한 심사숙고 요청'에서 말하는 정보에 포함될 수 있음을 말해준다.

그러나 미추체험은 지극히 주관적인 것이어서 법관은 자신의 미추체험이 공감을 얻을 수 있는 것인지를 지속적으로 되돌아보아야 한다. 특히 인종이나 종교, 신분이나 계층 등에 좌우되는 미추체험에 대한 반성이 요구된다. 변론의 전취지는 미추체험에 의한 마당적 이해의 공간을 인정하면서도 어디까지나 이성의 인지적 한계를 보완하는 한에서 그리고 공감을 얻을 수 있는 방향으로만 허용한다고 보아야 한다.

2) 소송의 대화적 구조 법관이 소송에서 등장한 정보의 모든 의미를 고려하는 것 이외에도 정보가 법정에 충분하게 등장하고 그 신빙성이 다양한 각도에서 검토되고 정보들이 합리적으로 추론되어야 비로소 법관의 마당적 이해가 올바른 것일 수 있다. 소송을 대화적 구조로 짠다는 것은 소송에서 이와 같은 조건을 충족하는 상호작용과 의사소통이 펼쳐지도록 하는 것을 뜻한다.

(가) 소송의 전략적 성격 그러나 소송은 다음과 같이 '전략적 행동'

---

299 우리 형사소송법은 이러한 '공판의 전취지'를 명문으로 규정하고 있지 않다. 이는 형사소송법 제308조가 유무죄의 확신을 전적으로 법관의 전권사항으로 내맡긴 듯한 인상을 갖게 한다. 명문규정을 두는 것이 바람직하나 명문규정이 없이도 공판의 전취지를 살필 법관의 의무는 이론적으로 인정할 수 있다.

300 이상돈, *법미학* (법문사, 2008), [5] 단락 참조.

(strategische Handlung)으로 점철되고, 권력적인 제한이 가해진다. 이를테면 형사소송에서 대화는 우선 그 대상이 참여인들이 합의하는 것이 아니라 검사의 기소에 의해 특정된다. 소송은 대화의 시간을 한정하고 있어, 일정한 시간 내에 끝내야만 하며, 합의를 창출하기 위하여 어떠한 권력적 제한도 받지 않은 채 무한히 진행되지는 않는다. 대화에 참여하는 것도 자율적이기보다는 많은 경우에 강제력에 의해 관철된다. 대화에 참여한 사람들은 그 대화의 시작과 끝도 결정할 권한을 갖지 못한다. 그리고 대화에는 일정한 결론을 내려야만 하고, 그 결론은 법원이 낼 뿐이고, 참여인들에게는 그러한 권한이 주어지지 않는다.[301]

(나) 소송의 대화적 성격 그러나 하버마스처럼 도덕원칙으로서 대화원칙(Diskursprinzip)과 법실현의 현실적 과정에 응용된 제도화된 대화원칙으로서 민주주의원칙(Demokratieprinzip)을 구별한다면 소송은 민주주의원칙으로 지배하는 합리적 대화가 될 수 있다.[302] 특히 마당적 이해의 절차적 합리성을 실현하는 제도(예: 형사소송의 구술주의, 직접주의, 법적 청문권 등)들은 '민주주의원칙'에 의해 소송의 구조를 짠다. 그 제도들은 검사나 법관의 독단적 인식을 배제하고, 소송참여인들의 상호작용이 권력과 자본, 곧 '지배'에 굴절되는 것을 어느 정도 막아 주기 때문이다. 또한 그 제도들은 소송참여인들이 마당적 이해에 가능한 기

301 Hassemer, *Einführung in die Grundlagen des Strafrechts* (C.H. Beck Verlag, 1990), 130~135쪽; 진리의 수렴이론(Konvergenztheorie)의 진영에서 이루어지는 비판으로 Arthur Kaufmann, "Läßt sich die Hauptverhandlung in Strafsachen als rationaler Diskurs auffassen?", *Dogmatik und Praxis des Strafverfahrens* (1988), 15~24쪽.

302 Habermas, *Faktizität und Geltung* (Suhrkamp, 1992), 154~155쪽: "대화원칙은 법적 형태로 제도화되는 길 위에서야 비로소 민주주의원칙의 모습을 취하게 되고 이 원칙은 다시 법제정의 과정에 정당성을 생산해내는 힘을 부여한다. 결정적인 사상은 민주주의원칙이란 대화원칙과 법적 형식(Rechtsform)의 상호착종에 힘입고 있다는 점이다. 이러한 상호착종을 나는 단계적으로 재구성되는 권리의 논리적 발생으로 이해한다. 이는 대화원칙을—법적 형식 그 자체에 대하여 구성적인—주관적인 행동의 자유 일반에 대한 권리에 적용함으로써 시작되고, 정치적 자율성의 대화적 실행의 조건을 법적으로 제도화함으로써 끝난다. 이 제도화에 의하여 일단 추상적으로 설정된 사적 자율성은 법적인 모습을 갖출 수 있게 된다."

회균등하면서도 최대로 참여할 수 있게 해준다. 바로 이와 같은 점에서 소송을 원칙이나 권리들로 짜는 것에는 이미 '대화적'인 요소가 내재해 있다고 말할 수 있다.

(다) 비대화적 외부와 대화적 내부를 지닌 소송 물론 그런 대화적 요소가 권력(정치)이나 자본(경제)의 논리로부터 완전히 자유롭지 않는 한, 대화적 요소의 굴절이나 제한은 소송에 있어 불가피하다. 특히 국가권력이 시간, 공간, 참여인 그리고 (형사소송의 경우) 주제까지 특정해 놓고 개최하는 소송은 강제성과 타율성을 수반한다. 그러니까 소송은 대화일 수 없으면서 대화이어야 하는 패러독스가 발생한다. 이는 복잡한 현대사회의 현실에서는 불가피하다. 대화원칙의 이념을 구현하는 권리는 하버마스 말처럼 법적인 주관적 권리의 형식으로만 주어지기 때문이다.[303]

> "민주주의원칙은 권리의 체계의 핵으로서만 등장할 수 있다. 그러한 권리의 논리적 발생은 하나의 순환과정을 이루는데, 이 순환과정 속에서 법전과 정당한 법의 생산메커니즘, 즉 민주주의원칙은 근원적으로 함께 구성되어진다."[304]

소송에서 법원은 증거평가나 법적 판단을 '내면적'(intern)으로만 할 뿐, 그것을 규율하는 특별한 절차는 없다. 자유심증주의는 바로 이 점을 표현한다. 그러므로 소송에서 '대화'는 법원이 자신의 판결을 소송참여인이나 일반시민에게 설명하고 근거지우는 한에서 포착될 수 있다. 판결서작성과 변론조서 또는 공판조서의 작성, 그리고 이것들을 바탕으로 한 상소는 바로 그러한 소송 속의 대화(제도적 대화)를 실현한다. 소송법은 당사자들이 전략적 행동의 기회를 공평하게 누리도록(무기평등원칙) 절차를 정렬하지만, 이는 '외부적'으로는 전략적 행동의 싸움터로 만들면서 법관의 '인식의 내부'에서는 법관과 당사자 및 다른 소송참여

303 Habermas, 앞의 책, 164쪽.
304 Habermas, 앞의 책, 155쪽.

인 사이에 '대화마당'이 펼쳐지도록 하기 위함이다. 그래서 하버마스는 이렇게 말한다.

> "소송규칙들은 … 증거조사를 비교적 엄격하게 규율하고 당사자에게 법과 제한적인 전략적 교류를 인정하는 반면, 법원의 법적 대화는 절차법적 진공(verfahrensrechtlicher Vakuum) 속에서 작동하여, 판결의 형성은 법관의 전문적인 능력에 내맡겨져 있다. … 법적 대화는 고유한 절차로부터 떨어져 나와 있고, 그로 인해 법적 대화는 외부적인 영향으로부터 벗어나 있는 것으로 보인다."[305]

(2) **마당적 이해에 대한 대화** 법률해석의 말행위와 달리 사실인정의 말행위(마당적 이해)에 '대한' 대화의 보장은 매우 미약하다.

1) **상소에 국한된 대화** 법률해석과 달리 마당적 이해의 말행위는 소송이 종결되면 소송당사자 이외의 일반인이 자신의 사회적 행동계획을 수립하고 실천하는 데에 아무런 의미도 갖지 않기 때문이다. 소송이 종결되면 마당적 이해에 대한 정서적인 교감이 남을 뿐, 그 말행위의 논리에 대한 의사소통적 교류는 거의—가령 사회적 관심사가 되어 재심이 개시되는 경우를 제외한다면—전개되지 않는다. 사실상 상소제도가 마당적 이해에 '대한' 거의 유일한 대화가 된다. 이런 점에서 소송경제를 고려하여 상고심은 사후심事後審으로 짜더라도 항소심은 1심 심리 이후 속행하는 심리와 같은 속심續審이 아니라 마당적 이해를 반복하는 복심覆審의 구조로 짜는 것이 필요하다.

2) **채증법칙적용의 적절성에 대한 대화** 그러나 마당적 이해의 말행위는 비록 어겨서는 안 되는 법칙이 존재한다. 자유심증주의의 한계인 사고법칙이나 경험법칙 그리고 정보의미의 완벽한 심사숙고 등이 이에 속한다. 이러한 법칙을 실무에서는 채증법칙採證法則이라고 부른다. 상고심이 사실심인 원심판결을 '채증법칙의 위반'을 이유로 파기하는 것은 원심법원이 마당적 이해(심증형성)를 함에 있어 '채증법칙'을 잘못 적용

305 Habermas, 앞의 책, 290, 291쪽.

하였다고 말하는 것이 된다. 채증법칙이란 모든 사실인정에서 준수되어야 할 일종의 객관적이며 보편적인 규범으로서 그것의 위반은 곧 채증법칙을 마당적 이해의 구체적 상황에 '적절하게'(angemessen) 적용하지 않았음을 가리킨다. 이런 한에서 상소는 규범적용에 관한 제도화된 대화의 측면을 가진다.

그러나 실무에서 말하는 채증법칙이란 사고법칙이나 보편적인 경험법칙 이외에 심증형성 자체의 합리성을 표현하는 것으로 보인다. 그런 채증법칙의 구체적 내용은 정립되어 있지 않다. 그러므로 채증법칙에 대한 위반여부를 상소심이 심사하는 것은 사실인정에 관한 상소심의 말행위(마당적 이해)가 원심의 그것과 다르다는 것을 말해줄 뿐이다. 이 다름을 근거로 원심판결이 파기되면 상소법원은 자판自判하거나 원심법원으로 환송還送하여 다시 마당적 이해를 하게 만든다.

03 법과 인권

Ⅰ. 인권의 현황과 과제

1. 인권의 발전

오늘날 우리 사회에서 인권은 다양한 권리주장의 논거로 사용된다. 예컨대 정치적 박해나 국가권력의 명백한 남용을 비판할 때나 환경문제의 해결이나 교육문제의 해결을 주장할 때 또는 생명공학에 재갈을 물리는 윤리를 설계할 때에도 인권이 원용된다. 또한 인권은 사회체계의 분화에 따라 정보인권, 생명인권, 교육인권 등 점점 더 세분화되어 간다.

(1) **인권의 세대구분**　오늘날 인권은 흔히 세 가지 세대, 즉 자유권, 사회권(제2세대 인권) 그리고 제3세대 인권으로 구분된다.

1) **자유권적 인권**　자유권은 17, 18세기 서구시민사회의 부르주아들이 누린 권리(생명, 재산, 명예, 정치적 자유 등)에서 그 원형을 찾을 수 있는데, 오늘날에는 정보통신의 자유나 생명공학기술 이용의 자유와 같이 새로운 형태를 얻어가고 있다.

2) **사회권적 인권**　사회권은 19세기 중반 이후 자본주의의 발전과 함께 자유를 잃어간 노동자들의 인간적 실존을 위한 권리에서 그 원형을 찾을 수 있는데, 사회적 약자가 다원화된 오늘날에는 소비자(주)권,

환자의 권리, 장애인인권 등과 같이 다양한 형태로 확산되고 있다.[1]

3) 제3세대 인권 20세기 중・후반 이후에는 제3세대 인권이 주장되기도 한다. 환경권, 발전권,[2] 평화권, 또는 의사소통권, 인류공동의 유산에 대한 소유권, 문화적 상이성을 주장할 권리, 성소수자의 인권(예: 동성혼) 등이 그 대표적인 예이다. 제3세대 인권은 아직 보편적인 인권으로서 승인되어 정치체계에 확고하게 터 잡고 있지 못할 뿐만 아니라, 단일국가가 아니라 세계시민사회에서의 공론을 통해 형성되고 구체화되는 경우가 많다.

(2) 법패러다임과의 상관관계 인권의 발전은 법패러다임의 발전[3]과 대체로 상응한다. 자유권은 자유주의적 법체계의 성립과 확산 속에서, 사회권은 사회국가적 법체계의 성장 속에서 각각 실현되었다. 제3세대 인권은 특히 그 '외연'(구체적인 인권목록의 확정)의 측면에서는 1, 2세대 인권처럼 법패러다임과 명확한 관련을 맺지는 않는다. 하지만 제3세대 인권은 대화적 에토스가 정의의 논리로 점점 더 중요해져가는 20세기 후반 이후에 생장했고, 그 개념의 '내포'는 권리의 주체 입장에서 판단되고 실천되어야 한다는 '당사자주의'[4]나 '문화상대주의'와 같은 자율과 참여의 이념이 각인되어 있다. 그렇기에 제3세대 인권은 절차주의적 법패러다임의 성장 속에서, 또는 적어도 그것과 함께 커가고 있다고 말할 수 있다. 제3세대 인권은 자유권과 사회권을 대체하는 것이 아니라 부족한 부분을 보충하는 종합권[5]이라고 불리기도 하는데, 이 또한 절차주

---

1 사회권을 국가에게 최대한 수준의 복지정책 실현의무인 '원칙으로서 사회권'과 이미 실현가능한 최소한 수준의 복지정책 실현의무인 '규칙으로서 사회권'을 나누기도 한다. 이런 입장으로 고봉진, "재분배, 사회권, 인정", *법철학연구* (제15권 제3호, 2012), 119~142쪽 참조.

2 발전권에 대해서는 김형민, "발전과 인권: 제3세대의 인권론을 중심으로", *한국기독교신학논총* (제13호, 1996), 203~234쪽 참조.

3 이에 관해 이상돈, *법학입문* (법문사, 2009), [11]~[13] 단락 참조.

4 특히 장애인인권운동에서 참여의 이념을 중시하는 당사자주의가 강조되고 있다. 이를 개관하는 소개로 유동철, "장애운동의 깃발: 당사자주의인가, 인권론인가?", *시민과 세계* (제4호, 2003), 273~293쪽 참조.

의적 법체계가 자유주의적 법체계나 사회국가적 법체계와 맺는 관계와 비슷하다.

(3) **정치모델과의 상관관계** 인권의 각 세대는 정치체계의 발전과도 맥을 같이한다. 자유권이 자유자본주의의 기틀 위에 구축된 정치적 자유주의에서 성장하였다면, 사회권은 공동선, 사회적 연대성 그리고 평등의 이념에 각각 지향한 정치체제들, 즉 공화주의(공동체주의), 사회국가(또는 사회민주주의), 사회주의 속에서 배양된다.

여기서 사회권의 이념이 실현되는 강도는 공화주의, 사회국가, 사회주의 순으로 강해지지만, 그와 반비례하여 자유권의 실현은 감소된다. 이를테면 사회주의는 사회권을 극대화하지만 자유권적 인권을 거의 황폐화시킨다. 이에 비해 공화주의는 자율성의 부분적 상실과 같은 약한 정도의 자유권 위축을 가져올 뿐이지만, 사회권의 실현은 단지 기독교적 성격의 자선행위에 따른 시혜적 수준에 머문다. 사회국가는 이 둘 중간에 위치한다. 사회국가는 공화주의보다는 사회권을 강하게 실현하지만 그로 인해 자유권은 상당한 정도로 침융된다. 그렇기 때문에 자유권과 사회권의 갈등구조는 사회국가체제에서 가장 극명하게 터 잡는다.

제3세대 인권은 인권의 향유주체들이 스스로 그들의 인권을 구체화하는 정치적 과정에 참여함으로써 가능한 것들이 대부분이다. 다시 말해 참여민주주의는 제3세대 인권이 성장하는 정치적 토양이라고 할 수 있다. 이상의 인권 발전을 도표화하면 다음과 같다.

	인권	법패러다임	정치모델	시대
세대	제3세대 인권	절차주의적 법	참여민주주의	20C 중후반~
	사회권	사회국가적 법	공화주의 < 사회국가 < 사회주의	19C 중후반~
	자유권	자유주의적 법	자유주의	17, 18C~

5 홍성방, “제3세대 인권”, *법정고시* (第5호, 1996), 41~42쪽.

2. 인권법이론의 과제

이와 같은 인권의 발전상황은 많은 이론적·실천적 과제를 안겨준다. 그 가운데 가장 중요한 점은 다음 세 가지이다.

(1) **자유권 중심의 인권이론** 첫째, 제1, 2, 3세대 인권이 서로 어떤 관계에 놓이는지가 문제이다. 자유권과 사회권이 서로를 간섭하지 않은 채 아무 문제없이 각기 성장하고 있고, 또 제3세대 인권이 이들을 종합하는 식의 관계는 인권운동가들의 꿈일지는 모르지만 현실이 아니다. 마치 여러 겹의 지층들이 그 사이의 부정합으로 서로를 불안정하게 하는 것처럼 자유권은 사회권의 성장으로 그 지반이 흔들리고, 사회권은 제3세대 인권의 발전으로 새로운 성장장애에 부딪힌다. 그런데도 우리 사회에서 인권의 이해는 이론적으로는 '자유권의 이상'(아래 II.)에 안주해 있다. 인권법이론은 이런 자유권 중심의 인권이론을 해체적으로 재구성하는 과제를 진다.

(2) **정치적 기획의 수용과 통제** 둘째, 상식적인 이해와는 상당히 다르겠지만, 인권은 이론적으로 뿐만 아니라 실천적으로도 탈정치적인 도덕적 실천이 아니라 언제나 '정치적 기획'의 성격을 띤다. 근대사회에서 인권이 정치적 지형을 바꿔 놓았듯이 오늘날에도 인권은 세계사회의 정치적 지형을 변화시키는 힘을 발휘한다. 가령 미국이 이슬람권에 대해 인권문제를 제기하고 만든 인권법안에는 '지배'의 전략이 숨겨져 있다. 이른바 '인도적 개입'(humanitarian intervention)이라는 이름 배후에는 정치적 지배기획이 숨어 있기도 하다.[6] 초국가적인 시민연대의 지

6 인권과 국가주권의 이분법적 사고를 해체하고, 한 집단이 국가로서 자격을 상실하였음이 객관적으로 이의 없이 판단될 수 있다면 그리고 엄격한 절차적 제한 아래에서, 예컨대 ① UN 안보리의 집단적 조치가 이루어지지 않고, ② 다른 평화방법을 다 사용한 이후, ③ 인권애호국에 의하여, ④ 인권침해와 비례적인 정도로, ⑤ 인도적 동기에 의해, ⑥ 필요최소한의 기간 동안만 인도적 개입을 할 수 있다는 견해로 이성덕, "인도적 간섭: 자유주의와 포스트모더니즘에 입각한 담론", *법철학연구* (제6권 제1호, 2003), 261~284쪽 참조.

속적인 인권 주장과 실천은 강대국 중심의 세계질서를 세계시민사회로 변화시키는 정치적 힘을 발휘하기도 한다.

그런데도 우리사회에서 인권의 이해는 (실천적으로는 아니지만[7]) 이론적으로 자연법의 둥지에 안주하고만 있다. 자연법이 그의 시대에는 하나의 정치적 기획[8]이었듯, 오늘날의 인권사상 역시 그러하다. 인권법이론은 인권이 하나의 정치적 기획이라는 점을 부정해서는 안 되고, 다만 인권 개념을 해체적으로 재구성하고, 인권의 실현 기제를 법적 정당화의 절차로 짬으로써 그 기획이 이데올로기적인 것이 되지 않도록 통제할 수 있어야 한다.

(3) **인권과 법의 내적 연관** 셋째, 최근 인권문제는 법학 이외의 다양한 학문(예: 사회학, 철학, 여성학, 교육학 등)에서 오히려 더 활발히 논의된다. 이런 인권담론의 편중 현상 때문인지 인권은 주로 법체계와 '별개로' 시민사회에서 먼저 주장되어, 정당한 권리로서 승인되고, 공론경쟁을 통해 정치적 영향력을 결집시키는 구심점이 되는 반면, 법은 단지 그 영향에 굴복하여 자신을 변화시키기만 하는 관계에 놓이게 된다.

이런 현상은 실천적으로 참여의 확대라는 측면에서 고무적이지만, 중대한 법이론적 문제를 남겨놓는다. 즉 인권이 법을 매개로 논의되고 — 특히 법에 의해 제도화된 '주권'(Souveränität)의 일상적 행사 속에서 — 생성·변화·소멸해갈 수밖에 없다는 점, 인권이 법의 밖에 서식하지 않고 법 '안'에서 법과 '함께' 성장·발전하는 것이라는 점이 외면될 수 있다.

이로 인해 인권은 '전前국가적 권리'(또는 자연법)로서 실정법의 안에 수용되어야 할 실체라는 관념이 — 또한 자연권인 인권을 실정법에 제도화한 것이 기본권이고, 기본권이 곧 인권이며,[9] 따라서 인권논의는 기본권해석

7 예컨대 미국이 북한인권법안을 발의하고 의회에서 통과시키는 과정에서의 인도적 개입의 이데올로기를 지적하면서, 법안통과의 저지를 위해 노력하고 일부 법안내용의 수정을 가져오게 한 우리나라의 한 인권단체의 활동을 생각할 수 있다.

8 이에 대해 이상돈, *새로 쓴 법이론* (세창출판사, 2005), 147쪽 아래 참조.

의 틀 안에 머무를 수 있다는 헌법학계의 통념[10]이 — 더욱 단단해진다. 그러나 이런 관념은 인권주장이 다른 인권주장들을 교조적으로 배척하고, 자기반성을 게을리 하며 바로 그로 인해 오히려 사회적 갈등과 문제를 야기하는 결과를 가져올 수 있다. 인권법이론은 인권주장의 이런 교조화를 해체하고, 인권과 법을 내적으로 연관지을 수 있어야 한다.

Ⅱ. 인권 사상의 해부

근대화 이전 우리의 전통사회에도 나름의 인권 사상은 존재했다. 하지만 그런 인권 사상은 근대화의 과정에서 — 특히 서구의 법체계를 계수하는 방식으로 — 서구의 인권 사상과 융합되었을 것이다. 그 융합의 과정을 상세히 밝힐 수는 없지만 적어도 지금 우리의 인권 현실은 서구의 근대시민사회에서 정초된 인권 사상으로 각인되어 있음을 부인할 수 없다. 그런 인권사상의 원형은 서구 근대시민사회에서 유효했던 부르주아의 권리모델에서 비롯된다. 이 권리모델을 다음 도표와 같이 분석적으로 구조화하면 지배적인 인권 사상의 정체성과 그 한계가 드러난다.

	현실	사상	이론	한계
인권	ⓐ 재산	자유주의	소유적 권리	사회경제적 소외
	ⓑ 교양	이성주의	실천이성(자연법)	사회문화적 소외
	ⓒ 신앙	기독교주의	자연권	정치적 소외

9 대화이론의 관점에서도 인격적 승인의 규범이 행동의 수준에서도 요구되면 인권이 되고, 인권이 법의 형식으로 전환된 것이 기본권이고, 인권과 기본권은 그 실제적 내용에서 차이가 없다고 보기도 한다. 이런 입장으로 이준일, “법의 필요성에 대한 논증-대화이론에 기초하여”, *법철학연구* (제4권 제2호, 2001), 209쪽.

10 김선택, “기본권의 개념”, *법정고시* (제33호, 1998), 8~11쪽; 정종섭, “기본권의 개념에 관한 연구”, *서울대학교 법학* (제44권 2호, 2003), 36~39쪽; 이삼열, “인권개념의 발전과 사회운동”, *한반도의 평화와 인권 1* (2002), 36~37쪽.

먼저 근대서구사회의 시민(부르주아)이란 ⓐ 재산과 ⓑ 교양(지성) 그리고 ⓒ 신앙(기독교)을 갖고 있는 사람이었다고 볼 수 있다. 이 세 요소는 사상적으로 각각 자유주의, 이성주의, 기독교주의를 배후에 두고 있다. 또한 이 세 요소에 따라 인권은 소유적 권리와 개인적 실천이성 그리고 자연권으로 각각 이론화된 바 있다. 또한 이 세 요소는 근대적 인권사상이 갖는 한계(사회경제적 소외, 사회문화적 소외, 정치적 소외)의 근원이 된다.

1. 소유와 인권

인권은 소유적 개인의 시민상, 즉 역사적으로는 재산을 가진 서구근대시민사회의 부르주아에게서 열매 맺은 권리이다.

(1) 소유적 권리로서 인권 소유적 권리로서 인권은 '생명, 자유 그리고 재산을 통틀어 소유적 권리(property)'라고 부른 로크(Locke)의 다음과 같은 사상에서 명확성을 얻는다:

> "자연상태에서의 자유와 평등은 매우 불확실하여 끊임없이 다른 사람에 의해 침해받을 수 있다." "자연상태의 자유로움에도 불구하고 사람으로 하여금 두려움과 위험으로 가득한 이러한 조건을 떠나게 한다. 따라서 사람들이 이미 사회 속에 연합되어 있는 다른 사람들과 합세하거나 또는 내가 통틀어 소유적 권리(property)라고 부르는 생명, 자유, 그리고 재산의 상호 보존을 위해 연합하려는 마음을 갖는 것은 그럴 만한 이유가 있다."[11]

재산이 인권의 중심을 이루는 점은 헤겔철학에서도 잘 나타난다. 즉 헤겔철학의 관점에서 보면 "재산이란 개개인의 독립적 인격이 규정된 현존재로 실재하는 것이며, 그 안에는 욕구와 노동의 교환을 통한 사태의 실현이 내재"하며 또한 "재산을 매개로 개인과 개인 간의 계약이

---

11 J. Locke(강정인 · 문지영 역), *통치론: 시민정부의 참된 기원, 범위 및 그 목적에 관한 시론* (까치, 1996), 123쪽.

성립하는 점에서 재산 안에는 한 개인의 인격실현에 대한 타인의 인정도 포함된다."[12]

또한 소유를 통한 자유의 향유는 경제적으로는 개인의 자유로운 소유지향적 행위들이 '보이지 않는 손'에 의해 조화로운 질서를 형성한다고 믿는 자유자본주의[13]와 정치적 자유주의(liberalism)를 낳는다.

> 예컨대 특별시·광역시에서 택지소유상한을 200평으로 제한한 법률이 위헌적이라거나[14] 양심의 자유를 이유로 한 병역거부를 처벌하는 것은 위헌적인 인권침해라고 판단하는 것은 근본적으로는 인권을 '자유에 대한 소유'로 바라보는 관점에서 연원한다고 볼 수 있다.

(2) **사회경제적 소외** 소유적 권리로서 인권은 물론 "무제한적인 자본축적의 정당화"를 의도하지는 않는다.[15] 하지만 무제한적인 자본축적을 허용하지는 않더라도 ① 첫째, 이 인권 개념은 인권을 유산자에게만 귀속시키는 한계를 갖고 있다. 예컨대 기업을 소유한 자가 누리는 경영의 자유는 — 미국의 노동법제와 같은 완전한 — 해고의 자유로 이어지고, 이는 노동자에게는 오히려 인권침해적인 현실을 가져올 수 있다.[16] ② 둘째, 소유적 권리로서 인권은 그 소유가 '~로부터 침해받지 않을 자유'만을 보장한다. 즉 인권은 소극적 권리로 또는 방어권으로서 구성

---

12 박찬권, "법률과 법, 재산의 관계에 대한 헤겔철학의 내재적 함의", *법철학연구* (제19권 제2호, 2016), 148쪽.

13 로크는 노동산물의 양도가능성과 교환가능성을 인정하고, 화폐의 도입에 의한 재산의 무한축적 가능성을 승인함으로써 자본주의를 정당화했다는 평가를 받는다. 이에 관해 김종헌, "인권과 주권의 철학-로크, 칸트, 하버마스를 중심으로-", *철학연구* (제57집, 2002), 176~177쪽 참조.

14 憲裁決 1999. 4. 29, 94헌바37; 2005. 8. 31. 부동산양도세 등 거래세의 중과와 보유세의 강화가 재산권행사의 자유를 제한한다는 점에서 위헌의 소지가 있다고 보는 것도 소유적 권리로서의 인권 의식과 맞닿아 있다.

15 "로크의 재산권 이론은 소유권에 대한 국왕 내지 정부의 자의적인 처분에 대한 반대이지 결코 무제한적인 자본축적의 정당화가 아니다"라고 분석한 권경휘, "로크의 재산권 이론", *법철학연구* (제18권 제3호, 2015), 216쪽.

16 자세히는 이상돈, *윤리경영과 형법* (신영사, 2005), 269쪽, [7] 단락(노동형법의 패러다임 변화) 아래 참조.

되기 쉽다. 예컨대 장애인이동권[17]이나 낙태여성의 재생산권[18]은 가진 자가 누리는 '~로부터의 자유'[19]가 아니라 가진 자의 자유를 성취하는 '~를 향한 적극적 권리'이다. 이와 같은 권리가 오랜 세월동안 구현되지 못한 것은 소유적 권리로서의 인권 관념에서 비롯된 것으로 볼 수 있다.

2. 이성과 인권

우리 사회에서 부르주아들은 종종 '천민자본주의'의 산물로 폄하되고, '노블리스 오블리제'가 없는 이기적 존재로 비난받는다. 이런 우리의 현실에 비해 서구사회의 부르주아는 지식과 교양을 지닌 존재였고, 이는 그들의 인권을 실천이성의 표현으로 이해할 수 있게 한다.

(1) **개인적 실천이성으로서 인권** 이성으로서 인권은 이성철학과 의식철학의 정점에 있는 칸트(Kant)의 철학에서 가장 화려한 꽃을 피운다. 그에 의하면 인간은 이성능력의 자유로운 사용을 통해 스스로를 발전(계몽 Aufklärung)시킬 수 있고,[20] 또한 그런 가능성의 존재로서 자신과 타인을 존중할 의무가 있으며, 인간의 권리도 "한 사람의 자의가 다른 사람의 자의와 자유의 일반법칙에 따라 서로 양립할 수 있는 조건의 총체"[21]라는 법의 공간 속에서만 형성되고 인정될 수 있다.

---

17 교통약자의 이동편의 증진법(법률 제7382조), 특히 제3조 참조.

18 이에 관해 양현아 편, *낙태죄에서 재생산권으로* (사람생각, 2005) 참조.

19 예컨대 형법상의 체포감금죄(제276조 이하)가 장애인에게도 보장하는 이동의 자유나 낙태의 합법화가 임신여성에게 보장하는 임신계속여부에 관한 자유는 '~로부터의 자유'라는 소극적 인권의 성격을 띤다.

20 "계몽이란 인간이 스스로 범하고 있는 미성숙으로부터 벗어나는 것이다. 미성숙이란 자기의 지성을 남의 지도 없이는 스스로 사용할 수 없는 무능력을 말한다." 이에 대해서는 I. Kant, "Beantwortung der Frage: Was ist Aufklärung", *Kant-Werk Bd. 9* (1968), 53쪽 참조.

21 칸트의 법과 권리에 관한 이해로 I. Kant, "Die Metaphysik der Sitten", *Kant-Werk Bd. 7* (1968); I. Kant, "Grundlegun zur Metaphysik der Sitten", *Kant-Werk Bd. 6* (1968); 심재우, "인간의 존엄과 법질서", *고려대 법률행정논집* (제12집, 1974), 103~136쪽 참조.

예컨대 비록 공리적 유용성을 실현하는 예외를 인정하지만 인간배아의 복제와 사용을 원칙적으로 금지하고 처벌하는 생명윤리안전기본법[22]은 인간생명의 생물학적 연속성과 배아가 이성적 존재로 발전할 가능성(계몽의 가능성) 그리고 그 가능성 속에서 인권의 주체성을 바라보는 입장을 전제한다.[23] 또한 칸트식의 사고로 "도덕적 자율과 자기 목적성을 본질로 하는 인격체의 절대적 가치",[24] 즉 인간의 존엄을 공리로 삼아 자연법을 구축하고, 그 구체적 표현으로서 정밀한 권리체계의 법전을 만든 서구의 역사[25]는 이성으로서 인권을 실현한 역사라고 할 수 있다. 그러나 칸트적 의미의 이성은 어디까지나 '개인'의 이성이었다. 인권이 사는 서식처로서 이성의 개념이 개인주의적인(individualistisch) 것이라면, 인권 역시 개인주의적인 틀을 벗어날 수 없다.

★ 칸트의 자율성의 재해석 그렇기에 칸트의 '인격체의 자율성' 개념이 생명공학과 관련해서 인간존엄의 기초로 남을 수 있으려면 개인주의적 해석의 한계를 넘어서야 한다. ① 이와 관련하여 임미원 교수의 다음과 같은 재해석은 주목할 만하다: "정언적이되 유연한, 자유주의적이되 자의적이지는 않은 인간존엄 관념이 가능하려면, 물리적 생명성 자체의 보호로 고착되지는 않는 목적 자체성, 그리고 인간의 자기처분화까지 부추기지는 않는 자율성 관념이어야 할 것이다."[26] 이를 위해 자유의 개념은 소극적 의미의 자유('비결정성')가 아니라 적극적인 의미, 즉 "자기능력의 사용여부에 대한 처분성"[27]으로 이해되어야 한다. ② 하지만 그러한 자유의 사용은 임 교수가 지적하듯 다음과 같은 양면성을 갖는다. "생명-건강-삶 자체를 자유로이 지적으로 디자인(Intelligent Design)하려는

22 이에 대해서는 2004년 제정된 생명윤리 및 안전에 관한 법률 제11조 이하 참조.

23 이에 대해 자세히는 이상돈, *생명공학과 법* (아카넷, 2003), 특히 110쪽 아래 참조.

24 임미원, "선의지와 정언명령", *법철학연구* (제4권 제2호, 2001), 50쪽.

25 이런 근대법전의 형성은 이성의 제도화, 도덕의 제도화로 볼 수 있다. 이에 관해 이상돈, *법학입문* (법문사, 2005), [2] 단락 참조.

26 임미원, "생명윤리의 관점에서 본 칸트의 인간존엄의 개념", *칸트연구* (제19집, 2007), 293쪽.

27 이런 자유 개념을 논증하는 임미원, "바이오 장기와 인간 개념", *법철학연구* (제8권 제1호, 2005), 167쪽.

과잉자율 내지 과잉의지는 결국 누군가에 대한 후견적 억압, 그리고 최종적으로는 자기 억압으로 귀결될 수 있"다. 그렇기 때문에 유전공학기술의 허용여부에 관해서도 임 교수는 "우리는 무엇까지를 처분하려 하는가 내지는 무엇까지를 우리의 선택의 자유 영역에 편입시키고자 하는가라는 물음에 달려 있는 듯하다"[28]고 본다. ③ 그러나 임 교수가 말하는 '우리의 선택'은 다시금 자유롭고 기회 균등한 공론경쟁 속에서 더 광범위한 설득력을 발휘한 주장을 수용하는 의회의 입법일 수밖에 없다. 그렇다면 우리는 임 교수가 이해하는 칸트의 인격체의 자율성 개념은 하버마스의 '대화적 합리성' 개념에 접근할 수밖에 없음을 바라보게 된다.[29]

(2) 사회문화적 소외 인권의 기초로서 이성의 개인주의적 이해에는 세 가지 사회문화적 소외현상이 터 잡아 있다.

1) 소유적 개인상의 한계 첫째, 이성이 소유의 대상이 되기 쉽다. 즉 이성적 인간상은 '소유적 개인상'이기 쉽다. '소유적 이성'으로서 인권은 이성을 소유하지 못한 사람들에게 오히려 인권 침해적일 수 있다. 이성의 역사가 2세기 넘게 발전한 20세기 초·중반 서구사회에서 벌어진 집단학살이나 도태사는 이성을 소유하지 못한 인간에게 인권이 얼마나 쉽게 부정될 수 있는지를 보여준다.

소유적 이성의 인권침해 위험은 오늘날에도 계속된다. 예컨대 장기이식에 관한 법률은 뇌사자를 사실상[30] 죽은 자(故人)로 취급하는데, 이는 인간존재를 지나치게 이성 중심적으로 파악한 탓이기도 하다.

그런 이해 속에서 뇌사자의 생명인권은 아예 인식되지도 못한 채

---

28 임미원, "의료윤리적 문제로서의 피실험자의 동의와 자율성", *법철학연구* (제9권 제1호, 2006), 212쪽.

29 하버마스의 이론을 응용하여 생명공학기술의 사용에 관한 법규범을 대화적 의사소통에 의해 정하고, 생명문화도 대화적으로 재생산하며, 인간존엄의 의미도 대화적으로 재구성하는 '대화적 생명공학법'을 자세하게 설계하는 이상돈, *생명공학과 법* (아카넷, 2003) 참조.

30 적어도 뇌사자 본인의 생전 동의의사가 없는 상태에서 가족의 동의만으로 뇌사자의 장기적출을 허용하는 「장기 등 이식에 관한 법률」 제18조와 관련해서 볼 때 그러하다.

사장[31]되고 만다. 또한 이런 인권침해는 문화적으로 전승된 생명문화의 부정과 파괴 속에 이루어진다는 점에서 이성주의적 인권 개념은 문화적 소외를 초래한다.

★ 죽음과 죽어감 데리다는 인간의 '생물학적 죽음'(perish) 이후에도 현존재는 바로 끝나지 않고 일정기간 존속하고 그 한에서 인간은 아직 살아 있되, 죽어가는 것, 즉 '죽어감'(demising)이며, 현존재의 의미가 다 끝났을 때 비로소 '죽음'(dying)라고 본다.[32] 데리다는 현존재는 죽음과 함께 잠재성이 최대화된 자신을 마주한다고 본다. 그렇기에 죽어가는 현존재는 인간의 존엄을 누려야 한다.[33] 가령 죽어가는 단계에서 현존재의 고유성을 누리지 못하는 개인은 존엄사를 선택할 권리도 누릴 수 있어야 한다.

2) 비서구문화의 배제 둘째, 이성주의적 인권은 서구문화와 비서구문화를 이성과 비이성(또는 야만)의 이분법 속으로 몰아넣는다.

㈎ 이슬람적 가치의 배제 예컨대 이슬람 문화권의 여성할례[34]는 야만이고, 기하학적 조형미[35]를 좇는 서구사회의 성형수술은 심미적 이성이라는 식으로 차별화된다. 그렇기 때문에 국제사회에서 보편적 인권의 실현을 위한 '인도적 개입'은 언제나 서양 강대국이 야만적 문화로 차별화한 사회에 대한 정치적 지배의 기획을 품고 있다는 혐의를 받는다. 그런 기획은 세계화의 물결을 타기도 한다.

㈏ 아시아적 가치의 배제 비서구권에서 이성주의적 인권을 수용함

---

31 이 점을 밝힌 이상돈, "뇌사와 인권", *법철학연구* (제2권, 1999), 251~270쪽 참조.

32 이에 관해서 J. Derrida, *Aporias: Dying–awaiting (one another at) the "Limits of truth"* (Stanford University Press, 1993), 특히 37쪽 아래 참조.

33 J. Derrida, 앞의 책, 64쪽.

34 여성할례(Female genital mutilation)는 사춘기 무렵 음핵 및 음순의 일부를 도려내어 여성이 성적 만족을 느끼지 못하게 하는 이슬람 문화권의 풍습이다.

35 서구의 심미적 이성을 기하학적 조형미로 바라보는 이상돈, *욕망은 행복을 낯설게 한다* (연극과 인간, 2003), 118~126쪽; 또한 법의 기하학적 조형미을 대칭성(외향적 대칭성과 내향적 대칭성)과 정합성으로 구체화하여 법률미학을 형성한 이론으로 이상돈, *법미학* (법문사, 2010), 112~119쪽 참조.

으로써 이른바 '아시아적 가치'[36]는 개발독재의 논리로 무장한 정치적 권력을 비민주적으로 재생산하는[37] 이데올로기적 국가장치로 폄하되고, 인권과 대립항을 설정하게 한다. 예컨대 위헌결정을 받은 호주제는 유교적인 세계관에서는 인륜(Sittlichkeit)을 구현하는 가족제도로 이해되지만, 사회적 신분의 자기결정이라는 개인주의적 실천이성의 관점에서는 "가족 가부장제이자 국가정치가 서로 결합"[38]되어 있는 식민지지배체제의 (여성)인권 침해적인 제도로 낙인찍힌다. 이런 인권판단 속에서는 가령 사회보장체제나 안전망이 확보되지 않은 시대에 호주제가 (입양을 하지 않은 채) 전통적 의미의 가족에 속하는 친척을 돌보는 제도로 기능한 점, 즉 인권보호적이며 휴머니즘적인 가족애의 표현이었다는 측면은 사라지고 만다.

3. 자연과 인권

흔히 인권은 보편적인 권리이면서 절대불가침의 권리라고 이해된다. 이런 이해는 인권을 자연권으로 보는 데서 비롯된다.

(1) **절대불가침의 자연권** 지배적인 인권 사상은 인권을 자연권으로 이해한다. 자연권은 가설적인 사회계약으로 국가를 형성하기 이전의 자연상태에서 존재하는 권리이다.

1) 인권의 근원으로서 자연권 그러나 자연권은 홉스(Hobbes)의 인권사상에서 보면 매우 불안정한 권리이다. 그에 따르면 자연권은 자기보존에 대한 것이다. 자기보존권은 신체와 행동 또는 여행의 자유나 그

---

36 이 점을 비판하는 이승환, "아시아적 가치의 담론학적 분석", 이승환 외, *아시아적 가치* (전통과 현대, 1999), 327쪽.

37 이와 관련하여 인권이 지배 전략임을 비판하면서도 자신도 그 대상의 방법을 모방하려는 양가적 지배욕망을 갖게 됨을 분석한 F. Jameson, "Postmodernism or the Cultural Logic of Late Capitalism", *New Left Review* (1984), 60~62쪽; 박상기, "탈식민주의의 양가성과 혼성성", *비평과 이론* (제6권, 2001), 86~90쪽 참조.

38 양현아, "호주제 폐지, 여성인권, 이태영 변호사가 남긴 유산(遺産)", *공익과 인권* (제3권 제1호, 2006), 46쪽 참조.

밖에 생존에 필요한 것들을 자유로이 사용할 권리[39]이다. 하지만 이 자연권의 향유는 한계를 모르기 때문에 '인간은 인간에 대해 늑대'가 되며, 각자의 자연권 향유는 충돌하여 급기야 '만인의 만인에 대한 투쟁상태'에 빠지게 만든다. 이런 자연상태는 사회계약을 통해 형성된 국가, 즉 시민의 자유보호를 위해 절대적인 권력을 지닌 국가와 이성[40]의 명령을 내리는 존재의 형상인 리바이어던(Leviathan)에 의해서 비로소 극복할 수 있다. 물론 자연권은 사회계약을 통해 포기되는 것이 아니라 그것을 방해하는 자에 대해 대항할 자유만이 포기될 뿐이다.[41]

2) 절대불가침성의 기독교적 함의 인권의 자연권성은 '절대불가침성'이나 '양도불가능' 또는 '처분불가능성'(Unverfügbarkeit)[42]의 속성이 귀속되는 주어이다. 하지만 이는 자연 상태 그 자체로부터 나오는 것이 아니라 '자연' 개념과 연합해온 기독교적 관념인 '천부'天賦로부터 나온 것으로 보인다. 인권은 인간에 대한 하나님의 권리이고, 하나님 이외에는 누구도 인권을 침해할 수 없는 것이 된다.[43] 오늘날 사형폐지가 주로 기독교적 인권운동에 의해 주도되고 있고, 이 운동이 사형보다도 더 인권침해적일 수 있는 '절대적 종신형'을 대안으로 제시하고 있는 것은

39 T. Hobbes(W.G. Pogson Smith 역), *Leviathan* (1952), 15쪽.

40 국가를 만든 후에 비로소 갖게 되는 초자연적인 심사숙고와 합리적 행동의 역량을 바탕으로(G.H. Sabine · T.L. Thorson[성유보 · 차남희 역], *정치사상사 2* [1997], 704쪽 참조) 인간이 합리적으로 자신의 이익을 추구하는 일련의 법칙이 자연법(lex naturale)이며, 자연법은 인간의 생명을 가장 잘 보존해주는 '이성에 의해서 발견된 계율이나 보편적 법칙'(T. Hobbes[W.G. Pogson Smith 역], *Levianthan* [1952], 14장 참조)이 된다.

41 김현철, "근대 초기 사회계약론에서 자유와 권리의 지위", *법철학연구* (제5권 제2호, 2002), 39쪽.

42 인권논증은 대부분 이익형량의 대상이 되어 있어 인권의 처분불가능성은 유지되기 어렵다는 분석으로 양천수, "현대 독일 법철학에서 '처분불가능성'에 관한 논의", *법철학연구* (제18권 제1호, 2015), 84쪽.

43 이런 인권 이해는 1974년 오스트리아 쾰텐에서 열렸던 WCC의 '인권과 기독교인들의 책임에 관한 협의회'에서 다루어진 인권의 성서적 · 신학적 이해에서 잘 나타난다. 이에 관해 손규태, "인권문제에 대한 신학적 고찰", *기독교사상* (제379호, 1990), 178~179쪽 참조.

결코 우연이 아니다. 이는 자연권으로서 인권의 절대불가침성이 — 가다머(Gadamer)가 말하는 이해의 가능조건으로서 전통의 작용인[44] — 크리스트교의 영향사(Wirkungsgeschichte) 아래 있음을 보여주는 대표적인 예라고 할 수 있다.

3) 교회로서 국가와 법, 신앙으로서 인권 추측컨대 중세적 국가관을 넘어섰고,[45] 심지어 무신론자라고 비판받은[46] 홉스도 기독교적 영향사로부터 벗어날 수 없었을 것이다. 기독교인으로서의 내향에 관한 스스로의 항변을 차치하고서라도,[47] 국가를 위대한 리바이어던, "이 땅에서 불멸(immortal)의 신의 가호 아래 인간에게 평화와 보호의 은혜를 입게 해주는 필멸(mortal)의 신"이라 보았던 홉스는, 신과의 연관성 속에서 절대국가의 권한을 강화하고자 했다. 즉 교회와 국가를 동일시하고 세속군주를 주 목회자 내지 하나님의 대리인으로 본 것은, 리바이어던을 모세의 위치, 다시 말해 하나님의 뜻을 해석하는 절대적 권위를 지닌 위치까지 고양시키기 위해서였던 것이다.[48] 그러므로 홉스에게서 자연상태는 무신앙의 상태에 비유되고, 국가의 통치는 사회계약을 통해 신의 존재가 비로소 침묵을 깨어 하나님 나라가 지상에 실현된 상태에

44 H. Gadamer, *Wahrheit und Methode* (1975), 370쪽.

45 김병곤, "홉스: 신없는 절대주의", 송호근 · 서병훈 공저, *시원으로의 회귀* (1999), 22~26쪽 참조.

46 "교회는 한 주권자의 존재 아래 연합하여 기독교를 신봉하는 인간들의 모임이다. 따라서 교인들은 주권자의 권위 아래서만 회집한다"(T. Hobbes[M. Oakeshott 편], *Leviathan* [Collier Books, 1962], 340쪽)고 이야기했던 홉스는, 교회를 국가의 일부로서만 인정하며 소위 '하나님 나라'의 대표자가 지상국가의 주권자가 아닌 한 신민들의 복종을 요구할 수 없다고 본 점에서, 당대에는 무신론자라고 비판받기도 하였다. 극단적으로 신의 존재를 부인하지 않더라도 교회와 다른 방향성을 취하는 것만으로 무신론자로서 공격받기에 충분했었던 17세기의 현실(S. Minz, *The Hunting of Leviathan* [Cambridge University Press, 1962], 39쪽)을 전제할 때 홉스의 사유체계가 반종교적으로 보였을 가능성은 미루어 짐작해볼 수 있다.

47 정치적 이유에서건 진심이건, 홉스는 자신이 무신론자가 아니며 오히려 '평범한 신자 이상의 신자'(out-Christian the Christians)임을 강력히 주장하였고, 하나님을 허상(phantasm)이 아닌 실질적 존재로 믿는 자신은 무신론자와 가장 거리가 멀다고 주장하기도 하였다.

48 서영일, "토마스 홉스의 통치이론과 기독교", *신학지남* (겨울호, 1986), 163쪽.

비유될 수 있는 것이다.[49] 그렇다면 인권은 기독교적 신앙을 통해 신의 권능에 의한 보호를 받을 권리를 의미하게 된다.

(2) **정치적 소외** 이런 자연권으로서 인권 사상도 실천이성으로서 인권 사상과 마찬가지로 비기독교 사회에선 문화적 소외를 가져올 수도 있다. 그러나 문화권에 따라 신성성의 내용이 — 예컨대 하나님의 권능으로서 인권이 인내천人乃天 사상으로 대체되는 식으로 — 바뀌기는 해도 그로부터 인권의 절대불가침성이 연원하는 식의 사상적 구조는 바뀌지 않는다. 따라서 자연권으로서 인권의 한계는 정치적 소외에 그 중점이 놓일 수 있다.

1) 이익중심의 인권과 의회민주주의의 제한 자연권의 처분불가능성은 인권의 권리 개념을 의사(will)보다는 이익(interests)의 차원에 중점을 두게 한다.[50] 하나님의 의사만이 절대불가침이지, 사람의 의사는 처분불가능한 것이 아니기 때문이다. 그래서 인권의 법적 실현에 대한 관심은 어떤 고정된 크기의 이익이 개인에게 주어지느냐, 그리고 그런 이익에 대한 국가의 보장을 가능케 하는 정치적 기제로서 의회민주주의의 정상적인 구축에 만족하기 쉽다. 바꿔 말해 자연권적 인권이 보장하

---

49 ★ 홉스의 법사상과 기독교 연관성에 관한 논쟁 ① 물론 홉스가 비록 수많은 성경의 용어들과 구절들을 인용하고 있으나 그 내부는 완전히 다른 개념으로 채워 넣고 있다든가(서영일, "토마스 홉스의 통치이론과 기독교", *신학지남* [겨울호, 1986], 170쪽), ② 사회계약의 사고가 근본적으로 하나님의 은총에 의한 문화와 도덕 형성을 배제하고 있다는 주장(황덕형, "현대인의 성결체험-하나님 앞에 선 단독자!", *활천* [제612호, 2004], 68쪽)이 역사·종교계에서 아직 주류를 차지하는 듯하다. ③ 홉스가 크롬웰정부와 왕정복고의 급격한 정치적 소용돌이 속에서 박해를 회피하기 위한 도구로서 기독교를 억지로 끌어들였다는 것이다. 그의 리바이어던 사상이, 국가보다 교회를 우선시하는 경향의 가톨릭이나 장로교에 대해 배타적이면서 국교로서의 성향이 강한 성공회와는 강한 친화성을 보인다는 측면은, 그런 혐의를 더욱 짙게 한다. ④ 하지만 종교적 자기검열을 통해 사상이 변형되었다는 점을 가지고 그의 사상과 기독교 사이의 내적 연관을 부인할 순 없다. 오히려 이는, 근대적 자연권 사상 속에 기독교적 문화와 권위가 자리하고 있다는 사실을 더욱 분명하게 한다.

50 의사설이 불가침의 기본적 인권을 제대로 설명할 수 없음을 분석한 김도균, "권리담론의 세 차원: 개념분석, 정당화, 제도화", *법철학연구* (제7권 1호, 2004), 181~210쪽 참조.

는 정치적 참여의 수준은 루소(Rousseau)의 '일반의지'에 기초한 민주주의나 또는 좀 더 넓게는 공개성의 원리(Publizität)[51]에 기초한, 그러니까 입헌군주제까지도 용납이 가능한 의회민주주의의 좁은 틀에 국한된다.

2) 인권 개념 밖에 위치하는 참정 실제로 자연권적 인권 사상이 꽃피운 지 거의 200여년이 넘은 20세기 중반에 와서야 서구사회에서 재산과 남녀에 따른 참정권의 차별이 완전히 해체된 것은 결코 우연이 아니라, 자연권적 인권 사상에 내재된 한계의 필연적 결과라고 볼 수 있다. 자연권적 인권 사상이 가져온 정치적 소외는 오늘날까지 지속되기도 한다. 예컨대 외국인의 인권은 '어떤 이익까지 보장할 것이냐'의 문제이지, 정치적 참여(예: 정주외국인의 지방선거권)[52]에까지 미치지 않는다는 생각이 아직도 지배적이다.[53] 이처럼 자연권적인 인권 사상은 외국인의 정치적 참여 문제에 대해 어떤 해결의 실마리도 제공할 수 없다. 외국인의 참정권은 근대적 인권관념을 넘어설 때 비로소 인정될 여지가 생기는 것이다.

---

51 하버마스에게 민주주의 원리에 따른 참여의 과정에 해당하는 칸트(Kant)의 공개성 원리는 보편적 법원리의 정치적·공적 적용, 그러니까 "이성의 공적 사용을 통해 도덕의 이름으로 정치를 합리화하는 비정치적 과정이라는 의미"이다(이에 관해서 자세히 임미원, "도덕적 권리와 정치적 권리", *법철학연구* [제7권 제2호, 2004], 123~140쪽 참조).

52 정주외국인의 지방참정권을 인정하자는 이윤환, "헌법상 정주외국인의 지방참정권", *국제인권법* (제4호, 2001), 104쪽 참조.

53 물론 우리나라에서도 외국인의 참정권 보장을 인권문제로 바라보는 관점이 성장하고 있다. 예로 서울대 법과대학 BK21 공익인권법연구센터의 '정주외국인의 지방참정권 실현을 위한 일·한·재일 네트워크'라는 학술대회(2004.11.24.)를 들 수 있다. 또한 EU 각국은 Maastricht 조약에 의해 EU 시민에게는 EU 각국의 지방선거권이 개방되어 가고 있다. 하지만 이는 경제적 통합, 바꿔 말해 소유적 인권의 영역이 확장된 것에 불과하다. 아직도 EU 밖의 국민에 대해서는 예외가 있지만 외국인의 참정권은 지방선거에서도 비켜나 있다.

Ⅲ. 인권의 절차화

소유권, 이성, 자연권으로서 인권 사상의 한계는 대화이론적인 인권 이해에 의해 극복될 수 있다. 인권은 국가나 법에 앞서 이미 주어져 있는 실체나 고정된 크기의 이익이 아니라 인권을 말하는 모든 사람들 사이의 지속적이며 개방적인 대화적 과정 속에서 비로소 형성된다는 것이다.

1. 인권과 주권의 내적 연관

인권은 자유권과 사회권의 이율배반성 아래 놓인다. 예를 들어 여성의 근로권을 보장하기 위해 고용할당제를 실시하면, 그로 인해 능력 있는 남성이 일할 자유를 제한받게 된다. 또한 여성에게만 출산과 육아를 위한 휴가를 보장하면, 여성의 성역할(예: 출산과 육아)에 대한 재해석을 가로막는 부작용으로 여성과 남성 사이의 자유 분배를 여전히 남성중심사회의 구조 속에 가두게 만든다.

(1) **자유주의와 공화주의 정치모델에서 인권이해** 이런 이율배반성을 극복하기 위한 첫 단계로 인권과 주권을 내적으로 연관시키는 하버마스(Habermas)의 대화이론적 이해에 주목하여야 한다. 하버마스가 보기에 주권으로부터 풀려난 인권 개념은 자유주의의 결과이다. ① 자유주의 정치모델에서는 '전국가적이며 비법적인 도덕적 권리'(사적 이익)로 이해되는 인권을 보호하는 것이 국가의 핵심임무가 되며(법치국가 Rechtsstaat), 정치는 행정권력에 대해 인권(도덕적인 사적 이익)을 하나로 결집하여 관철하는 과정이 된다. ② 이에 비해 공화주의 정치모델에서 국가는 공동선(Gemeinwohl)을 실현하는 공동체이고, 이를 위해 주권자인 개인들이 자유롭고 동등한 법동료로서 공동선을 향한 공동체의 의사형성에 참여하는 민주주의가 실현되어야 한다.

(2) **토론정치에서 인권과 주권의 변증**　하버마스는 대화적 토론정치(deliberative Politik)의 설계를 통해 자유주의(법치주의)가 지향하는 인권과 공화주의(민주주의)가 지향하는 주권을 변증시킨다.[54]

1) 민주적 법치국가와 인권의 불가분성　그는 사적 자율이 인정된 시민사회에서 개인들이 자유롭게 인권문제를 제기하고, 조직화되고 공식적인 공론의 장에서 인권주장의 타당성에 대한 비판과 토론을 펼치며, 그 논의의 결과가 정치체계에 영향력(의사소통적 권력)을 발휘함으로써 인권을 법에 제도화하는 정치체제를 설계하고, 그런 체제를 민주적 법치국가(demokratischer Rechtsstaat)라고 부른다. 이런 체제에서 ① 시민적 자기결정으로서 주권은—루소의 '일반의지'와 같은—하나의 포괄적인 거대주체에 귀속되지 않고, 대화적 의사소통을 전개하는 수많은 개인들에 의해 일상적으로 행사된다. 이런 일상적 의사소통은 개인들에게 인권이 법적 권리(예: 표현의 자유, 집회·결사의 자유 등)로 보장되어 있어야 가능하다. 또한 그럴 경우에 주권의 행사가 전체의 이름으로 개인들의 사적 이익을 부당하게 침해하지 않을 가능성이 생긴다. ② 반면 인권은 고립된 개인의 고정된 크기인 '사적 이익'이 아니라 '도덕적 자율과 이성적 의지를 실현하는 권리'가 된다. 왜냐하면 이런 체제에서 인권은 상호이해에 지향된 개인들이 일상적인 의사소통과 공론참여를 통해 공식적인 정치적 의사형성의 과정에 참여함으로써 비로소 구체화되고, 정치적 입법과정을 통해 법제도 속에 규범화되기 때문이다. 다시 말해 인권의 구체적 실현은 주권(행사) 없이는 불가능한 것이다.

2) 인권의 재해석　이처럼 인권과 주권이 서로 전제하며 서로 실현해주는 내적 연관을 맺고 있다. 이런 내적 연관 속에서만 비로소 개인은 자신이 누리는 자유의 대가로 다른 사람의 자유가 실질적으로 위

---

54 이에 관해 J. Habermas, *Die Einbeziehung des Anderen* (1996), 277~292쪽; "Three Normative Models of Democracy", S. Han 편, *J. Habermas and the Korean Debate* (1998), 201~215쪽 참조.

협받고 침해되는 것을 인권침해적인 사태로 받아들일 수 있게 된다. 또한 개인은 사회권적 인권을 보장받을 때에도 사회국가적 복지정책의 행정서비스를 소비하는 수동적인 고객의 지위에서 벗어나 여전히 자유권의 주체와 자율적 주체로 남을 수 있게 된다. 이렇게 이해된 인권은 고정된 크기의 사적 이익이 아니라 '의사소통적 참여의 권리'로 이해될 수 있다.[55] 이로써 인권의 보편성은 전국가적 자연권이나 자연법적 실체가 아니라 인권과 주권이 동시에 실행되는 대화적인 의사소통의 과정이 띠는 상호주관성으로 해석된다.

	패러다임	자유주의	공화주의	토론민주주의
인권	정치	사적이익의 관철	공동선의 실현	토론과 자율
	권리	인권 중심	주권 중심	인권과 주권
	법체계	법치주의	민주주의	민주적 법치국가

이와 같은 하버마스의 인권이해만으로도 종래 헌법학에 지배적인 인권이해, 즉 인권은 전前국가적인 자연권이고, 주권자인 국민이 제정한 헌법의 기본권으로 제도화되며, 그 기본권으로부터 다양한 권리가 파생되어 나온다는 도식은 극복될 수 있다.

2. 법의 독자적 역할

하지만 현대사회에서 인권의 형성기제를 더욱 완전하게 밝히려면 인권과 주권을 내적으로 연관 짓고, 자유주의와 공화주의를 변증시키며 사적 자율과 공적 자율을 통합시키는 기제가 대화적 의사형성[56]이라는 점 이외에, 법이 수행하는 고유한 역할을 바라보아야 한다.

---

55 이런 이해로 이상돈, *형법의 근대성과 대화이론* (홍문사, 1994), 68~70쪽 참조.

56 J. Habermas, *Faktizität und Geltung* (Suhrkamp, 1992), 369쪽 아래 참조; 이원적 토론정치에 대한 자세한 설명은 황태연, "하버마스의 소통적 주권론과 쌍선적 토론정치 이념", 정호근 편, *하버마스: 이성적 사회의 기획, 그 논리와 윤리* (나남출판, 1997), 202쪽 아래 참조.

(1) 토론정치의 이원적 구조에 대한 의문 하버마스는 대화적 의사형성의 기제를 시민사회와 공론영역 또는 비공식적인 영역과 공식적인 영역(법, 제도, 의회 등)의 두 영역으로 나눴다. 그래서 그는 자신의 정치이론을 '이원적 토론정치'(zweigleisige deliverative Politik)라고 부르기도 한다. 하지만 법은 하버마스의 이원적 토론정치를 삼원적 토론정치라고 부를 수 있을 정도로 독자적인 소통기능을 수행한다. 즉, 법은 의회나 제도와 같은 대화적 의사형성의 공식적인 영역에서 분리되어 대화적 의사형성의 독자적인 기축이 된다는 것이다.

(2) 토론정치에서 법의 독자성의 예시 이런 법의 독자적 역할을 인식하는 것은 인권의 절차주의적 구상의 두 번째 단계라고 할 수 있다. 이 점을 존엄사의 예를 갖고 설명해보기로 한다.

1) 존엄사가 생명인권으로 자리잡는 대화적 소통의 모델 시민사회에서는 현재 존엄사에 관해 그것은 인권이라는 주장과 인권침해(생명권의 침해)라는 주장이 대립한다. ⓐ 말기암환자와 같이 죽음의 비가역적인 과정에 돌입한 환자가 자기결정으로 편안하게 생을 마감하는 의료적 도움(존엄사)를 받거나 식물인간상태에 빠진 개인이 미리 해둔 의사표시(living will)에 의해 연명치료를 중단하는 것은 '존엄한 죽음'에 관한 인권이라는 주장이 시민사회(예: 의료계, 환자단체, 환자가족들)에서 제기된다. ⓑ 이 주장은 학술적으로 뒷받침될 수 있다. 가령 존엄사를 포함한 일체의 자살금지는 근대사회에서 의과학지식이 생명현상을 관리·지배하게 된 결과(즉, 죽음의 의료화 medicalisation of death)이며, 자살은 개인이 삶의 마지막 모습을 아름다운 것으로 만드는 주체성(죽음의 미학화 aestheticisation of death)의 발현이라는 이론[57] 등이 존엄사에 대한 공감을 확장해갈 수 있다.[58] ⓒ 이러한 시민사회와 학계의 논의와

57 이런 논의로 Chloë Taylor, "Birth of the Suicidal Subject: Nelly Arcan, Michel Foucault, and Voluntary Death", *Culture, Theory and Critique* (Vol. 56, No. 2, 2015), 187~207쪽.

58 자살의 의미를 언어분석철학적 관점에서 ① 자초성, ② 결과에 대한 사전인지, ③

주장들은 미디어를 통해 공식화되고, 정치인과 정당, 학자와 학회, 시민운동가와 시민단체들이 공적 토론을 전개하기 시작한다(공론영역의 형성). 이러한 공론영역에서는 대립되는 각 관점의 타당성에 대한 비판과 토론이 전개되고, 합의에 이를 수는 없지만, 어떤 견해가 더 광범위한 동의를 얻을 수 있다. 그런 상태에 있는 주장을 공론경쟁력이 있다고 말할 수 있다. ⓓ 공론경쟁력이 있는 주장은 의회의 입법이 있기 전이라도 법원이 '현행법의 해석범위 내에서' 가능한 존엄사의 형태를 정하고 판결(大判 2009다17471)[59]로써 그 주장을 수용할 수 있다. ⓔ 또한 공론경쟁력이 있는 주장은 하버마스가 말하는 '의사소통적 권력'(kommunikative Macht), 즉 정치적 영향력을 발휘하여 의회로 하여금 존엄사 입법을 하도록 만들 수 있다. 실제로 이 주장의 일정 부분은 2016. 2. 「호스피스·완화의료 및 임종과정에 있는 환자의 연명의료결정에 관한 법률」로 실정법이 되기도 하였다.

2) 인권과 주권을 변증시키는 법의 고유한 역할양상 이렇게 존엄사가 생명인권으로 자리잡는 대화적 의사소통의 과정에서 법의 역할을 주목할 필요가 있다.

㈎ 주권을 통해 형성된 인권 첫째, 이 과정에서 인권은 주권의 행사를 통해, 즉 국민이 선거를 통해 의회를 구성하고 사회적 이슈에 관한 공론에 참여하여 의회에 영향력을 발휘함으로써 비로소 구체적으로 형성되는 것임을 알 수 있다. 즉 새로운 생명인권으로서 '존엄사'의 권

죽을 의도, ④ 동기무관, ⑤ 자발성으로 분석하고 이를 토대로 자살방조 등의 형법 적용뿐만 아니라 의사조력사나 자발적 안락사 인정의 합리성과 공감을 넓혀 나아갈 가능성을 바라보는 오세혁, "자살의 의미-언어분석철학적 관점에서-", *법철학연구* (제13권 제3호, 2010), 179~216쪽 참조.

59 식물인간이 된 환자의 가족이 제기한 연명치료중단 가처분 신청의 소에 대해 대법원은 "죽음이란 삶의 마지막 과정에서 겪게 되는 삶의 또 다른 형태라 할 것이므로, **모든 인간은 죽음을 맞이하는 순간까지 인간으로서의 존엄과 가치를 보존할 권리를 보장받아야 한다**"(大判 2009다17471)고 판결함으로써 존엄사를 인정하였다. 치료중단에 관한 법이론적인 분석과 허용요건에 관한 설계로 이상돈, *치료중단과 형사책임* (법문사, 2002), 41~42쪽 참조.

리는 전前국가적인 생명권을 법규범으로 만든 결과가 아니라 시민들이 주권 행사를 통해 형성한 인권인 것이다.

(나) **주권행사를 통한 인권형성의 가능조건으로서 법** 둘째, 법(헌법상의 기본권)은 이와 같이 주권행사를 통해 인권이 형성될 수 있게 하는 가능조건(의사소통조건)이 된다. 의회선거나 공론참여는 법(기본권)이 보장하는 표현의 자유, 학문의 자유, 언론이나 출판, 집회결사의 자유를 누림으로써 가능하다는 점에서 그러하다. 또한 법(개별법)은 언론법이나 방송법, 정보통신망법 등의 미디어를 규율함으로써 공론경쟁이 펼쳐질 수 있게 하는 인프라가 되기도 한다. 존엄사를 생명인권으로 승인하게 되는 사회적 소통의 과정은 이와 같이 법이 보장하는 공론의 인프라 속에서 이루어진다. 이러한 법이 없이는 주권행사를 통한 인권형성도 가능하지 않다.

(다) **인권의 실정법적 권리화** 셋째, 이처럼 법이 주권행사의 의사소통조건을 보장한 가운데 재해석되고 재생산된 인권인 존엄사는 다시금 법에, 특히 기본권(예: 행복추구권, 인격발현권)의 규범내용으로 축적될 수 있다. 그러나 이런 축적은 일정한 시간을 필요로 한다. 때때로 그 시간 동안 민법이나 형법 등의 개별법분과에서 인권이 형성되고, 그 법체계 안에 머무는 경우도 있을 수 있다. 생명인권으로서 존엄사도 식물인간상태의 환자에 대한 연명치료의 중단을 허용하는 법원의 판결을 통해 먼저 법적 권리로 수용되었다. 여기서 인권의 생성과정에서 인권은 아직 기본권이 아니면서도 법률과 그 해석에 의해 형성되는 구체적 법규범에 의해 권리로 제도화되는 경우가 있음을 알 수 있다. 이는 민·형법의 해석이 (구체적인) 헌법규범을 형성하는 측면을 보여준다.[60]

---

60 헌법은 법효력의 차원에서 민·형법에 우위에 놓이지만, 그 규범(내용)의 형성 차원에서는 우열관계가 아니라 수평적인 상호작용과 상호형성의 관계에 놓인다. 이 점에 대해 자세히는 이상돈, *헌법재판과 형법정책* (고려대학교 출판부, 2005), 41쪽 아래 참조; 비슷한 취지에서 헌법으로서 민법을 주장했던 양창수, "헌법과 민법", *민법연구* (제5권, 1999), 20~22쪽 참조.

㈑ 주권행사에 의한 인권침해의 방호벽으로서 법 넷째, 그렇게 시민들의 일상적인 주권행사에 의해 인권을 구체적으로 형성하는 행위는 때로는 오히려 인권을 침해할 수도 있다. 예컨대 나치 시절처럼 국민들의 총의總意가 도태사, 즉 우생학적 관점에서 열등한 인간들의 생명을 처분할 수 있게 하는 방향으로 모아져 입법까지 되었다고 할 때, 그 입법은 기본권(인간의 존엄과 가치)의 본질적 내용을 침해하는 것으로서 법적으로 무효가 된다. 다시 말해 존엄사를 새로운 인권으로 승인하는 입법을 하게 만드는 시민들의 주권행사는 인간의 존엄과 가치라는 법(ⓑ 헌법상 기본권)에 의해 그 한계가 설정된다. 즉, 법은 시민들의 일상적인 주권행사가 오히려 인권을 침해할 때 그에 대한 방호벽으로 기능한다.

㈒ 인권담론으로서 법 다섯째, 하지만 법에 의해 가능한 주권행사가 (존엄사처럼) 인권을 재해석하고 재생산하는지, 아니면 정반대로 (도태사처럼) 기존의 인권을 파괴하여 법에 의해 방호되어야 하는지가 불분명한 한계영역이 있을 수도 있다. 예컨대 현재의 한국 사회처럼 존엄사가 아직 공론의 지배적인 결론으로 되지 않은 상태임에도 불구하고 의회에서 입법되는 경우에는 헌법소원이 제기되기 쉽다. 이때 헌법재판은 시민적 공론을 수용하기만 하는 것이 아니라, 그 자체로서 시민적 공론을 (특히 법전문가들의 공론에 영향을 받아[61]) 형성하는 대화적 과정이 된다.[62] 이 경우 주권행사의 결론은 아직은 인권침해에 이르지 않

61 시민적 공론과 전문가 공론을 나누고, 의회에서는 시민적 공론이 가장 중요하고, 법원의 재판에서는 전문가 공론이 가장 중요하며, 헌법재판에서는 둘 다 중요하되 전문가 공론이 상대적으로 더 중요하고, 행정에서도 둘 다 중요하되 시민적 공론이 상대적으로 더 중요하다는 견해로 이상돈, *헌법재판과 형법정책* (고려대학교 출판부, 2005), 57~67쪽, 특히 62쪽 참조.

62 볼킨(J. Balkin)의 헌법해석이론에 대한 비판적 검토를 통해 이계일 교수는 "헌법재판소 판결을 헌법해석의 권위적 종결자로 여기는 것이 아니라 헌법해석을 둘러싼 사회적 논의와 민주적 정치과정의 계기이자 증폭제로 여길 필요가 있"(이계일, "헌법해석에 있어 법과 사회의 상호작용: 볼킨(J. Balkin) 법이론에 있어 헌법해석주체의 다원적 확장과 위헌심사의 민주적 정당성 기초", *법과 사회* [제42호, 2012], 282쪽)다는 통찰에 이른다. 이러한 이 교수의 통찰은 법적 대화이론의 '밖'에 있지 않고

았고, 동시에 인권의 재생산에도 이르지 않은 것이다. 존엄사는 단지 하나의 인권주장으로서 그 둘 사이에 위치해 있다. 여기서도 헌법재판소의 결정은 구체적 헌법규범으로서 그 자체로 인권담론을 형성하게 된다. 인권은 법이 촉진하는 인권담론에 의해서도 재해석되고, 재형성된다.

(3) **대화적 의사형성의 제3원으로서 법** 이상에서 법과 인권의 관계가 새롭게 정의될 수 있다. ① 첫째, 법은 단지 인권을 구체화하는 주권행사의 가능조건이면서도 주권행사에 의한 인권침해를 차단하는 인권의 방호벽 역할을 한다. ② 둘째, 법의 형성과 변화가 바로 인권이 재해석되고 재형성되는 담론(인권담론)이 되며, 동시에 법은 실정법적 권리로 침전되는 인권담론의 결과물이기도 하다. ③ 셋째, 그렇기 때문에 법은 주권과 인권 어느 한 영역에 전속되지 않으며, 인권과 주권이 내적으로 연관 짓는 대화적 의사형성의 제1원(시민사회와 공론영역) 또는 제2원(의회, 법원, 헌법재판 등)과 구분되는 독자적인 제3원이라고 말할 수 있다.[63]

3. 민주적 법치국가의 성찰적 기제

인권의 절차주의적 구성의 세 번째 단계는 인권 개념을 민주적 법치국가의 반성적 기제로 자리잡게 하는 것이다.

(1) **말함 속의 인권** 인권실현의 대화적 과정도 인권의 자연법적 실체성을 완전히 해체하지는 못한다. 가령 인권을 본질本質(Wesen)로, 기본권을 현존現存(Dasein)이라고 부른다면, 인권이라 불리는 권리가 대화적으로 재해석되고 재생산되는 과정은 여전히 기본권이라는 실정법

'안'에 있는 통찰이다. 왜냐하면 헌법재판은 시민적 공론을 고려하되, 주로 헌법해석의 전문가공론을 중심으로 헌법에 대한 최종적인 유권해석을 논증적으로 전개하는 것이고, 이후 헌법재판소의 결정에 대한 비판과 토론의 대화적 과정이 지속적으로 전개되고, 그런 전개가 다음의 헌법재판에서 시민적 공론과 전문가공론으로 고려되기 때문이다.

63 좀 더 자세히는 이상돈, *인권법* (세창출판사, 2005), 110쪽 참조.

적 현존이 인권이라는 본질에 수렴되어 가는 과정으로도 이해[64]될 수 있기 때문이다. 그러므로 자연법적인 근대적 인권 사상의 완전한 극복을 위해서는 '인권이란 그것을 말함(speech act) 속에 있다'고 보는 것이 필요하다. 인권이 존재하는 것이 아니라, 그것을 말하는 행위가 사회적으로 존재한다는 것이다. 가령 에이즈(AIDS) 환자가 사회적 소수자로 '말해'진다면,[65] 그들의 인권실현은 일정한 제약 속에 놓이게 된다. 사회적 소수자는 병든 사람이든 아니든 르네 지라르(René Girard)가 말하듯[66] 사회적 욕구불만이 가득히 쌓인 사회집단들이 — 에이즈 환자의 격리수용을 주장하는 일부 목소리에서 보듯 — '폭력의 집단전이'의 희생물로 선택할 위험성 앞에 놓이기 때문이다. 이 예에서도 인권을 말함, 특히 말하는 방식마저도 인권을 구성한다는 점을 엿볼 수 있다.

하지만 인권은 아무리 적절하게 말해지더라도 그 내용의 타당성이 언제나 관점을 달리하는 사람에 의해 의문시될 수 있다. 그러므로 인권을 말하는 사람은 자신이 말하는 내용이 타당한 것임을 근거지어야 하고, 사람들이 그 타당성을 널리 인정할 때 비로소 인권으로 승인된다. 수많은 사람들이 이처럼 인권에 대해 말하고 근거지우는 행위는 역사적으로는 비판과 토론의 대화적 과정(인권담론)을 구성한다. 인권의 주장이 인권으로 승인되는 과정은 — 말함에 내재된 보편적인[67] 구조이며 법의 선先구조 또는 유사구조[68] 속에서 — 자유롭고 기회 균등한 비판과 토론

---

64 이는 A. Kaufmann의 정의에 대한 수렴이론(Konvergenztheorie)과 연장선에 있다.

65 2004년 국가인권위원회의 인권백서를 펴내기 위한 집필진 모임에서 에이즈 환자의 인권이 '사회적 소수자와 인권' 편에 분류된 점에 대해 어느 에이즈환자 인권운동가가 제기한 강력한 항의가 내게 이 점을 인상 깊게 이해시켰다.

66 R. Girard(김진식 역), *폭력과 성스러움(La Violence et le Sacre)* (민음사, 1993), 9~51쪽 참조.

67 이 구조를 발굴해낸 학문을 보편적 화용론(Universalpragmatik)이라고 한다. 하버마스의 보편적 화용론에 관해서는 Habermas, "Was ist Universalpragmatik?", *Vorstudien und Ergänzungen zur Theorie des kommunikativen Handelns* (Suhrkamp, 1984), 8단락 참조.

68 K. Günther, "Recht und Sprache", 한국법제연구원 · 한국법철학회 · 고려대법학연구원이 공동주관한 국제심포지엄 <법과 언어>(2001.9.21.) 발표문, 18쪽; 한국어에는

의 대화적 과정이다.

(2) 인권 개념의 수사학적 기능 '인권이 말함 속에 있다'는 명제는 사실은 권리의 생성 일반에 대해 적용될 수 있다. 인권 개념의 고유함은 말행위의 실행적 부분(performativer Teil)에 있다. 즉 인권을 말할 때에는 말해지는 내용이 규범적으로 타당한 것이며, 실정법체계가 이를 수용해야 한다는 점을 '이례적으로'[69] '강력하게' 호소하는—인권의 자연권적 함의처럼 절대로 침해 되어서는 안 되는 권리임을 상기시키는 식의—'수사학적 기능'[70]이 전제되어 있다.

그런데 이 수사학적 기능은 민주적 법치국가의 공식적인 입법메커니즘과 다수결원리[71]가 펼쳐놓는 의사소통의 장이 모든 인권주장을 실정법적 권리로 남김없이 제도화할 수 없는 상황에서 작용한다. 즉 공식적인 입법메커니즘의 민주적 의사형성기능이 한계를 나타내는 지점에서 민주적 법치국가의 반성과 자기교정을 강력하게 촉구하는 의사소통행위의 하나로서 인권주장이 펼쳐지는 것이다. 그러므로 인권(운동)은 더 이상 국가권력에 대한 저항이 아니라 인권을 실현하는 국가의 공식적인 입법과정에 늘 따라다니는 비판, 즉 '수반하는 비판'(begleitende Kritik)의 성격을 띤다.

(3) 시민불복종의 반대짝 그러므로 인권주장은 같은 성격의 행위인 시민불복종[72]의 반대짝을 이룬다고 볼 수 있다. 시민불복종이 실정

이 민주적 선구조가 취약한데 점차 성장하고 있다고 판단된다. 이에 관해 이상돈, *법철학* (법문사, 2003), [3] 단락(법과 한국어) 참조.

69 이 이례성은 오늘날 수많은 권리주장들이 점점 더 인권주장의 이름을 달아가고 있다는 점에서 더 이상 이례성이 아닐 수 있다. '인권 개념의 남용'이라 할 만하다.

70 여기서 수사학적이란 "이성, 정서, 감정의 복합적 요소들이 법적 장에서 상호작용하는 형식"(이계일, "수사학적 법이론의 관점에서 본 법적 논증의 구조", *법철학연구* [제13권 제1호, 2010], 91쪽)을 띤다는 점을 가리킨다고 이해할 수 있다.

71 다수결의 원리는 형식적 평등을 전제로 하지만, 한편으론 지배이익을 정당화하면서 소수자의 배제를 정당화한다. 다시 말해 다수결 원리는 한편으론 소수(자)들을 한 사회의 구성원으로 인정하지만, 다른 한편으론 의사결정과정으로부터 제거시키는 합법적인 방편이 된다. 이와 같은 배제와 제거는 다수결원리가 갖는 민주적 의견형성의 근원적 한계를 말해준다.

화된 규범적 명제의 권리성을 부인하는 소극적인 행위인 반면, 인권주장은 어떤 규범적 명제가 실정법적 권리로 제도화되어야 함을 입법기구에 촉구하는 적극적인 행위이다.

★ 인권실현과 공익소송　인권운동이나 시민불복종운동 이외에 공익소송도 민주적 법치국가의 공식적인 입법기제가 민주적 의사형성을 다하지 못하는 부족분을 메워주는 민주적 법치국가의 성찰적 기제로서 기능한다.[73] ① 공익소송이란 ⓐ 확산이익(diffused and fragmented interests), 즉 피해집단의 규모는 크지만 개인별 피해의 규모는 작아서 기존의 소송제도로는 실효성 있게 보호되기 어려운 권익을 보호하기 위하여, ⓑ '자발적이며, 다수 개인들의 공통된 정의관점에 기초하여 조직화된 행동을 하는 시민사회의 기구'(예: 소비자단체[74])가 주체가 되어 수행하고, ⓒ 법원도 입법권능을 찬탈하지 않는 범위 내에서 법창조적 해석을 하거나 소송에서 당사자와 협동적 역할을 수행하면서, 때로는 승패를 유보하는 판결주문主文을 만들어 의회의 입법을 권고하는 역할을 수행함으로써, ⓓ 인권실현의 의미를 갖는 ⓔ 집단소송이나 단체소송의 형태를 띠는 소송을 말한다.[75]

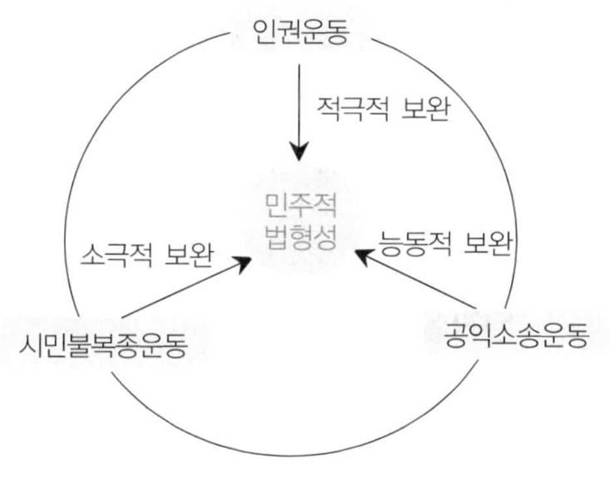

72 이에 관해 자세히는 이상돈, "시민불복종운동－논쟁, 이론, 개념, 법제화－", *법치국가와 시민불복종* (법문사, 2002), 109~112쪽; *시민운동론* (세창출판사, 2007), 117쪽 아래 참조.

73 이러한 세 가지 형태의 시민운동을 민주적 법형성의 보완기제로 기능하는 삼륜마차이면서 공론경쟁을 펼치는 행위로 바라보는 이상돈, *시민운동론* (세창출판사, 2007), 23쪽.

74 2006. 8. 29.에 전부개정되고 2008. 1. 1.부터 시행된 소비자기본법은 단체소송(동법 제70조 아래)을 규정하고, 일정한 요건을 갖춘 소비자단체에게 공익소송의 원고적격을 부여한다.

75 공익소송에 대한 자세한 논의는 이상돈, *공익소송론* (세창출판사, 2005) 참조.

② 공익소송은 권리를 실현하거나 새로운 권리를 구성하긴 하지만 직접 의회의 입법을 추진하는 것이 아니라 구체적인 권리구제를 추진할 뿐이며, 그런 점에서 시민불복종운동처럼 소극적이다. 하지만 공익소송은 재판을 통해 새로운 법규범을 형성한다는 점에서는 역시 적극적이라고 할 수 있다. 이 두 가지 특성을 아울러 공익소송은 '능동적'으로 민주적 법형성의 부족을 메우는 기제가 된다고 할 수 있다

시민불복종운동과 인권운동을 허용하는 것은 민주적 법치국가의 또 다른 정당성기초가 된다.[76] 여기서 인권주장이 실정법에 위반할 때 특별하게 취급될 수 있으려면 시민불복종운동의 테두리조건(시민성, 비폭력성, 공공성, 비례성, 정당화가능성[공론경쟁력])[77]을 충족해야만 한다는 결론을 이끌어 낼 수 있다.

예컨대 양심적 병역거부가 전적으로 여호와의 증인만의 주장이고 행동이라면 그것은 양심범의 문제가 될 뿐 인권운동이 될 수는 없다. 여호와 증인의 병역거부권을 인권으로 주장하는 사람들이 이질적이고 다원적인 시민들로 구성되어야 한다는 시민성 요건을 충족하지 않기 때문이다. 물론 현재 이와 같은 의미의 시민성은 상당한 정도로 획득되어 가고 있다.

4. 인권실현모델

이상에서 설명한 인권의 절차주의적 구성에서 보면 인권 개념과 그 실현기제는 서로 분리되지 않음을 알 수 있다. 인권의 동적 형성과정을 단계화하여 각 단계에 고유한 이름을 부여하는 것은 어떤 인권주장의 법적 위치를 타당하게 정립하는 데 큰 도움을 줄 수 있다.

(1) 인권형성의 네 단계 이제까지 전개한 나의 인권이해에서 보면

---

76 시민불복종운동에 대해 같은 입장을 보이는 J. Habermas, "Ziviler Ungehorsam", Glotz 편, *Ziviler Ungehorsam im Rechtsstaat* (1983), 특히 43, 51쪽 참조.

77 이상돈, "시민불복종운동－논쟁, 이론, 개념, 법제화", *법치국가와 시민불복종* (법문사, 2002), 114~135쪽; *시민운동론* (세창출판사, 2007), 145~170쪽 참조.

인권의 형성은 네 단계로 나눌 수 있다. ① 개인의 인권주장은 인권에 관한 말행위일 뿐이고, 수사학적 호소를 통해 민주적 법치국가에서 권리보장이 소외된 점에 대해 다른 사람들의 관심을 끌어내는 사회적 행위의 하나가 된다. ② 그런 주장에 공감하는 사람들이 시민사회에서 하나 둘씩 늘어나면 주장된 인권의 내용에 대해 토론이 촉발되고, 서로 다른 관점의 표현들이 유발된다.[78] 이 상태에 이르면 주장된 인권은 '생성 중인 인권'이라고 부를 수 있다. ③ 생성중인 인권은 조직화되고 공적인 토론의 장으로 들어가게 되고, 그 승인여부를 놓고 전문적이고 합리적인 논거로 무장한 비판과 토론이 벌어진다. 그런 대화의 과정에서 모든 사람은 아닐지라도 다수를 설득시킨다면 생성중인 인권은 '공론경쟁력'을 갖는다고 할 수 있다. 이로써 생성 중이던 인권은 '보편적인 인권'—엄밀하게는 '절차적으로 정당화된 인권'—으로 성장한다.

> 우리 사회에서 볼 때 가령 동성애자의 혼인권이나 독신여성의 입양권 등이 생성중인 인권 단계에 있다면, 양심적 병역거부자의 대체복무권은 보편적 인권의 단계에 거의 다 와 있다고 볼 수 있을 것이다.

④ 마지막으로 인권주장의 공론경쟁력이 정치체계에의 영향력, 즉 법제형성력으로 전환되면 보편적 인권은 마침내 실정법적 권리[79]로 제

78 ① 이렇게 인권을 말하고, '공감'을 얻어가는 소통과정은 '칸트가 말한 바'(이성능력, 인간존엄)가 아닌 '칸트가 침묵한 바'(이성에 대한 대안적 능력인 정치적 판단력)를 정치적으로 실천하는 사유의 변용으로서 아렌트가 말하는 '공통감각'(sensus communis)을 형성하는 과정으로 이해할 수 있다. 이러한 아렌트의 정치철학에 대한 설명으로 임미원, "한나 아렌트의 정치철학에 대한 기초적 고찰-칸트의 <판단력비판>과의 연관성을 중심으로-", *법철학연구* (제17권 제3호, 2014), 91~122쪽 참조. ② 이처럼 인권은 인간존엄 그 자체가 아니라 그에 관한 정치적 소통 속에서 구성되고 실천되는 것이다. 이 소통은 "평등, 연대감, 공통감 등의 자각", 더욱이 "공동-인식"(con-science)을 필요로 한다. 이와 관련하여 칸트철학에 대한 아렌트적 이해를 도모한 김연미, "인간의 존엄성과 권리의 관계-칸트와 호펠드의 권리론을 중심으로", *법철학연구* (제9권 제2호, 2005), 283~286쪽 참조.

79 보편적 인권과 실정법적 권리가 된 인권은 인권과 인권법으로 구분되기도 한다. 그런 구분으로 양천수, "다문화적 인권의 가능성", *법과 정책연구* (제11집 제2호, 2011), 38쪽 참조. 양천수 교수는 법제화의 규제역설을 고려하여 어떤 인권은 법적 권리가 아니라 도덕적 권리로 남겨 둘 필요가 있다고 본다.

도화된다. 이를 아래 도표에 요약하고 있다.

영역	인권형성단계	추진력		행위
국가	실정법적 권리	법제형성력	정치적 힘	인권실현(법실현운동)
공론영역	보편적 인권	공론경쟁력	설득력	인권운동(법제화운동)
시민사회	생성중인 인권	토론형성력	관점교환촉진력	인권운동(보편화운동)
개인	인권주장	관심형성력	수사학적 호소력	인권을 말함

(2) **시민주도의 협동적 인권실현** 인권의 형성과정을 이렇게 네 단계로 명확하게 해놓고 보면 무엇보다 인권의 개념과 그 실현이 분리될 수 없으며, 아울러 인권의 실현은 시민사회와 국가의 협동적인 상호작용 속에서 이루어지는 것임을 알 수 있다.

1) 국가 중심 인권실현의 한계 그러므로 전통적인 국가 중심의 인권실현모델, 즉 국가는 자연권적 인권 개념을 전제로 그 실현의 과제를 짊어지고, 시민은 국가가 제공하는 인권서비스의 수혜자로 남아 있는 모델은 이제 지양되어야 한다. 그럼에도 불구하고 현대사회에서도 근대적 인권 관념을 배후에 두고 국가가 인권실현의 중심적 주체로 활동하는 현상[80]이 여전히 이어지고 있다.

★ 코노스 체제와 국가주도 인권실현의 한계 예컨대 생명권의 확대보호를 위한 장기이식법은 장기기증과 장기이식의 전 과정을 국가기구인 국립장기이식관리센터(KONOS)로 하여금 독점적으로 관리하게 만들었다. 하지만 그로 인해 장기이식은 현저히 위축되었다.[81] 장기기증과 이식의 과정이 시민들이 서로의 생명을 아껴주는 윤리적 실천이자 일종의 인권운동이라고 본다면, 뇌사자 장기의 전국적 균등배분을 제도화한 코노스

80 특히 민간 영역의 인권운동이 국가권력으로 수렴되는 과정을 밟아가면서 인권운동의 주장이 국가권력으로 흡수되고 국가권력이 개혁이라는 이름으로 인권적 과제들을 해결하는 주체로 등장하는 상황에 대한 지적으로는 인권단체연석회의 엮음, *2004 인권운동보고서* (2005), 16쪽 참조.

81 이에 대한 분석과 비판으로 이상돈, *생명공학과 법* (아카넷, 2003), 250쪽 참조.

(KONOS) 체제의 비효율성은 국가 중심의 인권실현이 현대사회에서는 분명한 한계를 갖고 있음을 보여준다.

이런 한계는 근본적으로는 국가기구가 관료주의의 특성, 특히 넓은 의미에서 '권력의 확대재생산'이라는 절대명령에 복속하여 행동하는 경향에서 비롯된다. 그런 경향이 존재하는 한, 국가는 생활세계의 현장에서 소외된 자들이 체험하는 다양한 인권문제[82]들을 섬세하게 수용할 수가 없다.

2) 시민 중심과 당사자주의의 인권실현 그러므로 현대사회에서 인권실현의 중심적 주체는 시민들이 되어야 한다. 시민들이 삶의 현장에서 인권문제를 표제화 하고, 공론영역에서 인권주장의 타당성 경쟁을 펼치는 과정이 곧 인권실현의 중심이 되어야 한다.

가령 법무행정과 관련하여 인권침해가 발생하였을 때 국가인권위원회에 진정하면 국가인권위원회가 조사우선권을 갖는다.[83] 그러나 국가인권위원회의 진정사건처리 속도가 법무부 인권국에 비해 느리고, 기각율도 높은 현실[84]을 고려하여, 법무부 인권국도 진정사건을 자체 조사하여 인권침해를 즉각 시정하는 권한을 갖게 하는 방안을 생각할 수 있다. 이런 방안은 인권침해의 당사자에게 어떤 기구에 의해 자신의 인권침해를 구제받을 것인지를 결정하게 하는 것이고, 이는 인권 당사자주의의 관점에서 타당하다.[85]

3) 시민적 인권운동의 엘리트주의 경계 하지만 민주적 법치국가가

82 이에 관해서는 아래 V. (인권의 지역화) 설명을 참조.

83 이의 법령상 근거는 법무부령인 '인권침해사건조사 및 처리규칙'(이하 조사규칙)[제정 2006.10.10 법무부령 제598호]이다. 이에 따르면, "진정이 제기될 당시 진정의 원인이 된 사실에 관하여 법원이나 헌법재판소의 재판, 수사 기관의 수사 또는 그 밖의 법률에 따른 권리 구제절차가 진행 중이거나 종결된 경우"에 명백히 해당하면 진정을 접수하지 않으며, 접수되어도 각하시키도록 되어 있다(제7조, 제8조 제1항 제5호).

84 이에 관해 *2006년도 법무행정 관련 인권침해사건 심사분석* (법무부 인권국, 2007.6) 참조.

85 이에 관해 자세히는 이상돈, *법무부의 인권침해사건조사의 활동 강화와 영역확대에 관한 연구* (법무부 용역보고서, 2007.12) 참조.

공론을 수용하면서[86] 인권을 법제화하는 기능을 부인한 채 시민적 인권운동의 정당성을 맹목적으로 신봉하고 관철하려고 하는 도덕적 엘리트주의[87]도 경계되어야 한다. 예컨대 사회보장적 의료보험체계의 기능을 강화하기 위한 의료보험료율 인상에 저항하는 시민단체들의 도덕적 확신은 환자인권을 신장시키기보다는 오히려 악화시키기 쉽다.[88]

(3) **보편성으로서 합법성** 이렇게 보면 인권의 개념과 그 실현에서 국가와 사회는 더 이상 분리되지 않는다고 할 수 있다. 즉 국가가 '실정화'하는 권리는 시민사회의 비판적 공론의 뒷받침을 받음으로써 비로소 인권으로서 '정당성'(Legitimität)을 획득하게 되고, 반대로 공론의 장에서 경쟁을 벌여 시민들의 광범위한 동의를 획득한 인권주장도 국가의 공식적인 입법절차를 통하여 실정법적 권리로 수용되는 경우에만 비로소 인권으로서의 '실효성'(validity)과 실정성(Positivität)을 획득할 수 있다. 이러한 상호작용 속에서 정당성과 실증성이 융합된 '합법성'(Legalität)이 생성된다. 민주적 법치국가에서 인권은 자연성이라는 가설적 사회현실 속에 존재하는 것이 아니라, 바로 이런 의미의 합법성 속에서만 존재하는 것이다.

Ⅳ. 인권의 세계화

1. 인권의 세계화와 보편성 상실

오늘날 인권문제는 한 국가의 차원을 넘어 전 세계의 차원에서 해

---

86 이에 관해 자세히는 이상돈, *헌법재판과 형법정책* (고려대학교 출판부, 2005); *인권법* (세창출판사, 2005), 185~188쪽 참조.

87 시민단체의 도덕적 엘리트주의에 대한 비판으로 이상돈, *시민운동론* (법문사, 2007), 14쪽 아래; "시민단체와 시민불복종운동", *인권과 정의* (7월호, 2001), 93~111쪽 참조.

88 이러한 문제에 대한 법사회학적 분석과 비판으로 이상돈, *의료체계와 법* (고려대학교 출판부, 2000) 참조.

결해야 하는 경우가 많다. 예컨대 환경권은 지구촌이 하나의 환경을 이루기 때문에 초국가적인 환경규범에 의해서만 실효성 있게 보장될 수 있다. 인권운동도 같은 맥락에서 초국가적으로 전개된다. 예컨대 전 세계 수 만개가 넘는 많은 비정부기구(NGO)들이 네트워크 방식의 연대[89]를 맺은 채 공개적으로 초국가적인 인권문제를 제기하고, 아울러 각국의 인권입법과 그 준수를 요구하며, 감시와 비판을 게을리 하지 않는다.

(1) **세계공론과 세계법의 부재** "제2의 근대에서 생겨나는 세계적인 하부정치(Subpolitik)"[90]나 '세계정치의 민영화'[91]라고 불리기도 하는 이와 같은 현상은 인권의 보편성이 더 이상 한 국가의 주권 실현의 차원, 즉 국가 단위의 민주적 의사형성에 의해 확보되는 '절차적 정당성'이나 앞서 말한 의미의 '합법성'으로 환원될 수 없게 한다. 하나의 거대 연방제[92]나 통일적인 세계공동체[93] 또는 보편적인 세계법[94]은 아직은 구상 수준에 있을 뿐이다. 그런 체제 안에서 전 세계를 완전히 포괄하는 세계공론, 즉 전 세계의 모든 사람들이 자유롭고 기회균등하게 인권의 기획과 형성에 참여하는 공론은 요원한 이상이며, 각국의 (정치, 사회, 경제, 문화적) 다양성을 거세할 때만 가능한 위험한 발상일 수 있다.

(2) **서구중심적 공론과 비서구권의 주권침해** 실제로 존재하는 초국가적 공론의 많은 경우는 세계열강 중심의 자본화된 전문가 공론인 경

---

89 M. Keck & K. Sikknik, *Transnational Advocacy Networks in International Politics* (1998) 참조.

90 U. Beck, *Politik der Globalisierung* (1998) 참조; R. Falk 역시 이와 유사한 진단을 내린다. R. Falk, "Mediating World Order: The Human Quest for Cultural Identity versus the Discipline of Global Capital", J. Friedman · S. Randeria 편, *Globalisation, Migration, Negotiation of Identities* (2001) 참조.

91 이에 관해서는 M. Klador, "Zivilisierte Globalisierung? Lektionen aus Seattle", S. Randeria · A. Eckert. C. Jakobeit 편, *Globalisierung: Postkoloniale Perspektiven* (2002) 참조.

92 O. Höffe, *Demokratie im Zeitalter der Globalisierung* (1999) 참조.

93 W. Dodmer, *Das Postulat des Weltsstaats* (1952) 참조.

94 대표적으로 E. Zitelmann, *Die Möglichkeit eines Weltrechts* (1988); P. Coulmas, Weltbürger, *Geschichte einer Menschheitssehnsucht* (1990) 참조.

우가 많다.[95] 예컨대 테러리즘은 이슬람권의 주권이 외면된 국제사회의 서구편향적 공론에 대한 저항의 성격이 있다. 서구사회에서는 다시 이러한 저항을 억압하기 위해 테러방지를 위한 고문을 허용하자는 공론이 형성되기도 한다. IMF나 세계은행이 주도하는 금융체계의 세계화는 — 예컨대 정리해고법제의 강화 요구 등을 통해 — 비선진국의 경제주권을 훼손하기도 한다. 또한 유럽사회(예: 프랑스)에서 초국가적으로 형성된 공론을 바탕으로 입법된 이슬람여성교사의 차도르 착용금지는 서구학생들의 교육인권을 위해 이슬람여성교사들의 문화적 인권을 희생시킨다. 이런 현상에서 보듯 인권문제는 세계적 차원에서 전개되지만, 그 인권의 보편성을 마련해줄 절차적 정당성의 기반인 주권은 아직 세계적 차원에서 형성되어 있지 않다.

2. 초국가적 보편성으로서 상호합법성

(1) 서구와 비서구의 이분법 해체 세계화 시대의 인권의 보편성은 서구문화와 비서구문화를 '이성과 야만'으로, 선진국의 공론과 비선진국의 공론을 '합리와 비합리'로 차별화하는 이분법을 해체할 때 비로소 그 가능성이 열릴 수 있다. 또한 이런 이분법을 은폐하는 '세계주권'이나 '통일적인 세계공론' 또는 인권'법 개념의 통일성'[96]이라는 환상을 버려야 하며, 아울러 초국가적 규범의 제정자가 실제로는 선진국이고, 비선진국은 단지 그런 규범의 수신자가 되고 있을 뿐이라는 현실을 인식하여야 한다.

(2) 다원주의적 유니코드 법인류학의 연구성과를 바탕으로[97] 정립

95 이에 관해 자세히는 이상돈 · K. Günther · 변종필, "세계화에 따른 법문화의 변화와 법정책의 과제", *법철학연구* (제7권 1호, 2004), 7~38쪽.

96 이를 지적하는 G. Teubner, "Globale Bukowina Zur Emergenz eines transnationalen Rechtspluralismus", *Rechtshistorisches Journal* (1996), 255쪽 이하 참조.

97 관습법과 같은 예에서 에를리히(Ehrlich)가 전개한 개념인 '살아 있는 법'(lebendes Recht)을 법다원주의의 선구자로 바라보기도 한다. 그런 견해로 양천수, "초국가적 법다원주의", *법철학연구* (제11권 제2호, 2008), 396쪽 아래 참조.

된 법다원주의(legal pluralism)가 가르쳐주는 바와 같이, 세계의 모든 국가와 그에 속한 모든 인간들이 초국가적인 인권규범을 정립하는 절차에 동등하게 참여하는 행위자로 자리매김되고, 그들이 지닌 다양한 문화와 고유한 체제가 초국가적 인권규범을 형성하는 상호작용과 관점교환의 기초로서 승인되어야 한다. 이런 전제에서 보면 초국가적 인권의 보편성은 한 국가 안의 절차적 정당성을 넘어서, 상호합법성(Interlegalität)이라는 개념으로 구성될 수 있어야 한다.[98]

여기서 말하는 상호합법성이란 실천적으로는 모든 전압(110v~220v)에 사용이 가능한 전기코드와 같은 유니코드에 비유할 수 있다. 즉 때로는 초국가적 인권을 주장하는 자가 속한 국가의 국내공론과 그에 기초한 합법성에 맞춰질 수도 있고, 그런 인권을 승인하는 국내공론이 없는 다른 사회에서 형성된 합법성에 맞춰질 수도 있다. 하지만 이런 가변적 코드는 자의적인 것이 아니다. 무엇보다 충돌하는 담론들의 통약불가능성(incommensurability)[99]과 이질성의 특징을 지닌 세계시민사회[100]에서 형성되는, 비록 전 세계적이지는 않지만 초국가적으로 전개되는 공론이 대화적 방식으로 그런 코드변환의 방향을 가늠해줄 수 있다.

---

98 이런 착상의 원조는 J. Habermas, *Faktizität und Geltung* (1992), 151, 159쪽; J. Habermas, "Über den internen Zusammenhang von Rechtsstaat und Demokratie", U. K. Preuß 편, *Zum Begriff der Verfassung* (1994), 83~94쪽; 그것의 법이론적 발전은 K. Günther, "Rechtspluralismus und universaler Code der Legalität: Globalisierung als rechtstheoretisches Problem", Wingert. Günther, *Die Öffentlichkeit der Vernunft und die Vernunft der Öffentlichkeit* (2001), 557쪽; 그리고 한국사회에서의 적용은 이상돈, *인권법* (세창출판사, 2005), 140쪽 아래; 아울러 균터와의 세계화 프로젝트의 결과물인 이상돈·K. Günther·변종필, "세계화에 따른 법문화의 변화와 법정책의 과제", *법철학연구* (제7권 1호, 2004), 7~38쪽 참조.

99 이 점에 대해 양화식, "하버마스의 담론윤리적 보편주의", *법철학연구* (제12권 제2호, 2009), 374~377쪽 참조.

100 토이브너(Teubner)도 비슷하게 "이질적 구성의 세계사회"(heterarichische Weltgesellschaft)를 말하는데, 그의 이 같은 구상에 대해서는 이상돈 편역, *법제화이론* (한국법제연구원, 2004), 특히 "'다른 이의 말에 귀 기울이라': 담론의 충돌에서의 법(Altera Pars Audiatur: Law in the collision of Discourse)"을 참조.

(3) **초국가적 공론과 다투어질 수 있는 인권의 보편성** 여기서 말하는 초국가적 공론은 강대국과 약소국의 복잡하게 엇갈리는 이해관계 속에서 다양한 행위자들의—특히 비정부기구의 활동이나 전문가의 분석 진단, 그리고 깨어 있는 매스컴의—보고 등을 기초로 하여, 다양한 국가의 이질적인 집단들이 인권담론에 관한 네트워크를 구축하고, 인권의 수혜자와 의무부담자 사이의 관점과 역할을 교환하고, 이질적이고 다원적인 세력들 사이의 의견형성을 투명하게 드러내고, 특히 인권이 침해된 자들의 경험에 대해 반성적인 의견을 교환하는 소통의 과정을 말한다. 현재 초국가적 공론은 대체로 부분적으로만 형성되어 있고, 그렇기에 국경을 초월한 시민들 간의 교류와 연대가 더욱 중요하다.[101]

초국가적 공론은 국내법처럼 합법과 불법의 '이원적 코드'에 담기는 가치결단이 될 수 없고 '마치 우주공간을 유영하듯 자유롭게 떠다니는 일종의 유니코드, 즉 어떤 구상과 프로그램이 담길지 그리고 어떤 결정규칙이 들어와 자리를 잡게 될지가 완전히 열려 있는 보편적 코드'의 성격을 띤다. 그렇기 때문에 열려 있지만 불완전한 초국가적 공론에 뒷받침된 인권은 언제나 '다투어질 수 있는 보편성'(contested universal)을 띨 수 있을 뿐이다. 이를테면 국제형사재판소는 초국가적 공론 속에서 명백한 보편성을 확인할 수 있다는 전제에 서 있지만, 그 보편성은 서구적 관점에서의 보편성일 뿐이며, '다투어질 수 있는 보편성'일 뿐이다.[102]

(4) **상호합법성의 에토스** 이처럼 '다투어질 수 있는 보편성'을 지닐 뿐인 초국가적 공론에 기반한 인권은 정도의 차이는 있지만 각국의

---

101 같은 이해로 초국가적 다원적 법의 정당성은 그 법을 생산하는 과정이 대화적 민주주의에 입각한 것일 때 확보될 수 있다는 양천수, "초국가적 법다원주의", *법철학연구* (제11권 제2호, 2008), 특히 423쪽 아래.

102 초국가적 공론이 외양만 그러하고 실제로 "설득적 권위"(이를 초국가적 법의 정당성 기초로 바라보는 김도균, "세계화와 법: 초국가적 법의 등장과 전지구적 법치주의", *한국법과 세계화* [법문사, 2006], 261쪽 참조)를 얻지 못한 경우라면 그것은 단지 '다투어질 수 있는 보편성'을 지닐 뿐이다.

시민적 공론과 상호작용을 펼쳐 그 국가 안에서도 공론경쟁력을 획득하고 동시에 그 과정에서 자기 또한 스스로 반성하고 변화하는 과제를 짊어진다. 여기서 인권을 기획하는 모든 세계인들은 초국가적인 인권주장과 운동이 상호작용과 상호변화 속에서 각국의 시민적 공론으로 변환될 가능성을 존중해야 한다. 그와 같은 상호존중은 초국가적인 인권규범의 보편성을 마련해주는 에토스, 즉 상호합법성의 에토스가 된다.

3. 상호합법성의 구체화 기획

상호합법성(interlegality)의 의미를 좀 더 구체적으로 이해하기 위해 세계화된 인권주장과 국내공론 및 주권이 서로 충돌하는 영역을 네 가지 인권영역으로 나누고, 각 영역마다 인권의 초국가적 보편성을 낳는 유니코드적인 상호합법성의 내용을 예시적으로 기획해보기로 한다.

(1) **정치적 인권영역** 첫째, 정치적 인권영역에서는 '다투어질 수 있는 보편성'으로서 초국가적 공론에 기초한 인권은 상대적으로 다투기가 어려운 강한 보편성을 갖는다. 예컨대 집단학살의 금지는 물론이고 정치범수용소의 폐쇄 그리고 고문금지, 사형폐지 등을 들 수 있다.

하지만 이 영역에서도 국내공론이 인권의 보편성을 구성하는데 전혀 의미가 없는 것은 아니다. 급박한 테러위험에 대한 방어수단으로 폭발물의 위치를 알고 있다고 추정되는 용의자에 대해 팔 꺾기나 가벼운 구타, 종이로 피부 베기와 같은 중급의 고문을 긴급피난 성격의 이익형량을 통해 허용할 수 있다는 공론이 서구사회에도 형성되기도 한다. 이 공론이 그 사회에서 강한 경쟁력을 갖게 된다면 그러한 국내공론은 고문의 인권침해적 성격을 어느 정도 제거할 수도 있다.

(2) **사회경제적 인권영역** 둘째, 사회경제적 인권영역에서는 각국의 국내공론이 각기 인권의 초국가적 보편성을 구성한다.[103] 예컨대 각국

103 하버마스의 인권이론에 의하면 국제법질서에서도 주권국가는 존속해야 한다고 해석하는 이지선, "하버마스의 인권 개념에 관하여", *법철학연구* (제14권 제2호, 2011),

의 기업문화나 노동윤리에 따라 국내공론의 뒷받침을 받으면, 97년 이전의 한국처럼 정리해고를 노동인권에 대한 침해로 규정할 수도 있고,[104] 미국처럼 정리해고의 완전한 자유를 보장할 수도 있다. 미국에서 해고의 자유는 노동시장의 유연성을 가져와 일자리를 구할 기회를 높이는 효과도 있어서 인권침해라고 볼 수 없기 때문이다. 그러므로 경제영역에서는 이와 같이 서로 모순적인 각국의 노동인권수준은 각기 초국가적인 보편성을 갖고, 각국의 법은 세계사회 안에서 상호합법성을 갖는다고 보아야 한다. 물론 이 영역에서도 국내공론이 꾸준히 초국가적 공론(예: ILO의 근로자보호규범)의 이유 있는 논거에 영향을 받아 변화함으로써 실질적으로 그 간극이 사라져갈 수 있다.

(3) **사회문화적 인권영역** 셋째, 사회문화적 인권영역에서는 각국의 국내공론이 더욱 더 중요하다. 예컨대 차도르의 착용 강제가 인권침해인지는[105] 원칙적으로 이슬람 각국의 국내공론에 의해 결정되고, 그 결정된 바에 대해 초국가적인 보편성을 인정해야 한다. 다만 세계사회는 초국가적 공론이 각국의 그런 국내공론을 변화시키는 영향력을 확대시킬 책무를 짊어진다.[106] 하지만 서유럽 학교에서 이슬람계 교사가 차도르를 쓰는 것을 금지하면 그 여성의 종교적·문화적 인권이 침해되고, 정반대로 허용되면 서유럽 학생들의 교육인권(종교적 상징이 없는 교육

178쪽.

104 해고는 노동인격의 변화에 대한 노사의 공동노력이 함께 할 때에만 정당하다는 해고이론으로 이상돈, *윤리경영과 형법* (신영사, 2005), [7] 단락(노동형법의 패러다임 변화) 참조.

105 이런 예는 한 사회의 관습과 전통이 여성의 인권과 충돌하는 현상을 보여준다. 이런 인권상황은 공적 영역과 사적 영역(예: 가정)을 이분되어 있을 때 그리고 사적 영역에서 남성의 여성에 대한 폭력 등과 함께 이루어지기 쉽다. 그렇기에 여성인권론의 주요 쟁점으로 양현아 교수는 ① 공/사 이분법, ② 여성폭력문제, ③ 관습·전통과 여성인권간의 관계를 들고 있다. 양현아, "여성인권론의 쟁점들과 그 함의", *아세아 여성법학* (제9권, 2006), 163~183쪽 참조.

106 여기서 초국가적 인권에 대해서 "국가주권이라는 타자의 욕망에 주관적 욕망을 종속시키고, 다시 거기서 탈주하는 과정이다"(엄순영, "법의 세계화와 국가주권－욕망과 개념의 관계적 관점에서－", *법과 사회* [제35권, 2008], 279쪽)라는 견해는 타당하다고 볼 수 있다.

을 받을 권리)이 침해된다.[107] 이때 서유럽의 공교육 현장에서는 서유럽인의 자유가 우선하고, 이슬람 국가에선 그들의 종교문화적 권리가 우선한다는 식의 해결, 즉 국제법적 원칙인 '상호주의'는 초국가적 보편성을 제대로 구현하지 못한다.

1) 다문화적 인권구상 여기서 종교적·문화적 다양성에 대한 관용의 원칙으로써 상호합법성을 구성하는 방안, 이를테면 다문화적(multicultural) 인권구상[108]이 강구될 필요가 있다.[109] 서유럽국가의 공교육에 참여하는 이슬람계 여'교사'는 프랑스학생들의 차도르 배척을 관용해야 하고, 서유럽 사람들은 서유럽 학교에 참여하는 이슬람계 여'학생'의 차도르 착용을 관용해야 한다. 이런 차등화는 강단에 선 교사가 1인인 경우 차도르의 허용은 종교적·문화적 다원성을 사라지게 하는 반면, 학생은 수십 명이므로 그 중 일부의 차도르 착용을 금지하는 것이 종교적·문화적 다원성을 사라지게 한다는 데 근거한다. 따라서 만일 팀티칭처럼 한 강좌를 담당하는 교사가 다수인인 경우에는 이슬람계 여교사의 차도르 착용을 서유럽인들은 관용할 수 있어야 한다.[110] 물론 이런 관용의 원리는 이슬람 사회 내에서 시민사회가 성장하여 차도르착

---

107 이로써 관용은 단지 국가 대 개인의 이면관계가 아니라 '개인 대 국가 대 개인'이라는 삼면구조가 문제되므로 단순한 묵인이 관용이 될 수 없고 보는 이계일, "민주적 헌정국가에 있어 관용의 법적 제도화와 그 한계", *법철학연구* (제17권 제2호, 2014), 17쪽 참조.

108 이런 구상은 상호문화성과 인권을 연결하는 산토스(B.D.S. Santos)와 양천수 교수에게서 찾을 수 있다. 자세히는 양천수, "다문화적 인권의 가능성", *법과 정책연구* (제11집 제2호, 2011), 369~393쪽 참조.

109 이런 구상은 이계일 교수가 바라보는 "자유 이념과 관용 이념의 불편한 분기"에 직면하여 "관용이념에 저해하는 방향으로 작동하는 자유를 제도적으로 재구성하여 양자 사이의 친연성을 재회복하는 방안에 대한 근본적 성찰"(이계일, 앞의 논문, 52쪽)을 수행하는 것일 수 있다.

110 이런 관용의 개념은 고봉진 교수가 말하는 '승인의 정치'에 가까운 것으로도 볼 수 있다. 고봉진 교수는 자유주의적 관용이 차이를 사적 영역에 밀어 넣고 방임하는 것으로서 현대사회에서는 약자의 가치를 승인하는 '승인의 정치'가 관용의 정치보다 우선되어야 한다고 본다. 고봉진, "자유주의적 관용의 역사적 전개와 그 한계", *법철학연구* (제19권 제2호, 2016), 169~174쪽 참조.

용을 의무화하는 교리를 스스로 해체하는 공론이 형성될 때까지만 작동할 것이다.

2) 유럽중심주의의 한계극복 이러한 다문화적 인권구상은 유럽중심주의를 상당한 정도 극복한 것이다. 이 점은 하버마스(Habermas)의 관용이론과 데리다(Derrida)의 환대이론과 비교하면 분명해진다.

(가) 헌정애국주의와 그 한계 하버마스에 의하면 민주적 법치국가를 구성하는 헌정의 원리에 대한 충성(헌정애국주의 constitutional patriotism)과 민주적 절차와 원칙에 대한 승인을 통해서만 다양한 문화를 정치공동체 안으로 포용할 수 있다. 따라서 서유럽 국가에서 시민사회의 공론과 민주적 입법에 의해 차도르착용을 금지하는 법을 제정하는 경우에는 차도르착용이 관용될 수 없게 된다. 여기서 "불관용적인 헌정애국주의"[111]의 모습이 등장하게 된다. 이런 점에서 하버마스의 관용이론은 유럽중심주의의 한계를 갖고 있다고 볼 수 있다.

이런 유럽중심주의는 '문화'와 '문명'을 구별하고, 이슬람 문화를 다른 문화로 존중하는 것이 아니라 다른 문명으로 보고 배제하는 식으로 유럽사회의 이슬람포비아(Islamphobia)를 정당화한다. 그러나 이와 같은 유럽중심주의로는 민주적 법치국가의 '합법성'(정당성과 실증성의 변증)을 실정법에 구현시킬 수는 있지만, 국가 사이의 상호합법성(interlegality)을 구현할 수는 없다.

(나) 무조건적 환대와 그 한계 헌정애국주의처럼 민주적 절차에 대한 승인이나 국어(토착어)의 습득과 같은 조건이 외국인(이방인)에 대한 관용의 조건('조건부' 환대)이 된다면, 내국인(토박인)은 주체(초대자)가 되고, 외국인(이방인)은 객체(초대받은 자)가 된다. 이때 외국인(이방인)은 주체에 대한 잠재적인 침입자로 설정되기 쉽다. 유럽중심적인 관용은 이와 같은 초대(invitation)의 패러다임에 서 있는 셈이다.

111 하버마스의 관용이론에 대한 분석과 비판으로 정채연, "헌정애국주의와 관용의 한계", *법과 사회* (제45호, 2013), 299쪽.

★ 관용의 한계로서 라이시떼　유럽중심적인 관용이 '초대'의 패러다임에서 있다는 점은 프랑스에서 관용(똘레랑스)이 라이시떼(laïcité)의 형태를 띠는 경우에 더 잘 들어난다. 프랑스에서 라이시떼(laïcité)란 카톨릭 교회와 프랑스 공화국 사이에 정교분리원칙을 말한다. 이는 국가와 교회의 분리를 요구하고, 종교는 사적인 영역에 속하고 공적인 것은 세속적인 것이어야 한다는 세속주의의 의미를 넘어 종교적 권력으로부터 개인(의 자유)을 보호하는 국가의 적극적 역할을 요구한다. 따라서 이슬람인에 대한 프랑스 사회의 관용은 이슬람인들이 라이시떼의 원칙을 수용할 것을 조건으로 한다.[112]

ㄱ) 방문자로서 이방인　이에 대해 데리다는 초대받지 않은 낯선 이방인에게까지 개방되어 있는 환대(hospitality)[113] 즉 방문(visitation)의 환대를 주장한다. 이때 이방인에는 문화의 차이를 넘어 문명의 차이를 보이는 이슬람인도 포함한다.[114] 이는 레비나스(Levinas)의 타자윤리[115]에서 보듯 '축소될 수 없는 고유성'(irreducible singularity)과 차이를 지닌 타자에 대한 무한한 책임의 표현이다.[116] 그렇기에 모든 이방인은 '방문자'라는 주체로서 '오늘 와서 내일 떠날 사람'이 아니라 '오늘 와서 내일 머무르는 사람'으로 인정되어야 한다. 따라서 법은 관용의 조건을 정할 수 없다.[117] 이로써 방문자의 다른 언어, 문화, 관습은 토착인의

112 이런 분석으로 정채연, "유럽사회에서 다문화정책의 현황과 관용의 한계-프랑스 라이시떼와 독일의 민주적 헌정주의를 중심으로-", *단국대 법학논총* (제36권 제1호, 2012), 352쪽.

113 J. Derrida(남수인 역), *환대에 대하여* (동문선, 2004) 참조.

114 이 점에서 하버마스의 관용은 문명의 차이를 충분히 다루지 못한다고 보는 정채연, "데리다의 세계주의 구상과 무조건적 환대의 생성적 가능성", *법철학연구* (제18권 제2호, 2015), 40쪽 참조. 또한 데리다의 환대이론은 세계시민주의(cosmopolitanism)을 지향한다. 이에 관해 Siby K. George, "Hospitality as openness to the other: Levinas, Derrida, and the Indian hospitality ethos", *Journal of human values* (Vol. 15, Issue 1, 2009), 37쪽 참조.

115 최샘, *엠마누엘 레비나스 사상의 타자윤리와 법적 정의* (고려대 석사학위논문, 2016) 참조.

116 Gideon Baker, "The 'Double Law' of Hospitality: Rethinking cosmopolitan ethics in humanitarian intervention", *International Relations* (2010), 15쪽.

117 김애령, "이방인과 환대의 윤리", *철학과 현상학 연구* (제39집, 2008), 189쪽.

그것들을 오히려 의심하게 만들 수 있다.

ㄴ) 조건적 환대의 법와 무조건적 환대의 아포리아 하지만 타자에 대한 무한한 책임은 현실의 법에 의해 오염될 수밖에 없다. 데리다는 그런 실정법의 해체가 정의를 생성시킨다고 보므로 무조건적 환대는 조건적 환대의 법을 해체함으로써 실현된다. 그러나 무조건적 환대와 조건적 환대는 단순히 반대의 관계에 있는 것이 아니라 어느 한 쪽으로 환원될 수 없는 관계에 있고, 이로부터 빠져나올 수 없다. 즉 무조건적 환대가 가능하려면 현실의 법이 설정한 환대의 조건이 있어야만 하는 것이다.[118]

가령 이주국가가 이방인에 대해 차이를 무시하는 환대의 조건을 법으로 설정하고 있는 경우에만 바로 그 법적 조건을 해체함으로써 방문의 환대가 실현될 수 있는 것이다. 즉, 법이 정의의 생성조건인 것처럼 (법이 정하는) 조건부 환대는 (정의로운) 무조건부 환대가 실현되기 위한 전제조건이 된다. 그러므로 데리다에게도 이민법제의 완전한 소멸은 오히려 환대의 소멸이 된다.[119]

ㄷ) 환대의 결정불가능성 무조건적 환대가 조건적 환대(의 법)를 해체함으로써 실현된다고 할 때, 법은 환대의 조건을 어디까지 설정할 때, 거꾸로 말하면 환대의 기존 조건을 어디까지 해체할 때[120] 지금, 여기에서 정의를 실현하는 것인지는 '결정불가능성'(undecidability)에 시

---

118 이는 환대(hospitality)의 개념에 적대(hostility)가 내포되어 있는 것, 그래서 데리다가 말한 적환대(hostipitality)이 함의하는 바이다. 이에 관해 Maria Giannacopoulos, "Offshore Hospitality: Law, Asylum and Colonisation", *Law and Culture* (Vol. 17, Issue 9, 2013), 163쪽 참조.

119 이런 취지의 데리다 인터뷰를 정리한 "The Principle of Hospitality, Jacque Derrida. An Interview with Dominique Dhombres for Le Monde, December 2, 1997", *Parallax* (Vol. 11, No. 1, 2005), 6~9쪽 참조.

120 무조건적 환대는 초월적인 것과 유사한 것(quasi-transcendent)이고, 무조건적 환대의 개념 없이, 환대의 조건이 더 적을수록 우리는 더욱 환대하는 것이라고 말하면 충분하다고 보는 Gerasimos Kakoliris, "Jacques Derrida on the Ethics of Hospitality", *The Ethics of Subjectivity: Perspectives since the Dawn of Modernity* (Palgrave Macmillan, 2015), 155쪽 참조.

달린다. 즉, 현실의 법은 환대의 기존 조건의 해체 수준을 결정해야 하지만, 이 결정은 ① 잠정적인 것이고, ② 미래의 사안에 따라 달라질 수 있는 개방적인 것(Openness)이며, ③ 언제나 개별 사안의 고유성(singularity)과 차이를 고려함으로써 ④ 우리와의 균형이 아니라 비대칭성(dissymmetry)을 감수하면서 ⑤ 그 타자의 아픔과 고통, 곤궁을 인정하는 것(acknowledgement)[121]이어야 한다. 이런 불가능한 결정은 자아론적 주체(egological subject)가 예측하는 지평의 바깥에서 이루어진다. 그러므로 데리다의 환대 윤리는 불가능성의 윤리라고 말할 수 있다.[122]

ㄹ) **상호성을 위한 합법성의 희생과 정치적 차원** 데리다의 환대의 윤리는 세계시민정치의 환대(cosmopolitical hospitality)를 지향하는 것으로서 국가 사이에 '상호성'(reciprocity)을 실현할 수는 있지만, 민주적 법치국가의 (정당성과 실증성의 변증으로서) '합법성'을 실현할 수 없다는 한계가 있다.[123] 이처럼 환대를 생성시키는 전제로서 환대조건의 법제화는 민주적 법치국가의 입법이 갖는 합법성을 실증성(positivity)으로 환원시키는 오류를 범하게 된다. 이렇게 볼 때 데리다의 해체주의를 반反계몽적인 이론이 아니라 하버마스가 말하는 '미완의 근대성기획'을 더 추진하는 이론이라고 보는 것은 합법성이 근대성기획을 실현하는 근대이성법의 핵심 요소임을 간과한 것이다.[124]

---

121 '인정'을 환대의 요소로 이해하는 Clive Barnett, "Ways of Relating: Hospitality and the acknowledgement of otherness", *Progress in Human Geography* (Vol. 29, No. 1, 2005), 16쪽.

122 Francois Raffoul, "Derrida and the Ethics of the Impossible", *Research in Phenomenology* (Vol. 38, 2008), 287쪽.

123 레비나스의 철학에서 보면 이 한계는 환대윤리의 한계가 아니라 '윤리의 모든 문제를 해소하지 못한다'는 합법성의 한계이며, 그 한계에 직면하여 법체계는 자신을 해체할 수 있어야 한다는 레비나스 법철학을 전개하는 이영록, "타자법철학을 위한 시론: 레비나스와 법", *법철학연구* (제16권 제2호, 2013), 145~166쪽 참조.

124 이런 견해로 G. Borradori, "Introduction: Terrorism and the Legacy of the Enlightenment–Habermas and Derrida", *Philosophy in a Time of Terror: Dialogues with Jürgen Habermas and Jacques Derrida* (The University of

하지만 이방인(예: 난민, 불법이주민)은 스스로 이런 불가능성의 환대 윤리와 현실의 정치(또는 법) 사이의 틈새를 만들어 내는 민주적 실천의 역량을 가질 수도 있다.[125] 데리다는 이 정치의 영역을 윤리로 옮겨 놓은 것이지만, 거꾸로 환대의 윤리는 정치로 옮겨질 수도 있다. 그런 점에서 환대는 "윤리-정치적 제스처"(ethico-political gesture)[126]라고 부를 수 있게 된다. 이런 환대 속의 타자는 레비나스가 말하는 초월적인 절대적 타자가 아니라 내가 타자 속에 내재한다는 점에서 ― 바꿔 말해 나 또한 타자의 한 사람이라는 점에서 ― "초월내재적인"(transimmanent)[127] 존재가 된다. 아울러 환대의 윤리와 함께 주권은 국민국가의 틀을 넘어서게 된다.[128]

(4) **국내주권과 무관한 인권영역** 또한 국민국가의 틀을 전제하여도 국내주권에 의해 정립될 수 없는 초국가적 인권들도 있다. 이를테면 국경을 넘나들며 살 수 있는 이민의 자유, 즉 어떤 국가에서 살지를 결정할 자유가 그러하다. 이런 인권은 이론적으로는 초국가적인 시민공론에 의해 그 합법성이 결정될 수밖에 없다.

1) 이민권의 태생적인 초국가성과 문화적 인권의 현실 하지만 이러한 경우에도 현실적으로는 국내공론과 주권에 의해 제약된다. 예컨대 이민의 자유 확대가 한 국가, 특히 단일민족국가 안에서 정치적, 사회

Chicago Press, 2003), 17쪽; 정채연, 앞의 논문, 40쪽.

125 이런 입장으로 Andreas Oberprantacher, "Breaking with the law of hospitality? The emergence of illegal aliens in Europe vis-à-vis Derrida's deconstruction of the conditions of welcome", *Hospitality & Society* (Vol. 3, No. 2, 2013), 164쪽 참조.

126 Gilbert Leung · Matthew Stone, "Otherwise than Hospitality: A Disputation on the Relation of Ethics to Law and Politics", *Law and Critique* (Vol. 20, Issue 2, 2009), 203쪽.

127 이런 해석으로 Gilber Leung · Matthew Stone, 앞의 논문, 201쪽.

128 이러한 주권을 "환대하는 주권"으로 표현하는 오정진, "주권개념의 변화를 위한 시론", *법철학연구* (제15권 제1호, 2012), 251쪽 아래 참조. 오 교수는 주권을 개인의 몸에 기초하여 삶 속에서 스스로 만들고 행사하는 힘 없는 자들의 평등한 주권으로 변환시키고 있다.

경제적 불안을 가져오면 극우세력이 득세하기 쉽고, 그에 따라 적대적인 외국인정책이 펼쳐지는 등 오히려 인권침해적인 현실이 더 많이 초래될 수 있기 때문이다. 그러므로 이민권과 같은 인권은 이러한 현실을 고려하여 초국가적 보편성을 주장하는 강도를 역사적으로 조절할 필요가 있다. 다시 말해 이민권은 한편으로는 정치적 인권보다도 더 초국가적인 보편성의 효력을 갖는 것이지만 다른 한편으론 사회문화적 인권처럼 국내공론의 상황을 매우 민감하게 고려해야 하는 것이다. 이런 의미에서 생래적인 초국가적 인권은 초국가적인 효력을 요구하면서도 국내공론과 주권을 고려하는 반성적인 인권이 되어야 한다.

2) 복수국적의 자유 이민권은 복수국적의 자유로 연장된다. 복수국적의 자유는 한 국가의 국민으로 살지 여러 국가의 국민으로 살지를 스스로 결정할 자유를 말한다. 세계인권선언(Universal Declaration on Human Rights) 제15조 제1항의 국적변경의 권리도 간접적으로는 국적선택과 복수국적의 자유까지 포함하는 인권의 단초라고 이해할 수 있다.

> ★ 복수국적의 예외적 허용 ① 우리나라에서 이중국적자는 외국인등록을 하고 외국인의 처우를 받았다. 이렇게 복수국적을 불허하는 태도는 물론 타국 국적의 보유를 묻지 않고, 자국민으로만 취급하거나 국적이탈을 아예 금지[129]함으로써 국민의 의무를 이행하게 하는 국가들에 비해서는 민족주의 이데올로기에 덜 빠져 있다고 말할 수도 있다. ② 그러나 초국가적 인권의 보장이라는 점에서는 반성되어야 한다. 2010년 개정 국적법은 복수국적자를 법령의 적용에서 "대한민국 국민으로만 처우"(제11조의2 제1항)하도록 하고 있고, 복수국적자의 외국국적포기의무의 예외(제10조 제2항)를 둠으로써 매우 제한적이나마 복수국적을 허용하고 있다.

복수국적의 자유는 원칙에서는 국내공론에 의해 결정될 인권문제가 아니지만 현실에서는 그 국가의 국내공론과 주권을 민감하게 고려하여

129 우리나라 국적법 제14조는 국적이탈의 자유를 인정하고 있다.

그 권리내용을 구성할 수밖에 없다. 그렇기에 복수국적은 초국가적 인권으로서 원칙적으로 허용하고 보장해주되 병역의무 등의 국민의무는 이행하도록 하는 방안이 적절하다.[130] 물론 복수국적자가 징병제가 없는 국가나 총을 들지 않는 특별히 문민화된 시민적 삶의 양식에서 성장한 경우에는 양심적 병역거부자와 같이 대체복무(예: 영사업무보조나 사회봉사)를 인정해줄 수 있다.

V. 인권의 지역화

현대사회의 인권은 절차화, 세계화 그리고 지역화되어 간다. 여기서 지역화란 인권의 생활세계화, 과학기술화, 소외현상화를 말한다.

1. 인권의 생활세계화

현대사회의 인권은 정치체계와의 개념적 매듭을 풀고 다양한 삶의 현장 속으로 들어가고 있다.

> 예컨대 ① 절대불가침의 생명권은 장례문화의 변화가 이루어지기 이전인[131] 대략 1980년대 중반 신경내과학과 장기이식학의 발전과 함께 뇌사자에게는 이미 더 이상 존재하지 않게 되었다. 또한 ② 전승된 일상문화 속에서 남녀 간의 성놀이에 속하던 다소 일탈적인 행위가 1990년대 중반 성장한 여성주의의 '합리적 여성상' 아래서 성희롱[132]으로 개념화되고 그와 함께 성적 인권의 지형도 급격히 바뀌었다. ③ 2003년 교육체계의 합리화를 촉진할 것이라는 기대 아래 추진되던 개인교육정보의 종

---

130 복수국적자의 국가가 모두 징병제의 경우에 병역의무가 중복 부과되는 것은 지나친 부담이라며 이를 피하는 조치가 필요하다고 보는 견해로 명순구·이철우·김기창, *국적과 법, 그 기원과 미래* (고려대학교 법학연구원, 2010), 148~149쪽 참조.

131 그렇기 때문에 이렇게 때 이른 장기이식의 급증은 생명문화, 즉 생명의 문화적 지평이 식민지화되는 과정일 수 있다고 진단하는 이상돈, *생명공학과 법* (아카넷, 2003), 15쪽 아래, 특히 18쪽 아래 및 237~240쪽 참조.

132 합리적 여성상과 성희롱의 범죄화가 갖는 문제점에 대해 이상돈, *법철학* (법문사, 2003), [9] 단락(성찰적 법여성주의) 참조.

합 전산화(NEIS 교육행정정보시스템)는 불현듯[133] 일부 시민단체(예: 전교조, 진보네트워크)에 의해 정보적 자기결정의 인권을 침해하는 것으로 낙인찍히기도 하였다. ④ 기업경영은 사회적 책임을 고려함을 넘어 준법경영이 되어야[134] 하고, 법제화되지 않은 인권에 대한 존중(인권경영)[135]이라는 새로운 법리적 제약을 받기도 한다.

이처럼 현대사회의 인권은 자연권적 인권을 제도화한 '기본권에서 체계적으로 파생될 수 있는 권리의 목록'에 담기지 않는다. 생활세계에서 예측 불가능한 방식으로 권리침해가 인지되고, 그것이 인권의 침해로 표제화 됨으로써 인권은 생장하고 또한 변화해간다. 이는 인권이 개념적으로 '절차적 지평'을 가질 수밖에 없게 하고,[136] 아울러 인권실현의 중심적인 주체를 국가에서 시민사회로 이동하게 만든다. 여기서 다양한 새로운 인권이론(예: "인간 없는 인권이론"[137])이 필요하게 된다.

2. 인권의 과학기술화

생활세계가 과학기술에 의해 관리되는 현대사회에서 인권이 생활세계로 이주해왔다는 점은 인권 개념도 과학기술적 차원을 갖게 만든다.

(1) 인권의 약화된 인지적 기반 예컨대 뇌사자의 생명권은 공리적

133 여기서 불현듯이라고 말한 것은 적어도 그 시점에서 정보인권을 일반적으로 제도화하는 (특히 민간영역에) 정보보호기본법제(이에 대한 입법제안으로 이상돈·최봉철·정찬모, *정보보호를 위한 관계법령 정비* [정보통신정책연구원(97-08), 1997] 참조)가 구비되지 않았고, 시민사회의 평균적인 정보보호의식이 아직 NEIS의 인권 침해적 성격을 강조할 만큼 성장하지 않은 상황을 고려한 표현이다.

134 준법경영은 2011년 개정상법 제542조의13(준법통제기준 및 준법지원인)에 의해 제도화된 바 있다.

135 인권경영은 특히 초국가적 기업의 합법적인 인권침해 문제를 해결하는 데 실천력을 발휘할 것으로 보이고, 그러한 경영상 인권의 이론적 구성은 다양하게 전개되고 있다. 이에 관해 양천수, "인권경영을 둘러싼 이론적 쟁점", *법철학연구* (제17권 제1호, 2014), 159~188쪽.

136 앞의 인권의 절차화(III.) 참조.

137 홍성수, "인간이 없는 인권이론-루만의 체계이론과 인권-", *법철학연구* (제13권 제3호, 2010), 261~280쪽 참조. 이에 의하면 ① 행위자가 아니라 소통절차가 인권의 주체가 되고, ② 분할적 기본권 개념에서 생태적 기본권개념으로 전환 등이 주목된다.

유용성의 관점에서 선택되는 뇌사판정의 방법과 해석이론의 향방에 따라 그 보호범위가 정해질 수 있고,[138] 핵폐기물처리시설의 설치라는 행위는 위험관리기술이 어느 정도 발전해 있는지에 따라 환경인권을 심각하게 침해할 수도 있지만[139] 정반대로 에너지인권을 확대 실현할 수도 있다. 전자주민증도 개인식별번호에 어떤 범위까지의 개인정보를 통합시키는지에 따라, 그리고 정보누출을 방지할 수 있는 보안기술이 어디까지 발전했는지에 따라 그것이 정보적 자기결정권을 침해할 위험성은 달라질 수 있다. 여기서 인권의 존재와 그 침해가능성이 과학기술의 발전과 상관관계를 맺고 있음을 알 수 있다.

(2) **인권공론의 위축** 또한 더 큰 문제는 인권문제의 이와 같은 과학기술적 차원이 인권을 형성하는 기반인 공론을 일그러뜨린다는 점이다. 과학기술의 인권침해가능성을 예측할 수 있는 경험과학적 방법이 언제나 구조적인 결핍상태에 있고, 사용가능한 경험과학적 지식마저 전문가집단에 의해 선별되어 매스컴에 의해 편파적으로 대중에 전달됨으로써, 공론영역은 정보지배자나 이해집단이 힘의 경쟁을 펼치는 전략적 행동의 장으로 변질되기 쉽기 때문이다.

> 예컨대 장기이식학은 뇌사의 죽음개념화를 선전하고, 뇌사판정의 절차를 간소화[140]할 것을 요구하며, 매스컴은 때때로 장기이식기술의 인권 보호적 측면을 강조하기도 한다. 그런 상황에서 대중은 뇌사자의 생명권이 침해된다는 점을 인식하지도 못하고, 그저 성스러운 장기기증운동에 휘말려든다. 핵폐기물처리시설 설치의 환경위험성이 경험과학적으로 정확히 계측되지 않은 상태에서 서울대 캠퍼스에 유치하겠다는 교수들의 선언에서 보듯, 전문가와 지식인들의 지식 선별과 독단적 판정 그리고 언

---

138 이에 관해 자세히는 이상돈, "뇌사-죽음 개념의 합리화인가 기능화인가?", *인권과 정의* (제267호, 1998), 70-85쪽.

139 2003년에 벌어진 부안군 핵폐기물처리시설의 설치계획을 둘러싼 사회적 갈등과 논란을 생각해볼 필요가 있다.

140 예를 들면 뇌파검사, 무호흡검사, 스펙검사(뇌혈류단층촬영) 가운데 어느 하나만으로 뇌사가 확인되면 뇌사자로 판정한다는 것이다.

론의 홍보활동에 의해, 대중들은 안전하다는 환각에 빠지기 쉽다. 그 결과 자치단체들이 핵폐기물처리시설을 경쟁적으로 유치할 수 있을 정도로 대중들은 핵폐기물처리시설의 설치에 대해 안전감을 갖게 되기도 한다.

(3) **인권위원회의 공론촉매기능** 바로 그렇기 때문에 현대사회의 인권은 '개념적으로' 이런 공론의 왜곡을 최대한 차단하고 인권에 관한 공론을 활성화시키는 기구의 존재를 요구한다. 인권위원회는 바로 그런 기구의 전형을 이룬다고 할 수 있다. 과학기술이 생산력의 핵심이고, 과학기술의 적용은 시장의 자본재생산과 관료들의 권력재생산에 복속하기 마련임을 고려해보면 인권위원회에 기대되는 공론 활성화의 역할은 하버마스가 말하는 "공론의 재봉건화"(Refeudalisierung der Öffentlichkeit)[141]에 맞서는 일이다.

이런 역할을 제대로 수행하기 위해 인권위는 ① 국가와 사회, 어느 한 곳에 전속되어서는 안 되고, 그 둘 중간에 위치하여야 한다. ② 그 조직도 권력과 자본에 중립적일 수 있도록 구성되어야 한다. 더 나아가 인권위의 행위는 ③ 국가의 공식적인 의사형성과 결정을 대체하거나 시민들의 인권대화를 주도적으로 계획생산해서도 안 되며, 오직 공론의 촉매제로만 작용해야 한다. 즉 인권문제에 관한 정보를 체계적으로 수집·배분하고, 그에 대한 공론경쟁을 촉진시키며, 어떤 주장이 더 많은 설득력을 얻어 가는지를 성찰하며, 경쟁력을 보여준 인권주장을 공론으로 공식화하고, 국가영역에 대해 인권권고를 함으로써 그 공론의 법제화를 촉진시키는 역할을 수행하여야 한다. 아울러 인권위는 국가가 형성한 인권법규범을 시민사회에 정보화하고, 시민들에게 내면화하는 계몽활동을 전개할 수도 있다.

하지만 인권위원회가 시민들이 인권을 표제화하고, 공론을 형성하는 과정, 즉 시민들의 인권담론을 생략시키거나 지도하려고 해서는 안 된

141 Habermas, *Strukturwandel der Öffentlichkeit* (Suhrkamp, 1990), 273쪽; 이상돈·홍성수, *법사회학* (박영사, 2000), 163쪽 아래 참조.

다. 인권위원회가 인권의 표제화를 직접 수행하는 경우에는 자칫 특정 당파의 정치적 이데올로기에 쏠린 결과를 가져올 수도 있다.

> 예컨대 2004년에 벌어진 국가보안법의 개폐논의가 — 여야 간의 의견이 실질적으로 수렴되었음에도 불구하고 개정이나 대체입법이냐는 식으로 — 그 정치적 상징을 둘러싸고 전개되는 상황[142]에서 국가인권위가 정치적 상징에 대한 폐지의견을 명시적으로 드러내놓는 행위는 인권담론과 공론형성의 촉매제 역할을 벗어나 일정한 당파적 행동을 한 것이라 할 수 있다.

3. 인권의 소외현상화

현대사회에서 인권과 인권침해의 일반적인 인지가능성 약화와 인권에 관한 공론의 위축은 시민들이 그들의 인권문제를 잘 인식하지 못하게 할 뿐, 인권문제를 소멸시키지는 않는다.

(1) 소외현상으로서 인권침해 외부적 인지와 논의 가능성의 약화는 인권문제를 당사자의 내면의식 속으로 밀어 넣는다. 그렇기에 당사자의 내면의식은 인권침해를 보여주는 거울의 기능을 한다. 만일 그 거울 속에 소외疏外(Entfremdung) 현상이 비춰져 있다면 인권침해를 말하기 시작할 수 있고, 그로부터 인권에 관한 공론이 싹틀 수 있다. 여기서 말하는 소외는 사회적 차별이나 억압만이 아니라 '자기 자신으로부터 소

---

142 ★ 시뮬라시옹으로서 법 ① 보드리야르(Baudrillard)는 '원본도 사실성도 없는 과잉현실(hyperreal)을 코드와 모델을 통해 만들어 내는' 현대사회현상을 시뮬라시옹(simulation)이라는 개념으로 표제화한 바 있다. 예컨대 핵무기를 증강함으로써 핵전쟁을 억제하고 평화를 유지할 수 있다는 '핵억제 논리'는 기호와 이미지의 힘에 의한 것인데, 그때 시뮬라시옹을 통한 가상적 교전은 과잉현실을 구성함으로써 스스로를 정당화한다. 이는 특수한 이데올로기적 효과를 발생시키기 위한 정치적 상징으로 기능한다. 이때 법 역시, 하나의 이미지 내지 기호로서 기능하는 측면이 크다. ② 국가보안법을 폐지하면 '길거리에서 김정일 만세를 외치며 전단을 뿌리고 인공기를 게양하거나 조선노동당 남조선 지부를 만드는' 현상이 벌어질 거라는 일부 극우단체들이 주장이나, 이미 독소조항들이 상당 부분 사문화되어 버린 현 상황에서 극단적인 '인권탄압'을 주장하는 목소리나, 국가보안법을 하나의 정치적 상징으로 보고 있다는 점에서는 동일하다.

외'[143]되는 체험도 포함한다. 소외현상으로서 인권침해는 유산자와 무산자의—우리사회의 유행어로 갑과 을의—이원적 대립구조를 넘어, 역할교환의 다원적 구조 속에서 이루어진다. 이를테면 의사가 병원에서는 강자이지만 자동차구매자로서는 약자인 소비자가 되듯이, 모든 개인은 어떤 사회적 역할에선 강자이며, 동시에 다른 역할에선 약자가 된다. 그렇기에 인권침해가 소외체험에서 그 단서를 발견할 수 있다고 할 때, 인권침해는 사회적 집단이나 계층에 편향적으로 존재하는 것이 아니라 모든 사람에게 고르게 존재하는 것이 된다. 그리고 인권은 바로 모든 이들의 소외체험에 대한 반성적 성찰의 과정 속에서 생장하게 된다. 소외됐다는 느낌을 의식화하거나 때로는 무의식과 대면하고, 그 의식을 권리로 표제화 하는 과정이 바로 인권이 생성되는 과정이 된다.

(2) **소외된 자의 목소리 복원으로서 인권운동** 이처럼 인권침해가 소외된 자들의 경험에서 드러난다면[144] 인권운동은 그렇게 소외된 자들의 목소리에 귀를 기울임으로써 그의 목소리를 복원시키는 과정으로 이해될 수 있다. 예컨대 성매매 알선 등 행위의 처벌에 관한 특별법이 전제하는 도덕적, 합리적 여성상은 성매매여성의—호네트(Honneth)가 말하는[145]—'도덕적 판단능력에 대한 인지적 존중'을 하지 않는 것이다. 그런 억압의 소외작용이 성매매여성의 생존을 위협할 지경에 이르자,

143 ★ 자기소외로 인한 처벌의 강화 ① 이러한 자기소외를 프롬(E. Fromm)은 '인간이 대상과의 관계에서는 물론 자기 자신과의 관계에서까지 그 본질을 상실하고 분리되어 가는' 현상으로 본다. 이때 자기 자신으로부터 소외된 인간은 여러 도피적 메커니즘에 기대게 되는데, 강력한 권위의 소유자에게 자신을 예속시킴으로써 스스로 자유로부터 도피하는 것이 한 예이다. 이에 대해 자세히는 E. Fromm(이상두 역), *자유에서의 도피(Escape from Freedom)* (홍신출판사, 1993) 참조; 또한 소외의 개념에 대한 개괄적인 설명은 정문길, *소외론연구* (문학과 지성사, 1978) 참조. ② 위험사회의 불안감을 더욱 더 강한 규제와 강한 형벌을 통해 해결하길 요청하는 대중심리 역시, 이러한 소외의 체험에서 기인한 측면이 크다고 할 수 있다.

144 K. Günther, "Was kann Üniversalität der Menschenrechte heute noch bedeuten?", E. Schulz · W. Sonne 편, *Kontinuität und Wandel. Geschichtsbilder in verschiedenen Fächern und Kulturen* (1999), 173~174쪽 참조.

145 A. Honneth(문성훈 · 이현재 역), *인정투쟁—사회적 갈등의 도덕적 형식론(Kampf um Anerkennung)* (1996), 226쪽.

그들은 자신들의 입으로 '외면당했던 그들의 목소리'를 — 성매매는 자신들의 정당한 노동이라는 내면의식을 진솔하게 드러내는 방식으로 — 강력하게 높이기 시작했다. 그런 측면에서 성매매특별법은 인권보호적이면서도 동시에 인권침해적이라고 말할 수 있다. 그러므로 소외론은 일종의 인권론이 된다고 할 수 있다. 이와 같이 소외론으로서 인권론은 자유주의의 정치철학이며 거대담론의 하나였던 자연법론에서 기획된 인권개념과는 상당한 거리를 두게 된다.

여기서 소외이론으로서 인권이론은 숨겨진 소외현상을 드러내고, 소외된 자들의 목소리를 섬세하게 복원시키는 방법을 필요로 하게 된다. 그런 방법은 무엇보다도 인문학과 법학의 학제 간 연구에 의해 개발될 수 있을 것이다. 법문학[146](법시학[147]), 법정신분석학,[148] 법미학[149] 등은 그런 개발을 행하는 전형적인 분과가 될 수 있다. 평범한 일상 속에서의 인간소외현상은 일상적 지식으로 인지하기 매우 어려운 복잡한 측면을 갖고 있으며, 문학과 정신분석학 그리고 미학은 법학보다, 그리고 사회과학보다 더 기민하고 예민하게 인간의 내면의식에 반영된 소외현상까지 담아내곤 하기 때문이다.

---

146 법문학의 방법론과 실천적 기능에 대해서는 이상돈 · 이소영, *법문학* (신영사, 2005) 참조.

147 법의 원천으로 시학을 논의하는 법시학(Legal Poetics)에 대한 시론적 작업으로 김연미, "법적 상상력과 법시학: 정의의 기획들", *법철학연구* (제19권 제2호, 2016), 109쪽; "법과 은유: 법시학의 가능성을 모색하면서", *법철학연구* (제17권 제1호, 2014), 109~158쪽 아래 참조.

148 법정신분석학에 관한 소개와 전망으로 민윤영, "학제적 법학으로서 법정신분석학의 과거, 현재 그리고 미래", *단국대 법학논총* (제38권 제4호, 2014), 337~379쪽; 법정신분석학으로 한국영화를 비평한 이상돈 · 민윤영, *법정신분석학입문* (법문사, 2010) 참조.

149 이상돈, *법미학* (법문사, 2008) 참조.

Ⅵ. 인권의 탈이성화: 탈인권

근대화의 역사 이래 인권은 이성적인 인간상을 전제로 구축되고 개발되어 왔다. 그러나 이성사회와 이성적 인간상에 대한 회의가 성장한 포스트모던 사회에서 인권은 비이성적 인간, 비합리적 인간의 모습을 수용함으로써 새로운 의미를 가질 수 있다.

1. 자기 자신이 될 권리

근대적 인권은 모든 인간에게 보편적인 권리로서 승인된 것이다. 모든 인간에게 승인가능한 보편성은 이성중심의 근대법이 추구하는 바이다. 그러나 이성해체적 또는 탈이성적 문화와 함께 성장하고 있는 포스트모던 사회와 법체계 속에서 인권은 그러한 보편적 인권의 관념을 유지할 수 없다. 그 대신 인권은 개인의 고유성과 개별성(singularity)을 보장하기 위한 권리로서 재구성된다.[150] 이런 권리의 핵심은 이를테면 푸코의 윤리학이 말하는 '자기가 되는 것(becoming oneself)', 니체가 말하는 '자기 자신이 되는 것'(to become what one is)[151] 또는 바흐친이 말하는 '자기 자신의 유일성을 실현하는'[152] 것에 있다.

그런데 자기 자신이 되기 위해서는 자신을 끊임없이 새롭게 창조

---

150 자유주의 전통의 정의사상을 연구해온 정태욱 교수는 우리 사회 자유주의의 근본문제를 개인성이 희소한 데서 찾고, 자유주의의 근원을 "개인성의 격려와 발양"(정태욱, *자유주의 법철학* [한울아카데미, 2007], 301쪽)으로 바라보는데, 이는 깊은 성찰적 지평에서는 모던 법(인권)과 포스트모던 법(인권)이 수렴될 수 있음을 보여준다.

151 니체의 자기자신 되기 개념에 대해서는 Simon May, *Nietzsche's Ethics and his War on 'Morality'* (Oxford University Press, 1999), 108~111쪽 참조.

152 바흐친의 책임의 건축학(the architectonics of answerability)에서 말하는 '자기완성을 위한 윤리적 책임'에 관해서 자세히는 신동룡, "대화윤리와 저작권법", *법철학연구* (제9권 제1호, 2006), 215~242쪽 참조. 신동룡 교수는 배타적 저작권은 작가가 자신의 대화윤리적 책임을 다하는 한에서만 인정되어야 한다고 본다. 그럴 때에만 "내적으로 설득력 있는 대화와 다성적 통일이 이루어지는 문화발전이 가능할 것이다"(앞의 논문, 240쪽)라고 본다.

(self−fashioning)[153]해야 하고, 이를 위해서는 프로이트가 모든 생명에게 부과되어 있다고 보는 의무인 '삶을 견디는 것(enduring life)[154], 즉 삶을 살아가면서 겪는 억압과 고통을 치유할 수 있도록 끊임없는 대안적인 자기해석이 필요하다. 이렇게 볼 때 포스트모던 사회에서 인권은 끊임없는 대안적인 자기해석을 할 권리가 된다.

2. 탈인권으로서 인권

이처럼 대안적 자기해석이라고 할 때 자기(self)는 자아(ego)와 구분되어야 한다.

(1) 미래로 유예된 자기가 되어 갈 권리 이성법이 '자아'의 (도덕) 의식을 바탕으로 설계된 법이라면, 포스트모던 인권은 그런 이성법의 기초인 자아와 그 이성법이 억압한 무의식을 포함하는 전체정신의 중심으로서 '자기'(self)를 실현할 권리가 된다.[155] 다시 말해 자기가 될 권리란 한 개인이 사회적으로 규정되고, 학습된 (이른바 타자의) 욕망의 주체와 같은 정체성의 질곡에서 벗어나 현재로서는 알 수 없고, 미래로 유예된 자기가 되어 가는 권리이다.

> ★ 성전환자의 탈인권 ① 가령 현대사회에서는 생래적 남자가 여성이 되고픈 욕망이 사회적으로 널리 승인되고 (보편적인) 인권으로 인정되었다. 그에 따라 법(법률, 판례)도 생래적 남자가 여성이 될 권리를 수용하고, 그 향유조건을 정형화하며, 그런 조건의 하나로 외과적인 성전환수술[156]을 요구하고 있다. 이는 법이 인권을 보편성과 이성의 틀 속에

153 Self−fashioning이라는 푸코의 윤리학의 개념은 Ben Golder · Peter Fitzpatrick, *Foucault and law* (Routledge, 2009), 107~121쪽 참조.

154 지그문트 프로이트, "전쟁과 죽음에 대한 고찰", *문명 속의 불만* (열린책들, 2005), 69쪽.

155 그래서 융은 자서전의 첫 문장을 "나의 생애는 무의식의 자기실현의 역사이다. 무의식에 있는 모든 것은 외부로 나타나 사건이 되려 하고, 인격 역시 무의식의 조건에 따라 발달하며 스스로를 전체로서 체험하려 한다"고 쓴 것이다. 이는 카를 융(A. 야페 편집), *기억, 꿈, 사상* (김영사, 2007), 11쪽.

156 FTM의 경우는 자궁난소적출수술과 성기재건수술, MTF의 경우는 고환적출수술과

수용하는 방식이다. ② 그러나 생래적 남자가 여성이 되고 싶은 욕망은 때로는 사회가 규정해준 타자의 욕망일 수 있고, 그런 욕망의 법적 승인을 위한 조건으로서 성전환수술은 더욱 더 그 욕망을 주체로부터 낯설게 할 수 있다. 왜냐하면 가령 어떤 남자는 심리적으로는 여성에 대한 귀속감을 가지면서도 성기를 그대로 유지하는 것이 자기다운 것으로 이해할 수 있기 때문이다. 이처럼 보편적 인권의 법제도화는 욕망의 주체가 자기를 새롭게 이해하고, 그 주체가 진정하게 자기 자신이 되어 가는 과정과는 거리가 멀 수 있다. ③ 따라서 포스트모던 인권(또는 탈인권 posthuman rights)이란 예컨대 생래적 남자가 남자이든 여자인든 또는 제3의 성이든 제4의 성이든 사회적으로 승인된 성정체성 코드 가운데 어느 하나에 전속되지 않을 수도 있고, 성전환수술의 유무와 같은 성정체성의 획일적 조건에 좌우되지도 않은 채 자신의 성정체성을 찾아나가는 삶을 승인받는 것이라 할 수 있다. ④ 트랜스젠더는 — 라캉의 <상상계 - 상징계 - 실재계>의 이론을 빌어 표현하면 — 남녀이분법의 상징계의 틈을 찢고 올라와 실재계에 서식하는 괴물스러운 것으로서 그에 대한 사람들의 인지와 느낌이 젠더규범을 해체하는 전복적 힘을 발휘하게 되고, 또한 그런 힘이 (프로이트가 말하는) 기괴미와 (라캉이 말하는) 숭고미를 매개로 미래의 새로운 법을 생성시키게 된다.[157] 트랜스젠더의 인권이란 바로 이런 가능성을 누리는 권리를 말한다.

(2) **보편적 인간과 이성법에 대한 반성** 여기서 미래로 유예된 자기가 되는 과정이란 개인이 타자의 욕망과는 다른 새로운 욕망을 끊임없이 계속 실현해가는 과정을 말한다. 그리고 이런 과정은 인권을 더 이상 '인간'이라는 보편적 개념에 기대지 않는 권리로 변화시킨다. 이러한 포스트모던 인권은 이성법적 전통에서 말하는 인권에서 벗어난다는 의미에서 탈인권(posthuman rights)이라고 부를 수 있다. 이 탈인권은 푸코의 이론에서 보면 본질화된 인간성(essentialized humanity)을 거부하

성기성형수술을 요구하는 대법원의 성전환자의 성별정정허가신청사건 등 사무처리지침(호적예규 제716호) 참조. 대법원의 위와 같은 입장에 대한 비판적 논의는 이준일, "트랜스젠더(transgender)의 헌법적 문제", *고려법학* (제51호, 2008), 63~65쪽 참조.

157 이런 논지의 민윤영, "트랜스젠더 문제에 대한 법미학적 조명", *법철학연구* (제16권 제2호, 2013), 167~198쪽 참조.

고,[158] 인본주의적 지배담론의 내부 속에서 권력의 틈새를 비집고 들어가서, 그리고 자유의 숨겨진 한계영역을 넘어서,[159] 역사·정치적으로 우연히 구성되는 권리, 즉 반인본적 인권(antihumanist human rights)[160]이다. 포스트모던 사회에서도 법은 이러한 포스트모던 인권(탈인권)을 법의 기축으로 삼을 수는 없겠지만, 적어도 이성법의 반성적 기제로는 승인해줄 수 있어야 한다.[161]

3. 탈인권의 한계

탈인권은 이성적 인간상이 좇는 인권에 대해 언제나 긍정적인 비판적 기능만을 수행하는 것은 아니다. 탈인권은 때로는 인권해체적일 수 있다.

(1) **탈인권의 인권해체성** 성매매를 예로 설명해보자. ① 가령 성매매여성은 과거 윤락행위방지법이 규제한 윤락녀淪落女의 개념이 전제하는 인간상 속에서 지배적인 욕망인 인간의 윤리에 대한 욕망을 '타자의 욕망'으로 자각할 수 있다. ② 그런 성매매여성은 자신의 다른 '새로운 욕망', 이를테면 성매매도 일종의 노동이고, 따라서 자기 나름의 노동에 대한 욕망을 좇는다는 의식을 갖고, 자신의 성매매를 '성노동'으로 승인

158 이 점에서 푸코는 휴머니즘도 정치적 테크놀로지임을 비판하고 또한 바로 그런 거부를 통하여 인권이 어떤 전제 없이 무한대로 확장해 나아갈 수 있는 것임을 주장하는 것이다. 이에 관해 자세히는 Ben Golder, "Foucault and the Unfinishes Human of Rights", *Law, Culture and the Humanities* (Vol. 6, Issue 3, 2010), 354~374쪽, 특히 371쪽 아래 참조.

159 푸코는 인권이나 권리도 권력의 담론과 지배체제 속에서 형성되는 역사적·정치적 인공물이므로 권리담론을 계보학적으로 분석하게 되면 사람들의 자유는 그들이 느끼는 것보다 더 넓은 것임을 밝힐 수 있게 된다. 이에 관해 Ben Golder, "Foucault's Critical (Yet Ambivalent) Affirmation: Three Figures of Rights", *Social & Legal Studies* (Vol. 20, Issue 3, 2011), 290~291쪽 참조.

160 이에 관해 자세히는 Ben Golder, "What is an anti-humanist human right?", *Social Identities* (Vol. 16, No. 5, 2010), 662~663쪽 참조.

161 정체성 인정의 기제로서 법의 한계는 Costas Douzinas, "Identity, Recognition, Rights or What can Hegel teach us about human rights", *Journal of Law and Society,* Vol. 29, No. 3 (Sep., 2002), 404~405쪽 참조.

받을 권리를 인권으로 주장할 수 있다. 이때 성노동은 일종의 탈인권(posthuman rights)이 된다. ③ 그렇지만 그런 의식들이 연대하여 많은 성매매여성들이 동질적인 성노동의식을 갖게 되고 심지어 노동조합을 결성하여 권리투쟁을 하는 단계가 되면, 성노동은 자기 자신이 될 권리를 실현하는 것이 아니라, 타자의 욕망을 실현하는 것이 된다. 왜냐하면 노동조합에 편입된 성노동은 그 '집단'(class)이 좇는 욕망의 지배 아래 놓이게 되고, 집단(의 욕망)은 자기(self)와는 구별되는 타자일 수밖에 없기 때문이다.

(2) **탈인권의 보편화 위험** 여기서 자기 자신이 될 권리로서 인권이 '탈인권'이라는 것은 이성적 인간상을 전제로 하는 인권에서 벗어난 새로운 권리라는 의미를 넘어서는 또 다른 의미를 가지게 된다. 즉, 자기 자신이 될 권리로 이해된 인권도 그것이 보편화되는 순간 더 이상(포스트모던) 인권이 아니라 정치적 투쟁이거나 경제적 이익추구가 되어버린다는 것이다. 이것은 인간이란 무엇이며, 인간의 존엄과 가치는 어디까지인가 하는 물음을 던져준다. 그런 물음과 함께 인권은 명확성을 잃어버리게 된다.

04 법과 시민불복종

Ⅰ. 시민불복종의 현상

1. 시민불복종의 역사

민주적 입법절차를 거쳐 제정된 법일지라도 그 입법과정에 자신들의 입장을 충분히 반영할 수 없었던 시민들은 그 법을 준수하지 않을 뿐만 아니라, 집단을 이루어 공개적으로 그 법을 위반하기도 한다. 이를 시민불복종(civil disobedience)이라고 부른다. 서구사회에서 시민불복종의 역사는 — 특히 지금과 같은 이론적 논의[1]의 수준에서 전개된 역사는 — 1960년대 전후로까지 거슬러 올라간다. 우리나라의 경우 시민불복종으로 파악할 만한 첫 번째 사건은 1986년 KBS시청료거부운동이다.[2] 그러나 시민불복종의 개념으로 묘사되기 시작한 것은 1999년 말 분당시민들이 집단적으로 (판교~서울) 고속도로 통행료를 거부한 사건이다. 또한 2000년 초 시민단체들(총선연대)의 낙천낙선운동에 이르러 불복종은 '법이론적 성찰'이 추진되지 않을 수 없을 만큼 성장하였다.

---

1 이 논의는 특히 미국에서 본격적으로 전개되었다. 이에 관한 비교적 상세한 소개와 분석의 글로는 윤명선, "시민불복종의 법리(Ⅰ)", *경희법학* (제22권 제1호, 1987), 161쪽 아래 참조.

2 이런 진단을 하는 견해로 박은정, "법치국가와 시민불복종", *현대의 사회문제와 법철학* (교육과학사, 1995), 8~10쪽 참조.

ⓐ **KBS 시청료거부**(1986)　농촌의 실상에 대한 KBS의 왜곡보도에 분노한 전라도 완주군의 한 농민으로부터 시작되어 약 4년여에 걸쳐 국민의 절반 이상이 시청료납부를 거부하는 운동을 전개하였다.

ⓑ **분당시민통행료거부운동**(1999.9.1.)　분당신도시 아파트입주자대표회의가 건설교통부장관을 상대로 낸 판교~서울 간 고속도로통행료부과무효소송의 재판이 끝날 때까지 통행료납부거부를 결의하고, 이 운동에 참여하는 분당시민들과 한국도로공사직원들 사이에 몸싸움이 전개되어 대표회의회장은 업무방해죄 혐의로 검찰에 고발되었고, 이후 전국 각지에서 단거리 구간의 고속도로통행료징수(유료도로법[3])에 대한 거부운동이 전개되었다.

ⓒ **총선연대의 낙천낙선운동**(2000.1.)　경실련과 총선시민연대는 선거운동기간이 시작되기 전에 공천반대명단을 공표하고, 공천된 명단상의 후보자에 대해 낙선운동을 전개하였다. 이 운동은 당시 공직선거 및 선거부정방지법(현행 공직선거법)[4]을 정면으로 위반하였다.[5]

ⓓ **의사들의 약사법거부운동**(1999~2000.7.)　의협과 의쟁투를 중심으로 대다수의 의사들은 약사법의 의약분업제도[6]에 대해 항의집회와 집단폐업을 감행하였다. 이 행위는 공정거래법 위반(부당공동행위)으로 판단

---

3 분당시민의 통행료거부운동에 대해서 ① 통행료징수가 당시 유료도로법 제3조, 제6조 제1항, 제10조 및 동법시행령 제4조의 해석상 무효이므로 그것에 대한 거부행위를 합법적인 행위로 이해해야 한다는 견해와 ② 동법 제3조 제1항 제1호 및 제2호, 제8조 제1항 및 시행령 제6조 제4호의 해석상 거부행위를 위법한 행위로 이해해야 한다는 견해가 대립되었다. 여기서 이 운동을 시민불복종으로 볼 것인지에 관한 논의는 그 운동을 '유료도로법'에 반하는 것, 그리고 그 법에 근거를 둔 건설교통부장관의 (물론 당시는 한국도로공사에 의해 대리되고 있는) 통행료'정책'을 거부하는 행위로 바라보는 것을 전제로 한다.

4 당시 공직선거법은 선거기간 중 노동조합을 제외한 단체의 선거운동(제87조), 낙선운동(제58조), 사전선거운동(제59조)을 금지하였고, 이 조항들이 불복종의 대상이 되었다. 또한 이 금지조항에 위반하면 동법 제254조에 의해 형사처벌되고 있었다.

5 이 불복종운동을 계기로 공직선거법은 개정되었는데, 그 중요한 사항은 ① 정당의 후보자 추천에 관한 단순한 지지·반대의 의견개진은 이를 선거운동으로 보지 아니하도록 하고(제58조), ② 후보자를 초청하여 대담·토론회를 개최할 수 있는 단체의 선거운동을 허용하는 것(제87조)이다.

6 의사들이 거부하는 핵심조항은 임의조제의 기반이 되고 있는 제39조(혼합판매조항), 약사의 대체조제를 허용한 제40조라 할 수 있다. 물론 의사들의 투쟁은 이러한 의약분업의 구조적 결함을 넘어서서 의료체계 전반에 걸쳐 있다. 이에 대한 상세한 법이론적 분석으로 이상돈, *의료체계와 법* (고려대학교 출판부, 2000), 제3장 참조.

되었다.[7]

ⓔ **소고기 수입반대 촛불집회**(2008.5.~2008.6.) 서울광장 등지에서 미국산 소고기 수입에 반대하는 시민들의 촛불집회가 개최되었는데, 당시 참여시민들은 아기엄마부터 회사원, 시민단체의 구성원이나 정치세력에 이르기까지 매우 다양했고, 각자의 목적도 서로 달랐으며, 정치적 추구이념도 일관되지 않았다. 촛불집회에서 집시법 위반이나 공무집행방해죄 등이 행하여졌다.

2. 성찰의 과제

이런 현상은 우리사회의 국가와 법 및 정치체계의 정당성에 대해 근본적인 물음을 던져준다. 먼저 시민불복종이란 무엇인지에 대한 성찰이 필요하다. 이 성찰의 중점은 다음 세 가지 사항이다.

- **시민불복종을 정의하는 권력에 대한 성찰** 첫째, 어떤 실정법위반 행위를 시민불복종으로 표제화 하는 권한을 시민단체가 독점하는 것을 방지해야 한다. 이는 시민단체의 권력화를 방지하는 것이기도 하다. 이를 위해 실정법불복종운동은 특정한 목표를 달성하기 위한 '전략적 행위'가 아니라 민주적 법치국가의 체제가 자기반성을 수행하는 의사소통흐름으로 이해하여야 한다. 즉, 시민사회와 정치체계 그리고 정치체계와 법체계 사이에 펼쳐지는 광범위한 대화적 의사소통의 '흐름'은 실정법의 입법제도 안에 갇혀서는 안 된다.
- **자연법론과 법실증주의 사이의 성찰** 둘째, 시민불복종은 자연법적 정당화와 법실증주의적 불법화의 관점 중 어느 하나에 편중해서는 적절하게 이해될 수 없다. 시민불복종은 그 둘 사이에 위치하며, 이러한 위치설정은 민주적 법치국가와 합법성(legality)에 대한 대화이론적 이해를 필요로 한다.
- **한국사회의 역사적 지평에 대한 성찰** 셋째, 시민불복종은 국가마다 다른 역사적 정치적 상황에서 전개된다는 점을 고려해야 한다. 이

---

7 이 불복종을 계기로 당시 약사법은 ① 임의조제를 가능케 하는 혼합판매를 금지하고(제39조 단서 제2호), ② 대체조제도 상용처방의약품(600품목)에 한해 금지하는 조항(제23조의2 제1항 신설)을 두는 개정을 겪게 되었다.

를 위해 시민불복종에 대한 이론적 논의에서 즐겨 원용되는 서구의 대표적인 철학자들(Habermas, Rawls,[8] Dworkin[9])과 법학자들(Dreier, Frankenberg, Hassemer 등)의 이론을 한국사회의 고유한 역사적 지평 속에서 반추해 보고, 재해석할 필요가 있다.

Ⅱ. 자연법적 이해와 법실증주의적 이해

전통적인 법(철)학자들[10]은 시민불복종을 자연법적 개념인 '저항권'[11]의 연장선에서 바라본다.[12] 시민불복종은 자연법(정법)에 근거를 두고서 실질적으로 불법인 실정법에 대해 (법치국가)체제'내'적으로 저항하는 행위라고 하는 것이다.[13] 이에 반해 법집행기관의 입장에서는 '실정법은 의회의 입법절차를 통해 성립된 것이라는 사실로부터 이미 정당한 것이라고 보기 쉽다. 법실증주의는 어떤 실정법도 준수하는 것이 시민의 의무(복종의무)'라고 본다. 자연법론적 관점이나 법실증주의적 관점이나 모두

8 J. Rawls(황경식 편역), "시민불복종의 정당화", *공정으로서의 정의* (서광사, 1988), 201~220쪽; 이에 관한 평석으로 황경식, "준법의 근거와 시민불복종-J. Rawls의 '공정한 경기의 의무'를 중심으로", *철학논구* (제15집, 1987), 61~78쪽.

9 R. Dworkin, "*법과 시민불복종*", J. Rachels 편(황경식 외 역), *사회윤리의 제문제 (Moral Problems)* (서광사, 1986), 243~260쪽 참조.

10 심재우, "시민과 정치적 권리", *한국법철학회 2000년도 춘계학술대회 발표자료집*, 1~5쪽; 조천수, "시민의 정치적 권리와 국가형벌권", 같은 발표자료집, 9~16쪽.

11 이에 관한 체계적이고 종합적인 연구로 심재우, *저항권* (고려대학교 출판부, 2000) 참조.

12 박은정 교수("법치국가와 시민불복종", *현대의 사회문제와 법철학* [교육과학사, 1995], 4쪽)도 '정치적 저항은 정당성의 이름으로 합법성에 도전하는 행위'라고 하고 있다. 이를 법철학의 전통적인 용어로 표현한다면, '자연법의 이름으로 실정법에 도전하는 행위'라고 할 수 있고, 그런 점에서 박 교수도 궁극적으로는 자연법론자의 진영에 속하는 것이 아닌가 추측된다.

13 정치학자들은, 한편으로는 자연법의 죽음을 이미 오래전의 기정사실로 받아들이고, 또 다른 한편으로는 시민불복종을 민주주의의 새로운 패러다임, 예컨대 시민민주주의(civil democracy)라는 그릇에 담기도 하지만(홍윤기, "민주주의의 시민적 개혁-민주주의적 법치주의 원칙과 역사에서 본 총선시민연대 낙천낙선운동의 정당성과 합법성", *총선시민연대 정책자문교수단 발간 낙천낙선운동 기초자료집 (1)* (2000), 24~40쪽 참조), 그 논리전개과정을 면밀하게 분석해보면 그들의 사고에도 때때로 자연법적 사고의 잔재가 매우 짙게 남아 있음을 어렵지 않게 확인할 수 있다.

시민불복종을 교조적인 확신에 — 이를테면 시민불복종의 정당성(확신)에 또는 시민불복종의 법위반성(위법성)에 — 편향시켜 그 의미를 새김으로써, 시민사회와 정치체계 그리고 법체계 사이의 상호작용구조를 깨뜨린다.

1. 시민불복종의 법실증주의적 이해

(1) **권위와 절차 속에 갇힌 정당성** 먼저 의회에서 제도화된 입법절차에 따라 유효하게 성립한 법규범은 반드시 지켜야 한다는 법실증주의적 관점은 시민에게 무조건적인 법준수의무를 부과한다. 이러한 법준수의무는 '절차를 통한 정당화'[14]를 외치는 루만(Luhmann)의 법사회학이론에 의해 다시금 현대화된 이론의 옷을 입을 수도 있다. 그러나 법실증주의적 사고는 법규범의 정당성기초를 그 법규범이 형성된 바로 '그' 시점에 펼쳐졌던 논의(법적 대화)의 결론에서만 찾는 근본적인 한계를 갖고 있다. 법규범이 성립한 후에 그 법규범의 타당성에 대해 합리적 논거로 근거지은 비판이 시민사회에서 진지하게 지속적으로 제기되고, 이를 계기로 공론이 새롭게 형성될 수 있다. 그러나 법의 정당성기초가 오로지 입법자의 법제정 '권력'(Macht)에 예속되거나 입법자가 법제정을 위해 진행시킨 '절차'(Verfahren) 속에 갇히고 만다면, 그런 공론의 변화를 바탕으로 정치체계에서 일어나는 변화에 대해서 법체계는 맹목적일 수밖에 없다.

(2) **정당성의 위기** 이런 맹목성을 두고 정치적으로는 '권위주의' 또는 국가지상주의(statism),[15] 인식론적으로는 — 정의에 대한 사회적 의사소통을 마치 '불연속적으로 발생하는 자연현상'으로 간주한다는 점에서 — 사이비 '과학주의', 그리고 법이론적으로는 — 정당성을 합법성으로 환원시킨다는 점에서 — 합법주의라고 비판할 수 있다.[16] 이 비판은 타당한 비

---

14 N. Luhmann, *Legitimation durch Verfahren* (Suhrkamp, 1988) 참조.

15 홍윤기, "민주주의의 시민적 개혁 - 민주주의적 법치주의 원칙과 역사에서 본 총선시민연대 낙천낙선운동의 정당성과 합법성", *총선시민연대 정책자문교수단 발간 낙천낙선운동 기초자료집 (1)* (2000), 32쪽.

판이기는 하지만 충분한 비판이 되기 어렵다. 비판의 중점은 그와 같은 의미의 맹목적인 법체계는 정당성의 위기에 쉽게 빠지게 된다는 점에 놓여야 한다. 왜냐하면 그런 법체계는 시민사회뿐만 아니라 정치체계에 대해서도 문을 닫고 오직 의회의 실증적인 입법절차라는 협애한 통로를 통해서만 사회의 정의관념을 수용하기 때문이다.

그런 법체계에서는 의회의 입법절차가 수행하는 민주적 의사형성의 기능에 일정한 결함이나 장애가 발생하게 되면, 법규범의 정당성기초는 뿌리째 흔들린다. 한국사회의 정치와 법의 현실은 이런 모습을 보여주고 있다. 이는 한국의 정치문화 때문이기도 하지만, 법이 규율하는 사회현실의 복잡성이 증대되고, 권력과 지식이 '탈중심화'되고, 가치가 '다층화'되어 버린 사회현실의 구조적 변화[17] 때문이기도 한다.

2. 시민불복종의 자연법적 구성

시민불복종을 자연법의 관점에서 이해하는 견해는 법체계를 시민사회와 정치체계의 정의실현역량에 예속시키는 오류를 범하기 쉽다.

(1) **자연법적 확실성의 믿음으로 해체된 합법성** 시민불복종을 자연법적으로 구성하는 견해는 크게 세 가지이다.

1) 실정법과 불복종의 자연법적 이해 첫째, 자연법론적 사고의 극치는 시민불복종행위와 그것에 의해 불복종되는 법규범을 <자연법과 실정법>, <법과 (부분적) 불법>으로 대립시키는 견해이다. 이 사고에서 시민불복종행위는 비법적이지만 정당한 행위가 된다. 법치국가 내에서는 반대권이, 불법국가에 대해서는 저항권이 인정되고, 법치국가와 불법국가의 중간영역에서는 시민불복종(권)이 위치하는데 이 세 권리는

---

16 하버마스는 그런 사고를 '권위적 합법주의'(autoritärer Legalismus)라고 비판한다(J. Habermas, "Ziviler Ungehorsam", P. Glotz 편, *Ziviler Ungehorsam im Rechtsstaat,* [Suhrkamp, 1983], 43쪽 참조).

17 이에 관해서 자세히는 Sangdon Yi, *Wortlautgrenze, Intersubjektivität und Kontexteinbettung* (Ffm., 1992) 참조.

모두 '자연법적 동질성'을 갖는다는 것이다.[18] 이런 사고는 불복종하는 실정법의 (부분적) '불법성'과 불복종하는 행위의 '정당성'이 모두 '자연법적 확실성'(naturrechtliche Gewißheit)을 갖고 있음을 전제한다.

2) 실정법의 자연법적 단죄와 불복종의 정치적 정당화 둘째, 낙천낙선운동이 거부하는 선거법을 따르는 것은 '불법'[19]이 된다고 보는 — 따라서 그 법을 준수하는 자는 심지어 불법자(criminal)가 된다고 보는 — 반면, 불복종행위에 대해서는 시민민주주의를 실현한다는 정치역사적 맥락에서 정당성을 부여하거나[20]나 '국민의 직접적이고 합의된 정치행위'라는 점에서 정당성을 부여하는[21] 정치학자들의 견해가 있다. 이는 불복종되는 실정법은 불법(즉, 자연법적 원리의 위반)으로 규정 지으면서, 불복종행위의 정당성은 오로지 정치적 차원에서 정당화하는 논리이다.[22] 이는 시민단체를 정치적으로 지원해주려는 정치학자들의 앙가주망이 너무 큰 나머지 시민단체들의 활동을 가로막는 실정법의 불법성을 쉽게 단정한 결과이다.

---

18 조천수, "시민의 정치적 권리와 국가형벌권", *한국법철학회 2000. 6. 17. 춘계학술대회 발표문*, 15~16쪽.

19 하버마스는 물론 자연법적 논증이나 법실증주의적 논증을 하지 않지만 예컨대 "법치국가는 합법적 형식으로 등장하는 불법(Unrecht)에 대한 불신이 제도적으로 보장된 형식을 성취할 수 없을지라도 그 불신을 보호해야 한다."(J. Habermas, "Ziviler Ungehorsam", P. Glotz 편, *Ziviler Ungehorsam im Rechtsstaat* [Suhrkamp, 1983], 38~39쪽)고 한다. 여기서 실정법의 불법성, 즉 자연법위반성이 단정되어 있다. 하버마스의 논리에 맞게 표현한다면 불법성이 아니라 최소한 '불법일 가능성'이라고, 그리고 더 적합하게는 '합의가능한 도덕원칙에 반할 가능성'이라고 표현했어야 할 것이다. 그런데 홍윤기 교수 등도 '불법자'를 운운할 때 단지 하버마스와 같은 논증의 단지 부분적인 오류를 범하는 것인지 아니면 실정법을 자연법(정법)의 관점에서 재단하는 것인지 사실 나에게는 완전하게 명확하지는 않다.

20 홍윤기, 앞의 논문 참조.

21 오현철, *시민불복종-저항과 자유의 길* (책세상, 2001) 참조.

22 물론 이와 같은 나의 분석은 자연법론을 서구사회가 근대사회로 이행하는 역사적인 한 단락을 지배했던 정치사상쯤으로 이해하는 정치학자들에게는 자신들을 시대착오적인 지성인으로 바라보는 견해로 치부되기 쉬울 것이다. 그러나 정치사상으로서 자연법론은 특정한 역사적 현상이지만 자연법적 사고는 인간의식의 보편적인 현상이며, 그런 현상이 시민불복종을 해석하는 정치학자들에게서도 발견된다는 것이 나의 생각이다.

3) 실정법의 정치적 평가와 불복종의 자연법적 정당화 셋째, 불복종되는 법규범은 불법의 규범이 아니라 부당한 법규범, 즉 정치적으로 실패한 법이라고 보되,[23] 그런 정치적 실패를 미리 교정하여 법치국가가 불법국가로 전락할 위험을 미연에 막는 것이 시민불복종이라고 보는 견해이다. 이 입장에 의하면 시민불복종은 실정법에 대한 '일상적인 작은 저항',[24] 또는 "법치국가 내에서 일상적으로, 부분적으로 있을 수 있는 부당한 정책결정이나 부당한 입법에 저항"[25]으로 정당화되는데, 이는 헌법상의 정치적 자유권에 의해 가능하며, 시민불복종은 일종의 긴급피난(형법 제21조 제1항)의 법리에 의하여 완전히 '합법적인 행위'가 된다.

(2) 합법성의 위기 이 세 가지 견해들은 많고 적음의 차이는 있지만 자연법적 확실성을 전제하지 않고는 불가능한 것들이다. 그러나 자연법적 확실성에 대한 믿음은 시대착오적인 사고이며, 정당성과 실증성의 변증태로서 합법성을 해친다. 여기서 합법성이란 의회의 입법절차를 거쳐 '합법적으로' 만들어진 법(실정법)에 구현된 '권위적 명령'이나 '정치적 힘(의 크기)'만을 뜻하지 않는다.

1) 합법성의 재해석 입법절차는 민주화될수록, 바꿔 말해 정의에 관한 시민사회의 의사소통흐름이나 정치체계에서 조직화된 다양한 공론들을 법형성과정에 폭넓게 수용할수록, 그 절차에 의해 만들어진 법은 그만큼 더 정당성을 가질 수 있다. 왜냐하면 입법절차가 그렇게 짜여질수록 법규범의 정당성에 관한 다양한 정치적·도덕적 관점들이 법규범으로 전환되기 위한 '경쟁'을 펼칠 수 있고, 그런 경쟁 속에서 다른 관점을 수용하고 자신의 관점을 수정하는 '상호이해'가 진행될 수 있으

23 심재우, "시민과 정치적 권리", *한국법철학회 2000년도 춘계학술대회 발표문* (2000. 6. 17.), 4~5쪽.

24 이러한 심 교수의 사상은 카우프만(Kaufmann)의 이론(*Vom Ungehorsam gegen die Obrigkeit* [1991])과 매우 유사한 것이라고 할 수 있을 것이다.

25 심재우, "시민과 정치적 권리", *한국법철학회 2000년도 춘계학술대회 발표문* (2000. 6. 17.), 5쪽.

며, 그런 상호이해가 이상적으로는 합의가능하고 현실적으로는 타협가능한 도덕원칙에 의해 실정법을 만들 수 있게 해주기 때문이다.

(가) 정당성과 실증성 사이에 물론 민주적 입법절차를 통한 정당화는 다양한 관점들 사이의 승패가 종국에는 '설득력'의 크기가 아니라 '정치적 힘'의 크기와 그 힘을 떠받들고 있는 '자본'의 크기에 의해 어느 정도 좌우되는 한계를 안고 있다. 하지만 권력과 자본에 복속服屬되는 정도도 민주사회의 현실에서는 언제나 제한적이다. 도덕적 관점들의 경쟁적 전개 속에서 합의 가능한 규범의 형성에 지향되어 있는 제도적인 입법절차는 그 절차 속에서 형성된 실정법의 '정당성'(Legitimität)을 단숨에 창출하는 것은 아니지만, 그렇다고 힘에다 단지 실증성(Positivität)의 옷을 입혀주기만 하는 것도 아니다. 그러므로 실정법은 한편으로는 '제도적으로 한계 지워진 정당성'을 가지면서 다른 한편으로는 '도덕적으로 한계 지워진 실증성'을 갖는다. 이를 두고 (실정법의) '합법성'(Legalität, legality)이라고 부를 수 있다.[26] 합법성은 정당성과 실증성의 사이에 위치하는 것이다.

(나) 정당성이나 실증성에로 환원 법실증주의적 이해방식이 정당성을 '도덕적으로 한계 지워진 실증성'의 틀에 가두는 오류를 범하는 반면, 자연법적인 논증은 정반대의 오류, 즉 정의에 관한 주관적 확신(자연법적 확신)을 토대로 정당성을 '제도적 틀', 그러니까 '실증성의 틀'로부터 완전히 해방시키는 오류를 범한다. 다시 말해 법실증주의는 합법성을 실증성으로 환원시키는 오류를 범하는 반면, 자연법론은 합법성을 정당성으로 환원시키는 오류를 범한다.

2) 합법성의 자연법적 해체 그러면 자연법론의 합법성 해체는 과연 정당한 것일까?

---

26 이에 관한 하버마스의 논의는 J. Habermas, "Wie ist Legitimität durch Legalität möglich?", *Kritische Justiz (1987)*, 1~16쪽 참조. 다만 하버마스는 합법성을 때로는 다소 실증성의 개념으로 사용하는 듯한 인상도 준다.

(가) **주관적 확신에 의한 합법성 해체** 물론 합법성을 해체하는 자연법적 확신은 개인의 확신일 때도 있지만 대부분은 상당히 큰 집단의 확신인 경우가 많다. 그러나 그 경우에도 자연법적 확신은 여전히 주관적인 확신이라고 할 수 있다. 왜냐하면 제도화된 의견형성과정에서 이미 다른 정의관념을 따르는 사람들이 존재한다는 점이 명백하게 입증되어 있기 때문이다. 또한 이 점은 어떤 집단의 자연법적 확신이 상당한 범위의 시민들로부터 공감대를 형성하여 이른바 '여론'의 옷을 입게 되는 경우에도 마찬가지이다. 왜냐하면 여론이란 아무리 과학화된 사회조사방법에 의하더라도 여전히 '주관적으로' 조작가능하고, 해석의 여지가 매우 넓은 극히 모호한 개념[27]이기 때문이다. 그러므로 여론의 옷을 입든 안 입든 불복종행위자들은 정의에 관한 (개인 또는 집단의) 주관적 확신에 빠지는 것이라 할 수 있다. 자연법적 사고에서 그와 같은 주관적 확신이 확고하면 할수록, 그 확신에 의해 부정되는 실정법의 정당성은 더욱 더 약화될 수밖에 없다. 더욱이 그런 확신이 대화지향적 태도가 아니라 투쟁적 성격을 띨 정도로 '완고'해지게 되면, 민주적 의사형성을 상당한 정도로 구현한 입법절차에서 형성된 실정법의 정당화역량마저 부정당하게 된다.

(나) **자연법의 확실성 상실** 그러나 그와 같은 주관적인 정의관념이 의회에서 다수결의 방식으로 결정되는 법규범보다 더 정의로운 것이라는 보장이 어떻게 가능할 것인가? 실정법에 불복종하는 사람들이 정당성의 수호자라고 어떻게 단정지을 수 있을 것인가? 이 물음에 대한 대답은 매우 회의적이다. 그것은 무엇보다도 현대사회의 특성에서 비롯된다. 즉, 생활형식이 전체적 통일성을 상실하고, 가치판단이 중층적인 구조를 띠며, 사회현실이 일상지식의 규율지평을 넘어선 복잡성을 보이는

27 예를 들어 약사법을 거부하는 의사폐업행위를 놓고, 시민단체들은 여론의 심판을 무기로 삼아 의사집단을 비판하지만 의사단체들은 약사법이 기획하는 (약사중심적) 의약분업에 대해 다수의 국민들이 반대한다는 여론을 내세우기도 한다.

사회에서 자연법은 그 구체적 모습을 확인할 수가 없다.[28]

앞서 예시한 불복종운동에서도 관점의 대립이 뚜렷하다. 예컨대 ⓑ 분당시민 통행료거부운동에서는 주행거리에 따른 통행료의 부담이라는 '형평성의 관점'과 고속도로를 단거리 출퇴근용이 아니라 산업도로 또는 장거리운행용으로 활용해야 한다는 '기능적 합리성의 관점', ⓒ 총선연대의 낙천낙선운동에서는 시민단체의 낙천낙선운동이 '정파적 선거운동이니라 국가시민적 참정권의 행사를 위해 필요하다'는 관점[29]과 '부정・타락선거의 위험이 높은 한국사회의 정치문화적 발전수준을 고려할 때 정당의 요건을 갖추지 않은 채 정당에 준하는 각종 정치활동을 하는 단체의 난립을 막을 필요성이 있다'는 관점,[30] ⓓ 약사법불복종운동에서는 (2000.7.1. 시행된) 의약분업이 의사의 진료권을 박탈하고 약사의 의약품 오남용을 오히려 부추긴다는 관점과 미흡하나마 현행 의약분업은 국민의 건강증진에 이바지할 것이라는 관점이 대립하였다. 이런 관점대립의 상황 속에서 어떤 관점이 더 정의로운 것인지는 개인이나 집단의 실천이성에 의해 판단될 수 없다. 그런 판단은 해당 문제에 대한 과학적 분석과 이론적 관점의 차이에 따라 다르게 대답될 수 있을 뿐이다.

다시 말해 개인의 실천적 이성능력만으로도 구체적인 내용의 자연법(정법)을 인식할 수 있다는 믿음은 지극히 시대착오적이라는 것이다.[31] 주관적 확신에 의한 합법성의 해체는 그와 같은 시대착오적인 믿음이 없이는 더 이상 가능하지가 않다.

---

28 법인식에서 자연법적 확실성의 상실에 관하여 G. Haverkate, *Gewißheitsverluste im juristischen Denken* (Duncker & Humblot, 1977) 참조.

29 홍윤기, "민주주의의 시민적 개혁", *총선시민연대 정책자문교수단 발간 낙천낙선운동 기초자료집 (1)* (2000), 27~28쪽 참조.

30 憲裁決 1995.5.25, 95헌마105(전원재판부)의 다수의견 참조.

31 여기서 자연법의 인식론적 불확실성이 자연법의 존재론적 불확실성까지 전제하는 것인지를 자세히 논의할 수는 없다. 또한 그것은 나의 인식관심에서 벗어나 있기도 하다.

Ⅲ. 민주적 법치국가와 시민불복종

그러면 정당성을 입법절차에 가두어 버리는 법실증주의적 사고의 오류나 주관적 확신으로 합법성을 해체해버리는 자연법적 사고의 오류에 빠지지 않고 시민불복종을 설명할 수는 없는 것일까? 아래서는 그런 대안으로 대화이론적 법이해를 들 수 있다.

1. 법인식패러다임의 변환

시민불복종을 이해하는 법실증주의적 사고와 자연법적 사고는 실천적으로 상반된 결론을 보이지만, 이론적으로는 매우 친화적인 구조를 갖고 있다.

(1) **'주체-객체' 모델과 법인식의 엘리트주의** 두 사고 모두 '주체-객체' 모델(Subjekt-Objekt Modell)의 구조를 취한다. 법실증주의적 사고에서는 입법자(주체)가 실정법텍스트(객체)에 입력한 실천적 명령이 완전무결한 법규범이 되는 반면, 자연법적 사고에서는 개인(주체)이 홀로 인식할 수 있는 올바른 규준(객체)이 배타적인 법이 된다. 다시 말해 법실증주의적 사고에서는 명령으로 표현되는 '주체의 인식'(활동과 그 권위)이, 자연법적 사고에서는 올바른 규준으로 수렴되는 '주체의 인식'(능력과 그 이성)이 각기 법생산의 구성적인 요소가 된다. 시민불복종의 현상에서 보면 어느 사고이든 한 개인이나 집단, 그러니까 입법자(의원집단)나 불복종집단이 각각 '배타적인' 법인식의 권한을 누리는 셈이 된다. 이를 법인식의 '엘리트주의'라고 부를 수 있을 것이다.[32] 그러

32 하쎄머는 "엘리트적 자연법론"(elitäre Naturrechtsdoktrin)으로 표현하는데(Hassemer, "Ziviler Ungehorsam-ein Rechtfertigungsgrund?", *Festschrift für Wassermann*, [1985], 343쪽), 이 지적(같은 지적으로 변종필, "시민불복종과 국회의원 후보 낙천·낙선운동의 정당화문제", *2000. 2. 19. 형법정책연구회 발표문*, 14쪽 참조)은 법실증주의에도 타당할 수 있을 것이다.

나 이러한 엘리트주의는 정당성을 합법성으로 환원시키게 되거나 합법성을 정당성의 이름으로 해체시키게 되는 양자택일적인 오류에 이르게 된다.

(2) **상호주관적 인식모델과 대화원칙** 이 오류는 '주체－객체'－인식모델(과학주의적 법인식패러다임)에 머물러 있는 한 제거될 수 없는 이율배반의 딜레마이다. 그렇기 때문에 새로운 법인식의 패러다임이 모색되어야 한다. 새로운 법인식의 패러다임은 상호주관적이다. 즉, 정의를 정하는 이성도, 권력을 낳는 절차(입법절차)나 정치적 힘도, 궁극적으로는 모든 사람들 사이의 대화적 의사소통에 의해 '상호이해'가 가능한 규범만을 법규범으로 수용하는 것이어야 한다. 이를 하버마스의 표현을 빌면 '대화원칙'(Diskursprinzip)이라고 부를 수 있다. 대화원칙에서 보면 법의 인식은 주체가 객체를 인식하는 모습이 아니라 한 주체가 다른 주체와 함께 어떤 규범의 타당성에 대한 이해를 서로 도모하고, 그 상호이해의 의미세계 속에서 하나의 질서로 통합된 삶을 살아가게 되는 모습을 띤다. 그러니까 법인식의 주체는 한 개인이 아니라 상호이해를 도모하는 모든 사람들이며, 이를 '상호주관성'(Intersubjektivität)이라고 표현할 수 있다. 이러한 상호주관성은 법을 제정하고 집행하는 모든 국가기구들에게도 요구된다. 입법자, 행정관료 또는 법관 모두 홀로 법을 인식하는 태도로부터 벗어나 규범의 타당성에 대해 다른 사람들과 함께 끊임없이 대화하고, 상호이해가 가능한 규범만을 법규범으로 인정하는 태도를 가질 것이 요구된다.

2. 민주적 법치국가의 구성요소

(1) **민주적 의사형성의 끊임없는 동적 과정** 이러한 상호주관적 인식패러다임에서 보면 '제도화'된 입법절차를 지키려는 국가기구는 물론이고, 자연법의 이름으로 실정법에 불복종하는 시민들도 홀로 법적 정당성의 수호자가 될 수 없다.

1) 대화적 의사소통의 제도화로서 민주적 입법 실정화된 입법절차(대의민주주의)나 다수결원칙, 그리고 이 원칙들과 상호작용관계에 있는 법치국가원칙들은 대화원칙을 '제도화'하는 방편일 뿐이다. 즉, 그것들은 올바른 규범을 형성하기 위한 대화적 의사소통을 인적·물적 자원의 한계와 시·공간적인 제약 아래에서 가능한 최대로 실현하는 방편이다. 이처럼 입법절차나 다수결원칙이 대화를 통한 합의를 '제한적이나마' 현실 속에 구현하는 기능을 '민주적 의사형성'이라고 부를 수 있다. 민주적 법치국가는 바로 그러한 민주적 의사형성을 최대화하는 데 가장 적합한 법공동체의 조직원리라고 할 수 있다.

2) 제도화의 한계와 왜곡기능 그러나 이런 '제도화'는 오히려 대화적 의사형성을 왜곡시키기도 한다. 왜냐하면 제도화란 권력과 금전의 논리로 인하여 입법절차나 다수결원칙이 수용해야 하는 대화적 의사소통흐름을 언제나 어느 정도 협착狹窄시킬 수밖에 없기 때문이다. 이것이 바로 제도화의 패러독스이다. 이러한 패러독스를 최소화하기 위해 민주적 의사형성은 '일회적인 사건'이 아니라 '끊임없이' 진행되어야 한다는 요청이 성립한다. 다시 말해 제도화된 법규범의 형성은 그 법규범의 정당성이 검증되는 시작일 뿐, 결코 끝이 아닌 것이다.

3) 법체계의 지속적인 성찰필요성 그러므로 법을 제정·집행하는 국가기구는 법이 제정되거나 집행되기 시작한 이후에 그 법에 대해 (특히 시민사회에서) 펼쳐지는 비판과 성찰의 의사소통흐름에 대해 문을 열고, 그 흐름을 제도적인 법형성과정에 다시 수용하는 개방적인 태도를 취해야 한다. 그런 의사소통흐름에 폐쇄적일수록 실정법은 그만큼 더 정당성의 위기에 빠져든다. 다시 말해 법규범이나 정책적 결정의 정당성은 단지 다수결원칙에 의해 의회를 통과하였다는 사실(절차적 합법성)로부터 나오는 것이 아니라, 그와 같은 실정법상의 결정절차가 시민들 사이의 의사소통적 교류에 끊임없이 문을 열어놓고, 그 교류 속에서 형성되는 광범위한 합의를 지속적으로 반영하는 점으로부터 나오는 것이

다. 그러므로 정당성의 수호자는 국가기구나 불복종운동을 하는 시민단체라는 어떤 구체적인 주체가 아니라 '민주적 의사형성의 끊임없는 동적 과정' 그 자체인 것이다.

(2) **의사소통행위로서 시민불복종** 시민불복종은 바로 그런 동적 과정을 구성하는 한 요소로 자리매김될 수 있다. 즉 시민불복종은 그 운동이 표방하는 정의내용이 민주적 의사형성의 제도화된 통로를 통해 법규범으로 유입되지 못한 상황 속에서 권력적으로 형성된 법규범의 정당성을 의문시하고, 그 대안을 모색하는 공론의 장을 열어 놓으려는 의사소통행위이다.

1) **법체계에 내재해 있는 의사소통장애** 이 의사소통행위는 법규범을 교정하는 실정법체계 내의 수단들만으로는 법규범의 정당성을 보증하는 민주적 의사형성이 충분할 수 없다는 점을 전제로 한다. 다시 말해 시민불복종은 제도화된 민주적 의사형성의 네트워크에 모종의 의사소통적 기능장애가 있음을 전제로 한다. 사실 정도의 차이는 있으나 그런 기능장애는, 정치역사적 현실과 민주주의체계의 발전수준과 관계없이, 모든 법체계에 내재해 있기 마련이다. 왜냐하면 이상적인 대화적 의사소통은 어떤 정도로든 협착되지 않고는 제도화된 네트워크를 통하여 법규범의 형성기반으로 기능할 수 없기 때문이다.

2) **정상적 현상으로서 시민불복종** 그렇다면 법체계가 아무리 기존의 실정법을 교정하는 가능성을 자신의 내부에 제도화하고 있다고 할지라도, 그 교정제도의 기능적 한계가 시작되는 곳에서 실정법을 비판하는 의사소통행위가 펼쳐지는 것은 예정된 일이며 또한 지극히 '정상적인 현상'(normales Phänomenon)에 속하게 된다. 따라서 자연법적 사고와 같이 시민불복종을 민주적 법치국가의 '법체계'에서 마치 아말감과 같은 이물질처럼 통합되지 못하는, 그러나 정당성은 단정지을 수 있는 그런 '예외적 현상'으로 바라보거나, 법실증주의적 사고와 같이 민주적 법치국가의 '정치체계'를 위태롭게 하는 '반체제적 현상'[33]으로 바라

보는 것은 더 이상 타당할 수 없다.[34]

(3) 정치와 법의 통합요소로서 시민불복종 그러나 시민불복종이 민주적 법치국가의 정상적인 현상이라는 말은 민주적 법치국가의 안에 위치하지만, 법체계의 외부에, 즉 법체계와 정치체계 사이에 위치함을 전제한다. 그러므로 하버마스가 시민불복종을 "정당성과 합법성 사이에 자리잡아야 한다"라고 표현한 것은 옳지만, 충분한 것은 아니다. 왜냐하면 자연법론자들에게는 '정당성'이 '자연법'으로 그리고 '합법성'이 '실정법'으로 읽힐 수 있고, 그렇게 되면 시민불복종은 자연법과 실정법 사이에 위치하며 그 간극을 지양하는 법(체계) 자체의 내부적 요소로만 해석될 여지가 있기 때문이다.

1) 시민불복종이 성숙한 정치문화의 구성요소라는 오해 이런 잘못된 해석은 물론 하버마스가 시민불복종을 "성숙한 정치문화의 포기할 수 없는 구성부분"(unverzichtbarer Bestand einer reifen politischen Kultur)[35]이라고 표현함으로써 어느 정도 차단될 수 있다. 그러나 이 표현은 자칫 시민불복종이 법체계를 완전히 떠나 정치체계의 내부영역으로 들어가고, 법체계가 정당성의 측면에서 정치체계에 예속될 수도 있다는 오해를 불러일으킨다. 이 점은 정치학자나 철학자들이 범하기 쉬운 오류이기도 하다. 법률가들에게는 그토록 준별되는 법과 정치가 정치학자나

---

33 이는 하버마스의 표현을 빌린다면 "외부와 내부의 적들에 향해져 있는 실증주의적 안보사상"(J. Habermas, "Ziviler Ungehorsam", P. Glotz 편, *Ziviler Ungehorsam im Rechtsstaat* [Suhrkamp, 1983], 51쪽 참조)이라고 할 수 있겠다.

34 시민불복종을 민주적 법치국가의 정상적인 현상으로 바라보는 견해는 자연법적 논증에서도 가능할 수 있다. 예컨대 카우프만(Kaufmann)처럼 시민불복종을 법의 이상(자연법)과 현실(실정법) 사이의 간극을 지양시키는 '작은 저항'(Widerstand der kleinen Münze)으로 바라보는 것(A. Kaufmann, *Das Widerstandsrecht der kleinen Münze, Objektivierung des Rechtsdenkens; Gedächtnisschrift für Ilmar Tammelo* [1984], 85쪽 아래 참조)을 들 수 있다. 그러나 이런 사고에 의하면 시민불복종은 법체계의 내부에서 일어나는 현상이 아니라 법체계라는 '사회적 하부체계'의 외부에서 일어나는 현상이라는 점이 시야에서 사라지게 된다.

35 J. Habermas, "Ziviler Ungehorsam", P. Glotz 편, *Ziviler Ungehorsam im Rechtsstaat* (Suhrkamp, 1983), 43쪽.

철학자들에게는 동의어처럼 '같은 의미론' 위에서 구별되지 않은 채 사용되기 때문이다.

2) 법체계와 정치체계의 긴장과 동조 그러나 법체계와 정치체계는 '긴장과 동조'의 상호작용적 관계를 이룬다고 보아야 한다. 즉, 정치체계가 시민불복종을 배후로 하여 법체계에 대해 변화의 영향력을 행사하는 반면, 법체계도 시민불복종에 대한 반응을 통하여 정치체계에 대해 변화의 영향력을 행사한다. 여기서 시민불복종은 이와 같이 상호작용적 관계 속에 있는 법체계와 정치체계 사이의 통합(체계통합)을 수행하는 구성요소로 자리매길 수 있다. 물론 여기서 '정치체계'란 개념은 정치권이나 행정체계와 같은 좁은 뜻이 아니라 그것을 포함하여 시민사회와 공론영역의 의사소통흐름을 조직화하는 사회체계 전반을 말한다.

Ⅳ. 시민불복종의 개념화

이제 대화이론적으로 재구성된 시민불복종의 구조적 표지를 법적인 개념으로 구체화해본다. 이 작업은 시민불복종에 대한 철학적 성찰을 구체적인 법적 규율에 연결하는 학제적 연구[36]가 된다. 시민불복종의 구성적 요소로는 ① 시민성, ② 비폭력성, ③ 공공성, ④ 비례성, ⑤ 정당화가능성(공론경쟁력)이 있다.

1. 주체의 적격성으로서 시민성

실정법에 대해 불복종하는 주체는 그들의 불복종행위가 '시민성'을 승인받을 수 있는 적격성을 보유해야 한다.

(1) 시민성의 의미 시민성은 다수의 시민들이 펼치는 실정법에 대

36 시민불복종의 문제를 다룰 때에 철학과 사회과학들간의 학제적 연구가 필요함을 인식하는 황경식, "준법의 근거와 시민불복종—J. Rawls의 '공정한 경기의 의무'를 중심으로", *철학논구* (제15집, 1987), 75쪽 참조.

한 불복종운동이 시민사회에서 형성되고, 그 운동의 합리적 논거들이 공론의 장으로 넘어 들어올 수 있을 정도로 민주적 의사형성의 의사소통흐름으로 자리매길 수 있기에 적합한 운동주체들의 특성을 말한다. 다시 말해 '시민불복종'에서 '시민'이란 단지 '사적' 개인이 아니라 제도화된 입법절차가 수행할 수 있는 민주적 의사형성의 결함을 인식하고 그것을 공론의 장에서 펼쳐지는 대화적 의사형성으로 메우려는 국가시민적 의식을 지닌 개인들 또는 단체를 가리킨다. 시민불복종은 국가권력(과 법)의 횡포에 대해 자신들의 자연법적 인권을 단지 수호하는 '방어적 태도'의 시민상이 아니라, 국가권력(과 법)의 민주적 의사형성에 적극적으로 '참여'하는 시민상을 전제로 한다.

(2) **조직성, 자발성, 이질성** 이런 의사소통적 요청을 충족하기 위해 시민불복종의 주체는 조직성, 자발성, 이질성을 갖추고 있어야 한다. ① 첫째, 불복종행위는 한 개인의 행위가 아니라 다수의 개인들이 공통된 확신에 기초하여 '조직적으로' 전개하는 행위이어야 한다. 그러므로 단지 한 개인 또는 다수의 개인일지라도 공동의 확신을 형성할 만큼 조직화되지 않은 채, 산발적으로 이루어지는 불복종행위는 '시민불복종'에 해당할 수 없다. 바꿔 말해 민주적 법치국가의 구성적 요소로서 시민불복종이란 언제나 '운동'의 형태로만 의미를 지닐 수 있다. 그러므로 시민불복종은 시민불복종운동과 동의어로 이해되어야 한다. ② 둘째, 이처럼 조직화된 불복종행위는 더 나아가 자발적인 의사에 의해 전개되는 것이어야 한다. 이를테면 관료나 산업세력에 의해 권력적으로 또는 금전적으로 행위가 조종되는 사람들(예: 관변단체, 산업주변단체[37])은 불복종운동의 주체로서의 적격성을 처음부터 가질 수 없다. ③ 셋째, 조직성과 자발성을 갖춘 불복종행위일지라도 단지 '동질적인' 사회집단에 의한 경우에는 시민성이 인정되기 어렵다. 즉, 불복종행위는 '이질적'인 사회집단에 의한 것이어야 한다. 그러니까 신분적으로(직업

37 예를 들면 전경련, 경총, 중소기업연합회 등과 같은 단체를 생각할 수 있다.

적으로) 폐쇄되지 않고, 지역적으로 편중되지 않으며, 아울러 계층적으로도 나뉘어 갈리지 않은 주체들의 집합이어야 한다(이질적 구성[38]).

> 시민성의 요청에서 보면 분당시민통행료거부운동은 지역적 동질성이, 의사들의 약사법거부운동에서는 직업적(신분적) 동질성이, 그리고 총선연대의 낙천낙선운동에서는 운동주체의 권력지향성[39]이 각각의 불복종운동을 시민불복종으로 승인하는 데 장애로 작용할 것이다.

2. 비폭력성

다음으로 시민불복종으로 파악될 수 있으려면 불복종은 비폭력적이어야 한다. 그런데 폭력성의 개념을 어떻게 잡느냐에 따라 시민불복종의 범주에 들어오게 되는 불복종행위의 범위가 달라진다.

(1) **형법적 폭력개념의 배제** 시민불복종이 민주적 법치국가의 정상적인 작동성에 대해 이의를 제기하고 법체계의 정당성을 다시 시험하게 만드는 현상임을 고려한다면, 적어도 형법적 폭력개념과 같이 기존의 법체계를 구성하는 '형법적 개념'(rechtsdogmatische Begriff)에 의해—그것도 외연이 매우 넓고 내포(의미)도 매우 불명확한 폭력개념에 의해[40]—시민불복종의 폭력성 여부를 판단해서는 안 된다. 왜냐하면 시민불복종은 전체 법체계 자체와 그 체계를 구성하는 법규범에 의한 현실규율이 정당성을 의심받고 있는 상황에서 전개되는 것이기 때문이다. 특히 형법적 폭력개념을 시민불복종에다 적용하는 것은 시민불복종이 실정법의 성찰적 변화를 촉구·유도하는 기능을 무시하는 것일 뿐만

---

38 비슷하게 하버마스는 "이질적으로 구성되고, 넓게 분산되어 있으며 탈중심화된 채 움직이는 시민운동"일 것을 주장한다(J. Habermas, "Ziviler Ungehorsam", P. Glotz 편, *Ziviler Ungehorsam im Rechtsstaat* [Suhrkamp, 1983], 31쪽).

39 여기서는 예컨대 시민단체의 정치세력화가능성과 정치권에 의해 매수될 가능성에 대한 지적으로 변종필, "시민불복종과 국회의원 후보 낙천·낙선운동의 정당화문제", *2000. 2. 19. 형법정책연구회 발표문*, 4쪽 참조.

40 W. Hassemer, "Ziviler Ungehorsam—ein Rechtfertigungsgrund?", *Festschrift für Wassermann* (1985), 327쪽.

아니라 시민사회가 법규범에 정당성을 부여하는 권능을 완전히 박탈해 버리는 권위주의적 국가사고의 표현이며, 일종의 "맹목적인 국가형이상학, 질서숭배사고"[41]로 나아가는 것이라 할 수 있다.

> 예컨대 낙천낙선운동에서 보듯이 선거법에 위반되기는 하였으나 평화적으로 도로를 점거하고 홍보를 하는 행위라든지, 분당사태에서 보듯이 통행료납부를 거부하고 평화롭게 자동차 운행을 계속하는 행위를 공무를 방해하는 폭력행위로 파악하고, 그에 따라 그와 같은 행위들을 시민불복종의 범주에서 제외시켜버리는 것은 타당하지 않다.[42]

아마도 국가가 법체계의 성찰적 변화와 무관하게 할 수 있는 제재와 통제의 최대한은 처벌 성격이 없는 법적 규제와 처분일 것이다.

> 이를테면 통행료납부거부운동에 대해서는 과태료나 기타 유사한 행정처분을 부과할 수 있을 뿐이지, 운행을 실력으로 정지시킨다든지, 공무집행방해죄 등으로 처벌해서는 안 된다.

(2) **개방적 법체계의 폭력개념** 그러나 다른 한편 모든 형태의 폭력이 시민불복종이라는 이름으로 정당화되거나 형법적 폭력개념의 의미론에서 제외될 수 있는 것은 아니다. 특히 '목적이 수단을 정당화한다'는 공식으로 응축될 수 있는 자연법적 사고[43]가 개입해서는 안 된다.

1) 폭력개념과 법체계의 부정합성 여기서 형법상 폭력 개념에 해당하는 행위로써 전개되는 시민불복종에 대해 형법적 구성요건(예: 폭행

---

41 박은정, "법치국가와 시민불복종", *현대의 사회문제와 법철학* (교육과학사, 1995), 8쪽.

42 또한 시민불복종이 형법 도그마틱의 전통에서 어떤 특정한 범죄구성요건에 해당함이 분명한 경우에도 검찰은 사건을 인지하지 않아야 하고(민주적인 정치적 의사형성의 존중), 사건을 인지한 경우에도 공소제기해서는 안되며, 현행법상으로는 기소유예처분으로 나아가야 한다. 물론 검찰에게 이러한 행위준칙을 지킬 것을 시민불복종의 법이론이 요구한다고 해서 그것이 곧 시민불복종의 범죄구성요건 해당행위를 확정적으로 '합법화'하는 것은 아님에 주의할 필요가 있다.

43 심재우 교수는 폭력적 저항도 시민불복종행위로서 정당화될 수 있으면 시민불복종행위에 속할 수 있다고 본다(심재우, "시민과 정치적 권리", *한국법철학회 2000년도 춘계학술대회 발표문* [2000.6.17], 3~4쪽 참조).

죄, 강요죄, 업무방해죄 등)의 적용을 검토하면서도 정형화된 형법적 폭력개념(예: '사람의 신체에 대한 유형력의 행사')에 의존하지 않아야 한다는 요청이 등장한다. 그러나 이런 요청이 드라이어(Dreier)의 견해[44]처럼 단지 시민불복종을 해석하는 폭력개념이 형법체계와의 정합성을 이룰 수 없을 뿐, 헌법체계와는 정합성을 이룰 수 있다고 보는 것은 타당하지 않다. 그것은 시민불복종행위를 합법성과 정당성의 사이에서 빼내어 정당성의 한 가운데 위치시키고, 그런 정당성으로써 다시 합법성을 해체시키는 결과를 가져오기 때문이다.

시민불복종은 앞에서 이론화한 것처럼 합법성과 정당성의 사이에, 바꿔 말해 법체계와 정치체계의 사이에 위치해야 한다. 하지만 시민불복종행위에 적용되는 폭력개념이 전체 법체계와 부정합적인 것을 어쩔 수 없는 일이라고 방치해서는 안 된다. 법학은 정치학과 달리 그런 행위를 어떻게 다루어야 하는가에 관한 일반적인 규율을 정립해야 하는 임무를 갖고 있기 때문이다. 여기서 법체계와 부정합적인 개념이긴 하나 시민불복종에 적용될 폭력의 개념을 어떻게 법적 개념으로 파악할 수 있을 것인가라는 과제가 등장한다.

2) 개방적 법체계 이 과제는 시민사회와 정치체계의 의사소통흐름에 끊임없이 문을 열어 놓는 법체계를 설계함으로써 해결될 수 있다. 즉, 법체계가 시민불복종의 영역, 그러니까 법체계와 정치체계의 사이에서 자신을 구성하는 원칙이나 규범과 부정합적인 폭력개념이 작동하는 것에 대해 관용을 갖고, 그런 개념의 작동을 배경으로 펼쳐지는 공론의 장에서 형성될 수 있는 새로운 법규범을 수용하는 열린 자세를 갖는 것이다. 그런 법체계를 '개방적 법체계'(offenes Rechtssystem)라고 부를 수 있을 것이다. 시민불복종은 새로운 합의를 창출하는 데 성공할 수도 있지만, 실패할 수도 있다. 바로 그렇기 때문에 법체계가 '부정합

---

44 Dreier, “Widerstand und ziviler Ungehorsam”, P. Glotz 편, *Ziviler Ungehorsam im Rechtsstaat* (Suhrkamp, 1983), 63쪽.

적인' 폭력 개념에 관용한다고 하는 것이 곧바로 법체계가 그런 개념을 수용하고, 법체계의 구성요소들을 변화시킨다는 것을 뜻하지는 않는다.

그처럼 언제나 법체계의 변화가 성취되는 것이 아닌 한 시민불복종에 적용되었던 폭력개념은 단지 '잠정적으로'(prima facie)[45]가 아니라 지속적으로 법체계와 부정합적인 것으로 보아야 한다.

(3) **생활세계적 폭력개념** 이처럼 개방적인 법체계의 체계부정합적인 폭력개념은 어떻게 구성될 수 있을까?

1) **형법체계에 부정합적인 법적 개념의 예** 여기서 먼저 헌법이 형법체계와 부정합적인 범죄개념을 인정하는 예를 이해할 필요가 있다. 현행 헌법 제13조 제1항의 "(동일한) 범죄" 개념은 형사소송법상 일사부재리의 효력이 미치는 범위의 기초가 되며, 이는 실체형법상의 범죄개념(죄수론)과 부정합적이다. 이 부정합성을 형사소송법학자들은 흔히 '소송상 사건개념'의 법리에 의해 근거 짓고 있으나, 그 구체적인 적용기준은 형법체계와의 정합성을 가져올 만큼 구체화되고 체계화되어 있지 않다. 헌법 제13조 제1항은 본래 '생활세계'에서 하나의 범죄로 인지되는 사건에 대해 형법학, 특히 범죄론(도그마틱)의 분석에 의해 여러 범죄가 성립하는 경우일지라도, 그 사건의 행위주체로 하여금 오직 한 번만 국가가 진행하는 형사절차에 휘말려 들어갈 부담만 짊어지도록 하는 기획을 좇는 것이다. 그래서 헌법 제13조 제1항의 범죄 개념은 '생활세계적 사건개념'으로 해석해야 한다.[46] 그런데 생활세계에서 어떤 사건이 하나의 범죄로 인지될 것인지 아니면 여러 개의 범죄로 인지될 것인지는 매우 불확실하며, 이 불확실성은 '소송상 사건개념'의 법리에 의해서도 어느 정도 제거될 수는 있으나 형법적 범죄개념이 가질 수

45 드라이어가 말하는 바처럼 "단지 잠정적인 불복종"(bloßer prima facie–Ungehorsam) (Dreier, "Widerstand und ziviler Ungehorsam", P. Glotz 편, *Ziviler Ungehorsam im Rechtsstaat* [Suhrkamp, 1983], 61쪽)이란 바로 이런 논증구조를 보여준다고 할 수 있다.

46 생활세계적 사건개념에 관해서는 이상돈, *형사소송원론* (법문사, 1999), [7] 단락 참조.

있는 불확실성의 정도로까지 해소될 수가 없다. 다시 말해 생활세계적 사건개념 또는 범죄개념을 헌법의 체계에 수용하는 것은 형법체계와의 부정합성을 어느 정도 감수하는 것을 의미한다.

2) 일상적 인지 속의 폭력 물론 이러한 예는 형법체계와 부정합적인 범죄개념이 헌법체계 내에 설정된 것이라는 점에서 '법체계'와 부정합적인 법적 개념을 법체계가 수용한 경우라고는 볼 수 없다. 하지만 이 예는 적어도 법체계와 부정합적인 법적 개념이 터 잡을 수 있는 기반이 바로 생활세계라는 점을 말해준다. 그러므로 시민불복종은 '비폭력적으로' 진행되어야 한다고 말할 때, 그 (비)폭력성은 불복종행위가 생활세계에서 — 일상지식과 일상언어 그리고 일상경험을 바탕으로 — (비)폭력으로 인지되는지에 따라 결정되어야 한다. 이를 생활세계적 (비)폭력개념이라 부를 수 있겠다. 이런 비폭력 개념은 한국사회처럼 작은 폭력이 일상화된 사회일수록 그 외연이 넓게 설정된다. 예컨대 가볍게 밀치는 행위는 형법상 폭력개념에 해당하지만 시민불복종의 비폭력성 요건을 충족한다.

물론 이러한 (비)폭력 개념이 법관이 통일성 있게 적용할 수 있는 개념, 즉 '법적용이 가능한 개념'(anwendungsfähiger Begriff)이 될 수 있는지는 다소 의문이다. 그러나 중요한 것은 의회의 입법절차가 민주적 의사형성의 기능이 부족할수록 이런 의문의 중요성은 사라진다는 점이다.

3. 공 공 성

시민불복종은 제도화된 민주적 의사형성의 기능적 한계를 문제화하고 불복종운동이 표방하는 정의내용에 대한 합의형성을 모색하는 의사소통행위이다. 불복종행위가 이런 의사소통행위가 되기 위해서는 '공공성'을 갖추어야 한다. 공공성의 의미로 ① 공개성, ② 처벌감수자세, ③ 공익성이 논의된다.[47]

(1) **공개성** 철학자들이 말하는 시민불복종의 '공적'(öffentlich; public) 성격은 법적 개념으로는 주로 공개성을 가리킨다. 여기서 공개성이란 불복종행위가 단지 은밀하게 사적 영역에서 펼쳐져서는 안 되며, 불복종행위자들은 그들의 주장내용과 그 근거 그리고 그 주장을 관철하기 위해 실정법위반을 무릅쓴 (집단)행동의 방식 등을 '일반시민에 대해서 뿐만 아니라 정치권에게도'[48] '공식적으로 천명'[49]하여야 하고, 또한 그렇게 함으로써 불복종운동의 시위가 어떻게 진행될 것인지를 경찰이 예측할 수 있도록 해야 함을 의미한다.

이와 같은 공개성에 의해 시민불복종행위는 대화적 의사형성의 한 구성요소로서 자리잡을 수 있다. 형법에서 양심범의 법률불복종은 동일한 양심을 지닌 집단(예: 여호와의 증인) 내에서 그 양심을 더욱 강화하는 의사소통행위이지만 이런 의미의 공개성이 없다는 점에서 시민불복종으로 평가되지 않는다.

(2) **대화적 처벌감수자세** 공공성의 또 다른 의미는 불복종행위자들이 자신들의 정의의식과 결연한 의지를 보이기 위해 불복종행위로 인한 처벌을 감수하는 자세를 공개적으로 가져야 한다는 것이다.

1) 처벌감수자세의 필요여부 이 의미에 대해 두 가지 견해가 대립한다. ① 하버마스가 피력하듯이[50] 시민불복종을 합법화하지 않고, 정당

---

47 이덕구 교수는 불복종행위에 대해 공개성과 공공성이라는 개념을 사용한다(이덕구, "민주주의와 시민불복종", *인천대학교 논문집* [제19호, 1994], 99쪽 참조). 그러나 이 교수가 사용하는 두 개념의 의미는 분명하지 않다. 예컨대 이 교수는 한편으로는 두 개념을 동일한 의미의 개념으로 삼아 동어반복적으로 사용하는 것 같기도 하고 다른 한편으로는 공공성을 사익성, 공개성을 비밀성과 대비되는 개념으로 사용하는 것 같기도 하다. 후자의 사용법이 나의 개념과 같다. 다만 나는 공익성을 개념적으로 구별하지만 시민불복종의 구성요소로 보지 않고 있음에 주의할 필요가 있다.

48 Dreier, "Widerstand und ziviler Ungehorsam", P. Glotz 편, *Ziviler Ungehorsam im Rechtsstaat* (Suhrkamp, 1983), 62쪽.

49 H. Schüler-Springorum, "Strafrechtliche Aspekte zivilen Ungehorsams", P. Glotz 편, *Ziviler Ungehorsam im Rechtsstaat* (Suhrkamp, 1983), 79쪽 아래 참조.

50 J. Habermas, "Ziviler Ungehorsam", P. Glotz 편, *Ziviler Ungehorsam im Rechtsstaat* (Suhrkamp, 1983), 34~35쪽.

성과 실증성 사이에 위치시키기 위해서는 불복종행위자들이 '처벌을 감수하면서라도 기존 법규범(법정책)을 교정·변화시키겠다'는 자세를 공개적으로 갖고 있어야 한다. 시민불복종을 합법화하면 정상화효과(Normalisierungseffekt)가 발생할 수 있기 때문이다. 그래서 하버마스는 이렇게 말한다: "만약 개인적인 위험이 모두 사라지게 된다면, 규칙을 위반하는 항의의 도덕적 기초가 의문시될 것이다. 또한 그 항의의 호소력도 떨어질 것이다. 시민불복종은 정당성과 합법성 사이에 떠다녀야 한다."[51]

② 이에 반해 시민불복종을 정당화 또는 '합법화'하는 입장에서는 이 처벌감수자세가 시민불복종의 요건이 되지 않는다. 불복종행위는 기존의 전체 법체계에 합치하는 행위이며 따라서 법적 제재가 가해질 수 있는 법적 요건을 충족할 수 없기 때문이다. 이 입장에서는, 불복종행위자의 호소의지는 드라이어가 말하듯 "재판절차에 빠져들게 되고, 그와 관련한 소송의 위험을 짊어지겠다는 자세"[52]만으로 충분하다.

2) 역사적 맥락성 이 두 가지 견해는 시대와 사회를 초월한 타당성을 갖고 있지는 않다. ① 첫째, 불복종운동이 펼쳐진 사회가 민주적 법치국가라는 체제를 통해 대화원칙을 실현하는 정도가 클수록 처벌감수자세가 요구되고, 반대로 그런 정도가 낮을수록 처벌감수자세는 요구되지 않는다고 볼 수 있다.

> 예컨대 1980년대 한국사회에서 펼쳐진 KBS시청료거부운동의 경우에는 처벌감수자세가 없다고 할지라도 21세기 초입에 펼쳐진 분당시민의 고속도로통행료거부운동이나 총선연대의 낙천낙선운동 그리고 의료계의 약사법거부운동(폐업)은 운동참여자에게 처벌감수자세가 있을 때에만 시민불복종으로 승인될 수 있다.

---

51 J. Habermas, "Ziviler Ungehorsam", P. Glotz 편, *Ziviler Ungehorsam im Rechtsstaat* (Suhrkamp, 1983), 43쪽.

52 Dreier, 앞의 논문, 61~62쪽.

② 또한 민주적 법치국가의 체제가 성장함에 따라 시민불복종으로 승인받기 위해 요구되는 처벌감수자세의 개념도 다시금 자연법적 사고 속으로 빨려 들어가지 않도록 하기 위해 다소 수정될 필요가 있다.

3) 엘리트주의와 심정주의의 반성 먼저 정의의 실현은 우리 '모두'의 과제라는 전제에서 시민불복종을 바라보아야 한다. 따라서 불복종행위자들이 자신들이 옳고, 그 옳음을 지키기 위해 (마치 영웅적인 모습으로) 어떤 대가도 치르겠다는 자세가 시민불복종으로 인정받기 위한 요건이라고 보는 것은 민주적 법치국가의 실현에 있어 일종의 '엘리트주의'에 빠지는 것이다. 예컨대 불복종행위가 나중에 정치적·도덕적으로 정당하지 않은 것으로 판명되는 경우를 가정하자. 이런 경우에는 이론적으로는 불복종행위자가 처벌감수자세를 가졌는지는 애당초 중요하지 않다. 왜냐하면 현재뿐만 아니라 미래에도 실정법에 위반하고 도덕적으로도 정당하지 않은 불복종행위로 판단된다면, 처벌감수자세의 유무와 관계없이 그 불복행위자는 당연히 처벌되어야 하는 것이기 때문이다. 또한 그런 경우에 행위자의 처벌감수와 관련된 내면의식상태를 불복종행위자에 대한 법적 제재의 여부나 강도를 결정하는 의미 있는 요소로 고려한다면, 그것은 일종의 '심정주의'에 빠지는 것이 된다. 심정주의는 도덕의 내면성과 법의 외부성이라는 차별성을 지워버린다.

4) 조건부 처벌감수자세 민주적 법치국가에서 시민불복종의 법리는 이러한 엘리트주의와 심정주의를 극복해야 한다. 이를 위해 시민불복종으로 펼친 공론경쟁에도 불구하고 미래에도 여전히 그 불복종행위가 처벌되는 행위로 남을 것인지에 대한 판단은 (불복종행위자들이 흔히 갖기 쉬운) '자연법적 확실성'(naturrechtliche Gewißheit)을 가질 수 없음을 인정해야 한다. 따라서 처벌감수자세의 요구는 예정된 처벌의 '무조건적인' 수용이나 단지 재판부담을 받아들이는 자세로 이해되어서는 안 된다.

그 대신 불복종행위자에게는 그 불복종행위를 계기로 펼쳐지는 대화적 의사소통의 과정에서 그들이 불복종한 실정법(법정책)의 타당성이 또 다시 근거 지워지는 경우에는 처벌을 수용하겠다는 자세를 가지는 것으로 충분하다. 이처럼 처벌감수자세는 무조건적인 것이 아니라 자기 주장의 근거지음의 실패를 조건으로 하는 '조건부 처벌감수자세'일 뿐이다. 따라서 불복종운동을 전개하는 사람은 그 운동을 통해 실정법에 대한 대화적 의사소통을 촉구하는 민주적 자세, 바꿔 말해 대화적 자세를 가져야 한다. 그럴 경우에만 시민불복종은 정당성과 실증성 사이에 위치하고 민주적 법치국가에서 합법성을 형성하는 행위로 남게 된다.

(3) **공익성과 사익성** 공공성은 때때로 '공익성'으로 이해되기도 한다.[53] 그러나 불복종행위가 관철하려고 하는 이익이 공익(public interests)이냐 사익이냐 하는 점은 그 불복종행위를 시민불복종으로 볼 것인가 하는 문제와는 직접 관련이 없다. 왜냐하면 시민불복종은 공익이든 사익이든, 어떤 이익을 제도화된 입법절차가 민주적 방식으로 수용하는 기능에 결함이 있다는 항의일 뿐이기 때문이다. 단지 시민불복종은 민주적 법치국가의 체제를 더욱 완전하게 만든다는 점에서는 공익적이라고 말할 수 있다.

1) 집단적 사익 그러나 불복종행위가 옹호하는 이익이 반드시 공익이어야 하는 것은 아니다. 시민불복종의 공공성을 배제하는 것은 그 운동에 의해 실현되는 이익의 사익적 성격이 아니라 사익을 추구하는 당파적인 방법이다. 공익이든 사익이든 대화적 의사형성의 통로를 통하여 법규범으로 유입되어야 한다는 입장을 견지하는 한 불복종행위는 시민불복종으로 평가될 수 있다. 다만 시민성을 갖추어야 하므로 불복종운동이 지향하는 사익은 개인의 사익이 아니라 집단적 사익(sectional interests)이어야 한다. 집단적 사익이란 이익을 누리는 주체가 집단인

53 물론 공익성의 개념을 '공적' 개념에 담지 않고 시민불복종행위의 '정치적' 성격을 구성하는 요소로 보기도 한다. 예를 들면 윤명선, "시민적 불복종의 법리(I)", *경희법학* (제22권 제1호, 1987), 166쪽 참조.

경우를 말한다.

2) 공익과 집단적 사이의 경계소멸 시민불복종행위는 공익의 실현을 위한 것이어야 한다고 전제해도, 시민불복종행위를 공익성에 국한시키는 것은 다원화되고, 탈중심화되고, 복잡화된 현대사회에서는 점점 더 어렵다. 공법과 사법의 구별(분리)이 모호해진 것[54]처럼 공익과 사익이라는 개념도 어떤 이익이 '모든 사람을 똑같이 이롭게 하는 이익'(공익)인지를 판단해주는 의미론을 잃어버리고 있으며,[55] 집단적 이익들 간의 교환거래가 공익의 개념을 실질적으로 채우고 있다. 그렇기 때문에 공익성은 시민불복종의 요건이 된다고 볼 수 없다.

예를 들어 ① 총선연대의 낙천낙선운동도 시민의 알 권리를 실현한다는 점에서는 공익을 실현하는 것일지 모르나 당시 한나라당이 문제제기했던 것처럼 그 운동으로 인해—특히 낙천낙선후보자 선정기준의 불명확성·불공정성으로 인해—여당이 유리하고, 야당이 불리해질 수 있다는 점에서는 집단적 사익을 실현하는 것일 수도 있다. ② 반면에 분당시민의 통행료거부행위처럼, 집단적인 사익을 관철하기 위한 것으로 보였지만 다른 지역주민들이 뒤따라 통행료거부를 하게 되고, 그를 통하여 통행료징수체계의 개선이라는 공익을 실현하는 효과가 발생하기도 한다. ③ 의사들의 약사법거부운동도 집단의 이익 도모하는 것이기는 하지만, 그 운동의 목표인 의사들의 정당한 진료권 확보가 장기적으로는 의료행위의 정상화를 가져오고 전체 국민의 건강증진에 기여하게 되는 공익실현의 효과를 가져올 수도 있다. ④ 시민불복종의 다른 요건들이 충족되는 경우 그 불복종을 공익추구형이나 사익추구형 가운데 어느 하나로 판별하는 것은 거의 불가능하다.

---

54 이런 현상은 사회(국가)적 법의 성장에서 비롯되는데, 라드브루흐는 공법과 사법의 구별 자체는 가능하지만 공법과 사법의 상호침투(Durchwachsung)로 인해 상호분리가 불가능해진 것으로 본다. 자세히는 윤재왕, "법철학과 사회법", *안암법학* (제37권, 2012), 360~361쪽.

55 공익 개념의 심도깊은 탐구로 김도균, "법원리로서의 공익-자유공화주의 공익관의 시각에서-", *서울대학교 법학* (제47권 제3호, 2006), 155~215쪽 참조.

4. 비례성

시민불복종의 목적과 수단은 — 자연법적 사고처럼 목적이 수단을 일방적으로 정당화시키는 관계이거나, 법실증주의적 사고처럼 불법적인 수단은 어떠한 목적도 정당화시키지 못하는 관계에 있지 않고 — 서로 균형을 이루어야 한다. 이를 비례성원칙이라고 부를 수 있다.

(1) **보충성**　시민불복종은 제도화된 민주적 의사형성이 실정법의 정당성을 보장하는 힘이 끝나는 곳에서 비로소 시작될 수 있을 뿐이다. 그렇지 않다면 대화원칙을 제도화하는 법체계가 언제나 정치체계의 역동적인 의사소통흐름에 무력하게 되고, 법치국가의 기반이 흔들리게 되기 때문이다. 합법성이 정당성의 옷을 입은 '주관적 확신'(자연법적 확신)에 의해 손쉽게 해체되어서는 안 된다. 시민불복종은 민주적 법치국가의 체제에서 제도화된 민주적 의사형성의 기능을 찬탈해서는 안 되고, 오히려 그런 기능과 함께 민주적 의사형성을 촉진하는 또 하나의 독자적인 구성요소로 기능해야 한다. 따라서 실정법의 불복종이라는 불법적 수단이 이와 같은 시민불복종의 기능에서 벗어난다면, 불복종행위는 — 적어도 그 불복종의 목적의 정당성에 대한 자연법적 확신에 서지 않는 한 — 불법행위로 전락한다. 따라서 실정법의 불복종운동은 그 실정법을 기존의 법적 수단에 의해 변화시킬 수 있는 모든 가능성이 소진된 경우에만 전개되어야 한다. 예컨대 그 실정법을 무효화시킬 수 있는 소송이나 헌법재판의 가능성이 남아 있는 상태에서 그 실정법에 불복종하는 행위는 시민불복종으로 평가될 수 없다. 이를 시민불복종의 '보충성'(Subsidiarität)이라고 할 수 있다.

(2) **균형성**　다음으로 불복종되는 법규범이 침해하는 이익과 그 불복종이 침해하는 이익이 심각한 불균형 관계에 놓여서는 안 된다.

1) 불복종행위의 목적과 수단 사이의 균형성　불복종하는 실정법에 의해 어떤 이익이 침해되는 것이 부정의함을 주장하면서 그 불복종행

위가 도리어 더 중대한 제3자의 이익을 침해한다면, 그 불복종행위가 표방하는 정의내용이나 행위규범이 정당성을 얻기는 매우 힘들다. 그럴 경우에 불복종행위자들은, 공론영역에서 근거지음의 경쟁을 펼쳐야 하는 본래의 문제영역에 들어가기도 전에, 자신들이 선택·사용한 불법적인 행위수단이 왜 그러한 피해자의 희생에도 불구하고 정당한 것인지를 근거지어야만 한다. 이익의 비교형량으로 정당화되지 않는 행위를 정당화하려면 정치적 이데올로기나 형이상학적 윤리가 불복종행위의 목적이 될 수밖에 없다. 그런 목적의 추구를 위해 제3자의 이익을 침해하는 것은 민주적 법치국가에서 결코 정당화되기 어렵다. 그러므로 불복종행위가 침해하는 이익이 불복종하는 법규범에 의해 침해되는 이익보다 더 중대한 것이어서는 안 된다. 이를 시민불복종의 균형성이라고 부를 수 있다.

> 예를 들어 ① 분당시민들의 통행료거부운동으로 인해 교통체증이 발생하고 그로부터 통상적인 시간대로 판교-서울 간 고속도로를 주행하지 못하게 된 점이 유료통행료법과 그에 기초한 불합리한 통행료정책에 의해 침해된 분당시민들의 집단적 이익(형평성을 상실한 고속도로 통행료의 부담)보다 중대한 이익이라고 볼 수는 없다. ② 이에 반해 의사들의 약사법거부운동에서는 그 행위가 추구하는 이익(의사들의 경제적 이익)과 그 행위로 인해 침해되는 이익, 즉 지금 현실적으로 발생하고 있는 환자들의 생명·신체라는 이익 사이에는 심한 불균형이 존재한다. 물론 약사법거부운동이 추구하는 이익을 집단이익만이 아니라 장기적인 관점에서 국민의 건강권 확보라는 이익으로 해석하게 되면 이 불균형은 그 정도가 약화될 수 있다.

2) 정치적 자유권의 논증과 선결문제오류 물론 세속화되고, 민주화되고, 다원화된 현대사회에서 불복종행위자들은 이익형량의 대상이 되는 이익으로 정치적 이데올로기나 형이상학적 윤리를 선택하지는 않을 것이다. 공론의 지지를 받을 수 없을 것이기 때문이다. 그러므로 불복

종행위가 침해하는 이익과 비교형량되는 이익으로 불복종행위자들은 흔히 '법규범에 의해 침해되는 이익'을 선택하지 않고, 불복종행위를 할 수 있는 헌법상의 기본권(예: 언론, 출판, 집회, 결사의 자유)을 선택하기 쉽다.[56] 이런 논증은 드라이어(Dreier)처럼[57] 불복종행위를 합헌화合憲化하는 입장에서 선호된다.

그러나 정치적 자유권과 같은 기본권과 불복종행위가 침해하는 구체적 이익은 권리의 추상성(구체성)에서 각기 다른 차원에 있기 때문에 비교형량 할 수가 없다. 또한 불복종행위와 비교형량 되는 정치적 자유권이라는 기본권의 규범영역(Normbereich)은 바로 '불복종되는 실정법이 침해하는 이익'과 '불복종행위로 침해되는 제3자의 이익' 사이의 이익형량에 의해 비로소 구체화된다. 여기서 드라이어가 말하는 이익형량의 논증은 이른바 '선결문제요구의 오류'(petitio principi)에 빠진다는 점을 알 수 있다. 왜냐하면 제3자의 이익과 비교형량 되어야 할 정치적 자유권은 바로 그 제3자의 이익을 다른 이익과 비교형량 함으로써 다시 구체화되는 것이기 때문이다. 이와 같은 선결문제요구의 오류는 바로 자연법적 논증이 빠지기 쉬운 오류의 전형적인 예라고 할 수 있다.

---

56 심재우 교수도 시민불복종행위가 헌법상의 정치적 기본권의 행사이므로 실정법에 저촉되더라도 위법성이 조각된다고 주장한다(심재우, "시민과 정치적 권리", *한국법철학회 2000년도 춘계학술대회 발표자료집*, 5쪽). 이러한 심 교수의 이론은 드라이어의 이론보다 한편에서는 덜 자연법적이지만, 다른 한편에서는 더 자연법적이라고 할 수 있다. 즉, 심 교수는 구성요건해당성을 조각하는 것이 아니라 단지 위법성을 조각한다는 '합법화'-논증을 전개하는데, 이는 시민불복종행위에 대해 사실상 구성요건해당성까지 부정하는 결론에 이르게 되는 드라이어의 합법화논증보다 덜 자연법적이다. 그러나 드라이어가 이익형량적 사고를 통해 합법화하는 시민불복종행위의 수위를 조절하는 반면, 심재우 교수는 예컨대 폭력적 저항도 불법국가를 예방하기 위한 정치적 기본권의 행사인 한 합법화할 뿐 이익형량적 조절을 꾀하지 않는다. 이 점은 심재우 교수의 이론이 드라이어의 이론보다 더 자연법적인 사고의 연장선에 있음을 말해준다.

57 Dreier, "Widerstand und ziviler Ungehorsam", P. Glotz 편, *Ziviler Ungehorsam im Rechtsstaat* (Suhrkamp, 1983), 65~66쪽.

5. 정당화가능성

시민불복종의 요건으로서 흔히 불복종이 정치적, 도덕적으로 정당성이 있을 것을 요구한다. 이 요건은 (자연법적 전통에서 표현한다면) '정당화가능성'이라 부를 수 있다. 그러나 시민불복종의 대화이론적 이해에서 바라보면, 정당화가능성은 '공론경쟁력'이라는 개념으로 수정되어야 한다.

(1) **정치적·도덕적 확신** 자연법적 사고에 의존하지 않는 한, 불복종운동이 표방하는 정의내용이 정당한 것인지는 운동의 주체나 그 운동을 바라보는 특정한 관찰자가 개인주의적으로 확정할 수 있는 것이 아니다. 불복종운동이 표방하는 정의내용은 그 정당성이 확정되어 있는 것이 아니라, 그 운동을 계기로 전개되는 대화적 의사소통의 과정에서 이미 법규범에 수용된 정의관점과 '함께' 더 광범위한 동의를 얻어나가는 경쟁을 펼칠 수 있는 자격을 누릴 수 있을 뿐이다. 다시 말해 시민불복종은 — 앞에서 언급한 네 가지 요건 (① 시민성, ② 공공성(대화적 처벌감수자세), ③ 비폭력성, ④ 비례성)을 충족한 가운데 — 실정법을 의도적으로(in der Absicht) 위반하는 방법에 의해 정치적 · 도덕적 정당성에 대한 '주관적 확신'을 공론의 장에 내밀 수 있는 자격을 누릴 수 있을 뿐이다. 양심범은 바로 이와 같은 자격을 누리지 못하는 윤리적 · 주관적 확신의 표현이라는 점에서 시민불복종과 차별화된다.

게다가 이와 같은 시민불복종에 의해 펼쳐지게 된 의사소통적 교류과정 속에서 불복종행위자들의 주장이 광범위한 동의를 얻었는지 여부를 사법기관이 '개인적으로' 판단하는 것은 매우 어렵다. 왜냐하면 이론적으로 대화적 과정에서는 법관도 검사도 다른 시민들과 동등한 단지 한 주체에 불과할 뿐, 대화의 결론을 마감하고 그 내용을 확정하는 어떠한 우월적 권위도 누릴 수 없기 때문이다.

(2) **관용의 충분조건으로서 공론경쟁력** 여기서 실정법의 적용여부

를 고민하는 검사나 법관에게는 한편으로는 사회적 의사소통의 흐름에 대한 매우 높은 '감수성'(Sensibilität)이 요구된다. 또 다른 한편으로 그들에게는 실정법의 완고함을 지양하고 정치적 의사소통의 불확실성에 대해 관용하는 개방성도 요구된다. 왜냐하면 그런 개방성 없이는, 대화적 의사형성을 촉진시키는 시민불복종의 기능이 매우 위축되고, 그 결과 법에서 정당성의 차원이 약화되고, 합법성은 실증성의 차원에로 환원되어버릴 위험이 높기 때문이다.

1) 합의형성의 불확실성과 한계 도덕적 확신이 주관적이냐 객관적이냐를 기준으로 양심범과 불복종운동참여자를 구별할 수는 없다. 실정법규범으로 전환되지 않은 정치적·도덕적 확신은 특히 탈중심화되고, 다원화된 사회, 가치평가의 관점이 다층적인 현대사회에서는 이론적으로는 모두 주관적인 것일 수밖에 없기 때문이다. 바꿔 말하면 불복종운동이 지향하는 도덕규범은 '자연법'(정법)이고, 양심범이 지향하는 도덕규범은 단지 '사적 규범'에 불과하다는 차별적 사고 역시 도덕적 확신의 전체사회적 통일성이 상당한 정도로 확보될 수 있었던 사회(예: 서구의 근대사회)에서나 가능한 사고이다.

2) 공론경쟁력 그러므로 실천적으로 검사와 법관은 시민불복종이 표방하는 정의내용이나 새로운 행위규범들의 타당성이 (절대)다수의 동의를 이끌어냈을 경우에만 불복종행위에 대해 관용을 보여서는 안 된다. 시민불복종이 표방하는 정의내용이나 새로운 행위규범들이 공론영역에서 기존의 법규범과 함께 정당성을 향한 경쟁을 상당한 정도로 견디어내는 단계에 이르면, 설령 기존의 법규범에 대한 지지가 여전히 더 많은 것으로 결말이 나는 경우라 할지라도, 그 불복종운동은 그런 공론의 경쟁 이후에도 '여전히' 정당성과 합법성 사이에 위치하는 것으로 자리매김되어야 한다. 그런 단계에까지 올라온 불복종운동의 정당화역량을 '공론경쟁력'이라고 부를 수 있겠다. 공론영역에서 다시 법규범으로 전환될 만큼의 설득력을 발휘하지 못한 시민불복종이라도 이와 같

은 의미의 '공론경쟁력'을 확보할 수 있었던 경우에 그 시민불복종은 법체계와 정치체계의 사이에 위치하며, 법체계 내의 제재수단들은 자제되어야 한다는 것이다.

> 그러므로 시민불복종과 같은 "작은 저항은 … 모든 사람의 또는 다수의 사람에게 보다 좋은 법을 통찰할 수 있게 할 때에만 정당화될 수 있다는 희망을 가질 수 있다. 만약 그것이 성공하지 못한다면, 작은 저항은 정당한 법의 협상에서 효력이 있는 절차규칙들을 거부하거나(즉, 큰 저항으로 나아가거나) 불복종행위의 위법성을 받아들이는 선택만을 할 수 있게 될 뿐"[58]이라는 하쎄머(Hassemer)의 생각은 오직 공론경쟁력마저 갖지 못한 불복종행위에 대해서만 제한적으로 타당할 수 있게 될 것이다.

3) 시민자유우선원칙 이러한 자제의 원칙을 담고 있는 법원칙이 바로 '의심스러울 때에는 시민의 자유 이익으로'(in dubio pro libertate) 원칙(줄여서 시민자유우선원칙)이다. 시민자유우선원칙은 법체계가 정치적 의사소통에 세심하게 귀를 기울이고 그 의사소통흐름에 문을 열어놓고, 그 흐름에서 형성되는 합의의 내용들을 끊임없이 수용하라는 요청을 담고 있다. 그러므로 시민자유우선원칙은 법체계와 정치체계의 상호작용을 활성화하여 두 체계 간의 통합을 수행하는 것이며, 따라서 이 원칙은 법체계 내부의 구성원칙이 아니라 — 법체계와 경제체계 사이의 원칙인 경영판단원칙처럼[59] — 체계 간 원칙(intersystemic principle)[60]이라고 할 수 있다.

---

58 W. Hassemer, "Ziviler Ungehorsam—ein Rechtfertigungsgrund?", *Festschrift für Wassermann* (1985), 95쪽.

59 경영판단원칙을 체계간 원칙으로 해석하고 분석하는 이상돈, *경영판단원칙과 형법* (박영사, 2015) 참조. 이 연구는 체계간 원칙의 의미를 명확하게 설명하고 있다.

60 체계 '간' 소통이란 말은 내가 다양한 글에서 피력해 왔는데, 이 개념을 마치 영어 개념으로 옮긴 듯한 개념으로 intersystemic communication이 사용되기도 한다. 이러한 용어의 사용에 대하여는 대표적으로 Alberto Febbrajo, Gorm Harste, *Law and Intersystemic Communication: Understanding 'Structural Coupling'* (Ashgate Pub., 2013) 참조.

V. 시민불복종의 역사성과 법적 규율의 방향

법학자는 철학자나 정치학자와 달리 시민불복종을 구체적으로 법적 규율방안까지 마련하여야 한다. 이를 위해서는 한국사회에서 법체계가 시민불복종과 맺는 관계의 방향을 설정할 필요가 있다.

1. 사회역사적 맥락

정치체계가 시민들 사이의 의사형성을 민주적으로 조직화하고, 그것을 정치적 힘으로 변환시키는 역량(이하: 정치체계의 민주적 역량)이나 법체계가 대화적 의사형성을 제도적으로 구현하는 역량(이하: 법체계의 민주적 역량)은 시대와 사회마다 차이가 있다.[61] 그런 차이를 고려하지 않는다면 시민불복종에 대한 구체적인 법적 규율의 문제를 해결할 수가 없다.[62]

(1) 사회역사적 맥락의 유형화 시민불복종에 대한 구체적인 법적 규율의 기획은 초역사적인 이론의 틀 속에서가 아니라 구체적인 사회역사적 맥락 속에 집어넣어 설계되어야 한다. 그렇게 할 경우 시민불복종이 민주적 법치국가라는 기본체제 안에서 위치하는 자리가 사회마다 다를 수 있게 될 것이다. 여기서 한국사회에서 시민불복종이 전개되는 사회역사적 맥락을 다음의 도표와 같이 유형화하는 가설을 세워볼 수 있다. 이 도표가 나타내는 모든 사회는 다 같이 민주적 법치국가의 기

---

61 예를 들면 독일과 같은 대륙법계와 미국과 같은 영미법계에서 시민불복종은 각기 다른 의미현실을 가질 수 있다. 이것은 단지 정치역사적 현실의 특수성에서만 비롯되는 것은 아니다. 이를테면 정치사상적 특수성도 시민불복종에 대한 논의의 사회역사적 맥락을 형성할 수 있다. 이러한 점을 독일의 경우 칼 슈미트가 대표하는 홉스주의의 전통을 예로 하여 설명하는 J. Habermas, *Die neue Unübersichtli-chkeit* (Suhrkamp, 1985), 107쪽 아래 참조.

62 이러한 점에 대한 비슷한 문제의식을 보여주는 양건, "시민불복종의 논리", *철학과 현실* (가을호, 1990), 62~75쪽, 특히 74쪽 참조.

본틀은 갖추고 있다. 하지만, 좌변에서는 법체계와 정치체계의 민주적 역량이 실현된 정도를 크게 상, 중, 하의 단계로 나누고, 우변에서는 각 단계에서 법체계의 민주적 역량이 정치체계의 민주적 역량보다 상대적으로 우월한 경우와 그 반대의 경우로 나누어 조합되어 있다. 물론 이론적으로만 보면 이러한 조합보다도 더 많은 조합이 가능할 수 있다. 그러나 실천적으로 더 많은 조합은 아마도 과잉일 듯하다.

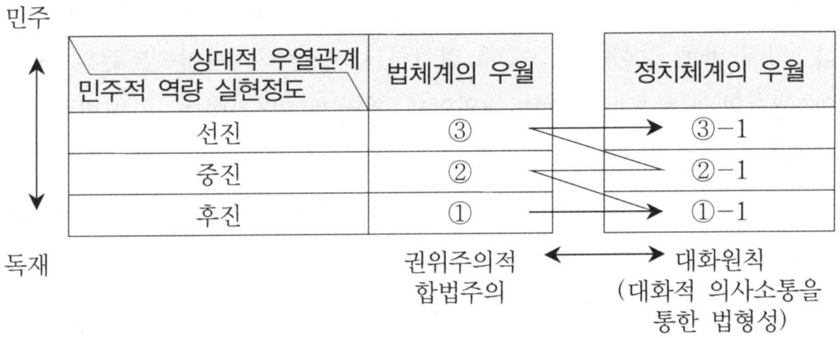

어떤 사회를 이 도표 위의 어느 곳에 위치시킬 것인가는 간단히 대답될 수 없는 문제이다. 그러나 내가 이 표로써 의도하는 것은 세 가지 점이다.

(2) **시민불복종의 유동적인 자리매김** 첫째, 서구 민주국가의 경우는 ③ 또는 ③−1에 위치하고, KBS시청료거부운동이 펼쳐졌던 1980년대 중후반의 한국사회는 아마도 ① 또는 ①−1에 위치하며, 또한 분당시민의 고속도로통행료거부운동이나 시민단체의 낙천낙선운동 그리고 의사단체의 약사법거부운동이 펼쳐진 2000년 전후의 한국사회는 아마도 ② 또는 ②−1에 위치한다고 볼 수 있다. 물론 이 위치는 (위의 도표에서 민주화와 독재화의 역사적 변화를 나타내는 선이 표현하듯이) 역사적으로 끊임없이 변화할 수 있다. 즉, 현실의 민주적 법치국가체제가

더욱 민주화될 수도 있고, 반대로 더욱 독재체제나 전체주의적 체제로 다가갈 수도 있다.

둘째, 이런 차이는 시민불복종이 민주적 법치국가의 체제에서 자리하는 위치를 다르게 만들 것이라는 점이다. 예컨대 ①-1에 자리하는 사회에서는 시민불복종이 '저항권의 행사'에 매우 근접하게 다가가고, 자연법적 사고가 현실적으로 더욱 더 힘을 발휘하기 쉽게 될 것인 반면, ③에 자리하는 사회에서는 시민불복종은 단순한 '범법행위'에 근접하게 되고, 법실증주의적 사고가 현실적으로 더욱 더 힘을 발휘하기 쉽다. 이에 반해 ②이나 ②-1에 위치하는 사회에서 시민불복종은 저항권의 행사와는 물론이고 범법행위와도 거리가 멀 것이며, 자연법적 사고와 법실증주의적 사고 가운데 어느 것도 우월한 힘을 발휘하지 못할 것이다. 예컨대 1990년대 중반에 5·18특별법과 같은 소급입법의 정당성에 관한 논의에서 부흥기를 맞이했던[63] 자연법적 사고가 2000년 전후의 시민불복종의 정당성에 관한 논의부터는 압도하지 못하는[64] 변화를 확인할 수 있다.

(3) 시민불복종을 통한 민주적 법치국가의 발전 셋째, 시민불복종의 자리매김은 민주화역량의 어떤 수준에서건 '권위주의적 합법주의'로 경도되느냐 아니면 '대화원칙'으로 경도되느냐에 따라서도 달라진다는 점이다. 이 변화가능성은 위 표에서 수평적으로 뿐만 아니라 수직적으로도 전개된다. 먼저 수평적인 차원을 보면, 세 단계 발전수준의 어떤 단

---

63 예를 들면 라드부르흐의 공식(이에 관한 독일의 최근 논의에 대해서는 F. Saliger[윤재왕 역], *라드브루흐의 공식과 법치국가[Radbruchsche Formel und Rechrsstaat]* [길안사, 2000]; 이재승, "라드브루흐 공식", *법철학연구* [제7권 제1호, 2004], 99~120쪽 참조)이 이 특별법의 정당성을 근거짓는 가장 중요한 논거로 작용한 점(대표적으로는 김선택, "과거청산과 법치국가", *고려대 법학논집* [제31집, 1995] 참조)을 들 수 있다.

64 예컨대 변종필 교수는 비록 법실증주의적 사고를 따르는 것은 아니지만 낙천낙선운동의 정당성을 자연법적 사고로 단정지을 수 없음을 매우 설득력 있게 논증하기도 한다(변종필, "시민불복종과 국회의원 후보 낙천·낙선운동의 정당화문제", *2000. 2. 19 형법정책연구회 발표문*, 19쪽 아래).

계에 위치하는 민주적 법치국가체제에서든지 시민불복종을 바라보는 관점이 법실증주의적 사고를 바탕으로 '권위주의적 합법주의'에 쏠릴수록(①, ②, ③) 불복종행위는 불법행위로 평가되기 쉽고, 반대로 그 관점이 대화원칙에 쏠릴수록(①-1, ②-1, ③-1) 정치체계의 민주적 역량을 바탕으로 삼아 법체계의 자기반성에 대한 요구가 활성화되고, 아울러 불복종행위도 통상적인 법적 제재가 수정(또는 관용)되어야 할 행위로 평가되기 쉽다. 이러한 변화가능성은 수직적으로도 전개될 수 있다. 즉, 예를 들면 후진의 민주적 법치국가 체제에서 시민불복종이 전개되고, 대화원칙의 관점에 따라 그것을 계기로 실정법체계가 자기반성적 변화를 도모하게 되면, 그 법체계의 민주적 역량은 더 높은 단계(①에서 ②로)로 상승할 수 있다. 그리고 그렇게 상승된 실정법체계에서도 다시금 시민불복종이 펼쳐지게 되고, 또 다시 대화원칙의 관점에 따라 실정법체계가 자기반성을 도모하게 되면, 그 법체계의 민주적 역량은 다시 한 번 더 높은 단계(②에서 ③으로)로 상승할 수 있다. 이러한 민주적 법치국가의 수직적 변화는 기본틀에서는 민주적 법치국가라 할지라도 독재적 요소가 많이 잔재해 있는 체제가 점점 더 민주화되는 것을 의미한다.[65]

2. 법적 규율의 방향

그러면 마지막으로 한국사회의 사회역사적 맥락 속에서 시민불복종은 구체적으로 어떤 법적 규율을 받아야 하는 것일까?

(1) 법적 통제의 동적 상호작용체계 먼저 시민불복종에 대한 법적 통제의 강도는 다음과 같은 표가 유형화하는 견해들로 나뉠 수 있다.

---

65 이런 수직적 변화는 위의 표에서는 단지 후진 → 중진 → 선진의 3단계로 분류되어 마치 ③-1에서 끝나는 것으로 오해되어서는 안된다. 민주화의 변화는 역사적으로는 영원한 과제이며, 위 그림은 단지 시민불복종에 대한 이해방식이 민주적 법치국가 체제의 발전을 도모하는 구성적 요소임을 분석적, 구조적으로 보여주기 위한 방편에 불과하다는 점에 주의를 해야 한다.

법 제 화 방 안	
⑦	통상적인 실형의 선고
⑥	실형+양형요소로 참작
⑤	형벌의 유예(선고,집행유예)
④	기소유예처분
③	면책사유로 고려
②	위법성조각사유로 고려
①	구성요건해당성부인(조각)

이 표에서 ①, ②, ③의 견해는 시민불복종을 자연법적 사고를 바탕으로 정당화하고 동시에 '합법화'하는 이론에 속하는 반면 ⑦의 견해는 법실증주의적 사고를 바탕으로 시민불복종을 불법화하는 이론에 속한다. 그 사이의 ④, ⑤, ⑥은 '불법화'하지도 않지만 동시에 '합법화'하지는 않는 이론이라고 할 수 있다.

물론 이러한 유형화와 다른 유형화도 가능할 수 있을 것이다. 예컨대 영미법계에서는 독일법과 한국법의 경우와 달리 ②의 견해와 ③의 견해가 구별되지 않으므로[66] 이 유형화는 좀 더 단순해질 수 있을 것이다. 또한 ④의 견해를 기소유예처분과 협의의 불기소처분 또는 기소중지처분을 구별하여 단계화한다면 여기의 유형화보다 좀 더 세분화될 수도 있다. 따라서 여기서 제시한 유형화는 하나의 설명모델임에 주의할 필요가 있다.

(2) **역사적 지평에서 법적 통제유형의 동적 관련성** 여기서 이 일곱 가지의 견해 가운데 어느 하나를 확정적으로 선택한 다음, 그것을 시민불복종에 대해 민주적 법치국가가 취해야 할 법적 통제의 '유일하게 올바른' 방안이라고 보는 이론적 완고함을 경계하여야 한다. 그런 완고함은 민주적 법치국가의 구체적인 발전수준이라는 역사적 지평을 외면할 때만 비로소 가능한 것이다. 즉, 사회역사적 맥락의 역사적 변화라는 변수를 집어넣으면, 위의 일곱 가지 견해들은 하나의 동적인 상호관련

66 따라서 롤즈(Rawls)가 시민불복종은 정당화된다고 말할 때 그 정당화의 의미는 미국법체계에서 보면 한국법체계에서 말하는 위법성조각(Rechtfertigung)과 면책(Entschuldigung)을 모두 포함하는 것일 수 있다(이 점에 대한 지적으로 W. Hassemer, "Ziviler Ungehorsam－ein Rechtfertigungsgrund?", *Festschrift für Wassermann* [Luchterhand, 1985], 328쪽); 또한 이와 같이 위법성조각과 면책의 개념을 비교법문화적으로 분석한 글로 W. Hassemer, "Rechtfertigung und Entschuldigung im Strafrecht", Eser · Fletcher 편, *Rechtfertigung und Entschuldigung* (Max－Planck－Institut f. ausländ. u. inter. Strafrecht, 1987), 177~227쪽 참조.

체계 속으로 통합될 수 있다.

1) 법적 통제방안들 간의 역사적인 상호관련체계 좀 더 구체적으로 말하면, 먼저 민주적 법치국가의 체제가 성숙하면 할수록 시민불복종에 대한 법적 통제는 위 도표의 ① 견해에서 ⑥ 견해로 이행할 수 있고, 또 그래야만 한다. 왜냐하면 민주적 법치국가가 성장함에 따라 법체계가 발휘하는 대화적 의사형성의 역량이 커질 것이며, 따라서 그에 반비례하여 시민불복종과 같은 제도화되지 않은 대화적 의사형성의 필요성은 그만큼 줄어들게 되기 때문이다. 바꿔 말하면 '대의제 체제의 보충에 있어 시민들의 증대된 참여욕구를 법적인 궤도로 유도하'거나[67] '관련당사자들이 결정프로그램에 함께 참여하게'[68] 만드는 제도적 장치가 마련될수록 "법체계는 법정책적으로나 사회정책적으로 법의 유연화에 대한 압력을 이겨낼 수 있게 될 것이다."[69] 이와는 정반대로 민주적 법치국가의 체제가 발육부진에 빠지면 빠질수록 시민불복종에 대한 법적 통제는 도표 ⑥ 견해에서 도표 ① 견해로 이행할 수 있고, 또 그래야만 한다. 왜냐하면 민주적 법치국가의 성장이 미진할수록, 법체계가 발휘하는 대화적 의사형성의 역량은 미미한 것이 되며, 따라서 그 미진한 정도에 비례하여 시민불복종과 같은 제도화되지 않은 대화적 의사형성의 필요성은 그만큼 커지게 되기 때문이다.

2) 시민불복종의 불완전성에 대한 고려 여기서 한 가지 더 언급해야 할 점은 이와 같은 상호관련체계는 어떤 특정 사회현실과 특정 규율방안을 1대1로 대응시킬 수 있는 그런 정밀성을 지닌 체계가 아니라는 점이다. 이런 대강의 관련성은 바로 시민불복종의 이론적 개념화가 제기한 요건들(시민성, 비폭력성, 공공성, 비례성, 정당화가능성)의 차등적

67 Wassermann, "Zur Rechtsordnung des politischen Kampfes in der verfassungsstaatlichen Demokratie", *Juristenzeitung* (1984), 266쪽.

68 W. Hassemer, "Ziviler Ungehorsam—ein Rechtfertigungsgrund?", *Festschrift für Wassermann* (Luchterhand, 1985), 346쪽.

69 W. Hassemer, 앞의 논문 참조; 여기서 법의 유연화란 나의 설명구조에서 보면 ⑥의 견해에서 ①의 견해로 옮아가는 현상을 가리킨다고 볼 수 있다.

인 충족상태에 대한 고려를 이 상호관련체계에 연결지을 가능성을 열어준다. 다시 말해 시민불복종의 이론적, 개념적 요건들 가운데 어느 일부요건을 부분적으로 충족하지 못했거나 충족에 대한 의문이 남아 있는 경우에 그러한 점을—만일 다 충족했더라면 그 불복종행위가 펼쳐진 사회역사적 맥락에서 그 불복종행위에 가해질 법적 제재의 수준보다 그 수준을 다소 높이는 방향으로—고려해 넣는 것이다. 이렇게 함으로써 법이론의 완고함에 의해 불복종행위가 시민불복종의 범주에서 제외되고, 그에 따라 다시 권위주의적 합법주의의 에토스가 득세하게 되는 것을 미리 예방할 수도 있을 것이다.

예를 들어 의사단체의 약사법불복종운동은 같은 해 시민단체의 낙천낙선운동에 대한 적절한 제재의 수위(예컨대 기소유예나 면책)보다 한 단계 높은 제재(집행유예부 유죄판결이나 기소유예)를 받는 것이 적절하다.

3) 민주적 법치국가의 완성환상에 대한 경계 또한 위의 동적인 상호관련체계에 ⑦의 견해가 빠져 있다는 점에 주의할 필요가 있다. ⑦의 견해는 민주적 법치국가의 체제가 이상적인 모습으로 완성된 국가현실을 나타내는 데, 그런 국가현실은 실천적으로나 이론적으로나 불가능하다. 민주적 법치국가의 성장은 아무리 진행되어도 시민불복종의 존재의의를 모두 사라지게 할 만큼, 그러니까 시민불복종행위를 통상적인 범죄와 같게 취급해도 좋을 만큼 이루어질 수는 없다. 왜냐하면 민주적 법치국가의 성장은 대화적 의사형성을 제도화함으로써 발생하는 '패러독스'를 극복해야만 하는 일종의 '영원한' 기획이기 때문이다.

(3) 한국사회의 민주화와 법적 통제의 변화 마지막으로 한국사회에서 펼쳐지고 있는 시민불복종에 대한 법적 통제의 방안은, 이와 같이 역사적인 지평에서 펼쳐지는 변증적인 상호작용관계 속에서 구체적으로 어떤 방향으로 강구되는 것이 적절한지에 대해 간단히 살펴보기로 한다.

이미 앞에서 진단한 바와 같이 KBS시청료거부운동은 그 운동이 펼쳐졌던 1980년대 중후반의 한국사회가 도달한 민주적 법치국가의 성장수준에 비추어 볼 때 합법화하는 것(위 표의 ①, ②, ③)이 적절할 것이다. 이에 반해 분당시민의 통행료거부운동이나 시민단체의 낙천낙선운동 그리고 의사단체의 약사법거부운동은 합법화시킬 수는 없다. 왜냐하면 1999년이나 2000년의 한국사회는 적어도 1980년대 중후반의 한국사회보다는 훨씬 더 민주적 법치국가의 이념을 제도화하고 있기 때문이다. 그러나 다른 한편 이들 세 운동을 불법화(위 표의 ⑦ 견해)하거나 양형참작(⑥ 견해) 또는 집행유예(⑤ 견해)하는 정도로 엄격히 통제하는 것도 타당하지 않다고 본다. 왜냐하면 당시 한국사회는 아직도 서구사회의 민주화 수준에는 상당히 못 미치는 상태에 있었다고 보아야 하기 때문이다. 이렇게 사회역사적 맥락 속에서 바라본다면 이들 세 시민불복종은 기소유예와 같은 형사소추의 수정방식으로 대처하는 것이 가장 적절할 것이다. 하지만 국민정부와 참여정부를 거치고 다시 보수당이 집권을 거듭하는 경험을 거친 2008년경 이후의 한국사회에서 시민불복종은 이미 불법화하되 양형에서 정상을 참작해도 좋을 수준(⑤, ⑥)에 이르렀다고 볼 수 있다.

3. 포스트모던 사회에서 등가성연쇄

(1) 포스트모던 사회 한국사회가 이처럼 서구선진국의 민주적 법치국가체제에 근접해 있다는 것은 곧 한국사회도 이미 포스트모던 사회의 특성을 상당한 정도로 갖고 있음을 말해준다. 포스트모던 사회를 간략하게 정의한다면 무수히 많은, 비결정적이고 수렴 불가능한 차이(difference)들의 불안정한 질서로서 존재하는 사회라고 할 수 있다. 따라서 우리는 '사회적인 것'(the social)을 이야기할 수 있을 뿐, 궁극적으로 합리적이고 완성된 형태의 사회(the society)는 말할 수가 없게 된다.[70] 이런 사회에서는 인권문제도 차이운동으로서 제기된다.[71] 또한 사

회변혁의 힘은 자본주의와 사회주의, 좌파와 우파와 같은 적대뿐만 아니라 제조자와 소비자, 자본소득자와 근로자 등과 같이 다양한 사회적 적대(social antagonism)들도 그 사이에 위치하는 연대 가능한 세력들 간의 연대가 '연쇄적으로' 일어남으로써, 간접적인 연대[72]를 맺기도 한다. 그런 연대를 등가성연쇄(chains of equivalence)라고 부른다. 이런 연쇄는 물론 불안정적인 것이다. 포스트모던 사회에서는 시민불복종도 등가성연쇄(chains of equivalence)의 형태로 전개된다. 2008년도 미국산 소고기수입 반대 촛불집회는 그런 시민운동의 본격적인 시작을 알리는 사건이었다. 이 사건은 종래의 시민불복종행위와는 다르며, 따라서 그 법적 취급도 다를 수밖에 없다.

(2) 등가성연쇄와 시민불복종의 차이 가령 2008년 소고기 협상과 관련하여 협상에 반대하는 촛불시위 참가자들은 이념적으로 분류될 수가 없고, 심지어 (좌파와 우파와 같이) 적대관계에 있는 사람들과 세력들도 소고기 협상과 수입이라는 주제에 관하여 연쇄적인 정치적 연대를 맺었던 것으로 볼 수 있다. 이 시위행위 또는 시위행위의 일환으로 하는 행위들이 실정법을 위반할 경우에—'민주적 법치국가의 성찰적 기제'[73]이면서 민주적 법치국가를 구성하는 요소라 볼 수 있는—시민불복종의 법리는 다음과 같은 이유에서 적용될 수 없다.

---

70 E. Laclau, "Metaphor and Social Antagonism", C. Nelson & L. Grosberg 편, *Marxism and the Intepretation of Culture* (University of Illinois Press, 1988), 254쪽.

71 E. Laclau & C. Mouffe(김성기 외 역), *사회변혁과 헤게모니(Hegemony and Social Strategy)* (터, 1990), 143쪽 참조.

72 이 연대는 예컨대 좌파나 우파가 오늘날 실질에서 차이가 없고, 정치적 수사학(은유)에서 차이가 날 뿐인 상황 속에서 그 은유의 기표가 갖는 다양한 의미가능성이 접합점(예: 권위주의적 국가에 대한 저항)을 찾아 연결됨으로써 이루어지는 연대이다. 이에 관한 설명은 E. Laclau, "Metaphor and Social Antagonism", C. Nelson · L. Grossberg 편, *Marxism and the Interpretation of Culture* (University of Illinois Press, 1988), 256쪽 참조.

73 이런 이론으로 자세히는 이상돈, *시민운동론* (세창출판사, 2005), 37쪽 아래 참조.

① 촛불집회 참가자들은 이질성과 자발성의 측면에서는 시민성의 요건을 충족하지만, "공통된 확신에 기초하여 조직적으로"[74] 전개한 행위가 아니라는 점에서 시민성(조직성)의 요건을 충족하지 못한다. ② 집회 과정에서 간혹 폭력행위가 이루어졌고(비폭력성의 흠결), ③ 국민건강이라는 공익이 주제가 되었지만, 그 후의 미국산 소고기 수입과 소비의 역사가 보여주듯 그 주제는 진정한 것인지가 의문이었다는 점에서 공공성도 인정하기 어렵었다. ④ 소고기 협상과 FTA 체결이 이미 오랜 시간 공론경쟁을 거쳐서 이루어진 것이어서, 시민불복종의 보충성요건도 충족되지 않았고(비례성의 흠결), ④ 소고기 협상 반대가 공론경쟁력이 있는 것인지도 매우 회의적이었다. 실제로 촛불집회 이후에 소고기는 수입되었고, 광우병의 위험은 입증되지 않았으며, 소고기 협상 반대의 견해가 옳았다거나 아직도 옳았을 가능성이 유보되어 있지도 않다(정당화가능성의 흠결).

이런 등가성연쇄의 특징들은 푸코가 "적대적 관계들의 자유로운 놀이"(the free play of antagonistic relations)[75]라고 묘사한 권력관계의 즉흥성과 불안정성[76]과 매우 유사하다.

(3) 등가성연쇄와 실질적 정의 및 진리 등가성연쇄가 비록 자발적이지만 즉흥성과 불안정성으로 인해 시민불복종에 포함시키기 어려움에도 불구하고 사법기관은 포스트모던 사회에서 등장하는 등가성연쇄라는 사회적 연대의 새로운 현상이 갖는 의미를 간과해서는 안 된다.

---

74 이상돈, *시민운동론* (세창출판사, 2005), 146쪽 아래 참조.

75 M. Foucault, "The Subject and Power", *Michel Foucault: Beyond Structuralism and Hermeneutics* (University of Chicago Press, 1983), 225쪽.

76 ① 여기서 즉흥성과 불안정성은 푸코가 **"폭력이 순간 뒤집힐 수 있는 일종의 불안정한 축제"**(an uncertain festival in which violence was instantaneously reversible) 라고 묘사한 중세시대 사형수의 공개처형이 갖는 특성이었다. 사형수의 공개처형은 국왕이 권력을 과시하고 군중을 복종에 길들이기 위한 것이었지만, 공개처형에 구경왔던 다양한 군중들은 욕설을 퍼붓는 수준을 넘어 반항심을 폭발하며 처벌권력을 거부하기도 하는 권력관계의 즉흥적 불안정성을 보여주었다. ② 푸코는 이를 긍정적으로 보았지만, 차이와 익명성(difference and anonymity)의 공간이 증가됨은 권리를 증가시키는 것이지만 반면 그에 상응하는 의무도 증가시키게 된다는 점에서 푸코의 관점을 비판하는 견해로 Brent L. Pickett, "Foucaultian Rights?", *The Social Science Journal* (Vol. 37, No. 3, 2000), 413~415쪽 참조.

등가성연쇄는 사회적으로는 약자인지 강자인지 여부를 불문하는 '정치적 약자'들의 연대라고 볼 수 있다.

사법기관은 법률을 해석·적용할 때 이런 등가성연쇄를 고려함으로써 민주적 법치국가의 입법절차로 충분히 실현되기 어려운 민주성의 부족분을 메워야 하는 새로운 과제를 떠맡는다. 포스트모던 사회의 시민운동형태에 대한 이해가 없다면 촛불집회로 인한 범죄에 대해서는 형의 유예도 선고되지 않을 것이다. 그러나 차이와 익명성의 정치적 연대에 대한 법의 관용은 사회적 통합을 달성하기 위해 없어서는 안 될 요소이다. 촛불집회가 2008년 이후에도 다양한 주제로 이어지고 있음은 이를 말해준다.

또한 차이의 정치적 연대에 대한 법의 관용은 다원주의 사회에서는 "진리에 대한 위험이 아니라, 오히려 진리를 촉진하는"[77] 요소라고 바라보아야 한다. 그러므로 포스트모던 사회에서 법관은 등가성연쇄에 대한 관용을 가질 필요가 있다. 이러한 관용은 등가성연쇄가 "자유민주적 기본질서"(헌법 제4조)를 부정하는 행동으로 나아가는 순간에는 바로 끝나는 것임은 더 말할 나위가 없다. 그렇기에 촛불집회를 공산혁명의 단초로 삼으려는 세력의 행위가 차이의 정치적 연대나 등가성연쇄의 법리에 의해 관용될 수 없음은 명확하다.

---

77 Arthur Kaufmann, *Rechtsphilosophie 2.Auflage* (C.H. Beck, 1997), 341쪽 참조.

05 법과 도덕

Ⅰ. 법과 도덕의 관계 구조

1. 법과 도덕의 일상적 이해

법과 가장 이웃해 있는 규범은 도덕이다. 법과 도덕의 관계에 관한 물음은 다양한 방식으로 제기되고, 대답된다.

(1) **도덕의 법에 대한 우위** 이 둘의 관계에 대한 우리의 일상적 이해는 '법은 최소한으로, 도덕은 최대한으로'로 표현할 수 있다. 이는 법보다 윤리와 덕德이 사회질서의 기초였던 전통사회의 문화가 일반인의 법의식에 계승된 결과이다. 분쟁처리에 있어서도 소송보다는 의리나 인정[1] 또는 설득과 조정의 방법이 선호되었으며, 분쟁해결에 개입하는 자의 위상은 법관보다는 '목민관'이라는 수사(rhetoric)가 더 어울렸다.[2] 이러한 법의식 속에서 한국 사람들이 통상적으로 사용하는 도덕개념은 '분석적'이기보다는 '종합적'이다. 여기서 도덕(Moral)은 윤리(Ethik)와 구분되지 않고 사회규범과도 구별되지 않으며, 더 나아가 공동체의 에토스(Ethos)와도 구분되지 않는다. 게다가 우리의 일상적 이해에서 도

---

1 이에 관해 김철수, "법규범과 도덕규범의 동서양 비교", *동서의 법철학과 사회철학* (법문사, 1990), 183쪽 아래 참조.

2 윤현진, "법과 도덕의 관계에 대한 연구－현황과 과제를 중심으로－", *국민윤리연구* (제51호, 2002), 346쪽.

덕은 습속(Sitte), 풍습(Brauch), 관행(convention), 관습(Gewohnheit) 등의 행동규칙들과도 밀접한 관련성을 갖는다.[3]

(2) 전통적 법의식과 법의 확장 사이의 딜레마 법과 도덕의 관계에 대한 한국인들의 평균적 이해는 엄밀히 말하면 일상적 이해가 아니라 일상'이론'적 이해라고 할 수 있겠다. 왜냐하면 지난 수십 년 동안 중·고등학교의 사회과목교육에서 학습·암기되어 온, 서양의 법학자 옐리네크(Jellinek)의 그 유명한 명제, "법은 도덕의 최소한(ethisches Minimum)이다"라는 명제가 우리나라의 일상적 이해를 지배하였기 때문이다. 또한 "군주가 하늘로부터 위임받아 형을 시행하기 때문에 반드시 공公으로 해서 선善에 이르러야만 하"[4]되, 가능하면 법의 손을 빌리기 이전에 해결하려는 것이 우리의 전통적 법의식이었다고 할 수 있다. 이는 법은 도덕의 최소한이라는 서구이론과 별반 다르지 않다. 그러나 전통문화의 연장선상에 있는 법의식과는 달리 사회경제적 측면에서 한국사회가 경험하고 있는 현대사회의 복잡하고, 다원화된 현실은 사회적 분쟁의 해결을 점점 더 법에 의존할 수밖에 없도록 만들고 있다. 법과 소송에 대한 시민사회의 수요도 이미 폭증하고 있으며, 법의 규율영역은 날로 넓어져가고 있다. 바로 여기서 법의 이중 구조가 발생한다. 즉 사회문화적으로는 법에 대한 도덕의 우위와 법의 최소화 요청이 지배하지만, 사회경제적으로는 도덕보다 법의 기능 확대 요청이 지배한다.

2. 법의 윤리주의적 기능확대

이러한 우리사회의 이중적 구조에 법이 응답하는 방식은 법의 기능은 확대하되, 법을 도덕적 범주로 재구성하는 것이다. 그런데 이때 도덕은 아래서 살피는 도덕, 윤리, 사회규범의 구분을 전제할 때 주로 윤리인 경우가 많다. 그러니까 우리사회에서는 법의 윤리주의적 기능확대

---

3 김영환, *법철학의 근본문제* (홍문사, 2006), 172쪽.

4 윤훈표, "법과 규범, 관행에 대한 의식", *동방학지* (제124권, 2004), 118쪽.

라는 현상이 눈에 띈다. 그러나 현실의 사회문제들은 그러한 윤리에 의해 해결될 수 없는 경우가 대다수다. 예컨대 환경오염은 환경윤리를 법적 의무로 전환하고 그 의무위반에 대하여 강력한 제재를 가하는 방법(예: 환경범죄 등의 단속 및 가중처벌에 관한 법률)으로는 제거되지 않는다.[5] 그보다는 환경을 오염시키는 기업의 생산방식을 변경하는 구조정책이 더 효과적이다. 그런 구조정책의 내용과 방향을 정하기 위해서는 수많은 과학적 연구와 그에 기초한 합리적인 법이론이 요구된다. 여기서 독일의 사회학자 루만(Luhmann)이 환경문제를 두고 "이론은 더 많이, 도덕은 더 적게"(mehr Theorie, weniger Moral)라고 외친[6] 이유를 이해할 수 있다.

그러나 그러한 과학적, 구조정책적 해결은 정치계와 산업계에 감당하기 힘든 비용의 지불을 요구한다. 예컨대 각 기업으로 하여금 환경오염방지장치를 설치하도록 강제하거나, 환경책임보험[7]에 의무로 가입하게 하여 상당한 액수의 책임보험료를 지불하도록 하거나, 또는 환경오염초래의 확률에 따라 각 기업이 주력 업종을 조정하는 것 등은 기업의 생산비용을 엄청나게 증대시키거나 재무구조를 급격히 악화시킬 수 있다.[8] 이러한 기업의 재정악화는 경제위기를 초래할 수 있고, 정치기반의 약화를 초래하여 정치체계에도 값비싼 대가를 요구할 수 있다. 생

5 이러한 점에 대한 이론적 연구로 이상돈, *형법의 근대성과 대화이론* (홍문사, 1994), 48~50쪽, 77쪽.

6 이 표제는 루만(Luhmann)이 1989년 독일의 모방송(Hessen 3)에서 환경문제를 주제로 한 강연의 제목이었다.

7 2014년 환경오염피해 배상책임 및 구제에 관한 법률이 도입되어 2016. 1. 1.부터 시행되기 시작했다. ① 그 적용대상(제3조)은 대기, 수질 및 수생태계, (건설)폐기물, 가축분뇨, 토양, 화학물질, 소음진동, 잔류성유기오염물질, 해양환경관리에 관련된 법이 적용되는 배출시설이다. ② 해당 시설을 운영하는 사업자는 환경책임보험에 가입할 의무가 있고(제17조), 법적 책임에서 무과실책임(제6조), 인과관계추정(제9조) 등의 부담을 지지만, 정부는 사업자의 부담을 고려하여 중소기업의 경우는 보험료 일부를 지원할 수 있기도 하다(제41조). ③ 보험자는 환경부장관과 환경책임보험 사업의 약정을 체결하여(제18조) 보험을 운영하며, 정부는 재보험사업을 할 수 있다(제22조).

8 홍준형, "환경법소묘", *서울대학교 법학* (제40권 제2호, 1999), 6쪽 아래.

태문제가 단순히 자연보호사상 차원이 아닌, 자본주의사회의 근본적 구조문제와 얽혀 있다는 측면에서,[9] 이런 구조정책이 산업계와 정치계 모두에 타격을 줄 것은 더욱 자명하다. 그렇기에 이들은 구조정책까지 나아가지 않고서 반생산적 동맹을 할 수밖에 없다. 법(예: 환경형법)은 바로 그런 동맹의 산물이다.

3. 성찰의 과제

이러한 점 때문에 '법을 통한 윤리의 강화'가 언제나 가장 저렴하고 관철하기 용이한 방법으로써 선호되며, 구조정책을 펴는 입법은 언제나 오랜 시간이 흐른 뒤에야 형법을 뒤따라온다.[10] 이처럼 윤리적인 성격의 법이 구조정책을 펴는 법보다 언제나 우선하는 현상을 지양하기 위해서는 법과 도덕의 관계에 대하여 다음 세 차원의 물음을 제기하여야 한다.

- **도덕 개념의 유형화** 첫째, 이러한 문제를 다루기 위한 선결과제로서 도덕 개념은 어떻게 세분화하고 유형화할 수 있는가? (아래 II. 단락)
- **현상인식의 문제** 둘째, 현재의 한국사회에서 법은 도덕과 어떤 관계를 맺고 있는가? (아래 III. 단락)
- **이론과 실천의 문제** 셋째, 미래의 한국사회에서 법은 도덕과 어떤 관계를 맺어야 하는가? (아래 IV. 단락)

II. 도덕 개념의 유형화

먼저 법이 관계 짓는 도덕이란 어떤 의미인지가 성찰되어야 한다.

---

9 M. Bookchin, *Remaking Society: Pathways to a Green Future* (South End Press, 1990), 28쪽 아래.

10 환경문제에 관련해서 보면 앞서 환경범죄단속법이 1991년 시행되었는데, 구조정책으로서 환경책임보험제도은 2016년 시행되기 시작했으니까 약 25년의 세월이 걸린 셈이다.

사회에는 법적인 당위 외의 다른 형태의 당위들에 관한 서로 상이하면서도 중첩적인 다양한 체계들이 존재한다.[11] 도덕도 그런 당위의 일종이다. 그런데 우리의 일상적인, 즉 '종합적'인 도덕개념은 법과 구체적으로 관련지을 수 없다. 당위원칙으로서 도덕과 법을 올바르게 관계지우기 위해서는 도덕의 의미가 세분화되고 유형화될 필요가 있다. 법은 고유한 불법유형(Unrechtstypus)을 갖고 있고, 도덕이 법과 관련짓기 위해서는 그런 불법유형과 연결점을 가져야 하기 때문이다. 아래서는 일상적인 도덕관념들 가운데 법과 접점을 맺게 되는 도덕들의 의미를 윤리(Ethik), 도덕(Moral), 사회규범(Sozialnorm)으로 유형화 한다.

1. 윤　　리

윤리倫理(Ethik)란 각 개인이 양심을 기초로 하여 선善한 것 또는 '좋은 것'(the good)이라고 생각하는 규범을 말한다.

(1) 형이상학적 윤리 이러한 윤리의 대표는 전통윤리 또는 종교윤리이다. 헌법 제19조(양심의 자유)와 제20조(종교의 자유)는 이와 같은 의미의 윤리규범에 대한 확신과 그에 따른 삶의 영위를 인간의 기본권으로 보장하고 있다. 예컨대 성직자가 국가보안법 위반자를 신고하지 않는 행위는 불고지죄(국가보안법 제10조)에 해당하지만 위법성이 조각된다고 봄으로써,[12] 법은 성직자의 특수한 직업윤리를 존중한다.[13]

1) 전통윤리와 종교윤리 전통윤리나 종교윤리는 근대법의 이성, 즉 모든 개인이 함께 자유를 누리기 위한 자유에 대한 최소한의 제약(실천이성)을 넘어서는 제한을 설정한다는 점에서 전근대적(premodern) 윤리라고 할 수 있다. ① 병역법 제87조, 제88조 위반으로 처벌되는 집총거부(병역거부)나 유기(치사)죄(형법 제271조 내지 제275조)로 처벌되는 미

11 장태주, "문화규범으로서의 법과 도덕", *사회이론* (제16권, 1998), 16쪽.
12 다만 적극적으로 범인을 은닉시키거나 도피하게 하는 행위는 판례상 사제의 정당한 직무에 속하는 것으로 인정되지 않는다. 이에 대해서는 大判 82도3248 참조.
13 이상돈, *형법강론* (박영사, 2015), 350쪽 참조.

성년자 환자에 대한 보호자의 수혈거부[14]가 '여호와의 증인'의 계명에 근거한 종교적 윤리의 실천이다. 그러나 그 윤리는 그 교단에 속하는 사람들만이 타당성을 승인하는 규범이다. ② 또한 헌법불합치결정을 받은 동성동본혼인금지(구 민법 제809조 제1항)나 위헌결정으로 폐지된 간통죄(구 형법 제241조) 등의 윤리도 전통윤리로서 그 윤리의 선에 대해 믿음을 갖는 사람들만이 승인하는 윤리이다.

2) 새로운 형이상학적 윤리로서 생명윤리 그러나 형이상학적 윤리는 종교윤리나 전통윤리로만 존재하는 것은 아니다. 생명윤리가 대표적인데, 이를테면 체세포핵이식에 의한 배아복제의 금지(생명윤리 및 안전에 관한 법률 제66조)는 성경이나 전통문화 속에서 그 윤리규범이 명확하게 발견되지 않는다. 이러한 생명윤리는 과학기술의 발전에 대한 두려움을 배경으로 생성되고 성장하였지만, 탈근대적(postmodern) 윤리로 자리잡은 것이 아니라, 인간존엄의 형이상학적 담론 속에서[15] 그리고 자연법의 옷을 입고 재생산되었다. 종교윤리나 전통윤리를 신봉하는 사람들은 이러한 생명윤리를 종교윤리나 전통윤리로 재해석하곤 한다.[16] 하지만 생명윤리는 같은 교단에 속한 사람들 사이에서도 그리고 성경해석으로서도 의견이 엇갈려 있다. 따라서 생명윤리는 형이상학적 윤리이지만, 종교윤리나 전통윤리로서는 불확정적이다.

3) 비보편성 물론 법적 정당성도 그 근원이 개인의 윤리적 에토스에 뿌리내리고 있다는 통찰은 원론적으로 틀린 말은 아니다.[17] 비록

---

14 이 문제에 대한 상세한 검토는 이상돈, "수혈거부와 무수혈치료의 법적 책임" *환자의 권리와 무수혈 치료* (학영사 인권총서 1, 2005), 121~149쪽.

15 인간존엄은 남용되는 공식이라는 비판으로 H. Hilgendorf(김영환·홍승희 역), "남용된 인간의 존엄", *법철학연구* (제3권 제2호, 2000), 259쪽 아래 참조; 인간존엄개념의 효력절대성을 유지하되, 그 적용범위를 대폭 축소하는 방법으로 이런 남용을 해소하자는 고봉진, "생명윤리에서 인간존엄 "개념"의 총체성", *법철학연구* (제11권 제1호, 2008), 97쪽 아래 참조.

16 이에 관해 자세히는 이상돈, *생명공학과 법. 생명의 공학화와 생명문화의 절차적 재생산* (아카넷, 2003), 111~130쪽.

17 이와 관련해서는 R. Zippelius(양화식 역), *법철학(Rechtsphilosophie)* (지산, 2001),

법이 하나의 독자적 질서로서 윤리와 구별되었다고는 하지만, 윤리에 반하는 법규범은 도덕적으로 정당성을 그리고 사회적으로 실효성을 갖기가 매우 어렵기 때문이다. 그러나 집단적 또는 형이상학적 윤리는 설령 그 윤리를 신봉하는 사람들이 다수이거나, 그것의 보편적인 효력을 주장한다고 할지라도 결코 보편적일 수는 없다.[18] 오늘날처럼 가치관이나 세계관 그리고 종교관의 다원화가 이루어진 사회에서 선善의 구체적 내용에 대하여 한 공동체의 모든 또는 대다수의 사람들이 같은 생각을 가질 수는 없기 때문이다. 아마 보편적 윤리란 모든 일상문화가 기독교 전통과 관련지어졌던[19] 서양의 중세시대나 유교적·불교적 전통이 짙게 배어 있던 동아시아의 전근대시대,[20] 이를테면 우리의 조선시대처럼[21] 특정 종교나 형이상학이 공동체형성의 통일적인 기반이 될 수 있는 사회에서나 가능했을 것이다. 그러한 사회는 단일한 형이상학적 도덕질서에 따라 또는 단일한 전체사회적 에토스(gesamtgesellschaftliches Ethos)에 의해 통합되었을지 모르나, 다원화되고, 일상세계의 규범과 언어의 지평을 뛰어넘는 복잡성을 띤 현대사회의 현실에서 통일된 윤리란 시대착오적 개념일 수밖에 없다. 그러므로 현대사회에서 법이 수용할 수 있는 윤리적 기획이란 기껏해야 '합당하되 양립 불가능한 종교적, 철학적, 그리고 도덕적 교리들' 속에서 '자유롭고 평등한 시민들이

75쪽 참조.

18 같은 관점으로 H. Henkel, *Einführung in die Recthsphilosophie* (Beck'sche Verlag, 1977), 71쪽 참조.

19 이에 관해서는 박영도, "법과 도덕-토마스 아퀴나스의 법사상", *부산대 법학연구* (제34권 제1호), 199쪽 아래; 유지황, "이성의 계시 합일의 도덕: 토마스 아퀴나스의 법 개념에 대한 이해", *한국교회사학회지* (제11권, 2002), 154쪽 참조.

20 그러한 연구들의 예로써 M. L. Marashinghe 편, *Essays on the Third World Perspectives in Jurisprudence* (1984); 최종고, "동아시아보통법론", *서울대 법학* (제40권 제2호, 1998), 67~85쪽; 고병익, *동아시아의 전통과 변용* (문학과 지성사, 2000) 참조.

21 대표적인 예로써 박병호, *한국전통사회와 법* (서울대학교 출판부, 1985); 최종고, "한국의 전통적 법학", *서울대 법학* (제26권 제2·3호, 1985), 186쪽 아래; 함병춘, *한국의 문화전통과 법* (한국학술연구원, 1993) 참조.

안정된 사회를 상당기간 지속시키는 것'에 한정될 수밖에 없다.[22]

(2) **근대적 윤리와 탈근대적 윤리** 각 개인이 양심을 기초로 하여 선善한 것 또는 윤리적으로 좋은(ethical good) 것이라고 생각하는 규범으로 최근에는 근대적인 윤리와 탈근대적인 윤리의 대립이 점점 더 관심의 대상이 되고 있다.

1) 근대적 윤리 양심선언에서 표명되는 윤리적 자기결정처럼 윤리를 설정하는 주체를 순전히 개인 또는 집단으로 바라볼 때, 그 윤리는 근대적 윤리라고 볼 수 있다. 예컨대 동성애자들은 동성애를 악이 아니라 선이라고 판단하고, 동성애의 합법화뿐만 아니라 혼인권까지 주장하기도 한다. 이때 동성애는 성정체성에 대한 개인적인 자기결정의 표현이며, 그것을 합법화하는 것은 개인이 바로 윤리의 입법자임('윤리적 독립성'[23])을 전제한다. 이처럼 자기결정의 이념 아래서 개인이 입법자가 되는 윤리를 근대적 윤리라고 부를 수 있다. 이렇게 부르는 까닭은 예컨대 동성애를 선이라고 보는 것은 그것을 악으로 바라보는 종교윤리에 의해 구축되는 권력을 거부한다는 점에서, 그리고 비록 동성애가 근대국가와 이성의 부정적인 자기발현으로 보더라도 그것은 여전히 근대적 이성의 연장선에 있다는 점에서 근대적 윤리라고 부를 수 있다.

2) 탈근대적 윤리 윤리의 또 다른 개념은 (인간 신체에 대한) 규율권력이나 (인구에 대한) '생명정치'(Biopolitics of population)[24]에 대항하

22 J. Rawls(장동진 역), *정치적 자유주의(Political Liberalism)* (동명사, 2003), 14쪽 아래.

23 드워킨(Dworkin)은 개인의 '윤리적 독립성'을 보장하지 않는 국가(법)에 대해 복종할 의무가 없다고 본다. 이에 관한 논의로 박경신, "드워킨의 윤리적 독립성", *2015 한국법철학회 추계학술대회 발표문* (2015.12.12.), 1~12쪽 참조.

24 생명정치의 담론을 펼친 학자로 푸코에 이어 조르조 아감벤(G. Agamben)을 들 수 있다. 이에 관해 자세히는 조르조 아감벤(김항 역), *예외상태* (새물결, 2009); 임미원, "법의 자기정당화 위기-아감벤의 칸트 법개념 비판을 중심으로-", *한양대 법학논총* (제27집 제3호, 2010), 25~43쪽 참조. 임 교수가 요약하는 아감벤의 생명정치의 핵심은 "가장 단순한 생물학적 삶(생명)이 절대적인 죽음의 가능성에 내맡겨진 벌거벗은 생명으로서 예외상태의 정치에 편입됨으로써 새로운 정치적 신체로 탄생하며, 최종적으로는 그것이 국가의 정당성과 주권의 토대가 된다"는 점에 있다(임미원,

는 탈근대적인 담론에서 논의되는 윤리이다.[25]

(가) **생명정치와 이해관계자 사회** 생명정치란 개인의 신체를 훈련시키고 감독하는 규율메커니즘과 (정치체계와 경제체계에 부응하는 사람을 증가시키고, 그렇지 못한 사람을 줄이는 방향으로) 인구를 조절하는 행정정책과 사회체계(예: 보건체계)에 의해 권력을 재생산하는 것을 말한다.

★ 생명정치로서 부랑인 정책 과거 우리사회의 부랑인에 대한 정책은 생명정치의 전형을 보여준다. 이소영 교수에 의하면[26] 부랑인은 ① 식민지 시기(1920~1945)에는 식민지인의 열등성을 전시하는 수단이었고, ② 해방 전후시기(1946~1960)에 감추어 가려둘 대상으로 방치되었으며, ③ 발전주의시기(1961~1987)에 생명정치가 본격화되어, 부랑인은 갱생되어야 할 몸이면서 갱생제도, 즉 건전시민 만들기의 규율기술과 건전사회 만들기를 위한 인구관리의 대상으로 취급되었다고 한다. 생명정치의 이론에서 보면 이러한 이 통치술은 건전사회를 이룩함으로써 국가는 권력을 재생산하게 되었다는 점에서 생명정치라고 볼 수 있다.

생명정치로 인해 권력은 다양한 방식으로 신체에 새겨진다. 또한 생명정치는 복지체계가 발전한 사회에서는 '이해관계자 사회'(stakeholder society)[27]의 형태로 이루어진다. 이해관계자 사회에서 개인은 국가에 '앞선' 권리(자연권)를 갖는 것이 아니라 국가로부터 (자유권을 넘어선 복지혜택의) 권리를 부여받되 그에 상응하는 의무(기여)를 되돌려 주는 관계를 맺는다.[28] 가령 국가가 제공하는 복지체계의 서비스(예: 국민건강보

앞의 논문, 27쪽).

25 연효숙, "윤리적 주체와 차이의 존재론", *시대와 철학* (제20권, 2000), 19~20쪽.

26 이소영, ""건전사회"와 그 적들: 1960~80년대 부랑인단속의 생명정치", *법과 사회* (제51호, 2016), 23~54쪽

27 이에 관해서는 C. Macintyre, "From entitlement to obligation in the Australian welfare state", *Australian Journal of Social Issues* (Vol. 32, No. 2, 1999), 103~118쪽 참조.

28 Alan Petersen, "Governmentality, Critical Scholarship and the Medical Humanities", *Journal of Medical Humanities* (Vol. 24, Nos. 3/4, 2003), 194쪽 참조. 이런 이해관계자 사회는 가령 계몽의 정치철학에서 가정한 국가와 개인의 관계, 즉 사회계약을 통해 개인은 특별한 기여를 하지 않아도 국가시민의 일원이 되고,

험법상 요양급여)를 누리기 위한 전제조건으로 그 체계의 기능효율성을 이롭게 하는 예방적 실천의 행위의무(예: 건강검진의무)를 부담하게 된다.

★ 이해관계자 사회와 생명정치 예를 들어 현행 산업안전보건법[29]상 건강검진은 근로자의 단지 권리이기만 한 것이 아니라 위반할 경우 과태료처분을 받는 의무이다. 이런 의무는 국가가 개인의 생명과 신체(의 세포단위)를 통제·관리하는 장치이면서 동시에 그런 의무의 창설과 이행강제를 통해—건강보험체계의 재정지출을 합리적으로 관리하여 사회보장적 건강보험체계를 유지해나감으로써 정치적 지지를 얻어—지속적으로 권력을 재생산할 수 있게 된다. 그런 점에서 건강검진의무는 '생명정치'의 한 전형이 되며, 권력이 각인[30]된 모습이기도 하다.

(나) 자기 돌봄의 윤리 푸코가 말하는 '만인을 속박하는 규범적 헤게모니의 구속들에서 벗어난' 자기 돌봄(care of the self)의 개념[31]이나 로즈(N. Rose)가 말하는 분자적(molecular) 생명체에 대한 개인의 자율성[32]의 개념을 들 수 있다. 이러한 윤리의 궁극적인 이상은 개인이 근대국가와 이성법에 의하여 억압받아 온—정신분석학에서 말하는 무의식에 위치하는—자기 자신(self)이 될 권리를 실현하는 데에 있다. 이런 윤리를 탈근대적 윤리라고 부를 수 있다. 다시 말해 포스트모던 윤리란 근대국가와 이성법의 체제 속에서 실행되는 생명정치의 권력에 불복종

국가로부터 자신의 자유를 보호받는 관계와 대조된다.

29 사업주의 건강검진 실시의무(제43조 제1항) 위반은 5천만원 이하의 과태료(제72조 제1항 제5호), 근로자의 건강검진의무(제43조 제3항) 위반은 300만원 이하의 과태료(제72조 제5항 제2호)가 부과된다.

30 푸코이론에서 권력이 각인된 다양한 현상들에 대한 분석으로 Mitchell M. Dean, *The Signature of Power: Sovereignty, Governmentality and Biopolitics* (Sage, 2014) 참조.

31 근대적인 규율적 주체와는 대척점에 위치하는, 자기성찰적·자기배려적인 윤리적 주체(sujet éthique)를 상정한 푸코의 후기작업들에 대해서는 M. Foucault(문경자 외 역), *성의 역사, 제2권 쾌락의 활용* (나남, 1995); M. Foucault(이혜숙 외 역), *성의 역사, 제3권 자기에의 배려* (나남, 1996) 참조.

32 푸코의 탈근대적 생명정치에 관해서 자세히는 임미원, "탈근대적 생명정치 개념의 기초적 고찰－푸코와 로즈의 생명정치 개념을 중심으로－", *한양대 법학논총* (제27집 제1호, 2010), 167~181쪽 참조.

하고 부단히 '자기가 되는 것'(becoming self)을 말한다.

> 가령 건강검진에 대한 거부와 같은 자기결정은 산업안전보건법상으로는 일탈행위이지만, 탈근대적인 윤리의 실천이 될 수 있다. 이런 개인적 결정의 윤리성은 건강검진의 폐해성에 대한 의학계의 다른 의견이 언제나 뒤늦게 등장하는 현실을 되돌아보면 어렵지 않게 이해할 수 있다. 다시 말해 국가와 건강관리체계가 공식적으로 제시하는 기준은 규범성을 갖기 어렵다.[33] 그렇기에 국가의 생명정치와 과학화된 건강관리체계를 초월하고, 자기 자신을 스스로 돌보는 개인의 출현이 요구된다.[34]

이렇듯 자기가 되는 것 또는 주체적인 자기 돌봄이란 결코 과도하게 개인주의적인 사상으로 볼 수 없다.[35] 오히려 그런 결정을 통해 개인의 몸은 생명정치권력이 새겨진 신체가 아니라 "문화적으로 구성된 몸"(culturally constructed body)[36]이 될 수 있다. 그러므로 개인들에게는 생명정치의 규율권력에 대항하는 역할을 수행하는 권리가 새로운 시민권으로서 주어져야 한다.[37]

---

33 이런 입장으로 Alan Petersen, "Governance and the new public health", *Foucault, Health and Medicine* (Routledge, 1997), 193쪽.

34 이런 입장으로 Sarah Nettleton, "Governing the risky self: How to become healthy and wise", *Foucault, Health and Medicine* (Routledge, 1997), 220쪽 참조.

35 푸코의 자기 돌봄 개념이 과도한 개인주의라는 비판에 대하여 타자와의 관계는 나의 주체성(subjectivity) 없이 존재할 수 없고, 자기 돌봄은 타인과의 상호적(reciprocal) 관계를 배제하지 않는다고 반박하는 James Wong, "Self and Others: The Work of Care in Foucault's Care of the Self", *Philosophy Today* (Vol. 57, Issue 1, 2013), 99~113쪽, 특히 101~103쪽 참조.

36 문화적으로 구성된 신체란 주술이나 존재신론적 기원, 구조론적 구별이나 신체에 관한 허구 없이 전복적인 방식으로 사회영역을 분산시키고 능동적으로 구조화한 결과를 말한다. Judith Butler, "Foucault and the Paradox of Bodily Inscriptions", *The Journal of Philosophy* (Vol. 86, No. 11, 1989), 607쪽.

37 훈육권력의 출현은 시민성의 권리(right of civility)로 부를 수 있는 새로운 형식의 권리를 요청한다고 보는 Roger Mourad, "After Foucault: A new form of right", *Philosophy & Social Criticism* (Vol. 29, No. 4, 2003), 469쪽 아래 참조.

2. 도 덕

'도덕과 윤리의 구분'[38]에 관해서는 여러 견해들이 갈리는데, 일반적으로 도덕道德(Moral)이란 윤리적으로 올바른 것에 대한 (한 사회를 지배하고 있는) '공적인' 견해를 말한다. 여기서 세 가지 요소를 분석할 수 있다.

(1) 공적 규범 첫째, 도덕은 '공적인' 것이다. 공적이라 함은 공동체의 구성원들이 그 규범의 타당성에 대해 광범위하게 의견을 같이 함을 뜻한다. 이런 의미의 도덕(Moral)은 어원적으로 고대 로마시대 울피아누스(Ulpianus) 1장 1절에 나오는 예의禮義(Mores)에서 찾을 수 있다. 그곳에서 "예의禮義란 대중의 묵시적 합의이자 오랜 기간 지속된 습관"[39]이라고 정의되고 있다. 즉 도덕은 특정사회에서 일반적으로 오랜 시간에 걸쳐 승인되고 실행된 규범의 총체라 하겠다.[40] 도덕의 공적 성격은 도덕위반이 타인의 권리를 침해하는 경우 제3자도 그에 위반할 권리를 가질 수 있게 한다.[41]

(2) 공존조건 둘째, 그러나 이런 특성은 윤리에서도 어느 정도 인정되기에, 양자가 서로 식별되기가 어렵다. 그렇기 때문에 윤리와 구분되는 도덕 개념은 예컨대 '다른 사람을 정당한 이유 없이 죽이지 말라'든지 '다른 사람의 물건을 훔치지 말라'는 등의 규범 등과 같이 모든 인간의 실존이 가능하기 위한 조건, 즉 공존조건[42]에 국한되어야 한다.

---

38 몇몇 학자들은 법과 관련해서는 도덕과 윤리의 개념을 동일하게 사용하기도 한다. 이를테면 K. Engisch, *Auf der Suche nach Gerechtigkeit* (1971), 82쪽; A. Kaufmann, "Recht und Sittlichkeit", *Recht und Staat* (제282권 제3호, 1964), 7쪽 참조. 또한 칸트(Kant)가 그의 도덕 형이상학(1797)에서 도덕성(Moralität)과 윤리성(Sittlichkeit)을 동일시했다(6장, 219쪽)고 해석하는 N. Brieskorn(김일수 역), *법철학(Rechtsphilosophie)* (서광사, 1996), 97쪽 참조.

39 N. Brieskorn(김일수 역), *법철학(Rechtsphilosophie)* (서광사, 1996), 90쪽.

40 W. Taylor(김영진 역), *윤리학의 기본원리(Principle of Ethics)* (서광사, 1985), 12쪽.

41 최봉철, "도덕과 권리", *법철학연구* (제7권 제1호, 2004), 286~287쪽.

그리고 그런 도덕을 좀 더 분명히 하기 위해 '핵심도덕'(Kernmoral)이라고 부를 수 있을 것이다.

(3) 옳음의 규범 셋째, 도덕의 핵심이 좋음(good)인가 옳음(right)인가에 관해서는 여전히 논란의 여지가 있다.[43]

1) 공리주의적 관점 먼저 플라톤(Plato)의 이데아론이나 아리스토텔레스(Aristotle)의 직관주의에서부터 공리주의[44]를 거쳐 오늘날 공동체주의의 이론진영에 이르기까지, 도덕성은 좋음(善)에 의해 규정되는 측면이 컸다. 예컨대 공리주의에서 좋음은 '쾌락'으로 규정되었고, 이 쾌락을 최대화하는 행위가 올바른 것으로 간주되었다. 그렇기에 밀(Mill)은 '정의도 공리(utility)의 특수한 종류에 지나지 않는다'며, '행복의 공정한 분배'를 주장하였다.

2) 윤리적 칸트주의자들의 관점 그러나 도덕과 윤리는 법과의 연결점을 적절하게 찾기 위해서는 세분화되어 이해될 필요가 있고, 이를 위해 롤즈(Rawls)와 하버마스(Habermas), 드워킨(Dworkin)과 같은 '윤리적 칸트주의자'의 관점이 주목되어야 한다. ① 드워킨(Dworkin)은 윤리와 도덕을 구분하면서, 윤리란 '어떤 사람이 영위하기에 좋거나 나쁜 삶이 어떤 삶인지에 대한 신념을 포함하는' 개념으로서, 그리고 도덕은 '어떤 사람이 다른 사람을 어떻게 대우해야 하는지에 대한 원칙들을 포함하는' 것으로 사용한다.[45] 즉, 윤리는 좋음(善)에 더 관계되고, 도덕은

---

42 도덕과 윤리를 구별하면서 이를 "상호간의 관계를 규율하는 규범"이라고 표현하는 최봉철, 앞의 논문, 275쪽. 이처럼 도덕적 권리침해와 도덕의무 위반이 함께 한다는 주장 그리고 도덕은 권리에 기초한 것이어야 한다는 주장(최봉철, "권리론: 권리담론의 분석", *법철학연구* [제6권 제2호, 2003], 28쪽 아래 참조)은 권리와 의무가 맞대응 되어 있는 근대 이성법의 체계에서는 완전하게 타당하다. 그러나 사회체계의 조종매체로 기능하는 법에서는 도덕적 의무와 권리가 맞대응되어 있지 않기 때문에 권리침해 없는 도덕적 의무 위반과 비판도 가능하다.

43 이에 대해서는 특히 김성우, "롤즈의 자유주의 윤리학에 나타난 합리성과 도덕성 비판", *시대와 철학* (제18권, 1999), 221쪽 아래 참조.

44 이에 대해 자세히는 김종국, "칸트 대 공리주의", *칸트연구* (제14집, 2004), 95쪽 참조.

45 이에 대해 자세히는 R. Dworkin(염수균 역), *자유주의적 평등(Sovereign Virtue)*

옳음(정의)에 더 관계한다. ② 옳음과 좋음을 구별할 때 그 둘의 우열 관계에 관해 이들은 대체로 옳음이 좋음보다 우위를 점한다고 본다. ③ 또한 옳음은 실체적 내용이 선재되어 있는 것이 아니라 절차적으로 구성되는 것이라고 본다. 따라서 옳음은 좋음이 인정되지 않는 경우에도 인정될 수 있게 된다.'[46]

3) 이념형적인 구분 또한 도덕은 개인의 자유와 창의를 최대화하도록 개인들 간의 수평적 관계를 규율하고, 윤리는 공동체를 위하여 개인을 억압하는 수직적 관계를 형성하는 규범으로 보기도 한다.[47] 이러한 설명에서 도덕은 자유주의 전통에서 바라본 당위규범이고, 윤리는 공동체주의 전통에서 바라본 당위규범이 된다. 도덕과 구분되는 윤리는 형이상학적 규범인 경우가 많고, 그런 규범의 배후에 있는 전통윤리나 종교윤리는 자유주의보다는 공동체주의를 좇고 있다는 점에서는 타당한 설명이다. 다만 이런 구분은 이념형(Idealtypus)에 따른 구분일 뿐, 실제로는 각각의 고유한 관점이 교차될 수도 있음에 주의를 요한다.

★ 옳음(도덕)과 좋음(윤리)의 상호작용 ① 가령 자유의 평등한 향유(이것의 실제적 현상인 시장의 조정기능)는 도덕(옳음)을 구성하는 요소이지만, 원칙적으로는 사회전체의 이익을 극대화할 수 있다는 점에서 윤리(좋음)의 성격을 띨 수 있다. 예컨대 자본시장에서 거래의 자유는 기업의 자본조달을 용이하게 만들어, 기업의 경제활동과 성장을 촉진함으로써 전체사회가 향유할 수 있는 재화의 총량을 증가시킬 수 있다. ② 반면에 재화의 평등한 배분(이것의 실제적인 현상인 사회보장이나 사회적 시장경제)은 윤리(좋음)를 구성하는 요소이지만, 자유의 향유를 최대화할 수도 있다는 점에서 도덕(옳음)의 성격을 띨 수 있다. 예컨대 사회보장 의료체계인 국민건강보험제도 아래서 의사가 다른 의사의 명의로 둘 이

(한길사, 2005), 337쪽 참조

46 김성우, "롤즈의 자유주의 윤리학에 나타난 합리성과 도덕비판", *시대와 철학* (제18권, 1999), 221쪽 아래.

47 이러한 설명으로 양천수, "현대 법체계의 도덕적 기초", *법학연구* (제21권 제1호, 2013), 335~360쪽, 특히 348쪽 참조.

상의 의료기관을 개설·운영하여 환자를 진료한 비용을 보험자인 공단에 청구하면 판례(大判 2014도11843)는 "속임수나 그 밖의 부당한 방법으로" 보험급여비용을 청구한 행위(국민건강보험법 제57조 제1항)로서(도덕규범의 성격을 띠는) 형법상 사기죄에 해당한다고 본다.[48] 이는 사회보장의료체계의 기능을 유지·증진시키는 것이 자유(재산권)의 향유를 보장하는 것임을 알 수 있다.

3. 사회규범

(1) 직관적인 행위준칙 한 공동체 내에는 대부분의 사람들에게 공통된 직관直觀(Anschauung)에 의해 도덕으로 승인되는 행위준칙이 존재한다. 예를 들어 '계약은 성실하게 이행하여야 한다'(pacta sunt servanda)와 같은 일종의 상도商道라든지,[49] 일상적인 사회생활에서 '다른 사람을 배려해야 한다', 혹은 이웃 간에는 '어려움에 처한 이웃을 도와주어야 한다'는 등은 대부분의 사회구성원들에 의해 일상적으로 승인된 행위준칙이다. 이와 같은 직관적인 행위준칙을 사회규범 또는 사회도덕(Sozialmoral)[50]이라고 한다. 이와 같은 준칙에서 보듯, 사회규범은 법에 외재적인 도덕원칙이라는 점에서 법에 내재적인 도덕원칙인 풀러(Fuller)의 '합법성의 원칙'(principles of legality)[51]과 구분된다.[52]

---

48 물론 이러한 사기죄해석은 국민건강보험법 제57조 제1항의 규범목적과 형법상 사기죄(형법 제347조 제1항)의 규범목적이 다름을 간과한 데서 비롯되는 것으로서 타당하지 않다. 이에 관한 설명으로 이상돈, *원내조제분업의 법리* (세창출판사, 2015), 53쪽 아래 참조.

49 '계약은 지켜져야 한다'(pacta sunt servanda)는 도덕규범인 반면, '계약은 *성실하게* 이행하여야 한다'는 사회규범으로 볼 수 있는 이유는 '성실함'은 거래 관행에 비추어 결정되는 것이기 때문이다.

50 H. Henkel, *Einführung in die Rechtsphilosophie* (Beck'sche Verlagsbushhandlung, 1977), 71쪽.

51 ★ 풀러의 합법성의 원칙 풀러(R. Fuller)가 제시한 합법성(legality)의 원칙(론 풀러[박은정 옮김], *법의 도덕성[The Morality of Law]* [서울대학교출판문화원, 2015], 63~139쪽 참조)은 "법을 만드는 데 실패하는 여덟 가지 길"을 가는 경우에는 법이 실현될 수 없다는 것인데, 그 실패의 길로부터 나오는 반성적인 법의 원칙은 다음과 같다. ① 법은 일반적이어야 한다. ② 법은 공포되어야 한다. ③ 소급입법과 그것의 적용은 최소화되어야 한다. ④ 법은 이해가능해야 한다. ⑤ 법은 모순이

(2) 이득이 되는 사회적 행위준칙 이러한 사회규범은 신神이나 형이상학적 이념과 직접 관련이 없으며, 자기 자신에 대한 윤리적인 책임의식과도 직접적으로 연관되어 있지 않고, 그저 사회구성원으로서, 예컨대 상인으로서, 시민으로서, 혹은 이웃으로서, 다른 사람들에 대해 준수해야하는 행동의 준칙을 가리킬 뿐이다. 다만 행동의 준칙을 준수할 의무성은 사람들이 그 일반화된 행동방식(관행 convention)을 따르는 것이 각자에게 이득이 되고, 또한 바로 그런 점에서 모두가 공감하고, 덕德(virtue)으로 평가한다는 점에서 성립한다.[53]

예컨대 변호사가 의뢰인과의 상담이나 소송수행과정에서 알게 된 사실을 비밀에 부쳐야 할 비밀유지의무[54]와 같은 특수한 직업의무는 프라이버시 보호라는 윤리적 의무보다는 그런 준수가 의뢰인뿐만 아니라 변호사에게도 이익이 된다는 점에서 널리 규범으로 승인되어 있다. 이와 같은 사회규범 성격을 띠는 직업의무는 오늘날에는 특수한 직역 뿐만 아니라 다양한 직역, 예컨대 기업 내의 정보보호업무 담당직원이나 보건의료서비스의 다양한 직업인들과 같이 다양한 직역에 확대되고 있다.

(3) 내면성이 아닌 외양성 이 행위준칙의 특이점은 준수되었다는 외양(Äußerlichkeit)이 중요할 뿐이며 그 준수의 내면의식은 중요하지 않다는 점이다. 그런 의미에서 윤리가 자율적-내면적이라면, 사회규범은 타율적-외양적이다. 독일의 법사회학자 막스 베버(M. Weber)의 분석을 빌자면, 사회규범은 "효력이나 제재수준에서 관행이나 관습을 넘

없어야 한다. ⑥ 법은 불가능한 것을 요구하면 안 된다. ⑦ 법은 비교적 지속성을 지녀야 한다. ⑧ 법은 정해진 대로 집행되어야 한다. 풀러의 합법성원칙에 대해서는 최봉철, *현대법철학* (법문사, 2007), 124쪽 아래 참조.

52 R. Fuller, *The Morality of Law* (Yale University Press, 1969), 33쪽 아래.

53 이와 같이 사회관행이 행위규칙(예: 재산권규칙)이 되고, 규범성을 획득하는 과정과 조건에 대한 자세한 분석으로 양선숙, "법, 규범성, 그리고 규칙 준수의 동기에 대한 관행론적 이해", *법철학연구* (제15권 제3호, 2012), 41~74쪽; 이현경, "조정 관행의 개념적 구조와 요소-관행 개념 재구성과 대안 이론을 위한 분석적 기초", *법철학연구* (제20권 제1호, 2017), 137~174쪽 참조.

54 김재원, "변호사 직업윤리와 일반윤리", *법과 사회* (제29권, 2005), 109쪽.

어서지만, 그러나 법과 법률과 같이 실정화된 질서의 정형화수준(Formalisierung)에는 도달하지 못한, 규범이나 가치에 연계된 사회적 행동의 규율"[55]이라고 할 수 있다. 정형화되지 않은 규범이기 때문에 사실상의 준수에 의해서 그 존재가 확인된다. 다만 여기서 타율적-외양적인 규범이라고 해도, 그 사회규범의 승인은 법적인 의미로는 어디까지나 개인의 자유의사에 의한 결정(自意性 Freiwilligkeit)에 따른 것임에 주의할 필요가 있다.

Ⅲ. 법과 도덕의 관계현실

도덕 개념의 세 가지 하위개념인 윤리, 도덕, 사회규범은 현행법과 다양한 관련을 맺고 있다. 그 관련의 양상은 아래 그림이 보여주는 바와 같은 여덟 가지의 경우로 나누어 볼 수 있다.

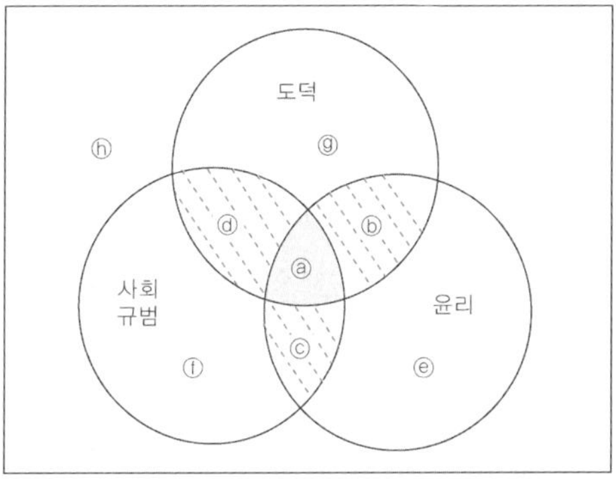

ⓐ	도덕적 윤리적 사회규범
ⓑ	도덕적 윤리규범
ⓒ	윤리적 사회규범
ⓓ	사회규범적 도덕
ⓔ	윤리규범
ⓕ	사회규범
ⓖ	핵심도덕
ⓗ	도덕 밖의 영역

1. 윤리이자 도덕이면서 사회규범인 법

첫째 유형은 도덕이면서 윤리이고 동시에 사회규범인 경우이다(유형

55 M. Weber, *Wirtschaft und Gesellschaft*(Studienausgabe) (J. C. B. Mohr, 1980), 187쪽 아래.

ⓐ). 이런 도덕은 원칙적으로 모두 법규범의 내용이 될 수 있다. 예를 들면 헌법상의 각종 기본권(헌법 제2장)이나, 민법상의 일반원칙인 '계약은 지켜야한다'(pacta sunt servanda) 등이 여기에 속한다. 이런 도덕을 제도화하는 법은 가장 도덕적 정당성이 강한 법이 된다.

2. 윤리, 도덕, 사회규범 중 두 가지 성격을 띠는 법

다음으로 윤리, 도덕, 사회규범 가운데 동시에 두 가지의 성격을 갖는 경우로는 세 가지 유형이 있다.

(1) **도덕적 윤리규범과 법** 첫 번째 유형은 도덕이면서 윤리이기도 하지만 사회규범이 아닌 경우이다(유형 ⓑ). 예를 들어 낙태금지(형법 제269, 270조[낙태죄])는 태아의 생명권에 대한 존중이라는 도덕이면서 종교적(예: 천주교)인 윤리이다. 그러나 한국에서 낙태건수가 매년 출생아 수의 약 70~80%에 달한다는 점에서 낙태금지는 현실적으로 사회규범의 성격을 많이 잃어버렸다고 할 수 있다. 게다가 낙태여성의 재생산권[56]에 대한 인정이 강화됨에 따라 낙태금지의 사회규범적 성격은 이론적으로도 많이 퇴색되었다고 할 수 있다.

(2) **윤리적 사회규범과 법** 두 번째 유형은 윤리규범이며 동시에 사회규범이긴 하지만 도덕은 아닌 경우이다(유형 ⓒ).

1) 사회적 구조의무 예를 들면 '곤경에 처한 이웃을 도와주라'는 규범이 대표적인 경우이다. 곤경에 처한 이웃을 돕는 것은 종교적 윤리의 내용이면서, 미풍양속美風良俗에 속한다는 점에서 사회규범이기도 하다. 그러나 그런 부조의무가 서로 대칭적으로 교환되는 권리에 맞대응되어 있는 의무도 아니고, 국가의 위험예방(경찰)작용을 고려할 때 모든 사람들의 공존조건이 되는 것도 아니므로 도덕이라고 보기 어렵다.

---

56 이에 관해 양현아 편, *낙태죄에서 재생산권으로* (사람생각, 2005); 김은애, "여성의 재생산권리와 생명의료과학기술의 관계에 대한 소고－보조생식술의 이용을 중심으로", *법철학연구* (제12권 제1호, 2009), 121~150쪽 참조.

2) 법의 수용과 배제 법은 이와 같이 사회규범이자 윤리규범인 규범에 대하여 수용하거나 배제하는 태도를 취한다. ① 법이 배제하는 예로는 형법상 유기죄(제271조 제1항)를 들 수 있다. 우리나라 유기죄는 법률과 계약에 의해 부조扶助할 의무가 있는 자의 부조의무 불이행만을 유기죄로 인정한다. 물론 국가에 따라서는 착한 사마리아인의 법(the good smaritan's Law)이라고 불리는 법(예: 독일형법 제323조c[구조불이행])이 법률이나 계약의 근거가 없이도 그런 부조의무를 인정하기도 한다. ② 이에 비해 법이 윤리적 사회규범을 수용하는 경우도 있다. 예컨대 「응급의료에 관한 법률」은 응급의료인에게 응급환자에 대한 응급의료의무를 부과하고 있다(제6조 제2항). 이 의무는 진료비의 지급여부를 불문하고 인정된다.[57]

(3) **사회규범적 도덕과 법** 세 번째 유형은 사회규범이자 도덕이지만 윤리가 아닌 경우이다(유형 ⓓ).

1) 공중도덕 이와 같은 사회규범이자 도덕이 법규범으로 수용되는 대표적인 경우로는 헌법 제21조 제4항의 "공중도덕" 개념을 들 수 있다. 이 조항에서 언론·출판이 해서는 아니 되는 사항으로 '타인의 명예나 권리에 대한 침해의 금지'는 도덕을, 그리고 '공중도덕'에 대한 침해의 금지는 사회규범을 가리킨다.

2) 공서양속 민법 제103조의 "선량한 풍속 기타 사회질서"를 들 수 있다. 이런 공서양속公序良俗 조항은 사회윤리 개념으로 오해되기 쉬우나, 그런 개인과 집단에 따라 그 선에 대한 확신이 다른 윤리규범에 위반하였다고 법적으로 무효가 된다는 것은 타당하지 않다. 그러므로 민법 제103조에 의해 위반할 경우에 법적 무효의 효과가 귀속되는 공서양속이란 윤리규범이 아니라 사회규범이면서 도덕에 속하는 규범을 의미한다.

---

57 이 의무는 다소 도덕적 성격도 갖고 있다. 이 점에 관해서 자세히는 이상돈, "응급의료의무", *대한의학협회지* (제41권 제7호, 1998), 702~706쪽 참조.

★ 사회규범적 도덕으로 성공보수 금지규범 대법원은 형사사건에서 변호사의 성공보수약정은 "기본적 인권의 옹호와 사회정의의 실현을 사명으로 하는 변호사 직무의 공공성을 저해하고, 의뢰인과 일반 국민의 사법제도에 대한 신뢰를 현저히 떨어뜨릴 위험이 있으므로, 선량한 풍속 기타 사회질서에 위배"(大判 2015다200111)되어 무효가 된다고 보면서도, 당해 판결 이후부터 형사재판의 성공보수약정은 민법 제103조 위반으로 무효가 된다고 판결하였다. 변호사가 형사재판에서 성공보수를 받아서는 안 된다는 행위준칙은 ① 대한변협의 변호사보수기준에 관한 규칙이 성공보수를 허용해온 점에서 변호사의 직업'윤리'가 아니었다고 볼 수 있지만, ② 기본권침해를 막고, 사법제도에 대한 신뢰를 유지시킨다는 점에서 이 행위준칙은 도덕규범의 성격을 띤다. ③ 또한 대법원이 이 사건 이후부터 성공보수 금지규범을 적용하기로 한 것은 대다수의 변호사들이 성공보수의 반도덕성을 감지하면서도 그것을 아직 일반적인 행위준칙으로 받아들이지 못한 현실을 고려하되, 앞으로는 이 규범이 변호사 사회에서 일반적인 행위준칙, 즉 사회규범으로 승인되어야 함을 밝힌 것이다. 따라서 성공보수 금지규범은 사회규범적 도덕이라고 볼 수 있고, '공서양속'의 의미에 근접한 규범이다.

3) 사회상규 형법 제20조의 "사회상규"社會常規도 사회규범의 전형적인 경우이다. 즉 사회상규에 어긋나지 않는 범죄행위는 실정법에 위반하지만 사회규범 성격의 도덕에 반하지 않는 행위라는 점에서 위법성이 탈락한다. 이때 사회상규와 같은 법규범은 일반조항(Generalklauseln)으로서 그 내용은 법관이 법발견을 통해 채우게 된다. 예컨대 동거하는 남자가 생명의 위험에 처했음을 보고도 방치하여 사망에 이르게 한 여자의 부작위는 살인죄에 해당할 수 있는데, 이때 작위의무(보증인의무)는 법관이 (형법 제18조의 해석으로써) 인정하는 사회규범(예: '동거남녀는 모두 생명의 위험에 처한 상대방을 구조할 의무가 있다')의 법적 표현인 것이다.[58]

58 이와 같이 부작위범의 보증인의무(작위의무)를 조리를 근거로 인정한다고 할 때 그 조리란 도덕이나 사회규범을 발견하여 법관이 인정하는 것이라는 설명으로 자세한 것은 이상돈, *형법강론* (박영사, 2015), 233쪽 아래 참조.

3. 오직 윤리, 도덕 또는 사회규범인 법

다음으로는 윤리, 도덕, 사회규범 가운데 오직 하나의 도덕 개념에만 해당하는 경우로서 다음 세 가지 유형이 있다.

(1) **순수한 윤리규범과 법** 도덕도 아니고 사회규범도 아닌 윤리규범이 있이다(유형 ⓔ). 이런 유형의 윤리규범에 대하여 법이 취하는 태도는 원칙 없는 수용과 배제이다.

1) 법이 배제하는 윤리규범 예를 들면 여호와증인의 교리(예: 수혈거부, 병역거부)는 사회규범도 아니고, 보편적인 도덕도 아니며, 법규범으로 수용되어 있지도 않다. 하지만 이런 윤리규범도 법적 수용이 완전히 불가능한 것은 아니다. 예컨대 여호와증인의 병역거부, 정확히는 집총거부를 대체복무제도에 의해 합법화할 수도 있다. 간통죄(구 형법 제241조)도 전근대적인 성풍속윤리를 내용으로 하는 것인데, 이에 대한 위헌결정[59]은 법이 배제해야 할 윤리규범의 전형을 보여준다.

2) 법이 수용하는 윤리규범 다른 한편 법은 윤리규범을 수용하기도 한다. 예컨대 '인간복제의 금지'는 윤리일 뿐이지만 생명윤리 및 안전에 관한 법률(제11조)에 수용되어 있다. 또한 비응급환자에 대한 진료거부를 금지하는 윤리(무조건적인 진료인수윤리)는 환자의 의사선택권에 대응하는 의사의 환자선택권을 침해한다는 점에서 도덕이 아니고 의사사회에서 타당성이 승인되어 있지도 않지만 의료법(제15조 제1항)에 수용되어 있다. 이런 윤리규범을 수용한 법을 헌법재판소는 합헌으로 보았는데, 이는 윤리가 곧 법이 되어 버린 경우를 보여준다. 이렇게 법이 된 윤리에 대해서도 민주적 법치국가의 법관은 구속될 수밖에 없다.[60]

---

59 간통죄(형법 제242조)를 위헌으로 판단한 憲裁決 2009헌바17 등 참조.

60 안준홍 교수가 드워킨(Dworkin) 교수에게 간통죄가 법인지를 물었을 때, 그는 법이 아니라고 답하였다가, 헌법재판소에서 합헌결정을 한 경우에도 법이 아닌지를 다시 묻자, 그는 그렇다면 그것은 법이라고 답했다고 한다. 이를 두고 안 교수는 드워킨

(2) **순수한 사회규범과 법** 도덕이나 윤리의 성격을 갖지 않은 사회규범의 성격만 갖는 경우도 있다(유형 ⓕ). 예를 들면 경범죄처벌법이 금지하는 행위들 가운데 일정한 유형들(예: 노상방뇨[제1조 제17호], 음주소란[제1조 제25호] 등의 금지)이 전제하는 사회규범들이 이에 해당한다. 이러한 공중도덕은 사회마다 다를 수 있으며, 도덕(예: 살인하지 말라)처럼 모든 사회에 보편적인 것도 아니고, 윤리처럼 그것을 믿는 사람들에게만 타당한 것이 아니지만 사회구성원에게 보편적으로 승인되고 있는 규범이다.

(3) **순수한 도덕과 법** 도덕이지만 사회규범도 윤리도 아닌 경우(유형 ⓖ)는 매우 찾기 어렵다. 하지만 자신을 죽이려는 타인을 살해하는 정당방위행위는 도덕적이지만, 윤리나 사회규범은 그런 긴급행위에 대한 어떤 적극적인 판단을 갖고 있지는 않다. 법은 이런 행위를 정당방위권(형법 제21조 제1항, 민법 제761조 제1항)의 행사로 합법화한다.

다만 도덕의 성격을 띠는 정당방위권에 대해 다시 윤리규범을 근거로 일정한 제한이 가해지기도 한다. 예컨대 가족 간의 위법한 공격에 대한 정당방위는 일반적인 정당방위와 달리 어떤 방위행위가 필요할 뿐만 아니라 최소한에 그치는 경우에만 정당방위로 인정된다.

4. 도덕도 윤리도 사회규범도 아닌 법

마지막으로 원래 사회규범도 도덕도 그리고 윤리도 아닌 경우이지만 법에 의해 도덕이 형성되는 경우가 있다(유형 ⓗ). 예컨대 도로교통에서 차는 우측운행을 해야 하는데(「도로교통법」 제13조 제3항), 우측운행의무는 일본이나 영국의 좌측운행에서 보듯 살인금지와 같은 도덕이

의 통합성(integrity) 이론이 합헌결정을 근거로 간통죄를 법으로 보는, 즉 제도적 제약을 고려하는 포괄적 통합성의 내용을 배척하지 못하는 한계를 갖고 있다고 본다. 이에 관해 안준홍, "법의 제국과 법의 지배", *2015 한국법철학회 추계학술대회 발표문* (2015.12.12.), 9쪽; "법의 정합성에 대한 서설", *법철학연구* (제14권 제3호, 2011), 87쪽 아래 참조.

아니며, 형이상학적 윤리나 종교적 윤리도 아니다. 또한 우측운행은 도로교통이 발달하고 법규로 제도화된 역사가 어느 정도 진행되기 전까지는 원래 사회규범도 아니었다. 그러나 법은 우측통행을 사고의 방지와 교통의 원활을 위한 기술적 이유에서 법규범으로 설정하였고, 이렇게 법에 의해 설정된 의무규범이 사회의 대다수 사람들이 지키게 되면서 사회규범이 되었다. 또한 그렇게 법에 의해 창설된 사회규범이 인명침해를 방지한다는 등의 기능을 오랜 세월 수행하게 되면, 그 법적 의무규범은 도덕규범의 성격까지 띠게 된다.

Ⅳ. 법과 도덕의 이성적 관계

법은 도덕과 어떤 관련을 맺어야 하는 것일까? 이 물음은 도덕 개념의 세 유형에 따라 각기 다르게 대답될 수 있다.

1. 법과 도덕의 관계

법이 핵심도덕(Moral)을 수용하는 것은 별다른 문제를 가져오지 않는다. 핵심도덕에 침전되어 있는 공동체의 근본가치(예: 자유, 평등, 생명, 계약이행에 대한 신뢰 등)를 실현하는 것은 근대사회 이후 이성법의 중요한 임무이기 때문이다. 이는 단순히 법의 정당성 차원에만 국한되는 것이 아니라 법의 실효성 차원에서도 그러하다. 법이 가능한 다수의 사람들의 이성적 사고에 의해 수용될 때에만 일반적으로 법을 준수할 가능성이 높아지기 때문이다.[61] 그러므로 많은 경우에 법규범은 도덕명령과 그 내용에 있어 완전히 일치한다. 이를테면 '사람을 죽이지 말라'는 도덕명령은 곧 법규범(형법 제250조)의 내용이 된다.

(1) **도덕으로부터 자유로운 영역들** 그런데 이처럼 도덕규범이 법규범의 내용이 된 경우에도, 법이 특정한 행위에 대해 도덕적 평가할 수

61 R. Zippelius(이재룡 역), *법의 본질(Das Wesen des Rechts)* (길안사, 1999), 78쪽.

없는 사안들이 존재한다.

1) 의무의 충돌 예를 들면 인공호흡기가 한 대 뿐인 병원에 이를 필요로 하는 두 명의 응급환자가 동시에 입원하였고, 두 환자 모두 다른 병원에 이송할 시간적 여유가 없는 경우, 의사는 어느 한 환자만을 구하고 다른 환자는 죽게 놔둘 수밖에 없다. 형법학에서는 이를 의무의 충돌로 보고, 살인죄의 위법성을 조각시킨다. 그러나 의사가 어떤 환자에게 인공호흡기를 부착시킬 것인지를 법은 명령하지 못한다. 달리 표현하면 인공호흡기를 부착하지 않음으로써 한 환자를 죽게 놔두는 것은 법적으로 '허용된 것'은 아니지만 그렇다고 '금지된 것'이라고도 말할 수 없다. 그러니까 이러한 행위영역에 대한 법적 규율 자체가 포기된 것이라고 보기는 어렵지만,[62] 법이 어떤 행위(선택)가 적법하고, 어떤 행위(선택)가 위법한 것인지를 분리하여 말하지는 못한다는 것이다.[63]

2) 법으로부터 자유로운 영역의 수정 이처럼 행위에 대해 법이 적법과 위법의 '평가'를 포기하는 영역[64]을 법으로부터 자유로운 영역(rechtsfreier Raum)이라고 한다. 이 이론은 그와 같은 실존적 영역에서 시민 스스로가 책임 있는 결정을 내리는 성숙한 시민상을 전제한다.[65] 하지만 더 중요한 점은 여기서 시민이 자유로워진다고 말할 때의 법이란 마치 루만(Luhmann)이 이해하는 법, 즉 합법과 불법을 안정적으로

---

62 의료법 제16조나 응급의료에 관한 법률 제4조가 의사의 응급의료의무를 규정하고 있고, 형법 제250조가 (부작위행위에 의한) 살인죄를 규정하고 있다는 점에서 그러하다.

63 이와 같은 '법으로부터 자유로운 영역'의 이론을 강조할수록, 범죄영역에서 법적 규율을 포기함으로써 법이 없는 '만인의 만인에 대한 투쟁 상태'에 이르게 하고 자력구제(Faustrecht)를 만연케 하는, 퇴행적인 방향으로 나아가게 될 것이란 우려가 증대되기도 한다. 하지만 '법으로부터 자유로운 영역'은 특정한 한계상황에서 합법 또는 위법이 올바로 평가될 수 없는 경우에 작동하는 것일 뿐, 법적 규율 자체를 포기하는 것으로 이해되어서는 안 된다. 나와 같은 생각으로는 김영환, *법철학의 근본문제* (홍문사, 2006), 182쪽 참조.

64 김영환, 앞의 책, 183쪽.

65 A. Kaufmann, *Grundprobleme der Rechtsphilosophie* (Beck, 1994), 205쪽.

판단해주는 이원적 코드라는 의미의 법에 근접한 것이기 쉽다.

그러나 법으로부터 자유로운 영역의 이론은 마치 과거의 치외법권과 같이 법외의 영역을 설정한다는 점에서 타당하지 않다. 그 이론이 말하는 시민이 자유로워지는 법은 법을 말하는 것이 아니라 도덕을 말하는 것이다. 즉, 법은 어떤 도덕적 판단을 법의 내용으로 결정하지 않은 채, 시민이 어떤 도덕적 판단을 내리고 행동하든 적법한 행위로 승인하는 것이다.[66] 따라서 법으로부터 자유로운 영역의 이론은 도덕으로부터 자유로운 영역의 이론으로 수정되어야 한다.

> ★ 여호와 증인의 수혈거부와 미성년자에 대한 수혈강제 예컨대 여호와의 증인인 부모가 수혈을 거부하고 있고, 환자인 미성년 자식이 부모의사를 수동적으로 따르는 의사를 갖고 수혈을 거부하는 상황을 가정해보자. 그런 상황이 무수혈수술도 하기 어려운 경우에 의사가 생명을 살리기 위해 불가피한 수단으로 수혈을 감행하는 행위와 수혈을 하지 않음으로써 발생하는 생명의 위험을 감수하는 행위 중 어느 것이 더 도덕적인 것인지를 평가내릴 수 없다. 바로 이런 경우에 의사는 수혈강제를 하든 그렇지 않던 법은 적법한 행위로 승인해줄 수밖에 없다.[67]

3) 절차주의적 규율 이처럼 도덕으로부터 자유로운 영역에서 법이 도덕적 판단을 적극적으로 내리고 그때의 도덕규범을 범규법으로 수용하지 않는다고 해서 법이 아무런 것도 하지 않는 것은 아니다. 도덕으로부터 자유로운 영역에서 행위자가 어떤 결정을 하든 법은 단순히 방관하는 것이 아니라 신중하고, 성찰적인 태도로 결정을 하도록 그런 의사결정과 행위의 과정을 관련 당사자들(예: 환자, 가족, 담당의사, 병원 내 윤리위원회 등)과의 대화적 소통 속에서 이루어지도록 하는 역할[68]을 수

---

66 이러한 쟁점을 잘 보여준 대표적인 가상적 사례로서 풀러(Fuller)가 자신의 저서 *The Problem of Jurisprudence* (The Foundation Press, 1949)에 실었던 동굴탐사대 사건(The Case of the Speluncean Explorers)을 들 수 있다. 이를 국내에 소개한 최봉철, *현대법철학* (법문사, 2007), 523쪽 아래 참조.

67 이에 대한 자세한 논의는 이상돈, "수혈거부와 무수혈치료의 법적 책임", *환자의 권리와 무수혈 치료* (학영사, 2005), 121~149쪽 참조.

행한다. 이 한에서 법은 절차적 정당화라는 도덕적 기능을 수행하는 것이기도 하다.

★ 연명치료 중단의 절차주의적 규율　예컨대 폐종양 조직 검사를 받다 과다출혈로 인해 심박이 정지되어 저산소성 뇌손상을 입고 지속적 식물인간상태가 된 할머니의 가족들이 연명치료의 일환으로 실시하고 있는 인공호흡기의 제거를 의사에게 요구하였으나 이를 거부한 사건에서 대법원(大判 2009다17471)은 ① 환자가 그와 같은 연명치료의 중단에 관하여 의사결정능력이 있는 상태에서 의료인으로부터 직접 충분한 의학적 정보를 제공받고, 아울러 그 내용을 기재한 진료기록 등에 의해 진료중단 시점에 입증될 수 있는 환자의 사전의료지시(living will)가 있거나 객관적 자료와 객관적 사정(예: 평소 의사표현, 종교, 생활태도, 나이, 치료부작용, 환자가 겪을 고통, 질병의 정도와 환자 상태 등)에 의해 그런 의사를 추정할 수 있는 경우로서 ② 회복가능여부[69]에 대한 주치의의 소견 및 다른 전문의사의 의학적 소견을 종합하고, 해당 병원의 윤리위원회의 판단을 거친 후에 내린 치료중단은 적법하다고 본다.[70]

(2) **도덕규범과 법규범의 언어형식적 차이**　법이 도덕규범을 제도화함으로써 도덕규범과 법규범이 내용상 일치할 때에도 두 규범들의 언어형식에는 차이가 있다.

1) 절대명령과 조건구문　즉 도덕규범은 직접적인 명령이나 금지의

68 개인의 자기결정(권) 개념을 배타적 처분권으로 보지 않고, 자율성과 후견주의의 상호협력적 지원을 통해 강화되는 자율성 역량으로 보완하는 '자율성 역량 모델'(Autonomy Capability Model)도 이와 같은 맥락을 갖고 있다. 이에 관한 연구로 송윤진, *자율성 역량 모델의 법적 적용 가능성에 관한 연구* (서울대학교 박사학위논문, 2016); "자율성 역량 모델의 법철학적 함의", *법철학연구* (제20권 제2호, 2017), 347~400쪽 참조.

69 이 판결은 회복불가능한 사망단계라는 요건설정에서 자연적 사고를 보이면서도 환자의 자기결정이라는 요건설정에서 인간의 존엄과 가치 실현을 위한 목적적 사고라는 상반된 사유경향을 보인다고 비판하는 박준석, "존엄사 판단의 기초로서 자연과 목적", *법철학연구* (제13권 제2호, 2010), 181~202쪽 참조. 그러나 그런 상반됨보다는 그렇게 상반된 사유들이 종합되어 존엄사의 요건을 설정할 때, 비로소 법의 합리성이 실현될 수 있는지가 더 중요하다.

70 이 판결을 계기로 2016. 1. 8. 호스피스·완화의료 및 임종 과정에 있는 환자의 연명의료 결정에 관한 법률이 제정되어 2018. 2. 4.부터 시행되고 있다.

형식("~하라!" 또는 "~하지 말라!")으로 표현되는 반면, 법규범은 많은 경우(특히 민법이나 형법의 경우) 조건구문(Konditionalsatz)의 형식("만약 ~[법률요건]라면 ~[법률효과]이다." 혹은 "…할 때에만 …한다."[71])으로 표현된다. 도덕규범이 절대명령(imperative)이라면 법규범은 조건명령이 된다. 법규범은 아래의 경우에서와 같이, 금지된 행위나 명령된 행위를 일반적·추상적 언어에 의해 법적 요건(Tatbestand)으로 기술하고, 그 요건이 충족되었을 때 행위자에게 부과되는 법적 효과(Rechtsfolge)를 뒤이어 기술한다. 예컨대 도덕명령이 "다른 사람의 신체를 상해하지 말라"라면, 이에 대한 법규범은 "사람의 신체를 상해한 자는 7년 이하의 징역, 10년 이하의 자격정지 또는 1천만원이하의 벌금에 처한다(형법 제257조 제1항)"라던가, 혹은 "고의 또는 과실로 인한 위법행위로 타인에게 손해를 가한 자(예: 사람의 신체를 상해한 자)는 그 손해를 배상할 책임이 있다(민법 제750조)"의 형식을 띠는 것이다.

2) 도덕적 책임귀속과 자유보장의 기획 민법과 형법의 전통적인 언어형식인 이와 같은 '조건구문'은, 법률요건이 충족되는 경우에 법률효과가 부과된다는 것이며, 그 요건은 개인에게 책임을 지우기 위한 전제들을 구체화하는 것들이다. 이런 의미에서 민법과 형법은 개인에게 귀속하는 것이 도덕적으로 정당한 책임의 원리를 구축한다. 이런 책임귀속의 원리는 다른 한편 도덕적 책임귀속을 받지 않는 한, 그러니까 민·형법의 조건구문을 충족하지 않는 한, 개인은 더 이상 책임을 질 필요가 없게 되고, 그렇게 책임을 질 필요가 없는 한, 개인은 자유를 마음껏 누릴 수 있다는 자유주의의 기획을 세우는 것이기도 하다.

3) 목적강령으로 변질된 조건구문 그러나 법원이 법률해석을 통하여 다양한 법정책을 수행하는 오늘날의 현대사회에서 이러한 조건구문의 의미는 상당히 약해졌다.

(가) 민법과 형법의 배분적 정의추구 예컨대 의료사고로 인한 손해배

71 심헌섭, "존재와 당위", *분석과 비판의 법철학* (법문사, 2001), 460쪽.

상청구소송에서 의사의 과실과 환자가 입은 피해 사이의 인과관계가 입증되지 않았는데도, 바꿔 말해, 배상책임의 법률요건이 충족되지 않았는데도 의사에게 손해배상책임을 인정하거나, 부실외부감사를 한 공인회계사에게 투자자의 투자실패의 전 손해를 배상할 책임을 인정하는 판례의 경향은 민법 제750조의 조건구문을 사실상 '의사는 최고수준의 의료서비스를 환자에게 제공하라!'라든가 '자본시장에서 약자인 투자자를 보호하라!'는 정책적 목적을 달성하기 위한 강령으로 전환한 것[72]에 가깝다. 이렇게 됨에 따라 조건구문인 민법과 형법은 자유의 평등한 향유를 좇고 평균적 정의를 실현하는 도덕규범에서 사회적 약자를 보호하고 배분적 정의[73]를 실현하는 목적강령으로 변환된다.

(나) 법에 의한 조종의 트릴레마 하지만 이런 변환은 신중하게 다루어야 한다. 왜냐하면 그런 변환이 무분별하게 이루어지면, 토이브너(Teubner)가 말하는 '조종의 트릴레마'(regulatorisches Trilemma)[74], 즉 ⓐ 법에 의한 사회적 통합의 저해, ⓑ 사회에 의한 법적 통합의 저해, ⓒ 법과 정책의 상호적 무관심이라는 현상이 발생하게 되기 때문이다. 예를 들면 환자보호에 편향된 판결(법)은 의사들로 하여금 방어진료(defensive medicine)를 하게 만들고(ⓐ 법에 의한 사회적 통합의 저해), 그에 따라 법적 보호에 대한 시민사회의 수요가 폭증하여 법체계는 과부하가 걸리게 되어 기능저하가 일어나며(ⓑ 사회에 의한 법적 통합의 저해), 환자보호의 '정책'은 법의 도덕적 원칙(예: 책임원칙)을 훼손하고

72 이상돈, "의료행위의 법제화와 형법", *형사정책연구* (봄호, 1997), 153~185쪽.

73 하지만 민법이나 형법과 같은 근대법의 핵심은 자유의 평등을 보장하는 것을 기획한 법이며, 이런 법에 배분적 정의의 강령을 너무 많이 담을 경우에 본래의 자유기획이 폭파되어 버릴 수 있음을 염두에 두어야 한다. 이런 지적으로 이상돈, *부실감사법* (법문사, 2004), [6], [7] 단락 참조.

74 Teubner의 트릴레마 이론에 관해 자세히는 Teubner의 추천을 받아 그의 여러 논문을 번역하여 엮은 이상돈 편역, *법제화 이론(Theory of Juridification; Theorie der Verrechtlichung)* (한국법제연구원, 2004) 참조. 이상돈·홍성수, *법사회학* (박영사, 2000), 227쪽 아래; 특히 의료영역에 적용례는 이상돈, *의료체계와 법* (고려대학교 출판부, 2000), 220~222쪽 참조.

동시에 법도 정책을 수행하는 기능과 역량을 잃어버리게 되는(ⓒ 법과 정책의 상호적 무관심) 현상이 발생하게 된다. 그러므로 평등한 자유의 조건을 기획하는 생활세계의 법들은 조건구문의 도덕적 판단구조를 가능한 유지하여야 한다. 사회적 약자를 보호하고, 배분적 정의를 확대 실현하는 것은 다른 차원의 법제(예: 배상책임보험법, 분쟁조정법, 조세법)에 맡기는 것이 바람직하다. 예를 들어 의료사고 피해구제 및 의료분쟁 조정 등에 관한 법률은 의료사고에서 피해환자의 보호에 좀 더 치중한 배분적 정의를 좇는 법제이다. 이런 법이 마련되면, 자유의 평등한 향유를 기획하는 민법과 형법은 본래의 도덕적 원칙(예: 책임주의 과실책임원칙)을 엄격하게 유지하여야 그 정당성을 유지할 수 있다.

(3) **도덕의 불확정성과 윤리의 논증적 도덕 참칭** 현대사회에서는 무엇이 '핵심도덕'인가 하는 점에 관해서도 상당한 불확정성이 존재한다.

1) 핵심도덕의 불명확성 핵심도덕의 이른바 '단단한 모든 것들'이 사라진 시대에,[75] '옳음' 혹은 '좋음'에 관한 어떤 논의들도 그 맥락을 벗어나 보편화하기 어려워진다. 가령 동성애의 예를 들어 보자. 동성애가 범죄로 취급되던 역사는 서양사회에서 그리 오래 전 일이 아니다. 20세기 후반에 들어서야 비로소 동성애는 범죄의 낙인을 벗게 되었고, 그것에 대한 사회적 관용도 점차 커지게 되었다. 하지만 오늘날에는 동성애에 대한 시민결합제(파트너등록제)나 혼인관계의 승인이 인권으로 인식되는 지점에까지 이르고 있다. 인권의 승인은 반드시 그런 것은 아니지만 흔히 도덕적 승인의 함의를 수반하기 쉽다. 동성애 문제에서 보듯 도덕(적 승인)은 범죄(적 낙인)의 뒤집힌 결과로 자리잡을 수도 있다는 것은 도덕의 불명확성을 뚜렷하게 드러내 보여준다.

2) 윤리규범의 도덕 참칭 이런 핵심도덕의 불확정성은 윤리규범들이 자신을 도덕으로 참칭할 가능성을 높여준다. 배아의 복제와 연구 및

---

75 김성우, "롤즈의 자유주의 윤리학에 나타난 합리성과 도덕성 비판", *시대와 철학* (제18권, 1999), 221쪽.

치료적 사용을 금지할 것을 요구하는 생명'윤리'는 자신의 주장이 언제나 인간존재 또는 인류의 존립을 위해 불가결한 것, 즉 도덕의 핵심임을 강조한다. 전형적인 윤리의 대척점에 있어 온 음란성의 사회적 퇴치도 도덕의 허울을 쓰곤 한다. 음란성판단 문제에서 '해악의 원칙'(harm principle)이나 '사회유해성원칙'을 적용하는 것은 그 대표적인 증상이다.[76] 그러나 사회유해성(Sozialschädlichkeit)은 타인의 권리를 침해하는 도덕위반의 행동이 수반하는 속성이기 때문에, 음란성 판단에 사회유해성원칙을 적용하는 것은 음란성의 문제, 즉 성윤리(또는 성풍속)의 문제를 도덕의 문제인 것처럼 포장한다.[77] 이처럼 윤리는 도덕을 참칭할 위험이 있다.

2. 법과 윤리의 관계

(1) **윤리에 대한 법의 중립성** 도덕규범이 아닌 윤리규범은 그 규범을 신봉하는 개인이나 집단에 대하여만 타당성이 인정되고, 구속력을 발휘하며, '다른' 윤리규범을 신봉하는 '다른' 개인이나 집단에 대해서는 그렇지 않다. 윤리는 각자의 양심 차원의 문제이며, 각자의 양심은 자신이 선하고 공평하다고 인식할 수 있는 것들에 대해서만 최상의 심판자일 따름이므로 윤리는 '무엇이 법이 되어야 하는지'를 정해줄 수 없다.[78]

1) **윤리적 법의 편 들기 기능** 현대사회를 다원주의 사회라고 부르는 것은 이처럼 윤리적 표상이 다원화되어 있음을 말한다. 따라서 국가의 법규범이 윤리규범에 대하여는 중립성(Neutralität)을 유지하여야만

---

76 조국, "음란물 또는 포르노그래피 소고", *서울대학교 법학* (제44권 제4호, 2003), 147쪽.

77 표현의 자유를 보장하기 위해 음란물의 허용여부를 해악원리로 판단하는 것은 한국사회에서 적절하지 않고, 문화다원성이라는 공동선의 관점에서 판단하는 것이 필요하다고 보는 김비환, "포르노그라피와 법해석의 근거로서의 공동선: 문화사회학적 고찰", *법철학연구* (제4권 제2호, 2001), 295, 296쪽 참조.

78 R. Zippelius(이재룡 역), *법의 본질(Das Wesen des Rechts)* (길안사, 1999), 72쪽.

한다.[79] 그렇지 않다면 법은 시민의 어느 한쪽을 편 들게 되기 때문이다.

> 예를 들면 ① 우생학적 연유에 의한 근친혼 금지뿐만 아니라 모든 동성동본간의 혼인을 금지했던 법규정(민법 제809조)은 가부장적인 종법제도에서 비롯되는 전통윤리를 수용한 것이었다. ② 인간배아의 복제와 연구를 금지해야 한다는 생명윤리도 특정한 종교적 신념을 수용한 것이다.[80] 그러므로 이런 윤리를 내용으로 하는 법은 그 윤리를 신봉하는 사람들의 편에 서게 된다.

이러한 윤리적 요청은 때로는 '사물의 본성'이라는 변환기를 통해 마치 자연법인 것처럼 법의 내용이 되어야 한다고 주장되기도 하였다.[81]

2) 윤리적 심정테러 가령 구 민법 제809조처럼 법이 그런 윤리규범(동성동본불혼)을 국가의 강제권력으로 관철하면, 법은 그런 윤리규범을 내면적으로 수용하지 않은 사람들(예컨대 동성동본간의 결혼을 하려는 사람이나 비기독교인)에게 자신의 심정상태를 타인의 선에 대한 신념에 기초한 윤리에 억지로 끼워 맞출 것을 강요하는 셈이 된다. 그러나 양심의 내용에 대한 판단은 법의 권한을 벗어난 것이다.[82] 법이 개인의 윤리적 양심결정을 그 내용에 따라 '그르다'거나 '그래서는 안 된다'고 강요하는 것은 법에 의한 윤리적 심정테러(Gesinnungsterror)[83]라고 볼 수 있다. 그렇기에 법은 윤리규범에 대해서 중립성을 유지해야 한다.

---

79 헌법 제20조 제2항(국교는 인정되지 아니하며, 종교와 정치는 분리된다)이 국가의 종교에 대한 중립성을 선언하는 것도 종교적 윤리에 대한 법의 중립성요청을 담고 있다.

80 생명윤리의 신성성 기획에 대하여 이상돈, *생명공학과 법* (아카넷, 2003), 115쪽 아래 참조.

81 이러한 비판적 관점으로 H. Kelsen(장영민 역), "법규범과 법원리: 에써(Esser)의 변환이론. 법원리론에 대한 켈젠의 비판", *이화여대 법학논집* (제8권 제2호, 2004), 240쪽.

82 이에 관해서는 독일연방헌법재판소 판례 BVerfGE 12, 45(56) 참조.

83 H. Henkel, *Einführung in die Rechtsphilosophie* (Beck'sche Verlagsbushhandlung, 1977), 85쪽.

(2) **법에 의한 윤리적 자율성의 보호** 그러나 이처럼 법이 특정 개인이나 특정 집단의 윤리규범에 중립적이어야 한다는 요청이 곧 법이 윤리규범을 무조건 '백안시'해야 함을 의미하지는 않는다. 여기서 백안시한다고 함은 국가가 특정 개인이나 집단의 고유한 윤리의식을 고려하지 않은 채 법규범을 엄격하게만 집행하는 것을 말한다. 개인이나 집단의 윤리적 자율성을 보호하는 것은 국가와 법의 또 다른 의무이다.[84] 헌법이 양심의 자유(헌법 제19조), 종교의 자유(제20조 제1항)를 규정하는 것도 같은 맥락이다. 물론 법에 의한 윤리적 자율의 보호는 인간의 존엄과 가치, 자유와 평등 등 기본적인 헌법적 가치에 위배되지 않는 한에서만 허용된다. 이를 두고 법의 제한적 중립성(narrow neutrality)라고 부른다.[85] 이 제한적 중립성의 의미를 좀더 자세히 살펴보기로 한다.

1) 윤리적 양심의 보호 첫째, 윤리적 자율의 법적 보호로서 윤리적 양심의 보호 문제를 들 수 있다. 예를 들어 군복무가 법적으로 의무화되어 있는 사회일지라도 '어떤 상황에서도 살상을 해서는 안 된다'는 윤리적 양심을 이유로 군복무를 거부하는 사람(양심적 병역거부, 독일기본법 제4조 제3항)에 대하여 국가는 총을 잡도록 강요해서는 안 된다. 즉 병역법위반을 이유로 그를 처벌해서는 안 된다는 것이다.[86] 여기서 주의할 점은 특수한 종교적 연유에서 기인하였건, 반전운동이나 평화운동 등 정치적 신념에 근거하였건, 병역거부가 병역의무수행보다 '더'

---

84 손동권, "사상범에 대한 현행법규의 검토", *비교형사법연구* (제15권 제1호, 2003), 29쪽 참조.

85 "자유주의 법질서에 합치하는 공적인 정치적 도덕을 구성하는 한에서 보호될 수 있으며 그렇지 못할 경우 법은 중립성을 지켜야 한다"는 것을 제한적 중립성으로 개념화하는 김도균, "전통윤리의 법적 강제와 법의 중립성: 시론적 고찰. 자유주의와 공동체주의 논쟁의 맥락에서", *아세아여성법학* (제13권, 2010), 62쪽 아래 참조.

86 양심적 병역거부에 관한 쟁점들은 특히 이석우 편, *양심적 병역거부* (사람생각, 2005); 이남석, *양심에 따른 병역거부와 시민불복종* (그린비, 2004); 윤영철, "양심적 병역거부에 대한 형사처벌의 형법적 문제점", *형사정책* (제16권 제2호, 2004), 93~120쪽; 노혁준, "양심적 병역거부에 관한 병역법상 처벌조항의 위헌성 검토", *민주법학* (제24호, 2003), 279~311쪽 참조.

'양심적'이기 때문에 보호해주는 것은 아니다. 그 행위가 누군가에게는 자신의 '양심에 따른' 행위라면, 그것이 타인에게 해를 가하지 않는 이상 국가는 그가 자신의 양심에 따를 수 있도록 배려해줄 필요가 있다는 것이다.[87] 물론 국민의무의 평등한 부담을 위해서, 병역거부자는 다른 공익업무를 함으로써 병역의무에 상응하는 부담을 짊어지게 할[88] 필요가 있다. 또한 징병제 아래서 윤리적·종교적 양심을 이유로 한 대체복무는 모든 다른 종류의 대체복무(예: 방위산업체근무)보다 짧거나 부담이 적은 것이어서는 안 된다.

2) 긍정적 전통가치의 보호 둘째, 윤리적 자율의 법적 보호로서 긍정적 전통가치의 보호도 문제가 된다.

(가) 기독교전통가치의 상징 예를 들어 기독교 전통의 국가(예: 독일 바이에른 주)에서 공립학교에 십자가상을 걸어놓는 것은 이웃사랑, 용서, 저개발국가 원조와 같은 '긍정적인 전통'(positive tradition)인 기독교적 가치를 실현하는 것이어서 (독일의) 헌법질서에 반하지 않는다고 보는 견해가 있다.[89] 이를 긍정적 전통논변이라고 부른다. 그러나 공립학교의 종교적 상징화는 법의 중립성에 위배된다. 종교적 가치를 교육의 중심가치로 삼는 것은 개인과 집단의 윤리적 자율에 속하지만, 이런 자율은 입학에 관한 학생의 선택의 자유가 보장된 사립학교에 대해서만 법이 보호할 수 있다.

---

87 이와 같은 취지에서 일부 병역거부활동가들은 '양심적 병역거부'가 아닌 '양심에 따른 병역거부'라는 표현을 사용하는 것이 적합하다고 주장하기도 한다.

88 징병제국가이면서도 양심적 병역거부자에게 대체복무제를 허용하고 있는 국가들로서 프랑스, 독일, 오스트리아, 스페인 등의 선례가 있다. 이에 대해서는 이재창, "양심적 병역거부에 관한 국제규범적 차원에서의 접근", *대체복무제도 입법을 위한 공청회 자료집* (2002) 참조.

89 독일연방헌법재판소의 십자가결정(BVerfGE 93, 1f.)은 바이에른주의 관련법률을 위헌으로 결정하였다. 독일 법문화의 발전에 기독교적 가치가 미친 영향을 간과해서 안된다고 보는 O. Höffe, *Vernunft und Recht* (Ffm., 1996), 278~279쪽 참조. 이런 입장을 긍정적 전통 논변(positive-tradition argument)라고 부르는 김도균, 앞의 논문, 55쪽 참조.

(나) **제사관습과 유체인도청구권** 또 다른 예로 두 번째 부인의 자식이 아버지를 모시고 살다 아버지가 돌아가신 후 분묘에 매장하였는데, 이후 첫 번째 부인의 장남이 아버지의 유체를 인도하라는 청구한 사건을 살펴보자. 판례는 유체에 대한 권리는 제사주재자가 보유하고, 제사주재자는 첫 번째 부인의 장남이라고 보았다(大判 2007다27670). 이 판례는 결과적으로는 제사라는 전통윤리와 관습을 법적으로 강제하면서 동시에 자식들 사이의 권리와 의무를 불평등하게 분배시킨다. 그러나 현대사회의 법은 전통윤리와 관습에만 얽매여서는 안 되고, 때로는 '탈관습적'(postconventional)인 의식을 수용하여, 예컨대 유체를 "주체 자신의 생전의사에 따라 처리되어야 하는 주체의 인격적-실존적 나머지"[90]로 바라보아야 한다.

★ 종교와 정치의 분리와 전통문화 계승발전의 관계 헌법은 전통윤리를 포함하는 것으로 해석되는 전통문화의 계승발전(제9조)을 국가의 책무로 규정하면서도 종교의 자유(제20조 제1항) 및 종교와 정치의 분리(제20조 제2항)라는 법의 (종교적 윤리에 대한) 중립성을 규정하고 있다. 여기서 헌법 제9조와 제20조가 충돌하는 것으로 보인다. 그러나 제9조는 전통윤리의 자율적 준수와 계승발전에 대한 법적 보호를 정한 것이고,[91] 제20조는 법의 중립성 요청에 반하는 전통문화(와 전통윤리)의 법적 강제를 금지한 것으로 해석할 수 있다.

(다) **동성혼과 양성애의 전통가치** 동성혼의 금지라는 기독교 윤리도

---

90 임미원, "대법원의 유체인도 판결의 법철학적 고찰", *법조* (제683권, 2013), 299쪽 참조: 임미원 교수는 "유체는 주체 자신의 생전의사에 따라 처리되어야 하는 주체의 인격적-실존적 나머지로서 탈관행적으로 다루어질 수도 있을 것이며, 그렇게 역사적 관습의 영역을 합리화-절차화-제도화시켜 새로운 관습성으로 표현해내는 것이 탈관습적 시대의 司法의 과제가 될 것이다"고 본다. 임 교수가 말하는 탈관습적 사법은 관습을 비판적으로 성찰하고 합리화하는 제도로서 기능하는 것이지만, 그런 기능이 임 교수의 표현대로 반드시 '새로운 관습성으로 표현해내는 것'일 필요는 없다. 즉, 전통적인 관습이 합리적인 제도로 거듭나는 것일 수 있다.

91 "민사에 관하여 법률이 없으면 관습법에 의하고 관습법이 없으면 조리에 의한다"는 민법 제1조(法源)도 이를 수용한 것으로 볼 여지가 있다.

법이 보호할 긍정적 가치인지가 문제이다. 최근 다른 나라들의 잇단 동성혼 금지에 대한 위헌결정은 그런 긍정적 가치를 부인하는 것이다. 그러나 우리나라 혼인은 "양성兩性의 평등을 기초로 성립되고 유지되어야 하며, 국가는 이를 보장한다"고 규정하는 우리나라 헌법(제36조 제1항) 아래서[92] 동성혼의 금지는 헌법적인 긍정적 가치이다. 그러므로 동성혼을 인정하는 법률이 제정되더라도 현행 헌법 아래서는 위헌법률이 된다. 동성혼을 인정하는 법률은 형식적 의미에서 윤리에 대한 법의 중립성을 실현할 수는 있지만, 실질적 의미에서 윤리적 자율성에 대한 법의 보호를 실현할 수 없게 되는 문제점이 있다.

(3) **법에 의한 심정윤리와 책임윤리의 조화** 법이 중립적이면서도 그 자율성을 보호해야 하는 윤리의 개념을 막스 베버(M. Weber)는 심정윤리와 책임윤리로 나눈 바 있다.[93]

1) 심정윤리와 책임윤리 베버에 의하면 책임윤리(Verantwortungsethik)로 사고하고 행동하는 사람은 자신의 윤리적 판단과 결정이 정치생활이나 사회생활 일반에 가져올 결과를 함께 고려하고, 다른 윤리적 요청도 최대한 고려하면서 자신이 내린 결정을 현실에 옮기려는 태도를 취한다. 이에 반해 심정윤리(gesinnungsethik)[94]로 사고하고 행동하는 사람은 자신의 윤리적 판단과 결정을 상황과 결부시키지 않고 절대적으로 고수하려 한다. 그렇기 때문에 원리주의적인 입장을 취하며 자

---

92 동성혼이 "주관적 선호에 기한 도덕적 판단이라고 하더라도 다수의 도덕적 판단을 형성하게 되면 …(중략)… 위헌결정 자체가 흔들릴 가능성은 거의 없다"(조해현, "도덕의 법적 강제에 관한 소고", *영남법학* [제40호, 2015], 33쪽)고 보는 것은 타당하지 않다. 그런 위헌결정은 법의 윤리적 중립성을 실현할 수 있을지 몰라도, 윤리적 자율성을 보장하지는 못하기 때문이다.

93 이에 관해서는 M. Weber(박성수 역), *프로테스탄티즘의 윤리와 자본주의 정신(Die protestantische ethik und der geist des kapitalismus)* (문예출판사, 1996) 참조.

94 혹자는 이를 '신념윤리', '지조윤리', 혹은 '확신윤리'라고 번역하기도 한다. 시공을 초월한 내재적 선(intrinsic good)에 대한 일원론적이고 절대적인 신념에 기초하고 있다는 점에 착안한 것이다. 이는 김성호, "주객의 저편: 막스 베버에게 있어서 신념과 책임의 문제", *한국정치학회보* (제37권 제2호, 2003), 184쪽 참조.

신의 윤리적 결정이 다른 윤리적 결정이나 목표와 펼치는 갈등관계를 무시한다. 이를테면, 환경오염을 방지하기 위해 핵에너지 자체를 폐기해야 한다는 데 초점을 맞춘 주장이 '심정윤리적'이라면, 대체에너지의 개발과 사용이 국민경제에 당장 감당하기 어려운 재정적 부담을 준다는 점을 고려하여 일정한 범위 안에서 핵에너지를 사용하자는 주장은 '책임윤리적'이라고 할 수 있다.

2) 법의 실제적 조화의 과제 법은 원칙적으로 책임윤리적 태도의 인간상을 전제로 윤리적이긴 하지만, 심정윤리적 태도의 인간상을 배제해서도 안 된다.

(가) 법의 윤리적 의무 부과의 한계 충돌하는 이익들 모두를 조화롭게 실현하는 것, 즉 실제적 조화(praktische Konkordanz)의 원칙은 법이 개인에게 도덕적 의무의 이행과 관련하여 일정한 윤리적 의무를 부과하는 경우에도 그 윤리는 책임윤리이어야 함을 말해준다.[95] 예컨대 건강보험공단이 진료비용을 모두 지급해주지 않고, 환자(보호자)가 본인부담금을 지불할 수도 없는 상황에서 그 환자보호자가 의사의 충고에 반하여 치료의 중단과 퇴원조치를 막무가내로 요구하고, 폭력적 언행도 일삼아 어쩔 수 없이 환자를 퇴원시킨 의사를 살인(방조)죄로 처벌하는 판례(大判 2002도995)의 태도는 법이 의사에게 심정윤리적인 성격의 생명유지의무를 부담지우는 것이라 할 수 있다.[96]

(나) 심정윤리적 관점에 대한 법의 고려 다른 한편 그렇다고 해서 법이 개인의 심정윤리적 태도를 무조건 배제하는 것은 옳지 않다. 예컨대 법은 핵에너지폐기에 대한 심정윤리를 표현하는 집회시위를 허용하여야 한다. 그 집회시위가 일부 부적법한 경우에도 시민불복종의 일환으

---

95 윤원근, "독일 지적 전통의 신비적 세계관과 베버의 공동체 지향성 (1)－베버의 공동체적 특수주의", *한국사회학* (제34권 제1호, 2000), 31~63 참조.

96 이런 살인죄해석의 심정윤리적 성격을 분석한 이상돈, *치료중단과 형사책임* (법문사, 2002), 33~35, 98~102쪽; 이상돈 · 김나경, *의료법강의* (박영사, 2013), 182쪽 아래 참조.

로 취급될 수 있다. 그런 방식의 심정윤리적 표현은 거시적인 관점에서 보면 법공동체가 핵에너지의 폐기나 운용범위 등에 관한 결정을 내리는 비판과 토론의 과정의 일부이며, 민주적 입법의 성찰적인 과정을 이루기 때문이다. 물론 시위자도 그것을 통해 자신의 의견을 개진하고, 논의과정 속에서 자신의 심정윤리를 성찰하는 계기를 가질 수 있다. 그럴 경우에 심정윤리와 책임윤리는 민주적 입법과정에서 변증될 수도 있다.[97] 이러한 법체계가 이와 같은 변증의 과정을 어느 정도 수용하느냐는 바로 그 사회가 얼마나 민주적 법치국가의 역량을 갖고 있는지를 가늠하게 해주는 척도가 된다.[98]

(4) 법윤리와 법관의 법윤리적 의무 지금까지는 둘의 관계를 논의한 법과 윤리는 서로에 대해 외재하는 요소로 전제된 것이었다.

1) 법윤리의 의미 이에 비해 법윤리(Rechtsethik)는 법과 법관 자체의 윤리적 요소를 가리킨다.

(가) 법의 윤리적 최소한 법윤리라는 개념은 ① 법형성이나 법적용의 행위에서 실현해야 할 윤리적 최소한(ethischer Mindestgehalt)으로서 ② 아직 실정법에 제도화되지 않았지만, ③ 실정법이 그에 위배되는 경우에는 정당성을 잃어버리게 되는 윤리라고 설명되기도 한다.[99] 이러한 개념설명에서 '윤리적 최소한'이나 '정당성' 등의 개념은 법관이 확인 가능한 법외재적인 요소로 이해되어서는 안 된다. 그렇게 되면, 법윤리는 다시금 법에 외재적이며, 법과 충돌하기도 하는 윤리규범이거나 은폐된 자연법적 내용을 전제하게 되기 때문이다.

(나) 법윤리로서 법의 반성적 변화 · 발전의 책무 그러므로 법윤리란

97 류지한, "베버의 가치철학에서 책임윤리와 합리성의 한계", *철학논총* (제29집, 2002), 179쪽 아래.

98 이에 관해 "심정윤리와 책임윤리는 절대적인 대립관계가 아니라, 정치를 직업으로 할 수 있는 사람들이 동시에 배려해야 하는 보완관계다"라고 이야기한 M. Weber, *Gesammelte politische Schriften 제4판* (J. C. B. Mohr, 1980), 551쪽 참조.

99 Frann Bydlinski, *Fundamentale Rechtsgrundsätze: Zur rechtsethischen Verfassung der Sozietät* (Springer Verlag, 1988), 256~257쪽.

개념은 법이 스스로를 성찰하고 반성적으로 변화하고 발전할 책무라는 의미로 이해되어야 한다. 즉 현재의 법이란 언제나 완전한 것이 아니므로, 부단히 더 나은 법으로 발전하기 위한 반성적 변화를 지속하여야 할 책무를 갖고 있고, 그런 책무를 지속적으로 이행하려는 과정 속에서만 지금의 불완전한 법이 지금, 여기에서의 합법성(legality)을 가질 수 있다는 것이다. 법관도 입법권을 참칭하지 않는 범위에서 그때그때 법률상태의 결함을 반성하고, 그 결함을 메우는 법률해석을 할 책무를 진다. 이를 법관의 법윤리적 의무(rechtsethische Pflicht)라고 부를 수 있다.

2) 법윤리적 의무의 구체적 내용 이와 같은 법관의 법윤리적 의무로는 아직 실정법상 구체적인 권리로 제도화되지 못한 인권을 실현할 의무를 들 수 있다. 헌법 제10조 제2문은 "국가는 개인이 가지는 불가침의 기본적 인권을 확인하고 이를 보장할 의무를 진다"고 규정하여 이와 같은 법윤리적 의무를 법적 의무로 삼고 있다.

★ 양형과 법윤리적 의무 예를 들어 피고인이 재산범이고, 초범이며, 피해회복조치를 완전하게 이행하였고, 범죄에 대한 반성과 후회를 하고 있으며, 형기가 다 지나도 지속될 중증질환을 갖고 있고, 그 질환이 생명의 위험도 발생시키는 상황에서도 법원이 피고인에게 징역 2년 6월을 선고하면서 집행유예(형법 제61조 제1항)를 선고하지 않았다고 하자. ① 이런 사안의 피고인이 양형에서 생명의 위험을 배려 받는 것은 마치 구금시설 수감자의 진료 받을 권리[100]처럼 인권이다. 그러나 이러한 인권을 실현하기 위해 '형집행정지사유'(형사소송법 제471조 제1항 제1호의 "형의 집행으로 인하여 현저히 건강을 해하거나 생명을 보전할 수 없을 염려가 있는 때")나 '구속집행정지사유'(형사소송법 제101조 제1항의 "상당한 이유가 있는 때")와 같은 사유를 의무적인 집행유예사유로 정하는 명문

---

100 구금시설 수용자의 건강은 국가인권위원회법 제30조 제1항 제1호의 구금보호시설의 업무수행과 관련한 인권에 속한다. 수용자의 건강은 구금시설이 각별히 주의를 기울여야 것으로 수용자에 대한 진료상의 주의의무를 소홀히 하면 인권침해가 된다는 인권해석은 국가인권위원회 2004. 1. 16. 자 03진인399 결정; *국가인권위원회법 해설집* (국가인권위원회법 해설집 발간위원회, 2005).

규정이 없다. ② 그러나 법관은 양형에서 생명위험에 대한 배려를 받을 피고인의 인권을 '최대한' 보장하는 방향으로 형법 제62조 제1항을 해석·적용할 법윤리적 의무와 인권확인보장의무(헌법 제10조 제2문)를 진다. ③ 이 법윤리적 의무는 이를테면 ⓐ 집행유예의 일반적 요건을 충족하고, ⓑ 생명위험이 형기종료시점까지 지속할 것으로 예측되고(그렇지 않다면 단지 형집행정지사유만 인정됨), ⓒ 집행유예를 배제시켜야 할 특별한 공익(예: 국가안전보장에 대한 중대 위협 등)이 존재하지 않는 경우에 법원이 집행유예를 선고하지 않는 것은 위법한 양형이 된다는 법규범을 형성(이른바 '보충적 법형성')하는 것이다.

법관의 법윤리적 의무는 이외에도 법률해석에서 법규정 속에 정형화되지 못하는 시민들의 법감정을 고려할 의무나 미학적 정의(aesthetic justice)를 실현할 의무로도 발현될 수 있다. 가령 이성법적 규율의 한계를 넘어서지 않으면서 사안의 질감(texture)을 느끼고, 사안에 대한 정의감정(sense of justice)을 법률의 해석·적용에 고려하는 것은 법관의 법윤리적 의무가 된다.

3. 법과 사회규범의 관계

(1) 구조적 동일성과 차별성 법과 사회규범은 많은 점에서 구조적으로 일치한다. 특히 ① 수범자들의 준수동기와 같은 내면성보다는 실제의 준수여부와 같은 '외양성'이 중요하다는 점, ② 규범이 적용되는 영역에 속해 있는 사람 모두에게 '보편적인 구속력'을 갖고 있다는 점, 그리고 ③ 규범을 위반할 경우 제재가 뒤따른다는 점에서 그러하다.

그러나 두 규범은 무엇보다도 정형성(Formalität)에서 차이를 보인다. 즉, 법규범은 공식적인 법언어에 의해 분명하게 표현되어 있는데 반해, 사회규범은 많은 경우 분명한 언어 속에 담겨져 있지 않으며, 그 내용이나 한계도 불분명할 때가 많다. 법과 사회규범은 서로 충돌하고 갈등을 갖기도 한다. 물론 이러한 차이는 사회규범이 법규범으로 수용되는 경우에는 상대화될 수 있다.

그러나 법규범과 '법규범이 된 사회규범' 사이에도 현대사회에서는 여전히 규범의 실제적인 효력영역(Geltungsbereich)에 차이가 남아 있다. 즉, 도덕규범인 법규범이나 순수한 법규범의 효력영역은 법공동체 전체가 한 단위가 되는 반면, 대부분의 사회규범에서는 특정한 지역이나 직업집단, 또는 거래영역이 그 규범적 효력영역의 단위가 되거나(수평적-공간적 지역성), 혹은 특수한 연령집단이나 또래문화가 단위가 된다(수직적-시간적 지역성). 이를 사회규범의 '지역성'이라고 부를 수 있다. 이 지역성은 사회규범이 법규범에 비하여 상대적으로 더 구체적인 것임을 의미한다.

★ 사회규범의 지역성　예컨대 ① 1990년대 중반 배꼽티를 입거나 길거리에서 연인들이 키스하는 것이 서울 압구정동에서는 허용되는 행동인 반면, 지방의 어떤 곳[101]에서는 금지된다. 이는 사회규범의 수평적-공간적 지역성에 해당한다. ② 또한 술을 강권하는 집단문화나 특정 동아리 혹은 직업집단 내의 '신고식'문화는, 과거 세대에선 당연하게 받아들여졌던 반면 다음 세대들에게는 권위적인 억압으로 여겨져 반발을 가져오기도 한다. 이는 수직적-시간적 지역성에 해당한다.

(2) 법과 사회규범의 갈등　법과 사회규범은 서로 충돌하고, 갈등관계를 이루기도 한다. 법이 그 사회규범이 기능하는 생활세계의 전승된 규범, 에토스 등을 외면할 때 특히 그러하다.

★ 법과 사회규범의 갈등　① 학자사회에서 후학양성방식이 (우리나라의 경우 2007년 이후 미국식 상업주의적 연구윤리에 영향을 받아 제정된) 연구윤리에 의해 마치 그것이 오래된 학계의 사회규범인 양 정식화되고, 그런 사이비 사회규범이 정형화되고 통일된 법규범(예: 지적재산권법)으로 전환되고 있다. 이는 학문영역의 자율성뿐만 아니라 학문후속세대의 양성기제들을 망가뜨릴 위험이 있다. ② 제자논문표절이라는 반윤리적

101　배꼽패션이 즉결심판에 회부되었던 사건이 세간의 관심을 끌었던 1995년 무렵 충청북도 소재 모 대학의 학생회는 여학생들이 배꼽패션으로 도서관에 들어오는 것을 금지하는 입장을 공식화한 적이 있었다.

행동의 예를 들어 보자. 지도교수가 제자의 학위논문과 부분적으로 중첩되는 내용의 논물을 발표하는 것은 연구윤리에 반하며, 제자의 저작권을 침해한다는 점에서 도덕에 반하는 것으로서 위법하다고 판단된다. 하지만 교수가 학위논문의 주제를 주고, 연구방법을 일러주고, 제자가 봉착한 논증의 난관을 해결하는 관점을 제시해주는 등의 방식으로 지도학생이 논문을 완성하게 했다면 — 이것이야말로 성실한 교수의 직업윤리이자 직업정신인데 — 그 논문은 공식적으로는 그 학생의 학위논문이지만, 그 내용은 교수와 제자 모두에게 귀속되는 지적 생산물이 된다고 보아야 한다. ③ 그러나 법은 이 생산물은 제자의 소유물로 귀속시키고, 교수를 그 지적 생산물에 대한 지배영역에서 밀쳐낸다. 하지만 지도교수는 그 지도과정에서 스스로 발전시킨 자신의 생각을 새롭게 논문으로 낼 수 있어야 한다. 이때 그 논문의 실질적인 (제자의 학위논문으로부터) 분리가능성에 따라 교수는 단독으로 또는 제자와 공동으로 논문을 낼 수 있다. 만일 이런 것이 허용되지 않는다면, 교수는 역설적이게도 지도학생의 논문전개에 매우 유용하지만 아직 공개되지 않은 자신의 생각들에 대해 침묵하고, 자신이 나중에 그 생각을 자기 이름으로 발표하겠다는 계산 속에서 지도학생에 대한 지도를 외면할 수 있다. 그러므로 관계의 고유성을 살피지 않은 저작권법의 적용은 지도교수와 제자의 관계를 <계산적으로 영리한 교수와 소유적 개인주의에 갇힌 제자>라는 모습으로 변질시킨다. 이런 변질은 이타적이며, 협동적인 공동체관계를 형성하는 교수와 제자 사이의 학문적 생활세계가 상업주의로 각인된 지적재산권법의 체계에 의해 (하버마스의 용어를 빌리면) 식민지화되는 현상에 해당한다.

(3) **법이 사회규범을 수용·형성하는 방식** 여기서 법률이 사회규범을 수용하는 데에는 일정한 한계가 있음을 알 수 있다. 왜냐하면 법률은 일반성·추상성을 특징으로 하는 언어형식에 의해 구성되는데 그런 언어형식에는 구체적인 지역성을 띠는 사회규범이 완전하게 담길 수 없기 때문이다.

1) 법을 통한 사회규범의 형성과 해악원리 법이 사회체계의 기능을 유지·향상시키기 위해 시민들에게 부과한 다양한 의무들은 해악원리

나 사회적 유해성의 원리를 통하여 도덕적 의무인 것처럼 가장되기도 하지만 실제로는 사회규범을 형성하는 것일 수 있다.

예를 들어 자동차 운전 중 좌석안전띠 착용의무(도로교통법 제50조 제1항 제6호)가 교통사고 시 운전자의 사망사고율을 낮추는 것은 비교적 분명하지만 상대방이나 다른 교통참여자들의 사망사고율까지 미착용 운전에 비해 더 많이 낮춘다는 경험적인 증거는 아직도 부족하다.[102] 그런 경험적 지식의 결핍에도 불구하고 법이 좌석안전띠 착용을 의무화하는 것은 교통체계라는 사회체계의 '기능성'(Funktionstüchtigkeit)을 위한 것이다. 그러나 헌법재판소는 안전띠 미착용 운전이 "동승자의 피해를 증가시키는 점" 등을 이유로 안전띠착용의무조항이 일반적 행동자유권을 침해하지 않는다고 본다(憲裁決 2002헌마518). 이로써 사회체계의 기능화를 위한 의무는 마치 해악의 원리에 의해 정당화되는 도덕규범인 것처럼 각색된다.

★ 해악원리와 양립가능한 신체적 후견주의 안전띠 착용강제는 운전자 개인의 자유를 제한한다는 점에서 비도덕적인 것처럼 보일 수 있다. 그러나 안전띠 착용강제는 운전자 자신의 생명·신체에 대한 법의 후견주의적 개입으로 볼 수 있고, 이때 후견주의는 신체적 후견주의(physical paternalism)로서 자유주의를 훼손할 정도로 강하게 개인의 자율성을 제한하는 것이 아니다. 그런 점에서 이런 신체적 후견주의는 (매춘금지와 같은 윤리적 후견주의와 달리) 자유주의 전통의 핵심원리인 해악원리와도 양립할 수 있다.[103] 안전띠 착용강제는 그것이 후견주의적 개입이라는 이유만으로 이미 도덕규범이 될 수 없는 것은 아니다.

그러나 교통체계의 기능화를 위한 (좌석안전띠착용) 의무[104]는 그 준

102 헌법재판소가 다양한 통계자료를 활용한다는 점에서 오토바이의 자동차전용도로/고속도로 진입금지의무와 달리 해악의 원리 적용이 관념적인 추측이라는 반론을 차단할 수 있다고 보는 박준석, *법사상, 생각할 의무에 대하여* (아카넷, 2015), 31쪽.

103 특히 연성후견주의는 해악원리와 양립할 수 있다는 점에 관해 자세히는 오세혁, "법적 후견주의-개념분석적 고찰", *법철학연구* (제12권 제1호, 2009), 173쪽 아래 참조.

104 이 점을 사회국가원리에 의해 설명하는 권지혜, *형법정책의 토대로서 자유주의적 후*

수가 상당한 세월동안 강제되더라도 곧바로 도덕이 되는 것이 아니라 단지 사회규범의 하나로 승인되는 것일 뿐이다.

2) 일반조항을 통한 사회규범의 수용 바로 이런 이유로 해서 법이 사회규범을 수용할 때에는 구체적인 사회규범을 열거하는 방식이 아니라 주로 '일반조항'(Generalklauseln)이라는 입법기술을 자주 사용한다. 민법 제103조의 '선량한 풍속'[105]이나 '사회질서' 개념이나 형법 제20조의 '사회상규' 등의 개념은 그 대표적인 예이다.[106] 법관은 이러한 입법기술에 의거하여, 법규범이 구체적으로 어떤 사회규범을 수용할 것인가 하는 문제에 대한 입법권한을 사실상 위임받게 된다.[107]

3) 법의 해석 · 적용을 통한 사회규범의 수용 법이 사회규범을 수용하는 또 다른 통로는 법의 해석 · 적용이다.

(가) 법적 의무의 원천로서 사회규범 예를 들어 동거 남녀 사이에서 어느 한 사람이 생명의 위험에 처한 경우에 그 상대방은 형법상 부작위범규정(형법 제18조)의 "위험의 발생을 방지할 의무가 있"는 자에 해당한다고 해석 · 적용한다고 하자. 이런 해석 · 적용은 '동거 남녀 사이에는 서로 상대방의 생명에 대한 위험의 발생을 방지하여야 한다'는 사회규범을 확인하고, 그 사회규범을 법규범으로 수용하는 것이다.

(나) 하부문화의 고려 다원화된 현대사회에서 문화는 전체사회적으로 통일성을 갖지 못하고 다양한 하부문화(subculture)로 갈래 친다. 법

견주의에 대한 비판적 고찰 (이상돈 교수 지도 고려대학교 박사학위논문, 2016), 102쪽 아래 참조.

105 이 모호한 개념에 대한 비교법적인 통찰로는 이상욱 · 서호정, "민법 제103조 선량한 풍속의 위상에 관한 비교법적 고찰", *영남법학* (제10권 제1호, 2004) 참조.

106 여기서 선량한 풍속과 사회질서의 개념관계를 어떻게 보아야 하는지, 후자가 전자를 포함하는 상위개념으로 볼 수 있을지에 관해 견해대립이 있다. 이에 관해서는 남윤봉, "법률행위에 있어서의 공서양속", *법과정책연구* (제4권 제2호, 2004), 597쪽 참조.

107 이에 따른 문제점들에 관해서는 김영환, "법의 계수의 결과현상들: 개념법학적인 사유형태와 일반조항들에로의 도피", *법철학연구* (제4권 제1호, 2001); "Begriffsjurisprudenz und die Flucht in die Generalklausel, Festschrift für U. Neumann zum 70.Geburtstag" (C.H.Müller, 2017), 199~211쪽 참조.

의 해석·적용에서 하부문화를 고려하기도 하는데, 이때 하부문화에는 지역화된 사회규범이 들어 있기도 한다. 하부문화는 ① 합리적 업무관행, ② 폭력적 하부문화, ③ 경계영역의 하부문화로 유형화해볼 수 있다. ① 첫째, 나름대로 합리성을 띤 업무관행(예: 임상에서 수술을 위해 해야 될 수술 전 검사를 어느 범위에서 할 것인지에 관한 업무관행)은 과실판단, 특히 법적인 주의의무의 범위를 설정할 때 고려될 수 있다. ② 둘째, 이에 비해 합리성을 인정하기 어려운 하부문화는 형법적 판단에서 고려하지 않아야 한다. 예컨대 폭주족 사회는 과속·난폭운전이 과실이 아니라 미덕으로 인정되는 문화를 갖고 있지만 폭주족의 폭주행위는 과실이나 고의행위로 평가될 수 있다. ③ 셋째, 이 두 유형의 중간에 해당하는 하부문화도 있다. 예컨대 유흥지대의 밤거리에서 집단적으로 노래 부르기는 그 합리성 판단이 유보될 수 있다. 하지만 그런 행위에 대해 인근소란 등의 죄(경범죄 처벌법 제3조 제1항 21호)를 적용할 때에는 형량에서 제한적인 고려를 할 수도 있다.

(4) **사회규범의 법규범화와 그 한계** 모든 사회규범이 법으로 수용될 필요는 없으나, 사회규범이 그 관할영역을 독자적으로 규율하는 데에 실패하거나 사회적 통합을 오히려 저해하는 역기능을 보이거나 또는 (법경제학적 관점에서 볼 때) 법의 규율보다 사회적 비용을 더 많이 발생시키는 경우에는 수정·개선을 통해 법규범으로 변환될 필요가 있다.[108] 그러나 사회규범을 과도하게 법규범으로 전환하는 것은 바람직하지 못하다. 그 이유로 다음 세 가지 이유를 들 수 있다.

1) 법에 의한 분쟁해결의 한계 첫째 이유는, 법에 의한 사회적 분쟁의 해결은 대개 사실상의 한계에 맞닥뜨린다는 점이다. 즉, 사회적 분쟁은 많은 경우에 국가사법기관이 법규범에 의해 공식적인 해결을 도모하는 것보다 비공식적인 사회규범을 토대로 개인들 간의 자율적인

108 이런 관점으로 오태원, "사이버공간의 규제문제와 사회규범에 대한 법철학적 분석", *법철학연구* (제12권 제1호, 2009), 64쪽 아래 참조.

해결이나 특정집단 내부에 형성되어 있는 통제메커니즘에 의해 더 효과적으로 해결될 수 있기 때문이다.

예를 들어 비행소년을 바로 잡는 것은 그 비행에 대해 국가형법을 적용하는 공식적인 처벌보다는 그 소년과 사회적 관계를 맺고 있는 사람들(예: 부모, 선생님, 종교인)의 도움을 바탕으로 그 소년이 자신에게 결핍된 사회규범을 스스로 내면화하도록 하는 것이 더 효과적이다. 공식적인 형사처벌은 오히려 비행소년을 더욱 나쁜 범죄의 길로 들어서게 만든다. 소년교정정책에서 다양한 다이버전 제도의 고안이 요청되는 것도 이 때문이다.[109]

2) 비례성원칙 둘째, 국가권력의 목적과 국가권력이 사용하는 수단(기본권제한)이 비례적일 것을 요구하는 비례성원칙도 그 이유 중 하나이다. 사회규범이 법에 수용될수록 국가의 사적영역에 대한 개입은 증대하게 되는데, 비례성원칙은 이런 증대를 견제한다.

★ 소년 교육형과 비례성 예를 들어 소년이 비행행위를 통해 위반한 사회규범(예: 본드흡입금지)을 모두 (형)법규범으로 전환하면, 그 규범의 실효성을 보장하는 책무는 국가권력에게 주어진다. 그리고 국가권력은 그 규범의 관철을 위하여 소년의 비행행위를 더욱 촘촘하게 처벌하여야 하며, 이를 용이하게 만들기 위해서는 소년의 비행행위를 예방하고 적발할 목적으로 소년의 사생활영역을 감시할 필요를 갖게 된다. 이로써 소년이 지켜야 할 사회규범의 법규범화는 소년의 사생활의 자유를 중대하게 제한하게 된다. 그리고 이때 소년의 비행행위가 위반한 사회규범의 내용이 기존 형법규범의 내용보다 사소한 것일수록, 국가권력은 그만큼 더 작은 목적을 위하여 큰 권리를 침해하는 셈이 된다. 더욱이 소년법은 형벌이 아닌 교육이라는 수사(rhetoric)를 사용하기 때문에, 표면적으로는 비억압적이고 보호적인 양상을 띠지만 실제로는 교육의 미명 아래 규제와 억압의 범위를 확장시키고 사전예방적인 통제를 체계화한다. 이는 비례성원칙을 약화시키며 국가권력의 정당성도 의문에 빠져들게 만든다.[110]

---

109 강석영, "한국 소년원 교정교육 프로그램의 개선방안에 관한 연구", *청소년정책연구* (제2호, 2001), 198~199쪽.

3) 법적 전환이 불가능한 사회규범 셋째, 사회규범 가운데에는 오로지 비공식적인 프로그램(informelle Programm)의 형태로서만 실효성을 유지할 수 있는 것들이 있다. 예를 들어 의사가 환자로부터 신뢰를 얻기 위한 행동방식이라든지, 선생님이 상담학생의 신뢰를 얻기 위한 행동방식이라든지, 또는 변호인이 피의자와 교류하는 방식이나 증언을 성공적으로 얻어내기 위한 증인신문방법 등을 들 수 있다. 특수한 직업분야나 학문분야에서의 도제식 교육방법 등도 이에 속한다. 이러한 비공식적인 사회규범을 법규범으로 전환한다는 것은 이들 사회규범의 본질상 불가능하다.

예를 들어 환자의 신뢰를 얻어내는 의사의 행동방식이 공적인 법규범의 내용이 되고 시민들이 그 내용을 남김없이 인지한다면, 법규범에 따른 의사들의 행동방식은 더 이상 환자들로부터 신뢰를 얻어낼 수가 없게 된다. 왜냐하면 환자들은 그런 행동방식을―바로 법규범에 규정된 '일반적인' 행동방식이라는 점 때문에―자신의 개인적 특성을 섬세하게 고려해주기에는 너무나 공식적이며, 전형적이며, 도식적인 행동이라고 받아들이게 되기 때문이다. 이런 규범은 오히려 의사나 선생님 또는 변호사 등의 집단 내부에서 그들끼리 서로 전수되고, 준수될 때에만 비로소 그 실효성을 유지할 수가 있다. 그러므로 이런 사회규범을 법규범으로 전환하는 것은 그 규범이 질서를 형성하고 있는 생활영역에서 사람들이 서로 신뢰하는 사회적 관계를 형성하는 데에 커다란 장애를 초래할 수 있다.

---

110 이와 유사한 문제의식을 담은 H. Ostendorf, *Maßloses Erziehungsstrafrecht oder gebändigtes Präventionsstrafrecht* (1987), 93쪽 아래 참조.

06 법과 경제

Ⅰ. 법과 경제의 관계: 역사와 이념

역사적으로 우리사회에서 법과 경제의 관계는 경제가 법에 대해 일방적 우위(경제주의)를 점하거나 법이 경제에 대해 일방적으로 우위(사법주의)를 점하는 관계로 전개되어 왔다.

1. 경제주의

먼저 1960년대 이후 한국사회에서 경제의 성장과 안정은 우리 공동체의 목표이자 가치의 지위를 누려왔다. 예를 들어 정의와 평등 혹은 복지와 분배와 같은 공동체의 다른 어떤 가치들보다도 경제의 성장과 안정이 우선시되어 왔다. 이런 경제(제일)주의는 법에 대하여도 관철되었다. 즉, 법과 제도는 많은 경우 경제의 성장과 안정이라는 목표를 수행하는 정책적 도구로 이용되어 왔다. 우리 사회에서 이와 같은 법의 경제적 도구화 현상은 크게 두 단계로 나누어 볼 수 있다.

(1) **개발독재** 첫 번째 단계는 1960, 70년대이다. 이 시기는 흔히 개발독재라는 말로 표현된다. 즉, 경제성장을 이유로 정치적 자유를 광범위하게 제한하는 독재체제가 정당화되었고, 법(예: 반공법)은 그러한 자유제한의 선봉장이 되었다. 이것은 법이 자신의 정당성기초인 민주적 법치국가의 이념을 제대로 실현할 수 없었음을 의미한다. 물론 당시 한

국사회는 민주적 법치국가의 기틀이 거의 잡히지 못했던 사회였다. 이 시기의 법의 경제적 도구화는 경제적 논리가 직접적으로 법에 대한 우위를 점령한 결과라기보다는 경제개발의 명분을 내세운 정치적 독재체제의 법에 대한 우위가 빚어 낸 결과라고 볼 수 있다. 다시 말해 이 시기의 경제주의는 왜곡된 독재정치체제에 의해 만들어진 것이라 할 수 있다.

(2) **경제성원칙** 따라서 법에 대한 정치의 권위주의적 우위가 사라진다면, 1960, 70년대 나타난 법에 대한 경제의 맹목적이고 지나친 우위는 사라질 것이라고 전망할 수 있었을 법하다. 그러나 1990년대에 정치적 민주화(문민정부의 출범)가 이루어졌음에도 불구하고 법에 대한 경제의 우위는 사라지지 않았었다. 물론 경제주의의 작용방식에는 이전의 시대와 차이가 있었다. 1960, 70년대의 경제주의는 개발독재와 같은 이데올로기의 형태로 작용한 반면, 1980, 90년대의 경제주의는 법체계가 합리성 개념의 하나인 경제성원칙(ökonomisches Prinzip)에 의해 재편성되는 형태로 작용했다. 오늘날 한국사회에서 경제주의는 정치의 힘이 아니라 (경제)논리의 힘에 의해 법의 형성과 법체계의 조직에 커다란 영향을 미치고 있다.

1) 신자유주의와 세계화 경제주의가 계속 지배하는 근본적인 이유는 신자유주의의 세계화에서 찾을 수 있다. 신자유주의(Neo Liberalism)란 모든 경제활동에 대한 국가간섭 철폐를 주장한 자유주의 이후의 새로운 의미의 자유주의를 말한다. 신자유주의는 무엇보다 복지국가 정책의 폐해가 정부실패(government failure)의 문제를 낳으면서, 그리고 세계사적으로는 영국의 대처리즘과 미국의 레이건노믹스의 정치적 후원 아래 급격히 성장하였다. 신자유주의는 고전적인 자유주의처럼 국민경제 안의 체제이념이 아니라 '초국가적인' 체제이념이라는 특징이 있다. 신자유주의는 특히 IMF, 세계은행 등과 같은 세계금융기관이 금융위기를 겪는 국가에 그 지원의 조건으로 미국식 자유주의 (금융)경제체제를

강요하는 방식으로, 즉 세계화의 물결을 타고 전파되는 이념이다.[1] 마르티네즈(Martinez)와 가르시아(Garcia)에 의하면[2] 신자유주의의 특징으로는 ① 자유경쟁의 강조, ② 효율성의 극대화 추구, ③ 이윤의 극대화 추구, ④ 시장원리에 대한 맹신, ⑤ (정부의) 규제철폐 옹호, ⑥ 공기업의 민영화, ⑦ 정부기구 및 기업의 구조조정, ⑧ 사회복지부문에 대한 공공예산 삭감, ⑨ 공공재의 개념 철폐를 들 수 있다.

경제주의가 개발독재가 아니라 신자유주의의 이념에 의해 수행되면, 경제주의의 작용영역에도 변화를 가져오게 된다. 즉, 경제주의는 1960, 70년대처럼 단지 (좁은 의미의) 경제에 관련된 법영역이나 정치적 자유에 관련된 법영역에 국한되어 작용하지 않고, 경제나 정치에 직접 관련이 없는 법영역에까지 작용하게 되었다. 예를 들면 경제영역과는 직접 관계가 없는 소송제도도 점점 더 많이 경제성원칙에 의해 재편성되어 간다.[3] 또한 이를 소송법학에서는 소송경제(Prozeßökonomie)라고 표현한다.

2) 기업사회화 그런 변화는 오늘날 '경제성'이 점차 '경영효율성'으로 변화함으로써 더욱 가속화되고 있다. 이는 '기업사회화'라는 현상으로 그 핵심을 요약할 수 있다. 이는 기업(경영)의 효율성이 국가 경제의 효율성과 동일시되고, 그 효율성이 사회의 다른 영역에 전승되어 온 가치들에 대해 압도적인 우위를 점하는 현상을 가리킨다.[4] 기업사회화란 첫째, 기업권력이 정치권력이나 법과 행정을 압도하고, 둘째 학교 등과 같은 다른 사회조직이 기업을 모델로 하여 조직화되고, 셋째 기업

1 세계기구의 신자유주의적 성향에 대한 비판글의 대표로 R. Peet(박형준·황성원 역), *불경한 삼위일체(Unholy Trinity)* (삼인, 2007) 참조.

2 E. Martinez · A. Garcia, *What is "Neo-Liberalism"* (http://www.corpwatch.org/trac/corner/glob/neolib.html).

3 소송법에 대한 법경제학적 분석으로는 송석윤, "민사소송의 법경제학", *서울대학교 법학* (제46권 제2호, 2005) 참조.

4 기업사회에 관한 대표적인 연구로서 김동춘, *(1997년 이후) 한국사회의 성찰: 기업사회로의 변환과 과제* (길, 2006) 참조.

의 문화가 다른 문화의 가치를 압도함으로써 모든 사회구성원이 종업원과 소비자로 자리매김되는 사회를 말한다. 한국사회에서 기업사회화는 특정한 기업권력이 단지 법과 행정뿐만 아니라 언론과 미디어까지 포획하기도 한다.

이런 현상에 대해 공공성이 사기업의 이익에 굴복하게 된다는 점이 비판[5]되는 반면, 투입 대비 산출을 극대화하는 기업의 '경영원리'가 사회전반으로 확대되어야 한다는 반론이 팽팽히 대립되기도 한다.[6] 예컨대 대학운영도 성과급제의 도입과 같이 기업경영을 모델링하면, 연구와 교육을 등한시했던 교수들의 변화가 촉발될 수는 있는 반면, 그로 인해 계량적 평가로 평가될 수 없는 학문연구의 세계가 위축될 위험도 존재한다. 그러므로 기업사회화에 대한 가치판단은 그것이 각 사회영역의 합리화를 촉진시키는 지점을 넘어서 그 영역의 전승된 문화나 규범을 파괴하는 역기능을 보이는지가 관건이 된다.

(3) **분배의 경제정책** 한국사회에서 90년대 말부터 법에 대해 강력한 힘을 발휘하는 새로운 경제주의의 형태로 분배의 논리가 등장하였다. 경제개발논리나 경제성원칙은 모두 효율성과 목적합리성을 좇지만, 분배의 경제정책은 이와 정반대로 비효율성을 감수하고 가치합리성을 좇는다. 특히 부자의 자산을 가난한 사람에게 옮기기 위한 경제정책이 각종 법제도를 변형시켰다. 가령 상장주식의 거래차익에 대한 소득세는 오직 대주주에게만 부과하였는데,[7] 이는 누진세의 소득재분배기능을 넘어서 조세평등원칙을 훼손하는 분배의 경제논리가 법에 우위를 점한 현상을 보여준다. 법원의 판결에서도 분배의 경제논리가 형법의 평균적

5 한겨레신문 2007.1.27.자에 피력된 김동춘 교수의 입장.

6 김동춘 교수와 공병호 박사의 대담은 한겨레신문 2007.2.19.자 참조.

7 1998.12.28. 개정된 소득세법 제94조 제1항 제3호 가. 및 동법시행령 제157조 제4항에 의해 3% 이상 소유하거나 소유주식의 시가총액이 100억원 이상인 대주주만 상장주식양도세에 대한 소득세를 납부해야 하는데, 이에 대해 헌법재판소는 합헌규정이라고 본 바 있다. 憲裁決 2003. 4. 24. 2002헌바9; 2006. 2. 23, 2004헌바71, 2005헌바103[병합] 등 참조.

정의를 밀어내는 경우를 찾을 수 있다.

★ 분배의 경제논리와 형벌법의 왜곡　예를 들어 집행유예(형법 제62조 제1항)를 선고할 다른 모든 요건이 갖추어져 있고, 게다가 생명의 위험까지 있을 정도로 병세가 깊은 피고인에 대해 재벌회장이라는 이유로 집행유예를 선고하지 않으면서 그 핵심근거를 가령 '대규모 자산을 보유한 기업가'의 도덕적 해이를 막고, 기업범죄를 예방하기 위함에서 찾는 판결[8]을 생각해보자. 이런 판결은 배분적 정의를 염두에 두면서 형벌의 부과나 집행유예의 부과여부에서 부의 편중분배를 고려하는 점에서 분배의 경제논리가 형벌제도의 평균적 정의를 밀어내는 모습을 보여준다. 부자도 가난한 자도 형벌의 부과에서 차별을 받는 것은 헌법상 평등원칙에도 위배된다.

분배의 경제정책은 2000년대 후반부터는 보편적 복지의 논리로까지 확장되고 있다. 인간다운 생활에 필수적인 재화의 향유에 관해서는 완전한 평등주의가 새로운 경제정책의 목표가 되고 있는 셈이다.

2. 사법주의

1990년대 후반 무렵부터 우리 사회에서는 경제나 경영의 효율성보다는 사회정의가 더 우위에 놓여야 하며, 법은 그런 사회정의를 관철하는 수단으로 기능해야 한다는 관점이 등장해 왔다. 이를 사법주의라고 부를 수 있다. 경제가 사회를 규율하는 것이 아니라 사회정의로 무장된 법이 사회를 규율하여야 한다는 의미이다. 이럴 경우 법은 경제에 대해 우위에 놓이게 된다.

(1) 법의 경제에 대한 우위　사법주의는 흔히 시민단체의 사회정의 관념을 반영한다.

예컨대 ① 경영인들의 위법이 아닌 단순한 모럴헤저드에 대해서 배임죄를 적용한다든지,[9] ② 모든 분식회계는 사회의 악으로서 반드시 엄중 처

8 서울고등법원 2015. 12. 15. 선고 2015노2486 참조.

벌해야 한다거나, 분식회계를 눈감아준 공인회계사도 경영진과 연대하여 투자자의 투자실패로 인한 전 손해를 배상할 책임을 져야 한다는 관점, ③ 의료혜택의 평등을 위해 사회보장의료만 고집하고, 보험료의 적정인상에도 무조건 반대하며, 자유의료시장도 허용되어서는 안 된다는 관점, ④ 도산 위기에 처한 피인수회사의 자산을 담보로 대출을 받아 그 회사를 인수한 뒤 성공적인 기업회생경영을 한 경우(이른바 차입매수에 의한 인수·합병)에도 담보급부를 제공함이 없었다면 배임으로 처벌해야 한다는 관점[10] 등을 들 수 있다.

이 경우들에 공통된 점은 법이 보호하는 이익이 무조건적인 사회정의라고 간주하고, 법은 그런 사회정의를 굴절 없이 강력하게 집행하는 수단이 되어야 한다는 생각이다. 여기서 사회정의가 사회적 약자를 보호하는 목적의 관점에서 파악된 경우라면, 그런 정의를 실현하는 법은 헌법상 사회국가의 이념을 실현하는 것이 된다.

(2) **경제적 합리성의 상실** 그러나 이 때 사회정의는 그것을 정의로 바라보는 사람이 자신의 정의관점을 무조건 타당한 것이라고 보는 과도한 확신 속에서 자신의 입장을 성찰함이 없이, 단지 관철하려고만 하는 일종의 '도덕적 엘리트주의'에서 바라본 정의일 수 있다. 이러한 도덕적 엘리트주의에 포획된 법은 경제분야에서 좇아야 할 합리적 행동을 위법한 행위로 단죄하는 과잉규제를 가져오고, 그런 과잉규제는 경제주체들의 합리적 행동을 어렵게 만든다.[11]

예를 들어 ① 어떤 분식회계도 법에 의해 금지되고 단죄되도록 입법이 이루어져 있지만, 가령 경상이익이 많은 해에 보유자산에 대한 평가를 낮게 했다가 경상이익이 적은 해에 높게 하는 이른바 '이익의 유연화'는 비록 분식회계이지만 경영위기를 극복하는 합리적인 경영전략이 되기도

---

9 이에 관해 자세히는 이상돈, "경영실패와 경영진의 형사책임", *법조* (5월호, 2003), 61~99쪽 참조.

10 大判 2004도7027.

11 시민단체의 도덕적 엘리트주의에 대한 비판으로 이상돈, *시민운동론* (세창출판사, 2007), 14~20쪽 참조.

한다. ② 공인회계사의 부실(외부)감사도 회계판단의 차이나 과실의 회계오류의 경우에는 고의적인 회계부정과 달리 투자실패의 손해에 대하여 배상책임을 인정할 만한 불법을 갖고 있지 않은데도, 연대책임을 부과하는 법은 우수한 회계인력의 외부감사업무에서의 이탈을 촉진시켜 장기적으로는 오히려 경영투명성의 실현에 어려움을 가져다 줄 수 있다.[12] ③ 피인수회사의 자산을 담보로 빌린 돈으로 그 회사를 인수하는 차입매수(LBO)는 자산을 지닌 인수자를 찾기 어렵고, 공적 자금이 투입될 수도 없는 기업으로서는 정리절차에 넘어가지 않고 기사회생할 수 있는 경영전략의 하나가 될 수 있기 때문에, 차입매수 인수·합병을 배임죄로 처벌하는 판결은 기업의 회생이 가져다줄 다양한 관계인의 이익을 외면하게 된다.[13] ④ 한 명의 의사가 복수의 의료기관을 개설·운영할 수 없게 하는 의료법 제33조 제8항은 의사에게 충실진료의무를 강제하는 것이지만, 프랜차이즈 의료기관이 갖는 의료소비자의 편익증대효과(예: 의료서비스의 질 향상, 지점의 전국적 분포에 의한 소비자이용의 편의증대와 지역간 격차 해소 등)를 차단함으로써 의료소비자의 권리를 침해한다.[14]

3. 법과 경제의 균형과 조화

이제까지 설명한 경제주의와 사법주의는 어떤 이론이나 이데올로기를 말하는 것이 아니라 법과 경제 또는 경영이 균형을 이루지 못하고, 서로를 무시함으로써 법의 정의실현임무뿐만 아니라 경제의 재화생산(과 수익창출)·분배임무를 동시에 그르친 현실을 표현하는 개념이다. 이 개념은 앞서 설명한 바와 같이 한국사회의 역사적 현실이자 발전과정이기도 하다. 선진사회로 진입한 우리 사회에서는 경제주의와 사법주의는 이미 서로 변증적으로 지양되었어야 할 편향된 관점이다. 경제주

12 이런 방향의 연구로 이상돈, *부실감사법: 이론과 판례* (법문사, 2007) 참조.

13 이런 관점은 이상돈, “차입에 의한 기업인수(LBO)와 배임죄”, *경제법연구* (제7권 1호, 2008), 171~194쪽.

14 이 점에 대해 자세히는 이상돈, “네트워크 의료기관 경영의 법적 허용과 그 한계”, *영남법학* (제42집, 2016), 255~284쪽.

의와 사법주의를 변증적으로 지양하는 것은 법의 정의실현임무와 경제의 재화생산·분배임무를 동시적으로 달성하는 밑바탕이 된다. 그런 변증적 지양이 한국사회에서는 일정한 정도로는 이미 현실이다. 하지만 아직도 상당한 정도로 아직 달성되지 않은 임무로 남아 있다. 물론 이 점은 서구선진사회에서도 마찬가지이다.

법과 경제 또는 경영이 균형과 조화를 이루고, 서로를 존중함으로써 법의 정의실현임무와 경제의 재화생산(또는 수익창출)·분배임무(경제적 효율성)를 동시에 달성하기 위한 그 둘의 관계를 아래서는 다음 세 차원의 논의를 통해 설계해 보기로 한다.

- **법에 의한 경제의 규제** 첫째, 법은 개인의 경제적 행동과 시장에 대한 규율을 행한다. 이때에도 법과 경제는 서로를 구성하는 균형의 관계에 들어가야 한다(아래 Ⅱ. 단락 참조).
- **경제에 의한 법의 규율** 둘째, 경제도 법을 규율한다. 경제성은 법을 교정하는 지침이 되고, 법의 실효성 변수가 되며, 궁극에는 법의 범주적 요소로 내재화 된다(아래 Ⅲ. 단락 참조).
- **법과 경제의 체계통합** 셋째, 경제의 합리성과 법적 정의가 범주적 충돌을 일으키고, 경제체계와 법체계의 기능이 서로 충돌하는 경우에 경제와 법 사이의 소통을 도모하고, 두 체계의 기능적 충돌을 조정하는 체계 간 원칙(intersystemic principle)이 활성화되어야 한다(아래 Ⅳ. 단락 참조).

Ⅱ. 법과 경제의 관계방식

'법과 경제의 이성적인 관계'가 법과 경제가 서로를 구성하는 범주적 요소가 되는 관계라고 할 때, 먼저 법이 경제를 어떻게 규율하는 것인지를 살펴본다. 법이 경제를 규율하는 방식은 개인의 경제적 행동을 규율하는 방식과 시장을 규율하는 방식으로 나누어 고찰할 수 있다.

1. 법과 개인의 경제적 행동

법은 개인의 경제적 행동과 다음과 같은 관련을 맺을 때 이성적이며, 경제적인 것이라 할 수 있다.

(1) **합리적 경제행동의 승인과 보호** 우선 원칙적으로 법은 개인의 합리적인 경제적 행동을 윤리적으로 정당한 것으로 승인하고 보호하여야 한다. 그렇기 때문에 법은 예를 들어 소비자들에게 소비생활의 합리화를 도모하도록 물품 및 용역을 선택함에 있어서 필요한 지식 및 정보를 제공받을 권리나 물품 및 용역을 사용 또는 이용함에 있어서 거래의 상대방·구입장소·가격·거래조건 등을 자유로이 선택할 권리(소비자기본법 제4조)를 보장함으로써 경제적인 소비생활을 가능케 한다. 또한 법은 경제적 행동을 보호하는 데서 그치지 않고, 새로운 경제적 행동을 촉진하는 역할을 수행할 필요도 있다. 예컨대 국가는 조세상의 혜택이나 각종 (예컨대 고령화사회에 사회보장의 심각한 재정난에 대비한 출산장려[15]) 보조금의 지원을 법으로 규정하여 정책적으로 개발이 바람직한 영역에 생산성 높은 산업의 개발을 촉진하기도 한다. 각종 산업분야를 지원하거나 육성하는 기획을 지닌 법률 등이 그 예이다.

(2) **비합리적 경제행동의 승인과 보호** 경제적 합리성이란 반드시 개인이 효용의 극대화라는 목표를 향해 논리적이며 일관된 행태의 행동을 보이는 것[16]만을 의미하지는 않는다. 인간은 개인적인 습관, 타성,

15 이런 법의 입법과정은 정의라기보다는 효율에 가깝기 때문에 결국 입법과정에서는 존재와 당위가 분리되기 어렵다는 조성혜, "법경제학의 기초", *법철학연구* (제7권 제2호, 2004), 117쪽 참조. 이러한 설명도 법과 경제학이 법경제학으로 융합될 수 있음을 보여준다.

16 경제학적 합리성에 대한 논의로 이정전, "합리적인 개인 대 비합리적인 사회", *공공선택의 이론과 응용* (봉명, 2006), 101~137쪽; 박홍기, "중용의 합리성과 경제적 합리성", *중용의 덕과 합리성* (청계출판사, 2004), 231~289쪽; 사회와 철학 연구회 편, *철학과 합리성* (이학사, 2002) 참조. 한편 경제학적 합리성의 철학적 차원에서의 개념은 도구적 합리성이라고 할 수 있을 것이다. 도구적 합리성에 대한 연구로 소병철, *도구적 합리성의 규범적 조건에 관한 연구* (고려대학교 대학원 박사학위논문, 2005); 고전적 문헌으로는 M. Horkheikmer(박구용 역), *도구적 이성 비판: 이성의 상실*

충동 등을 지닌 비합리적 존재이기 쉽고, 법은 그런 인간의 비합리적인 경제적 행동도 — 비록 경제이론에서는 학파에 따라 그 인정여부가 다를 수 있겠지만[17] — 승인하고 보호해야 할 필요가 있다.

★ 제한된 경제적 합리성 행동경제학(Behavior Economics)의 진영에서는 실제의 인간은 순수한 의미에서 경제적 인간이 아님을 전제한다. 특히 사이먼(Herbert Simon)에 따르면,[18] ① 인간은 제한된 합리성(bounded rationality)만을 가진다. 계산능력이나 기억은 제한적이기 때문이다. ② 인간은 제한된 의지력(bounded willpower)을 가질 뿐이다. 예컨대 많은 애연가들이 흡연을 선호하지 않는다고 말하면서도 금연약을 사는데 돈을 쓴다. ③ 인간은 제한된 이익추구(bounded self-interest)를 할 뿐이다. 예컨대 많은 사람들이 타인을 염려하며 행위를 한다. ④ 따라서 인간이 항상 합리적이라는 전제 하에 법을 제정하면 성과를 올리기 어려울 수 있다. 예컨대 범죄율을 낮추기 위해 형량은 대폭 늘려도 "범죄자가 먼 미래의 가치를 쌍곡신형으로 할인한다면" 범죄예방의 효과는 나타나지 않을 수 있다.[19]

가령 일정기간 또는 특별한 사유가 없는 한 임차료의 증감을 금지하는 상가임대차보호법[20]은 임대인이란 언제나 임차료를 늘림으로써 임대효용을 극대화하려 한다고 전제한다. 하지만 임대인도 선행의 의지로부터 법률상 임차료 증감사유가 없더라도 임차료를 내리려 할 수 있고, 그런 점을 법은 승인하고 그 가능성을 보호해주어야 한다.

(문예출판사, 2006) 참조.

17 비합리적 행동을 전제로 경제이론을 세워야 한다는 G. Becker, "Irrational Behavior and Economic Theory", *Journal of Political Economy* (제70권, 1962), 1~13쪽.

18 H. Simon(이시원 역), *관리행동론: 조직의 의사결정에 관한 연구(Administrative Behavior)* (금정, 2005), 189쪽 이하 참조.

19 이런 행동법경제학적 분석을 보여주는 조성혜, "합리적 선택이론과 행동법경제학", *법철학연구* (제10권 제1호, 2007), 195~232쪽, 특히 228쪽 참조.

20 법에 의하면 계약 후 1년 이내에는 아예 증감청구가 불허되고(상가임대차보호법 제11조 제2항), 그 이후에만 그것도 임차건물에 관한 조세, 공과금 그 밖의 부담의 증감이나 경제사정의 변동으로 인하여 상당하지 아니하게 된 때에만(상가임대차보호법 제11조 제1항) 증감청구가 허용된다.

(3) 경제적 합리성에 우선하는 도덕의 법적 승인 법은 때때로 도덕이나 공동선을 위해 경제적 합리성을 후퇴시킬 수 있다.

1) 경제성에 우선하는 도덕적 고려의 유형들 그런 경우로 다음과 같은 네 가지를 대표적인 예로 들 수 있다.

(가) 사회적 연대성의 도덕 첫째, 경제적 합리성과 사회적 연대성의 관점에서 해석되는 도덕규범이 충돌할 때에는 도덕규범을 앞세워야 한다. 즉, 그런 도덕규범의 관철을 위해 그 규범의 의무부담자에게 법은 경제적 행동의 합리성을 외면하고, '비경제적인' 행동을 요구한다. 예를 들어 법은 직계혈족간이나 배우자 및 생계를 같이 하는 친족 간에는 자기의 자력 또는 근로에 의하여 생활을 유지할 수 없는 경우에 그를 부양할 의무를 지게 한다(민법 제975조).

(나) 인간다운 최저생활조건의 보장 둘째, 국가나 지방자치단체는 국민경제적 관점에서는 비경제적인 투자이지만 생활유지의 능력이 없거나 생활이 어려운 자에게 인간다운 최저생활조건을 보장하여야 한다(예: 기초생활보장법). 이는 국민이나 주민에게 비경제적인 재정지출을 요구한다.

(다) 공정성 셋째, 법은 공정성에 위반되는 행동을 경제적 합리성의 이유만으로 정당화시키지 않는다. 예를 들어 법은 사람의 궁박한 상태를 이용하여 폭리를 취하는 것을 금지하며(형법 제349조), 이미 널리 인식된 타인의 상표와 혼동을 일으키게 하는 상표를 사용하는 것과 같은 부정경쟁행위를 금지한다(부정경쟁방지법).

(라) 형사사법의 정의 넷째, 정책의 선택에서도 법은 형사사법의 정의를 위해 사회적 총비용의 증가를 감수하기도 한다. 예컨대 베커(Becker)에 의하면[21] 범죄인의 체포와 유죄판결의 확률이 높고 형량이 무거울수록 범죄가 감소하고, 또한 체포 확률을 높이는 것이 형량의 증

21 이에 대해 자세히는 G. S. Becker, "Crime and Punishment: An Economic Approach", *Journal of Political Economy* (제70권, 1968) 참조.

가보다 범죄의 감소에 더욱 효과적이지만, 그 비용이 매우 크다. 경제적으로는 체포 확률을 높이는 인적, 물적 자원의 확충보다 손쉬운 방법인 형량의 상향조정이 추천된다. 그러나 법은 정의의 실현을 위해 형량의 상향조정보다는 더 비용이 많이 체포의 인적·물적 자원의 강화를 좇아야 한다.

2) 도덕을 우선하는 법의 경제적 합리성 물론 여기서 어떤 도덕, 특히 어떤 윤리적 요청을 경제적 합리성보다 우선 시켜야 하는지는 분명하지 않다. 이 문제는 광범위한 비판과 토론의 과정에서 그때그때 도출될 수 있는 합의에 의해서만 결정될 수 있을 뿐이다.

(가) 극단적 시장주의 하지만 시장경제체제를 극단적으로 옹호하는 진영[22]에서는 이와 같이 법이 경제보다 도덕을 우선하는 것에 반대한다. 즉 사회적으로 비난받는 사람들이 경제학적으로 합리적이며 사회적으로 유익할 수 있다는 것이다. 예컨대 비싼 암표는 줄서기가 귀찮거나 바빠서 줄을 서 기다리지 못하는 사람들에게 가격을 차별화하는 기능을 수행한다든가, 고리대금업은 신용과 담보가 없어 은행대출을 못 받는 가난한 사람들에게 금융기능을 수행하는 것이며, 성매매 포주는 고객이 성매매상대를 찾는 시간과 비용을 감소시켜주며, 식량 사재기는 소비자들이 적게 먹고 식량을 많이 저축할 동기를 부여한다는 것이다.

(나) 도덕의 거시적 경제성 그러나 이러한 극단적 시장주의는 도덕이 경제적 행동의 한 인자로 작동하는 인간의 보편적 모습을 외면하고, 때로는 지하경제를 부추긴다는 점에서 법의 기초가 되어서는 안 된다. 법이 좁은 의미의 경제적 합리성을 포기하고, 도덕이나 정의 또는 공동선을 우선시할 경우에 장기적으로 보면 오히려 더 경제적인 결과가 초래될 수 있다. 예컨대 가족 간 보호를 외면하면 가족공동체의 해체와 그에 따른 사회복지제도에 의한 부양비용이 증가하게 되고, 최저생계비

---

22 이하의 삽입글의 내용은 W. Block(이선희 역), *디펜딩 더 언디펜더블(Defending the Undefendable)* (지상사, 2007)을 요약 정리한 것임.

마저 보장하지 않으면 사회불안이 급증하고 사회적 통합이 위태로워져 이를 수습하기 위한 정치·경제적 비용이 엄청나게 커질 것이며, 체포와 처벌의 확실성이 뒷받침되지 않은 상태에서 형량만 높이는 것은 형법의 무력화를 초래해, 치안비용을 오히려 대폭 증가시킬 수도 있다. 그러므로 이런 유형의 법들도 정의와 경제성을 장기적인 안목에서 통합시켜야 함을 알 수 있다.

2. 법과 시장

법은 또한 개인들이 경제적 행동을 하는 공간 ― 즉 재화의 공급과 수요가 만나는 장소, 공급자와 수요자가 재화와 돈을 교환하는 장소 ― 인 시장에 대하여도 일정한 관계를 유지한다.

(1) **시장의 전제조건의 법적 보장** 첫째, 민주적 법치국가의 자유주의 전통은 시장이 작동하기 위한 기초전제를 법에 의하여 보장한다. 즉, 법은 모든 시민에게 계약의 자유를 포함한 자유[23]와 사적 재산권을 보장한다. 헌법상의 행복추구권(헌법 제10조), 주거이전의 자유(제14조), 직업의 자유(제15조), 그리고 재산권보장(제23조) 등의 규정은 바로 이를 표현한다. 이런 법제도는 시장이 성립하기 위한 전제조건이다. 더욱이 더글러스 노스(Douglas North)에 의하면[24] 계약과 소유권 제도는 시장에서 거래비용을 축소시키는 기능을 수행하기도 한다.

(2) **시장의 조정기능의 법적 보호** 둘째, 개인들은 자신의 재산을 활용하여 시장에 수많은 재화의 공급자나 수요자로 자유로이 그리고 경쟁적으로 참여한다. 중앙기관에 의해 조종 받지 않는 무수히 많은 공급자와 수요자 간의 자유로운 교환거래는 결국에는 각자의 경제적 이

---

23 자유에 대한 고전적인 글로는 I. Berlin(박동천 역), *자유론* (아카넷, 2006) 참조. 특히 Berlin의 「자유의 두 개념」에서는 자유를 적극적 자유와 소극적 자유로 구분하고 있는데, 이와 같은 구분은 정치철학에서 매우 보편적으로 행하여지고 있다.

24 D. North(이병기 역), *제도, 제도변화, 경제적 성과(Institutions, Institutional Change, and Economic Performance)* (한국경제연구원, 1996) 참조.

익을 극대화시켜주는 선에서 균형을 잡게 되고, 이 균형점에 서지 못하는 공급자나 수요자는 시장에서 낙오된다. 그리고 경쟁력 있는 새로운 공급자나 수요자가 시장에 다시 등장한다. 말하자면 공급과 수요가 끊임없이 균형점을 형성해 나아가는 과정은 수많은 공급자와 수요자의 경제적 행동을 자율적으로 조정하는 것이라고 할 수 있다. 이러한 조정기능을 가진 시장체제는 80년대 말 붕괴한 구소련, 동유럽 공산국가 그리고 북한의 계획경제체제보다 더 나은 체제임이 역사적으로 입증되었다.

★ 시장체제와 자본주의 그리고 사회주의 계획경제와의 구분 ① 여기서 주의할 점은 그렇다고 해서 시장체제와 자본주의가 동일어가 되는 것은 아니라는 점이다.[25] 물론 시장이 자본을 확대 재생산하는 질서를 만들고, 모든 사회구성원에 대한 재화공급을 감독하는 책임도 지며, 시장의 조정이 워낙 가시적이고, 역동적이고, 생동적이어서 자본주의는 종종 '시장체제'로 언급되기도 한다.[26] ② 그러나 중국의 경우, 시장체제를 수용하면서도 미국식의 전형적인 자본주의를 이루고 있지는 않으며, 우리나라 국내시장도 자본주의적 요소가 강한 시장(예: 증권시장)과 사회주의적 요소가 강한 시장(예: 의료시장)으로 나눌 수 있다. 이는 시장체제를 따르면서도 전형적인 자본주의와 사회주의 사이에 넓은 체제이념의 스펙트럼이 존재할 수 있음을 보여준다. ③ 또한 시장체제는 그것이 자본주의적이든 사회주의적이든, 사회주의 계획경제와 구별된다. 사회주의 계획경제란 생산수단의 개인소유를 인정하지 않고, 국가의 조정과 계획이 시장의 조정기능을 대체하는 경제체제이다. 그러나 국가의 계획경제를 이끄는 (당)관료들은 열악한 정보능력이나 결정능력으로 인하여 생산성을 극대화하는 계획경제를 사실상 수립할 수가 없고, 개인소유권의 부정은 개인의 창의적인 경제활동의 동기를 위축시키며, 자유로운 교환거래의 차

25 이에 대하여 자세히는 김영진, *시장자유주의를 넘어서: 칼 폴라니의 사회경제론* (한울아카데미, 2005); K. Polany(홍기빈 역), *전세계적 자본주의인가 지역적 계획경제인가* (책세상, 2002); 백승욱, *자본주의 역사강의-세계체계 분석으로 본 자본주의의 기원과 미래* (그린비, 2006); D. Dowd 외(류동민 역), *자본주의에 대한 비판적 이해(From Marx to Amartya Sen)* (필맥, 2007) 참조.

26 R. Heilbroner · W. Milberg(박만섭 역), *비전을 상실한 경제학(The Crisis of Vision in Modern Economic Thought)* (필맥, 2007), 157~158쪽.

단은 (생산)자원사용의 효용을 극대화시킬 수 없게 한다는 근본적인 문제점을 안고 있다.

따라서 법은 특히 이러한 '시장의 조정기능'(Koordinationsfunktion)을 보호하여야 한다. 특히 경제학적으로 시장의 조정기능은 시장이 독점구조가 아니라 경쟁적 구조를 띠고 있을 때 제대로 발휘될 수 있다고 한다. 그렇기 때문에 예를 들어 독점규제 및 공정거래에 관한 법률은 특정 사업자의 시장지배지위의 남용(동법 제3조의2), 경쟁제한적 기업결합(제7조), 과도한 경제력 집중(제8조의2부터 제11조), 카르텔(제19조)에 의한 경쟁적 시장구조의 파괴를 방지하고 있다.[27]

(3) **법의 시장결과 교정과 그 한계** 셋째, 그러나 법은 시장의 조정기능을 절대적으로 보호하지는 않는다. 시장메커니즘은 노동의 고유한 가치를 충분히 반영하지 못하고, 오로지 수요와 공급의 자율적 균형의 메커니즘에 의해 가치(가격)를 결정하며, 또한 시장의 지배자에게 부를 편중시키는 맹목성이 있기 때문이다.

1) **배분적 정의에 의한 교정** 하지만 시장메커니즘 자체에 메스를 가하는 것은 시장의 조정기능이나 개인의 창의력유도기능 자체에 손상을 입힌다. 따라서 법은 시장메커니즘은 보호하되 그 결과에 대해서만 배분적 정의의 관점에서 개입하게 된다. 즉 예를 들면 국민기초생활 보장법, 국민연금법, 국민건강보험법, 장애인복지법, 산업재해보상보험법 등과 같은 법은 사회보장제도를 마련하여 사회경제적 약자를 부조한다. 또한 상속세 및 증여세법이나 소득세법 등과 같은 법률은 조세제도를 통하여 제한적이나마 부의 재분배를 도모하기도 한다.

2) **시장결과 교정의 한계** 그런데 법이 시장메커니즘의 결과에 어느 정도로 강하게 개입하여 부의 재분배나 사회적 약자의 보호를 도모

27 공정거래법은 개별적인 불공정거래행위(제23조, 제29조, 제332조 등)에 대해서도 규제를 하고 있지만, 이 행위유형은 시장구조를 해치는 행위가 아니라 비도덕적 거래행위에 속한다. 이에 관해서 자세히는 이상돈, *공정거래형법* (법문사, 2011), 14쪽 아래 참조.

해야 하는지는 광범위한 비판과 토론의 과정을 거친 공론에 의해 결정될 수밖에 없다. 따라서 경제민주화(헌법 제119조 제2항)는 단지 경제적 분배의 문제가 아니라 정치적 문제인 셈이다.[28]

(가) **시장결과를 교정하는 법의 자기성찰** 이러한 정치적 문제로서 시장결과의 교정문제를 다룰 때 간과되어서는 안 되는 점은 시장결과를 교정하는 법이 오히려 시장의 조정기능을 마비시킬 정도로 시장에 개입해서는 안 된다는 점이다. 법이 시장의 결과를 교정하는 경우에도 그 강도가 강해지면 시장의 조정기능도 함께 훼손되기 쉽다. 그러므로 법의 시장 교정은 일방통행적인 것이 아니라 그로 인해 벌어질 비경제성에 대한 반성을 통해 그 한계를 스스로 설정해야 한다. 법은 이러한 자기반성의 과제를 수행할 때 '성찰적인 법'이 된다.

(나) **신용카드시장의 결과를 교정하는 법의 자기성찰** 시장결과를 교정하는 법의 자기성찰을 예시적으로 설명해보자. ① 예컨대 신용카드회사는 업종별, 가맹점(규모)별 차등 수수료율을 운영한다. 만일 법이 모든 가맹점을 사회적 약자로 보고, 그들을 보호하기 위해 수수료율을 강제로 획일적으로 낮추게 하는 시장교정기능을 한다고 가정하자. 그러면 신용카드사들은 이익이 거의 발생하지 않는 사업자들과의 가맹점 계약을 포기하게 되고, 그런 사업자들은 현금거래밖에 할 수 없게 되며, 이는 소비자에게 불편과 불이익(예: 신용카드 세금공제의 혜택상실)을 가져오고 가맹점의 매출도 하락시키게 된다. 이는 법의 시장개입이 시장의 조정기능을 상당한 정도로 훼손하는 것이 된다. ② 법은 이러한 시장기능의 훼손에 대해 자기반성을 해야 한다. 현행 여신전문금융업법 제18조의3(가맹점수수료율의 차별금지 등)은 이런 자기반성의 모습을 보여준다. 첫째, 이 법은 시장의 약자를 보호하고 강자의 횡포를 막는 개입을 한다. 즉 영세한 중소신용카드가맹점에게 우대수수료율을 정하고(제2

28 이와 같이 헌법 제119조 제2항의 경제민주화를 국가의 정치적 내러티브로 바라보는 양선숙, "헌법과 국민의 권능", *철학연구* (제99집, 2012), 266쪽 아래 참조.

항), 동시에 대형 신용카드가맹점이 우월적 지위를 이용하여 신용카드업자에게 낮은 수수료율을 정하도록 하는 것을 금지(제4항)한다. 둘째, 그러면서도 이 법은 일반적으로 "부당하게 가맹점수수료율을 차별"하는 것을 금지한다"(제1항). 따라서 정당한 차별, 이를테면 신용력과 담보안정성의 차이, 건당 결제금액의 차이로 인한 건당 수익률의 차이 등과 같은 합리적 근거로 차별하는 것은 금지되지 않는다. 이로써 신용카드시장의 조정기능은 건강하게 유지될 수 있게 된다.

Ⅲ. 경제에 의한 법의 규율

법과 경제는 법이 경제를 규율하는 일방적 관계에 있지 않고, 경제도 법을 규율하는 상호적 관계에 있다. 특히 경제성이란 사회적 합리성의 하나이고, 법은 그런 사회적 합리성을 외면하고는 결코 정의로울 수 없다. 아래서는 경제가 법을 규율하는 현상을 세 단계로 나누어 고찰한다.

- 경제성이 법을 비판하고 교정하는 요소로 작용하는 단계(아래 1.).
- 경제성이 법의 내재적 요소로 편입하는 단계(아래 2.).
- 경제성이 법적 정의의 범주적 구성요소가 되는 단계(아래 3.).

1. 법의 경제학적 분석과 교정

(1) 법의 외재적 비판·교정요소로서 경제성 경제학은 흔히 효율성을 추구하며, 이른바 도구적 합리성을 기반으로 비용과 편익의 분석과 그 계량화를 통해 최적의 이익을 추구하는 방법을 개발하는 분과로 이해되곤 한다. 이런 경제학의 중심문제는 유한하거나 희소한 자원을 어떻게 효율적으로 사용하여 사람들의 욕구 내지 필요를 최대한으로 충족시킬 것인가에 있다. 이 문제에 대한 인식관심에서 법적 결정과정이나 법규범의 규제기능에 대한 경제성 평가를 수행하는 학문이 미국에서 발전한 법경제학이라고 볼 수 있다.[29] 예컨대 시카고학파(Chicago

School)는 대체로 경제성이나 효율성을 부의 극대화(wealth maximization)로 바라보고,[30] 만약 어떤 법적 결정이나 규제로 인해 (어떤 사람이) 이득을 보는 규모가 그로 인해 (다른 어떤 사람이) 손해를 보는 규모보다 크다면, 사회의 부가 증가하게 된다는 점에서, 그 법은 거시적 차원에서는 경제적이고 효율적인 것이 된다.[31] 그러나 이렇게 이해된 법경제학에서 경제학은 여전히 법학과 통합되지 않은 상태이며, 경제성과 효율성은 법적 정의의 '범주적'(categorical) 구성요소가 아니라, 법의 밖에 위치하면서 법을 평가·비판하고, 교정하는 요소로 남아 있다. 이런 의미의 법경제학은 미국에서 발전하고, 우리나라에도 수용되어 온 법경제학, 즉 법의 경제학적 분석(economic analysis of law)이라는 분과라고 할 수 있다.[32]

(2) 법의 교정기준으로서 최적상태 물론 법의 경제학적 분석도 이론과 학파에 따라서 매우 다양한 모습을 보여준다. 한국 사회의 시민의

---

29 N. Mercuro · S. G. Medema, *Schools of Thought in Law and Economics: A Kuhnnian Competition, Law and Economics: New and Critical Perspective* (Peter Lang Publishing, 1995), 70쪽 아래 참조.

30 시카고 학파의 법경제학에 대한 분야별 개관으로는 R. Posner 편, *Chicago Lectures in Law and Economics* (Foundation Press, 2000) 참조.

31 R. Posner, *The Problems of Jurisprudence* (Harvard University Press, 1990), 354쪽: "부의 극대화라는 관점에서 경제적 임무는 결과(생산)를 극대화하기 위해 (개인에게) 영향을 주는 것이다."

32 법경제학은 미국의 시카고학파가 행한 법의 경제적 분석(economic analysis of Law)에서 크게 부흥하였고, 이 이론적 흐름은 유럽 각국에 법정책의 이론모델로 전파되기도 하였다. 법경제학의 가장 중요한 문헌으로는 R. Posner, *Economic Analysis of Law* (Boston, 1973); Schäfer · Ott, *Lehrbuch der ökonomischen Analyse des Zivilrechts* (1995) 참조; 우리나라에서는 박세일, *법경제학* (박영사, 1994)을 시작으로 김일중, *규제와 재산권* (자유기업센터, 1997), 김정호 · 이완재, *사이버공간의 법경제학* (법문사, 2004), 이종인, *불법행위법의 경제분석* (한울아카데미, 2006). 논문집으로는 *한국법의 경제학* (한국경제연구원, 1997), *사법과 법집행* (법문사, 2001), 한국법경제학회에서 발행하는 *법경제학 연구* 제1권과 제2권이 2004~2005년에 각각 간행된 바 있다. 법경제학의 기본적인 번역서로는 Posner(정기화 역), *법경제학* (자유기업원, 2003), Cooter · Ulen(이종인 역), *법경제학* (비봉출판사, 2000), L. Harrison(명순구 역), *법경제학* (세창출판사, 2006), Tullock(김행범 · 황수연 역), *사적욕망과 공공수단-정부의 바람직한 규모에 관한 경제학적 분석* (대영문화사, 2005) 등을 들 수 있다.

식을 고려할 때, 우리사회에서의 부의 극대화 논의는 설령 미국식 신자유주의와 자본주의의 발전을 지향한다 할지라도 배분적 '정의'[33]를 최소한으로라도 고려하는 관점에서 논의되어야 한다. 여기서 우리사회에서 법의 경제적 분석을 말할 때 그 핵심적인 목표는 신후생경제학파의 창시자인[34] 파레토(Pareto)의 '최적상태'(Pareto Optimality)의 달성에 있음을 알 수 있다.

파레토의 최적상태란 '기존의 재화의 분배상태에서 모든 개인들이 — 재화에 대한 각자의 선호체계를 바탕으로 — 재화의 교환을 통하여 다른 사람의 지위를 악화시키지 않고는 자신의 지위를 개선시킬 수 없는 상태'를 말한다. 가령 어느 한 사회구성원의 상황이 나아지지만, 다른 사회구성원들은 변화가 없는 경우에 재화의 최적분배는 아직 달성되지 않은 것이며, 개선의 여지가 있는 것이 된다. 이런 최적상태는 부의 극대화를 가장 효율적으로[35] 실현하는 상태라고 할 수 있다. 여기에서 경

33 이와 관련하여 박만섭, "정의: 경제학적 분석", *전환기 한국의 사회정의* (고려대학교 문과대학 설립 60주년 기념 연속 학술 기획 시리즈 II), 17쪽 참조.

34 이탈리아의 경제학자이자 사회학자인 파레토(Vilfredo Pareto, 1848－1923)는 토리노공과대학을 졸업한 후 경제학을 공부하여 스위스 로잔대학 교수가 되었다. 파레토 최적(Pareto Optimality)의 개념을 창시함으로써 신후생경제학의 문을 열었다. 특히 소득분포에 대하여는 통계조사에 입각하여 '파레토의 법칙'이라는 소득분포의 불평등도를 나타내는 경험적인 경제법칙을 도출한 것으로도 유명하다.

35 효율성(efficiency)의 개념은 모호하고 논란이 많다. 첫째, 효율성 개념은 존재의 개념일 뿐만 아니라 당위의 개념이기도 하다. 즉 효율성은 세계의 실재상태를 설명할 뿐만 아니라, 추구해야 할 목표를 나타내기도 한다. 효율성에 대한 비교 법경제학적 분석으로는 U. Mattei, *Comparative Law and Economics* (University of Michigan Press, 2000) 참조. 둘째, 효율성과 효과성 그리고 경제성의 관계가 문제되기도 한다. 윤성식 교수(*정부개혁의 비전과 전망*, [열린책들, 2004], 249~250쪽)에 의하면 효과성은 목표달성을, 효율성은 투입 대비 산출의 비율을 가리키며, 아울러 효율성은 경제성보다는 더 포괄적인 개념으로서, 주어진 자원으로 최대의 산출을 생산하고자 하는 것이라고 한다. 그리고 경제성은 비용 대비 수익으로 이해된다. 그러나 효율성은 목표달성의 적합성, 즉 효과성을 가리킬 수 있다는 점에서 그리고 경제성의 개념은 순수한 비용 대비 수익만이 아니라 투입 자원 대비 산출비율, 즉 효율성으로 이해될 수 있기 때문에, 결국 효율성과 경제성은 하나라고 볼 수 있다. 그러므로 이들의 개념구분은 그렇게 성공적이기 어렵다. 따라서 경제성, 효율성, 경제적 효율성 등의 용어를 섞어 사용함이 불가피하다고 사료된다.

제학이 법에게 요구하는 교정지침은 분명해진다. 법은 경제적 자원들을 모든 개인들이 각자의 목적을 최대로 달성할 수 있도록 배분하여야 한다는 것이다. 이와 같은 최적상태라는 법의 교정지침은 다음의 두 가지 방향으로 작용할 수 있다.

- **거래비용의 최소화** 자원배분의 최적상태는 모든 거래나 교환에 드는 비용이 최소화될 때 달성될 수 있고, 거래비용의 최소화는 법의 교정지침으로 작용한다(아래 ⑶ 단락 참조).
- **소비자후생의 최대화** 자원배분의 최적상태는 어떤 거래나 교환도 모든 소비자의 후생을 최대화할 때 달성될 수 있고, 소비자후생의 최대화는 법의 교정지침으로 작용한다(아래 ⑷ 단락 참조).

⑶ **거래비용의 최소화 요청과 법의 교정** 자원배분의 최적상태를 달성하려면 실천적으로는 시장에서의 거래나 교환이 보다 넓은 범위에서 자유롭게 이루어질 수 있어야 한다.

1) 거래비용의 최소화 이때 거래(transaction)란 기술적으로 분리 가능한 접점(technologically separable interface)을 가로지르는 재화나 서비스의 이동을 말한다.[36] 이를 사회학적으로 '양자 간의 교환'(diadic exchange)[37]이라고 부르며, 법적으로는 (계약 등과 같이 권리와 의무를 형성하는) 법률행위라고 부를 수 있다. 이러한 거래가 완전하게 자유로워진 상태를 경제학에서는 거래의 비용이 제로인 상태라고 말한다.

㈎ 코즈의 정리 여기서 코즈의 정리(Coase Theorem)가 주목할 만하다.[38] 코즈에 의하면 자원배분의 최적상태는 권리가 완벽하게 '구체화'되어 있고, 동시에 수없이 이루어지는 거래나 교환의 비용이 제로일 때 이루어진다고 보았다. 왜냐하면 거래비용[39](Transaction cost)이 제

36 O. Williamson, "The Economics of Organization: The Transaction Cost Approach", *American Journal of Sociology* (제87권, 1981), 552쪽.

37 박길성 · 이택면, *경제사회학 이론* (나남출판, 2007), 155쪽.

38 R. H. Coase, "The Problem of Social Cost", *Journal of Law and Economics* (제3권, 1960) 참조.

39 거래비용이란 말하자면 경제활동의 비용 가운데 물리적 생산비용을 제외한 모든 경

로이고, 권리가 완벽하게 구체화된 상황에서는 권리가 — 처음에 어떻게 배분되었는가에 상관없이 — 언제나 가장 높은 가치(가격)가 부여되는 곳으로 귀속될 것이기 때문이라 한다.[40] 실용적으로 말하면 가계와 기업의 효용극대화와 이윤극대화는 가격메커니즘의 '보이지 않는 손'(invisible hand)의 작용 속에서 결국 효율적인 자원배분을 가져온다는 것이다.[41]

㈏ **거래비용의 실천적 감소** 그러므로 어떤 법은 그 법에 의해 거래의 비용이 감소할수록 좀 더 합리적인 법이 된다. 이상적인 법은 거래비용이 제로가 되게 만드는 법이라고 할 수 있다. 그러나 현실세계에서는 언제나 거래비용이 존재한다. 현실세계에서 권리가 인정되면 그곳에는 권리의 자유로운 귀속을 방해하는 비용이나 부담들이 마치 파리끈끈이(fly-paper)효과처럼 발생하기 마련이다. 또한 거래비용을 제로로 만드는 현실의 법도 있을 수 없다. 실정법은 제도의 하나이고, 제도의 형성과 운영은 일정한 비용의 지출을 요구하기 때문이다. 그러므로 법의 교정자로서 거래비용의 최소화 요청은 거래비용이 제로가 되게 하라는 요청이 될 수 없고, 거래비용이 이전보다 감소되도록 하라는 요청일 수밖에 없다.

2) 법적 권리귀속과 의무배분의 교정 거래비용의 최소화 요청의 교정기능은 대표적으로 법이 규범적 관점에서 행하는 권리의 귀속이나 의무의 배분에 대한 교정에서 찾을 수 있다.

제활동의 조직화비용을 의미한다(박세일, *법경제학* [박영사, 1994], 187쪽).

40 W. M. Landes and R. A. Posner, "Causation in Tort Law: An Economic Approach", *Journal of Legal Studies* (제12권, 1983), 109~110쪽.

41 물론 이러한 개인주의적, 자본주의적 상품생산체계와 이른바 자유주의적 법모델 사이에 단순한 등식은 성립될 수 없음에 주의할 필요가 있다. 이에 관해 자세히는 이상돈, *법학입문 제3판* (법문사, 2007) 42쪽 참조: "자유주의적 법모델이 전제하는 시민상을 소유적 개인주의(possessive individualism)나 이기주의에만 빠진 인간으로 보는 것은 타당하지 않다. 즉 자유주의적 법질서를 이기적이며 전략적인 행동에 한계를 짓는 규범적 질서로만 바라보고, 아담 스미스가 말한 시장의 보이지 않는 손을 그와 같은 법질서에 의한 사회형성을 (상호)보완하는 사회형성메커니즘으로 바라보는 것은 타당하지 않다."

(가) **최소비용회피자** 가령 캘러브레이지(Calabresi)[42]는 (우리나라 민법 제750조 아래의 규정들과 같은) 불법행위법의 과제를 정의(justice) 내지 공평(equity, fairness)의 실현과 총 사고비용의 최소화에 있다고 보았다. 정의나 공평은 불법행위법에 고유한 이념이 아니므로, 불법행위법제에서 그의 이론은 '사고(예방)비용의 최소화'에 중점이 놓여있다고 볼 수 있다. 또한 사고(예방)비용의 최소화만이 불법행위법에 대한 교정지침을 제공해줄 수 있다. 캘러브레이지가 주장하는 바의 핵심은 어떤 손해가 발생하였을 때 그 손해에 대한 배상책임은 가장 적은 경제적 비용으로 손해를 예방할 수 있는 사람이 져야 한다는 것이다. 이를 최소비용회피자(cheapest cost avoider[43])의 법리라고 부를 수 있다.

(나) **제조물책임에서 최소비용회피자 법리** 최소비용회피자의 법리로서 대표적인 예는 제조물책임(product liability)[44]이다. 이 법리에 의하면 기업의 제조물로부터 소비자가 입은 손해에 대해 기업의 과실과 인과관계가 입증되지 않는 경우에도 제조자는 제조물사고에 대한 배상책임을 져야 한다. 이런 제조물책임의 법경제학적 근거는 제조자는 제품의 위험에 관한 정보를 지배하고 있어서 더 적은 비용으로, 즉 불필요한 거래비용을 발생시키지 않은 채, 사고를 예방할 수 있고, 따라서 제조자가 제조물사고의 피해를 부담할 때 제조물사고 인한 총 사회적 비용(total social cost)이 줄어들 수 있다는 점[45]에 있다.

★ 정보의 비대칭성과 시장의 실패 정보의 비대칭성은 미시경제학의 한 분야로 성장한 게임이론에서 구체화된다. 정보의 비대칭성(asymmetry

---

42 G. Calabresi, *The Cost of Accidents: A Legal and Economic Analysis* (Yale University Press, 1970) 참조.

43 이에 관하여 자세한 설명으로 박세일, *법경제학* (박영사, 1994), 292, 307, 319, 346쪽 참조.

44 이에 관하여 자세히는 김일중·장재호, "한국의 제조물책임(PL): 판례를 통한 경제적 분석", *경제학 연구* (제46집 제2호, 1998); 권오승 외, *제조물책임법* (법문사, 2003); 이종인, *제조물책임과 제품안전성의 법경제학* (한국학술정보, 2005) 참조.

45 자세한 것은 이종인, *불법행위법의 경제분석* (한울아카데미, 2006), 71쪽 참조.

of information)이란 당사자들의 행동이나 특성에 관한 정보를 게임의 한쪽 당사자는 갖고 있으나 다른 쪽은 갖고 있지 않은 상태를 말한다. 비대칭적인 정보상황에서는 애컬로프(Akerlof)가 말하는, 이른바 '역효과 선택'(adverse selection)의 현상이 발생한다.[46] 예컨대 그에 의하면 중고차주인은 구매희망자에 비해 그 차에 관한 정보를 많이 갖고 있고, 정보의 비대칭성을 인식하고 있는 구매희망자는 중고차를 중고차주인의 제안보다 낮게 평가하고 낮은 가격을 지불하려고 하는데, 이런 성향을 알고 있는 중고차주인은 다시 구매자의 지불의향가격에 맞는 더욱 질 낮은 자동차를 내놓게 되고, 구매자는 또 다시 이 점을 고려하여 더욱 더 낮은 가격을 제시하는 선택이 이어진다. 이런 역선택에 의해 중고차 시장에는 형편없는 고물차('레몬' Lemon)만이 형편없이 낮은 가격에 거래되는 시장실패가 초래된다.

제조물책임은 사고에 대해 제조자의 과실과 인과관계가 입증된 경우에만 배상책임을 지는 불법행위법의 정의를 거래비용의 최소화라는 기준에 의해 교정한 것이라 할 수 있다. 이런 불법행위책임의 교정은 불법행위책임에 관한 민법규정의 해석을 통해서도 이루어질 수 있지만, 그럴 경우에는 모든 유형의 사고에 대한 배상책임이 변형될 우려가 있고, 또한 개인이 자유를 최대한 누릴 수 있도록 하는 민법의 자유주의적 기획(또는 자유조직화 기능)도 상당히 훼손될 수 있다. 그러므로 민법의 책임원리를 교정하는 제조물책임은 민법과는 별도의 법률로 제도화하는 것이 바람직하다. 1980년대 이후 법원이 소비자 보호를 위해 제조물사고에 대한 배상책임을 넓게 인정해온 판례들은 이와 같은 최소비용회피자 법리의 연장선에서 이해할 수 있다.

(4) 소비자후생의 최대화와 법의 교정 파레토의 최적상태의 또 다른 실천적 의미는 소비자후생의 최대화이다. 먼저 대량생산과 대량소비의 사회에서 모든 개인은 어떤 재화든 간에 소비자의 지위를 갖는다.

46 G. Akerlof, "The Market for 'Lemons': Quality Uncertainty and the Market Mechanism", *The Quarterly Journal of Economics* (제84권 제3호, 1970), 488~500쪽 참조.

즉, 오늘날 소비자는 곧 모든 개인의 호환개념이다. 소비자의 권리는 헌법상 권리(헌법 제124조)이며, 소비자'주권'이라는 수사학적 개념으로 표현되기도 한다. 소비자기본법은 바로 그와 같은 소비자주권을 구체화하고 있다. 그런데 법은 기존의 소비자후생을 더 증대시킬 수도 있고, 감소시킬 수도 있다. 소비자후생이 증대될 여지가 남아 있다는 것은 곧 파레토의 최적상태에 아직 도달하지 않은 것을 말해준다. 따라서 법이 최적상태에 지향해야 한다는 법경제학의 교정지침은 실천적으로는 소비자후생을 최대화하는 방향으로 법이 변화되어야 한다는 것이다.

1) 두둑한 주머니 법리 예컨대 의료사고로 인해 손해가 발생했을 때 배상책임은 과실과 인과관계의 입증이 없더라도 그 사고에 관련한 의료정보를 장악하고 있고, 의료사고의 위험원도 관리·지배하고 있는 의사 또는 그 소속 병원이 져야 한다. 이런 주장은 최소비용회피자의 법리에 의해서 뿐만 아니라 '두둑한 주머니'(deepest pocket)라는 법경제학적 교정지침에 의해서도 근거 지을 수 있다.

이를테면 가난한 사람이 배상책임을 지기 위해 부담해야 하는 재화(예: 손해배상금)가 그에게서 가질 수 있는 효용은 부자(예: 병원)에게 가질 수 있는 효용보다 상대적으로 큰 것이며, 따라서 부자가 배상책임을 지는 것이 국민경제 전체로 볼 때 재화의 총효용을 더 크게 만들 수 있다. 즉, '두둑한 주머니'에게서 재화의 효용은 상대적으로 작기 때문에 그에게 손해배상의 부담을 지우는 것이 사회적 총효용을 증대시킬 수 있다.

이처럼 두둑한 주머니의 법리는 (의료)소비자후생의 최대화 요청으로부터 도출될 수 있다. 지난 수십 년 동안 지속되어 온 우리나라 법원의 환자보호정책적 배상책임판결은 두둑한 주머니 법리와 같은 노선에서 있었던 것으로 평가할 수 있다. 물론 이와 같은 소비자후생의 최대화 요청과 두둑한 주머니의 법리는 최소비용회피자의 법리와 마찬가지로 위험책임법리에 수렴되는 한에서만 배상책임의 법리로 수용될 수 있는 것이다. 현행 의료분쟁조정법의 조정제도는 의료과실의 정도, 환자의 귀책사유 등을 고려하여 배상액을 결정(제35조)하도록 하고 있으나 조정제도의 성격상 실제로는 위험책임으로 운영될 것이다.

2) 의료소비자후생의 최대화와 의료법의 교정 소비자후생의 최대화는 체제이념(사회주의와 자본주의, 공동체주의와 자유주의)에 대해 중립적이다.

(가) 의료의 공공성, 공정성, 윤리성의 구분 의료영역에서는 평등의 이념, 바꿔 말해 의료의 공공성公共性이 소비자후생을 최대화하는 중심이념이 되는 반면, 상품시장영역에서는 자유와 공정성(fairness)의 이념[47]이 그런 중심이념이 될 수 있다. 그러나 소비자후생은 체제이념을 실현하는 중심적인 법제도만으로는 결코 최대화될 수 없다. 이를테면 의료소비자후생은 의료의 공공성을 실현하는 사회보장적 의료보험법(예: 현행 국민건강보험법)에 의해 가장 많이 도모되지만, 이 외에도 의료인의 직업윤리(예: 충실진료의무, 의료기술개발정신)가 준수되고, 의료서비스 거래(시장)의 공정성(예: 과대광고금지, 비급여 의료가격 담합금지)이 확보되어야만 한다.

(나) 의료법의 경제학적 교정의 예시 예를 들어 "어떠한 명목으로도 둘 이상의 의료기관을 개설·운영할 수 없다"고 규정하는 (2012. 2. 1. 개정) 의료법(제33조 제8항 본문)은 의료의 공공성公共性이라는 명분 아래 의사들이 협진이나 공동의 자재구매, 인사관리, 광고, 의료기술의 교류와 표준화 등과 같은 직업적 협동(beruflich Kooperation)을 통해 의료서비스의 질을 향상시키고, 가격을 낮추며, 의료소비자의 편의성을 높이는 경영을 하는 것까지 금지한다. 이러한 법은 의사들의 직업윤리(직업권)에 반할 뿐만 아니라, 의료소비자후생을 최대화하는 법이 될 수도 없다. 왜냐하면 (조합형 경영으로서) 공동의 자재구매, 직원채용 및 광고,

---

47 공정성 이념과 소비자후생의 최대화를 연결짓는 시도로 이상돈, *공정거래형법* (법문사, 2011), 55쪽 아래 참조.

(프랜차이즈형 경영으로서) 공동의 브랜드사용 하에 이루어지는 의료기술의 교류와 표준화와 같은 직업적 협동과 (익명조합형 경영으로서) 다른 의료기관을 지배하지 않은 채 출자만을 하는 행위는, 다수 의료기관의 기업형(주식회사형) 경영에서 볼 수 있는 의료의 공공성 훼손이나 의료기관의 영리화와 같은 결과를 초래하지 않고, 오히려 의료소비자의 후생을 증대시키기 때문이다. 따라서 이와 같은 의료법(제33조 제8항 본문)은 의료소비자후생의 최대화라는 '경제학적'[48] 교정지침에 의해 변경될 수 있어야 한다.[49]

2. 경제성의 법 내재화

경제학이 법학에, 경제성이 법적 정의에 유입되는 발전은 법학 스스로 경제학의 관점을 수용함으로써 가능하다. 법학 내에서도 기존의 법학방법론이 놓치거나 간과해 왔던 경제문제들에 대한 고려가 법을 효과적으로 집행하게끔 하는 데에 매우 유용하다는 인식이 지속적으로 성장해 왔다.

(1) **법제도의 경제학적 재해석** 먼저 법제도가 경제성의 관점에서 재해석될 수 있는 인식에 주목할 필요가 있다. 법이라는 제도에는 본래 경제성이 내재해 있다는 것이다. 이 점을 법적 형식, 기업, 정당에 관한 법제도를 예로 하여 설명해보자.

1) 거래비용을 감소시키는 법의 형식성 법은 다양한 거래행위에 대해 일정한 형식을 요구한다. 예컨대 부동산거래에서 등기절차, 각종 거래의 입증에 사용하기 위한 공증제도, 자필증서, 녹음, 공정증서, 비밀

48 의료법 제33조 제8항 본문이 금지하는 의료기관의 경영, 요컨데 네트워크 의료기관의 경영이 의료소비자후생을 증대시킨다는 분석은 일종의 경제학적 분석이다. 이런 경제학적, 경영학적 분석의 예로 윤영규·서원식, "네트워크 시스템 병원의 경영성과: 비교연구", *보건행정학회지* (제22권 제1호, 2012), 110쪽 참조.

49 이에 관해서 헌법재판소에 제33조 제8항 본문이 일부위헌임을 참고인의견으로 제시한 이상돈, *2015헌바34 의료법 제4조 제2항 등 위헌소원사건에 대한 의견서* (2016. 1.) 참조.

증서 및 구수증서에 의해서만 유언을 할 수 있게 하는 유언제도(민법 제1065조)는 거래에 일정한 형식을 요구한다. 이런 법적 형식은 어느 정도 거래비용의 지출을 요구하지만, 이 지출은 더 큰 거래비용의 발생을 차단해준다. 예를 들어 등기제도는 그 설립과 운영에 많은 비용이 들지만, 소유권관계를 명확하게 함으로써 부동산거래를 안전하게 할 수 있게 한다. 또한 유언이 유효하기 위한 법적 형식의 엄격성은 상식을 벗어날 정도이지만, 상속을 둘러싼 법적 분쟁의 거래비용이 심각하게 증대하는 것을 상당한 정도 차단해줄 수 있다. 가상화폐의 미래도 그것이 거래비용을 최소화하면서 거래의 법적 안전성을 실현해줄 수 있는 매체인지에 달려 있다.

2) 기업법의 거래비용 감소효과 상법이나 공정거래법 등은 기업을 규율한다. 그런데 코즈에 의하면[50] 기업의 존재와 기능은 시장에서의 거래비용을 더욱 감축시키는 데 기여할 수가 있다고 한다. 즉, 기업은 거래에 따른 정보비용, 거래하는 개인들의 제한적인 합리성, 다른 시장 참여자들의 기회주의적 행동과 예측불가능성 및 환경적인 불확실성, 거래에 투입되는 물적·인적 자원의 특수성 등으로 인하여 발생하는 되는 거래비용[51]을 내부조직의 운영비용으로 흡수한다.[52] 그러므로 기업제도를 구축하고 규율하는 법(예: 상법, 공정거래법, 부정경쟁방지법 등)은 거래비용의 감소를 가져올 때 정당한 법이 된다. 물론 기업의 불법적, 탈법적 경영은 개인들에게 오히려 거래비용을 증가시킬 수 있다.

3) 정당의 거래비용 감소효과 민주사회에서 정치적 과정은 정치적 이해관계를 둘러싸고 펼쳐지는 갈등과 분쟁을 해결하는 조정과 타협의 과정이다. 그런데 이 조정과 타협의 과정에 모든 국민이 참여한다면 그

---

50 이 점에 대한 자세한 연구로 R. Coase(김일태·이상호 역), *기업, 시장, 그리고 법 (The firm, the market, and the law)* (전남대학교 출판부, 1998) 참조.

51 O. Williamson, *The Economic Institution of Capitalism: Firm, Markets and Rational Contracting* (The Free Press, 1985), 19쪽.

52 최배근, *시장과 네트워크 그리고 경제학* (집문당, 2007), 129쪽.

조정과 타협에 드는 비용은 거의 무한대가 된다. 정당과 같은 조직이 이와 같은 정치적 의사형성의 거래비용을 줄여준다. 특히 정당의 정강정책에 침전된 이념적 노선은 그 정당이 추진하는 정책의 의미에 대한 이해를 통일시켜 주고, 정당 간의 타협은 모든 국민들이 참여할 경우보다 현저하게 거래비용이 축소된다. 말하자면 정당은 정치적 협상과 타협의 과정에 소요되는 비용 가운데 상당부분을 정당의 내부조직을 운영하는 데 드는 비용으로 축소 환원시켜 준다. 여기서 당내민주주의의 중요성을 알 수 있다. 정당법은 "정당의 민주적인 조직과 활동을 보장"(정당법 제1조)하면서 이런 의미의 경제성을 실현하는 법이다. 정치자금법이 정당에다 국고보조금을 지급하게 하는 것(동법 제25조 내지 제30조)도 이런 의미에서 경제적 합리성과 정당성을 갖는다.

★ 광장정치와 전자민주주의　포스트모던 사회에서는 정당정치와 의회민주주의보다 광장정치와 인터넷을 통한 직접민주주의가 점점 강해지고 있다. 그러나 광장정치와 전자적 직접민주주의가 특정 집단과 특정 여론에 포획되지 않고, 시민 전체의 의견을 더 민주적으로 수렴하면서도 기존 정치제도에 소요되는 거래비용까지 더욱 감소시킬 수 있는 것인지는 아직 의문이다.

(2) **법의 실효성 변수로서 경제성**　이처럼 법에 내재된 경제성에 대한 인식이 보편화되면, 법의 규율기획이 초래하는 경제적 효과들을 법의 외재적 요소로 방치하지 않고, 적극적으로 법적 규율의 규범적 요소로 수용(내재화)하는 실천이 이어질 수 있다.

1) **집단소송과 경제성분석**　가령 증권관련집단소송법과 같은 법이 정하는 집단소송제가 소송의 폭증을 가져오고, 피소된 기업은 물론이고, 동종업계의 기업들의 경영에 심각한 부담을 초래하게 되면 장기적으로는 기업가치의 하락이나 도산 위험이 커지고, 결과적으로 투자자에게도 불이익을 초래하게 될 수 있다. 이런 점을 고려할수록, 집단소송법제는 완화된 방향으로 변화하게 되며, 이런 변화는 법이 경제성을 의

식적으로 수용하는 것이 된다.

2) 범죄자의 비용-편익 분석 이런 인식은 심지어 형법에서도 성장하였다. 형벌의 부과가 법적 정의나 형벌조항을 둔 개별법의 정책적 기획을 실효성 있게 관철하기 위해서는, 범죄인이 그 법을 위반하기 전에 분석하게 되는 비용-편익의 분석, 즉 예상되는 형벌과 범죄로 획득하는 이익[53]의 비교분석을 먼저 해봐야 한다. 가령 담합으로 인한 형사처벌의 불이익이 그로 인해 얻는 이익보다 현저히 낮다면, 담합을 진압하기 위한 형법은 실효성이 없을 것이다. 형벌보다는 담합이익을 넘는 과징금이나 손해배상책임을 부과하는 법이 담합의 동기를 억제하는 힘을 갖는다.

그런데 이런 사고에서 경제성의 고려는 법적 정의 그 자체를 설계하거나 재단하는 것이 아니라 그 실효성을 평가하는 요소로 기능할 뿐이다. 즉, 경제성은 법의 '내재적 요소'로 편입되기는 하지만, 여전히 법의 중심적인 '범주적' 구성요소가 아니라 법의 '실효성' 변수로 자리잡는다. 물론 비용-편익분석이 형법의 비례성(proportionality)을 판단하고 구성하는 요소로 이해된다면, 이때의 경제성은 형법의 실효성 변수를 넘어 형법의 범주적 구성요소가 된다고 볼 수 있다.

(3) 경제적 인센티브로서 법 경제성은 법의 실효성 변수에서 한 단계 더 나아가 법에 의해 행위주체들에게 경제적 인센티브(incentive)를 제공하는 기제로 발전할 수 있다. 인센티브는 사람들로 하여금 좋은 일을 많이 하고 나쁜 일을 적게 하도록 설득하는 수단이다.

1) 후생을 극대화하는 법의 유인 예컨대 담배조세를 강화하는 법이나 공공장소뿐만 아니라 레스토랑과 같은 곳에서도 금연을 의무화는 법은 금연을 통한 건강증진을 가져오지만 담배산업을 위축시킨다. 이때

---

53 이때 이익은 근대형법에서는 형사불법을 이루는 인격적 법익의 침해에서 얻어지는 이익이지만, 형법이 다양하게 전문법화 되는 시대에는 가령 증권거래법에서는 주가조작의 경제적 이익, 독점규제법에서는 시장독점의 경제적 이익 등과 같이 형법적 법익의 침해이익에 국한되지 않는다.

국민의 건강증진으로 인한 건강관리비용의 감소, 부 창출의 증대 등과 같은 효과가 담배산업의 위축에 따른 부의 손실을 훨씬 넘어설 수 있다. 그렇다면 법은 전체적으로 부를 증가시키는 것이고, 그런 경제성으로 인해 금연법은 더 실효적인 규범이 될 수 있다. 그렇기에 포즈너(Posner)가 "부의 극대화 관점에서 법의 기본적 기능은 유인을 바꾸는 것이다"라고 한 것도 같은 맥락이라고 할 수 있다.[54]

2) 과도하게 유인하는 법의 실패 물론 법이 형성하는 유인은 규제의도와 정반대로 효과를 나타내기도 한다. 법적 규제에 의해 유인체계가 바뀌게 되면 그에 따라 경제주체들의 행위도 바뀌기 때문이다.[55] 예를 들어 기업들의 자사상품에 대한 상세한 정보공개를 의무화하는 법적 규제가 소비자가 그 상세한 정보를 소화할 수 없을 정도로 그리고 기업은 정보공개 이외에 광고를 할 인센티브를 상실하게 될 정도로 강하게 이루어지면, 그 법은 소비자로 하여금 더 적은 정보만을 획득하게 만든다. 이처럼 수범자의 행위를 과도하게 유인하는 법은 그 규율기획을 오히려 그르치게 된다. 그렇기에 표시·광고의 공정화에 관한 법률은 중요정보(동법 제4조[56])에 국한하여 사업자에게 표시·광고의무를 부과하고 있다.

---

54 R. Posner, *The Economics of Justice* (Harvard University Press, 1983), 75쪽.

55 S. Cass, "Paradoxes of the Regulatory State", *University of Chicago Law Review* (제57권, 1990), 407~441쪽; 이를 소개한 김일중, *규제와 재산권* (자유기업원, 1997), 248쪽 참조.

56 표시·광고의 공정화에 관한 법률 제4조 제1항은 "1. 표시·광고를 하지 아니하여 소비자 피해가 자주 발생하는 사항 2. 표시·광고를 하지 아니하면 다음 각 목의 어느 하나에 해당하는 경우가 생길 우려가 있는 사항

가. 소비자가 상품등의 중대한 결함이나 기능상의 한계 등을 정확히 알지 못하여 구매 선택을 하는 데에 결정적인 영향을 미치게 되는 경우

나. 소비자의 생명·신체 또는 재산에 위해(危害)를 끼칠 가능성이 있는 경우

다. 그 밖에 소비자의 합리적인 선택을 현저히 그르칠 가능성이 있거나 공정한 거래질서를 현저히 해치는 경우"와 같은 중요정보에 대해 표시·광고할 의무를 부여한다.

3. 법과 경제성의 범주적 상호구성

경제성이 법에 내재화되는 진정한 단계는 법 자체를 구성하는 범주적(categorical) 요소가 될 때이다. 이 점을 앞서 설명한 두둑한 주머니 법리를 예로 설명하기로 한다.

(1) **법적 정의의 반경제성과 경제성의 법적 정의 훼손** 법에 경제성을 투입시키면 법적 합리성이 더 실현될 수는 있지만, 경제성요청을 절대화할 경우에는 오히려 법적 정의를 훼손할 위험이 발생할 수 있다.

가령 자원배분의 최적상태를 실현하기 위해서는, 의료사고에서 두둑한 주머니(deepest pocket)를 지닌 의료인이 엄격한 의미의 과실과 인과관계가 확인되지 않는다고 하더라도 배상책임을 지는 것이 경제학적으로 요구된다. 하지만 그런 불법행위법은 방어진료를 가져오고, 이는 장기적으로 볼 때 의료소비자가 누리는 의료서비스의 수준을 떨어뜨리고, 그 결과 의료소비자가 누리는 의료서비스의 총효용은 환자보호편향 배상판결이 지속되기 이전보다 오히려 감소할 수 있다. 이런 점은 절대화된 '경제성의 고려'가 법적 정의(예: 과실책임원칙원칙) 훼손하는 데 그치지 않고, 그런 법적 정의의 훼손이 다시금 반反경제성을 초래한다는 점을 말해준다.

여기서 경제성과 법은 일방적인 비판과 교정의 관계가 아니라 상호적인 관계에 있음을 알 수 있다. 법은 비경제성에 대한 반성을 통해 더 정의롭게 될 수 있고, 경제성은 법적 정의의 훼손에 대한 반성을 통해 더 경제적일 수 있는 것이다. 이 지점에서 법의 경제학적 분석(economic analysis of law)을 넘어 진정한 '법경제학'(legal economics)이 성립한다. 법경제학은 법의 경제학적 교정이나 경제의 법적 재단이 아니라 지속적으로 법적 정의가 경제학에 의해 그 비합리성(비경제성)이 반성되고, 동시에 경제학이 법학에 의해 그 비합리성(정의왜곡)이 반성되는 과정의 지속 속에 존재하게 된다. 이때 경제성은 법적 정의를 관철하는 실효적 수단이 아니라 그것을 구성하는 '범주적 요소'가 되고, 법적 정의는 경제성을 실천적－도덕적으로 재단하는 요소가 아니라 그것을 구성하는 범주적 요소가 된다.

(2) **경제성의 법원칙으로 통합** 따라서 예를 들면 두둑한 주머니의 법리도 법의 범주적 요소로 되기 위해서는 법적 정의를 구성하는 귀책원칙이나 법리에 통합될 수 있어야 한다.

1) 위험책임법리와 두둑한 주머니 법리의 상호적 수렴 두둑한 주머니의 법리는 이성법의 원칙으로서 과실책임원칙에 통합될 수 없고 위험책임에 통합될 수 있다. 위험책임이란 거의 모든 사회영역에 다양한 위험원이 퍼져 있고, 그 위험원으로부터 발생하는 위험이 현실화되어 손해(또는 법익침해)가 발생하는 위험사회에서 위험원을 관리·지배하는 점을 근거로 귀속되는 책임을 말한다. 이러한 위험책임은 거래비용의 최소화라는 경제성 요청과 무관하게 사회적 정의의 요청부터 발전한 것이다.

두둑한 주머니의 법리는 바로 이런 위험책임의 법리에 수렴되는 한에서 의료사고에 대한 배상책임의 법리로 수용될 수 있고, 또한 그래야만 한다. 두둑한 주머니 법리가 완전한 무과실책임으로까지 나아가면 앞서 설명한 경제성의 법적 정의 훼손뿐만 아니라 비경제성까지 초래할 수 있기 때문이다.

현행 의료분쟁조정법에 의하면 한국의료분쟁조정중재원은 보건복지부의 예산 지원과 보건의료기관개설자의 분담 하에 — 의료인에게 과실이 없는 불가항력적인 사고(제46조)라 할지라도 — 예컨대 "분만과 관련된 이상 징후로 인한" 분만 후의 신생아의 뇌성마비, 산모나 신생아의 사망에 대해 보상한다.[57] 이러한 보상은 위험책임의 법리에서 벗어나 있지

57 현행 의료사고 피해구제 및 의료분쟁 조정 등에 관한 법률 제35조(배상액의 결정)은 의료분쟁조정에서 의료인의 과실 정도, 귀책사유 등을 고려하여 손해배상액을 결정하도록 하고 있다. 이는 과실책임원칙을 고수한 것처럼 보이지만, 이때 고려되는 의료인의 과실은 전문적인 의료적 판단에 의거한 과실만이 아니라 이를테면 일상적

않다. 이렇게 볼 때 의료분쟁조정법은 위험책임의 한계 내에서 두둑한 주머니의 법리를 수용하고 있고, 이를 통해 두둑한 주머니 법리는 법의 경제학적 교정지침을 넘어서 법의 범주적 요소가 되었다고 할 수 있다.

★ 위험책임법리와 최소비용회피자 법리의 상호수렴 의료사고의 배상책임에서 두둑한 주머니 법리가 법의 범주적 요소가 되는 과정에 대한 설명은 제조물사고에서 적용되는 최소비용회피자 법리에도 마찬가지로 타당할 수 있다. 즉, 제조물사고에서 과실과 인과관계의 입증 없이 제조자에게 배상책임을 인정하는 최소비용회피자 법리는 위험책임의 법리와 서로 수렴될 수 있다. 또한 최소비용회피자만 무조건 사고에 대한 배상책임을 져야 한다면, '손해를 가한 자가 그 손해를 전보해야 한다'는 정의의 요청이 지나치게 외면될 수 있다. 그러므로 최소비용회피자라도 위험책임법리에 의해 책임을 귀속시킬 수 없는 자라면 책임을 져서는 안 된다.

2) 사고보험법제와 두둑한 주머니 법리의 상호수렴 두둑한 주머니 법리가 수행하는 의료소비자후생의 최대화 기능 가운데 위험책임법제에 의해 달성되지 못하는 부분은 과실도 없고 위험책임도 인정되지 않는 의료사고의 피해자에 대한 보호이다. 이런 보호도 다른 법제와 정합적인 체계를 유지하는 법제에 의해 달성되어야 한다. 그런 법제는 비행기사고보험과 같은 사고보험을 제도화하는 법이다. 즉 누구에게도 어떤 내용의 책임을 물을 수 없는 의료사고의 피해자에게 법공동체 전원(예: 건강보험가입자, 공단, 국가 등)이 조성하는 기금으로 보상을 해주는 것이다. 가령 의료분쟁조정법 제46조는 문언상으로는[58] 불가항력적인 분만사고에 대해 이러한 보상을 하고 있다. 여기서 두둑한 주머니 법리는 사고보험법제의 형태로 통해 또 다른 법의 범주적 요소가 될 수 있다.

과실(예: 수술실에 다소 늦게 들어감)도 포함하는 등 그 실질은 위험책임을 인정한 것에 가깝다. 따라서 이 법은 위험책임의 한계 내에서만 배상책임을 인정한다고 보아야 한다.

58 다만 의료분쟁조정법시행령 제22조는 "분만과 관련한 이상 징후"(동법시행령 제22조)를 요건으로 규정함으로써 완전한 무과실책임이 아니라 위험책임에 근접한 요건을 설정한다.

(3) 다원적 법제에 의한 법적 정의와 경제성의 통합 이상의 설명에서 법적 정의와 경제성의 통합이 단일한 법제도 속에서 달성될 수 없음을 알 수 있다. 다원적인 법제는 다원주의 사회에서 법적 정의를 실현하는 수단이기도 하지만, 동시에 법과 경제성을 통합하는 수단이 되기도 한다. 가령 지금까지 설명한 의료사고에 관련한 법제는 다음과 같이 다층적인 법제로 짜일 수 있다. 첫째, 형법은 고의나 중과실 의료사고에 대해, 둘째 민법(불법행위법)은 엄격한 과실과 인과관계가 인정되는 의료사고에, 셋째 분쟁조정제도와 결합된 배상책임보험법제[59](현행 의료사고 피해구제 및 의료분쟁 조정 등에 관한 법률)는 위험책임이 인정되는 의료사고에, 넷째 마지막으로 누구에게도 어떤 내용의 책임을 물을 수 없는 의료사고(분만사고)에 대해서는 비행기사고보험과 같이 무과실책임의 의료사고보상법이 적용되는 식의 다원적 법제가 구축될 때 법적 정의와 경제성의 통합은 완전해질 수 있다.[60]

Ⅳ. 경제와 법의 체계통합

법이 경제에 대한 규율을 자기반성적으로 하고, 경제가 법의 범주적 요소로 내재화되는 법과 경제의 관계 변화가 아무리 진행되어도 법과 경제는 체계의 차원에서는 어느 정도 충돌할 수밖에 없다. 여기서 법과 경제라는 두 체계를 하나의 전체사회로 통합하는 체계통합(system integration)의 과제가 등장한다. 법과 경제의 체계충돌은 경제체계와 법체계 사이의 실제적인 소통을 도모하고, 두 체계의 기능을 화해적인 방향으로 조율함으로써 해소될 수 있다. 그와 같은 소통을 도모하고, 충돌을 조율하는 이론과 제도는 아직 많이 발전되어 있지 않다. 하지만

---

59 의료영역에서 책임보험제도에 대한 법경제학적 분석에 관한 문헌으로는 R. Epstein (안진환 역), *공공의료제도의 치명적 위험(Mortal Peril: Our Inalienable Right to Health Care?)* (나남출판, 2006) 참조.

60 이상돈, *의료체계와 법* (고려대학교 출판부, 2000), 77~84, 235~242쪽 참조.

아래에서 다루는 '체계 간 원칙'(intersystemic principle)과 전속고발제도는 각각 체계 간 소통을 도모하고, 체계 간 기능충돌을 조율하는 기능을 수행한다는 점에서 주목할 만하다. 앞으로 경제와의 관련 속에서 이들과 유사한 또 다른 법의 발전이 얼마나 계속될 것인지는 미래 법학의 과제로 남아 있다.

(1) **체계 간 원칙과 체계 간 소통** 현대사회에서 법은 경제와 마찬가지로 분화된 사회체계들 가운데 단지 하나이며, 다른 사회체계인 경제(경영)와 충돌을 일으킨다. 이 충돌은 법적 정의와 경제의 합리성이 서로 다른 고유성을 갖고 있고, 둘 사이에는 메울 수 없는 간극이 존재하는 데서 비롯된다. 예컨대 법에서는 법익침해의 위험을 회피하라는 원칙(위험회피원칙)이 지배하는 반면, 경영에서는 '높은 수익을 올리기 위해 위험을 감수하라'(high rist high return)는 원칙(위험감수원칙)이 지배한다. 여기서 법은 경제나 경영에 대한 규율을 포기하고 시장의 자유에 맡기는 탈규제주의의 노선을 따를 수 없고, 법의 원칙대로 경제나 경영을 통제할 수도 없다. 법은 경제나 경영에 대한 규율을 하면서도 경제나 경영의 고유한 합리성을 존중하면서도 존중하여야 한다. 이를 위해 법은 경제나 경영(의 합리성)과 소통하여야 한다.

1) **경영판단원칙과 체계간 소통** 그런 소통의 원칙으로 개발된 대표적인 것이 바로 경영판단원칙(Business Judgement Rule)이다.[61] 이 원칙에 의하면 이사는 회사에 손해보다는 이익을 가져다줄 것이라 믿고, 즉 선의(good faith)로 성실하게 주의를 기울여(due care) 수행한 경영행위로 인하여 발생한 손해에 대해서는 법적 책임(예: 손해배상책임, 배임죄 등)을 지지 않게 된다. 경영판단원칙은 창의적인 기업가정신과 기존의 법익을 보호하는 법의 정신이 서로 조화를 이루게 하며, 법과 경

61 경영판단원칙에 대한 이론과 판례를 종합하고, 법사회학적 의미를 해명한 이상돈, *경영판단원칙과 형법—체계간 원칙(intersystemic principle)으로서 경영판단원칙의 기능과 형사법에서의 적용문제들* (박영사, 2015) 참조.

영이라는 두 사회 '체계 사이의 소통'[62]을 매개하고, 두 체계를 하나의 전체사회로 통합시킨다고 할 수 있다. 다시 말해 경영판단원칙은 좁은 의미의 법원칙이 아니라 법과 경영이라는 두 '체계 간의 원칙'(intersystemic principle), 체계들 '사이의 원칙'(inbetween principle)이 된다.[63]

이처럼 체계 간 원칙을 수용함으로써 법은 법전문가 집단의 정의관념에 국한된 '폐쇄적인 체계'가 아니라 사회와 소통하는 '개방적인 체계'가 된다. 체계 간 원칙은 — 공식적인 민주적 입법제도의 한계를 성찰하고 그 민주성의 부족분을 메워주는 시민운동(예: 시민불복종, 인권운동, 공익소송운동)[64]과 함께 — 다원주의 사회에서 민주주의를 실현하는 새로운 기제의 하나가 된다. 체계 간 원칙을 통해 법은 상부(국가)에서 생산되어 굴절 없이 사회 속에 집행되어야 하는 규범의 체계가 아니라 하부(사회)에서 생산되는 규범을 통해 반성적으로 조율되는 규범의 체계가 되는 것이다.

2) 체계 간 원칙의 사회역사적 특수성 경영판단원칙에 의해 체계 간의 충돌을 조율하는 강도는 시대마다 사회마다 다를 수가 있다. 법도 역사성이 있는 것처럼, 체계 간 원칙의 기능도 역사성이 있다.

(가) 경영패러다임의 발전과 법과의 우열관계 경영판단원칙의 수용과 발전에 대한 역사적 인식을 갖기 위해 경영의 패러다임을 경영에서 법이 차지하는 중요성의 단계적 차이를 기준으로 나누어 볼 필요가 있다. 이를테면 우리나라에서 1960년대 경제개발이 시작된 이래로 경영패러다임은 ≪불법경영시대(1960, 70, 80년대) → 탈법경영시대(1990년대) → 윤리경영시대(1997년 경제위기 이후) → 준법경영시대≫로 나누어 볼 수

62 체계 '간' 소통이란 말은 저자도 다양한 글에서 피력해 왔는데, 이 개념을 마치 영어 개념으로 옮긴 듯한 개념으로 intersystemic communication이 사용되기도 한다. 이러한 용어의 사용에 대하여는 대표적으로 Alberto Febbrajo · Gorm Harste, *Law and Intersystemic Communication: Understanding 'Structural Coupling'* (Ashgate Pub., 2013) 참조.

63 이러한 용어를 법학에서 사용하는 것은 저자가 처음 시도하는 것임을 일러두고 싶다.

64 이와 같은 시민운동의 이해에 관해서 이상돈, *시민운동론* (법문사, 2005) 참조.

있다. ① 불법경영시대나 탈법경영시대에서 경영은 법에 대해 우위를 점하는 위치에 있었고, 이런 시대에는 경영판단원칙이 수용될 필요도 없었다. ② 윤리경영(moral management)[65]은 윤리강령의 도덕적 수준에서 바라보면, 윤리와 그것을 제도화한 법이 경영에 대해 (상대적으로 약간의) 우위를 점하는 것이었지만, 법의 경영에 대한 우위는 결코 보편적인 경영현실이 아니었다. 하지만 법제화된 윤리경영의 요청이 실제로 관철되는 경영현실이 부분적으로 펼쳐졌고, 바로 그 한에서는 경영판단원칙이 적용될 필요성과 정당성이 생겼다. 특히 경영상의 모럴헤저드(moral hazard 도덕적 해이)를 배임죄로 처벌하는[66] 형법의 경영에 대한 지나친 우위 현상이 두드러졌던 2000년대 초반에 경영판단원칙이 본격적으로 수용된 것은 결코 우연이 아니다. ③ 윤리경영의 강령은 2000년대 후반 경제민주화의 요청이 점점 더 강해지면서, 준법경영에 대한 요구로 발전하였다. 특히 2011년 상법 제542조의13(준법통제기준 및 준법지원인)의 제정은 준법경영시대를 공식 선포하는 신호탄[67]과 같은 것이었고, 오늘날 상장회사들은 준법지원인을 두고, 경영을 함에 있어 "법령을 준수하고 회사경영을 적정하게 하"(상법 제542조의13 제1항)여야 한다.

(나) 법과 경영의 조화로서 회사의 적정경영 이로써 경영은 원칙적으로는 '모든' 회사경영에서 '모든' 법령을 준수할 의무를 지게 되었다. 이런 준법경영시대에는 법의 경영에 대한 우위가 터 잡게 되기 쉽다. 그러나 경영에서 전 방위적인 준법은 자칫 경영합리성을 해칠 위험이 있

65 이에 관한 개괄적 이해로는 이상민·최인철, *재인식되는 기업의 사회적 책임* (삼성경제연구소 연구보고서, 2002); *윤리경영의 선진사례와 도입방안* (삼성경제연구소, CEO Information 제351호, 2002) 참조.

66 모럴헤저드의 범죄화 현상을 분석한 이상돈, "경영실패와 경영진의 형사책임", *법조* (통권 560호, 2003), 61~99쪽 참조.

67 일상사적 관점에서 보면 준법경영시대는 우리나라 최대그룹인 S그룹 Y 회장이 특검의 수사를 받고 차명주식의 양도차익에 대한 조세포탈죄로 처벌받은 이후 그 차명주식들을 실명으로 전환한 사건(2008년)에 의해 이미 그 서막이 열렸다고 볼 수 있다.

다. 그렇기 때문에 이 위험에 대응하는 경영판단원칙과 같은 체계 간 원칙이 더욱 활성적으로 적용되어야 한다.

이 점을 상법도 "회사경영을 적정하게" 한다는 개념으로 표현하고 있다. 적정성(proportionality)이란 경영과 법(및 법이 제도화하는 윤리) 사이의 균형을 의미한다. 경제 또는 경영이라는 사회체계와 법이라는 사회체계 사이의 합리성 충돌을 해소하고 조율하는 것이 바로 이 '적정'성의 의미이다. 따라서 오늘날 경영판단원칙은 거의 모든 유형의 경영결정을 포위하고 있는 법의 역기능을 견제하고, 경영합리성을 유지하기 위해 좀 더 넓은 영역에서 (예컨대 배임죄만이 아니라 횡령죄에서도, 그리고 개별기업의 차원뿐만 아니라 그룹차원의 경영결정에도) 적용되어야 한다. 특히 형사책임을 귀속시키는 경우에는 민사상 이사의 손해배상책임을 귀속시키는 경우보다 경영판단원칙의 적용요건을 좀 더 완화할 필요가 있다.

(2) 전속고발제도의 체계통합기능 경제체계와 법체계가 기능적 갈등을 일으키는 상황에서 법규범의 굴절 없는 관철은 경제체계의 기능을 위태롭게 만들 수 있고, 법적 정의는 경제적 합리성을 해칠 수 있다. 또한 경제적 합리성을 해치는 법의 관철은 장기적으로는 법의 정당성을 흔들 수 있다. 그렇기 때문에 법은 경제를 위해서 뿐만 아니라 자신을 위해서도 경제체계에서 무엇이 합리적인 것으로 승인되고 있는지(경제적 합리성)를 분석·고려하여 자신을 경제에 관철하는 강도를 조율할 필요가 있다.

이러한 조율의 기능을 수행하는 제도가 바로 전속고발제도이다. 예컨대 공정거래위원회의 고발(공정거래법 제71조 제1항) 없이 또는 국세청장이나 세무서장의 고발(조세범처벌법 제21조) 없이 검사는 공정거래법 위반범죄나 조세범죄에 대하여 공소를 제기할 수 없다. 이러한 전속고발제도는 공정거래위원회나 국세청장 등에게 형사처벌을 좌우할 수 있는 권력을 부여하는 제도가 아니다. 이 제도는 경제체계의 '합리성'과 사법체계의 '정의'라는 체계 간의 충돌을 완화하는 (자동차의) 마운트와 같은 장치로 기능한다. 이런 기능은 전속고발제도의 현실모습이다.

그러나 이 제도는 이러한 기능보다 더 많은 기능을 수행할 수 있다. 이를테면 전속고발권을 가진 기관들은 사법부의 판례를 참고하고, 검찰과 관점을 교류하면서 그때그때 경제상황의 특수성을 고려하여 전속고발의 사례들을 유형화하고, 또한 그 유형들을 지속적으로 변화시켜 나아갈 수 있다. 이럴 경우 전속고발제도는 법적 정의를 경제적 합리성으로 변환시키면서 동시에 경제적 합리성을 법적 정의로 변환시키는 변속기와 같은 장치로 기능하게 된다.

07 법과 정치

Ⅰ. 정치와 법의 이중적 상호관계

좋든 싫든 법은 정치와 교착관계를 맺는다. 하지만 우리사회에서 법과 정치의 상호관계는 이중적이다. 이상적으로는 '정치에 대한 법의 우위'가 강조되지만, 현실에서는 '법에 대한 정치의 우위' 현상이 자주 펼쳐진다.

1. 정치에 대한 법의 우위

정치에 대한 법의 우위는 고전적인 (자유주의적) 법치주의의 강조를 통해 주장된다. 가령 정치적으로 민감한 사건에 대해서 정치적 해결이 막다른 골목에 부딪히면 '법대로' 처리하라고 말하는 것은 법과 정치를 분리해 놓고, '정치에 대한 법의 우위'를 선언하는 것이다. 여기에는 정치적 당파성으로 인해 오염되지 않은 법적 해결이 가능하다는 믿음이 전제된다. 자연법적 사고는 이와 같은 법과 정치의 관계설정에 대해—비록 의도하는 바는 아니지만 이론적으로는—우호적일 수밖에 없다. 법의 정치에 대한 우위가 인간이 정치를 통해 만들어 낸 실정법을 초월해서 존재하는 '보편적이고 선험적인 법'[1]으로서 근거지어진다고 보기 때문이다.

---

1 물론 이때의 보편적이고 선험적인 법의 내용은 시대에 따라 변천하며, 우주의 섭리에서부터 신의 창조질서, 인간의 이성, 그리고 오늘날에는 사물의 본성 속에서 파악된다. 이에 대해서는 김영환, *법철학의 근본문제* (홍문사, 2006), 16쪽 및 R. Zippelius

★ 안티고네 신화와 법의 정치에 대한 우위　정치에 대한 법(자연법)의 우위는, 흔히 자연법과 법실증주의의 갈등을 보여준다고 평가되곤 하는 안티고네(Antigone) 신화에서 안티고네의 입을 빌어 분명하게 표현된다. ① 권력다툼 끝에 죽은 두 왕자들 중 한 명(에테오클레스)은 '나라를 위해 싸우다 죽은' 군인으로 예를 갖춰 성대한 장례를 치르도록 하고 다른 하나(폴리니케스)는 반란자로써 장례조차 금하는 국왕 크레온(Creon)의 명령이 있었다. 이 명령은 적과 동지를 인위적으로 갈라놓아 왕위의 단일한 정통성을 명확히 하려는 '정치적인 법'이다. 친족의 도리에 따라 국법을 어기면서 오빠 폴리니케스를 묻어준 안티고네의 행위는 그렇기에 '정치로부터 분리된' 순수한 자연법에서 연원한다. 안티고네는 "저는 유한한 인간의 몸을 가진 폐하(크레온)께서 '불변의, 기록되지 않은 천상의 법들'을 짓밟고 폐지할 수 있을 것이라고는 한 순간도 생각지 않았습니다. 천상의 법은 어제 오늘 생겨난 것이 아니며, 영원히 멸하지 않을 것이고, 그 시작이 언제였는지 아무도 모릅니다"[2]라고 말한다. 이는 실정법에 대한 자연법의 우위를 말하는 것이기도 하지만,[3] 보다 근본적으로는 정치(적인 법)에 대한 (자연)법의 우위를 역설한 것이다.[4] ② 하지만 정신분석학적인 관점에서 보면 안티고네는 실정법에 대립하는 자연법을 주장한 것이 아니라 무의식에 의해 실현되는 '법이 아닌 것'(非法)의 힘, 즉 非法的인 것에 내재된 타자의 고유한 고통을 대면하게 함으로써 법으로 하여금 스스로를 변화시키게 만드는 힘을 주장한 것이라 할 수 있다.[5]

2. 법에 대한 정치의 우위

그러나 다른 한편 법적 규율이 분명히 있는데도 실제 현실을 규율

(양화식 역), *법철학(Rechtsphilosophie)* (자산, 2001), 153쪽 참조.

2 Sophocles(D. Grene 역), "Antigone", *Sophocles I: Oedipus the King, Oedipus at Colonus, Antigone* (University of Chicago Press, 1991), 349쪽.

3 그런 문헌들 중 대표적으로 A. Kaufmann(김영환 역), *법철학(Rechtsphilosophie)* (나남, 2007), 426~427쪽.

4 안티고네신화의 법적 쟁점들을 다룬 국내문헌들로는 오세혁, *법철학사* (세창출판사, 2004), 6쪽; 이상돈·이소영·민윤영·정채연, *포스트모더니즘과 법* (세창출판사, 2006), 179쪽 아래 및 191쪽 아래 참조.

5 이런 해석으로 민윤영, "안티고네 신화의 법철학적 이해", *법철학연구* (제14권 제2호, 2011), 67~104쪽.

하는 힘은 정치인 경우가 많다.

(1) **입법재량권 논증에 의한 정치의 우위 인정** 의회는 정치적 타협이 이루어지면 헌법에 위배되는 법률을 제정하기도 한다. 그런데 헌법재판소는 그 법률이 헌법의 원리(예: 비례성원칙)에 위배하는데도 불구하고 입법재량권(입법자의 형성의 자유 Gestaltungsfreiheit)을 내세움으로써 합헌결정을 하기도 한다. 이는 헌법재판소가 위헌심판으로 수행하는 소극적 정치보다 의회의 (적극적) 정치와 그 결단을 우선하는 것이라 볼 수 있다.

1) 가치판단의 문제와 경험적 문제의 구별 필요성 그러나 입법재량권은 의회가 제정한 법률이 보호하는 가치(이익)와 침해하는 가치(이익) 사이의 비교형량의 문제서만 인정하여야 한다. 법률이 입법목적을 달성하는 데 부적합하거나(적합성원칙 위반) 더 경미한 기본권침해를 가져오는 입법방안이 있는 경우(최소침해원칙 위반)에 입법재량권을 이유로 합헌결정을 하는 것은 정치를 법에 비해 지나치게 우위에 놓는 것이 된다. 이 경우는 가치판단의 문제가 중심을 이루는 것이 아니라 목적달성의 적합성이나 경미한 침해에 의한 목적달성이라는 경험적 문제가 중심을 이루기 때문이다.

2) 관습헌법론의 정치우위성 또 다른 예로 2004년 정치적 논란 속에서 의회를 통과한 행정수도이전에 관한 법률에 대해 헌법재판소가 '관습헌법론'(수도-서울 명제[6])을 근거로 위헌결정(憲裁決 2004헌마554)을 내린 것도 지나치게 정치를 법에 우위에 둔 경우로 볼 수 있다. 그러나 이러한 정치적 고려에 대해 시대의 흐름을 주도하는 정책적인 고려 속에서 판결을 내려야 한다는 기치[7]가 세워지기도 한다.

(2) **목적론적 해석과 정치의 우위** 법원도 이 점에서는 예외가 아

---

6 성문법 국가에서 관습헌법의 일반적 가능성을 부인하는 양선숙, "수도-서울 명제의 '관습헌법' 성립에 대한 비판적 검토", *법철학연구* (제9권 제2호, 2006), 251쪽 참조.
7 오세혁, "사법부의 해석방법론에 대한 비판", *법과 사회* (제27호, 2004), 194쪽.

니다. 정치적 갈등을 피하기 위해서나 정책적 목표를 달성하기 위해 법 집행을 왜곡시키는 경우가 적지 않다.

1) 입법취지의 옷을 입은 정치 우리 법원이 해석의 한계로 판시한 바 있는 '법문언의 가능한 의미'를 구체화'[8]하는 과정에서 — 실제로는 법문언의 한계를 넘어섰음에도 불구하고 — 입법취지(ratio legis)를 강조하여 적극적으로 흠결을 보충하는 판결을 하는 것도 정치(정책)가 법(문언)에 대해 우위를 점하는 현상에 속한다.

★ 정치(정책)를 법보다 우위에 놓는 해석의 예시 가령 교통사고 후 원활한 교통을 위해 필요한 조치와 피해자의 생명과 신체의 안전을 도모하는 구호조치를 취하였어도, "피해자나 경찰관 등 교통사고와 관계있는 사람에게 사고운전자의 신원을 밝히는" 조치를 취하지 않고 사고장소를 떠난 경우를 도주차량죄(특가법 제5조의3 제1항)의 "도주"에 해당한다고 해석하는 판례(大判 2008도8627)는 "도주"의 일상적 의미를 넘어서는 해석이다. 이 해석은 사실상 교통사고피해자의 민사상 손해배상청구권을 보호하는 정책을 형법상 법익보호원칙보다 우선시킨다. 이로써 정책은 법보다 우위에 놓이게 된다. 또한 이런 정책으로 형사불법은 민사불법으로 변질된다.

2) 적극적 사법과 법실증주의 이런 법원의 모습은 적극적 사법과 법실증주의의 사상에 의해 뒷받침된다. ① 첫째, 우리나라에서도 1980년대 미국의 적극적 사법 사상에 영향을 받아 법원은 "정의실현을 위해 필요한 한도 내에서 성문규정의 의미를 과감하게 확대해석하거나 축소·제한해석 함으로써 실질적인 법 창조 기능을 발휘해야 한다"[9]는 적극적 사법의 사상이 작은 반향을 일으킨 때가 있었다. 적극적 사법의 사상은 판결의 정치적 기능을 강화시킨다. ② 둘째, 법실증주의적 사고도 이런 정치주의를 엄호해준다. 왜냐하면 법실증주의는 법규범을 실정법의 협소한 해석틀(해석방법론) 속에 가두어 놓음으로써 실정법의 형

8 김영환, "법의 흠결과 목적론적 축소해석", *판례월보* (제334호, 1998), 40쪽.
9 이회창, "사법의 적극주의", *법학* (제28권 2호, 1987), 150쪽.

성과 운영이 실제로는 정치적으로 이루어지는 것을 자폐증적으로 방관하기 때문이다. 그러나 만일 사회나 사회구성원들에 의해 제정되었다는 '사실'만으로 법의 범주에 들게 된다면,[10] 그리고 어떤 규범적 내용이 도덕적 심사를 받지 아니한 채 그 사회적 사실 여부에 따라 법의 내용으로 인정되고 확정된다면,[11] 그 사회적 과정이 정치적으로 오염되는 상황에 대처할 내적 기제가 없어짐으로써 정치가 법에 극단적으로 우위에 놓일 수밖에 없게 된다.[12]

3. 법과 정치의 균형과 조화

그러나 법과 정치는 법이 정치에 일방적으로 우위에 놓이거나 정치가 법에 일방적으로 우위에 놓이는 관계에 있어서는 안 된다. 하지만 법과 정치는 서로 분리된 채 떨어져 있을 수만도 없다.[13] 법과 정치의 완전한 분리는 국가가 치안의 유지만을 담당하는 야경국가의 역사 속에서 그것도 이념적으로만 가능할 수 있기 때문이다. 국가가 다양한 급부행정을 수행하고, 시민들이 정치에 직·간접으로 참여하는 현대사회에서 법과 정치는 교착될 수밖에 없다. 현대사회에서 정치는 시민사회의 법에 대한 수요를 받아들임으로써 법은 정치를 옮기는 수단이 되고 있고, 다른 한편 정치는 법이 정하는 소통과 공론경쟁의 공간 속에서

---

10 J. Raz, *The Authority of Law: Essays on Law and Morality* (Clarendon Press, 1979), 39쪽 아래.

11 J. Raz, "Authority, Law and Morality", *Ethics in Public Domain* (Clarendon, 1995), 211쪽.

12 물론 라즈는 이러한 도덕적·정책적 문제들에 대한 반론에 재반박하기 위해 권위론에 의거한 정당화논거를 들고 있지만, 법의 내용에 대한 평가는 법실증주의에서 여전히 배제된다. 이에 대해서 자세히는 최봉철, *현대법철학* (법문사, 2007), 75쪽 아래 참조.

13 심의민주주의적 정치를 지향하는 롤즈(J. Rawls)가 '공정성으로서 정의를 형이상학적인 것이 아니라 정치적인 것'이라고 말할 때 "법률가들이 정치에 대하여 보여 온 불평과 냉소가 문득 공소해짐을 느낀다"(정태욱, "롤즈에 있어서의 정치적인 것의 개념", *법철학연구* [제4권 제2호, 2001], 155쪽)는 수사도 법과 정치의 분리 불가능성을 잘 보여준다.

펼쳐지고, 정치에 대한 시민의 참여도 법에 의해 규율된다. 이런 법과 정치의 관계현실을 좀 더 이상적으로 파악한다면, 법과 정치는, 정치에 의해 형성되는 법이 정치를 제약하고, 법에 의해 제약되는 정치가 법을 형성하는 변증적 관계에 놓여 있다고 말할 수 있다. 이러한 법과 정치의 변증적 관계를 올바르게 해명하기 위해서 아래서는 다음의 세 단계 논의를 전개하기로 한다.

- 첫째, 정치 개념은 매우 다양하기 때문에 법과 정치의 관계를 논하기 위해서는 먼저 정치 개념의 의미를 세분화하고 구조화하여야 한다(아래 II. 단락 참조).
- 둘째, 법과 정치가 분화되지 않은 역사와 서로 분리되었다고 다시 통합되는 관계의 역사를 조망한다(아래 III. 단락 참조).
- 셋째, 법과 정치가 교착된다고 할 때, 그 교착이 이성적 관계가 되기 위한 관계의 모형을 기획한다(아래 IV. 단락 참조).

Ⅱ. 법에서 정치 개념

정치(Politic, Policy)의 개념은 좁은 의미의 '정치'(체계)'와 '정책'(예: 여성정책, 보건의료정책 등)을 포함하는 개념이다. 정치 개념은 인식론적 지평, 사회적 지평, 그리고 역사적 지평으로 세분화하여 구체화해볼 수 있다.

	정 치	정 책
역사적 지평	ⓐ 체제이데올로기(자본주의, 사회주의)	ⓒ 근대성과 탈근대성
사회적 지평	ⓑ 공동체를 조직화하는 의사형성	ⓓ 재화의 생산과 분배
인식론적 지평	ⓔ 희망하는 상태(욕망, 이익, 권리)의 성취	

1. 인식론적 정치 개념

(1) 욕망을 성취하려는 행동 정치의 개념은 궁극적으로는 개인들

이 희망하는 상태(욕망, 이익, 권리)를 성취하려는 (사회적) 행동으로 환원된다. 이는 인식론적 지평의 정치 개념이다(표의 ⓔ). 이 층위에서는 정치와 정책의 개념이 분화되지 않는다.

1) 욕망과 정치 그러나 욕망을 달성하려는 행동을 정치의 개념으로 정의하는 것은 얼핏 이해하기 어려울 수도 있다. 가령 성적 욕망을 달성하기 위해 성매매를 하는 행위가 왜 정치적인 것인가? 성을 상품화하는 거래와 문화는 번성하도록 방치하면서 자발적 성매매를 국가가 금지하는 것을 생각해보자. 매매성의 억압은 (건전)가정을 지키는 쪽으로 개인들을 훈육시키며, 그런 건전가정의 기반 위에서는 보수적인 정치적 질서가 좀 더 쉽게 유지될 수 있다. 이처럼 성에 대한 욕망은 단지 개인이 '주체성'(subjectivity)을 실현해가는 과정(주체화)만이 아니라 정치의 도구로도 기능한다. 그렇기에 성에 대한 욕망을 갖고 있는 몸은 비유적으로 말하면 '정치화된 몸'이 된다.

㈎ 정치로서 몸과 성의 욕망 푸코(Foucault)가 말한 생체권력(biopouvoir)이론 혹은 '생의 정치적 배치'[14]는 이런 점을 잘 설명해준다. 그에 의하면 개인이 어떤 욕망을 추구하는 과정은 개인이 희망하는 상태에 대한 '인식' 속에서 '욕망을 통한 주체화'(Subjectivization)를 행하는 것이 아니라, 지식담론에 의해 특정하게 사고하고 욕망하는 주체로 만들어지는 과정이라고 한다.[15] 이 과정은 정치적인 것이고, 특히 '몸'과 '성'이라는 장치 안에서 반복적으로 각인된다고 한다. 이를테면 '신체의 조련과 신체적 적성의 최대 활용, 유용성과 순응성의 증대, 효

---

14 M. Foucault(이규현 역), *성의 역사 1: 앎의 의지(Histoire de la sexualité)* (나남출판, 2004), 6쪽.

15 푸코의 권력이론이나 계보학방법론을 법철학적으로 접근한 연구성과는 국내에서 아직 미미한 편이다. 몇몇 연구로는 신동룡, *Michel Foucault의 권력: 지식론과 그 법이론적 함의에 관한 연구* (연세대학교대학원 박사학위논문, 2000); 최봉철, "포스트모던 법철학: 윤리관과 정의관", *법철학연구* (제4권 제2호, 2001); 한상희 · 이경, "법과 일상생활의 문화비평적 재구성: '몸'담론분석을 통한 생활정치의 복원", *법과 사회* (제21권, 2001); 이상돈 · 이소영, *법문학* (신영사, 2005) 참조.

과적이고 경제적인 통제체제로의 신체 통합' 등을 통하여,[16] 다른 한편으로 출생률과 사망률, 보건의료, 가족형태, 성매매 등 인구와 성에 대한 조절적 통제를 통하여 정치는 발현되는 것이다. 근대국가는 전문화된 사회체계(예: 보건의료체계)를 통해 합리적으로 개인의 모습(삶)을 성형하는 규율로서 발전한 것이며, 푸코는 이를 국가(government)와 합리성(rationality)의 합성어인 통치성(governmentality)로 개념화한 바 있다.[17]

(나) **해석으로서 정치** 근대국가 성립과 발전 속에서 이루어진 이런 정치 개념에 의하면 모든 사회적 삶의 영역들이 (적어도 잠재적으로는) 정치적인 것이며, 따라서 정치로부터 자유로운 삶의 영역(politikfreier Raum)이란 애당초 존재하지 않는다. 인문학에서 사용되는 정치 개념은 대체로 이런 지평에 서있는 경우가 많다. 이를테면 변증법적 비평이론가 제임슨(Jameson)이 "모든 해석은 궁극적으로는 정치적이다"[18]라고 말할 때 그 정치 개념은 인식론적 지평에서 말해진 것이다. 이 말은 작품의 해석과 비평에서 뿐만 아니라 법률해석에 대해서도 유효하다. 법률텍스트의 해석은 이해관계를 정돈하고, 그렇게 정돈된 이해관계 속에서 개인들이 욕망을 충족하는 기회가 배분되기 때문이다.

2) 투쟁과 권력 그런데 개인들 각자의 욕망을 좇는 행동이나 그런 행동에 대한 유리한 해석들은 서로 충돌하면서 긴장을 불러오기 마련이다. 그런 충돌과 긴장의 상황 속에서 자신의 행동을 관철하려는 노력들은—행동이든 어떤 텍스트에 대한 해석이든—필연적으로 '투쟁'의 성격을 띠게 된다. 그리고 투쟁에서 이기고 지는 것은 권력을 얻고 잃는

---

16 한상희 · 이경, "법과 일상생활의 문화비평적 재구성: '몸'담론분석을 통한 생활정치의 복원", *법과 사회* (제21권, 2001), 124쪽.

17 Jacopo Martire, "Habermas Contra Foucault: Law, Power and the Forgotten Subject", *Law Critique* (Vol. 23, 2012), 127쪽 아래 참조; 푸코의 해석을 따라 통치의 계보사를 간략하게 정리하고 통치성 개념의 한계를 분석한 임미원, "푸코의 통치성 분석에 대한 기초적 고찰", *법철학연구* (제19권 제1호, 2016), 99~136쪽 참조.

18 F. Jameson, *The Political Unconscious* (Cornell University Press, 1981), 20쪽.

현상으로 나타난다. 이런 점에서 투쟁과 권력은 인식론적인 정치 개념의 술어가 된다. 가령 법률해석은 욕망을 충족하는 기회의 배분을 수행하고, 바로 그런 점에서 투쟁의 성격을 띠게 되며, 그 투쟁의 성패는 권력을 얻고 잃는 현상으로 나타난다. 그렇기에 법률해석은 언제나 텍스트의 의미를 두고 펼치는 투쟁, 즉 '의미론적 투쟁'(semantischer Kampf)[19]의 성격을 띤다.

(2) **체제이념과의 무관한 정치 개념** 이처럼 해석한다는 것은 정치를 수행하는 것이고, 이때 정치는 욕망을 충족시키는 행동이라고 말할 때, 정치는 (체제)이념적 좌표의 어느 위치에도 설 수 있는 것이다. 다시 말해 인식론적 정치 개념은 이데올로기에 대해 중립적이다.

① 예컨대 이념적 좌표에서 좌측에 위치하는 '서구 마르크스주의' 이론가 그람시(Gramsci)는 "인간의 목적의식적 실천에 관계한 모든 것은 정치적"[20]이라고 말한다.[21] 역사란 '거기 존재하는 사실'이 아니라 정치가가 '해석'한 과거라는 점에서 '역사도 정치'[22]이며, 철학은 어떤 실천적 수행이 수반될 때 진리로 인정받는다는 점에서 '철학도 정치'가 된다. ② 반면에 이념적 좌표의 우측에서 종종 인용되거나 오용되는 슈미트(Schmitt)도 '모든 것은 정치적'이라고 말한다.[23] 슈미트가 정치적이라고 말하는 것은 실존적이고 실체적인 '적(Feind)과 동지(Freund)의 구분'을 가리킨다.[24] 우리 인식세계는 끊임없는 나와 타자의 구분 속에서 형성된다는 점을 고려하면, 적과 동지의 구분으로써 생성되는 정치는 — 물론 이것은 슈미트가 의도한[25] 바는 아니었겠지만 — 인식론적 의미

19 이 개념에 관해서는 Keller, "Kollokutionäre Akte", *Germanistische Linguistik* (1/2, 1977), 1쪽 아래 참조.

20 A. Gramsci, *Quanderni del Carcere* (Torino, 1977), 1338쪽.

21 이해영, "A.그람시와 C.슈미트: 2개의 정치적인 것의 개념", *한국정치학회 연례학술회의논문집* (1998), 449쪽.

22 A. Gramsci, *Gefängnishefte* (Hamburg, 1995), 1285쪽.

23 칼 슈미트의 정치 개념에 관해서 카를 슈미트(김효전・정태호 옮김), *정치적인 것의 개념* (살림, 2012), 31쪽 참조.

24 성정엽, "칼 슈미트의 국가개념", *공법연구* (제27권 제1호, 1998), 236쪽.

에서 '정치' 개념에 속한다고 할 수 있다.[26] 이처럼 인식론적 지평의 정치는 체제이데올로기에 대해 중립적인 것이다.

2. 정치 개념의 사회적 지평

인식론적 의미의 정치적 행동이 특정한 사회현실의 맥락 속에서 펼쳐지게 되면 일정한 당파성, 즉 어떤 개인이나 집단을 이롭게 하면서 다른 개인이나 집단은 해롭게 하거나 불리하게 만드는 속성을 띠게 된다. '당파성'(Parteilichkeit)을 띠게 되는 사회적 행동은 크게 두 갈래로 나타난다.

(1) 공동체의 의사를 형성하는 정치 첫째, 사회적 지평에서 수많은 개인이나 집단을 하나의 공동체로 통합시키는 의사형성에 관계되는 행위들이 있다. 중앙선거관리위원회, 의회, 정당, 언론매체 등과 같이 조직화된 기구가 그 고유의 임무를 수행하는 행위들 또는 그 구성원들이 직무와 관련하여 행하는 행위들이 이에 속한다. 일상적으로 경험하는 정치는 바로 이런 기구들의 업무수행이나 그 구성원들의 활동이다. 예를 들어 국가보안법의 존폐나 개정, 자유무역협정(FTA)의 체결, 고고도 미사일 방어체계(THAAD)의 배치, 음란물의 유통이나 인터넷상 실명제 등의 문제에 대한 소통적 활동은 공동체의 의사를 형성하는 정치 개념에 속하는 예들이다.

이런 정치는 다양한 시민들과 그 집단들의 이해관계와 의견들을 수렴하여 국가로 전달하면서, 동시의 국가의 의사결정을 시민사회에 설득하고 관철하는 소통의 매개자로서 기능한다. 이와 같은 의미의 소통매

---

25 슈미트의 정치개념은 "정치와 삶의 역동성과 활력은 동질적인 인민의 삶에 기반을 둔 국가를 수립하는" 것, 법치에 토대 또는 배후로서 민치를 확립하는 것에 있다고 보는 김도균 교수의 슈미트에 관한 "해제: 민주주의와 법치주의의 변증법", *합법성과 정당성* (도서출판 길, 2016), 256쪽 아래 참조.

26 슈미트의 '정치적인 것'에 대해 자세히는 이해영, "칼 슈미트의 정치사상: '정치적인 것'의 개념을 중심으로", *21세기 정치학회보* (제14집 제2호, 2002); 문종욱, "칼 슈미트의 법사상과 파르티잔론", *법학연구* (제7권, 1998) 참조.

개자로 기능하는 정치 개념을 가장 일반적이고 중립적으로 표현한다면 '(법)공동체의 의사형성'이라고 부를 수 있다. 그리고 이 의사형성은 시민사회와 대화하는 형태를 띨수록 공론(Öffentlichkeit)이라고 부를 수 있다.

(2) **재화의 생산과 분배에 관련한 정책** 둘째, 당파성을 띠게 되는 사회적 행동은 개인이나 집단의 실존에 필요한 재화를 생산하고 분배하는 일에 관련하여 발생하기도 한다. 여기서 재화란 물적인 것만이 아니라 인간의 욕망을 실현하는 모든 수단을 포함하는 개념이다. 일상적으로 정책이라고 말하는 것은 주로 이런 사회적 행동에 관계한다. 앞서 말한 공동체의 의사형성'을 좁은 의미의 정치(politics)라고 한다면, 재화의 체계적 생산과 분배와 관련된 의사형성과 결정 및 행동은 정책(policy)이라고 할 수 있다.

그런데 현대사회에서 재화의 생산과 분배는 점점 더 많이 다양한 사회적 하부체계의 기능에 의존하고 있다.[27] 이를테면 보건의료정책(예: 건강보험료율의 결정)은 보건의료서비스의 생산과 분배에 영향을 미치는 의사형성과 결정에, 그리고 교육정책(예: 대학에 대한 보조금 지급)은 교육서비스의 질과 양의 향상, 조정 및 분배와 관련된 의사형성과 결정에 관련한다. 이런 정책들도 당파성을 띰은 물론이다. 또한 현대사회에서 법은 그와 같은 정책을 현실에 옮기는(implementation of policy) 수단으로 기능한다.

3. 정치 개념의 역사적 지평

사회적 지평에서 정치와 정책의 속성을 특징짓는 당파성은, 역사라는 거시적 지평에서 보면 어떤 패러다임을 형성하기도 한다. 또한 동일한 시기에 상이한 하부체계들에서 채택하는 정책들이 같은 방향으로

27 이상돈 · 홍성수, *법사회학* (박영사, 2000), 194쪽 아래; 양천수, "1980년대 이후 전개된 독일 법사회학의 현황", *법과 사회* (제30호, 2006), 126쪽 아래.

배열되어 있다면, 그 방향성으로부터도 어떤 정치적 패러다임을 읽어낼 수 있다.

(1) **체제이데올로기** 이러한 정치적 패러다임의 첫 번째 현상은 흔히 '체제이데올로기' 또는 체제이념이라고 불리는 것이다.

1) 체제이념의 스펙트럼과 사회주의의 법적 배제 자본주의 경제체제 위에서 구축된 자유주의(자유민주주의) 또는 20세기 후반의 신자유주의와, 사회주의 또는 공산주의의 이념형을 취하고 있었던 (동유럽의) 현실사회주의(인민민주주의), 그리고 자유주의체계의 골격에 사회주의적 요소를 가미한 사회민주주의(사회국가적 법치국가) 사이의 체제이념적 대립은 바로 이를 말한다. 이데올로기는 무엇보다도 역사적 지평의 정치개념이라고 할 수 있다. 정치학, 사회학의 정치 개념은 이와 같은 역사적 지평에 서있는 경우가 많다. 민주적 법치국가의 체제를 파괴하는 정치이념은 법적으로 배제된다. 정당해산제(헌법 제8조 제4항)는 그런 배제의 제도적 표현이다.

★ 북한식 사회주의 체제이념의 법적 배제 통합진보당의 해산심판청구사건에서 헌법재판소(憲裁決 2013헌다1)는 이 당의 "진정한 목적과 활동은 1차적으로 폭력에 의하여 진보적 민주주의를 실현하고 최종적으로는 북한식 사회주의를 실현하는 것"으로서 헌법 제8조 제4항의 정당해산사유가 존재하고, 또한 해산 이외에는 그 당의 위헌적 문제성을 해결하는 대안적 수단이 없고, 해산으로 얻는 사회적 이익이 그로 인한 (민주사회에 대한 중대한 제약이라는) 불이익을 초과한다는 점에서 비례성원칙도 충족한다고 보고, 해산결정을 내린 바 있다. 그에 따라 소속 국회의원의 의원직도 상실되었다.

2) 정책의 체제이념성 정치뿐만 아니라 정책도 이데올로기의 색깔을 띨 수 있다. 특히 시장의 자유를 얼마만큼 보장하고, 어느 정도 제한할 것인가 하는 점은 체제이데올로기의 성격을 결정짓는 중요한 요소가 된다. 예컨대 정리해고를 통한 기업의 구조조정이 용이할수록

(신)자유주의체제에 가까이 다가가는 것이고, 모든 의료기관을 법률상 당연히 공공의료보험의 요양기관으로 편입시키는 정책은 사회민주주의에 가까이 다가간 것이다. 또한 특정한 이데올로기적 지향성이 강하게 작동하고 있는 패러다임 속에서는 여러 사회적 하부체계들의 정책들이 이를 비슷하게 반영할 수 있다. 이를테면 (경영상 불가피한 정리해고를 통한) 노동시장의 유연화, 공기업의 민영화, 사립학교의 자율화, 부동산에 대한 규제완화 등의 정책들은 신자유주의라는 체제이데올로기의 방향성을 갖는다.

(2) **근대성과 탈근대성** 그러나 오늘날 정책패러다임은 단지 (체제)이데올로기의 성격을 띠기만 하는 것은 아니다. 자유주의든 사회주의든 인간의 이성(주체성 subjectivity) 실현을 정치의 궁극적 지표로 삼는 정치 개념과 그것을 부인하는 정치 개념은 근대성(모더니즘 modernism)과 탈근대성(포스트모더니즘 postmodernism)이라는 대립적인 패러다임으로 이해될 수 있다.

1) **체제이념을 가로지르는 근대성과 탈근대성** 예컨대 여성주의 정책이나 소수자보호는 근대적 이성 개념(의 재해석)에 의해 수용되는 것임에도 불구하고 탈근대성의 기치 아래 전개된다. 특히 탈근대적 인권문제들(예: 동성애자의 혼인권)에 대한 법적 보호에서는 좌파와 우파라는 고전적인 체제이데올로기를 기준으로 편 가르기를 하는 것은 무의미하다. 좌파와 우파의 이념과 무관하거나 때로는 둘을 가로지르는 관점이 인권문제의 해결방안으로 등장하기도 한다. 가령 (좌파 이념에 기울어진) 민중미술을 해왔던 화가들이 (우파 이념이 지배하는 체제에서 허용되기 쉬운) 음란성 짙은 회화를 전시하면서 (민주적 법치국가의 핵심적인 기본권인) 표현의 자유를 주장하는 행위[28]는 이성해체적인 개념미술(conceptual

28 대표적으로 최경태 화가의 여고생 포르노그라피 전에 대한 형사재판(大判 2002도2889)과 김인규의 미술교사 부부 누드사진 홈페이지 게재에 대한 형사재판(大判 2003도2911) 참조. 이에 관해 자세한 비평으로 이상돈, *예술형법* (박영사, 2014), 93쪽 아래, 117쪽 아래 참조.

art)과 같은 포스트모던적 미술관에 의해 뒷받침된다.

2) 정책의 패러다임으로서 근대성과 탈근대성 근대성과 탈근대성의 역사적 정치 개념은 사회적 지평의 정치 개념인 정책의 문제에서도 등장한다. 이를테면 보건의료체계라는 사회(보장)체계의 기능 유지와 향상을 위해 건강보험재정에 부정적인 진료행위들(예: 결과가 나오지 않은 CT 촬영)이 질병치료에 유용함에도 불구하고 국민건강보험법상 부당청구로 평가되어 각종 행정법적 제재(예: 면허정지, 업무정지, 부당이득환수, 과징금부과 등)를 받는 점[29]을 생각해보자. 그런 보험재정의 건전화정책은 의사가 환자를 위해 최선의 의료행위를 하기보다는 보험재정과 당국의 제재를 피하기 위한 행동을 지향하게 만들고, 이는 의사와 환자가 질병의 치료를 목적으로 하는 치료적 대화의 소통(의료생활세계)을 왜곡할 수 있다.[30]

이런 법현실은 의료관계의 주체를 의사와 환자 사이의 대화적 소통관계, 즉 상호주체성(intersubjectivity)에서 사회체계(의 기능)로 변환시킨다. 이처럼 사회적 관계의 주체 자리에서 인간人間(상호주체성[31])이 아니라 사회체계가 들어앉게 되는 현상은 주체와 이성 중심의 모더니즘으로부터 벗어나는 현상이고, 그 한에서 탈근대성의 현상이라고 볼 수 있다.

---

29 예컨대 의약분업의 완고한 관철을 위해 의사가 직접 감독하지 않은 간호사의 조제를 약사법 위반으로 보고, 관련 치료(요양급여)비용 전액을 부당이득으로 환수하고, 의사를 사기죄로 처벌하며, 업무정지명령이나 그에 갈음하는 환수액의 5배까지 과징금을 부과한다. 이에 관해 자세한 분석과 비판으로 이상돈, *원내조제분업의 법리* (세창출판사, 2015) 참조.

30 이 점을 분석한 이상돈, *의료체계와 법* (고려대학교 출판부, 2000) 참조.

31 인간이란 사람[人]과 사이[間]으로 이루어져 있어, 지식고고학적 연구를 수행해보면 아마도 서양철학에서 말하는 상호주체성(intersubjectivity)의 함의를 담고 있는 개념으로 보인다.

Ⅲ. 법과 정치의 관계유형

탈근대적 관계	법과 정치의 재통합
근대적 관계	법과 정치의 분리
전근대적 관계	법과 정치의 미분화

법이 정치와 관계를 맺는 방식의 패러다임은 서구사회의 역사를 중심으로 볼 때 도표와 같은 세 단계의 변화를 겪었다고 볼 수 있다. 이 유형화는 이념형에 따른 것이다. 서구사회의 역사에서도 이 세 유형은 시대적으로 날카롭게 분할되어 배치될 수 없고, 각 유형은 비중의 차이는 있지만 현실 속에 언제나 함께 존재해 왔다. 이를테면 법과 정치(정책)의 분리를 지향했던 자유무역국가·야경국가 시기에도 정치와 유착된 법의 영역은 존재했다. 또한 위험형법 형태의 정치적 입법이 확장되어 가는 현대사회에서도 정치와 분리된 법의 현상은 민주적 법치국가의 인프라라고 할 수 있다. 또한 법과 정치가 미분화, 분리, 재통합 등의 관계를 맺는다고 할 때, 정치 개념은 주로 앞(Ⅱ.)에서 설명한 사회적 지평과 역사적 지평에 관계한다. 왜냐하면 인식론적으로는 어느 시대 어떤 사회의 법도 정치적이기 때문이다. 물론 정치과 법은 그 규율대상영역에서는 역사적으로 차이가 있을 수 있다.[32]

1. 법과 정치의 전근대적 관계: 법과 정치의 미분화

법과 정치의 첫 번째 패러다임은 법과 정치가 서로 구분되지 않고, 하나로 남아 있는 형태이다. 전근대사회에 주로 나타난 현상이다.

(1) 그리스 민회에서 정치와 법의 미분화 예컨대 민주주의 정치제도가 꽃을 피웠던 그리스 아테네에서는 권력의 중심인 민회民會가 정치

32 이 같은 다중적 시간대에 대해 자세히는 백승욱, "역사적 자본주의와 자본주의의 역사: 세계체계 분석을 중심으로", *'미국의 세기'는 끝났는가?* (그린비, 2005), 15~18쪽 참조.

적인 결정뿐만 아니라 법적 결정도 장악하고 있었다.[33] 아테네에서는 "소수에 의하면 부패하기 쉽고, 다수에 의하면 공평에 가까워진다"(Aristotele)는 이념에 따라 입법, 행정, 사법이 모두 시민의 직접적인 의사가 반영되는 민회의 관할 아래 놓여 있었다.[34] 특히 사법에서는 직업법관에 의존함이 없이 추첨에 의해 선출되는 시민 배심원들이 — 오늘날의 미국 배심제나 우리나라의 국민참여재판과 달리 사실문제뿐만 아니라 법률문제 모두에 대해서도 — 판결을 내렸다.[35] 이처럼 순도 높은 '직접'민주주의는 사실 법과 정치의 미분화를 전제로 할 수밖에 없다.

(2) **중세사회에서 법과 정치의 미분화** 법과 정치가 분화되지 못한 현실은 서양의 중세사회에도 이어졌다. <국왕 → 봉건영주 → 기사>로 이어지는 위계적인 권력구조를 가지고 있었으며, 교회의 카논법(lex canonica)이 세속사회에 그대로 효력을 가졌던 중세의 정치상황에서도 법과 정치는 분리되지 않았다.[36] 따라서 종교적 혹은 세속적 정치권력을 지닌 자가 곧 사법적인 결정권을 갖고 있었다.

2. 법과 정치의 근대적 관계: 법과 정치의 분리

(1) **법의 탈정치화** 법과 정치의 분리는 근대사회에 들어와서 시작되었다. 서구사회에서는 시민혁명을 거치면서 개인의 자유와 권리 확보를 목적으로 삼은 자유주의 사상이 국가권력을 구성하는 기본이념이 되었다.

1) 권력분립에 따른 정치와 법의 분리 이에 따라 정치권력이 모든

33 아테네의 정치제도에 대해서는 V. Ehrenberg(김진경 역), *그리스 국가(The Greek State)* (민음사, 1991), 특히 제2장 폴리스 참조.

34 오세혁, *법철학사* (세창출판사, 2004), 31쪽.

35 아테네의 사법제도에 대해서는 박홍규, "고대 그리스의 민중재판", *영남법학* (제2권 제1 · 2호, 1995) 참조.

36 중세 법사상에 대해서는 김병곤, "Thomas Aquinas의 중세자연법 사상: Aristotles 철학의 스콜라적 변용", *한국정치학회보* (제29집 제1호, 1995); 조찬래, "이종수박사 화갑기념특집호: 중세정치철학에서 법의 관념", *충남대학교 사회과학연구소 논문집* (제2호, 1991) 참조.

권력행사를 독점하는 식의 고전적 통치형태는 지양되었으며, 국가권력을 독립된 개별 국가기구에 분산시키는 '권력분립의 원리'가 자리잡게 되었다.[37] 권력으로써 다른 권력을 견제하여 균형을 잡는, 몽테스키외(Montesquieu)의 삼권분립원칙에서[38] 정치체제는 입법, 행정, 사법으로 분할되었다. 입법이 시민들의 정치적 의사형성이 모아지는 곳이었다면, 행정은 (국왕의) 정책이 집행되는 통로였고, 사법은 입법에 의해 산출된 법규범을 정치적·정책적 상황과는 독립하여 현실 속에서 확인시키고 선포하는 법률의 입과 같은 것이었다. 이는 법관은 "법률을 말하는 입(la bouche qui prononce les paroles de la loi)"이라는 몽테스키외의 유명한 말에서 잘 드러난다.[39] 또한 사법기관은 정치권력으로부터 독립된 기관으로 자리잡았다. 근대법체계에서 법은 이처럼 탈정치화(Entpolitisierung)되었다.

2) 근대법의 자연법적 성격과 탈정치성 여기서 탈정치화라고 할 때 정치의 개념은 주로 역사적 지평의 정치 개념(표의 ⓐ)을 가리킨다. 근대시민사회의 자유주의체제가 갖는 이데올로기성은 한편으로는 무엇보다도 근대법이 자연법의 발현으로 이해됨으로써 희석될 수 있었다. 또한 그렇게 되면 법의 적용은 근대법에 침전된 자연법을 현실에 옮겨놓는 집행에 불과하게 된다. 사법의 탈정치성은 바로 그렇게 근거 지워진다.[40]

---

37 J. Locke(이극찬 역), *시민정부론(Second Treatise of Government)* (연세대학교 출판부, 1970); C. Montesquieu(이명성 역), *법의 정신(De l'esprit des lois)* (홍신출판사, 2006).

38 한상범, "권력의 생리와 병리의 탐구", *근대법사상의 전개* (1979), 47쪽 아래.

39 이에 대해 자세히는 C. Montesquieu(이명성 역), *법의 정신(De l'esprit des lois)* (홍신출판사, 2006) 참조.

40 오늘날에도 '정치사법'이라는 이데올로기비판적 용어가 사용되기도 하는데, 이런 용어사용은 이와 같은 의미에서 사법은 '탈정치화'되어야 한다는 근대법체계의 맥락에서 비로소 가능한 것이다. 그러므로 현대사회에서 정치사법이라는 용어사용은 또 하나의 정치적 공세이지 엄밀하게 법이론적으로 근거지어지는 것은 아니라고 할 수 있다.

3) 정치·경제의 법외적 성격 더 나아가 법의 탈정치화는 정치영역에 대한 법적 규율의 흠결로부터 비롯되기도 하였다. 즉, 근대사회에서 정치영역은 국왕의 통치영역과 시민사회의 자유로운 공론영역으로 양분되었을 뿐 법에 의해 규율되지 않았다. 그러니까 근대사회에서 법은 사회적 지평의 개념으로서 정치(표의 ⓑ)를 규율하는 매체(예: 선거관련법, 정당법)로서는 애당초 존재하지 않았던 것이었다. 여기서 정치를 재화의 생산과 분배까지 포괄한 정책(표의 ⓓ)개념으로 확장시켜 본다면 더욱 그러하다. 시장과 교역영역에 대한 법적 규율의 흠결이나 최소화는 바로 자유주의적 자본주의구조의 선결조건이었기 때문에 당연한 것이었다.

★ 근대법의 자율성 이렇게 근대사회에서 법이 정치로부터 분리되고 사법기관이 정치권력으로부터 독립된 상황을 '법의 자율성'이라고도 표현할 수 있다. 물론 '법의 자율성'이란 법이 정치뿐만 아니라 경제, 종교로부터도 독립되어 있다는 것을 뜻한다. 자유주의 시민사회에서 법의 자율성을 비판적으로 분석한 웅거(Unger)에 따르면[41] ① 실질적인 측면에서 법의 자율성은 국가에 의해서 제정되고 집행되는 법규범들이 경제적, 정치적, 종교적인 성격의 신념이나 규범들을 반복하는 것으로는 설득력 있게 분석될 수 없을 때 획득된다. 이것은 ② 방법론적 측면에서, 법적 추론의 방식이 도덕적, 정치적, 경제적 논의와는 다른 방법을 택하기 때문이다.[42] 한편 ③ 제도적인 측면에서 법의 자율성이란 사법적 판단이 그 업무만을 수행하는 전문기관에 의해 독립적으로 이루어짐을 말하며, ④ 직업적인 측면에서의 법의 자율성은 그 활동, 특권, 훈련에서 특수성을 갖는 전문가집단에 의해 사법작용이 이루어짐을 가리킨다.

---

41 R. Unger(김정오 역), *근대사회에서의 법(Law in Modern Society)* (삼영사, 1994), 67~68쪽.

42 사비니(Savigny)의 해석카논에 관한 이론은 그러한 방법의 역사적 발전을 대표한다. 이에 대한 국내문헌들로는 이상수, "사비니에서 법의 역사성", *법사학연구* (제23호, 2001); 김진기, "법철학과 법해석의 문제", *백양인문논집* (제3집, 1998); 최종고, *위대한 법사상가들(I)* (박영사, 1988), 148쪽 아래; 이은영, "사비니의 법사상", *한독법학* (제1호, 1979) 참조.

(2) 사법권의 독립 이런 의미에서 법의 자율성을 구축한 근대법의 원리는 '사법권의 독립'으로도 설명될 수 있다.

1) 법원의 정치적 독립 일반적으로 사법권의 독립이란 법관의 사법활동이 외부의 간섭을 받지 않고 "헌법과 법률에 의하여 그 양심에 따라"(헌법 제103조) 독립적으로 수행되어야 한다는 것을 뜻한다. 이는 한편으로는 사법부를 입법부와 행정부로부터 조직상, 운영상 독립하게 한다는 원리, 즉 사법기관의 독립을 의미한다. 근대헌법의 틀을 갖고 있는 현행 헌법에서도 법원은 국가조직상 독립기구로 편제되고(헌법 제101조), 법원의 정점에 있는 대법원장은 법관의 인사권을 갖는다(헌법 제104조 제3항).

2) 법관의 직업적 자율성 다른 한편 사법권의 독립은 법관의 직업적 자율성을 의미하기도 한다. 이를 위해 헌법은 법원에게 법관들의 활동을 자치적으로 규율하는 규범들, 이를테면 내부규율과 사무처리에 관한 규칙제정권을 부여하고 있고(헌법 제108조), 법관의 신분적 특권, 그러니까 법관자격의 법정주의(헌법 제101조 제3항), 법관의 임기제 및 정년제(헌법 제105조), 신분상 불리한 처분의 제한(헌법 제106조) 등을 규정하고 있다. 또한 대학의 법학교육 이외에도 각종 법관연수 제도들은 법관들을 법관사회의 전승되어 온 직업적 정체성에 동화시킨다.[43]

3) 고유한 법학방법론 다음으로 사법권의 독립에는 법학방법론도 기여한다. 예컨대 유럽의 근대사회에서 대학의 합리적 법교육은 근대적인 법체계, 자율적인 법체계를 구축하는 데 중요한 역할을 하였다.[44] 우리나라에서도 근대법의 계수 이후에 지난 수십 년간 대학과 법학계에서 개발·전수되어 온 법률해석방법들과 그 방법들을 사용하여 형성시켜온 법률텍스트의 고유한 의미론은—좀 더 구체적으로 말하면 법률

43 이에 대해서는 특히 최대권, "사법권의 독립", *서울대학교 법학* (제32권 1·2호, 1991) 참조.

44 이상돈·홍성수, *법사회학* (박영사, 2000), 75쪽.

해석론(Rechtsdogmatik)은—사법을 독자화하는 데 큰 기여를 하였다. 법사회학적으로 보면 사법권의 독립은 '법학, 법학교육, 법률가집단, 사법기관, 사법절차 등의 사회학적 사실에 기반한다'. 방법적 독자성과 직업적 자율성은 사법권 독립의 기반이 된다.

★ 영국의 법훈련체계와 자본주의의 발전 　영국의 보통법(common law)은 전형적인 불문법체계로서, 이전의 판례를 분석함으로써, 이를 새로운 판결의 기초로 삼는 체계이다. 영국의 법이론과 방법론은 형식주의적이고, 구체적인 선례와 유추를 사용하는 법적 논의를 생산해내었고.[45] 영국의 법훈련은 독일과 같이 대학에 의해서가 아니라 법률가집단들에 의해 이루어졌며,[46] 이들은 재산가(자본가)의 사적 이익에 민감하게 봉사함으로써 생계를 유지하였다. 막스 베버는 이러한 영국의 보통법을 실질적이고 비합리적인 특성을 갖는 카디재판의 전형으로 보았지만, 보통법은 영국의 독특한 법훈련체계를 통해 자본주의 발전에 크게 기여했다고 보았다.[47] 즉 베버가 보기에 자본주의 발전의 전제조건인 법의 '예견가능성'이 법전의 체계화가 아니라 법률가양성제도를 통해 확보된 것이다. 영국의 보통법질서는 사업가가 그들 자신의 법외적인 규범과 일치하고, 그들의 공통이해를 지켜줄 수 있는 형식으로 틀 지워져 있음으로써[48] 기업가에게 충분히 예견가능한 틀이 되었던 것이다.[49]

4) 정치적 중립성 　또한 사법권의 독립은 근대법체계가 경제적, 종교적으로 뿐만 아니라 정치적으로도 중립성을 유지함으로써 더욱 촉진될 수 있었다. 지금도 법관들이 정치적 당파성이나 종교적 편향성 또는 경제적 비효율성을 띠지 않는 근거들로써 자신이 내린 판결의 타당성을 근거 짓는 것은 사법권의 독립을 지키는 중요한 요소가 된다.[50]

---

45 Weber, *Wirtschaft und Gesellschaft, Grundriß der verstehenden Soziologie 4. Auflage* (Tübingen, 1956), 457쪽.
46 Weber, 앞의 책, 511쪽.
47 Weber, 앞의 책, 412쪽.
48 A. T. Kronman, *Max Weber* (Stanford Univ. Press, 1983), 122쪽.
49 이상의 내용은 이상돈·홍성수, *법사회학* (박영사, 2000), 81~83쪽을 요약한 것임.
50 사법권의 독립에 관한 이상의 설명에서 1) 2) 3) 4)는 웅거(Unger)가 법의 자율성

(3) 근대법학의 이론성과 비정치성 근대사회에서 법학은 법과 정치의 분리를 떠받드는 기둥의 하나이다. 근대법학의 특징은 ① 정치사적 맥락에서 보면 자연법사상을 배후로 삼고, ② 정치에 대한 자연법의 우위를 신봉하며, ③ 법의 정당성기초로서 '합목적성'보다는 (협의의) '정의'와 '법적 안정성'에 치중할 뿐만 아니라, ④ 법률적용은 논리적인 삼단논법의 과정이라는 인식틀[51]을 내세운다. 그러므로 근대법학의 중점은 실정법의 해석체계를 정치하게 구성하는 데 놓여 있었다.

1) 개념법학과 순수법학의 비정치성 독일에서 19세기 말엽부터 20세기 초 사이에 만개했던 개념법학(Begriffsjurispridenz)[52]은 그런 법학의 결정체라고 할 수 있다.[53] 개념법학은 법이란 법률을 구성하는 언어의 의미를 연역적 방법으로 구체화하는 개념들의 피라미드라고 이해한다.[54] 이는 언어기호의 이상적인 관계설정, 이상적인 구문과도 같은 것이라 하겠다. 법과 정치를 분리시키는 법학의 자기이해는 켈젠(Hans Kelsen)의 순수법학[55]에서 그 절정을 이룬다: "법에 관한 과학이 과학으로서 타당함을 주장할 수 있으려면 그 과학은 정치로부터 분리될 수 있어야만 한다."[56] 순수법학은 "법학의 '순수성'을 견지하기 위해 법실

을 특징지운 ①②③④에 상응한 것이라 할 수 있다.

51 심헌섭, *분석과 비판의 법철학* (법문사, 2001), 278쪽.

52 개념법학의 특성은 최종고, *법철학* (박영사, 2002), 374쪽; 김영환, "법의 계수의 결과현상들: 개념법학적인 사유형태와 일반조항에로의 도피", *법철학연구* (제4권 제1호, 2001), 153쪽; R. Zippelius(양화식 역), *법철학(Rechtsphilosophie)* (지산, 2001), 397쪽; M. Rehbinder(이영희 · 최종고 역), *법사회학(Rechtssoziologie)* (법문사, 1981), 57쪽 등 참조.

53 여기서 개념법학의 철학적 기초는 법실증주의가 아니라 자연법론이라고 볼 수 있다. 이 점을 독일의 법학사에서 설명하고, 영미법계의 법형식주의 전통에서도 개념법학적 요소를 발견하는 양천수, "개념법학: 형성, 철학적 · 정치적 기초, 영향", *법철학연구* (제10권 제1호, 2007), 특히 246쪽 아래 참조.

54 개념법학의 특징에 대해서는 특히 김영환, "개념법학적인 사유형태와 일반조항에로의 도피", *응용법철학* (아카넷, 2002), 28쪽 아래 참조.

55 H. Kelsen(변종필 · 최희수 역), *순수법학(Reine Rechtslehre)* (길안사, 1999).

56 H. Kelsen, "Was ist die Reine Rechtslehre?", 심헌섭 편역, *켈젠법이론선집* (법문사, 1990), 271쪽 아래, 특히 281쪽 참조.

무의 해석에 대해서는 거의 '금욕'에 가까울 정도로 거리를 유지하고,[57] 이로써 구체적 해석방법의 제시를 목적으로 하는 해석이론은 사실상 존재하지 않"[58]게 되었다고 한다.[59]

2) 주류법학의 근대법학적 자기의식 이런 근대법학의 전통은 오늘날까지도 독일[60]에서는 물론이고 우리나라의 법학에서도 이어지고 있다. 우리나라 법학의 주류는 법률텍스트를 여러 표지들로 구조화하고, 각 표지들의 개념을 정치하게 구성하고, 그렇게 구성된 개념을 현실사안에 적용하는 과정이라는 자기의식을 갖고 있다고 할 수 있다. 다시 말해 법률텍스트의 의미론은 정치적 고려와는 무관하며, 정치에 대해 독립적일 수 있다는 것이다. 이러한 우리나라 법학의 자기이해는 근대법학의 그것과 매우 유사하다.

3. 법과 정치의 탈근대적 관계: 법과 정치의 재통합

(1) 법의 재정치화 근대사회에서 이념적으로 분화되었던 법과 정치는 19세기 말부터 오늘에 이르기까지 다시 통합되어 가고 있다.

1) 정치의 법제화 서구에서 수정자본주의 패러다임이 성립한 이후 근대법체계에서는 법제화되지 않았던 정치영역들(예: 선거, 정당, 언론)이 법제화되었고, 그러한 경향은 지금도 계속되고 있다. 이렇게 정치가 법제화되는 현상은 거꾸로 보면 법이 정치화되는 현상이기도 하다.[61] 즉,

---

57 켈젠이 법적 규범(legal norm)과 법적 명제(legal proposition)를 구분하고, 법학자가 말하는 법적 명제는 오직 상황을 서술하는 '서술적 의미'를 가질 뿐이라는 점에 관해서 자세히는 권경휘, "켈젠의 법적 명제 이론", *법철학연구* (제17권 제3호, 2014), 201~224쪽 참조.

58 켈젠의 순수법학에서 법해석이론에 대한 정밀한 분석과 비평으로 윤재왕, "한스 켈젠의 법해석이론", *고려법학* (제74호, 2014), 525~570쪽, 인용문은 560쪽 참조.

59 물론 순수법학의 "과학적 이론적 중립성은 실천적 상대성을 근본으로 하는 민주주의를 향해 문을 활짝 열어놓았다"(윤재왕, "법, 도덕 그리고 사실–비얼링의 승인설에 대한 켈젠의 비판", *고려법학* [제54권, 2009], 29쪽)고 평가할 수 있다.

60 예를 들면 분석적 법이론(analytische Rechtstheorie)을 들 수 있다.

61 G. Teubner, "법제화(Verrechtlichung)", 이상돈 편역, *법제화이론* (한국법제연구원, 2004), 14쪽 아래; Barton, "Behind the Legal Explosion", *Stanford Law Review*

법은 사회적 지평의 정치개념(표의 ⓑ)과 상호관련을 맺게 된다. 먼저 이 법제화 과정에서 헌법은 정치적 기본결정을 담는 매체가 된다(정치의 법제화). 이 기본결정은 역사적 지평의 정치 개념인 체제이데올로기(표의 ⓐ)에 대한 대강의 결정(예: 자유민주적 기본질서, 민주적 법치국가)도 포함한다.

㈎ **국내법에 의한 국내정치의 법제화** 개별 실정법은 헌법 속에 침전된 정치적 기본결정을 다시금 세분화된 규범체계 속에서 구현한다(법의 정치성). 헌정(질서)이란 바로 이런 법질서를 말한다. 헌정화의 과정에서 정치적 기본결정은 실정법이 수용해야 하는 선재된 것(Vorgegebenheit)으로 자리잡는다.[62] 그러나 이와 같은 현상은 법의 '재'정치화라기보다는 '정치체계의 (근대법전의 성립과 비교할 때 뒤늦은) 법제화' 또는 '법의 정치영역에로의 진입'이라고 할 수 있다. 이런 현상은 노동자 정당의 출현, 노동운동의 성장, 보통선거권의 관철 등으로 이 시기 서구사회에서 '정치화된 대중'의 목소리가 확산된 현실과,[63] 정치와 경제가 단선적 인과관계가 아닌 좀 더 복합적 관계를 갖게 된 상황에서 정치(정책)적인 법이 더 많이 요구되는 현실[64]에서 발생하였다. 국가가 요청받은 새로운 역할들을 기존의 국가행위방식들로는 충분히 수행할 수 없다는 문제의식이 강화되었던 것이다.[65] 또한 절대적 소유권이나 계약자유, 과실책임원칙 등 자유방임적 법사상이 지닌 맹점[66]이나, 형식주의 법학 혹은 기계법학적 사고의 한계[67] 등도 여기 일조했다.

(제27권, 1975), 567쪽 아래.

62 H. Henkel, *Einführung in die Rechtsphilosophie* (Beck'sche Verlagsbushhandlung, 1977), 136~137쪽.

63 이해영, "A. 그람시와 C. 슈미트: 2개의 정치적인 것의 개념", *한국정치학회 연례학술회의논문집* (1998), 447쪽.

64 이해영, 앞의 논문, 448쪽.

65 송석윤, "국가역할의 역사적 변천-근대국가의 미래와 관련하여", *법과 사회* (제20호, 2001), 25쪽.

66 최봉철, "법현실주의의 이해를 위하여", *현대법철학의 흐름* (법문사, 1996), 219쪽.

67 R. Zippelius(양화식 역), *법철학(Rechtsphilosophie)* (지산, 2001), 302쪽.

(나) **헌정애국주의에 의한 세계정치의 규율** 이와 같은 정치영역에 대한 법의 규율과 그에 따른 법과 정치의 재통합 현상은 세계차원에서도 마찬가지일 수 있다. 예컨대 하버마스는 민주적 법치국가를 구성하는 헌정의 원리에 대한 충성, 즉 헌정애국주의(Verfassungspatriotismus)와 민주적 절차와 법치국가적 원칙에 대한 승인만이 세계사회에서 다양한 문화를 정치공동체 안으로 포용시킬 수 있다고 본다.[68] 이런 관점은 동아시아 사회에서 탈국가적 정치공동체[69]를 형성하는 밑바탕이 될 수 있다.

그러나 서구의 법체계를 중심으로 한 헌정애국주의는 이슬람권의 테러에 대해 관용을 보이기 어렵다는 한계가 있다. 테러리즘에 대한 헌정애국주의의 강조는 법의 근대성을 전근대사회에도 관철하는 기획이라고 볼 수 있다. 이 기획은 유효하지만, 전쟁(특히 선제방어전쟁 preemptive war)[70]과 무력적인 진압의 방법이 아니라 그 전근대사회의 계몽과 국내공론의 변화를 통해서 그리고 그런 변화와 동시적으로만 실현될 수 있을 것이다.

2) 법의 정책도구화 법과 정치가 재통합되는 또 다른 현상으로 법이 사회국가적 기획을 실현하는 정책수행도구로 기능하는 것을 들 수 있다. 이는 '근대법의 형식성'이 갖는 가치가 경제구조의 이해관계에 따라 다르게 형성되어 왔으며, 형식법의 보장만으로 자유와 평등이 실현되지는 않는다는 문제의식에서 비롯되었다. 특히 경쟁자본주의 체제에서 법의 형식성이 강조되었던 것은 의회의 대표자로서 부르주아가 '법

---

68 이에 관해 자세히는 Habermas · Borradori, "Fundamentalism and Terro", *Philosophy in a Time of Terror* (University of Chicago Press, 2003), 41쪽 아래 참조.

69 이런 전망을 최초로 설계하는 정채연, "동아시아 사회에서 탈국가적 정치공동체의 형성 가능성", *법철학연구* (제19권 제1호, 2016), 137~170쪽.

70 윌저(Michael Walzer)의 정전론(theory of just wars)의 내용과 그 결함을 분석한 후 미국의 이라크전쟁에서 보듯 '급박한 공격'(imminent attack)의 시점이 아니라 '충분한 위협'의 시점(the point of sufficient threat)에서 선제 방어전쟁은 초강대국의 패권유지를 위한 것으로 정당하지 않다고 보는 정태욱, "마이클 월저의 정전론(正戰論)에 대한 소고-선제방어전쟁(preemptive war)론을 중심으로", *법철학연구* (제6권 제1호, 2003), 282쪽 참조.

의 지배'라는 명목 아래 그들의 지배를 은폐하기에 용이했기 때문이었다고 보기도 한다.[71]

(가) 합목적적 법의 증가에 의한 정책의 실현 현대사회에서 법률은 각종 사회적[72] 정책을 현실에 옮기는 수단으로 자리매김한다. 각종 사회법(Sozialrecht)의 법제들뿐만 아니라, 거의 모든 법률들이, 가령 모성보호법도 출산과 육아에 관련한 여성보호정책을 현실에 집행하는 도구가 된다. 이와 같은 법의 기능변화는 법이념 가운데 '합목적성'(Zweckrationalität)을 '정의'나 '법적 안정성'보다 더욱 중요한 것으로 자리매김한다. 또한 법률은 정책의 집행도구로서 그 기능을 다하기 위해, 바꿔 말해 상황변화에 신속하고 능동적으로 대처해야 하는 정책의 속성에 맞추기 위해 흔히 일반조항이나 위임입법과 같은 입법기술을 점점 더 광범위하게 사용한다. 이로써 법은 사회적 지평의 정치 개념인 정책(표의 ⓓ)과 분리될 수 없게 된다.

(나) 정책의 이념적 역사적 차원 또한 이처럼 법에 의해 수행되는 정책은 그 성격에 따라 근대성과 탈근대성에 각각 배열될 수 있다. 예컨대 근로기준법이 사회적 약자인 근로자에게 자유의 실질조건을 보장함으로써 자유를 확장시키는 근대성의 기획을 실현하는 것이라면, 사회보장적 의료보험체계의 기능 유지를 위한 국민건강보험법의 정책들은 의료관계의 당사자들(예: 의료인, 환자)의 주체성보다는 체계의 기능성을 우선시킨다는 점에서 탈근대적인 성격을 띠기 쉽다. 이렇듯 법정책은 얼핏 그 연관성이 드러나지 않아도 언제나 역사적 지평의 정치 개념(표의 ⓒ)과 분리되어 있지 않음을 알 수 있다.

3) 한국사회에서 법과 정치의 미분화 그런데 한국사회에서 법과 정

---

71 이에 대해 자세히는 엄순영, "법의 형식성과 민주주의의 결합 모색-프란츠 노이만과 위르겐 하버마스의 법사상을 중심으로", *민주법학* (제29호, 2005), 263쪽.

72 '사회적' 또는 사회법의 사회의 개념은 "누군가에게 도움을 준다 또는 인간의 편안한 삶에 관련된"이라는 의미로 이해할 수 있다는 윤재왕, "법철학과 사회법", *안암법학* (제37권, 2012), 331쪽 참조.

치의 재통합은 이상의 설명과는 다른 특수성을 갖고 있다. 법과 정치의 재통합, 특히 법의 정책도구화는 한국사회의 법문화[73]에 각인되어 온 전근대적인 요소인 '윤리적 후견주의'와 '권위적 관료주의'를 재생산할 수 있게 만드는 기반시설로서 기능한다는 점이다. 예컨대 위임입법은 법의 정책도구화에 필요한 정도를 넘어서 법이 행정관료의 령令에 의해 사회질서를 형성하는 수단으로 기능하기에 충분하리만큼 과도하게 행해진다. 종종 법률뿐만 아니라 위임입법도 정치적 '상징'에 불과한 경우가 많다.[74]

이것은 법과 정치의 미분화라는 '전근대적 법문화'의 전통이 연장되고 있음을 말해준다. 그러니까 한국사회에서는 법과 정치의 재통합이라는 탈근대적 현상과 법과 정치의 미분화라는 전근대적 현상은 상당한 부분 함께 하고 있다는 것이다. 이것은 한국사회에서 법이 재통합되는 정치 개념의 역사적 지평(표의 ⓒ)이 서구사회와는 달리 근대성과 탈근대성의 대립뿐만 아니라 근대성과 전근대성의 대립으로도 특징지어질 수 있음을 의미한다. 물론 어느 사회나 근대법의 징후들은 정도에 차이가 있을 뿐 전통적인 요소들과 배합되어 존재한다는 관점에서 보면,[75] 이 문제의 특이성은 사라지거나 줄어든다.

(2) **사법의 정치화** 실정법의 (재)정치화는 정치에 대한 법의 규율과 같이 한 방향으로만 진행되는 것이 아니라 사법의 (재)정치화로도 진행된다. 즉 법과 정치의 재통합은 쌍방향인 것이다.

---

73 전통적 법문화에 관한 논의로는 전봉덕, "전통적 사회와 법사상", *서울대학교 법학* (제19권 제1호, 1978), 52쪽 아래; 민경식, "한국인의 법의식과 현대화과제", *현대사회* (제1권 제4호, 1981), 253쪽 아래; 이철우, "유교전통과 한국의 규범문화", *오늘의 동양사상* (제2권, 1999) 56쪽 아래 참조.

74 박재윤, "위임입법에 관한 연구: 유아교육법의 위임입법 방안을 중심으로", *교육법학연구* (제16권 제1호), 97쪽.

75 이는 갈란터(M. Galanter, "The Modernization of Law", M. Weiner 편, *Modernization: The Dynamics of Growth, Voice of America* [1966])의 관점인데, 이에 대해 자세히는 이철우, "법에 있어서 근대개념–얼마나 유용한가", *법과 사회* (제16호, 1999), 253쪽 아래 참조.

1) 소극적 정치로서 헌법재판 사법의 정치화로서 가장 대표적인 것은 바로 헌법재판제도이다.[76] 헌법재판이란 넓은 의미의 사법기관인 헌법재판소가 입법부가 제정한 법률의 헌법합치성 여부를 심사하는 것을 뜻하는데, 정당해산, 탄핵, 권한쟁의, 헌법소원, 선거소송에 관한 심판을 포함한다. 헌법재판은 조직과 행위의 측면에서 볼 때 사법과 매우 비슷한 구조로 작동하면서도, 법률이 기획하는 정치적, 정책적 기획(표의 ⓑ, ⓓ)이 헌법에 침전된 정치적 기본결정(표의 ⓐ, ⓒ)에 부합하는지를 심사하고, 아울러 정당해산이나 탄핵, 선거소송 등 정치적 현상(표의 ⓑ)의 옳고 그름을 직접적으로 판단하기도 한다. 요약하면 헌법재판은 헌법합치성 판단을 통해 소극적으로 정치[77]를 하는 것이다. 바로 이 점에서 사법기관의 정치화를 말할 수 있다. 이에 비해 의회의 정치는 적극적 정치라고 부를 수 있다.

2) 정치를 하는 사법부 헌법재판뿐만 아니라 좁은 의미의 사법도 실정법의 (재)정치화 흐름과 함께 정치적인 성격을 띠게 된다. 이것은 단지 사법부가 법률의 적용을 통해 그 법률이 갖고 있는 정치적, 정책적 기획을 현실에서 확인하고 관철한다는 차원에 국한되지 않는다. 즉 탈정치화된 근대법, 예컨대 민법이나 형법의 적용에서도 그 해석학적 지평 위에서 사법부가 고유한 정책적 프로그램(표의 ⓓ)을 관철하고 있다. 입법은 이제 법체계의 변방에 위치하며, 법원의 판결과 법률해석학을 통해 생산적으로 해석(혹은 가공)된 규범이 중심적 역할을 맡고 있다는 것이다.[78]

---

76 헌법재판제도의 정치성에 대해서는 이상돈, "헌법재판의 법이론적 전망", *법철학연구* (제10권 제1호, 2007), 27~50쪽; W. Hassemer(이상돈·주현경 역), *정치와 형법* (세창출판사, 2005); 이상돈, *헌법재판과 형법정책* (고려대학교 출판부, 2005) 참조.

77 이런 의미로 독일 연방헌법재판관을 지낸 W. Hassemer(이상돈·주현경 역), *정치와 헌법(Politik und Verfassung. Fundamente der konstitutionellen Demokratie)* (세창출판사, 2005), 51쪽 참조: "어떠한 정치적 선택이 행해지는지가 아니라, 정치적 선택이 어떠한 점에서 헌법적 보호영역을 침범하는지가 연방헌법재판소의 결정에 달려 있다."

78 T. Vestung(김성돈 역), "시작도 없고, 끝도 없다. 법의 체계이론: 법학과 법도그마

예컨대 사법부는 불법행위책임(민법 제750조 이하)이나 형법상 다양한 범죄규정들(예: 사기죄, 업무상 과실치사상죄 등)의 전통적인 귀속요건을 변형함으로써 제조물의 소비자나 건물임차인 또는 의료소비자들의 권익을 보호하는 정책을 추진해 왔다. 이런 역할은 의회가 예컨대 제조물책임법이나 주택 또는 상가임대차보호법의 제정을 통해 수행하는 정치와 그 성격에서 다르지 않다. 심지어 그런 입법은 오랜 세월 계속된 사법부의 정책적 판결을 뒤쫓아 간 것인 경우도 적지 않다.

또한 선거소송의 진행속도나 그 처벌강도를 조절함으로써 피소된 국회의원의 정치활동에 대한 제한속도와 강도를 조절하거나, 시민단체의 낙천・낙선운동에 대해 유죄판결을 내리는 예들은 사법작용이 얼마나 이미 정치(표의 ⓑ)의 영역에 깊숙이 들어와 있는지 알 수 있게 한다.

더 나아가 사법은 역사적 지평의 정책 개념(표의 ⓒ)에도 관계한다. 예를 들어 강간죄(형법 제297조)의 객체가 부녀婦女에 국한되었던 (구) 형법 하에서 생래적 남성이었던 성전환자를 강간죄의 적용에 있어 남자로 취급했던 판결(大判 96도791)은 여성성에 대한 남성주의적 이해, 바꿔 말해 성역할(gender)에 대한 '전근대적인' 고정관념을 재생산한다.[79] 반면, 사법은 성전환남자를 여성을 취급함으로써(大判 2009도3580) 성역할에 관한 전근대적 고정관념을 해체할 수도 있다. 이처럼 사법부는 법률해석을 통해 종종 전통을 재생산하거나 해체하는 정치를 수행하기도 하는 것이다.

(3) 비판적 법이론의 정치적 기능 법과 정치의 재통합에는 법학의 새로운 이론경향들과 연구방향들도 기여했음을 간과할 수 없다. 실정법과 정치의 분리가능성을 회의하는 이론적 단초는, 법철학에서 경험적

틱에 대한 도전(Keine Anfang und kein Ende. Die Systemtheorie des Rechts und Herausforderung für Rechtswissenschaft und Dogmatik)", *법과 사회* (제21호, 2001), 310~311쪽.

79 이에 대한 비판으로 이상돈, "여성주의와 형법", *인권과 정의* (11월호, 1997), 72~89쪽 참조.

부분과 비경험적 부분의 엄격한 분리가 불가능함을 이해했던 마키아벨리(Niccolò Machiavelli)[80]나 "진리가 아니라 권위가 법을 만든다"는 홉스(Hobbes)의 지각[81] 그리고 '정치적인 것이 법적인 것에 존재론적으로나 규범적으로 우선한다'고 보는 슈미트(Schmitt)의 사상[82]에서도 찾을 수 있다.

1) 비판법학 하지만 법학에서 본격적으로 이 문제를 점화시킨 법학은 미국에서 전개된 비판법학[83]이었다. 물론 1920, 30년대에 걸쳐 전개된 법현실주의(legal realism)는 존재와 당위를 분리하고, 판사와 관료의 행동, 이와 접촉하는 사람들의 관계를 분석하여 법의 현실을 파악하였고,[84] 그로써 '법전상의 법'과 '살아 있는 법' 사이의 괴리를 밝혀냈으며, 아울러 법의 정치적 기능의 가능성을 인지하기도 하였다.[85]

★ 법현실주의와 실제 속의 법 이론 이계일 교수는 법현실주의의 개념을 20세기 중반 이후 독일에서 전개된 '실제 속의 법', 즉 구체적 사안에 정향하거나 동적인 법형성에 지향된 법이론들, 요셉 에써(J. Esser)의 해석학적 법이론과 페터 헤벌레(P. Häberle)의 '공적 행위 속의 법' 또는 문제중심적 법이론(Topik) 등에 확장하고 있다. ① 이 경우 법현실주의는 법전과 다른 모습으로 존재하는 법이 아니라 "법전에 쓰여진 법이 현실

80 W. Nauke(변종필 · 최희수 역), *법철학의 기본개념들(Rechtsphilosophische Grundbegriffe)* (지산, 2000), 96쪽.
81 오세혁, *법철학사* (세창출판사, 2004), 126쪽.
82 슈미트(Carl Schmitt)의 사상에서 법과 법학의 재정치화에 관해서는 김도균 교수의 슈미트에 관한 "해제: 민주주의와 법치주의의 변증법", *합법성과 정당성* (도서출판 길, 2016), 262쪽 아래 참조.
83 비판법학운동에 대한 국내연구로는 한인섭, "비판법학", 서울대학교 미국학연구소 편, *미국 사회의 지적 흐름: 법* (서울대학교 출판부, 1999); 김정오, "비판법학의 원천과 쟁점들", 한국법철학회 편, *현대법철학의 흐름* (법문사, 1996); 김정오, "미국비판법학의 흐름과 동향", *법과 사회* (제10호, 1994) 참조.
84 르웰린(K. Llewellyn)의 법현실주의에 대한 이와 같은 이해로 조기영, "미국의 법현실주의논쟁에 관한 고찰-Pound · Llewellyn 논쟁", *법철학연구* (제10권 제1호, 2007), 310쪽 아래 참조.
85 법현실주의에 대한 국내연구로는 최봉철, "법현실주의", 서울대 미국학연구소 편, *미국사회의 지적 흐름: 법* (서울대학교 출판부, 1999); 최봉철, "법현실주의의 이해를 위하여", 한국법철학회 편, *현대법철학의 흐름* (법문사, 1996) 참조.

속에서 어떻게 의미를 획득해 가는지에 관한 실제적 법산출 과정을 실제 속의 법의 내용으로 상정한다."[86] 또한 이런 법이론에서 법텍스트와 법현실의 괴리는 더 이상 예외적 현상이 아니다. 법텍스트에 대한 "사회적 상호작용 속에서 법의 내용이 산출된다"[87]는 인식도 확립된다. ② 그러나 법현실주의가 이런 의미로 확장된다면 법현실주의는 법적 대화이론에 접근하게 되고, 그에 따라 비판적 (정치적) 법이론의 정체성을 잃어버리기 쉽다. 그러므로 학문정책적으로는 법현실주의의 개념을 역사적으로 존재했던 미국의 법현실주의에 국한해서만 사용하는 것이 바람직하다고 본다.

여기서 한 발짝 더 나아가 트루벡(Trubek)[88]과 케네디(Kennedy) 등과 같은 비판법학자들은 법에 의해 집행되는 권력과 이데올로기의 문제를 직접적으로 바라보았다. 즉, 비판법학운동은 '법은 계급지배의 도구'라는 마르크스주의적 전통을 수용하여 '법은 정치이다'라고 보거나 "법이란 단지 정치를 바꿔 말한 것에 지나지 않는다"[89]라는 식의 급진적 주장을 펼쳤다. 특히 급진적 회의주의의 입장에서 법원리란 실제 법이라는 이름하에 행해지는 것들을 합리화하고 신비화할 뿐이라고 말하면서 법·정치의 구분은 그 자체가 물상화의 신화에 의존한다고 본다.[90] 이들은 미국의 법이 결코 중립적인 것이 아니며, 법적 수사(rhetoric)[91]가 특정계급이나 권력집단의 이익을 증진시키는 데 어떻게 기여하는지, 소수자의 경험적 내레이션 안에 존재하는 요소들을 어떻게

86 이계일, "'실제 속의 법' 관념을 중심으로 본 현실주의 법이론의 변천", *연세대 법학연구* (제20권 제1호, 2010), 177쪽.

87 이계일, 앞의 논문, 178쪽.

88 트루벡(Trubek)에 의하면 비판법학운동은 ① 법의 불확정성, ② 법적 결정들이 이루어지는 맥락에 대한 관심, ③ 법은 정치라는 명제를 공유한다고 본다. 이에 대해서는 M. Tushnet, "Critical Legal Studies: A Political History", *Yale Law Journal* (Vol. 100, 1991), 1515쪽 참조. 비판법학자들이 법의 불확정성을 입론하는 논거로 사용한 괴델정리의 법이론적 의미에 관해서는 안성조, "괴델정리의 법이론적 함의", *서울대학교 법학* (제49권 제4호), 683~731쪽.

89 D. Kairys, "Lega Reasoning", D. Kairys 편, *The Politics of Law* (1982), 17쪽.

90 김정오, "비판법학의 원천과 쟁점들", *현대법철학의 흐름* (법문사, 1996).

91 이에 대해서는 이상돈·이소영, *법문학* (신영사, 2005), 특히 49쪽 아래 참조.

왜곡시키는지를 폭로한다.

2) 비판적 법해석학 한편 독일의 법학계에서도 법과 정치를 분리하는 개념법학적 전통이 20세기 후반 법해석학(Hermeneutik) 이론의 발달에 의해 무너졌다.[92] 법해석학은 법률의 적용에 해석자의 정치적, 정책적 관점이 '선이해'(Vorverständnis)의 하나로서 개입한다는 점을 밝혀냈다. 법텍스트는 법규범을 선험적으로 내포하고 있는 것이 아니라, 법률의 의미를 각자의 선이해와 상징들(예: 스테레오타입 포함)에 의해 이끌려 더 구체적인 언어로 풀어내는 해석의 각축장이다.[93] 이런 점에서 법률해석은 의미론적 투쟁(semantischer Kampf)이라고 부를 수 있다. 이 투쟁이 기존의 법률해석에 작용한 선이해의 이데올로기를 비판하고 해체하는 방향으로 전개된다면 법해석의 정치적 기능과 비판적 기능은 증가하게 된다. 그런 법해석을 비판적 해석학(kritische Hermeneutik)[94]과 연계된 개념인 비판적 법해석학이라고 부를 수 있다.

이와 같은 법학의 흐름은 우리나라에도 1980년대 이후 — 마르크스주의 법학 쪽의 접근[95]과 법해석학적 접근[96]을 통해 — 활발히 수용되었다. 그

---

92 이러한 경향을 보여주는 이상돈, *법이론* (세창출판사, 2005); W. Hassemer(배종대·이상돈 편역), "법해석학"(Juristische Hermeneutik), *형법정책* (세창출판사, 1998), 53~78쪽 참조.

93 이에 대해서는 F. Müller 외(이덕연 역), *법텍스트와 텍스트작업(Rechtstext und Textarbeit)* (법문사, 2005), 특히 45쪽 아래; Wittgenstein, *Vorlesungen und Gespräche über Aesthetik, Psychologie und Religion* (1971), 42쪽; K. Larenz, "법률학의 보편적 성격", 허일태(편역), *법철학의 기본문제* (세종출판사, 1998), 50쪽 참조.

94 대표적으로 J. Habermas · K.O. Apel · C.v. Borgmann · R. Bubner · H.G. Gadamer · H.J. Giegel, *Hermeneutik und Ideologiekritik* (Ffm., 1980) 참조.

95 이에 대해서는 민주법학(민주주의법학연구회 발간)에 게재된 초기논문들, 특히 김도균, "마르크스주의 법이론의 형성과 전개(1)—초기 마르크스의 법이론에 관한 고찰", *민주법학* (제3호, 1989); 김도균, "마르크스주의 법이론의 형성과 전개(2)—'헤겔법철학비판', '유태인문제에 대하여', '독일이데올로기를 중심으로'", *민주법학* (제4호, 1990); 조국, "현단계 맑스주의 법이론의 반성과 전진을 위한 시론", *민주법학* (제6호, 1993) 참조.

96 이상돈, *법이론* (세창출판사, 2005; 제1판, 박영사, 1996); 이준일, *법학입문* (박영사, 2004); 김대휘, "형법해석의 한계와 법방법론", *법률해석의 한계* (법문사, 2000) 참조.

에 따라 법학은 '순수' 법학으로 머물러서는 안 되고, 주변학문(예: 철학, 경제학, 정치학, 사회학)과의 학제 간 교류를 활발히 함으로써만 비로소 자신의 고유한 임무를 수행할 수 있다는 새로운 자기이해를 형성해 가고 있다.

Ⅳ. 법과 정치의 이성적 관계

오늘날 민주적 법치국가의 체제 하에서 법과 정치는 어떤 관계를 설정해야 하는가? 이 물음에 답하려면 '비정치적 사법이란 본래부터 존재하지 않는다'[97]는 전제에서 정치적인 것을 법의 고유한 범주들과 형식에 따른 결정 속에 어떻게 담아낼 수 있는지를 밝혀야 한다.

1. 법과 정치의 관계에 대한 대화이론적 기본구상

민주적 법치국가에 대한 하버마스(J. Habermas)의 대화이론적 해석에 의하면 법과 정치의 관계는 다음과 같이 재구성될 수 있다.

(1) **정치의 법제화** 정치는 법에 의해 법제화되어야 한다. 즉, 정치적인 결정은 법적 형식을 따름으로써만 구속력을 갖을 수 있다. 정치는 상이한 의견이 대립되는 가운데 힘을 가진 세력이 임의적인 결정을 내리는 식이지만, '행위기대의 안정화'라는 고유한 기능(법적 안정성)을 갖고 있는 법의 형식을 거침으로써 정치의 임의적인 성격은 제어될 수 있다.

(2) **법의 정치적 제약** 반면, 법은 다시 정치에 의해 제약되어야 한다. 즉, 정치를 법제화하는 법은 어디까지나 정치적으로 '정당하게 제정된 법'이어야 한다. 정당하게 제정된 법이란 민주적 법치국가에서 대화적으로 구조화된 정치적 의사형성의 절차 속에서 민주적으로 형성된

97 W. Hassemer(이상돈 · 주현경 역), *정치와 헌법(Politik und Verfassung. Fundamente der konstitutionellen Demokratie)* (세창출판사, 2005), 49쪽.

법을 말한다. 또한 법은 정치적 과정에 간섭하지 않아야 하며 오히려 정치적 과정을 법적으로 '소중히 다루어야' 할 정치적인 임무를 갖는다.[98]

(3) **법의 민주적 개방성** 그러나 법이 정치적 프로그램을 법규범으로 수용하는 절차(법적 절차)는 민주적 의견형성을 완전하게 보장하지는 못한다는 제도적 한계가 있다. 그러므로 실정법은 정당한 규범질서가 되기 위해서는 법의 제도적(인적, 물적, 자원의) 한계 때문에 법적 절차에 수용되지 못하는 정치체계의 민주적 의견형성에 대해 끊임없이 열린 태도를 취해야 한다. 특히 시민불복종을 앞에 두고 법체계는 법규범의 구속력을 고집하기보다는, 법규범의 타당성을 반성하는 과제를 짊어져야 한다.

2. 법과 정치의 합리적인 관계설정

이와 같은 법과 정치의 관계에 대한 기본구상에 따르면 법은 앞에서 유형화한 다섯 가지의 정치 개념과 다음과 같은 관계를 맺어야 한다.

(1) **인식론적 지평에서 법과 정치** 첫째, 인식론의 차원에서 법과 정치는 서로 분리되지 않는다는 점은 법인식과 정치적 실천을 새로운 관계로 설정한다.

1) **법규범을 말하는 정치적 실천** 이른바 법률적 삼단논법은 법인식의 행위가 동시에 하나의 (인식론적 의미의) 정치적 행위라는 점을 은폐한다. 그러나 대화이론적 구상에 의하면 법관의 법인식은 그 인식에 의해 표현된 법규범의 타당성에 대한 대화의 시작으로 볼 수 있다.[99] 바꿔 말해 법관의 판결은 곧 (기존의 또는 새로운) '법규범을 말하는 정치적 실천'으로서 자리매김한다.[100]

98 W. Hassemer(이상돈·주현경 역), 앞의 책, 51쪽.
99 F. Müller(이덕연 역), *법텍스트와 텍스트작업(Rechtstext und Textarbeit)* (법문사, 2005), 106쪽 아래.
100 이러한 입장으로 Jeand'Heur, "Gemeinsame Probleme der Sprach– und Rechts-

그러나 법관의 법인식은 미시적으로는 정치적 실천과 그 전개방식에 있어 차별성이 있다. 예를 들면 법관은 각 법분과의 고유한 규범적 맥락으로 들어가고, 그 분과에서 성장하고 전승되어 온 법률해석학의 논증도구들을 사용하여 '무엇이 법인지'를 인식하여야 한다(법인식의 전문성). 그러나 거시적으로 보면, 그런 전문적인 성격의 법인식도 정치적으로 다시 말해 민주적 의사형성의 메커니즘에 의해 그 정당성이 검증되어야만 한다.

2) 욕망의 충족수단으로서 법 또한 인식론적 차원에서 욕망을 달성하려는 행동을 정치로 개념화한다면, 정치와 분리될 수 없는 법인식은 인간의 욕망을 있는 그대로 인정하고, 법이 인간의 욕망을 어떻게 구성하고, 재단하고, 억압하는지를 지속적으로 분석하고 성찰하여야 한다. 법은 인간들의 욕망이 과도해지는 것을 경계해야 하지만, 거꾸로 그 욕망이 과도하게 억압되는 것도 경계하여야 한다. 이를 위해서 법은 인간의 무의식에 억압된 채 퇴적되어 있는 욕망도 고려할 필요가 있다. 여기서 시민들의 (무의식을 고려하지 않는) 법의식은 법의 형성기반으로 충분하지 않음을 알 수 있다. 그렇기에 법학은 인간과 인간집단의 무의식을 다루는 정신분석학과 학제적 연구를 수행하여야 한다. 법정신분석학[101]은 욕망의 정치와 법이 분리될 수 없는 시대에는 반드시 필요한 법학이 된다.

(2) **사회적 지평에서 법과 정치** 또한 법은 사회적 지평에서 말하는 정치영역에 대해서 대화적 방식으로 관련을 맺어야 한다.

1) 정치의 법제화 이를 위해서는 법은 상호이해지향적인 대화의 구조를 모델링하여 정치영역을 법제화할 필요가 있다. 이것은 주로 '권위주의적 정치문화'를 비판하고, '자유롭고, 민주적인 의사형성의 메커

---

wissenschaft", F. Müller, *Untersuchungen zur Rechtslinguistik* (1989), 25쪽 참조.

101 대표적으로 이상돈 · 민윤영, *법정신분석학입문* (법문사, 2010) 참조.

니즘'을 정치영역에 터 잡게 하는 것을 말한다.

(가) **정치의 인프라로서 법** 예를 들면 정당법은 당내민주주의를 실현하고 붕당주의를 견제하는 기틀을 확고히 하여야 하고, 선거관리위원회법은 금권과 관권이 시민들의 정치적 의사를 왜곡하는 것을 차단하는 선거제도를 마련해야 한다. 국회법은 정당들의 패권주의를 견제하고 민주적 의사형성을 가능케 하는 입법절차를 마련해야 한다. 이렇게 될 때 정치는 법의 정당성기반으로 작용할 수 있게 된다. 아울러 방송법은 매스컴이 공론형성의 중심매체로 기능할 수 있도록, 관권과 금권으로부터 자유로운 언론기구를 구축하고, 소수집단에 의한 언론독점을 차단하며, 보도의 편향성을 통제하고, 보도관점의 다원화를 가능하게 하여야 한다.

(나) **헌법재판을 통한 정치의 헌정화와 그 한계** 정치의 법제화에서 헌법재판소의 역할은 매우 중요하다. 헌법재판소는 의회의 정치적 의사형성과 결정을 헌법에 맞게 재단하는 기능을 수행한다. 이런 헌법재판소의 기능은 정치를 법제화하는 것이지만 동시에 '정치'를 수행하는 것이기도 하다. 하지만 헌법재판은 시민적 공론을 일으키고, 경쟁력 있는 공론을 법으로 만드는 적극적인 정치가 아니다. 헌법재판은 시민적 공론을 먼 배후에 두긴 하지만 주로 전문가공론을 바탕으로[102] 헌법을 구체화하는 해석이 중심을 이루는 소극적인[103] 정치이다.

> 예컨대 이라크파병과 같은 의회의 결정에 대해 헌법재판소가 사법심사를 자제하는 것(憲裁決 2003헌마814)은 통치행위이론을 인정하기 때문이 아니라, 그런 사안은 시민적 공론을 일으키고, 경쟁력 있는 공론을 따르는 정치적 과정이 전제되어야만 올바른 결정을 내릴 수 있기 때문이다. 헌법재판소는 그런 정치적 과정을 수행하는 기관이 아니며, 그런 역량도 없다.

102 법형성의 다원적 구조를 분석한 이상돈, *헌법재판과 형법정책* (고려대학교 출판부, 2005), 57~67쪽 참조.

103 의회가 '적극적인 정치'를 하는 것이라면, 헌법재판은 '소극적 정치'를 수행한다는 표현은, W. Hassemer(이상돈 · 주현경 역), *정치와 헌법* (세창출판사, 2005), 특히 40쪽 아래 참조.

(다) **민주적 법치국가의 크레바스** 오늘날 민주주의와 법치국가는 서로를 전제하며, 서로를 보완·실현하는 분리 불가능한 체제원리이고, 그런 점에서 민주주의와 법치국가는 언제나 '민주적 법치국가'(demokratischer Rechtsstaat)이어야 한다. 하지만 모든 정치적 과정이 헌법재판에 의해 통제되고 법제화될 수 있는 것이 아니므로 헌정화된 법치국가와 민주주의 사이에는 틈새가 존재하게 된다. 특히 이 틈새는 국회가 스스로 의결정족수를 과반수가 아니라 가중다수결(예: 5분의 3)로 정하는 법률(국회법 제85조, 제85조의2)을 만듦으로써 더 뚜렷해진다.

★ 민주적 법치국가의 크레바스로서 국회선진화법 ① 헌법상 다수결원리(헌법 제49조)[104]는 민주적 의견형성을 도모하면서도 다른 한편 입법이 제도로서의 (시·공간적, 자원적) 한계 속에서 의회의 업무, 즉 의사議事의 효율성을 도모하게 만든다. ② 2012년 제정된 국회선진화법(국회법 제85조, 제85조의2)은 두 목적 가운데 민주적 의견형성(및 국회의 자율권)을 다소 더 우위를 둔 것이다. ③ 5분의 3이라는 가중정족수규정(제85조의2 제1항 후단)이 국회법 제109조의 "이 법에 특별한 규정"에 해당한다고 보면, 그 규정은 국회법 자체의 내향적 정합성(intrinsic coherence)을 손상시키지 않는다. ④ 또한 헌법 제49조 본문의 문언("국회는 헌법 또는 법률에 특별한 규정이 없는 한 재적의원 과반수의 출석과 출석의원 과반수의 찬성으로 의결한다")에 명확하게 거스르는 것도 아니다.[105] ⑤ 헌법규정에 명확하게 거스르지 않는 한, 의회가 국회법이라는 법률의 형성에서 민주적 의사형성과 의사議事의 효율성이라는 두 가지 목적을 어떻게 조화시킬 것인지는 일종의 정치적 과정(적극적인 정치)이다. 헌법재판소는 이

---

104 헌법 제49조: "국회는 헌법 또는 법률에 특별한 규정이 없는 한 재적의원 과반수의 출석과 출석의원 과반수의 찬성으로 의결한다. 가부동수인 때에는 부결된 것으로 본다."

105 ① 이 문언을 헌법은 다수결을 원칙으로 가중다수결은 예외로 취할 것을 규정한 것으로 해석하고, 국회선진화법은 사실상 가중다수결을 예외가 아니라 국회 의결의 원칙으로 삼고 있다는 점에서 위헌이라고 보는 장영수, "국회선진화법(국회법 제85조, 제85조의2)의 합헌성 여부에 대한 검토", *고려법학* (제80호, 2016), 103~144쪽 참조. ② 법논리적으로 특별한 규정과 원칙-예외의 논리는 별개의 것이다. 즉, 국회가 특별한 규정을 두면 원칙적으로 가중정족수를 적용할 수 있다고 해석하여도 헌법 제49조의 문법적 해석에 반하는 것이 아니다.

> 런 정치적 과정을 존중하여야 한다. 따라서 위헌이라고 볼 수 없다. ⑤ 다만 5분의 3라는 가중정족수는 과반수원칙에 의해서 입법된 것이므로, 동 조항의 폐지나 변경도 과반수원칙에 의해 할 수 있다고 보아야 한다. 또한 그렇게 다시 과반수로 변경된 조항도 헌법에 위배되지는 않는다. 그러한 폐기 또는 변경이 정치적 협약을 깨고 정치적 신의를 저버림으로써 발생하는 이익(예: 다수당의 정책관철과 국정효율성 증대)과 불이익(예: 민주성 약화에 대한 비판과 선거에 대한 부정적 영향)에 대한 선택·결정은 헌법재판의 범위를 벗어나는 (순수한) 정치적 행위이다. 그런 정치적 결정은 국민이 선거에 의해 심판할 수 있을 뿐이다.

법적 통제가 불가능한 정치적 과정이 존재하는 한, 법치국가와 민주주의 사이에는 일정한 틈새가 벌어지고, 이는 메울 수가 없다. 그런 정치적 과정을 두고 민주적 법치국가의 크레바스(crevasse)라고 부를 수 있다.

2) 법의 정치적 자기반성 정치의 법제화와 정반대로 법제도도 정치를 통하여 끊임없이 반성되고, 견제되어야 한다. 왜냐하면 정치를 법제화하는 법적 절차는 언제나 정치체계 내에서 펼쳐지는 민주적인 의사소통의 흐름을 모두 수용하지 못하는 제도적 한계를 갖고 있기 때문이다. 그렇기에 '제도로서의 민주주의'에 포섭되지 않은 요구들, 더 나아가 제도화에 흡수당할 경우 자신의 고유한 역동성이 거세될 소수집단 내지 소수문화의 목소리에 '귀 기울이기'[106]가 요청된다. 여기서 실정법은 실정화된 입법절차의 정당화한계를 끊임없이 반성하여야 함을 알 수 있다.

이른바 시민불복종에 대한 권위적 합법주의도 그런 의미에서 지양

---

106 영미학계에서 이는 특히 페미니즘이나 비판인종이론(Critical Race Theory)의 문제의식에서 '차이의 정치' 혹은 '차이 민주주의' 논의를 점화시켰다. 이에 대해서는 특히 I. Young, "Difference as a Resource for Democratic Communication", J. Bohman & W. Rehg 편, *Deliberative Democracy* (MIT Press, 1997); S. Benhabib, "Toward a Deliberative Model of Democratic Legitimacy", S. Benhabib 편, *Democracy and Difference* (Princeton University Press, 1996) 참조.

될 필요가 있다.[107] 법은 시민불복종을 '그 운동이 표방하는 정의내용이 법적인 입법절차를 통해 실정법 안으로 유입되지 못한 상황 속에서 권력적으로 형성된 법규범의 정당성을 의문시하고, 그 대안을 모색하는 공론의 장을 열어 놓는 의사소통행위'로 받아들여야 한다. 이와 같은 법과 법체계의 반성적 변화가능성은 인권운동[108]이나 공익소송운동[109]에 대해서도 마찬가지로 열려 있어야 한다.

3) 법과 정책 사이의 반성적 거리 법은 각종 사회정책에 대해서도 대화의 에토스를 가져야 한다. 먼저 법에 의해 각종 사회정책적 목표를 달성하려는 기획으로부터 한 걸음 물러나야 한다(법에 의한 직접적 조종의 포기). 왜냐하면 법이 특정한 정책적 목표를 설정하고, 그 목표의 달성을 위해 사회적 행위를 직접 조종해나가는 방식은 현대사회현실의 복잡성과 다원성을 고려할 때 이론적으로나 실천적으로나 더 이상 가능하지 않을뿐더러, 예측할 수 없는 다양한 역기능을 초래하기 때문이다.

그렇다고 사회정책적 목표들을 시민사회의 자유, 그러니까 현실적으로는 (자유)시장의 조정기능에 내맡기는 것도 적절하지 않다(자유방임의 지양). 정부의 포퓰리즘적인 공론화작업에 맡기는 것도 마찬가지이다.[110] 법은 대화적인 방식의 자율적인 규율메커니즘을 시민사회 내에 형성시키는 데에서 자신의 적절한 역할을 찾아야 한다. 즉, 정책의 합리성이 시민들 사이의 대화적 의사소통에 의해 검토되고, 그렇게 하여 설정된 목표가 시민들 간의 대화적 참여에 의해 형성·운영되는 사회체계(예: 건강보험체계, 교육체계 등)의 기능에 의해 달성되도록 하는 것이다. 그러니까 법은 정책을 직접 설정·집행하는 것이 아니라 사회 내에서 정책이 대화적 방식으로 설정되고 집행될 수 있게 하는 메커니즘을 마련하는데 그 역할을 다해야 한다.[111] 이와 같은 방식으로 법이 정책과 반

107 이상돈, "시민불복종", *법철학* (법문사, 2003), 258쪽 아래.
108 이에 대해 자세히는 이상돈, *인권법* (세창출판사, 2005) 참조.
109 이에 대해 자세히는 이상돈, *공익소송론* (세창출판사, 2006) 참조.
110 이종수, "국가가 행하는 공론화작업의 헌법적 한계", *법과 사회* (제27호, 2004), 308쪽.

성적 거리를 두는 것은 법이 정책을 수용함으로써 초래되는 법 내부의 규범적 구조를 파괴할 위험성[112]을 스스로 제어할 수 있게 한다.

(3) **역사적 지평에서 법과 정치** 법은 역사적 지평에서도 정치와 대화적 기획 속에 관련을 맺을 때 두 가지 요청 앞에 놓인다.

1) 자유와 평등 이념의 변증적 지양 첫째, 법은 체제이데올로기와 무관할 수는 없지만(실증주의적인 법치주의의 극복), 다른 한편 특정한 체제이데올로기에 일방적으로 예속되어서도 안 된다(정치주의의 극복). 그 대신 ① 법은 정치이데올로기와 관계를 설정함에 있어 이를테면 자유(자유주의)와 평등(사회주의)의 이념이 변증적으로 지양될 수 있도록 하여야 한다. 그러므로 자유주의에만 편향된 법이나 사회보장정책의 강화에만 편향된 법은 역사적 차원에서 법과 정치의 관계를 잘못 설정하는 것이다.

② 법이 자유와 평등의 이념을 변증시키는 방법은 자유의 이념을 구현하는 제도나 평등의 이념을 구현하는 제도를 각 사회영역의 고유한 특성에 맞게 고루 발전시키면서도(예: 의료영역에 평등지향적인 의료보험법, 자본시장영역에 자유지향적인 자본시장법 등), 각 영역의 법을 가능한 관련당사자들의 '대화지향적인 의사소통'에 의해 형성·운영되도록 하는 것이다. 그렇게 할 때 자유가 불평등으로 변증되고, 평등이 부자유로 변증되는 부작용을 최대한 막을 수 있기 때문이다. 여기서 (법을 형성하고 운영하는 대화적 소통에 대한) '참여'는 자유와 평등을 변증

---

111 이와 같은 생각으로 G. Teubner의 저작들, 특히 *Rechts als autopoietisches System* (Suhrkamp, 1989); R. Wiethölter, "Materialization and Proceduralization in Modern Law", G. Teubner 편, *Dilemmas of Law in Welfare State* (de Gruyter, 1986); H. Willke, "Three Types of Legal Structure: The Conditional, the Purposive and the Relational Program", G. Teubner 편, *Dilemmas of Law in the Welfare State* (de Gruyter, 1986); 국내에 소개한 문헌으로 특히 이상돈·홍성수, *법사회학* (박영사, 2000); 양천수, "1980년대 이후 전개된 독일 법사회학의 현황–토이브너의 이론을 중심으로–", *법과 사회* (제30권, 2006) 참조.

112 이에 대해서는 G. Teubner(이상돈 역), "법제화(Verrechtlichung)", *법제화이론* (한국법제연구원, 2004); 이상돈, *법학입문* (법문사, 2007), 72~79쪽 참조.

시키는 첩경이 되며, 따라서 법은 그런 참여를 제도화하는 구조를 갖추어야 함을 알 수 있다.

★ 사회보장적 의료보험체계의 대화적 운영 예를 들어 ① 의료영역에서는 교육영역과 비슷하게 평등이념이 매우 강하고, 따라서 법은 평등지향적인 의료보험법제를 구축하여야 한다. 현행 국민건강보험법은 의료영역에서 평등의 이념을 지향하는 사회보장적 의료보험체계를 구축한다. ② 그런데 이런 평등 지향은 의료의 자유의 상실로 인한 부작용, 즉 의료기술의 향상이나 의료의 효율성 저해를 초래하기도 한다. ③ 여기서 국민건강보험법이 구축하는 (의료평등에 지향된) 공공의료보험 이외에 전체 의료시장에서는 비록 적은 비중(예: 전체 의료시장의 10% 이내[113])을 차지해야 하지만 (자유이념에 지향된) 의료시장과 민간의료보험시장을 형성하게 함으로써 의료평등이 의료의 부자유와 그로 인한 의료기술의 저성장, 의료기관경영의 비효율성을 낳는 것을 견제하게 할 필요가 있다. ④ 여기에 더하여 국민건강보험법체계가 의료의 비효율을 가져오고, 의료의 자유시장과 민간의료보험이 미국의 예에서 보는 바와 같은 의료의 불평등을 초래하지 않도록 두 영역 모두 — 행정관료와 보험자, 의료공급자 및 의료소비자 등이 참여하는 — 대화적 의사소통과 상호작용에 의해 형성·운영되도록 하는 기제를 마련할 필요가 있다.[114] 예를 들어 보험수가(요양급여비용)의 결정도 보건복지부장관이 일방적으로 고시로 하는 것이 아니라 관련 당사자가 참여하는 대화적 소통 속에서 맺어지는 계약(이른바 수가계약제[115])에 의하도록 한다든가, 사회보장의료보험을 국민건강보험관리공단과 같은 단일한 보험자가 아니라 동일한 운영조건에서 다수의 (민간)보험자가 운영할 수 있게 하여, 보험자비용을 경쟁적으로 절약하게 하는 것을 들 수 있다.

113 현재 우리나라 민간의료보험이 차지하는 비중은 지나치게 크다. 본인부담금의 비율이 40% 이상이고, 대부분의 시민들이 민간의료보험에 가입하는 점을 고려하면 우리나라에서 민간의료보험시장는 지나치게 크다고 볼 수 있다.

114 이러한 의료개혁론을 전개하는 이상돈, *의료체계와 법* (고려대학교 출판부, 2000); "의료시장체계의 법제화 방안", *법제* (통권 516호, 2000), 3~18쪽.

115 현행 국민건강보험법이 수가계약제를 제도화하였지만 현실에서는 계약 체결이 실패하고 보건복지부장관의 고시로 결정하는 경우가 많다. 이런 수가계약제에 대한 대화이론적인 비판적 분석으로 이상돈, *수가계약제의 이론과 현실* (세창출판사, 2009) 참조.

2) 대화적 이성을 통한 근대성과 탈근대성의 종합 둘째, 역사적 지평에서 법은 정책과 대화이론적 의미에서 이성적 관련을 맺어야 한다. 법은 대화적 소통 속에서 가능한 한 광범위한 합의를 창출할 수 있는 정책을 수용해야 한다. 이 점을 두 가지 예로 설명한다.

㈎ 전통문화의 정책에 비판적 거리두기 법은 집단주의적 전통문화에 뿌리를 둔 정책(전근대적 정책)과 비판적 거리를 두면서, 동시에 그 '거리두기'의 방법과 방향에 대해 끊임없이 반성적 성찰을 하면서 변화를 도모해야 한다. 이는 법에서 이데올로기비판의 과제라고 할 수 있다.

★ 전통문화의 정책에 대한 법의 이성적 거리두기 전통문화에 뿌리를 둔 정책에 대한 법의 이성적 거리두기의 예를 들어 설명해보자. ① 현재는 폐지된 호주제(민법 제778조 이하, 구 호적법)는 남성우월적 가부장제와 가문주의 전통을 재생산하며, 개인의 자유에 기초한 가족관계의 형성에 오히려 장애가 된다. 그러나 호주제폐지가 단순한 '페미니즘운동의 성과 올리기'에 그치지 않으려면, 대안적 신분등록제의 가족주의 이데올로기에 대한 경계도 늦추어선 안 된다. 이를테면 양성쓰기운동보다 성씨가 갖는 가족주의 이데올로기 해체를 지향할 필요가 있다. 인류학적 성찰은 성씨 제도의 폐지에까지 나아갈 수 있다. 그렇게 되면 남녀 어느 한 쪽에 편향된 가족제도의 기반이 해체될 수 있다. 그러나 현재의 법은 일단 양성쓰기운동이나 모母의 성을 쓰거나(민법 제781조 제1항), 전남편의 아이를 현 남편(의붓아버지)의 성으로 개명하는 정책(민법 제781조 제6항)에 대해 거리를 두어야 한다. 그런 운동이나 법정책은 오히려 가부장제 이데올로기를 재생산하기 때문이다. ② 이런 이성적 거리두기의 또 다른 예로서 동성애혼인을 불인정하는 것을 들 수 있다. 동성애혼인 합법화운동[116]은 국가적 보호에의 욕망을 확대재생산하는 정상가족의 강박관념에 예속되어 있기 때문이다.[117] 동성애 혼인권을 보장하는 것이 아니라,[118]

---

116 동성애혼인의 합법화는 정신분석학적인 측면에서는 인간심리의 양성성에 대한 자각을 높이고, <결혼-재생산-가족>이라는 정상가족 이데올로기를 해체하는 효과를 가져올 것으로 보는 민윤영, "동성혼 합법화에 대한 법정신분석학적 고찰-심리적 양성성 인정과 정상가족 이데올로기의 해체를 중심으로", *법과 사회* (제45호, 2013), 33~63쪽.

'결혼을 하지 않았다는 이유로 차별받지 않는다'는 조항(비혼자非婚者 차별 금지조항)을 헌법에 넣는 것이 더 타당한 법정책이다. 더욱이 이런 새로운 조항에 의해 동성애자들만이 아니라 대안가족(예: 2명의 이혼여성이 한 가족을 이룸)도 부부 간에 인정되는 사회보장의 수혜권을 누릴 수 있고, 독신여성도 입양권[119]을 가질 수도 있다. 특히 이러한 법정책은 대안가족문화의 성장 속에서 더욱 타당하다.[120] 대안가족문화의 성장은 결혼제도의 지배담론(또는 '정상가족이데올로기')에 대한 대항담론의 성장을 의미하고,[121] 이는 동성애자들이 자신들의 성정체성과 사랑의 자유를 지키기 위해 결혼제도 배후에 있는 지배담론의 주체의 자리를 차지해야 할 필요가 없게 만들기 때문이다.

(나) 소외된 목소리 귀 기울이는 법 또한 법은 이성의 전체주의적 측면을 비판하고, 근대적인(사유적) 이성 개념에서 소외되었던 소수자들의 권익을 옹호하려는 (탈근대적인) 정책적 대안들[122]을 이성 개념에 수용

117 이런 실천의 대표적인 관점으로 이소영, "동성애혼인에 대한 법적 개입의 딜레마와 가족이데올로기 해체", *법철학연구* (제10권 제1호, 2007), 375~404쪽 참조.

118 동성혼(및 동성커플의 동반자관계 등록제)에 관한 국제동향과 동성혼 인정근거에 관해서는 장민영, "인권법 측면에서의 동성 커플의 법적 인정에 대한 연구", *중앙법학* (제16집 제3호, 2014), 141~181쪽.

119 민법 제867조 제1항은 성년인 사람은 입양권이 있지만, 제2항에서 법원은 "양부모(養父母)의 양육능력" 등을 고려하여 입양허가를 하지 않을 수 있게 하고 있다. 양부모를 양부와 양모로 나누어 판단한다면, 현행법 하에서도 독신자의 입양권이 보장될 수 있다.

120 이러한 발전은 혼인 제도를 폐지하고 사회적 연대적 결합체 중심으로 가족생활을 보호하고 헌법상 양성평등조항(제36조 제1항)도 성평등조항으로 대체하는 변화로 나아갈 수도 있다. 이런 전망을 보여주는 강인실, *혼인폐지론-혼인 제도로부터 사회적 연대로* (고려대학교 석사학위논문, 2009) 참조.

121 ① 중세시대에는 이런 대항담론이 없었다. 따라서 무력한 여인들이 그 지배담론에 대항하기 어려웠고, 그 지배담론을 내면화하는 제도인 고해성사를 전복적으로 활용할 수밖에 없었다. 중세시대 여인들은 고해성사를 종교적 "지배담론이 자신에게서 박탈해간 주체의 자리를 차지"하기 위한 제도로 활용하게 된다. 이 점은 신광현, "중세의 고해성사와 주체의 구성-마저리 켐프의 경우", *주체·언어·총체성* (서울대학교출판문화원, 2015), 29~53쪽, 47쪽 참조. ② 오늘날 동성애자의 혼인욕망이 중세시대 여인들의 고해성사에 견줄 수는 없다. 오늘날 동성애자들에겐 결혼의 지배담론에 대항하는 담론이 충분히 성장해 있기 때문이다.

122 이에 대해서는 이상돈·이소영, *법문학* (신영사, 2005) 참조. 레비나스(Levinas)의 타자 윤리학에 의거하여 헌법이론적 구상을 하는 이국운, "현대 헌법이론에서 타자

하는 대화적 소통을 하여야 한다. 그와 같은 소외된 목소리를 법의 이성에 수용하는 방법을 법과 여성주의 정책의 관계를 예로 간단히 살펴보자.

법은 이른바 '여성적 글쓰기'에 착안한 페미니즘 정책대안들[123]의 목소리에 귀를 기울여야 한다. 이 귀 기울임은 그런 정책대안들의 배후에 있는 시민사회의 의사소통과 공론에 귀 기울이는 것이기도 하다. 법은 그런 대안들이 남성주의적 문화에서 소외된 '여성의 자유와 권리'에 대한 보장이나 '성역할의 고정관념'을 해체하는 경우라면 그 대안들을 적극 수용하여야 한다. 법의 대화적 소통은 단순히 일방적인 귀 기울임과 소원 들어주기를 뜻하지 않는다. 예컨대 그런 여성주의 정책대안들이 남성에 대한 또는 여성에 대한 새로운 차별(역차별)을 초래하는 경우라면 법은 이성의 이름으로 그것들을 경계해야 한다. 이러한 경계도 법의 시민사회와 공론에 대한 대화적 소통의 요청이기도 한다. 따라서 법이 시민사회와 공론에 대화적 소통을 한다고 할 때, 소수자의 목소리에 귀 기울인다는 것은 이와 같은 양면적 관계지음의 형태를 띤다.

(다) 대화적 소통의 양면적 관계지음과 공론개방성 이 양면적 관계지음으로서 법의 대화적 소통은 여성주의적 기획과 적대관계를 형성하거나 일방적으로 야합하는 것, 그 둘 사이에(inbetween) 위치한다. 여기서 법의 대화적 이성은 단일한 실체적 내용을 가진 것이 아니라, 다원적이며 가변적인 내용을 가진 것이 된다. 이와 같은 법의 대화적 이성은 바로 대립하는 관점을 교환시키는 성찰을 지속적으로 수행하고, 토론과 비판을 통해 타당성경쟁을 펼치는 공론의 변화에 개방적인 반응을 할 때

의 복권", *법철학연구* (제6권 제2호, 2003), 325~350쪽 참조. 그러나 이 글에서 타자성의 개념은 다소 불명확하고, 거창한 문제제기에 비해 일상적 결론을 내린다는 비판으로 김종철, "현대 헌법이론에서 타자의 복권—자유주의와 공동체주의의 맥락에서에 대한 논평", *법철학연구* (제6권 제2호, 2003), 383~388쪽 참조.

123 이에 대한 국내법학계의 개괄적 연구로는 윤진숙, "미국의 포스트모던 페미니즘 법담론에 관한 연구", *법과 사회* (제28호, 2005); 오정진, "여성 인권 페미니즘 법학: 비판 페미니즘 법학—미국의 경우를 중심으로", *법과 사회* (제16호, 1999) 참조.

실현되는 것이다. 이런 대화적 과정에서 사유적 이성(근대성)의 발현인 법제도(예: 헌법 제36조 제1항의 양성兩性기초가족제도와 모노가미이데올로기)가 폐기되거나, 탈근대적 이성해체에 대한 반대작용으로서 새로운 법제도(예: 헌법상 비혼자非婚者차별금지조항)가 구축될 수도 있다. 이런 모습이 바로 주체와 (사유적) 이성중심의 근대성과 이성해체 중심의 탈근대성이 대립하는 역사적 지평에서 법이 정책과 관계 짓는 또 다른 의미의 이성적인 모습이다.

08 법과 언어

Ⅰ. 법과 언어의 내적 연관성

1. 법에서 언어의 의미

법은 언어로 이루어져 있다. 언어에 대한 이해 없이는 법에 대한 이해도 불가능하다. 언어에 대한 물음은 철학에서 오랜 세월 진행되어 왔다. 특히 20세기에 이루어진 언어철학적 분석과 발견들은 근대철학의 개념과 지평을 바꿔놓을 만큼 '혁명적'이었다.[1] 이에 비해 법학에서 언어에 관한 성찰의 역사는 매우 짧다. 우리 법학계에는 이제껏 개설적인 논문 몇 편[2]과 단편적인 법언어에 대한 사회조사[3]가 있었을 뿐이다. 그

1 소쉬르(Saussure)의 구조주의 언어학에 착안한 레비스트로스(Lévi-Strauss)나 라캉(Lacan) 등 프랑스 현대철학자들이나 비트겐슈타인(Wittgenstein), 러셀(Russell), 오스틴(Austin) 등 분석철학으로 묶이는 일군의 언어철학자들, 그리고 하이데거(Heidegger)의 사상에 기반을 둔 해석학자들까지, 모두 언어학을 통해 철학을 다르게 읽어냈다. 이에 관한 개괄적인 공부를 위해서는 특히 이진경, *철학과 굴뚝청소부* (그린비, 2005), 제5장; 박정호 외, *현대철학의 흐름* (동녘, 1999), 제8장, 제9장, 제13장 참조.

2 '법해석학'을 주제로 하면서 '법과 언어'의 쟁점을 경유해간 논문들은 다수 있으나, 본격적으로 언어문제를 다룬 법철학연구들은 국내에 그리 많지 않다. 그 몇몇 연구들로는 김재원, "법과 언어-비트겐슈타인을 중심으로", *법과사회* (제30권, 2006); 번역되어 소개된 문헌으로 K. Günther(박종수 역), "법과 언어"(Recht und Sprache), *법철학연구* (제4권 제2호, 2001), 227~246쪽; A. Kaufmann(심헌섭 역), "법과 언어"(Recht und Sprache), *서울대학교 법학* (제25호 제2/3권, 1984), 203~216쪽; 이상돈, "법에서 언어란 무엇인가?", *철학과 인접학문과의 대화* (한국철학회 편, 2004); "법과 한국어", *법철학* (법문사, 2003), 80~125쪽 참조.

렇지만 법에서 언어는 이론적으로도 실천적으로도 중요하며, 심지어 언어를 직접적인 연구대상으로 하는 학문(언어철학, 언어학)에서보다 더 중요하다고 말해도 지나치지 않다.

(1) **법의 수단으로서 언어** 사실 아직도 대부분의 한국법률가들에게 언어란 '법을 표현하고 전달하고, 그것에 관해 이야기하는 수단'으로만 인식된다.[4] 물론 법학에서도 언어가 법이라는 "존재의 집"[5]이라고 보거나 법의 '물적 기반'[6]이라는 인식이 서서히 성장하고 있다. 이런 성장은 언어가 다른 어떤 요소들보다도 법의 형성과 집행을 제약하는 중요한 요소가 되고 있기 때문이다. 이를테면 혼인이라는 계약도 언어라는 수단을 빌어서 성립하고, 그렇기에 가족관계등록 담당공무원에게 서명・날인한 혼인신고서를 제출하여야 한다.[7] 이처럼 흔히 언어란, 법의 바깥에 위치하면서 법과 긴밀한 상호관계에 들어가는 파트너라고 이해된다.

(2) **법의 실존양식으로서 언어** 그러나 법에서 언어는 그런 외부적

3 박영도・최성근・손희두, *법률문화 및 법률용어에 관한 국민여론 조사* (한국법제연구원, 2001) 참조.

4 이는 몽테스키외(C. Montesquieu)의 말, "법관은 법률텍스트의 입이다"라는 실증주의적 법인식이 지배함을 의미한다.

5 언어를 존재의 집으로 바라보는 M. Heidegger, *Sein und Zeit 제7판* (Max Neimeyer, 1953) 참조; 법을 존재로 바라보고, 그 본질적인 의미구조를 탐구하는 이론을 법존재론(Rechtsontologie)이라고 한다. 특히 법을 하이데거적 의미의 존재(Sein)로 해석하는 W. Maihofer(심재우 역), *법과 존재(Recht und sein)* (길안사, 1996) 참조; 마이호퍼는 존재의 층위를 '인간존재', '~로서의 존재'(als Sein), '개인적 존재'(als Person)로 분류하는데, 그에게 개인적 존재는 하이데거의 실존적 존재, 세계 내에 내던져진 존재(das in der Welt geworfene Sein)에 가깝다. 물론 법정신분석학의 관점에서 보면 마이호퍼의 '개인적 존재'는 자기존재(Selbstsein)로 재해석할 수 있고, 그런 한에서 마이호퍼는 포스트모던 법학의 진영에서 새롭게 해석할 여지가 많은 법철학자이다.

6 여기서 물적 기반이 된다함은 법이 오로지 물적 토대에 의해 결정된다는 마르크스주의적 명제를 말하는 것이 아니라 법이 물적 토대를 제약하기도 하는 상호적 관계를 인정해야 함을 전제로 한다. 다만 이런 측면을 이야기할 때에도 물적 기반이 된다는 표현은 법과 언어의 긴밀한 관계를 나타내기에는 부족함을 지적해 두어야 한다.

7 K. Günther(박종수 역), "법과 언어"(Recht und Sprache), *법철학연구* (제4권 제2호, 2001), 232쪽.

인자로만 머무르지 않는다. 법은 언어와 따로 떨어져 실존하지 않는다. 법은 역사적으로나 사회적으로, 특정 공간과 특정 시간의 언어 속에서 형성되고 변화하고 소멸해 간다. 여기서 '특정 시·공간의 언어 속에서'라 함은 단순히 그것이 구전된 언어형태인가 아니면 문자로 새겨져 고정된 형태인가 하는 차원의 문제가 아니라, 언어에 담겨져 있는 특정한 문화적 맥락이 법의 형성에도 배어 들어감을 뜻한다. 그러므로 언어는 법의 외부적 영향요소일 뿐만 아니라 법이 구체적 내용으로 현존하게 되는 양식 그 자체라고 할 수 있다.

이를테면 법정에서 밝히는 진실도—말함 이전에 실체로서 존재하는 진실을 단순히 발견하고 말로 표현하는 것이 아니라—'말함 속에서 구성'되는 것이다. 그렇기에 법정에서 진실은 실체적 진실이 아니라 '재판상' 진실일 뿐이다. 이러한 진실의 구성에서 법률가들의 말하는 능력(수사학적 능력)은 가장 중요한 요소이다. 법관이 법을 적용한다는 것도 법언어를 말하는 행위 그 자체이다. 법관이 어떻게 말하고, 어떻게 남의 말을 이해하느냐에 따라 법규범이 새롭게 형성되기도 하고 폐기되기도 한다. 법관이 말하는 법규범의 실질은 심지어 보편적인 문법적 세계에 담기지 않는 개인적인 언어 감수성에 의해 좌우되기도 한다.

2. 법과 언어의 상호의존성

법과 언어는 이처럼 떼어 낼 수 없는 관계에 있지만, 그렇다고 이 둘이 '존재론적'으로 하나인 것은 아니다. 무엇보다도 법에는 비언어적 요소가 있고,[8] 언어에도 법 외적 요소가 있기 때문이다.

(1) 법에 내재한 비언어적 요소의 언어성 이때 법에 내재한 '비언어적 요소'란, 시장성(경제성)이나 사회체계의 기능 또는 정서나 감정

---

8 이는 대상을 이해하는 데 있어서 대상에 관한 비언어적인 지식이 작용하지 않을 수 없다는 러셀(B. Russell)의 논리실증주의 언어관에서 볼 때에 더욱 그러하다. 이에 관해서는 M. White(신인철 역), *20세기 철학자들: 언어와 분석의 시대(The Age of Analysis: the 20th Century Philosophers)* (서광사, 1990) 참조.

등과 같이 언어적 배후를 물을 수 없는 요소들을 말한다. 하지만 이 때문에 법에서 언어의 중요성이 약화되지는 않는다. 법형성에 작용한 이 비언어적 요소들도 규범으로 공식화되고 사람들에 의해 준수되거나 불복종되는 과정에서는 '인식 가능한 양식', 즉 (법)언어의 옷을 입을 수밖에 없기 때문이다.[9] 바꿔 말해, 법에서는 비언어적 요소도 인식 가능한 요소인 언어로 전환되는 것이다.[10] 물론 여기서 이 '비언어적' 요소가 '인식'적 요소로 전환되는 과정 자체는 인식할 수 없다. 하지만 언어는 언제나 법의 인식선험(Erkenntnisapriori)으로 기능한다.

(2) **언어에 내재한 법외적 요소의 법 유사성** 다른 한편 법은 '당위'를 다루는 규범학이며 '규정적(prescriptive) 언어'를 사용하는 데에 반해, 언어에는 어떤 사태를 당위적으로 '규정'짓는 것이 아니라 단지 있는 그대로를 '서술'하는(descriptive) 기능도 있다. 이런 기능을 하는 한, 언어에는 '법 외적 요소'가 내재해 있다고 말할 수 있다. 아울러 언어가 어떤 사태의 당위를 규정짓는 경우에도 '윤리'[11]나 '정책(정치)의 고려'와 같은 법 외적인 요소가 포함되기도 한다.

그러나 이처럼 언어에 법 외적인 요소가 있다고 해서 법에서 언어의 중요성이 약화되는 것은 아니다. 어떤 사태를 서술하거나 윤리적 당위를 규정짓는 언어도 사회학적으로 법과 동일한 구조, 즉 ≪규범↔(일탈)행위↔제재≫의 도식을 갖고 있고, 그 둘 사이에는 법의 형성에서 간과할 수 없는 상호작용관계가 존재하기 때문이다. 언어에 내재한 규범(언어규범 Sprachnorm)은 많은 경우 법규범이 정의로울 수 있기 위해서 스스로 자신을 비춰봐야 하는 거울과 같다.[12] 법과 언어는 이처럼

9 F. Müller 외(이덕연 외), *법텍스트와 텍스트작업(Rechtstext und Textarbeit)* (법문사, 2005), 72쪽.

10 이에 관해 자세히는 이상돈, *법이론* (세창출판사, 2005), 64~65쪽 참조.

11 여기서 윤리는 도덕(Moral)과 구분되는 형이상학적 또는 종교적 윤리(Ethik)를 말한다.

12 물론 거울이 일그러져 그것에 비친 법의 형상이 일그러져 보일 수도 있는데, 이럴 경우 법은 언어규범이라는 사회규범을 교정하는 이념으로 기능하게 된다.

정의의 실현에서 상호의존적이며, 상호작용적이다.

법과 언어의 착종은 정신분석학에 의해서도 인정된다. 즉, 정신분석학에서는 '언어적인 것 = 남성적인 것 = 아버지의 이름 = 법(적 금기)'이라는 도식이 성립한다.[13] 그런데 이런 착종이 기독교 문화에서 일어날 때 언어적인 것은 '태초에 말씀'을 주신 하나님(god)이기도 하다. 따라서 하나님 ⇒ 언어적인 것 ⇒ 남성적인 것 ⇒ 아버지 ⇒ 법(금기)은 하나가 된다.

3. 법과 언어의 내적 연관

(1) 올바르게 말하기를 통한 올바른 법 이러한 법과 언어의 상호의존성이나 상호작용성에 입각한다면, 정의로운 법은 곧 올바른 언어를 전제로 한다고 볼 수 있다. 바꿔 말해, '말한다는 것'은 곧 '법을 형성하는' 것이 되며, '바르게 말한다는 것'은 곧 '올바른 법을 형성하는' 것(Richtiges Recht durch richtiges Sprechen)[14]이 된다. 그러면 법에서 언어가 올바르다는 것은 무엇일까? 올바른 언어란 결론부터 말하면 모든 사람들의 이익을 공평하게 충족시키는 언어이다. 언어의 이 보편화가능성은 단순히 소쉬르(Saussre)가 말하는 '이상적인 문법체계'[15]와 같은 것을 뜻하지 않는다. 보편화가능성은 언어의 사용을 통해 초래되는 사회적 결과가 모든 사람들에 의해 수용될 가능성, 즉 합의가능성(Konsensfähigkeit)을 의미한다. 합의란 다양한 관점과 이해관계의 차이를 극복하고 서로 수용 가능한 질서상태에 대한 표상을 공유해가는 의사소통적 과정이다.

(2) 언어의 불확실성과 법적 정의의 불확실성 이 과정은 물론 의사

---

13 이에 대해 자세히는 김형효, *구조주의 사유체계와 사상—레비스트로스, 라깡, 푸코, 알튀쎄르에 관한 연구—*(인간사랑, 1999), 248쪽 아래 참조.

14 비슷한 인식으로 W. Hassemer, "Richtiges Recht durch richtiges Sprechen?", *Rechtskultur als Sprachkultur* (Suhrkamp, 1992), 71~92쪽 참조.

15 F. Saussure, *Grundfragen der allgemeinen Sprachwissenschaft 2. Aufl.* (1967) 참조.

소통이 기능적으로 작동할 것을 전제한다. 그러므로 언어기호들 간의 질서(구문)가 가지런히 정돈되며, 언어기호가 사태를 분명하게 지시(의미)할 수 있어야 한다. 언어기호가 지시하는 사태에 대한 이해가 대화 참여자들마다 현저히 다르다면, 서로 다른 이야기를 하면서 비켜갈 뿐 합의에 이를 수는 없기 때문이다. 하지만 입법에서든 법해석에서든, 법률언어의 의미론적 명확성과 구문론적 정연성은 언어의 본질상 엄밀하게 실현되지는 못한다.

★ 동일성 속의 차이　가령 A라는 대상을 현저하게 상이한 이해를 한다면 소통 자체가 불가능하겠지만, 그렇다고 소통이 가능하기 위해서는 "A를 지칭할 때 모두가 동일한 형상의 A라고 인식해야(혹은 할 수 있어야) 한다."라고 말하기는 어렵다. 이를테면 A를 지칭하면서 甲과 乙이 대화를 나누었을 때, 양자가 상호 동일한 것을 지칭하였는지 확인할 길은 없다. A의 의미는 甲과 乙 각자의 사유공간 속에서 형상화되기에, 거기에는 A_1, A_2와 같은 '동일성 속의 차이'가 필연적으로 존재할 수 있다.[16]

(3) 언어사용의 민주성을 통한 올바른 법　오히려 어떤 측면에서 그런 의미론적·구문론적 확실성에 대한 강박이 '올바른 법'을 형성해가는 합의(의 다성성)를 어렵게 만드는 것일 수 있다. 실제 서구 근대시민사회에서 실천이성을 제도화하는 근대법의 권리체계와 그 문제점들은 근대유럽언어에 일어난 변화나 그것이 축적된 결과인 언어구조적 특성들과 서로 떼어낼 수 없다.

그렇다면 "철학적 확실성은 의미론적·문법적 환상"[17]이라는 탈근대 언어학의 성과를 바탕으로, 특히 화용론적 전환(pragmatic turn)을 끌어와 새로운 합의가능성 형태를 근거지울 수도 있을 것이다. 이를테면 언

16 이에 관해 자세히는 남경희, *비트겐슈타인과 현대철학의 언어적 전회* (이화여자대학교 출판부, 2005), 137쪽 아래 참조.

17 이에 관해서는 특히 S. Kripke(정대현 외 역), *이름과 필연(Name and Necessity)* (서광사, 1989) 참조.

어의 불확실성은 언어를 사용하는 행위가 민주적으로 이루어질 수 있게 하여 언어의 의미에 대한 소통적인 합의가능성을 높임으로써 극복될 수 있다. 올바르게 말하기를 통한 올바른 법이란 결국 법언어를 사용하는 행위의 민주적 구조를 확립함으로써 실현될 수 있게 될 것이다.

4. 과 제

이상과 같이 법과 언어의 내적 연관이라는 전제를 출발점으로 한다면, 우리는 법과 언어라는 주제를 논의할 때 적어도 다음 세 가지를 살펴야 할 것이다.

- 첫째, 우리 법체계의 근간을 이루고 있는 서구근대법의 발전경향과 근대언어학의 전개를 연결지어 살펴볼 필요가 있다(Ⅱ.).[18]
- 둘째, 우리 모국어인 한국어가 서구언어에 대해 갖는 차별성을 분석하는 작업이 이루어져야 한다(Ⅲ.). 한국어가 유럽언어와 서구근대법의 내적 연관을 동일한 수준에서 창출할 수 없는 언어적 특성을 가졌는지 또는 전혀 새로운 연관을 창출할 수 있는 특성을 가졌는지는 우리사회에서 법과 언어를 논할 때 빼놓을 수 없는 주제이다.
- 셋째, 법과 언어라는 주제를 논의하는 실용적인 연구목표는 결국 '정의로운 법을 형성하는 올바른 언어'를 찾는 데 있다고 할 것이다. 즉 '올바르게 한국말을 함'이 없이는 올바른 한국법이 가능하지 않다는 것이다. 여기서 올바르게 한국말을 한다는 것은 무엇인지, 또 어떤 법적 의의와 효과를 가져오는지 논의할 필요가 있다(Ⅳ.).

---

18 역사학자나 언어학자가 아니고 또 유럽언어를 모국어로 구사하는 사람도 아닌 나로서는 그와 같은 근대법의 언어적 조건을 실증적으로 분석해 낼 수는 없다. 그러므로 나는 이 글에서 유럽언어를 모델로 하여 발전되어 온 기호론(Semiotik, Semiotics)을 끌어들임으로써 그와 같은 언어적 조건의 대강을 해명하고자 한다.

Ⅱ. 법의 발전과 언어의 변화

1. 근대법과 언어

언어사적 연구에 따르면 중세영어에는 I think~라는 표현 이외에 me think~와 같은 표현도 발견된다고 한다. 이 이야기를 하는 이유는, 유럽언어가 갖는 두드러진 특징인 '주체적 자아의식(근대적 자아)을 담는 언어구조'가 실은 근대사회의 성장과 함께 이루어진 것임을 설명하기 위해서이다. 근대법의 특성도 그러한 근대사회의 언어구조변화와 내적으로 긴밀하게 연관된다.

★ 권리의 문법과 언어　김도균 교수도 "권리개념은 권리라는 언어로 표현될 수밖에 없을 특정한 사회적 관계를 반영"한다고 보면서, 권리가 "사회경제적 요인이나 권력관계를 반영하면서도 이것들로부터 권리의 언어나 권리의 논리가 어느 정도 자율성이나 독립성을 갖고 있"다고 본다.[19] 이런 관점을 그는 '권리의 문법'(A Grammar of Rights)이라고 표현한다. 내가 아래서 논의하는 내용이 권리의 문법에 관한 법철학적 (좀 더 정확히는 법의 언어철학적) 논의라면, 김도균 교수의 저서 '권리의 문법'은 권리의 문법에 관한 (미시적이고, 각론적인) 법이론적 논의에 가깝다.

그렇지만 여기서 그러한 '법과 언어의 내적 연관'을 실증적 방법으로 일일이 예를 들어 해명할 수는 없다. 법학자로서 할 수 있는 일은 아마도 서구근대법과 근대언어의 관계를 기호론을 활용하여 다음과 같은 세 가지 근대법의 특성을 밝혀내는 일일 듯하다.

- 첫째, 권리의 (자연법적 의미에서) 자명성은 권리의 언어들이 갖는 의미론적 명확성과 같은 것이다(아래 (2) 단락).
- 둘째, 권리들의 정연한 체계로서 근대법체계는 권리의 언어들이 갖는

19 김도균, *권리의 문법* (박영사, 2008), 서문 참조.

구문론적 이상성과 같은 것이다(아래 (3) 단락).
- 셋째, 이러한 권리와 권리체계의 이해는 그에 앞서 기호론의 분야에서 의미론과 구문론이 화용론보다 우위를 점한 역사 속에서만 흔들리지 않을 수 있다(아래 (1) 단락).

(1) 의미론과 구문론의 화용론에 대한 우위 근대법의 언어철학적 해명을 위한 전제로서 의미론과 구문론이 화용론에 대해 우위에 놓인 점을 먼저 설명해보자. 기호론은 모리스(Morris)[20] 이래로 의미론, 구문론, 화용론의 세 가지 분야로 나뉜다. 구문론(Syntaktik)은 기호와 기호 사이의 관계, 의미론(Semantik)은 기호와 그 지시 대상 사이의 관계, 그리고 화용론話用論(Pragmatik)은 기호와 기호 사용자의 관계에 관한 이론이다. 그런데 기호론 역사의 초기, 즉 대략 20세기 전반기까지 기호론에서는 구문론과 의미론이 중심이고, 화용론은 주변적인 것이었다고 말할 수 있다.

1) 의미론적 삼각형 의미론의 핵심은 프레게(Frege)와 카르납(Carnap)에 의해 확립된 의미론적 삼각형에 있다. 이에 따르면 언어기호는 그 지시대상을 직접 지시하는 것이 아니라고 한다. 왜냐하면 만일 그래야 한다면 지시대상의 수만큼 기호가 있어야 할 것이지만, 이는 생각할 수 없는 일이기 때문이다. 그러므로 기호는 그 기호와 지시대상 이외의 제3의 요소에 의해 매개됨으로써 대상을 지시한다고 보게 된다.

(가) 카르납의 이론 이 제3의 요소는 카르납의 내포(Intension)와 외연(Extension)에 관한 논의가 잘 설명해준다. 그에 의하면 외연이란 기호가 적용되는 대상들의 총체이고, 내포란 그 기호가 표현하는 속성, 즉, 그 대상들에 객관적으로 내재해 있는 속성이라고 한다.[21] 카르납이 말하는 내포는 다른 말로는 개념 또는 의미(Bedeutung)로 표현된다. 그런데 뒤에서 살펴 볼 근대법의 기호론적 이해와 관련하여 중요한 점은

---

20 C. W. Morris, *Foundation of the Theory of Signs* (Chicago, 1938); *Signs, Language and Behavior* (New York: Prentice-Hall, 1946) 참조.
21 R. Carnap, *Bedeutung und Notwendigkeit* (1972), 21쪽 참조.

초기의 의미론에서는 이 개념(의미, 내포)이 플라톤적 전통에 따라 존재론적으로 이해되었다는 점이다. 즉, 개념은 기호가 지시대상의 본질을 표현하는 현상, 바꿔 말해 감각외적 현상[22]이라는 것이다.

(나) 프레게의 금성 비유 프레게는 이 점을 금성의 비유를 통해 간명하게 설명한다. 그는 의미란 기호가 나타내는 대상이라고 정의한다. 한 단어는 그것이 나타내는 대상, 예컨대 금성이 존재하는 경우에만 의미를 갖는다고 한다. 금성이 새벽하늘에 빛날 때에는 아침별(Morgenstern)로 불리고, 저녁하늘에 빛날 때에는 저녁별(Abendstern)로 불려진다. 아침별과 저녁별이라는 두 가지 다른 서술은 하나의 동일한 대상에 관한 것이다. 즉, 아침별과 저녁별의 의미는 동일한 것이라고 한다. 프레게는 동일한 의미를 표현하는 서술을 의미와 구분하여 감각(Sinn)이라고 불렀다.[23] 프레게의 개념(의미, 내포)에 관한 설명은 개념이 '진리의 가치'(Wahrheitswert)를 갖는 것임을 잘 보여준다.

(다) 개념의 연역적 지시기능 또한 개념의 이와 같은 존재론적 위상이나 진리가치는 언어기호의―감각적으로 지각할 수 있는―형상 그 자체와 개념(의미, 내포) 사이에 '자연적인 친화성'이 존재한다는 언어이론적 이해, 즉 '자연주의적 의미론'을 전제로 한다.

개념(의미, 내포)에다 존재론적 위상이나 진리가치를 부여하는 의미론의 진영에서 언어기호의 개념은 그것이 지시하는 대상이 먼저 확정되고 그 대상들에 공통된 속성으로서 귀납적으로 추론되는 것이 아니라, 언어기호의 개념이 구성하는 속성이 먼저 주어지고 그 속성에 따라 그 언어기호가 지시할 구체적인 대상들이 비로소 확정된다.

2) 이상적 구문론 근대법과 유럽언어의 구조적 특성 사이의 내적 연관에서 중요한 점으로 '화용론에 대한 구문론의 우위'를 들 수 있다.

---

22 이런 이해로 D. Horn, "Rechtssprache und Kommunikation", *Grundlegung einer semantischen Kommunikationstheorie* (1966), 45쪽 아래 참조.

23 G. Frege, "Über Sinn und Bedeutung", Patzig 편, *Funktion, Begriff und Bedeutung*, 40쪽 아래 참조.

㈎ **소쉬르의 빠롤과 랑그** 예컨대 소쉬르(Saussure)는 모든 언어들에 밑바탕이 되는 기호체계를 랑그(Langue)라고 부르고, 그런 기호체계의 현실화를 빠롤(parole)이라고 부른 후,[24] 언어학의 중심과제는 기호체계를 구성하는 요소들의 관계를 밝힘으로써 기호체계의 구조를 해명하는 데에 있다고 보았다. 이로써 빠롤은 언어학에서 주변적인 것으로 밀려난다.

㈏ **촘스키의 이상적 규칙체계** 촘스키(Chomsky)는 이른바 변형문법에 관한 이론에서 말하는 사람이 그의 언어능력을 기초로 무수히 많은 수의 구문론적으로 잘 정돈된 문장들을 만들 수 있게 하는 '이상적인 규칙체계'를 근거지우려 하였다. 이런 그의 언어이론적 기획에서 보면 언어능력과 언어기호의 사용은 분명하게 구별된다.[25] 언어기호의 사용에 관한 이론은, 이상적인 규칙체계의 형성과는 구별되어, 실제 말할 때 등장하는 장애요소들의 ― 예를 들면 기억력의 한계, 혼동 등의 ― 총체를 연구하는 과제만을 부여받게 될 뿐이다.

㈐ **구문론의 우위가 갖는 의미** 이처럼 모리스, 소쉬르, 촘스키로 이어지는 구문론에 대한 이해의 관점에서 보면 '화용론에 대한 구문론의 우위'는 다음 세 가지 함의를 갖는다. ① 언어체계는 기호들과 그 기호들의 가능한 조합에 관한 규칙을 포함하는 체계로서 이미 주어져 있는 것으로 이해되고, ② 기호사용자는 이미 주어진 그런 기호체계를 이용할 뿐 그 기호 또는 기호의 사용규칙을 만드는 주체의 역할을 누리지는 않는다. 그리고 ③ 구문론은 의미론에 대해서도 마찬가지이지만 화용론과 서로 관련이 없는 독립된 이론으로 구상될 뿐이다.[26]

(2) 권리와 의미론 먼저 의미론은 흔히 '개념이 진리의 가치를 갖

24 F. Saussure, *Grundfragen der allgemeinen Sprachwissenschaft 2. Aufl.* (1967) 참조.

25 N. Chomsky, *Aspekte der Syntax-Theorie* (1973), 14쪽 참조.

26 고전적인 기호론에서 화용론의 주변적 성격에 대한 비슷한 이해로서 Schlieben-Lange, *Linguistische Pragmatik* (Kohlhammer, 1979), 14쪽 아래 참조.

는 것임'을 전제로 한다. 또한 언어기호의 형상과 개념 사이에 자연적인 친화성이 존재하며(존재론적 전제), 우리가 그것을 지각할 수 있다고(인식론적 전제) 파악한다.

1) 자연법적 권리와 존재론적 의미론 이 같은 의미론적 명확성은 근대법의 인격개념이나 권리개념이 기반을 둔 '자연법의 자명성'과 맞닿아 있다. 인격이나 권리의 자연법적 구성은 그것들을 표상하는 다양한 언어기호들(예: 생명, 신체, 재산, 자유, 명예)이 결코 '단지 부르기 나름으로 정해질 수 있는 것', 즉 유명론唯名論(Nominalismus)적인 것이 아니라 각기 '필연적으로 지시하는 어떤 당위'(존재론적 당위)를 갖고 있음을 의미한다.[27] 생명, 신체, 재산, 자유, 명예 등은 이미 실정법이 임의로 처분할 수 없는 어떤 당위로서 자리매김된다. 이런 방식으로 이해된 근대법은 언어 속에 제도화된 것이라 할 수 있는데, 이는 언어기호와 그 기호에 외재하는 어떤 실체 사이에 존재론적 연관이 있다고 보는 존재론적 의미론(ontologische Semantik)[28]에 의거한 결론이 된다.

2) 언어규칙과 사회계약 또한 근대적 의미론에서의 언어규칙은 언어기호를 일정한 대상에 적용하는 길을 인도해준다는 점에서, 권리 등의 법개념들을 실정법이 처분할 수 없는 존재론적 실체의 세계에 자리잡게 인도하는 계몽시대의 정치철학, 즉 사회계약이론에 비유될 수도 있을 것이다. 다만 개념이나 언어규칙은 사회계약이론처럼 경험적으로 근거지어지는 것이 아니라 실천이성의 세계에서 '자명한' 것으로 파악된다. 서구사회에서 주관적 권리는 전문화·특수화된 자연언어로서 법언어의 의미론적 명확성이라는 토양에 뿌리내리고 또 그 위에서 성장한 것이라 할 수 있다. 요컨대 주관적 권리의 자명성은 법언어의 의미론적 명확성 위에 세워진다는 것이다.

---

27 R. Zippelius(이재룡 역), *법의 본질(Das Wesen des Rechts)* (길안사, 1999), 100쪽.

28 이에 관해서는 R. Carnap, *Meaning and Necessity: a Study in Semantics and Model Logic* (University of Chicago Press, 1956) 참조.

(3) 권리체계와 구문론 한편 근대 서구 언어체계의 또 다른 축인 구문론은 기호와 기호 사이의 관계에 주목한다.

1) 권리체계의 정합성과 구문론의 이상성 예컨대 소쉬르(Saussure)는 넓은 의미에서의 언어를 빠롤(발화 parole)과 랑그(좁은 의미에서의 언어 langue)로 구분하고,[29] 언어학의 중심과제가 기호규칙체계로서의 랑그의 구조를 해명하는 데 있다고 본다.[30] 이러한 구조주의적 구문론은 주체 중심으로 회전하지 않고 거꾸로 주체가 구조에 의해 위치지어진다는 점에서는 '탈근대적'이라고 재해석될 여지가 없는 것은 아니다.[31] 그러나 언어체계를 기호와 그 기호들의 가능한 조합에 관한 이미 주어진 — 더 나아가 '단일하고 질서정연한' — 규칙체계로 본다는 점[32]에서는 여전히 '근대적'이라고 볼 수 있다.[33]

근대법체계 역시 역사적으로 계속 세분화되어 온 주관적 권리들의 정연한 규칙체계, 바꿔 말해 권리들이 정합적으로 질서를 이루고 있는 구조라고 할 수 있다. 여기서 '체계'는 다양한 권리들의 관계 또는 한 사람의 권리와 다른 사람의 권리 사이의 관계가 가지런히 질서 잡고 있는 상태를 의미한다. 그 권리를 표상하는 근대법의 기초개념들이 '기호'라면, 권리의 체계성은 마치 그런 기호들이 잘 정돈된 문장과 같다고 할 수 있다. 이상적인 구문은 곧 권리의 이상적인 체계를 의미한다

29 주경복, "언어와 기호의 개념적 확장과 인식에 관한 문제론－쏘쉬르, 레비스트로쓰, 라깡, 알뛰세르 이론에 교차하는 구조주의 흐름을 중심으로", *불어불문학연구* (제30권 제2호, 1995), 1061~1062쪽.

30 김광현, "소쉬르와 구조주의－인식론적 및 방법론적 고찰", *한국프랑스논집* (제39권, 2002), 24쪽.

31 소쉬르 연구, 특히 국내 철학계에서의 연구들은 소쉬르가 '구조주의의 효시'로서 구조개념을 통해 주체중심의 사고를 해체했다는 측면에 주목하고 있다. 이에 대해서는 장병기 · 최용호, "한국에서 소쉬르 수용: 1960년에서 1999년까지", *언어학* (제25권, 1999), 272쪽 참조.

32 이에 대해 에코(Eco)는 "구조주의의 실수는...특정한 불변수들을 분석의 유일한 대상이자 최종목표로 삼고 그것들을 새로운 확인작업의 출발점이 아닌 결승점으로 간주했다는 데 있다"라고 적절히 지적하기도 했다. 이에 대해서는 U. Eco(김광현 역), *기호와 현대 예술(La struttura assente)* (열린책들, 1998), 544쪽 참조.

33 이진경, *철학과 굴뚝청소부* (그린비, 2005), 283쪽.

는 것이다. 그런 체계 속에서 한 개인의 행위는 권리의 행사로, 또는 의무의 이행으로 자리잡는다.

> 예를 들어 ① 돈을 빌려준 채권자는 변제기일이 도래하면 돈을 빌린 채무자에게 채무를 이행할 것(빚을 갚을 것)을 요구할 민법상 권리를 갖지만 그 이행을 강제하기 위해 폭행을 행사할 권리를 갖지는 않는다. 반면 채권자가 채권의 추심을 위해 채무자와 말다툼을 벌이다가 먼저 위법한 공격, 즉 채무자에게 폭행을 가한다면, 채무자는 폭행으로 맞섬으로써 자신의 생명과 신체를 방어할 수 있는 형법상 권리, 즉 정당방위권을 갖는다. ② 다만 근대법의 기획이 아직 불완전하게 실현되고 있는 우리나라에서 예컨대 채권자의 추심행위에 수반된 작은 폭력이 정당방위(형법 제21조)의 논리가 아니라 사회상규(형법 제20조)의 개념에 의해 허용되는 현실을 되돌아보면, 이런 근대법의 특성은 서구근대사회와 근대법에 고유한 것으로 이해될 수 있다. 물론 한국사회에서 근대법의 불완전한 성장은 한국어의 구문론적 불확실성과 의미론적 불명확성에 기초한 것이라고 볼 수 있다.

2) 개념법학과 이상적 구문론 즉 서구사회에서 근대법의 이상은 사회적 교류(사회적 관계)를 ― 돈을 빌리고 빚을 갚는 단순한 사건의 예에서도 볼 수 있듯이 ― 체계적으로 잘 짜인 다양한 형태의 권리(와 그에 맞대응해 있는 의무)들의 총체로 구성하는 데에 있다. 형법과 민법에서 고도로 발달한 법률해석학(Rechtsdogmatik)은 이와 같은 근대법의 이상을 좇은 결과이다. 근대법의 규범체계가 '완전무결하며 명확한 규율내용을 담고 있다'는 법규범의 이상성에 대한 신념 아래서 보면, 법체계는 개념법학(Begriffsjurisprudenz)이 표상하듯 '개념의 피라미드'로 이해될 수 있다.[34] 언어기호의 이상적인 관계설정, 이상적인 구문은 바로 개념법학이 표상하는 개념의 피라미드를 가능하게 하는 인식론적 기초가 된다.

---

34 개념법학의 특징에 대해서는 특히 김영환, "개념법학적인 사유형태와 일반조항에로의 도피", *응용법철학* (아카넷, 2002), 28쪽 아래 참조.

개념법학의 부작용에 대한 반성은 필요한 것이지만, 개념법학의 인식론적 기초로서 구문론적 이상은 비록 온전한 현실이 될 수는 없을지언정, 그것이 지향하는 바는 현대의 민주주의 사회에서도 완전히 포기될 수는 없는 것이다. 그렇기에 현대사회에서 다양한 모습으로 벌어지는 권리 사이의 충돌이나 권리와 공익 사이의 충돌을 조정하는 이익형량을 자의적인 것으로 방치하지 않고, "합리적이고 민주적인 이익형량"[35]으로 만들려는 기획은 근대법의 이성과 구문론의 이상을 현대법에 이식시키는 기획으로 볼 수 있다.

2. 현대법과 언어

이상과 같은 서구사회의 근대법과 근대법체계에 대한 기호론적 해석은 법이 규율하는 사회현실의 복잡성이 증대되고 법의 기능도 변형·확대된 현대의 서구사회에도 여전히 타당한 것일까? 다시 말해 서구의 현대사회에서는 문법적 체계로서 근대법이 그 기획의 한계에 부딪히게 되었고, 법과 유럽언어에 터 잡은 문법적 이상은 서로 조응할 수 없게 되어 버린 것일까?

(1) 법의 패러다임변화 현대사회에서 법은 문법의 체계로 파악되기 어려울 정도의 급격한 변화를 경험하고 있다. 이 패러다임 변화는 '경험적으로 관찰'할 수 있는 법의 역사적인 기능변화와 '사회학적으로 이론화'할 수 있는 사회현실의 변화 속에서 이루어졌다.

1) 법의 실질화와 체계기능화 먼저 서구사회에서 근대법의 성장 이후에 전개된 법의 기능변화는, 특히 사회적 약자의 생존을 배려하고, 실질적 평등을 도모하는 법의 실질화와 수많은 사회체계(사회적 하부체계)의 기능을 유지·향상시키는 조종매체로 기능하는 법의 체계기능화로 요약할 수 있다.[36] 먼저 사회적 약자의 보호에 지향된 '실질화'는 특

35 김도균, *권리의 문법* (박영사, 2008), 서문 및 제4장(법적 권리와 이익형량) 참조.
36 이러한 법의 패러다임적 변화를 제시한 이상돈, *법학입문* (박영사, 2001), [5], [6]

히 19세기 중반 이후 서구사회에서 정치적 통합의 요청에서 비롯된 것으로서 사회국가적 기획 아래 편입된 법제화를 말한다. 반면 '체계기능화'는 자본주의사회의 사회경제적 토대변화, 그러니까 사회체계가 생활세계로부터 분리되고[37] 끊임없이 세분화되고, 루만(Luhmann)이 이론화한 바와 같이 이른바 '자기준거적 체계'(selbstreferentielles System)로까지 성장하고 있는 현실 속에서 진행된 것이라고 할 수 있다. 또한 법의 이 두 가지 기능변화는 서로 분리될 수 없는 형태로 착종되어 있다. 사회적 약자의 보호에 이바지하려는 법의 실질화 기획은 재화의 생산과 분배에 관계하는 사회체계들의 기능과 분리되어 이루어질 수 없으며, 법의 체계기능화는 법의 실질화가 펼쳐지는 정치적 맥락과 무관할 수 없다. 그런데 법에 일어난 이러한 패러다임변화는 무엇보다도 법이 사회체계의 성장으로부터 빚어진 현대사회의 다음과 같은 특성 속에서 배양된 결과라 할 수 있다.

2) 법이 규율하는 현실의 변화 사회현실이 일상언어나 일상규범에 의해 하나의 통일적인 질서로 규율될 수 없을 정도로 복잡해지고(사회현실의 복잡성 Komplexität), 어떤 사건이나 현상에 대한 가치평가가 한 사회에서 통일될 수 없을 정도로 그 평가관점과 맥락이 다양해졌다(맥락의 중층성 Polikontexturalität). 또한 전체사회(문화, 체계)를 하나의 질서로 응집하는 구심점이 사라지고, 사회문화나 사회체계가 통일성을 상실한 채 다양하게 갈래 치고 있다(탈중심화 Dezentralisierung).

물론 이와는 정반대로 법은 이런 현실의 변화를 불러오는 요소로 작용하기도 한다. 이를테면 일상언어의 규율지평을 넘어선 복잡성을 해소해야 하는 법의 언어는 사회현실로부터 소외된[38] 전문언어로 성장하

단락 참조.

37 이 명제의 사회철학적 분석으로 대표적인 J. Habermas, *Theorie des kommunikativen Handelns II* (Suhrkamp, 1981), 229쪽 아래, 489쪽 아래 참조.

38 이 점을 두고 Günther는 '법언어는 일종의 고유한 존재론을 갖는다'거나 '법률가들은 마치 법과 권리가 존재하고, 더욱이 사물이나 사태와 같은 실제적인 존재를 갖는 것처럼 논증한다. 그러므로 법언어는 물화하는 언어이다'라고 말한다(K. Günther,

기 쉽고, 독자적인 법언어의 성장은 다양한 사회적 (평가)맥락에 그 수를 하나 더 더해 주는 것이며, 더 나아가 법체계나 법문화는 전체사회가 통일성과 구심점을 잃어버린 채 갈래 치는 것을 더 한층 심화시키기도 한다.

(2) **근대법의 문법적 구조의 해체** 이와 같은 법의 패러다임변화는 근대법의 문법적 구조를 해체시킨다.

1) 권리의 의미론 해체 현대사회에서 법은 주관적 권리의 자연법론적인 배후를 지워버리게 된다. 왜냐하면 위와 같은 법의 패러다임변화는 법의 자리를 개인의 실천이성을 구현하는 제도로부터 다양한 정책을 현실에 옮기는 도구로 옮겨 놓기 때문이다.

(가) **권리의 언어에서 재화의 언어로** 또한 법의 정책도구화로 인해, 소극적 자유의 공평한 보장을 기획하는 법이 가졌었던 언어적 특성, 특히 존재론적 의미론에 의해 파악되는 언어상이 무너지게 된다. 왜냐하면 법의 정책도구화는 대개 근대사회에서 주관적 권리로 법제화된 소극적 자유와 충돌할지라도, 집단적인 재화의 창출과 분배를 위해 — 다른 개인의 권리가 대응되어 있지 않은 — 다양한 의무를 시민에게 부과하게 되기 때문이다. 다시 말해 정책의 도구가 된 법은 존재론적 구조를 띠는 '주관적 권리의 언어'가 아니라 시장의 구조 속에서 조절되는 '재화의 언어'를 자기표현의 수단으로 받아들이게 된다.

(나) **기능적·실용적 언어로서 법** 그런데 이렇게 되면 법의 언어에 관한 이해의 패러다임은 의미론으로부터 화용론으로 이동할 수밖에 없게 된다. 왜냐하면 시장에 대해서도 '시장체계는 노동을 소외시키는 존재론적 구조를 갖고 있다'는 식의 말을 할 수는 있지만, 시장 자체는 설령 관료주의적 통제 아래 놓이는 경우에도 여전히 나름대로의 고유한 작동메커니즘을 갖고 있기 마련이고, 법언어는 그런 시장의 구조 속에

"Recht und Sprache", 2001.9.21. 고려대에서 개최한 한국법제연구원 · 한국법철학회 · 고려대법학연구원 주최 국제심포지엄 <법과 언어> 발표문 참조).

서 수급을 조절하고, (교환)가치를 결정하는 메커니즘의 구성요소로 기능하는 언어, 즉 '실용적인 언어'가 되기 쉽기 때문이다.

2) 구문론적 구조 해체 이와 같은 법의 패러다임 변화는 법체계를 이상적인 구문처럼 잘 짜인 주관적 권리의 체계로도 남을 수 없게 한다.

(가) **법의 사안각인성** 오늘날 법이 정책을 실행하고자 할 때 법은 사안이나 현실에 더 가까이 다가서야만 비로소 합리성을 구현할 수 있게 된다. 즉, 법은 구체적인 사안에 의해 각인되는(fallimprägnant) 측면이 강해진다. 왜냐하면 정책의 합리성은 논리적 체계의 속성이 아니라 '사항적합성'과 '효율성'의 속성이기 때문이다. 달리 표현한다면, 자본주의사회에서 정책의 도구가 된 법이 규율하는 사회현실은 직접이든 간접이든 시장메커니즘 속으로 빨려 들어가고, 바로 그렇기 때문에 법은 시시각각 변화하는 시장의 흐름에 어떤 방식으로든 대응해야만 한다. 물론 시장이 법이 규율하는 사회현실의 전부는 아니다. 하지만 법이 시장 위에서 구축되는 다양한 사회체계의 기능을 유지·향상시키려고 한다면, 그 사회체계의 메커니즘을 구성하는 시장의 요소를 고려할 수밖에 없는 것이다.

(나) **법의 이상적 구문론 상실** 그런데 사회현실의 시장적 요소는 입법자가 '일반적으로 이해가능한'(allgemein verständlich) 언어의 그릇에 담을 수 있을 정도로 예측가능하지 않다. 그런 의미에서 정책의 도구가 된 법이 규율하는 사회현실은 생활세계의 지평을 훨씬 뛰어넘은 '복잡성'을 띤다고 할 수 있다.[39] 정책의 도구가 된 법이 구체적 사안을 계기로 개인에게 주관적 권리를 부여하는 경우에도 그 사안에 관계하는 사회체계는 다양하고, 사회체계들의 기능적 효율화로 인해 권리의 타당성에 대한 평가도 서로 엇갈린다. 예를 들어 하나의 정책이 경제체계의 기능에는 긍정적인 기여를 하지만, 정치체계의 기능에는 부정적인 기여

39 G. Teubner(이상돈 역), "'다른 이의 말에 귀 기울이라': 담론의 충돌에서의 법", *법제화 이론(Theorie der Verrechtlichung)* (한국법제연구원, 2004), 77쪽.

를 하는 식으로 복수의 엇갈린 가치평가가 내려질 수 있다. 더 나아가 사안에 관계하는 사회문화도 지역적으로, 계층적으로, 그리고 세대별이나 직업군별로 분화됨(하부문화의 성장)으로 인해[40] 권리의 타당성은 각 하부문화에 따라 다르게 판단될 수 있다. 이상과 같은 법의 패러다임변화에서 권리의 생성·변화·폐기 그리고 권리들 상호간의 관계는 더 이상 이상적인 구문과 같은 어떤 이상적인 규칙에 의해 파악될 수 없게 된다.

(3) **현대법의 화용론적 전환** 현대사회의 법에서 일어나는 이와 같은 변화는 법의 근대적 합리성과 유럽언어의 구조 사이의 내적 연관을 해체하는 쪽으로 나아가고 있다. 그리고 이러한 해체는 서구사회의 근대법이 좇은 기획 자체에 대한 회의로 이어질 수 있다. 이른바 포스트모던 법이론은 이런 회의를 극대화하는 새로운 조류라고 할 수 있다. 하지만 개인의 주체성과 이성 위에 구축된 근대법의 기획을 폐기할 수는 없다. 근대법과 이성에 대한 회의는 근대와 탈근대의 접경지점에서 법적 합리성과 언어구조 사이의 내적 연관을 재해석함으로써 극복될 수 있을 것이다.

1) 언어이론에서 화용론적 전환 그런 재해석의 전형은 20세기 초에 시작하여 특히 후반기에 본격적으로 진행된 '화용론적 전환'(pragmatic turn)에서 찾을 수 있다. 화용론적 전환은 비트겐슈타인(Wittgenstein)의 유명한 명제, "단어의 의미는 언어 속에서 그의 사용이다"[41]에서 시작한다. 그에 의하면 단어의 사용은 마치 놀이와 같다. 즉, 사용에 규칙은 있되, 그 규칙이 존재론적으로 고정되어 있지 않다.[42] 규칙의 올바름을 담보하는 '철학적 최상급'이란 없다는 것이다.[43] 다만 규칙에

40 K. Ladeur, "From Universalistic Law to the Law of Uncertainty: on the Decay of the Legal Order's Left", C. Joerges & D. Trubek 편, *Critical Legal Thought: an American-German Debate* (1989), 567쪽.

41 L. Wittgenstein, *Philosophische Untersuchungen* (Suhrkamp, 1983), 43쪽.

42 L. Wittgenstein, 앞의 책, 192쪽.

43 이는 특히 S. Kripke, *Wittgenstein on Rules and Private Language: An Ele-*

따라 일정한 기호에 의해 지시되는 대상들 사이에는 가족의 얼굴에서 볼 수 있는 유사성(가족유사성 Familienähnlichkeit)만이 존재할 따름이라고 한다.

(가) **화용론의 의미론과 구문론에 대한 우위** 이와 같은 사용이론으로부터 두 가지 중요한 발전이 이루어졌다. 첫째 '화용론이 의미론과 구문론에 대해 우위'를 차지하게 되었다. 예컨대 누구도 부정할 수 없다고 생각되는 어떤 기호의 고정불변한 의미마저 그 기호에 대해 사람들이 동일한 이미지연상을 반복적으로 경험함으로써 의미가 자명하다고 믿게 된 결과에 불과하기 때문이다.[44]

(나) **말행위이론의 성장** 둘째 말행위이론(theory of speech act)이 성장하였다. 화용론적 전환은 언어기호의 사용, 그러니까 우리말로 표현하면 '말함'[45]에 관심을 갖게 한다. 언어기호는 말함 이전에 어떤 이상적인 규칙에 따라 이해될 수 있는 의미나 구문을 갖는 것이 아니라, 말하고 말해짐으로써 비로소 일정한 '앎'(knowledge)이 형성된다는 것이다.[46] 그런데 말한다는 것은 일종의 사회적인 행위이다. 누가 무엇을 말한다는 것은 단지 '그 무엇(말의 내용)이 세계 내에 드러내졌다'는 객관적 사태를 초래하는 것만이 아니라, 말해진 그 무엇의 진리성(타당성)에 대한 인정을 둘러싸고 말하는 사람과 말을 듣는 사람 사이에 긴장이나 화해 등과 같은 일정한 사회적 관계를 형성시키기 때문이다. 오스틴(Austin)이 '말함'(말행위)을 '실행적 행위'(illocutionary act) 또는 수행적 발언(performative utterance)[47]이라고 이름 지은 것은[48] 바로 이 때

---

mentary Exposition (Blackwell, 1982), 70쪽 참조.

44 장병기 · 최용호, "소쉬르 언어이론의 세가지 화용론적 차원", *언어학* (제22권, 1998) 참조.

45 한국의 언어학자들은 말함(말행위)을 흔히 '발화행위(發話行爲)'라고 번역하고 있는 듯하다.

46 남기창, "후기 비트겐슈타인 철학에서의 의미론과 인식론 사이의 관계", *철학* (제58호, 1999), 286쪽.

47 이에 관해서는 엄순영, "규범개념", *법철학연구* (제12권 제1호, 2009), 336쪽 참조. 엄 교수는 오스틴의 수행성명제(the Performance Thesis; ① 발언의 관행적인 절

문이다.[49]

★ 실행적 행위 예를 들어 甲이 乙에게 "지난 달 빌려간 1천만 원을 1주일 안에 갚으세요"라고 말한다. 이 말은 두 부분으로 나눌 수 있다: '나는 당신에게 요구한다'(A)와 '당신이 내게서 지난 달 빌려간 1천만 원을 1주일 안에 갚는다'(B). 이때 이 말을 하는 甲과 乙 사이에는 채권자와 채무자의 관계가 형성되고, 채무자 乙이 채권자 甲의 요구를 따라야 한다는 규범적 관계가 형성되며, 이 요구의 옳고 그름에 대해 甲과 乙 사이에 견해 차이와 갈등이 벌어질 수도 있게 된다. 이때 A부분은 사회관계를 형성하는 부분인데, 이를 오스틴은 실행적 행위(illocutionary act)라고 부른다.

2) 현대법의 화용론적 해석 이와 같은 화용론적 전환은 법의 패러다임변화가 진행되는 현대사회에 적합한 법이해의 틀을 제공해준다.

(가) 말함과 논증에 대한 계약적 구속관계 먼저 화용론적 전환은 의미론이나 구문론 중심의 기호론들이 해명해내지 못한 서구언어와 법 사이의 내적 연관을 밝혀낼 수 있게 한다. 이 점은 특히 하버마스에 의해 인상적으로 설명되고 있다. 비트겐슈타인, 오스틴의 분석을 넘어[50] 하버마스는 '말한다'는 것은 곧 말해지는 내용의 '타당성을 요구하는 것'임을 밝혀냈다. 이 타당성의 요구는 말하는 자에게 듣는 자들로 하여금 말해진 내용에 동의(합의)하도록 합리적으로 동기화하는 근거(rationale Gründe)를 제시할 자세가 내면화되어 있음을 전제한다.[51] 말을 듣는 자

차 승인, ② 사람과 상황이 그 관행절차에 적절함, ③ 절차가 정확하고 완전하게 실행, ④ 참여자의 진정성, ⑤ 참여자의 언행일치를 충족해야 함)를 규범 개념의 한 요소로 위치시킨다. 엄 교수에 의하면 규범 개념은 ⓐ 규범에 관한 지배담론의 선재, ⓑ 규범개념의 실용성, ⓒ 규범개념의 수행적 기능, ⓓ 규범개념의 내용적 적절성, ⓔ 욕망실현을 위한 믿음으로서 신념체계로 구성된다.

48 J. L. Austin, *How to Do Things with Words* (Harvard University Press, 1975) 참조.

49 김영진, "비트겐슈타인의 언어놀이와 오스틴의 화행", *철학연구* (제34권, 1994), 241쪽.

50 하버마스의 언어이론적 발전에 대해 자세한 것은 J. Habermas, *Das nachmetaphyische Denken* (1988), 특히 52쪽 아래, 80쪽 아래, 111쪽 아래 참조.

51 J. Habermas, *Theorie des kommunikativen Handels Bd.1* (Suhrkamp, 1981),

가 반박하는 의견을 다시 말하는 경우에도 이 전제가 마찬가지로 적용된다. 그러니까 누구나 '법적으로 말함'과 동시에 논증작업에 대한 계약적 구속관계에 들어가는 것이다.[52]

(나) **실행적 말함과 법의 선구조** 여기서 근대법이 계약의 논리로 성립된 것[53]임을 되돌아보면, 말함의 실행적 부분에는 '법의 선구조先構造 또는 유사구조'(prä-oder quasi-juristische Struktur)가 내재해 있다고 볼 수 있다.[54] 다시 말해 우리는 무엇을 말함으로써 어떤 사회적 관계를 창설하는 것이고, 이 관계는 말해진 내용에 대해 동의를 얻기 위해 그것에 대한 합리적 근거를 제시하는 논증으로 상대방을 설득해가는 소통의 과정이다. 이러한 소통의 과정은 곧 삶의 과정이며, (민주적인) 법의 근원적인 발생원천이 된다.

ㄱ) **법관의 말행위로서 판결** 법관이 판결을 하는 것도 말행위라고 볼 수 있다.[55] 법관의 판결은 과거에 일어난 사건의 내용(=법적 '사안')을 말하는 사실인정, 즉 사실확인적 말행위(Konstativa)와 그 사안에 적용될 법률의 구체적 내용(=구체적 법규범)을 말하는 법률해석, 즉 규범적 말행위(normativer Sprechakt)[56]로 이루어진다.

★ 사실확인적 말행위와 규범적 말행위 가령 법관은 ① 판결이유의 범죄

369쪽 아래와 *Vorstudien und Ergänzungen zur Theorie des kommunikativen Handelns* (Suhrkamp, 1984), 특히 2단락(Wahrheitstheorien)과 8단락(Was heißt Universalpragmatik?) 참조.

52 F. Müller 외(이덕연 역), *법텍스트와 텍스트작업(Rechtstext und Textarbeit)* (법문사, 2005), 111쪽 아래.

53 이 점을 공법, 사법, 형사법 분야에서 설명하는 이상돈, *법학입문* (법문사, 2005) 참조.

54 같은 분석으로 K. Günther(박종수 역), "법과 언어"(Recht und Sprache), *법철학연구* (제4권 제2호, 2001), 245쪽 아래 참조.

55 이를 처음으로 제안한 이상돈, "법관의 말행위와 올바른 법(正法). 고도산업사회에서의 법률적용의 대화이론적 재구성", *저스티스* (제25권 제2호, 1992), 155~175쪽 참조.

56 규범적 말행위(normativer Sprechakt)라는 개념을 먼저 사용한 사람으로 R. Alexy, *Theorie der juristischen Argumentation* (Suhrkamp, 1978), 145쪽 참조.

될 사실란에 "피고인 甲 등이 2013.4.5. H 대로에서 H 노조설립신고 반려에 항의하기 위해 사전신고 없이 다양한 퍼포먼스를 펼치는 플래시몹(flash mob) 방식으로 행사를 개최하면서 H 노동조합설립신고 허하시오라고 외치며 행진하기도 하였다"는 내용의 범죄사실을 설시한다. 이 설시는 '사실확인적' 말행위이다. 법관이 하는 사실확인적 말행위는 그 진실여부가 객관적으로 판명되지 않는다. 따라서 사실확인적 말행위에서도 법관은 자신이 인정한 사실이 재판상 진실임을 모든 소송당사자들이 받아들일 것을 요구하며, 이를 위해 자신의 심증을 근거지우는 증거를 제시하고 설명한다. ② 또한 법관은 판결서에 "피고인 甲의 위 행위는 집시법 제15조의 '학문, 예술 … 에 관한 집회'에 해당하지 않으며, 집시법 제22조 제1항이 정한 옥외집회신고의무위반죄에 해당한다"는 내용의 법률해석을 설시한다. 이는 정치적 구호를 외치는 플래시 몹은 학문, 예술 등에 관한 집회가 아니라는 점(大判 2011도2393)을 피고인과 수범자들이 받아들일 것을 요구하는 '규범적 말행위'이다. 법관은 이 규범적 말행위에서 자신의 법률해석(구체적 법규범의 설정)이 타당한 근거를 제시한다. ③ 법관의 사실확인적 말행위이든 규범적 말행위이든 모두 그 근거제시에 대한 비판과 토론의 대화적 과정을 통해 그 타당성주장(Geltungsanspruch)이 관철되기도 하고 그렇지 않기도 하다. ④ 다만 사실확인적 말행위에서 시작되는 대화는 3심제(와 예외적으로 재심)의 제도적 한계를 갖는 반면, 규범적 말행위에서 시작되는 대화는 소송 안에서 뿐만 아니라 소송 밖에서도 그리고 모든 심급을 넘어서 모든 시민들 사이에서 펼쳐질 수 있다는 차이가 있다.

법관의 판결을 말행위라고 하는 것은 법관도 자신이 말한 내용에 대해 소송당사자(와 궁극적으로는 모든 수범자)의 동의를 얻기 위해 합리적 근거를 제시하는 논증(소송법상 이유설시)을 해야 함을 뜻한다. 이런 법관의 논증의무는 법관이 말하는 행위의 실행적 부분에 내재된 사회계약적인 의미의 구속관계에서 발생한다. 따라서 법관의 말행위와 그 실행적 부분은 올바른 법의 전제조건이며 법의 선구조이다.

ㄴ) 법관의 말행위와 소통적 법관상 이상과 같이 언어에 법의 선구조 또는 유사구조가 내재해 있다는 것은 물론 유럽언어에 특유한 현

상일 수 있다.[57] 그것은 말하는 자의 주체적인 지위, 바꿔 말해 '근대적 자아'를 전제로 하기 때문이다. 가령 우리나라 사람들은 '나는 생각한다', '나는 요구한다'는 실행적 부분이 약하다는 점에서 말하는 자의 주체적 지위가 약하다. 그런데 여기서 말하는 근대적 자아의 주체성이란 자유자본주의시대의 시민상과 같이 철저하게 개인주의적으로 해석된 이성의 구현이 아니고, 모든 개인들이 서로 타인의 주체성을 승인하는 가운데 자신의 주체성을 확보하는 관계실현이라는 점에 주목할 필요가 있다. 다시 말해 주체성은 언제나 상호주관성(intersubjectivity)이라는 것이다.

이런 맥락에서 화용론적 전환은 개인의 주체성과 자율성을 추구하는 근대법의 기획 자체를 부정하는 것이 아니고 그 기획을 한 단계 더 완성해가는 것에 가깝다고 볼 수 있다. 그러므로 근대법이 전제하는 법관상과 현대사법이 추구하는 법관상은 차이가 있음을 간과해서는 안 된다. 근대법은 법관을 칸트(Kant)의 실천이성처럼 개인주의적으로 해석된 이성의 주체로 상정하였다면, 오늘날의 법은 당사자뿐만 아니라 다양한 차원에서 다양한 주체 또는 집단들과 소통하는 대화적 이성의 주체를 추구한다.[58]

3. 현대법의 정당성위기에 대한 대응

(1) **현대법의 정당성위기** 현대법의 화용론적 해석은 현대법의 기능변화에 따른 정당성의 위기에 대해서도 적절한 대응을 가능하게 한다.

1) 사안에 근접한 법의 비중증대 현대사회에서 법은 약자보호에 지향한 실질화(예: 주택임대차보호법, 근로기준법)와 사회체계(예: 국민건강보

---

57 이런 해석이 서구유럽문화가 그의 언어 속에 반영시킨 민주주의의 모습을 재현하는 것일지도 모른다는 귄터(Günther)의 조심스런 추측(앞의 논문 참조)은 정확한 것이었다고 말할 수 있다.

58 이에 관해 자세히는 이상돈, "소통적 합리성과 법관상의 변화. 법해석의 합리성을 중심으로", *법철학연구* (제19권 제1호, 2016), 61~98쪽 참조.

험을 비롯한 4대 사회보장체계)의 기능을 유지·향상시키는 역할을 떠맡게 되었는데, 이로써 법형성의 중심이 법률의 입력부문(입법)에서 출력부문(법의 적용)으로 상당한 정도로 옮겨지게 된다. 이 점을 이해하기 위해 먼저 법이 기획하는 정책이란 그 법이 적용되는 구체적인 시·공간에 들어와서야 비로소 사회적인 합리성이 있는지 여부가 판명될 수 있는 것임에 주목하여야 한다. 이는 정책을 현실에 옮기는 법의 정당성에 대한 진지한 의문은 언제나 그 법을 적용한 이후에야 더 효과적으로 제기될 수 있음을 말해준다.

2) 취약한 민주적 정당성 그러므로 현대사회에서 법은 구체적 사안에 가까워질수록 더 적절한 규율내용을 정할 수 있게 된다고 말할 수 있다. 여기서 구체적 사안에 더 가까운 법이란 의회가 제정하는 법률보다는 법원의 판결이 설정하는 법률텍스트의 사용규칙이나 행정부의 위임입법이 형성하는 구체적 법규범을 말한다. 이처럼 현대법의 중심이 상당한 정도로 구체적 법규범으로 이동하였다면, 현대법은 '민주적 정당성'이 구조적으로 취약해질 수밖에 없다. 왜냐하면 구체적 법규범을 형성할 때 사법이나 행정은 입법과정처럼 광범위한 민주적 의견수렴의 과정을 거칠 수가 없기 때문이다.

(2) 법관의 말행위의 정당성기초 그러나 이런 회의는 앞서 설명한 법의 화용론적 해석에 의해 상당한 정도 극복될 수 있다. 화용론적 관점에서 보면 입법, 바꿔 말해 법언어의 입력(Codierung)이란 법언어의 의미를 구성하는 단지 하나의 사회적 행위(말행위)일 뿐이다. 법언어의 출력 과정에서 법을 말하는 법관의 행위[59]는 또 다른 중요한 말행위이다. 이 말행위가 입법의 민주적 절차성과 유사한 민주적 절차성을 띨

---

59 법률텍스트의 의미는 법관의 법률해석, 즉 법률텍스트의 사용을 통하여 형성된다. 이런 명제에 대해서는 나의 박사학위논문인 Yi, *Wortlautgrenze, Intersubjektivität und Kontexteinbettung* (Frankfurter kriminalwissenschaftliche Studien Bd 35, Ffm., 1992), 138쪽 아래 및 이상돈, "법률해석-말놀이에의 구성적 참여", *저스티스* (제27권 제2호, 1994), 177~193쪽 참조.

수 있다면, 사안에 근접한 법의 민주적 정당성 문제가 상당한 정도 완화될 수 있다.

1) 대화적으로 말함 법관의 말행위의 민주적 구조를 이론적으로 확립하는 데에는 하버마스의 보편적 화용론(Universalpragmatik)[60]이 매우 의미가 크다.

(가) 하바머스의 보편적 화용론 하버마스의 보편적 화용론을 말함의 실행적 부분에 공통적으로 내재된 규범의 선구조에 관한 이론으로서 바라보고, 그 핵심을 간략히 설명한다. 보편적 화용론에 의하면 말한다는 것은 곧 말하는 사람이 말을 받는 사람에게 자신이 말하는 내용의 진리성, 그러니까 법의 경우에는 (규범적) 타당성을 주장(Geltungsanspruch, validity claim)하고, 그 주장이 수용될 수 있도록 설득력 있는 근거를 제시하는 것인데, 여기서 더욱 중요한 점은 이렇게 말한다는 것이 모두에게 자유롭고 공평하게 그 기회가 주어질 때 말의 타당성은 확보될 수 있게 된다는 점이다. 그런 기회가 보장되지 않는다면 말을 받는 사람은 더 설득력 있는 근거를 갖고 다른 말을 할 수 없게 되며, 그럴 경우에 말하는 사람의 말함이란 상대에게 동화됨을 강요하고 궁극에는 사회적 '폭력'의 하나로 변질될 수도 있다. 이처럼 말함에 내재된 보편적인 구조, 즉 말함의 자유로움과 기회균등함은 바로 법의 정당성기초인 민주주의의 선先구조(pre-structure of democracy)라고 할 수 있다. 말함이란 완전한 대화일 경우에만 폭력으로 변질되지 않을 수 있으며, 바로 그런 말함의 조건이 민주주의의 근원이 된다.

(나) 법관의 대화적 말함의 의미 입법이든 법적용이든 말함의 하나라는 점(사용이론)과 말함이 대화가 되기 위한 전제조건이 곧 민주주의의 근원이라는 점을 함께 고려해보면, 법적용자가 법텍스트의 의미를

---

60 J. Habermas, "Was heißt Universalpragmatik?", *Vorstudien und Ergänzungen zur Theorie des kommunikativen Handelns* (Suhrkamp, 1984), 353~440쪽 참조.

말하는 것의 민주적 정당성은 그 '내용'으로부터가 아니라 그 말함의 '방식'(형식)으로부터 나오는 것임을 알 수 있다.

ㄱ) **대화적인 성찰과 개방적인 변화 가능성** 여기서 대화적 방식으로 말한다는 것은 법관이 법률을 해석·적용할 때, 소송당사자와 대화함은 물론이고, 소송 밖의 법해석공동체와도 대화함(예: 판례비평의 참고, 학설의 숙고, 외국법과의 비교, 글로벌 스탠다드에 대한 고려 등)으로써, 언제나 자기를 성찰하고, 변화(판례변경)에도 개방적인 태도를 유지하면서 말하는 것이다. 이런 대화는 사실인정에 관한 말행위에서도 마찬가지이다. 소송은 비록 당사자들의 전략적 행위가 펼쳐지는 마당이지만, 주장과 입증의 충분하고 기회 균등한 보장을 통해 법관의 심증은 내적으로 대화적 구조를 갖게 될 수 있다.[61]

ㄴ) **판결의 소통적 합리성** 이렇게 대화적 방식으로 말하는 법관은 더 이상 실천이성으로 진리를 홀로 인식하는 외로운 인식주체로 남지 않는다. 대화적으로 말하는 법관의 판결은 막스 베버(M. Weber)가 말했던 근대법의 이상인 '형식적 합리성'과 현대법의 '실질적 합리성' 사이의 이율배반을 극복하는 소통적 합리성(communicative rationality)을 갖게 된다.[62] 그러므로 아무리 민주적 절차로 입법되었다고 하더라도 법률의 규범프로그램을 그 텍스트의 존재론적 의미론을 매개로 하여 현실에 그대로 옮기는 바와 같은 근대법의 이상적 기획은 하버마스의 보편적 화용론에서 바라보면 '말함의 보편적 구조'에 어긋날 뿐만 아니라 다원주의를 특징으로 하는 현대사회에는 시대착오적인 기획이 된다. 법의 자연법적(존재론적) 이해도 이와 같은 소통하는 법관상의 성

61 이 점에 관한 나의 이론에 대해 자세히는 이상돈, *형사소송원론. 형사소송의 근대성과 대화이론* (법문사, 1998); "사실인정의 이론과 실제, 공판절차에서 마당적 이해의 실현", *사실인정 방법론의 정립 재판자료 제110집* (대법원 법원도서관, 2006/2007), 5~26쪽; 그리고 2007년 형사소송법 개정에 대해 같은 이론적 관점에서 비평한 "현대적 형사사법에서 공판개혁의 방향", *사법* (창간호, 2007), 83~106쪽 참조.

62 자세히는 이상돈, "소통적 합리성과 법관상의 변화. 법해석의 합리성을 중심으로", *법철학연구* (제19권 제1호, 2016), 61~98쪽 참조.

장과 함께 소멸하게 된다.

2) 맥락에 대한 감수성 그런데 법적용자의 말함이 곧 대화가 되기 위해서, 법적용자는 자신의 말에 대한 근거를 성찰하여야 한다. 그리고 그런 성찰을 말하는 사람과 말을 듣는 사람이 서로 이해할 수 있기 위해서 모두가 들어가야만 하는 말함의 '구체적인 맥락'(의 공유여부)에 대한 통찰이 요구된다. 왜냐하면 말의 상호이해란 말의 의미를 공유하는 것이고, 이 의미공유는 말해지는 맥락에 함께 들어가 있지 않고는 불가능한 것이기 때문이다. 법적용에서 법관의 말함이 들어가야 하는 맥락에는 사회현실적 상황뿐만 아니라 말해지는 법규범영역의 규범적 맥락, 특히 그 법규범영역에서 전승되어 온 법원칙(예: 비례성원칙, 책임원칙)의 요구 등도 포함된다.

> ★ 맥락에 들어가는 법관의 말행위의 의미 가령 여자 乙(17세)이 밤길을 혼자 걷고 있고, 술에 취한 甲이 그 뒤를 따라 걸어가다 甲이 양팔을 높이 들었고, 이에 乙이 소리치자 甲이 다시 몇 초간 乙을 쳐다보다가 오던 길을 되돌아간 사건에서 甲에게 청소년 강제추행미수죄(아청법 제7조 제6항)의 유죄를 선고하는 법관의 말행위가 타당한지를 설명해보자. ① 법관의 사실인정, 즉 사실확인적 말행위는 법관의 심증이 소송에서 甲과 乙에게 (헌법과 형사소송법의 적법절차가 구현하는) 기회 균등한 공격과 방어의 변론기회를 충분히 제공하는 '대화적 구조' 속에서 이루어져야 한다. 甲의 행위가 강제추행의 의미를 갖는지는 甲의 행위의 상황적 맥락을 섬세히 고려할 때에만 적절하게 판단될 수 있다. 가령 甲이 당시 마스크를 착용했고, 乙을 뒤따라간 시간, 인적이 없는 곳인지 여부, 甲이 乙을 한동안 응시한 이유 등 상황적 요소를 최대한 많이 고려하여야 한다. 이런 고려는 곧 사건의 구체적인 사실적 맥락에 들어가는 것을 의미한다. ② 법관의 법률해석, 즉 규범적 말행위는 폭행이 추행에 선행되지 않고 동시적인 경우에도 그리고 폭행이 단지 껴안는 정도의 약한 폭행만으로도 강제추행이 성립하는 데 충분한지에 대한 학설의 검토, 외국판례와의 비교, 여론으로서 급진적 페미니즘에 대한 비판적 거리두기 등의 대화적 해석활동 속에서 "폭행 또는 협박으로 사람에 대하여 추행을 한

자"의 의미를 말한 것이어야 한다. 또한 이런 규범적 말행위는 형법분과에 고유한 법원칙의 요청이라는 규범적 맥락에 들어가서 한 것이어야 한다. 이를테면 甲의 행위처럼 폭행에 의한 추행이 아니라 기습추행, 그것도 미수의 단계로 평가되는 행위를 강제추행미수죄로 처벌하는 것은 강제추행죄를 사실상 성희롱(sexual harrassment)에 근접시키며, 형법의 보충성원칙이나 범행과 제재강도 사이의 '비례성'과 '책임원칙'(Schuldprinzip)이라는 '규범적 맥락'(normative context)을 벗어나게 만든다.[63] ③ 이런 점에서 甲에게 청소년 강제추행미수죄(아동·청소년의 성보호에 관한 법률 제7조 제6항)를 인정한 대법원의 말행위(大判 2015도6980)는 — 원심의 사실확인적 말행위에 상고이유가 없다고 보는 한에서 — 사실확인적 말행위는 맥락에 들어가 대화적으로 한 것일 수는 있는 데에 비해, 기습추행에 대한 학계의 비판을 진지하게 고려하지 않는 한에서는 규범적 말행위를 대화적으로 한 것이 아니며, 형법의 법치국가적 원칙이 형성하는 '맥락에 들어가 한' 것도 아니다.

이 점은 법적용자의 규범적 말함과 일반인의 말함 사이의 가장 큰 차이점이기도 하다. 이런 점에서 법률을 해석·적용하는 법관의 판결은 '규범적 말행위'(normativer Sprechakt)라고 부를 수 있다. 요약하면, 법적용자의 법형성에다 입법절차와 유사한 민주적 정당성을 가져다주는 것은 법적용자의 '맥락에 민감한 대화적 방식의 말함'이라고 할 수 있다.

Ⅲ. 한국어와 기호론

1. 한국어와 유럽언어의 동질화

법과 언어의 내적 관계에 관한 지금까지의 고찰은 법과 한국어의 관계에서도 상당한 정도 타당하다.

(1) 한국어에서 일인칭 주어와 명사의 증가 한국어도 근대화과정이 시작된 이래 역사적으로 유럽언어에 고유한 구조를 성취해 나가는 합

63 이런 비판으로 이상돈, *형법강론* (박영사, 2015), 859쪽.

리화의 길을 걸어왔기 때문이다. 주어를 생략하는 가령 전통적인 한국 '말'에는 낯선 방식, 즉 일인칭 주어사용을 의식적으로 강조하는 언어문화가 20세기 후반부터 우리사회에서도 빠르게 성장해 왔다. 이러한 언어문화와 한국어의 변화로 개인의 주체성 위에 구축된 서구사회의 이성법(근대법)이 한국사회에서도 빠르게 성장할 수 있는 물적 토대가 마련되었다고 할 수 있다. 또 다른 예로, 근대화의 역사로 들어서기 전까지는 동사가 양적으로 차지하는 비율이 명사의 비율과 비슷했던 우리말에서 근대화의 역사와 함께 명사의 비율(약 45만 개 어휘 중 30만 개)이 압도적으로 많아지고, 동사나 형용사의 비율(약 45만 개 어휘 중 각 1만개 내외)이 적어진 변화[64]도 문장에서 주어나 목적어, 그러니까 주체나 객체의 요소가 한층 큰 비중을 갖게 되었음을 간접적으로 입증해준다. 주어가 '근대적 자아'(cogito)의 문법적 표현이고, 목적어가 근대적 자아가 지배하는 객체(세계)의 문법적 표현이라고 볼 때, 이런 한국어의 변화는 한국사회의 사회경제적 구조가 서구사회의 그것과 유사해졌음을 말해준다.

(2) 영어의 문법론에 지배된 한국어 오늘날 우리가 사용하는 한국어는 토착어로서 한국어가 가졌던 모습과는 구조적으로 많은 차이[65]가 있다. 이는 '근대화'라는 역사적 진행과정에서 유럽언어에 일어났던 문법적 구조변화와 비슷한 것이 지난 1세기 동안 일본어를 경유하거나[66] 직접 들어옴으로써 한국어에도 일어난 데서 비롯될 것이다. 한국어의 구조변화는 한국어학자들에 의해 의식적으로 추진되기도 하였다. 즉, 한국어의 '문법론'을 구축하는 국어학자들의 작업은 상당 부분 유럽언어의 문법, 특히 영문법을 모델로 하여 이루어졌으며, 그렇게 골격을

64 임지룡, "새 낱말 창조의 인지적 연구", *국어교육연구* (29집, 1997), 26~27쪽 참조.

65 이 차이를 아름다운 한국어를 가꾸려는 사람(대표적으로 이오덕, *우리글 바로쓰기 1, 2* [한길사, 1989]; *우리문장쓰기* [한길사, 1991] 등을 참조)의 관점에서 보면 '한국어의 고유성을 상실하는 역사'로 이해될 수 있을 것이다.

66 이에 대한 한 흥미로운 연구로 서재길, "일선어 신소설 동각한매와 한국 근대소설 문법의 형성과정", *비교문학* (제31권, 2003) 참조.

갖추게 된 한국어 문법론에 대한 최근의 반성도 대개는 유럽언어권에서 진행된 화용론연구를 원용하여 이루어지고 있기도 하다. 물론 이런 진단은 매우 가설적이고, 포괄적인 것이지만, 어느 정도는 타당할 수 있고, 그렇게 타당한 정도에 비례하여 앞서 서구사회를 모델로 하여 펼친 법에 대한 기호론적 해석은 한국의 법과 언어에 대해서도 유효할 수 있다.

2. 한국어의 유럽언어에 대한 차별성

그러나 우리가 더 주목해야 할 것은 지난 100여년에 걸쳐 진행된 한국어와 유럽언어 사이의 동질화현상보다는 여전히 남아있는 이질적 구조와 현실, 그리고 그것이 한국사회에서 이성적인 법을 실현하는 기획에 대해 갖는 실천적 의미이다. 그런 의미를 갖는 한국어의 기호론적 특성을 아래서는 ① 식민주의, ② 비합리주의 그리고 ③ 맥락주의로 파악하고자 한다. 이 특성들을 살피기 전에 한 가지 분명히 해두고 싶은 점은 내가 파악하는 한국어의 기호론적 특성은 '이성법의 기획'이라는 규범적 관점에서 선별된 것일 수밖에 없다는 점이다.

(1) **의미론의 식민주의** 먼저 한국어, 특히 한국의 법언어는 유럽언어와는 달리 근대법의 문법적 기초가 되는 (존재론적) 의미론에서 특별한 결함을 갖고 있다. 특히 주관적 권리의 자명성이 자리잡을 수 있는 의미론적 명확성이 유럽언어에 비해 매우 미약하다. 물론 유럽언어에서도 법언어가 지배의 언어로 성장한 측면이 없는 것은 아니다.[67] 하지만 한국어의 불명확성은 한국의 역사적 특수성 속에서 더욱 두드러져 보인다. 우리 사회에서 (주관적) 권리의 형성이 곧 삶의 형식이 될 수 있게 하는 (법)언어는 삶의 세계 안에서 자연언어(natürliche Sprache)로 성장한 것이 아니라 정치권력자들이 정치적 지배를 실행하는 도구로 성

---

67 비슷한 문제의식에서 출발하는 Rodingen, *Pragmatik der juristischen Argumentation* (1977) 참조.

장해 왔다. 이를 한국어에서 '의미론의 식민주의'(colonialism of semantics)라고 부를 수 있다.

의미론의 식민지주의는 무엇보다도 일본이 서구의 근대법을 계수한 일본법을 식민지배의 일환으로 한국사회에 의용依用하고, 그 의용민법, 의용형법 등에서 사용한 일본식의 한자용어가 한국법언어의 세계를 오랜 세월 점령해 온 역사에서 비롯된다.[68] 이에 더하여 해방 이후 서구법(학)을 수용하는 과정에서도 일본식 한자사용과 중국의 한자문화에 깊이 각인된 언어가 줄곧 사용되어 온 점도 법언어의 식민지화를 더욱 높여 놓았다고 할 수 있다.[69] 그 밖에 권위주의적 정치문화도 이런 현상을 고착화하는 데 적지 않게 기여했을 것이다.[70]

★ 식민주의적 권위주의의 여러 층위들 형법의 예를 들어 설명해보면, 먼저 ① 일본에서 독일형법이 계수될 때 번역용어선택에 있어 일종의 권위주의가 작용했었다. 즉, 명치시대의 일본지성인(즉, 사무라이)들은 서양학문을 전통학문에 비하여 열등한 것으로 생각하였기 때문에 서양학문을 번역할 때는 서양학문이 어마어마한 것으로 보이도록 하기 위하여 일본인의 자연언어 또는 일상언어를 배제하고 심오한 분위기의 한문으로 번역해야만 했다고 한다.[71] 바로 이러한 번역방식이 독일형법전의 번역과정도 지배했을 것이고 그 결과 일본형법전의 수많은 기초개념들이 자연언어가 아닌 낯선 문어체의 한자말(예: 공갈恐喝, 기망欺罔, 강취强取, 명정酩酊, 외포畏怖, 건조물建造物 등)로 쓰이게 되었을 것이라고 추측[72]할 수 있다. 다시 말해 일본형법전은 형법에 대한 일반시민의 몰이해를 '의도적으로' 겨냥하고 제정되었던 것이다. ② 그러나 일본형법을 한국어로 옮기는 데 작용한 권위주의에는 그와는 또 다른 권력자의 일반시민에 대

68 이러한 문제의식에 입각한 연구들로 민현식, *국어 정서법 연구* (태학사, 1999); 고영근, *한국 어문운동과 근대화* (탑출판사, 1998) 참조.

69 이에 대한 깊이 있고 비판적인 분석으로 배종대, "우리나라 법학에 대한 반성과 전망", *현상과 인식* (봄호, 1987), 105쪽 아래 참조.

70 이에 관해서는 이상돈, *형법학* (법문사, 1999), 176쪽 아래 참조.

71 이 점에 대한 통찰로 김용옥, "철학의 사회성", *도올논문집* (통나무, 1991), 98쪽 아래 참조.

72 배종대, *형법총론* (홍문사, 1993), 42~43쪽 참조.

한 '정치적 권위주의'도 포함되어 있다. 한국의 지식인과 권력자들이 자신들을 일반인과 신분적으로 구분하고 특권을 유지하기 위해 보통사람들이 이해할 수 없는 힘 있는 나라의 말과 글을 사용하여 왔고, 이 경향은 중국어에서 일본어를 거쳐 유럽언어(특히 영어)로 바뀌는 변화만 있을 뿐 아직까지도 그대로라고 할 수 있다.[73] 한국법언어의 불명확성 가운데 상당한 부분은 이러한 권위주의적 번역문화의[74] 역사로부터 비롯되었다 해도 과언은 아닐 듯싶다.

이런 한국어의 식민주의화는 궁극적으로는 근대적 자아를 역사의 주체로 실현시키지 못한 한국의 역사[75] 자체에서 비롯된 것이라고 할 수 있다. 법언어의 식민주의적 특성은 개인의 권리를 보장하는 근대법제도가 확립되었어도 개인의 권리를 삶의 세계에서 일상언어의 사용을 통해 확증하고, 재생산하기 어렵게 만든다.[76] 그러나 법언어에 대한 지속적인 반성과 성찰이 지난 수십 년간 지속됨으로써 이와 같은 식민주의적 법언어의 질곡은 점차 약해지고 있다고 볼 수 있다.

(2) **구문론의 비합리주의** 한국어의 또 다른 특징으로는 비합리주의를 들 수 있다. 여기서 '비합리주의'는 서양문화 우월주의와 극단적인 문화상대주의라는 이분법적 논란이나 선호를 떠나서 한국어에 '개인을 권리의 주체로서 자리잡게 하는 법체계의 형성과 발전에 불리하게 작용할 구조'가 내재해 있는 점을 가리킨다.

---

73 따라서 한국지식인과 권력자가 누리는 권위는 '빌려온 권위'라 할 수 있다.

74 예를 들면 1992년 법무부 형법개정안에서 많이 극복되었지만 여전히 권위주의적 번역의 많은 부분이 그대로 남아있었으며, 1995년의 개정형법에서도 또 다시 그러한 권위주의적 번역방식을 따른 경우(예: 형법 제227조의2[公電磁記錄僞作變作], 제232조의2[私電磁記錄僞作變作])를 찾아볼 수 있다. 이에 관해 자세한 점은 배종대, "형법개정안의 제문제(범죄론분야)", *월간고시* (통권 223호, 1992), 14~25쪽 참조.

75 근대적 자아의 역사적 발흥을 동학혁명에서 찾기도 하는데, 동학혁명에 대한 그와 같은 의미부여가 타당하다면, 동학혁명의 실패는 바로 그러한 한국어의 의미론이 식민지화되는 것이 막아지지 않았음을 말해준다.

76 여기서 말하는 일상언어는 단지 자연언어뿐만 아니라 그로부터 발전한 법언어가 다시 사람들에 의해 친숙하게 사용됨으로써 일상세계로 귀환한 전문언어까지 포괄하는 개념이다.

1) 주체성의 약함 그런 의미의 한국어의 비합리성은 무엇보다도 일본어 등과 함께 우랄-알타이어족으로 분류되는 한국어가 교착어(agglutinative language)로서 갖는 구문론적 특징에 관계한다. 이 특징의 핵심을 이해하기 위해 먼저 영어, 독일어, 한국어의 문장구조를 아래와 같이 비교해볼 필요가 있다.

영어: I / see / a / girl / singing / in the garden.
① ② ③ ④ ⑤ ⑥
독일어: Ich / sehe / ein / in dem Garten / singendes / Mädchen.
① ② ③ ⑥ ⑤ ④
한국어: **나는** / 정원에서 / 노래하고 있는 / 한 / 소녀를 / **본다.**
① ⑥ ⑤ ③ ④ ②

㈎ 말행위의 실행적 부분이 약한 구조 위 문장의 예에서 보듯이 한국어는 영어나 독일어와 달리 술어가 문장의 맨 뒤에 온다. 이것을 화용론에서는 '말함의 실행적 부분'(illocutionary act)이 매우 소극적이라고 읽어낸다. 즉, 한국어로 말하는 사람은 말의 내용에 따른 사회적 관계를 자신의 '개인적인 결정'에 의해 먼저 능동적으로 설정하지 않는다. 그보다는 말함에 따라 일어나는 상황의 변화를 고려하면서 매우 조심스럽게 자아를 표현한다.[77] 다시 말해 한국말은 자아의 주장을 능동적으로 펼치는 것을 꺼리게 만드는 구문론적 본질구조를 갖고 있다. 이 점은 한국말을 유럽언어와 같은 구문으로 사용할 경우, 예컨대 '나는 본다, ~~라는 소녀를'이라고 말할 경우에 '강조된' 의미가 부가된다는 점에서도 다시 확인할 수 있다. 이른바 유럽언어에서 통상적인 구문이 한국말에서는 도치법倒置法에 해당하며, 한국말의 통상적인 구문은 '나'라

77 이 점은 한국어가 언어학적으로 일본어와 함께 화제성언어(Topic-Prominent Languages)로 분류되고, 유럽언어는 주어성언어(Subject-Prominent Languages)로 분류되는 데(신계성, "언어의 유형과 화제도", *언어논총* [제11집, 1993], 5쪽 아래)에서도 잘 나타난다.

는 주체의 세계에 대한 관계설정이 상대적으로 약화된 구조라 말할 수 있다.[78]

(나) 사회적 관계설정이 미약한 격조사 또한 한국어에서는 유럽언어의 격변화가 수행하는 기능이 실사實辭에 허사虛辭가 붙는 방법으로 달성되고 있다는 점이 특이할 만하다. 위 문장에서 '나'라는 존재가 문장 내의 다른 대상들(예: 소녀)과 맺는 관련성을 창출하는 것은 '나'라는 대명사의 격변화가 아니라 '는'이라는 격조사이다.[79] 그러나 한국어에서 격조사는 주체와 객체의 관계를 확고하게 설정하는 기능을 하지 않는다.[80] 그 예로서 동일한 메시지를 표현하는 다음과 같은 구문 변형을 들 수 있다.

ⓐ 나는 이 사과를 먹을 수 있다 ⟷ ⓑ 이 사과는 먹을 수 있다
↕ ↕
ⓒ 나 이 사과 먹을 수 있다 ⟷ ⓓ 이 사과 먹을 수 있다

ㄱ) 격조사에 의해 막지 못하는 주체의 사라짐 위 문장(의 ⓑ, ⓓ)처럼 한국말에서는 아직도 주어를 생략하는 전통이 강하게 유지되고 있다.[81] 문장에서 주어가 사라진다는 것은 "주어가 상황 밖에서 상황을 지배하고 주도하지 않고 오히려 상황 안에서 상황의 일부로 존재하

78 이에 관해서는 특히 김은일·정영창, "주어생략과 모호성 조건", *언어과학연구* (제37권, 2006) 참조.

79 채완, "조사 '~는'의 의미", *국어학* (제4권, 1976), 93쪽 아래.

80 조사의 격설정기능은 조사 자체에 내재된 것이 아니라 체언과 용언(NP-VP)의 의미기능에 좌우되는 것, 바꿔 말해 조사는 발화상황지식적 기능만을 가질 뿐이라고 하는 국어학자의 분석(민현식, "국어 조사에 대한 화용론적 연구", *관옥어문연구* [제7집, 1982], 87~102쪽, 특히 89, 91, 95쪽 참조).

81 유럽언어에서도 주어가 생략되는 문장이 있을 수 있는데도 불구하고 이 점을 유럽언어에 대한 한국어의 특성으로 파악할 수 있는 것은 예를 들어 촘스키(Chomsky)의 이른바 허가원리(Licensing Principle), 즉 '서술어가 있으면 주어가 있어야 한다'는 원리(N. Chomsky, *Knowledge of Language: Its nature, Origins and Use* [1985] 참조)를 통해 반추해볼 수 있다.

는"[82] 특성으로 이해할 수 있다. 이에 따라 격조사 '는'은 목적어인 사과로 자리를 옮긴다. 이처럼 격조사는 주체의 사라짐을 방지하지도 못한다.

ㄴ) 주격조사와 목적격조사의 호환성 '는'이라는 (주)격조사는 '나'라는 주어를 목적어와의 관계에서 (문장 ⓐ에서 보듯) 〈주체－객체〉의 관계로 설정하는 기능뿐만 아니라 (문장 ⓑ에서 보듯) 목적어를 설정하는 기능도 수행한다.[83] 바꿔 말해 주체의 자리를 차지하는 것은 주어만이 아니고, 그 주어의 행위를 기술하는 타동사의 목적어도 유럽언어에서처럼 그 타동사를 수동형으로 전환하지 않은 채[84] 주체의 자리를 차지할 수 있다.

ㄷ) 법전 속의 격조사의 허사虛辭 또한 (문장 ⓒ, ⓓ처럼) 격조사 없이도 주어와 목적어는 주체와 객체의 관계에 놓이기도 한다.[85] 우리 법전에서도 이 같은 특성은 빈번하게 나타난다. 예를 들어 "타인의 점

---

82 신광현, "문학비평의 주어", *현대비평과 이론* (10권 2호, 2000), 163~192쪽 참조.

83 '는'은 주격조사가 아니라 화제나 대조의 의미를 나타내는 보조사라는 지적(2001.9.21. 한국법제연구원·한국법철학회·고려대법학연구원이 공동주최한 국제심포지엄 <법과 언어>에서 국립국어연구원의 김문오 연구원이 발표자인 내게 한 지적임)은 국어학자들의 이론세계인 '문법'에서 타당할 수 있는 견해일 뿐이다. 그러나 말의 문법이란 언제나 하나의 이론이며, 이 이론은 문화의 양식에 대한 특정한 이해를 전제로 한다. 내가 보기에 이 지적에서 전제된 이해는 바로 유럽언어와 차별적인 한국어의 특유한 구조를—암암리에 비합리성의 범주를 오로지 배척해야 한다는 가치평가를 전제한 채—무마시켜 버리고, 한국어를 이를테면 <주어－목적어－술어>의 정연한 논리적 체계에 편입시키는 정향성을 보여준다고 할 수 있다.

84 그러므로 내가 기억하기로 1990년대 초 한국형법의 개정안을 준비하는 과정에서 모 형법교수가 법전상에 사물이 주어인 문장의 술어를 모두 수동형으로 고쳐야 한다고 주장한 것은 한편으로는 근대적 자아를 문법화하고 있는 유럽언어의 합리성을 지향한 것이라고 평가할 수 있는 반면, 다른 한편으로 한국어의 구문론적 본질을 통찰하지 못하거나 통찰하였다면 이성적인 법의 형성에 오로지 부정적인 것으로만 바라본 결과라고 할 수 있다. 그러나 나는 아래에서 보듯이 그런 구문론적 본질구조는 법의 근대성기획에는 부정적인 것이지만—특히 현대법의 맥락에서는—긍정적인 계기가 내재해 있음을 바라본다.

85 이런 점에서 나는 한국어에서 격조사는 말하는 주체와 객체 사이의 관계를 설정하는 것이 아니라 설정된 관계를 단지 반영하고 확인하는 기능만 하는 것이라는 결론을 조심스럽게 내려 보기도 한다.

유 또는 권리의 목적이 된 자기의 물건 또는 전자기록 등 특수매체기록을 취거, 은닉 또는 손괴하여 타인의 권리행사를 방해한 자"(형법 제323조)에서 '자기의 물건'에는 목적격조사 '을'이 붙어 있지 않지만 문맥상 취거, 은닉 또는 손괴 등의 행위의 목적어임을 한국인들은 아무 문제없이 인식한다.

2) 구문론적 불확실성 이러한 구문론적 특성은 문장 내에서 주체와 객체의 관계를 명확하게 하는 구조가 한국어에는 유럽언어처럼 발달해있지 않음을 말한다. 이러한 구문론적 본질구조 속에서 살아가는 한국사람이 '한국말로 소통할 때'에는 '권리를 형성하는 작용'이 유럽언어에 비해 상대적으로 약할 수밖에 없다.[86]

(가) 허사의 불확실성 이러한 한국말의 특성은 구문의 불확실성을 낳는 원인이 되기도 한다. 예를 들어 '이 사과는 먹을 수 있다'(문장 ⓑ)는, '내가 이 사과를 먹고 싶다'는 것인지 아니면 '이 사과는 (안심하고) 먹어도 좋다'는 것인지 불확실하다. 이런 불확실성은 물론 유럽언어에도 있을 수 있으나, 한국말에서는 주어의 사라짐이나 격조사가 주어와 기타 문장요소들 간의 관계를 확고하게 설정하지 못하는 구문론적 특성에 의해 더 한층 심해진다.

(나) 술어와 접속사의 착종 또한 한국어의 불명확성을 낳는 원인은 주어나 격조사의 차원뿐만 아니라 접속사 등과 같은 다른 구문론적 요소에도 내재되어 있다. 예를 들면 한국어에서는 문장과 문장이 접속사를 통해서만 연결되지 않고, 문장의 맨 끝에 위치하는 술어의 어형변화를 통해서도 가능하다.

나는 가고 싶지만 갈 수 없다(ⓔ)

86 그렇기에 한국어에서 주어생략은 주체성이 두드러진 유럽언어의 경우처럼 탈주체화나 탈이성화라는 맥락에서 — 예를 들어 데리다(Derrida)가 글쓰는 자가 그의 생각과 의향 및 기호를 표현하거나 생산할 때 스스로 사라질 수 있어야 함을 말하는(J. Derrida, "Singatur Ereignis Kontext", *Randgänge der Philosophie* [Passagen, 1988], 299쪽) 맥락에서 — 이해될 수는 없다.

(I want to go, but I can't go)

변형 : '나는 가고 싶으나', '나는 가고 싶더라도', '나는 가고프지만', '나는 가려하나', '나는 가고자 하지만', '나는 가려하건만' 등(ⓕ)

위 문장 ⓔ에서처럼 '싶다'는 술어와 '그렇지만' 이라는 접속사는 착종되어 있다. 이런 착종은 특히 한국어에서 접속사의 기능이 '논리적'이기보다는, '정서적'인 것임을 보여준다. 유럽언어에 비해 한국어는 서술어의 어미변화가 훨씬 더 복잡하게 발달해 있으며(문장 ⓕ 참조), 이는 다양한 정서적 상태를 섬세하게 표현할 수 있게 한다. 그러나 문장의 명확성은 이런 정서적 함의의 풍요에 비례하여 떨어질 수밖에 없다.

3) 한국어에 내재된 권리체계 구축의 어려움 이외에도 한국어의 구문론적 불확실성을 낳는 구조적 특징은 더 많이 있다. 그러나 지금까지의 논의만으로도 이미 한국말의 구문이 유럽언어만큼 법칙적으로만 이해되기에는 어려운 특성을 갖고 있음은 짐작할 수 있다. 이로써 영문법에다 한국어를 끼어 맞추는 데 한계가 있게 된다.[87] 이런 점들로 인해 한국인의 사유방식이 언어적으로 권리의 체계성을 이루는 데에 있어 유럽인들의 경우보다 덜 적합하다고 볼 여지가 있다. 그러므로 현대사회에서 법이 구축하는 권리체계의 불완전성은 서구사회의 경우에는 사회역사의 변화와 법의 기능변화에 의해 권리의 '체계성'이 해소되어 가는 현상인 반면, 한국사회의 경우에는 한국어에 내재해 있는 인식틀이나 그로부터 조건 지워지는 사유방식의 한계에서 비롯되는 현상이라고 볼 수 있다. 게다가 한국인들은 '권리의 체계성'이나 '법의 정합성'에 대한 인식관심 자체가 상대적으로 약하다고 볼 여지도 많다.[88]

4) 정서주의 한국어의 또 다른 비합리주의적 요소로 정서주의를

87 한국어문법의 상당한 부분은 영문법에 억지로 끼어 맞춘 것들이라고 할 수 있고, 한국어에 맞지 않는 영어의 문법이론을 극복하는 것은 한국어 학자들과 학회의 과제로 남아 있다.

88 드워킨의 통합성(integrity) 이론에 의거하여 법의 정합성에 대한 우리 대법원의 관심이 법해석론에서 점차 증대하고 있다고 진단으로 김도균, "우리 대법원 법해석론의 전환: 로널드 드워킨의 눈으로 읽기", *법철학연구* (제13권 제1호, 2010), 95~138쪽.

들 수 있다. 즉, 어떤 언어기호가 어떤 의미를 갖는지가 '규칙'(rule)에 의해 파악되는 정도는 한국어가 유럽언어에 비해 상대적으로 약한 반면, 기호가 갖는 의미에 대한 '정서적 교감'에 영향 받는 정도는 상대적으로 강하다. 한국의 법전에는 정서적 상태와 관련된 언어기호가 많이 사용되고 있을 뿐만 아니라 모든 종류의 언어기호들이 상당히 정서적인 방식으로 사용되고 있다.

(가) 조동사의 불명확한 의미론적 기능 이에 대한 예로서 이른바 조동사助動詞의 의미론적 기능을 생각해보자.

> 어떤 아이가 아이스크림 가게 앞을 지나가다, 다른 아이가 아이스크림을 먹는 것을 보고는, 충치 때문에 웬만하면 아이스크림을 사주지 않으려는 엄마에게 다음과 같이 말한다. '엄마, 나 저 아이스크림 먹을 수 있어.' (ⓖ)

'~할 수 있다'는 조동사는 유럽언어의 문법에서 보면 원칙적으로는 '가능'의 의미를 나타내고, 예외적으로 '희망'이나 '의지'를 표현한다는 식으로 그 문법적 기능이 설명된다. 그러나 한국어에서는 그런 조동사가 가능의 의미를 주된 의미로 그리고 희망이나 의지 등을 부수적 의미로 갖는다고 말하는 것이 애당초 불가능하다. 그보다는 그런 말(ⓖ)을 함으로써 아이는 아이스크림을 사주는 것을 억제해온 엄마의 마음을 누그러뜨리고, 아이스크림을 사먹는 것에 대해 엄마와 (어떤 논리적 논증이 아닌) 정서적 교감을 이끌어내는 것이라 볼 수 있다. 그런 정서적 교감의 상호작용을 유럽언어의 문법으로 분류하는 방식을 통해서는 한국어가 가질 수 있는 의미를 모두 길어 올리지 못한다.

(나) 법전 조동사의 문법적 의미의 유럽언어화 그런데도 우리나라 법원은 우리 법전에서도 조동사가 '할 수 있다'라는 규정은 법관의 재량사항으로 보고, '하여야 한다'는 의무사항으로 본다. 이런 법원의 '문법'적 해석은 한국어의 조동사가 유럽언어의 조동사만큼의 명확성이 있다

고 전제하는 것이다. 즉 한국어의 '할 수 있다'와 '하여야 한다'는 독일어의 können과 sollen(또는 müssen)과 같은 기능을 한다고 보는 것이다. 그런데 한국어의 조동사 '~하여야 한다'에는 sollen(ought to)과 müssen(must)의 구별이 차별화되어 있지 않다.[89] 독일어에서 sollen과 müssen이 모두 의무규정을 지시하긴 하지만 sollen은 기속재량적인 규정이고, müssen은 일체의 재량을 불허하는 의무규정이다. 여기서 한국어의 '~한다'를 müssen(must)로 대응시켜 볼 수 있다.

> ★ 재량불허 의무규정으로서 ~한다　① 예컨대 "사람을 살해한 자는 사형, 무기 또는 5년 이상의 징역에 처한다"(형법 제250조 제1항)에서 법관은 — 처단형과 선고형을 정할 때의 법관 재량의 가능성이 있지만 — 법정형으로는 5년 이상의 징역보다 낮은 징역을 법정형으로 정할 재량이 전혀 없다. ② 또한 "피고인의 자백이 그 피고인에게 불이익한 유일의 증거인 때에는 이를 유죄의 증거로 하지 못한다"(형사소송법 제310조)에서 법관은 보강증거 없이 자백만으로는 유죄판결을 할 어떤 재량도 인정되지 않는다.

그러면 한국어 법률텍스트에서 조동사(~한다, ~하여야 한다, ~할 수 있다)들은 다음과 같이 독일어와 같은 유럽언어처럼 가능규정과 의무규정(기속재량규정과 재량불허 의무규정)을 지시하는 문언으로 해석할 수 있다.

		독일어 (영어)	한국어
의무규정	재량불허규정	müssen (must)	~ 한다
	기속재량규정	sollen (ought to)	~ 하여야 한다
가능규정	자유재량규정	können (can)	~ 할 수 있다

89 그래서 영어나 독일어 등을 번역할 때 많은 학생들이 문장의 조동사 의미를 오역하는 실수를 매우 빈번하게 범한다.

(다) **한국어 조동사가 의무와 재량을 가르는 기능의 한계** 그러나 우리말의 조동사들은 독일어와 같은 정도의 명확성을 갖고 있다고 보기 어렵다. 그 이유를 다음 세 가지로 나누어 설명할 수 있다.

ㄱ) **'할 수 있다'의 의무규정 성격** 그러나 앞서 말한대로 한국어는 정서적 교감에 의해 의미를 이해하는 폭이 유럽언어보다 넓다고 할 수 있다. "~할 수 있다"는 법문언의 맥락에 따라서는 의무규정을 지시한다고 해석할 수 있게 한다.

예를 들어 보자. 헌법재판소는 (1995. 12. 29. 개정 전의) 형사소송법 제221조의2 제5항[90]이 피의자의 반대신문권을 제한하여 적법절차원칙에 위배되고 공정한 재판을 받을 권리를 침해한다는 이유로 위헌결정(憲裁決 94헌바1)을 하였고, 동시에 제5항과 불가분의 일체를 이루는 제2항도 함께 위헌결정을 한 바 있다. 이에 따라 의회는 제2항을 삭제하고, 제5항을 "참여할 수 있도록 하여야 한다"[91]는 문언으로 개정하였다. 이는 헌법재판소가 당시 제5항의 "참여하게 할 수 있다"는 문언을 법관의 자유재량규정으로 보았기 때문이다.

그러나 우리말에서 '~할 수 있다'는—앞의 아이스크림에 대한 아이와 엄마의 일상대화에서 보듯—'하여야 한다'와 같은 의미거나 때로는 그 이상의 강한 의무를 표현하는 것일 수도 있다. 적법절차는 피의자의 반대신문권이라는 이익과 검사의 수사기능 및 법원의 심판기능를 위한 증거보전의 공익(국가형벌권 실현의 이익) 사이에 실제적인 조화를 도모하는 것이어야 한다. 그리고 이 조화는 수사에 장애를 초래하지 않는

90 제221조의2 (증인신문의 청구) ② 전조의 규정에 의하여 검사 또는 사법경찰관에게 임의의 진술을 한 자가 *공판기일에 전의 진술과 다른 진술을 할 염려*가 있고 그의 진술이 범죄의 증명에 없어서는 아니될 것으로 인정될 경우에는 검사는 제1회 공판기일 전에 한하여 판사에게 그에 대한 증인신문을 청구할 수 있다. ⑤ 판사는 수사에 지장이 없다고 인정할 때에는 피고인, 피의자 또는 변호인을 제1항 또는 제2항의 청구에 의한 증인신문에 *참여하게 할 수 있다.*

91 현행 형사소송법 제221조의2 ⑤ 판사는 제1항의 청구에 따라 증인신문기일을 정한 때에는 피고인·피의자 또는 변호인에게 이를 통지하여 증인신문에 *참여할 수 있도록 하여야 한다.*

한 피의자 등에게 증인신문에 참여시킬 의무를 법관에게 부여하는 방식으로 이루어질 수 있다. 이런 해석이 오히려 헌법상 적법절차(제12조 제1항)라는 규범적 맥락에 들어가고, 우리말의 특수성을 고려한 해석이다. 이 해석은 헌법합치적 법률해석으로서 적절성(Angemessenheit)을 갖는다.

이렇게 '~할 수 있다'는 문언을 이해할 때, 예컨대 형법 제53조(작량감경)은 정상참작사유가 있으면 "그 형을 감경할 수 있다"고 규정하고 있지만, 이는 können(can)보다는 sollen(ought to)의 의미에 가깝다. 책임주의를 고려할 때 정상참작사유란 양형책임이 감소된 경우를 가리키고, 그 경우 형은 감경되어야 하기 때문이다. 따라서 제53조는 "범죄의 정상에 참작할 만한 사유가 있는 때에는 작량하여 그 형을 감경할 수 있다"라고 쓰여 있지만 "범죄의 정상에 참작할 만한 사유가 있는 때에는 작량하여 그 형을 감경하여야 한다"로 읽어야 한다.

ㄴ) '하여야 한다'의 가능규정 성격 이와는 정반대로 우리말에서 정서주의는 '하여야 한다'는 문언도 재량규정의 의미로 이해할 수 있게 한다. 예를 들면 형사소송법 제195조("검사는 범죄의 혐의 있다고 사료하는 때에는 범인, 범죄사실과 증거를 수사하여야 한다")에서 '하여야 한다'는 조동사는 법논리적으로는 '직권주의'(Untersuchungsmaxime: 국가에 의한 수사와 소추가 책무라는 원칙)를 표현한다. 그러나 한국사람은 '하여야 한다'고 말할 때 반드시 의무의 메시지를 던지고 준수여부에 대한 의사결정의 메시지를 되받는 식의 의사소통이 아니라 '하고 안함'에 관해 그 말을 듣는 사람과의 '정서적 교감'을 지향하고, 그 속에서 하거나 하지 않을 가능성(재량성)을 예정하는 경향이 매우 강하다. 이 점은 실정법이 한 주체에게 의무를 부과하여도 그에 대응되는 권리를 누림이 마땅하다는 의식을 의무이행주체의 상대방(예: 수사에서 피해자)에게 불러일으키지 않을 개연성도 함께 시사하고 있다.

그러므로 수사기관이 혐의를 인지하고도 수사를 개시하지 않는 건

상황에 따라서는 '실정법에 형식적으로는 반하지만 실질적으로는 반하지 않을 수 있다'. 물론 원칙적으로 수사를 개시할 의무가 있으나 우리말의 특수성은 예외적으로 '하여야 한다'는 문언에도 불구하고 수사기관이 수사를 하지 않을 재량영역을 남겨둔다고 볼 수 있다. 그런 재량성은 평등원칙이나 공정성의 원칙 등을 고려할 때, 실질적 정의를 실현하는 경우 — 예컨대 사소한 법익침해 등을 이유로 수사가 법익보호보다 훨씬 더 큰 법익침해를 피의자에게 가져다주는 경우 — 수사기관에게 범죄를 인지하지 않을 재량적인 권리, 즉 '범죄인지권'를 인정하는 것이다. 이처럼 수사기관에게 의무만이 아니라 권리를 인정하는 해석을 하여도 우리말의 "범죄의 혐의 있다고 사료하는 때에는 … 수사하여야 한다"는 문언에 반하지 않는다.[92]

ㄷ) '~한다'의 기속재량성 '~한다'라는 문언도 우리말에서 반드시 재량불허 의무규정을 뜻하지는 않을 수 있다. 이를테면 "타인을 교사하여 죄를 범하게 한 자는 죄를 실행한 자와 동일한 형으로 처벌한다"(형법 제31조[교사범])에서 법관은 형법상 책임원칙(또는 비례성원칙)을 고려할 때 공모나 범죄이익의 공동향유가 없는 교사범을 정범의 형과 동일한 형으로 처벌하여서는 안 되고, 오히려 감경하여야 한다('기속재량규정')고 해석함이 타당하다. 또한 공모를 하고 범죄이익도 나누어 갖기로 모의하였지만 실행을 분담하지 않은 교사범의 경우에 대해서는 그 정범과 동일한 형으로 처벌'할 수 있다'(기속재량규정)고 해석함이 타당하다. 여기서 보듯이 기속재량규정이 '~하여야 한다'로 표현되기도 하고, '~할 수 있다'로 표현될 수도 있으며, '~한다'도 재량불허규정이 아니라 기속재량규정으로 이해될 수도 있다.

(3) **맥락주의** 이제까지 살핀 한국어의 기호론적 특성이 '한국어가

92 이런 해석은 우리나라 형사소송법이 기본적으로 직권주의의 구조를 띠고 있으면서도 독일과 달리 기소법정주의(Legalitätsprinzip)이 아니라 기소편의주의(Opportunitätsprinzip)를 채택하는 것과도 정합적인 해석이다. 여기서도 우리말의 "하여야 한다"는 법문언이 독일법전의 경우와 엄격히 같게 이해될 수 없음을 알 수 있다.

유럽언어에 비해 열등한 언어'라는 결론을 가져오는 것은 결코 아니다. 우리말의 이른바 '비합리적'인 특성들은 '문법의 체계'로서 서구사회의 근대법 기획에서 바라보는 경우에만 부정적으로 비춰지는 것이다. 유럽언어의 보편적인 문법구조에서 '결함'으로 보일 수 있는 한국어의 기호론적 특성이 한국어가 의사소통의 매체로서 열등하다는 결론에 이르게 하지는 못한다. 서구적인 의미의 결함에도 불구하고 한국인들은 일상적으로 의사소통에 아무런 불편함을 느끼지 못한다는 바로 그 평범한 사실 때문이다.

1) 한국인의 언어능력과 소통능력 여기서 유럽언어의 문법구조에서 보면 결함으로 비춰질 수 있는 비합리적인 기호구조에도 불구하고 한국말에 의한 의사소통이 일상적으로 성공할 수 있는 것은 무엇 때문인가 하는 물음을 제기할 수 있다. 아마도 그런 결함을 메워주는 다른 요소가 한국어(문화)에 존재할 것이라는 추정을 할 수 있다. 속단할 수 없지만 한국어의 기호구조 자체에는 아마 그런 요소가 존재하지 않을 것이다. 설령 존재한다 하더라도 그것을 분석해내는 일은 언어학자가 아닌 법학자로서는 불가능한 일이다. 법률가가 여기서 더 주목할 만한 요소는, 한국어의 기호나 기호관계 자체의 구조보다는 한국인들의 남다른 언어능력과 소통능력이다. 즉 주어가 생략되거나, 격조사나 접속사 또는 조동사 등의 논리적 관계설정기능이 없는 한국어의 특성에도 불구하고 의사소통이 가능한 것은 언어기호가 사용되는 구체적 상황에 대한 섬세한 인지를 바탕으로 그 기호의 의미를 공유할 줄 아는 한국인의 의사소통능력 때문이기 쉽다. 그런 능력이 없이는 한국어에 의한 의사소통은 실패하기가 매우 쉽다. 이러한 한국어의 특성을 '맥락주의'(Kontextualismus)라고 부를 수 있다.

2) 화용론 중심의 한국어 한국어는 — 20세기 후반 유럽언어의 변화된 자기이해방식처럼 — 단지 '화용론이 (의미론이나 구문론에 대해) 우세'한 언어가 아니라, 시작부터 '화용론 중심'의 언어였을지도 모른다. 그

런데 이러한 한국어의 특성은 현대법의 기능변화에 대처하는 데에는 유럽언어에 비하여 오히려 유리한 조건으로 작용할 수 있다. 일반조항이나 위임입법 또는 법관에 의한 법형성이 늘어나는 상황에서 맥락주의 전통은 올바른 법형성의 기초가 되어 줄 수 있다.

물론 한국어의 맥락주의 전통이 이성법의 기획에 유리하게만 작용하는 것은 분명 아니다. 맥락주의 전통으로 인해 법제정에서 일반조항이 방만하게 사용되고, 또한 그것에 대한 비판적 의식이 마비되기도 쉬울 수 있다. 아울러 법률을 적용하면서도 그 단어를 사용하는 규칙의 투명한 형성을 게을리 할 가능성도 농후하다.[93] 그러나 이러한 맥락주의의 부정적 기능은 아마도 맥락주의의 이면, 즉 한국어의 비합리주의가 작용한 결과일 것이다.

(4) **이성법 실현에서 한국어의 역량에 관한 결론** 언어학적으로 더 많은 연구와 근거지음을 필요로 하는 과제로 남아 있는 것이지만 실천적인 관점에서 바라본다면, 결론적으로 한국어는 한편으로는 서구사회의 근대법이나 이성법을 실현하는 데 장애가 되는 기호론적 특질로서 (의미론에서) '식민주의', (구문론에서) '비합리주의'의 요소를 갖고 있으면서, 동시에 현대법의 화용론적 재해석이 요구하는 법실천의 새로운 조건으로서 (화용론에서) '맥락주의'와 시민의 강화된 언어능력과 소통능력을 보여주고 있다고 말할 수 있다.

Ⅳ. 바른 한국말과 올바른 법

그렇다면 바르게 한국말을 함으로써 바른 법을 실현하려는 기획은 한국어의 부정적 요소(의미론의 식민주의, 구문론의 비합리주의)를 최소화

93 판결이유에 법률해석의 근거를 아예 생략하는 법원실무가 만연해 있는 사실(이에 관해서는 이상돈, *법이론* [세창출판사, 2005], 251쪽 이하 참조)은 한편으로는 비합리주의의 표현이지만 다른 한편으로는 맥락주의에 기초한 안일함이라고도 볼 수 있다.

하거나 긍정적 요소로 변증시키고, 긍정적 요소(화용론의 맥락주의)는 극대화하는 언어비판을 필요로 하게 된다.

1. 대화적으로 한국말을 함

올바른 현대법을 실현하기 위한 조건, 바꿔 말해 현대법의 새로운 정당성기초로서 앞에서 내가 제시한 두 가지 요청, 그러니까 ① 대화적으로 말하고, ② 맥락에 민감하게 말하는 것이 한국어에서 어떻게 충족될 수 있을 것인지를 살펴보기로 한다.

(1) **상호주관성** 가장 중요한 점은 다양한 법 주체들이 대화적으로 한국말을 하는 것이다. 대화적으로 말한다는 것은 말하는 사람과 말을 듣는 사람 모두가 말에 의한 소통에서 동등한 주체로 설정되어야 한다.

1) 주체성 이것은 먼저, 말하는 사람의 주체성을 전제한다. 한국어에서 근대적 자아가 문법적 주어로 발현되지 못한 현실은 극복되어야 한다. 지난 1세기 동안 진행되어 온 한국어의 문법화과정이 보여주듯 한국어에서 문법적 주어의 등장은 이제 점차 통상적인 것으로 변화해가는 추세이다. 이런 변화의 흐름은 물론 법관이 법률단어를 사용함에 있어서도 마찬가지이다. 법을 말하는 법관은 자신이 말하는 법(해석된 법률)이 객관적 진리인양 서술하는 태도를 지양하고, 그것이 단지 자신의 주관적 견해일 따름임을 표현하며, 그 견해의 근거를 제시하는 태도를 취해야 한다.[94] 법학계도 법을 해석하는 이론의 주체가 누구인지, 나인지 일본학자인지, 아니면 독일학자나 미국학자인지를 밝혀야 한다. 물론 현대문화의 혼종성(hybrid)[95]과 상호텍스트성[96]으로 인해, 내

---

94 예를 들어 대법원도 자신들의 법적 판단을 '당원(當院)'의 태도라고 하여 주관화하는 판결문화를 일구어 가고는 있다. 그러나 자신의 입장을 근거지을 때에는 여전히 판결구문 속에 주어를 생략하고 외국의 판례나 국내외의 학설을 수용하면서 그 본래의 주체나 법원 자신이 판결에서 말하고 있는 법해석의 주어임을 밝혀 놓지 않는 경향이 높다.

95 김상구, "모더니즘, 포스트모더니즘 문학 속의 패러디의 중요성", L. Hutcheon(김상구·윤여복 편역), *패러디 이론(A Theory of Parody)* (문예출판사, 1995), 206쪽.

독창적 생각과 타자에게서 영향을 받아 형성된 생각을 정교하게 갈라내고 서로 분리시키는 것은 불가능하다. 그럼에도 불구하고 말하는 주체는 자신의 법해석을 주관적 견해로서 말하려는 '노력'이 요구된다. 그처럼 법해석의 주어를 표현하는 문화가 성장할수록 우리들의 삶으로부터 소외된 법지식이 은밀하게 법형성에 스며드는 — 일종의 식민주의화의 — 위험은 감소할 수 있을 것이다.

2) 이중주어와 상호성(상호주관성) 다음으로 '대화적으로 말한다'는 것은, 한 주체가 객체를 지배하는 태도가 아니라 주체와 주체가 서로를 승인하고 상호이해를 지향하는 태도로 말하는 것이다. 보편적 화용론은 유럽언어에 그와 같은 상호성(상호주관성)의 구조가 내재해있음을 밝혀주었다. 그러나 나는 그런 상호주관성의 실현은 한국말이 유럽언어보다 더 유리한 조건을 갖고 있다고 본다. 그 중요한 단서로서 이중주어(double subject) 또는 겹주어의 현상을 들 수 있다.[97]

한국어	ⓗ 너는 나를 사랑할 수 있다. (○)	↔	ⓘ 나는 네가 사랑할 수 있다. (○)
영어	You can love me.(○)		I you can love.(×)
독일어	Du kannst Mich lieben.(○)		Ich Du kannst lieben.(×)

한국어에서는 위 문장 ⓗ와 ⓘ는 서로 호환가능하다. 이에 반해 유럽언어에서는 문법적으로, 특히 구문론적으로 불가능하다. 유럽언어의 문법구조에서 보면 '나'는 목적어이다. 주어로는 수동형으로 그러니까

96 "내 말의 반쪽은 (이미) 타인의 입 속에 존재한다"는 문제의식에서 상호텍스트성을 개념화한 바흐친(Bakhtin)의 연구를 국내법학에 응용한 이상돈·이소영, *법문학* (신영사, 2005), 106쪽 아래; 신동룡, *저작권법제도의 정당성에 대한 비판적 고찰: 미하일 바흐친의 대화주의를 중심으로* (연세대학교 대학원 박사학위논문, 2005); "대화주의와 저작권법", *법철학연구* (제8권 제2호, 2005), 243~274쪽; "대화윤리와 저작권법", *법철학연구* (제9권 제1호, 2006), 215~242쪽 참조.

97 이에 관한 언어학적 연구로 서정수, "국어의 이중주어 문제", *국어국문학* (제62권, 1971); 정인상, "현대국어주어에 관한 연구", *국어연구* (제44권, 1980) 등을 참조.

'너' 앞에 전치사가 옴으로써만 가능하다. 그러나 한국말에서는 ⓘ 문장에서처럼 한 문장에—복문의 형태가 아니고도—주어가 복수로 등장할 수 있다. 유럽언어의 구조처럼 "너는 주어, 나는 목적어", "너는 사랑의 주체, 나는 객체"가 아니라, 나와 너 모두 주어(주체)인 것이다. 이런 구문구조는 에스키모어나 멕시코 원주민어와 같은 '능격能格언어'(ergative language, Ergativ)[98]보다도 오히려 상호주관성의 원형을 보여준다. 그러니까 한국사람이 한국말을 할 때에는, 말하는 사람과 듣는 사람이 주체와 객체로 관계를 맺기보다 주체와 주체의 상호적 관계로 맺는 대화적 태도, 혹은 사유가 진행되고 있는 것이다.[99] 이러한 한국어의 상호적 성격은, 외부의 문법적 폭력에 의해 지워질 수 없는 문화적 양식임은 물론이다.[100]

(2) **민주주의** 이처럼 이미 구문론의 차원에 축적되어 있는 대화적인 삶의 양식에도 불구하고 한국의 법이 민주적이기보다는 권력적인 특성을 지녀 온 것은, 한국어가 권위주의적 정치문화의 오랜 역사 속에서 사용되어 왔고, 그 결과 한국어의 의미론이 식민화되었었기 때문이라고 보아야 할 것이다. 그러므로 올바른 법을 실현하기 위해서는 보통

---

98 타동사의 목적어의 격과 자동사의 주어의 격이 일치하는 언어를 지칭한다. 이에 관한 연구로 F. Plank 편, *Ergativity. Towards a theory of grammatical relations* (Academic Press, 1979); H. J. Sasse, "Subjekt und Ergativ: zur pragmatischen Grundlage primärer grammatischer Relationen", *Folia linguistica* (Vol. 12, Walter de Gruyter GmbH & Co. KG., 1978), 219~252쪽 등을 참조.

99 이와 비슷하게 신광현 교수도 한국말의 이중주어가 '주체와 대상을 둘로 나누는 이분법'을 지양하는 것이며, '대립보다는 만남을 지향하는 경향'을 보여준다고 본다. 이에 대해서는 신광현, "문학비평의 주어", *현대비평과 이론* (제10권 제1호, 2000), 163~192쪽 참조.

100 이중주어를 <주어(~은/는)와 주제표지(~이/가)>로 분해하거나(임홍빈, *뉘앙스풀이를 겸한 우리말사전* [아카데미하우스, 1993], 3쪽 참조), <주어와 보어>로 분해하거나 또는 <대주어와 소주어>로 차등화시키는 국어문법이론들은 결국 <단수문장에서 주어는 하나>라는 유럽언어에 구조화된 '외로운 근대적 자아'를 한국어에 내재화하는 작업으로 보아야 할 것이다. 이처럼 이중주어의 의미를 두드러지게 하기보다는 마치 유럽언어의 문법적 변형인 것처럼 설명하는 방식은 한국어가 가질 수 있는 더 넓은 철학적 지평을 거세시킬 위험이 매우 높다.

사람의 삶을 억압해온 정치문화와 법문화의 권위주의적 구조를 걷어내고, 민주주의를 정치와 법, 그리고 삶의 영역 곳곳에 확산시키는 실천이 요구된다. 이를테면 자유로운 비판과 반대비판 속에서 정치적 의사형성이 이루어지는 토론정치(deliberative Politik)[101] 문화와 담론적 민주주의,[102] 정치적 의사소통의 흐름에 개방되어 있는 반성적(reflexiv) 법체계,[103] 상호이해에 지향된 갈등해결을 가능케 하는 절차의 법제도화,[104] 규범적 말행위를 자유롭고 기회균등하게 할 수 있는 법전문가공동체의 구축[105]이 필요하다. 그런 제도적 변화가 함께 할 때 한국말의 구문에 내재되어 있는 대화적 구조는 그만큼 더 활성화되어 작동하게 될 것이다. 올바른 법의 실현도 바로 그와 같은 한국말의 대화적 작동 속에서 이루어질 것이다.

2. 법실현에서 한국말의 '부정의 변증'

한국말에서 '맥락에 민감하게 대화적으로 말'할 수 있는 조건에 해당하지 않는 특성, 특히 비합리주의의 특성도 올바른 법을 실현하는 데

---

101 이 개념에 대해서는 특히 J. Habermas(한상진·박영도 역), *사실성과 타당성(Faktizität und Geltung)* (나남, 2000); J. Cohen, "Procedure and Substance in Deliberative Democracy", *Democracy and Difference* (Princeton University Press, 1996); 국내문헌으로는 임혁백, "밀레니엄 시대의 민주주의 대안: 심의민주주의", *계간 사상* (겨울호, 1999); 김대환, "참여의 철학과 참여민주주의", *참여민주주의와 한국사회* (창작과비평사, 1997); 이진우, "급진민주주의의 규범적 토대", *하버마스의 비판적 사회이론* (문예출판사, 1996) 참조.

102 Deliberative Democracy를 담론적 민주주의라는 개념으로 번역하는 엄순영, "법의 형식성과 민주주의의 결합모색: 프란츠 노이만과 위르겐 하버마스의 법사상을 중심으로", *민주법학* (제29호, 2005), 273쪽 아래 참조. 담론적 민주주의는 심의민주주의, 협의민주주의, 참여민주주의 등 다양한 개념으로 치환되어 사용되고 있다.

103 G. Teubner, *Rechts als autopoietisches System* (Suhrkamp, 1989), 78쪽 참조.

104 이에 관해서는 이상돈·홍성수, *법사회학* (박영사, 2000), 44~45쪽 참조.

105 이에 관해서 이상돈, "법관의 말행위와 올바른 법", *법이론* (박영사, 1997), 특히 385~402쪽 아래 참조. 법적 의사소통공동체를 대화공동체로 전환하기 위해서는 특히 ① 법관들의 말행위를 근거짓는 데 사용되는 논증언어에 대한 비판적 분석의 수행, ② 법원조직 내부에서 법관들이 자유로이 새로운 규범적 말행위를 할 수 있는 자유의 실질적 보장이 요구된다.

오로지 부정적으로만 작용하는 것으로 이해되어서는 안 된다. 앞에서 살펴 본 바와 같이 비합리주의적 특성의 상당한 부분은 바로 한국말이 '맥락에 민감하게 대화적으로 말할 수 있도록' 하는 조건과 동전의 양면을 이루는 것이기도 하다. 비합리주의적 특성이 모조리 사라진 한국의 법언어는 상상할 수 없다. 여기서 우리는 '부정적인 것'의 비동일성을 억지로 동일자로 환원하려 하지 않고, 비동일성 자체의 긍정적 가능성을 보는 아도르노(Adorno)의 사유방식, 즉 부정의 변증법(Negative Dialektik)[106]이 주는 교훈을 되새길 필요가 있다.[107] 즉, 유럽언어의 문법구조에서 볼 때 법의 근대성기획에 부정적인 요소가 되는 한국어의 특성에는 그것이 오히려 이성법의 실현에 긍정적으로 작용할 수 있는 가능성이 내재해 있다는 것이다.[108] 다음 두 예로써 이 점을 설명해보기로 한다.

(1) 주어생략전통의 변증 먼저 한국어에서 주어를 생략하는 관행이나 목적어에 주격조사가 붙을 수 있는 구문론적 특성의 변증을 살펴보기로 한다. 가령 형사소송법 제392조는 "피고인의 이익을 위하여 원심판결을 파기하는 경우에 파기의 이유가 상고한 공동피고인에게 공통

---

106 T. Adorno · M. Horkheimer(김유동 역), *계몽의 변증법: 철학적 단상(Dialektik der Aufklarung)* (문학과 지성사, 2001).

107 여기서 내가 말하는 부정의 변증은 — 서구사회에서 근대적 이성의 부정적 변증이 반이성으로 나아간 역사를 염두에 둔 것인데 비해 — 전근대적 문화와 법의 부정적 변증이 오히려 (탈근대적) 이성의 역사로 나아갈 가능성에 대한 것이다. 부정의 변증법이 특정한 역사이해가 아니라 사물과 역사가 발전하는 모습을 이해하는 사유의 방식이라는 점에서 내가 말하는 바도 부정의 변증법에 속한다고 볼 수 있다.

108 이러한 부정의 변증법은 아감벤(Giorgio Agamben)의 잠재성(dýnamis) 사유에서도 유사한 점을 발견할 수 있다. 엄순영 교수에 의하면 "아감벤의 잠재성사유는 언어 자체가 자신의 존재를 위하여 대립적 의미의 언어와의 관계에서 존재한다는 기존의 언어 논리 구조의 틀에서 더 나아가 자신을 존재하게 하는 대립적 언어를 자신 속에 잠재적으로 내포하여 자신을 존재하게 한다는 언어의 논리 구조의 숙명적인 실존적 방식을 강조한 것"(엄순영, "아감벤의 '주권의 논리' 경계공간사유와 잠재성사유", *법철학연구* [제16권 제3호, 2013], 53쪽)이라고 보면서, "법은 법의 부정을 지속적으로 자기 내부에 잠재적으로 내포함으로써만 존재할 수 있다"(엄순영, 앞의 논문, 40쪽)고 한다. 엄 교수는 아감벤과 달리 "법의 지배로는 인권유린의 현시대의 문제를 해결할 수 없다는 것에는 동의하지 않는다"(앞의 논문, 65쪽)고 본다.

되는 때에는 그 공동피고인에 대하여도 원심판결을 파기하여야 한다"고 규정한다.

여기서 '파기의 이유가 상고한 공동피고인'이란 유럽언어의 문법에 대입하여 보면 '상고하다'라는 타동사(transitive verb)의 성격상 상고행위의 주체는 공동피고인을 가리키고 따라서 '상고를 제기하고 상고이유서를 제출한 공동피고인'이거나 '상고를 제기하였으나 상고이유서를 제출하지 아니함으로써 상고기각결정을 당한 공동피고인'에 국한되고, 상고를 하지 않은 공동피고인은 제외될 수밖에 없다.

그러나 한국어에서는 ① 주어가 생략될 수 있고 ② 목적어도 주격조사가 붙고 타동사를 술어로 가질 수 있다는 특성을 고려해보면 제392조는 "파기의 이유가 (검사가) 상고한 공동피고인에게 공통되는 때"로 해석할 가능성을 열어 준다. 왜냐하면 <검사가(S)+공동피고인을(O)+상고하였다(V)>는 문장을 관식구로 전환해보면 <검사가(S)+상고한(V)+공동피고인(O)>이 되고, 여기서 주어를 생략하면, <상고한(V)+공동피고인(O)>이라는 구문의 변환이 일어나기 때문이다.

따라서 제392조의 공동피고인은 앞의 두 경우 이외에 '본인이 스스로 상고조차 제기하지 않았지만 검사가 공동피고인을 다른 피고인과 함께 상고한 경우'를 포함시키는 해석, 피고인에게 유리한 법해석이 문법적으로 가능해진다.[109]

(2) **정서적 의미론의 변증** 다음으로 조동사의 정서적 의미론의 변증을 들 수 있다. 1995년 개정 전의 형사소송법 제221조의2 제4항은 "수사에 지장이 없다고 인정할 때에는 피고인 또는 피의자 또는 변호인을 증인신문에 참여하게 할 수 있다"고 규정하였다. '할 수 있다'는 문언에 의해 피의자 측의 참여는 판사의 재량사항이라는 해석이 당시에 지배했었다. 그러나 한국말의 조동사에 특유한 정서적 의미론의 차원을 고려하면 '할 수 있다'를 개정형사소송법처럼 '… 참여하게 하여야

109 이런 해석으로 배종대 · 이상돈, *형사소송법* (홍문사, 2001), 773쪽 참조.

한다'는 규정으로 해석함에는 아무런 문법적 장애가 없다고 볼 수 있다. 다시 말해 '가능'조동사(~할 수 있다)는 임의규정으로, '의무'조동사(~하여야 한다)는 강행규정 또는 효력규정으로 해석하는 도식이 한국어의 의미론에서는 성립하지 않는다는 것이다. 또한 피의자 측의 증인신문참여권은 형사소송에서의 적법절차실현이라는 규범적 맥락에서 바라보면 그 권리의 보장이 법원의 의무사항에 해당한다는 해석이 가능할 수 있게 된다. 이러한 해석의 가능성은 당시 조항의 문언(~할 수 있다)을 개정함이 없이도 헌법에 합치되는 형사소송법의 실무를 보장해준다.

이상에서 설명한 두 가지 예들은 한국어의 비합리주의적 특성이 이성법의 실현을 향한 투쟁의 유용한 도구가 될 수 있음을 보여준다. 그러한 특성들이 어느 범위까지 생산적 기능을 발휘할 것인지는 확실하게 말할 수 없다. 그것은 아마도 한국어를 모국어로 구사하는 법률가들이 한편으로는 이성법에 대한 앙가주망으로 어느 정도 무장되어 있는가, 그리고 그들이 한국어의 의미론과 구문론에 대해 어느 정도 섬세한 언어감각을 갖고 있는가에 따라 좌우될 것이다. 이 지점에서 우리는 단지 그 가능성만을 가늠해볼 뿐이다.

09 법과 역사

Ⅰ. 법에서 역사란 무엇인가?

모든 학문은 역사를 갖고 있다. 경제학은 경제의 역사를, 문학은 작품과 비평의 역사를, 그리고 법학은 법의 역사를 가진다. 그러면 법에서 역사란 무엇인가? 역사는 법에서 어떤 의미를 갖는가?

1. 해석구성물로서 역사

(1) **서사적인 스토리로서 역사** 모든 역사가 그러하듯 법의 역사도 과거 시점에 사물처럼 이미 존재했던, 우리가 단지 그대로 인식하기만 하면 되는 그런 사건이 아니다. 역사는 특정관점과 문제의식을 갖고 과거의 흔적들을 읽어낸 '해석'의 결과이다. 즉, 역사는 유물처럼 존재하는 사물이 아니라 생각의 구성물이다. 그렇기에 역사를 인식한다는 것은 역사를 새롭게 구성한다는 것이다. 역사가 해석에 의한 구성물인 이유는 무엇보다도 과거에 존재한 사태가 그 자체로서 우리의 인식세계에 드러내 보이지 않기 때문이다. 과거만이 아니라 현재 진행되는 사태의 인지도 주체에 따라 다르게 될 수 있다. 특히 과거는 정도의 차이는 있지만 자신에 관한 '단편적인' 정보만 우리에게 제공하고, 그 단편적인 정보들은 인식주체의 주관적인 중요성평가에 의해 선별되고, 다른 정보들과 조합됨으로써 과거에 관한 어떤 스토리를 구성하게 된다. 이런 의

미에서 역사는 '해석학적 구성물'(hermeneutische Herstellung)이라고 할 수 있다. 그러므로 예컨대 법의 역사와 서사시敍事詩 사이에는, 사용된 정보의 양과 세밀성의 정도, 그 정보의 신뢰성에 대한 학문적 검증과 다양한 해석가능성의 논의전개 등에서 양적인 차이가 있지만, 해석에 의해 구성된 스토리라는 점에서 질적으로는 아무런 차이도 없다. 그런 점에서 법의 역사는 법에 관한 '서사적인 스토리'라고 말해도 지나치지 않다.

(2) **법률해석과 법의 역사** 또한 법에서 역사를 말하는 것은 마치 법률을 해석하는 것과 그 성질에 있어 차이가 없다. 법률해석은 의회에서 제정된 해석대상으로서 텍스트가 주어져 있는 반면, 역사에서 텍스트는 각종 사료처럼 과거에 관한 정보원이 되는 텍스트만 있을 뿐 해석의 단일한 대상으로서 텍스트는 없다. 하지만 이 차이는 상대적이다. 법률해석에서는 해석의 대상이 되는 텍스트가 단일하게 주어져 있지만 그 텍스트의 해석과정에는 법률텍스트 밖의 텍스트, 이를테면 그 텍스트가 생성된 역사적 상황, 그 텍스트의 의미를 둘러싼 이해관계의 충돌상황, 그 텍스트의 일반적 사회적 의미를 구성하는 문화와 같은 다양한 텍스트들이 융합되기 때문이다.

1) **법률해석의 배후지식으로서 법의 역사** 또한 법률해석은 주로 법관이나 행정기관에 의해 사안을 결정하는 제도적이며 권력적인 행위로 펼쳐지지만, 법의 역사에 대한 이해활동은 주로 학술적·교육적 목적을 좇아 행해진다. 그렇지만 이 구별도 상대적이다. 학술적·교육적 목적의 법의 역사 이해도 사안결정의 '배후'로서 작용할 수 있다. 이를테면 법관들이 20세기 후반 법의 변화가 사회국가적 기획을 과도하게 실현한 역사라고 반추한다면, 민법이나 형법의 다양한 규정들을 사회적 약자를 보호하는 방향보다는 자유의 평등한 보장을 기획하는 방향으로 선회하여 — 즉 배분적 정의보다는 평균적 정의를 실현하는 방향으로 — 해석하게 될 수 있다. 예컨대 의료분쟁조정법이 제 기능을 발휘하게 되면

민법 제750조(불법행위)는 과실이나 인과관계가 확인된 의료사고에만 국한하여 적용될 수 있다. 이처럼 법의 역사는 개별조항의 해석에서도 그 규범프로그램의 방향을 설정하는 배후지식이나 법에토스(Rechtsethos)로서 기능하게 된다.

2) 역사적 법률해석과 법의 역사 물론 이런 기능은 역사적 법률해석(historische Auslegung)의 방법과 같은 것은 아니다. 역사적 법률해석은 법률이 제정된 과거의 '특정시점'에서 특정한 사람('입법자')의 의사를 그 당시의 사회적 맥락에서 재구성하여,[1] 그 의사를 실현하는 방향으로 법률을 해석하는 것이다. 이에 비해 법의 역사를 인식한다는 것은 특정시점이 아니라 일정한 '시간대'에 걸친, 그리고 특정인이나 집단이 아니라 모든 사람들에게 일어난 법의 변화와 발전의 의미를 재구성한다. 그러나 이 구별도 상대적이다. 입법자의 입법당시 법률제정의 의사를 확인하는 것은 예컨대 의회의 회의록을 살펴보면 다 해결되는 그런 것이 아니고, 역사이해처럼 해석하는 사람의 현재시점에서의 선이해가 개입하고, 미래를 향해 기획한 목적들이 입법자의사에 관련된 정보(예: 회의록, 입법이유서)의 의미를 해석하는 과정에도 개입하게 되기 때

---

1 볼킨(J. Balkin)의 '살아있는 원본주의'(living originalism)라는 헌법해석론(이에 대한 자세한 분석으로 이계일, "볼킨[J. Balkin]의 '살아있는 원본주의'. 헌법을 예로 살펴본 법의 안정성과 역동성", *법철학연구* [제15권 제1호, 2012], 271~316쪽)도 헌법의 제정자의 본래의도를 따르는 것을 '원조주의'(orginalism)라고 한다면, 텍스트의 저자는 죽음으로써 텍스트의 의미는 새로워진다는 점을 텍스트(헌법)의 살아있음이라고 볼 수 있는 것이다. ① 다만 이 교수가 바라보는 볼킨의 해석이론의 장점은, 하버마스의 법적 대화이론이 규범적 척도만을 제공하고 법관의 법해석의 정치적 당파성과 같은 현실을 포착하지 못하는 이론으로 전제할 때만 돋보이는 것이다. 그러나 법적 대화이론은 규범적인 법이론이기만 한 것이 아니라 동시에 기능적인 법사회학이론이기도 하며, 법철학적 정의이론이기도 하다. ② 또한 법과 정치의 관계에 대한 볼킨의 이해가 "법률가들이 거리감을 보다 덜 느끼는 설명을 제공"(앞의 논문, 314쪽)한다는 평가는 사법기관인 연방대법원이 (최종적인) 헌법해석권을 갖는 미국의 체제에서 줄 수 있는 후한 평가이다. 최종적인 헌법해석권이 법원과 독립된 헌법기관이면서, (소극적) 정치와 사법을 동시에 수행하는 헌법재판소에 분배된 우리나라에서는 법과 정치의 관계설정은 볼킨의 이론보다 더 다원적이며, 역동적인 헌법실현체계에 대한 구상(이에 관해 이상돈, *헌법재판과 형법정책* [고려대출판부, 2005], 특히 57~68쪽 참조) 속에서 이루어질 필요가 있다.

문이다.[2]

(3) **법제사와 법의 역사의 차이** 이렇게 이해된 법의 역사는 법제사와 동일어가 될 수 없다. 우리가 '법제사'라는 과목에서 학습하는 내용들은 대개 연대기年代記의 역사이다. 예컨대 서양법제사나 한국법제사에서 일반적으로 다루는 방식처럼 '언제 어떤 법이 제정되었고, 무슨 내용을 담고 있으며…' 식의 지식들의 총집합이 역사가 된다. 물론 연대기적으로 설명되는 역사도 각 부분은 과거와의 대화 속에서 해석된 구성물이긴 하다. 하지만 그 구성물이 어떤 관점과 이론에서 구성되었는지가 드러나지 않고, 각 부분에 작용한 관점과 이론들 사이에 체계성과 일관성이 분명하게 발견되지 않는 경우가 많다. 그렇다고 해서 법제사가 독자적인 가치가 없는 것은 아니다. 그런 구성물의 조각들은 언제나 과거와의 대화를 가능케 하는 소재가 되어주기 때문이다. 다만 기초법학에서 법의 역사를 논할 때에는 법제사적인 논의가 중심이 되는 것은 부적절하다. 그보다는 다양한 역사학적 방법론을 어떤 방식으로 끌어와 법의 과거를 구성해 낼 수 있는지를 성찰하는 데 좀 더 초점을 맞추어야 한다.

2. 역사와 시간

서사적인 스토리로서 역사의 시제는 <과거－현재－미래>라는 시간의 일차선형적 단락에서 과거에 위치하는 것으로 생각하기 쉽다.

(1) **법의 역사의 시제** 그러나 여기서 현재란 과거를 바라보는 고정된 시점이 아니라, 과거와 미래를 갈라놓는 '선분'線分으로서 유동적인 관념의 시점임에 주목해야 한다. 즉 현재란 과거 속으로 사라지면서 다른 한편으로 계속 미래로 향하는 관념이 존재하는 순간을 의미한다. 그

2 이를 해석학적 지평의 융합 또는 가다머의 표현으로 "이해의 콘텍스트의 융합"(H. G. Gadamer, *Wahrheit und Methode 5. Aufl.* [J. C. B. Mohr, 1986], 295쪽)이라고 부를 수 있다. 이에 관해서는 이상돈, *새로 쓴 법이론* (세창출판사, 2005), 234쪽 참조.

런 관념의 순간이란 '미래'에 대한 방향감각이 이끄는 대로 '과거'와 대화를 나누는 시점을 의미한다.

그런 점에서 현재라는 시점은 어느 정도는 불가피하게—미래에 지향한 가치의 실현이라는 목적을 위해 설정된 것이라는 의미에서—목적론적일 수밖에 없다. 이를테면 법제사연구들이 조선시대 법제의 성차별적 인식이나 신분의식 등이 갖는 전근대성을 비판할 때, 그것은 근대적인 이념으로서 평등한 자유를 법에 의해 실현하려는 기획을 세우는 것이다. 또한 조선시대 법제에서도 근대법의 법치국가적 자기제한원리들의 단초들을 찾아볼 수 있다는 역사의식을 표명할 때에도, 그것은 전통법의 부활을 이야기하고 거기서 미래법의 새로운 단초를 발견하는 기획을 세우는 것일 수 있다.

이와 같이 미래를 향한 목적지향적 기획은 개인이 자신의 역사를 되돌아 볼 때나, 사회가 법의 역사를 되돌아 볼 때나 다르지 않다. 과거에 대한 현재의 해석은 언제나 소망하고, 실현하고픈 미래의 일정한 상태에 대한 예료豫了(Antizipation) 또는 정의에 대한 전미래시제(future antétieur)[3]의 관념에 의해 인도된다. 예컨대 서구의 근대시민사회에서 법의 발전역사를 '평등한 자유'의 이성적 기획을 실현하는 역사라고 기술한다면, 그것은 미래사회의 법이 그런 기획의 완성으로 나아가야 한다는 현재의식을 보여주는 것이기도 하다. 이때 미래의 기획은 이성주의적 정의 관념인 '옳음'에 의해서 각인된다. 이에 반해 그 시대의 발전역사를 억압과 지배의 기제가 확장되는 역사라고 기술한다면, 그것은 미래사회의 법에서 그런 기획을 해체해 나가야 한다는 현재의식을 보여주는 것이다. 이때 미래의 기획은 해체주의적 관념이나 이성주의적인 옳음과는 다른, 이를테면 심미적 아름다움의 정의 관념에 의해 각인될 수 있다.

---

3 이에 대해 자세한 설명은 J. Derrida(진태원 역), *법의 힘(Force de loi)* (문학과 지성사, 2004), 196쪽.

그러므로 역사란 미래에 지향된, 그리고 총체성으로서 사회에 대한 현재의 인식관심에 따라 '과거와의 대화'를 수행하는 것[4]이다.

★ 총체성과 미래에 대한 예료 현실의 법에 대한 인식과 비판 그리고 미래의 법의 설계는 지금 여기의 법'현실'의 총체성을 경험하고 대면할 때 이데올로기적이지 않거나 덜 이데올로기적일 가능성이 열린다. 그러나 후기산업사회에서 총체성(totality)은, '존재하거나 경험되지 않고, 오로지 어떤 법의 현실에 대한 포괄적인 인식이 가질 수 있는 이데올로기성을 비판하는 부정의 기능'으로서만 존재한다. 그런데 비판적 인식의 분석대상인 법의 현실이 남김없이 파악되지 않는다면, 더 나은 미래의 법을 설계할 수 없다. 따라서 총체성이란 남김없이 파악되지 않는 대상, 즉 우리가 인식 가능한 대상의 "바깥을 생각하게 하는 무엇이다. 밖을 생각할 수 없다면 안에 갇히는 수밖에 없기 때문에 바깥을 생각하게 만드는 총체성은 지향이 아닐 수가 없"[5]는 것이다. 신광현 교수도 총체성의 인식은 유토피아를 향한 꿈이라고 보는데, 법에서 역사인식도 법현실의 총체성에 대한 인식이어야 하지만, 그 인식은 미래에 대한 지향, 즉 유토피아를 향한 꿈의 성격을 띠는 것이다. 결국 법의 총체성 인식은 법의 미

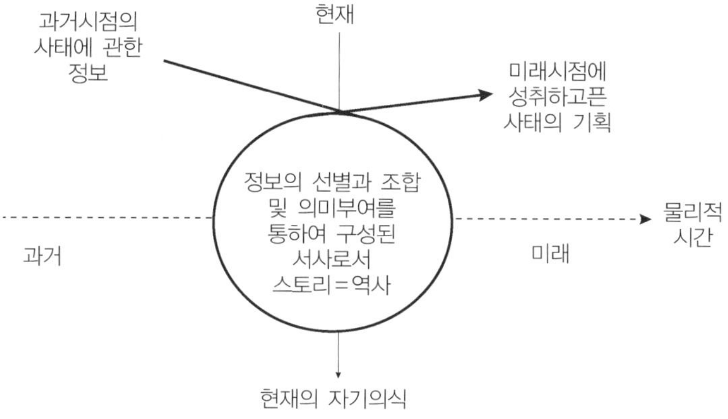

4 R. Evans(조지형 역), "'역사란 무엇인가?'를 재조명하며", D. Cannadine 편(문화사학회 공역), *굿바이 E.H.카 (What is History Now?)* (푸른역사, 2005), 30쪽.
5 신광현, "총체성과 문화연구의 미래: 프레드릭 제임슨의 주제에 의한 변주", *주체·언어·총체성* (서울대학교출판문화원, 2015), 319쪽.

래에 대한 예료豫了 행위가 되며, 이 행위가 법의 역사를 구성하는 것이다.

즉 법의 역사도 미래에 지향된 현재의 인식관심에서 선별된 과거의 법에 관한 자료(정보)들과의 대화 속에서 그 정보들을 선별하고, 조합하며, 의미를 부여함으로써 법의 과거모습을 구성하는 것이다.

(2) **법의 역사에서 진실성** 물론 미래의 기획이 과도해서 법의 역사가 이데올로기 실천의 장으로 변질되어서는 안 되겠지만, 그렇다고 해서 역사를 정확한 고증과 객관적 사실의 복원으로만 바라봐서도 안 된다. 다른 한편 미래의 기획이나 정의에 대한 전미래시제적인 관념에는 역사를 말하는 사람의 선이해가 개입하고, 그로 인해 불가피하게 어느 정도 주관적인 스토리가 되지 않을 수 없다는 점도 간과해서는 안 된다. 이 점은 근대시민법의 발전사를 평등한 자유의 확장사로 보는 입장과 억압과 지배의 확장사로 보는 입장의 극명한 대조에서도 이미 분명하게 나타난다.

그렇기 때문에 역사가 '해석에 의해 구성된 스토리'라고 할 때 역사의 진실은 어디에 존재하는가 라는 문제가 등장한다. 역사의 진실은 더 이상 과거시점에 존재한 객관적 사태의 존재여부에 의해서 판가름될 수 없다. 서사적 스토리로서 역사의 진실성은 화자가 설정하는 미래지향적 목적적 기획이 그것에 의해 선분된 과거의 해석된 모습과 그것의 현재적 의미에 대한 '상호이해'의 가능성을 촉진하는 요소가 될 때 비로소 획득된다. 여기서 법의 역사란 법의 과거사에 대한 상호이해지향적인 해석이 됨을 알 수 있다. 다시 말해 법의 역사에 대한 기술이 진실한 것인지 여부는 그런 기술이 지금 여기서 함께 살아가는 사람들과 그 해석을 공유할 가능성, 좀 더 강하게 표현한다면, 합의할 가능성에 놓이게 된다고 볼 수 있다.

바로 그런 점에서 역사를 말하는 것은 곧 '과거와 대화'하는 것에 그치는 것이 아니라 과거를 바라보는 '미래'지향적 관점을 체험하는 사람들과, 즉 '현재와 대화'하는 것이기도 하다. 요컨대 법의 역사는 과거(과거시제에 놓여있는 사태)에 투영된 미래적 관심(목적론적 지향)이며, 이는 현재를 구성하는 것(우리시대의 자기이해)이다. 그렇기에 역사는 과거이며, 미래이며 동시에 현재인 것이다. 줄여서 말하면, 역사란 과거에 빗대어 꿈꾸는 미래를 말하는 현재이다.

3. 법의 거시사와 미시사

(1) **거시사와 미시사의 구분** 이렇게 이해된 역사는 거시사적인 차원과 미시사적인 차원으로 나눌 수 있다. 이 차원의 구분은 '거시사=전체사'와 '미시사=사건사' 식의 근대 역사학방법론과 같은 것은 아니다. 우선 거시적 역사란 장기간에 걸쳐 유효한 어떤 '모델'이나 '패턴' 또는 패러다임의 차원에서 파악된 역사이다. 거시사가 개별 사건들, 사회변동이나 제도의 변화들을 적분(integration)한 것이라면, 이와 반대로 미시사는 역사를 미분(differentiation)하는 것이라 할 수 있다.[6] 여기서 미분을 말할 때, 이미 역사는 어떤 개인의 사건사 차원에 그치지 않고, 개인이나 집단을 넘어, 때로는 전체사회를 넘어서는 의미의 실현과정으로 전제된다. 그런 역사를 미분해보면, 역사의 의미소意味素는 개인의 일상세계 속에, 개인의 삶이라는 단위 속에 이미 들어가 있다. 개인의 일상과 삶에 침전된 의미소를 발굴해내는 작업이 미시역사를 서술하는 일이라면 그 의미소를 적분시킴으로써 거시사의 모델이나 패턴, 패러다임이 파악될 수 있다.

(2) **모더니즘과 포스트모더니즘** 역사는 개인 일상의 의미소의 적분이면서 거시사적인 모델이 파악하는 사회변화의 미분이라면, 줄여 말해 거시사가 미시사의 적분, 미시사가 거시사의 미분이라면, 논리적으로는 어느 하나의 역사만을 다뤄도 무방할 것 같다. 그러나 현실적으로 보면 거시사의 서술이든 미시사의 서술이든 모두 불완전할 수밖에 없고, 따

6 고원, "역사를 미분하기: 브로델과 미시사", *서양사론* (제85권, 2005), 252쪽.

라서 거시사는 미시사의 서술을 고려할 때 더 완전해질 수 있고, 미시사는 거시사의 서술을 고려할 때 역시 더 완전해질 수 있다. 이는 역사로 누적되는 법문화에 대한 분석에서도 마찬가지이다.[7]

다만 법의 역사로서 어떤 역사를 주류 역사로 놓느냐는 모더니즘과 포스트모더니즘의 진영에 따라 다르다. 이성법의 점진적 확대실현(계몽의 실현)을 모든 인류의 진보적 걸음이라는 의미의 보편사로 바라보는 모더니스트들의 거시사는 미시사를 단지 거시사 서술의 불완전한 점을 보완해주는 요소로 받아들일 수 있다. 반면에 이성법의 실현을 억압과 지배의 확장역사로 바라보는 포스트모더니스트들의 미시사는 거시사를 단지 미시사 서술의 불완전한 점을 보완해주는 요소로 받아들일 뿐이다. 각 진영에서 보완의 수용은 각 진영의 입장을 '반성적'으로 만든다. 거시사와 미시사를 함께 법의 역사 차원으로 다루는 한, 모더니즘은 성찰적 모더니즘이 되고, 포스트모더니즘은 반성적 포스트모더니즘이 된다. 반성적 성찰의 깊이와 너비에 따라 모더니즘은 포스트모더니즘으로, 포스트모더니즘은 모더니즘으로 다가가고, 반성적 성찰의 구체적인 지점마다 양자는 접점을 갖는다.

Ⅱ. 법의 거시사와 방법

거시사란 단순히 연대기적 사건관계들을 고증하는 차원을 넘어서 광범위한 역사적 추동력, 즉 경제구조변화나 계급생성 혹은 갈등구조를 읽어내는 역사이해의 차원을 말한다. 법학에서는 매우 생경하지만, 역사학에서는 그리 새로운 것은 아니다.[8] 그러한 역사적 추동력에 대한

7 법문화에 대한 연구는 "거시적 과정에 수반되는 제도적, 사회적 자원의 동원을 포착하면서 구체적인 상징적 실천 속에 담긴 의미의 심층적 해석을 동반하는 적절한 사례의 분석을 병행할 필요가 있다"고 보는 이철우 교수의 통찰도 법의 거시사적 분석과 미시사적 분석의 종합에 상응한다. 이철우, "법문화의 담론적 생산: 방법론적 비판", *법철학연구* (제4권 제1호, 2001), 226쪽 참조.

8 R. Evans(조지형 역), "'역사란 무엇인가?'를 재조명하며", D. Canndine 편(문화사

통찰은 인접학문분과들과의 경계를 넘어선 포괄적인 접근을 할 때에 가능하다.

1. 구조주의 역사관과 시간지속(durée)

프랑스 아날학파(Annales)[9]로 통칭되는 일군의 학자들은 인류학과 사회학, 통계학 등에서 차용해온 이론과 방법으로써 역사의 구조와 법칙을 찾아내는 데 주목하였다.[10] 이들은 정치적 사건을 역사의 중심으로 보는 전통적인 사관을 거부하고 경제나 문화요인들 속에서 역사발전의 동인을 찾아내었다.[11] 사건이나 인물보다는 그것들의 '전제이자 동시에 결과'인 구조 파악에 역사연구의 중점을 둔 것이다.[12] 역사에 대해 어떤 서술을 할 때에는 어느 '구조'가 지속되는 시간지속(durée)을 상정하는데, 어디에다 초점을 맞추어 그 구조를 설정하는가에 따라 여러 시간대들이 중첩적으로 등장한다.

(1) **브로델의 삼층구조** 아날학파의 대표적인 역사학자 가운데 하나인 브로델(Braudel)은 역사란 ① 사건사와 ② 국면변동, 그리고 ③ 장기지속의 삼층구조로 되어 있다고 본다.

1) 사건사 이를 바다에 비유하자면, 사건사는 바다 맨 상위층의 '출렁거림'으로서, 짧고 자잘하며 불규칙적이다.[13] 사건들은 한편으론 우연적이고 즉흥적이면서, 다른 한편 '하나의 사건은 다른 사건에 의해 설

학회 공역), *굿바이 E.H.카(What is History Now?)* (푸른역사, 2005), 30쪽.

9 '아날'(Annales)이라는 명칭은 페브르와 블로크가 1929년 공동창간한 역사학 잡지, *Annales d'histoire économique et sociale*에서 따온 것이다. 이들은 역사학 내부의, 그리고 역사학과 인접학문들 사이의 장벽을 없애고 학제간 연구를 통해 역사의 경제, 사회, 문명의 층위를 포괄적으로 다루는 것을 모토로 한다. 이에 대해서는 전수연, "아날학파와 역사학의 파편화?", *학림* (제17권, 1996), 220쪽.

10 이에 대한 설명으로 김응종, *아날학파의 역사세계* (아르케, 2001), 19~32쪽 참조.

11 곽차섭, "포스트모던 시대의 역사학을 위하여", 김기봉 외, *포스트모더니즘과 역사학* (푸른역사, 2002), 469쪽.

12 안병직, "'일상의 역사'란 무엇인가", *오늘의 역사학* (한겨레신문사, 1998), 29쪽.

13 김응종, *아날학파의 역사세계* (아르케, 2001), 166~167쪽.

명되고 그 사건은 다시 앞선 사건에 의해 설명되는' 무한한 연쇄고리를 이룬다.[14] 법의 개정이나 법해석 등이 이러한 '사건사'에 속할 수 있다.

2) 국면변동 이에 비해 바다 좀 더 깊숙한 곳에 자리한 국면변동(꽁종크뛰르 conjuncture)은 '완만한 리듬을 가진' 집단적인 움직임의 역사인 '사회사'이다. 그 중 상대적으로 더 움직임이 잦고 폭이 좁은 것으로는 인구변동이나 가격변동 등의 순환(cycle) 주기들이 있고, 움직임의 폭이 한층 넓고 완만한 것으로는 민주화, 복지화, 생태화 같은 변화들이 있다. 법제화의 경향들, 이를테면 규제강화 대 규제완화, 윤리적 보수화 대 윤리적 자율화, 국수주의적 경향 대 개방주의적 경향 등과 같은 이데올로기적 방향의 변화와 같은 국면들이 바로 이렇게 시간적 지속성을 가지며 순환을 반복하는 국면변동에 속한다.

3) 장기지속 장기지속(long durée)은 국면변동들의 축적과 지리적 조건 하에서 만들어지는 것으로서, 바다의 심층처럼 '거의 움직이지 않는 역사'이다. 그렇지만 이는 레비스트로스의 초역사적인 그것과는 다르다. 브로델의 장기지속에는 '시간'이 흐르며, 그것은 상당히 긴 지속기간에 반복적으로, 그리고 관습적으로 인간의 삶에 작용한다. 특정민족의 법감정이나 법정서를 비롯하여 가장 넓게는 법문화라 지칭하는 요인들이 아마도 '법의 시간'에서의 장기지속에 속할 것이다.

★ 초장기지속 브로델(Braudel)은 레비스트로스의 구조가 '시간'이라는 핵심적인 요소를 배제한 채 정태적이고 폐쇄적인 양상을 보여준다고 비판하였다.[15] 예컨대 레비스트로스의 친족구조분석은 모든 친족관계들에 환원될 수 있는 보편적 교환관계구조를 상정하는데, 그 연원은 우리가 추적할 수 없으리만치 길기 때문에, 결과적으로 시간을 배제하는 초역사적 접근을 하게 된다는 것이다.[16] 이를 브로델은 초장기지속(trés longue

---

14 백승욱, *자본주의 역사강의* (그린비, 2006), 62~63쪽.
15 고원, "아날과 구조주의: 뤼시앙 페브르와 롤랑 바르트의 관계를 중심으로", *역사학보* (제189호, 2006), 272쪽.
16 백승욱, *자본주의 역사강의* (그린비, 2006), 65쪽.

durée)이라 부르면서, 중첩된 시간대들에 관한 논의에서 제외한다.

(2) **시간지속의 중층성** 이 시간대들은 병렬되어 있는 것이 아니라 중첩되어 있다. 즉 시간은 하나가 아니고 짧은 시간대, 좀 더 긴 시간대, 더 긴 시간대들이 중첩하여 함께 작동하는 것이다. 브로델은 국면변동과 장기지속을 중요시했지만, 법의 역사는 '사건사'도 중요하기 때문이다. 법의 해석이나 개정에는 브로델의 국면변동에 상응하는 법의 이데올로기 변화나 장기지속에 상응하는 법문화 등도 언제나 투영되기 때문이다.

브로델	사건사	법해석, 법개정		세 단계 법모델의 역사
	국면변동	법의 이데올로기	역사	
	장기지속	법문화, 법감정		

가령 부실감사죄조항(주식회사의 외부감사에 관한 법률 제20조 제2항)의 적용을 공인회계사가 경영진과 함께 불법이득의사를 갖고 부실감사를 한 경우에만 국한시키는 제한해석[17]은 법해석이라는 점에서는 사건사에 속하지만 증권시장의 일반투자자라는 약자를 보호하는 법정책이 가져오는 부작용에 대한 반성적 고려라는 점에서 국면변동에 해당하는 법의 이데올로기비판이다. 또 다른 예로 부당해고죄(근로기준법 제23조 제1항)의 적용을 악의적으로 반복하는 경우에만 국한시키는 해석도 사건사에 해당하지만, 노동자보호의 이데올로기를 반성한다는 점에서 국면변동의 역사를 형성하는 것이기도 하다.

(3) **구조적 모델로서 역사** 그런데 브로델에 있어 역사의 개념요소로서 시간지속(durée)이란 일정한 '모델과 구조가 지속되는 시간대'를 의미한다. 우리의 분석대상이 무엇인가에 따라 각각 다른 모델을 그릴

17 이런 해석으로 이상돈, *부실감사법: 이론과 판례* (법문사, 2007), 222쪽 아래 참조.

수 있는데, 역사란 그 분석대상의 시간적 정렬이 아니라 그 분석대상의 의미를 드러내는 모델들의 변화이다. 예컨대 푸코(Foucault)의 시간대와 마르크스(Marx)의 시간대는 다른데, 그것은 이들이 다른 생존시대를 살았기 때문이 아니라 서로 다른 관심대상을 다른 모델과 구조 속에서 이야기하고 있기 때문이다.[18] 경제, 정치, 법, 혹은 '풍속의 역사'나 '음식의 역사' 등 문화의 시간대들도 각기 다른 속도와 그에 대응하는 모델들을 갖고 있다. 결국 사건들의 연속 또는 불연속 자체가 역사인 것이 아니라, 그 사건들에 적합한 분석의 모델이 역사를 구성하고, 그 역사 속에서 그 사건들의 의미가 다시 이해되는 것이다. 여기서도 해석학적 순환이 엿보인다. 중요한 점은 특정한 사회현상의 의미는 그것이 위치한 모델 안에서 읽혀져야 한다는 것이며, 그것이 바로 역사인식이다.

★ 집단심성과 역사해석　유명한 예를 하나 들어보면,[19] 16세기 전반기에 프랑스를 지배한 국왕 프랑수아 1세는 어느 날 성 밖에 살던 정부(secret lover)의 집에서 사랑을 나눈 후 교회를 지날 때 예배를 알리는 종소리를 들었다. 그는 교회로 들어가 미사에 참석하여 경건한 기도를 드렸다. 오늘날의 집단심성(망딸리떼 mentalité)[20]에서 볼 때 우리는 쉽게 '그가 교회종소리를 듣고 지난 밤에 지은 죄를 참회하기 위해 예배를 드렸다'고 해석할 것이다. 이는 우리가 이해하는 기독교적 믿음과 도덕체계를 중세말의 사람들도 동일하게 가졌을 것이라는 전제를 깔고 있다. 그런데 중세인의 종교적 집단심성에서는 미신적 믿음과 도덕적이고 합리적인 믿음 사이의 구분과 갈등이 없었고, 그렇기에 애인과의 정사와 경건한 기도 사이의 모순으로 내적 갈등을 겪지 않았다고 한다.[21] 그 종

18 이런 다중적 시간대에 대해서는 백승욱, "역사적 자본주의와 자본주의의 역사: 세계체계 분석을 중심으로", 백승욱 편역, *미국의 세기'는 끝났는가?* (그린비, 2005), 15쪽 아래 참조.

19 이 사례는 P. Ariés, "Die Geschichte der Mentalitäten", J. LeGoff · R. Chartier & J. Revel 편, *Die Rückeroberung des historischen Denkens, Grundlagen der Neuen Geschichtswissenschaft* (1994), 137~138쪽; 김기봉, "역사란 무엇인가—Carr의 역사관을 넘어서기 위한 하나의 시론", *역사비평* (제41집, 1997), 328~329쪽 참조.

20 김응종, *아날학파의 역사세계* (아르케, 2001), 359쪽 아래 참조.

교행위는 중세의 종교적 집단심성 속에서 해석될 때 진실을 제대로 말할 수 있다.

바로 이 점이 법제사연구들에서 흔히 간과하기 쉬운 부분이다. 법의 역사는 단순히 법제들의 시간적 흥망성쇠가 아니라 그것들의 의미를 드러내는 법의 구조적 모델들의 발전사라고 할 수 있다. 예컨대 저작권법은 저작권의 짧은 역사 때문에 현대사회의 첨단법에 속하는 듯이 보일 수 있으나, 그 법이 전제하는 독점적·배타적 소유권의 성격은 저작권을 근대법(자유주의적 법제)의 한 요소로 이해하게 만든다. 그렇게 볼 때 근대법의 발전(예: 실질법화, 사회국가적 법제화)에 상응하는 저작권법의 개혁이 당면한 과제임을 인식하게 된다.

2. 법의 시간지속과 법모델

브로델의 이론을 검토함으로써 우리는 법의 역사란 곧 법을 구조적으로 설명하는 모델(법모델)의 발전사라고 말할 수 있음을 알 수 있다. 개별 법현상들은 구조적인 법모델 속에서 그 의미가 이해된다. 법모델들을 구분 짓고 유형화하는 기준은 단일하지 않다. '자본주의의 시간'에 대한 상이한 모델들이 존재하듯, '법의 시간'에 대한 모델도 학자들의 인식관심에 따라 다양할 수 있다.

(1) **세 가지 법모델** 가장 유력한 모델로 '법의 시간'이라는 분석대상을 두고, 그 시간대를 세 가지로 구분하는 법모델을 들 수 있다. ① 제1단계의 유형은 개인의 권리보호와 사적 자치, 울타리로서의 형식법 등을 이념으로 삼고 있는 법모델, 그러니까 서양사회를 기준으로 보면 대강 19세기 후반까지의 법모델이다. 여기서 추출될 수 있는 이념형(Idealtypus)[22]의 특성들을 두고 자유주의적 법모델이라 부른다. ② 제2

21 김기봉, "역사란 무엇인가", *'역사란 무엇인가'를 넘어서* (푸른역사, 2000), 35쪽.

22 '이념형'이라 함은 역사적 현실로서 존재했던 각 단계의 법제도들의 일정한 요소를 발췌하여 이상적 이념으로 일반화시키고 도식화한 후, 하나의 이론적 구조물로 짬으로써 성립하는 설명모델을 가리킨다.

단계의 유형은 개인의 권리보다는 (약자보호의) 정책의 수행이나 사회체계 기능유지에 초점이 맞추어진 간섭주의적인 법모델이다. 이는 대략 19세기 중반부터 20세기 중반까지의 서양사회 법에서 보이는 특징들로서 이는 사회국가적 법모델로 개념화할 수 있다. 그리고 ③ 제3단계는 20세기 후반 후기산업사회에서 발전적으로 모색되기 시작한 '탈간섭적이되 비형식적인' 절차중심(예: 조정, 중재, 노동조합법)의 법모델이다.

(2) **퇴적층으로서 역사** 여기서 사용된 법'모델'의 개념은 거시사에서 사용하는 패턴이란 개념에 대응할 수 있다. 패턴은 법이라는 영토의 '퇴적층'을 구성한다. 여기서 퇴적층이라고 표현한 것은 두 가지 이유에서다. 첫째, 법의 패턴이나 패러다임은 전체사적인 완결성과 진보사관을 전제하지는 않는다.[23] 예컨대 법의 역사를 근대법과 현대법의 시대로 나눈다고 해서, 현대법이 반드시 근대법보다 완결적이거나 진보적인 것을 의미하는 것은 아니다. 마찬가지로 자유주의적 법제보다는 사회국가적 법제가, 사회국가적 법제보다는 절차주의적 법제가 더 완결적이며 진보적인 것으로 규정할 수 없다.

모델 (패러다임)	법의 거시사적 퇴적층	절차주의적 법	현대 (20세기 후반~)	발생시점
		사회국가적 법	근·현대 (19세기중반~)	
		자유주의적 법	근대 (18세기~)	

둘째, 법의 패턴이나 패러다임은 연대기적인 연속성을 지닌 것도 아

23 이는 연구대상범위가 넓은 인구사의 방식을 종종 취한다. 엄밀하고 규칙적인 통계자료가 존재하기 이전의 시기에도 교구나 징세구 단위로 수세기에 걸쳐 축적된 고문서들을 훑어내어 곡물가격과 결혼의 상관관계, 그리고 이에 따른 인구증감의 곡선을 그려내었다. 그러한 연구는 넓은 공간에 동시적으로 적용시키기 어려웠기에, 지방사의 형태로 이루어질 경우가 많았다. 그런 의미에서, 거시사적 연구는 거대이론보다는 오히려 미시적 방법과 포개어진다. 그렇기에 거시사를 롱샷(long-shot)이 아닌 롱테이크(long-take), 그러니까 '멀리서 바라보기'가 아닌 '오랫동안 바라보기'로 이해하기도 한다. 이에 관해서는 고원, "역사를 미분하기: 브로델과 미시사", *서양사론* (제85권, 2005), 247쪽 참조.

니다. 그러니까 '법의 역사'는 예컨대 '고대-중세-(근세)-근대-현대'의 순차적 도식에 따라 법제가 생성되고 소멸해가는 과정, 즉 앞의 법제가 뒤의 법제에 의해 교체되는 과정을 가리키지 않는다. 퇴적층이라는 표현에서 보듯 법의 거시사는 '연대기적 연속성'이 아니라 '이념형적인 중첩성' 속에 존재한다. 예컨대 근대법은 과거법이고 현대법은 현재의 법인 것이 아니라, 근대법도 현대법도 모두 현재의 법으로 중첩될 수 있다. 자유주의적 법제와 사회국가적 법제 그리고 절차주의적 법제가 마치 지층처럼 누적적으로 공존할 수 있다는 것이다.

(3) **거시적 역사인식의 현재성과 실천성** 세 가지 법모델은 각기 나름의 정당성기초를 갖고 있고, 어느 한 모델이 다른 모델들을 모두 몰아내고 홀로 법현실을 지배할 수 없다. 법모델의 중층적 구조는 역사 속에서 생성된 그때그때의 법의 정당성을 창출하는 기반으로 기능할 수 있다.

1) 법의 중층적 구조의 예시적 설명 예컨대 의사와 환자의 관계, 특히 의료사고를 둘러싸고 펼쳐지는 관계는 불법행위법(민법 제750조)의 자유주의적 기획에 따라 짜일 수 있게 하면서, 다른 한편 피해환자의 권익보호에 비중을 더 두는 (배상책임보험제도와 결합되어 있는) 의료분쟁조정법제가 그 위에 한 층을 형성하고, 바로 그 위에서는 과실여부를 묻지 않고 보상해주는 의료사고보험법을 구축할 수 있다. 이런 법제의 중층적 구조는 자유주의적 법제, 사회국가적 법제, 절차주의적 법제를 동시에 갖춤으로써 각 층위의 법제만 있을 경우에 등장하는 부작용—자유주의적 법제의 경우에는 피해환자의 보호어려움, 사회국가적 법제의 경우에는 방어진료현상—을 미리 차단하고, 장점을 변증시킬 수 있다. 이런 여러 층위의 법제를 구축하려는 노력은 법모델에 대한 역사인식에서 비롯된다. 또한 이런 법제화 기획은 '현재의 자기의식'이라고 할 수 있고, 이 현재의 자기의식은 의료관계를 규율하는 법의 과거를 그것이 나아가야 할 미래의 방향에 대한 인식관심에서 재해석한 결과일 것

이다.

2) 법률해석에서 법의 거시사적 퇴적층 고려 그런 점에서 법의 역사란 법의 과거(과거시점의 사태)에 투영된 미래적 관심(목적론적 지향)이며, 이는 현재를 구성하는 것(우리시대의 자기이해)임을 다시 확인할 수 있다. 이런 역사인식은 개별법률의 해석방향을 구체적으로 결정할 수 있다.

(가) 신용카드부정발급의 법해석 예를 들어 우리나라 법원은 지불능력이 없으면서 신용카드를 발급받아 물품을 구매한 행위에 대해 사기죄를 적용한 바 있다.[24] 이 해석은 부정발급과 사용으로 인한 신용카드체계의 기능위험을 체계내부자들(카드회사, 가맹점, 회원) 가운데 회원에게만 부담지우는 정책을 수행한다. 그러나 아무리 신용카드체계의 기능보호가 필요하더라도 기저에 있는 근대법(자유주의적 법)의 이념인 '평등한 자유'를 지나치게 왜곡돼서는 안 된다. 그런데 위 해석은 카드회사에게 수수료를 받을 권리만 주고, 회원의 신용을 성실히 조사하여 신용공여를 할 의무는 면제해준다. 이런 권리와 의무의 비대칭성은 근대법의 지층을 외면한다. 이 점을 고려한다면 위 행위는 사기죄로 해석할 수 없다.[25]

(나) 부당해고의 법해석 부당해고죄의 해석에도 법의 거시사는 투영될 수 있다. 자유주의적 법모델은 해고의 자유를 인정하고, 사회국가적 법모델은 해고를 전면금지하고, 형사처벌한다. 이를 변증하는 절차주의적 법모델의 관점은 감독기관에의 신고를 이유로 한 해고와 같이 보복목적이 뚜렷한 해고만 부당해고죄로 해석하고, 그 밖의 경우에는 해고를 허용하되, 해고를 예고하고, 재취업이나 전직을 위한 재교육 등의 과정(노동인격의 변화과정[26])을 지원하는 등의 절차를 거칠 것을 전

---

24 大判 95도2466.

25 이에 관해 이상돈, "신용카드체계의 위험분배와 형법정책, 자기신용카드의 부정발급과 사용의 범죄화정책에 대한 비판", *형사정책연구* (제11권 제2호, 2000), 115~145쪽 참조.

제하게 한다.[27]

Ⅲ. 법의 거시사로서 법모델의 역사

이처럼 모든 법의 이해에서 작동할 수 있는 법의 거시사적 지평에 관한 이론으로서 법모델(법패러다임)의 발전사를 논의하기로 한다. 특히 ≪자유주의적 법모델→사회국가적 법모델→절차주의적 법모델≫의 발전은 근대 이후의 법의 시간을 이해하는 모델이나 패턴의 발전으로 바라보고, 각 모델의 구조적 특징을 분석한다. 다만 이 거시사는 한국 사회의 역사 속에서는 실재하지 않았고, 세 모델을 비순차적으로 경험하고 있다. 그렇기에 아래서 설명하는 법의 거시사는 우리에게는 '비동시적인 것의 동시성'(the contemporaneity of uncontemporary)[28]으로 다가온다.[29] 이 비동시적인 것의 동시성은 실정법체계의 시간대와 법문화적 시간대가 — 브로델이 말하는 국면변동(conjuncture)과 장기지속(long durée)이 — 서로 포개져 있는 것이 아니라 서로 상충[30]하고 있음을 말

26 ★ 노동인격을 존중하는 해고 해고는 노동인격의 변화이므로 (노동계의 입장처럼) 원칙적으로 금지되거나 (사용자진영의 입장처럼) 원칙적으로 허용되는 것이 아니라 그런 변화가 사용자와 근로자에 의해 모두 수용가능한 방식으로 전개되어야 한다. 해고의 정당한 사유를 판례나 노동위원회의 판정례에 의해 구체화하는 것은 그런 수용가능성을 사회적으로 창출하는 제도화된 법적 대화이다. 형법은 노동인격의 변화에 있어서 그런 법적 대화에서 정형화된 해고사유가 아닌 사유에 의할 경우에, 사용자의 상호적인 노동인격(관계)으로부터의 이탈이 ① 노동인격의 일반적인 의사소통적 조건을 파괴할 정도로 중대하고 명백하며(형법의 보충성에 관한 지향), ② 무엇이 그와 같은 노동인격으로부터의 이탈인지가 사용자와 노동자에게 알려져 있는 경우에(명확성원칙의 의사소통이론적 해석) 투입되어야 하는 것이다.

27 자세히는 이상돈, *윤리경영과 형법* (신영사, 2005), 267~282쪽 참조.

28 이를 복합적 중층결정(complex overdetermination)이라 개념화하기도 한다. 중층결정 개념에 대해 자세히는 김형효, *구조주의의 사유체계와 사상* (인간사랑, 1999), 533~534쪽 참조.

29 나의 이 관점을 수용하고, 법정책의 방향을 '생활세계의 점진적 개혁'과 '생활세계와 체계의 상호경쟁'으로 설정하는 양천수, "한국법체계에 대한 '비동시성의 동시성'테제", *법철학연구* (제10권 제2호, 2007), 269~296쪽, 282쪽, 292~294쪽 참조.

30 이와 비슷한 논지로 김동춘, "근대화 프로젝트와 한국의 민족주의", *한국의 근대와 근대성 비판* (역사비평사, 2000) 참조.

해준다.[31]

1. 자유주의적 법모델

(1) 근대법의 자유주의적 토대 18~19세기 서구의 근대시민사회에서 법은 모든 개인들이 '공평하게' 자유를 누리도록 보장하는 임무를 맡았다. 즉 법은 개인이 다른 개인과 공평하게 자유를 누릴 수 있기 위해 지켜야 하는 '자유로운 행동의 반경(울타리)'와 같은 것이 된다.

1) 자유주의적 법모델의 시민상 이처럼 근대시민사회의 법이 사람들에게 자유로운 행동의 반경만을 정해주는 것이었다면, 그때 법은 성숙한 시민상을 전제로 한다. 그 자유로운 행동의 반경 안에서 개인은, 예를 들면 사회전체의 실질적인 복리를 위해 공동으로 투자할 의무를 부담하지 않고, 각자 자기책임 아래 자신의 삶을 계획하고 나름의 행복과 가치를 추구할 수 있는 존재이다. 이런 시민상은 자유롭고 동등하며, 판단능력과 행위능력을 갖춘 성숙한 주체, 즉 자기 스스로 자신의 '자유로운 행동의 반경'을 그을 줄 아는 개인을 전제한다. 실천이성이란, 좀 비유적으로 표현한다면, 그와 같이 자유로운 행동의 반경을 긋는 내심의 콤파스이다. 따라서 근대법은 칸트가 말하는 '실천이성(praktischer Vernunft)의 법'이었다고도 할 수 있다. 그러므로 자유주의

---

31 이러한 이중구조, 즉 '자유주의적 법모델의 늦은 성장'과 '사회국가적 법모델의 빠른 성장'에 의해 뒷받침된 것이었다. 먼저 서구의 자유주의적 법모델은, 한국사회에서 아직도 뿌리 깊게 터 잡지 못하였다고 볼 수 있다. 이는 한편으로는 자유주의적 법패러다임이 일본의 식민지배수단으로 왜곡된 채 한국사회에 계수되었기 때문이며, 더욱 근본적으로는 한국사회가 권위주의적인 관료체계와 전통적인 형이상학적·종교적 사회윤리와 집단주의 에토스와 같은 전근대적 문화토양을 갖고 있기 때문일 것이다(이런 이중적 구조는 한국 법체계의 하부구조와 상부구조로 표현하는 김정오, "한국 법문화의 원형과 변용", *법교육연구* [제3권 제1호, 2008], 49~72쪽 참조) 한편 사회국가적 법모델은 상대적으로 우리 법문화에 더 친화성을 가지면서 성장하고 있다. 하지만 그 친화성을 갖는 부분은 사회적 약자의 권리와 지위를 향상시키려는 사회국가적 법모델의 기획 내지 의도 차원보다는, 그 과정에서 법이 사회하부체계 기능보호 및 정치적 비용절감의 수단으로서 확장된다는 기능 차원이 더 크다. 그렇기에 이런 방향의 법체계가 띠는 외형적인 모습은 탈근대보다도 도리어 전근대적인 법체계의 그것에 가깝다.

적 법모델이 전제하는 시민상을 소유적 개인주의(possessive individualism)나 이기주의에만 빠진 인간으로 보는 것은 타당하지 않다.[32] 특히 개인주의적·자본주의적 상품생산체계 그리고 그 위에서 구축된 정치체제와 자유주의적 법모델 사이에 단순한 등식은 성립될 수 없다.[33] 자유주의적 법모델은 오히려 시민사회에서 상호보완적인 개인들의 도덕적 태도의 기초 위에서 구축되었다고 보아야 한다.[34]

2) 자유주의 법모델의 국가상 그렇기 때문에 국가는 단지 그와 같은 자유로운 행동의 반경을 넘어서는 행동방식을 통제하는 소극적인 임무만을 부여받을 뿐이다. 개인의 자유의사에 앞서 주어져 있는 어떤 목표(예: 유교윤리의 실현, 복지국가의 달성)를 향하여 그 개인의 행동을 조종하는 적극적인 임무는 부여받지는 않는다. 그런 의미에서 근대법이 상정한 국가는 '야경夜警국가'이다. 다시 말해 국가는 시민사회의 조종센터(콘트롤타워 control tower)가 되지 않는다. 국가에게 목표가 있다면 그것은 모든 개인들이 공평하게 자유를 누릴 수 있도록 각 개인들이 향유할 수 있는 권리와 부담해야 하는 의무가 정교하게 대칭을 이루는 체계를 짜는 일일 뿐이다.

그러므로 19세기 유럽에서 역사적으로 있었던 국가 간의 전쟁은 그 의미에 있어서는 (자유주의 법)체계를 폭파해버리는 요소로 이해될 수 있다. 왜냐하면 국가의 일반적인 전쟁수행은 일종의 "집단적" 목표를 위해 사람과 자원을 동원하는 것이며, 이는 국가가 개인과는 별개로 자기 목적을 추구하는 독자적인 행위주체(집단)로 변환된다는 것을 뜻하기 때문이다.

---

32 즉 자유주의적 법질서를 이기적이며 전략적인 행동에 한계를 짓는 규범적 질서로만 바라보고, 아담 스미스가 말한 시장의 보이지 않는 손을 그와 같은 법질서에 의한 사회형성을 (상호)보완하는 사회형성메커니즘으로 바라보는 것은 타당하지 않다.

33 최장집 교수는 한국사회에서 자유주의는 소유적 개인주의를 담지하고 실천하는 개인들의 사회를 가져왔다고 비판한다. 최장집, *민주화 이후의 민주주의: 한국 민주주의의 보수적 기원과 위기* (후마니타스, 2005), 293쪽 아래 참조.

34 B. Peters, *Rationalität, Recht und Gesellschaft* (Suhrkamp, 1991), 56쪽.

3) 자유주의 법모델의 특성 자유주의적 법모델에서 법은 자유로운 행동의 반경만을 설정해주어야 한다.

(가) 법의 중립성 이는 법(또는 국가[35])이 이를테면 — 가치관, 종교관, 정체성 등의 측면에서 — '무엇이 좋은(선한) 삶인가' 하는 문제에 관해서는 중립적인 입장을 취함을 뜻한다. 즉, 근대법은 삶의 방식과 사회적 결합의 다양성에 일정한 규범적 테두리를 정해주는 역할을 하고, 개인들은 그 테두리 안에서 스스로가 선택·결정한 삶을 자기책임 아래 주체적으로 실현해 나아가는 것이다. 법은 평등과 정의의 관점에서, 개인들이 나름대로 행복을 추구하는 자유로운 삶이 공존할 수 있는 가능성(Kompatibilität)을 보장하는 역할을 하는 것이다. 이는 법질서가 법공동체 구성원들 사이의 법적 관계형성에서 어떤 삶의 형태가 '사실상' 선호되고, 또 어떤 삶의 형태가 천대받는가에 관해서는 무관심함을 뜻한다. 법의 중립성에는 자유의 공평한 향유라는 기획에서 나오는 (형식적) 평등원칙이 내재해 있다.

(나) 법의 형식성과 탈규제의 에토스 이 무관심은 한편으론 불간섭을 의미한다. 법은 개인들이 어떤 행동을 하도록 조종하지도 않으며, 개인들이 자유를 누릴 수 있기 위한 실질적 조건(재화)들을 창출·공급하지도 않는다. 이런 의미에서 근대법을 형식법(Formalrecht)이라고 부른다.[36] 형식법은 법이 수행하여야 할 임무를 경감시키고, 개인의 행동이

---

35 법의 중립성은 국가의 중립성이기도 하다. 이에 관해서는 김도균, "국가와 법의 중립성에 관한 고찰－동등한 존중으로서의 중립성 원리", *법철학연구* (제18권 제2호, 2015), 41~72쪽 참조: 김 교수는 중립성이란 ① 인생관, 가치관, 정체성에 관련한 것이며, ② 결과의 중립성(neutrality of results)이 아니라 입법자의 의도(근거)의 중립성(neutrality of intent) 또는 입법이유(정당화)의 중립성(neutrality of justification)을 뜻하며, ③ 동등한 인간존엄성 원리를 실현하는 데 봉사하는 파생적 원리이면서 평등원칙의 특수한 유형이라고 본다. 이 주장 가운데 ①, ②는 타당하지만 ③은 그렇지 않다. 왜냐하면 중립성 원리는 현대사회의 다양한 실질적 불평등을 제거하는 내용의 평등원칙으로 기능할 역량이 없기 때문이다.

36 이 개념에 대해 — 특히 베버(M. Weber)가 사용한 맥락에서 — 자세히는 김동노, "현대사회 형성에 있어서 합리성의 문제", *전기사회학대회 자료*집 (한국사회학회, 1994), 7~8쪽.

나 사회적 관계의 많은 부분을 사적인 규율(사적 자치)에 맡겨 놓는다. 이와 같은 형식법에 따르면 법질서는 다양한 사회형성메커니즘 가운데 단지 하나일 뿐이며, 전체사회질서는 법 이외의 다른 사회형성방식에 의하여 (상호)보완되어야 한다. 여기서 법질서의 구체적 모습은 법이 보장하는 자유와 평등개념이 어떻게 이해되느냐에 따라 달라진다. 법적인 자유와 평등개념의 해석은 또한 법질서와 법 이외의 사회형성메커니즘 사이의 관계를 어떻게 설정할 것이냐의 문제이기도 하다. '자유주의'의 에토스(Ethos)는 후자, 즉 법 이외의 사회형성메커니즘에 더 많은 역할을 기대하는 정신이다. 그런 정신이 근대법에는 규범적 원칙으로 자리잡고 있다. 다시 말해 근대법은 탈규제(Deregulierung)의 에토스를 갖고 있는 것이다. 그러나 바로 이런 형식법의 한계 때문에 근대법은 현실 속에서 펼쳐지는 개인들 간의 실제관계가 권력적인 지배와 복종의 관계로 왜곡되는 것을 막을 수 없다.

㈐ **법의 외부성** 법질서의 중립성과 형식성은 다른 각도에서 보면 법질서가 '외부적' 질서(äußere Ordnung)임을 말해준다. 근대법이 외부적 질서라고 하는 것은 ① 첫째, 법질서가 규율하는 권리와 의무들은 '외부적 판단'이 가능한 것이라는 점을 뜻한다. 즉, 개인들 간에 권리와 의무의 내용에 관하여 의문(다툼)이 있는 경우에는 중립적인 제3자인 법관에 의하여 판단이 내려질 수 있다. 이는 윤리적 판단이나 종교적 판단의 경우에 개인의 양심이 궁극적인 판단기관이 되는 점과 구별되는 것이기도 하다. ② 둘째, 근대법이 외부적 질서라고 하는 것은 개인들이 법이 규정하는 타인의 권리를 침해하거나 자유로운 행동의 반경을 넘어설 때, 그 법의 규범내용은 외부적인 제재를 통하여 강제로 관철될 수는 있을지라도, 그 법규범을 위반한 개인들의 내면적 인격의 변화를 강제할 수는 없음을 뜻한다. 이것은 법질서의 실효성이 가질 수밖에 없는 숙명적 한계를 나타낸다.

(2) **근대법의 형성** 그렇기에 근대법에서 정의란 다름 아닌 자유의

결과일 뿐이다. 이러한 전제 아래에 설 때 법의 임무는 '지배로부터 벗어난 사회영역을 조직화'[37]하는 데 있게 된다.

1) 사법에 의한 자유의 조직화 이러한 법의 임무는 특히 사법私法(private law)에서 실천되었다. 근대법에서 사법의 최고원칙은 사적 자치(Privatautonomie)이다. 즉, 개인들의 사회적 관계의 내용을 그 개인들의 자유의사에 따라 자율적으로 형성하도록 하는 것이다. 이를 위해 개인은 재산의 자유, 계약의 자유 그리고 유언의 자유를 누린다. 이러한 의사의 자유에도 불구하고 사회적 협동이나 사회적 통합이 가능한 것은 개인들이 자율적으로 서로의 의사를 합치시키고 그에 따라 행동하기 때문이다. 민법의 규율은 개인의 의사표시의 유효요건(예: 민법 제103조~제154조), 의사합치의 요건이나 의사합치가 실패로 끝날 경우의 처리방식(예: 민법 제525조~제535조) 등을 제도화한다. 이처럼 민법은 의사의 자율성을 모든 법적 관계의 기초로 삼음으로써 사적 자치를 조직화한다. 민법이 특정한 사회적 관계의 내용을 정해놓는 경우(예: 매매[민법 제563조~제595조] 등)에도 그것은 오로지 개인들이 그런 내용과 다른 사항을 합의하지 않은 경우에만 보충적으로 적용될 뿐이다. 또한 사법은 어떤 개인이 다른 사람과 함께 공평하게 누리고 있는 자유영역을 침범한 경우에는 그 침범의 결과를 제거하라고 요구할 수 있는 권리(예: 소유물방해제거권[민법 제214조])를 인정하거나 손해배상청구권을 인정하기도 한다.

2) 공법에 의한 자유의 보호 자유에 대한 침해를 막고 자유를 보호하는 것은 공법(public law)의 임무이다.

㈎ 자유의 보호 자유의 보호는 국가의 강제적 관철에 의할 수밖에 없다. 예를 들어 형법은 한 개인의 자유로운 행위가 다른 개인의 자유를 침해하지 않기 위하여 지켜야 하는 규범을 시민들에게 공표하고, 그 규범의 준수를 독려한다.[38] 또한 규범을 위반한 행위들에 대해 그

37 D. Grimm, *Recht und Staat der bürgerlichen Gesellschaf* (1987), 24쪽.

행위가 위반한 규범의 내용(자유로운 행동의 한계)를 선언하고, 그런 행위에 대하여 형벌을 부과한다. 행정법 가운데 가장 전통적인 법인 경찰법(Polizeirecht)은 국가에게 개인의 자유와 그 기초조건에 대한 (장래의) 위험원을 제거·관리할 수 있는 권한을 부여한다. 국가의 강제력은 개인들이 특히 계약을 통하여 자율적으로 형성한 관계의 내용이나 그 이행에 관한 갈등을 권위적으로 해결하는 데에도 동원된다. 예컨대 민사소송법은 이러한 국가작용을 규율한다.

> 다만 민사소송에서는 다른 공법영역과는 달리 사적 자치의 이념이 지배한다. 즉, 개인들은 자율적인 의사에 따라 자신들의 분쟁을 국가의 소송제도에 의존하지 않고 해결할 수 있고, 국가의 소송제도를 이용하는 경우에도 국가의 법원이 심판하는 대상이나 범위 등을 자율적으로 결정할 수 있다. 민사소송의 대원칙인 '처분권주의'와 '변론주의'는 이러한 사적 자치의 이념을 구현하는 제도이다.

(나) **국가권력의 제한** 공법은 이처럼 시민의 자유를 보호하기 위한 임무를 국가에 부여하지만, 그 임무를 수행하기 위한 강제권력도 국가에게만 독점시킨다. 만일 국가가 자신이 독점하고 있는 권력을 남용한다면, 국가는 시민의 자유를 보호하는 '리바이어던'이 아니라 시민의 자유를 잡아먹는 괴물이 될 수 있다. 따라서 국가권력의 남용을 막기 위해서는 국가기관 상호간의 통제를 가능케 하는 메커니즘을 형성하고, 국가권력의 존재목적을 사적자치, 다시 말해 개인의 자유와 시민사회의 자율적인 질서형성을 보장하는 데 국한시킬 필요가 있다. 헌법은 앞의 임무를 특히 권력분립제도(현행헌법 제3, 4, 5장)와 헌법재판제도(제6장)에 의해, 뒤의 임무를 기본권규정(제2장)에 의해 수행하고 있다. 기본권은 국가의 입장에서 바라보면 행동의 한계이며, 개인의 입장에서 보면 (국가에 대한) 방어권으로 작용한다.

(3) 자유주의적 법모델의 문제점과 한계 개인의 자유를 보장하는

38 자세한 것은 이상돈, *형법의 근대성과 대화이론* (홍문사, 1994), 27쪽 아래 참조.

소극적인 임무에 만족하는 자유주의의 법모델은 다음의 문제점이 있다.

1) 이론적 문제들 법이 '도덕규범의 제도화이다'라는 생각은 '실정법은 이성법(Vernunftsrecht)에 포섭된다'[39]는 생각과 사실상 같다. ① 따라서 정치적 입법자가 법을 사회형성(사회정책)의 과제를 이행하는 도구로 이용할 수 있다는 점이 자유주의 법모델에는 사라져 있다. 법은 정치와는 무관하게 실천이성의 법칙을 실행하는 기관으로만 자리잡는 것이다. 이는 정치에게서 입법자의 지위를, 법에게서 현실성(실증성)을 사라지게 만든다. ② 또 하나의 문제는 추상성이다. 근대법은 입법과 판결에서 존중되어야 할 도덕원칙의 성격을 띤 근본원칙만을 설정하는 것일 뿐, 법이 가져올 실제결과에 대하여는 관심을 갖지 않았다. 이런 점에서 19세기의 자유주의 법모델은 역사적인 구체성이 부족했다고 볼 수 있다. ③ 근대법이 실천이성의 도덕법칙을 제도화하는 기획을 추구하였다면, 그러한 도덕법칙을 정확하게 인식할 수 있는 사람, 예컨대 철학자의 왕(Philosophenkönig)이 법규범의 형성에서 '독재자의 지위'를 누리게 된다. 이 점에서 근대법은 인식론적으로 '비민주성'을 내포하는 측면이 있다. ④ 그리고 입법이 도덕의 제도화라면 사법, 즉 법관의 판결은 확정된 사안을 법률에 단지 포섭시키는 행위이어야 하고 법관에게는 법을 형성하는 창조적인 역할이 주어지지 않는다.[40] 이는 법률적용단계에서 실증주의를 가져온다.

2) 실천적 문제들 실천적으로도 근대법은 법 이외의 다른 사회형성의 메커니즘들이 사람들 사이의 사회적 관계를 이성적으로 짜줄 것이라는 신뢰를 바탕으로 한다. ① 그러나 이러한 시민사회의 (이성적) 자율성에 대한 신뢰는 역사적으로 많은 부분 배신당했다. 즉, 근대법이 보장해준 자유의 공간 안에서 사회적 강자와 약자의 분화가 이루어졌

39 J. Habermas, *Wie ist möglich Legitimität durch Legalität?* (KJ, 1987), 7쪽 참조.

40 그렇기 때문에 19세기의 프랑스 철학자 몽테스키외(Montesqieu)는 법관을 "법률을 말하는 (기계적) 입"이라고 규정지은 바 있다.

고, 빈익빈 부익부의 현상은 더욱 강화되어갔다.[41] 사회적 강자와 약자의 분화 역사는 그에 대한 반작용으로 사회국가적 법모델을 낳는 원동력이 되었다. ② 또한 근대법은 자유의 평등한 보장만을 목표로 할 뿐, 자유의 '실질적 보장'은 목표하지 않았다. 시민의 대표인 의회는 법률의 내용을 '실질적 정의'의 기준들로 채워 넣어야 한다는 구속을 받지 않았다.[42] 법률내용의 실질적 정의는 법률이 자유와 재산의 보호에 관심있는 사람들(예: 부르주아)을 대표하는 사람들의 공적인 토론에 의해서 확보될 수 있다는 믿음이 지배했다. 그렇기에 서구선진국가에서 선거권이 오랜 세월에 걸쳐 재산과 교양이 있는 사람에게만 인정되어 온 것이다.[43] 자유주의적 법모델은 나치체제에서 볼 수 있듯이 의회가 부정의한 법률을 제정하는 것에 대하여 무력할 수밖에 없었다.[44]

2. 사회국가적 법모델

자유주의적 법모델이 대략 19세기 중반까지의 서구시민사회의 법체계를 '이념유형적'으로 그려내고 있는 것인 반면, 사회국가적 법모델은 20세기 복지국가(사회국가)이념에 따라 짜인 서구 산업사회의 법체계를

41 김도균 교수는 국가 중립성 원리가 "종래의 평등원칙 담론으로 해결하지 못하는 문제"(김도균, "국가와 법의 중립성에 관한 고찰－동등한 존중으로서의 중립성 원리", *법철학연구* [제18권 제2호, 2015], 41~73쪽)를 해결해 줄 것에 대한 기대와 동시에 의문을 보인다(70쪽). 중립성 원리는 국가가 특정 가치관/인생관/정체성을 선택해서도 안 되지만, 개인(집단)이 특정한 가치관/인생관/정체성을 형성하는 자율을 보호하는 데까지만 미친다. 그것을 넘어서 현대사회의 다양한 실질적 불평등을 제거하는 문제는 사회국가적 법모델에 의해, 그리고 불평등 제거가 초래하는 다양한 역기능(예: 역차별, 체계기능의 약화)은 절차주의적 법모델이 성장함으로써 해결될 전망이 있다.

42 D. Grimm, *Recht und Staat der bürgerlichen Gesellschaft* (1987), 308~406쪽.

43 선거권을 모든 국민에게 인정하는 보통선거의 원칙이 확립된 것은 서구에서도 20세기에 들어와서의 일이다. 이에 관해서는 계희열, *헌법학 [상]* (박영사, 1995), 276쪽 참조.

44 이와 같은 자유주의 법모델의 문제점을 '이념형으로서 자율주의의 이원적 구조(자율성과 공동체, 욕구와 이성, 국가와 시민사회, 공적영역과 사적영역)와 그 근본모순'이라고 표현하는 김정오, "자유주의 법체계에 대한 구조적 분석과 비판", *연세법학연구* (제2권 제1호, 1992), 653~682쪽, 특히 654쪽 아래.

좀 더 실재에 가깝게 반영한다. 자유주의적 법모델의 기능, 법적 관계 유형, 법적 규율형태가 단계적으로 확대되어 사회국가적 법모델이 성립하는 논리적 과정은 다음과 같다.

(1) **사회국가적 법모델의 배경** 근대법 위에서 펼쳐진 19세기 사회의 현실은 사회적 강자(자본가)와 약자(노동자)가 대립하였고, 이는 법의 핵심을 이루었던 도덕원칙(자유, 정의, 연대성, 책임 등)에 새로운 해석을 가져왔다. 노동법과 같은 사회법(Sozialrecht)의 성장은 그 대표적인 결과이다. 사회법의 인간상은 자유주의적 법인 민법이 상정하는 자유롭고 평등한 인격의 인간이 아니라, 경제와 사회 속에서 투쟁하는 구체적인 인간(예: 노동자, 소비자)이다.[45]

1) 도덕원칙의 확대: 사회적 연대성 19세기 중후반을 넘어서면서 개인들 사이의 법적 교류는 그 내용적인 면에서 '평등'이나 '연대성'의 이념에 따라 제한을 받게 되었다.[46] 예를 들면 근로계약이나 임대계약을 할 때 당사자에게 부여되어 왔던 광범위한 '형성의 자유'(예: 계약의 자유)가 사회적 약자(예: 노동자, 임차인)를 보호하는 방향으로 제한을 받게 되었다. 이를테면 노동법이나 (주택・상가)임대차보호법과 같은 '특별사법'이 출현하고, 소유권을 제한하고 사회적 약자에게 유리하게 손해배상책임을 정하는 민법해석과 같은 사법의 '실질화'가 진행된 것이다.[47] 또한 이로써 공법과 사법의 구별은 상대화되었다.[48]

---

45 이런 인간상의 변화에 대한 통찰을 한 라드브루흐에 관해 윤재왕, "법철학과 사회법. 라드브루흐의 법사상을 중심으로", *안암법학* (제37권, 2012), 342~343쪽.

46 이와 같은 점은 자유주의 법사상이 사회적 법사상으로 확장될 수 있음을 보여준다. 자유주의 법사상의 정점을 이룬 칸트의 정언명령(보편적 입법의 원리)의 도덕적 실천은 사회적 생산력의 불균형적 분배상황에 있는 경험적 인간에게도 요구된다고 보는 엄순영, "칸트의 실천이성에 근거한 사회적 법사상", *민주법학* (제19호, 2001), 107~122쪽, 특히 118쪽 아래 참조.

47 이상돈, *형법학* (법문사, 1999), 162쪽.

48 이런 현상은 사회(국가)적 법의 성장에서 비롯되는데, 라드브루흐는 공법과 사법의 구별 자체는 가능하지만 공법과 사법의 상호침투(Durchwachsung)로 인해 상호분리가 불가능해진 것으로 본다. 자세히는 윤재왕, "법철학과 사회법", *안암법학* (제37권, 2012), 360~361쪽.

2) 재화의 재분배 이와 같은 사법영역에서 수평적 법구조(개인들 간의 법률관계)의 변화는 도덕원칙을 확대할 뿐만 아니라 재화를 재분배하는 기능을 발휘한다. 왜냐하면 소유권의 제한이나 계약자유의 제한 또는 사회적 강자의 불법행위책임 강화 등은 실질적으로 보면 법공동체의 구성원들이 '사회적 정의'나 '사회적 연대성'이란 도덕원칙에 따라 사회적 약자에게 배분될 기금을 함께 모아야 하는 의무를 지니게 됨을 뜻하고, 사회적 약자는 그에 상응하는 권리를 갖는다는 것을 뜻하기 때문이다. 그런데 재화의 재분배를 도모하기 위하여 일종의 사회공동기금을 형성하는 기능을 더 본격적으로 수행하는 것은 조세법과 보험법제도라고 할 수 있다.

㈎ 누진세와 사회보험의 재분배기능 국가는 누진세제도에 의하여 사회적 강자로부터 더 많은 조세를 거두어들이고, 그렇게 징수된 조세를 사회적 약자에게 혜택이 돌아가는 사업을 실시하는 공동기금으로 사용한다. 또한 그 기금으로 소득과 재산이 일정수준 이하인 국민에게 공적 부조를 수행하기도 한다. 예를 들어 국민기초생활보장법은 생활능력이 없거나 생활이 어려운 자에게 최저생활을 위한 부조를 행한다.

보험은 서로 다른 계층 간에 소득을 배분배하고, 개인에게 시간적으로 소득을 재분배하는 기능을 발휘한다. 특히 정부가 법으로 대상자들을 강제가입하게 하고 독점적, 비영리적으로 운영하는 사회보험은 노령(예: 국민연금법), 질병(예: 국민건강보험법), 산업재해(예: 산업재해보상보험법) 및 실업(예: 고용보험법) 등으로 인하여 생존의 위험에 처한 사람에게 사보험私保險보다 낮은 가격의 보험으로 기본적인 생존배려의 기능을 수행한다.

㈏ 강제된 사회적 연대성 그러나 이처럼 법공동체가 우회적인 방법으로 재화의 재분배 기능을 한다는 것은 사회적 연대성의 도덕원칙이 단순히 개인들 간의 법률관계(수평적 법구조) 차원만으로는 충분히 실현될 수 없음을 뜻한다. 즉, 법공동체 자체가 사회적 연대성이라는

독자적인 목표를 추구하며, 국가기관은 사회중심부로서의 역할을 하기 시작함을 뜻한다. 이러한 변화는 개인들의 사회적 행동의 동기차원에도 변화를 가져온다. 예를 들어 한 개인이 다른 개인에게 돈을 빌려줄 때 일정한 이율을 넘어설 수 없다고 한다면, 돈을 빌려주는 개인은 그런 제한을 약자의 이익을 도모하기 위한 제한으로 이해할 수 있다. 이에 반해 누진세제도에 의해 상대적으로 많은 소득세나 보험료를 내는 개인은 계층 사이에 소득의 재분배를 수행하는 선한 목적을 추구한다는 동기를 갖고 그런 세금이나 보험료를 내는 것은 아니다. 이 단계의 사회적 연대성은 개인차원의 자발성을 넘어서서, 국가차원에서 강제된 것이라 할 수 있다.

(2) **사회국가적 법제화의 특성** 후기산업사회에서 국가와 법은 단지 자유주의적 법모델의 지평을 사회적 연대성이라는 도덕원칙에 의해 확대하는데 그치지 않고, 개인들 사이의 관계나 사회질서를 적극적으로 형성하고 변화시켜 나가는 역할을 떠맡는다. 이로써 자유주의 법체계에서 사적 자치에 내맡겨져 있던 많은 일들이 국가와 법의 임무로 편입된다. 또한 국가의 기능은 재화의 창출·분배뿐만 아니라 문화와 생활세계의 영역에까지 확장되어 그 결과 국가는 개인의 사회화 기능까지 담지하게 된다.

1) 국가의 기업화와 보편적 이익의 추구 후기산업사회에서 국가와 법은 사회구성원들에게 자유향유의 실질적 조건인 재화를 직접 창출하고 분배해주는 기능을 한다.

㈎ 개발회사로서 국가와 법형성권한의 중심이동 예를 들어 국가는 국민이 낸 세금으로 고속전철을 건설하고, 방송위성을 쏘아 올리고, 공항과 항만을 건설하기도 한다. 이로써 국가는 자유의 파수꾼이 아니라 자유의 조건을 창출하는 기업 내지 개발회사(development company)로 변모한다. 국가기관은 사업비용을 사회구성원 전체에게 청구하는 서비스회사의 매니저와 비슷해진다. 이때 법은 국가의 정책을 현실에 옮기는

도구가 된다. 여기서 근대헌법체계에서 법규범의 '제정', '적용', '실행'이라는 기능과 그것을 전담하는 기관(입법, 사법, 행정)들을 엄격하게 분리시킨 (자유주의적) 권력분립은 더 이상 유지되기 어렵다. 법이 실행에 옮기려하는 일정한 정책은 구체적 상황의 개별적 특수성에 대한 섬세한 고려와 특정한 문제상황과 관련된 전문지식 없이는 그 실현이 불가능하기 때문이다. 따라서 사회국가적 법모델에서는 법규범형성의 중심이 입법부에서 점차 행정부로, 부분적으로는 사법부로 이양된다. 각종 법률의 구체적인 내용을 대통령이나 행정부령으로 위임하는 수권규정(위임입법)[49]과 일반조항[50]은 이러한 현상을 표현하는 입법기술이다.

(나) 명령·강제·처벌보다 계획·유도·조정 여기서 국가의 활동은 주로 모든 사람들에게 자유의 향유와 행복의 추구 등 욕구의 실현을 기약해주는 '보편적 이익'(Universalrechtsgüter)의 실현을 목표로 하는 사업수행과 같은 형태로 나타난다. 그러나 무엇이 보편적 이익인가 하는 점에 대한 판단은 사회구성원들의 가치관이나 인생관, 세계관에 따라 달라질 수 있다.[51] 그러므로 보편적 이익의 실현을 임무로 하는 법은 '사람을 죽이지 말라'와 같은 도덕원칙을 규범내용으로 수용하고 있는 법과는 달리 '도덕적 절대명령'과 그 명령의 이행'강제', 그리고 처벌의 형태로는 개인의 행동을 조종할 수가 없다.[52] 예컨대 환경보호라는 보편적 이익을 실현하기 위해 환경산업의 육성이나 기업의 환경보호설비 설치를 추진할 경우에, 국가가 어떤 개인이나 집단에게 특정한 환경산업의 창설이나 환경보호설비의 설치를 단순히 명령하거나 강제하는 데에는 실효성의 한계가 있을 수밖에 없다. 그보다는 세제혜택, 재정지원

---

49 위임입법의 헌법적 한계에 대해서는 특히 장영수, "조세법에 있어서 위임입법의 한계", *한독법학* (제14권, 2003) 참조.

50 일반조항의 위험성에 대해서는 특히 김영환, "법의 계수의 결과현상들: 개념법학적인 사유형태와 일반조항에로의 도피", *법철학연구* (제4권 제1호, 2001) 참조.

51 이상돈, *인권법* (세창출판사, 2005), 48쪽 아래 참조.

52 D. Grimm, "Der Wandel der Staatsaufganen und die Krise des Rechtsstaats", *Wachsende Staatsaufgaben – sinkende Steuerungsfähigkeit* (Nomos, 1990), 297쪽.

또는 행정규제완화의 이익을 약속함으로써 개인들이 자발적으로 그런 산업을 일으키도록 유도할 수 있을 뿐이다. 따라서 보편적 이익의 실현을 임무로 하는 법은 명령과 강제가 아니라 '계획', '지도'와 '유도' 그리고 '조정' 등의 방법을 임무수행의 수단으로 삼게 된다.

㈐ **협상거래의 결과** 현실에 있어 보편적 이익이라고 추구되는 이익들은 대개 어떤 특정 그룹 사람들의 이익이나 가치관을 대변하는 것일 때가 많다. 그럴 경우 법은 또 다른 특정한 그룹의 이익이나 가치관을 대변하는 법과 거래로 맞교환되기도 한다. 어떤 구조정책이든 특정한 이익을 보편적 이익으로 '채택'할 수밖에 없으며, 그것은 다른 방향의 보편적 이익을 배척하는 결정일 수밖에 없다. 예컨대 원자력발전을 법으로 금지한다면 석유에너지 사용이 증가하거나 대체에너지 개발비용이 증가된다. 이처럼 사회국가적 법은 보편적 이익을 추구함으로써 어떤 형태로든 다른 보편적 이익을 배제해야만 하는 '결정의 강제' 상황 속에서 형성된다. 따라서 사회국가적 법은 보편적 이익을 추구하면서도 당파성을 떨쳐버릴 수 없는 한계를 안고 있다.

2) 사회체계의 기능 보호 후기산업사회에서 재화(법익)의 생산과 분배는 주로 다양한 사회적 하부체계(subsystem)의 기능에 의해 이루어진다.

㈎ **사회적 하부체계에 의한 재화의 생산과 분배** 사회적 하부체계는 서양은 19세기 후반, 우리나라는 1960, 70년대 이후 과학과 기술을 바탕으로 재화를 생산하는 사회에 고유한 사회형성메커니즘이다.

예를 들어 환경체계, 경제체계, 의료체계, 교통체계, 예술체계, 교육체계, 치안체계 등이 그러하다. 또한 사회적 하부체계 안에서도 더 작은 단위의 영역별로 기능적 분화가 진행되고 있다. 예를 들면 의료체계 안에서 의료분쟁해결체계와 건강보험체계로, 사법체계 안에서 형사사법체계와 소년사법체계 등과 같이 더 작은 단위의 사회적 하부체계로 기능적 분화가 이루어진다.

사회적 하부체계는 '시장의 조정기능' 위에서, 과학과 기술의 전문지식을 제공하는 전문가집단과 그것을 바탕으로 재화를 생산해내는 산업 그리고 과학과 산업영역을 계획·조정·관리하는 행정관료의 상호작용 속에서 재화의 생산과 분배가 이루어지는 메커니즘이다. 오늘날 사회적 하부체계는 다양한 영역별로 분화되어 있다. 후기산업사회에서 개인들이 자유를 누리기 위한 실질적 조건(재화)은 대부분 바로 이 같은 사회적 하부체계가 제 기능을 다함으로써 통째로 보장된다. 특히 사회적 하부체계의 정상적 기능 없이는 후기산업사회의 예측할 수 없는[53] 수많은 위험원에 대한 효과적인 관리, 즉 위험의 예방과 억제가 제대로 이루어질 수 없다.[54]

(나) 의무규정의 증가 그렇기 때문에 후기산업사회의 법은 위험사회에 대한 불안이 커질수록 사회적 하부체계의 기능을 보호한다는 명분 아래 개인에게 다양하고 수많은 의무를 부과한다.

> 예를 들어 대기환경을 보호하기 위해 행정관청은 화학비료제조업자에게 암모니아를 50ppm 이하로 배출해야 한다는 의무를 부과한다.[55] 그러나 이러한 의무규정의 위반행위가 그 규정이 보호하려고 하는 보편적 이익(대기환경의 보전)을 실제로 침해하는지는 과학적으로 입증되지 않는다. 그렇기 때문에 그 규정은 대기환경관리체계의 기능, 더 정확히는 그런 체계의 핵심역할을 하는 행정관청의 기능을 보호하기 위한 것으로 볼 수 있다. 이와 같은 의무규정은 하부체계마다 수없이 많으며, 지금도 계속 증가하고 있다.

---

53 위험사회는 근대화로 인해 전지구적으로 퍼진 위험에 대한 무지가 지배하는 체제이며, 따라서 개인은 칸트의 근대적 계몽처럼 단지 자율적 개인이 되는 것만으로 부족하고, '동시에 세계시민적으로 생각하라'는 것을 출발로 삼는 세계시민적 계몽은 더 나은 근대를 위한 기초가 된다. 울리히 벡의 위험사회론에 대한 이와 같은 해석으로 임미원, "벡의 위험사회론에 대한 기초적 고찰", *한양대 법학논총* (제31권 제1호, 2014), 212~213쪽.

54 U. Beck(홍성태 역), *위험사회-새로운 근대(성)을 향하여(Risikogesellschaft-Auf dem Weg in eine andere Moderne)* (새물결, 1997), 59쪽.

55 대기환경보전법 제16조 제1항; 대기환경보전법시행규칙 제15조, 별표 8.

그렇기 때문에 하부체계의 기능을 보호한다는 명목으로 설정된 의무규정(Pflichtstatbestand)은 미래사회에서 양적으로나 질적으로나 법규범의 중심적 형상이 될 것으로 전망된다.

3) 법의 패러다임변환 이러한 의무규정은 사회국가적 법규범에 국한되지 않고, 근대법의 두 축인 사법의 핵심영역(예: 계약법과 불법행위법)과 형법의 핵심영역(예: 개인적 법익 범죄)에까지 침투해 들어오고 있다.[56]

(가) 도덕규범에서 목적강령으로 가령 환자보호에 편향된 불법행위책임의 인정은 불법행위조항(민법 제750조)을 자유의 한계를 설정하는 도덕규범에서 환자보호정책이라는 목적의 달성하기 위한 규정(목적강령)으로 변질시킨다. 이러한 법현상은 자유주의적 법모델의 껍질을 터뜨려 와해시키는 것임은 물론이고 사회적 연대성과 보편적 이익의 실현에 정향되어 있던 사회국가적 법모델에 대해서도 체계를 파괴하는 위험을 내포하고 있는 발전이다. 가령 환자보호편향 판결이 방어진료를 확산시키고, 장기적으로 시민이 누리는 의료서비스의 수준을 저하시킬 수 있기 때문이다.

(나) 직접 조종에서 간접 조종으로 법이 사회적 하부체계의 기능을 보호하는 도구가 되면, 법은 사회적 행위를 직접 조종하는 매체에서 간접 조종하는 매체로 변화한다. 예를 들어 주택임대차보호법은 임대인과 임차인의 행동방식을 직접 조종하고, 또한 그들 사이의 법적 관계의 내용도 부분적으로는 직접 형성한다. 이에 반해 대기환경보전법은 화학비료제조업자에게 일정한 농도의 암모니아가스 배출을 금지하는 식의 직접 조종을 두는데, 이것은 그 자체가 목적이 아니라 깨끗한 대기환경이

---

56 민법분야에서는 G. Brüggemeier, "Vertrag－Quasi－Vertrag－Delikt. Ansätze zu einer Neustrukturierung des zivilen Haftungsrechts", *Aktiengesellschaft* (제10권, 1982), 268~278쪽; 형법분야에서는 K. Günther, "Von der Rechts－ zur Pflichtverletzung. Ein "Paradigmawechsel" im Strafrecht?", *Vom unmöglichen Zustand des Strafrechts* (1995), 445~459쪽 참조.

라는 보편적 이익을 '간접적으로' 실현하기 위한 것이다.

(다) **도구적 합리성 개념의 변화** 법이 사회적 하부체계의 기능을 보호하는 매체가 되면 법의 도구적 합리성의 개념도 변화한다. 법에서 도구적 합리성은 법이 일정한 목표(이익의 실현)를 달성하는 데 효과(실효성)가 있는 상태를 가리킨다. 그러나 법이 사회적 하부체계의 기능을 보호하는 경우에 보편적 이익은 법에 의해 직접 실현되는 것이 아니라 사회적 하부체계에 의해 실현되는 것이고, 법은 그런 체계의 기능보호를 통하여 간접적으로만 이익을 실현한다. 이런 점에서 법에서 도구적 합리성은 사회적 하부체계의 기능적 효율성으로 대체되며, 그런 '기능적 효율성'(Funktionstüchtigkeit)의 실현이 법의 과제로 주어진다. 그러나 이러한 새로운 과제의 이행과정에는 근대법에서 형성된 많은 법원칙들이 폐기될 위험이 있다.

> 예를 들면 법이 사회적 하부체계의 기능 보호에 정향될수록 법의 임무는 점점 더 많아지고, 사법부의 업무도 많아질 수밖에 없다. 그런 업무 가운데 상당한 부분은 사법적 판단이 적합하지 않은 성격의 것들도 많다. 또한 업무의 과부하로 인해 법원의 권리구제기능이나 정의실현기능이 약화될 수 있다. 이를 막기 위해 법원은 사법체계의 효율성을 지향하게 되고, 그 과정에서 구술주의, 직접주의 등과 같은 소송법원칙들을 약화시킬 우려도 있다.

(3) **사회국가적 법모델과 조종의 트릴레마** 사회국가적 법모델의 세 가지 버전인 사회적 연대성을 실현하는 법, 보편적 이익을 실현하는 법, 사회적 하부체계의 기능을 보호하는 법의 공통점은 법이 정책의 도구로 사용된다는 점이다. 정책적 목표에 복속된 법은 사람들의 행위방향을 목표달성의 방향으로 적극 조종하려 한다. 그러나 이런 조종은 사실상의 한계가 있다. 다음과 같은 토이브너(Teubner)의 '조종의 트릴레마'(regulatorisches Trilemma)[57] 이론은 그런 한계를 가장 잘 보여준다:

57 이러한 명제를 제시한 토이브너(Teubner)의 법사회학 이론에 관해서는 양천수,

① 법과 정책의 상호적 무관심, ② 법에 의한 사회적 통합의 와해, ③ 사회에 의한 법적 통합의 와해.

1) 법과 정책의 상호적 무관심 법이 추구하는 정책은 정치체계의 지지기반 확보와 유지를 위해 상징적으로 개발되고 실제로는 집행되지 않는 현실이 만연하다. 법이 정책의 상징적인 도구가 된다. 이런 도구화는 단지 '정책의 법(의 규범적 구조나 정당화 원칙 등)에 대한 무관심' 만을 의미하지는 않는다. 그런 도구화가 장기적으로 진행되면 실효성 없는 정책에 대한 시민사회의 냉담이 일반화되고, 그런 일반화는 어떤 정책이 법에 옮겨지건 간에 법이 정책을 실제로 현실에 옮기는 역량을 갖추는 데 무관심하게 만든다. 즉 '법의 정책에 대한 무관심'이 일어난다.

2) 법에 의한 사회적 통합의 와해 또한 정책의 도구가 된 법은 생활세계에 문화적으로 전승된 규범(과 규범적 원칙)을 정책의 논리에 의해 지속적으로 밀쳐낸다. 이를 하버마스는 '법에 의한 생활세계의 식민지화'[58]라고 불렀다. 즉, 법이 실어 나르는 정책을 실질적으로 지배결정하는 것은 권력과 자본이고, 이들은 자신을 확대재생산하라는 정언명령에 따라 법이 규율하는 삶의 세계를 구성해온 전승된 (도덕, 윤리 및 사회) 규범의 논리, 즉 실천적 타당성의 논리영역을 점령해버리고 만다. 이는 법에 의한 사회적 통합의 와해라고 말할 수 있다.[59]

"1980년 이후 전개된 독일 법사회학의 현황: 토이브너의 이론을 중심으로 하여", *법과 사회* (제30권, 2006), 117~140쪽; 트릴레마의 이론의 법적 적용례로 이상돈, *의료체계와 법* (고려대학교 출판부, 2000), 220쪽 아래; *부실감사법* (법문사, 2007), 137~145쪽 참조.

58 이에 대해 자세히는 김창호, "하버마스의 체계와 생활세계: 이원적 전략의 이론적 의의", 장춘익 외 편, *하버마스의 사상* (나남, 1996), 185쪽 아래 참조.

59 ★ 복지정책과 생활세계의 식민지화 문제 ① 하버마스가 말하는 법에 의한 생활세계의 식민지화는 생활세계의 전승된 상징과 규범의 체계를 와해시키고, 소통적·상호작용적인 방식에 의한 질서형성의 역량을 마비시키는 것을 말하는 것일 뿐이다. ② 이 식민지화 현상은 — 홍성수 교수가 주장하는 바와 같이 (홍성수, "복지국가에서 법에 의한 자유의 보장과 박탈: 하버마스의 비판과 대안", *법철학연구* [제18권 제1호, 2015], 182쪽 참조) — 선별적 복지에만 해당하고, 보편적 복지에는 해당이 없는 것은 아니다. 보편적 복지와 선별적 복지는 사회주의(socialism)와 사회국가(Sozialstaat) 사이의 체제이념적 차이에 기초하는 정책의 차이일 뿐이며, 어떤 복지정

환자보호에 편향된 판결(구체적 법규범)이 방어진료를 초래하여 의사와 환자 사이의 관계는 치료적 대화가 아니라 소송에 대비하는 전략적 관계로 만들고, 그로 인해 의료서비스의 질이 저하되는 현상은 대표적인 예이다.

3) 사회에 의한 법적 통합의 와해 시민사회에서 문화적으로 전승되어 온 규범들에 의해 사회적 통합이 달성될 수 없게 되면, 시민들은 그들 간의 사회적 갈등을 해결하는 기제로서 오직 법에 의존할 수밖에 없게 된다. 이런 의존성은 다시금 그때까지 이루어진 입법보다도 더 많은 입법과 더 많은 소송(적 해결)을 요구하게 된다. 그러니까 정책의 도구가 된 법은 지속적인 정책도구화의 압력을 받게 된다. 이러한 악순환은 결국 법의 규범적 구조를 파괴시킨다. 규범적 구조(예: 과실책임원칙, 책임주의)가 파괴된 법은 하나의 정합적인 체계 속에 편입되어 질서 잡히는 것이 아니라 단지 권력과 자본을 변수로 하여 끊임없이 변형되어 가는 정책적 기획의 편린으로 추락할 수 있다. 이를 사회에 의한 법적 통합의 와해라고 부른다.

3. 절차주의적 법모델

자유주의적 (근대)법(형식법)이 강자와 약자의 분리라는 사회적 결과에 무력했다면, 사회국가적 법(실질법)은 개인의 사회적 행동을 조종하거나 그것을 통하여 정책적 목표를 추구하는 도구가 되고, 장기적으로 사회적 통합과 법적 통합을 모두 그르치게 만든다는 문제점이 있다. 그렇지만 미래의 법체계가 근대의 자유주의적 형식법으로 회귀한다는 것

책에서도 생활세계의 식민지화 현상이 발생할 수도 있고, 그렇지 않을 수도 있다. ③ 각 생활영역의 실제현상을 (특히 뒤에 서술하는 미시사적 분석 방법에 의해) 면밀히 분석함으로써만 그 영역에서 생활세계의 식민지화 현상이 벌어지고 있는지를 판단할 수 있을 뿐이다. 그렇기에 복지정책은 생활세계를 구성하는 요소들 인격, 문화, 규범의 차원에서 주체성과 자율성을 지닌 시민들의 소통을 통해 끊임없이 반성적으로 수정될 수 있어야 한다. 이와 관련하여 복지인격, 복지문화의 개념을 구축하는 김나경, "복지 개념의 법철학적 구성", *법철학연구* (제16권 제2호, 2013), 61쪽 아래 참조.

은 시대착오적이며, 그렇다고 사회국가적 법체계에 머무를 수도 없다.[60] 베버가 일찍이 "형식적 합리성과 실질적 합리성의 이율배반"[61]이라고 표현한 이런 딜레마 상황이 1세기 동안 지속된 이후인 20세기 후반부터 법은 '절차화'(Prozeduralisierung)라는 개념으로 대변되는 제3의 단계로 발전한다.[62]

(1) **절차주의적 법모델의 기초** 물론 절차화의 구체적 모습은 어떤 이론의 진영에 서느냐에 따라 달라진다. 그러나 적어도 다음 네 가지는 공통점이라고 할 수 있다.

1) 민주성 절차화의 핵심적 요소로 법내용 자체가 아니라 법'형성'과정의 민주성을 들 수 있다.[63] 의회의 입법절차가 하버마스가 제시한 '이상적 대화상황'에 가능한 한 근접한 대화적 의사소통의 과정이 되도록 하는 것이다. 의회의 민주적 입법을 위해서는 국민투표나 국민청원제, 당내민주화 등도 필요하지만 무엇보다 (시민적) 공론(Öffentlichkeit)의 활성화가 중요하다. 의회가 제정한 법률은 행정입법(법시행령, 법시행규칙)에 의해 구체적 법규범으로 발전된다. 행정입법은 전문성에 기초하지만, 그 과정은 시민적 공론을 고려하고, 청문제도를 통한 당사자의 참여 등을 보장하는 등과 같은 정당성의 필터를 통과해야 한다. 법원이 법률해석을 통해 구체적 법규범을 형성하는 과정도 소송당사자뿐만 아니라 법해석 전문가들의 의사소통공동체와 대화적 소통을 하는

60 실질법으로 형식법을 대체해서는 안되며, 형식법(또는 법의 형식성)의 가치를 유지하고, 그 한계를 민주주의로 보충해야 한다는 견해(엄순영, "법의 형식성과 민주주의의 결합모색: 프란츠 노이만과 위르겐 하버마스의 법사상을 중심으로", *민주법학* [제29호, 2005], 261쪽)도 나의 절차주의 법제화 방향과 비슷하다.

61 M. Weber, *Wirtschaft und Gesellschaft 4. Auflage* (Tübingen, 1956), 60쪽.

62 S. Simitis, "Zur Verrechtlichung der Arbeitsbeziehungen", *Verrechtlichung von Wirtschaft, Arbeit und sozialer Solidarität* (Nomos, 1985), 102쪽 참조.

63 하버마스의 이론에 기초한 절차주의적 법모델로 민주성을 의회와 민주적 입법절차, 행정과 민주적 참여, 사법의 민주화와 당사자의 권리성 강화로 나누어 설명하는 홍성수, "복지국가에서 법에 의한 자유의 보장과 박탈", *법철학연구* (제18권 제1호, 2015), 174~178쪽 참조.

것이어야 한다. 다만 법원이 고려해야 하는 공론은 시민적 공론이 아니라 전문가공론[64]임에 주의를 요한다.

2) 절차적 조정 절차주의적인 법은 개인의 사회적 행위를 특정한 방향으로 '직접' 조종하거나, 개인과 개인 사이의 법적 관계의 구체적 내용을 '직접' 정하는 것을 포기한다.

(가) 콘텍스트조종 그 대신 법은 분쟁상황에 있는 당사자들이 그들의 갈등을 협상과 타협 등에 의해 자율적으로 해결할 수 있는 '절차'나 '조직' 그리고 '조종권한의 분배' 등에 관하여만 규율한다. 이것은 사회의 각 영역에 자기규율의 권한, 즉 자치自治를 확대하는 것을 의미한다.[65] 법은 그러한 자율적 분쟁해결의 구체적 기준을 제공하지는 않고 분쟁해결의 조직, 절차, 조정권한의 분배에 관한 규율만을 할 뿐이다. 다시 말해 법은 분쟁을 내용적으로 해결하지 않고 분쟁해결의 절차만을 조종할 따름이다. 이를 두고 '절차적 조종'이라고 부를 수 있다. 이 절차적 조종이 분쟁해결의 메커니즘을 거시적으로 조종하는 기능을 수행한다는 점을 좀 더 강조한다면 절차적 조종은 콘텍스트조종(Kontextsteuerung)이라고도 부를 수 있다. 법이 콘텍스트를 조종한다고 해도, 그것은 획일적인 기준이 아니라 다원화된 기준일 수밖에 없다. 그렇기 때문에 토이브너(Teubner)는 절차주의적인 법의 특성을 '탈중심화된 콘텍스트조종'이라고 파악한다.[66]

(나) 화해지향성 이런 절차적 조종의 지향점은 일차적으로는 합의를 통한 화해에 있다. 이런 화해지향성이 잘 나타나는 절차주의적 법모

---

64 의회, 행정부, 사법부, 헌법재판소에 의한 법의 다원적인 형성과정에서 민적 공론과 전문가 공론의 구분을 구분하고 그 중점이 다르게 설정된다는 점에 대한 자세한 논의는 이상돈, *헌법재판과 형법정책* (고려대학교 출판부, 2005), 57~67쪽.

65 이러한 현상을 하버마스는 '외적 체제(äußere Verfassung)를 통한 사회의 자율성 보장'이라고 표현한다; J. Habermas, *Theorie des kommunikativen Handelns 제2권* (Suhrkamp, 1997), 544~546쪽 참조.

66 G. Teubner, "Verrechtlichung", *Verrechtlichung von Wirtschaft, Arbeit und sozialer Solidarität* (Nomos, 1985), 343쪽.

델의 제도적 양식으로 각종 조정제도를 들 수 있다. 조정이란 중립적인 위치의 제3자, 즉 조정인이 분쟁당사자의 요구에 의하여 그 분쟁당사자들이 협상을 통하여 합의를 맺고, 그 합의에 따라 분쟁을 해결하도록 도와주는 분쟁해결방법이다.

> ★ 절차주의적 법모델의 시작으로서 조정 ① 현행법상 대표적인 조정제도로는 예컨대 법원이 소송보다는 조정에 의해 민사분쟁을 해결하는 것을 촉진시키는 민사조정법, 환경분쟁의 알선·조정 및 재정의 절차 등을 정한 환경분쟁조정법, 민간기구인 소비자단체의 협의에 의한 자율적 분쟁조정과 한국소비자보호원의 소비자분쟁조정위원회에 의한 소비자분쟁조정을 정한 소비자기본법, 개인정보분쟁조정위원회에 의한 개인정보분쟁조정을 정한 정보통신망 이용촉진 및 정보보호등에 관한 법률, 노동위원회의 조정위원회에 의한 노동쟁의의 조정을 정한 노동조합 및 노동관계조정법, 민간기구인 한국금융투자협회가 회원의 영업관련분쟁을 자율적으로 조정할 수 있게 한 자본시장과 금융투자업에 관한 법률 등을 들 수 있다. ② 이런 조정제도의 공통점으로는 그 절차가 분쟁당사자 사이에 합의를 형성할 수 있게 하는 '민주적 방식'으로 짜이고, (제척·기피·회피 제도 등을 통하여) 조정위원들의 '공정성'을 확보하며, 합의에 대해 '재판상 화해의 효력'을 인정하고, (조정전치주의를 배제하고) 소송과 '선택적 관계'에 놓여 분쟁해결기능에서 서로 경쟁적으로 더 민주적으로 자기변화를 도모하도록 하며, 배상책임은 대체로 '위험책임'의 형태로 추구된다는 점을 들 수 있다.[67]

분쟁조정제도를 구축하는 법률은 매우 많으며 그 숫자는 계속 늘어나, 소송보다 더 중심적인 분쟁해결제도로 정착될 것으로 보인다. 조정은 갈등이 많으면서도 화해지향적 에토스가 강한 한국사회에 매우 적

67 여기서 조정법이 지향하는 분쟁당사자 사이의 합의는 비역사적이며, 무전제적이며 또한 무정부적인 합의가 아님에 주의해야 한다. 즉 자유주의적 법모델에서 유래하는 귀책요건을 기본으로 삼되 사회적 약자를 위해 그 요건을 약간 완화시키는 등의 변형을 가하는 방법에 의해 달성가능한 당사자들의 상호이해가 바로 조정이 지향하는 합의이다. 이런 지향성은 곧 자유의 확대를 지향하면서도 불평등의 결과를 막고, 거꾸로 평등의 확대를 지향하면서도 자유상실의 결과를 막는 기획이 조정제도에 역사적으로 내재해 있음을 말해준다.

합한 분쟁해결기제가 될 것이다.

(다) **체계기능지향성** 절차적 조종은 사회적 분쟁을 의료영역, 환경(관리)영역, 소비자보호영역, 노동영역 등과 같은 사회적 하부체계의 영역별로 분화하고 있고, 그런 분쟁을 당사자들이 자율적으로 해결하는 메커니즘은 각기 관련되어 있는 사회적 하부체계의 한 구성요소가 된다. 다시 말해 각각의 사회적 하부체계는 그 체계 내에서 발생하는 사회적 분쟁을 사법체계에 의존하지 않고 자신의 체계 안에서 자율적으로 해결하는 메커니즘을 갖는다.

★ 임금차등의 자율적 해결 예컨대 남녀고용평등과 일·가정 양립 지원에 관한 법률에 의하면 동일가치의 노동을 제공하는 남녀 간의 임금차등이 있을 경우에 근로자가 그 고충을 신고하면 사업주는 근로자참여 및 협력증진에 관한 법률에 따라 해당 사업장에 설치된 노사협의회에 그 고충처리를 위임하여 노사협의회가 협의·의결하고 노사는 그 의결내용을 존중하는 방식으로 분쟁을 해결할 수 있다(제25조).

법이 자율적 분쟁해결기제를 구축함으로써 분쟁해결을 간접적으로 조종할 때 그 조종은 지속적으로 분화·발전하는 사회적 하부체계의 기능을 유지·향상시키는 목표에 지향하게 된다. 각 체계의 기능은 각기 고유한 가치를 실현하고 충돌하는 이익을 선별한다. 여기서 주목할 만한 점은 체계기능지향적 조종은 모든 사회체계를 관통하는 보편적인 기준이 없으며 사회체계마다 다양한 기준이 마련될 수 있다는 점이다. 예컨대 노동체계에 속한 노동분쟁조정이 근로자의 권익보호에 좀 더 중점을 둔다면, 금융체계에 속한 금융분쟁조정은 소수투자자의 권익보호 보다는 거래의 공정성에 좀 더 중점을 둘 수 있다. 그러므로 절차적 조종은 체계기능에로의 지향성을 갖는다고 할 수 있다.[68]

68 비슷한 의미에서 이런 체계기능지향적 조종을 토이브너(Teubner)는 '탈중심화된 콘텍스트조종'이라고 부른다. 이에 관해서는 Gunther Teubner(이상돈 역), *법제화이론*(한국법제연구원, 2004), 66쪽 참조.

3) 반성적 구조 법모델의 절차주의적 변환이 요구하는 또 다른 필수적인 요소는 법이 사회국가적 법모델처럼 개인의 사회적 행위를 직접 조종하거나 분쟁(해결)의 콘텍스트를 조종할 경우에도 초래될 수 있는 결과를 고려하고, 부정적인 결과를 방지할 수 있도록 하는 기제를 법체계의 내부구조에 짜 넣어야 한다는 것이다. 즉, 절차주의적 법모델은 반성적 구조(Reflexionsstruktur)[69]를 갖추어야 한다.

예를 들면 기업활동으로 인한 환경피해에 대해 과도한 손해배상책임을 인정함으로써 기업의 생산활동을 현저하게 위축시키거나, 의료사고로 인한 피해에 대해 과도한 손해배상책임을 의사에게 부담시킴으로써 방어적 의료를 낳거나 하는 등의 결과를 막을 수 있는 메커니즘을 법체계 내부에 마련하고 있어야 한다는 것이다. 분쟁조정제도와 연계되어 있는 각종 배상책임보험제도(예: 환경오염피해배상책임보험, 의료사고배상책임보험[70])는 그러한 메커니즘을 구성하는 새로운 법제도로서 그 성장이 기대되고 있다. 그러나 법의 반성적 구조는 단지 배상책임보험제도에 국한되지 않으며, 다양한 모습으로 구축될 수 있다. 특히 형법과 같은 '경성硬性의 법'(hard law)에서도 가능하다. 특히 형법은 자신의 정의관념을 무조건 관철하는 완고함이 아니라 사회(체계)와 소통하고, 그 과정에서 자신을 반성적으로 조절하는 유연함을 가져야 한다. 형법정책은 일탈행위에 대한 자율적 조절메커니즘을 성장시키는 다른 구조적 법개혁과 함께 이루어질 수 있다.

4) 자유주의적 법모델과 사회국가적 법모델의 변증 절차주의적 법모델은 실천적으로는 자유주의적 법모델과 사회국가적 법모델의 대립과 갈등을 해소하고 서로 조화를 이룰 수 있게 하는 '절차적 조건'을 구축하고 관리하는 법을 기획한다. 그런 절차적 조건 속에서 자유와 평등의

---

69 G. Teubner, *Recht als autopoietisches System* (Suhrkamp, 1989), 제5장 참조; 반성적(reflective)이라는 개념은 '성찰적'이라는 개념으로 번역(홍성수, 앞의 논문, 178~181쪽)되기도 한다. .

70 현행 의료분쟁조정법은 의료사고배상공제조합을 설립운영하게 하고 있다.

이념은 변증될 수 있다.

★ 노사관계와 절차주의 법모델　예를 들어[71] ① 자유주의 법모델(예: 민법 제655조~제663조의 고용계약)이 사용자의 경영권(자유권, 재산권) 보장에 중점을 둔다면, ② 사회국가적 법모델(예: 근로기준법)은 노동자의 경제적 기본권 보호에 중점을 둔다. 민법은 고용계약을 기간의 약정이 없는 한 양 당사자가 언제든지 해지할 수 있다(제660조 제1항)고 규정하지만, 근로기준법은 근로자에게는 퇴직의 자유를 주고 사용자에게는 "정당한 이유 없이 해고"하지 않을 의무를 부여한다. ③ 절차주의적 법모델은 사용자에게 해고의 자유를 보장하거나 근로자의 고용을 절대적으로 보호하는 것이 아니라 사용자의 자유와 근로자의 이익이 조화되고 타협될 수 있는 '해고의 절차적 조건'을 구축한다. 가령 노동이 인격의 실현임을 정면으로 부인하는 중대하고 명백한 부당해고가 아니라면 사용자는 해고의 자유를 누리되, 다만 해고의 합리적 기준을 설정하여 해고를 하고, 일정기간 해고를 예고하며, 재취업을 위한 지원프로그램을 운영하는 등의 '절차적 조건'[72]을 지키게 하는 것이다. 이런 절차주의적 규율을 통해 자유주의적 노사관계와 사회국가적 노사관계의 이념은 변증된다. 더 나아가 해고의 합리적 기준도 사용자대표와 노동조합 대표가 협상과 타협을 통해 체결하는 '단체협약'(노동조합 및 노동관계조정법 제29조 이하)에 의해 정하게 한다. 또한 단체협약과 같은 자율적 노사관계의 형성勞使自治이 '전략적 행동'에 의한 협상과 타협이 아니라 대화적 방식에 의해 이루어지도록 근로자참여 및 협력증진에 관한 법률은 노사협의회를 구성하게 하고, 생산성의 향상과 성과배분, 인사·노무관리, 종업원지주제, 근로자 복지 등(제20조 제1항)에 관해 노사가 협의하고 의결하고, 그 내용을 성실하게 이행할 의무를 지게 한다. 이로써 참여와 협력에 의해 노사관계를 형성하게 한다.

여기서 절차주의적 법이란 권리와 의무의 구체적 내용을 제시하지

---

71 이에 관해 자세히는 이상돈, *윤리경영과 형법* (신영사, 2005), [7] 단락 참조.

72 「근로기준법」 제24조(경영상 이유에 의한 해고의 제한)는 긴박한 경영상의 필요가 있는 경우에 해고의 자유를 인정하되 공정한 해고기준에 따른 해고 등의 절차적 조건을 부분적으로 구축하고 있다.

않는 순수하게 절차적 규율만을 갖는 법으로 오해되어서는 안 된다. 법이 자유주의적 또는 사회국가적 법모델의 규범을 내용으로 갖고 있으면서도, 앞서 말한 시민사회의 자율적 질서형성이나 자율적 조절메커니즘 또는 자율적 분쟁해결의 역량을 성장시키는 기능을 수행할 때에도, 그 법은 이미 절차주의적이라고 할 수 있다. 요약하면 절차주의적 법이란 개인과 사회의 자율적 규율역량을 증강시키는 법이라 할 수 있다.

(2) **절차주의적 법이론** 그러나 절차주의적 법제화는 이미 만개한 현실이 아니라 막 시작하는 현실일 뿐이다. 즉 현행 법체계는 자유주의적 법모델과 사회국가적 법모델에 의해 대부분이 구성되어 있고, 절차주의적 법모델은 단편적으로 그것도 '새로운 법제도'의 형성에서 인지할 수 있을 만한 힘을 보여줄 따름이다. 그런데 절차에 어떠한 이론적 의미를 추가적으로 부여할 것인지에 관해서는 루만(Luhmann)의 체계이론과 하버마스(Habermas)의 의사소통행위이론으로 양분된다고 할 수 있다.

1) 루만의 기능맹목적 절차주의 이 중 루만의 체계이론적 진영에서 조정법은 '분쟁조정의 체계'라는 '자기준거적 하부체계'(Subsystem)를 구축하는 제도로 이해된다. 이것은 생물의 외부환경에 대한 유기체적 반응처럼, 사회체계란 독자적이고 폐쇄적인 절차(내부)를 통하여 사회적 갈등(외부)을 해소시킴과 동시에 그 과정에서 자신도 아울러 (생물체의 진화처럼) 자율적으로 변화(진화)해 나가는 능력을 보유한 메커니즘, 즉 자기조절의 메커니즘이라는 이론적 앙가주망을 표현한다.[73] 이런 이론적 앙가주망에 따르면 사회적 하부체계는 누구의 어떤 이익을 위하여 기능하는 것인지는 중요하지 않게 된다. 어쨌든 일정한 산출(output)을

73 Luhmann의 이 개념은 칠레의 세 생물학자인 마뚜라나(Humberto R. Maturana), 바렐라(Francisco J. Varela), 우리베(R. Uribe)가 발전시킨 자기생성(autopoesis) 개념에 기초한다. 이에 대해서는 F. Varela, "Autionmy and Autopoesis", *Self-organizing systems: an interdiscipliary approach* (Frankfurt, 1981), 14~23쪽; H. Maturana · F. Varela(최호영 역), *앎의 나무 - 인간인지능력의 생물학적 뿌리* (갈무리, 2007), 217~218쪽 참조.

내놓는 기능을 발휘한다는 사실만이 중요할 뿐이다. 이와 같이 이해된 분쟁조정체계는 자칫 권력과 자본이 작용하기 쉬운 구조로 짜일 위험이 있다. 자기준거적 하부체계의 자기조절과정으로 편입된 절차가 내부에서 권력과 자본의 논리로 왜곡될 경우에 그것을 비판적으로 교정할 수 있는 가능성이 절차의 안과 밖, 어디에도 주어지지 않기 때문이다. 자기준거적 하부체계란 완결적이고 폐쇄적인 것이어서 마치 외부에서 결코 침투해 들어갈 수 없는 일종의 '블랙박스'(black box)와도 같은 것이다.

그러므로 일단 그 하부체계에 참여한 사람들은 그 절차가 권력적인 또는 경제적인 관점에서 볼 때 편파적으로 진행되는 경우에도 그 절차의 진행에 의해 발생하게 된다고 하는 산출기능을 위해 그 절차의 진행을 따라갈 수밖에 없는 상황에 빠지게 된다. 그러나 이렇게 되면 사회적 하부체계는 자기조절의 메커니즘을 가동시킬 수 있을지는 몰라도, 체계에 참여하는 시민들은 자기조절의 기회를 굴절 없이 누릴 수가 없게 된다. 체계의 자율적 기능을 위해 개인의 자율이 희생될 수 있다는 것이다.

> 예를 들어 분쟁조정체계에 의해 달성될 수 있다는 일정한 산출을 위해 분쟁의 당사자는 소송을 곧바로 제기할 수 없고 조정을 반드시 먼저 거쳐야 한다는 제도(조정전치주의)가 마련될 수 있다. 분쟁의 당사자들이 소송으로 곧바로 몰려가면 조정제도의 기능이 약화될 것이기 때문이다. 또한 조정의 절차가 조정제도의 기능적 효율성을 달성하기 위하여 경제성의 이념에 의해 편성될 수 있다. 그러나 그와 같은 권력적, 경제적 구조 아래서 조정법이 지향하는 분쟁해결의 '사회적 자율성'은 결코 달성될 수 없을 것이다.

2) 하버마스의 대화적 의사소통구조화 여기서 절차화의 의미를 다시 새겨야 할 필요성이 등장한다. 그러나 권력과 자본의 논리가 실체에서 단지 절차로 그 주소만 변경하는 것이 된다면, 절차주의적 법모델은

또 다른 이데올로기가 된다. 그러므로 가령 조정법의 임무를 체계이론처럼 단지 사회적 하부체계들 간의 외부적 관계나 상호작용의 관계를 조종하는 것에만 국한해서는 안 된다. 왜냐하면 그런 논리는 많은 경우 다양한 사회적 하부체계 속에 권력과 자본이 보이지 않는 작용을 하고 있음[74]을 은폐하기 때문이다.

그러므로 절차주의적 법제화의 방향은 바로 외부에 대해 철저하게 폐쇄되고, 내부에서는 권력과 자본의 영향으로 얼룩진 '자기준거적 하부체계'를 마련하는 것이 아니라, '개방되고 민주적인 체계', 다시 말해 하버마스(Habermas)가 주장하는 바와 같이 '상호이해에 지향된 행동구조에 적합한 갈등해결의 절차'[75]를 제도화하는 것이어야 한다. 이것은 조정법이나 사회적 하부체계의 내부구조가 대화지향적 의사소통의 구조로 짜임을 의미한다. 그러니까 예를 들어 내부적으로는 절차의 경제성 이념보다는 참여자들의 자유롭고 기회 균등한 의견개진의 이념이 더 강조되는 절차, 그리고 외부적으로는 다른 사회체계들과 자율적인 상호작용의 관계를 설정하는 절차가 되어야 한다. 따라서 분쟁조정제도에서 조정전치주의와 같은 권력적인 관계설정은 지양되어야 한다.

3) 절차주의적 법모델의 불안한 미래 법체계의 절차주의적 변환은 언제나 권력과 자본으로 얼룩진 전략의 일환으로 이루어질 위험이 있다. 그렇기 때문에 절차주의적 법모델의 미래가 낙관적인 것만은 아니다. 절차주의적 법모델은 자유주의적 법모델보다 법이 사회에 더 많은 개입을 한다는 점에서 여전히 자유의 극대화를 실현할 수 없는 내재적 한계를 갖고 있다. 다른 한편 절차주의적 법모델은 사회국가적 법모델보다는 법이 사회에 덜 개입하게 하지만 더 정교한 전략으로, 즉 권력

74 이것의 결과는 계층적 분화로 나타나기도 한다. 루만의 체계이론이 이 점을 간과하고 있음을 비판하고 사회이론은 체계의 기능적 분화와 계층적 분화를 함께 다루어야 한다고 보는 고봉진, "계층화와 기능적 분화", *법철학연구* (제20권 제2호, 2017), 321~326쪽 참조.

75 Habermas, *Theorie des kommunikativen Handelns* (Suhrkamp, 1881), Bd. 2, 544쪽.

과 자본의 논리를 실어 나르는 절차화의 전략으로 자칫 더 이데올로기적일 수 있는 위험이 있다. 이런 위험성은 절차적 법모델이 비록 탈중심화된 방향으로 이루어져도 완전히 제거되기는 어렵다. 이에 더하여 절차주의적 법모델의 이론적 발전수준도 아직 미약하다. 사회학적 또는 철학적 배후이론으로부터 구체적인 법이론으로 발전해야 하는 과제가 남아 있다. 여기서 왜곡된 절차화의 전략을 실천적으로 비판하면서 동시에 그 비판을 더욱 이론화하는 성찰이 절실히 요구됨을 알 수 있다. 그런 성찰은 절차주의적 법모델의 법적 형식을 조정법과 같은 전형적인 형식으로부터 기존의 법영역, 특히 기초적인 법영역인 헌법, 민법, 형법 등의 영역에까지 확장할 것을 요구한다.

(3) **지역화된 이성으로서 전문법** 여기서 절차주의적 법모델이 발전할 수 있는 가능성으로 전문법의 성장현상을 들 수 있다.[76]

1) 전문법의 형성 오늘날 우리나라에서 어떤 생활사태에 대한 법적 판단은 판덱텐 시스템의 법전들(예: 민법전, 형법전, 상법전 등)과 개별법(예: 정보통신망법, 국민건강보험법 등)을 '동시적으로' 그리고 '동등한 비중으로' 탐색하고 그 적용여부를 결정함으로써 이루어진다. 여기서 개별법이란 사회적 하부체계의 기능분화에 따른 사회영역을 규율하는 법규범으로서 그 안에는 민법규범, 형법규범, 행정법규범 등 다양한 법규범이 함께 들어 있는 법을 말한다. 법전법과 개별법의 동시적이며 동등한 규율작용을 자세히 들여다보면, 판덱텐 시스템의 통일적 구조가 해체된 채 법전법이 사안을 규율하고, 개별법들은 지속적으로 기능적으로 (세)분화되어 각각의 사회적 하부체계를 조직화하는 규율을 한다. 이런 공동의 규율작용으로써 의료법, 정보통신법, 경제법, 교통법, 환경법, 치안법 등과 같은 전문법이 형성되어 간다. 전문법(subject specific law)이란 '전문가의 직업활동에 관한 법'(professional law)이 아니라 이

---

76 이에 대한 자세한 논의는 이상돈, "전문법-이성의 지역화된 실천", *고려법학* (제39호, 2002), 113~151쪽; *기초법학* (법문사, 2008), [14] 단락 참조.

처럼 사회적 하부체계의 영역마다 고유하게 생성·발전하고 있는 법을 의미한다. 헌법도 근본규범의 제왕적 지위를 누리는 법논리적 차원의 중요성은 점차 뒤로 하고, 전문법규범을 형성하는 하나의 관점목록(Topik)으로 작용한다.

㈎ **사회체계의 분화와 전문법의 고유한 법원리** 각 전문법은 그 관할영역의 논리에 적합한 법원리를 성장시켜 나간다. 이를테면 의료영역에서는 평등의 이념이 자본시장영역에서는 자유의 이념이 각각 지나치게 불균형적으로 강조된다. 이는 각 전문법이 사회적 하부체계의 기능과 연관 짓고 있기 때문이다.

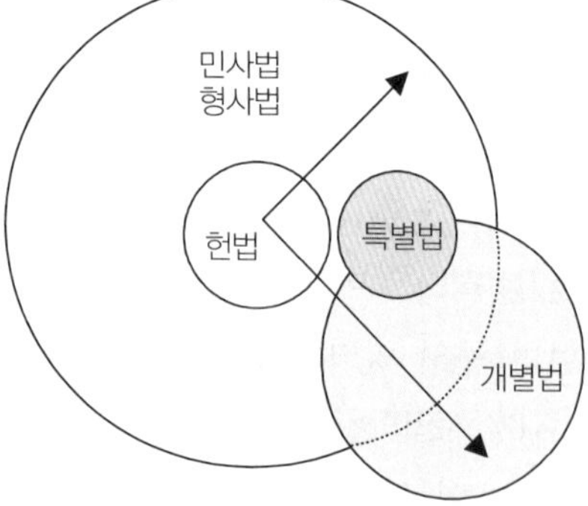

★ 전문법의 고유한 법원리 예컨대 자본시장영역의 경우 외부감사인의 부실감사에 대한 손해배상책임을 인정하는 시장에 대한 사기이론(fraud on Market)[77] 등 다양한 이론이 개발되었는데, 이는 자본시장의 기능을 보호하기 위한 것이다. 또 다른 예로 인터넷을 이용한 전자상거래에서 비롯되는 사고로 인한 손해배상에 있어서도 고객의 자금이체의뢰를 받은 은행이 그 자금의 도달 시까지 책임을 부담하게 하는 네트워크책임론이 개발되었다. 이는 정보통신체계의 안정성을 담보함으로써 그 체계의 기능을 유지하기 위한 것이며, 이로써 종래의 과책원칙(Verschuldensprinzip)은 침윤된다.

이처럼 각 전문법을 지배하는 법원리의 차별성은 법체계를 하나의 통일적인 체계나 모든 개인에게 자유의 이익을 공평하게 보장하기 위한 정교한 '권리(와 의무의 대칭적인) 체계'(System der subjektiven Rechte)

77 J. Robertson, *Auditing* (Business Publications Inc., 1976), 72~75쪽; 남상천·김성기, *외부감사제도에서 감사인의 독립성과 책임에 관한 연구* (서울대학교 경영대학 경영연구소, 1987), 89쪽 참조.

로 남을 수 없게 한다.[78] 전문법은 개인들에게 권리 없이 의무만을 부과하거나, 권리와 의무를 비대칭적으로 분배하며, 개인들 사이에 권리와 의무를 불균형적으로 분배하기도 한다. 이런 근대법의 규범적 구조의 파괴는 빠르게 변화하는 사회적 하부체계의 기능에 전문법이 부단히 조응하려는 데에서 비롯된다. 그 결과 전문법은 일상의 지식과 일상규범이 규율하는 생활세계의 지평을 넘어서게 된다.

(나) 체계 간 통합을 위한 전문법의 재구성 그렇지만 사회통합을 위해서 서로 통합되지 않는 가치의 맥락 아래 놓여 있는 각 전문법은 하나의 정합적인 헌정질서를 이루도록 끊임없이 해체되고 재구성되어야 한다. 가령 환경법의 보호논리와 경제법의 개발논리는 서로 충돌한다. 전문법의 해체적 재구성은 그런 갈등과 충돌을 해소하여 체계 간 통합(Systemintegration)을 달성하는 것을 말한다.

★ 환경법의 재구성과 체계 간 통합 1990년대 환경법은 명령과 통제(command and control)와 같은 규제중심의 법이었지만, 그 실효성이 의문시되어, 오늘날 환경법은 점차 시장원리에 기초한(market-based) 법으로 변모하는 해체적 재구성을 겪고 있다. 시장원리에 기초한 환경법이란 친환경산업으로의 전환에 인센티브를 주고, 각종 환경정보를 교환할 수 있게 하며, 때로는 탄소배출권에서 보듯 규제는 하되, 그 규제가 새로운 시장을 형성하게 함으로써 기업이 스스로 환경문제를 해결하게 하는 방식으로 변화하도록[79] 유도하는 법을 가리킨다. 이런 환경법은 경제법과의 갈등을 해소하고, 환경관리체계와 경제체계 사이의 통합도 수행한다.

2) 전문법의 규율영역의 유형화 전문법은 생활세계와 사회체계라는 두 가지의 공동체형성메커니즘(Vergesellschaftungsmechanismen)[80]이 각

---

78 이는 유럽대륙에서 17, 18세기에 편찬된 근대법전의 이념형이기도 하다. 이에 관해서는 이상돈, *법학입문: 법이론적, 법사회학적 접근* (법문사, 2001), 36쪽 아래 참조.

79 이에 대한 자세한 내용으로는 한철, *환경규제 패러다임의 전환-기업법적 관점에서* (집문당, 2007), 특히 21~23쪽 참조.

80 이는 법을 생활세계의 법과 사회체계의 조종매체로서 법 가운데 어느 하나로 배열하는 이분법을 지양하고, 모든 법이 이 두 요소를 갖고 있는데, 단지 비중의 차이만

기 다른 비율로 작용하는 현실을 규율한다.[81] 여기서 '생활세계'란 사회 구성원들의 합의에 바탕을 둔 규범에 의해 그 구성원들이 하나의 사회로 통합되는 메커니즘을 가리키고, '사회체계'란 개인이나 단체 또는 거대한 사회조직이나 기구가 수행하는 기능, 특히 재화의 생산과 분배 기능들이 하나의 체계로 통합되는 메커니즘을 가리킨다. 아래서는 생활세계가 주로 작동하는 영역을 일상영역, 사회체계가 주로 작동하는 영역을 기능적 행위영역, 이 둘이 모두 균형 있게 작동하는 영역을 과학기술화된 일상영역으로 개념화한다.[82]

행위영역 / 항목	(가) 생활세계적 일상영역	(나) 과학기술적 일상영역	(다) 기능적 행위영역
공동체형성방식	생활세계	생활세계 · 사회체계	사회체계
의사소통매체	일상언어 · 일상규범	전문언어 · 전문지식	자본 · 권력
법 익	개인의 자유이익	개인의 자유이익 · 사회적 하부체계의 기능	사회적 하부체계의 기능
책임의 귀속	개인의 의사	개인의 의사 · 정책	정책

(가) 일상영역 가정 내부, 친구 사이 또는 소규모의 사회적 집단 내부에서 펼쳐지는 상호작용의 영역에서 개인의 사회적 행동은 일상언어와 일상규범을 매체로 문화적으로 전승된 규범적 척도(일상언어규칙이

있다고 보는 것이다. "법의 이원적 분류를 지양하고 이를 단지 법을 고찰하는 두 개의 관점으로 보는 것이 합당하다"는 양화식 교수의 견해도 같은 취지로 보인다. 하버마스의 법이론 전체를 명쾌하고 탁월하게 조망하고 있는 양화식, "생활세계, 체계 그리고 법: 하버마스의 의사소통행위이론을 중심으로", *법철학연구* (제11권 제2호, 2008), 329~360쪽, 인용문은 357쪽 참조.

81 이는 하버마스(Habermas)의 생활세계와 사회체계의 분화이론을 재해석한 것이다. J. Habermas, *Theorie des kommunikativen Handelns 제2권* (Suhrkamp, 1981), 229쪽 아래, 522쪽 아래 참조.

82 더 자세한 것은 이상돈, "책임의 개인적 귀속과 형법의 관할영역", *형사정책연구* (여름호, 1998), 91~124쪽; *형법학: 형법이론과 형법정책* (1999), [10] 단락 참조.

나 일상적인 사회규범)에 따라 정돈된다. 이 영역에서 개인은 '다른 사람과 함께 그 의미를 이해할 수 있는 방향으로 사회적 행위를 정돈하라'라는 '생활세계의 절대명령'(Lebensweltimperativ) 아래 놓인다. 이 행위영역에서 법은 모든 개인이 공평하게 자유를 누리기 위해 모두가 지켜야 하는 자유의 한계를 설정하는 임무를 수행한다. 판덱텐 시스템의 근대법전은 이상과 같은 구조적 특징을 지닌 사회현실을 '이념형'으로 삼아 사회현실을 법제화한 것이다. 그러나 현대사회에서는 그런 규율이 여전히 유효할 수 있는 영역이 매우 협소해져 있다. 예컨대 생활세계에서 자연 발생했던 의료행위도[83] 의료체계에 편입되고, 물건을 팔고 사는 행위도 유통체계에 편입된다.

(나) **과학기술적 일상영역** 의료행위처럼 과학기술화된 일상영역에서 의사소통과 상호작용의 매체는 일상언어가 아니라 과학기술적 지식과 전문언어이다. 언어적 분업은 사회적 교류가 가능하기 위한 전제조건이 된다. 이런 영역에서는 생활세계에 침전되어 있는 귀속규칙으로는 법적 책임의 판단이 불가능하다. 생활세계적 지평을 넘어선 이런 복잡성을 해소하기 위해서 법률해석학에서 보듯 법언어는 전문화되어야 한다. 법적 책임은 전문지식과 전문언어의 선택과 배제에 의해 결정되며, 이 결정은 '그 궁극적으로는' 정치적(정책적)이다. 그 결과 법적 책임은 도덕적 비난의 성격이 약화된다.[84] 이런 과학기술화된 일상영역에서 개인의 행위는 사회적 통합의 기초가 되어 온 규범을 따르라는 생활세계의 절대명령(Lebensweltsimperativ)과 그 영역에 관계하는 사회적 하부체계의 기능을 효율화하라는 사회체계의 절대명령(Systemimperativ)을 조화롭게 실현하라는 요청 아래 놓인다. 예를 들어 의사의 의료행위는

83 의료는 생활세계적 현상이고, 보건은 태생적으로 사회체계적인 현상인데, 최근에는 의료가 보건과 통합된 하나의 거대한 사회체계, 즉 건강체계(Health care system)로 짜여간다. 이에 대해 이상돈, "법을 통한 보건과 의료의 통합?: 보건의료기본법의 체계기획에 대한 비판과 전망", *고려법학* (제36호, 2001), 119~154쪽 참조.

84 G. Ellscheid · W. Hassemer, "Strafe ohne Vorwurf", *Abweichendes Verhalten II* (1975), 266쪽 아래.

의료인의 생활세계에서 전승되어온 직업윤리규범인 최선진료의 요청 아래 놓이면서 동시에 병원의 채산성을 유지·개선시키라는 의료서비스체계의 기능적 요청 아래 놓인다. 법은 어느 하나를 소홀히 해도 사회적 통합을 달성할 수 없다.[85]

(다) 기능적 행위영역 사이버트레이딩이나 공인회계사의 외부회계감사행위처럼 사회적 하부체계가 자기완결적인 체계로 성장한 영역은 시장의 조정기능 위에서 전문가집단의 과학과 그것을 바탕으로 재화를 생산해내는 산업, 이 둘을 계획·조정·관리하는 행정관료의 기능적인 상호작용에 의하여 재화의 생산과 분배를 수행한다. 이러한 행위를 할 때 행위주체는 문화적으로 전승된 규범을 전혀 만나지 못하며, 단지 행정관료가 일정한 정책목표 아래 특정한 전문지식을 선별하고 그것을 토대로 설정한 행위지침(예: 각종 행정규칙)을 만날 뿐이다. 관료적으로 재생산되는 기술적 규범을 어길 때 개인은 다른 개인의 어떤 자유(이익)가 침해되는지를 구체적으로 '내다볼 수 없다'.

> 이를테면 공인회계사가 어떤 회사에 대한 외부감사보고서를 작성하는 행위를 할 때, 회계감사기준이라는 전문화된 행위지침이 주어지기는 하지만 이를 위반한 감사보고서의 작성행위가 증권시장에 참여하는 어떤 투자자의 어떤 재산이익을 침해하게 될 것인지를 내다볼 수가 없다.[86]

이 '내다볼 수 없음'(Unübersichtlichkeit)으로 인해 사회적으로 유해한 결과는 시장(기능)의 복잡한 메커니즘이나 환경의 자연정화 메커니즘이 해결하지 못해서 발생하게 될 뿐, 특정 개인의 행위를 그 원인으로 지목할 수가 없다.[87] 이 영역에서 행위주체는 그의 행위가 기능적

---

85 특히 사회적 하부체계의 기능적 효율화를 외면해도 사회적 통합이 위태롭게 될 정도로 주체의 의식에 부정적인 영향을 미치게 된다. 이에 관해 J. Habermas, *Legitimation im Spätkapitalismus* (Ffm. Suhrkamp, 1973), 13쪽.

86 이상돈, *부실감사법. 이론과 판례* (법문사, 2007), 115쪽.

87 이러한 현상에 대한 철학적 연구로 J. Habermas, *Die neue Unübersichtlichkeit* (Suhrkamp, 1988) 참조.

요소로 편입되어 있는 사회적 하부체계의 기능을 유지·향상시키라는 절대명령 아래 놓일 뿐이다. 법적 책임은 문화적으로 전승된 규범을 위반하였기 때문이 아니라 체계의 절대명령과 이를 추구하는 의무를 위반하였기 때문이다.[88] 이런 의무를 규범화하는 법은 흔히 권리가 대칭되지 않는 '의무구성요건'을 창설한다. 여기서 의무구성요건의 내용은 다른 개인이 정당하게 누려야 할 고정된 크기의 '권리'나 '이익'에 맞대응하여 정해지는 것이 아니라 '체계기능적'으로 정해진다.[89] 이로써 의무가 권리에 우선하게 되며, 책임은 개인적으로 귀속되는 것이 아니라 사회적으로 전가되는 것이다.[90]

★ 권리의 우선성 문제 ① 법체계에서 권리는 다른 무엇(예: 의무)에 대해서도 우선하며, 그 우선성은 근거 지을 필요도 없다고 보기도[91] 한다. ② 하지만 권리의 우선성은 자유주의적 근대법체계에서 공리와 같은 위치에 있는 것이고, 자유주의적 법체계에서 개인의 권리는 다른 의무에 우선적인 것이 아니라 의무와 맞대응되어 있을 뿐이며, 또한 권리(와 의무)는 구성원들에게 대칭적으로 분배되어야 하기 때문에 별도로 권리의 우선성 문제는 등장하지 않는다. ③ 가령 군이 학살예정인 무고한 인디언주민 19명 중 한 사람을 선택하여 총살하면 나머지는 살려주고, 그런 선택을 하지 않으면 군이 예정대로 19명을 총살할 것이 명백한 상황에서 그 선택의 기회를 받은 사람이 인디언 1명을 총살하는 행위에서, 권

88 제도적 내지 집단적 책임은 복잡하고 익명적인 사회 안에서 너무 쉽게 면제되고, 인간은 교체 가능한 하나의 부품처럼 여겨지며, 책임은 시스템 속에 함몰되지만 개인은 실제로 어떤 책임도 지기 어렵다고 보는 변순용, *책임의 윤리학* (철학과 현실사, 2007), 21~23쪽.

89 자본시장의 기능에 위기가 초래될수록 공인회계사의 외부회계감사행위에 부과되는 의무가 무거워진다. 부실감사도 IMF체제로 들어간 경제위기를 계기로 더욱 더 중대한 법적 의무의 위반으로 취급되었다. 증권시장이 붕괴해갈수록, 시장이탈을 막기 위해 주가조작은 물론 '작전'까지도 증권시장참여자가 해서는 안 되는 행위가 되고, 그에 대한 제재도 강력해진다.

90 법적 책임의 귀속은 야콥스(G. Jakobs, *Schuld und Prävention, Recht und Staat,* [1976], 13, 14쪽)가 규정한 것처럼 '기능적으로, 즉 특정한 체제의 공동체를 위하여 특정한 규율원칙에 따라 어떤 규율기능을 수행하는 개념'이 된다.

91 김현철, "권리의 우선성에 대한 고찰", *법철학연구* (제7권 제1호, 2004), 249~272쪽, 특히 270쪽 참조.

리(예: 인디언을 아무도 총살하지 않을 권리)와 공리주의적 의무(예: 18명의 인디언을 구하기 위해 1명을 선택 총살할 의무)가 충돌하고, 권리가 의무에 대해 우선하는 것이 아니다. ④ 19명의 총살은 위법한 학살행위이므로 그 선택의 기회를 받은 자는 긴급피난권이 없고, 위법한 공격자가 아닌 1명의 무고한 인디언을 살해할 정당방위권도 없다. 그는 사람을 죽이지 않을 법적 의무의 기대불가능성을 이유로 법에 의해 관용을 받을 수 있을 뿐이다. 이 상황에서는 인디언주민의 권리(생명권)와 그들을 죽이지 않을 의무가 여전히 맞대응되어 있으며, 권리가 의무에 우선하는 것이 아니다. ⑤ 권리가 공리주의적 관점에서 18명을 살릴 의무에 대해 우선한다고 할 때의 그 의무는 '윤리적' 의무일 뿐, 법적 의무가 아니다. 따라서 권리의 우선성 문제란 도덕철학적 지평에서 등장하는 문제이지, 자유주의 법체계의 구성원리로서 등장하는 문제는 아니다.

이 영역에서 행위의무의 표준은 시장세력, 행정관료, 과학기술전문가 집단 사이에서 권력과 자본에 의해 매개되는 의사소통에 의해 정치적(정책적)으로 정립된다.[92]

3) 전문법에서 정의의 재해석 전통적인 의미에서 정의란 정의의 형식으로서 '평등', 정의의 내용으로서 '합목적성', 정의의 기능으로서 '법적 안정성'의 동시적 충족[93]이라고 개념화 되었다. 그러나 전문법의 정의는 도덕적 타당성, 체계의 효율성(경제성), 정치(정책)적 합리성의 '실제적 조화'라고 할 수 있다.[94] 이 조화의 의미는 ① 일상영역에서는 사회체계의 기능적 명령이 삶의 세계에 침투해오는 것을 법이 효과적으로 방어하는 방호벽의 역할을 하는 것이며, ② 과학기술적 일상영역에서는 법이 생활세계의 절대명령(규범적 요청)과 사회체계의 절대명령(기능적 효율성)을 균형 있게 실현하고, 일상영역의 정당한 규범질서와

---

92 이런 점에서 하버마스의 생활세계 개념이 일종의 아포리아고 그 개념의 이데올로기 비판기능에 대한 회의(김정오, "하버마스의 비판이론과 법", *연세대 법학연구* [제16권 제3호, 2006], 30~31쪽)는 실천적으로 극복될 수 있다.

93 A. Kaufmann, *Rechtsphilosophie 제2판* (Beck, 1997), 152쪽 이하 참조.

94 이러한 정의 개념의 새로운 구성을 처음으로 내보인 글로 이상돈, "의료파업의 법적 문제", *안암법학* (제13호, 2001), 179~206쪽 참조.

'정합적'일 수 있는 규범체계를 과학기술화된 삶의 영역에까지 최대한 확장하는 것이며, ③ 기능적 행위영역에는 법이 사회적 하부체계의 재화생산을 극대화하고, 그렇게 하여 생산된 재화를 최대한 공평하게 사회적으로 분배하는 틀을 짜는 것이라고 할 수 있다.

4) 전문법의 구조 전문법은 판덱텐 시스템(Pandektensystem)[95]의 기본법전과 사안중심적인 규율형식을 띤 개별법이 경합적으로 사안을 규율하는 구조를 띤다.

(가) 입법형식 ① 전문법을 구성하는 판덱텐 시스템의 법은 실제 사건들의 유형적 본질을 '분석적 방법'[96]으로 여러 측면斷片들로 쪼갠다. 이를테면 매매행위는 법률행위의 측면과 채권행위의 측면, 특정한 계약유형의 측면 그리고 불이행시(특히 적극적 채권침해)에는 불법행위의 측면으로 쪼개어 각기 다른 법규정에 의해 규율된다. 각 규정들이 사안을 규율하는 이념이나 가치는 다른 규정들의 그것과 하나의 정연한 논리적 체계를 형성하여 그 언어는 추상적이고 일반적이다. 따라서 판덱텐 시스템의 법규정은 하나의 사안에 대해 여러 개가 경합적으로 중첩적으로 적용될 수 있다. 형법상 죄수(경합범)론이나 민법상 청구권의 경합은 이를 보여준다. 이와 같은 법전법의 분석적 추상성과 체계적 경합구조로 일반인은 법전을 주의 깊게 읽어도 그 의미를 이해하기가 매우 어렵다.

② 이에 비해 개별법들은 하나의 생활사태(사안)를 원칙적으로 하나의 구성요건에 의해 규율하는 입법형식을 취한다. 즉, 법적 구성요건은 분석적이지 않고, '종합적'이다. 개별법은 일반인이 법률텍스트를 읽고 대강 어떤 사건에 적용될 것인지를 쉽게 짐작할 수 있다. 개별법의 입법형식은 영미법의 판례법(case law)의 전통과 연장선상에 있는 법률

---

95 판덱텐시스템과 판덱텐법학에 대해 자세히는 F. Wieacker, *Privatsgeschichte der Neuzeit 제2판* (1967), 430쪽 아래 참조.

96 이 분석적 방법은 서양의 과학(학문)이 공통적으로 보여 온 '환원주의적 전통'과 같은 연장선상에서 이해할 수 있다.

(예: act)의 입법처럼 '사안중심적인' 입법형식에 근접해 있다.[97]

★ 법전법과 개별법의 공동규율의 예시 　판덱텐시스템의 입법형식을 따른 형법전의 범죄구성요건이 동시에 여러 개 적용될 수 있는 경우에도 부수형법은 하나의 범죄구성요건으로 동일한 행위를 규율한다. 예를 들어 암호화된 PW파일내용을 해독하여 타인의 아이디와 패스워드 등 개인정보를 알아낸 후(행위 ①), 인터넷뱅킹에 들어가, 그 개인정보를 도용함으로써 그 타인의 구좌에서 자기의 구좌로 돈을 이체한 후(행위 ②), 다시 백도어를 설치하고(행위 ③), 아울러 접속기록도 삭제하는(행위 ④) 해킹행위에서, 행위 ①은 비밀침해죄(형법 제316조 제2항), 행위 ②는 컴퓨터사용사기죄(제347조의2),[98] 행위 ③과 행위 ④는 손괴죄(제366조)에 각각 해당하며, 이들은 단일한 해킹행위에 의해 실현되었다는 점에서 상상적 경합관계에 놓인다. 그러나 정보통신망이용촉진 및 정보보호 등에 관한 법률에 의하면 이 해킹사건은 '전체'로서 동법 제71조 제1항 제9호에 해당한다.

행위 ①	행위 ②	행위 ③	행위 ④
형법 제316조 제2항	제347조의 2	제366조	제366조
정보통신망 이용촉진 및 정보보호 등에 관한 법률 제71조 제1항 제9호			

(나) 법전법과 개별법의 규율관계

ㄱ) **해석적 조정** 　판덱텐 시스템의 법전규정과 개별법의 규정이 경합될 경우 그 둘의 규율관계를 설정하는 것은 법률해석학의 지평을 넘어선다. ① 전문법이 관할하는 행위영역이 기능적 행위영역(예: 부실

97 물론 우리나라의 현행 개별법들이 모두 이런 사안중심적 입법형식을 취하고 있음을 뜻하지는 않는다. 무늬만 사안중심적 입법이라 할 만큼 그 법언어의 추상성이 지나치게 높아, 거의 일반조항적 법문언의 포괄성 수준에 근접하는 경우가 비일비재하다. 이 경우에도 유형(Typus) 개념은 즐겨 사용되는 것으로 보인다. 유형 개념에 관해서는 박종수, "유형 개념의 이해", *법철학연구* (제5권 제1호, 2002), 157~184쪽 참조. 또한 개별법이 아예 판덱텐시스템의 입법형식을 취하는 경우도 적지 않다.

98 타인의 진실한 개인정보를 사용하는 것도 제347조의2의 '부정한 명령의 입력'으로 봄을 전제로 한다. 이런 해석은 법무부, *형법개정법률안 제안이유서* (1992), 182쪽 참조; 이 해석은 2001년 형법개정으로 제347조의2에 명문으로 들어왔다.

감사행위)인 경우에는 생활세계의 규범적 질서를 형성해 온 민법이나 형법의 적용을 배제하고 개별법(예: 외부감사법)만을 적용하는 것이 바람직하다. 그렇지 않으면 민법이나 형법의 전통적인 규범적 구조(예: 과실책임원칙이나 엄격한 인과관계) 등이 왜곡될 수 있기 때문이다.

> ★ 법전법과 개별법의 경합문제　예컨대 부실감사행위에 대한 외부감사법 제17조의 손해배상책임규정과 민법상의 불법행위규정(민법 제750조)을 둘 다 적용하는 견해(법정책임설의 청구권경합론)와 불법행위규정의 적용은 배제하고 외부감사법만 적용하는 견해(특수불법행위책임설의 법조경합론)[99]가 대립한다. 외부감사는 기능적 행위영역이므로 법조경합론이 더 타당하다.

② 전문법의 관할영역이 과학기술적 일상영역(예: 신용카드부정사용행위)인 경우에는 민법과 형법 그리고 개별법(예: 여신전문금융업법)을 함께 적용할 수 있다. 생활세계적 요소가 상당히 많이 있는 영역이어서 민법과 형법도 이런 행위영역을 적절하게 규율할 수 있기 때문이다. 이러한 전문법의 구조적 이해는 판덱텐 법학의 틀 속에서 해결되지 않은 많은 새로운 문제들을 근본적으로 해결하는 역량을 갖는다.

ㄴ) **보완과 통합**　판덱텐 시스템의 법과 개별법은 '서로'를 보완한다. 개별법이 법전의 규율흠결을 보완한다.

> 예컨대 패킷 스니퍼링의 기법으로 타인의 개인정보와 패스워드를 알아낸 해킹행위에 적용될 형법규정은 엄격히 해석한다면 찾아볼 수 없지만 개별법(정보통신망법 제48조, 제71조 제1항 제9호)이 적용될 수 있다.

반면 개별법은 사안중심적인 입법형식의 구체성으로 인해 새롭게 출현한 현실을 규율하기 어렵고, 그 규율흠결을 메우는 입법이 이루어지지 않은 상황에서 추상적인 입법형식을 띤 법전법이 해석을 통하여 그 새로운 현실을 규율한다.[100]

---

99 자세한 내용은 이상돈, *부실감사법: 이론과 판례* (법문사, 2007), 36쪽 이하 참조.

5) 지역화된 이성법 전문법이 관할하는 사회적 하부체계는 끊임없이 기능적으로 세분화되어 가고, 그 하부체계들 간에는 갈등과 충돌이 복잡한 양상으로 전개된다. 또한 전문법이 규율하는 영역마다 나름대로의 '하부문화'가 다양하게 갈래 치고 있고, 하부문화 역시 역동적으로 변화할 뿐만 아니라 계속 다원화되어 간다. 한 하부문화 안에서도 관습과 윤리, 에토스 그리고 법감정 등 다양한 문화적 요소들이 그물망처럼 복잡하게 서로 얽혀 있어, 서로 갈등과 충돌을 일으키기도 한다. 전문법의 성장은 각 전문영역의 규율을 행정체계나 정치체계에서 각 영역의 시민적 자율로 이양시키는 법패러다임의 변화를 가져온다. 전문법에서 국가의 역할은 각 전문영역에 자율적 규율을 수행하는 기구들의 조직, 권한의 분배 및 소관업무를 수행하는 절차 등에 관해서만 규율하는 역할, 그러니까 사회의 '외적 체계'(äußere Verfassung)[101]를 설계하고 '탈중심화된 콘텍스트조종'(Kontextsteuerung)[102]을 하는 역할에서 그쳐

100 ★ 기본법의 위치와 역할 개별법 가운데 '기본법'의 명칭을 달고 있는 법률들(예: 사회보장기본법, 보건의료기본법)은 일반적인 법원칙(예: 신법우선원칙, 특별법우선원칙)과 다른 법원칙(예: 헌법상 가중정족수에 의한 입법제도)이 적용되지 않으므로 개별법들과 효력상 동렬의 위치에 놓인다. 그러나 기본법은 개별법과는 다른 독자적인 기능이 있다. ① 기본법은 개별법이 그 관할영역에 대한 규율프로그램을 흠결하고 있을 때 그 보충적인 법규범으로 적용될 수 있다. 기본법은 전문법의 부분적 흠결을 메우는 기능을 수행하는 것이다(**보충적 법형성기능**). ② 둘째, 기본법이 개별법을 통제한다는 것은 기본법의 기획(규범프로그램)에 배치되는 개별 법률의 규정들을 전면적으로 무효화함이 없이 개별 법률의 관련규정을 기본법이 기획하는 사회체계의 기능에 '최대한' 정합적(kohärent)일 수 있도록 해석·적용한다(**해석적 통제기능**). 이로써 기본법은 각 전문법을 형성하는 이념적 중심체, 바꿔 말해 전문법의 기본적인 규율프로그램이 된다. ③ 셋째, 개별법은 기본법에 동조하기도 하지만 때로는 저항할 수도 있다. 그럼에도 불구하고 기본법은 개별영역의 법률이 추진하는 이성적인 기획을 상호관련적인 틀 속에 모아 넣는 기능을 한다(**체계형성기능**). 다수의 개별법들은 기본법을 통하여 하나의 전문법의 울타리에 들어가게 된다.

101 이러한 하버마스의 이론에 관해서 J. Habermas, *Theorie des kommunikativen Handelns Bd.2* (Suhrkamp, 1981), 544~546쪽 참조.

102 '탈중심화된 콘텍스트조종'의 개념은 G. Teubner, "Verrechtlichung – Begriffe, Merkmale, Grenzen, Auswege", *Verrechtlichung von Wirtschaft, Arbeit und sozialer Solidarität* (1985), 343쪽(이상돈 역, *법제화이론* [한국법제연구원, 2004], 66쪽) 참조.

야 한다. 전문법은 사회적 하부체계의 기능적 메커니즘에 관련되는 시민들 사이의 대화지향적인 의사소통과 상호작용[103]으로 그 체계의 형성과 운영 및 변화를 이루어 나아가야 한다. 대화적 의사소통의 구조화는 전문법이 취해야 할 법제화의 범주적 형식이 된다. 그런 대화적 구조의 확충을 통해서 법은 사회적 하부체계가 인간실존을 지배하는 기능체로 과잉성장하는 것을 통제하면서, 다른 한편으로는 생활세계나 정치체계 자체를 민주적 양식으로 변화시킬 수 있다. 이러한 변화는 전문영역마다 나름대로의 고유성을 띤 채 전개될 수 있다. 전문법의 성장은 전체 사회를 통일적으로 지배하는 이성의 구현이 아니라, 전문법이 성장하는 사회영역마다 그 속에 사는 사람들 간의 의사소통과 상호작용을 대화적 구조로 양식화하는 '지역화된 이성(법)의 실천'이 된다.

Ⅳ. 법의 미시사와 그 방법들

1. 법의 미시사적 차원

법의 현실을 이해하고, 정의를 온전히 실현하기 위해서는 법의 거시사뿐만 아니라 미시사를 바라볼 수 있어야 한다.

(1) 미시사의 의미 법의 미시사란 무수한 인간들의 일상 속에 '축적'되고 침전된 법의 모습을 바라보는 것이다. 미시사는 구체적인 사건들의 심층부에 흐르고 있는 (규범적) 의미의 전개사이다. 그렇게 개인적 일상의 심층에 축적되고 침전되는 (규범적) 의미들을 적분하면 논리적으로는 법의 거시사가 될 것이다. 그러나 실천적으로 미시사의 적분

103 이때의 의사소통이란 사회적 하부체계가 폐쇄적인 자기조절적 체계로 자신을 유지·관리하는 기제로서의 커뮤니케이션(이에 관해 김성재, *체계이론과 커뮤니케이션* [커뮤니케이션북스, 2005], 특히 12쪽 참조)을 의미하는 것이 아니다. 체계의 유지·관리 기제로서 커뮤니케이션이 아니라 체계의 이성적 변화, 즉 체계의 기능에 들어가 있는 시민들의 보편적 이익에 기여하는 기능복합체로의 변화를 이끄는 대화를 가리킨다.

이 거시사가 되고, 거시사의 미분이 미시사가 되는 것은 아니다. 미시사에 의해 거시사에서 파악되지 않는 것들 또는 거시사에 의해 왜곡된 것들이 드러날 수가 있기 때문이다.

1) 역사주의와 구별 여기서 구체적인 사건들이 개인의 일상에서 갖는 의미를 파악하는 것은 '과거의 사건들을 있는 그대로 재현하라'는 19세기의 역사주의를 말하는 것이 아니다.[104] 과거의 사건들이란 단지 역사의 지표에 해당할 뿐이다. 미시사는 그 지표 아래에 있는 역사이며, 이는 사건에 대한 정확한 고증과 세세한 묘사보다 계보학, 인류학, 사회학, 문학 등과의 연계 속에서 대상의 (법)문화적 흔적들을 땅속에 깊이 박혀 있는 문화재를 발굴하듯 섬세하게 더듬어 캐내는 것이 중요하고 또한 필요하다.[105] 예컨대 특정 법문화나 법개념의 형성을 계보학적으로 파헤치거나 여러 법영역에서 생활세계의 식민지화 현상들을 인류학적으로 거슬러 올라가거나 또는 역사서술과정에서 지워진 법적 소수자의 내레이션을 듣는 작업 등이 여기에 속한다.

2) 풍속사와 구별 이와 같은 미시사적 작업은 민중들의 풍속사와도 구별된다. 풍속사는 그것이 적분될 때 장기간의 세월에 걸친 모델, 패턴 또는 패러다임 등을 만들 수 있는 의미소를 드러내는 서술이 아니라, 그냥 개인과 집단, 또는 사회의 과거모습을 있는 그대로 민중의 눈높이에 맞추어 서술한 것이다.

(2) 미시사의 방법들 브로델의 시간지속모델이 구조주의적 접근이었다면, 포스트구조주의적인 시도들은 아날학파 후기세대의 미시사연구들에서 이루어졌다.

1) 니체의 역사관 미시사방법론을 법학에 수용하기에 앞서, 먼저 니체(Nietzsche)의 역사관을 살펴보는 것이 필요하다. 포스트모던 역사

---

104 이정옥, "브로델의 새로운 역사학: 시간과 공간의 변증법", *한국논단* (제17호, 1991), 181쪽.

105 M. Rubin(주명철 역), "오늘날 문화사란 무엇인가?", D. Cannadine(문화사학회 공역), *굿바이 E.H.카 (What is History Now?)* (푸른역사, 2005), 152~153쪽.

학의 대두 이전에 이미 니체는[106] 근대 역사학을 비판적 관점에서 ① 기념비적 역사, ② 골동품적 역사, ③ 비판적 역사로 분류한 바 있었다.

① 기념비적 역사(monumentalische Historie)란 과거의 위대했던 인물들과 사건들을 찾아내어 '위대하게' 기록함으로써 후세에 귀감이 되게 한다는 것으로서[107] 동서양을 막론하고 가장 고전적인 역사기록방식이다. 기념비적 역사는 현재와 과거의 대화방식을 과거 소급적으로 전개시킨다는 특징이 있다. ② 기념비적 역사가 과거에 일어난 특정사례를 시간흐름을 초월하는 유용한 모범으로 만드는 데 비해 골동품적 역사(antiquarische Historie)는 과거의 특정한 사건보다는 시간적으로 오래 지속되어 왔다는 사실 자체, 즉 '전통'에 대한 존중에 중점을 둔다. 전통은 인간이 타인의 나은 통찰을 신뢰하는 이성에서 만들어지며, 거기서 정당한 선판단과 부당한 선판단을 가름할 권위가 형성된다는 가다머(Gadamer)의 역사이해도 이에 속한다.[108] ③ 이 두 가지 역사의 형태가 과거미화양상을 띠었던 점에 비해 비판적 역사(kritische Historie)는 과거를 잘 갈고 다듬어 보존하기보다 과거의 한계를 드러내고 극복하기 위해 쓰인 역사이다.[109] 이는 역사의 진보논리에 입각해 있으며, 그런 의미에서 접근방식의 차이에도 불구하고 앞의 둘과 유사한 '목적의식'을 갖는다.

2) 미시사적 방법의 개관 니체는 근대적 역사학들이 '현자들의 정전'으로 받아들이지 않음으로써 '묻혀진' 것들,[110] 다시 말해 현시대에 보편진리로 부각된 이론이나 관념 이면의 과거흔적들을 추적한다. 즉

106 F. Nietzsche, "Unzeitgemöe Betrachtungen. Zweites Stück. Vom Nutzen Nachteil der Historie für das Leben", *Nietzsche Werke. Kritische Gesamtausgabe 제3권 (1)* (Walter de Gruyter, 1972).

107 김기봉, "포스트모던 시대에 역사란 무엇인가", *포스트모더니즘과 역사학* (푸른역사, 2002), 41쪽.

108 전경갑, "데리다와 가다머의 철학적 반근원주의 비교연구", *철학연구* (제51권, 1993), 145쪽.

109 김기봉, 앞의 논문, 44쪽.

110 F. Nietsche, *Untimely Meditation* (Cambridge University Press, 1983), 106쪽.

니체는 역사를 장식한 진리의 기호들이 누구에 의해 어떤 조건에서 발생하였고 어떤 힘들로써 유지·변형되었는지 분석한다. 즉 무엇이 역사적 진실인가가 아니라, 역사표면에 드러난 주장과 이면에 망각된 것들 사이의 관계를 해독하려는 것이다.

	역사의 표면	역사의 이면	
근대 역사학	기념비적 역사관	계보학적 방법	해체주의
	골동품적 역사관	일상사적 방법	
	비판적 역사관	구술사적 방법	
		법의 미시사적 방법	

여기서 ① 특히 '위대한 과거의 정전正傳'을 생산해내는 기념비적 역사관을 전복하려는 접근은 계보학(적 방법), ② 촘촘한 미시사연구가 골동품적 역사관과 착종할 위험을 경계한 접근은 일상사(적 방법), 그리고 ③ 비판적 역사관의 진보논리에 담기지 못한 소외된 목소리들에 대한 천착은 구술사(적 방법)를 통해 행해진다. 이와 같은 방법들은 해체주의적이다. 아래서 이 세 가지 미시사적 방법론들의 요체를 설명하기로 한다.

2. 법의 미시사와 계보학

역사가 사건들에 특정의미를 부여하려는 것은 기념비적 권력의지의 작용이라는 점을 밝혀내기 위해, 계보학은 무엇(what is)이 역사에서 진리인가가 아니라, 어떤 것(which is)이 진리가 '되는가'라는 물음을 던진다.[111] 요컨대 '무엇이 법이었나?' 보다는 '어떻게 그것이 법이 되었나?', 다시 말해 '선택－배제'의 잣대에 주목한다.[112] 비유적으로 말하면 계보학은 '땅을 파내려가서', 즉 기념비의 심층으로 내려가서 망각된 우

111 유지황, "어거스틴 죄론의 분석적 이해: 슐라이에르마허와 니체의 죄와 악 개념 비교", *한국교회사학회지* (제15권, 2004), 159쪽.
112 고병권, *니체, 천 개의 눈 천 개의 길* (소명출판사, 2004), 75쪽.

연성과 다양성들을 끄집어낸다. 그런 의미에서 계보학자는 '평면에 주름을 만들어 내는'113 사람이라고 말한다.

(1) **역사구성적 수사로서 역사학** 라카프라(LaCapra)는 역사서술은 패러디나 아이러니, 자기풍자 등 다양한 방식을 통해 다중적인 목소리를 내야하며, 과학성이라는 이름의 '포장'을 배제하라고 주장한다. 그에 의하면 역사'학' 자체가 교감과 설득을 위한 수사(rhetoric)라는 것이다.114 텍스트의 저자는 자신의 발화가 지닌 의도를 독자가 이해할 수 있도록 그들이 공유하는 언어관례에 의존할 수밖에 없으며, 이는 때론 저자의 의도와 의식차원을 넘어서기도 한다.115 그렇기에 역사서술도 서술되는 내용의 차원, 즉 발화적(locutionary) 차원을 넘어서 그것을 받아들이라고 주장하는 차원, 즉 발화수반적(illocutionary) 차원까지 포함한다. 역사가 역사로 서술이 되는 것이 아니라 도리어 '역사서술이 역사를 만드는 것'이다. 이로써 역사이론은 화용론적 전환(pragmatic turn)을 하게 된다.116 따라서 역사학은 담론연구이며, 그 담론 혹은 언술행위를 만들어 내는 권력적 배후에 대한 연구가 되어야 한다.117

(2) **푸코의 계보학** 담론의 권력적 배후를 거슬러 올라가는 작업을 수행했던 대표적인 학자는 푸코(Foucault)이다.

1) **단편적 계보학적 연구** 푸코는 병원, 광기, 감옥, 성에 대한 구

---

113 백승영, "현대 철학과 니체－유럽전통철학과 영미 분석철학", 정동호 외, *오늘 우리는 왜 니체를 읽는가* (책세상, 2006), 185쪽.

114 D. LaCapra, *History and Criticism* (Cornell University Press, 1987), 36~42쪽; 이영석, *사회사의 유혹 II: 다시, 역사학의 길을 찾다* (푸른역사, 2006), 113쪽.

115 작가는 텍스트 속에 자신의 무의식이 떠오르는 것을 통제할 수 없고, 자기 텍스트가 태어나는 역사적 배경을 알 수 없으며, 그 작품을 읽는 독자의 반응이나 시대를 초월해서 자신을 받아들이는 방식이 어떻게 변화할지 알지 못한다. 이에 관해서는 M. Rubin(주명철 역), "오늘날 문화사란 무엇인가?", D. Cannadine 편(문화사학회 공역), *굿바이 E.H.카(What is History Now?)* (푸른역사, 2005), 172쪽 참조.

116 김기봉, "역사서술의 문화사적 전환과 신문화사", 안병직 외, *오늘의 역사학* (한겨레신문사, 1998), 167쪽.

117 조지형, "'언어로의 전환'과 새로운 지성사", 안병직 외, *오늘의 역사학* (한겨레신문사, 1998), 210쪽.

체적인 역사분석에서 이 '거슬러 올라가기'를 시도했다.[118] 역사가는 거대한 종합의 완성을 포기하고 지식의 단편 내지 분열에 관심을 가져야 한다는 것이다. 역사학은 무수히 갈라진 틈과 마찬가지로 불연속성의 표식인 다양한 변화들에 대한 분석이며, 역사의 연속성과 시간적 통일은 환영에 불과하다. 푸코는 현실을 분석의 파편으로 자르고, 그러한 분석의 각 계열들은 고유한 연대기를 지니고 있으며 그렇기에 중심 없는 여러 개의 계보들만이 존재할 따름임을 보여주었다. 가령 감옥은 법적 정의를 회복하는 이성의 실현과정[119]이 아니라 자본주의체제에 순응하는 노동의 삶을 개인들에게 관철하고, 징역을 통해 국가재정의 상당한 규모를 조달하는 노동착취의 수단으로 정의된다. 병원은 질병을 고치는 장소라기보다는 의학적 지식이 인간의 몸을 지배하는 실행장소가 된다.

2) 지식-권력-지배 푸코는 이와 같은 역사가 펼쳐지게 되는 과정에는 '진리'라는 이름으로 당연시된 지식이나 사고방식이 중요한 역할을 한다고 본다. 그리고 그 지식의 내부에는 '권력의지'가 배태되어 있다고 본다.[120] 즉 푸코에 의하면 지식은 권력의 생산기반이 된다.[121] 지식은 정의와 부정의, 선과 악, 정상인과 비정상인, 시민과 부랑인[122]

---

118 양운덕, *미셸 푸코* (살림출판사, 2003), 9쪽 아래.

119 하쎄머(W. Hassemer)의 푸코에 대한 비판으로 감옥의 규범적 성격(normative Qualität)을 강조하는 W. Hassemer, "Das schlechte Gewissen und der klrare Kopf", *Österreichsche Zeitschrift für Politikwissenschaft* (2월호, 1978), 47~51쪽 참조.

120 예컨대 우리가 오늘날 알고 있는 초야권(droit de cuissage)은 16세기 법률학자들의 농담에서 비롯되었고, 19세기 논객들이 성직자에 대한 반감을 키우는 '작품'을 다시 만들어 낸 것에 가깝다고 한다. 이에 관해서는 M. Rubin(주명철 역), "오늘날 문화사란 무엇인가?", *굿바이 E.H.카(What is History Now?)* (푸른역사, 2005), 159쪽 참조.

121 푸코의 권력 메커니즘 분석의 핵심은 권력-지식의 관계인데, 이에 관한 상세한 논의로 김정오, "푸꼬의 권력 이해와 법", *법과 사회* (제3권, 1990), 97~125쪽, 특히 111쪽 아래 참조.

122 부랑인 기표의 배제적 포섭 기능에서 권력의 현상에 대한 분석으로 이소영, "법이 부착한 '부랑인' 기표와 그 효과", *법철학연구* (제17권 제2호, 2014), 243~274쪽;

을 구별지우는 선택과 배제의 기준으로 작용하고, 그런 선택과 배제는 지배의 체제를 형성하며, 따라서 지식은 권력을 생산하는 것이라 말할 수 있다.

(가) 지식-법-배제 이러한 ≪지식-권력-배제≫의 논리에서 권력에 법을 대입하면 그대로 타당할 수 있다. 법의 기반이 된 지식이 수행하는 선택과 배제에서 선택은 루만의 체계이론에서는 포함(Inklusion),[123] 아감벤의 생명정치화 이론에서는 포섭[124]으로 번역된다. 푸코의 이론에서 말하는 '지식'의 위치에 '체계'(와 환경)가 대입되면 루만의 체계이론에서 말하는 포섭과 배제(배제적 포섭)가 되고, '정치적 삶'(bios 및 자연적 존재 zoe)이 대입되면 아감벤이 말하는 배제와 포섭(포섭적 배제)이 된다.[125] 푸코와 루만, 아감벤의 이론에 공통되는 최대공약수는 법이란 포섭(또는 포함)과 배제의 기능체라는 점이다. 이때 포섭은 법의 보호체계 안에 두는 것이고, 배제는 법의 보호체계 밖에 두는 것이다. 다만 푸코의 지식권력 개념은 법학에서 다양한 개념들(예: 정상인, 건전성, 평균인, 음란성)의 지식권력을 분석함으로써 법체계의 이데올로기 문제뿐만 아니라 법의 해석과 적용 단계에도 매우 유용한 실천적 기능을 발휘할 수 있다.

(나) 법의 포섭-배제의 세분화된 유형 법이 어떤 지식에 의거하여 무엇(누구)를 포섭하고 다른 무엇(누구)를 배제한다고 할 때 그 유형은 ≪① (전적인) 포섭↔② 배제적 포섭↔③ 포섭적 배제↔③ (전적인) 배제≫로 단계화할 수 있다.

ㄱ) 법의 포섭 기능 첫째, 혼인의 의미를 규정하는 지식들이 양

"건전사회와 그 적들. 1960~80년대 부랑인단속의 생명정치", *법과 사회* (제51호, 2016), 23~54쪽 참조.

123 루만 이론에서 Inklusion을 포함으로 번역하는 정성훈, "법의 침식과 현대성의 위기-루만의 체계이을 통한 진단", *법철학연구* (제12권 제2호, 2009), 346쪽.

124 윤재왕, "포섭/배제-새로운 법개념?: 아감벤 읽기", *고려법학* (제56호, 2010), 261~292쪽.

125 자세한 것은 윤재왕, 앞의 논문 참조.

성兩性(헌법 제36조 제1항)의 가정형성 뿐만 아니라 동성同性의 가정형성을 포함하게 되면, 동성애자들의 가정형성은 혼인법에 의한 보호를 받게 되고, 양성의 부부와 다른 어떤 배제도 받지 않는다. 이처럼 법이 누구를 포섭하고 다른 누구를 배제하지만, 포섭하는 사람을 다른 어떤 의미에서도 배제하지 않는 경우는 포섭(Inclusion)의 유형에 해당한다. 물론 동성애자들이 정상가족 이데올로기의 틀[126]에 갇힌 혼인법의 보호를 받게 될 경우 동성애자들의 고유한 문화가 타자화된다는 의미에서 배제를 말할 수는 있다. 그러나 이런 배제는 법적인 보호여부와 관계된 것이 아니라는 점에서 '배제적 포섭'이 아니라 그냥 '포섭'이라고 볼 수 있다.

ㄴ) 법의 배제적 포섭 기능 둘째, 법의 보호체계 안에 두면서도 바로 그 당해 피보호자를 다른 의미에서 배제하는 경우를 '배제적 포섭'(exclusive Inclusion)이라고 부를 수 있다. 예컨대 직장을 그만두고 한학에 열중하는 사람을 법적인 의미의 실업자 개념에 포섭하면 실업수당을 받게 되는 법의 보호가 이루어지지만, 한학을 공부하는 것을 업으로 삼는 사람은 바로 그 '실업자'의 개념지식으로 인해 사회적으로 지양되어야 할 삶을 사는 사람으로 평가받게 된다. 이처럼 실업자의 개념지식은 그와 같은 사람을 법적 보호에 포섭하면서도 배제시키는 기능을 한다. 이를 배제적 포섭이라고 부를 수 있다.[127]

ㄷ) 법의 포섭적 배제 기능 셋째, 법의 보호체계 밖에 두면서도(배제), 바로 그 배제된 자를 다른 의미에서 포섭하는 경우를 '포섭적 배제'(inclusive Exclusion)라고 부를 수 있다. 예컨대 부랑인의 개념은

126 정상가족 이데올로기에 대해서 자세히는 Soyoung Lee, "A Strategy of Exclusive Inclusion?: Critical Analysis on the Legal Frming of 'Normal Family'", *Asian Legal Philosophy* (Vol. 1, 2014), 49~74쪽.

127 타자를 우리 안에 포섭하면서도 '우리'라는 울타리가 여전히 배제의 기능을 발휘한다는 설명(이소영, "우리를 가르는 울타리, '우리'라는 울타리－미국청소년역사책 『디어 아메리카』 시리즈에서 배제/포섭의 서사", *역사문제연구* [통권 33호, 2015], 465~509쪽)도 여기서 말하는 배제적 포섭과 거의 같다.

부랑인을 보통의 시민생활에서 배제시키지만, 비록 열악하지만 법적인 보호체계 안에 둔다. 물론 부랑자의 보호시설이 실제로는 인권침해적으로 운영되는 경우에 법은 부랑자를 실제로는 전적으로 배제하는 것이 된다.

ㄹ) **법의 배제 기능** 넷째, 법의 보호체계 밖에 두면서, 그 배제되는 자를 다른 어떤 의미에서도 보호하지 않는 경우를 '배제'(Exclusion)라고 부를 수 있다. 예컨대 연쇄살인범에 대해 종종 붙여지는 살인'마'魔라는 개념은 그를 사형에 처할 수 있게 한다. 살인마에 대한 배제는 다른 범죄자들이 법에 의해 배제되면서도 다른 어떤 의미에서는 보호되는 것(예: 재사회화 교육기회 제공), 즉 포섭적 배제와 구분된다. 그러므로 살인마라는 개념의 지식은 살인마를 사회에서 완전히 배제시키고, 살인마가 아닌 자는 범죄자일지라도 사회에 포용하는 기능을 수행한다고 할 수 있다.

3) 담론분석 법의 미시사적 방법으로서 계보학적 방법은 지식이 생산되었던 담론의 발생지점으로 거슬러 올라가 그 기원의 가치를 의문시하며 거기에 작용하는 권력관계를 드러내는 것이다.[128] 이는 '법과 역사'라는 쟁점과 무수한 연결고리를 가진다. 그 중 널리 알려진 예가 푸코가 『감시와 처벌』에서 다룬 행형의 계보이다.[129] 고전적 법사학자들은 형벌의 변천사를 잔인성과 고통의 감소, 온건함, 인간성 증진 등 진보사관에 입각하여 설명해 왔다. 그러나 계보학적 연구는 이 변화를 양적 차원이 아니라 질적 차원에서 다르게 바라본다.[130] 근대적인 행형에서 중요한 건 처벌대상이 신체에서 정신으로 이동하고, 처벌양상은 신체적 고통을 크게 만드는 잔혹한 방식에서 정신을 자본주의적 체제

128 H. Drefus · P. Rabinow(서우석 역), *미셸 푸코: 구조주의와 해석학을 넘어서(Michel Foucault: Un parcours philosophique)* (나남, 1989), 268쪽 아래.
129 이에 관해 M. Foucault(오생근 역), *감시와 처벌(Surveiller et punir)* (나남, 2002) 참조.
130 김정오, *현대사회사상과 법* (나남, 2007), 67~68쪽.

에 순응하도록 만드는 세심한 방식(이른바 훈육)으로 변화되었다는 점이다.[131]

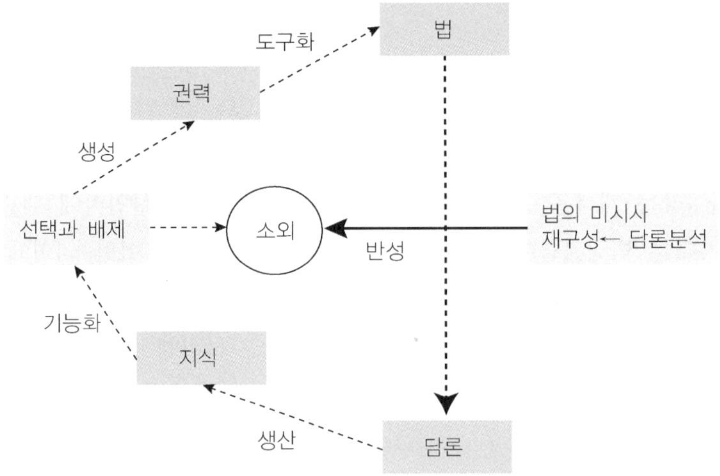

(3) **미시사의 계보학적 분석례: 소년법** 푸코의 계보학적 역사연구에서 보듯 미시사 연구는 체계적인 것이 아니라 단편적이며 직관적이다.

1) 소년법과 계보학적 분석 필요성 법의 역사에 대한 미시사적 분석은 망각했던 법의 미래에 대한 다른 비전을 가질 수 있게 한다. 그리고 그런 계보학적 연구는 한정되어 있지 않으며, 어떤 역사의 단편이 연구대상이 될 수 있는지도 미래에 개방되어 있다. 예를 들어 설명해보자. 소년법은 1924년 최초의 국제적 아동권리선언('제네바선언') 이후 소년의 복지를 위한 방향으로 발전을 거듭하였다. 현재 소년법은 국가가 건전하고 행복한 '정상가족'을 만들도록 도움을 주는 '서비스'를 제공해야 한다거나 아동의 인권을 향상시키는 다양한 조치들을 취해야 한

131 이를 신체중심 형법이론에서 법률중심 형법이론으로의 변화로 설명하는 신동룡, "근대형법이론의 담론분석: 시론적 접근-"신체중심 형법이론"과 "법률중심 형법이론"의 차이점 연구", *법철학연구* (제5권 제2호, 2002), 141~172쪽 참조.

다[132]는 복지국가적 기획을 좇는다. 이런 기획은 소년법에 비치는 거시사적 단면이다. 그러나 소년법은 범죄를 범하지 않았는데도 단지 범할 우려가 있다는 이유로 제재하기도 하고, 그런 우범소년을 더 중대한 범죄자를 키우는 부작용을 갖기도 한다. 이런 부작용은 소년법의 미시사적 접근 속에서 그 현상과 원인이 드러날 수 있다.

2) 담론분석에 의한 지식의 해체 소년법의 미시사적 접근으로 소년법의 발전역사를 거슬러 올라가면 발견되는 국친사상(paternalism)이 주목된다.

㈎ 국친사상의 담론분석 국친사상은 '미성숙하거나 무능력한 존재를 상정하고, 국가가 이들을 학대나 착취, 유해한 환경과 물질들로부터 보호한다는 이념을 말한다. 국가의 역할은 가정에서 아버지의 역할과 유사하다. 국가를 하나의 큰 가족으로 그리고 정부를 가족공동체의 가부장과 유사하게 봄으로써 국가와 가부장 양쪽 권력에 시너지효과를 가져온다. 즉 가부장은 가족 내에서 '돌보는 자'의 작은 권위와 권력을 부여받음으로써 보다 큰 권력에 대한 거부감이 희석된 채 보수화되어 가는 한편, 국가는 가족이데올로기에 편승하여 '국가에 의한 보호'가 지니는 권위적인 느낌이 희석되는 이득을 얻는다. 또한 시민에 대한 권력적 규율기제는 '보호'의 이름 아래 강화된다.[133] 그러나 국친사상은 '보호받아야 할 대상과 내용'을 먼저 정해놓은 후 이를 당사자에게 덮어씌운다. 그 당사자들은 자신을 무능력하며, 사회적인 돌봄과 보호의 대상(사회적 약자)으로 인식하게 된다. 사회적 약자의 테두리를 설정하는 것 자체가, 약자로 설정된 자들을 전형화하고, 구체적인 상황에서의 차이를 무시하게 만든다.[134]

132 어린이 · 청소년 권리연대회의, *아이들의 인권, 세계의 약속: 유엔 어린이 · 청소년 권리조약을 중심으로* (내일을 여는 책, 1997), 28쪽.

133 예컨대 국가는 공창제라는 '허용된 테두리'를 설정하여 성매매여성의 인권유린과 착취를 국가가 방지하고 그들을 '관리'함으로써 일반시민의 생활권을 청결히 유지한다. 하지만 이로써 성매매여성들은 국가행정망에 포섭되고, 자유에 족쇄가 채워진다.

134 한상희, "청소년정책과 국가의무－법, 제도, 그리고 비판", *한림법학* (제12권, 2003),

(나) **소년보호담론의 계보학** 국친사상의 담론은 다음과 같은 계보를 갖고 있다. ① 중세사회에서는 소년은 아동기 관념이 없이 축소판 성인일 뿐이었고,[135] 별도의 아동용 복장도 없고, 성인과 똑같이[136] 일과 놀이의 일상생활에 참여했다. 그들의 생활세계는 성인들의 그것과 분리되어 있지 않았다. 아이는 미술작품에서도 성인과 다름없이 다만 작게 그려졌다.[137] ② 아동과 성인의 차별화는 복장의 분화와 관습의 차별화가 이루어진 근대 사회로 이행하는 과정에서 이루어졌다.[138] 특히 귀족과 부르주아 계층을 중심으로 아동을 외부세계로부터 격리시키는 통제를 가함으로써 아동의 '순진무구함'이 보호되어야 한다는 인식이 성장하였다.[139] ③ 18세기 자유방임주의 시대에는 그런 통제와 보호의 역할은 가부장인 아버지(남성)에게 귀속되었고, 국가는 가정에 대해 불간섭원칙을 표방하였다.[140] 특히 청교도 가족 안에서 소년은 엄격한 훈육을 받음으로써 가부장과 신의 권위에 대한 수용과 복종을 강요받았다.[141] 학교도 성직자의 배출공간에서 아동의 훈육기관으로 그 기능을 확장하였다.[142] ④ 19세기는 국친사상의 시대로서 노동계급의 아동까지 포괄하

16쪽.

135 S. Firestone, *성의 변증법(The Dialectic of Sex)* (풀빛, 1996), 85쪽.

136 P. Ariès(문지영 역), *아동의 탄생(L'enfant et la vie familiale sous l'ancien régime)* (새물결, 2003), 89쪽.

137 P. Ariès(문지영 역), 앞의 책, 90쪽.

138 배경내, "근대 자본주의 사회와 아동", *진보평론* (제17호, 2003).

139 이진경, *근대적 주거공간의 탄생* (소명출판, 2000), 202쪽 아래.

140 송주미, "아동과 청소년의 권리보호를 위한 국가이념의 방향과 과제", *청소년학연구* (제10권 제2호, 2003), 176쪽 아래.

141 예컨대 당시 청교도 자녀를 위한 교육지침서로 활용되었던 John Bunyan의 *천로역정(The Pilgrim's Progress)* (1678) 등에는 "부모를 우습게 여기는 아이들은 하나님의 저주를 받는다"는 식의 교훈을 담은 얘기가 자주 등장한다.

142 이런 현상에 대한 루소의 비판은 유명하다. 그는 저서 *에밀(Emile)* (1762)에서 인간의 본성에 기초하고 아동의 자발성과 상응하는 교육만이 긍정적인 결과를 낳을 수 있다는 교육관을 펼치며, 무엇보다 아동의 자유가 아동의 것이고 부모라 할지라도 이를 함부로 침해해서는 안 된다는 점을 강조하면서 아동의 독자적 주체성을 인정하였다. 그러나 루소가 이야기한 아동의 자발성은 교사에 의해 조작된 것이며, 아동의 해방과 무관하다는 반론도 존재한다. 이에 대해서는 박홍규, "프란치스코 페레의 사상", F. Ferrer(이도훈 역), *꽃으로도 아이를 때리지 말라* (우물이 있는 집,

는 의무교육[143]과 범죄자 이외에 무단결석이나 가출소년까지 관할했던 소년법원이 마련되었다. 이는 산업혁명 이후 아동노동착취에 대한 박애주의적 반성의 결과이기도 하다. 하지만 아담 스미스(A. Smith)의 비판[144]에서 보듯 학교교육의 보급과 소년법원은 자본주의 체제의 노동윤리와 가치를 내면화시키는 기능과 정치적 지배에 대한 복종을 길들이는 통제기제로 기능하였다.[145] 학교교육과 소년법의 행형은 국민국가(Nation State) 형성을 위해 요구되었던 통일된 국민의식과 언어를 갖추기 위한 방편이었다.[146] 푸코의 통찰에서 보듯이 소년의 보호는 교육의 방식을 취한 통제이자 처벌이었다.[147]

3) 법의 미래방향을 바꾸는 미시사의 계보학적 통찰 이러한 소년보호이념의 담론분석에 의하면 소년법은 '소년의 행위를 통제하고 그를 훈육하여 자본주의체제에 적합한 인격으로 개조한다는 점, 또한 소년법은 사회전체에 걸쳐 정상과 비정상(일탈)을 구별하는 통제기제(규범의 체계)를 생산해내고, 그 기제는 정치적 지배를 구축하는 데 기여한다는 점'이 밝혀진다.[148] 성인에게 가해지는 통제는 소년이라는 미성숙한 존재에게 그 미성숙함의 정도만큼 더 증폭되고 있음도 알 수 있다.[149] '규

2002), 62쪽 아래 참조.

143 영국에서는 1870년의 포스트 교육법을 통해 초등교육의 의무화와 무료화가 이루어졌고, 1876년부터 전면적인 의무교육제도가 실시되었다. 미국에서도 1870년대부터 여러 주에서 의무교육제도를 채택하기 시작하였고, 프랑스는 1881년 의무교육제도를 정비하였다.

144 스미스는 노동자들이 단순히 반복되는 동일작업을 하다보면 무지의 상태로 전락하게 될 것이고 정당한 판단력을 상실하게 되어 사회질서의 혼란을 야기할 것이라고 우려하면서, 이들의 지적·도덕적 타락으로 인한 사회불안을 막기 위해선 노동계층의 자녀들을 교육해야 한다고 주장했다. 이에 대해서는 A. Smith(김수행 역), *국부론(Inquiry into the Nature and Causes of the Wealth of Nations) [하]* (동아출판사, 1992), 278~279쪽 참조.

145 V. K. Suransky(윤종희·이재연 공역), *아동기의 실종(Erosion of Childhood)* (교보문고, 1992), 43쪽.

146 배경내, "어린이 그리고 인권", *문화과학* (제21호, 2000), 97쪽.

147 M. Foucault(오생근 역), *감시와 처벌(Surveiller et punir)* (나남출판, 1995), 423쪽.

148 C. Shilling(임인숙 역), *몸의 사회학(Body and Social Theory)* (나남, 1999), 231쪽.

149 C. Shilling(임인숙 역), 앞의 책, 232쪽.

율은 경제적 측면에서 신체의 힘을 증대시켜 능력의 최대화를 도모하고, 정치적 측면에서는 신체의 힘을 축소시켜 순종을 담보해 낸다'[150]는 푸코의 지적은 소년보호의 역사에 딱 들어맞는다. 소년법의 계보학적 분석에 의하면 소년법의 미래는 인권침해적인 우범虞犯소년의 개념을 해체하고, 교육형이념의 이데올로기를 반성하는 방향으로 나아가야 한다.

3. 법의 미시사로서 일상사

미시사를 서술하는 또 다른 방법으로 일상사적 접근을 들 수 있다. 역사서술에서 일상이 중요한 이유는, 일상이란 구조화된 사회적 현실을 개인이나 집단의 사회적 인식과 경험으로 매개하는 장이기 때문이다.

(1) **일상사적 분석** 가령 일상은 '비동시적인 것의 동시성'이 적나라하게 나타나는 장소가 될 수 있다. 예컨대 근대화와 같은 거대한 구조변화가 일어났음에도 그와 더불어 여전히 끈질기게 공존하던 관습이 존재하고, 그 관습이 구조변화에 어떤 저항을 펼쳐 구조변화가 어떻게 달리 이해될 수 있는지 등이 일상에서 확인된다.[151]

1) 반복되는 일상의 행위에 대한 관심 그렇기에 일상사를 통해 역사를 서술하는 방법은 체계의 재생산 차원에서 문제의식을 갖는 것이 아니라 개인들에게 반복되고 있는 행위에 관심을 갖게 한다.[152] 예컨대 일상사가들은 파업처럼 조직화되고 사건화된 형태의 공식적 집단행동이 아니라, 그때그때 소모적으로 배출되는 자연발생적이고 무계획적이며 통제되지 않은 갈등표출방식들에 주목한다. 그렇게 함으로써 노동자들의 일상적 경험의 다면성과 다층성이 파악된다.[153] 이에 관한 흥미로

---

150 M. Foucault(오생근 역), *감시와 처벌(Surveiller et punir)* (나남, 1995), 207쪽.

151 A. Lüdke, "The History of Everyday Life: The Personal and the Political", *Culture, Ideology and Politics* (Routledge & Kegan Paul, 1982), 38쪽 아래.

152 홍형욱, "근대 이후 한국주거의 미시사를 보는 다양한 관점", *한국가정관리학회지* (제23권 제5호, 2005), 83쪽.

153 안병직, "일상의 역사란 무엇인가", 안병직 외, *오늘의 역사학* (한겨레신문사, 1998), 46쪽.

운 예의 하나로 '고양이대학살'[154]로 표출된 민중문화의 폭력적 전통을 들 수 있다. 동물학대는 부르주아 문화에서 보면 야만적이고 비인간적인 폭력이지만, 애완동물에게 자신이 부리는 일꾼들보다 더 좋은 대우를 하는 부르주아 문화는 노동자들에게는 낯설고, 참을 수 없는 모순이었다. 이 갈등이 고양이 대학살이라는 사건의 발발과 그것의 카니발적인 재연을 통해 나타났던 것이다.[155] 하지만 근대노동운동은 일상과 경험에서 생겨난 노동자들의 생활방식이나 상호교류관계 등을 집단적 연대의식 형성의 주된 요소로 수용하지 못하고, 이를 비합리적이고 무절제하며 감상적인 접근으로만 치부하였다.

또한 노동자의 하위문화에 대한 노동운동의 몰이해와 배척이 노동자의 일상에서 서로 상반된, 그러나 동시적으로 진행된 두 현상을 초래하였다. 즉 한편으로는 '사생활의 정치화'(Politisierung des Privaten)가, 그리고 다른 한편으론 '정치(로부터)의 사생활화'(Privatiserung von Politik)가 이루어졌다.[156] 전자가 정서적이고 상징적인 유대로 구성되어 온 노동자의 일상영역이 체계논리와 질서에 의해 균열되었음을 의미한다면, 후자는 공적 정치(노동운동)에 대한 노동자들의 괴리감의 결과로서 그

154 ★ 고양이 대학살 사건　이는 18세기 프랑스 자크벵상의 한 인쇄소에서 일어났던 작은 사건이다. 인쇄공들은 고된 노동에 시달리며 그들의 주인과 마님에게 늘 모욕을 당하며 살았다. 이에 비해 주인과 마님이 애지중지했던 고양이 그리스는 큰 호강을 누렸다. 그들은 자신이 고양이보다도 훨씬 못한 대우를 받았다는 생각에, 주인과 고양이로부터 이중적인 모욕을 경험했다. 이에 인쇄공 중 하나가 지붕 위에서 주인의 침실까지 기어가 고양이 울음을 반복함으로써 수차례 주인부부의 수면을 방해했다. 이들은 마침내 마님에게서 주변의 고양이를 없애라는 허락을 받고, 그리스를 포함한 모든 주변 고양이들을 잔인하게 죽였다. 이 사건 이후 그들은 그 환희를 되살리기 위해 축제를 만들고, 광대극을 통해서 이 일을 재연하는 의식을 행했다. 이에 대해 자세히는 R. Darnton(조한욱 역), *고양이 대학살-프랑스 문화사 속의 다른 이야기들* (문학과 지성사, 1996), 112쪽 아래.

155 김기봉, "역사서술의 문화사적 전환과 신문화사", 안병직 외, *오늘의 역사학* (한겨레신문사, 1998), 165쪽.

156 A. Lüdke, "Organisational Order or Eigensinn?-Workers' Privacy and Workers' Politics in Imperial Germany", S. Wilentz 편, *Rites of Power* (1985), 316~324쪽.

들이 정치에 무관심해지고, 일상(사생활)에 존속하고 있는 비공식적인 관계구조와 문화들에서 '(대안)정치'를 모색하게 되었음을 의미한다. 일상의 정치가 정치'체계'에 의해 잠식되면서도 동시에 정치가 일상으로부터 분리된 영역이 되어버리는 현상을 '사생활과 정치의 상호무관심'이라고 부를 수 있다.

2) 생활세계의 병리적 현상 분석 일상사적 방법은 법의 영역에서도 하버마스가 말하는 생활세계의 식민지화 현상과도 맞닿아 있다. 가령 우리나라 사회보장적 의료보험제도의 불합리성은 이를테면 보험제도의 비교법적 연구에 의해서 쉽게 밝혀지지 않는다. 하지만 의료인의 일상, 즉 임상의 현장에서 다양한 형태로 일어나는 방어진료 현상과 의료인들의 직업적 정체성의 (환자의 윤리적 후견인에서 사업가로의) 변화를 통해 명확하게 판단할 수 있다. 이처럼 체제의 합리성 상실이나 정당성의 위기 또는 그로 인해 봉착하는 사회적 통합의 위기는 일상의 결을 잘라내 분석하는 작업[157]에 의해 쉽고 명확하게 드러난다. 생활세계를 사회적 통합이 일어나는 장소로서 '문화를 통해 전승되고 언어를 통해 조직된 해석준거틀의 저장소'라고 본다면, 생활세계의 식민지화 현상에 대한 분석은 이미 일상사적 방법을 사용함으로써만 경험적으로 확인가능한 것이라 할 수 있다.[158] 다시 말해 생활세계의 병리적 현상을 서술하는 것은 일상사적 방법의 한 단락을 이루게 된다.

(2) 법의 미시사의 일상사적 분석례 법의 일상사적 분석은 계보학적 연구와 마찬가지로 다양한 분야에서 일어날 수 있다. 여기서는 의료법의 예로 일상사로서 법의 미시사를 설명해보기로 한다.

1) 임상의 일상 서술을 통한 의료법의 미시사 구성 생활세계적인 현상인 의료와 태생적으로 사회체계적인 현상인 보건이 하나의 거대한

---

157 A. Lüdke, "일상사란 무엇이며, 누가 이끌어가는가?", A. Ldke 외(이동기 외 역), *일상사란 무엇인가?(Alltagsgeschite)* (청년사, 2002), 41쪽.

158 A. Lüdke, "Kolonisierung der Lebenswelten", *Das Arguement* (제140권, 1983), 536~539쪽.

사회체계, 즉 건강체계(health care system)로 통합되어갈 때, 의료세계의 고유문화나 윤리, 신뢰관계 등에는 필연적으로 균열이 오게 된다.[159] 전통적인 의료문화와 거기에 입각한 의사와 환자의 대화적 과정이 관료개입을 통해 '몰수'되는 것이다. 이는 의료체계 기능장애 차원의 문제가 아니라, 그 직업세계에 고유한 에토스의 파괴나 삶의 관료화와 금전화현상으로까지 이어지게 된다. 이러한 현상들의 단면을 잘라내어 분석하는 작업들이 일상사연구가 수행하는 것들이다. 이런 연구는 의료인의 직업적 일상을 섬세하게 묘사함으로써 수행된다. "의사들이 미쳤다"[160]는 임상의 외침이 의료인의 생활세계에서 공명을 일으키는 원인에 대한 꼼꼼한 서술은 국민건강보험법(사회보장적 의료체계)의 발전사를 의료생활세계의 병리화 역사로 평가할 수 있게 만든다. 그런 일상의 서술은 비체계적이며, 비이론적이며, 비논리적이다. 또한 감정적이며, 즉흥적이기까지 하다. 그럼에도 불구하고 그런 서술은 사회보장적 의료보험법의 일상사를 구성한다. 그런 일상사의 서술은 국민건강보험법의 미래방향에 적지 않은 영향을 미칠 수 있다. 그 영향은 일상사의 서술에 이미 개입해 있는 법의 미래방향에 대한 기획, 이를테면 탈관료주의, 탈권위주의, 자율성 확대 등과 같은 개혁으로 나타날 수 있다.

2) 시민적 삶의 일상사 의료법의 일상사는 시민들의 의료생활의 결을 켜봄으로써도 구성될 수 있다. 예컨대 현행 의료법은 국가에 의해 면허를 받은 사람만 의료행위를 할 수 있고, 그렇지 않은 사람의 의료행위는 범죄로 규정하며, 의료행위인지 여부도 국가가 정한다.[161] 이와 같은 의료법의 역사를 국민의료의 근대화나 합리화의 역사로 바라보지 않을 가능성은 그런 의료법 아래서 시민들이 사는 의료생활의 일상을 서술함으로써 열리게 된다. 서양의 의과학에 의해 과학성이 인정되지

---

159 이상돈, "법을 통한 보건과 의료의 통합", *고려법학* (제36호, 2001), 119~154쪽.

160 신재은 · 김기범 · 김일수 엮음, *의사들이 미쳤다* (지식공작소, 2000) 참조.

161 이를 국가주의, 신분주의, 이원주의로 개념화한 이상돈, "무면허의료행위죄—현황, 구조, 한계, 대안", *고려법학* (제40호, 2003), 155~172쪽 참조.

않는 치료방법들, 예컨대 기치료는 한의사가 하지 않을 경우에는 범죄가 되기 때문에 기치료사들은 공식적으로는 경락마사지를 한다고 말한다. 하지만 신뢰관계가 있는 환자와의 은밀한 사적 대화에서는 기치료라는 개념을 사용한다. 신뢰에 기초하고, 소통적인 방식으로 몸의 이상을 치유해가는 삶이 범죄행위나 그 공범이 되는 일상에 대한 묘사는 수없이 이어질 수 있다. 카이로프라틱을 하거나 수지침을 놓거나, 심리상담사로서 심리치료를 하거나 스포츠마사지사가 마사지를 하면서 법에 민감한 해당 직업인들은 환자와의 내부관계에서는 환자중심적인 치료의 소통을 하면서 외부로부터 범죄의식을 강요받는다. 이런 병리적인 일상은 현행 의료법이 무면허의료죄의 울타리를 더욱 좁고 탄탄하게 칠수록 점점 다양하게 서술될 수 있다. 하지만 그런 일상의 서술역사가 진행될수록, 현행 의료법의 역사는 합리화의 역사가 아니라 시민들의 자유로운 삶, 그러니까 병이 나면 치료하는 다양한 방법이 시민사회에서 자연발생적으로 생장하고, 그것을 누리는 삶이 억압되는 역사, 그런 자유의 희생을 대가로 의료인의 의료독점권과 국가의 시민에 대한 지배가 확립되는 역사로 재구성될 수 있다. 그런 재구성은 미래에는 경직된 무면허의료죄의 금기를 깨고, 의료를 시민의 것으로 되돌려주는 방향의 기획에 의해 이끌어진 것이라 할 수 있다. 다시 말해 일상사의 서술은 법의 역사를 재구성하게 만들고, 새로운 미래방향을 기획하게 한다. 하지만 이러한 일상사적 접근은 단순히 토속문화를 낭만적인 동경의 대상으로 이상화하거나, 근대화이전의 생활방식을 과도하게 미화하는 경향으로 이어져서는 안 된다.[162] 일상사는 거시적인 보편사의 어두운 그늘을 드러내 보이고, 그 폐해를 해체하는 데까지만 역사를 미래지향적으로 재구성할 수 있을 뿐이다.

---

162 안병직, "'일상의 역사'란 무엇인가?", 안병직 외, *오늘의 역사학* (한겨레신문사, 1998), 70쪽.

4. 법의 미시사로서 구술사

(1) **구술사적 방법** 미시사는 구술사적 접근을 통해서도 서술될 수 있다. 구술사란 역사 내부의 (잊혀진, 망각된, 외면된) 다양한 목소리들을 듣는 작업이다.[163]

1) 역사화에서 망각된 역사의 복원 이 작업은 종래의 공식역사 속에서는 들리지 않았던 '반대의 역사'(anti-history), 혹은 '아래(소외된 자)로부터의 역사'를 구현하는 것이다.[164] 역사가가 과거에 관한 정보들을 토대로 역사를 구성하는 과정, 즉 역사'화'하는 과정에는 언제나 집단망각이 존재한다. 역사가는 필연적으로 과거에 관한 가능한 정보 모두를 균형 있게 또한 남김없이 사용하여 역사를 구성하지 못하기 때문이다. 그렇기에 역사는 무언가를 특별하게 기억하기 위해 다른 무엇들을 망각함으로써 서술된다. 이러한 역사화의 과정에서 무엇이 망각되었고, 그것을 망각하게끔 한 원인이 무엇이었는지 거슬러 올라가는 작업이 필요하다.

이 작업은 흔히 정신분석학에서 착안한다. 기억과 망각의 선택은 욕망에 기인하는 바가 크기 때문이다. 욕망은 자신을 '직접' 표출하지 못하며, 변형되고 치환된 형태로,[165] 그리고 '승화'라는 여과과정을 거쳐 자신을 드러낸다. 그렇게 드러내는 것의 대표적인 예가 바로 문명이나 문화적 표현물들이다. 그렇기에 역사가에게 내재했던 욕망을 정신분석함으로써 그 역사가가 쓴 역사의 반대역사를 복원시킬 수 있다. 역사적 사실들은 선택과 배열, 정리를 통해 구성되는 것이며 '진실'을 특정한 방식으로 보여주려는 의도와 연관되어 있다.[166] 그렇기에 톰슨(Thompson)

---

163 조지형, "'언어로의 전환'과 새로운 지성사", 안병직 외, *오늘의 역사학* (한겨레신문사, 1998), 254~255쪽.

164 김기봉, "시뮬라크르 시대에서 역사란 무엇인가", *한국언어문화* (제25집, 2004), 114쪽.

165 허재영, "정신분석의 안과 밖: 프로이트와 가타리", *맑스, 프로이트, 니체를 넘어서* (새길, 1997), 138쪽.

166 조경식, "망각의 현상과 변호담론 그리고 역사", *뷔히너와 현대문학* (제21호, 2003),

의 말대로 "구술사는 역사 안으로 '삶'들을 강제로 떠밀어 넣어 역사의 폭을 넓히고, 그로써 이미 용인된 역사의 신화와 전통에 내재한 권위주의적 판단들에 도전한다".[167] 구술사는, 그런 의미에서 역사의 사회적 의미를 급진적으로 변화시킬 수단을 제공한다.

역사화를 위해, 즉 기억이라는 '닫힌 서사'를 만들어 내기 위해서 변형되고 치환된 흔적을 더듬어감으로써, 지젝(Žižek)이 말하는 바와 같이 근대 역사주의(historicism)[168]가 무엇을 숨기고 또 무엇을 부각시켰는지 알게 된다. 이 망각의 계보를 분석하는 것은 법계보학이 할 수 있는 일이지만, 지워진 목소리들을 듣는 실증적 작업은 구술사의 몫으로 남는다.

2) 내레이션의 방법 구술사는 소외된 자들이 겪은 경험의 내레이션을 받아 적는 것이다. 특히 이는 소수자인권의 발견에 초점을 맞춘 법사학 연구에서 폭넓은 쓰임새를 갖는다.

(가) 합리적 법으로 외면된 역사 가령 성매매를 처벌하는 법의 기획이 성매매여성의 윤리적 타락(윤락倫落)의 방지에서 성적 자기결정권의 보호로 바뀐 것을 역사의 발전이라고 보는 것(거시사적 이성적 관점)은 성매매여성의 목소리를 외면할 때 가능해진다. 그러나 성매매여성들의 목소리에 귀 기울이고, 그들의 내레이션을 구술하게 되면 그런 법의 역사는 발전이 아니라 인권침해적 퇴보로 서술될 수도 있다.[169] 또한 성매매를 처벌하는 법의 그와 같은 역사화는 성매매특별법을 제정하거나

512쪽.

167 P. Thompson, *The Voice of the Past: Oral History* (Oxford University Press, 2000), 23~24쪽.

168 프로이트-라캉의 계보를 이은 정신분석학자 지젝(Žižek)은, 역사성(historicity)과 역사주의(historicism)를 구분하면서 역사주의는 '역사성 빼기(minus) 실재계'라고 말한다. 실재계적인 무언가를 숨김으로써 생겨난 빈틈은, 향수(nostalgia)를 불러일으키는 이미지들에 의해 채워 넣어진다. 이에 대해 자세히는 S. Žižek(주은우 역), *당신의 징후를 즐겨라!(Enjoy Your Symptoms)* (한나래, 2004), 149쪽.

169 이런 관점으로 이상돈, "성매매의 범죄화와 인권침해", *시민과 변호사* (통권 131호, 2004), 18~22쪽.

제정에 강한 영향을 준 주체들의 성적 욕망이 어떻게 억압되고 왜곡 표현되었는지를 분석함으로써 비로소 궁극적으로 해체되고 재구성될 수 있다.

(나) 소수자의 정치 복원 또한 이러한 구술사로서의 역사를 서술하는 일, 다시 말해 과거에 대한 개인적 기억들을 환기시키고 기록함으로써 구술된 기억들과 개인적 논평들을 수집하는 작업에는 필경 다수담론에 담기지 못한 소수자의 '정치적인 것들'(the political)이 담기게 된다. 가령 성매매특별법에 관한 구술사의 서술은 성매매를 금지하는 윤리를 전복시키고 성매매여성들의 직업권이나 사회보장수급권을 관철하는 정치적 기획을 수반할 수 있다.

(2) 보편사의 결함을 메우는 구술사 이성법의 실현이라는 보편사에서 소외된 사람들이 그 보편사 안으로 들어올 수 있기 위해서는 스스로 자신들의 이야기를 할 수 있어야 한다.[170] 또한 법과 법률가들은 그 이야기에 귀 기울여야 한다. 구술사로서 미시사란 보편사와 어긋나 있는 사람들의 이야기 역사를 의미한다. 인권도 이런 의미의 구술사 속에서 비로소 드러나기도 한다.

1) 남성적인 것과 어긋나는 내레이션 법의 미시사로서 구술사는 여성이 경험한 이성법에 관한 이야기들과 그 역사이다.

(가) 여성의 입장성에서 부여되는 의미 법은 남성이자 아버지이자 하느님인 심층심리적 연관 속에 놓여 있다. 남성이 만든 법과 남성적인 법이 여성 인권을 침해하는 측면은 이성의 관점에서 잘 드러나지 않을 수 있다. 그렇기에 이성법과 어긋나 있는 여성의 경험들이 그들의 목소리로 내레이션 됨으로써 이성법의 비이성성이 뚜렷하게 드러나기도 한다. 이때 여성의 목소리란 여성적 시각과 구분하여[171] 리듬과 톤과 결

170 스스로 관계회복을 하지 못하고 법을 통해 그것을 시도하는, 혹은 시도할 수밖에 없는 사람들은, 관계가 일그러진 아픔을 가진 자들이다. 이는 이상돈 외, *포스트모더니즘과 법* (세창출판사, 2006), 52쪽 참조.

171 이 개념 구분에 관해 자세히는 양현아, "여성의 '목소리'와 법여성학 방법론", *공익과*

을 지닌, 아직 제도화되지 않은 '육성'을 뜻한다. 여성적 시각이 가령 합리적 여성상을 전제한 특정 여성집단의 관점이라면 여성적 목소리와 여성적 시각은 철저하게 구분되어야 한다. 물론 여성적 목소리가 갖는 리듬, 톤(tone), 결도 자연주의적으로 이해되는 개념은 아니다. 반대역사를 구성하는 미시사의 요소로서 여성의 목소리(Voice)란 채취나 녹취의 대상인 여자의 말소리가 아니라 '여성의 입장성', 즉 "여성의 위치성에 관한 사회구조적 전망"[172]에서 부여되는 의미로 이해되어야 한다. 그런 의미 이해의 과정을 내레이션이라고 부를 수 있다.

(나) **여성의 입장성의 예시설명** 이 점을 위헌결정[173]이 있기 전의 간통죄의 이상과 현실을 예로 살펴보자. 간통죄는 남녀 모두를 처벌하는 쌍벌주의의 평등적 구조를 갖고 있었다. 혼인관계에서 성은 서로에게 배타적으로 귀속(바꿔 말하면 공유)될 수 있고, 그 점에 대한 상호신뢰가 형성될 수 있다는 점에서 간통죄의 합리성이 — 과거에는[174] 남성들보다는 여성주의자들에 의하여 — 인정되었었다. 그런데 과거 여성주의자들의 이런 주장은 실제로는 남성적인 것이었다. 감옥에 갇힌 간통죄 수형인의 대부분은 주로 여성이었다. 이는 진화심리학적 관점에서 볼 때 자신의 유전적 자질을 남기는 일에 몰두하는 남성(배우자)이 자식을 위해 많은 노력과 시간을 쏟아야 할 여성(배우자)의 간통을 훨씬 관용하지 못하는 특성[175]을 가진 데서 비롯된 것이다. 따라서 간통죄의 가해

인권 (제8권, 2004), 84쪽 참조.

172 여성의 입장성을 결합할 때 여성의 목소리가 갖는 의미가 밝혀진다고 보는 양현아, "실증주의 방법론과 여성주의 법학", *서울대학교 법학* (제46권 제2호, 2005), 207쪽.

173 간통죄(형법 제241조)를 성적 자기결정권 및 사생활의 비밀과 자유를 침해하여 헌법에 위반된다고 본 憲裁決 2009헌바17 참조.

174 여기서 과거란 특정시점을 선분하여 말할 수 없다. 여기서 과거란 여성이 사회적 노동을 하고 경제활동을 함으로써 남성과의 교류가 자유롭고 넓게 펼쳐지는 사회구조적 변화 속에서 일반적으로 간통죄의 피해자가 아니라 남성과 동등한 정도로 간통죄의 가해자가 되어버린 변화의 시간을 가리킨다.

175 이에 대해 자세히는 안성조, "고대사회 사적 보복관습에 대한 진화론적 조명", *법철학연구* (제17권 제3호, 2014), 189쪽 아래 참조.

자로서 여성의 내레이션은 간통죄의 남녀평등적인 도덕적 구조와 일치하기 어렵다. 다른 한편 여성이 경제활동을 남성과 동등하게 하지 못했던 가부장제의 가족제도 하에서는 간통죄의 (잠재적) 피해자가 된 여성은 재산분할권의 실질적 확보를 위해 간통죄규정이 필요했었다.

이와 같이 여성 입장에서는 간통죄규정이 필요하면서도 필요하지 않은 모순성이 있었다. 그러나 오늘날 여성이 직업활동을 하여 경제적으로 자립하고, 다른 남성과 자유롭게 교류하게 된 사회구조의 변화는 — 가정주부에게도 50% 정도의 재산분할권을 인정하는 판결과 함께 — 간통죄에 대한 여성의 입장을 변경시켰다. 여성의 입장에서 더 이상 간통죄가 필요 없게 된 것이다. 그러므로 위헌결정이 나기 전 간통죄의 존속을 원하는, 간통죄의 피해자로서 여성과 간통죄의 폐지를 원하는, 간통죄의 가해자로서 여성의 목소리는 그 당시 사회구조를 전제로 한 '여성의 입장'을 전제로 할 때에만 올바르게 그 의미가 이해될 수 있는 것이었다.

이처럼 여성의 입장성이 전제된 내레이션과 남성중심적 법 사이의 간극은 법의 보편사가 덮어두는 또 '다른' 진실을 적나라하게 드러내 보여준다. 간통죄 위헌결정은 그런 간극을 해체하는 진실의 발전인 것이다.

2) 서구적인 것과 어긋나는 내레이션 내레이션의 방법은 서구의 합리적 관점과 제3세계의 전통문화적 관점 사이의 간극을 지양시키는 방법이 되기도 한다. 아프리카 여성들의 할례 풍습은 서구의 합리적 관점에서는 '적나라한 인권침해'인 반면, 제3세계의 남성적 · 민족주의적 관점에서는 '서구문화로부터 (혹은 겉멋 들린 서구여자들로부터) 지켜내야 할 자랑스런 풍습'이다. 식민지배를 통해 할례를 금지하는 법을 제정 · 실현한다고 할 때, 그 법의 역사는 거시적으로는 (서구근대사회의 전통에서) 이성사라 할 수 있지만 미시적으로는 식민지 지배사로 해석될 수 있다. 전통할례에는 서구적인 인권 개념에 담기지 않는 관점, 즉 당사

자여성들의 심리적 공포와 상처 외에 통과의례적 자부심과 문화적 유대감 등이 복잡한 형태로 얽혀 들어가 있음이 할례를 한 여성들의 내레이션을 통해 확인되기 때문이다.[176] 이런 내레이션은 할례금지법이 이성법의 보편사 실현보다는 식민지배의 정치적 기획을 수행하는 것임을 드러내준다.

3) 합리적 여성과 어긋나는 내레이션 내레이션은 여성의 법과 어긋나는 여성의 경험을 법에 들여 넣어주는 방법이 되기도 한다. 예컨대 주류 여성주의가 설정한 '합리적 여성상'에서 볼 때 여성에 대한 신체접촉이나 언어유희는 성희롱이 되지만, (남성주의적 성놀이문화에 동조하는 비합리적) 여성들의 내레이션에서는 동일한 행위가 즐거운 '성놀이'로 묘사되기도 한다. 성희롱을 처벌하는 법의 역사는 비합리적 여성들의 경험이 망각되는 역사가 된다.[177]

또한 '성매매는 폭력이고 성착취이며 피해이다'라는 급진적 여성주의의 관점에서 비켜있는 성매매여성들의 자기 '일'에 대한 이해, 특히 성노동권을 주장하는 관점에도 합리적 여성과 어긋나는 다음과 같은 내레이션이 담긴다.[178]

> 예컨대 "왜 이런 곳에서 일하냐고 하면 뚜껑이 열리지", "화나는 건 인권을 찾아준다고 하는 시민단체 사람들이 와서 왜 우리를 무시하냐는 거지. 그 표정부터. 그러면 나도 모르게 욕이 튀어나가는 거야. 문도 안 열어주고"[179] 등

이런 내레이션은 성매매의 무조건적인 불법화를 외치는 급진적 여성주의에 담기지 못한다. 또한 이런 내레이션은 공리적 차원에서 합법

176 E. Babatunde, *Women's Rites Versus Women's Rights: A Study of Circumcision Among the Ketu Yoruba of South Western Nigeria* (African World Press, 1998), 181쪽 아래.

177 이상돈, *인권법* (세창출판사, 2005), 152~153쪽.

178 이상돈, 앞의 책, 165~166쪽.

179 백재희, "그래도 나는 괜찮은 여자다", 막달레나의 집 편, *용감한 여성들, 늑대를 타고 달리는* (삼인, 2002), 143쪽.

화를 주장하는 일부 공창제 도입론자들의 다음과 같은 목소리와도 분명히 결을 달리한다.[180]

> "집창촌이 깨지면 어떻게 되겠나. 한강의 정화조를 깨트려 한강전체를 오염시키는 것과 같은 결과를 얻게 된다. 성매매여성들의 대다수가 주택가로 숨어들 것이다"

물론 성매매여성들의 목소리는 "남성에겐 자고로 성욕배설장소가 필요한 법이다"[181]라는 식의 남성우월적 목소리에도 담길 수 없다. 여기서 목소리듣기에는 흑과 백처럼 뚜렷이 구분되는 역사상은 사라지며, 대신 중간에 있는 다양한 명도의 회색들이 선연히 드러나게 됨을 알 수 있다.

4) 여성적인 것과 어긋나는 남성의 내레이션 이성법의 역사에서 소외된 여성의 목소리에 귀 기울이는 것으로써 이성법이 완전해지는 것은 아니다. 이성법과 어긋나는 남성의 내레이션도 있기 때문이다. 특히 성범죄에서 유일한 증거인 피해자의 진술(증언)만을 믿고 유죄판결을 내리는 경우에 그러하다. 남성과 여성의 내레이션 사이의 화해불가능한 차이 앞에 법은 젠더이데올로기에서 벗어나기가 힘들다. 여성의 내레이션을 외면해도, 남자의 내레이션을 외면해도 이성법의 보편사는 앞으로 나아갈 수 없다. 과거 여성의 내레이션 역사가 그러했던 것처럼 미래에 법원의 법적용이 페미니즘적 편향을 보이게 된다면 남자들의 내레이션 역사도 형법의 미시사가 되고, 이 미시사는 보편사로서 이성법이 갖는 결함을 메워주는 방편이 될 것이다.

> ★ 남녀간 내레이션의 차이와 무죄추정원칙의 한계 대법원(大判 2016도21231)은 이런 딜레마적 상황이 형사재판에서 벌어지는 경우에는 무죄추정원칙을 통해 해결책을 찾는다. 가령 여성의 내레이션에 더 신뢰로 보내면서도 남성의 내레이션에 대한 고려는 무죄추정원칙의 적용으로만

---

180 이상돈·이소영, *법문학* (신영사, 2005), 296쪽.
181 이상돈·이소영, 앞의 책, 296쪽.

대신하는 것이다. 하지만 민사재판에서는 무죄추정원칙이 없으므로 여성의 내레이션이 판결의 방향을 더 주도하게 될 것이다. 그러므로 무죄추정원칙을 성별이 없는(desex) 이성법적 원칙이라고 본다면 민사재판에서 남성의 내레이션은 법의 미시사로 남게 된다.

10 법과 아름다움

Ⅰ. 아름다움과 법적 정의의 관계

정의는 흔히 이성적으로 도덕적인 것, 윤리적으로 숭고한 것으로 생각된다. 그래서 아름다움과는 관계없다고 이해된다. 하지만 이성과 도덕, 윤리와 숭고함도 인간의 삶을 완전하게 해주는 방편에 불과하다. 그런 방편에서 아름다움이 빠진다면, 인간의 삶은 황폐해지기 쉽다. 정의가 인간의 삶을 가치있게 하는 이념이어야 한다고 본다면, 아름다움도 정의의 한 요소가 되어야 한다. 여기서 '미학적 정의'가 주목된다.

1. 놀이로서 법의 아름다움과 정의

법이 수용해야 할 '미학적 정의'(aesthetic justice)를 이해하기 위해서는 먼저 인간의 삶을 새롭게 해석해보는 것이 필요하다.

(1) **놀이로서 삶과 법** 삶은 다양하게 이해될 수 있지만, 여기서는 삶을 '놀이'(play, Spiel)라고 보자. 이는 비트겐슈타인의 말놀이이론처럼, 삶의 형이상학적, 존재론적 본질은 알 수 없지만 그렇다고 해서 삶이 그냥 각자가 살아지는 대로 막 사는 것도 아님을 함의한다. 즉, 놀이는 누군가와 함께 하는 것(상호주관성 intersubjectivity)이며, 아무 것도 하지 않는 것이 아니라 무엇인가를 하는 것(일·work)이며, 또한 즐거운 것(행복)이며, 그러면서도 무질서한 것이 아니다(규칙성, 질서). 삶

을 이처럼 놀이라고 할 때 삶을 '정의롭게' 형성하고 규제해야 하는 법도 (규범에 관한) 일종의 놀이가 된다. 그렇기에 구체적 법규범을 형성하는 법률해석도 '법률말에 관한 놀이'라고 정의할 수 있다.[1] 법을 규범놀이라고 할 때 그것은 법이 실현하는 정의가 형이상학적, 존재론적 실체를 갖고 있는 것인지 알 수 없으며, 또한 그런 것이 있는지 없는지에 관심을 두지 않음을 의미한다. 법은 사람들이 그것을 통해 누군가와 함께 하고, 무엇인가를 하며, 또한 즐겁게 되고, 그러면서도 무질서해지지 않을 수 있게 해주는 그런 놀이이어야 한다. 데리다(Derrida)도 이와 유사하게 '법이란 놀이의 실루엣이며, 이때 놀이는 항상 창조적이며, 생성적이며, 힘을 가져다주는 것'이라고 본다.

> 물론 데리다가 말하는 실루엣은 "여성성의 실루엣"(feminine silhouette)이다. 데리다에게 법은 에로틱하고(erotic) 생성적인 것이므로 여성성 속에 내재하는 것이고, 초월적, 영구불멸의 법과 일시적이고 실정적 법 사이에 실체가 없는 것이라는 점에서 실루엣이다.[2]

(2) **아름다움과의 놀이로서 법** 놀이로 이해된 법이 추구하고 실현하는 정의는 단지 윤리적인 것에만 머무를 수 없다. 놀이는 인간의 생 에너지를 열정적으로 소비하는 행위이기 때문이다. 이 행위가 인간을 현실의 질곡으로부터 해방시키는 아름다움의 체험을 가능케 하는 (예술의) 양식 안으로 들어오게 되는 경우 삶은 가장 완전히 편안한 것이 될 수 있다. 즉 심미적 유희(aesthetic play)는 가장 행복한 삶의 양식이 된다.

1) 감성적 충동의 법 여기서 쉴러(Schiller)가 "인간의 미적 교육에 관한 편지"[3]에서 말한 소재충동(Stofftrieb)과 형식충동(Formtrieb)의 합

1 이상돈, *새로 쓴 법이론* (세창출판사, 2005), 183쪽 아래.

2 이와 같은 설명으로 P. Birmingham, "Toward an Ethic of Desire: Derrida, Fiction, and the Law of the Feminine", *Feminist Interpretations of Jacques Derrida* (Pennsylvania State University, 1997), 137~141쪽.

3 이는 쉴러가 칸트와 미학과 프랑스혁명에 관하여 논쟁을 하면서 보낸 27편의 편지

일상태가 주목된다.[4] 쉴러에게 소재충동은 감성적 충동이며 성향이나 느낌(감정)으로 나타나고 인간이 자신의 삶을 보존하고 절대적 존재로 향해가게 만드는 충동인 반면, 형식충동은 이성적 본능이며, 보편성과 필연성으로 나타나고, 인간을 도덕적으로 자유로운 존재로 만드는 충동이다. 이 두 충동의 합일상태가 바로 인간을 가장 완전한 존재로 만들어 준다는 것이다. 이렇듯 인간존재의 본성에서 볼 때, 법은 이성적 본능의 발현일 뿐만 아니라 감성적 충동을 충족해주는 것이어야 한다. 쉴러가 말하는 소재충동, 감성적 충동이나 성향은 아름다움과의 놀이를 통해 가장 이상적으로 충족될 수 있다. 그렇다면 법도 아름다움을 자신의 정의내용으로 수용해야만 하게 된다.

2) 에로스의 법 이때 주목할 점은 아름다움이란 주관적으로 '체험'되는 현상이지 논리적으로 형성되는 이치가 아니라는 점이다.

㈎ 일시적이고 무상한 에로스 물론 이성적인 옳고 그름이나 윤리적인 좋고 나쁨에도 주관적인 측면이 있고, 그래서 그 판단의 결과도 사람마다 상이할 수는 있지만, 그 판단의 내용은 적어도 '논리적 구성물'로 만들어질 수가 있다. 그러나 아름다움은 그에 대한 판단을 비평할 수 있을 뿐이다. 아름다움은 논리적으로 판단되는 것이 아니라 감성적으로 체험될 뿐이다. 이 체험의 핵심은 바로 에로스(eros)이다. 그러므로 아름다움과의 놀이로서 법도 곧 에로스적인 것이 된다. 여기서 법은 프로이트(Freud)가 말한 '일시적이고 무상한 에로스'[5]를 발현시켜 주는 장치라고 볼 수 있다. 프로이트는 오직 일시적이고 무상한 것에 대한 사랑만이 진실로 에로틱한 것이라고 보았다. 우리가 사랑하는 것들의 무상함이 삶의 진실이며, 사랑은 언젠가 죽을 것에 대한 사랑이라는

(1798~1795)(Briefe Über die ästhetische Erziehung des Menschen)를 말한다.

4 이러한 쉴러의 입장을 잘 정리한 H. Pauly, "Aesthetic Decadence Today Viewed in Terms of Schiller's Three Impulses", *The Journal of Aesthetics and Art Criticism* (제31권 제3호, 1973), 365~373쪽 참조.

5 이에 관해서는 A. Drassinower, *Freud's Theory of Culture: Eros, Loss, and Politics* (Rowman & Littlefield Publishers, 2003), 30쪽 참조.

것이다.

(나) **로고스적인 이성법의 한계 극복** 법이 에로스적이라는 것은 로고스적인 법의 한계를 응시하고, 보완해주는 관점이 되기도 한다.[6] 로고스적인 법의 한계는 예컨대 법이 칸트처럼 실천이성의 제도화로 이해됨으로써 욕망이 법의 세계에서 추방당한 데에 있다. 칸트의 순수이성은 욕망에 대한 관심 자체를 완전히 배제시킴으로써 성립되며, 심지어 이성을 향한 욕망도 배제한다.[7] 로고스적인 법의 한계는 언어에서 비롯된다. 언어는 욕망에 기초한 진실을 정확하게 반영할 수 없기 때문이다. 그렇기에 법은 언어로 형성되자마자 곧 자기부정을 해야만 하게 된다. 법은 법으로 태어나는 순간 이미 자기로부터 소외된 존재가 된다. 그처럼 끊임없이 자기부정 되어야 하는 존재인 법을 여전히 정의롭게 만들어 주는 것은 바로 에로스의 작용이다. 이렇게 볼 때 법이 놀이이고, 놀이의 규칙성이 설령 이성의 전통에서 물려받는 측면이 있다고 할지라도, 법은 언제나 이성과 감성의 혼합체가 될 필요가 있다. 법이 에로스라고 하는 것은 이것을 가능케 하는 인식론적 토대가 된다.

2. 미학적 정의의 차원과 현상

미학적 가치와 정의관련적 가치(예: 도덕적, 경제적 가치 등)가 융합한다면 이를 '미학적 정의'(aesthetic justice)라고 부를 수 있다.

(1) **미학적 도구주의와 공리주의적 법미학** 미학적 가치(아름다움)와 다른 가치(정의)의 관계에 대해 도구주의와 자율주의의 미학이 대립한다.

1) 미학적 도구주의 예술적 아름다움의 가치는 예술 밖에 위치한 목표를 달성하는 데 기여하기 때문에 승인되는 것이라는 입장이 미학

6 에로스와 유사하게 파토스를 말하는 니체도 법을 에로스적인 것으로 보았다고 말할 수 있다. 이에 관해서 F. Nietzsche(이진우 옮김), *비극적 사유의 탄생* (문예출판사, 1997), 274쪽 참조; 니체의 법이해에 관해서는 나의 제자 민윤영, *니체(Nietzsche)의 법이론: 법에서 모더니즘의 해체* (고려대학교 석사학위논문, 2007), 61쪽 아래 참조.

7 이런 분석으로 J. Derrida(G. Bennington · I. McLeod 역), *The Truth in Painting* (The University of Chicago Press, 1987), 38쪽.

적 도구주의(aesthetic instrumentalism)이다.[8]

(가) **외향적 가치의 실현도구로서 예술** 예컨대 예술과 그 아름다움은 다양한 방식으로 우리들의 정서에 영향을 미치고, 세계에 대한 인지적인 이해를 촉진시키며, 정치적 의식을 북돋고, 미래를 예언해준다. 이때 예술의 가치는 외향적인 가치(extrinsic value)가 된다.

> 예컨대 사형이 추하다는 체험은 사형이 가치가 없다는 정치적 의식을 촉진시키고, 사형을 폐지하는 법제화로 나아갈 수 있게 한다. 이때 사형의 추함을 체험하게 해준 예술작품의 하나로 예컨대 공지영의 『우리들의 행복한 시간』(2005)[9]을 들 수 있다.

미학적 도구주의는 가령 문학작품의 아름다움이 사형의 무가치성에 대한 정치적 의식을 촉진시킨다는 데에 있다고 본다. 하지만 사형의 폐지를 가져오는 정치적 의식은 반드시 문학작품을 읽는 독자들의 미학적 체험에 의해서만 촉진되는 것은 아니다. 그런 결과는 비예술적인 것(예: 생명윤리)에 의해서도 발생할 수 있다.

(나) **미학적 체험과 현실기능의 불완전한 인과성** 미학적 도구주의는 미학적 체험과 그 작품의 현실적 기능 사이의 인과성을 긍정해야 한다. 만약 인과성이 없다면 작품 외적 기능수행의 결과가 그 작품에 대한 미학적 체험에 귀속될 수 없다.

> 가령 『우리들의 행복한 시간』이 종교적 세계관을 은연중에 확산시키고, 사형수를 치료의 대상으로 위치시키는 이데올로기적 성격이 있다[10]는 점에서 추하다고 보는 경우에도 이 작품을 읽는 독자들은 사형폐지의 정치의식을 가질 수 있다.

---

8 이에 대해서는 T.J. Diffey, "Aesthetic Instrumentalism", *The Britisch Journal of Aesthetics* (제22권, 1982), 337~349쪽 참조.

9 이 소설은 유복하게 살아 왔지만 정신적으로 황폐한 여교수가 불행한 아동기를 보낸 사형수와 서로 이해해가고 사랑에 빠지는 과정과 사형수가 사형집행을 당하기까지 용서와 화해, 사랑의 정신으로 충만한 종교적 인간으로 거듭나는 과정을 그리고 있다.

10 이런 비판으로 이상돈, "법문학이란 무엇인가?", *고려법학* (제48호, 2007), 64쪽 참조.

그러나 예술작품이 세계와 소통하는 과정에서 일어나는 '경험적 반응들은 불규칙성'(irregularities of empirical response)을 띤다.[11]

2) 미학의 공리주의적 차원 미학적 도구주의에서 미학적 가치의 장소인 목표의 위치에다 법적 정의를 대입해 넣으면 아름다움의 체험은 법적 정의를 발견하는 데 도움을 주는 수단으로 자리매김된다.

(가) 아름다움과 진리의 수렴명제 스캐리(Scarry)는 '아름다움은 진리와 연합한다'고 한다. 아름다움이 곧 진리는 아니지만 아름다운 것과 진리가 수렴하는 객체들이 분명히 존재한다는 것이다.[12] ① 첫째, 이 '동일객체로의 수렴-명제'는 아름다움은 어떤 대상의 속성이고, 그 대상은 동시에 진리의 속성도 갖고 있음을 의미한다. 결국 아름다움과 진리를 연결해주는 것은 어떤 대상이며, 그런 대상은 존재론적 실체나(아리스토텔레스적인) 형이상학적 이념이기 쉽다. ② 둘째, 아름다움이 진리와 연합한다는 명제는 미학적 도구주의와 유사한 공리주의의 기획으로 이해할 수 있다. 이를테면 아름다움의 비례감(beauty's sense of proportion), 특히 대칭성(symmetry)은 법적 정의의 특징인 균형과 평등의 발견을 도와준다는 점에서 아름다움은 법의 공리주의적 기반을 제공한다.[13]

(나) 공리주의적 법미학의 분과 공리주의적 법미학은 설령 미학적 도구주의에 반대하는 미학이론을 취한다고 하더라도, 법학의 한 분과로서, 그리고 법미학의 한 유형으로서 분명 독자성과 유용성을 갖고 있다.

ㄱ) 법아이콘학 예컨대 유스티치아와 같은 아이콘의 눈가리개

---

11 이런 비판을 비인과성의 논증(argument from noncausality)이라고 한다. 이에 관해 C. Hakins, "Paradoxes of Autonomy; Or, Why Won't the Problem of Artistic Justification Go Away?", *The Journal of Aesthetics and Art Criticism* (제58권 제1호, 2000), 3쪽 참조.

12 E. Scarry, *On Beauty and Being Just* (Princeton University Press, 1999), 51~52쪽.

13 N. Spyke, "The instrumental value of beauty in the pursuit of justice", *University of San Francisco Law Review* (겨울호, 2006), 451~452쪽 참조.

가 비당파성이 아니라 흑인에게 무차별적으로 칼을 휘두르는 장님의 추함으로 체험된다면 미국의 형사사법이 부정의하다는 정치적 의식을 성장시킬 수 있다. 이러한 현상을 다루는 분과를 '법아이콘학'이라고 부를 수 있다.

ㄴ) **법정미학**　또 다른 예로 피고인과 증인의 진술을 수사학적으로 아름답게 꾸며주는 변호준비를 통해 법관들로 하여금 그들의 진술(증언)이 진실이라는 인식을 갖게 만든다면 아름다움의 체험이 진실발견의 목적달성에 기여하는 것이며, 그리고 그것이 정말 진실이라면 사법정의의 실현에도 적지 않은 몫을 하는 셈이 된다. 이러한 현상을 다루는 분과를 '법정미학'이라고 부를 수 있다.

(2) **미학적 자율주의와 형식주의적 법미학**　미학적 도구주의에 대치되는 근본입장은 예술적 아름다움의 가치는 그 자체로서 존재하는 것일 뿐 작품 밖의 세계와의 어떤 연관으로부터 인정되는 것이 아니라고 본다.

1) **미학적 자율주의**　즉 예술작품은 그들에게 가치를 부여하는 어떤 것(예: 삶의 목적이나 근거)의 일부분이 아니고, 예술은 통상적인 의미에서 어떤 정당화도 필요로 하지 않으며, 역설적이게도 바로 그렇기 때문에 정당화된다는 것이다. 이를 미학적 자율주의라고 부른다. 미학적 자율주의는 예술의 가치를 그 내부에 있는 고유한 것, 즉 내향적인 가치(intrinsic value)로 바라본다. 미학적 가치가 내향적 가치라면, 그것이 예술작품의 밖에 있는 다른 어떤 것, 특히 비예술작품에 의해 대체될 여지도 완전히 사라지게 된다. 왜냐하면 그런 대체가능성이란 곧 예술의 특유한 정체성, 다시 말해 자율성을 잃어버리게 만드는 것이기 때문이다. 또한 미학적 자율주의의 입장에서 보면 예술작품이 세계와 소통하는 과정에서 사람들로부터 어떤 경험적 반응을 받게 되는지에 대해서는 아무런 규칙성도 인과성도 없는 것이 된다.[14]

14 C. Greenberg, *Modernism and Modernity: The Vancouver Conference Papers*

미학적 자율주의는 예술작품에 대한 사람들의 경험적 반응에 아예 관심을 가지지 않을 때 가장 순수한 의미의 미학적 자율주의가 된다. 이때 미학적 가치는 다른 어떤 가치보다 우월하다. 이런 미학적 자율주의를 급진적 미학주의(radical aestheticism)라고 부를 수 있다. 즉, 예술이 삶을 위해 존재하는 것이 아니라 우리의 삶이 예술을 위해 존재하는 것이다.

	미학이론	
	도구주의	자율주의
정당화기초	사회적 기능의 수행	예술 그 자체
가치의 성격	외향적 extrinsic	내향적 intrinsic
대체가능성	있음	없음
미학적 체험과 기능수행 사이의 인과성	긍정	부정
	법아이콘학, 법정미학	법률미학
	법이론	

2) 법미학의 형식주의적 차원 미학적 자율주의에서 예술작품의 내향적 가치(intrinsic value)의 자리에 법적 정의를 대입해넣으면 그 미학적 가치를 생산하는 양식(form) 자체가 법적 정의의 내용이 된다. 이 경우 미학적 자율주의는 법학에서는 미학적 형식주의(aesthetic formalism)로 번역된다. 법적 정의는 법률이 기획하는 정치적, 경제적 또는 도덕적 목표의 실현과 같은 공리적 유용성의 차원과 절연한 채, 법률텍스트의 특정한 양식이 주는 아름다움에 의해서 보증된다. 아름다움의 보편적 양식에 법가치성을 인정하는 것은 사회적으로 승인된다. 이 승인은 예술작품에 대한 불규칙한 경험적 반응과 구별되는, 예술작품에 대한 규칙적인 선험적 반응이라고 말할 수 있다. 예컨대 법률텍스트의

(The Press of the Nova Scotia College of Art and Design, 1983), 190쪽.

균형성(proportionality), 정합성(coherence), 대칭성(symmetry)은 법의 교정이념이 될 수 있다. 이런 법미학을 법률미학이라고 부를 수 있다.

★ 제조물책임의 법미학적 의미 예컨대 제조물책임법은 제조물의 하자에 대한 정보가 생산자와 소비자 사이에 비대칭적으로 분배되어 있음을 고려한다. 그래서 법률텍스트는 정보의 비대칭성을 교정하는 방향으로 짜인다. 동법 제4조 제1항은 "제조업자가 당해 제조물을 공급한 때의 과학·기술수준으로는 결함의 존재를 발견할 수 없었다는 사실"(동항 제2호)을 입증하면 손해배상책임을 면하게 한다. 이는 반대로 그런 결함의 부존재를 당대의 과학기술수준으로 입증할 수 없는 경우에도 제조업자가 손해배상책임을 지게 됨을 의미한다. 이런 '비대칭성'의 교정이 민법 제750조의 불법행위책임에서는 결핍되어 있다. 그러므로 제750조는 정보가 대칭적으로 분배된 대등한 개인들 사이에서는 권리와 의무를 대칭적으로 분배하고, 자유이익을 최대화한다는 점에서 아름답지만, 정보가 비대칭적으로 분배된 관계에서는 권리와 의무의 분배에서 실질적으로 대칭성을 띨 수 없는 미학적 결함이 존재한다. 제조물책임법은 그런 결함을 메우는 것이다.

(3) 미학적 정의의 통합적 차원 미학적 가치에서 자율주의와 도구주의의 논쟁은 궁극적으로 해소될 수는 없다.[15] 그런데도 이 둘은 모두 미학적 가치와 정의관련적 가치를 별개의 것으로 보는 공통점(미학적 정의의 이원론)이 있다. 그러나 미학적 가치와 정의관련적 가치는 하나이며, 하나로 융합될 수 있다. 이를 미학적 정의의 '일원론'(monism of aesthetic justice)이라고 부를 수 있다.

1) 도구적 자율주의와 자율적 도구주의 먼저 도구주의와 자율주의의 내부에서도 일원론으로 다가가는 경향이 존재한다. ① 예컨대 미학적 가치는 예술작품의 순수한 내향적 가치가 아니라 "어떤 입장에서든 예술작품의 경험이 사람들에게 주는 실제효과 또는 사람들이 예술작품을

15 이런 입장으로 C. Hakins, "Paradoxes of Autonomy; Or, Why Won't the Problem of Artistic Justification Go Away?" *The Journal of Aesthetics and Art Criticism* (제58권 제1호, 2000), 17~18쪽.

경험하여 생성되는 효과들이라는 가치"[16]라고 정의하면, 자율주의는 비록 다른 가치와 미학적 가치를 비록 목적-수단의 관계는 아니지만 어느 정도의 도구주의적 요소를 갖게 된다. 이로써 도구적 자율주의가 정립된다. ② 반면 "어떤 경우에 예술작품에서 도덕적 결함은 또한 미학적 결함이 될 수 있고, 도덕적 미덕은 때때로 미학적 가치로서 중요할 수 있다"[17]고 말한다면, 소설이나 영화의 내러티브가 갖는 도덕적 미덕에 대한 상상은 예술적 경험의 한 부분이 될 수 있다. 이런 입장은, 미학적 가치가 그 외부의 다른 가치들을 실현하는 수단이라는 점을 수정하여 미학적 가치에 도덕적 가치가 일부 내재화된다는 점에서 "온건한 도덕주의"(moderate moralism) 또는 자율적 도구주의라고 부를 수 있다.

> ★ 민법 제750조의 미학적 성격　① 도구적 자율주의의 입장에서 보면 제조물책임영역과 관련한 민법 제750조의 미학적 결함(예: 사회적 약자를 위한 권리의무의 비대칭성)은 더 이상 결함이 아니라고 말할 수 있게 된다. 왜냐하면 설령 제조물책임에 관련하여 민법 제750조가 미학적 가치를 경제적 가치보다 우선시키지 못했다고 해서 그것이 미학적 가치의 자율성을 침해하는 것은 아니기 때문이다. 미학적 가치와 경쟁하는 경제적 가치나 도덕적 가치를 고려하고 있다면, 민법이라는 작품의 경험이 사람들에게 주는 효과의 가치는 적어도 '반反미학적'이라고 단정지을 수는 없기 때문이다. ② 반면 자율적 도구주의의 입장에서 보면 민법 제750조는 생산자와 소비자에게 권리와 의무를 형식적으로 대칭 분배한다는 점에서 (실천이성적 의미에서) 도덕적 가치를 실현하는 것이고, 아울러 (소비자를 위한) 과도한 제조물책임의 부과가 오히려 국민경제에 부정적일 수 있다는 점을 고려한다는 의미에서 경제적 가치를 실현하고 있는 것일 수 있다. 그리고 이러한 도덕적, 경제적 가치는 민법 제750조의 미학적 가치의 일부를 구성한다. 따라서 자율적 도구주의는 민법 제750조의 미학적 결함을 인정하기 어렵다.

---

16 M. Budd, *Values of Art: Pictures, Poetry, and Music* (Penguin, 1997), 5쪽.

17 N. Carroll, "Moderate Moralism", *British Journal of Aesthetics* (제36권, 1996), 223~238쪽.

2) 미학적 정의의 일원론 미학적 가치와 정의관련적 가치의 궁극적인 통합은 아름다움과 옳음 그리고 좋음을 '생성론적으로' 하나로 바라보는 것이다.

(가) 왕삐의 일원론 중국의 왕삐王弼가 말하기를 "아름다움이라는 것은 나의 마음이라는 몸각이 나아가 좋아하는 것이다. 추함이라는 것은 나의 마음이라는 몸각이 받아들이지 않는 싫어하는 것이다. 즉 아름다움과 추함은 좋아함과 싫어함으로 번역될 수 있는 것이다. 선하다 선하지 않다는 것도 결국 나의 몸각의 옳다 그르다는 느낌인 것이다. 좋아함과 싫어함은 그 몸의 뿌리가 같은 것이다. 옳음과 그름은 그 몸의 문이 같은 것이다. 그러므로 그러한 양면성의 일면만을 고집할 수는 없다"(美者, 人心之所樂進也; 惡者, 人心之所惡疾也. 美惡, 猶喜怒也; 善不善, 猶是非也. 喜怒同根, 是非同門, 故不可得而偏擧也).[18] 즉, 아름다움과 추함, 좋음과 싫음 그리고 옳음과 그름은 모두 그 뿌리가 같은 것이 된다. 바꿔 말해 이런 사상은 진眞, 선善, 미美의 합일태로서 미학적 정의를 표현해 준다.

(나) 니체의 일원론 니체(Nietzsche)도 비슷한 관점을 보여준다. 니체는 주인적 인간유형을 초인(Übermensch)이라고 부르고 노예적 인간인 종말인(Der letzte Mensch)과 구분 짓는다.

ㄱ) 초인사상과 고귀함 종말인은 자기보존과 안전을 추구하고 이성을 빌미로 만든 선과 악의 (의식 중심적) 도덕(예: 자기보존, 인류애, 평등 등)을 추종하는 반면, 초인은 생명력이 넘치는 강한 자로서 스스로 가치를 창조하고(자기입법자), 자신의 주관적인 좋음과 나쁨을 도덕으로 삼음으로써 선악의 도덕 저편에 우뚝 선 존재이다. 초인에게 삶은 선악의 잣대로 평가될 것이 아니다. 삶은 예술작품처럼 '힘에의 의지' Wille zur Macht)를 실현하는 것이어야 한다. 힘에의 의지를 실현하는 정도에 따라 좋음과 나쁨이 — 이분법적인 평가가 아니라 양적 차이의 평

18 이 번역은 김용옥, *아름다움과 추함* (통나무, 1987), 81쪽에서 인용.

가로서[19] — 결정된다. 이런 좋음과 나쁨의 판단은 윤리적 판단이 아니라 심미적 판단이다. 아름답다는 판단은 '힘의 상승'이라는, 그리고 추하다는 판단은 '힘의 하강'이라는 생리적 느낌이다. 그렇기에 미학적 가치는 삶의 에너지를 증강시키는 힘의 상승(힘에의 의지 실현)에 빠진 도취감이며, 이 느낌이 바로 고귀함(noble)이다. 그래서 정의는 '정신을 경계하면서'[20] '삶을 강화'(enforcement of life)[21]하는 '긍정적인 충동'이다. 이로써 선악과 이성중심의 도덕(노예도덕 Sklavenmoral)은 생리적 느낌의 미추판단(주인도덕 Herrenmoral)으로 대체된다. "니체의 고귀함 개념은 도덕과 미학이 상호 내재적으로 관계 맺는 개념"[22]이라고 볼 수 있다.

ㄴ) **연민과 정의** 그러나 여기서 니체의 사상을 법실증주의로 오해해서는 안 된다. 형이상학적 도덕의 법뿐만 아니라 실정법에도 법은 부재하기 때문이다. 즉 힘에의 의지 사상에 내재된 법의 명령설 요소는 '메타실정법적'인 차원에 위치하는 것이다. 오히려 법은 실정법의 가치정립을 부정하는 니힐리즘에 의해서 생성되기 시작하는 것이며, 초인의 '힘에의 의지'에 의해 비로소 실재가 된다.[23] 고귀함은 '연민'(noble compassion)이라는 새로운 정의를 낳는다. 연민은 여분의 에너지를 지닌 강자가 자신의 여분을 아무런 조건 없이 고통 받는 자에게 나누어

---

19 이 해석에 관하여는 백승영, *니체, 디오니소스적 긍정의 철학* (책세상, 2005), 588쪽.

20 문자의 폭력을 비판한 데리다의 그라마톨로지는 니체보다 하이데거적인 전통, 즉 가톨릭적인 텍스트 작업의 연장선에 있으며, 니체는 문자를 폭력으로 보지 않고, 다만 문자의 대립항인 정신을 경계했다고 보는 R. Weisberg, "Nietzsche's Hermeneutics: Good and Bad Interpreters of Texts", P. Goodrich · M. Valverde 편, *Nietzsche and Legal Theory: Half-written Laws* (Routledge, 2005), 152쪽 참조.

21 니체에게 있어 자기 자신이 되는 것은 곧 삶을 강화하는 과정이고, 독자적으로 선의 목록을 만들어 가는 '가치의 정화'(purifying values)의 과정이기도 하다(S. May, *Nietzsche's Ethics and his War on 'Morality'* [Oxford University Press, 1999], 107쪽 참조).

22 민윤영, *니체(Nietzsche)의 법이론* (고려대학교 석사학위논문, 2007), 31쪽.

23 이처럼 힘에의 의지로서, 니힐리즘으로서, 법의 부재로서의 실정법을 설명하는 P. Nonet, "What is positive law?" *The Yale Law Journal* (제100권 제3호, 1990), 667~699쪽 참조.

주는 것이다.[24] 이는 불교의 자비慈悲나 무주상보시無住相布施 사상과 유사하다.

★ 연민과 동정의 차이 연민은 '삶을 강화'(enforcement of life)하는 '긍정적인 충동'의 발현이며, 초인이 되어 가는 과정을 말한다. 이에 비해 동정同情(Mitleid, pity)은 약자나 병든 자를 긍휼히 여기는 것이며, 동정하는 사람은 도덕적 존재로서 보상을 받게 된다. 또한 동정이 전체 공동체의 차원에서 펼쳐지면 자선慈善(charity)이 되고, 전 인류의 차원에서 펼쳐지면 박애博愛(humanity)가 된다. 니체에게는 동정, 자선, 박애가 모두 노예도덕에 속한다. 종교윤리적 동정에는 공동의 기쁨(Mitfreude)이 더해질 수 있고, 그럴 경우 동정은 공감(Mitgefühl)이 될 수 있지만, 역시 주인도덕에 속하기 어렵다.

3. 법과 미학의 통합가능성과 그 한계

포스트모던 사회에서는 법도 미학적 정의를 수용함으로써 법적 정의의 지평을 넓힐 수 있다.

(1) **법의 미학적 정의의 소통적 창출** 특히 아름다움, 옳음 그리고 좋음의 생성 차원에서 미학적 정의가 법적 정의가 될 수 있는 가능성을 명확하게 볼 수 있다. 가령 기부금에 대해서 소득세를 공제해주는 것은 부담(기부)과 이익(법적 혜택)이 맞대응된다는 점에서 이성적으로 옳고, 사회적 약자 등을 위한 자원으로 사용된다는 점에서 윤리적으로 좋은 일이며, 또한 아름다운 일인 기부행위를 촉진시킨다는 점에서 아름다운 것이 된다. 그런데 이러한 세 가지 가치의 승인은 하나의 대화적인 의사소통 속에서 동시적으로 일어난다. 세 가지 가치의 생성이 시차를 두고, 별개의 의사소통에 의해 일어나야만 하는 것이 아니다. 그러면 아름다움이 왜 대화적 의사소통에서 생성되는 것일까?

1) 생기의 소통적 창출과 공유 아름다움의 지각은 그 지각의 대상

24 M. Diamantides, "Law's Ignoble Compassion", P. Goodrich · M. Valverde 편, *Nietzsche and Legal Theory: Half-written Laws* (Routledge, 2005), 98쪽.

에 생기를 주고, 바로 그로 인해 지각자도 생기를 얻게 된다.[25] 하지만 아름다움과의 교류가 독백적이면 그처럼 생기를 주는 기능은 지속하기 어렵다. 그런 교류의 체험내용을 다른 사람들이 함께 나누어 가질 때 비로소 '생기'는 지속적으로 재생산될 수 있다. 그런데 '생기'를 함께 나누어 갖는다는 것은 그것을 가능케 하는 사람들 사이의 상호작용적 관계방식이나 대화적 의사소통의 양상 때문이다. 이런 의미에서 아름다움은 대상의 속성이 아니라 상호주관적인 교류와 소통의 구성물이라고 볼 수 있다.

여기서 상호주관적인 교류와 소통의 방식이 모든 개인에게 자유롭고 기회 균등한 참여의 기회를 주는가를 기준으로 이성적인 경우와 그렇지 못한 경우(예: 미를 정의하는 권력의 독점)를 나눌 수 있다면, 우리는 '심미적 이성'(ästhetische Vernunft)의 개념을 말할 수 있게 된다. 아름다움이 생성되는 의사소통의 차원은 마치 코리오그래피(choreography)와도 같다. 춤은 불완전하게 태어나는 인간에게 삶을 가능케 하는 공동체, 오늘날의 국가와 법을 형성시키는 소통의 양식이기 때문이다. 이처럼 생성론적 차원에서는 아름다움이 곧 정의이고 정의가 곧 아름다움이 될 수 있다.[26]

2) 일상언어적 혼용 일상언어에서도 미학적 정의는 쉽게 인지된다. 가령 정말 사안에 딱 들어맞는 정의의 기준을 두고 "그건 정말 예술적이야"라고 말할 수 있고, 거꾸로 심미적인 감흥을 주는 예술작품을 두고, "이건 정말 옳은 것이야"[27]라고 말할 수 있다. 특히 창의적이며,

25 그래서 Scarry는 "그러므로 아름다움은 아름다운 존재(사람이나 사물)와 지각자 사이의 협정(compact) 또는 계약(contract)이다."라고 말한다. E. Scarry, *On Beauty and Being Just* (Princeton University Press, 1999), 90쪽.

26 이 점에 대한 인식으로 N. Spyke, "The instrumental value of beauty in the pursuit of justice", *University of San Francisco Law Review* (겨울호, 2006), 457쪽 참조.

27 요즘 신세대의 유행어에 '착한 몸매'라는 표현이 있다. 몸매가 '아름답다'는 것을 '착하다', 즉 '선하다'라는 도덕적·윤리적 가치로 표현함으로써 오히려 아름다움의 체험이 강조된다. 이런 강조는 아름다움과 도덕적·윤리적 가치가 서구적인 합리성의 분

감성적이며, 도발적인 심미적 체험은 — 드워킨(Dworkin)이 말하는 바와 같이 텍스트를 최선의 것으로 만들고, 해석에 생명을 불어 넣는[28] — "창조적 해석"(creative interpretation)[29]을 가져오고 새로운 정의를 실현할 수 있다. 예컨대 사형이 부정의하다는 판단은 궁극적으로는 사형이 인류문명의 하나로 수용되기에는 너무 추하다는 체험이 시민들에게 보편화될 때 비로소 진정으로 가능해진다. 다시 말해 정의의 생성으로서 부정의의 제거는 아름다움의 생성으로서 추함의 제거와 함께 진행된다.

(2) **법의 미학적 정의로서 공정성의 한계** 이런 미학적 정의의 대표적인 예는 공정성(fairness)이다. 미학적 정의는 종래의 가치론적 차원에서 말하는 다양한 함의의 정의 개념과 완전히 포개질 수는 없다.

1) **편의성과 공정성의 대립관계** 그런데도 미학적 정의는 정의 개념에서 형이상학적, 존재론적 함의나 신성성을 빼내고 남은 정의 개념으로서 공정성의 개념과 포개질 수 있다고 믿기 쉽다. 예컨대 슈발츠(Schwartz)는 미국의 법학교육에서 편의성(expediency)이 지배적인 정의의 판단기준이 되어 온 것을 비판하고, 아름다움이 정의가 되는 현상(미학적 정의)은 '올바름'과 '들어맞음'이 융합하여 새롭게 의미를 형성하는 것이라고 이해한다.[30] 미국 영화들의 아름다움도 법의 공정성에 대

화 속에 틀 지워져 온 역사를 배후로 둘 때에야 비로소 가능한 것이 된다.

28 드워킨은 가다머(Gadammer)의 선이해(Vorverständnis)에 주목하여 의미이해란 작자가 아니라 해석자의 것이고, 따라서 법해석은 과학적 해석이나 일상언어의 해석과 달리 창조적인 해석으로서 해석에 생명을 불어넣는 해석이라고 보았다. 이에 관해 장영민, "드워킨 1931~2013", *2015 한국법철학회 추계학술대회 발표문* (2015. 12. 12.), 7쪽 참조.

29 이 개념을 드워킨은 예술작품과 법의 해석 모두에 적용한다. 창조적 해석은 (작품과 단순히 대화하는 해석이 아니라 작품을) 구성하는 해석이다. 이에 관해서 R. Dworkin(장영민 옮김), *법의 제국(Law's Empire)* (아카넷, 2004), 80~84쪽 참조. 드워킨의 **구성적 해석**이란 "목적 또는 가치를 해석대상에 부과하여 적합한 의미를 구성하는 해석활동"을 가리킨다. 이 점에 관해 자세히는 김도균, "우리 대법원 법해석론의 전환: 로널드 드워킨의 눈으로 읽기", *법철학연구* (제13권 제1호, 2010), 97쪽 아래 참조.

30 L. Schwartz, "Justice, Expediency, and Beauty", *University of Pennsylvania Law Review* (11월호, 1987), 143~146쪽 참조.

한 신념을 어지럽히지 않는 데에 있다고 보기도 한다.[31] 여기서 편의성은 아마도 모든 사회구성원이 한결 잘 살게 됨을 의미할 것이다. 즉 법경제학적으로 사회적 총효용이 극대화되고, 자원의 배분상태가 최적화되는 상태를 의미한다.

2) 정의와 편의성의 교집합으로서 법적 정의 그러나 법적 정의는 공정성 개념보다 더 넓은 것일 뿐만 아니라, 심지어 공정거래법이나 증권거래법과 같이 법적 정의가 공정성 개념으로 환원되는 법에서도 법적 정의는 편의성을 배제하지 않는다. 다시 말해 미학적 정의는 편의성과 그것이 실현하는 경제적 가치가 정의의 내용이 되는 것을 배제하지 않는다.

> ★ 대기업의 SO소유와 미학적 정의 가령 케이블방송사의 소유를 공정거래법상의 기업집단에게 제한한다고 할 때 그것이 정의롭다고 하기 위해서는 방송시장에 참여할 자유를 평등하게 보장하는 것이면서, 대기업의 방송산업 독점으로 인한 폐해를 ― 이것은 결코 아름답지 못하고 추한 것인데 ― 방지하는 것이면서 아울러 소비자 입장에서 케이블방송의 이용에서 누리는 편의성(예: 멀티미디어서비스의 혜택증대)도 최대한의 것이 될 수 있어야 한다.

그러므로 법적 정의는 '평등한 자유'와 같은 종래의 '가치론적인 정의'와 '미학적 정의' 그리고 (경제적) '편의성'이 모두 실현된 교집합의 상태를 가리킨다고 보아야 한다. 아름다움은 옳음과 좋음과 함께 하나의 패키지로 생성될 수는 있지만, 그것이 법적 정의의 유일한 요소가 되는 것이 아니다. 왜냐하면 미학적 가치와 함께 언제나 일정한 도덕적, 경제적, 정치적 가치가 옳음과 좋음 그리고 아름다움의 생성과정 속에서 법적 정의로 유입되고 있기 때문이다.

---

31 S. Machura, "Procedural Unfairness in real and film Trials: Why Do Audiences Understand Stories Places in Foreign Legal System?", M. Freeman 편, *Law and Popular Culture, Current Legal Issues 2004* (제7권, Oxford University Press, 2005), 148~159, 특히 150쪽 참조.

(3) **미학적 정의와 기존의 법적 정의 사이의 충돌** 미학적 정의를 강조하다 보면 다른 정의요소를 위축시켜버릴 위험을 수반한다. 그러나 미학적 정의는 이성적인 옳음과 윤리적인 좋음을 모두 지워버릴 정도로 법의 정의를 지배해서는 안 된다. 미학적 정의와 이성적인 옳음과 윤리적인 좋음을 범주적으로 구별하고, 정의가 어느 한 요소에 편향되지 않도록 하는 것은 법적 정의의 실현을 위해 필요하고 중요하다. 특히 근대법의 성립·발전과 함께 법(특히 옳음과 좋음)에 대한 담론과 아름다움에 대한 담론이 분화·발전되어 각기 고유한 개념과 이론, 규칙과 원칙, 그리고 서로 다른 기술적 장치들에 의해 수행되고 있는 현실에서 이 점은 더욱 더 중요하다.

> ★ 정당방위권의 미학적 성차별 가령 여성은 남성의 강제키스에 맞서 혀를 절단하는 정당방위권을 누리게 하는 반면, 남성이 여성의 강제키스에 맞서 같은 방어행위를 하면 과잉방위로 본다고 하자. 이는 남성의 방어행위가 추하다는 판단, 즉 미학적 부정의를 실현한다는 이유로 정당방위의 상당성 법리(예: 방어를 위해 필요한 행위라면 법익불균형도 허용된다는 점)가 기획하는 이성적 옳음의 정의를 밀어낸 것이다.

이 사례에서 보듯 이성적 옳음의 법적 정의는 방어행위의 필요성 법리로 실현되는 것인데 여성의 경우와 달리 남성의 똑같은 방어행위를 부정의로 보는 것은 미학적 판단이 이성적 옳음의 판단을 밀어낸 결과이다. 여기서 법(정의)이 아름다움(미학적 정의)과 어떻게 관계지어야 하는가 하는 문제가 법학과 미학을 통합하는 법미학의 미래적 과제로 등장한다.

Ⅱ. 법미학의 개별분과들

1. 학제적 법학으로 법미학

법미학은 법과 ~(the law and ~), 이를테면 법과 사회학, 법과 경제학, 법과 문학, 법과 심리학, 법과 인류학, 법과 여성학 등과 같은 명칭의 학제적 법학 가운데 하나가 된다. 그러나 법미학은 아직 "확정된 논제"(definite topic)[32]를 지닌 분야가 아니라 그것이 무엇인지를 "문의하는 공동체"[33]가 막 형성되고 있는 단계에 와 있을 뿐이다.

(1) 미학적 체험에 의한 법의 생산 법미학의 중요성을 인식하고 발전을 도모하기 위해 법미학이라는 분과에 대한 개념정의를 시도하는 것은 유익할 것이다. 법미학(legal aesthetics)을 가장 일반적으로 정의해본다면 로빌랑(Robilant)의 다음과 같은 정의는 주목할 만하다.

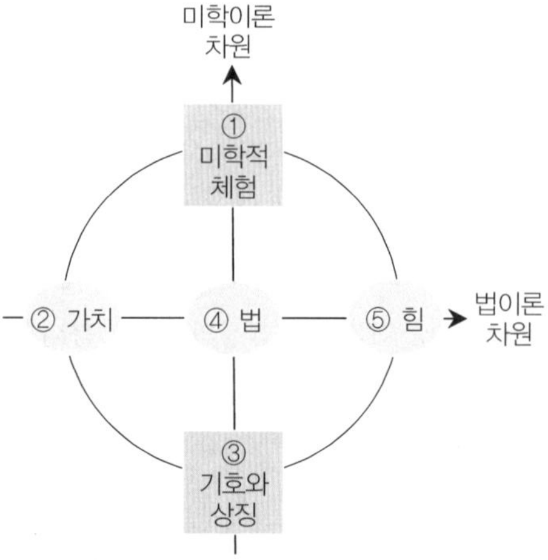

> "기호학적 관점에서 보면, 법미학은 시대마다 법이 지시하는 일련의 가치들에 관련된다. 법은 미학적 체험에 의해 가치가 부여되는 기호와 상징의 체계라고 논증되어 왔다. 바꿔 말해 법미학이라는 표현은, 자명한 가치

32 A. Robilant, "The Aesthetics of Law", *Global Jurist Advances* (제1권 제2호, 2001), 2쪽.

33 R. Kevelson, "Introduction: Dialectic, Conflicts in Cultural Norms, Laws and Legal Aesthetic", R. Kevelson 편, *Law and Aesthetics* (Peter Lang, 1992), 1, 2쪽.

이건 함축적인 가치이건, 법의 이론과 실무를 관통하는 명백한 힘으로 자리잡는 그런 가치들에 관계한다."34

이 개념정의를 좀 더 분석적으로 발전시켜 보면 법미학은 ① 미학적 체험, ② 가치, ③ 기호와 상징, ④ 법, ⑤ 힘이라는 다섯 가지 구성요소로 이루어지며, 법을 미학적 체험이 가치를 부여하는 기호와 상징의 체계로 바라본다. 또한 이 개념정의에서 법은 미학적 체험의 일방적인 생산물이 되고, 미학적 체험은 자신이 생산한 법을 통해 힘을 행사하는 일방적 관계에 놓인다.

(2) **법과 미학의 상호작용적 관계** 그러나 미학적 체험도 법을 통해 구성되고, 제약받기도 한다. 법적 규제는 아름다움의 표현을 제약할 수 있고, 그런 제약은 새로운 미적 표현양식을 생성시키기도 한다. 따라서 양자는 일방적인 관계가 아니라 상호작용적 관계에 있다. 그러므로 법미학의 개념은 일단 '미학적 체험, 가치, 기호와 상징, 법, 힘의 상호관계를 연구하는 분과'라고 정립할 수밖에 없다. 법미학은 다섯 가지 구성요소들(① 미학적 체험 ② 가치 ③ 기호와 상징, ④ 법 ⑤ 힘)이 어떻게 배치되느냐에 따라 다양한 분과를 생산해 낼 수 있다. 또한 법미학이란 법이론과 미학이론이 교차하는 학문임을 인식할 필요가 있다. 법이론이 ≪법－가치(정의, 당위)－힘(현실, 존재)≫ 사이에 펼쳐지는 상호작용의 차원에서 작동한다면, 미학이론은 법을 소재로 함을 전제로 볼 때 ≪미학적 체험－(미학적 소재로서) 법－기호와 상징≫ 사이에 펼쳐지는 상호작용의 차원에서 작동한다. 법과 아름다움을 연구하는 분과가 단지 법의 미학(aesthetics of law)이거나 미학의 법(law of aesthetics)에 머무르지 않고 '법미학'(legal aesthetics)이 되는 것은 법이론과 미학이론이 서로 떨어져 있지 않고, 다양한 방식과 양상으로 교차되기 때문이다.

34 A. Robilant, 앞의 논문, 3쪽.

2. 미학적 정의론

(1) 미학적 정의의 의의 미학적 정의론(aesthetic justice)은 아름다움의 체험(①)이 가치(②)가 되고 그 가치를 입력한 기호와 상징체계(③)가 법이 되고(④), 그 법에 의해 아름다움의 가치가 현실을 규율하는 힘(⑤)으로 전환되는 현상을 다룬다(①→②→③→④→⑤).

예컨대 사형폐지론에서 보듯 ① 사형의 추함에 대한 보편적 체험은 ② 사형제도가 추구하는 가치를 부정의한 것으로 판정 짓고, ③ 사형제도의 법이 정의롭다는 상징을 잘라내고, ④ 그에 따라 사형폐지의 법을 만들어 ⑤ 사형을 통해 사람들이 반문명적인 살인충동을 누리는 현실을 극복하는 힘을 발휘하게 된다.

1) 미학적 정의의 생성구조 미학적 정의론이 보여주는 법미학의 구성요소들 사이의 배열은 ①→②→③→④→⑤이다. 여기서 법이 기호와 상징들을 체계화하고 있는 것이라는 점은 ③→④의 연결고리를, 법이 정치적 지배체제의 기반 위에서 현실을 규율하는 힘(구속력)을 갖는다는 점은 ④→⑤의 연결고리를 설명해준다. 또한 미학적 체험, 아름다움의 체험이 가치를 창출한다는 점은 ①→②의 연결고리를 형성한다. 그러므로 미학적 정의론은 <①→②>와 <③→④→⑤> 사이의 연결고리가 맺어지면 성립할 수 있게 된다.

미학적 체험이 가치를 부여하는 과정(<①→②>)이 현실을 규율하는 힘을 가지는 법의 기호와 상징체계(<③→④→⑤>)에 연결 지을 수 있게 하는 것은 법감정(Rechtsgefühl)이다. 법감정은 그 구체적인 내용이 변화무쌍하고, 한없이 다양하며, 이념적으로 통일된 것도 아니고 감정의 색깔에 규칙이 있는 것도 아니다. 법감정은 "국민 일반의 가치관 내지 법감정"[35]과 같은 윤리적 기획이 아니라 아름다움의 보편적인 체

---

35 수많은 판결들에서 이 용어가 사용되지만 대표적인 예로 大判 2007.8.23, 2007도4818 참조.

험이라 할 수 있다. 개인이 어떤 현상에서 아름다움을 체험하고, 그 체험이—"법감정에 의한 법형성절차에 자유롭게 참여하여 자신의 의견을 발표할 수 있는 개방된 절차"36 속에서—다른 사람들에 의해 공유됨으로써 사회적인 정의가 되고, 그 정의가 민주적 입법절차를 통과함으로써 법이 되는 것이다. 이런 점에서 법감정은 아름다움을 법으로, 개인의 체험을 객관적인 정의로 변환시키는 매체이다.

2) 법과 아름다움 사이의 코딩과 디코딩 법감정이 아름다움을 법(정의)으로 변환시킬 수 있는 것(코딩 coding)은 아름다움과 법, 감성과 이성, 주관과 객관, 체험과 사유의 두 세계에 존재하는 데이터의 의미를 일치시켜 정보를 교환하게 만드는 규칙, 컴퓨터학의 용어로 프로토콜(communication protocol)과 같은 것이 있기 때문이다. 그것은 바로 루

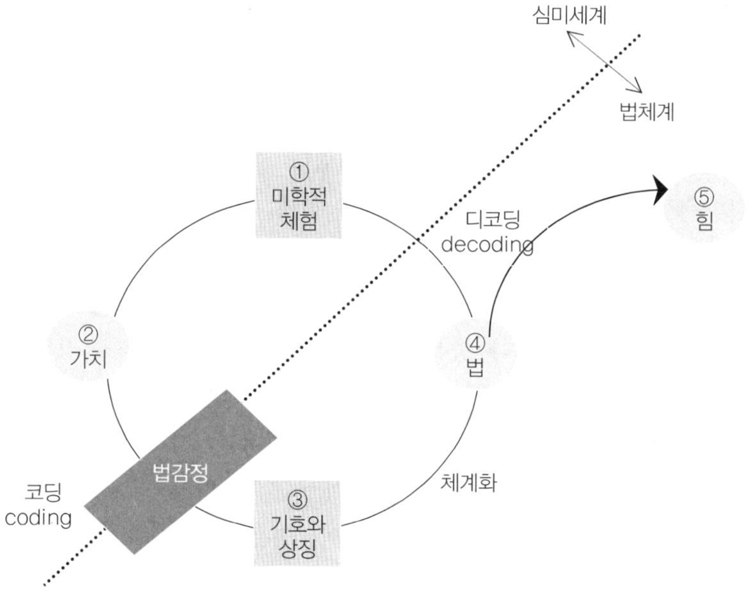

36 변종필, "법감정의 일반화를 위한 제언", *법철학연구* (제3권 제1호, 2000), 262쪽.

만이 말하는 이원적 코드(binäre Codierung)[37]이다. 심미적 체험도 아름답다 또는 추하다는 이원적 판단의 코드로 표현될 수 있고, 바로 그 점에서 아름다움은 합법적이다 불법적이다, 정의롭다 부정의하다는 식의 이원적 코드로 표현되는 법과 같은 프로토콜을 가진다.

이와는 정반대로 법이 아름다움으로 디코딩(decoding)될 수 있기도 하다. 예컨대 개고기를 맛있게 먹기 위해 잔인한 방법으로 도축하는 행위에 의해 야기된 윤리적 논쟁이 동물의 존엄권을 인정하는 설득력을 사람들에게 발휘하게 되었다고 하자. 만일 법제도로 그런 윤리적 요청을 힘으로 강제하는 일이 반복되면, 이전에는 잔인한 도축을 그렇게 추한 일로 느끼지 않았던 사람들도 점차 추한 일로 체험하게 될 수 있다.

(2) **법적 정의의 새로운 시층으로서 미학적 정의** 이와 같은 미학적 포스트모던 시대에서, 이와 같은 미학적 정의론은 법적 정의의 새로운 차원을 구성한다.

1) **현대사회와 미학적 정의** 법이 아무리 이성적으로 옳고 윤리적으로 좋은 것들로만 채워질지라도, 현대사회에서는 정의가 이성적으로 파악할 수 있을 정도로 단일하기는 어렵다. 이는 현대사회의 복잡성과 가치다원성에서 비롯되는 현상이다. ① 첫째, 과학과 기술에 의해 관리되는 오늘날의 사회현실에서는 과학과 기술의 성장과 발전에 비례하여 정의에 관한 판단기준은 무한대로 세분화될 수 있지만 이성법적 정의는 그런 세분화를 언제나 충분히 달성할 수 없다. ② 둘째, 정의를 판단하는 기준에 관한 관점이 점점 더 다원화되어 간다. 이는 문화적으로는 '세계관과 가치관의 다원화'에서, 과학적으로는 각각의 가치관을 뒷받침할 수 있는 '이론과 지식의 다원적 성장'(과학에서의 다원주의)에서 비롯된다. 이성은 그렇게 다원화된 정의관점을 모두 내포하고 있을 수 없다. 바로 이런 한계로 인해 현대사회에서 법적 정의와 다양한 사회적

37 Luhmann, *Ökologische Kommunikation* (Westdeutscher Verlag, 1986), 제8장 참조.

합리성(예: 경영합리성, 의료합리성) 사이에는 언제나 괴리와 상충이 발생한다.

> 예를 들면 '생명을 절대적으로 보호하라'는 법적 정의의 요청과 '의학적 유용성은 사라졌으나 아직 생존확률이 제로에 이르지 않은' 환자에 대해 치료를 중단하는 의학적 합리성[38]은 서로 충돌한다.

법에서 심미적 차원은 현대사회에서 정의의 불확실성이나 법적 정의와 사회적 합리성 사이의 괴리를 '어느 정도' 메워줄 수 있다.

> ★ 자율의 미학과 존엄사　　가령 존엄사는 존엄한 죽음, 숭고한 죽음을 함의하며, 이는 죽음이란 아름답거나 적어도 추하지 않아야 한다는 것을 뜻한다. 식물인간에 대한 치료중단과 같은 소극적 안락사(존엄사)가 추구하는 아름다움이란, 존엄사를 선택하는 환자가 보여주는 "타율적으로 연장되는 부자연성을 극복하려는 자율"[39]에 있다. 이 자율의 미학은 무조건적인 생명유지라는 정의의 요청과 과다한 (개인적, 사회적) 비용의 회피라는 공리주의적 효용성의 요청 사이의 괴리를 메워준다. 불교생명윤리는 이 자율의 미학을 뒷받침해줄 수 있을 것으로 보인다.[40]

2) 법적 정의의 세 가지 시층　　미학적 정의가 확립되면 법적 정의의 세 가지 시층時層이 성립하게 된다. 첫째, 윤리적으로 좋음이란 공동선을 달성하는 것이며, 이런 좋음은 근대법의 시대 이전부터 유효했다는 점에서 '윤리적' 정의는 발생사적으로는 '근대 이전의'(전근대 pre-modern) 것이라고 말할 수 있다. 둘째, 옳음이란 실천이성의 판단과 그

---

38 이에 관해 자세히는 이상돈, *치료중단과 형사책임* (법문사, 2002), 특히 38쪽 아래 참조.

39 임미원, "안락사 문제의 법철학적 고찰", *윤리연구* (제71호, 2008), 195쪽. 임 교수는 자연사나 안락사는 죽음에 대한 권리가 아니라 "죽음의 방식의 선택에 대한 처분권능"(앞의 논문, 194쪽)이며, 안락사는 자연사와 마찬가지로 '자연성에 반하지 않는 결정'을 본질적 조건으로 삼는다고 본다. 따라서 임 교수에게 자연사나 안락사는 존엄사의 서로 다른 두 방식에 불과하게 된다(앞의 논문, 195쪽).

40 이정훈, "소극적 안락사, 법과 종교의 경계에 선 성찰―불교생명윤리를 중심으로", *법철학연구* (제12권 제1호, 2009), 112쪽 참조.

법적 정의	심미적 아름다움	postmodern
	이성적 옳음	modern
	윤리적 좋음	premodern

제도화 속에서 개인들의 공존을 보장하는 규범, 즉 보편화가능성이 있는 규범에 대해 부가되는 술어이다. 따라서 '이성적' 옳음이란 '근대의'(modern) 것이다. 셋째, 아름다움이 정의가 되어야 하는 이유는 바로 윤리적 좋음과 이성적 옳음으로 메워지지 않는 정의의 결핍이 포스트모던 사회로 올수록 점점 더 뚜렷해졌기 때문이다. 그런 점에서 '미학적' 정의는 포스트모던한(post-modern) 것이라고 말할 수 있다. 그러므로 현대사회에서 법적 정의는 세 개의 시층을 동시에 갖는 셈이다. 이처럼 법적 정의론은 그와 같이 '비동시적인 것의 동시성'(the contemporaneity of uncontemporary)'[41]이라는 구조를 띤다.

(3) **심미적 이성과 미학적 정의론의 미래** 법적 정의가 아름다움으로 각인되었지만 이성적으로 옳지 않거나 윤리적으로 나쁜 경우가 있고, 그런 경우에 법적 정의는 결코 안정적이지 않다. 이런 경우 법의 발전은 그런 불일치를 해소하는 것이 된다. 여기서 아름다움의 기준도 법적 정의와 마찬가지로 역시 사회적이고 역사적인 것임에 주목할 필요가 있다. 예컨대 우리사회의 미의 기준은 한국적인 것보다는 '서구적인 것', 자연이나 동물의 존엄보다는 '인간에 편의적인 것', 농촌적인 것보다는 '도시적인 것' 등에 편향되어 있다. 그런 편향은 그 기준에 부합하지 않는 것들을 아름답지 않거나 추한 것으로 체험하게 만든다. 하지만 그렇게 추한 것으로 인지되는 대상들은 고통과 불행을 겪는다. 그런 고통과 불행을 방치하는 것이 결코 선한 것이 아니다. 그런데 추한 것이라는 체험이 가져다주는 고통은 그 대상들의 입장에서 바라볼 때 비로소 알 수 있게 된다. 그럴 경우에만 체험한 추함을 해체하고 다른 미

41 이를 복합적 중층결정(complex overdetermination)이라 개념화하기도 한다. 이에 대해 자세히는 김형효, *구조주의의 사유체계와 사상* (인간사랑, 1999), 533~534쪽 참조.

의 기준을 설정함으로써 추함의 대상들이 갖는 고통을 제거해줄 수 있다. 여기서 관점의 교환은 미추체험에 변화를 가져오기 위한 전제임을 알 수 있다.

그와 같은 관점교환을 촉진시켜 아름다움의 기준이 보다 많은 사람들, 그리고 사물들(동물, 자연)이 그 기준에 부합하여 아름다움의 승인을 받을 기회를 누리게 하는 방향으로 나아갈수록 정의는 더 많이 실현될 수 있다. 그와 같은 아름다움의 기획을 '심미적 이성'이라고 말할 수 있다.[42] 심미적 이성은 곧 미추美醜의 기준에 대한 성찰적 관점을 교환하는 의사소통이다. 성찰적이며 소통적인 심미적 이성은 대화적 이성의 하나가 된다. 이렇듯 대화적인 의사소통은 이성적 옳고 그름, 윤리적 좋고 나쁨, 아름다움과 추함을 관통할 수 있다. 궁극적으로 법의 정의는 대화적 의사소통을 통하여 이성과 윤리 그리고 아름다움을 변증시킬 때 비로소 실현된다. 미학적 정의론의 미래도 그러한 옳음과 좋음 그리고 아름다움을 아우르는 대화적 의사소통에 달려 있다.

3. 법률미학

(1) 미학적 형식주의의 법미학 법률미학(협의의 legal aesthetics)은 법의 기호와 상징들이 갖는 아름다움을 연구하고, 거기에서 이루어지는 미학적 체험을 통해 법이 반성적으로 변화되고 그에 따라 새로운 가치가 법의 힘에 의해 실현되는 현상을 연구하는 분과이다.

1) 법률미학의 구조 법미학의 구성요소들은 ④(법)→③(기호와 상징)→①(미학적 체험)→④(법)→[②(가치) & ⑤(힘)]의 순으로 배열된다.

예컨대 의료인과 환자가 만나는 생활세계를 규율하는 의료법(예: 진료거부금지)에서 환자는 의사선택권을 누리지만, 의사는 환자선택권을 누리지 못한다. 이 비대칭성은 아름답지 못한 것이며, 그런 추함의 요소를 법이 스스로 반성적으로 제거하는 변화, 이를테면 사회법인 국민

42 이에 관해서 이상돈, *욕망은 행복을 낯설게 한다* (연극과 인간, 2003) 참조.

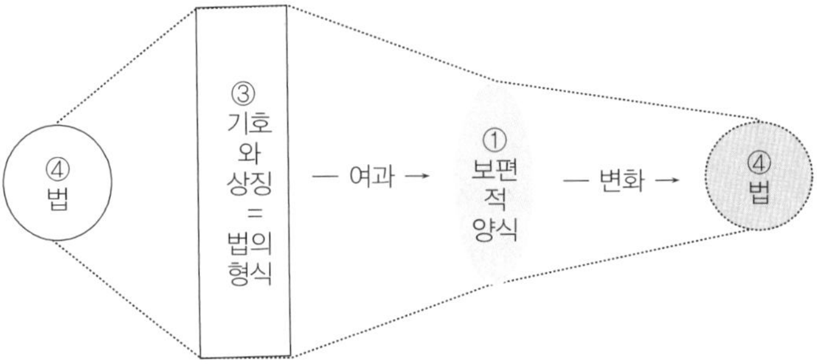

건강보험법에서는 의료인이 요양기관의 종사자로서 요양급여를 거부할 수 없게 하지만(국민건강보험법 제40조 제4항), 의료생활세계의 기본법인 의료법에서는 권리와 의무를 대칭적으로 분배하는 대칭성의 아름다움을 좇아 의사의 진료거부금지 조항(의료법 제15조 제1항)을 폐지하고, 이로써 의사의 환자에 대한 후견인적 의무라는 윤리적 가치보다 상호신뢰를 의료관계의 새로운 가치로 설정하며, 그 가치가 법의 힘에 의해 실현되는 변화로 나아갈 수 있다.

2) 법률의 미를 따르는 법률의 정의실현 미학적 정의론에서 보듯 아름다움이 정의의 구성적 요소라면, 법률은 아름다움의 양식(형식)에 의한 내재적인 제약을 받는다. 즉, 법률은 아름다움의 형식을 지키는 한에서만 정의로운 규범이 된다. 법률이 정의롭기 위해서는 아름다워야 하고, 아름답기 위해서는 비례성과 정합성 그리고 대칭성의 형식(조형미)을 갖추어야 한다. 여기서 '형식이 기능을 따른다'(Form follows Function)[43]는 명제는 '기능이 형식을 따른다'(Function follows Form)는

43 이는 미국의 조각가 Horatio Greenough이 한 말을 저명한 건축가 Louis Sullivan이 "The tall office building artistically considered"(1896)라는 논문(원문은 http://academics.triton.edu/faculty/fheitzman/tallofficebuilding.html 참조)에서 보편화시킨 명제이다: 그는 말하기를 "형식은 영원히 기능을 따른다. 이것은 법이다. 기능이 변하지 않는 곳에서 형식도 변하지 않는다". Sullivan의 이 명제는 20세기 건축과 기타 생활용품의 디자인에 광범위한 영향을 미쳤다. 1924년에 죽은 그는 말년에는 형식이 기능을 따른다고 주장하면서도 인간의 주거공간에서는 형식 자체가 일정한 기능을 수행한다는 점을 인정하였다고 한다. 이를 매우 약한 미학적 형식주의라고

명제로 전환된다. 이에 따라 포스트모던의 시대에서 법률이 정의를 실현하는 '기능'은 법률이 아름다움을 띨 수 있는 '형식'을 따라야 한다. 이를 "미학적 형식주의"(aesthetic formalism)[44]라고 부를 수 있다. 다만 법률의 사회과학적 차원(예: 법경제학적 정의), 즉 법률이 일정한 기획(목표)을 세우고 그것을 실행하기 위해 적합한 기능을 수행하도록 설계되고, 텍스트화되며, 집행된다는 점을 부인해서는 안 된다.

3) 법률의 미학적 형식주의의 한계 미학의 차원에서는 법의 기능이 법의 형식을 따른다고 말하더라도, 동시에 사회과학의 차원에서는 법의 형식이 법의 기능을 따른다고 말할 수 있다. 법의 사회과학성은 미학적 형식주의에 의해 대체되는 것이 아니라 통제될 수 있을 뿐이다. 즉 법에 담겨지는 경제적, 정치적 앙가주망과 같은 법의 외향적(extrinsic) 인자들이 형식주의의 좁은 초점에 의해 더 이상 고려해 넣을 수 없게 되지만[45] 그런 요소는 미학적 정의론이나 법이미지학, 법정미학, 법아이콘학 등에서 충분히 고려될 수 있다. 예컨대 (미학적 정의론에서) 사형의 추함을 바탕으로 한 사형폐지론은 미학적 정의가 정치적 앙가주망을 실어 날라 주는 것이며, (법정미학에서) 배심재판에서 백인금발여성에 대한 시각적 스테레오타입은 인종적 편견에 저항하는 미학적 정의를 요구한다. 또한 (법아이콘학에서) 정의의 여신상 유스티치아의 눈가리개가 백인을 위해 '선택되고 학습된 이기성'임을 폭로하는 아이콘의 암호풀기 등은 법의 미학적 순정을 위해 정치와 경제에 대한 시야를 거세시키지 않는 것이다. 그러므로 미학적 형식주의보다는 미학적 보편주의라는 표현이 더 적절하다.

(2) 법률의 양식적 아름다움 법률미학의 중심요소인 미학적 체험은 개인적이지만 오랜 역사 속에서 보편화된 다음과 같은 체험의 양식을

할 수 있다.

44 A. Gearey, *Law and Aesthetics* (Hart Publishing, 2001), 2쪽 아래 참조.

45 이런 비판적 견해로 A. Gearey, 앞의 책, 6~7쪽.

가리킨다: 비례성(Proportionality), 정합성(Coherence), 대칭성(Symmetry)과 같은 (서양의) 기하학적 조형미와 (우리나라의) 질감미(texture).[46]

1) 기하학적 조형미 서양문화권에서 기하학적 조형미는 아름다움의 전형을 이룬다. 황금율, 비너스, 정의의 여신상, 로댕의 생각하는 사람, 심지어 원형감옥의 공간구조까지 대칭성(symmetry)[47]과 비례성(proportionality),[48] 그리고 각 구성요소들 사이의 정합성(coherence)은 기하학적 조형미의 대표적인 양식들이다.

㈎ **대칭성** 대칭성은 법률텍스트 자체의 구성이 법률텍스트의 공간적 배열이나 조문 상호간의 관련구조의 차원에서 상하로 또는 좌우로 도형적인 일치성을 갖는 것을 가리킨다. 이는 외향적 대칭성(extrinsic symmetry)이다.

★ 외향적 대칭성 ① 예컨대 형법상 명예훼손죄는 크게 일반 명예훼손죄(제307조)와 출판물 등에 의한 명예훼손죄(제309조)로 구분된다. 각 조는 진실한 사실의 적시와 허위사실의 적시에 따라 두 항으로 나뉘어 후자의 경우에 가중 처벌된다. 형법상 구성요건이란 불법을 구성하는 요소들을 기술한 텍스트이다. 그런데 형법 제310조는 일반 명예훼손행위(제307조 제1항)가 진실한 사실로서 오로지 공공의 이익에 관한 때에는 처벌하지 아니한다고 규정한

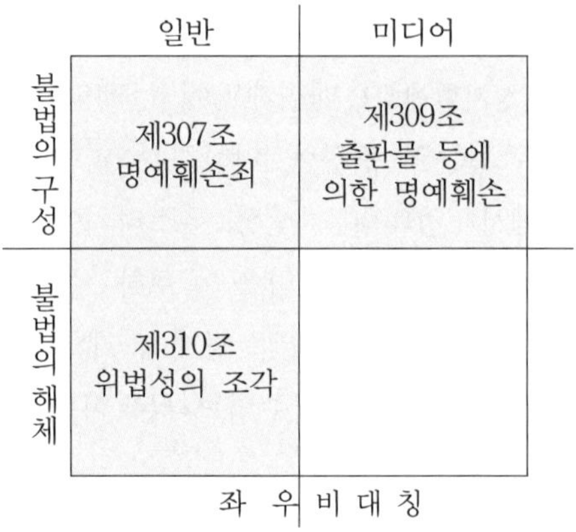

46 비슷한 관점으로 E. J. Weinrib, *The Idea of Private Law* (Harvard University Press, 1995), 43쪽 참조.

47 E. Scarry, *On Beauty and Being Just* (Princeton University Press, 1999), 96쪽.

48 균형성의 형식미는 이미 헌법재판소가 즐겨 원용하는 과잉금지원칙(Übermaßverbot)에서 자주 접했기 때문에 상세한 논의는 다음 기회로 미루기로 한다. 과잉금지원칙의 적용에 대해서 이상돈, *헌법재판과 형법정책* (고려대출판부, 2005), 97~112쪽 참조.

다. 이 규정은 잠정적으로 구성된 불법을 최종적으로 해체하는 기능을 수행한다. ② 그런데 불법의 구성과 해체라는 (왼쪽 도표에서 볼 때 상하의) 대칭은 일반 명예훼손죄와 출판물 등에 의한 명예훼손죄 사이에서는 이어지지 않는다. 대칭성의 아름다움은 정사각형의 상하 및 좌우 대칭일 때 완벽하다. ③ 미학적 형식주의는 제310조의 규정을 출판물 등에 의한 명예훼손행위에도 적용하는 것을 미학적 정의로 요구한다. 이 요구는 예컨대 제310조의 '진실성'과 '공익성'을 명예훼손죄(제307조 제1항)의 소극적인 구성요건요소로 바라봄으로써 충족시킬 수 있다.[49] 제310조는 제309조 제1항의 텍스트("사람을 비방할 목적으로 신문, 잡지 또는 라디오 기타 출판물에 의하여 제307조 제1항의 죄를 범한 자") 가운데 "제307조 제1항의 죄를 범한 자"라는 문언을 통해 제309조 제1항의 요건으로 편입되기 때문이다.

또한 대칭성은 법률텍스트의 공간적 구조의 상하·좌우 일치성과 같은 법률텍스트 외적인 요소가 아니라 법률텍스트의 '의미'가 상하로 또는 좌우로 도형적 일치성을 갖는 것을 가리킬 수 있다. 이는 내향적 대칭성(intrinsic symmetry)이다.

★ 내향적 대칭성 ① 가령 의료생활세계의 기본법인 의료법은 의료인과 환자 사이에 권리와 의무를 대칭적으로 분배해야 한다. 사회보장적인 의료보험법제에서 환자를 사회적 약자로 설정하고, 권리의무를 비대칭적으로 분배할 수 있는 것과는 다르다. 경제특구(예: 인천 송도, 제주도)에서 자유의료시장을 인정할 경우에 국민건강보험법은 적용되지 않지만 의료법은 여전히 기본법으로 적용된다. 롤즈가 원초적 상태에서 존재한 도덕적 개인들 사이의 공정성(fairness)을 "타인과의 관계에 있어서의 대칭성"[50](symmetry of everyone's relation to each other)라고 표현한 것도 이런 권리와 의무의 대칭적 분배를 가리킨다. ② 이 대칭적 분배를 의사와 환자의 관계에서 설명해보자. 진료계약이 맺어지면 두 당사자는 서로 맞대응된 권리와 의무가 대칭적으로 분배된다. 의사는 진료의무를 지고,

49 이런 해석으로 이상돈, *형법강론 제2판* (박영사, 2017), 699쪽 참조.
50 J. Rawls, *A Theory of Justice* (The Belknap Press of Harvard University Press, 1999), 11쪽.

그에 대응하여 환자는 수진권을 갖는다. 반대로 의사는 진료를 하는 대가로 진료비청구권을 갖고, 이에 대응하여 환자는 진료비 지급의무를 진다. 이처럼 권리와 의무는 좌우로 뿐만 아니라 상하로도 맞대응되어 있고, 또한 권리와 의무의 분배는 좌우로 뿐만 아니라 상하로도 대칭성을 띠고 있다. 이것이 법의 내향적 대칭성이다. ③ 공정성이나 도덕성은 이와 같은 대칭적 구조라는 형식미를 내재하고 있다. 그런데 의료법 제15조 제1항은 "의료인은 진료나 조산 요청을 받으면 정당한 사유 없이 거부하지 못한다"고 규정한다. 이는 원칙적으로 환자는 의사를 선택할 수 있지만, 의사는 환자를 선택할 수 없고, 환자의 선택에 따라 진료를 할 의무만을 부담한다. 이런 조항은 내향적 대칭성의 형식미를 잃어버린다. 형식미를 회복하기 위해서는 동조항의 "정당한 사유"를 최대한 확장하는 해석을 하여야 한다.

진료비 청구권	진료비 지급의무
진료의무	수진권

(나) **정합성** 기하학적 조형미의 또 다른 모습은 정합성의 형식미이다. 정합성整合性(Kohärenz, coherence)은 19세기에는 "모든 법적 개념과 명제들 사이의 내적 연관이나 유사성"[51]로 이해되었으나, 현대적인 법이론에서는 '근거지음의 (체계적) 연관성'이란 적극적 의미로 이해된다.[52] 앞의 개념이 '순수한 형식미'라면, 뒤의 개념은 '실질적 형식미'이다.

예를 들어 일반 명예훼손죄(제307조 제1항)에 비해 출판물 등에 의한 명예훼손죄(제309조 제1항)는 불법이 더 무거운 가중구성요건이다. 이 점을 왼쪽 그림처럼 일반 명예훼손죄의 사각형면적(□)보

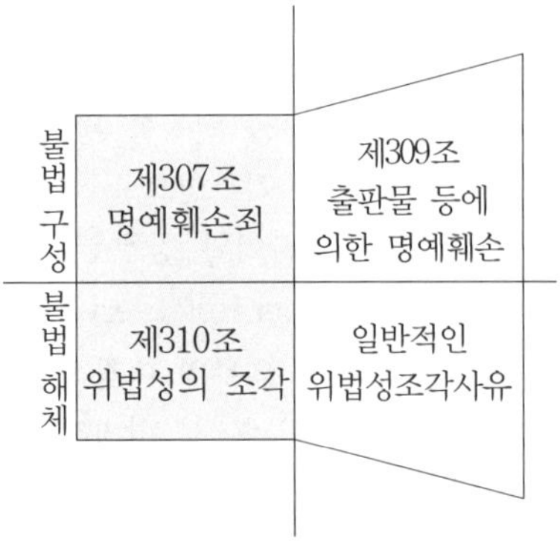

51 Fr.C.v. Savigny, *Vom Beruf unsrer Zeit für Gesetzgebung und Rechtswissenschaft* (Heidelberg, 1814), 22쪽.

52 이에 관해 자세히는 이상돈, *새로 쓴 법이론* (세창출판사, 2005), 308쪽 아래 참조.

다는 더 넓게 확장된 도형( )으로 표현해보자. 그러면 출판물 등에 의한 명예훼손죄에서 불법의 해체는 일반적인 위법성조각사유(형법 제20조~제24조)에 의해서 수행될 수 있다. 일반 명예훼손죄에 대해 특수한 불법해체사유(제310조)를 인정하는 것은 표현의 자유를 보호하기 위한 것이고(논거 ⓐ), 출판물 등과 같이 미디어의 성격을 띠는 매체의 경우에는 표현의 자유뿐만 아니라 언론출판의 자유까지 보호필요성이 인정되므로 그와 같은 입법취지는 더 강조되어야 한다(논거 ⓑ). 반면 출판물 등에 의한 명예훼손죄는 가중된 불법을 갖고 있어서 특칙이 적용될 필요가 없다고 볼 수도 있다(논거 ⓒ). 이때 논거 ⓐⓑ는 논거 ⓒ보다 더 길고, 더 종합적인 것이며, 적용범위도 더 넓다는 점에서[53] 그리고 논거 ⓐⓑ가 논거 ⓒ보다는 '더 많은 상황을 서술하고 고려한다'는 점에서[54] 더 정합적이다.

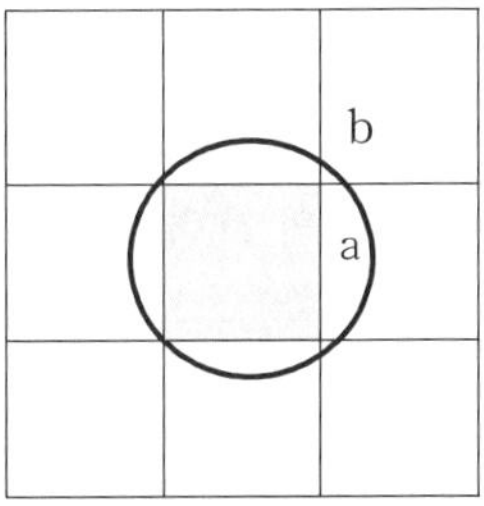

★ 미국의 격자미학 미국의 상법학자 Hughes는 미국법의 특징을 이루는 법미학의 하나로서 격자미학을 들고 있다.[55] 격자란 (▦)처럼 바둑판 모양을 이루는 네모꼴들을 가리킨다. ① 격자미학은 미국의 통일상법전(UCC: Uniform Commercial Code)이 그런 기하학적 구조 속에서 각 조항은 그 규율영역을 갖는다고 보는 것

53 알렉시(Alexy)에 의하면 ① 논거들이 길수록, ② 다른 논거에 의해 뒷받침될수록, ③ 논거들의 연쇄고리가 많을수록, ④ 법원칙들 사이의 우선순위관계가 확장될수록, ⑤ 경험적·분석적·규범적인 논거가 종합될수록, ⑥ 사용개념이 일반적일수록, ⑦ 개념들 간의 횡적 결합이 많을수록, 그리고 ⑧ 적용범위가 다양하고 넓을수록 '정합성'이 높아진다. Alexy, "Juristische Begründung, System und Kohärenz", *Rechtsdogmatik und praktische Vernunft* (1990), 97쪽 참조.

54 균터(Günther)의 대화이론에 의하면 근거지음이 적용 가능한 '모든 사안에 대한 완전한 서술과 고려' 속에서 이루어질 때 정합적인 것이 된다. 이때 정합성은 사실상 법률의 사안에 대한 적용의 '적절성'(Angemessenheit)으로 환원된다. 이에 관해 Günther, *Der Sinn für Angemessenheit* (Suhrkamp, 1987), 294쪽 참조.

55 Heather Hughes, "Aesthetics of Commercial Law—Domestic and International Implications", *Louisiana Law Review* (Spring, 2007), 689~749쪽 참조. Hughes의 논문은 Pierre Schlag의 "The Aesthetics of American Law", *Harvard Law Review* (Vol. 115, No. 4. Feb., 2002), 1047~1118쪽에서 영향을 받아 ① 에너지 미학, ② 격자 미학, ③ 도구적 미학으로 상법에서의 미학을 구분하고 있다.

이다. 예컨대 H 회사가 아파트단지건설과 같은 목적을 위해 일시적으로 존재하는 특수목적회사(SPV)를 설립하고 그 자산의 일부를 양도하였고, 특수목적회사는 자산유동화증권(ABS)을 발행하여 사업을 추진하였지만 부도가 나서 ABS에 투자한 채권자에 대해 지급불능상태에 빠진 경우 채권자는 H 회사에게 추심을 할 권리가 있는지는 미국 UCC §9-203[56]의 적용여부에 따라 좌우된다. 이때 담보대출에서 담보권자가 담보물 처분을 함에 있어 채무자에게 특정한 권리를 부여하는 §9는 H 회사의 자산양도가 담보대출인지 아니면 매매인지에 따라 그 적용이 좌우된다. 이 사안에서 ABS증권의 '실질적인' 발행자는 H 회사라는 점에서 자산양도를 담보대출로 보고, UCC §9-203을 적용하여 투자자는 H 회사에 책임을 물을 수 있다고 해석할 수 있다. 도표에서 §9-203의 효력영역은 원으로 표시될 수 있다고 하자. 그러나 격자미학은 이 사안에서 H의 자산양도를 정중앙의 격자 밖에, 그러나 원의 안쪽인 a 지점쯤에 위치한다고 보는 것이다. ② 미국의 입법자들은 ABS법을 제정하여 H의 자산양도와 같은 행위는 매도로 간주함으로써 UCC §9-203을 무력화시킨 바 있다. 이런 입법자의 조치는 UCC의 아름다움은 오직 격자(▦)이고, 규정의 효력영역도 격자의 구조로만 정해진다고 보는 셈이다. 물론 격자는 수학적으로는 가장 비례적이고, 가장 대칭적이며, 가장 정합적인 모양이긴 하다. 그러나 원형보다 우리의 미학적 체험에서 더 아름다운 것인지는 의문이다. 격자미학은 법과 관련하여 역사적으로 어느 정도의 보편성을 획득한 미학적 체험을 배후에 두지 않고 있다. 그렇기 때문에 해석자가 설정한 목적에 이바지하는 방편으로 전락하기 쉽다. 그러므로 격자는 자기목적화된 법률의 미학적 형식이라고 할 수 있다. ③ 우리나라에서는 격자미학이 외면된다. 예컨대 미국에서는 M&A 기법의 하나로 인정되는 차입매수(LBO), 즉 피인수회사의 자산을 담보로 은행으로부터 대출받아 그 대출자금으로 피인수회사를 매수하여 경영을 정상화시키는 행위에 대해 대법원(大判 2004도7027)은 배임죄를 인정한다. 형법 제356조의 효력영역도 위 그림에서 원의 안이라고 할 때 차입매수는 그 원의

56 §9-203의 조문은 http://www.law.cornell.edu/ucc/9/article9.htm#s9-203에서 찾을 수 있다. 이 규정의 핵심은 채무자가 채무불이행할 경우에 담보권자는 합리적인 방법으로만 담보물을 처분하게 하고 아울러 채무자에게 담보물의 처분과 관련하여 일정한 권리를 인정하고 있다.

안쪽에 위치하는 행위(a)라고 본 셈이다.[57] 이로써 격자의 아름다움이 가질 수 있는 미학적 정의는 외면되고, 법의 효력영역은 지나치게 확장된다.

2) 법의 질감미 서구적인 아름다움의 고전적 형식이 기하학적 조형미라면, 동양적인, 한국적인 아름다움의 고전적 형식[58]은 질감미이다. 법률언어 그 자체는 질감미를 가질 수 없다. 질감미는 백옥 같은 피부에서 느끼는 정결함, 매끈한 표면의 보드라움, 찰진 듯한 점성의 촉감 등과 같이 감성적이고, 소재적이며, 비언어적인 것이기 때문이다. 그러나 법률텍스트의 의미가 독일의 법해석학이 밝힌 것처럼 사안에 의해 구체화된다는 점, 그리고 법률텍스트는, 데리다(Derrida)가 밝힌 것처럼, 그 의미가 완결되어 있지 않고 구체적인 사안에 자신의 의미를 '차연'(différance)시키고 있다는 점을 전제해보면, 법률텍스트가 적용되는 사안의 질감미를 법률텍스트의 질감미라고 볼 수 있다.

(가) 사안으로 미뤄진 법률의 정의 언어논리적으로 이미 주어져 있거나 사안적용을 통하여 형성된 법률텍스트의 기존 의미는 새롭게 등장한 사안에는 딱 맞게 적용될 수가 없다. 이 차이의 해소가 바로 법의 적용인데, 이 해소는 현재 시점에서는 불가능하고 미래 시점에서만 가능하다. 법률텍스트를 새로운 사안에 적용하는 것이 맞는 것인지를 판단할 수 있는 기준은 텍스트 내부에는 없고, 그런 적용이 미래에 사람들에 의해 수용될 것인지에 따라 좌우되기 때문이다. 그러므로 법률을 사안에 적용한다는 것은 미래의 어느 시점에 가서야 (그때의 법률적용은) 적절한 '것이었던 게 된다'라는 전미래시제(futur antérieur)[59]가 된다.

---

57 이런 배임죄 해석에 관하여는 이상돈, "차입에 의한 기업인수(LOB)와 배임죄", *경제법연구* (제7권 1호, 2008), 171~194쪽; 조국, "기업범죄 통제에 있어서 형법의 역할과 한계-업무상 배임죄 배제론에 대한 응답", *형사법학연구* (제19권 제3호, 2007, 가을), 174쪽.

58 여기서 질감미를 두고 형식이라 표현하는 것은 적절하지 않지만, 이 때 형식은 '기능이 형식에 따른다'는 명제에서 기능에 우선하는 아름다움의 차원을 가리키는 대명사로 이해하면 된다.

그러나 이렇게 그 정의의 내용이 전미래시제적으로 형성되는 법률텍스트의 의미도 그 미래의 시점에서 등장하는 새로운 사안과는 다시 차이를 갖게 되고, 그 차이의 해소는 또 다시 미래로 미루어진다.[60] 이렇게 볼 때 법률텍스트로부터 정의를 실현하는 것은 "결정불가능성(indécidabilité)의 시련"[61](the ordeal of undecidability)을 겪어야 하며 그래서 마치 유령[62]과 같은 것이 된다. 결국 이렇게 볼 때 법률텍스트의 의미는, 특히 그 의미가 정의를 구성하는 것이어야 한다면, 언제나 차연(différance)[63]되어 있으며, 그 차연은 구조적으로 '미래의 사안을 향해 있다'고 말할 수 있다.[64]

(나) 법적 정의의 시축화 이때 '법적 정의가 미래의 사안을 향해 있다'는 것은 초월적인 이상을 뜻하는 것이 아니라 '예측할 수 없고, 프로그램을 짤 수 없으며, 미리 기록해 둘 수 없는 어떤 것', 즉 새로운 춤의 가능성에게 (정의가 될) 기회를 준다는 것을 뜻한다. 이런 법적 정의는 시축화時軸化(temporalization) 속에서만 가능하다. 하지만 이런 법적 정의 개념에 내재된 시축화의 차원이 법적 정의의 유토피아적(utopic) 성격을 뜻하는 것은 아니다. 그것은 법적 정의가 전위적인(atopic 비전형적인)[65] 다양성의 성격을 갖는다는 것을 의미한다. '미래의 사안을 향

59 이상돈·이소영, *법문학* (신영사, 2005), 167~168쪽; J. Derrida(진태원 옮김), *마르크스의 유령들* (문학과 지성사, 2007), 392~395쪽 참조.

60 이를 법해석학에서도 바라볼 수 있다. 나는 이를 "좁힐 수 없는 해석학적 간극"(unreduzierbarer hermeneutischer Abstand)이라고 표현한 바 있다. 이상돈, *법이론* (박영사, 1996), 397쪽.

61 J. Caputo, *Deconstruction in a Nutshell: A Conversation with Jacques Derrida* (Fordham University Press, 1997), 138쪽.

62 J. Derrida(진태원 옮김), *마르크스의 유령들* (문학과 지성사, 2007) 참조.

63 "법이란 차연의 또 다른 이름"이라고 말하는 J. Derrida, "Before the Law", D. Attridge 편, *Act of Literature* (Routledge, 1992), 203쪽.

64 물론 전미래 시점에 차연된 정의 관념은 "지울 수 없는 유토피아의 흔적(the unerasable trace of utopianism)"(D. Cornell, *Beyond Accomodation: Ethical Feminism, Deconstruction, and the Law* [Routledge, 1991], 107쪽)을 갖고 있는 것이며, '메시아적인 것'(messianique)이라고 볼 수도 있다.

65 Cornell, *Beyond Accomodation: Ethical Feminism, Deconstruction, and the Law*

해 차연'되어 있다는 것은 사안의 정의를 구성하는 데 법률텍스트로부터 얻을 것이 없는 상황, 즉 법률텍스트 자신이 그 의미와 정의내용을 사안에 미뤄놓고 있는 상황 속에서 말해지는 것이다. 따라서 사안정의는 법률텍스트의 언어논리적 의미의 분석에 의해 발굴되지 않고, 사안 그 자체에 대한 정의판단에 의해 결정된다.[66]

(다) **질감미** 이때 정의판단은, 법률텍스트처럼 '언어적', '논리적', '기하학'적인 것이 아니라, '이미지적', '감성적', '소재적'인 것이 된다. 이처럼 이미지적, 감성적, 소재적인 것은 사안의 아름다움이 기하학적 조형미보다는 주로 질감미로 구성되기 때문이다. 사안은 무한대의 데이터 뭉치이며, 보는 이의 이념적 색깔에 따라 그 이념에 적합한 데이터가 다르게 선별되어 사안은 다른 색깔의 빛을 발산한다. 사안의 데이터들은 서로 정합적이어서 사안에 대한 촉감이 매끈할 때도 있지만, 서로 부정합적이어서 까칠할 때도 있다. 사안의 구체적 데이터들은 연민을 불러일으키기도 하고, 거꾸로 분노를 증폭시키기도 한다. 사안은 우리에게 논리적으로 말을 걸기보다는 어떤 다른 이미지를 연상하게 만든다. 사안은 대칭성과 균형성으로 진실함을 느끼게 하기보다는 인간적인 따뜻함과 냉정함으로 진실과 거짓을 느끼게 만든다. 사안의 이 모든 특성들은 사안의 아름다움을 기하학적 조형미가 아니라 질감미라고 말할 수 있게 한다. 질감미를 체험하는 것은 곧 "인간의 인격성에서 총체성

(Routledge, 1991), 107쪽; J. Caputo, "Dreaming of the Innumerable: Derrida, Drucilla Cornell, and the Dance of Gender", *Derrida and Feminism: Recasting the Question of Woman* (Routledge, 1997), 154쪽.

66 이런 점에서 Manderson의 다음과 같은 말은 적확하다: "정의란 추상적인 규칙의 적용을 통해 발견될 수 없다. 정의는 일반원칙의 적용으로 이해되지만, 동시에 그것은 — 그리고 특히 보통법 체제에서는 — 각 개별적 맥락의 '더 이상 분할할 수 없는 단독성'(irreducible singularity)의 승인을 요구하는 것이다. ...(중략)... 그러므로 정당한 결정이란 규칙을 따르는 행위가 아니라 일반원칙이 특수한 사안에 적정한 것(appropriateness)인지를 재발견하는 행위이며, 그것은 자유의지의 행위이다"(D. Manderson, "Quodlibet: Just Aesthetics and the Aesthetics of Justice", *Songs without Music: Aesthetic Dimensions of Law and Justice* [University of California Press, 2000], 195쪽 참조).

과 하모니를 부활시키는"[67] "자유적 과정"(liberatory process)[68]이라고 말할 수 있다.

(라) **질감미의 법으로의 번역** 이와 같은 질감미의 미추판단은 정의와 부정의로 옮겨진다. 예컨대 강간살인범에게 사형을 선고하는 것은 이성적인 원칙이 아니라 그 사안(범행)의 질감이 주는 추함(체험) 때문이기 쉽다. 그런 추함의 체험은 변덕스런 감정이다. 그러나 사형의 선고는 사람들이 사형수의 감각적 경험을 느끼지 못하게 만드는 기술인 사형수의 고립화(예: 감방에 하루 종일 갇힘)와 사물화(예: 짐승 이미지 부여)[69] 속에서 가능한 경우가 많다. 사형을 지지하는 사람들은 사형수의 감각적 경험에 대해 '마취'되어 있기 쉽다.

ㄱ) **질감미와 공감** 그러나 감정의 체험은 폭넓은 공감(empathy), 즉 공동의 감정이입을 얻을 때에만 사안의 질감미로 전환되어야 한다. 공감은 사안의 질감에 대한 미추체험을 좌우한 감정이 상호주관적일 수 있게 해주는 미학적 담론을 배후로 할 때에만 가능하다.[70] 공감은 사안의 질감에 대한 미학적 체험이 정의판단으로 변환되는 데 필요한 공통의 통신규약으로서 프로토콜의 일종이 된다. 공감이 없는 질감미는 법적 정의로 번역되지 않으며, 공감이 있는 질감미만 법적 정의로 번역된다.

★ 질감미의 통로로서 작량감경 기업총수의 배임이나 변칙상속 등의 사건에 대한 재판에서 특경법을 적용할 때, 사안의 질감은 법조문에 "적혀진 책"대로 심판하는 것(예: 15년 징역형의 실형)이 아름답지 않다는 공

67 B. de Sousa Santos, *Toward a New Common Sense: Law, Science, and Politics in the Paradigmatic Transition* (Routledge, 1995), 52쪽.

68 D. Manderson, "Quodlibet: Just Aesthetics and the Aesthetics of Justice", *Songs without Music: Aesthetic Dimensions of Law and Justice* (University of California Press, 2000), 193쪽.

69 D. Manderson, 앞의 논문, 114~119쪽 참조.

70 Manderson은 공감을 일종의 도덕적 관점(a moral point)로 바라본다(D. Manderson, 앞의 논문, 125쪽). 하지만 공감이 직접 도덕적 관점이 되는 것은 아니고, 도덕적 가치와 소통할 수 있는 미학적 가치의 프로토콜이라고 볼 수 있다.

감을 형성시킬 수도 있다. 이런 공감은 기업의 성장과 국민경제발전에의 기여, 총수지위에서 행한 다양한 선들(예: 공익재단의 설립, 운영, 기업성장에 따른 고용창출), 그에 대해 수많은 사람들이 갖고 있는 질시와 존경의 뒤섞인 감정들 등에 의해 형성된다. 형법상 작량감경(형법 제53조)은 이와 같은 공감의 질감미를 양형에 고려할 수 있게 해주는 제도이다.

ㄴ) **질감미와 니체의 고귀한 연민** 니체(Nietzsche)는 힘에의 의지를 실현하고, 삶을 증강시키는 긍정적인 충동을 고귀한 연민(noble compassion)으로 바라본다. 고귀한 연민은 초인이거나 초인으로 성장해가는 사람들이 고통 받는 자에게 여분의 삶의 에너지를 주는 것, 즉 도덕과 무관하게 삶을 긍정하는(life-affirming) 에너지를 주는 것이다. 니체는 예컨대 살인자에게 교수형으로 대응하는 평균적 정의의 냉혹함을 비판하고, 정의는 모든 죄도 짊어질 수 있는 고귀한 연민이 없이는 가능하지 않다고 보았다.[71] 평균적 정의의 관념 아래 자신의 부족을 감당하기 어렵고, 삶을 견뎌 내기 힘든 고통을 갖는 사람들에 대해 연민을 가질 때 정의는 가능한 것이다.[72] 니체가 말하는 아름다움의 체험, 즉 삶을 증강시키는 힘의 증가에 빠져드는 느낌(도취감)의 아름다움은 바로 사안의 질감미에 해당한다.

★ 치료중단과 질감미 항암치료를 받다 식물인간이 된 지 6개월 정도 경과한 경우, 또는 고통이 극에 달하였고, 불가역적인 죽음의 과정이 진행되고 있는 말기암환자에 대해 ① 치료중단을 허용하지 않는 입장은 생명의 의과학적인 유지로 표현되는 생명의 (종교적) 신성성을 위한 가장 도덕적인 행위로서 모든 비용과 노력을 아끼지 않고 치료를 계속함으로써 생명의 유지를 도와주는 '동정', 그리고 그런 동정을 통해 삶의 고통을 초월하고, 각자가 불멸의 주체로 살고픈 욕망을 보여준다. 그러나 니체의 관점에서 보면 이런 동정은 노예도덕일 뿐이다. ② 식물인간의 치료중단이 부족한 중환자실을 모든 환자에게 최적 배분하여 사용하

71 F. Nietzsche(정동호 역), *차라투스트라는 이렇게 말했다* (책세상, 2006), 114쪽.
72 F. Nietzsche(김정현 역), *도덕의 계보* (책세상, 2002), 416쪽 참조.

기 위해 허용될 수 있다는 공리주의도 모든 사람에게 제공되는 평등성을 띤 연민에만 가치를 인정하는 일종의 허무주의이면서 사이비 형이상학이다. ③ 니체는 고통이란 도덕적 성숙을 위한 과정의 의미를 갖지 않는 것('무의미성' Bedeutungslosigkeit)이라고 보고, 고통과 거리를 유지하는 힘을 증강시켜 가는 삶의 태도가 필요하다고 보았다. ④ 이 입장은 절차주의적 법모델[73]에 근접하는 결론을 가질 수 있다. ⓐ 치료를 중단하고 계속하는 것과 그로써 생명이 더 연장되거나 그렇지 않게 되는 것을 결정하는 도덕적 기준이 없다. 다시 말해 환자가족들은 어떤 결정을 하건 도덕적 부담을 지는 것이 아니다. ⓑ 치료를 계속하고 안하고는 결국 환자(가족)들이 삶을 증강시키는(life-enhancing) 행위를 얼마나 하느냐에 좌우된다. 치료중단 여부의 결정은 자기 자신이 되어 가는 과정이다. ⓒ 치료계속행위와 치료중단행위의 차이는 고귀한 아름다움과 추함의 양적 차이에 불과하고 합법과 불법의 차이는 아니다. 법은 그런 행위가 신중하게 결정되도록 유도할 수 있을 뿐, 그 내용을 강요할 수는 없다.

4. 법정미학

(1) 법정미학의 의미 법정미학(forensic aesthetics)이란 법정의 심리에서 ③ 미추의 기호와 상징이 ① 일정한 미학적 체험을 가져오고, 그로부터 ⑤ 신뢰 또는 불신의 힘이 생성되며, ④ 그 힘에 이끌려 유·무죄의 평결이 좌우되고, ② 아울러 그런 평결에 의해 일정한 가치가 실현되기도 하고 거꾸로 차단되기도 하는 현상을 연구하는 분과이다.

1) 법정미학의 구조 이처럼 법정미학은 법미학의 다섯 가지 구성요소들을 ③(기호와 상징)→①(미학적 체험)→⑤(힘)→④(법)→②(가치)의 순으로 배열한다. 예를 들어 미국의 배심재판에서 금발의 백인미녀가 지적인 목소리로 자신의 살인에 관해, 강간살해의 위협을 받는 가운데 "어쩔 수 없이 그 짐승을 죽여야만 했"다고 진술할 때 배심원들

---

73 이에 관해서는 이상돈, *치료중단과 형사책임* (법문사, 2002), 43~52쪽, 165쪽 아래 참조; 2016년 제정된 호스피스·완화의료 및 임종과정에 있는 환자의 연명의료결정에 관한 법률도 넓은 의미에서는 절차주의적 법모델에 서 있으면서 니체의 사상과 통하는 것으로 볼 수 있다.

은 ③ 그녀의 아름다운 상징들, 시각적 매력과 호소력 있는 수사 그리고 지적 목소리가 주는 ① 미학적 체험에서 발생하는 ⑤ 신뢰의 '힘'을 피할 수 없고, ④ 그 힘에 이끌려 무죄의 평결을 내리게 되며, 아울러 그로써 ② 성적 자기결정권이라는 가치가 과도하게 보호되기도 한다.

2) 법정심리학과의 협동 필요성 법정미학에서 이미지는 다른 법미학의 분과에서보다 특히 스테레오타입(stereotype)의 형태를 띠기 쉽다. 예컨대 아시아계 남성은 미국의 초기 영화산업에서 백인남자보다 작게 그려지고, 비열하고 경쟁적이고 이기적인 존재, 즉 황화黃禍(yellow peril)[74]의 이미지를 갖고 있었다. 그런 스테레오타입은 이를테면 한국남성이 미국법원에서 경제범죄자로 재판받을 때 무죄를 얻어내기 매우 힘들게 만든다. 이는 20대의 흑인남성이 폭력범죄의 피고인으로 법정에 섰을 때 무죄판결을 받기 힘든 것에 견줄 수 있다. 법정미학은 물론 법정심리학과 불가분의 관계에 놓인다. 미학적 체험은 내면의 심리적 현상으로 옮겨지기 때문이다. 특히 법관을 포함하여 소송참여자들이 연상하는 이미지는 정신적 외상(trauma)에 의해 생성되곤 한다. 이 경우에 진실발견은 그 정신적 외상에 대한 분석이 없이는 매우 어렵다고 할 수 있다. 그렇기에 법정미학은 법정심리학과 함께 해야 그 기능을 더욱 잘 발휘할 수 있게 된다.

(2) 법관의 심증을 형성하는 미추체험 사실인정의 인식활동, 즉 법관이 소송에서 사실을 확정하는 인식활동은 소송에서 등장하는 정보를 합리적으로 사용하여 과거에 존재했을 사안을 재구성하고, 그 재구성의 타당성을 주장하는 말행위이다. 이 말행위는 합리적인 심증형성의 결과이다.

1) 마당적 이해와 스토리텔링 그런 심증형성의 이해를 마당적 이해(장면적 이해 szenisches Verstehen)라고 부를 수 있다.[75] 마당적 이해

---

74 이에 관해서 자세히는 T. Pham, "Unseen Yellow", *Howard Scroll: The Social Justice Law Review* (가을호, 2004), 1~31쪽, 특히 6~8쪽 참조.

는 성공하기가 어렵다. 왜냐하면 소송에서 등장하는 정보는 법관에 의해 불완전하게 인지되고(정보의 휘발성), 그 정보의 양과 질이 소송참여자 사이의 상호작용과 의사소통의 복잡한 양상에 따라 좌우되며(상호작용의존성), 법관에 의해 주관적으로 선별(선택과 배제)되어 마치 직물 짜기[76]하듯이 하나의 체계 속으로 짜 넣어지는 것이며(정보의 선별과 조합), 이 선별과 조합의 과정에는 법관의 말할 수 없는 선이해(Vorverständnis)가 작동하기 때문이다. 게다가 소송에서의 상호작용과 의사소통은 계획되거나 그 양상이 정형화될 수 없고(무정형성), 소송주체들(법관, 피고인, 변호인, 검사)의 사실인식은 언제나 상이하고 주관적인 스토리텔링(storytelling)[77]이기 쉽다

2) 법정에서 미추체험 과거의 사실에 대한 판단에 개입되는 문학적 또는 수사학적 상상의 방향은 법관이 소송참여자에 대하여 또는 그들의 진술에 의해 그리고 그들 사이에 펼쳐지는 상호작용의 모습에 의해 촉발되는 미추美醜체험에 의해 좌우되기 쉽다. 미추체험은 일종의 스토리텔링의 나침반과 같은 기능을 하는 것이다.

㈎ 증언의 신빙성과 미추체험 예컨대 아름다운 증인, 이를테면 '법관의 눈을 똑바로 바라보고, 크고 분명하게 말하며, 적대적이지도 논쟁적이지도 교활해 보이지도 둔해 보이지도 않는 증인'[78]의 정보는 선택되기 쉽고, 쉽게 휘발되지 않고 오래 기억에 남으며, 신빙성이 있다고

75 마당적 이해는 이상돈, "현대적 형사사법에서 공판개혁의 방향", *사법* (창간호, 2007), 83~106쪽.

76 프랑스 해체주의 철학자 데리다(Derrida)는, "실과 씨실이 서로 얽혀들면서 직물이 짜이듯, 상이한 정보들이 서로 얽혀들며 텍스트의 패턴을 구성한다"고 말한다. 이에 대해 자세히는 김형효, *데리다의 해체철학* (민음사, 1993), 27쪽 참조.

77 법학이란 이야기하기(storytelling)의 일종이며, 법 또한 해석되어야 할 하나의 이야기에 다름 아니라는 점은 D. Farber · S. Sherry, "Telling Stories Out of School: An Essay on Legal Narratives", *Stanford Law Review* (제45권, 1993), 807쪽 참조.

78 이를 "좋은 증인"(good witness)으로 표현하는 P. Heerey, "Aesthetics, Culture and the Whole Damm Thing", *Law and Literature* (가을호, 2003), 299쪽.

믿어지기 쉽다. 즉, 미추체험이 마당적 이해의 휘발성, 정보의 선별과 조합, 인지의 주관성(선이해)을 '구성'하는 것임을 알 수 있다.

(나) 피고인의 좌석과 미추체험 또 다른 예로 검사와 변호인이 재판석 좌우에 있고, 피고인을 법관 맞은편에 심판받는 자의 위치에 앉혔던 공판정구조가 피고인에게 추한 존재의 이미지를 덮어씌우고, 이 공간구조로 인해 유죄의 심증이 이미 시작되었던 역사를 들 수 있다. 2007년 개정 형사소송법 제275조 제3항[79]처럼 피고인 측과 검사의 좌석을 나란히 법관의 좌우측편에, 즉 정삼각형(△)의 구조로 배치시키는 구조는 조서재판 시대에 심판의 객체에 불과하였던 피고인을 법관의 마당적 이해의 구성에 참여하는 주체로서 자리매김한다.

(3) 소송의 미학적 구성요소 마당적 이해를 구성하는 미추체험이 등장하는 전형적인 장소는 구술성, 수사성, 시각성이다.[80]

1) 법정미학의 지평을 열어주는 구술성 심리의 구술주의(Mündlich-keitsprinizip) 또는 구술성(orality)은 증인이 그의 목소리를 통해 그의 진실된 내면을 법관에게 전달할 수 있게 한다. 증인의 음색은 그의 표정에다 진실과 거짓의 색을 칠해주며, 말소리의 톤은 분노와 미움의 감정을 일으켜 불신의 의지를 키워주거나 신뢰의 마음을 안정화시켜 주기도 한다. 서면으로는 법관이 그 정보를 믿을지 믿지 않을지를 결정하는 심미적 판단의 요소를 얻을 수 없다. 여기서 조서재판이 철저히 지양되어야 하는 이유를 알 수 있다. 바로 그렇기 때문에 서류심리만을

---

79 형사소송법 제275조 제3항: 검사의 좌석과 피고인 및 변호인의 좌석은 대등하며, 법대의 좌우측에 마주 보고 위치하고, 증인의 좌석은 법대의 정면에 위치한다. 다만, 피고인신문을 하는 때에는 피고인은 증인석에 좌석한다

80 이 세 가지 요소는 Heerey가 언급한(P. Heerey, "Aesthetics, Culture and the Whole Damm Thing", *Law and Literature* [가을호, 2003], 296~307쪽) 구술성(orality), 언어(language), 시각성(visuality), 유머(humor)를 변형한 것이다. 첫째, 한국법정의 현실에서 (특히 법관을 향한) 유머는 법정모독죄를 구성할 수 있기 때문에 일단 제외하고 논의할 필요가 있다. 둘째, Heerey가 말하는 언어는 주로 약인(consideration)이나 mutatis mutandis와 같은 법언어를 다루고 있어, 마당적 이해에서는 수사로 교체할 필요가 있다.

하는 상고심은 원심판결을 파기하는 경우 자판하지 않고, 원심에 사건을 환송시키는 것이다.

2) 법정수사의 미학적 기능 수사修辭는 마당적 이해(심증형성)에서 미학적 요소를 증대시킨다. 적절한 수사는 법관이 그 수사가 암시하는 사태가 과거에 존재했던 사실, 즉 진실이라는 상상을 하도록 부추긴다. 가령 강간범을 살해한 여성에게 유기징역이 선고될 때 그녀의 떨리면서도 호소력 깊은 수사(예: "나는 짐승을 죽였습니다")는 법관으로 하여금 그녀의 범행이 3년의 징역과 집행유예만으로도 상쇄시킬 수 있는 사건이라는 상상을 하게 만들 수 있다. 또한 자기보다 나이가 어린 법관에게 "존경하옵는 재판장님"이란 수사를 사용하는 변호인과 달리 "지식과 권한이 많으신 재판장님"이라는 수사를 사용하는 변호인은 피고인 방어에서 험난한 길을 걸어가야 할 것이다.

(가) 법정수사의 영화적 텍스트 형성 수사에 의한 스토리텔링은 일종의 영화적인 법정텍스트(cinematic trial court text)[81]를 만든다.

ㄱ) 시청자적 독자로서 법관 영화적인 텍스트란 법관(또는 배심원들)이 듣는 당사자들의 수사학적인 스토리텔링에 의해 생성되는 영상물과 같은 이미지의 연쇄적 복합체를 말한다. 이 독자 앞에 펼쳐지는 영화적인 텍스트는 틈새(gaps)가 있는 불완전한 장면의 연속물이기 쉽다. 이때 법관은 스토리의 독자이면서 영상물의 시청자, 줄여서 말하면 '시청자적인 독자'의 지위에 놓인다. 라캉(Lacan)의 정신분석적 기호학에서 보면, 시청자적 독자(법관, 배심원, 방청시민들)는 이 틈새에 그들의 욕망을 집어넣어 봉합(suture)하게 된다. 가령 증거로만 메워지지 않는 틈새를 놓고 검사와 피고인은 은유와 환유 등을 사용하여, 검사는 범죄

81 라캉의 정신분석적 기호학을 재판에 응용하여 만든 이 개념에 대해서는 D. Milovanovic, "The Literal, Cinematic, and Trial Court Text: Reality TV Policing, Detective Fiction, Trials, and the Spoken Subject", *Critical Criminology at the Edge* (Praeger, 2002), 157~178쪽(이상돈·이소영·민윤영·정채연, *문헌연구 포스트모더니즘과 법* [세창출판사, 2006], 169~178쪽에 실린 이 논문의 요약과 비평) 참조. 이 단락의 기본착상은 Milovanovic의 글에 기초하고 있다.

스토리가 되도록 틈새를 메우는 공격을 하고, 피고인은 그 틈새가 메울 수 없는 것이 되도록 방어한다. 이런 상황에서 시청자적 독자[82]는 '말하는' 주체가 아니라 단지 '말 걸린 주체'(spoken Subject)이기 쉽다.

ㄴ) 사회악의 기표를 만드는 수사학 가령 살인충동이 과도하게 억압된 배심원은 검사가 수집한 증거로 만드는 영화적인 텍스트가 정합성을 잃고 있음에도 불구하고 스스로 그 텍스트에 등장하는 주인공(피고인)을 자신과 동일시하면서 살인욕망을 충족시키는 방향으로 시청할 수 있다. 이런 시청은 추함을 즐기는 체험이며, 이런 체험은 피고인에게 사회악의 기표가 되는 범죄자의 이미지를 생성시킨다. 이런 생성은 바로 공판유지 검사의 목표이기도 하다. 즉 검사는 피고인에게 범죄자의 스테레오타입을 지닌 이미지를 은유와 환유의 수사학을 통해 덮어씌우는 것이다. 그러나 이때의 기표(signifier)는 사안의 진실을 드러내지 않고, 시청자적 독자인 법관 또는 배심원, 검사의 욕망을 충족시켜줄 뿐이다. 이런 충족과 함께 영화적인 텍스트는 종결이 있는 스토리가 된다.

ㄷ) 결정 불가능한 기의를 만드는 수사학 그러므로 무죄가 된다는 것은 이와 정반대로 영화적인 텍스트를 역동적이고 개방적인 텍스트로 만듦으로써 그 텍스트의 기의(signified)가 결정될 수 없음을 밝히는 것이다. 사실 현대사회는 라끌라우(Laclau)의 말처럼 기표의 연결성(connectedness)이 매우 다양하고 예측 불가능한 '구조적 결정불가능성'(structural undecidability)의 사회이다. 피고인 측의 법정수사는 바로 기표의 이 결정불가능성을 최대한 활용하는 것을 목표로 한다. 물론 변호인의 수사학은 피고인의 무죄를 확신하게 만드는 영화적인 텍스트까지 만들 필요는 없고, 검사의 영화적인 텍스트에 '의심스러울 때에는

82 이에 관해 Dragan Milovanovie, "The Literal, Cinematic, and Trial Court Text: "Reality" TV Policing, Detective Fiction, Trials, and the Spoken Subject", *Critical Criminology at the Edge* (Westport, 2002), 159쪽 참조.

피고인에게 유리하게'(in dubio pro reo) 원칙이 적용될 수 있을 만큼의 무질서를 초래하기만 하면 된다. 무질서란 검사와 피고인이 만든 영화적 텍스트의 차이가 그 텍스트의 기의들에 대한 새로운 해석과 연결을 통해 잠정적이나마 필연적이면서도 우연적으로 통일적 상징을 지닌 영화적 텍스트로 재구성되지 않는 상태를 말한다.

(나) **법정수사의 방법으로서 은유와 환유** 법정수사의 대표적 방법은 은유와 환유이다. 라끌라우(Laclau)의 사고[83]를 적용해보면 법정에서 사용되는 기표는 주어진 의미가 애당초 없는 것이고, 초월적 기의에 도달하는 것은 궁극적으로 불가능하다. 그런 점에서 법정수사가 하는 영화적 텍스트의 재구성은 라끌라우가 말하는 (검사와 피고인 측의) 은유와 환유에 의해 서로 다른 적대(antagonism)들을 다시 결합하고 연결하여 '등가성의 연쇄'[84]를 창출하는 것일 수 있다.

ㄱ) **은유의 봉합기능** 은유隱喩(metaphor)는 개별자(피고인)에서 보편자(예: 남의 인생을 앗아가는 악인)로 동일화해가는 일반화의 비유이다. 예컨대 검사가 법정에서 "피고인의 강간이 그녀의 인생에서 모든 것을 모조리 빼앗아 갔습니다. 그의 범행은 마치 AIDS의 전파행위와 같은 것입니다"라고 수사적 진술을 할 수 있다. 이 은유는 피고인의 위치성을 강간범이나 에이즈 전파범 그 어느 하나로 환원시키는 것이 아니다. 이 은유를 통해 강간범과 에이즈 전파범이라는 기표들 사이의 차이와 균열은 봉합되고, 그 둘은 서로 결합되고 연결되어 등가성의 연쇄

---

83 이에 관해 E. Laclau, "Metaphor and Social Antagonism", C. Nelson · L. Grossberg 편, *Marxism and the Interpretation of Culture* (University of Illinois Press, 1988), 256쪽.

84 이 개념에 관해서는 이상돈 · 이소영, "법문학비평의 개념, 방법, 이론, 실천", *안암법학* (통권 제25[상권], 2007), 419~421쪽 참조. 이 등가성의 연쇄라는 관계는 차이를 제거하지 않는다는 점을 전제로 한다. 차이가 제거된다면 그건 단일한 정체성이 되어버리기 때문이다. 이 점에 대한 강조는 Ernesto Laclau와 함께 포스트마르크스주의자로 분류되는 C. Mouffe, "Feminists Theorize The Political", J. Butler · J. Scott 편, *Feminism, Citizenship and radical Democratic Politics* (Routledge, 1992), 369~384쪽 참조.

로 즉 강간범이나 에이즈 전파범을 합한 더 악한 범죄자, '피해자에게 모든 것을 빼앗아가는 사악한 자'와 유사한 이미지를 피고인에게 창출한다.[85]

ㄴ) **환유의 봉합기능** 환유換喩(metonymy)는 은유와는 정반대로 보편자의 특성을 통하여 개별자를 확인해가는 일반화의 비유이다. 예컨대 "피고인은 '꽃뱀'에게 걸려 든 피해자입니다"라는 변호인의 최후변론에서 꽃뱀은 강간당한 여성이 아니라 스스로 유혹하여 화간을 하는 여성의 보편적 특성을 떠올리게 한다. 이 수사는 피고인이 꽃무늬의 뱀에게 물렸음을 가리키는 것이 아니라, 그것의 보편적 특성과 특정한 사람(증인·피해자) 사이의 인접성을 지적함으로써 피해여성에게 오히려 가해자의 이미지를 덧씌우고, 반사적으로 피고인에게 피해자의 이미지를 새롭게 생성시킨다.[86] 이 환유를 통해 가해자인 피고인의 기표와 꽃뱀의 피해자라는 기표의 차이와 대립이 봉합되고, 가해자(피고인)와 피해자(꽃뱀)가 서로 결합되고 연결되어 등가성의 연쇄, 즉 피고인을 가해자와 피해자의 중간에 위치시키는 이미지를 창출한다.

3) 시각성 마당적 이해는 시각성(visuality)이라는 미학적 요소를 갖는다.

㈎ **충격효과** 가령 한 포털사이트에 유명가수가 그의 숨겨진 애인과 키스하는 동영상이 게재되었다고 하자. 포털사이트에 이를 올린 사람에 대한 명예훼손사건의 법정에서 그 동영상의 장면을 스크린으로 확대하여 보여주는 방식으로 증거조사가 이루어진다면, 법관은 그 가수의 피해를 매우 큰 것으로 인지하기 쉽다. 이처럼 시각성은 다른 감각보다 법관의 인지과정에 상대적으로 큰 충격을 주는 힘을 갖고 있다.

---

85 이런 은유의 봉합기능이 이루어지는 한에서 "법은 해석의 산물이 아니라 은유의 산물이다"는 법시학적 통찰(김연미, "법과 은유: 법시학의 가능성을 모색하면서", *법철학연구* [제17권 제1호, 2014], 109~158쪽)은 타당할 수 있다고 본다.

86 이와 같은 은유와 환유의 설명으로 이상돈·이소영·민윤영·정채연, *문헌연구 포스트모더니즘과 법* (세창출판사, 2006), 177~178쪽 참조.

게다가 이 시각성은 꼭 영화적인 텍스트의 형태를 띠지 않더라도 재판에 강한 영향을 미친다.

(나) **시각적 스테레오타입** 시각성은 유·무죄의 향방을 강력하게 좌우할 수 있다. 미국의 배심재판에서 금발의 백인 미녀는 웬만하면 무죄이고, 검은 곱슬머리의 흑인남성은 유죄의 덫에서 빠져나오기 어렵다는 점은 시각적 아름다움이 마당적 이해(심증형성)를 얼마나 좌우하는지를 웅변적으로 말해준다. 또한 죄수복을 입은 피고인의 이미지는 유죄추정을 부추기는 반면, 진청색의 정장과 넥타이를 한 피고인의 이미지는 무죄추정원칙을 환기시키기 쉽다. 시각은 시·공간 속에서의 체험이다. 그렇기에 법정공간에서 피고인이 법관 맞은편에 앉지 않고, 변호인과 나란히 그리고 검사의 자리와 마주하여 배치된 자리에 앉을 경우에, 정장을 한 피고인의 인상은 피고인이 방청석에 자리한 시민과 똑같은 정상인임을 일깨워준다. 이런 현상을 두고 시각적 스테레오타입(stereotype)이라고 할 수 있다.

★ 스테레오타입의 생성구조 시각적 스테레오타입은 시각적 체험과 고정관념(편견)이 결합된 형태이다. 일반적으로는 무엇에 대한 ① 인지가 있고 ② 그것을 기억하고, ③ 그 기억을 바탕을 믿음이 형성되며, ④ 그로부터 고정관념(편견)이 파생된다(도표 실선 ①→②→③→④). 그러나 현실은 정반대일 때도 있다. 즉 스테레오타입은 일종의 ④ 편견과 같은 기능을 한다. 즉 편견은 ③ 믿음(신념)을 낳고, 믿음은 ② 기억을 낳으며, 기억은 ① 인지를 낳게 된다(도표 점선 ④→③→②→①). 예컨대 가난한 흑인 남성은 범죄자이기 쉽다는 스테레오타입이 백인증인에게 이미 생성되어 있었다면, 그 증인에게는 피고인이 범죄자라는 믿음이 생기기 쉽고, 그 믿음은 때로는 자신이 목격하지 않은 장면도 마치 자신이 목격한 것과 같이 기억하도록 만들 수

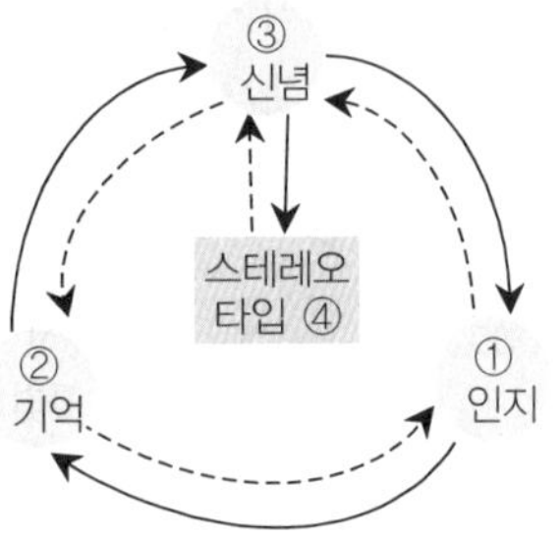

있으며, 그런 기억은 피고인이 범행을 범했다는 인식으로 나아가기 쉽다.

(다) **보여주지 않은 것의 은폐** 시각성은 보이는 것들을 보여줄 뿐만 아니라 보여주지 않은 것들을 적극적으로 감춰버릴 수 있다. 피의자의 진술을 녹화한 영상물이 피의자의 자백을 담고 있다고 하자. 그 영상은 시각적으로 피고인이 유죄임을 선명하게 보여주지만, 이것은 자백진술이 다른 맥락에서 이루어졌을 가능성을 덮어둔 채 이루어진다. 영상물의 기술적 조작은 언제나—녹화를 진술의 처음부터 끝까지 중단 없이 한 경우를 포함하여—진술의 상황과 맥락을 자유자재로 편집할 수 있다. 영상은 그런 편집의 가능성을 보는 이로 하여금 쉽게 잊어버리게 하는 특성이 있다.

가령 성폭력피해 아이의 엄마가 남편을 처벌하기 위해 그 아이에게 그 아이의 체험을 해석해주고, 언어적 표현을 선택·훈련시켜 주고, 진술하게 한 다음 그 영상녹화물을 법정에서 틀어서 증거조사를 한다고 가정하자. 영상은 성폭력행위에 대한 법관의 상상을 촉발시키는 반면, 엄마가 아이의 진술을 프로그래밍한 점은 완전히 덮이게 된다. 엄마의 프로그래밍이 진실과 부합하는 것이든 아니든 간에 그 영상녹화물은 엄마의 피해의식과 (있을 수도 있는) 복수의식을 적극적으로 덮어놓은 채 보일 수 있는 것만을 보여준다. 영상녹화물의 의미는 그런 덮음 속에서 형성된다.

5. 법아이콘학

(1) **법아이콘학의 의미** 법아이콘학(legal iconography)은 법에 관한 아이콘이 현실을 규율하는 힘을 갖고 그 힘의 영향 아래 미학적 체험이 이루어지고, 법은 그 체험의 의미에 지향되고 그렇게 함으로써 일정한 가치를 실현하는 현상을 연구하는 분과이다.

1) 아이콘의 의미 아이콘(icon)은 교회의 역사에서 보면 성인聖人의

화상畵像이나 조각상을 가리켰지만, 지금은 컴퓨터 스크린에 있는 프로그램이나 파일을 나타내는 작은 상징 또는 특별한 생각이나 라이프 스타일의 상징인 사람이나 물건을 의미한다. 법에 관련된 아이콘은 법의 신성성을 머금고 있으면서 법에 관한 특별한 생각이나 법이 현존하는 방식의 상징 또는 그런 상징이 되는 그림이나 조각상(예: 유스티치아), 그 밖의 물건(예: 법망치, 법복, 법관 가발)이나 사람(예: 만델라)을 가리킨다. 음악의 모티브들도 때로는 법의 아이콘이 될 수 있다.[87] 아이콘은 단순한 이미지가 아니라 수많은 이미지의 압축파일과 같다. 즉 아이콘은 역사적으로 형성되거나 될 수 있는 다양한 이미지가 퇴적된 형상이다. 그러므로 아이콘을 이미지로 사용하려면 먼저 아이콘의 이미지 압축을 풀어야 하는 것이다.

2) 법아이콘학의 구조 법아이콘학은 법미학의 다섯 가지 구성요소를 ③(기호와 상징)→⑤(힘)→①(미학적 체험)→④(법)→②(가치)의 순으로 배열한다. 가령 법아이콘의 대표로서 ③ 정의의 여신상 유스티치아를 들 수 있다. 이 여신상에서 보듯 눈가리개와 같은 맹목성의 기호가 갖는 상징은 ⑤ 역사적으로 현실이 그런 상징이 주는 의미로 규율되어야 한다는 힘을 얻을 수 있고, ① 그 힘을 배경으로 여신상에 대한 미학적 체험이 지속적으로 재생산되고, ④ 그에 따라 법도 맹목성의 상징적 의미를 구현하는 지향성을 가질 수 있게 되며 그런 법은 ② 예컨대 비당파성이라는 가치를 실현할 수도 있다.

(2) 법아이콘학의 창조성 법아이콘의 해석은 창조적이다. 가령 유스티치아가 눈을 가리고 있는 모습을 "감각이라는 부패로부터의 자유"(freedom from corruption of the sense)[88]를 의미한다고 풀자. 이는

87 D. Manderson · D. Caudill, "Modes of Law: Music and Legal Theory: An Interdisciplinary Workshop Introduction", *Cardozo Law Review* (제20권, 1999), 1328쪽.

88 M. Loughlin, *The Iconography of Justice, Sword & Scale: An Examination of the Relationship between Law & Politics* (Mart Publishing, 2000), 58쪽.

맹목성에다 비당파성(impartiality, Unparteillichkeit)의 의미를 창조한다. 예컨대 법원에서 사건을 재판부에 배당할 때 어떤 규칙을 두는 것이 아니라 사건이 법원에 접수된 시간적 순서에 따라 여러 재판부에 기계적으로 배당하는 것(맹목성)은 비당파성의 의미를 실현한다. 다만 아이콘의 해석은 그 고도의 응축성으로 인해 그 폭이 거의 무한대이며, 이 해석은 두 단계, 즉 응축된 상징으로부터 다양한 이미지를 풀어내는 과정과 그 이미지를 법적 정의에 관한 구체적인 표상과 연결하는 과정으로 구성된다. 예컨대 유스티치아의 저울에서 평형(equilibrium)의 이미지를 이끌어내고, 그 이미지를 공평의 정의이념과 연결하는 것이다. 그러나 유스티치아가 눈가리개를 한 점을 중시하여 저울에서 평형이 아니라 한쪽으로 기울 수밖에 없다는 이미지를 풀어낸다면, 저울은 차별과 불평등과 같은 부정의를 덮어버리는 법의 편파성을 상징하게 된다.

(3) **변신** 여기에서 보듯 이미지 풀어내기의 단계는 거의 통제가 불가능하다. 그렇기에 아이콘의 해석은 생물학적인 변태와 같은 변신(metamorphosis)을 한다. 가령 유스티치아가 흰색 옷을 입은 여성으로 묘사되는 것은 예컨대 여자 판사가 거의 없던 시대에는 “현실에서 떨어진 정의”(justice removed from actuality)[89]를 암시한다. 그러니까 판사에게 탄원할 때 우리는 우리의 “불만을 구제하기 위한 도움을 동료 인간에게 호소하는 것이 아니라 정의의 물길이 통과해 들어갈 수 있는 어떤 순수한 매체에게 호소하는 것이다.”[90] 그러나 여성이 법관의 절반을 훌쩍 넘어버린 사회에서 유스티치아의 여성성은 그런 순수한 매체를 상징할 수 없다. 그렇다면 여성의 외모를 띤 유스티치아의 아이콘에서 여장남자 또는 여성성이 내재된 남성의 이미지를 풀어낼 수도 있을 것이다. 이때 여장남자의 이미지는 ‘현실에서 떨어진 정의’, 이를테면

---

89 D. Curtis · J. Resnik, “Images of Justice”, *The Yale Law Journal* (제96권 제8호, 1987), 1765쪽.

90 M. Loughlin, 앞의 논문, 58쪽.

실정법이 되지 않은 소수자의 '인권'으로 해석될 수 있다. 이런 아이콘 해석은 유스티치아의 변신을 가져온다. 즉, 유스티치아는 더 이상 숭고한 형이상학적 이념이거나 존재론적으로 단일한 실체로서의 정의가 아니라 다양한 소수자들의 다성적인 목소리[91]가 깃든 인간됨의 화신이 되는 것이다.

(4) **아이콘과 법무의식의 형성** 법아이콘의 이미지를 구성하는 해석학적 창조작업은 법형성의 역사적 지평에 떠오르지 못하고, 그 심연에 깔려 있었던 법에 관련된 욕망, 억압, 저항의 파토스를 끄집어내어 사람들로 하여금 그에 관해 관심을 갖도록 촉발시킨다. 그러니까 법적 아이콘에서 체험하는 이미지는 '개인의 생물학적 차원, 사회적 차원 그리고 무의식의 차원(the unconscious dimension)을 연결'[92]해주는 데 기여한다.

★ 백인주의 무의식의 아이콘 ① 예컨대 캐퍼스(Capers)의 설명을 들어보자.[93] 1937년에서 1938년 사이에 화가 히르쉬(Stefan Hirsch)는 에이켄(Aiken)에 있는 사우스캐롤라이나주 연방법원의 새로운 청사에 벽화를 그려달라는 의뢰를 받고 "수호자이자 복수자인 정의"(Justice as Protector and Avenger)라는 벽화를 그렸다. 그런데 이 벽화 가운데 중심인물의 하나로서 정의를 나타내는 여인이 인디안과 백인의 첫 혼혈인이라는 뮬라토(mulatto)를 닮았다는 이유로 벽화를 철거하자는 캠페인이 벌어졌고, 2년이 지난 후 결국 벽화는 철거되었다. 이 사건을 두고 캐퍼스는 서구의 법률역사에서 정의는 백인주의(whiteness)와 무의식적으로 연결되어 있다고 해석한다. ② 정의를 상징하는 대표적 아이콘인 런던의

---

91 이에 관해서 이상돈, *인권법* (세창출판사, 2005), 164~168쪽; 이상돈·이소영, *법문학* (신영사, 2005), 285쪽 아래 참조.

92 이에 관해서 P. Legendre(P. Goodrich·A. Pottage 역), "Introduction to the Theory of the Image: Narcissus and the Other in the Mirror"(*Dieu au mirroir: Etude sur l'institution des images*), *Law and Critique* (제8권 제1호, 1997), 5쪽, 10~16쪽 참조. 다만 Legendre는 이런 무의식으로 진입시키는 기능을 아이콘에서 체험되는 이미지에 국한하지 않고 이미지 일반에서도 인정한다.

93 I. Bennett Capers, "On Justitia, Race, Gender, and Blindness", *Michigan Journal of Race and Law* (가을호, 2006), 224쪽.

올드베일리에 위치한 중앙형사법원의 지붕에 있는 유스티치아 조각상[94]은 그레코로만 양식의 옷을 입었고, 양팔을 벌린 채 오른손에는 수직으로 선 검을 들고, 왼손에는 저울을 들고 있으며, 눈가리개를 하고 있다. 이 아이콘에도 백인우월주의의 무의식이 스며있다. 이 무의식은 백인 여성에는 정의의 이미지를, 흑인 남성에게는 부정의, 곧 범죄의 이미지를 무의식적으로 심어준다.

또한 이 아이콘은 우리사회에서도 서구적인 것을 미학적 정의로 받아들이는 법무의식을 양생시킬 수 있다. 그런 법무의식이 성장할수록 8등신의 미녀가 6, 7등신의 여성보다 법위반을 이유로 제재를 받는 일이 적게 되는 불행한 현실이 전개될 수도 있다.

(5) **아이콘의 역사성과 진보성** 이런 법무의식의 형성을 분석해내고, 그 이데올로기성을 비판하고 해체하는 대안적 이미지 형성을 할 수 있을 때, 법적 아이콘은 정의의 실현에 기여할 수 있게 된다.

1) 의미의 퇴적층과 미래성 아이콘은 역사 속에서 그때그때 새롭게 해석된 의미들이 퇴적한 의미의 여러 층들을 갖고 있다. 아이콘을 해석하는 것은 곧 그 의미의 퇴적층 속으로 들어가는 것이다. 하지만 그 퇴적층들은 서로 불연속적인 것이어서, 어떤 의미층으로 들어가 이미지를 풀어낼 것인지를 결정하는 기준은 없다. 어떤 의미층으로 들어갈지는 오히려 해석자가 그 아이콘으로부터 미래에 어떤 이미지를 풀어내고자 하는가 하는 기획에 달려 있다. 그런 미래적 기획에서 아이콘의 어떤 의미층에 들어가서 그 의미층을 형성시킨 역사의 지평을 미래적인 기획에 의해 재해석함으로써 해석자는 아이콘을 이해하는 현재적인 인식지평을 얻게 된다. 이런 점에서 아이콘의 역사성은 아이콘의 미래성이라고 할 수 있다.

2) 이데올로기비판 아이콘에서 일정한 이미지를 해독해내는 작업

94 이에 관해 자세히는 M. Loughlin, "The Iconography of Justice", *Sword & Scale: An Examination of the Relationship between Law & Politics* (Mart Publishing, 2000), 55~63쪽 참조.

은 미래사회에 대한 일정한 기획을 세우고 그런 사회를 향해 나아가는 역사적 실천이며, 이데올로기 투쟁이다.[95] 예를 들어 유스티치아의 눈가리개는 정의를 장님으로 인격화하는 것으로서 불공정한 지각(perception of unfairness)을 상징할 수 있다고 비판할 수 있다. 특히 유스티치아가 미국에서는 인종적 편견으로 유색인종에게 불공정한 법과 그 집행에 대해 눈 감아버림을 상징한다고 비판적인 해석을 할 수 있다. 다시 말해 눈가리개는 이데올로기적으로 지배자와 지배계층의 편익에만 봉사하는 '맹목성'과 다름이 아닐 수 있다. 그러므로 유스티치아의 눈가리개를 제거해야 한다는 다음과 같은 주장도 가능하다.

> 유스티치아의 "장님성은 선택적이며, 학습된 이기성을 드러낸다. 간단히 말해 공정과는 전혀 다른 것이다. 이것은 인종과 성별이 구분된 그녀의 몸에 의해서 심화된다. 끝으로 내 바람을 말한다. 그 언젠가 우리는 그녀에게서 성별을 제거(desex)할 것이다. 그 언제가 우리는 그녀에게서 인종을 제거(derace)할 것이다. 그리고 우리는 그녀의 눈가리개를 제거하는 것으로서 그 첫 번째 발걸음을 시작할 것이다. 오직 그렇게 될 때에만 그녀는 자신의 저울이 어떻게 기울어져 있는지를 보게 될 것이며, 자신의 칼이 황폐하게 만든 것이 무엇인지를 바라보게 될 것이다."[96]

이처럼 유스티치아의 눈가리개를 백인들의 선택적이며, 학습된 이기성으로 재해석하게 되면, 흑인을 범죄자로 바라보는 시선, 유죄심증의 편향성, 피의자체포에서 경찰의 과도한 폭력행사 등을 극복하지 않는 한 유스티치아는 정의의 아이콘으로서 존속하기 어려워진다. 어쩌면 경

---

95 Mitchell의 다음과 같은 말은 주목할 만하다. "이미지는 단순히 기호의 특별한 한 종류에 불과한 것이 아니다. 그것은 전설적 지위를 지닌 존재나 성격, 역사적인 무대 위의 행위자들과 같은 그 무엇이다. 이미지는 우리가 우리 자신의 진화(evolution), 즉 창조자의 이미지를 본떠서 만들어진 존재로부터 자신의 고유한 이미지 속에서 자신과 자신의 세계를 만들어 가는 존재로 진화해 가는 것에 관해 우리 스스로에게 들려주는 이야기와 같은 것이다"(W.T.T. Mitchell, *Iconology: Image, Text, Ideology* [University of Chicago Press, 1986], 9쪽).

96 I. Bennett Capers, "On Justitia, Race, Gender, and Blindness", *Michigan Journal of Race and Law* (가을호, 2006), 232~233쪽.

찰의 폭력에 희생된 흑인을 변호하는 일보다 유스티치아의 암호를 시민들이 익숙해져 있는 이미지와는 다른 이미지로 해독해내는 일이 훨씬 강력하게 그러한 현실을 극복하게 만들 수 있을 것이다. 그러므로 법아이콘학은 한편으로는 아이콘 옹호(iconophilia)의 학문이면서 동시에 아이콘 파괴(iconoclasm)의 학문이 될 수밖에 없다.[97]

Ⅲ. 법미학의 특성

지금까지 설명한 법미학의 개별분과들에 대한 설명을 배후로 하여 법미학의 특성을 파악해보기로 한다.

1. 법미학의 유형적 특성

(1) **유형화의 기준** 법과 아름다움의 관계는 내재적인(intern) 관계와 외재적인(extern) 관계로 구조화할 수 있다. 여기서 외재적 관계란 법의 기호체계 밖에 존재하는 아름다움이 법에 어떤 영향을 미치는 관계를 말하고, 내재적 관계란 법의 기호체계 안에 또는 법의 상징으로서 존재하는 아름다움을 가리킨다.

법미학을 구조화하는 또 다른 요소는 법미학적 분석의 대상이 일차적으로 '아름다움'의 법이 되는가 아니면 '법'의 아름다움이 되는가 하는 기준이다. 일차적으로 아름다움을 분석한다는 것은, 아름다움 또는 그 체험이 법을 구성하는 관계를 분석하는 것을 말한다. 이때 법미학은 아름다움의 법에 관한 학문이 된다. 이에 비해 일차적으로 법을 분석한다는 것은 법의 기호와 상징 또는 이미지가 어떤 아름다움과 심미적 체험을 유발하는지를 분석하는 것을 말한다. 이때 법미학은 법의 아름다움에 관한 학문이 된다. 이 두 가지 기준을 서로 매트릭스 시켜 보면

97 C. Douzinas, "Legality of Image", *The Modern Law Review* (제63권 제6호, 2000), 815쪽 참조.

크게 네 가지 분야의 법미학이 유형적으로 구분될 수 있다.

<table>
<tr><th></th><th>'내재적'(intern) 아름다움</th><th></th><th>'외재적'(extern) 아름다움</th></tr>
<tr><td>아름다움의 법</td><td>• 미학적 정의론
(aesthetic justice)</td><td rowspan="2">이미지와 법</td><td>• 법정미학
(forensic aesthetics)</td></tr>
<tr><td>법의 아름다움</td><td>• 법률미학
(legal aesthetic)</td><td>• 법아이콘학
(legal iconography)</td></tr>
</table>

(2) 법미학의 네 가지 유형

1) 내재적인 아름다움의 법(미학적 정의론) 미학적 정의론은 아름다움이 법적 정의의 기준이 되는 현상, 즉 법의 '내재적' 요소가 되는 현상을 다룬다. 미학적 정의론은 아름다움을 먼저 분석하고 그것이 법에 미치는 영향을 분석한다는 점에서 아름다움의 법을 다루는 법미학이 된다.

2) 외재적인 아름다움의 법(법정미학) 사실인정에서 구성적 역할을 하는 미학적 요소를 분석하고 그것을 소송법이론에 활용하는 법정미학은 법의 기호와 상징 밖에 위치하는, 즉 법에 대해 '외재적인' 미학적 요소가 법적용을 결정하는 현상을 다룬다. 법정미학도 아름다움의 현상을 관찰하고 그것이 법적 결정에 미치는 영향을 분석한다는 점에서 아름다움의 법을 다루는 법미학이다.

3) 법의 내재적인 아름다움(법률미학) 법률미학은 법의 기호와 상징이 갖는 구조적 이미지(structural images)[98]의 미학적 차원을 먼저 분

98 이런 개념을 사용하는 A. Robilant, "The Aesthetics of Law", *Global Jurist Advances* (제1권 제2호, Article 1, 2001), 4쪽; Robilant에 의하면 구조적 이미지란 법원(法源)의 구조를 이루는 이미지나 도식을 가리킨다. Robilant는 구조적 이미지에 미학적으로 경험되는 도상적인 이미지이면 무엇이든 간에, 예컨대 법전의 스타일(the style of a code)까지 포함시킨다. 가령 판덱텐 시스템의 구조에 대한 연구도 법률미학에 들어가게 된다. 그러나 법텍스트의 스타일은 많은 경우 그 법의 반성적 재구성에 직접 관계되지 않는 경우도 많고, 그럴 경우는 정의의 여신상에 대한 상징분석처럼 법아이콘학의 한 분과로 분류되는 것이 적절할 듯하다.

석한다. 이 아름다움은 법(의 기호체계)에 내재하는 아름다움이다. 즉 법률미학은 법의 내재적인 아름다움을 다루는 분과이다. 하지만 법률미학은 단지 법의 미학으로 남지 않는다. 법적 기호와 상징의 심미적 판단은 법을 반성적으로 변화시킬 수 있기 때문에 아름다움이 법을 구성하는 차원도 함께 갖는다. 이럴 경우 법률미학은 미학적 정의론으로 넘어간다.

4) 법의 외재적인 아름다움(법아이콘학) 법아이콘학은 법적 정의의 압축적인 '도형적' 상징화가 유발하는 정의의 미학적 체험(법이 갖는 아름다움) 현상을 분석한다. 즉 법(의 압축된 상징)이 가져오는 미학적 체험을 다루므로 법의 아름다움을 분석하는 것이며, 이때의 아름다움은 법에 대해 '외재적인' 이미지이다. 따라서 법아이콘학은 법의 외재적인 아름다움을 다루는 분과가 된다. 하지만 법적 정의의 도형적 상징화가 유발하는 미학적 체험의 의미에다 법이 그 방향성을 맞춰 나아갈 수 있다는 점에서 법아이콘학도 아름다움은 간접적으로 그리고 거시적으로 법의 형성에 영향을 미칠 수는 있다. 그 경우 법아이콘학은 미학적 정의론으로 넘어간다.

5) 법이미지학 이 네 가지 법미학의 분과에서 이미지는 미학적 체험과 법과 함께 삼각관계를 이루며 법적 정의의 형성에 구성적 역할을 수행한다. 그런 이미지를 연구하는 분과를 법이미지학으로 독립시킬 수도 있다. 그 가능성을 아래와 같은 짧은 설명을 통해 살펴본다.

㈎ 이미지의 개념 이미지는 어떤 대상에 관해 사람들이 전형적으로 지각하는 상징적 형상이다. 이미지가 존재가 아니듯, 법의 이미지, 아름다움의 이미지도 법 그 자체이거나 아름다움 그 자체는 아니다. 반면 이미지는 무無(Nichts, nothing)도 아니다. 이미지는 존재와 무, 그 사이에 위치한다. ① 이미지는 '실재'에 관한 것이거나 실재하지 않는 것에 대한 실재스러운 이야기가 실재성을 얻는 경우라는 점에서 '비실재'하는 것에 대한 실재스럽지 않은 환상(phantasy)과 구별된다. 그러나

이미지와 환상의 경계는 모호하기도 하다. 예컨대 생명윤리주의자들이 치료목적으로 인간유전자를 돼지에게 주입해 넣는 연구[99]를 극렬 반대한다고 할 때, 그들은 그리스 신화의 반인반마 켄타우로스(kentauros)의 이미지를 떠올리기도 한다. 반인반마는 실재한 적이 없다는 점에서는 판타지이지만 유사사례의 실재(예: 동물간의 이종결합)가 있고, 충분히 실재 가능한 것이란 점에서는 이미지(환상적 이미지)이다. ② 스테레오타입(stereotype)은 이미지의 변종이다. 즉 어떤 대상에 관한 상징의 전형성이 '편견'으로 채색되고 고정불변의 틀이 되어버렸을 때 이미지는 스테레오타입이 된다. 스테레오타입은 인식 속도를 높여주지만 인식대상을 왜곡한다. ③ 아이콘(icon)은 수많은 이미지의 압축파일이다. 즉 역사적으로 형성되고 퇴적한 형상이란 점에서 이미지와 구별된다.

(나) **이미지로서 법** 카프카(Franz Kafka)의 <법 앞에서>(vor dem Gesetz)에서 그려지는 법은 자기를 드러내보여 주지 않고, 법을 존중하고 지키는 문지기에게만 접근할 수 있게 하는 '현전 불가능한'(unrepresentable) 그 무엇이다. 이런 현전불가능성을 데리다는 차연으로 개념화한다. "법이 현재 행하는 금지는 절대명령적 강제(imperative constraint)라는 의미의 금지가 아니다; 그것은 차연(différance)이다."[100] 즉, 법이 실현하려는 정의는 지금 여기에 존재하지 않는 채 미래로 '미루어져 있는 것'이 된다. 그러나 법미학에서 보면 카프카의 법은 이미지라고 볼 수 있다. 이 말은 법이 현전불가능하다는 점에서는 데리다와 같은 말이지만, 법이 그의 "대리인들과 그들의 이미지들",[101] 이를테면 그

99 영국 인간수정배아관리국은 인간과 돼지의 이종배아 생산을 허용하고 있다. 이 이종배아는 심장병 연구를 위해 돼지의 난자에 인간 유전자를 주입하여 생산하는 배아이다. 당연히 개체생산을 허용한 것은 아니다.

100 Jacques Derrida, "Before the Law", Derek Attridge 편, *Act of Literature* (New York: Routledge, 1992), 202쪽.

101 Costas Douzinas, "The Legality of the Image", *The Modern Law Review* (Vol. 63, No. 6, 2000): "법으로 들어간다는 것, 법에 복종한다는 것은 이미지와 이미지 갖기(imagining)에 관한 것이며, 영혼 속으로 이식된 법에 관한 웅장한 이미지를 갖는다는 것이다. 왜냐하면 법은 현전불가능한 것이고, 우리는 단지 법을 그 대

들의 복장, 가발, 법망치 등에 의해서만 인식될 수 있다는 점에서는 다른 말이다. 이미지가 법의 (유일한) 인식근거라고 보면, 이미지는 곧 법이 된다(law as image).

★ 르장드르의 이미지로서 법　이미지로서 법은 르장드르(Legendre)에 의해 더욱 발전된다. ① 그는 나르시시스의 신화에 등장하는 거울의 의미를 재해석하여 거울에 재현된 나의 이미지는 나를 소외시키는 것이면서 동시에 나에 대한 사랑을 가져온다고 본다. 이 거울의 논리를 법에 적용하여 르장드르는 법이란 주체를 문명화하는 이미지라고 본다.[102] ② 르장드르가 말하는 이미지는 (거울의 이미지처럼) 문명과 야만 사이의 "거리를 사회적으로 구성하는 것"(social construction of the distance)으로 볼 수 있다. 가령 근대 이성법이 문명으로서 인권을 실현했다고 본다면, 그런 인권(국가)과 비인권(국가) 사이의 거리를 사회적으로 구성하는 이미지가 바로 이성법이 된다. 이런 이론에 따르면 포스트모던 법은 개인의 고유성(singularity)과 (근대적 인권의) 보편성 사이의 거리를 사회적으로 구성하는 이미지라고 해석할 수 있다.

그러나 근대 이성법은 아름다움에 대한 담론과 분리·독립된 담론 속에서 미학과는 차별화된 원리나 규칙들을 발전시켰고, 그 사회적 기능(합법과 불법의 판별)도 고유하다. 그러므로 이미지가 곧 법이 되더라도, 이미지는 법의 단지 한 요소일 뿐이다.

(다) 이미지의 기능　이미지는 아름다움과 추함, 정의와 부정의 범주적 차이를 메워주는 접합매체이면서 미학적 가치와 정의관련적 가치(도덕적 가치, 경제적 가치, 정치적 가치)[103]를 호환시키는 매체이다. 그러

리인과 그들의 이미지를 통해서만 알 수 있기 때문이다."

102 P. Legendre, "Introduction to the Theory of the Image: Narcissus and the Other in the Mirror," *Law and the Unconscious: A Legendre Reader* (Palgrave Macmillan, 1997), 229쪽.

103 미학이론에서는 주로 도덕적 가치만을 말하지만 그 외에도 경제적 가치, 정치적 가치 등이 있고 이들은 모두 법적 정의를 구성하는 요소, 법의 합리성을 구성하는 요소들이므로, 이들을 총칭해서 정의관련적 가치라고 부르고, 미학이론에서 논의하는 미학적 가치와 도덕적 가치와의 관계는 미학적 가치와 정의관련적 가치로 대체될 필요가 있다. 그렇게 대체하여도 미학이론에서의 논의들은 그대로 옮겨올 수 있다.

므로 미학적 정의론에서 미추의 이원적 코드와 정의·부정의의 이원적 코드를 접합시키는 매체로 기능하는 법감정은 이미지를 핵심요소로 삼아 생성된다.

ㄱ) **체험적 의미와 부식성** 이미지는 아름다움의 체험을 응축하고, 그것을 정의의 관념으로 옮겨주거나 그 반대의 전달을 한다. 또한 이미지는 추함의 체험을 응축하고, 그것을 부정의의 관념으로 옮겨주거나 그 반대의 전달을 한다. 이처럼 이미지는 미학적 가치를 생성시킨 미학적 '체험'과 정의를 구성하는 가치의 '의미'가 융합되는 장소이다. 그런 점에서 이미지는 '체험적 의미'(experientialistic meaning)라고 부를 수 있다. 이러한 의미는 법률텍스트의 의미를 구성할 수도 있다. 또한 이미지는 주체가 이미지를 체험하는 순간에 그 체험의 주체 내면으로 들어가 그의 가치의식을 변화시킨다. 이를 이미지의 '부식성'(corrosivity)이라고 부를 수 있다.[104]

ㄴ) **나타남의 법미학: 법의 시각적 재현** 법을 텍스트로 만드는 법전화(Kodifikation)의 역사에서 보듯이 근대법은 법을 '시각적으로 재현하는 질서'(a visual order of representation)[105]로 성장해 왔다고 평가되기도 한다. 바꿔 말해 근대법은 나타남의 미학을 좇은 것이다. 이 나타남의 미학은 법의 시각적 재현이 텍스트가 아니라 이미지와 같이 영상적인 것일 때 더욱 고조된다. 텍스트는 로고스의 세계이지만 이미지는 에로스의 세계에 위치한다는 중대한 차이가 있다.

---

104 James Elkins, *The Object Stares Back: On the Nature of Seeing* (Simon & Schuster, 1996), 42~43쪽: "이미지란 정보체계에 있는 한 조각의 데이터가 아니다. 그것은 부식성이 있는(corrosive) 것이며, 내 안으로 터널을 내고, 현재의 나를 일부를 녹여서 다른 모습으로 개조할 수 있는 잠재력을 가진 어떤 것이다. 바로 그 어떤 이미지 때문에 내 안의 어떤 점들이 달라진다. 만일 내가 기꺼이 내 지킴이(guard)를 실망시키고 또한 이것이 어떻게 작동하는지에 관해 정직해질 의향이 있다면, 이것이 의미하는 바는 나는 (역주-이미지를 체험하기) 이전의 나와 같은 사람이 아니라는 것이다."

105 Alison Young, "Into the Blue: The image written on law", *Yale Journal of Law and Humanities* (Special Issue, 2001), 305쪽.

> 영(Young)의 분석에 의하면 호주나 미국의 여러 판례에서 동성애자의 구애에 맞서 그를 죽인 행위는 종종 그가 어린 시절 목격한 성적 학대, 특히 그의 누이와 엄마가 아버지로부터 받은 성적 학대의 이미지가 떠오름으로써 '도발된 정당방위'로 취급되곤 한다.[106] 이런 행위에서 범죄자는 ① 이미지 속으로 들어가고 — 자신과 피해자의 관계를 '환상적인 시각화'를 통해 자신과 자신을 학대한 아버지의 관계로 전이시키고 — ② 바로 전이된 그 이미지의 영향 아래 살해행위를 하였으며 ③ 법은 그 점을 고려한 것이다. 즉 이미지는 ① 행위자와 상대방 사이의 관계 지움, ② 그 관계 속에서의 행위, ③ 법의 고려라는 과정을 통해 법을 구성한다. 여기서 법을 구성했다는 것은 '도발된 정당방위' 개념에 의해 정당방위법을 재해석하고, 양형에 고려한 점을 의미한다.

이처럼 이미지의 나타남이 법적 정의를 형성하는 경우를 나타남의 법미학(legal aesthetics of appearance)라고 부를 수 있다.

> 가령 의붓아버지의 오랜 세월에 걸친 강간에 못 이겨 살인을 한 여자가 최후변론에서 외치는 말, '짐승을 죽였어요'에서 강간범들의 짐승 같은 이미지가 법관에게 연상되고, 그것이 용의주도하게 계획된 살인(이른바 모살謀殺)임에도 불구하고 그 이미지는 집행유예를 선고하는 양형에 결정적으로 작용할 수 있다.

ㄷ) **사라짐의 법미학** 이미지의 사라짐이 법적 정의를 형성하는 경우도 있다. 이를 사라짐의 법미학(legal aesthetics of disappearing)이라고 부른다.

> 영(Young)은 펠릭스 곤잘레스-토레스의 예술세계는 사라짐의 미학을 대표한다고 한다.[107] 그의 Portrait of Ross in L.A.에서는 175파운드의 사탕을 갤러리 구석에 쌓아두고 관객이 이를 가져가거나 먹을 수 있게 하였는데, 이 때 사탕은 에이즈에 걸려 죽은 연인의 몸을 형상화한 것이고, 관객이 사탕을 가져갈수록 그 연인의 에이즈에 걸린 몸의 이미지는

---

106 이런 판례의 대표로 (1997) 148 A.L.R. 659 (High Court)를 들 수 있고, 그런 경향에 대한 분석으로 Alison Young, 앞의 논문, 306~307쪽.

107 Alison Young, 앞의 논문, 316~324쪽 참조.

사라지는 것이며, 관객은 보균자가 되어 간다. 이런 사라짐의 미적 체험은 병자와 정상인의 경계를 지워버린다. 이는 에이즈 보균자에 대한 법적 규제가 격리수용과 같은 인권침해적인 조치가 되어서는 안 된다는 법의식[108]을 생산해 낼 수 있다.

예를 들어 사형제도의 법은 예컨대 사형수의 범행으로 인한 피해자 및 그 연대그룹의 고통을 그리는 영화들의 영상미술 속에서 생성된 악의 화신 이미지가 사라질 때,[109] 악인을 쳐부수라(confutatis maledictis)와 같은 파토스가 진정될 때 가능하다.

2. 음소거의 법

지금까지의 논의만으로 아름다움 또는 그 체험이 법의 생산이나 적용, 실행에 관여한다는 점은 이미 명확하다. 그러나 그런 관여의 방식은 명확하지가 않다. 왜냐하면 아름다움의 관여는 소리가 없고, 말로 드러낼 수가 없는 그 무엇이기 때문이다.

(1) 음소거의 구조적 특징 종래의 법은, 법률이든 판례든, ⓐ 공식적이며, ⓑ 글로 되어 있고, ⓒ 변경이 없는 한 따르게 된다는 점에서 '관행적인' 것이며 또한 ⓓ 실정법의 제정권력에 의해 그 효력이 담보되어 있다는 점에서 실정적(positive)이라는 특징을 갖고 있다. 법미학이 형성하는 법의 특성을 파악하는 데에는 미학적 정의를 이런 네 가지 특성을 단지 부분적으로만 갖는 사회규범, 관습법, 비공식적 법과

108 이런 법의식은 우리나라에서는 이미 현실이다. 예컨대 후천성면역결핍증예방법은 강제격리제도를 폐지하고, 환자의 개인정보를 보호하며, 익명검진제도를 실시하고, 직장 내의 차별금지를 규정하는 등 선진적인 인권보호조치를 취하고 있다. 다만 강제검진과 권고적 강제치료, 보편적인 치료의 원칙 등의 인권침해소지가 남아 있다. 자세한 것은 김나경, "후천성 면역 결핍증의 법적 문제구조와 규율방향" (한국의료법학회 2008년 춘계학술대회 발표문) 참조.

109 이런 이미지의 작용이 사형의 선고를 가능케 하는 것으로 본 Desmond Manderson, "Requiem: Green Death–Aesthetic Interpretations and Influences in the Death Penalty", *Songs without Music: Aesthetic Dimension of Law and Justice* (Universtity of California Press, 2000), 112~113쪽.

비교해보는 것이 필요하다.

아래 도표는 ① 비공식성, ② 비텍스트성, ③ 탈관습성, ④ 비실정법성의 항목을 충족하면 ○=1점, 절반정도 충족하는 경우를 △=0.5, 충족하지 않는 경우를 ×=0으로 표기하여 각 규범들의 음소거적 특징을 비교설명한다. (○=1, △=0.5, ×=0)

		법률적용	사회규범	관습법	비공식법	미학적 정의
말해지지 않는 법 mute law	ⓐ 비공식적임 informal	×	△	△	○	○
말해지지 않는 법 mute law	ⓑ 글로 되어 있지 않음 unwritten	×	△	○	○	○
말해지지 않는 법 mute law	ⓒ 탈관습적임 postconventional	×	×	×	×	○
말해지지 않는 법 mute law	ⓓ 비실정적임 unestablished	×	△	△	○	○
말해지지 않는 법 mute law	음소거의 정도	0	1.5	2	3	4
미학적 정의	실행적임 performative					○
미학적 정의	창조적임 creative					○

1) 사회규범 사회규범은 전체사회에서 보면 비공식적이기 쉬우나, 그 규범이 생성되고 일반적으로 준수되는 하부문화에서는 공식적이며(ⓐ=0.5), 글로 되어 있지 않지만 때로는 글로 표현되기도 하고(ⓑ=0.5), 관행적이며(ⓒ=0), 실정법에 수용되어 있는 경우도 있고 그렇지 않은 경우도 있으나(ⓓ=0.5) 실정법의 일반조항(예: 민법 제103조의 공서양속, 형법 제20조 사회상규)을 통해 실정법으로 유입될 가능성을 갖고 있다.

2) 관습법 관습법은 사회규범보다 다소 더 음소거의 측면이 강해진다. 즉 관습법은 본질적으로 관습적이며(ⓒ=0), 법원에 의해 채택될

수도 안 될 수도 있는 데, 채택되는 경우는 실정적이고, 공식적인 규범이 되고, 안 되는 경우에는 비실정적이며, 비공식적이다(ⓐ=0.5, ⓓ=0.5). 또한 관습법은 대체로 글로 되어 있지 않다(ⓑ=1).

3) 비공식적인 법 이보다 '비공식적인 법'(informelle Programme)[110]의 현상에서는 좀 더 음소거의 차원이 강화된다. 여기서 비공식적인 법이란 예컨대 보석허가가 난 사건에서는 나중에 적어도 유죄가 인정되더라도 집행유예를 받게 된다는 규칙성이 형사실무에 오랜 동안 유지되어 온 것을 들 수 있다. 그러나 누구도 그것을 공개하고, 공표하지는 않기 때문에 비공식적이며(ⓐ=1), 글로 되어 있지도 않으며(ⓑ=1), 법률이나 법원에 의해 그 유효성이 보증되지도 않는다는 점에서 비실정적이다(ⓓ=1). 하지만 철저하게 관행적이며(ⓒ=0), 이 점에서 아름다움이 법과 연관 지워질 때의 현상과 다르다. 비공식적인 법은 "감성적(emotive)이며 상호작용적인 특성"[111]으로 기능한다는 점에서 미학적 정의에 매우 근접해 있다.

4) 미학적 정의 예를 들어 사형이 위헌이거나 극악무도한 연쇄살인범에게도 적어도 사형은 선고 또는 집행되지 않아야 한다는 정의관념은 인류문명사의 발전선상에서 보면 사형은 추한 것이라는 체험의 축적으로부터 형성된 것일 수 있다. 즉 사형은 미학적 정의에 반하는 것이다. 이때 미학적 정의는 공식화하기도 어렵고(ⓐ=1), 글로 설명할 수 없으며(ⓑ=1), 응보와 예방에 길들어 있는 법의식의 관습에서 탈피하는 것이며(ⓒ=1), 아울러 아직 실정적인 것도 아니다(ⓓ=1).

(2) 말해지는 법과 음소거의 법 이처럼 미학적 정의는 사회규범, 관습법, 비공식적인 법보다 훨씬 더 실정법과는 반대의 특성을 갖는다.

---

110 이 개념에 대해 자세히는 W. Hassemer, *Einführung in die Grundlagen des Strafrechts* (C.H. Beck, 1990), 17, 170쪽; "Informelle Programme im Strafprozeß", *Strafverteidiger* (Heft 8, 1982), 377~382쪽 아래 참조.

111 W. Hassemer, "Informelle Programme im Strafprozeß", *Strafverteidiger* (Heft 8, 1982), 379쪽.

실정법을 '말해지는 법'(spoken law)이라고 한다면, ⓐ 비공식적(informal)이며, ⓑ 글로 되어 있지 않으며(unwritten), ⓒ 탈관습적(postconventional)[112]이며 ⓓ 비실정적(unestablished)인 법, 다시 말해 법미학이 형성하는 법, 아름다움이 어떤 방식으로든 개입해 있는 법은 "음소거의 법"(mute law)[113]이라고 부를 수 있다. 현대적인 법이론은 이처럼 법적 의미에 대한 단지 언어학적인 이해로부터 말해지지 않는(unspoken law) 또는 아이콘적인 법의 발견으로 중심이 이동하고 있다.[114]

3. 미학적 정의의 실행성과 창조성

하지만 미학적 정의는 단지 음소거의 법이라는 소극적인 특성에 의해 온전하게 파악되지는 않는다. 특히 비공식적인 법과 미학적 정의 사이의 구조적 차이는 음소거라는 차원에서는 매우 미미하다. 그렇기에 미학적 정의는 비공식적인 법에 비해 좀더 '적극적인' 특성을 가질 필요가 있다. 그래야만 법미학의 독자성이 더 탄탄하게 구축될 것이다.

(1) **미학적 정의의 실행적 성격**　그런 적극적인 특성의 하나로 아름다움의 체험은 그 대상들의 정의성에 대한 판단에 자신이 고려될 것을 요구한다는 점을 들 수 있다.

1) 법이라는 능동적 주장　즉 미학적 정의는 비실정적이지만 매우 실행적(performative)이다. 비공식적인 법은 법관이 고려함으로써 비로소 그 존재가 세워지고 의미가 생겨난다. 비공식적인 룰은 단지 '수동

112 법미학이 법의 역사를 분석할 때 통상적으로 사용하는 관습적인 이론적 틀(conventional theoretical framework)을 깨는 시도라는 견해로 A. Robilant, "The Aesthetics of Law", *Global Jurist Advances* (제1권 제2호, Article 1, 2001), 3쪽 참조.

113 이 개념은 R. Sacco, "Mute Law", *American Journal of Comparative Law* (여름호, 1995), 455~467쪽에서 빌려 왔다. 하지만 이하에서 분석하는 바는 전적으로 내가 고안해낸 분석틀(특히 ①~④의 특성)에 따른 것임을 일러둔다.

114 이런 경향을 지적한 D. Manderson · D. Caudill, "Modes of Law: Musical and Legal Theory—An Interdisciplinary Workshop Introduction", *Cardozo Law Review* (제20권, 1999), 1326쪽.

적으로' 법이 될 뿐이다. 이 점은 관습법도 마찬가지이다. 관습은 수동적으로 법원에 의해 법원으로 수용되기를 기다릴 뿐이다.

> 가령 미혼모의 낙태는 관행적이며, 사회상규에 위배되지 않는다는 법의식이 시민사회에 축적되어 있을 수 있지만, 미혼모의 낙태가 아직까지는 정의로운 것으로서 법에 의해 수용되어야 함을 능동적으로 주장할 수는 없다.

이에 비해 아름다움은 법관에게 법적 정의의 판단에 자신을 고려해 넣을 것을 '능동적'으로 요구한다. 실제 법관은 그런 요구를 거부하기가 불가능하거나 매우 어려우며, 의식을 잃은 사람처럼 아름다움의 요구에 빨려 들어가 법적 정의를 재구성하게 된다.

2) 아름다움과 진리의 연합 이와 같은 미학적 정의의 실행적 성격은 아마도 아름다움의 속성에서 비롯되는 것으로 보인다. 아름다움의 특징적 모습에 대한 스캐리(Scarry)의 다음과 같은 분석이 주목된다.[115]

아름다움은 서양의 역사(특히 예술, 철학, 신학을 아우르는 미학사)를 되돌아보면, 언제나 불멸의 존재와 연관되는 신성한 그 무엇이었으며, 또한 동시에 그리고 바로 그렇기 때문에 궁극적으로는 선례가 없는 어떤 것일 수밖에 없다. 그런 아름다움은 선명하고 자명한(clear and self-evident) 것이며, 그 안에는 자기교정과 조정의 능력이 구축되어 있어서 숙고를 유발한다. 이런 속성은 진리의 그것과 같다. 진리도 불멸 속에 서식하고, 오류의 거듭된 교정을 통해 전례가 없는 것으로 완전해져야만 되며, 자기교정과 자기조정을 지속(숙고)함으로써 자명한 그 무엇이 되어야만 한다.

그렇기에 스캐리는 아름다움은 진리와 연합한다고 본다.[116] 그러므로 아름다움의 체험은 진리에 대한 체험을 가져오고, 그 체험은 법에

---

115 E. Scarry, *On Beauty and Being Just* (Princeton University Press, 1999), 4~28쪽.

116 E. Scarry, 앞의 책, 51~52쪽.

의해 수용되어야 한다는 방향으로 법과의 관계를 설정하게 된다.

(2) **미학적 정의의 창조적 성격** 미학적 정의가 관습법이나 비공식적인 법과 달리 갖고 있는 '적극적인' 특성의 또 다른 하나는 바로 미학적 정의의 창조적인(creative) 성격이다.

1) 해방과 삶 여기서 창조란 무엇으로부터의 '해방'이다. 가령 사형은 추하다는 체험은 해방적이라는 의미에서 창조적인 것이다. 즉, 사형이 '타인을 고립시키고 사물화(objectification)하는' 추한 태도[117]에서 비롯된다는 미학적 체험은 문명적 감수성을 잃어버린 우리 안에 내재한 파괴적 욕구와 살인충동[118]으로부터 우리를 해방시켜 줄 수 있다. 아름다움이 없는 세계를 한번 상상해 보자. 음악과 미술과 시와 소설에서 체험하는 아름다움이 없이, 자연지배와 정교하고 확고한 사회질서만 있는 세계, 그런 세계 속에서는 살아도 산 것이 아닌 것이며, 삶은 곧 죽음의 소극적인 연기에 불과하게 된다. 아름다움은 바로 그런 죽음(또는 죽음의식)으로부터의 해방이다. 이와 같은 해방의 요소는 관습법이나 사회규범에는 존재하지 않는다. 이들은 오히려 우리를 관행과 전통 속에 가두어 놓는다.

창조는 삶을 주는 것이기도 하다. 무엇으로부터 우리를 해방시키는 미학적 체험은, 스캐리(Scarry)의 언어를 빌면, 선례가 없는(unprecedented) 것을 만드는 것이며, 그렇기에 신성한(sacred) 것이며, 또한 숙고(deliberation)를 유발하는 것으로서 우리에게 '생명을 주는 것'(life-giving), '생명을 살려주는 것'(lifesaving)[119]이 된다. 사형이 추하다는

117 이런 입장으로 D. Manderson, "Requiem: Green Death－Aesthetic Interpretations and Influences in the Death Penalty" *Songs without Music: Aesthetic Dimension of Law and Justice* (University of California Press, 2000), 93～129쪽, 특히 95쪽, 117～118쪽 참조.

118 이런 입장으로 이상돈, "사형폐지론의 이론과 정책", *한국형법학의 새로운 지평. 김일수교수화갑기념논문집* (박영사, 2006), 698쪽 참조.

119 E. Scarry, *On Beauty and Being Just* (Princeton University Press, 1999), 27쪽.

미학적 체험이 보편화됨으로써 사형제도가 폐지된다면, 그것은 사형수의 삶만을 살려주는 것이 아니라 우리들에게도 '문명화된 삶'을 가져다 주는 것이다.

2) 실정법과 아름다움의 관계 여기서 법미학의 창조적 차원이 해명된다. 법은 자연법의 형이상학 속이나 실정법 속에 일면적으로 존재하지 않는다. 실정법은 개인들을 생존위협으로부터 해방시켜 줌과 동시에 지배의 억압 속으로 밀어 넣기 때문이다. 그렇기에 법은 실정법에 존재하면서도 동시에 실정법이 구축하는 억압으로부터 해방될 때 비로소 다시 존재하게 되는 것이다. 법미학은 바로 법과 실정법의 이중적 관계, 즉 법이 실정화됨으로써 법이 실현되는 관계와 실정법으로부터 해방됨으로써 — 이것을 해체주의의 관점에서는 '해체됨으로써' — 법이 실현되는 관계 가운데 뒤의 관계에 중점을 둔다. 예컨대 사형 형벌이 폐지됨으로써 법(적 정의)이 실현되는 것이다. 이에 비해 관습법이나 사회규범은 그것이 실정화 됨으로써 비로소 법이 실현되는 관계 속에 위치한다. 예컨대 선량한 관리자의 주의의무를 다하여 경영판단을 내리고 경영을 하였으나 실패로 끝난 경우에 경영계 내에서는 결코 그 경영진에게 책임을 물을 수 없다는 사회규범이 형성되어 왔다. 이 사회규범은 실정법이나 실정법을 적용하는 법원의 판례법에 경영판단원칙[120](business judgement rule)으로 수용될 때 비로소 법이 실현된다.

3) 춤의 법미학 미학적 정의의 창조적 성격은 법을 '춤을 기록하는 기호학', 즉 코리오그래피(choreography)로 바라볼 때 가장 극대화된다. 춤은 인간에게 삶을 주고 동시에 인간을 삶의 질곡에서 해방시켜 주는 법미학의 양면성이 가장 분명하게 드러나는 예술이다. 먼저 춤은 불완전하게 태어나는 인간에게 삶을 가능케 하는 공동체를 형성시키는 소통의 양식이다. 원시공동사회를 형성하는 제식祭式이 춤에 의해 구성되었고, 그 공동체가 국가로 발전하는 과정에서도 국가의 구성원(공민)

120 이에 관해서는 이상돈, *윤리경영과 형법* (신영사, 2005), 69~72쪽.

으로서의 공적인 삶의 통합력은 인간의 불완전성을 보상해주는—이를테면 프로이트(Freud)가 말하는 '갓난아이의 미성숙'(prematurity)에서 비롯되는 복종의 문화 속에 남아 있는 불만, 즉 "문명 속의 불만",[121] [122] 클라인(Klein)[123]이 말하는 좋은 젖가슴 속에서 사랑의 대상과 융합된 자아로서 살아가는 어린 아이가 그것을 상실하는 데에서 오는 '우울불안'(depressive anxiety)과 같은 것을 보상해주는—춤에 의해 마련된다. 따라서 춤은 국가가 그 질서를 형성하는 매체로서[124] 법의 배후에서 법생활을 가능케 하는 통합의 원천에너지라고 할 수 있다.[125] 다른 한편 춤은 국가와 법 그리고 재판에서 가장 형식화되는 몸, 지배 종속되는 몸의 상태를 가장 극적으로 거부하는 해방의 아름다움을 출현시킨다.

특히 춤의 다성성_{多聲性}과 차이성은 국가와 법의 권위에 대한 신체의 순응과 복종이 갖는 야만성을 해체한다. 이런 해체가 있을 때 법에도 사랑과 생명이 스며들 수 있다. 이런 점에서 춤은 공동체를 형성하는

---

121 S. Freud(김석희 옮김), *문명 속의 불만* (열린책들, 2003) 참조.

122 이런 절대적 권위에 대한 복종이 초자아의 발달과정에서 형성되며, 이는 프로이트의 문명 속의 불만의 작품에서 두드러진다고 해석하는 A. Drassinower, *Freud's Theory of Culture: Eros, Loss, and Politics* (Rowman & Littlefield Publishers, 2003), 6쪽.

123 프로이트의 이론에 강한 영향을 받은 Melanie Klein의 대상관계이론(Object Relations Theory)에 관해서 M. Klein, H. Thorner 편, *Das Seelenleben des Kleinkindes und andere Beiträge zur Psychoanalyse* (Gebundene Ausgabe), (Klett-Cotta /J. G. Cotta'sche Buchhandlung Nachfolger, 2006) 참조. Klein은 아이의 자아가 형성되는 기간에 무의식적으로 다른 모든 것들을 이 불안지위의 엄습을 통해 자기 것으로 삼아버리는 점이 오이디프스콤플렉스나 노이로제 등의 원인이 되며, 어른이 되어도 불안지위에 대처하는 투쟁을 할 수밖에 없다는 점을 바라본다.

124 Manderson도 이와 비슷하게 미학적인 것은(the aesthetic) 사회구성원들이 공유할 수 있는 담론을 만들어 내고, 그 속에서 이해, 가치, 평가 등을 교환하는 의사소통을 펼침으로써 구성원간의 소속감(공동체의식)을 형성하게 한다는 점, 다시 말해 미학적인 것은 사회에서 공동체를 형성하는 일의 한 부분임을 지적한다. D. Manderson, "Quodlibet: Just Aesthetics and the Aesthetics of Justice", *Songs without Music: Aesthetic Dimension of Law and Justice* (University of California Press, 2000), 198쪽 참조.

125 이를 "공동체의 부활로서 예술"(Art als restoration of the corporate body)이라고 표제화하는 L. Barshack, "The Body Politic in Dance", P. Goodrich · L. Barshack · A. Schütz 편, *Law · Text · Terror* (Routledge-Cavendish, 2006), 55~57쪽 참조.

합창이면서 동시에 몸에 미친 지배와 권력의 동일성강제를 해체하는 다성성의 근원이다.[126] 환유적으로 말한다면 법이란 '셀 수 없는 새로운 춤을 꿈꾸는 것'(dreaming of the innumerable choreography)이다. 새로운 춤을 꿈꾸는 것은 기존의 법적 정의가 행하는 동일성강제의 권력을 해체함으로써 아직 알지 못하는 미래의 법적 정의를 꿈꾸는 것과 같다.

126 이런 권력은 물론 급진주의 페미니스트들이 여성을 합리적 여성으로 단일화함으로써 발생하는 권력도 당연히 포함한다. 그러므로 다른 성차에 대한 새로운 춤(choreography)은 여성주의에 새로운 지평을 열어 줄 것이다. 이런 관점으로 J. Caputo, "Dreaming of the Innumerable; Derrida, Drucilla Cornell, and the Dance of Gender", *Derrida and Feminism: Recasting the Question of Woman* (Routledge, 1997), 142~146쪽.

11 법과 춤

Ⅰ. 춤과 법의 관계에 대한 전망

1. 춤과 법의 기능적 교차

춤은 도처에 있다. 음악, 연극, 뮤지컬, 오페라, 방송, 영화, 스포츠 행사, 삶의 곳곳에 춤은 빠지지 않는다. 춤을 '추상적인 동작의 연속'[1](a series of abstract movements)으로 이해한다면, 춤은 법정의 변론이나 심지어 정치가의 대중연설, 걸음마를 하는 아이의 몸짓에도 있다. 그래서 '산다는 것이 곧 춤추는 것이다'라고 말할 만하다. 춤추지 않고는 고난의 '삶을 견디어 내는 것'(enduring life)[2]이 힘든 우리의 일상은 이를 뒷받침해준다. 춤은 '능동적 심상화'(active imagination)의 한 형태이다.[3] 즉 춤은 개인의 내면에서 무의식에 형태를 부여하여 의식화한다. 그리고 무의식과 의식(초자아)을 소통시킴으로써 개인의 병든 정신(예: 우울증, 신경증)을 치료시킨다.[4]

---

1 이에 관해 Jessica Cassity, "Beginner's Edge: Even Modern is Within Your Reach", *Dance Spirit* (December, 2002), 40쪽 참조.

2 프로이트(Freud)는 삶을 견뎌 내는 것을 모든 생명의 첫 번째 의무라고 본다. 이에 관해 S. Freud(김석희 옮김), "전쟁과 죽음에 대한 고찰", *문명 속의 불만* (열린책들, 2005), 69쪽.

3 이 점에 관해 자세히는 Joan Chodorow, "The Body als Symbol－Dance/ Movement in Analysis", Patrizia Pallaro 편, *Authentic Movement* (Jessica Kingsley Publisher, 2000), 279쪽 참조.

춤은 사회적 갈등을 해소시키고 통합을 수행한다. 이를테면 우리나라의 가정의례준칙[5]에서는 추방되었지만, 결혼식에서 춤추기는 새로운 사람을 가족의 구성원으로 받아들이는 통합의 기능을 발휘한다. 19세기 초반 유럽사회에서 민속(folklore)의 춤을 추는 것은 그 민속에 속한 사람들 사이의 내부갈등을 봉합하고, 단일한 민족국가로 통합시키는 데 크게 기여했다.[6] 춤의 국가적 통합 기능은 우리나라의 전통사회에서도 다르지 않다. 각종 탈춤의 양반풍자는 계급 간 갈등으로 인한 불만을 표출시킴으로써 그 갈등을 봉합하였다. 요즘 세계로 퍼져가는 K-pop의 춤음악은 인종적 편견과 국가 간 갈등을 해소하는 데 적지 않은 도움을 줄 것이다.

이렇게 보면 춤과 법은 기능적으로 서로 교차됨을 알 수 있다. 춤이 법의 기능(예: 사회적 통합)을 대신하는 부분이 있고, 법이 삶의 조건을 마련함(예: 자유보장, 생존배려)으로써 춤의 기능(예: 삶을 견뎌 내게 하는 것)을 대신하는 부분이 있는 것이다. 그러나 오늘날 현실의 법은 춤의 이런 본원적인 의미차원을 바라보지 않는다. 춤은 법에 '외재'하는 것이고, 그래서 법은 춤의 음란성을 통제하거나 예술성을 장려할 뿐이다.

2. 춤과 법의 상호내재성

그러나 춤은 법에 내재해 있고, 법은 춤에 내재해 있다. 춤과 법의

---

4 이를 댄스치료(dance therapy)라고 할 수 있다. 댄스치료는 1940년대 미국에서 시작되었고, 우리나라에는 1990년대에 소개되고 2000년대 대중적인 확산이 이루어졌다(이지현, "춤, 행복으로 가는 치유의 행로" *월간 말* [2월호, 2007], 222쪽 참조).

5 예컨대 박정희 대통령 시절에 만들어진 가정의례준칙에 관한 법률(1969)이나 5.18. 쿠데타 다음 해에 만들어진 가정의례에 관한 법률(1981) 그리고 MB 정부에서 만들어진 건전가정의례의 정착 및 지원에 관한 법률(2008)의 시행령(대통령령)으로 만들어진 가정의례준칙들은 가정의례에서 허례허식을 버리게 하는 것을 넘어서 복장의 단정, 간소화를 요구하는 등의 건전성 이데올로기를 구축한다. 이 준칙들은 심지어 혼인예식의 식순(현행 건전가정의례준칙 별표 3 참조)을 정해놓기도 한다. 준칙화된 결혼식의 식순 어디에서도 춤은 찾을 수 없다.

6 이런 견해로 Anca Giurchescu, "The Power of Dance and its Social and Political Uses", *Yearbook for Traditional Music* (Vol. 33, 2001), 115~116쪽.

관계에 대한 이와 같은 이해를 본격적으로 논의하기 위해 몇 가지 학문적 통찰과 역사적 통찰을 공유할 필요가 있다.

(1) **이론적인 배경** 이러한 통찰의 이론적 배경으로 지식고고학적 통찰과 법미학적 통찰을 들 수 있다.

1) 생체권력이론과 법의 기표로서 춤 푸코(Foucault)의 생체권력이론[7]에 따르면, 몸은 법으로 조직화된 정치권력이 침투하는 영토의 끝단이다. 도덕적 시민에게 요구되는 몸의 단정함은 법에 의한 규율과 훈육의 산물이다. 규율과 훈육은 법이 표상하는 질서의 이념을 생산하는 담론이 작용하는 모습이다. 여기서 몸의 움직임이란 법의 권력이 작용하는 장소이면서, 법을 생산하는 담론이 펼쳐지는 장임을 알 수 있다. 그렇기에 몸의 특정한 움직임인 춤에는 당연히 법의 의미를 풀어낼 수 있게 하는 코드가 내장되어 있기 마련이다.

2) 미학적 정의로서 춤 또 다른 이론적 배경은 최근 생장하기 시작한 법미학(legal aesthetics)[8]이다. 법미학의 핵심통찰은 포스트모던 사회에서는 아름다움이 법적 정의의 한 요소가 된다고 보는 것이다. 물론 아름다움은 옳음(right)이나 좋음(good)과는 범주적으로는 구별된다. 그러나 오늘날의 사회에서는 실천적으로 아름다운 것이 곧 정의로운 것이 되는 현상이 날로 증대하고 있다. 법감정은 많은 경우에 사안에 대한 집단적인 미추판단의 결과이다. 이런 현상을 분석하는 법학이 바로 법미학이다.

그런데 춤은 연예오락의 상업적 수단일 뿐만 아니라 예술의 심미적 표현이기도 하다. 그 한에서 춤은 법미학적 관점에서 보면 법적 정의를

---

7 푸코의 권력이론에 대한 법이론적 연구로는 신동룡, *Michel Foucault의 권력-지식론과 그 법이론적 함의에 관한 연구* (연세대학교 석사학위논문, 2000); 최봉철, "포스트모던 법철학: 윤리관과 정의관", *법철학연구* (제4권 제2호, 2001), 107~132쪽; 한상희 · 이경, "법과 일상생활의 문화비평적 재구성: '몸'담론분석을 통한 생활정치의 복원", *법과 사회* (제21권, 2001), 121~160쪽; 이상돈 · 이소영, *법문학* (신영사, 2005) 참조.

8 법미학의 의의, 기능, 세부영역 등에 관해서 이상돈, *법미학* (법문사, 2008) 참조.

형성할 수 있다. 예술적 표현으로서 춤에는 정의가 될 수 있는 아름다움이 내재해 있기 때문이다. 가령 주류문화와 하부문화 사이, 전 세계를 가로지는 소통언어로서 브레이크댄스의 아름다움은 초국가적 법의 시대에 새로운 정의의 양식이라 할 수 있는 상호문화성(interculturality)을 기호화한다.

(2) **역사적인 통찰** 춤과 법의 상호내재성에 대한 논의는 그것이 인류 역사상 이미 하나의 현실이었다는 사실을 통찰함으로써 시작된다.

1) 인디언과 에스키모인의 춤과 법 ① 이를테면 인디언 사회(예: 호피족)의 문화를 연구해보면, 법은 춤과 우주 그리고 신화와 하나로 통합되어 있었다. 그들은 '카치나'(katsina)라는 춤을 춤으로써 그들이 바라보는 우주와 그 창조의 신화를 상징적으로 재생산하며,[9] 동시에 자연과 조화를 이루는 삶의 방식에 관한 규범(예: 인간의 생존에 필요불가결한 만큼만 동물을 죽임)을 내면화한다. 이런 내면화로서 춤은 인디언들을 하나의 사회로 통합시키는 법적 기능을 수행한다. 그러므로 인디언들에게 춤을 춘다는 것은 곧 공동체적 삶을 산다는 것을 의미한다. 그들에게 춤은 곧 법이었던 것이다. ② 춤은 부족사회에서 구체적인 분쟁을 해결하는 법의 기능을 수행하기도 했다. 예컨대 에스키모인(Inuit 부족)은 분쟁이 생기면 상대를 서로 공격하긴 하지만, 분쟁의 진정한 본안에 대해서는 직접 말하지 않고, 가무(Song and Dance) 경연을 펼쳤다. 그들의 분쟁은 청중이 볼 때 북을 더 잘치고 가무를 더 잘 하는 사람을 승리자로 삼는 방식으로 해결되었다.[10]

2) 춤보다 못한 법 물론 이런 부족사회의 춤과 법의 관계를 오늘의 복잡하고, 다원화된 사회에 그대로 적용할 수는 없다. 그러나 당사자주의와 변론주의의 이념이 지배하는 민사소송에서 승패가 종종 진실

9 자세히는 Joann W. Kealiinohomoku, "Dance, Myth and Ritual in Time and Space", *Dance Research Journal* (Vol. 29, No. 1, 1997), 66쪽 참조.

10 이에 관한 연구로 Max Gluckman, *Politics, Law and Ritual in Tribal Society* (Aldine Transaction, 2006) 참조.

과 정의에 의해서 아니라 얼마나 비싼 변호사를 소송대리인으로 삼느냐에 따라 좌우되고, 가진 자는 무죄가 되고, 없는 자는 유죄(유전무죄 무전유죄)가 되는 형사소송의 현실은 현대사회의 법체계에서도 분쟁이 때때로 그 분쟁의 본안과 관계없이 해결되고 있음을 알게 해준다. 바로 이런 한에서 현대의 법률가들도 결투로써 분쟁을 해결했던 중세 영국의 "글래디에이터 스타일의 결투대행기사"(knights-errant)[11]라고 불릴 만하다. 게다가 현대사회에서 그와 같은 법의 현실은 이누이트족의 춤이나 중세 영국인의 결투보다도 분쟁당사자 사이에 더 큰 분열을 가져오기도 한다. 소송에 진 자가 이긴 자를 살인하거나 판사를 살해하는 사건의 예를 떠올릴 수 있다. 그렇기에 인류학적 관점에서 보면 오늘날의 법이 이누이트족의 춤보다도 더 합리적인 분쟁해결제도라고 단언하기 어렵다.

(3) 춤이 법이 되는 현실 춤과 법의 상호내재성에 관한 통찰은 소송에서 춤이 하는 기능현실을 바라보면 더 쉬워진다.

1) 소송의 승패를 가르는 퍼포먼스 변호인들은 소송에서 말과 몸짓 등으로 일종의 퍼포먼스를 한다. ① 이 퍼포먼스는 춤과 외모(예: 우아하지만 현란하지 않음), 옷차림(예: 정장), 품행(Demeanor) (예: 사려 깊음, 정중함), 쇼적인 요소(예: 사건을 논증이 아닌 이야기로 설명), 매력(예: 풍채), 목소리(예: 생동감)와 바디랭귀지 등에서[12] 동

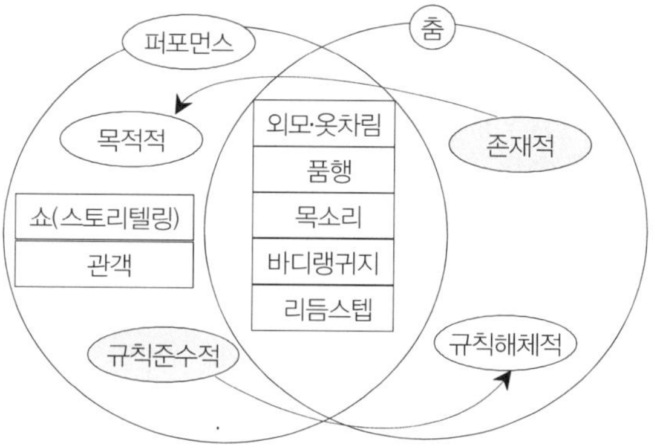

11 Roger I. Abrams, "The Dance and the Adjudication of Disputes", *Rutgers Law Review* (Vol. 51, 1999), 908쪽.

12 Roger I. Abrams, "The Dance and the Adjudication of Disputes", *Rutgers*

일하다. 스토리텔링은 춤을 연극의 일부로 바라볼 때에만 춤의 요소가 되는데, 즉흥접촉춤처럼 스토리가 없는 춤도 있기 때문에 스토리텔링의 흠결은 소송에서 퍼포먼스를 춤으로 보는 데 장애가 되지 않는다. ② 하지만 소송의 퍼포먼스와 춤은 다른 면도 있다. 퍼포먼스에서 관객은 재판공개원칙 때문에 필수적인 요소가 되지만 춤에서는 관객이 없을 수도 있다. 퍼포먼스는 소송에서 이기려는 목적을 추구하지만 춤은 목적성이 필수적이지 않다. 물론 춤이 '만인을 속박하는 규범적 헤게모니의 구속들에서 벗어난' 자기배려[13]의 목적을 추구한다고 말한다면, 어느 정도의 유사성을 말할 수 있다. 퍼포먼스는 소송절차의 규칙을 준수하고 활용하는 반면, 춤은 일상적인 몸동작의 규칙성을 해체한다. 그러나 소송상 퍼포먼스가 규칙준수적인 것은 법정질서를 유지한다는 점에서만 그러하고, 논증을 생략시키면서 사실인정의 심증을 갖도록 한다는 점에서는 규칙(에 의한 사실인정)을 해체하는 성격을 띤다.

2) 심슨 사건의 예 춤이 법이 되는 현실을 미국의 심슨(O.J. Simpson)사건을 예로 하여 살펴보자. 1994년 권투선수 심슨은 그 애인 니콜과 그녀의 친구 골드먼을 칼로 살해한 혐의로 재판을 받았다. 피살된 니콜의 피와 심슨의 피가 묻은 장갑의 왼손 짝은 니콜의 집에서, 오른손 짝은 심슨의 집 근처에서 발견되었다. 심슨의 피가 장갑에 묻은 것은 DNA분석을 통해 확인되었다. 그러나 변호인들은 결정적으로 불리한 상황에서 심슨에게 장갑을 껴보도록 하였다. 장갑은 심슨의 손에 많이 작았다. 검사는 장갑이 피에 젖어 크기가 줄어들었다고 반박했다. 그러나 변호인은 최후변론에서 반복해서 연극적으로 "장갑이 맞지 않는다면, 당신들은 석방해주어야 합니다"고 외쳤고, 배심원단은 무죄평결을 냈다. 한 배심원은 인터뷰에서 "쉽게 말해서 그 장갑은 맞지 않았어요"(In plain English, the glove didn't fit)라고 말했다. 이러한 변호인

Law Review (Vol. 51, 1999), 906쪽.

13 연효숙, "윤리적 주체와 차이의 존재론", *시대와 철학* (제20권, 2000), 19~20쪽.

의 퍼포먼스는 "완벽한 춤"[14](consummate dance)이라고 평가되었다.

변호인의 변론이 얼마나 구조적으로 춤의 요소를 많이 갖고 있었는지, 얼마나 완벽했는지는 여기서 일단 논외로 한다. 중요한 점은 변호인의 퍼포먼스가 피고인에게 살인동기의 설득력, DNA 분석결과, 장갑이 작아진 이유 등과 같은 합리적 논증의 힘을 해체한다는 점이다. 변호인의 퍼포먼스는 소송이 시작할 때 피고인이 이기기 어려울 것 같아 보였던 사건을 '전복'시켜버렸다. 이 전복은 마치 브레이크댄스에서 얼음동작(freeze)이 갖는 주류문화에 대한 하부문화의 전복적 의미(subversive means)와 매우 유사하다. 그런데 변호인의 퍼포먼스가 춤이 되려면 몸, 자세, 동작의 시·공간적 배치를 통해 일정한 표현(expression)을 한 것이어야 한다.

3) 미학적 체험을 공유시키는 춤으로서 변호 심슨 사건에서 표현은 심슨이 당한 인종주의적 편견의 부당함과 그것의 미학적 추함이었다. 퍼포먼스가 춤으로서 갖는 미학적 가치에 대한 체험을 당사자와 법관 또는 배심원들이 공유할 때 퍼포먼스는 사실인정의 향방을 결정하는 힘을 발휘한다. 그런 공유는 공감(empathy)의 일종이다. 다양한 사람들로 짜인 배심원단이 미학적 체험을 공유하게 되면 배심원 평결에서도 연대가 이루어진다. 이는 춤의 어떤 양식도 거부하는 즉흥접촉춤에서 접촉의 연속이 어떤 이념적 공통성이 없고, 성별, 계층, 직업 등 공통점도 없는 사람들 사이에 사회적 연대의 상징을 창출하는 것과 유사하다. 이 연대는 합리적 논거에 의해 창출되는 것이 아니라 사안의 질감(texture)에 대한 미학적 체험의 공유를 통해서 이루어진다. 그러므로 훌륭한 변호는 훌륭한 퍼포먼스이어야 한다. 훌륭한 퍼포먼스는 피고사건에서 어떤 질감적 요소를 추출하여 그것에 대한 정서적 반응을 하나로 결집시키는 창의적인 미학적 표현이어야 한다. 좋은 법률가가 된다

---

14 Roger I. Abrams, "The Dance and the Adjudication of Disputes", *Rutgers Law Review* (Vol. 51, 1999), 909쪽.

는 것(lawyering)은 이런 미학적 작업을 할 수 있는 역량을 키우는 것이며, 이는 법률가 교육의 한 내용이 된다.

(4) 상호내재성의 기호학적 의미 춤과 법이 서로에게 내재되어 있다는 것은 이상과 같은 세 가지 통찰을 전제로 기호학적인 차원에서 하는 말이다. 그러니까 춤은 법의 기표記票(signifier)가 되고, 법은 그것의 기의記意(signified)가 된다고 할 수 있다. 가령 발레는 서양의 근대사회에서 이성법이라는 기의를 갖는 기표가 된다. 물론 이는 거꾸로도 말할 수 있다. 이성법이 기표이고, 발레는 기의가 된다. 이성법의 구축은 발레 이외의 춤들이 가치가 인정되는 춤의 세계에서 추방되는 미학적 편향성의 역사적 의미맥락 속에서 이루어진 것이기 때문이다. 여기서 이러한 기호학적 차원과 현상학적 차원을 혼동해서는 안 된다. 춤과 법이 분리된 역사 이래로, 그리고 추상적 몸짓라는 춤의 의미만으로는 제대로 규율할 수 없는 현실의 복잡성 때문에 현대사회에서 춤과 법은 더 이상 '현상학적으로는' 같거나 서로에게 내재할 수가 없다. 하지만 '기호학적인 차원'에서는 춤의 의미구조 속에 이미 법이 들어가 있고, 법의 의미구조 속에 춤이 들어가 있다. 이런 기호학적 상호내재성은 춤과 법의 기능적 교차현상의 배후를 이룬다.

또한 기호학적 상호내재성은 부분적으로는 법과 춤의 관계현실에서 역추할 수 있는 현실이기도 하다. 예컨대 법이 음란한 춤을 규제하는 이유가 그런 춤이 법질서를 위태롭게 만들 수 있다는 두려움 때문이라면, 춤은 곧 법의 카운터파트너라는 것이고, 그렇다면 법의 개념은 법이 두려워하고 배제하는 춤의 부재라는 요소에 의해서 (소극적으로) 구성될 수 있다. 그러므로 춤과 법의 기호학적 의미연관성을 창출하는 작업은 그 자체로 이미 법이 춤이 되게 하고, 동시에 춤이 법이 되게 하는 작업이 된다.

3. 법의 춤추기

법이 춤이라면 법은 춤출 때 실현된다. 법이 새로운 춤을 추면, 새로운 법이 실현되는 것이다. 여기서 춤의 의미를 해명해보고, 법의 춤추기가 갖는 의미를 개관해본다.

(1) **무의식의 의식화** 춤은 주로 이데올로기적 장치들이 몸을 가둔 윤리와 규범의 감옥으로부터 몸을 해방시키는 움직임으로 이해할 수 있다. 춤춘다는 것은 일상생활에서는 부자연스럽거나 낯설은 몸짓을 하는 것이다. 그런 몸짓은 무의식에 형태를 부여함으로써 무의식을 의식화한다. 이 무의식의 의식화는 ① 몸짓이 촉발시키는 (무의식을 반영하는) 이미지를 생성시키고, ② 그 이미지로부터 상징이 읽혀지며, ③ 상징을 언어적 개념으로 해석하는 과정을 통해 이루어진다. 이런 무의식의 의식화는 '능동적 심상화'(active imagination)[15]의 한 형태로서, 치료적 효과를 발휘한다. 오늘날 댄스치료(dance therapy)의 발전은 이를 잘 보여준다.[16] 특히 무의식의 외면으로부터 무의식에 생성·축적되는 콤플렉스들의 증상들(예: 우울증, 신경증 등)이 춤을 통해 많이 해소될 수 있다.

★ 플라멩코의 기호학적 의미 가령 강박적으로 단정함과 순결함에 집착하는 여인이 안달루시아(Andalusia) 집시의 춤인 플라멩코(Flamenco)[17]로 몸짓을 한다고 하자. 이때 플라멩코의 몸짓은 단정함과 순결함의 여

---

15 Joan Chodorow, "The Body als Symbol: Dance/Movement in Analysis", Patrizia Pallaro 편, *Authentic Movement* (Jessica Kingslez Publisher, 2000), 279쪽.

16 1940년대 미국에서 시작된 댄스치료는 우리나라에 1990년대에 소개되고 2000년대 대중적으로 확산되었다(이지현, "춤, 행복으로 가는 치유의 행로" *월간 말* [2월호, 2007], 222쪽).

17 플라멩코는 15세기 스페인 남부에 정착한 집시들이 만들어 낸 춤으로서 노래(칸테 혼도 cante jondo)와 춤(바일레) 그리고 기타 반주(토케)로 구성되며, 춤만 추는 경우도 있다. 플라멩코는 집시들의 이주역사에서 볼 때 아랍, 가톨릭 및 유대의 문화가 융합된 결과로 평가된다.

성상을 의지적으로 추구함으로써 무의식에서 억압되어 온 자유로운 성적 욕망의 콤플렉스를 해체시키는 작용을 할 수 있다. 플라멩코를 추는 집시의 이미지는 자유로운 영혼이나 박카스 축제와 같은 성적 자유를 향유하는 삶이다. 이 상징은 동거의 자유나 (자본주의체제에서) 임금노동의 거부와 같은 의식화된 이념으로 구체화될 수 있다. 현실에서는 여전히 단정함과 순결함을 추구하는 삶의 형태를 유지하면서 집시의 춤을 통하여 그런 삶의 추구가 가져오는 고통과 상처 그리고 그 증상들(예: 우울과 불안, 신경증 또는 자유분방한 여인에 대한 폭력적인 질투와 비난)이 완화되거나 치유되기도 하는 것이다.

(2) **법의 병든 정신** 춤이 개인의 병든 정신을 치료한다면, 그리고 법이 춤이라면, 법은 춤을 통해 자신의 '병든' 정신을 치료할 가능성을 얻는다. 여기서 '병든' 정신이란 이성 중심의 '정신'의 법이 계몽의 변증과 같은 자기발전의 결과로 발생시키는 이성의 광기, 곧 '인간성'의 상실을 가리킨다. 이는 이성의 법이 초자아 중심의 윤리적 인간상을 지향

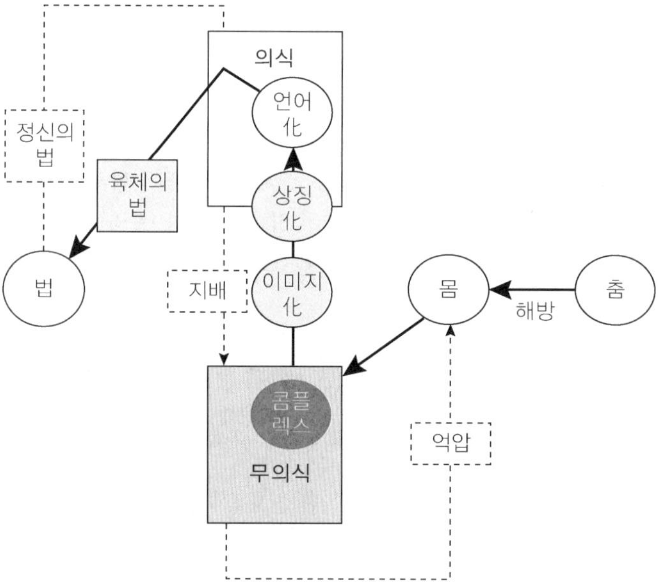

함으로써 초래된 결과이다. 윤리적 인간상을 지향하는 초자아는 무의식을 돌보지 않고, 몸을 윤리적 관행의 틀 속에 가두어 놓음으로써 무의식 속에 콤플렉스를 생성·축척시키게 만든다. 몸을 해방시키는 춤은 개인의 무의식 속에 생성·축적된 콤플렉스를 해체하여, 무의식이 의식의 도덕적 자아를 파괴하거나 의식의 자기규제능력을 망가뜨리는 병적 현상을 치유시킨다. 그러므로 법은 사람들의 자유로운 춤을 보장해야 할 뿐만 아니라 자신도 스스로 춤을 춰야 한다.

(3) **이성법의 춤추기** 법의 춤추기의 기호학적 의미는 이성법적 원칙과 규칙 또는 그것을 구체화한 법개념으로부터의 이탈과 해방이다.

1) **이성법적 전통으로부터의 이탈과 해방** 이성법적 전통으로부터 이탈할 것인지 여부는 구체적 사안의 고유한 특성(특히 질감 texture)에서 판단된다. 즉 사안의 질감을 고려할 때 이성법을 굴절 없이 적용할 경우에 이성의 광기와 같은 결과가 초래된다고 판단되는 경우에는 이성법적 전통으로부터의 이탈과 해방이 허용된다. 예를 들어 설명해보자.

가령 근대적 형사소송법은 영미법계의 적정절차(due process)나 독일법계의 "보호하는 형식"(schützende Formen)[18]을 취한다. 이는 피의자·피고인의 방어권을 보호함으로써 사실인정의 합리성을 도모하는 반면, 피해자에게는 형사절차의 주체지위를 인정하지 않고, 주변적 지위(예: 참고인이나 증인)만을 인정한다. 그러나 이런 이성법은 어떤 사례군의 질감에서 볼 때 오히려 부정의('이성법의 광기')를 실현하기도 한다. 예컨대 성폭력 피해자가 증언을 할 때 피고인에게 법정에 있을 권리(형사소송법 제276조)와 반대신문권(제161조의2 제1항)을 굴절 없이 보장하면, 성폭력의 피해여성은 또 다른 고통을 겪을 수 있다. 이 경우 피고인의 출석·재정권, 반대신문권 등의 보장이라는 이성법의 전통으로부터 이탈하여 피고인을 퇴정시키거나(제297조), 성폭력피해자를 비디

18 Heinrich Albert Zarcharie, *Handbuch des deutschen Strafprozesses,* Band 1, (1860), 144~147쪽 참조.

오 등 중계장치로 신문하는 것(제165조의2)은 형사소송법의 새로운 춤추기로 볼 수 있다.[19]

2) 법이 춤추는 위치 그러나 이런 춤추기는 이성법의 반성을 넘어 이성법의 해체로 나아갈 위험도 있다. 여기서 춤추기의 네 가지 이념적 위치를 설정할 수 있다.

- ⓐ 춤을 쫓아낸 모더니즘의 이성법,
- ⓑ 이성법의 춤추기를 사안의 특성과 무관하게 '일반적으로' 정당한것으로 보지 않고, 어떤 사안의 고유한 질감적 특성을 고려하여 '예외적으로' 관용하는 성찰적 모더니즘의 법,
- ⓒ 이성법의 춤추기를 원칙적으로 허용하고, 예외적으로만 제한하는 반성적 포스트모더니즘의 법,
- ⓓ 이성법의 모든 춤추기를 정의를 생성하기 위한 것으로 보는 포스트모더니즘의 법.

이런 네 가지의 이념적인 위치를 소송상 피해자의 지위 문제에 적용하여 설명해보자. 가령 ① 피고인의 방어권보장을 위해 피해자 증언시의 퇴정가능성을 배제한다면 순수한 모더니즘(ⓐ)의 모습이 된다. ② 이에 반해 혐의범죄의 종류와 피해자의 특성 등을 고려하지 않고 증인이 단순히 "피고인 또는 어떤 재정인의 면전에서 충분한 진술을 할 수 없"어서 피고인의 퇴정을 일반적으로 허용하는 규정(제297조)은 포스트모더니즘의 춤추기(ⓓ)에 해당한다. 그러나 이런 이성법의 춤추기는 이성법의 광기를 고치는 것이 아니라 춤이 이성법을 위태롭게 하는 광기를 갖게 만든다. ③ 하지만 그런 춤이 허용되는 사례를 "범죄의 성질, 증인의 연령, 심신의 상태, 피고인과의 관계, 그 밖의 사정으로 인하여 피고인 등과 대면하여 진술하는 경우 심리적인 부담으로 정신의 평온을 현저하게 잃을 우려가 있다고 인정되는 자"(제165조의2 제3호)와 같

19 소송법에서 피해자의 지위를 강화하는 방법에 관해 자세히는 이상돈, "형사사법의 세 가지 지층과 피해자의 지위", *피해자학연구* (제17권 제1호, 2009), 33~55쪽 참조.

은 일반조항의 형식으로 한정한다면, 이는 반성적 포스트모더니즘(ⓒ)에 속한다. ④ 또한 예컨대 아동·청소년의 성보호에 관한 법률 제7조부터 제12조까지의 규정에 해당하는 죄의 대상이 되는 아동·청소년 또는 피해자에 대해서 비디오 증인신문을 허용하는 규정(제165조의2 제2호)은 피고인의 법정재정권은 보장하면서 그로 인한 피해자의 추가적인 고통을 제거하는 성찰적 모더니즘(ⓑ)에 속한다. ⑤ 반성적 포스트모더니즘과 성찰적 모더니즘은 언제나 운용에 따라 접점을 가질 수 있다. 예컨대 제165조의2 제3호를 단순히 "정신의 평온을 현저하게 잃을 우려"를 심리적 부담이 범죄피해에 버금갈 정도의 경우로 국한하여 해석·적용된다면 포스트모더니즘과 모더니즘은 '반성적 성찰'이라는 접점에서 만나게 되는 것이다. 이와 같은 춤추기의 위치에 대한 자기의식은 다른 모든 법적 문제에서도 가능하고 또한 필요하다.

Ⅱ. 이성법에서 춤과 법

오늘날의 주류 법은 이성법이고 이성법은 근대법의 전통을 법전(Codification)이나 보통법(common law)의 형태로 계승한 법이다. 이성법은 부족사회에서 볼 수 있는 춤과 법의 상호내재적 관계성을 해체하고, 춤을 법 밖으로 밀어낸 법이다.

1. 발레로서 이성법

근대의 이성법은 이념적으로만 보면 발레라는 춤하고만 상호내재적 관계를 맺고, 그 밖의 춤은 법 밖으로 밀어낸 법이다.

(1) **이성법과 발레의 상호내재성** 이성법은 사람들이 자유롭게 춤출 권리를 박탈시키는 습성을 가졌다. 이 습성은 유럽의 교회가 역사적으로 춤출 권리를 "박탈"(disenfranchise)[20]한 역사 속에서 길러진 것이다.

20 Joann W. Kealiinohomoku, "Dance, Myth and Ritual in Time and Space",

예컨대 16~17세기 종교개혁에 자극받은 가톨릭 내부의 개혁운동인 스콜라철학(scholasticism)에서 유행했던 형이상학적 이념은 발레와 같은 카논(canon)이 있는 춤만 진정한 춤으로 승인하고, 자유로운 표현의 춤을 '에로틱하고 세속적인 행동'으로 주변화시켰다.[21] 시민들은 길드(guild)를 통해서[22] 자유로운 춤추기를 비밀리에 즐길 수 있다.

1) 발레와 이성법의 기독교적 지향성 이런 춤의 세계에서 발레의 독무대는 정신과 육체의 이분주의 아래서 육체는 정신의 하위에 놓인다는 기독교적 인간관에 힘입은 결과이기도 하다. ① 발레의 아름다움은 높이를 지향하면서 확장된 선으로 만들어 내는 시각중심의 공간적 이미지에 있다. 권리와 의무가 맞대응되어 있고, 권리와 의무를 서로 동등하게 교환하는 '대칭성'(symmetry)과 수많은 범규범들 사이의 '정합성'(coherence)으로 구성되는 근대 이성법의 기하학적 조형미[23]와 발레의 심미적 구조는 거의 같다. ② 또한 발레의 춤동작이 지향하는 '높이'의 수직성은 기독교의 신을 향하는 것인데, 이는 근대 헌법의 기본권으로 정초된 인권 개념의 '절대불가침', '양도불가능성', '처분불가능성' 사상에 침전되어 있는 기독교적 신에 대한 지향성[24]과 같다. 그러니까 발레와 이성법은 기독교적 신을 그 정신적 이상으로 좇는 지향성을 함께 나누고 있다. ③ 발레는 시각적 이미지를 통해서 그리고 이성법은 근대법전의 텍스트를 통해 그 지향성을 표현하는 차이가 있을 뿐이다. 18세기 유명한 발레 안무가 노베르(J. G. Noverre)가 발레를 두고 '신나게 뛰어 노는 것을 포기하고, 뽐내는 웃음을 포기하고, 사유와 이성을 너의 두 스텝에 집어넣는 것'[25]이라고 한 것처럼 발레는 형이상학적 특

Dance Research Journal (Vol. 29, No. 1, 1997), 68쪽.

21 이런 분석으로 Pierre Legendre(Peter Goodrich 역), "The Dance of Law", *Law and the Unconscious: A Legendre Reader* (Macmillan Press, 1997), 39쪽.

22 잭 앤더슨(서진은 · 허영일 옮김), *발레, 현대무용* (삶과 꿈, 1996), 24~25쪽.

23 이에 관해 자세히 이상돈, *법미학* (법문사, 2008), 112쪽 아래 참조.

24 이 점을 분명히 한 이상돈, *인권법* (법문사, 2005), 58쪽 아래 참조.

25 Pierre Legendre(Peter Goodrich 역), "The Dance of Law", *Law and the*

성을 이성법과 함께 나누어 갖고 있다.

2) 발레와 이성법의 합리화　발레와 이성법은 그 합리화의 역사에서도 서로를 닮는다. 여기서 발레의 발전사를 자세히 논의할 수는 없지만 그 요체를 정리해보면 민속춤에서 귀족적 예의(Grand Manners)의 확립(16세기), 군주정의 이미지를 고양시키는 다섯 가지 기본자세의 확립(17세기), 턴아웃(turnout) 기술과 그 각도가 90°에 이르는 발전(18세기 발레의 전문화), 공중공간을 지배하는 19세기 낭만주의 발레, 그리고 발레의 곡예화에 대한 인간적 반성으로서 생성된 팔과 다리 선의 최대 확장(19세기 후반)으로 요약할 수 있다. 이런 발레의 발전사는 막스 베버(M. Weber)의 이론에서 말하는 합리화[26] 과정에 해당하며, 이 합리화는 기술적 차원에서 전문화, 정치적·예술적 차원에서 독립화 그리고 실행적 차원에서 인간화로 특징지을 수 있다. 이런 특징은 근대 이후 법의 합리화가 갖는 특징과 다르지 않다. 17세기부터 20세기 초반에 이르는 법의 합리화는 법전편찬과 법학의 발전을 통한 전문화, 정치로부터의 독립(예: 의회제도, 관방사법의 극복) 그리고 사회적 연대를 추구하는 인간화(예: 사회적 연대성의 실질법)가 누적되는 발전이었다.

(2) 춤의 박탈과 몸의 감금　근대사회에서 발레의 성장과 다른 춤의 비주류화, 그리고 시민들이 자유롭게 춤출 권리의 박탈은 이성법의 권력적 기획을 실현하는 기제가 된다.

1) 발레와 정상성의 지식담론　발레는 "눈을 통하여 영혼에 말을 거는"[27] 춤으로서, 그것을 바라보거나 동경한다는 것은 발레의 상징적 의미를 정신에 수용하게 만든다. 이는 발레에서 감각이 '의식의 시각화'

Unconscious: A Legendre Reader (Macmillan Press, 1997), 61쪽에서 인용함.

26 이런 관점으로 발레의 역사를 정리하는 Phillip E. Hammond and Sandra N. Hammond, "The Internal Logic of Dance: A Weberian Perspective on the History of Ballet", *Journal of Social History* (Vol. 12, No. 4, 1979), 591~608쪽 참조.

27 Pierre Legendre(Peter Goodrich 역), "The Dance of Law", *Law and the Unconscious: A Legendre Reader* (Macmillan Press, 1997), 60쪽.

로 기능함을 뜻한다. 발레는 시각에 치중한 숭고한 이미지의 창출을 지향하는 감각적인(sensible) 춤으로서 발레를 수행하는 무용수들은 근운동적 자각(kinesthetic awareness)을 갖는다. 이 자각은 근대법을 형성하는 이성적 주체의 사유(cogito)에 비견할 수 있다.

또한 발레는 이성법의 규율과 훈육의 이념을 생산하는 문화적 담론의 결과이기도 하다. 가령 18세기 정립된 발레의 형이상학적 특징들과 1766년 보병훈련을 규제하는 프랑스 왕의 칙령이 정한 행동거지, 몸의 움직임의 반복과 균형, 터치의 제스처 사이에는 뚜렷한 유사성이 있었다.[28]

★ 루이 14세의 춤과 절대왕정권력의 교차성　프랑스 영화 *Le Roi Danse (폐하께서 춤추시다)*[29]는 17세기 중반 발레가 군주정의 이미지를 고양시키는 수단이었음을 잘 보여준다. 이 영화에서 소년 루이 14세가 어머니와 추기경의 섭정을 받던 시절, 자신이 지향하는 정치를 춤으로 표현하는 장면, 특히 내레이션과 함께 소년 루이 14세가 몸짓으로 권능(puissance), 환희(plaisir), 빛(lumiere)을 표현하는 장면이나 22세가 된 해에 루이 14세가 어머니의 섭정을 거부하면서 재상제를 폐지하고 직접 왕권을 행사하겠다고 선언한 직후에 외척들 앞에서 춤추는 장면은 절대왕정이 실행된다는 의미를 함축한다. 루이 14세는 절대왕정권력의 상징을 지니는 춤 추기를 통해 불완전했던 절대왕정에 대한 정치세력들의 승인을 굳히는 권력화를 도모하였다. 춤은 이처럼 절대왕정의 확립에 따른 사후적인 상징의 창출이 아니라 그 확립에 구성적인 요소로 작동한다. 즉,

28 이런 분석으로 Pierre Legendre, 앞의 논문, 63쪽.

29 이 영화는 흔히 *왕의 춤*으로 번역되기도 하는데, 이처럼 *폐하께서 춤추시다*로 번역한 것은 이 영화를 내게 소개해준 나의 제자 이소영 교수의 제안이다. 법문학자로서 이소영 교수의 번역은 너무나 정확하다. 그러나 루이 14세의 춤이 춤의 해체적 속성과 왕의 권력집중적 성격이 대조되는 문맥에, 왕권을 아직 확립 못한 상황에서 기존 집권세력의 권력을 해체하는 상징의 맥락에 들어가야만 춤의 의미가 생성될 수 있다. *폐하께서 춤추시다*는 그런 맥락을 구성하는 번역이다. 춤과는 어울릴 것 같지 않은 존귀하신 폐하께서 황송하옵게도 춤을 추는 것이다. 그러니 그 춤은 민속축제장에서 민중이 추는 춤과는 의미가 다른 것이며, 바로 그렇기 때문에 우리는 '폐하께서 춤을 추실 때' 그 다른 의미에 주목해야만 하는 것이다.

춤과 정치권력의 형성 및 행사는 동시적으로 일어나며, 춤은 정치권력을 구성하는 퍼포먼스가 된다. 이렇게 볼 때 절대왕정의 권력은 아마추어적인 발레의 춤 양식 속에 기호화(기의)되어 있고, 그 춤은 권력의 실행 속에 기호화(기표)되어 있다. 이런 점에서 춤과 절대왕정의 권력은 서로에 내재해 있고, 교차관계 속에 있다. 절대왕정의 권력에다 법을 대입해 보면, 마찬가지의 관계가 형성된다.

발레의 문화적 담론을 경제로 옮겨와 보면, 그것은 자본주의 체제의 임금노동을 하는 정신을 유지하고, 신체를 그에 맞도록 조정해야 한다는 요청이 된다. 임금노동의 정신에 맞게 조정된 몸은 푸코에 의하면 특히 18세기 이후[30] 근대형법학이나 근대정신병학 또는 인구통계학이나 교육학이 생산하는 지식의 담론 속에서 '정상적인 것'[31]으로 평결된 욕망만을 가질 수 있을 뿐이었다. 예를 들어 매춘은 성병감염과 범죄유발 인자이므로 이런 지식담론 속에서 반反도덕적인 행위로 개념화된다.[32]

춤도 정신병학적 지식의 담론을 수행한다. 히스테리의 담론은 그 대표적이다. 프랑스 정신병학자 장 마틴 샤르코(Jean Martin Charcot)는 살페트리에르(Salpêtrière) 병원에서 화요일마다 히스테리 여성들로 하여금 최면상태에서 히스테리 발작의 퍼포먼스를 수행케 했다. 이 퍼포먼스는 "히스테리 발작의 몸의 도상과 당시 유행한 춤추는 메나데의 망아적 몸의 도상이 갖는 유사성"[33]을 보여주었다. 즉, 이 퍼포먼스는

30 Michel Foucault, "The Confession of the Flesh", *Power/Knowledge: Selected Interviews and Other Writings by Michel Foucault, 1972~1977* (Pantheon Books, 1980), 211쪽.

31 푸코가 서양의 초기시민사회에서의 '비정상성'이란 언어의 형성을 지식고고학적으로 분석한 문헌으로 Michel Foucault(오생근 역), *감시와 처벌* (나남출판사, 2003)를 꼽을 수 있다.

32 1860년대에는 유럽의 거의 모든 국가들이 매춘을 사회악이지만 필요악으로 규정하고, 위험한 매춘여성을 통제하는 매춘규제법을 만들었다고 한다. 이에 관해 자세히는 왈코비츠, "위험한 성", M. Perrot & G. Duby 편(권기돈 · 정나원 공역), *여성의 역사 제4권 하* (새물결, 1994), 578쪽 참조.

33 윤희경, "로고스에 대한 몸의 반란: 1900년 전후 독일 회화에 나타난 춤", *서양미술사학회논문집* (제28집, 2008), 223쪽.

한편으로는 근대사회가 여성에게 부과한 역할(예: 임신출산, 교육)을 정상적으로 수행할 수 없는 인격적 결함을 보여주면서, 동시에 성적 매력을 발산시키는 춤이기도 했다.

2) 엄숙한 몸과 이성법 이성법의 전통은 히스테리 발작과 음란한 춤 사이의 유비적 관계에 집착하는 근대법의 습성을 이어가고 있다. 예컨대 누드댄싱의 금지가 미국 연방헌법 제1조("표현의 자유")에 위배되지 않는다는 연방대법원의 판결[34]이나 '쩍벌춤'[35]을 추지 못하게 하는 우리나라의 방송통신법적 규제가 이를 말해준다. 다시 말해 누드댄싱과 같은 자유로운 몸짓은 히스테리의 발작적 몸짓으로서 정신병학의 지식담론 속에서 불법화되는 것이다. 이로써 이성법의 전통 아래서 개인의 몸은 규제와 훈육을 통해 복종의 미덕을 체화한 몸, 즉 "엄숙한 몸"(the solemnised body)[36]이 된다. 이처럼 춤을 축출하는 법정은 "히스테리에 걸린 법정"(the hysterical Court)[37]이라고 불러도 무방할 듯하다.

2. 발레의 숭고미와 근대법의 보편성

이성법에서 춤의 추방은 법에서 이미지를 제거하고, 법을 쉽게 알아볼 수 없는 것으로 만든다.

(1) 발레의 숭고성과 이성법의 보편성 발레는 숭고미를 추구한다. 발레의 카논(canon)을 엄격하게 준수하여 기술적 완벽함, 우아함과 품위, 유연함과 경쾌함을 실연하려면, 그것을 향한 고통스런 노력마저 겉으로 드러나지 않게 하는 "확고한 통제력"[38]이 요구된다. 이는 라캉

---

34 Barnes v. Glen Theatre, Inc. 501 U.S. 560 (1991).

35 쩍벌춤은 2011년 상반기 포미닛이 '거울아 거울아'를 부를 때 췄던 안무의 하나이다. 또한 당시 신인그룹 라니아가 'Dr. feel good'을 부를 때도 채택한 안무였다.

36 Pierre Legendre, 앞의 논문, 45쪽.

37 자세히는 Amy Adler, "Symptomatic Cases: Hysteria in the Supreme Court's Nude Dancing Decisions", *American Imago* (Vol. 64, No. 3, 2007), 297~316쪽 참조.

38 링컨 컬스타인, "고전/낭만/현대의 고전발레", *공연과 리뷰* (제14호, 1997), 162쪽.

(Lacan)의 순수욕망(pure desire)에 근접한다. 즉 발레리나는 완벽한 실연을 위해 죽음을 무릅쓰고,[39] 죽음과 의연하게 대면하는 태도[40]를 가져야 하고, 바로 그로부터 완벽하게 실연된 발레의 숭고함이 생성된다. 이 발레의 숭고성은 근대법의 보편성(universality)을 생성시키기도 하는 담론의 다른 표현이다. 원래 숭고성은 신의 숭고함(the sublime)을 모방함으로써 생성된다. 발레에서는 죽음을 무릅쓴 순수욕망을 통해 실현되지만, 이성법에서는 보편성을 좇되, 그것을 실현하지 못하는 현실을 드러나지 않게 하는 전략을 통해 실현된다.

(2) **이성법의 미학적 금욕주의** 이 전략은 사람들이 법을 알아 볼 수 없게(unknowable) 만드는 것이다.

1) 법에서 이미지의 제거 이를 위해 이성법은 이미지의 요소를 제거한다.[41] 이미지의 제거는 춤의 미학적 체험에서 생성되는 가치를 법의 요소에서 추방하고, 법을 텍스트 중심으로 구성하는 것을 말한다. 18세기에서 19세기 중반까지 진행된 '법전편찬'(Kodifikation)의 역사는 이미지를 통한 미학적 체험이 법의 범주적 세계에서 제거되는 역사이기도 하다. 이후 법학은 단지 텍스트의 의미를 해석하는 협애한 학문(법률해석학)으로 좁혀졌다. 독일의 개념법학은 이런 학문의 정점에 있다. 이름만 근대적 형사소송인 '조서재판'의 현실도 이미지가 제거된 법

---

39 이런 라캉의 사상은 죽음을 긍정적인 것, 열렬히 욕망되어야 하는 것으로 바라보는 쇼펜하우어, 니체, 프로이트 등의 영향사 아래 있다고 볼 수 있다. 이에 대해서는 Linda Hutcheon · Michael Hutcheon, "Death Drive: Eros and Thanatos in Wagner's Tristan und Isolde", *Cambridge Opera Journal* (Vol. 11, No. 3, 1999), 267~268쪽 참조.

40 비록 픽션이지만 영화 <블랙스완>에서 나탈리 포트만이 작품 <백조의 호수>의 흑조 오딜 역을 제대로 하기 위해 — 특히 지그프리트 왕자를 현혹시키려 32번의 푸에테를 추는 장면에서 보듯 — 미쳐 죽어감을 무릅쓰는 노력을 하는 태도는 이를 잘 보여준다.

41 근대법이 신적인 숭고성을 모방한다는 분석으로 Costas Douzinas, "Sublime Law: On Legal and Aesthetic Judgements", *Parallax* (Vol. 14, No. 4, 2008), 18~29쪽 참조. 그래서 두지나스는 "이미지의 금지"(Prohibition of images)가 "법의 선험적 조건"(the transcendental condition of the law)이 된다고 본다(앞의 논문, 24쪽) 참조.

의 현실을 보여준다.

2) 텍스트중심의 이성법 텍스트중심의 이성법에서 법을 읽어내는 작업은 법텍스트의 언어적 의미를 이해하는 것이며, 사안의 감각적 특징들을 바라보지 못하게 한다. 이를 "미학적 금욕주의"(aesthetic abstinence)[42]라고 부를 수 있다. 근대법의 텍스트는 카프카(Franz Kafka)의 소설 <법 앞에서>에 나오는 문지기와 같다. 그것은 법을 존중하고 지키는 법의 대리인일 뿐이며, 결코 법을 보여주지 않는다. 법은 문지기 뒤에서 '현전 불가능한' 것으로 남는다.[43]

(3) 발레와 이성법의 고전성 하지만 발레가 현대적 무용의 다양한 발전에도 불구하고 시대를 넘어 영원한 아름다움을 체험케 해주는 것처럼 텍스트 중심의 이성법도 영원한 고전이 된다. 발레의 영원성은 발레가 춤의 본원적 요소로서 해방의 문법을 갖고 있다는 데서 비롯된다. 예컨대 양쪽 발끝을 180° 벌려 양 발끝을 닿게 하는 '앙 드오르'(En Dehors)나 '까치발'을 생각해보자. 이 발레동작들은 자연을 거스르지만, 동시에 인간존재를 지상에 묶어 놓는 중력을 뿌리치고, 하늘의 신을 향한 몸의 수직적 확장과 비상飛上을 위한 수평적 확장을 상징한다. 이런 발레의 문법은 일상적 자연으로부터의 '해방', 일상적 걸음의 '낯설게 하기'라는 기호학적 의미를 갖는다.

이는 근대법의 이성이 인간의 갈등과 분쟁의 현실에 대해 일종의 '낯설게 하기'를 수행한 사회계약론(계몽의 정치철학)에 의해 정초된 것에 견줄 만하다. 사회계약론의 생성도 만인의 만인에 대한 투쟁이라는 자연상태로부터의 해방, 페데(Fehde)와 같은 자력에 의한 보복이 악순환되는 일상적 분쟁상황의 낯설게 하기라는 기호학적 의미 맥락 속에서 이해될 수 있다. 이성법의 해방적 요소는 자유(의 조건)를 공평하게

---

42 Costas Douzinas, "Sublime Law: On Legal and Aesthetic Judgements", *Parallax* (Vol. 14, No. 4, 2008), 19쪽.

43 이러한 데리다(Derrida)의 해석으로 Jacques Derrida, "Before the Law", Derek Attridge 편, *Act of Literature* (Routledge, 1992), 181~220쪽 참조.

분배하는 보편성에서 비롯되는 것이다. 여기서 이성법의 보편성이 해방의 문법이고, 발레에서 카논과 같은 몸의 법칙들이 몸을 해방시키는 문법인 것을 고려하면, 이성법의 보편성과 발레의 숭고미는 교차된다고 할 수 있다. 그렇기에 우리가 발레의 아름다움을 버릴 수 없는 것처럼 이성법의 기획도 버릴 수가 없는 것이다.

Ⅲ. 춤의 다성성과 포스트모던 법

발레의 영원한 아름다움과 이성법의 보편성에도 불구하고 포스트모던 사회는 이성법의 패러다임을 유지하기 어렵게 만드는 변화를 겪고 있다. 이런 변화에 대한 이성법의 대응은 이성법에 내재화된 발레의 기호학적 의미로서 '해방성'을 '다성성'으로 변화시키고, 발레의 '숭고미'를 '다성성의 아름다움'으로 변화시키는 것이 될 수 있다.

1. 이성법과 발레의 한계

먼저 이성법의 한계는 기호학적으로는 발레의 한계와 같은 것이다.

(1) **엄숙한 몸과 인격의 다형성 외면** 무엇보다 자유로운 춤을 쫓아내고 발레와 서로 내재화된 근대법의 이성은 포스트모던 시대의 복잡한 현실을 적절하게 규율하는 데에는 한계가 있다. 그 원인은 가치의 다원화, 사회현실의 복잡화, 문화의 다원화와 탈중심화, 초국가적 문화의 성장과 세계화 등 매우 다양하다. 여기서 중요한 점은 이성법에서 추방된 자유로운 몸의 움직임이 갖는 기호학적 의미가 밝혀주는 이성법의 한계이다. 즉 이성법의 한계는 자유로운 춤을 빼앗긴 몸, 규제와 훈육을 통해 복종의 미덕을 체화한 '엄숙한 몸', 발레의 문법을 철저히 지키는 발레리나의 '숭고한 몸'의 한계인 것이다.

엄숙한 몸과 숭고한 몸의 한계는 인간정신에 보편적인 현상인 개인 인격의 다형성多形性(polymorphism)[44]을 외면한다는 데에 있다. 인격의 다형성은 자유로운 몸짓과 그것의 의미(기의)를 통해서만 표출된다. 하지만 이성법의 보편성은 자유로운 몸짓을 추방하는 역사에서 기획되었고, 그래서 인격의 다형성을 담을 수가 없다. 또한 하나의 다형적 인격과 다른 다형적 인격이 만나 이루는 사회적 관계는 거의 무한대의 '다양성'을 갖는다. 하지만 이성법의 보편성은 개인들의 관계모형을 정형화하는 역사에서 기획되었고, 그래서 사회적 관계의 무한한 다양성을 다룰 수 있는 역량을 갖고 있지 못하다.

(2) **자유로운 춤의 복원** 인격의 다형성과 인간관계의 다양성을 법이 적절하게 고려할 수 있으려면 자유로운 춤의 의미를 법에 기호학적으로 복원시켜야 한다. 이성법의 한계를 극복하는 법의 기표가 되는 춤은 어떤 구속으로부터도 벗어나 자유롭게 추는 춤이다.

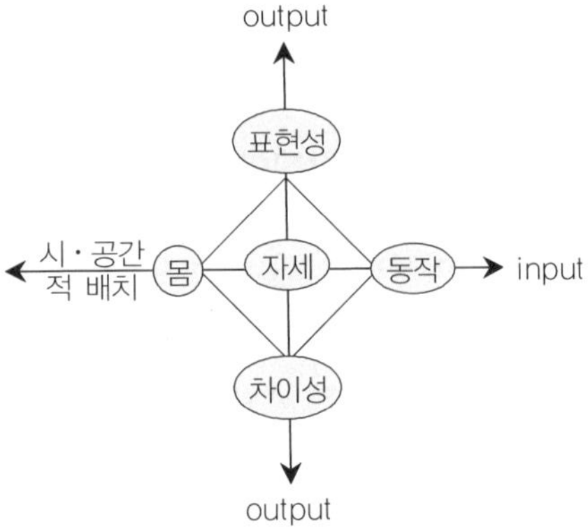

★ 춤의 구성요소 ① 춤은 구조적으로는 몸의 부분들을 시・공간적으로 배치('춤의 내향적 구조')하여 자세를 만들고, 자세들을 시・공간적으로 배치하여 동작을 만들며, 동작들을 시・공간적으로 배치함으로써 만들어진다(시공간성). 따라서 시・공간적 배치가 다르면 동작이 같은 형形을 띠고 있어도 같은 춤이 아니다. ② 몸, 자세, 동작에 대한 각각의 시・공간적 배치는 일정한 표현, 즉 사상이나 감정의 의식적인 작용결과이거나 '무의식'의 외부화이어야 한다. 하지만 표현의 대상이나 내용은 결정될 수 없다(결정불가능한 표현성). ③ 또한 몸, 자세, 동작의 시・공간적 배치가 일정한 표현을 수행하기 위해서는 그 배치가 일상생활에서

44 생물학적으로 다형성(polymorphism)은 같은 종의 생물이라도 모습이나 고유한 특징이 다양하며, 완전히 일치하는 개체는 없다는 것을 뜻한다. 심지어 세균도 단일한 특징적 형태를 가지지 않고 다양한 형태를 가진다, 이 역시 다형성(Pleomorphic)이라고 부를 수 있다.

하는 몸, 자세, 동작의 시·공간적 배치의 규칙을 깨고, 그 규칙들로부터 이탈하는 것이어야 한다(일상이탈성).[45] 이 일상이탈성은 춤이 인간의 다성성을 기호화하는 본질적 기능에 부합하는 것이기도 하다. ④ 그리고 춤이 이러한 미학적 구조 위에서 저작권을 인정받을 수 있을 정도로 고유한 것이 되려면 지금까지 전승되어 온 그리고 현존하는 춤과 '다른 것'이어야 한다(차이성). 여기서 '일상이탈적인' '몸, 자세, 동작의 시·공간적 배치'가 춤의 입력(input)이라면 표현성과 차이성은 일종의 출력(output)이라고 볼 수 있다.[46]

1) 자유로운 춤의 의미 종종 춤을 자유롭게 추는 사람은 자신의 일상에서 벗어나 상상의 시공간 속으로 들어가는 무아경(ecstatic)[47]의 체험을 하기도 한다. 이 체험에서 춤은 프로이트의 개념을 빌면 초자아(superego)와 이드(id) 사이에, 그리고 에로스(eros)와 타나토스(thanatos) 사이에[48] 불균형적인 편향과 그로 인한 내적 억압 그리고 그것들이 삶에 가져다주는 고통들을 해체하고, 그 둘 사이의 균형을 회복하려는 몸짓이다. 그렇기에 춤은 대개 이성의 명령을 배후에 둔 단정한 일상적인

---

45 포스트모던 춤(Postmodern Dance)에서는 기능에 대해 우위를 갖는 형식주의, 춤의 모든 구성요소들 사이의 동가치성, 새로운 방식의 춤에 대한 관객의 기대, 춤의 맥락성 중시 등을 들 수 있다. 이에 관해 자세히는 로버트 앳 우드·노베르트 제르보스(김기란 역), "포스트모던 춤과 탄츠테아터의 비평적 정의", *공연과 리뷰* (제52호, 2006), 233~243쪽 참조.

46 대법원은 뮤지컬과 같이 음악과 춤이 결합된 작품을 결합저작물이라고 보는데(大決 2004마639), 이에 따르면 결합저작물(예: 뮤지컬, 연극저작물)이 상위개념이 되고, 연극, 무용 등은 하위개념이 될 여지가 있다. 이는 1947년 미국 저작권청(the Copyright Office)이 무보(舞譜)에 대해 저작물 등록을 받아주면서 내걸었던 전제조건, 즉 춤은 연극적 또는 연극-음악적 구성물일 것이라는 조건이 우리나라 법에서도 설정된다(이에 관해 Cheryl Swack, "The Balanchine Trust: Dancing Through the Steps of Two-Part Licensing", *Spots & Entertainment* [6 Vill, 1999], 265, 273쪽 참조). 그럴 경우 춤은 스토리텔링을 갖고 있어야 저작권이 인정된다. 그러나 이렇게 되면 스토리텔링 없는 포스트모던 춤은 춤으로서 인정되기 어렵게 된다.

47 이런 이해로 Suzanne K. Langer, *Feeling and Form: A Theory of Art Developed from Philosophy in a New Key* (Routledge & Kegan Paul, 1959), 190쪽 아래 참조.

48 법을 에로스와 타나토스 사이에 위치시키는 민윤영, "에로스와 타나토스 사이의 법", *중앙대 법학논문집* (제34집, 제1호, 2010), 185~208쪽 참조.

동작으로부터 이탈하는[49] 동작의 형태를 취하기 마련이다. 이는 몸의 길들임에 대한 저항이며,[50] 이 저항을 통해 초자아의 억압이 해체된다. 춤은 본원적으로 신체부위, 자세, 동작의 시·공간적 배치를 일상생활에서 행하는 신체부위, 자세, 동작의 시·공간적 배치의 규칙을 깨고, 그 규칙들로부터 이탈하는 것을 지향하게 된다.

2) 춤의 의미의 결정불가능성 발레의 문법은 오직 근대성의 시대정신이고, 이성의 자기의식과 같은 것이다. 이처럼 일상이탈적인 신체부위, 자세, 동작의 시·공간적 배치를 통해 표현할 수 있는 춤은 발레처럼 기독교적 신을 향한 수직적 이미지의 시각화에 국한되지 않는다. 발레처럼 형形을 가질 수도 있고 즉흥접촉춤이나 병신춤처럼 형을 가지지 않을 수도 있다. 또한 표현은 정치적인 것일 수도 있고, 비정치적인 것일 수도 있으며, 아름다울 수도 있고, 추할 수도 있다. 춤이 표현하는 것의 내용은 결정될 수 없다. 이를 "결정불가능성(indécidabilité)의 시련"[51](the ordeal of undecidability)이라고 부를 수 있다.

★ 춤의 결정불가능성과 저작권 판단　① 1985년 맥밀란(MacMillan) 회사가 뉴욕발레단의 허락을 얻어 1981년 조지 발란신(G. Balanchine)이 안무한 <호두까기 인형> 발레공연의 사진과 무용가들의 인터뷰를 편집하여 발레책자(The Nutcracker: A Story & A Ballet)를 발행했다. 발란신의 유언집행자는 맥밀란의 저작권 침해를 이유로 그 책자의 판매를 금지하는 가처분 소송을 제기하였다. ② 1심인 뉴욕지방법원은 발레책자의

49 하지만 무용학계에서는 이런 일상이탈성이 춤의 개념필연적 요소라고 보는 것은 아닌 듯하다. 가령 행진(procession)도 춤의 모습으로 본다(박영애, "성경에 나타난 춤의 의미 및 특성에 관한 연구", *한국무용기록학회* [제18권, 2010], 23~39쪽). 하지만 이런 분석은 기독교적 계율 속에서 허용된 춤의 형태일 가능성이 높다. 유럽 교회의 전통에서 신을 숭배하고 미화하기 위해 행진을 벌이고, 이 행진에는 두 사람씩 행진하는 Mist illos binos 기독교원칙이 존재했던 점도 이를 말해준다.

50 Lior Barshack, "The body politic in dance", P. Goodrich·L. Barshack and A. Schutz 편, *Law, Text, Terror: Essays for Pierre Legendre* (Routledge, 2006), 60쪽 참조.

51 John D. Caputo, *Deconstruction in a Nutshell: A Conversation with Jacques Derrida* (Fordham University Press, 1997), 138쪽.

사진들은 발레에서의 연속동작이 아니라 특정 순간 무용수의 자세를 보여줄 뿐이라는 이유로 가처분을 기각하였다. 사진은 발란신이 창작한 스텝의 흐름(flow of steps)을 재현하지 않는다는 것이다. ③ 항소심은 연속되는 춤의 한 순간을 찍은 한 컷의 사진일지라도 단순한 제스처나 자세보다 많은 것을 인지할 수 있다는 이유로 저작권 침해를 인정하였다.[52] ③ 하지만 결정불가능성에 시달리는 춤의 표현성은 사진 한 두 컷에 의해 침해될 수 없다.

2. 법의 다성적인 춤추기

기호학적인 관점에서 발레에 내재된 이성법은 발레처럼 의식중심의 법이고, 몸의 자유를 박탈하는 초자아의 법이다. 여기서 이성법의 한계를 극복하려면 바로 이성에 갇힌 몸을 '해방'시킴으로써 이성법이 포착하지 못하는 인격의 다형성이나 인간관계의 다양성을 기호화하는 춤의 의미 세계로 들어가야 함을 알 수 있다.

(1) 춤추는 자아의 법 자유로운 춤은 자세와 동작의 무한한 변형을 가져오고, 몸짓의 섬세한 차이를 수없이 많이 만들어 낸다. 이런 춤의 다성성은 엄숙한 몸의 배후에 있는 국가와 이성법의 권력이 초래한 순응과 복종의 야만성을 해체한다. 이를 통해 이성법이 구현하지 못한 개인의 차이를 고려하는 배려와 사랑이 법에 스며들게 된다. 그러므로 포스트모던 사회에서 법은 환유적으로 말하면 '셀 수 없는 새로운 춤을 꿈꾸는 것'(dreaming of the innumerable choreography)이 된다. 춤은 새롭거나 적어도 새로울 가능성이 있을 때 아름답다.[53] 새로운 춤을 꿈꾸는 것은 이성법의 정의가 인간의 차이를 보편성의 이름으로 억압해 온 권력을 해체함으로써, 아직 알지 못하는 미래의 법적 정의를 꿈꾸는 것과 같다. 이렇게 자유로운 춤은 심지어 춤의 유용성으로부터도 해방된 춤이어야 한다.[54]

52 Horgan v. MacMillan, Inc., 789 F.2d 157, 158 (2d Cir. 1986) 참조.
53 이상돈, *법미학* (법문사, 2008), 68쪽.

새로운 춤을 꿈꾸는 법이 전제하는 인간상은 이성법처럼 '사유를 통해 존재하는 주체'(cogito)와 같은 근대적 자아가 아니라 '춤추는 자아'이다. 근대의 사유적 자아는 무의식의 심연에서 펼쳐지는 초자아의 억압하는 힘과 이드의 억눌린 힘이 함께 자기파괴적으로 작동하는 상황 속에 갇혀서 단절감과 고립감에 시달린다. 이에 비해 춤추는 자아는 초자아와 이드와 마주하고, 그것들을 서로 소통시킴으로써 자아의 건강함을 유지하고 관리하는 '소통적 자아'이다. 그런 자아를 '춤추는 자아'라고 부를 수 있으며, 이는 포스트모던 법의 새로운 인간상이 된다.

(2) **인류학적 원칙으로서 차이의 법리** 춤으로서 법의 정의는 차이(difference)라는 기반 위에서 구축된다. 차이란 이성법에 수용하지 못한 민속학적 전통이나 하부문화적 관행, 더 나아가 상호이해의 가능성을 머금고 있는 개인의 주관적인 정의관점 등의 다양한 의미망을 가리킨다. 차이는 궁극적으로는 자신의 사회적 실존을 결정하고, 그 실존의 의미를 문화적(사회적, 언어적)으로 구성하는 개인의 능력이 발휘됨으로써 생성된다. 인권도 그런 능력의 발휘를 통해 생산된 의미망에서 결정체로 맺히는 권리이다. 여기서 차이는 포스트모던 사회에서 법(권리)의 인류학적 원칙(anthropological principle of Right)[55]이라고 할 수 있다.

1) 평등원칙으로서 차별금지 포스트모더니즘에서 새로운 법적 정의의 원천으로서 차이(difference)는 근대 이성법의 평등원칙에서 말하는 차별(discrimination)과 구별된다. 평등원칙은 흔히 '같은 것은 같게, 다른 것은 다르게' 취급하라는 요청으로서, 합리적인 차별의 요청과 불합리한 차별의 금지로 작동한다. 차별은 언제나 금지되거나, 언제나 요청되는 것이 아니라 그 합리성에 따라 합법적인 것이 되기도 하고, 불

54 권옥희, "춤의 미, 혹은 춤의 무용성(無用性)", *공연과 리뷰* (제69호, 2010), 197~200쪽.

55 이런 이해로 Terence Turner, "Human Rights, Human Difference: Anthropology's Contribution to an Emancipatory Cultural Politics", *Journal of Anthropological Research* (Vol. 53, No. 3, 1997), 279~285쪽 참조.

법적인 것이 되기도 한다. 따라서 차별의 합리성여부가 중요해진다. 차별의 합리성은 비교대상들을 같은 것으로 볼지 아니면 다른 것으로 볼지에 관한 논거의 설득력에 따라 결정된다. 이성법의 전통에 서 있는 법학에서 논거의 설득력은 언어적인 명확성, 논리성, 일관성, 체계성 등에 의해 좌우된다. 이 요소들은 막스 베버(Max Weber)의 형식적 합리성[56]과 같은 연장선상에 있다. 논거의 설득력은 이해관계의 적절한 조정능력과 같은 실제적인 문제해결능력에 의해서도 좌우된다. 이는 베버의 실질적 합리성과 같은 연장선상에 있다.

차이 / 차별	차이 존중	차이 무시
합리적 차별	①	④
불합리한 차별	③	②

2) 차별과 차이의 네 가지 교차유형 그러나 근대적 법학의 전통에서 합리적 차별로 판단되는 경우에도 춤으로서 법의 '차이성'을 무시하는 경우일 수도 있고, 거꾸로 비합리적 차별(평등원칙 위반)로 판단되는 경우가 오히려 차이성을 존중하는 경우일 수도 있다. 여기서 네 가지 경우의 수가 발생한다. 이 네 가지 유형은 오늘날 사회에서 모더니즘의 법과 포스트모더니즘의 법이 서로 교차하는 모습을 개관하게 해준다. 유형마다 해당되는 사례를 예시하면 다음과 같다.

- 유형 ① (합리적 차별, 차이의 존중) 상장기업의 대주주 등에게만 그 주식거래의 양도차익에 대해 양도세를 부과하는 것은 투자정보의 현실적인 차이 등을 고려할 때 합리적 차별(憲裁決 2006헌바18·54[병합])이면서 대주주와 소액주주의 거래행위가 갖는 사회경제적 의미의 차이(가령 대주주의 거래는 변칙증여의 목적수행)를 적절하게 고려한 것이기도 하다.
- 유형 ② (불합리적 차별, 차이의 무시) 공립학교에서 이슬람 여학생의 차도르 착용을 금지한 프랑스의 법은 교사와 달리 학생은 다양한 종교적 표현을 해도 특정종교의 상징이 학급을 지배하는 것이 아

56 막스 베버의 합리성에 관해 이상돈·홍성수, *법사회학* (박영사, 2002), 52쪽 아래 참조.

니므로 국가의 종교적 중립성 유지라는 관점에서 필요하지 않는 불합리한 차별이면서 이슬람 여학생의 문화적 '차이'를 무시하는 것이 된다.

- **유형 ③ (불합리한 차별, 차이의 존중)** 양성애자에겐 혼인권을 주고, 동성애자에겐 혼인권을 주지 않는 것을 두고 점점 더 많은 국가에서 불합리한 차별로 바라본다. 하지만 동성혼의 인정은 양성애자가 기존의 결혼제도를 통해 그들의 인생관과 종교관 등을 형성했던 그들의 고유한 문화적 색깔이 동성애자의 것과 다른 점, 즉 차이를 무시하게 된다. 따라서 동성혼을 인정하지 않는 것은 설령 불합리한 차별일 수 있지만, 양성애자와 동성애자의 차이를 존중하는 것이 된다.
- **유형 ④ (합리적 차별, 차이의 무시)** 고가 부동산과 저가 부동산을 차별하여 전자에게만 종합부동산세를 부과하는 것은 합리적 차별이다.[57] 그러나 1가구 1주택의 주거목적 소유와 투기성 다주택 보유의 차이를 고려하지 못한다. 예컨대 근로소득으로 성실히 모은 돈으로 아파트 한 채를 구입한 후 시가상승으로 재산이 불어난 사람이 기뻐서 추는 춤의 의미는 투기목적으로 아파트 십여 채를 구입함으로써 재산이 불어난 사람이 기뻐서 추는 춤의 의미는 다르다. 앞의 춤이 근로정신과 윤리적 성취의 승인이라면 뒤의 춤은 부당한 자산소득의 증가와 남보다 훨씬 잘 사는 우월성의 향유라고 할 수 있다.

3) 평등과 차이의 상호의존성 이 가운데 두 경우, 즉 차별이 합리적이며, 차이를 존중하는 경우(유형 ①)는 합법성(Legalität)을 인정하고, 정반대의 경우, 차별이 불합리하고(합리적 근거가 없고), 차이도 무시하는 경우(유형 ②)는 합법성을 인정할 수 없다. 이에 비해 차별이 불합리하지만 차이를 존중하는 경우(유형 ③)와 차별이 합리적이지만 차이를 무시하는 경우(유형 ④)는 합법과 불법 그 사이에 위치한다. 여기서 '차이가 평등을 배제하지 않고, 평등이 차이를 제거하는 것이 아니라는 점'(평등과 차이의 상호의존성)[58]을 인식할 필요가 있다.

---

57 憲裁決 2006헌바112.

58 이에 관해 Joan W. Scott, "Deconstructing Equity–versus–Difference: Or the Uses of Poststructrualist Theory for Feminism", *Feminist Studies* (Vol. 14, No. 1, 1988), 38쪽.

(가) **차이에 의한 평등의 내포 확장과 차이의 딜레마 해소** 먼저 포스트모던적 사고를 통해 자신의 한계를 성찰하는 이성법이라면 (유형 ③의 경우) 불합리한 차별의 경우에도 차이의 존중을 통해 차별(평등)의 의미를 재해석하는 방안을 모색해야 한다.

> 가령 양성애자와의 차이를 존중하여 동성애자에게 혼인권은 인정하지 않지만, 다른 한편 사회보장권과 입양권 등을 양성혼의 경우와 같이 보장하는 시민결합체의 법적 지위[59]를 인정하는 것이다.

이로써 차이는 평등을 배제하지 않을 수 있게 된다. 또한 이로써 '차이를 강조해도, 거꾸로 차이를 무시해도 모두 다시 차이를 만들어 낸다'는 차이의 딜레마(Dilemma of Difference)[60]도 해소된다. 이 딜레마는 차이의 고려가 심각한 불평등을 초래하는 것을 염두에 둔 것이기 때문이다. 다시 말해 차이는 존중하되, 지나치게 강조되어서는 안 되는 것이다.

(나) **차이에 의한 평등의 외연 확장** 또한 성찰적 모더니즘의 법이라면(유형 ④의 경우) 합리적 차별이 차이를 무시하는 경우에는 차이를 존중하는 방향으로 평등 개념의 외연을 확장해야 한다.

> 예컨대 종합부동산세를 유지하여 고가주택보유자와 저가주택보유자나 무주택자 사이에 조세부담의 합리적 차별을 꾀하더라도, 1가구 1주택 주거목적의 주택보유에 대한 종합부동산세를 폐지하고 비례적인 재산세를 부과함으로써 고가주택보유자들 사이에 여전히 존재하는 차이를 더 섬세하게 존중할 수 있다.

---

59 2010년부터 오스트리아에서 시행된 동반자 관계 등록법(Eingetragenes Partnerschaft Gesetz)은 대표적인 예이다. 결혼과 매우 유사한 권리의무가 인정되지만, ① 신분사무소가 아니라 지역행정기관에 등록하고, ② 성(姓)은 family name이 아니라 last name으로 지칭하고 ③ 입양 및 인공수정 등이 불허되는 점이 결혼과 다른 점이다.

60 이를 주장하는 Martha Minow, "Learning to Live with the Dilemma of Difference: Bilingual and Special Education", *Law and Contemporary Problems* (Vol. 48, 1984), 157~211쪽 참조.

(3) 새로운 춤추기로서 법의 다른 해석 법이 새로운 춤을 꿈꾼다고 할 때 새로움의 의미는 현존하는 춤과 '다른 것'을 의미한다. 이 차이성이란 마치 특허의 요건이 되는 발명처럼 이 세상에 처음 태어난 것, '새로운 것'(novum)일 필요는 없으나 다른 것들과 구별될 필요는 있다.

1) 춤의 새로움의 의미 이처럼 차이성으로 이해되는 춤의 새로움은 무용학에서도 그것을 판단할 객관적 잣대가 없다. 여기서 춤의 새로움을 널리 인정했던 두 가지 사례와 비평의 예를 살펴보자.

가령 매튜 본(Matthew Bourne)의 <백조의 호수>는 19세기 백조의 호수와 다른 여섯 가지의 문화코드, 이를테면 '남자 백조'라는 양성성(androgyny)의 인물유형을 중심으로 '금기시된 사랑의 코드', '풍자 코드', '탈 고정관념의 코드', '사실주의적 코드', '성(sexuality) 코드', '현실과 이상에 관한 보편적 코드' 등의 새로움이 있다고 설명된다.[61] 새로움이 널리 인정되는 춤으로는 예부터 전설적인 북한의 춤꾼 최승희의 <보살춤>을 든다. 이 춤은 가령 "불교의 자비를 표현하는 보살의 정적 이미지와 동양적 아름다움을 새로운 신체의 리듬과 에포트 및 공간적 형태로 창조하여 최승희 자신만의 문화적 정체성을 표현했다"[62]고 평가된다.

이 두 가지 사례에서 알 수 있는 춤의 새로움이란 "출처나 발견의 문제가 아니라 설명과 해석의 문제"[63]라는 점이다. 아래서는 이처럼 설명과 해석의 문제로서 새로움이 이해될 수 있는 춤의 개념을 잠정적으로 정립해본다.

2) 법의 새로움 그러므로 법이 새로운 춤을 꿈꾸는 것이라고 할 때, 그것은 이제까지 한 번도 존재하지 않았던 새로운 법, 법의 새로운

---

61 이런 분석으로 안나용, "매튜 본의 <백조의 호수>의 문화코드 연구", *한국무용기록학회* (제16권, 2009), 107~143쪽 참조.

62 신상미, "도상학적 해석을 통한 최승희의 <보살춤> 창작기법 연구", *한국무용기록학회* (제10권, 2006), 66쪽 참조.

63 조기숙, "무용창작에서 '새로움'에 대한 철학적 고찰: 미셸 포킨의 발레개혁을 중심으로", *한국무용기록학회* (제19권, 2010), 61쪽.

바다(Mare Novum)를 찾는 것만을 뜻하지 않는다. 이미 존재하는 법도 '다른 설명과 해석의 맥락' 속으로 집어넣으면, 그 법은 새로운 것이 된다.

(가) **인간중심의 동물보호법** 그런 새로운 법으로 동물권주의자들이 말하는 인간종이 아닌 동물을 중심으로 하는 법을 꿈꿀 수 있다. 우리나라에는 일찍이 1991년부터 동물보호법[64]이 존재했다. 하지만 이 법은 포스트모던 사회에서 동물권을 주장하는 사람들이 꿈꾸는 춤이 아니다. 그 법은 이성적인 인간의 품위를 위한 것이라는 인간중심의 근대적 이념에 의해 각인되어 있기 때문이다. 이를테면 현행 동물보호법은 "동물을 적정하게 보호 관리"함으로써 "생명의 존중 등 국민의 정서함양에 이바지함"(제1조)을 목적으로 한다. 동물은 인간이 적정하게 관리해야 할 '객체'이며, 인간의 정서함양을 위해 보호되어야 하는 것일 때, 동물은 인간의 파트너가 되지 못한다. 현행 동물보호법처럼 인간과 다른 종(동물)에 대한 인간의 지배와 존재론적·가치론적 우월성을 지속시키는 방편으로 기능할 때 그 법은 여전히 근대적인(modern) 것이다.

(나) **새로운 춤추기로서 동물되기의 법인격** 이에 비해 인디언 호피족의 춤은 다른 종으로서 동물과의 공존과 영혼적 교감을 도모하는 매체로서 기능한다. 인간중심성을 벗어나 인간과 동물이 형제처럼 나란히 선다. 부족사회 인디언들의 춤이 시대를 건너뛰어 포스트모던 시대의 동물권을 꿈꾸는 춤이 될 수 있다. 여기서 새로운 춤을 꿈꾸는 법이란 동물보호법 그 자체가 아니라 동물보호의 이념을 새로운 설명과 해석의 맥락 속에서 구체화하는 것임을 알 수 있다.

예컨대 동물보호를 인간중심으로 바라보지 않고 동물과 인간 사이에서(inbetween) 바라보는 것이다. 가령 동물권이란 인간중심의 동물보호법, 바꿔 말해 "동물이 지워진 인간"[65]의 이성법이 아니라 인간과 동

64 법률 제4379호로 1991.5.31.에 제정되고 1991.7.1.에 시행되었음.
65 민윤영, "법의 새로운 기초로서 동물권 담론", *법과 사회* (제41권, 2011), 310쪽.

물 사이에 소통과 상호작용을 펼치는 법인격, 즉 '동물되기(becoming animal)로서 법인격'[66]을 정초하는 법에 의해 비로소 설립될 수 있다. 동물되기로서 법인격이란 법이 꿈꾸는 새로운 춤의 의미를 끊임없이 해석하는 성찰과 창의적인 해석의 결과라고 할 수 있다.

3. 다성성과 혼성성 그리고 고유성

춤의 다성성이 갖는 의미는 다른 유사개념들과 비교하면 좀 더 섬세하게 이해할 수 있다.

(1) **다성성과 다성성**　춤의 다성성多聲性은 여성주의의 전선에서 보면 다성성多性性(polysexual)으로 읽힐 수 있다. 춤의 다성성이란 여성성을 남성성과 동등한 위치 또는 반대되면서 더 높은 위치에 놓는 식으로 "성차 내의 여성성이 아니라 성차의 새로운 춤의 가능성",[67] 다시 말해 끊임없이 성차의 위치를 바꾸는 것[68]을 가리킨다. 이럴 경우 여성성(femininity)은 여성에게만 내재하지 않고[69] 남성에게도 내재하며, 남성성도 남성에게만이 아니라 여성에게도 내재하는 '심리적 코드'가 된다. 포스트모던의 법은 그런 위치 바꾸기를 보장하는 기제가 된다. 이렇게 볼 때 춤의 다성성은 춤으로서 법이 이를테면 성전환 여성을 남성이나 여성, 어느 한 쪽에 고정적으로 배치하는 것을 거부한다. 그 대

---

66 들뢰즈와 가타리가 정초하는 동물되기의 개념에 관해서는 G. Deleuze · F. Guattari, "Becoming－Animal", *Animal Philosophy* (continuum, 2005), 94쪽 참조. 이들에게 동물되기란 동물과 인간의 정적인 관계가 아니라 끊임없는 상호작용을 펼쳐질 수 있는 동물과 인간 '사이에 있는 것'(inbetween)을 말한다.

67 데리다에 대한 이해를 이렇게 표현한 Drucilla Cornell, *Beyond Accommodation: Ethical Feminism, Deconstruction, and the Law* (New York: Routledge, 1991), 118쪽.

68 위치바꾸기로서 춤은 Jacques Derrida · Christie V. McDonald, "Choreographies: Interview", Nancy J. Holland 편, *Feminist Interpretations of Jaques Derrida* (Pennsylvania State University, 1997), 27～28쪽 참조.

69 여성성과 여성주의가 구별되는 것임을 강조하는 같은 지적으로 Ellie Ragland－Sullivan, "Jacques Lacan: Feminism and the Problem of Gender Identity", *SubStance* (Vol. 11, No. 3, Issue 36, 1982), 16쪽 참조.

신 법은 성전환 여성을 군복무의 문제에서는 여성으로, 운동경기 참가 자격의 문제에서는 근운동의 능력을 고려할 때 남성으로 대우할 수도 있다. 이런 법은 주민번호 뒷자리의 시작숫자를 1(남)과 2(여)로 나누는 것도 포기한다.

(2) **다성성과 혼성성** 춤의 다성성은 세계화 시대에 상업적으로 성공하기 위한 춤의 혼성성과 세심하게 구별되어야 한다.

1) **스탭댄스의 세계화** 혼성성은 아일랜드의 리버댄스(Riverdance)에서 뚜렷하다. 원래 아일랜드 전통 스텝댄스는 축제날이나 결혼식, 추수감사절 때 추는 춤으로 시골사람들이 서로 돕는 '연대의 문화'를 창출하는 심미적 장치였다. 이 스텝댄스는 19세기 말 시작된 아일랜드의 독립운동 과정에서 국가의 정체성을 확고히 하는 이데올로기적 장치로 발전한다. 이 과정에서 스텝댄스는 표준화되고, 등록된 교사를 통해 교육되었으며, 경연 중심의 춤이 되었다. 또한 전통 스텝댄스의 미학적 요소인 "발놀림의 깔끔함과 몸무게의 경쾌함"[70]보다는 "정교한 시간성, 곧추 세운 자세, 스텝의 정밀한 실행"[71]과 같은 요소가 중시되었다.

20세기 후반 아일랜드의 도시화, 산업화, 세계화를 배경으로 리버댄스(Riverdance)[72]라는 세계화된 스텝댄스가 출현했다. 리버댄스는 민족국가적 정체성을 넘어서 플라멩코나 러시아 민속발레를 가미하고, 불가리아 리듬과 락음악도 채용하였다. 이런 점을 다성성과 구별하여 "혼성성"(hybridity)[73]이라고 부른다. 혼성성은 다양한 춤의 새로움을 더한다는 점에서는 춤의 다성성을 확장하지만, 지역적 문화들이 서로 소통하게 만든 것이 아니라 그들 간의 차이를 지운다는 점에서 다성성과 구

---

70 Catherine Foley, "Perceptions of Irish Step Dance: Nation, Global, and Loca", *Dance Research Journal* (Vol. 33, No. 1, 2001), 41쪽.

71 Catherine Foley, 앞의 논문, 37쪽.

72 리버댄스는 1994년 유로비전 송 콘테스트(The Eurovision Song Contest)의 휴식 시간에 첫 공연되었다.

73 Catherine Foley, 앞의 논문, 39쪽.

별된다. 세계시장에서의 상업적 성공을 거둔 춤의 혼성성은 전 세계인에 의해 소비될 수 있는 춤의 교조적인 양식을 만든다. 실제로 리버댄스는 군무적인 스타일의 전체주의적 요소가 미학적 체험의 중심을 이루고, 그 체험의 끝에서 여자무용수들의 섹슈얼한 매력을 느낄 수 있도록 짜여 있다.

2) 초국가적 상법의 세계성과 혼성성 이러한 혼성성은 초국가적 상법(lex mercatoria)과 같은 법의 기호라고 볼 수 있다. 초국가적 상법은 세계은행(WB)이나 국제통화기금(IMF)의 전문가들이 금융지원의 조건으로 개별국가의 경제관련법 개정에 관여함으로써 형성하는 "국가가 전제되지 않은 세계법"[74](Global law without a state)이며, 국제적인 중재재판소의 분쟁해결사례가 축적되어 형성되는 기준이다. 이런 법들은 국경을 넘어서는 법을 발전시키면서 동시에 국가 단위의 지역적인 법을 해체시킨다. 그렇기에 초국가적 상법은 "법다원주의의 진화"[75]를 가져오지 않는다. 초국가적 상법은 주로 신자유주의의 패러다임에서 그 정형이 이루어지고, 미국이나 영국의 초대형 로펌들이나 회계기업의 세계적인 네트워크 속에서 갇혀 있다. 결국 초국가적 상법은 얼핏 여러 국가의 규범들이 혼성된 것처럼 보이지만, 실제로는 서구의 강대국의 정치경제적 이해관계에 맞게 국제규범을 단일화한다. 그러니까 초국가적 상법의 세계성은 교조화된 양식을 취한 리버댄스의 혼성성과 같다고 볼 수 있다.

(3) 다성성과 고유성 춤의 다성성은 근원적으로는 모든 춤의 고유성에서 비롯된다. 가령 전통적으로 무용인들은 자신이 창작한 춤을 정확하게 기록하지 않았다. 창작아이디어를 메모하는 수준에서 기록하고

---

74 이 개념에 대해 자세히는 Gunther Teubner, *Global Law without a State* (Dartmouth Publishing Group, 1996) 참조.

75 이를 '법다원주의의 진화'로 바라보는 Gunther Teubner, "Globale Bukowina Zur Emergenz eines transnationalen Rechtspluralismus", *Rechtshistorisches Journal* (제15권, 1996), 225쪽 이하.

바로 리허설을 통해서 춤을 실연시키는 연습을 한다. 또한 이미 창작된 춤의 전수도 안무가가 직접 지도하는 방식으로 이루어진다. 이것은 진정으로 '살아있는' 춤이란 무보舞譜에 의해 담아놓았다가 필요할 때면 누구나 꺼내 쓸 수 있는 악보와 같은 텍스트가 아니라, 모든 실연마다 고유한 예술성이 생성되는 퍼포먼스이기 때문이었다.

이런 점은 한국의 전통춤에서 더욱 두드러진다.[76] 한국 전통춤은 "답습자 개인의 의도에 따라 또는 개인적 특성과 기술에 따라 만들어진 그 순간 그대로의 모습이 아닌 변화가 가능한 실행 위주의 춤"[77]이다. 이처럼 춤은 본원적으로는 '일회적인 고유성'(창작성)을 추구하는 예술이다. 그러나 이런 순수주의는 춤의 저작권과 양립되지 않는다.[78] 춤에 저작권을 인정할 때(저작권법 제4조 제1항 3호) 필요한 요건인 창작성은 바로 춤의 고유성을 가리킨다. 창작성은 춤의 일회적 고유성을 부정하고 상업적 목적에서 복제 가능한 몸짓의 구성물로 바라보게 하면서도 다른 춤과의 구조적 차이를 인정하는 데 충분한 정도의 고유성을 의미하게 된다.

Ⅳ. 포스트모던 춤과 포스트모던 법

이성법의 한계를 지양하는 포스트모던 법의 기호가 되는 포스트모던 춤은 어떤 춤일까? 물론 포스트모던 춤(Postmodern Dance)은 단일한 개념일 수 없다. 그러나 대체로 기능에 대해 우위를 갖는 '형식주

76 한국의 전통춤도 한국미술작품 속에 텍스트가 되기도 한다. 그러나 춤의 텍스트로서 미술을 춤 자체를 기록한 것이 아니라 미술 작가의 춤에 대한 이미지의 기록이라고 보는 조은정, "춤의 텍스트로서 한국미술 이미지 읽기", *한국무용기록학회* (제11권, 2006), 184쪽 참조.

77 강성범 · 김현주, "LMA 분석을 통한 강선영류 태평무의 움직임 특성 연구", *한국무용기록학회* (제12권, 2007), 3쪽.

78 물론 자신의 춤을 똑같이 따라하는 다른 사람의 춤에 대해 권리의식을 갖기보다는 비예술이라는 비평의식을 가질 것이다.

의', '춤의 모든 구성요소들 사이의 동가치성', '새로운 방식의 춤에 대한 관객의 기대', '춤의 맥락성 중시' 등의 특징이 제시된다.[79] 이런 특징을 잘 보여준다고 판단되는 춤은 아마 발레와 대척점을 이루는 즉흥접촉춤 그리고 뉴밀레니엄 시대의 새로운 고전이 된 브레이크댄스일 것이다. 아래에서는 이 두 포스트모던 춤들이 기호화하는 포스트모던 법의 의미를 밝혀보기로 한다.

1. 즉흥접촉춤과 포스트모던 법

즉흥첩촉춤(contact improvisation)[80] 또는 즉흥춤[81]은 신체적 접촉점을 출발로 하여 몸의 기 흐름을 따르는 자연적이고 즉흥적인 움직임을 중시하는 춤이다. 1972년 미국의 스티브 팩스턴(Steve Paxton)이 주창하여 캐나다와 유럽으로 확산된 포스트모던 춤이다. 즉흥접촉은 촉각 중심으로 접촉점을 즉흥적으로 창출하며 상호 교환하는 몸에 대한 감각을 공유한다.[82] 즉흥접촉은 소규모의 격식 없는 공간에서 무용수들이 서로 몸의 무게를 주고받으며 접촉점을 계속 만들어 가면서 몸을 서로 엉키게 하다가 — 마치 합기도 등의 무술동작처럼 — 넘어지거나 구른다. 즉흥춤은 무용수의 몸냄새와 숨소리가 관객에게 전달되어 관객이 그들의 몸감각을 공유하게 하며, 때로는 관객을 그들의 퍼포먼스에 합류시키기도 한다.

(1) 발레와의 대척점　　이런 즉흥춤은 발레와 대비된다. 발레가 웅

---

79 이에 관해 자세히는 로버트 앳 우드・노베르트 제르보스(김기란 역), "포스트모던 춤과 탄츠테아터의 비평적 정의", *공연과 리뷰* (제52호, 2006), 233~243쪽 참조.

80 우리나라에서는 제11회 서울국제즉흥춤축제가 2011.4.10.~4.16.일까지 서울 대학로의 아르코예술극장 소극장 무대 위에서 펼쳐진 바 있다. www.improvisation.co.kr 참조.

81 우리나라에서는 실연자들은 주로 즉흥춤으로 개념화하고 있다. 이하에서도 그때그때 설명의 적합성과 언어적 효율성을 위해 필요하다면 즉흥접촉춤의 정식용어만이 아니라 즉흥춤이란 용어도 사용하기로 한다.

82 Helen Thomas, *The Body, Dance and Cultural Theory* (Palgrave Macmillan, 2003), 102~105쪽.

발레(Ballet)	즉흥접촉 (contact improvisation)
대형무대	소형공간
춤의 문법성	춤의 즉흥성
시각중심성	촉각중심성
남과 여의 구분	남과 여의 구분해체
공적 수행	사적이며 공적인 수행
무용수와 관객의 구분	무용수와 관객의 경험공유

장하고 격식 있는 대형무대에 공연되는 데에 비해 즉흥접촉은 격식이 없고, 관객과의 물리적 거리가 매우 짧은 소형무대에서 수행된다. 발레가 부르주아적 춤이라면 즉흥접촉은 격식 없이 자유로이 실행하고 사교하는 마치 잼쎄션(jam sessions)[83]과 같은 형태의 춤이다. 발레가 몸을 통제하고 일종의 문법과 같은 자세와 동작의 기법에 따라 엄격하게 실행된다면, 즉흥접촉은 몸을 어떤 정형적인 구속으로부터도 자유롭게 하고, 그런 자유의 상태에서 — 물론 공연의 프레임은 짜여 있지만 세부사항에서는 어떤 양식도 없이 — 즉흥적으로 등장하는 새로운 움직임의 가능성을 탐구한다. 이런 즉흥성은 우리나라 전통춤인 살풀이춤의 즉흥성, 즉 "춤을 추는 사람이 짜인 틀에 연연하지 않고 자유자재로 원가락(본래의 가락)의 틀을 변화시켜 추는 것"[84]과 다르지 않다. 또한 발레가 시각중심의 아름다움을 좇는다면, 즉흥접촉은 촉각중심의 심미적 체험을 좇는다. 발레에서는 남자와 여자의 역할이 나눠져 있고, 듀엣은 남녀가 구성하지만, 즉흥접촉은 남남-듀엣이나 남녀남의 접촉만남도 허용한다. 발레는 문법적인 몸짓 이외의 실행을 허용하지 않음으로써 무용수들의 사적 관계를 철저하게 배제하지만, 즉흥접촉은 공사의 구분을 배제한다. 그리고 발레는 무대 위에서 춤추는 무용수와 객석의 관객을 주체와 객체로 엄격히 이분하지만, 즉흥춤은 관객을 무대에 끌어들이기도 하고, 무용수들의 몸냄새와 숨소리를 함께 체험하게 한다.

---

83 음악가들이 준비를 하지 않은 채 모여서 연주하면서 사교도 하고 정보도 교환하는 모임인 jam sessions과 같은 형태의 모임을 가리킨다.

84 이애주, "춤과 과학. 우리춤의 온 과학적 속성", *비교민속학* (제28집, 2005), 61쪽.

(2) **시각의 이성법과 촉각의 법감정** 발레의 시각중심성에 대비되는 즉흥춤의 촉각중심성은 법을 구성하는 질감미(texture)를 기호화한다.

1) 즉흥춤과 법감정 즉흥춤은 신체적 접촉이 이후에 전개되는 몸짓의 중요한 변수가 된다. 이 변수는 무용수들의 감성적 만남과 그것을 통한 새로운 자기이해와 자기창조에 중대한 영향을 미친다. 이때의 촉각은 피부감각으로 '촉각'(sense of touch)이 아니라 '몸과 마음이 통합된 만남과 그것을 통한 자기이해와 자기창조를 일으키는 '총체적 느낌'을 가리킨다. 이러한 총체적 느낌으로서 촉각은 법감정(sense of justice)으로 번역될 수 있다. 법감정이란 대법원이 말하는 "국민 일반의 가치관 내지 법감정"[85]과 같은 윤리적 기획이 아니라 접촉의 연속적 과정으로 표현되는 폭넓은 공감(empathy) 속에서 체험되는 아름다움을 말한다. 법감정의 실질이 아름다움의 공감적 체험이라는 점에서 그것은 윤리적 선(good)이나 도덕적 옳음(right)을 내용으로 하는 이성법의 전통과 완전히 다르다.[86] 즉흥춤은 모든 양식에서 해방된 즉흥적인 접촉으로써 '비로소' 새로운 아름다움의 체험을 공유하게 하는 반면, 발레에서는 이성적으로 짜이고, 의식적으로 통제된 몸짓의 문법이 '이미' 아름다움을 창출한다. 이런 차이는 법감정 또는 감성법과 이성법의 차이와 같다.

2) 개별사안의 질감과 차연 법감정은 개별 사안의 질감에서 '비로소' 정의가 될 요소로 생성되는 것인데 반해, 이성법은 권리의 체계를 텍스트에 입력함으로써 '이미' 정의를 창출하는 것이다. 여기서 촉각의 법감정에 담기는 정의가 개별 사안의 체험에서 '비로소' 생성된다는 점은 이성법의 법률텍스트 그 자체로는 의미가 완결되어 있지 않고 미래에 일어날 구체적인 사안에 자신의 의미를 미루어 놓고 있는 것을 뜻한다. 데리다(Derrida)의 개념으로 법은 그 의미를 '차연'(différance)시키고 있는 것이다. 따라서 법률을 사안에 적용한다는 것은 미래의 어느

---

85 수많은 판결들에서 이 용어가 사용되지만 최근 예로 大判 2007도4818 참조.

86 이런 이론을 처음 전개한 이상돈, *법미학* (법문사, 2008), 86~91쪽 참조.

시점에 가서야 (그때의 법률적용은) 적절한 '것이었던 게 될 것이다'라는 전미래시제(futur antérieur)[87]를 띠게 된다. 이 전미래시제는 즉흥춤에서 아름다음이 체험되는 시제와 같다. 즉흥춤의 아름다움은 어떤 신체적 접촉이 실존을 소통시키는 공감의 아름다움을 창출하는 데 적절한 것일 때 비로소 생성되는데, 그런 적절성여부는 그 접촉 이후에 전개되는 접촉들과의 '연속선상에서' '사후적으로' ('이전의 접촉은 적절한 것이었다'는 식으로만) 판단할 수 있는 것이기 때문이다.

(3) **즉흥춤의 법다원주의** 즉흥춤은 무용수들의 몸짓을 지시하는 일체의 '양식'을 거부한다. 춤의 전개는 각 무용수들이 그때그때 '접촉'을 가능케 하는 몸짓들의 형상에 의해 이루어진다. 여기서 춤의 '양식'과 춤의 '실행'(퍼포먼스) 사이의 구별이 사라진다. 이는 마치 법규범과 사회규범의 경계가 흐릿해지는 것과 같다. 또 즉층춤에서는 춤의 전개가 각 무용수들의 고유한 결정에 의해 형성되는 것처럼 법도 그 적용을 받는 모든 행위자들이 참여하는 절차에서 형성된다. 그리고 즉흥춤에서 각자가 서로 다른 몸짓을 하면서도 접촉의 가능성을 지향하는 것은 수범자들의 규율에 대한 유효한 합의절차와 같은 것이다. 이로써 즉흥춤은 법다원주의(legal pluralism)[88]가 꿈꾸는 춤이 된다. 즉흥성은 다원주의적인 법의 범주가 된다.[89]

(4) **접촉의 연속과 등가성연쇄의 사회적 연대** 즉흥춤은 하나의 접촉이 아니라 '접촉의 연속'으로 이루어진다. 이것의 기호학적 의미는 매우 중요하다.

1) 접촉의 불연속적 연속과 춤추는 자아 즉흥춤이 단일한 듀엣으로 실행될 때에는 신체의 다양한 부위들이 접촉의 연속을 이루고, 집단춤

---

87 이상돈 · 이소영, *법문학* (신영사, 2005), 167~168쪽; J. Derrida(진태원 옮김), *마르크스의 유령들* (문학과 지성사, 2007), 392~395쪽 참조.

88 이에 관해 자세히는 이상돈, *인권법* (세창출판사, 2005), 139쪽 아래 참조.

89 즉흥성(improvisation)으로서 법을 말하는 Sara Ramshaw, "The Paradox of Performative Immediacy: Law, Music, Improvisation", *Law, Culture and the Humanities* (Vol. 12, No. 1, 2016), 6~16쪽 참조.

으로 실행될 때에는 여러 무용수들이 다양한 신체부위에서 예측할 수 없는 접촉의 연속을 이어나간다. 즉, 즉흥춤에서는 몸짓의 '양식'은 없지만 '접촉의 연속'은 있다. 이 접촉의 연속은 춤추는 사람들이 예측되지 않는 순간 서로 끊임없이 접촉을 이어나감으로써 창출된다. 이러한 접촉은 미시적으로 보면 불연속적인 것처럼 보이지만, 거시적으로 보면 연속적인 것이다. 즉, 공연의 전체과정에서 보면 다양한 무용수들의 다양한 신체적 부위가, 그때그때 상황에 따라 변화무쌍하게 파트너를 바꾸고, 접촉부위와 시간을 임의적으로 선택하면서도 접촉을 지속적으로 이어나가는 것으로 보인다. 이와 같은 접촉의 '불연속적 연속'은 춤추는 사람들이 각자 자유로우면서도 전체성을 말할 수 있는 연대를 창출하게 만든다.

여기서 즉흥춤의 '춤추는 자아'는 근대적 자아처럼 홀로 진리를 인식하는 외로운 주체(einsames Subjekt)와도 다르고, 동시에 전체주의 사회의 획일화된 개체와 같이 속박된 자아와도 구별된다. 춤추는 자아의 연대는 실질법(예: 주택임대차보호법, 노동법)의 확장이나 사회국가적 보장(예: 사회보험법제)이 창출하는 사회적 연대처럼 자유보다는 평등, 생산보다는 분배의 이념을 좇는 이념적 편향성이 없다. 접촉의 연속을 이어나가는 몸짓은 어떤 이념이나 그 이념을 구현하는 문법적 규칙의 실행이 아니라, 그냥 자발적이고 이념적으로 중립적이면서도 춤추는 사람들 사이에 강력한 연대를 창출한다.

2) 등가성연쇄와 법의 변혁 즉흥접촉춤의 사회는 마치 라끌라우(Laclau)가 말하는 '그 사회', 즉 차이들의 불안정한 질서로서, 궁극적으로는 봉합될 수 없는 구성체[90]와 같다. 이런 사회에서 연대를 창출하는 방법은 바로 사회적 적대세력(social antagonism) 사이의 등가성연쇄(chains of equivalence)이다.[91] 즉흥춤에서 접촉의 '불연속적 연속성'은

---

90 E. Laclau, "Metaphor and Social Antagonism", *Marxism and the Interpretation of Culture* (University of Illinois Press, 1988), 254쪽.

비결정적이고 수렴불가능한 차이들 속에서 형성되는 등가성연쇄를 기호화한다. 이는 포스트모던 사회에서 법을 변혁시키는 새로운 연대의 모습이다. 춤을 같이 추거나 적어도 참여적 관찰을 하는 사람들이라면 단일한 계급에 속하지 않는, 그래서 사회변혁의 이념적 코어를 공유하지 않는 사람들(예: 노점상, 실직근로자, 매춘여성, 동성애자, 환경운동가, 종교인 등)이 그들 사이의 차이를 넘어서 그때그때의 이슈(예: 2008년 소고기수입개방과 2016년 대통령탄핵 관련 촛불시위)에 대해 연대를 맺는 접합을 연쇄적으로 갖게 될 수 있다. 이런 즉흥춤이 기호화하는 등가성연쇄는 이데올로기적 투쟁의 성격을 띠는 사회문제(예: 노동권, 생존권)에는 적절하지 않다. 그것은 이념적 좌표를 종적으로도(보수와 진보) 횡적으로도(자유와 평등) 가로지르는 문제들과 같이 — 예컨대 아마존 원시림의 파괴와 같은 환경문제나 인류의 육식확산을 위해 동물의 자연적인 생로병사를 왜곡하고 동물을 학대하는 인공적 축산의 문제와 같이 — 이념적 좌표를 정할 수 없는 현대사회의 거대문제들에서 새로운 법을 꿈꾸게 한다.

2. 브레이크댄스와 상호문화성의 법

브레이크댄스(Breakdance)는 춤으로 표현된 힙합(hip-hop)이라는 음악적 텍스트(악보)로서,[92] 전 세계에서 상호문화적으로 생성되고 있다.

(1) **세계화된 브레이크댄스**　브레이크댄스는 대체로 각자의 자리에서 스텝을 밟으며 자신을 소개하는 업록킹(uprocking), 바닥에 손을 대고 손과 발을 함께 사용하며, 특히 6-스텝(six-stepping)을 밟는 다운록(Downrock), 무수히 많은 스핀(spins)과 플립(flips)을 사용하면서 아크로바틱한 자세들을 실현하는 파워무브(powermove), 그리고 끝맺음

91 이 점에서는 춤과 법문학비평이 같은 기능을 수행할 수 있다. 법문학비평의 이런 기능에 관해서는 이상돈·이소영, "법문학비평의 개념, 방법, 이론, 실천", *안암법학* (제25호, 2007), 391-428쪽.

92 브레이크 댄스는 MCing, DJing, Graffiti와 함께 힙합의 4대 요소로 불리기도 한다.

자세로 취하는 프리즈(freeze)의 4단계로 구성된다. 이런 점에서 볼 때 브레이크댄스는 아무런 양식이 없는 즉흥접촉춤과 구별된다. 하지만 브레이크댄스의 이런 양식적 정형성은 발레의 경우처럼 견고한 것이 아니다. 브레이크댄스는 비보이들의 개인적인 즉흥성에 의해 그때그때 구성되는 측면이 상당히 강하다. 그렇기에 불과 40여년의 짧은 역사에도 불구하고, 브레이크댄스의 기술은 세계 각 지역에서 매우 다양하게 발전('지역화된 발전')하였다. 이렇게 볼 때 브레이크댄스는 발레와 즉흥접촉춤, 그 사이에 위치한다.

브레이크댄스는 1970년대 미국 뉴욕에서 브롱크스(Bronx)를 중심으로 흑인들이 주류문화에 대한 저항적 함의를 담아 힙합 음악의 텍스트를 몸짓으로 표현한 거리의 춤이다. 이 하부문화의 생성사는 이후 다른 나라의 브레이크댄스에서도 비슷하게 이어진다. 브레이크댄스는 1990년대 유럽에, 1990년대 후반에는 우리나라와 일본에, 그리고 2000년대 후반 들어서는 남미, 동남아, 아프리카, 중국에까지 확산되었다. 브레이크댄스는 세계화의 시대에 가장 소통적인 춤의 전범이 되어 가고 있다. 우리나라의 브레이크댄스 전문그룹들은 2000년대 이후 각종 세계대회를 석권함으로써 우리나라는 세계 브레이크댄스의 중심이 되고 있다.

(2) 브레이크댄스의 상호텍스트성과 인권법의 구조 브레이크댄스는 페미니스트 버틀러(Butler)가 말하는 수행성(Performativity)과 공연성(Performance)의 구조를 띤다.

1) 공연성과 수행성, 초국가성과 지역성의 양면성 그녀에게 수행성이란 사회적 성(gender)이 실행되는 방식, 즉 성정체성에 대한 왜곡된 특성을 구성하는 허구적인 몸짓을 가리킨다.[93] 이를 여성주의적 투쟁의 지평을 넘어서 일반화하면[94] 수행성이란 개인적 자아를 어떤 문화의 특

93 Judith Butler, *Gender Trouble: Feminism and the Subversion of Identity* (Routledge, 1990), 제2장(Bodily Inscriptions, Performative Subversions) 참조.

94 Halifu Osumare, "Global Breakdancing and the Intercultural Body", *Dance Research Journal* (Vol. 34, No. 2, 2002), 43쪽, 각주 2번 참조.

정한 춤으로 표현시키는 몸짓의 총체가 된다. 이때 문화란 환경이나 사회적 계급, 교육수준, 재산정도 등에 의해 축전된 생활양식으로서 개인의 성향을 구조적으로 결정짓는 무의식적 습관과 같은 것(habitus 아비투스)을 가리킨다.

다른 한편 브레이크댄스는 미국의 MTV나 우리나라의 M.net에 매일같이 흘러나오는[95] 힙합음악의 시각화된 텍스트이며, 국경을 넘어 확장된 시장에서 상업적으로 수행하는 춤이다. 철학계와 여성학계에서 '수행'으로 번역되는 버틀러의 Performance[96]는 이와 같은 시장영역의 상업적 행위에 전용한다면 '공연성'으로 번역할 수 있다. 즉 상업적으로 행하는 모든 춤은 공연성을 갖는다. 공연성이란 개인들이 무의식적 관습에 상호적인 영향을 주는 시장영역을 가리킨다. 이로써 브레이크댄스는 수행성의 차원에서는 각 지역의 민속성(ethnicity), 즉 전통문화의 틀 속에서 무의식적 관습을 구현하는 몸짓이면서, 공연성의 차원에서는 세계화된 시장의 상업적 수요에 부응하는 행위가 된다. 오늘날 시장은 세계화되었기 때문에 브레이크댄스는 공연의 차원에서는 초국가적인(transnational) 몸짓이 되고, 수행성의 차원에서 민속학적 전통문화의 지역적인(local) 몸짓이 된다.

2) 브레이크댄스 미학의 직물구조 크리스테바(Kristeva)가 말하는 상호텍스트성(Intertextuality),[97] 즉 모든 작가는 의식적으로든 무의식적으로든 한 사회에서 말하여지거나 쓰인 타자의 '텍스트'들에 동화되어 이것이 작품에 배어나올 수밖에 없다는 점은 이러한 브레이크댄스의 양면적 현상에서도 읽어낼 수 있다. 그러니까 브레이크댄스가 태생적으

---

95 브레이크댄스는 CF 등의 스테이션 아이디(station Identification)로 종종 사용된다.

96 Judith Butler, "Performativity's Social Magic" *The Social and Political Body* (Guilford Press, 1996), 30쪽.

97 이 개념에 대한 자세한 설명으로는 Julia Kristeva, *Semiotikè: Recherches pour une sémanalyse* (Seuil, 1969), 144쪽, 그리고 Peter von Zima, *Textsoziologie. Eine kritische Einführung* (Metzler, 1980), 81~85쪽; 이를 인권문제에 적용한 이상돈, *인권법* (법문사, 2005), 58~60쪽 참조.

로는 미국의 자본주의체제의 가치를 전복시키는 상징을 창출하는 몸짓이었지만, 그 자체로서 가장 미국적인 자본주의체제의 시장논리가 브레이크댄스에는 배어 있다는 것이다.

즉, 흑인들의 브레이크댄스는 노예로 끌려왔던 조상들의 무기력하고 수동적인 존재의 이미지를 해체하는 상징을, 시장의 저편에서가 아니라, 바로 시장체제 내에서 엔터테인먼트산업의 지배자가 됨으로써 해체한다. 하지만 이때 브레이크댄스의 미학을 창출하는 원천은 춤추는 자의 고향지역에서 전승된 민족주의적 미학이다. 이 점에서 브레이크댄스의 문화는 초국가적 행위자들인 코카콜라나 MS와 같은 다국적 기업들이 퍼뜨리는 대중문화와는 같으면서도 다르다. 여기서 브레이크댄스는 춤추는 자의 지역적 민족주의적 미학과 시장체제에서 상업적 성공을 거둔 스타의 미학을 짜깁기한다. 비유적으로 브레이크댄스의 미학은 직물구조를 지닌다.[98]

3) 섬유로서 인권, 직물로서 인권법 브레이크댄스의 상호텍스트성과 직물짜기의 특성은 세계화 시대에 절대불가침의 근대적 인권을 "문화의 복수성 속에서 '하나의' 가치로서 다른 소수문화들과 직물짜기의 방식으로 융합"[99]시키는 기호가 된다. 여기서 소수문화란 사회적 소수자의 하부문화를 가리킨다.

동성애의 예로 설명해보자. 동성애는 역사적 범죄로 취급되다가, 오

---

98 ★ 브레이크댄스의 직물구조 우리나라 비보이들(춤: 라스트 포 원)이 가야금으로 연주(연주자: 숙명여대 가야금연주단)하는 파헬벨의 캐논(canon)에 맞춰 브레이크댄스를 추는 공연(TV CF)을 예로 보자. ① 이 공연에서 가야금은 자본주의 시장체제의 형성 이전사회(전근대사회)의 에토스를, 파헤벨의 캐논은 서구 근대사회의 에토스를, 그리고 브레이크댄스는 탈근대사회의 에토스를 상징한다. 그러니까 이 공연은 전근대(전통)과 근대 그리고 탈근대(포스트모던)의 시축(時軸)들을 브레이크댄스가 짜는 직물의 구조적 형상으로 삼는다. ② 또한 이 브레이크댄스는 그 공연이 CF로 사용된다는 점에서 시장체계 위에서 수익을 창출하는 시장가치의 전형을 보여주면서도, 그런 시장체계에서 형성된 자본과 그 자본과 연계된 정치적 권력의 지배체제를 전복시키는 듯한 상징을 동시에 창출한다. 이렇게 종으로 횡으로 짜인 직물은 (횡으로만 짜인 미국 흑인 힙합 전사들이 추는 브레이크댄스보다) 훨씬 더 아름답다.

99 이상돈, *인권법* (세창출판사, 2005), 59쪽.

늘날에는 인권의 하나로 널리 승인되었고, 혼인권(동성혼)까지 주장하는 단계에 와 있다. 그러나 인권의 직물적 구조는 동성애자들에게 혼인권을 인정하지 않는다. 단지 입양권을 보장하고 사회보장급부의 상호적 수혜권을 누릴 수 있게 하는 합법적인 '시민결합'권만을 인정할 수 있을 뿐이다. 왜냐하면 인권은 브레이크댄스처럼 이성애, 동성애, 심지어 양성애라는 각각의 섬유纖維들을 서로 어우러 뜨려 하나의 아름다운 천으로 엮는 직물구조를 가져야 하기 때문이다.[100]

각 섬유로 비유된 특정 사람들의 공통된 생각이나 문화의 고유성을 깨뜨리지 않으면서 서로 조화를 이루어 다양한 빛깔과 문양을 띠는 직물, 즉 더 성숙한 공동체를 이룰 수 있게 하는 것이다. 왜냐하면 동성혼을 인정하게 되면 전통적인 결혼제도를 따르는 사람들의 신념이 띨 수 있는 섬유의 빛깔이 동성애라는 섬유의 빛깔로 덧칠되어 그 고유성이 퇴색되기 때문이다. 동성혼은 승인하지 않고 시민결합체만을 인정함으로써 전통적인 이성애자이든 동성애자이든 또는 양성애자이든 각자의 인권은 각자의 빛깔을 갖는 섬유로 남은 채, 다른 사람의 인권과 함께 짜여 아름다운 가족제도가 만들어질 수 있다.

(3) 상호문화적 몸과 법 브레이크댄스는 구조적으로는 수행성과 공연성의 두 요소로 짜인 춤이다. 이런 춤을 추는 몸은 "사회문화적(sociocultural) 공간에서 상호작용하는 감각적인 존재"[101]로 이해되는 인간이 "글로벌 팝문화와 민속학적 전통문화라는 커다란 틀에서 즉흥적으로 춤추는 몸"[102]이 된다. 그렇기에 비보이의 몸은 '상호문화적 몸'(intercultural body)으로 개념화할 수 있다.[103]

---

100 이와 비슷한 생각으로 친족이라는 개념도 자연적 관계의 단일성에서 이해되지 않고, 다양한 조각들이 자율적으로 짜맞춰진 것으로 이해된다는 Judith Butler, "Is Kinship Always Heterosexual?", Wendy Brown & Janet Halley 편, *Left Legalism/Left Critique* (Duke University Press, 2002), 250~251쪽 참조.

101 Halifu Osumare, "Global Breadancing and the Intercultural Body", *Dance Research Journal* (Vol. 34, No. 2), 42쪽.

102 Halifu Osumare, 앞의 논문, 42쪽.

1) 하부문화의 법 여기서 상호문화성은 하나의 국가 안에서는 주류문화와 비주류 하부문화를 그리고 세계화 시대에는 다양한 민족들의 문화를 서로 소통시키는 것을 말한다. 가령 비보이들이 춤추다 갑자기 거꾸로 비틀어 선 자세에서 한 동안 멈추는 얼음동작(freeze)은 주류문화에 대해서는 '전복顚覆적 의미'(subversive means)를 주고, 하부문화의 사람들에 대한 사려 깊은 배려와 사랑의 연대를 창출한다. 강인한 비보이의 몸이 뒤집혀 멈출 때 그 강인함과 비교되고 대조되는 사람들에 대한 연대의 상징이 생성되기 때문이다.

이런 상징은 법에게 하부문화의 사람들에 대한 배려와 사랑에 대한 주의를 환기시킨다. 가령 성전환자들의 의식, 행동관습, 연출스타일 등은 하나의 하부문화이고, 법은 그들을 생물학적 구성(염색체나 생식능력)의 측면에서가 아니라 그들의 고유한 하부문화에서 바라보아야 한다. 하부문화에 대한 법의 고려는 주류문화를 해치지 않는 범위 안에서의 예외적 배려[104]가 아니라 주류문화와의 소통적 차원에서 이루어져야 한다.

2) 상호합법성의 법 또한 브레이크댄스의 상호문화적 몸은 상호합법성의 법을 기호화한다. 브레이크댄스는 이미 거의 모든 대륙에 걸쳐 국경을 넘어, 다양한 문화를 가로지르는 글로벌 하부문화가 되었다. 이런 상호문화성은 모든 문화권을 포괄하는 보편성의 법이나 세계를 통괄하는 단일한 법이 아니라, 서로 다른 (법)문화 사이의 소통을 통하여 각 (법)문화가 자기반성적 변화와 발전을 이루어나가는 법, 국가단위의 법체계들이 서로 이해를 확장해감으로써 대립을 지양하고 조화를 도모

---

103 춤에서 intercultralism을 상호문화주의가 아니라 문화상호주의로 번역하기도 한다. 조기숙, "춤의 새로운 비전을 위한 고찰: 몸의 체험을 기반으로 한 연구와 성찰을 위하여", 한국무용기록학회 (제17권, 2009), 180쪽 참조. 그러나 문화'상호주의'는 법학의 맥락에서 보면 문화상대주의와 혼동되기 쉽고, 상법상의 상호 개념도 연상시킨다는 점에서 다소 부적절하다.

104 성전환자의 호적정정에 대한 판결인 大判 2004스42<전원합의체 결정>에서 "전환된 성을 그 사람의 성이라고 보더라도 다른 사람들과의 신분관계에 중대한 변동을 초래하거나 사회에 부정적인 영향을 주지 아니하여 사회적으로 허용된다"는 논증은 이에 해당한다.

하는 법을 요구한다. 이런 법이 되려면 세계는 어떤 법규범에서는 이 국가의 법규범이, 다른 어떤 법규범에서는 저 국가의 법규범이 그때그때 각기 초국가적 효력을 갖는 개방적인 '상호합법성'(interlegality)의 법을 인정하여야 한다.

상호합법성으로 무장된 법은 필연적으로 각국의 문화들을 소통시키는 것에 열려있다는 점에서 상호문화적이다. 그렇기 때문에 상호합법성은 열려있는 보편적 코드라고 부를 수 있다. 가령 미국에서는 정리해고가 합법적이지만, 한국에서는 긴급한 경영상의 이유 없는 해고는 불법이 될 수 있다. 이런 법적 코드의 차이는 정당한 것이다. 브레이크댄스의 몸짓은 이와 같은 상호합법성을 생산하는 문화적 코드의 기호가 된다.

12 법과 문학

Ⅰ. 법문학의 학문성

법문학은 문학이 곧 법이고, 법이 곧 문학이라는 생각 위에 세워진 학문이다.[1] 문학은 법률가의 인문학적 소양을 길러줌으로써 법의 형성·발전에 이미 오래전부터 관여해왔고, 법 역시 문학의 형성과 발전에 언제나 검열과 같은 모종의 권력적인 방식으로 관여해 왔다. 이를 두고 '법문학'(legal literature)이라고 이름[2] 짓는 것은 그와 같은 법과 문학의 상호작용관계가 이제는 하나의 새로운 학문이 되었다는 판단에 서다. 그런데 어떤 학문분과가 학문성을 인정받으려면 그 분과는 고유한 대상(영역)과 나름의 방법론을 갖고 있어야 한다.[3] 가령 문학은 그

---

1 최근에는 법시학(Legal Poetics)도 시도되고 있다. 대표적으로 김연미, "법적 상상력과 법시학: 정의의 기획들", *법철학연구* (제19권 제2호, 2016), 77~120쪽 참조.

2 주요 법문학 문헌으로는 안경환, *법과 문학 사이* (까치, 1997), "미국에서의 법과 문학운동", *서울대학교 법학* (제39권 제2호, 1998), *셰익스피어와 섹스어필* (프레스21, 2000), "'법과 문학'의 관점에서 본 에로티시즘", *문학과 의식* (통권 57호, 2002); 강진철, "법과 문학: '법과 문학 운동'을 중심으로", *현대사회와 법의 발달: 균재* (홍문사, 1994); 장경학, *법과 문학: 소포클레스에서 까뮈까지* (교육과학사, 1995); 신동일, "법과 문학", *인천법학이론* (제2권, 1999); 박상엽, *법과 문학* (세창출판사, 2000); 정승재, "도스토예프스키의 죄와 벌에 나타난 법과 문학의 문제", *숫대문학* (통권 49호, 2003); 정승재, "태백산맥에 나타난 법과 문학의 문제-연좌제와 사상의 자유", *숫대문학* (통권 53호, 2004); 이상돈·이소영, *법문학* (신영사, 2005) 등이 있다.

3 A. Kaufmann, "Rechtsphilosophie, Rechtstheorie, Rechtsdogmatik", A. Kaufmann · W. Hassemer 편, *Einfürung in Rechtphilophie und Rechtstheorie der Gegenwart 5. Aufl.* (C.F.Müller Juristischer Verlag, 1989).

속에 법의 일그러진 모습을 반영하고 있고, 법은 그 자화상을 보고 반성적으로 변화할 수 있다거나 '법률적 문장은 문학적인 것이며, 법학교육은 인문교육임'[4]을 강조하는 수준으로는 법문학의 고유성과 학문성이 충분히 밝혀지지 않는다. 그런 이해 속에서 법과 문학은 서로에 대해 '외재적'(external)인 관계에 놓여 있다. 그러므로 미국[5]이나 독일[6]에서 그러해왔듯 '법과 문학'이라는 주제의 포럼(강좌, 세미나, 학술대회)을 성립시킬 수 있을 뿐, 법문학이라는 분과를 독립시키지는 못한다. 법문학은 법과 문학이 외재적일 뿐만 아니라 동시에 내재적인(intern) 연관 속에서 각자 발전하면서 동시에 서로를 발전·변화시키는 현상을 다룰 수 있어야 한다. 오늘날 법문학은 이미 그런 단계에 와 있다.[7]

Ⅱ. 문학의 법형성

문학은 법을 형성한다. 이에 관해서는 주로 법률가들의 인문학적 소양의 향상에 기여하는 '문학 속에 (그려진) 법'의 자화상이 연구되어 왔다. 하지만 법문학은 '문학이 곧 법이다'라는 인식을 확증시킬 수 있어야 한다.

---

4 R. Wisberg, *When Lawyers Write* (Little Brown & Company, 1987).

5 법률가의 소양을 쌓기 위해서 문학적 소양과 가치들을 익혀야 한다는 관점에서 고전문학 교육의 중요성을 강조하던 흐름은 미국에서 일찍이 1900년대 초반부터 강조되어 왔었다. 그 대표적인 초기저작물로는 J. Wigmore, "A List of Legal Novels", *University of Illinois Law Review* (제2권, 1988); B. N. Cardozo, *The Nature of Judicial Process* (Yale Unversity Press, 1921) 참조. 이후 이러한 논의들은 R. Weisberg에 의해 보다 정교하게 다듬어졌는데, 그의 저작물들로 *The Failure of the Words: The Lawyer as Protagonist in Modern Fiction* (Yale University Press, 1984)와 "Legal Rhetoric under Stress: The Example of Vichy", *Cardozo Law Review* (제12권, 1991) 등 참조.

6 대표적으로 독일에서 법문학을 처음 본격적으로 논의한 K. Lüderssen, *Productiver Spiegelungen: Recht und Kriminalität in der Literatur* (Suhrkamp, 1991) 참조.

7 법문학의 학문성을 네 가지 법문학의 영역 설정과 (해체주의와 내레이션의) 방법론의 고유성을 통해 입증하고 있는 이상돈·이소영, *법문학* (신영사, 2005) 참조.

1. 법의 수사학적 형성

(1) 문학으로서 법 문학이 법(law as literature)이라는 인식은 판결을 '연작소설'(chain novel)이라고 바라보는 드워킨(Dworkin)이나 '법적 텍스트는 운문으로 쓰이거나 설화나 우화의 형태를 띨 수 있다'는 피쉬(Fish), 그리고 법을 '문학적 수사'로 바라보는 화이트(White)의 논의에서 발견된다.

1) 드워킨의 연작소설론 드워킨은 선례나 제정법 등을 최대한 존중하면서 각자의 판단에 따라 판결문을 작성하는 법관들의 태도를 연작소설(chain novel)에 비유했다.[8] 연작소설에서 공동작가들의 경우, 앞 작가가 중단한 지점까지를 읽고 전체적 맥락이나 줄거리의 전개방향, 등장인물의 성격 등에 대해 나름대로 최선의 판단을 내린 후, 자신이 맡은 부분을 기록한다. 그렇기에 소설가는 기존에 기록되었던 내용에 대해서는 비평가의 역할을, 새로이 쓴 부분에 대해서는 창조자의 역할을 하게 된다. 이와 마찬가지로 법관은 앞서 내려졌던 무수한 판결들과 그 배후에서 작동하는 관습, 제도, 윤리 그리고 그것들을 정리하는 자신의 견해에 기초하여 새로운 판결을 내린다.

★ 드워킨의 연작소설론과 통합성 물론 연작소설론은 법의 수사학적 성격과 창조성의 측면에 강조점을 두지 않고, 드워킨이 말한 '통합성으로서 법'(law as integrity)을 실현하는 기제로도 해석될 수 있다. 연작소설론은 판사는 연작소설의 작가와 비슷하게 ① 이전의 모든 해석과 판결들의 내용을 파악하여 그것들을 잘 설명해 줄 수 있는 방향으로('부합'의 요건), 그리고 ② 동시에 법 전체를 최선의 것이 되도록 만드는 판단('정당화'의 요건)을 해야 한다. 이로써 법관은 자의적인 해석을 내릴 수 없게 된다.[9]

---

8 드워킨의 연작소설론에 대해서는 R. Dworkin(장영민 역), *법의 제국(Law's Empire)* (아카넷, 2004), 325~330쪽 참조.

9 드워킨의 통합성 이론을 이와 같이 해석·설명하는 함재학, "드워킨의 헌법사상: 헌

2) 수사로서 법 법과 문학이 모두 선행 작가들의 누적된 창작에 부가되는 역사적 결과물이라 보는 화이트는 법언어가 구문적, 지적, 사회적, 또는 문화적 맥락 안에서 가질 수밖에 없는 불확실성에 주목하면서, 법학을 규율체계라기보다 수사학의 한 조류로 보는 것이 더 적합하다고까지 말한다. 그래서 그에게 "법은 수사학이고, 수사학이 법"(Law as Rhetoric, Rhetoric as Law)[10]이 된다.

(2) 수사학적 놀이로서 법 '법률해석은 말놀이이다'는 나의 이론[11]도 이런 논의의 방법론적 배후가 될 수 있다.

1) 법률말놀이로서 법 법률해석은 법률텍스트를 사용하는 놀이에 참여하고, 지속적으로 그 놀이규칙을 바꾸어 가는 행위이다. 이 말놀이 이론은 법률언어가 어떤 특정 현실을 존재론적으로(ontologically) 지시한다는 관념을 부정한다. 그 대신 놀이이론은 언어와 현실의 간극은 영원히 불일치할 수밖에 없고, 법률해석은 이를 메워가는 실천적 작업이라 본다. 그리고 이 작업은 '논리(필연)적 추론'의 방식이 아니라 '수사학적 귀납'의 방식으로 진행된다. 여기서 수사학이란 "이성, 정서, 감정의 복합적 요소들이 법적 장에서 상호작용하는 형식에 대한 포착"[12] 또는 '명백한 전제가 존재하지 않고 폭력이 없는 상황 속에서 비형식적인 추론을 통해 상대방과 관중의 지지를 얻어내는 방법에 대한 이론'[13]을 가리킨다.

2) 법수사학에서 입법과 해석의 차이 소멸 이러한 법률해석은 입법에서든 법률적용에서든 인식론적 차원에서는 법형성과 구별되지 않는다.

법적 통합성과 파트너십 민주주의", *법철학연구* (제12권 제1호, 2009), 194~197쪽.

10 J. B. White, "Law as Rhetoric, Rhetoric as Law: The Art of Cultural and Communal Life", T. Morawetz 편, *Law and Language* (2000), 684쪽.

11 이에 대해 자세히는 이상돈, *새로 쓴 법이론* (세창출판사, 2005), 179쪽.

12 이계일, "수사학적 법이론의 관점에서 본 법적 논증의 구조", *법철학연구* (제13권 제1호, 2010), 91쪽.

13 J. B. White, "Law as Rhetoric, Rhetoric as Law: The Art of Cultural and Communal Life", T. Morawetz 편, *Law and Language* (2000), 684쪽.

(가) **정당방위 현재성요건의 법수사학적 재구성** 예컨대 21년 전 자신을 성폭행했던 동네아저씨를 찾아내 살해한 여성이 자신의 행위를 "짐승을 죽인 행위"로 묘사하거나, 자신을 상습적으로 강간해온 의붓아버지를 살해한 후 "더 이상 밤마다 짐승에게 시달리지 않게 되었다"는 식의, 이른바 '짐승' 묘사의 수사학은 많은 사람들에게 설득력을 발휘하였다. 이 수사학적 변론은 정당방위(형법 제21조)의 법규범내용, 특히 (위법한 공격의) '현재성'요건을 변경시킬 수 있다. 예컨대 살해 당시에는 피살자가 공격을 하지 않고, 잠자고 있었던 경우에도 '현재의' 공격이 있는 것으로 보는 식으로 현재성요건은 재구성된다. 이런 재구성은 법률해석이지만 법규범을 창설한다는 점에서는 사실상 입법과 구별되지 않는다.

(나) **연작소설로서 스토리를 구성하는 법수사학** 여기서 더 나아가 이와 같이 개별 법률의 해석에 작용한 수사학이 비록 가변적이긴 하지만 전체적으로 어떤 스토리를 구성해 가는 것이라고 보면, 판결은 연작소설이나 설화 또는 우화로 비춰질 수도 있다. 예컨대 앞에서 본 '짐승' 수사가 수긍되어 가는 과정은 여성의 해방역사, 여성의 성적 자기결정권을 완성해 가는 역사이야기가 될 수 있다.

2. 문학의 법적 평형

이로써 법문학은 법률가의 소양을 함양하여 법의 형성·발전에 '간접적으로' 기여하는 수준을 넘어서게 된다. 즉, 문학은 '수사학'의 생산을 통해 법의 형성·발전에 '직접' 기여하는 것이다. 여기서 우리는 성숙한 분과로서 '법문학'을 말할 수 있다. 이런 법문학은 두 가지 자기성찰의 과제를 짊어진다.

(1) **문학의 법 지배에 대한 자기제어** 하나는 문학이 법을 지배·결정하는 수준을 스스로 경계하는 과제이다.

1) **수사학의 법적 정형성** 직관과 통찰로 점철되는 인문학적 상상

은 사회과학적 지식의 체계적 인식을 결하기 쉬울 뿐만 아니라, 법의 발전역사에서 형성된 이성의 원칙들이나 법문화적 전통을 너무 쉽게 제쳐 버릴 수도 있기 때문이다. 그럴 경우 문학은 법을 파괴하는 외재적인 요소로 작동한다. 그러므로 법문학이 되려면, 바꿔 말해 '법을 지배하는 문학'이 되지 않으려면 문학과 문학이 생산하는 수사학은 법적 정형성(Förmigkeit)을 갖추어야 한다. 이를 위해서 문학은 법에 대한 영향력을 스스로 일정한 방식으로 제어하는 성찰적 평형을 유지해야 한다. 그런 방식이 어떤 것인가는 열린 문제이다.

2) 하프트의 법수사학 하프트(Haft)의 법수사학[14](Juristische Rhetorik)은 그런 법수사학의 한 예이다. 이 법수사학을 간단히 설명하면 다음과 같다. 먼저 보통 사람들에게 널리 받아들여지는 수사학적 표현, 예컨대 폭행을 할 때 잭나이프를 휘두른 것을 "위험한 물건을 휴대하여"(형법 제261조)라는 법언어가 표현하는 수사학적 행위로 확정한다. 그 다음에 문제가 되고 있는 행위, 이를테면 자동차로 서행하여 범퍼로 그 차량의 반출을 제지하는 차량보관자를 살짝 밀어 넘어뜨린 행위와 잭나이프 폭행행위의 같은 점과 다른 점을 비교분석하고 일정한 관점에서 평가한 다음 그 행위도 '위험한 물건을 휴대한'이란 법언어로 표현할지를 판단한다. 물론 이런 유사성의 비교분석 및 평가는 주관적 성격을 벗을 수는 없지만 수사학적 행위를 얼마간 정형화한다. 이를 하프트는 구조사고(Strukturdenken)라고 부른다.[15]

(2) 이데올로기의 자기반성 문학이 법을 지배하는 정도에 이르지 않기 위한 또 다른 자기성찰의 과제는 수사학이 띨 수 있는 이데올로기성과 보수성에 대한 지속적인 자기반성이다.

1) 법문학의 이데올로기성 화이트(White)가 언어적 수사에 대해

---

14 F. Haft, *Juristische Rhetorik* (1985) 참조.

15 이와 같은 하프트의 법수사학을 자세히 설명하는 이상돈, "위험한 물건을 휴대하여의 해석에서 법정책의 지평", *고려대학교 판례연구* (제6집, 1994), 211~227쪽.

가졌던 인식처럼 법문학이 '공동체의 이상적 화합과 도덕의 재구성을 위해 기능해야 한다'면, 법문학은 굳이 미국의 비판법학운동[16]이나 해체주의의 진영에서 바라보지 않아도 보수이데올로기에 기여할 위험에 빠질 수 있기 때문이다.

(가) 슐링크 소설의 예 슐링크(Bernhard Schlink)의 소설 『책 읽어주는 남자』(Der Vorleser)도 법을 통한 과거청산의 전형적인 요소인—가해자처벌, 피해자배상, 기념의 제도화, 사회적(집단적) 기억의 규제 가운데—법과 사회적(집단적) 기억의 상호구성을 수행하지만,[17] 자칫 "죄를 저지른 부모세대를 손가락질함으로써 기성세대에 대한 반발과 살부욕구를 표출하려는 의도"[18]의 실행자로 전락하기 쉽다. 이런 실행은 특정 정치이데올로기를 강화시킬 수 있고, 그 이데올로기는 해당국가의 정치상황에 따라 다를 수 있다. 그런 이데올로기로부터 벗어나는 방법은 "이 소설에서 강박적으로 반복되는 무감각(numbness) 증세"[19]와 같은 것 이외에는 없을지도 모른다. 과거청산을 위한 재판을 담당하는 법관에게 이러한 무감각은 재판의 공평과 형평을 위한 덕목[20]이 될지도 모른다.

(나) 공지영 소설의 예 공지영의 소설 『우리들의 행복한 시간』이 종교에 귀의하고 사람에 대한 애정을 갖는 사형수가 잔인하게 교수형을 당하는 장면에서 보여주는 수사학[21]은 일차적으로 사형에 대한 인권

---

16 화이트가 비판법학운동의 비난대상이 된 점에 관해 신동일, "법과 문학", *인천법학이론* (제2권, 1999), 6~7쪽 참조.

17 이소영, "법문학비평과 사회적 기억의 구성: 슐링크의 『책 읽어주는 남자』에서 법을 통한 과거청산의 아포리아", *서강인문논총* (제40집, 2014), 35~72쪽 참조.

18 이소영, 앞의 논문, 60쪽.

19 이소영, 앞의 논문, 63쪽.

20 아리스토텔레스의 형평(epieikeia)을 중심으로 법에서 형평이란 재판의 구체적 타당성을 위한 덕을 말하며, 개별 사안의 특수성을 감안하여 구체적 타당성을 추구하는 법관의 재량이며, 법의 맹신과 무시 사이에 위치하는 것이라고 보는 김현섭, "아리스토텔레스의 형평(epieikeia): 구체적 타당성을 위한 덕", *법철학연구* (제20권 제2호, 2017), 125~164쪽 참조.

21 공지영의 *우리들의 행복한 시간* (푸른숲, 2005)은 부족할 것 없는 조건을 갖추었지

감수성을 일깨우지만, 그 이면에는 은연 중에 '종교적 귀화'라는 맥락에서 범죄자를 극적인 순간에 회개시켜 이른바 '선한 사람'으로 만들 가능성에 대한 감상이 숨어 있다. 그렇기에 이러한 작품은 종교적 세계관을 확산(선교)시킬 뿐만 아니라 아이러니컬하게도 사형수에게 소년가장이나 백혈병환자의 이미지와 같은 상투화되고 감상적인 문학적 연상을 투여한다. 그리고 사형수를 그의 의사와 관계없이 보듬어지고 치료되어야 할 대상으로 각인시킨다. 이런 수사학이 사용된 문학작품이 법을 형성한다면, 법은 은폐된 보수성을 갖기 쉽다. 가령 절대적 종신형처럼 생명은 구해주지만 영원한 감금 속에서 종교적 귀화를 강요하는 극도의 보수성[22]을 초래할 수 있다. 문학이 보수이데올로기로 각인된 법을 형성하는 셈이다. 이럴 때 문학은 법을 파괴하는 외재적인 요소로 자리잡는다.

2) 이념적 평형의 과제 그렇기 때문에 법문학은 수사학의 이데올로기적 기능에 대한 비판과 반성을 수행하여, 그 이념적 평형을 꾀할 때에만 비로소 가능한 것임을 알 수 있다. 물론 문학이 그런 이념적 평형을 꾀하는 것은 매우 어려운 일이다. 하지만 수사학의 그런 위험성을 폭로해 내는 것 역시 바로 문학임을 간과해서는 안 된다.

㈎ 전상국 소설의 예 예컨대 공지영의 소설에서 사형수에게 일어난 선도善導와 달리 전상국의 『우상의 눈물』[23]에서는 선도가 또 다른 인권침해의 기제가 될 수 있음을 깨닫게 한다. 즉 『우상의 눈물』에서 선함으로 무장한 자들의 이해와 관용은 불량학생을 '알고 보면 가엾고 대견한 고학생'의 이미지로 무장시킨다. 하지만 그렇게 선한 역할을 강요하는 기표는 그 학생이 자신의 삶을 지탱할 수 있게 하였던 힘인 '독'

만 정신적으로는 황폐한 여교수가 극단적으로 불행한 아동기를 보낸 사형수와 서로 이해해가고 사랑에 빠지는 과정과, 그 사형수가 사형집행을 당하기까지 용서와 화해, 사랑의 정신으로 충만한 종교적 인간으로 거듭나는 과정을 그리고 있다.

22 보수적인 기독교단체인 예수교장로회에서도 사형폐지의 대안으로 절대적 종신형을 수용하고 있는 점도 이를 잘 보여준다.

23 전상국, *우상의 눈물* (민음사, 1980).

을 거세시킨다. 이 소설의 수사학은 이런 위험성을 소름 돋으리만치 생생하게 보여준다. 결국 착하고 온순한 아이로 변해버린 기표는 '나는 무서워서 살 수가 없다'는 편지를 남기고 도망치고 만다.

(나) **박범신 소설의 예** 이처럼 다양한 법개념 속에 체화된 선善과 선도의 개념은 문학에 의해 현실화되지만 동시에 문학에 의해서 경계될 수 있다. 다만 문학의 이와 같은 성찰적 평형은 스스로 자기 작품의 법형성에 대해 반성적인 태도를 취할 때 비로소 더욱 완전한 것이 된다. 이를테면 박범신의 『나마스테』[24]에서 불법체류 외국인노동자 카밀을 사랑한 신우는 외국인노동자의 인권을 절규하며 투신자살하는 카밀을 아래서 받다 두개골 함몰을 당한다. 그러나 신우는 그런 상황 속에서도 카밀이 오직 그의 고향인들과만 그런 극단적인 저항을 하는 장면을 보면서 소외감을 느낀다. 이런 설정은 (외국인노동자에 대한) 배제의 이데올로기가 어떤 특정 개인이나 사회(예: 한국사회)의 특성이 아니라 (그렇게 배제당한 외국인노동자 사회에서도 마찬가지인 점에서) 보편적인 것임을 말한다. 이런 설정을 통해 작가는 자신의 작품이 외국인노동자 인권의 절대적 보호를 외치는 이데올로기로 변질될 것을 경계한다. 그런 경계는 법이론적으로 매우 성찰적인 성격의 것이다. 외국인노동자의 인권보호가 다시 내국인에게 갖는 효과나 의미를 내국인의 관점에서 되돌아보는 것은 외국인노동자의 인권보호조치에서 반드시 고려되어야 할 성찰의 한 과정이다.

(3) **문학의 법적 평형** 이상에서 설명한 바와 같이 문학의 법형성이 법적 정형성을 갖도록 문학이 자신의 영향력을 제어하고, 스스로 이데올로기적 기능을 반성함으로써 문학적 상상의 자유가 법적 정의와 실제적 균형을 이루게 될 수 있다. 그런 균형을 '문학의 법적 평형' (legal equilibrium of literature)이라고 부를 수 있다.

24 박범신, *나마스테* (한겨레신문사, 2005).

Ⅲ. 법의 문학형성

법문학은 법의 입장에서 바라보면 법이 문학을 형성한다고 말할 수 있을 정도로 문학과 내적인 연관을 맺을 때에 비로소 가능하다.

1. 문학의 법적 형성

(1) **문학 속의 법과 법문학의 구별** 그런데 법이 문학과 내적인 연관을 맺는다는 것은 단지 법이 문학 안에서 소재로 사용되거나 문학을 통제하는 기제로 작동하는 것으로는 불충분하다. 문학 속의 법(Law in literature)이란 문학 속에 그려지는 법을 말한다. 이는 법이 문학의 소재가 됨을 의미한다. 이 경우 법은 문학의 내부에 들어와 있는 것이지만 그때의 법은 문학을 범주적으로 구성하는 것이 아니라 마치 치과치료에서 쓰이는 아말감처럼 문학 안에 끼워 넣어져 있는 꼴이다. 법은 문학 안에 있지만 여전히 문학이 이물감을 느끼는 객체로 남는다.

물론 법학을 공부하고, 법적 논리로 사유하는 사람이 문학작품을 쓴다면, 그 작품의 실루엣에 법적 논리가 각인될 수 있다. 가령 카프카가 쓴 '법 앞에서'(Vor dem Gesetz)[25]의 실루엣은 접근성이 매우 약한 법체계의 현실에 대한 통찰로부터 구성된 것이다. 그러나 이와 같은 법의 문학구성은 인적 동일성, 즉 작가가 법률가이고 법률가가 작가임을 매개로 해서 이루어진 것이고, 그 한에서는 법의 문학에 대한 '간접적' 영향이라고밖에 볼 수 없다.

(2) **자기검열을 통한 법의 문학 형성** 법이 문학을 '직접' 형성하는 것은 의외로 문학 '밖에' 위치하는 법이다. 문학과 법을 관계지우는 가장 해묵은 기제는 검열제도이다. 검열이라는 법적 규제는 문학이 구성

25 F. Kafka, "Vor dem Gesetz", *Sämtliche Erzählungen* (Fischer Taschenbuch Verlag, 1972).

되는 자유의 공간을 한정한다. 비유적으로 말하면 법은 문학이 넘어서는 안 될 울타리가 된다. 오랜 역사 속에서 바라보면 법이 문학을 검열하는 것은 정치적 권력을 지속적으로 재생산하기 위함이었다.[26] 그러니까 법은 문학에 대한 통제를 통해 정치를 수행하는 대리인이 되는 셈이다. 이럴 때 법은 분명 문학에 대해 외재적이다.

1) 문학의 음란성에 대한 법의 통제 이런 자기검열을 작가가 스스로 거부하면 마광수 교수의 『즐거운 사라』[27]나 장정일의 『내게 거짓말을 해봐』의 형사처벌에서 보듯 법은 문학을 (음란물로 바라보고) 강력하게 통제하기 쉽다.[28]

★ 문학비평이 법이 되는 현상 ① 이 두 작품에 대한 부정적인 문학비평은 그 작품을 음란물로 만들고, 형법규범(음화제조반포죄)의 내포를 형성하게 된다. 이 한에서 비평은 형법규범의 일부를 구성하는 셈이다. ② 하지만 『즐거운 사라』는 양식적으로 (그로테스크한 표현은 부족하지만) 리얼리즘적 상세성이 있고, 그 자체가 작가(故 마광수 교수)의 욕망을 대리배설하는 수단으로 기능하며, 정신분석학적 통찰로 보면 이 작품이 (비록 주인공 사라의 애정행각을 추동시킨 힘은 아니지만) 일상적 도덕관념을 전복시키는 잠재력을 갖고 있다는 점에서 사상적 예술성도 약하게나마 있다.[29] ③ 『내게 거짓말을 해봐』는 성행위 장면을 과도하게 묘사하고, 성욕만을 일관되게 추구하는 것처럼 보이지만, 그 묘사가 익명화된 시·공간을 배경으로 마치 추상표현주의(특히 색면회화)의 평면과 같은 묘사성을 갖고 있고, 집요하게 묘사하는 변태적 성행위는 매우 그로

---

26 이상돈·이소영, *법문학* (신영사, 2005), 52~54쪽 참조.

27 마광수 교수의 *즐거운 사라*에서 논란이 되었던 건 음란성이었지만, 판단컨대 문제의 핵심은 결코 음란성의 수위 그 자체는 아니었을지도 모른다. 명문대 문학교수가 직설적인 성 묘사를 하였다는 점이, 그리고 교수와 제자 간의 성관계를 통해 대학이 우리사회에서 지니는 기호성을 해체한 점 등이 지식인 사회의 암묵적 동일성강제를 깼던 것이 문제였을 것이다. 게다가 그 이면에 계급적 대립이나 종교적 저항, 여성해방과 같은 '학자'다운 다른 이데올로기적 의도를 드러내보이지 않았다는 점은 소위 진보지식인이나 진보단체들의 비호를 받기도 어렵게 하였다.

28 *즐거운 사라*에 대한 유죄판결은 大判 94도2413, *내게 거짓말을 해봐*에 대한 유죄판결은 大判 98도679 참조.

29 이상의 비평으로 자세히는 이상돈, *예술형법* (박영사, 2014), 149~171쪽 참조.

테스크한 모습을 띠면서 자기모멸을 통해 트라우마를 해체하고 새로운 자아를 생성시키고 있으며, 변태적 성행위의 극단에서 육체적 탐닉은 정신문제를 부각시키는 개방적 구조를 갖고 있고, 가상과 현실(소설의 가상과 작가의 현실)의 구분을 해체하는 등 포스트모던 문학의 양식적 특성을 매우 많이 보여준다.[30] ④ 이런 문학비평은 이 작품들에 대한 법의 통제를 필요하지 않은 것으로 보게 만든다.

2) 법적 금지－작가의 자기검열－문학형성 부르디외(P. Bourdieu)의 연구에 의하면 법적 통제는 작가에게 자기검열의 과정을 통째로 내면화시킨다.[31]

㈎ 작가의 자기검열과 막스 프리쉬 소설의 예 그 결과 작가는 스스로 자신의 작품을 검열하면서 작품을 구성한다. 이런 작가의 자기검열에 의해 법은 분명 '직접적으로' 문학을 구성하는—부르디외의 이론이 원래 가졌던 의도와는 별개로 긍정적인—내적 요소의 하나로 자리잡게 된다. 예컨대 막스 프리쉬(Max Frisch)의 『homo faber』[32]에서 친부와 친딸의 성관계를 옭죄는 절대적인 법적 금지(터부)는, 비록 주인공이 사랑했지만 헤어진 여인이 낳은 자신의 딸과 사랑에 빠지는 '우연성' 속에서도 그 딸의 죽음을 '필연적인 것'으로 만들어버린다. 이런 설정은 검열이 직접 만든 것이 아니라 작가의 의식 속에 내면화된 법적 금지(예: 딸과 성관계해서는 안 된다는 터부)가 자기검열을 하게 만든 결과라고 할 수 있다.

㈏ 문학의 작품성을 구성하는 법 만일 법적 금지(터부)가 해체되면 이 소설의 작품성도 급격히 약화될 것이다. 여기서 법은 문학을 구성하는 내적 요소로 기능하거나 심지어 그 작품성을 높이는[33] 요소로 기능

30 이상의 비평으로 자세히는 이상돈, 앞의 책, 172~202쪽 참조.
31 이러한 측면은 P. Bourdieu(정일준 역), *상징폭력과 문화재생산* (새물결, 1997), 228쪽 아래 참조.
32 M. Frisch, *Homo Faber* (Suhrkamp, 2002) (원작: 1957).
33 나는 Homo Faber를 개인적으로 매우 높게 평가하는데, 이 작품에서 딸과의 사랑이라는 우연성은 그 엄마, 즉 원래 사랑했던 여인과의 못 다한 사랑이 연장된 필연성

함을 알 수 있다. 또한 이런 법의 문학형성으로부터 법 자신도 일정한 이익을 얻는다. 대중들이 널리 읽는 문학작품에서 법의 위반이 가져올 불행의 필연성이 많이, 강하게 그려질수록, 법이 담고 있는 금지규범은 그 문학작품을 매개로 하여 더욱 더 강하게 대중들의 의식 속에 내면화될 것이기 때문이다. 친부와 딸의 사랑이 이르는 필연적인 불행의 묘사는 그 사랑의 우연성조차 배제하는 법적 금지를 창출한다.

(3) **검열회피적인 수사 전략과 문학성** 작가가 법적인 검열기준을 내면화하지 않는다면 법은 작가의 의식 밖에 머무르게 된다. 이때 작가는 법적 제재를 회피하기 위한 전략적 행동을 강구한다. 그런 전략적인 문학적 행동으로 수사적인 에둘러가기(예: 우화나 상징, 고도의 풍자나 해학)와 단어나 맥락 검열의 우회[34] 등과 같은 수사학적 방법을 개발한다. 이 검열회피적 수사의 개발은 문학의 수준을 향상시키는 결과를 가져오기도 한다.

채만식의 『레디메이드 인생』(1934)[35]나 『태평천하』(1938)가 수사적 에둘러가기의 대표적인 예이다. 또한 검열에 걸릴 내용을 광인의 입을 빌어 말하게 하는 세르반테스의 『돈키호테』도 바로 그로 인해 작품성이 높아졌다고 볼 수도 있다. 돈키호테의 전반부에 모범적이고 정형화된 이야기가 배치되고 후반부에 성직자와 교회법을 비꼬는 이야기가 배치된 것도 검열회피적인 전략[36]이지만, 그 때문에 초래된 작품 내적

일 수 있고, 반면 필연적인 결말로서 딸의 죽음은 우연적인 사고의 결과이기도 하다는 점에서 그러하다. 이처럼 중층적이고 서로 엇갈린 우연성과 필연성의 조화는 삶의 본질적 구조이며, 이 소설의 구성은 그런 본질에 대한 직관을 절제된 표현 속에 담아내고 있다.

34 이를 식민지시대를 예로 설명하는 이소영, "식민지 검열에서 법과 문학의 상호형성", *법철학연구* (제15권 2호, 2012), 254쪽 아래 참조. 이 교수에 의하면 이 시대에 우회는 단어검열의 우회(예: 국토를 향토, 농촌으로 표현, 레닌을 그의 중간이름인 이일릿치로 표현), 맥락검열의 우회(예: 작품 전반에 무난한 내용 넣고, 후반에 자유로운 글쓰기)이다.

35 채만식의 "레디메이드 인생"(1934)은 채만식의 처녀작 "과도기"(1933)에 가해졌던 검열을 회피하기 위해 고도의 풍자적 문체를 사용함으로써 채만식의 독특한 문학세계를 여는 계기가 되었다.

체계의 일관성 상실과 혼돈은 오히려 포스트모던 소설의 단초를 이루게 만든다.

물론 이와 같이 검열의 제도화를 통해 이루어지는 법의 문학형성은 '의도하지 않은' 형성이다. 여기서 검열의 양면성이 드러난다. 이제까지 검열이 문학의 자유를 침해하는 것으로만 이해되어 온 바와 달리, 검열은 문학의 작품성을 구성하거나 향상시키면서 동시에 법을 매체로 권력을 재생산하게 만든다.

2. 법의 문학적 평형

법이 작가의 자기검열의 형태로든, 법적 기구에 의한 외부검열의 형태로든 문학을 구성하는 내적 요소로 기능하더라도, 법은 자신의 그와 같은 문학 속으로의 이주가 문학을 파괴하는 것인지를 지속적으로 성찰해야 한다. 법문학이란 그런 성찰의 학문으로서 비로소 존재한다. 이러한 성찰은 문학이 법을 형성하더라도 지배하는 것이 되지 않도록 자기제어를 하는 성찰에 대응되는 것이다.

(1) 단의성의 신화와 문학의 강령화 먼저 그런 극단적인 파괴의 예로 공산국가의 작가들이 행했던 자기검열을 들 수 있다. 공산국가에서 법은 명시적인 검열제도의 형태를 띠었건 당 강령의 형태를 띠었건 '사회주의적 민족문화의 촉진'과 '제국주의적 야만문화에 대한 투쟁'의 이념으로 작가들의 자기검열이 펼쳐지도록 강요했다. 그처럼 당파성이 너무나 뚜렷한 자기검열은 문학을 단지 '단의성의 신화'(Mythos der Monosemie)[37] 안에 가지런히 배열된 강령집처럼 만들어버린다. 이 경우 법은 문학을 구성하는 것이 아니라 아예 파괴해버린다. 이런 파괴의 위

---

36 이에 대해 나송주, "세르반테스 소설과 종교재판소의 검열", *서어서문연구* (제14권 제1호, 1999), 354쪽 아래 참조.

37 P. Zima, "Der Mythos der Monosemie. Parteilichkeit und künstlerischer Standpunkt," H. Schmitt 편, *Literaturewissenschaft und Sozialwissenschaften* (Stuttgart, 1975), 87쪽.

험은 외부검열도 마찬가지이다. 『즐거운 사라』의 예에서 보듯이 예술성과 외설성이 서로 엇갈리는 상황에서 법의 강제적 재단裁斷은 문학을 구성하기보다는 애초부터 재갈 물리는 것이다.

법의 문학형성기능이 파괴기능으로 전환되는 지점이 어디부터인지는 분명하지 않다. 그러나 그런 지점으로 자신의 통제기능이 다가가는 것인지에 관한 법의 부단한 성찰은 한편으로는 문학을 위한 것이지만 다른 한편으로는 법을 위한 것이기도 하다. 왜냐하면 그 지점까지만 법이 문학을 통해 — 즉 법규범의 문학작품화와 문학적 감동을 통한 법규범의 내면화를 통해 — 정당한 권력을 재생산하는 이익을 얻게 되기 때문이다.

(2) **법의 문학적 평형**　다만 그런 성찰은 실용적으로는 법이 정당한 권력을 재생산할 가능성이 아니라 문학을 긍정적으로 구성할 가능성을 중심으로 펼쳐져야 한다. 이는 법에서 문학적 요청과 자신의 권력재생산 요청이 서로 평형을 이루게 한다. 이런 평형을 법의 문학적 평형(literary equilibrium of law)이라 불러도 좋을 듯하다.

문학작품의 예술성이 인정되는 경우에도 음란물이 될 가능성을 인정하는 대법원의 판례[38]는 이런 평형을 이미 잃었다고 볼 수 있다. 문학작품의 외설성은 일상성과 동일성의 사회적 지배양식을 부정함으로써 심미적 기능을 할 수 있다는 미학이론[39]에서 보면 작품의 예술성을 음란성 판단의 선결요소로 위치 짓는 헌법재판소의 입장[40]이 좀 더 법

38 대표적으로는 大判 94도2413: "즐거운 사라는 … 그 구성이나 전개에 있어서도 문예성, 예술성, 사상성 등에 의한 성적 자극 완화의 정도가 별로 크지 아니하여 주로 독자의 호색적 흥미를 돋우는 것으로 밖에 인정되지 아니하는바, 위와 같은 여러 점을 종합하여 고찰하여 볼 때 이 사건 소설은 작가가 주장하는 "성 논의의 해방과 인간의 자아확립"이라는 전체적인 주제를 고려한다고 하더라도 음란한 문서에 해당되는 것으로 보지 않을 수 없다."

39 이런 미학이론으로 최문규, "비판이론과 해체론", *문예미학* (제6권 제1호, 1999), 282~285쪽 참조.

40 憲裁決 95헌가16: "음란이란 인간존엄 내지 인간성을 왜곡하는 노골적이고 적나라한 성표현으로서 오로지 성적 흥미에만 호소할 뿐 전체적으로 보아 *하등의 문학적, 예술적, 과학적 또는 정치적 가치를 지니지 않은 것*으로서, 사회의 건전한 성도덕을 크게 해칠 뿐만 아니라 사상의 경쟁메커니즘에 의해서도 그 해악이 해소되기 어려

의 문학적 평형에 근접해 있다.

여기서 더 나아가 법의 문학적 평형은 현대사회에서 문학에 대한 법적 규제의 배후를 이루는 지배담론이 단의성의 신화에서 벗어나 매우 다원화되고 있음을 고려하여 판단하지 않으면 안 된다. 가령 음란성 판단의 기초로서 도의적인 성문화는 현대사회에서 전체사회적 통일성을 잃어버리고 서브컬쳐럴 섹스[41]의 문화로 변화되어 있기 때문에, 법이 어떤 하나의 성윤리를 선택하여 문학을 통제하면 문학을 해칠 뿐만 아니라 법 자신의 정당성까지 스스로 위태롭게 만들게 된다.[42]

Ⅳ. 문학비평과 법적 정의

법과 문학이 서로를 형성시키면서 법은 문학에 대해 그리고 문학은 법에 대해 그 이념과 영향력에서 서로가 균형을 이루도록 스스로 제어하는 상태, 다시 말해 문학의 법적 평형과 법의 문학적 평형이 동시적으로 달성될 때, 진정한 법문학이 존재한다. 이런 의미의 법문학은 그 자체로서 법적 정의의 실현에 기여한다. 그런 기여가 현대사회에서 특히 어떤 이유에서 더욱 필요하고, 또한 어떤 방법에 의해 더욱 촉진될 수 있는지를 물어볼 필요가 있다. 이는 법문학의 방법론에 대한 물음이다.

1. 문학의 언어와 법적 정의

먼저 현대사회는 법철학이나 법사회학과 같은 분과만큼, 또는 그 이상으로 법문학을 기초법의 확고한 부분으로 수용할 것을 요구한다.

(1) 정의의 기초로서 문학의 언어 현대사회의 특징으로 첫째, 법이

워 언론·출판의 자유에 의한 보장을 받지 않는 반면, 저속은 이러한 정도에 이르지 않는 성표현 등을 의미하는 것으로서 헌법적인 보호영역 안에 있다.”

41 서브컬쳐럴 섹스(subcultural sex)의 개념에 대해 이상돈, *욕망은 행복을 낯설게 한다* (연극과 인간, 2003), 190~192쪽 참조.

42 이를 ‘확실성을 잃은 법적 검열’로 표현하는 이상돈·이소영, *법문학* (신영사, 2005), 74~75쪽 참조.

규율하는 '현실'은 일상 언어나 규범으로는 안정적으로 규율할 수 없는 복잡성을 띠게 되었다는 점(현실의 복잡성), 둘째 법이 수용할 '가치'가 관점과 입장에 따라 다르게 평가될 가능성이 증대되었다는 점(가치의 다맥락화), 셋째 법이 재생산되는 기반인 '문화'가 전체사회적인 통일성을 잃어버리고 지역, 집단, 계층 등에 따라 분화되어 가는 점(문화의 탈중심화·지역화)을 들 수 있다. 이러한 특징은 법이 실현하는 정의의 내용도 매우 불확실하게 만든다. 다시 말해 자연법의 확실성은 사라진 셈이다.

1) 비이성적 정의의 언어로서 문학 이는 법언어의 의미론(Semantik)에는 개인들에게 마땅히 돌아가야 할 모든 권리들이 담길 수 없음을 의미한다. 현대사회의 복잡성, 가치의 다맥락화, 문화의 탈중심성으로 인해, 이성의 언어로 논증되지는 못하지만 법이 외면해서는 정의가 실현될 수 없는 진실들이 존재하기 때문이다. 현대의 법이론이 법발견의 방법으로 법감정(Rechtsgefühl)에 주목하는 것도 같은 맥락에 있다. 그런 진실들은 법이라는 '공식적인' '규범적' 언어에 의해 드러나지 못한다. 그렇기 때문에 논증보다는 감정, 논리적 추론보다는 경험의 진술, 체계성보다는 개별자의 고유성이 더 중요하게 취급되는 언어에 의해 드러나는 진실들이 법에 수용될 필요가 있다. 그런 언어는, 물론 법여성주의[43]나 포스트모던 법학 일반[44]에서도 발견되지만, 무엇보다도 법적 평형을 유지한 문학의 언어라고 할 수 있다.

문학의 언어는 가장 복합적이고 미묘하며 '저 밑바닥에 숨어 있는' 것들을 캐내어, '끊임없이 변화하는 비공식적인 생활세계의 인식'들을 길어 올려 공식적인 법인식[45]의 재료를 공급해줄 수 있다. 물론 문학의

43 법여성주의의 이와 비슷한 특징들에 대해 박은정, "여성주의와 비판적 법이론", 한국법철학회 편, *현대법철학의 흐름* (법문사, 1999) 참조.

44 이에 관해 최봉철, "포스트모던 법철학: 윤리관과 정의관", *법철학연구* (제4권 제2호, 2001); "해체적 정의와 법적 판단", *법과 사회* (제11권, 1995); 김정오, "법에 있어서 포스트모더니즘", *법학연구* (제6권, 1996) 등 참조.

45 이런 법인식이 현대사회에서는 '법에 선험적으로 아로새겨져 있는 진리를 추출해내

언어가 그처럼 새로운 법인식의 재료를 공급해주는 사회는 근대법이 개인이 누릴 권리를 체계적으로 세분화해 온 역사가 상당기간 축적된 사회, 즉 민주적 법치국가의 기틀이 상당한 정도로 자리잡은 사회임을 전제한다. 한국사회도 그런 사회에 속한다.

2) 제도화가 불가능한 정의의 성찰매체로서 문학 그러나 문학의 언어가 언제나 공식적인 법규범으로 제도화될 수 있는 것은 아니다. 가령 교사의 체벌에 대한 논란을 예로 들 수 있다.

(가) 학생체벌의 합리적인 법적 정형화 한편에서는 학생체벌은 인권침해로서 전면 금지되어야 한다고 주장하고, 다른 한편에서는 사랑의 매로 정당화되어야 한다고 주장한다. 이 두 주장 사이에서 법제화는 체벌의 사유를 특정하고, 체벌절차를 공식화하며 체벌도구까지 (길이 몇 십cm, 직경 몇 십mm라는 식으로) 규격화하는 방향으로 나아간다. 이와 같은 체벌의 정형화는 '법적 해결'로는, 적어도 현재 강구된 것으로서는 최선의 방안일 듯하다. 교사의 감정적 체벌에 거리두기를 할 수 있게 하면서도, 매의 교육효과를 완전히 부정하지 않는 균형을 이루기 때문이다.

(나) 권지예 소설의 예 그러나 최선으로 보이는 법제도화로도 해결되지 않는 규범적-실천적 문제의 차원이 문학작품에 의해 비로소 드러날 수 있다. 예컨대 권지예의 『사라진 마녀』[46]에서 주인공은 중학시절의 앳된 여교사를 회상하는데, 이 여교사는 자신에게 인간적 모독을 가한 학생에게 매우 분노하여 이른바 '감정적' 체벌을 가한다. 평소에 '예쁘고 만만한 여선생님'에 대한 짓궂음으로 가득하던 아이들은 그녀를 폭력교사로 몰아가고, 참교육을 꿈꾸었던 여교사는 더 이상 매를 들지 않고 기계처럼 수업만 진행하게 된다. 아이들에 대한 진정한 관심을

는 활동'으로서의 기존 법인식을 대신해가고 있음을 주장하는 이상돈, *새로 쓴 법이론* (세창출판사, 2005), 1~3쪽 참조.

46 권지예, *꿈꾸는 마리오네뜨* (창작과 비평사, 2002), 238쪽 아래 수록.

접은 것이다. 이처럼 체벌의 정형화가 체벌을 매개로 펼쳐질 수 있는 교사와 학생 사이의 인간적인 소통[47]의 차원을 지워버릴 때, 체벌은 어떤 교육적 효과도 발휘하기가 어렵게 된다. 이처럼 체벌을 금지하거나 허용하거나 또한 정형화한다고 해도 해결되지 않는 규범적·실천적 과제에 대한 통찰을 일깨우는 것은 바로 문학이다.

(다) **법을 넘어서는 정의를 발견하는 문학** 여기서 법문학은 법에 담길 수 없는 정의의 차원을 문학을 통해 성찰하고, 그 성찰을 법의 세계에 밀어 넣음으로써, 이미 법이 된 규범적 프로그램이 규격화의 죽음에 빠지지 않고 '살아 있는 규범', 진정으로 '개별사안에 정의로운 규범'으로 기능할 수 있게 한다. 다시 말해 법문학은 제도화될 수 없는 정의의 실현을 촉매한다.

(2) **문학의 내레이션 기법과 법형성** 문학의 언어가 새로운 법인식을 가져다주는 방식은 주로 내레이션(narration)이다. 문학작품 속에 등장하는 인물들은 나름의 자기 이야기를 갖고 있고 또한 하고 있으며, 그들이 하는 그 이야기에 귀를 기울여보면, 합리적 근거와 추론으로 진행되는 논증이 파헤치지 못하는 삶의 진실들이 드러날 수 있다. 법언어의 일반성 혹은 추상성에 묻혀버린 개별자의 특수성이나 다른 가치 그리고 다른 문화들이 문학의 내레이션을 통해 법인식의 세계에 들어올 수 있다.

1) **법과 다른 인권의 목소리** 예를 들어 엄밀한 의미의 문학창작물이라고 하긴 어렵고 수필적인 특성이 강한 『용감한 여성들, 늑대를 타

---

47 이때 소통은 관점교환과 성찰의 전개를 의미한다. 즉 교사는 체벌의 교육적 의미를 학생이 이해하기를 바라면서도 체벌에 실린 자신의 감정을—학생의 편에 서서—반성하고, 학생은 그런 교사의 너무도 인간적인 모습을 보면서 누구나 다른 사람을 부당하게 아프게 할 수 있다는 점을 느끼면서 자신의 행동도 그러했을 가능성을 반성할 수 있다. 각자의 반성은 서로를 더 이해하고, 서로에 대해 단지 '벌주는 타자'가 아니라 '같이 아파하면서 같이 변화를 노력하는 (나의) 너'가 될 가능성을 말한다. 그런 가능성은 가령 체벌도구에 관련해서만 보면 '규격화된 막대기'가 아니라 선생님마다 제각각의 모양을 지닌 '그(녀)만의 매'가 사용될 가능성도 허용한다.

고 달리는』[48]에서 들을 수 있는 성매매여성들의 내레이션은 성매매특별법이 어떻게 성매매여성들의 인권을 침해하는지를 이해할 수 있게 한다.[49] 그녀들이 단지 피해자로서가 아니라 자신의 일과 즐거움, 그리고 억압과 질곡에 대해 당당히 주체로서 맞서 이야기할 가능성은 성매매여성의 인권이 어디에 있는지를 기존의 법과는 다르게 생각하게 만든다.

2) 법다원주의의 매체로서 문학적 텍스트 이와 같이 법적 정의를 실현하는 문학의 기능은 세계화 시대에 더욱 더 중요한 의미를 지닌다. 세계화의 현실은 미국화와 같이 강대국의 법체계와 법문화로 다른 국가가 동화되어 가는 과정이지만, 그 이념은 각국의 고유한 법체계와 법문화가 서로 동등하게 세계사회를 구성하는 데에 있다. 어떤 사안에서는 '이' 국가의 법과 규범이, 다른 사안에서는 '저' 국가의 법과 규범이 초국가적인 보편성을 인정받을 수 있는 가능성이 모든 국가에게 자유롭고 기회균등하게 주어져야 한다. 이를 상호합법성(interlegality)이라고 부른다. 바꿔 말하면 법다원주의는 세계화 시대에 모든 세계시민들에게 요구되는 에토스가 된다. 문학적 텍스트들은 다른 문화, 다른 국가의 규범을 그 문화, 그 국가에 속한 사람들의 입장에서 이해할 수 있는 가능성을 다른 어떤 매체들보다도 세심하게 보여준다.

2. 문학비평의 방법과 법학방법의 상호교류

법문학이 법적 정의를 실현하는 기능은 문학비평의 방법과 법학방법이 의미 있게 교류됨으로써 더욱 촉진될 수 있다. 이미 오랜 세월 문학비평방법과 법학방법은 공통의 철학적 연원을 갖고 평행선처럼 발전되어 왔다. 하지만 이 둘 사이의 생산적인 교류는 별로 없었다.

(1) 법학방법에 영향을 주는 문학비평방법들 법학방법론이 문학비

48 막달레나의 집 엮음, *용감한 여성들, 늑대를 타고 달리는* (삼인, 2002).
49 이에 대해서는 이상돈, *인권법* (세창출판사, 2005), 165쪽; "성매매의 범죄화와 인권침해", *시민과 변호사* (통권 제131호, 2004), 18~22쪽 참조.

평의 방법론에 문을 열어 놓았다면 법학방법론은 더 많은 성과를 거두었을 것이다. 몇 가지 예를 들어 보자.

1) 수용미학이론, 시학이론, 형식주의 문학비평 법해석학이 해석학적 비평의 하나로서 수용미학이론에 대해 일찍이 문을 열어 놓았다면, 법률텍스트가 '단일하게 결정된 의미'를 지닌다는 법률해석학의 오래된 환상은 쉽게 버릴 수도 있었을 것이다. 그리고 형식과 내용의 이분법에 반대하는 브룩스(Brooks)[50]의 시학이론에 법률가들이 관심을 가졌다면[51] 아직도 유지되고 있는 (확장해석을 통한) 법률해석과 법창조의 이분법 도그마[52]가 좀 더 쉽게 극복될지도 모른다. 한편 쉬클로프스키(Shklovoski)[53]가 말했듯이 문학을 자동화된 일상세계를 낯설게 만드는 기법의 총체라고 본다면, 형식주의 문학비평은 법률해석에서 즐겨 사용되는 개념인 일반인, 평균인, 정상인이 법관 개인의 오만과 편견이 집적된 창고와 같은 것이라는 자각을 가져다 줄 수 있다.

2) 바흐친의 문학비평이론과 법학방법론 또한 형식주의와 마르크스주의의 대립을 지양시켰다는 평을 받는 바흐친(Bakhtin)의 문학비평처럼 언어의 의미란 형식의 변별성이 아니라 발화자와 수화자 사이의 이념의 끈에 의해 구성된다는 점, 즉 '나의 내부 객체는 대화를 통해 상대방의 의식 속으로 들어가 그의 시야 속에서 머무르다가 다시 나의 의식 속으로 돌아와 의미를 낳는다'는 주장도 주목할 만하다. 이런 대화론적 비평이론과 법학방법론이 더 일찍 교류[54]를 했다면, 지적 생산

50 C. Brooks(이명섭 역), *잘 빚은 항아리* (종로서적, 1984), 23~24쪽.

51 시학이론과 같은 방법론은 아니지만 시인의 목소리에서 정의를 찾을 수 있다고 보는 윤철홍, "누스바움의 '시적 정의'에 관한 수용적 검토", *법철학연구* (제17권 제2호, 2014), 109~154쪽 참조.

52 이에 대해 자세히는 이상돈, *새로쓴 법이론* (세창출판사, 2005), 116~124쪽 참조.

53 V. Shklovoski(L. Lemon · M. Reis 공역), "Art as Technique", T. Lee 편, *Russian Formalist Criticism* (University of Nebraska Press, 1965), 3~24쪽 참조.

54 최근 이런 작업의 대표적인 예로 신동룡, *저작권법제도의 정당성에 대한 비판적 고찰: 미하일 바흐친의 대화주의를 중심으로* (연세대학교 대학원 박사학위논문, 2005)

물은 지금의 지적재산권법에서와 같은 수준으로 차가운 사적 소유권의 객체가 되지는 않았을지도 모른다. 지적 생산물의 가치는 생산자(저자)가 혼자 창출하는 것이 아니라 소비자(독자)의 의식 속에 머무르고 일정한 반향을 받을 때에 비로소 창출되는 것이라는 통찰은 저작권에 대한 비판적 성찰의 결정적 단서이기 때문이다.[55] 이처럼 법학방법론과 교류하여 새로운 법인식을 개발하게 하는 문학비평의 방법론은 곧 법문학의 방법론이 된다.

(2) **문학비평에 영향을 주는 법학방법**　그러나 법문학의 방법론은 문학비평의 방법론을 법학이 차용하는 일방적 관계 속에만 존재하는 것은 아니다. 법학방법이 문학비평의 방법으로 역류되어 문학비평의 방법이 새로워질 수 있을 가능성도 부인할 수 없다. 이 가능성을 최근 문학비평의 방법으로 가장 각광받고 있는 해체주의 비평을 통해 들여다보기로 한다.

1) **해체주의 비평과 법**　해체주의 비평의 정점인 데리다(Derrida)의 생각을 중심으로 보면, 법텍스트에도 문학적 지층에 숨겨져 있는 고유한 의미작용의 잉여분과 같은 간접적인 메시지가 숨겨져 있다. 이를테면 자연법이나 이성(법)의 무의식 속에 권력적 욕망과 갈등이 은폐되어 있는 것이다. 또한 이성(법)의 언어도 정의 그 자체를 지시하는 것이 아니라 비이성과의 차연(différance)[56]을 통해 그 의미를 갖는다. 그러므

참조.

55 그러므로 지적재산권이란 말은 근본적으로는 지적 인격권으로 대체되어야 한다는 것이 나의 생각이다. 이러한 지적 생산물의 인격권적 토대 위에서 지금의 지적재산권법과 그 이론은 재구성될 필요가 있다. 이와 비슷하게 상업적 성격을 띠는 퍼블리시티권도 프라이버시권과 함께 인격권의 하나로 보는 양천수, "인격권의 법철학적 기초", *법과 정책연구* (제11집 제3호, 2011), 1139~1165쪽 참조. 다만 양 교수는 W. Maihofer의 존재론을 응용하여 퍼블리시티권은 '로서의 존재'(Als-Sein), 프라이버시권은 '자기존재'(Selbst-Sein)이 발현된 권리로 구분하고 있다.

56 데리다의 용어 중 가장 널리 알려진 신조어인 différance를 '차연'으로 번역하는 것에 대해서도 이론의 제기가 있어 왔다. différance가 différence(기존 불어의 '차이')와 문자상으로는 다르지만 음성 상으로 같다는 점을 포착한다면, 이를 음성중심주의가 전제하는 음성과 기록 사이의 일치를 위반하고자 하는 의도적 언어유희로 볼 수

로 이성의 언어 속에는 낯선 것들에 대한 억압과 차별이 내재해 있다. 해체주의 비평은 그런 (법)철학에 깃든 이성의 신비를 벗기고자 하는데, 그런 작업, 즉 '해체의 가장 진전된 형식'[57]이 문학(비평)이 된다.

이런 비평은 논증과 (문학적) 수사 사이의 차이를 결코 본질적인 것으로 보지 않는다.[58] 이와 같은 비평이론의 관점에서 보면 법적 정의는 힘이 되고, 정의의 유일한 가능성은 오히려 (힘으로서) 법을 해체하는 데에 있다. 그러므로 해체주의는 민주적 의견형성이 정상적으로 작동하는 민주주의체제, 예컨대 하버마스가 제안한 토론민주주의(deliberative democracy)의 체제에서 생산되는 법에 의해서도 비이성으로 차별되어진 목소리(차이의 내레이션)에 귀를 기울이고, 이를 드러내 보인다. 문학(비평)은 그렇게 만들어진 권력을 해체하는 가장 효과적인 통로가 된다. 가령 성적 자기결정권이라는 이성법의 언어 속에 성매매여성의 노동의 자유가 배제되어 있음을, 해체주의 비평은 다양한 문학작품을 통해 선명하게 드러내 보여준다.

2) 법해석학이 해체주의에 주는 영향 그러나 성매매여성의 억압과 차별을 해체하는 것은 단지 성적 자기결정권이라는 이성의 법언어를 해체하는 것으로 끝나지 않는다. 억압과 차별의 해체는 그것을 행한 언어가 해체되고, 다시 구성됨으로써 비로소 더 완성적인 것이 된다. 법학방법론은 그런 재구성을 끊임없이 행한다. 대표적으로 법해석학(Juristische Hermeneutik)[59]은 해체는 해체로 끝나지 않고 언제나 동시

있다. 그렇기에 그런 의도를 살리기 위해서는 차연보다는 차이라고 번역하는 것이 더 적합하다는 견해도 제기되었다. 이에 따라 '문자 상으로는 다르나 음성 상으로는 같은' 번역어로서 한자를 다르게 하는 등이 구상되고 있기는 하나, 아직 모색단계이므로 여기서는 기존의 '차연'이란 번역어를 사용한다.

57 P. de Man, *Allegorien des Lesens, Deutsch übersetzt* (Frankfurt/M., 1988), 48쪽; 최문규, "비판이론과 해체론", *문예미학* (제6호), 292쪽.

58 김용복, "철학과 문학의 이음새－데리다의 후설 의미론 읽기", *인문사회과학연구소논문집* (제25집, 1996), 18쪽.

59 법해석학에 관하여 이상돈, *새로 쓴 법이론* (세창출판사, 2005), [6] 단락; W. Hassemer(배종대 · 이상돈 편역), *형법정책* (세창출판사, 1999), 53~78쪽 참조.

에 어떤 것을 재구성하는 것이며, 이 재구성은 결코 완전히 새로운 것이 아니라 전통의 재해석에서 비롯되는 것임을 밝혀주었다.

법해석학은 이를테면 성매매나 동성애, 성전환(트랜스젠더) 등도 성적 자기결정권의 개념에 새롭게 집어넣을 수가 있다. 이와 같이 개념을 단지 해체하기만 하는 것이 아니라 다시 구성하는 법학의 이 오래된 방법론은 해체주의 문학비평에게도 다른 성찰을 요구한다. 해체주의 비평은 니힐리즘적 부정에 빠질 위험을 언제나 경계하고 성찰할 가능성을 해체의 공간 속에 남겨두어야 한다는 것이다. 그러므로 해체주의 문학비평은 법해석학이 교정해주는 바를 수용할 때 문학작품을 좀 더 적절하게 비평할 수 있다. 이것은 법학방법이 문학방법에 영향을 주는 예의 하나일 뿐이며, 더 많은 가능성이 열려 있다.

Ⅴ. 법문학의 실행자로서 법문학비평

법과 문학이, 그리고 문학비평과 법적 정의가 서로에 내재하면서 서로 형성하고, 서로 자기를 제어하는 평형을 이루게 되면 법문학은 법률과 같이 완전한 법존재의 하나가 된다. 그런데 법률은 텍스트이고, 법규범은 그 텍스트의 해석을 통해 실현된다. 마찬가지로 문학작품도 하나의 텍스트이고, 그 텍스트의 실현은 법률해석처럼 비평을 통해 이루어진다. 법과 문학을 하나가 되게 만드는 것은 해석과 비평이다. 여기서 법문학비평(literary criticism of law)이라는 차원이 펼쳐진다. 즉, 문학비평을 통해 법을 형성하고, 법해석을 통해 문학을 형성하는 차원이 성립하는 것이다. 여기서 '비평이 법이 된다'(Critics become the law)는 현상을 말할 수 있다. 그리고 법률해석이 법률의 실행인 것처럼 법문학비평은 법문학의 실행자가 되며, 하나의 (기초)법분과가 된다. 아래서는 법문학비평의 개념과 그 독자성에 대해 좀 더 분석적으로 설명해보기로 한다. 법문학비평은 '문학과 법 그리고 인간의 연결고리로서 비평'

(아래의 1.), '문학비평을 통한 법형성'(아래의 2.) 그리고 '포스트모던과 모던의 변증'(아래의 3.) 등 세 항의 개념요소들에 의해 파악된다.

1. 문학, 법 그리고 인간의 연결고리로서 비평

(1) 법과 문학을 접합시키는 문학비평 '법문학비평'은, 법문학의 네 가지 분야들(문학 속의 법, 법의 문학통제, 문학으로서 법, 문학이론의 법적 수용[60])을 수행하는 행위이자, 법문학이 하나의 독자적인 학문으로서 현존할 수 있게끔 하는 구체적인 방법론이다. '법과 문학'을 넘어선 학문 분과로서 '법문학'은 '법과 문학의 내적 연관', 즉 법이 문학을 형성하고 동시에 문학도 법의 생성연원이 되면서 서로가 제어하는 평형의 관계에 의해 존립한다. 이때 문학비평은 그런 평형적 관계를 이루는 연결고리와 같은 역할을 한다.

예컨대 '문학 속의 법'(law in literature) 차원에서는 문학을 비평하는 실행을 통해 그 문학에서 그려진 법에 대한 비판과 반성, 재구성이 의도하였든 의도하지 않았든 기획된다. 또한 '법의 문학 통제'라는 쟁점에 있어서도 검열이 문학을 '구성하는' 역사적·사회적 의사소통의 과정 속에는, 그 문학작품 읽기 중에 일어나는 카타르시스나 불편한 감정 혹은 억압된 감수성의 체험을 통하여, 검열의 배후인 법에 대한 반성과 변혁의 에토스가 형성된다. '문학으로서 법'(law as literature)의 경우에도 법을 문학으로 바라보고 비평할 때, 그것이 갖는 심미적 결함이나 수사(rhetoric)의 이데올로기성은 법적 정의의 결함 혹은 법적 이데올로기의 강박으로 지각될 수 있다. 또한 법해석방법이 문학사회학이나 수용미학 등 문학비평방법에서 착안점들을 얻는 것과 마찬가지로, 역방향으로 법해석현실에서 얻어진 성찰들 또한 문학비평방법에 착안점을 주거나 그것을 더욱 두텁게 근거지울 소재를 제공해준다.

(2) 법규범의 내면화기제로서 문학비평 문학비평은 그것에 의해 형

60 이에 관해서 자세히는 이상돈·이소영, *법문학* (신영사, 2005) 참조.

성되는 법을 시민들이 내면화하는 데에도 적합한 법학방법이 된다. 이론적 차원에서 법학방법이 천착해온 '정의'가 실천적 차원에서 실현되는 데에는 개개의 주체들이 이를 체화하는 과정이 필요하다. 법은 형이상학적 이론화만이 아닌 개개의 수범자들의 규범내면화를 통해서만 사회학적 효력이 있는 '법', 살아있는 법일 수 있기 때문이다. 그런데 법규범의 내면화는 '외부적 학습(교육)'이나 '의식적 내면화'에 의해 진정으로 달성되기가 어렵고, 또한 '무의식에 스며드는'의 형태를 띠지도 못한다. 문학비평은 그것이 형성하는 법에 관해 수범자들을 훈육하는 것이 아니라 카타르시스나 낯설게 하기 등의 방법들을 활용하여 수범자들이 반半무의식적으로 그리고 자율적으로 내면화하게 한다. 이런 점에서 문학비평은 법과 문학의 평형적 연결고리가 될 뿐만 아니라 법을 문학적 체험과 감동의 통로를 통해 개인들의 내면 속으로 자연스럽게 밀어 넣는 기능을 수행한다.

2. 법형성으로서 문학비평

(1) 비평의 개방적 다성성과 해석의 폐쇄적 규준성 문학비평이란 어떤 작품을 이해하기 위하여 해석·분류·평가하는 일체의 활동을 가리킨다.[61] 문학비평이란 다른 이의 문학작품에 '대해서' 관심을 갖는 행위이다.[62] 이 관심은 소극적이며 수동적인 관심만이 아니라 적극적이며 능동적인 관점도 포함한다. 즉 문학비평은 '어떻게 읽을지'에 관한 관점의 표현이기도 하다. 그런 관점이 없다면 문학작품 자체는 텍스트로만 존재할 뿐 예술적 감동을 일으키는 기능체가 될 수 없다. '모든 예술은 벙어리'라는 프라이(Frye)의 말은 이를 말해준다.[63] 즉 문학은 언어로

61 이상우·이기한·김순식, *문학비평의 이론과 실제* (집문당, 2002), 9쪽.
62 F. Sparshott, "비평의 문제의 문제성"(The Problem of the Problem of Criticism), P. Hernadi 편(최상규 역), *비평이란 무엇인가(What is Criticism?)* (정음사, 1984), 24쪽.
63 N. Frye(임철규 역), *비평의 해부(Anatomy of Criticism)* (한길사, 2000), 4쪽 아래.

만들어진 것이지만, 독자에게 직접 말을 하지 않고 상상의 언어로 바뀌진 채 우회적으로 다가선다.

그런데 문학비평은 법률해석보다 훨씬 다양하고 개방적이다. 법률해석은 법체계의 논리적 구조나 역사적인 발전사 때문에 언제나 '규준'(cannon)의 형태를 띤다. 규준에 따른 해석은 단일한 것은 아니지만 충분히 다양하고, 다성적이지는 않다. 때로는 폐쇄적이기도 하다. 법률해석은 개방적으로 새로운 규준을 수용하더라도, 곧바로 그것을 패러다임으로 굳혀버린다. 이에 비해 문학비평에는 그런 규준이 없다. 관심과 관점에 따라 예술의 절정과 쓰레기 사이를 왔다 갔다 한다. 심지어 좌파적 문학작품도 우파적으로 읽을 수 있고, 그 반대도 가능하다. 문학비평이 이처럼 다양하고 개방적임으로써 벙어리상태의 문학은 독자에게 자신을 다양한 모습과 목소리로 보여주고 들려줄 수 있게 된다. 이처럼 문학비평이란 문학텍스트라는 악보의 연주자(performer)와 같은 것이 된다. 법학에서 이러한 비평의 기능을 담당해오던 것은 물론 법률해석이었다.

(2) 문학비평을 통한 법률텍스트의 우회해석 법률해석은 법률텍스트의 연주자(performer)인 것이다. 법문학비평이 법률해석과 또 다른 점은 법률텍스트의 직접적 해석이 아니라 문학비평이라는 '우회적 방법'으로써 이 역할에 새로운 지평을 연다는 점이다. 문학비평은 정밀한 논리로 구성된 법률의 해석이 해내지 못하는 기능을 법률의 독자이자 수범자인 시민들에게 수행할 수 있다. 이때 법률해석을 대신하는 기능은 단지 이미 존재하는 법의 의미를 풀어내는 차원뿐만 아니라, 해석차원을 넘어서 새롭게 미래의 법을 구상하고 구축하는 차원에까지 미친다.

예컨대 '표현의 자유와 검열' 같은 쟁점에 대해 문학비평은 검열관련 법제검토(법사회학적 접근) 혹은 검열당한 작품사연구(문학사적 접근)가 갖는 편면성을 넘어선다. 법문학의 고유함은 '규제에 대한 문학적 수용 혹은 저항이 작품형성에 어떻게 반영되고, 이것이 다시 규제형성에 어떤 변화를 되가져오는지',[64] 그 상호형성관계를 읽어내는 데서 온다.

★ 문학비평이 법에 미치는 영향의 예시적 설명 ① 이소영 교수는 식민지 시대 여성작가 최정희의 작품(『흉가』[1937], 『천맥』[1941] 『야국초』[1942])을 예로 하여 (군국의 어머니상을 지향하는) 일본제국의 제도적 검열과 (아버지의 부재나 무력함 속에서 순정을 훼손당한 우리누이의 몸이라는 상징을 통해 민족의 자기동일성을 강박적으로 유지하는 것에 지향되어 있는) 도덕적 민족주의의 검열, 그리고 이 둘에 동근원인 (전통적인 여성성을 낳은) '아버지의 법'이라는 젠더의 검열을 내면에 기입하면서, 그것들에 대한 "불순한 복종"(promiscuous obedience)[65]을 통해 여성의 자기존재와 주체성을 드러내는 식민지의 내러티브가 — 친일파적인 전향 이전(예: 흉가)이나 이후(예: 야국초)를 모두 관통하면서 — 최정희 작가의 소설들을 형성하고 있음을 탁월하게 분석하고 있다. ② 이러한 문학비평은 가령 『일제하 일본군위안부 피해자에 대한 보호·지원 및 기념사업 등에 관한 법률』에서 '기념사업'(제11조)의 의미나 방향에 대한 비판적 관점을 제공할 수 있다. ③ 그 밖에도 이러한 문학비평은 형법의 해석에도 영향을 미칠 수 있다. 이를테면 박유하의 『제국의 위안부』에 대한 명예훼손죄 소송의 핵심은 그 작품이 위안부의 명예를 훼손하는 것인가 하는 점인데, 이 점은 위안부의 주체성을 어떤 관점에 바라보느냐에 따라 다르게 판단될 수 있고, 이러한 문학비평은 주체성에 관한 새로운 관점을 제공해준다.

또한 '저작권법' 문제에 있어서도 단순히 '문학작품을 다루는 법'을 고찰하는 편면성을 넘어, 독자반응비평이나 수용미학 등의 비평이론들을 통해 근대의 배타적·독점적 저작권개념을 넘어선 새로운 '저작권법 이론의 구축'에 일조할 수 있다.

---

64 이에 관해 자세히는 이상돈·이소영, *법문학* (신영사, 2005), 52쪽 아래 및 이상돈, "법문학이란 무엇인가?", *고려법학* (제48호, 2007), 67~71쪽 참조.

65 버틀러(J. Butler)(조현순 역), *안티고네의 주장(Antigone's Claim)* (동문선, 2005)에서 펼친 이론으로 부계적 법의 명령을 존중하면서도 이에 불복하는 대응양상을 가리킨다.

3. 포스트모던과 모던 사이의 순환으로서 비평

문학비평의 다성성은 법문학비평, 즉 문학비평을 통한 법형성에서 포스트모던적 사고와 모던적 사고의 이분법[66]을 극복하게 해준다. 문학비평은 모던(이성)과 포스트모던(이성의 해체, 비이성)의 이분법으로 교조화되기보다는 이성과 비이성 사이 어딘가에, 바꿔 말해 이성을 구현했다는 법제화와 실정화된 법의 지속적인 반성과 해체 사이에서 영원히 오고 갈 수 있기 때문이다. 즉 문학비평의 무한한 다성성은 문학비평으로 하여금 언제나 모더니즘의 동일성강제(Identitätszwang)에 저항하는 내재적 속성을 띠기 쉬운 문학(과 예술)을 실행하도록 하는 것이지만, 동시에 이성 속에 내재된 인문적 전통을 복원하는 경향을 띨 수 있게 만든다. 이는 언제나 교조화 되기 쉬운 법학방법론과 구별된다. 이를테면 근대법사유의 구성적 기초개념들을 문제화한 포스트모던 법학마저도 '비이성'의 어둠 속에 묻혀버린 관념들과 목소리들을 복원하는 데 주목하면서 동시에 언제나 이성해체의 패러다임 속에 빠지곤 한다. 하지만 '정의'란 이성의 반대편에만 존재하는 것도 아니다. 이성의 해체 자체는 이론적으로 이미 다른 이성에 대한 예료(Antizipation)를 전제로 할 뿐만 아니라, 실천적으로 이성의 인권실현적 기능마저 파괴해버릴 수 있기 때문이다. 문학비평은 모더니즘 법학과 포스트모더니즘 법학의 이분법도 넘어서는 법형성의 기제가 된다. 다시 말해 문학비평에 의해 형성되는 법적 정의는 교조화된 통일적인 이념의 집이 아니라 다성적인 형태로 현존하게 된다.

---

66 법문학에서 포스트모던을 근대이성법의 보편성과 주체중심사고, 배타적 소유의 억압성을 폭로하는 안티모던의 의미로 이해하고, 포스트모던 사고는 ① 법과 문학의 상호적 구성과 ② 법수사의 이데올로기성을 폭로할 수 있게 한다고 보는 이소영, "포스트모던 법문학의 가능성들", *법철학연구* (제12권 제2호, 2009), 419쪽. 그러나 이 두 가지 기능은 포스트모던 법문학비평만 수행하는 것이 아니라, 어떤 법문학비평이든 발휘할 수 있는 가능성이 있다고 보아야 한다.

13 법과 예술

Ⅰ. 예술과 법의 관계변화

1. 예술과 법의 외재성

예술에 대한 법적 규제라고 하면, 흔히 예술작품의 거래에서 발생하는 다양한 법적 문제들, 이를테면 위작僞作에 대한 책임, 문화재에 대한 일탈행위(예: 절도, 밀반출 등), 예술작품거래를 통한 조세포탈 등에 대한 처벌 등을 떠올린다. 이런 법은 예술의 영역 안으로 들어가는 것이 아니라 단지 법적 통제영역을 예술이라는 전문영역으로 확장하는 것이다.

(1) **예술의 법적 통제와 관점의 대립** 하지만 법은 예술작품의 예술성을 규제하기도 한다. 가령 법은 예술작품이 음란하다는 이유로 음화제조와 판매죄(형법 제243조, 제244조)를 적용하거나 이적표현물이라는 이유로 이적표현물작성죄(국가보안법 제7조 제5항)를 적용하며, 다른 예술작품을 모방하였다는 이유로 저작권침해죄(저작권법 제136조 제2항)를 적용한다. 이러한 법적 규제는 작품의 예술성 문제를 건드린다. 법원이 작품의 예술성을 낮게 평가할수록 그 작품은 음란성이나 이적성 또는 모방성을 이유로 처벌될 가능성이 높아진다.

이렇게 작품의 예술성 유무나 그 정도를 판단할 때, 법은 예술작품에 대한 자신의 통제가 그 작품의 예술성에 미치는 영향을 고려하지 않는다. 그런 점에서 법은 예술 밖에 위치한다. 즉 법은 예술에 대해 외재적(extern)이다. 대개의 법률가는 법을 예술에 대해 외재적인 것으로 바라본다. 그런 법률가들은 예술비평을 법으로 예술작품을 통제할 때 참고해야 하는 전문가 의견쯤으로 이해한다. 법원은 예술작품에 대한 재판에서 감정인의 의견으로서 예술비평을 고려하고, 객관적이고 규범적인 잣대로 예술작품의 예술성을 판단함으로써 법적 통제여부를 결정한다. 물론 예술가의 관점에서 볼 때도 예술은 법의 밖에 위치한다. 그렇기 때문에 대부분의 예술가는 예술작품을 규제하는 법이 사라질수록 예술은 꽃피울 것이라고 믿는다. 여기서 표현의 자유는 마치 처분불가능한 권리, 자연법적 권리처럼 주장되기도 한다.

(2) **예술 개념의 결정불가능성** 그런데 예술성에 대한 법적 규제는 예술이 무엇인지에 대한 규명 없이 이루어진다. 그런 점에서 예술 개념은 거의 "결정불가능성의 시련"[1](the ordeal of undecidability)을 겪고 있다고 말할 수 있다. 그렇기에 예술성 부족을 이유로 예술작품을 처벌하는 법은 마치 유령[2]과도 같다.

> ★ 응용미술작품의 말하지 않는 예술성과 법의 차연 ① 저작권법은 고유성, 예술성, (물품과의) 독자성이 있을 경우에만 응용미술작품을 보호한다. 판례도 응용미술작품은 "하나의 독립적인 예술적 특성이나 가치를 가지고 있어 예술의 범위에 속하는 창작물에 해당하는 것만이 저작물로서 보호된다"(大判 94도3266)고 본다. ② 2002년 히딩크 감독이 착용하여 유명해진 일명 히딩크넥타이의 도안을 모방한 다른 넥타이의 제작자는 저작복제권침해죄로 처벌된 바 있다(大判 2005도1450). 그러나 히딩크넥타이의 양식(style)은 팔괘, 태극문양, 사각형, 다이아몬드형의 점을 고유하게 배열하여 8강, 4강, 2강을 상징화할 뿐, 디자인보호법의 보호수준을 넘어서는 예술성이 있는지는 의문이다. ③ 법원은 예술성 판단이 판결을 좌우함에도 정작 예술성에 대해 '나중에 말할 것'처럼 하면서 말하지 않

1 이 개념에 대해 자세히는 John D. Caputo, *Deconstruction in a Nutshell: A Conversation with Jacques Derrida* (Fordham University Press, 1997), 138쪽.
2 Jacques Derrida(진태원 옮김), *마르크스의 유령들* (이제이북스, 2007) 참조.

는다. 즉, 법은 데리다의 용어로 차연差延(différance)되어 있는 것이다. 나중에 가서야 말할 수 있게 되는 것(예술성)에 의해 지금의 법을 실현하고 있는 것이다.[3]

물론 예술철학에서는 예술 개념을 정의하기도 한다. 가령 더턴(Dutton)은 예술 개념의 내포를 직접적 쾌락, 기술 또는 기교, 양식, 새로움과 창조성, 비평, 재현, 특별한 초점, 표현적 개성, 감정적 침투, 지적 도전, 문화적 전통, 상상적 경험의 특성으로 파악하는 자연주의적(naturalistic) 예술개념[4]을 정립한 바 있다. 그러나 이런 분석적 관점도 예술과 비예술을 명확하게 경계 지을 수는 없다. 이는 단지 예술로 인정되는 작품이 갖는 다양한 특성들을 보여줄 뿐이다.

★ 더턴의 예술 개념와 예술비평의 의미　더턴(Dutton)은 보편적 예술 개념의 정립이 실패한 이유를 예술의 형태와 기술이 역사적으로 사회적으로 변화하는 점, 예술철학자들이 자신들에게 고유한 미학적 체험으로부터 예술 개념을 형성하는 점, 예술 개념의 정립에 철학적 수사학이 만연한 점에서 찾는다.[5] 그는 문화를 가로지르는 예술 담론과 그에 기초한 12가지의 특징들로써 자연주의적(naturalistic) 예술 개념을 정립한다.

예술의 개념 요소	내용
ⓐ 직접적 쾌락 direct pleasure	예술품은 다른 목적을 위한 유용성이 아니라 그 자체로 경험적 쾌락의 직접적 근원이다.
ⓑ 기술 또는 기교 skill or virtuosity	예술행위는 특별한 기술이나 기교가 필요하다.

3 이 설명의 자세한 내용은 이상돈, *미술비평과 법* (법문사, 2013), 11~19쪽.

4 이 요소들에 대해서는 자신의 개념정의를 자연주의적 개념정의(naturalist definition)라고 보는 Denis Dutton, "A Naturalist Definition of Art", *The Journal of Aesthetics and Art Criticism* (Vol. 64, No. 3, 2006), 367쪽 참조; 자연주의적 예술 개념의 한계에 대한 비판으로 이상돈, *미술비평과 법* (세창출판사, 2013), 21~30쪽 참조.

5 Denis Dutton, "A Naturalist Definition of Art", *The Journal of Aesthetics and Art Criticism* (Vol. 64, No. 3, 2006), 367쪽.

ⓒ 양식 style	예술은 양식 속에서 또는 양식에 대항하여 (그 신선함과 경이로움이) 생성된다.
ⓓ 새로움과 창조성 novelty & creativity	예술은 규칙에 지배되지 않는 새로움과 창조성이 있다.
ⓔ 비평 critics	예술은 작가들 사이의 커멘트나 비평가들의 공적 담론, 대중들의 평가 등의 비평과 함께 한다.
ⓕ 재현 representation	예술은 세계의 현실적 또는 상상적 경험을 모방적으로 나타낸다.
ⓖ 특별한 초점 special focus	예술은 일상생활로부터 괄호치고, 경험에 대해 고유하고 드라마틱한 초점을 이룬다.
ⓗ 표현적 개성 expressive individuality	예술은 그 창작활동에 따른 성취가 (제조물의 생산활동과 달리) 모호하고 그 성취의 끝도 열려있어서 표현적 개성이 펼쳐질 잠재적 공간이 크다.
ⓘ 감정적 침투 emotional saturation	예술의 내용은 감정을 일으키고, 감정적 풍미(flavor)나 기조(tone)가 스며들어 있다.
ⓙ 지적 도전 intellectual challenge	예술은 인간의 인지능력과 지적능력을 최대한 활용하도록 디자인된다.
ⓚ 문화적 전통 art tradition & institutions	예술은 문화적 전통과 역사적 맥락 속에서 창조되고, 그 의미를 가진다.
ⓛ 상상적 경험 imaginative experience	예술은 작가와 관객 모두에게 가상의 세계에서 꿈꾸는 상상적 경험을 제공한다.

더턴(Dutton)이 제시한 12개 요소 중 첫째, 기술 또는 기교(ⓑ), 새로움과 창조성(ⓓ), 재현(ⓕ), 상상적 경험(ⓛ)은 예술에 고유한 요소가 아니며 예술과 비예술을 경계지우는 기준으로서도 무용하다. 둘째, 양식(ⓒ), 비평(ⓕ), 표현적 개성(ⓗ), 인지능력과 지적능력의 최대화(ⓙ), 문화적 전통과 역사적 맥락(ⓚ)의 요소는 예술의 중요한 요소이긴 하지만 이 요소들이 흠결되어 있다고 하여 곧바로 예술이 되지 않는 것은 아니다. 예술과 비예술을 경계 지우는 기능이 매우 불완전하다. 셋째, 직접적 쾌락(ⓐ), 특수한 초점(해방적 기능)(ⓖ), 감정적 침투(ⓘ)는 예술이 되기 위해서는 반드시 갖추어야 할 요소가 된다. 다만 감정적 침투는 예술과 비예술을 경계 지우는 기능이 상당히 불안정하다. 넷째, 예술성의 판단에서 필수적인 입력요소들, 특히 양식(ⓒ), 비평(ⓔ), 사상(지적 도전)의

요소(ⓗ)는 예술성을 판단하는 가장 중요한 요소가 되고, 그 요소마다 직접적 미학적 쾌락과 해방적 기능이 어느 정도 들어가고 나오는지를 분석하는 것이 바로 예술비평이다.

또한 헌법재판소는 예술을 적극적으로 정의하지 않지만, "인간성을 왜곡하는 노골적이고 적나라한 성표현"은 예술이 아니라는 식으로 소극적으로 정의한다.[6] 그러나 표현내용이 인간성을 왜곡하는 것이라고 해서 예술성이 생성되지 않는 것도 아니다. 이처럼 법은 예술에 대해 외재적이면서 예술이 무엇인지 해명하지 않은 채 예술성을 판단한다. 그렇기에 법은 자칫 예술성을 빌미로 권력이나 이념을 예술세계에 강요하는 것일 수 있다.

2. 예술과 법의 상호내재성

이러한 기존의 이해와는 달리 법과 예술은 서로에게 내재적이기도 하다. 법과 예술의 상호내재성에 대한 인식은 예술작품에 대한 법적 규제의 방향에 큰 영향을 준다.

★ 법과 미술의 내밀한 연관 예술과 법의 상호내재성은 예술과 법에 대한 기호학적 분석을 통해서도 증명된다. 가령 모던미술의 특징과 근대이성법은 내밀한 연관[7]을 갖고 있으며, 포스트모던 미술(또는 현대미술)도 포스트모던 법(예: 법다원주의)과 병행적인 역사적 현상이라고 할 수 있다. 가령 모던미술과 근대이성법의 기호학적 의미 동일성은 아래의 도표에 의해 요약할 수 있다.

모던미술	근대 이성법
내러티브 진보적 발전의 거대사	계몽의 역사와 법의 진보
의식이 지배하는 감각의 주체적 표현	실천이성의 법
양식성(style): 재현의 양식 성찰	권리의 체계성

6 헌재결 95헌가16 참조.
7 이에 관해 자세한 내용은 이상돈, *미술비평과 법* (법문사, 2013) 124쪽 아래 참조.

시각성(visuality)	텍스트로 환원된 시각성
평면성(flatness)과 정면성(frontality)	자유의 수평적 평등성
모방성(mimesis)	법존재론(자연법)

(1) **예술비평과 법** 예술과 법의 상호내재성을 가능케 하는 것은 무엇보다도 예술비평이다. 예술비평은 예술성을 해석하고 구성하는 작업이면서 동시에 법의 해석을 좌우하는 실질적인 요소이다. 이는 법적 추론(legal reasoning)이 — 작품에 대한 음화제조반포죄의 적용에서 보듯 — 법률의 해석을 좌우할 수 없는 영역에서[8] 특히 그러하다. 수사학적으로 말한다면 예술비평이 주어이고, 예술작품의 예술성은 술어이며, 법은 주어와 동격인 보어의 자리에 위치한다. 이 한에서 '예술비평은 법이 된다'(Art Critics become the law)고 말할 수 있다.

1) **예술을 구성하는 법** 이런 이해에 의하면 법과 예술이 상호작용하는 모습은 다음과 같이 새롭게 정립된다. 법은 예술비평과 함께 그리고 예술비평을 통해서 예술작품의 예술성을 형성한다. 이런 기능은 형사처벌이 예술성의 고양된 형태로서 숭고미를 생성시킨다는 점에서 더욱 명확하게 드러난다. 형사처벌이 오히려 예술성을 생성시키거나 높이는 차원을 고려하면서 예술비평을 한다면, 그 예술비평은 바로 법적 인식관심에 의해서 이끌려진 것이 된다. 그런 예술비평을 법예술비평(legal criticism of art)이라 할 수 있다. 이를 아래 Ⅱ.에서 자세히 다룬다.

2) **법을 형성하는 예술** 예술비평이 예술작품에 대한 법의 해석·적용을 좌우한다는 점에서 보면, 예술비평은 법을 구성하는 요소가 된다. 즉, 예술비평을 통한 법의 해석적용은 법적 통제의 기제에 미학적 가치를 이식시킴으로써 법의 아름다움(특히 '절제미')을 실현하고, 그로써 미학적 정의(aesthetic justice)가 법적 정의의 한 부분을 구성하도록

---

8 가령 미술교사의 <우리부부> 사진의 음란성 해석에서 법적 추론은 참인지 거짓인지를 판별할 수 없다는 점을 보여주는 김혁기, "법적 추론의 기능에 대한 고찰", *법철학연구* (제13권 제1호, 2010), 19쪽 참조.

만든다. 이처럼 예술비평이 예술작품에 대한 법적 통제의 절제를 이끄는 방향으로 이루어질 때, 예술비평은 이미 법적 인식관심에 의해서 유도된 것이며, 그런 한에서 그 예술비평은 법예술비평이 된다. 이를 아래 Ⅲ.에서 자세히 다룬다.

(2) 예술성과 미학적 법적 정의의 동시적 생성 법과 예술의 관계가 이와 같은 두 가지 모습으로 새롭게 이해되면, 예술작품에 대한 법적 통제의 일반적인 가이드라인을 마련할 수 있게 된다. 이 가이드라인은 예술비평을 통해 구성적으로 판단되는 예술성의 정도를 법적 통제에서 의미 있는 유형으로 단계화하고, 각 단계마다 적정한 법적 규제의 방안을 모색하는 것이다. 예술작품을 적정하게 규제하는 법은 법에 의한 예술작품의 숭고미와 예술작품에 의한 법의 미학적 정의(법의 절제미)를 동시에 생성시키는 규범이 될 것이다. 이를 아래 Ⅳ.에서 자세히 다룬다.

(3) 시네마토그래피의 법예술비평방법 예술비평의 방법은 법학방법의 중요한 방편이 될 수 있다. 여기서는 그 가능성에 대해서만 시네마토그래피(cinematography)의 비평방법[9]을 예로 간단히 언급하기로 한다.

1) 시네마토그래피 방법의 의미 시네마토그래피는 영화제작에서 피사체를 촬영하여 영화 이미지를 만드는 다양한 기술적 측면을 가리킨다. 그런데 정신분석학자들은 환자의 표정과 몸짓을 깊이 이해하기 위해 사진을 찍고, 각 사진의 이미지를 분석하고, 환자의 정신적 특성을 파악하며, 사진의 재배열(편집)을 통해 그의 정신을 분석하곤 한다. 시네마토그래피 비평방법이란 바로 이런 정신분석학의 방법을 예술비평에 전용한 것을 말한다. 즉, 예술비평은 ① 그 작품의 모습을 세세한 부분까지 (카메라에 의해) 순간의 시간에 담아, 그 이미지를 해석하고,

9 이 방법은 모세상에 대한 프로이트의 정신분석학적 해석(이에 관해 Mary Bergstein, “Freud’s Moses of Michelangelo, Photography, and Art Historical Practice”, *The Art Bulletin* [Vol. 88, No. 1, 2006], 158~176쪽)에서 비롯된다. 프로이트의 정신분석학적 모세상 해석을 시네마토그래피로 바라본 Peter Fuller, *Art and Psychoanalysis* (London, 1980), 40~57쪽 참조.

② 그때그때의 정신특성을 분석하며, ③ 그 해석되고 분석된 내용의 배열을 바꿈(편집)으로써 그 예술작품의 의미를 밝혀내는 창작적 행위이다. 이런 비평방법은 예술비평의 작업방식일 뿐만 아니라 어떤 예술비평을 비판적으로 재구성하는 방법이기도 하다.[10] 이 방법이 법률해석에도 유용한 방법이 된다.

2) 시네마토그래피 방법과 법률해석 시네마토그래피는 법률해석방법도 될 수 있다.[11] 예를 들어 대법원은 (구) 형법 제297조의 부녀婦女의 해석에서 남자로 태어나 성전환한 자를 제외하였다가(大判 96도791), 포함하는 것으로 변경한 바 있다(大判 2009도3580). 이런 해석은 사실은 이성법을 현실에 옮기는 법률해석방법이 아니라 시네마토그래피의 비평방법에 의해 그려진 것일 수 있다. 성전환자의 삶을 하나의 그림이라고 가정해보자. 그 그림 속의 성전환 사람(남자)은 여성성의 코드로 무장한 모습과 언행을 보임으로써 여성의 이미지를 보여주며, 그 사람의 정신특성은 수년간 여성의 성정체성을 갖고 살아왔고, 그 정체성 속에서 심지어 남성 성기를 제거하는 수술까지 받는 '정신적 특성'을 가졌다는 점에서 여성의 특성을 갖고 있으며, 수술 후에도 여전히 결핍된 여성의 유전자 구조나 생식능력이라는 요소는 그의 성적 의미를 파악할 때 삭제하는 편집을 통해 제거해버릴 수 있다. 이와 같은 시네마토그래피의 법해석은 감성의 법을 실현한다. 힘겹게 살고 수술까지 받는 고생을 마다하지 않고 성전환한 자에게 연민을 느끼며, 법에게 그를 여성으로 대우해 주라고 요구하는 시민들의 감정은 법감정이 된다. 그토록 여성으로 살고 싶어 죽도록 노력하는 성전환자의 모습에 알 수 없는 아름다움(숭고미)을 느끼는 미학적 체험에 의하면 그를 여성으로 취급하는 것이 정의로운 것이 된다. 이는 법적 정의가 미학적 정의로서

10 예술비평으로서 시네마토그래피의 방법에 관해 자세히는 이상돈, *미술비평과 법* (법문사, 2013), 54~60쪽; *스토킹 범죄의 처벌 제도 개선방안 연구* (대법원 법원행정처, 2017) 참조.

11 이 점에 관해 자세히는 이상돈, *미술비평과 법* (법문사, 2013), 60~66쪽 참조.

재구성됨을 뜻한다. 이 미학적 체험은 잘린 귀를 붕대로 싸맨 고흐(Vincent van Gogh)의 자화상을 볼 때 느끼는 미학적 체험과 유사하다. 성전환자의 힘겨운 삶에 대한 연민이 다수의 시민들에게 공통적으로 발생할 때, 그를 여자로 취급하는 법은 공감(empathy)의 토대 위에서 규범적 타당성을 갖게 된다.

하지만 이런 시네마토그래피의 법률해석은 법텍스트의 자연언어적 의미를 넘어서는 것이며, 이성법적 전통(유추금지원칙)에서 비켜나 있는 것이다. 이런 감성법의 형성에 개방되어 있는 이성법은 '성찰적 모더니즘'의 법이 된다. 이 성찰은 이성적 논거로 무장한 채 합리적인 입법의 과정으로 이어질 수 있다. 성전환자를 강간죄의 객체로 인정하기 위해 강간죄(형법 제297조)의 객체를 "부녀"에서 "사람"으로 변경한 법개정은 기존의 부녀 개념이 자연언어적 한계로 인해 담지 못했던 미학적 정의의 요청을 이성적 논증과 토론을 통해 합의를 형성하는 새로운 절차주의적 실천이성의 형식 속에 담아낸 것이다.

Ⅱ. 법을 통한 예술성의 형성: 예술의 숭고미

예술작품의 예술성은 아름다움으로 표현되고 아름다움은 깊어질수록 숭고함의 성격을 띠게 된다. 모든 아름다움은 마치 욕망처럼 더 많은 것, 즉 더 높은 아름다움을 지향하고, 그 지향의 끝에는 거룩함의 풍치를 갖는 아름다움, 즉 숭고미가 자리한다. 석굴암의 불상이든 피라미드의 스핑크스이든 그것을 만들기 위해 감내해야 했던 인간의 고통과 노력은 작품의 양식적 아름다움에 숭고함이 깃들게 한다. 그렇기에 예술작품의 예술성을 생성시키고 끌어올리는 것은 숭고미로의 지향성이라고 할 수 있다.

1. 숭고미의 의미

숭고미를 이해하기 위해 라캉(Jacques Lacan)이 말하는 욕망의 세 가지 형태를 이해할 필요가 있다.

(1) **라캉의 욕구, 욕망, 순수욕망** 그에 의하면 욕망은 욕구와 욕망, 그리고 순수욕망으로 구별된다. 첫째, 욕구(needs)는 식욕, 성욕 등과 같은 생물학적 욕구이며, 그 충족의 재화가 있다면, 언제나 충족될 수 있다. 둘째, 욕망(demand)은 사랑과 인정에 대한 바람을 말한다. 이런 욕망은 영원히 충족될 수 없다. 왜냐하면 욕망은 욕망을 향해 있고(desire to desire), 욕망은 끊임없이 욕망을 재생산하기 때문이다. 예컨대 형사처벌된 바 있는[12] 최경태의 <여고생(포르노그라피2) 展>(2001년)에서 보듯 포르노와 얼핏 유사하지만, 다소의 양식적 차이를 보여주는 에로티카(성애물) 회화는 라캉의 개념에서 보면 성적 '욕구'(needs)를 표현하는 작품이다. 이에 비해 역시 형사처벌된 바 있는[13] 김인규 미술교사의 <우리부부> 사진[14]은 미디어에서 그려지는 모델의 아름다운 모습에 동화되어 버린 욕망, 사회적으로 가치가 승인된 몸에 대한 욕망(demand)을 비판하기 위한 작품이라고 할 수 있다. 셋째, 순수욕망(pure desire)은 욕망의 주체가 그 실현을 위해 죽음을 무릅쓸 때 순수해지는 그런 욕망을 말한다. 이처럼 인간이 아름다움을 위해 죽음을 무릅쓰는 것은 쇼펜하우어, 니체, 프로이트 등으로 이어지는 사상의 전통에서 보면 인간에게 죽음은 긍정적인 것, 심지어 열렬히 욕망되어야 하

---

12 大判 2002도2889.

13 이 사건의 재판에 대해 자세히는 고시면, "홈페이지에 알몸사진 등의 작품들을 게시한 '미술교사 김인규사건'에 대한 대법원의 판결", *사법행정* (10월호, 2005), 13~23쪽 참조.

14 김인규 교사는 2000년 B중학교에 근무하면서 그 중학교 홈페이지에 링크되어 있던 자신의 홈페이지에 아내가 셋째를 임신한 모습과 자신이 함께 누드로 서 있는 사진을 <우리부부>(1996)라는 이름의 작품으로 올렸고, 그로 인해 형사처벌을 받게 되었다.

는 것이기[15] 때문이다. 죽음충동(thanatos)은 인간의 보편적인 심리이며, 죽음충동의 실현은 욕망이 순수해지기 위해 통과해야 하는 터널과도 같다.

(2) **욕망의 죽음을 통한 욕망의 순수화로서 숭고성** 숭고미는 라캉이 말하는 순수욕망을 통해서 생성된다. 숭고崇高는 욕망이 땅에서 하늘을 향해 올라가 절대자의 거룩함을 닮아가는 상태를 말한다. 대부분의 인류문화에서 땅 속에 묻히는 것은 죽음이며, 하늘을 향해 높아지는 것(예: 비상飛上)은 거룩한 절대자를 닮거나 그에 가까이 다가가는 영원한 삶을 의미한다. 죽음을 무릅쓰는 순수욕망이란 죽음을 통하여, 영원한 삶을 얻으려는 욕망이다. 즉, 땅 속에 묻힘을 통하여 하늘로 높이 날아가려는 욕망이다. 여기서 땅 속에 묻히는 것은 욕구를, 사회적으로 가치를 인정받으려는 것은 욕망을, 그리고 하늘로 높이 날아가는 것은 아름다움 그 자체 이외에 어떤 것도 욕망하지 않는 것, 즉 순수욕망을 의미한다. 이런 숭고미는 욕망을 실현하기 위해 어떤 아름다움의 양식을 선택하고, 개발하는 지와 무관하게 생성될 수 있다. 그러니까 예술작품은 그 작품의 아름다움을 통해 사회적으로 인정받으려는 욕망을 땅 속에 묻고, 아름다움을 좇는 욕망을 순수하게 할수록 숭고미에 다가가는 예술성을 갖게 된다.

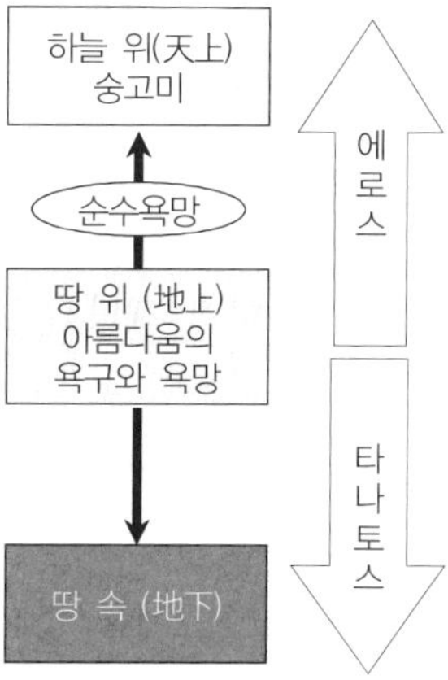

여기서 예술성의 '자기모순'을 알 수 있다. 즉, 예술작품을 창작한다는 것은 죽음충동(thanatos)을 가능한 한 더 많이, 궁극적으로는 끝까지

15 Linda Hutcheon · Michael Hutcheon, "Death Drive: Eros and Thanatos in Wagner's "Tristan und Isolde"", *Cambridge Opera Journal* (Vol. 11, No. 3, 1999), 267~268쪽 참조.

몰고 가는 예술작업을 통해 삶으로서 에로스(eros)를 실현하는 것이다.

(3) 욕망의 중층성으로서 예술작품의 숭고미 욕구, 욕망, 순수욕망은 서로 배제하는 관계에 있지 않고, 〈욕구→욕망→순수욕망〉으로 발전하는 중층구조를 이룰 수 있다.

1) 삶과 욕망의 발전적 중층구조 독자가 예술작품이 생성시키는 아름다움, 특히 해방적 이미지를 향유하는 삶도 이런 욕망의 발전적 중층구조를 띨 수 있다. ① 예술작품에서 욕구란 억압과 금기가 넘치는 현실의 삶으로부터 해방되고픈 바람이며, 이를 채워주는 작품은 아름다움의 욕구를 채우는 것이다. 또한 ② 그 작품이 사회적 가치가 승인되는 양식을 통하여 해방적 이미지를 생성하고 향유할 수 있게 되면, 그 작품은 아름다움의 욕망을 채워주는 것이 된다. ③ 이 욕망의 단계를 지나 욕구의 충족여부나 사회적 가치가 인정되는 양식에 대한 관심을 떨쳐버리고, 영원한 해방감의 '체험적 의미'(experientialistic meaning)[16]를 생성시키고, 그것을 향유하는 단계에 이르면 그 작품의 예술성은 숭고미의 단계로 접어든 것이다.

2) 예료로서 숭고미 여기서 주의할 점이 있다. 일반적으로 예술작품에 대한 비평은 숭고미의 차원이 아니라 욕망의 차원에서 진행된다. 그러나 숭고미의 이미지를 갖는 작품이거나 숭고미를 지향하는 순수욕망을 좇은 작가의 작품을 숭고미가 있다고 비평할 수는 있다. 그러니까 숭고미는 우리가 현실로 도달하는 것이 아니라, 예료豫了(anticipation)하는 것, 즉 미래에 달성될 상태를 지금 미리 느낄 수 있는 것일 뿐이다. 데리다의 개념을 빌면, 숭고미는 "전미래시제(futur antérieur)"[17]로만 존재할 수 있을 뿐이다. 숭고미의 진정한 도달은 단지 인간이 절대자가 되거나 절대자의 영역에 들어가 영생을 얻었을 때에 이루어지는 것이

---

16 이상돈, *법미학* (법문사, 2008), 18쪽.

17 이에 관해서 Jacques Derrida(진태원 옮김), *마르크스의 유령들* (이제이북스, 2007), 392~395쪽; 이를 법적 정의에 적용한 이상돈, *법미학* (법문사, 2008), 123쪽 참조.

고, 현실에서는 이루어지기 어렵기 때문이다.

2. 법 위반을 통한 예술성의 생성

그런데 순수욕망을 통한 예술작품의 숭고미 지향은 미학적 욕망이나 양식적 아름다움에 대한 욕망의 죽음을 통해서만이 아니라 법의 위반을 통해서도 생성된다. 처벌을 무릅쓰고 자신의 미학적 욕망을 좇는다는 것은 해방적 이미지에 대한 욕구나 사회적 가치나 승인을 받는 양식에 대한 미학적 욕망을 포기하는 것이 아니라, (작가의 사회적) 죽음을 무릅쓰고 그런 욕망을 고수함으로써 그 욕망을 순수화하는 것이다. 형사처벌을 무릅쓰는 미학적 욕망의 순수화는 다음의 두 가지 형태로 외부화될 수 있다.

- 예술작품이 법에 의해 금지된 행위나 표현을 하는 것을 내용으로 하거나(아래 (1) 참조)
- 작가가 법이 금지하는 (심지어 처벌받을) 행동을 함으로써 작품을 만드는 것(아래 (2) 참조).

예술작품의 예술성도 "그것을 금지하는 법에 의해서 존재하기 시작"[18]한다고 말할 수 있다. 법은 숭고미를 지향하는 순수욕망을 생성시키는 예술의 내부적 요소이기 때문이다.

(1) 작품 안의 숭고미 죽음을 무릅쓰는 의식을 통한 숭고미의 생성은 작가의 사회적 죽음이 아니라 작품 속의 구성, 즉 주관적 감각이나 사상을 표현하는 양식이 생산하는 이미지 속에서도 이루어질 수 있다.

1) 구조주의 비평의 방법과 숭고미의 분석 가령 심청전에서 심 봉사는 딸을 팔아먹는 범죄를 — 법을 적용한다면 국외이송인신매매죄(형법 제289조)를 — 범하고, 심청이를 사서 임당수에 빠뜨린 뱃사람들은 살인죄를 범한 것이다. 그러나 이런 (여성)잔혹사는 심청전에서 스토리텔링

18 Bruce Fink(맹정현 옮김), *라캉과 정신의학* (민음사, 2008), 329쪽.

의 중심을 이루지 않는다. 만일 그렇지 않았다면 심청전 말미는 심봉사가 잔칫상이 아닌, 감옥에서 콩밥을 먹는 장면으로 끝났어야 한다. 하지만 이 잔혹사는 심청이의 아버지에 대한 사랑의 숭고성을 만들어 내기 위한 구조(structure)로서만 기능할 뿐이다. 이를 통해 심청전은 잔혹사를 다룬 이야기가 아니라 지극한 효성의 숭고한 아름다움과 그것에로 지향되어 있는 윤리적 선이 궁극에는 하나가 됨을 말해주는 이야기가 된다. 이런 비평을 구조주의 비평(structuralism)[19]이라고 부른다.[20] 심청전의 예술성과 문학성은 바로 이런 구조주의 비평에 의해서 비로소 올바르게 마련될 수 있다.

이 구조주의 비평의 예에서 보면 한 예술작품의 예술성은 법에 대한 위반 없이 마련되는 것이 아니라, 바로 법에 대한 위반을 통해서야 비로소 마련되는 것임을 알 수 있다. 이처럼 작품의 구조 속에서 법 위반은 그 작품의 예술성의 정점을 이루는 숭고미(sublimity)를 창출하는 방편이 된다. 그러므로 그런 작품을 두고 형사사법은 그 작품이 법의 위반을 조장한다거나, 작품 속의 범죄가 형법상의 법익을 침해하고 있다고 비난해서는 안 된다. 작품 속의 인물들이 범죄를 범하는 것은 — 많은 경우에 인간정신의 보편적 특성을 표현함으로써 — 예술성을 생성시키는 장치로서 기능하는 것이기 때문이다.

2) 정신분석학적 구조주의적 비평과 소설 분지의 예 이 점을 이적표현물로 처벌된 바 있는 남정현의 <분지>를 예로 설명해보자.[21] <분지>가 이적표현물이 된 것은 주인공 만수가 행한 반미, 반체제적 발언

---

19 이에 대해 자세히는 이상돈 · 이소영, *법문학* (신영사, 2005), 124쪽 아래 참조.

20 심청전에 대한 구조주의 비평의 예로는 한용환, *서사이론과 그 쟁점들* (문예출판사, 2002), 39~41쪽 참조.

21 1965. 7. 9. 남정현은 국가보안법의 전신인 당시의 반공법 위반으로 구속되었다가, 같은 달 23. 구속적부심을 통해 석방되었고, 1966. 7. 23. 반공법 제4조 제1항 위반으로 불구속 기소되었으며, 1967. 6. 28. 제1심에서 선고유예 판결을 받았고, 1970. 4. 7. 항소심에서 피고인의 항소는 기각되었다. 서울형사지방법원 1967.6.28. 선고, 66고14198 참조 (판결문은 한승헌변호사변론사건실록간행위원회, *한승헌변호사변론사건실록 1* [범우사, 2006]에 수록되어 있다).

과 행동 때문이다. 이 소설에서 주인공 만수는 자기 누이동생과 동거하는 미군상사의 부인을 향미산向美山으로 데려가 강간을 하고, 미군에 포위되어 폭격으로 죽기 일보 직전의 상황에서 그간의 삶에 대해 스토리텔링을 한다. 그런데 이 작품은 강간을 조장하거나 강간을 통해 반미를 표현한 것이 아니다.

이 점은 바로 정신분석학적인 구조주의 비평을 통해 밝혀질 수 있다. 즉 만수의 미군부인에 대한 강간은 미국이라는 '힘에 대한 질투의 구조' 속에서 이해될 수 있다. 즉 아버지의 힘을 질투하는 아들의 선망과 항거라는 오이디푸스 콤플렉스의 정신분석학적 심리구조 속에서 미군부인에 대한 강간은 미국이라는 힘을 질투하는 행위로 이해될 수 있다. 질투는 그 힘을 부정하는 것이 아니라 선망하는 것이다. 그러므로 만수의 강간은 미국의 힘을 부정하는 것이 아니라 선망하는 것이 된다. 이로써 <분지>는 반미反美가 아니라 향미向美의 사상을 보여준다고 할 수 있다. 다시 말해 소설 <분지>에서 만수의 강간행위와 같은 법위반은 향미사상의 교묘한 정신적 특성을 예로 하여 인간의 보편적인 질투심리를 표현하는 예술적 장치의 하나로 기능한다.[22]

(2) **작가의 법위반과 숭고미** 법 위반을 통한 작품의 숭고미 생성은 작가가 그 작품을 통해 현실세계에서 형사처벌을 받게 될 위험을 초래하는 표현을 무릅씀으로써 생성되기도 한다.

1) 법과의 맞섬을 통한 작품의 전복적 의미 생성 작가가 형사처벌을 무릅쓰는 진지함은 작품에 대한 사회적 소통의 과정에서 그 작품의 진정성을 환기시키고, 그 작품이 구조적 또는 양식적으로 가질 수 있는 예술성의 한계를 넘어서게 만들기도 한다. 이것은 마치 가수의 노래가 갖는 감동이 그의 애절한 인생사에 대해 대중이 공감할 때 더 극적으로 커지는 것에 견줄 수 있다. 즉 감상의 맥락이 감상하는 작품의 예술성을 구성하는 것이다. 예컨대 미국의 사진작가 메이플소프(Mapplethorpe)

22 이 비평의 더 자세한 내용은 이상돈, *예술형법* (박영사, 2014), 242~250쪽 참조.

의 마치 포르노 사진 같은 작품들이 포르노가 아니라 새로운 예술로서 가치를 얻게 만드는 것은 그 사진의 고전주의적인 양식의 힘 때문만은 아니다. 그것은 유능하고 저명한 작가가 법과 맞서는 긴장의 사회적 맥락 속에서 대중들이 비예술(포르노)과 예술(고상한 사진) 사이의 경계를 허무는 전복적 의미를 체험하게 만들었기 때문이다. 이처럼 법적 예술비평은 작품의 구조나 양식만이 아니라, 작가가 실정법에 맞서는 긴장 속에서도 구조적, 양식적 예술성의 한계를 넘어서는 숭고미가 생성될 수 있음을 간과해서는 안 된다. 이는 작품의 예술성은 고정된 크기가 아니라 사회와의 변증적 상호작용 속에서 생성되는 것임을 말해주기도 한다.

2) 해체주의적 비평 그런데 이처럼 메이플소프의 포르노 사진을 예술작품이라고 해석하는 비평은 가령 해체주의적 비평이 되기 쉽다는 점도 주목할 만하다. 첫째, 이성적으로 기능하고 있는 법의 규범성을 작가의 미학적 목적을 위해 그 행위에 적용될 법규범에 한정하여 부분적, 단편적으로 해체시킨다는 점에서 그러하다. 둘째, 이런 비평은 실정법의 부분적, 단편적 해체를 통해 새로운 법적 정의를 좇는 행위가 된다. 왜냐하면 법을 위반함으로써 전복적 의미의 숭고미를 생성시키는 예술행위를 허용하는 법, 바꿔 말해 기존의 법에 저촉되는 양식의 작품에 대해서도 예술성을 승인하는 법이란 지금까지 존재한 어떤 법보다도 '더 자유주의적인' 법이기 때문이다. 그러므로 이런 비평은 법을 해체함으로써 정의를 생성시키는 데리다의 '해체주의' 전략을 충실히 좇는 것이 된다.

Ⅲ. 예술성을 통한 법의 형성: 법의 절제미

미학적 쾌락을 좇는 예술과 도덕적 명령을 좇는 법은 서로 충돌하기 마련이다. 이러한 충돌은 법이 예술작품과 예술가의 미학적 욕망을 수용하게 되면 해소된다. 여기서 법이 미학적 욕망을 수용한다는 뜻은 법규범의 내용을 미학적 가치로 채워 넣는 것을 말한다. 예술성을 통해 법이 변화되는 것이다.

1. 예술에 대한 법적 판단의 기능적 한계

최경태의 <여고생>(2001)과 같은 에로티카 미술작품들은 흔히 포르노와 구별되는 표현적 특징들을 상당히 가지고 있다. 그러나 음란성을 처벌의 문턱 아래로 완화시키는 정도로 사상적 예술성이 있거나 양식적 예술성이 있는지는 판단하기 쉽지 않다.

(1) **이원적 코드와 예술의 다원성의 불일치** 그러나 법적으로 음란성과 예술성의 비교우위를 법의 전통적인 작동방식인 '이원적 코드'로 판단해서는 안 된다.

1) 법의 이원적 코드의 예술적 한계 이원적 코드란 법적 판단이 작동하는 기본적인 방식으로서 합법과 불법을 말한다. 이 이원적 판단코드는 법이 음란성과 예술성의 비교우위를 판단할 때에도 작동한다. 즉, 음란성을 형사처벌할 필요가 없게 만들 정도로 예술성이 있는 경우는 합법, 그렇지 않은 경우는 불법으로 판단된다. 그러나 예술성에 대한 판단은 합법과 불법의 이원적 판단에 상응할 수 있을 정도의 '있음과 없음'의 판단이 아니다. 예술성의 유무는 무수히 많은 단계를 갖고 있고, 다양한 비평관점에 따라 그 높낮이가 매우 다르게 판단될 수 있다.

㈎ **최경태 〈여고생〉(2001)의 음란성과 예술성** 예를 들어 최경태의 <여고생>도 약하지만 나름의 예술성이 있고, 이 예술성이 음란성을 형사처벌의 문턱 밑으로 완화시키는 높은 것(도표의 A지역)인지 그렇지 못한 것(도표의 B지역)인지는 판단하기 어렵다. 아마도 그 둘의 중간지대(도표의 a지역)에 위치할 수 있다.

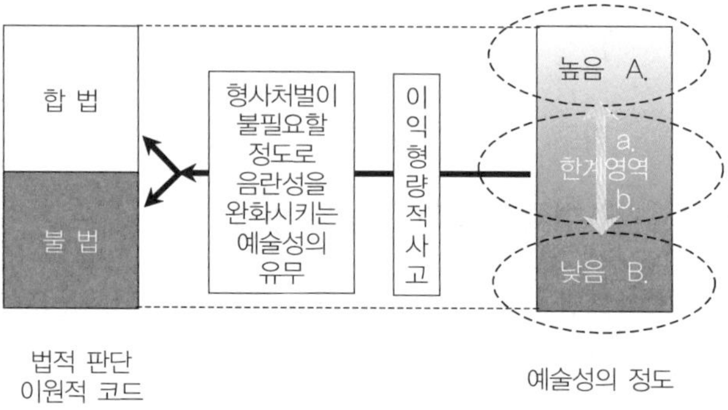

(나) **신학철의 〈모내기〉(1987)의 이적성과 예술성** 민중미술협의회의 제2회 통일전에 출품한 신학철의 <모내기>(1987)는 국가보안법위반으로 기소되어 제1심과 항소심[23]에서는 무죄를 선고 받았지만, 1998년 뒤늦게 대법원에서 유죄판결[24]을 받았다. 그러나 <모내기>는 그것에서 읽히는 사상의 이적성에도 불구하고 작가가 추구하는 작가정신의 일관성을 통해 미약하나마 얼마간의 예술성을 생성시킬 수 있다는 점에서 중간지대(도표의 b)에 위치한다고 볼 여지도 있다.

(다) **김인규 〈우리부부〉의 음란성과 예술성** 물론 김인규의 <우리부부>처럼 사진으로서의 예술성을 거의 찾아보기 힘든[25] 작품은 비교적 분명하게 낮은 예술성(도표 B지역)만을 가질 뿐이다. 그런데도 '예술(적 표현)의 자유'라는 이름 때문에 낮은 예술성도 때로는 마치 상당한 수준의 예술인 것처럼 평가되기도 한다. 여기서 예술성의 다양한 수준은 합법과 불법이라는 법의 이원적 코드에 의해 재단될 수 없음을 알 수 있다.

23 서울형사지법 1994.11.16. 93노7620 참조.

24 大判 95도117.

25 이렇게 보는 이유는 첫째, 이 작품이 자동카메라로 그냥 찍은 기술적 사진이고, 둘째 광학적 정교함을 보여주는 기술과 미학의 통합이라는 사진예술의 요소가 결여되어 있으며, 셋째 이 작품이 보여주는 '있는 그대로의 신체'에서는 광학적 이미지의 절제된 선택과 표현적 행위와의 융합이 별로 보이지 않기 때문이다.

2) 예술성의 전복적 개방성 게다가 지금은 예술성이 매우 낮게 평가되는 작품도 언제 어떤 상황에서 예술성이 높은 작품으로 재평가될지 모른다. 예술작품의 예술성은 비평관점의 변화에 따라 그 가치가 전복적으로 변할 수도 있다. 예컨대 1866년 프랑스 화가 구스타프 쿠르베(Gustave Courbet)(1819~1877)가 그린 (파리 오르세 미술관의) 세상의 근원(L'Origine du monde)은 누워 있는 여성의 음부를 클로즈업하고 까맣고 무성한 음모를 매우 세밀하게 표현하였다. 누드화에서조차 음모를 전혀 표현하지 않았던 당시 회화의 전통에서 보면 이 그림은 음란물에 가깝다. 그러나 미술비평사에서 이 그림은 리얼리즘(realism)의 시조로 그 예술성이 높게 인정되고 있다.

(가) 비평에 귀 기울이기 하지만 이와 같이 법의 이원적 코드가 예술성의 판단과 규칙적으로 조응할 수 없다고 해서, 예술성을 빙자한 음란물이나 이적표현물에 대한 법적 통제를 포기할 수도 없다. 결국 법은 예술비평에 귀를 기울임으로써 음란물이나 이적표현물에 대한 판단을 내릴 수밖에 없다. 여기서 예술비평이 바로 법의 규범내용을 실질적으로 형성하게 됨을 알 수 있다. 사건마다 예술성을 비평적으로 판단하는 작업은 법의 적용에서 핵심적인 작업이 된다. 여기서 인권을 발굴하는 방법인 당사자의 말에 '귀 기울이기'는 예술에 대한 법적 통제에 확장적으로 적용될 수 있다. 즉, 귀 기울이기는 당사자인 작가의 말에 대해서만이 아니라 비평의 언어에 대해서도 이루어져야 한다. 예술비평에서는 작가의 말보다 비평의 언어가 더 중요하다고 볼 수 있다. 예술작품의 예술성이란 순수하게 주관적인 것이 아니라 공감을 얻어나감으로써 주관적 보편성(subjective universality)[26]을 획득할 수 있는 것이어야 하기 때문이다.

(나) 전복성과 법의 한시성 이를 예술의 전복적顚覆的 개방성이라 부

---

26 이에 관한 설명으로 Arthur C. Danto, *After the End of Art* (Princeton University Press, 1997), 86쪽 참조.

를 수 있다. 이런 전복적 변화가능성은 역사적인 변화이며, 법은 이 변화를 가능한 한 쫓아갈 뿐 이끌어가지는 못한다. 예술성이 낮다는 오늘의 판단이 예술성이 높다는 내일의 판단으로 변화할 잠재적 가능성이 모든 작품에 존재한다. 그러므로 오늘 예술성 없다고 비평되는 작품에 대한 법적 통제의 정당성은 마치 한시법限時法과 같이 매우 제한적이다.

(2) **이익형량적 사고가 아닌 비평적 판단** 그러므로 법으로 예술작품을 통제하려 할 때에는 그 작품에 대한 예술비평의 관점과 이론에 깊은 관심을 기울여야 한다. 물론 이 말은 법이 합법과 불법의 코드를 버리거나 버릴 수 있다는 뜻은 아니다. 합법과 불법은 예술비평적 판단을 최종적으로 법으로 옮기는 코드가 되기 때문이다.

1) 이익형량사고의 한계 하지만 합법과 불법의 코드를 법의 개념이나 이론적 장치에 의해 논리적으로 운영하는 사고는 버려야 한다. 대표적인 예가 이익형량(Interessenabwägung)의 사고이다. 이익형량의 사고는 충돌하는 이익을 저울질하여, 더 중한 이익을 선택하고, 덜 중한 이익을 배제하는 방식으로 작동한다. 이럴 경우에 덜 중한 이익의 보호는 외면되기 쉽다.[27] 이익형량적 사고는 규칙에 의한 판단이 불가능한 영역이나 규칙에 의한 판단이 모호한 한계영역에서 법을 발견하는 기술로 활용된다. 즉, 이익형량적 방법에 의해 외설성이 예술성보다 크다고 판단되면, 나름의 예술성이 있는 작품도 법적 의미의 음란물로 왜곡평가되는 결과가 초래된다.

2) 비평적 판단을 우선하는 법적용 그러므로 먼저 작품의 예술성에 대한 비평적 판단을 충분히 한 다음, 그 판단의 결과가 명백하게 합법과 불법으로 분류될 수 있는지를 살펴야 한다. 판례에서 사용하는 논증언어, "작품의 예술적 가치, 주제와 성적 표현의 관련성 정도 등에 따

27 이익형량이 법을 형성하는 지배적인 패러다임으로 기능하는 점에 대한 분석과 비판으로 Ladeur, "Abwägung–ein neues Rechtsparadigma?" *ARSP* (1983), 473쪽 참조.

라서는 그 음란성이 완화되어 결국은 처벌대상으로 삼을 수 없게 되는 경우"[28]란 수많은 단계의 '높낮이' 또는 '많고 적음'의 예술성을 이익형량적 사고를 통하여 억지로 합법과 불법으로 분류되는 '있음과 없음'의 이원적 코드로 환원시키는 논증언어이다. 이 이익형량적 사고에 의하면 예술비평에 의해 예술성의 수준이 중간지대에 위치하는 예술작품들은 그 작품의 본성과 맞지 않게 강제적으로 합법 또는 불법의 세계로 편입된다.

2. 차용의 미학과 모방의 미학

(1) **법의 차용미학** 다시 말해 어떤 예술비평적 관점에 의하더라도 명백하게 예술성이 높다면 합법으로, 명백하게 예술성이 거의 없다면 불법으로 판단한다. 이렇게 예술성에 대한 비평적 판단이 명확한 경우에 그 판단을 그대로 합법과 불법의 판단으로 전환하는 법은 나름의 미학적 가치를 얻을 수는 있다. 즉, 예술을 보호하는 법은 바로 그로 인하여 아름다운 것이며, 비예술을 규제하는 법도 아름다운 것이다. 이럴 때 법의 정당성은 바로 그것이 규율하는 작품의 예술성에 의해 채워진다. 법은 차용미학의 매체인 것이다. 그러나 예술성의 유무에 대한 판단이 명백하지 않는 경우(앞의 도표의 a, b)에는 법은 예술비평의 내용을 주의 깊게 살펴, 법이 동원할 수 있는 원칙, 대표적으로 비례성원칙, '의심스러울 때에는 시민의 자유이익으로'(in dubio pro libertate)-원칙과 법적 통제를 완화하는 제도적 장치(예: 기소유예, 선고유예, 집행유예 등)를 사용해야 한다.

(2) **법의 모방미학** 예술성이 음란성을 형사처벌의 문턱 아래로 완화시키는지 아닌지가 불분명한 경우에, 예술성을 승인하는 비평관점이 비교적 약한 수준이라면, 이익형량적 사고뿐만 아니라 유형론적 사고도 그것을 불법으로 분류할 수밖에 없다. 또한 예술성을 승인하는 비평관

---

28 大判 2003도2911 참조.

점이 비교적 강한 수준이라면, 법은 그런 작품을 합법으로 분류할 수밖에 없다.

1) 법의 성찰적 태도 그러나 예술성을 인정하는 비평관점이 비교적 강하든 약하든, 어느 정도 존재하고, 또한 낮은 예술성이 높은 예술성으로 뒤바뀔 가능성(예술의 전복적 개방성)이 존재한다는 점이 간과되어서는 안 된다. 특히 예술성의 전복적 개방성은 곧 효력기간이 끝나가는 한시법처럼 그런 예술작품을 규제하는 법의 정당성을 약화시킨다. 바로 이런 상황에서 법은 절제의 미덕이 필요하다. 특히 예술작품이 아무리 사회적 위험성이 있는 내용을 담고 있다고 할지라도 그것은 단지 '상징적으로' 법체계를 위태화하는 것일 뿐이라는 점도 중요하다. 그런 예술작품에 대한 법적 통제는 법의 정당성을 약화시키고, 장기적으로는 법을 실효적인 제재규범이 아니라 단지 상징적인 규범으로 변질시킬 수도 있다. 다시 말해 예술작품에 대한 절제하지 않은 법적 통제는 스스로를 위태롭게 하는 것이다. 그렇기 때문에 법은 예술작품을 통제할 때 자신의 정당성을 되돌아보는 성찰적 태도를 견지하여야 한다.

2) 비율적 아름다움의 모방 여기서 법의 성찰적 태도란 예술성이 음란성을 형사처벌의 문턱 아래로 완화시키는지 아닌지가 불분명한 경우에 '의심스러울 때에는 시민의 자유이익으로'(in dubio pro libertate)라는 시민자유우선원칙을 적용하는 것이다. 시민자유우선은 시민적 자유의 다른 영역보다 예술의 영역에서 더 한층 강력한 요청이 된다. 즉, 예술작품에 대한 법적 통제는 그 작품의 예술성이 '개연성'보다 낮은 '가능성'의 정도만 있어도 자제되어야 한다. 이를 두고 '예술자유의 우선원칙'이라고 개념화할 만하다. 자유우선원칙은 비례성원칙에서 연원한다. 이 원칙의 적용을 통해 법은 비례성 있는 규범이 된다. 비례성은 곧 기하학적 조형미의 대표적인 요소이다. 바꿔 말해 법규범은 시민자유우선원칙을 적용함으로써 아름다움을 얻게 된다. 그런데 예술자유의 우선원칙은 그 비례성을 더욱 엄격하게 유지하는 것이므로, 그것을 통

해 생성되는 법의 기하학적 조형미도 더 정교한 아름다움을 띠게 된다고 볼 수 있다. 이로써 법은 단지 예술'을 위한' 법이 아니라, 예술'의' 법이 된다. 왜냐하면 기하학적 조형미의 엄격한 형상을 내향적 가치(intrinsic value)로 구현한 법은 아름다운 자연의 비율적 구성을 모방(mimesis)한다는 점에서 그 자체로서 이미 예술성을 띤다고 볼 수 있기 때문이다.

(3) 사회적 유해성의 시뮬라시옹 예술작품의 음란성과 예술성이 어떤 수준에 있든 간에 법이론적 개념인 사회적 유해성(Sozialschädlichkeit)의 수준에 이르지 않는다면, 역시 형사처벌은 정당화될 수 없다.[29]

1) 상징적 사회유해성 사회유해성이라는 법이론적 개념은 특히 독일 형법 개정사에서 보듯 성윤리를 내용으로 하는 범죄구성요건의 폐지에서 매우 중요한 역할을 하였다. 이 사회유해성이란 개인들 사이의 평등한 자유이익을 해치거나 그것을 보장하는 국가나 사회제도의 기능을 위태롭게 하는 것이라고 이해할 수 있다. 이 개념을 예술작품에 적용한다면, 그것이 음란물이 되거나 이적표현물이 될 수 있으려면 사회유해성이 있는 것이어야 한다는 결론이 나온다. 그런데 예술작품은 그 자체로서 또는 그 작품을 제작하는 행위가 사회유해적인 것이 아니라 그 이미지의 내용이 사회유해적인 것으로 평가될 수 있을 뿐이다. 그렇기 때문에 예술작품의 사회유해성은 실제적인 것이 아니라 상징적인 것이다. 하지만 상징이 사회에 널리 퍼지면, 곧 현실이 될 수 있다. 보드리야르(J. Baudrillard)의 시뮬라시옹(Simulation)[30] 이론이 말해주듯, 상징은 아직 '있지 않은' 현실을 만들거나 현실을 과장함으로써 어떤 (정치적) 이데올로기적 기능을 수행할 수 있다. 가령 버넷 뉴먼(B. New-

---

29 비슷하게 예술작품은 그 자체의 내용상 음란성 때문에 처벌되는 것이 아니라, "작품의 반포, 선전방법 및 판매행위 등에 반사회성이 인정될 경우만 그 반포행위자가 처벌되는 것이다"고 보는 이준구, "예술의 자유와 형법규범", *고시계* (제28권, 1983.7.), 43쪽.

30 J. Baudrillard(하태환 역), *시뮬라시옹: 포스트모던 사회문화론(Simulacre et simulation)* (민음사, 1992), 12~13쪽 참조.

mann)의 그림 <Who's Afraid of Red, Yellow and Blue IV>가 1982. 4. 13. 독일 내셔널갤러리에 전시되었을 때 29세의 수의학과 학생이 그 그림을 난도질한 사건은 그 그림의 이미지가 (검정, 빨강 노랑색의) 독일국기를 오용함으로써 유태인인 뉴먼이 독일 사람들을 겁주는 것이라고 생각했기 때문이었다. 이미지는 이처럼 단지 감상의 세계에 머물지 않고, 현실을 만들어 내기도 한다.

2) 사회적 유해성의 상징의 현실화 그러므로 예술작품이 그 음란성이나 이적성 때문에 사회유해성이 있는 것인지를 판단하기 위해서는 그 작품들의 상징들이 현실이 되기 위한 조건들을 얼마나 갖추고 있는지를 고려해야만 한다.

(가) 상징의 현실화 조건 이런 조건의 테두리를 설정하는 데에는 다음과 같은 관점이 매우 유용하다: "음란물이라는 개념표지에 포함될 수 있는 내용 자체가 매우 다양하며, 같은 내용이라도 전달매체에 따라, 그리고 그것을 접하는 수용자에 따라, 그리고 접하는 사회·문화적 환경에 따라 영향력이 달라질 수 있"다.[31] 그러니까 작품들의 상징들이 현실이 되기 위한 조건들로 가령 미술관에 전시되었는지, 그 미술관과 전시의 규모가 얼마나 많은 관객이 수용할 수 있는 것인지, 미디어에 의해 얼마나 많이 홍보되었는지, 19세 미만 관람금지와 같은 제한을 하였는지, 관람자가 그 작품의 의미를 이해하는 매니아 중심으로 편중되는지 등등을 들 수 있다. 이 조건들은 예술작품의 사회유해성이 상징의 세계에서 현실의 세계로 옮겨가기 위한 조건이 된다.

(나) 미술작품의 상징의 현실화 조건 이 조건의 기능적 의미를 듀샹(Henri Robert Marcel Duchamp)의 <샘>(fountain)이라는 작품을 예로 하여 간단히 설명해보자. 그의 <샘>이라는 작품은 변기를 갤러리에 전시한 것이었다. 변기가 예술작품으로서 샘이 되는 까닭은 일상의 사물

---

31 주승희, *현행법상 음란물죄의 비판적 검토 및 합리적 규제방안 모색* (고려대학교 석사학위논문, 2000), 13쪽.

도 예술이 될 수 있다는 새로운 '사상'의 독창성 때문이다. 하지만 듀샹의 샘은 인지능력과 지적능력의 극대화라는 예술적 요소는 매우 강하지만, 양식성의 측면에서는 예술성이 인정될 것이 거의 없는 작품이다. 그런데 이 상반된 요소들은 다시금 변기가 '갤러리'라는 공간에 전시됨으로써 사상의 예술성이 양식의 비예술성에 대해 우위를 점하게 되는 방향으로 저울질될 수 있다. 그러므로 만일 듀샹의 변기가 갤러리가 아니라 통상적인 일상적 공간에 전시되었다면, 예술작품이 아니라 단지 변기로 기능하는 물품, 작품을 생성시키는 설치가 이루어지지 않은 물품으로서만 존재할 뿐이다.

또 다른 예로 형사처벌된 최경태의 <여고생(포르노그래피 2) 展>(2001) 그림을 되돌아보자. 당시 여고생 전은 작은 미술관 전시였고, 관람객도 많지 않았으며, 미성년자 관람불가의 제한도 두었다고 한다. 그러므로 그 작품의 사회적 유해성은 여전히 상징의 세계에 머물러 있었다고 볼 수 있다. 이에 비해 김인규 미술교사의 <우리부부>(1996)는 자신이 근무하는 중학교의 학생들이 드나들 수 있는 홈페이지에 게시되어 있었다. 그로 인해 그 사진이 창출하는 '도덕적 허무주의'의 이미지는 청소년에게 유해한 기능을 현실적으로 수행할 가능성이 높다고 볼 수 있다. <여고생>과 <우리부부>의 중간에 위치하는 사례가 신학철의 <모내기>(1987)이다. 모내기는 소규모의 개인 전시전이 아니라 민족미술인협회가 주최하는 <통일전>에 출품되었고, 캘린더에 인쇄 배포할 예정이었다는 점에서 좀 더 강한 전파성이 있는 상태에 그림의 사상적 이미지가 놓여 있었다.

Ⅳ. 비평적 예술성의 차등적 고려와 숭고미의 생성

법이 더욱 성찰적인 법이 되려면, 예술작품을 규제할 때 앞서 설명한 예술성의 무수한 높낮이와 전복적 개방성을 고려하는 자기성찰을 수행해야 하고, 그 성찰은 예술성을 고양시키는 방향으로 이루어져야 한다. 그런 점에서 이를 법의 자기성찰적 미학이라고 부를 수 있다.

1. 음란성이 있는 예술에 대한 법적 통제의 차등

법의 자기성찰적 미학은 두 가지 유형으로 나누어 구현할 수 있을 것이다. 첫째, 음란성이나 이적성을 형사처벌의 문턱 아래로 완화시키는지 여부가 불분명하고 예술성을 승인하는 비평적 관점이 아주 낮지는 않지만 비교적 약한 수준(아래 도표의 b)인 경우에는 기소유예나, 선고유예 또는 집행유예와 같은 다이버전 제도를 통해 법적 통제를 절제한다. 이러한 절제는 앞서 설명한 바와 같이 비례성원칙에서 나오는 자유우선원칙(in dubio pro libertate)을 적용한 결과이다. 둘째, 예술성을 승인하는 비평적 관점이 아주 높지는 않아도 상당한 수준(아래 도표의 a 수준)이라면 그 예술작품이 "음란성"의 법문언에 해당하지만 예술의 자유를 위하여 그 구성요건해당성이 조각된다고 본다. 물론 예술성이 거의 없다고 말할 수 있을 만큼 낮은 경우(도표의 B)에는 실형(벌금, 징역형)을 선고하고, 예술성이 의심되지 않을 정도로 높은 경우(도표의 A)에는 구성요건에 처음부터 해당하지도 않는다고 본다.

이 도표에서 벌금을 유예형벌보다 무거운 제재로 보는 이유는 벌금

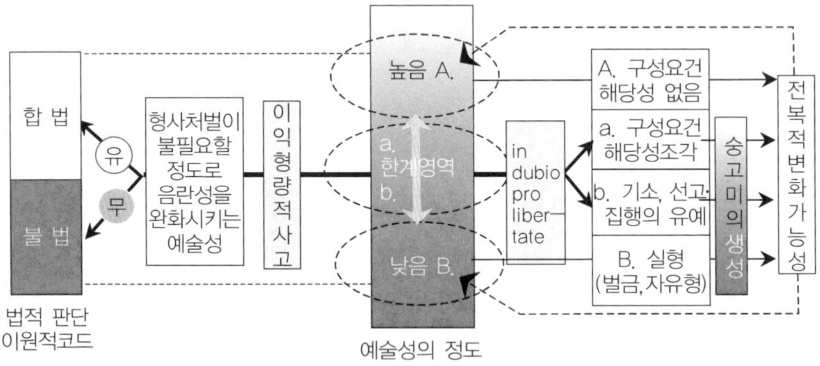

을 미납하면 노역장유치로 이어지기 때문이다. 이는 형사소송법상 불이익변경금지원칙(reformatio in peius)의 판단기준에 따른 것이기도 하다.

2. 법적 제재를 통한 숭고미의 생성과 예술성의 전복

주관적인 감각이나 사상을 표현하는 양식이 생성하는 아름다움이 낮은 예술작품의 경우(B, b)에 그 작품과 작가에 대한 처벌은 오히려 작품의 숭고미를 생성시키는 요인의 하나가 될 수 있다.

(1) **처분불가능한 표현의 자유의 오류** 그러니까 작품의 예술성이 비평적으로 낮다고 판단되는 경우에 예술의 자유가 법의 도덕적 통제보다 언제나 우위에 있다는 사고, 즉, 표현의 자유를 마치 처분불가능한 자연법적 실체처럼 숭배하는 것은 사실은 정치적인 것이지, 예술을 위한 것이 아니다. 왜냐하면 그런 제한 없는 자유의 공간에서는 역설적이게도 그 낮은 예술성이 양식적으로나 사상적으로 더 높은 예술성을 생성시키는 변화의 과정 속으로 들어가지 못하기 때문이다. 그러므로 세심한 비평으로 작품을 판단하고, 법원은 그런 비평에 귀 기울여야 하지만, 비평적으로 널리 예술성이 저평가된다면, 작가로서는 형사처벌의 위험을 무릅쓰는 진정성을 가져야 한다.

(2) **법의 정당성기초로서 미학적 가치** 이것은 예술을 위한 일이지, 법이 배후에 두고 있는 도덕의 함양을 위한 것이 아니다. 왜냐하면 그런 처벌의 감수를 통해 숭고미가 생성될 수 있기 때문이다.

1) 도덕의 관철이 아닌 예술성의 고양 그러므로 예술을 통제하는 법의 정당성은 그것이 관철하는 도덕성에 있는 것이 아니다. 예술법의 정당성은 그의 통제기능을 통해 예술성을 고양시키는 데 있으며, 그런 고양이 가능한 한에서만 법은 기능적으로 정당화된다. 그러므로 형사처벌이 예술가와 예술작품의 숭고미를 고양시킬 것인지에 대한 전망은 형사법관이 예술작품을 처벌하려고 할 때 바라보아야 하는 중요한 요소이며, 판결이유에 쓰지 않는 판결의 근거지음이 된다.

2) 법의 미학적 한계 여기서 간과할 수 없는 점이 있다. 법이 도덕의 관철이 아니라 예술성의 고양을 통해서 정당성을 얻는다고 할 때, 그것은 오로지 법이 통제하는 작품이나 작가의 예술성만을 뜻하지 않는다. 법은 스스로의 미학적 가치도 유지해야 정당한 것이다. 그러니까 작가의 처벌을 통해 작품 외적으로 숭고미를 생성시키는 기능에서만 보면, 과잉의 형사처벌도 오히려 숭고미 생성에 더 기능적일 수 있다는 것이다. 그렇게 되면 법은 박해자가 되고, 양식적으로 아직 미숙한 경지의 작가는 순교자가 된다. 그러나 그런 상태에 이른 법은 자신의 미학적 가치를 너무 손상시키기 때문에 정의로울 수 없으며, 그런 법은 정의의 규범으로서가 아니라 예술가를 탄압하는 정치적 권력으로서 기능하게 된다.

> 최경태의 <여고생>(2001)에 대해 실형을 선고하는 것은 그의 작가생활에 중요한 발전 전기를 마련해주는 결과를 가져왔을 수도 있다. 그러나 그런 법적 제재는 작품성에 비추어 과잉의 제재이며, 스스로의 미학적 가치를 저버린 추한 법으로서 정의가 아니라 정치적 권력의 표현이 된다.

(3) **집단기억 속의 숭고성 이미지를 통한 예술성의 고양** 물론 숭고미는 작품의 구성과 표현의 양식을 통하여 작품이 생산하는 이미지 속에 내재할 수 있다. 어떤 작품이 비평적으로 매우 낮은 예술성만을 인정받았다면, 그것은 그 작품이 양식적으로 숭고미를 내재화하지 못한 결함에서 비롯되기 쉽다. 하지만 예술은 한 작가에게도 언제나 그의 인생과 함께 성장하며 변화한다. 그렇기에 작가가 감옥에 가고, 사회적 죽음을 무릅쓰는 것은 그 스스로 자신의 예술을 고양시키기 위한 예술적 퍼포먼스의 한 과정이 되기도 한다. 그런 퍼포먼스를 통해 작가가 죽음을 무릅쓰면 시간이 흘러 그 작품에는 숭고미가 뒤늦게 부착될 수 있다. 그렇게 부착된 이미지는 사회적으로 전파되고, 많은 사람들의 가슴 속에 부식적으로 침투하게 될 수 있다. 그렇게 되면 사람들에게는

그 작품에 숭고미가 내재되어 있다는 기억이 집단적으로 생성될 수 있다. 그리고 집단적 기억이 품고 있는 숭고성의 이미지는 그 작품의 양식적, 사상적 숭고미의 결핍을 뒤덮을 수 있다. 그런 죽음과 생성의 시간적 진행 속에서 그 작가의 작품은 양식적으로 숭고미를 내재하는 단계에 이를 수도 있는 것이다.

14 법과 성차이

Ⅰ. 법의 성에 대한 문제의식

오늘날 법의 기둥을 이루는 근대 이성법(예: 六法典)은 모든 인간에게 자유를 공평하게 보장하는 법을 이념으로 추구하였다. 그러나 현실에서 근대 이성법은 남성, 그것도 아버지(父性)의 법이었다는 비판을 받는다.

> 가령 미국의 불법행위법은 상대방의 책임범위를 정하는 데는 남성본위의 기준이 일반적으로 받아들여져왔으며, 남성시각의 합리적 사람이 기준이 되었고, 권리, 자율성, 추상화의 남성적인 목소리는 효율성과 이익을 보호하는 기준을 강화하였다고 본다.[1]

가령 프랑스혁명의 '인간과 시민의 권리선언'도 남성의 권리만을 말했다는 비판을 받는다.[2] 롤즈(J. Rawls)의 정의론과 같은 이성적 법이론도 (무지의 장막, 원초적 상황 개념 등) 남성위주의 사상이라는 비판을 받는다.[3] 그도 그럴 것이 오랜 세월 이성법의 수혜자는 남성이었고, 20

---

1 벤더(Leslie Bender)의 글을 통해 이 점을 설명하는 윤진숙, "페미니즘 입장에서 본 정의론에 대한 비판적 고찰", *법철학연구* (제8권 제1호, 2005), 248~249쪽 참조.

2 이런 점을 법의 성맹성(gender-blindness)이라고 비판하는 오정진, "성에 관한 법적 담론의 전개와 전망", *법철학연구* (제6권 제2호, 2003), 256쪽 참조.

3 이 점에 관해 김도균, "공정으로서의 정의관에서 본 남녀평등-"잠정적 우대조치" 개념의 분석", *법철학연구* (제5권 제2호, 2002), 245쪽 아래 참조.

세기 후반에 들어와서야 비로소 이성법은 남녀 모두를 위한 현실의 법이 되었다. 그럼에도 불구하고 이성법에는 여전히 여성의 자리가 부족하다는 주장이 점점 더 강해져왔다. 그 주장이 타당한 한에서는 법의 성性은 여전히 남성이다. 법의 남성성에 대한 비판적 주장은 20세기 후반 페미니즘의 운동이 되었고, 점점 더 큰 힘을 발휘하는 정치적 세력이 되었다.

1. 행동주의적 페미니즘의 성과

페미니즘의 정치세력화는 사회적 성담론과 다양한 학문적인 논의를 촉진시켰다. 그런 학문적 논의들을 모두 아울러 여성학이라고 한다. 여성학은 지난 반세기 동안 점점 더 강해졌다. 여성주의 운동은 많은 법제화의 성과를 가져왔다. 대표적으로 '남녀고용평등과 일·가정 양립 지원에 관한 법률'이나 '성폭력범죄의 처벌 및 피해자보호등에 관한 법률', '성매매방지와 피해자 보호에 대한 법률'과 '성매매알선 처벌에 대한 법률' 등을 들 수 있다. 이외에도 많은 개별 법률에 여성을 특별히 고려하는 조항들이 지속적으로 늘고 있다. 이처럼 여성을 법에 고려하는 법제화를 체계적으로 추진하는 정부조직(예: 여성가족부)도 이미 오래 전에[4] 마련된 바 있다.

하지만 여성학의 발전은 특히 이성주의적 전통의 주류 법학 안으로 충분히 융합되지 않았다. 여성주의적 법정책은 끊임없이 역차별의 문제를 가져오고 있지만, 여성에 대해 법이 어디까지 고려할 때 법적 정의의 발전에 기여하는 것인지는 여전히 이론적으로 불분명하다. 서구의 다양한 페미니즘의 이론들(아래 Ⅲ. 참조)도 이 문제를 해결하지 못하고 있다. 그런 점에서 여성학이 법의 정의실현에 순기능을 다하고, 역기능

4 이 조직은 1988년 정부장관(제2실)에서 출발하여 1998년 여성특별위원회, 2001년 여성부, 2005년 여성가족부를 거쳐 2008년 여성부가 되었다가 2010년 여성가족부로 개편되었다.

을 발휘하지 않도록 하는 법적 정의와 여성성 사이의 평형점을 찾는 노력이 절실히 요구된다. 그런 평형점을 지향할 때 여성학은 법을 수단으로 삼는 목적이 아니라 법의 범주와 여성성을 통합시키는 진정한 법여성학(legal feminism)으로 성숙해질 수 있다.

2. 법여성학의 학문적 조건

여성학이 남성주의에 맞서는 행동주의적 페미니즘을 넘어서 인류보편적 정의를 좇는 기초법학, 즉 법여성학이 되기 위한 학문적 전제조건을 간단히 살펴보자. 학문의 최소조건으로서 그 고유한 대상과 방법이 있어야 한다. 법여성학의 대상영역과 방법론은 상당히 광범위하다.

(1) **법여성학의 대상** 그 대상범위를 개관해보면, 법여성학은 일차적으로는 성폭력이나 성희롱, 아내강간처럼 여성을 '대상화'한 폭력으로부터 여성을 '보호'하려는 목적의 법제들에서 시작하여, 여성고용할당제나 산모보호, 육아지원기제 마련 등 여성을 대상으로 하는 이른바 적극적 조치(affirmative action), 그리고 포르노그래피나 성매매, 사도마조히즘 등 여성폄하의 혐의를 받는 문화현상들을 검열하고 규제하는 법제의 마련에 이르기까지, 여러 여성관련 법제도와 법정책, 법이론들을 다루는 학문이다.

(2) **법여성학의 방법들** 법여성학은 위와 같은 거시적인 역사인식 속에서 현시대의 성차별 문제들을 다양한 페미니즘 이론들과 인문·사회과학의 도움을 받아 해결해가는 기초법학의 한 분과로 자리잡는다. 법여성학의 방법론으로 세 가지를 생각해볼 수 있다.

1) **페미니즘이론들** 첫째, 페미니즘의 이론은 법여성학의 방법으로서 언제나 고려되어야 한다. 페미니즘의 이론은 매우 다양하지만, 이 글에서는 자유주의 페미니즘, 급진적 페미니즘 그리고 포스트페미니즘으로 나눌 것이다. 이 분류는 여성학에서도 하는 것이지만 법모델을 자유주의, 사회국가, 절차주의로 분류하는 나의 이론을 연장한 것이기도

하다.

① 자유주의 페미니즘은 칸트나 루소, 로크 등의 계몽철학에 뿌리를 두고 여성을 남성과 똑같이 평등한 자유의 주체로 설정한다. ② 급진적 페미니즘은 가부장의 남성(성)을 여성의 적으로 보고, 그것을 해체하기 위해 여성을 남성에 비해 특별히 보호하고 우대해주는 것을 추구하며, 그런 목표를 달성하기 위해 전략적으로 남성과 여성의 대립을 불사하는 행동주의적 실천을 가리킨다. ③ 포스트페미니즘은 자유주의 페미니즘과 급진주의 페미니즘이 전제하고 있는 단일한 여성주체성, 즉 남성과 여성의 이분법을 해체하고, 여성의 남성에 대한 성차이를 생산하는 사회적 관계의 복합성을 해부하고, 여성억압의 문화적 기제를 해체하는 이론적 흐름이다. 포스트페미니즘은 페미니즘에 반영된 포스트모더니즘이다.[5]

2) 페미니즘의 철학적 배후이론 둘째, 법여성학은 페미니즘뿐만 아니라 페미니즘의 배후이론도 직접적으로 사용하여 법에서 여성의 자리문제를 성찰할 수 있다. 가령 자유주의 페미니즘의 철학적 배후이론으로서 칸트철학을 사용할 수 있고, 급진주의적 페미니즘의 배후이론으로 마르크스이론을 사용할 수도 있다. 또한 포스트페미니즘의 배후이론으로 해체주의 철학자 데리다의 이론이나 프로이트 또는 라캉의 정신분석학이론을 사용하여 법에서 여성의 특별한 자리문제를 성찰할 수도 있다. 이 점에서도 법여성학은 자유주의, 급진적, 그리고 포스트 법여성학으로 분류된다.

3) 법학방법론들 셋째, 법여성학은 법학의 방법론을 자신의 방법론으로 원용할 수 있다. 가령 어떤 여성주의적 법정책을 채택할 것인지

---

5 이런 점에서 포스트페미니즘의 검토를 포스트모더니즘의 비판으로 다루는 홍성수, "성희롱에 대한 법적 규제와 여성주체의 문제. 하버마스와 포스트모더니즘의 비판", *법철학연구* (제12권 제2호, 2009), 212쪽 아래 참조. 홍 교수는 페미니즘이 "법을 해체하기보다는 물신화"한 점을 반성하고, 코넬(D. Cornell)의 구성처럼 "여성의 힘을 증진시키는 것"과 같은 비법적인 방법을 강화할 필요가 있다고 본다.

는 그 법정책이 미래에 가져오는 사회적 결과를 예측, 평가, 고려하여 여성주의적 법정책의 내용과 수위를 결정하는 식으로 수행할 수 있다. 이를 법학방법론에서는 '결과고려(Folgenberücksichtigung)[6]의 방법'이라고 한다.

3. 법과 성에 대한 기초법학으로 발전

여성학에서 최근에 점점 더 중요해지는 문제영역은 법언어에 뿌리내린 남성성(남근성)을 지식고고학적 방법 등에 의해 감지하고,[7] 근대 이성법의 담론에 담기지 못했던 여성적 목소리들을 캐내어 법에 반영하는 연구분야이다.[8] 이 분야는 아마도 남녀차별이 완전하게 법에서 제거된 이후에도 남게 될 거의 유일한 법여성학의 미래적 과제일 것이다.

그러나 이 단계가 되면 법여성학은 이미 남성학의 반격과 마주하게 될 수 있다. 하지만 그런 시대에는 법여성학이나 남성학이라는 이데올로기 전선이 해체되고, 남녀 간의 고유한 성차이性差異가 존재하는지, 존재한다면 여성성이나 남성성이라는 고유한 성의 상징을 법은 어떻게 배려해야 하는가라는 문제가 부각될 것이다. 그런 문제를 다루는 연구는 새로운 기초법학의 한 분과(예: 법성상징학)를 이루게 될 수 있다. 법여성학은 그런 분과가 터 잡기 이전까지 존속하는 법분과이며, 긴 역사에서 보면 그런 법성상징학의 전 단계 발현형태로 바라볼 수 있다. 특히 법여성학의 배후이론으로서 정신분석학은 법여성학에 갇히지 않고, 법여성학을 법성상징학으로 발전시킬 잠재력을 갖고 있다. 그 점에

---

6 이에 관해서 자세히는 이상돈, *법이론* (박영사, 1996), 224쪽 아래 참조.

7 이런 작업들로서 M. Daly, *Beyond God the Father: Toward a Philosophy of Women's Liberation* (Beacon Press, 1973) 및 N. Chodorow, *Feminities, Masculanities, Sexualities: Freud and Beyond* (University of Kentucky, 1994) 참조; 또한 이에 대한 개괄적인 소개로 박은정, *법철학의 문제들* (박영사, 2007), 229~233쪽 참조.

8 그러한 국내연구의 대표적 예로서 양현아, "여성적 '목소리'와 법여성학 방법론", *가지 않은 길, 법여성학을 향하여* (사람생각, 2004) 참조.

서 정신분석학적 포스트페미니즘은 이미 법여성학 이후의 발전단계를 예정하고 있다. 하지만 우리 시대의 법상징학은 법의 남성성에 대한 반성에 집중한다. 아래 글도 그런 반성이 페미니즘을 통해 어떻게 이루어지고, 앞으로 어떤 방향으로 나아가야 하는지를 살피는 것에 국한하게 된다.

Ⅱ. 페미니즘의 발전과 법

법여성학은 페미니즘의 이론들을 자신의 방법론으로 받아들인다. 그러나 법을 일방적으로 페미니즘의 실행수단으로만 위치지우면서도 동시에 페미니즘을 법(적 정의)의 실현수단으로 바라볼 때 비로소 '법여성학'이 성립한다.

1. 자유주의 페미니즘

페미니즘의 첫 단계는 자유주의에 기초한다. 자유주의 정치사상의 핵심은 법제도의 합리성, 국가의 불간섭, 사적 '소유권'의 보장 등이다.

(1) **여성의 이성적 주체화** 자유주의 페미니즘은 여성이 남성과 마찬가지로 그런 자유주의 체제의 합리적 주체인 개인(individual)으로 인정받고, 사회계약의 구성원들이 누리는 기회와 지위를 향유할 수 있어야 한다는 목표를 추구했다.[9] 이러한 자유주의 페미니즘은 법이념적으로는 자유의 '평등'을 실현하는 것에 핵심이 있다. 자유주의 페미니즘의 발달양상은 국가마다 차이가 있지만 이념형적으로[10] 보면 ① 교육기회의 평등→② 시민적 자유와 경제적 자유의 평등→③ 참정기회의 평등으로 발전한다고 할 수 있다.

---

9 강평순, "자유주의적 페미니즘에 대한 연구", *영어영문학연구* (제39권 제1호, 1997), 155쪽.

10 이념형적이라는 것은 이념의 논리적 전개의 차원에서 논의함을 뜻한다. 그러므로 개별 국가의 차원에서는 다른 발전양상을 보일 수 있다.

1) 이성적 주체로서 여성 첫째 여성이 남성과 같이 자유주의 체제의 이성적 주체로 자리잡을 수 있으려면 제일 먼저 요구되는 것이 이성적 존재로 성장할 수 있는 기회를 누리는 것이다. 그런 기회는 교육을 통해서 주어진다. 이러한 교육기회의 평등을 외치는 페미니즘은 루소(Rousseau)처럼[11] 남녀의 교육적 덕목을 예컨대 남학생에게는 용기, 절제, 정의의 덕목을, 여학생에게는 인내심, 순종, 유연성과 같은 덕목으로 차별화한다거나 남학생은 학문과 과학을 배우게 하고, 여학생에게는 예술적 소양과 가사의 기술을 연마하게 하는 식의 교육관을 해체시킨다.[12]

2) 시민적 자유의 주체로서 여성 둘째, 교육을 통해 여성이 남성과 똑같은 이성적 주체로 사회화된 후에는 남성(엄밀하게는 백인이며, 중산층이상이며, 이성애자인 남성[13])과 똑같이 이성의 표현으로서 시민적 자유나 경제적 자유를 누릴 수 있게 된다. 서구사회에서는 19세기 중후반부터 이런 페미니즘의 실천이 진행되어 왔다.[14] 특히 여성의 경제적 자유는 19세기 자유주의 페미니즘의 실천의 중심이었다.

(가) 밀(Mill)의 공리주의사상과 여성의 자유 여성이 경제적 자유를 평등하게 누리는 것은 밀(Mill)의 공리주의 사상에 의해 뒷받침될 수 있었다. 밀의 생각은 행복의 총효용을 사회적으로 최대화하려면 여성도 남성과 함께 시민적 자유와 경제적 자유를 누릴 수 있어야 한다는 것이었다. 교육받은 여성이 자유를 누리며 일을 할 수 있다면, 그 사회의

---

11 J. Rousseau(민희식 역), *에밀(Emile)* (육문사, 2006).

12 예를 들면 18세기 선구자적인 여성운동가인 울스턴크래프트(Wollstonecraft)는 부르주아 계층의 기혼 여성들이 결혼이라는 새장에 갇혀 이성적 존재로 성장하지 못하고 '약하고 수동적인' 인간으로 살아가는 것을 비판하였다. 이에 관해 자세히는 M. Wollstonecraft, *Vindication of the Rights of Woman* (Penguin Classics, 1985), 173쪽 참조; R. P. Tong(이소영 역), *페미니즘 사상(Feminist Thoughts)* (한신문화사, 2000), 23쪽 참조.

13 A. Davis, *Women, Race and Class* (Random House, 1981), 40쪽 아래.

14 이정희, "자유주의 페미니즘에서 제3세계 페미니즘까지", *비평문학* (제19권, 2004), 199쪽.

행복의 총효용은 증가하고,[15] 그 사회의 가용자원도 효율적으로 사용된다는 것이다.[16] 물론 남성의 평균적인 능력이 여성의 그것보다 우세하다는 당시의 편견[17]까지 극복한 것은 아니었지만, 밀은 여성을 경제활동에서 배제하는 것은 불필요하며, 여성의 경제활동이 자유주의 시장경제원리가 요구하는 바임을 역설하였다.[18]

(나) 시민적 자유의 조건으로서 여성의 경제적 자유 오늘날의 용어로 말하면 여성의 경제적 자유는 파레토의 최적상태를 달성하기 위한 생산자원의 합리적 분배를 위해 반드시 필요한 것이라 할 수 있다. 경제적 자유의 성취는 시민적 자유의 성취와 확대를 위한 실천적인 선행조건이 된다. 연애의 자유, 거주이전의 자유, 문화적 소비생활의 자유 등 다양한 시민적 자유의 목록들은 경제적 자유의 성취가 심화될수록, 또한 그렇게 됨으로써 비로소 삶의 현실이 되기 때문이다. 이러한 의미의 여성의 자유화는 서구사회에서는 20세기 중반 이후, 우리나라는 대략 1980년대 이후에 일어났다.

3) 정치적 자유의 주체로서 여성 셋째, 이성적 존재로 교육되고, 자유를 향유하는 지위에 서게 된 다음 단계에서 여성에게 확대될 자유는 그런 여성의 사회적 지위를 스스로 규정하는 권리가 된다. 그런 권리의 최소한은 여성의 참정권이다. 여성의 참정권은 서구사회에서도 20세기에 와서 비로소 인정되었다. 하지만 여성이 스스로 자신의 사회적 지위를 규정하는 주체가 되기 위해서는 참정권만으로는 부족하다. 정치적 견해를 형성할 실질적인 자유가 문화적 차원에서도 확보되어야 한다.

15 J. S. Mill, "The Subjection of Women", A. S. Rossi 편, *Essays on Sex Equality* (University of Chicago Press, 1970), 221쪽.

16 이에 관해 자세히는 J. S. Mill, "The Subjection of Women", A. S. Rossi 편, *Essays on Sex Equality* (University of Chicago Press, 1970), 179쪽 참조.

17 가령 '자식이 딸린 근로여성은 자신의 부담을 덜어줄 수 있는 한 떼의 하인들'이 필요하다는 테일러의 발언도 가능했다. 이에 관해 Krouse, "Mill and Marx on Marriage, Divorce, and the Family", *Social Concept* (제1권 제2호, 1983), 48쪽.

18 J. S. Mill, "The Subjection of Women", A. S. Rossi 편, *Essays on Sex Equality* (University of Chicago Press, 1970), 154쪽.

(2) 자유주의 페미니즘의 한계 자유주의 페미니즘의 실천은 자유주의적 법모델이 그런 것처럼 지금에도 유의미한 영역들이 많이 남아 있고, 여전히 유효한 법적 성찰의 지층을 이룬다. 그럼에도 불구하고 자유주의 페미니즘의 실천에는 중요한 한계가 있다.

1) 남성화의 위험과 니체의 비판 자유주의 시대의 이성적 존재가 남성이었다면, 여성의 '이성적 주체화'는 남성화의 위험을 안고 있다. 이를테면 1960년대 이후 미국의 여성운동에서는 여성의 야간작업을 제한하는 사회국가적 노동법제가 여성과 남성 사이에 승진과 소득의 차이를 가져오게 한다는 점이 자유주의 여성해방론자들에 의해 비판받기도 했다.[19] 이런 비판은 여성은 남성과 동일하다는 도그마를 형성하기 쉽다. 여기서 남성처럼 되려는 여성들이 흔히 갖는 환상, 즉 남성성이 거세되었다는 환상[20] 속에서 '디오니소스적인 긍정의 여성성'이 사라진다는 니체(Nietzsche)의 비판은 되새길 만하다.[21] 니체가 보기에 완전한 여성이란 성적 상징이나 성차를 거세하는 합리적 인간이 아니라 성적 상징들의 위치 바꾸기를 통해 다양한 춤을 출 수 있는 여성이다. 또한 합리적 여성상에서 획일적으로 이해되는 언어의 윤리적 의미를 넘어서 다채로운 문체를 사용하고, 그것을 통해 남성과 여성의 차이를 유희할 수 있는 여성이 바로 니체가 바라보는 완전한 여성이다.

2) 남겨진 남성차별 자유주의 페미니즘은 자유주의의 전통이 이미 확립된 사회에서 그 실천적 기획을 제대로 발휘할 수 있다.

(가) 전근대적 법문화의 재생산 이에 비해 전근대적인 문화가 남아 있는 사회에서는 자유주의 페미니즘이 전근대적인 문화의 재생산에 기

---

19 A. M. Jagger(공미혜 · 이한옥 역), *여성해방론과 인간본성(Feminist Politics and Human Nature)* (이론과 실천, 1994), 200쪽.

20 김정현, "니체와 페미니즘, 니체", *생명과 치유의 철학* (책세상, 2006), 332, 339쪽 아래 참조.

21 니체의 포스트페미니즘적 요소에 관해 민윤영, *니체의 법이론* (이상돈 교수지도 고려대학교 대학원 석사학위논문, 2008), 63~64쪽 참조; D. Behler, "Nietzsche and postfeminism", *Nietzsche Studien* (제22권, 1993), 358쪽 아래 참조.

여할 위험도 있다. 가령 우리나라에서 호주제가 폐지되기 이전 호주를 여성에게 개방했던 법개혁은 여성의 남성화를 의미했을 뿐만 아니라 전근대적인 문화를 재생산하는 것이었다. 이 법개혁은 호주제를 "성역할에 관한 고정관념에 기초한 차별"로서 "남계혈통 중심의 가의 유지와 계승"을 도모하는 전근대적 법제도라고 낙인찍는[22] 헌법적 논증[23] 속에서 그 흔적을 지워버렸다. 이 점은 자유주의 페미니즘이 자칫 문화적 성찰을 흠결할 수 있음을 잘 보여준다.

(나) 전통을 연장시키는 이익형량 여성전용대학의 설립도 남녀유별의 전근대적 전통사회에서는 바람직한 것일 수도 있었지만, 인가제 하에서 정부에 의해 배정된 정원으로만 운영되는 로스쿨체제에서 여성대학의 로스쿨 입학자격이 여성으로 제한된다면 남성지원자들에게 역차별을 가져온다. 이 역차별은 사립대학의 자율성을 직업선택의 자유보다 무겁게 저울질하는 헌법재판소의 논증(憲裁決 2009헌마514) 속에서 사라져버린 것처럼 보이지만, 그 실질은 전통문화의 역사적 지평 속에 여전히 남아 있다.

(다) 여성의 주체화와 여성 시혜적 조치의 양립가능성 군필자 가산점제도의 철폐도 마찬가지이다. 이는 여성에게 공무원이 될 기회를 남성과 동등하게 누리게 만든다. 하지만 병역의무를 남성만 부담하는 것은 역차별이 된다는 감정을 많은 남자지원자들이 갖는다. 그러나 이런 역차별 감정도 입법자에게는 가산점제도를 통해 제대군인을 지원하여야 할 행위의무가 없다는 헌법적 논증(憲裁決 2013헌마259) 속에서 사라진다.

---

22 여기서 낙인찍기라는 표현은 호주제가 갖는 긍정적 기능을 전혀 인정하지 않은 점을 염두에 둔 것이다. 호주제는 전통사회에서는 물론이고 대한민국 건국 이후에도 우리사회에서 사회복지와 안전망이 구축되지 않은 상당한 기간 동안 친족 간의 생존을 배려해주는 긍정적 기능을 수행하기도 하였다. 가령 6.25전쟁으로 고아가 된 조카를 자신의 호적에 올려놓고 부양과 교육 그리고 결혼비용도 부담해주는 호주의 역할이 있기도 했다.

23 이런 논증을 통해 (구)민법상의 호주제를 헌법 제36조 제1항에 위반하는 것으로 본 憲裁決 2001헌가9 참조.

하지만 우리사회에서 여성에 대한 군복무의 면제는 전통사회의 성차별적 문화가 여성에게 주체의 지위를 인정하지 않는 대신에 보상적인 시혜적 조치를 주었던 역사의 연장선에서 바라볼 여지가 있다. 여성의 남성화 역사는 전통사회에서 여성에게 주었던 시혜적 조치를 거두어들이지 않으면 — 특히 군필남성의 시각에서는 — 남성에 대한 역차별의 문제를 남길 수 있다. 이런 역차별문제를 완전히 소거하기 위해 가령 이스라엘처럼 징병제국가에서는 남녀 모두 병역의무를 부담하게 할 수도 있다. 그러나 이런 조치는 여성의 고유성을 해친다는 또다른 성차의 관점에 부딪힐 수 있다. 그러므로 이런 관점의 대립을 해소하기 위해서는 군필자 가산점제도 없는 남성만의 군복무제도가 실제로 역차별(예: 특정직역의 극단적인 성비불균형)을 낳는지를 개별 사회영역마다(예: 교육영역, 법조영역별로) 꼼꼼히 살펴볼 필요성이 있다.

3) 자유의 해석적 지평과 절차주의적 법모델의 필요성 자유주의 페미니즘의 한계는 여성도 남성과 같이 시민적 자유를 누린다고 할 때, 그 자유의 의미가 오늘날에는 평등하게 보장하기만 하면 정의가 실현될 수 있을 정도로 명확하지는 않다는 점에 있다. 가령 성적 표현을 담은 예술작품을 창작할 자유, 성적 행동의 자유, 사후 피임약 복용의 자유, 낙태의 자유,[24] 자발적 성매매의 자유, 즉 자기 몸에 대한 자유로운 통제의 권리[25] 등에서 보듯 그것이 남녀 평등하게 보장되어야 할 시민적 자유에 속하는지 자체가 논란이 된다. 자유주의 페미니즘은 이런 문제들에 대해 말해줄 수 있는 바가 별로 없다. 그것이 남성들이 누려온 인간의 자유라면 여성도 누릴 수 있어야 한다는 말만 할 수 있을 뿐이

24 오정진, "성에 관한 법적 담론의 전개와 전망", *법철학연구* (제6권 제2호, 2003), 256쪽.

25 '매춘은 단지 하나의 직업일 뿐이다'라는 자유주의적 페미니즘의 입장은 1963년 미국시민자유연맹(ACLU)이 표명한 입장에서 드러난다. 성매매에 대한 범죄화와 강제적 금지는 개개인의 몸에 대한 인격적 권리를 침해한다는 것이다. 이에 대해서는 김은경, "성매매에 관한 페미니즘 담론과 형사정책적 딜레마", *형사정책* (제14권 제2호, 2002), 44쪽 아래 참조.

다. 이런 문제영역에서는 남녀가 평등하게 누려야 할 자유의 의미에 대한 성찰과 재구성이 중요하다. 이런 문제영역에서는 포스트페미니즘과 절차주의적 법모델은 그런 재구성에 많은 역할을 할 수 있다.

2. 급진주의 페미니즘

역사상 페미니즘의 두 번째 흐름(second wave feminism)은 급진주의 페미니즘이다.

(1) **가부장 적대화의 정치** 급진주의란 전투적(military)이라고 바꿔 말할 수 있다. 전투적이란 남성을 여성의 적으로 설정하고, 투쟁의 대상으로 삼거나 적어도 그렇게 함을 무릅쓸 의향을 지녔다는 의미이다.

1) 가부장 적대화의 의미 ① 그런데 여기서 적이란 사회제도와 법제도가 가부장문화에서 비롯됨을 가리키고, 그럴 경우 급진주의 페미니즘은 모든 법개혁의 논거로 기존 법제도의 배후로 전제되는 가부장문화를 지목하고 이를 해체하려고 한다. 가령 형법상 강간죄(제297조)의 객체가 부녀婦女에서 사람으로 바뀐 것은 부녀의 개념이 여자를 며느리 아니면 딸과의 관계로 맺는 가부장(시아버지/아버지)을 전제로 생성된 것이기 때문이다. 부녀 개념의 해체는 가부장 문화의 해체를 향한 것이 된다. ② 가부장문화의 적대화는 기존의 법제도가 여성에게 오랜 세월 핸디캡을 주어온 것임을 웅변하고, 바로 여성에 대한 특별한 보호조치는 억압의 역사에 대한 일종의 보상으로서 지극히 정당한 것이라고 바라본다. ③ 하지만 그런 특별보호조치는 적지 않게 오히려 남녀 간의 실질적 평등을 깨뜨리는 경우도 있다. 그 한에서 급진적 페미니즘은 이데올로기적 성격을 갖기 쉽고, 그런 이데올로기적 정책의 수행은 페미니스트들의 정치적 세력화와 같은 부수효과를 가져오기도 한다.

2) 성의 비판적 정치학 급진적 페미니즘의 주된 공격목표는 가부장제의 문화적 이데올로기, 그리고 남성과 여성의 생물학적 차이를 과장하여 만들어 낸 남성성과 여성성에 대한 사회적 편견의 고정관념

(stereotype)이다.[26] 급진적 페미니즘은 남녀 간의 차이보다는 남성의 여성에 대한 지배(dominance)에 더 많은 관심을 둔다.[27]

(가) 가부장적 남성성의 범신론 밀레(Millet)는 그런 고정관념이 학교, 가족, 종교에 의해 지속적으로 재생산되고, 의식 속에 내면화된다고 본다.[28]

ㄱ) 사회과학이론의 남성성 밀레의 관점에서는 푸코가 말하는 권력을 생산하는 지식도 가부장제의 남성이데올로기로 채색되어 있다고 보게 되며,[29] 여성성을 남근콤플렉스에서 해명하는 프로이트의 정신분석학도 남성권력을 재생산하는 지식의 전형으로 볼 수밖에 없다.[30] 또 다른 예로 파슨스(Parsons)의 사회학도 반여성적인 이론으로 조명된다. 즉 그가 '성적 정체성은 두 성 간의 진정한 생물학적 차이에 사회적으로 '적응'한 결과일 뿐'이라고 주장했다는 식으로 해석된다.[31] 성차를 생물학적 특성으로 환원하는 진화심리학(evolutionary psychology)도 이런 비판의 창을 막을 방법이 없다. 그러나 사회과학 이론마저 가부장이데올로기의 망령이 덧씌워져 있는 것으로 보는 이해에 따르면 모든 것이 남성이데올로기를 실행하는 억압과 지배의 장치가 될 것이다. 여기서 급진적 페미니즘을 두고 가부장적인 남성성의 범신론汎神論이라고 부르는 것도 무리가 아니다.

ㄴ) 가부장적 남성성으로서 계약의 자유 이럴 경우 평등한 자유

---

26 이정희, "자유주의 페미니즘에서 제3세계 페미니즘까지", *비평문학* (제19권, 2004), 203쪽.

27 대표적으로 맥키넌(Catharine A. Mackinnon)의 페미니즘이 이에 해당하는데, 자세히는 윤진숙, *여성주의 정의론* (탑북스, 2016), 54쪽 아래, 특히 59쪽 참조.

28 K. Millet, *Sexual Politics* (Doubleday, 1970), 25쪽.

29 이러한 주장으로 또한 M. Foucault(이정우 역), *지식의 고고학(L'Archeologie du savoir)* (민음사, 1992) 참조.

30 K. Millet, *Sexual Politics* (Doubleday, 1970), 178쪽.

31 H. Barry · M. K. Bacon · I. L. Child, "A Cross-Cultural Survey of Some Sex Differences in Socialization", R. F. Winch 편, *Selected Studies on Marriage and Family* (Rinehart and Winston, 1962), 267쪽.

를 기획한 근대법도 남성이데올로기의 도구로만 자리잡게 된다. 가령 럭셔리한 생활을 위해 돈 많은 남자와 자발적으로 한시적인 계약애인 관계를 맺고 성관계를 한 여성은 가부장적 남성이데올로기의 피해자가 될 뿐이며, 그녀의 성적 자기결정도 가부장적 남성성의 폭력에 물든 것으로 이해된다. 즉, 이 경우에도 여성은 육체로 환원되며, 그녀의 자유의사와 자발적 결정과 상관없이 그녀는 이미 침해받고 있는 것이 된다.[32] 이때 자발적인 성매매를 하는 여성은 비합리적 여성으로 개념화되어, 가부장적 남성문화를 전면 거부하고 그런 남성과 놀지 않는 '합리적 여성'과 구분지어진다.

(나) 여성성 지우기 이와 같은 남성성에 대한 이데올로기 비판은 여성성에 대한 새로운 이데올로기를 만드는 지점까지 나아갈 수 있다.

ㄱ) 생물학적 성차 지우기 대표적으로 파이어스톤(Firestone)은 인공적 (자궁외) 출산이 자연(자궁내)분만을 대체해야 하고, 개인들 간의 합의로 선택하는 인위적 가족형태가 유전적인 연관성에 의해 묶여진 자연가족 형태를 대체해야 한다고 주장한다. 왜냐하면 생식과 가족형태에서의 자연스러움도 가부장 이데올로기가 만든 환영이기 때문이라는 것이다. 다시 말해 가부장제의 문화에서 생물학적 성차가 남성의 여성에 대한 지배이데올로기의 원천이 되었기에 여성의 생물학적 자연마저 여성해방의 투쟁과 함께 인위적인 것들에 의해 지워져버려야 한다는 것이다. 그래서 파이어스톤은 현재까지는 자연스러워 보이지 않는 '다형태의 성행위들'[33]을 새로운 여성성으로 바라보고, 비이성애, 특히 동성과의 성적 관계를 성숙한 개인의 합리적 선택으로 바라본다.[34] 그 결과 레즈비언은 여성해방의 핵심적인 문화코드가 된다.[35]

32 K. Barry, *The Prostitution of Sexuality* (New York University Press, 1995), 71쪽.
33 S. Firestone, *The Dialectic of Sex* (Bantam Books, 1970), 59쪽 아래.
34 L. Faderman, "낭만적인 우정과 레즈비언 사랑", J. Lorber(최은정 외 역), *젠더 불평등(Gender Inequality)* (일신사, 2005), 152쪽.
35 P. Rust, "Another Revolution on the Political Wheel: The Politicization of

ㄴ) 거세하는 여성의 이상　여기서 동성애에 합리성을 부여하는 것은 겉보기에는 포스트모더니즘의 현상과 병행한다. 하지만 급진주의 페미니즘은 새로운 합리적 여성상을 위해 일체의 — 왜냐하면 모든 남성성은 가부장제에 물들어 있기 때문에 — 남성성과 그에 대응되어 형성되어 온 여성성에 합리성을 인정하지 않는다는 점에서 포스트모더니즘과 분명하게 구별된다. 여기서 급진주의 페미니즘은 데리다가 바라본 니체의 두 번째 여성,[36] 즉 남성들이 부여한 이미지를 거부하며 스스로를 '거세하는 여성'(castrating woman)의 이상을 좇는다고 말할 수 있다.

(2) 여성특별보호의 적극적 조치　이렇게 가부장제의 남성이데올로기에 대한 과민함은 급진주의 페미니즘의 실천영역을 젠더의 불평등(Gender Inequality)이 문제되는 영역으로 집중시킨다.[37]

1) 과잉 젠더문제화를 통한 여성보호　더 나아가 젠더문제가 아닌 문제들까지도 젠더의 불평등 문제로 견강부회하고 페미니즘의 실천영역으로 편입시킨다. 가령 성희롱이나 성매매,[38] 포르노그래피[39]도 가부장의 이데올로기가 만들어 낸 현상이며, 따라서 그런 것들은 하나의 '폭력'으로 정의된다. 이런 개념사용은 '신체에 대한 유형력(물리적 힘)의 행사'라는 형법 폭력개념과 심하게 어긋난다.

가령 현행 성폭력처벌 등에 관한 특례법(성폭력처벌법) 제2조는 신체에

Bisexuality", *Bisexuality and the Chalenge to Lesbian Politics* (New York University Press, 1995), 250쪽 아래.

36 J. Derrida, *Éperons; Les Styles de Nietzsche* (The University of Chicago Press, 1979), 41쪽; 데리다의 니체의 여성과 진리 유형에 대한 자세한 논의로 조민희, *자크 데리다(J. Derrida)의 해체주의와 법여성학의 이해* (이상돈 교수지도 고려대학교 대학원 석사학위논문, 2008), 11~18쪽 참조.

37 J. Lorber(최은정 외 역), *젠더 불평등(Gender Inequality)* (일신사, 2005), 140쪽.

38 매춘도 강간의 일종이 된다고 보는 K. Barry, *The Prostitution of Sexuality* (New York University Press, 1995), 23쪽; 또한 성매매는 여성파괴를 정상화하는 이데올로기가 된다는 김은경, "성매매에 관한 페미니즘 담론과 형사정책적 딜레마", *형사정책* (제14권 제2호, 2002), 44~47쪽 참조.

39 오현미, "2세대 페미니즘", 권현정 외, *페미니즘 역사의 재구성: 가족과 성욕을 둘러싼 쟁점들* (공감, 2003), 148쪽.

대한 유형력의 행사가 없는 음행매개, 음화반포·제조, 공연음란행위, 통신매체이용음란행위, 성적욕망을 유발시키는 촬영, 성적욕망충족목적의 다중이용장소침입행위 등을 모두 성'폭력'범죄로 정하고 있다. 이는 현행 성폭력처벌법이 급진적 페미니즘의 폭력개념으로 각인되어 있음을 말해준다.

그럼에도 불구하고 그런 왜곡 확장된 의미의 폭력으로부터 여성을 보호하기 위해 '성적 일탈행위' 개념으로 포섭되는 영역은 나날이 확대되고, 범죄화되며, 더욱 가혹하게 처벌된다. 예컨대 공중화장실의 여자용 칸에 남자가 출입하는 행위도 성폭력범죄가 될 수 있다.

★ 성폭력이 된 여자공중화장실출입 ① 성폭력처벌법 제12조에 의하면 "불특정 다수가 이용하는 다중이용장소"의 하나인 공중화장실의 여성용 칸에 남자가 들어가기만 하면 성폭력범죄의 일종이 성립할 수 있다. 동조는 "자기의 성적욕망을 만족시킬 목적"이라는 주관적 요건을 두고 있지만, 이 목적은 남자가 여성용 공중화장실에 들어갔다는 사실 자체로부터 추정되기 쉽다. 만일 착각하여 여성화장실에 들어간 남자라면 자신에게 "성적욕망을 만족시킬 목적"이 없었음을 증명해야만 한다. 하지만 이는 쉬운 일이 아니다. ② 게다가 공중화장실의 개념도 급진적 페미니즘의 관점에 충실할수록 더 넓어질 수 있다. 가령 개인 식당(술집) 안의 화장실도 개인이 설치하였고, 그 사용이 식당 주인과 거래를 하는 손님 집단에 국한되어 있다는 점에서 공중화장실이 아니다. 그런데도 그런 손님들이 다수라는 점을 더 중요시하는 이익형량을 하여 술집 여성용 화장실을 "공중이 이용하도록 제공"(공중화장실 등에 관한 법률 제2조 제1호)된 화장실에 포함된다고 해석하거나 입법할 수도 있다. 이런 해석이나 입법은 술집의 여성용 화장실에 들어가는 것만으로도 성'폭력'으로 단죄될 위험을 높인다. 고의였는지 과실(실수)이었는지에 대한 판단은 매우 불확실한 것이기 때문이다.

이러한 과잉의 젠더문제화는 성에 대한 국가의 과도한 후견적 보호를 필요로 한다.[40] 이 후견적 보호는 여성과 남성의 모든 성행위 안에

40 이상돈, *법철학* (법문사, 2003), 374쪽.

는 남성의 권력적 지배욕이 녹아들어가 있고 또한 그것은 '가부장적 사회에서의 여성비하'[41] 문화 때문에 어쩔 수 없는 것이 된다. 하지만 그로 인해 생활세계의 자율적인 규제기능이나 생활문화의 자율적 변화기제는 침해당하게 된다.

2) 사회적 약자로 일반화된 여성관 그런데 급진주의 페미니즘은 이런 고정관념을 전근대적인 전통사회에서 뿐만 아니라, 자유주의적인 근대법에까지 연장하여 바라본다. 이럴 경우에 자유와 평등이라는 근대적인 정의는 성맹목성(gender-blindness)의 결함을 갖는다고 말하게 된다.[42] 이에 따라 근대적인 법제는 객관적으로는 남성에게 불평등한 결과를 감수시키는 것일지라도 여성을 남성에 비해 특별하게 보호하고 적극적으로 우대하는 조치(affirmative action)[43]에 의해 교정되어야만 한다.

예컨대 각종 부문에서 (때로는 과반수를 상회하는) 여성할당제를 실시하고, 여성에게만 출산·육아·생리 휴가를 주며, 여성이 함께 형성하지 않은 남편의 재산에 대해서도 공동소유를 인정하자고 주장한다. 이런 주장에서 여성은 — 사회적 약자가 (소비자, 환자, 시청자 등등) 사회적 역할과 기능 그리고 사회체계마다 다양하게 분화되는 현대사회의 흐름(사회적 약자의 다원화)에도 불구하고 — 마치 19세기 유산자에 의해 억압된 사회적 약자로서의 노동자와 유사하게 모든 차원에서 사회적 약자인 것처럼 일반화된다. 이러한 과잉의 일반화(Überverallgemeinerung)는 젠더문제가 아닌 문제에서도 여성특별보호의 정책을 생산해내고, 그러한 정책을 주도한 집단에게 '여성상'을 정의내리는 권력(Defintions-

41 최은순, "여성과 형사법", *법과 사회* (제8집, 1993), 98~99쪽.
42 오정진, "비판 페미니즘 법학", *법과 사회* (제16·17합본호, 1999), 175쪽.
43 적극적 조치란 일반적으로 '차별을 철폐하고 평등을 촉진할 목적으로, 기존의 차별로 인한 영향을 없앨 수 있도록 현재의 정치·사회·경제구조를 개선할 수 있는 조치로서 차별로 인한 영향이 없어질 때까지 잠정적인' 것으로서 개념화할 수 있다. 이 개념에 대해서는 김선욱, "적극적 조치의 현실과 법리", *가지 않은 길, 법여성학을 향하여* (사람생각, 2004), 44~45쪽 참조.

macht)을 독점시키는 이데올로기 장치라고 할 수 있다. 여기서 급진적 페미니즘이 — 의도했든 의도하지 않았든 간에 — 왜 사회국가적 법모델의 성장흐름에 합류하는 것인지를 이해할 수 있다.[44]

(3) 성정치에 의한 성문화의 위축과 왜곡 급진주의 페미니즘은 성의 정치학이 성의 문화를 지배하는 결과를 가져온다. 세 가지를 언급할 수 있다: ① 법원리(평등, 민주주의)의 훼손, ② 남성이데올로기의 재생산, ③ 성문화의 거세.

1) 자유민주주의의 훼손 첫째, 급진주의 페미니즘은 남성에 대한 역차별을 가져온다. 비례대표후보를 100분의 50 이상 여성으로 추천하는 법은 평등의 법원칙을 깰 뿐만 아니라 정당민주주의의 취지를 왜곡하고, 연구업적이 부족하더라도 여성을 교수로 채용하는 정책은 학문의 자유와 대학의 자율을 훼손할 수 있다.

2) 가부장적 남성이데올로기의 재생산 위험 둘째, 여성에 대한 적극적 보호조치는 오히려 가부장적 남성이데올로기를 재생산할 위험도 있다. 여성만의 육아휴직은 육아를 여성의 역할로 정상화하는 효과를 가질 수 있기 때문이다.

3) 성문화의 성정치로의 예속 셋째, 여성에 대한 적극적 보호조치는 성문화의 정치에로의 예속과 그로 인한 성문화의 거세 위험성을 가져올 수 있다.

(가) 낭만적 사랑과 성적 표현의 단죄 낭만적인 남녀의 사랑은 급진주의 페미니즘에서는 "성계급체계의 권력관계에 의해 병적인 형태로 부패된 사랑"[45]이 되고, 사랑의 감정은 '남성의 여성 소유욕과 여성의 사회적 진출을 위한 비현실적인 꿈꾸기'[46]가 되며, (여성 스스로 자신을 표현한 경우에도) 외설은 섹시함이라기보다는 가부장의 여성비하적 표현

---

44 이상돈, *법철학* (법문사, 2003), 374쪽.
45 S. Firestone, *The Dialectic of Sex* (Bantam Books, 1970), 146쪽.
46 A. M. Jagger(공미혜 · 이한옥 역), *여성해방론과 인간본성(Feminist Politics and Human Nature)* (이론과 실천, 1994), 304쪽.

이 된다. 남녀가 함께 보기도 하는 포르노그래피는 강간신화에 터 잡아 만들어진 문화적 새디즘으로서 중대한 여성인권침해라고 이야기되며,[47] 로렌스(Lawrence)나 밀러(Miller)의 문학작품(채털리부인의 사랑, 북회귀선)은 가부장이 버린 쓰레기로 전락한다.

(나) 정치적 감옥에 갇힌 성 그러나 이런 관점의 법적 관철은 성을 정치적 감옥에 가두는 셈이 된다. 그 결과 사랑은 여성을 우대하는 계약의 관계로만 정치적으로 허락된다. 음란함은 정치적으로 숙청되고, 노예[48]적인 것으로 낙인찍힌 채 내면세계 속에 감금된다. 급진적 페미니스트들은 포르노그래피에 등장하는 여성을 마조히즘의 화신으로 공격한다. 그런데 이 모든 성의 정치적 유폐에서 급진주의 페미니즘은 아이러니컬하게도 성에 관한 윤리주의자들과 연합을 하는 결과를 초래한다.[49] 그들이 함께 이루는 것은 성놀이가 결핍된 삶, 에로스가 메마른 삶일 수 있다. 그러나 에로스가 없는 삶은 죽음이 되기 쉽다.

3. 포스트페미니즘

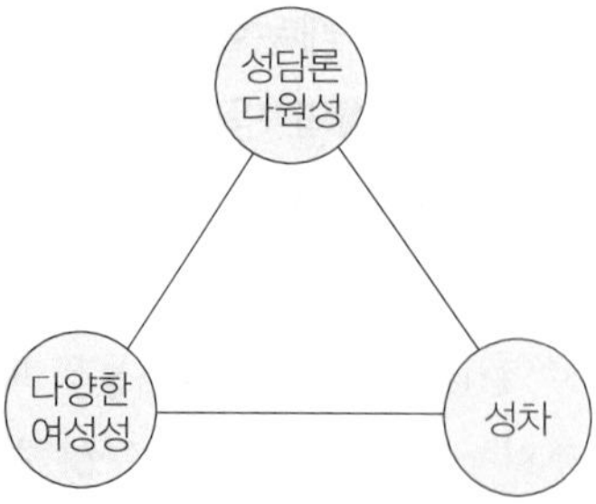

포스트모더니즘이 페미니즘에 유입되면서 페미니즘은 점차 자유주의 페미니즘과 급진주의 페미니즘의 문제점을 극복하고, 그 둘의 장점을 종합하는 제3의 흐름, 즉 포스트페미니즘으로 나아가고 있다. 그러나 현재 페미니즘의 이론들 가운데 어떤 이론부터 어떤 이론까지가 포스트페미니즘인지를 명확히 말하기는 어렵다. 포스트페미니즘의

---

47 급진주의 페미니즘을 대표하는 맥키넌의 포르노그라피의 남성지배 현상에 대해 자세히는 윤진숙, *여성주의 정의론* (탑북스, 2016), 111쪽 아래 참조.

48 (특히 강간이 가장 극단적인 예인데) 여성은 남성의 성적 노예가 된다는 A. M. Jagger(공미혜 · 이한옥 역), 앞의 책, 298쪽 참조.

49 급진적 여성주의와 도덕적 보수주의의 내적 연관에 관해서는 이상돈, *법철학* (법문사, 2003), 388쪽; 조국, *형사법의 성편향 제2판* (박영사, 2004), 280~281쪽 참조.

배후이론으로서 포스트모던이론의 스펙트럼이 우로는 자유지상주의에서 좌로는 포스트 마르크스주의까지 매우 넓기 때문이다. 그럼에도 불구하고 포스트페미니즘의 이론적인 최대공약수로서 다음과 같은 세 가지의 구조적 특징을 뽑아낼 수 있다: 여성성의 다양성, 성차, 성담론의 다원성.

(1) **여성성의 다양성** 포스트페미니즘은 무엇보다도 자유주의 페미니즘과 급진주의 페미니즘에 공통된 특성, 즉 단일한 여성주체성을 해체한다.

1) 이리가라이의 이론 대표적인 정신분석 페미니스트 이리가라이(Irigaray)는 '여성적인 것'이 하나의 개념으로 포섭될 수 있다는 주장은 여성을 다시금 남성성을 재현시키는 체계, 바꿔 말해 단지 남성주체의 나르시시즘을 도와주는 체계 내지 의미의 덫에 사로잡히게 만든다는 점을 경고한다.[50] 그래서 포스트페미니즘은, 남성/여성, 정상/비정상, 동일자/타자 등의 근대적인 이분법적 사고를 해체하는[51] 포스트모더니즘의 영향 아래, 감성과 이성을 이분하고, 여성을 감성의 주체에서 이성의 주체로 전환하려 들지 않는다. 그보다는 감성이 이성에 비해 부차적인 것이 아님을 받아들인다.[52] 여성이든 남성이든, 이성의 주체일 수도, 감성의 주체일 수도 있다는 것이다. 또한 포스트페미니즘은 급진주의 페미니즘처럼 합리적 여성과 비합리적 여성으로 이분하지 않는다. 그보다는 여성성의 다양성을 인정하려고 한다.

2) 모성 개념의 변화 이렇게 볼 때 법이 보호하는 모성母性은 단지 아이를 배고 품는 여성만이 아니라 자신의 삶의 상황에 따라서는 낙태를 하고, 임신 이전의 사회적 삶을 재생산시키는 권리를 누리는 여성도

50 장미경, "포스트모더니즘과 페미니즘의 올바른 접목을 위하여", *페미니즘의 이론과 정치* (문화과학사, 1999), 147~149쪽.

51 K. Oliver · M. Pearsall, "Why Feminists Read Nietzsche", *Feminist Interpretation of Friedrich Nietzsche* (Pennsylvania State University Press, 1998), 7쪽.

52 장미경, 앞의 논문, 73쪽.

포괄하여야 한다.[53] 또한 육아는 여성성(모성)일 수도 있고 아닐 수도 있으며, 오히려 남성성父性과 무관한 것이 아니라 남성성의 중심을 이룰 수 있음을 인정해야 한다. 그렇기에 육아휴가는 남녀 모두에게 누릴 수 있는 가능성이 주어져야 한다.

3) 실존적 자기결정으로서 성매매 성매매도 마찬가지이다. 성매매가 매춘이라는 개념 속에서 가부장적 남성성의 폭력에 희생되는 여성성의 단면일 수도 있지만, 여성성의 주체적인 실존적 자기결정일 수도 있음을 인정해야 한다. 더 나아가 주체적인 성매매의 여성들은 성근로자로 정체성을 형성할 수도 있고, 노동조합과 같은 단체를 결속할 수도 있다.

★ 성매매담론의 발전 ① 성매매는 윤락행위방지법에서 보듯 과거에는 윤락淪落으로 개념화되었다. 이는 (전근대사회에서) 성매매의 금지가 가부장(가족제도)의 유지를 위한 여성 성행위의 제한[54]과 종교적 금욕주의의 여성혐오,[55] (1860년대 유럽사회에서) 인구의 통제와 보호 및 육성을 위한 방편으로서 매춘에 대한 행정적 관리[56] 속에서 성매매를 필요악으로 바라본 성매매담론에 견줄 수 있다. ② 1960년대 미국의 성해방 여성운동 이후에는 성의 자유화를 주장하는 자유주의 페미니즘과 그에 대한 반대담론으로서 성매매를 여성의 성적 종속성을 정당화하는 폭력이라고 보는 급진주의 페미니즘이 대립하였다.[57] 현행 성매매처벌법은 이 반대

---

53 재생산권에 관해서 자세히는 양현아, *낙태죄에서 재생산권으로* (사람생각, 2005) 참조.

54 R. Stone, *The Family, Sex and Marriage in England 1500~1800* (Weidenfeld and Nicolson, 1977), 658~659쪽.

55 성의 억압과 성의 해방출구라는 중세 고해성사의 역설적인 이중적 기능은 신광현 교수가 말하듯 중세시대 고해성사가 종교적인 지배담론의 제도화이면서 동시에 지배담론에서 벗어나고, 그것을 '재절합(rearticulate)하는 자기담론화'의 제도였다는 점에서 비롯된다고 할 수 있다. 이와 같이 고해성사를 '지배담론을 재절합하는 자기담론화'의 제도로 바라보고, 그 점을 중세문학작품 *마저리 켐프의 책(The Book of Margery Kemp)*의 분석과 비평을 통해 상세히 밝히는 신광현, "중세의 고해성사와 주체의 구성—『마저리 켐프』의 경우", *주체 · 언어 · 총체성* (서울대학교출판문화원, 2015), 29~53쪽 참조.

56 이러한 성담론의 분석은 M. Foucault, "The Confession of the Flesh", *Power/Knowledge: Selected Interviews and Other Writings by Michel Foucault, 1972~1977* (Pantheon Books, 1980), 211쪽 참조.

57 K. Barry, *The Prostitution of Sexuality* (New York University Press, 1995),

담론의 전형을 보여준다. 이 담론은 모노가미를 유일하게 도덕적인 결혼 형태로 만드는 윤리적 권력과 보수적인 사회질서 그리고 권위적 국가권력의 재생산기반이 된다. ③ '결혼도 어떤 면에서는 합법적 매춘'[58]이라는 통찰과 가부장적 도덕주의나 급진적 페미니즘의 성담론에 지배당했던 성매매 여성의 내레이션에 귀 기울여 보면,[59] 성은 복잡다양한[60] '맥락적', '상황적',[61] 하부문화적(subcultural)인 것이며, 성매매의 경험도 단일한 여성의 목소리로 이야기되기 어렵다. 게다가 1986년 제2차 세계창녀대회(The Second World Whore's Congress)에서 들을 수 있었던 목소리, 즉 성매매는 영혼과 자아를 파는 것이 아니라 역사상 가장 오래된 노동의 하나이며, 자신들은 '성노동자들'[62]라는 주장[63]은 우리나라 성매매 여성들의 경험이기도 하다. 이러한 포스트페미니즘 담론에 귀 기울인다면, 이러한 성매매여성의 다성적인 목소리에 귀 기울인다면, 포주에 의해 착취된 성매매는 반사회적(antisocial)이고, 상업화된 조직 속에서 자유의사로 부득이하게 이루어지는 성매매는 '비사회적'(asocial)인 것이며, 조직화되지 않은 방식으로 자유의사에 의해 성과 금전을 교환하는 자발적, 주체적 성매매는 인생관과 가치관에 따른 실존적인 것이라고 보아야 한다.[64] ④ 절차주의적 법모델은 착취된 성매매는 엄격히 금하고

71쪽.

58 M. Wollstonecraft, *A Vindication of the Rights of Women* (International Publishers, 1964), 133쪽.

59 성매매처벌법 제정과정에서 성매매 여성의 입장과 관점이 철저히 배제된 문제점을 지적하는 이준일, *인권법: 사회적 이슈와 인권* (홍문사, 2007), 372쪽.

60 가령 어떤 여성은 부르주아이면서 가부장적 남성성의 피해자로서 성매매를 경험하는 반면, 다른 어떤 여성은 가부장적 남성성의 피해자이면서 프롤레타리아로서 또 다른 성매매를 경험한다. 이러한 이데올로기의 중층적 구조와 힘의 역학관계는 많은 소설들의 제재로서 등장하는데, 한 예로 김향숙의 연작소설 *문 없는 나라* (문학과 지성사, 1990) 참조.

61 원미혜, "늑대를 타고 달리는 여자들과 함께", 막달레나의 집 편저, *용감한 여성들, 늑대를 타고 달리는* (삼인, 2002), 48~63쪽.

62 전·현직 성매매여성들로 구성된 조직인 '홍실'(De Rode Dread)이나 미국 샌프란시스코를 중심으로 조직된 성매매여성단체 '코요테'(COYOTE: Call Off Your Old Tired Ethics) 등도 더 이상 성매매자라는 명칭이 아닌, 성노동자(Sex Worker)로 불리워지길 요구했다.

63 W. Acton, *Prostitution Considered in its Moral and Sanitary Aspects* (John Churchill Publications, 1870), 30~31쪽; 이성숙, *매매춘과 페미니즘, 새로운 담론을 위하여* (책세상, 2002), 18쪽 참조.

포주는 처벌하고 피해여성은 보호하며, 조직화되고 상업화된 성매매는 통제와 처벌 중심이 아니라 (폭력적 지배나 착취의 가능성을 엄격하게 통제하고, 보건의료적 위험을 예방하며, 사회보장적 혜택을 보장해주는 등) 관리 중심으로[65] 나아가고, 비조직적인 자발적 성매매는 탈규제(deregulation)의 방향으로 나아갈 것을 권고한다.

(2) **성차의 다원성** 포스트페미니즘은 성차性差를 가부장적 남성이데올로기의 산물로 보는 것이 아니라 계급, 인종, 계층, 직업, 하부문화 또는 무의식 등 다양한 사회적 관계의 그물망 속에서, 바꿔 말해 특정한 맥락과 상황 속에서[66] 형성되는 유형적 고정관념의 하나로 바라본다.[67] 물론 성차가 맥락에 따라서는 가부장적 남성이데올로기의 산물일 수 있음도 부정하지는 않는다.

1) 정신분석학의 성차 이해 예컨대 정신분석학은 여성 억압의 근원이 무의식 차원에 깊숙이 뿌리내리고 있다고 본다. 특히 성정체성의 형성과 왜곡이 유년기 성장과정에서 당한 억압 속에서 일어남에 주목한다. 프로이트(Freud)에 의하면[68] 오이디푸스 콤플렉스(Oedipus Complex)는 성정체성을 형성하는 핵심과정이 된다. 즉, 성차(sexual difference)는 가부장적 남성이데올로기가 과장하고 왜곡한 생물학적인 차이이거나 급진주의 페미니즘이 지목한 사회문화적 고정관념에서 비롯되는 것

---

64 이는 이상돈, "성매매의 범죄화와 인권침해", *시민과 변호사* (통권 131호, 2004), 18~22쪽을 발췌 정리한 것임.

65 주승희, "법여성주의 이론의 흐름과 형사법에의 투영", *법철학연구* (제8권 제2호, 2005), 292쪽; 김은경, "성매매에 관한 페미니즘 담론과 형사정책적 딜레마", *형사정책* (제14권 제2호, 2002), 68쪽.

66 원미혜, "늑대를 타고 달리는 여자들과 함께", 막달레나의 집 편저, *용감한 여성들, 늑대를 타고 달리는* (삼인, 2002), 48~63쪽.

67 여성주의법학의 핵심을 '사회구조화 된 젠더관계를 인식하는 성인지적(gender-cognitive) 관점'의 구축에서 바라보는 견해(엄순영, "성인지적·대안적 법학방법론: 여성주의법학", *경상대 법학연구* [제19권 제2호, 2011], 159~185쪽)도 한편으로는 성차를 인정하는 것이지만, 다른 한편으로는 그 성차가 특정한 맥락과 상황 속에서 그때그때 형성되는 유형으로 바라보는 경우에는 포스트페미니즘으로 분류될 수 있다.

68 G. Freud, "Female Sexuality", *S. E.* (제7권, 1933), 116쪽.

이 아니라, 심층심리학적 현상의 하나이다. 이로부터 앞서 내가 말한 바와 같이 남성에게 내재된 여성성, 여성에게 내재된 남성성의 교차가 가능해진다. 프로이트의 견해처럼 인간은 '남성적인 남성'이나 '여성적인 여성'으로서만 존재하는 것이 아니라 다성성, 양성성 및 동성애 지향성도 갖고 있다.

2) 탈식민주의 성차의 발생 원인을 그 사회, 그 시대의 맥락 속에서 찾는 관점의 대표적인 예로 탈식민주의(postcolonialism)[69] 페미니즘 이론을 들 수 있다. 탈식민주의 개념은 논란이 많다. 포스트(post)란 우리 현실이 식민주의의 연장선상에 있음을 부인하지 않으면서 동시에 식민주의시대를 초월한 유토피아적 소망을 담기도 한다. 탈식민주의 페미니즘의 관점에서 보면 제3세계 여성들의 하위주체(subaltern)[70]로서의 삶을 억압하는 기제들은 단지 식민지배를 한 서구사회(예: 서구체제의 일제)의 가치들에만 있는 것이 아니라, 그 지배를 받은 제3세계 사회문화 속에 침투되어 있는 기제 속에도 존재한다. 왜냐하면 이 하위주체들은 백인남성이 그들을 유색인남성의 핍박으로부터 구출해주는 판타지와 같은[71] 서구중심적인 페미니즘으로부터도 소외되지만, 동시에 서구의 파시즘과 제국주의를 모방학습하고 내면화한 제3세계 내의 (토착적인 가부장제의 토대 위에서 구축된) 민족주의와 원리주의 및 국수주의로부터도 소외되고 있기 때문이다. 즉 이들은 백인중심적 시각의 서구페미니즘[72]과 토착화된 가부장제 양쪽 모두에 의해 주변화된 객체가 된

---

69 이런 포스트(탈) 개념의 양면성에 관해서는 김욱동, "포스트식민주의의 범주와 성격", *비평과 이론* (제3권, 1998), 5쪽 아래 및 이경원, "탈식민주의의 계보와 정체성", 고부응 편, *탈식민주의-이론과 쟁점* (2003), 29쪽 참조.

70 그람시(Gramsci)가 레닌의 전위당과 전위 프롤레타리아트들이 민중의 문화정치운동 안에서 헤게모니를 장악하는 것을 우려하며 사용했던 하위주체 개념을 성·인종·문화적으로 주변부에 속하는 제3세계의 여성들을 가리키는 개념으로 전용한 것은 스피박이다. 이에 대해 자세히는 G. Spivak, "Can the Subaltern Speak?", C. Nelson·L. Grossberg 편, *Marxism and Interpretation of Culture* (1998), 283쪽 참조.

71 이상돈·이소영·민윤영·정채연, *포스트모더니즘과 법* (세창출판사, 2006), 107쪽.

다.[73]

★ 제국의 위안부와 탈식민주의 ①『제국의 위안부』라는 책에서 위안부의 일본군과의 동지적 관계나 위안부의 매춘성에 대한 언급으로 저자 박유하 교수는 일본군 위안부 피해자의 명예를 훼손했다는 혐의로 재판을 받아 1심에서는 무죄, 2심에서는 유죄를 선고받았다. ② 재판에서는 학문적 표현의 자유와 명예보호라는 이익의 형량이 핵심쟁점이 되었지만, 박 교수가 재판에서 말한 '제국의 위안부'는 '제국에 동원당한 위안부'라는 뜻으로서 일본과 위안부 지원단체 양쪽을 비판하는 탈식민주의의 관점을 보여준다. ③ 탈식민주의는 식민주의와 민족주의의 이분법을 해체한다. 가령 위안부를 제3세계의 하위주체(subeltern)로 바라본다면, 위안부는 서구적 문명 또는 일제日帝의 근대화 논리부터 소외되었지만, 동시에 일본제국주의를 모방학습하고 내면화한 또는 제국주의를 닮은 한국 내의 민족주의나 가부장제 등으로부터도 소외되었다는 점을 드러내는 것이다. ④ 민족주의적 또는 반反식민지주의적 집단기억의 형성과 유지는 (주로 남성들의) 일정한 정치적 목적을 수행하는 것일 수 있다. 탈식민주의의 관점에서 보면 위안부 여성은 그처럼 정치화하는 남성적 언어의 틀에서 빠져나와 — 그것이 식민주의에서 비롯되었던 민족주의에서 비롯되었던 — 여성을 억압하는 담론을 해체하는 여성의 '소수언어'를 찾아야 한다. 이는 위안부여성들이 각자의 다양한 경험에 대해 '스스로 말하기'(이리가라이)를 할 수 있어야 함을 뜻한다. 그러므로 제국의 위안부 재판에서는 학문의 자유뿐만 아니라 그 책이 하위주체의 스스로 말하기를 위한 하나의 새로운 공간을 제공하는 것인지에 대한 숙고가 필요하다.[74]

---

72 이에 대해 자세히는 이정희, "자유주의 페미니즘에서 제3세계 페미니즘", *비평문학* (제19호, 2004), 314~217쪽 참조.

73 유제분, "탈식민주의페미니즘의 주요쟁점들: "말걸기"와 에스닉 여성의 글쓰기", *진보평론* (제7호, 2001).

74 <제국의 위안부>에 대해 식민지 법제에 대한 합법주의적 이해방식으로 비판하는 이재승, "식민주의와 과거극복의 정치", *법과 사회* (제49호, 2015), 1~31쪽 참조. 그러나 민족주의적 관점에 서서 정의와 부정의, 선과 악의 이분법을 지나치게 강조하게 되면 예를 들어 강제 동원된 모든 일본병사가 절대악이 되고, 한일 사회 모두에 내재한 계급이나 젠더 문제의 다양한 층위를 외면하게 되고, 그 층위가 위안부 문제에 기여했던 점에 대한 역사적 반성도 어렵게 된다.

(3) 성담론의 다원성　　포스트페미니즘은 성차가 여성억압의 기제로 작동하는 경우, 그 기제를 해체하기 위해서 다양한 성담론을 분석하여, 그때그때의 불평등 연원을 발굴해내고 해체한다. 여기서 다양한 성담론이란 급진주의 페미니즘처럼 '지배하는 남성과 억압받는 여성'의 이원화를 낳은 가부장제의 단일한[75] 이데올로기 담론이 아니라 성차를 불평등의 모멘텀으로 만든 각 부문의 미시적인 담론을 가리킨다. 이렇게 되면 페미니즘의 투쟁은 매우 다양한 형태를 띨 수밖에 없게 된다.[76]

1) 성담론의 해체　　성담론의 해체는 말 걸기와 내레이션이나 스토리텔링의 방법에 의해 수행될 수 있다. 예컨대 제3세계의 탈식민주의 페미니즘에서 여성억압의 담론을 해체하려면 그 지역공동체의 여성들이 계승해온 스토리텔링(storytelling)이 중요하다. 스토리텔링은 서구의 개인주의적 여성의 주체형성논리[77]를 재현해내지 못하는 내부적 원인에 대한 성찰[78]을 그 사회의 지리적, 역사적, 문화적 배경 속에서 수행하는[79] 해체전략이다. 가령 '정신대에 끌려간 가엾은 우리 누이들'의 성착취에 대한 분노가 민족주의의 정서틀(예: 반일·반미 감정)에 갇혀 발화된다면,[80] 그 착취된 여성은 반식민지주의의 정치적 목적을 수행하는

---

75 물론 기존에도 마르크스주의 페미니즘의 영향 아래 여성들 내부의 계급차이가 문제로 제기되기도 하였지만, 이는 성차갈등이 계급갈등에 종속되는가 계급갈등으로부터 독립적인가의 길고 긴 논쟁으로 이어졌을 뿐, 전면적인 차이의 정치로 이어지지는 못하였다. 같은 문제의식으로 장미경, "포스트모더니즘과 페미니즘의 올바른 접목을 위하여", *페미니즘의 이론과 정치* (문화과학사, 1999), 74쪽 참조.

76 C. Mouffe, "페미니즘, 시민권, 그리고 급진 민주주의 정치", 황정미 역, *미셸 푸코, 섹슈얼리티의 정치와 페미니즘* (새물결, 1995).

77 G. Spivak, "Three Women's Texts and a Critique of Imperialism", *Critical Inquiry* (제12권, 1985), 243쪽 아래.

78 박경화, "탈식민주의와 페미니즘", 고부응 편, *탈식민주의—이론과 쟁점* (문학과 지성사, 2003), 152쪽.

79 C. T. Mohanty · A. Russo · L. Torres, *Third World Woman and the Politics of Feminism* (Indiana University Press, 1991), 51쪽.

80 R. Sethi, "Gendering Nationalism: Reflection on Feminism, Representation, and the Subversion of Identity", *영미문학 페미니즘* (제7권 제2호, 2000), 17쪽 아래.

남성들의 과업에 의해 다시 한 번 억압되는 셈이 된다. 그러나 착취된 여성이 자신들의 억압사를 이야기하는 것[81]은, 마치 노동요를 부르는 것과 같이, 곧 그들 스스로를 치유하고, 다른 이들과의 유대를 맺게 하는 것이어야 한다. 이를 위해서는 여성들이 스스로 이야기하도록 말을 걸어야 한다. 그리고 그들의 이야기에 귀 기울여야 한다. 이때 말 걸기란 계몽주의적 선도나 (어떤 시민단체가) 그들을 '대신하여 말하는 것'이 아니라,[82] 산파법처럼 스스로 이야기하도록 하고, 이야기할 공간을 확보해주는 것을 의미한다.[83]

2) 여성적 말하기 성차를 발생시킨 성담론의 분석에서 주목해야 하는 점은 성담론의 언어적 지평이다. 가령 이리가라이(Irigaray)는 남근중심의 서구문화와 제도들이 억압해온 여성 특유의 육체적 충동이나 무의식들을 분석하려면 '여성적 말하기 내지 글쓰기'가 필요하다고 강조한다. 이를 위해서는 기존의 언어를 벗어나야 하지만, 그렇게 되면 히스테리와 광기의 발화행위가 되어 소통이 불가능해지는 반면, 기존언어 안에 머무르면 남성적 언어를 반복하게 되는 딜레마를 극복해야 한다. 이 극복은 아마도 '경유하면서 모방하고, 동시에 넘어서는' 담론의 방법일 것이다.[84] 여성을 억압하는 담론의 언어를 해체하는 여성언어는 들뢰즈(Deleuze)·가타리(Guattari)의 소수언어[85]에 해당한다. 즉 다수언어 '안에서' 다른 쓰임새들을 통해 다수적 가치들을 변형하고 '더듬거리게' 하는 언어이다.

---

81 이상돈·이소영, *법문학* (신영사, 2005), 295쪽.

82 유제분, "탈식민주의 페미니즘의 주요 쟁점들: "말걸기"와 에스닉 여성의 글쓰기", *진보평론* (제7호, 2001).

83 이러한 작업은 특히 법문학의 작품비평이나 법인류학의 민속지연구를 통해 심도 있게 시도될 수 있다. 한 예로 미군과 혼인해 이민했던 한국인 군인아내들의 내레이션을 통해 제3세계여성의 정체성구성을 담아낸 여지연(임옥희 역), *기지촌의 그늘을 넘어* (삼인, 2007) 참조.

84 태혜숙, *탈식민주의 페미니즘* (여의연, 2001), 26~27쪽.

85 이에 대해서는 G. Deleuze·F. Guattari(이진경 역), *카프카: 소수적인 문학을 위하여* (동문선, 2001) 참조.

Ⅲ. 법의 여성과 성차이에 대한 성찰 과제

법에서 페미니즘은 법적 정의를 더 발전시키는 기초법학의 한 분과로서 법여성학(legal feminism)으로 발전하여야 한다. 여기서 말하는 법여성학은 여성학이나 페미니즘적 실천과 분명하게 다르다. 여성학이 법을 여성주의적 목표의 실현수단으로 도구화하는 것과는 달리, 법여성학은 여성주의적 실천을 민주적 법치국가에서 정당성(Legitimität)과 실증성(Positivität)을 동시에 갖춘다는 의미의 '합법성'(Legalität)에 편입시킨다. 그렇게 할 때 여성주의와 그 정책도 법에 의해 합리화될 수 있고, 그 자체로도 한 단계 더 성숙해질 수 있다.

1. 법의 세 가지 지층으로서 여성

(1) 법의 세 가지 모델과 페미니즘의 상응관계 그런데 페미니즘과 법(학)을 법여성학으로 종합시키는 방법의 제1단계는 앞에서 살핀 자유주의, 급진주의, 포스트 페미니즘을 아래 도표와 같이 현재의 법체계의 지층을 구성하는 세 가지 법모델(법패러다임)[86]에 상응하는 것으로 바라보는 것이다. 가령 자유주의 페미니즘은 남녀평등을 실현한다는 점에서 평등한 자유을 기획한 자유주의 법모델에 상응하고, 급진주의 페미니즘은 그때그때 약자로 위치하는 여성에 대한 남성의 사회적 연대의식에서 여성을 특별하게 보호하는 점에서 사회국가적 법모델의 실질법화 현상에 상응한다.

법패러다임	페미니즘	핵심이념
자유주의적 법모델	자유주의 페미니즘	남녀평등
사회국가적 법모델	급진주의 페미니즘	여성특별보호
절차주의적 법모델	포스트페미니즘	남성중심문화 해체

86 이러한 법의 거시사적 발전에 관해 자세히는 이 책 [9] Ⅲ. 단락 참조.

포스트페미니즘이 절차주의적 법모델에 상응하는 점은 좀 더 많은 설명을 필요로 하므로 아래서 다시 다루기로 한다. 이런 세 가지 상응관계는 포스트모던 사회에서 포스트페미니즘이 상대적인 중요성을 많이 갖게 되었음을 인정하더라도, 자유주의 페미니즘과 급진주의 페미니즘도 여전히 자신의 고유한 역할을 할 영역이 남아 있음을 보여준다. 그렇기 때문에 여성(성)은 법의 세 가지 지층의 한 부분들을 이룬다고 말할 수 있다.

(2) **절차주의적 법모델과 포스트페미니즘** 포스트페미니즘과 절차주의적 법모델의 상응관계는 다른 두 지층의 페미니즘과 법모델 사이의 상응관계처럼 분명하지 않다. 포스트페미니즘은 남성에게도 여성에게도 다양한 비율로 교차되어 나타날 수 있는 남성성과 여성성을 바라보므로, 그것들을 법의 상징체계 속에 담는 방법은 단순히 자유와 평등의 이념 속에 갇힌 '권리'나 사회적 연대성의 보호기능에 내맡길 수 있는 어떤 '이익'을 좇는 것일 수 없다. 포스트페미니즘의 통찰을 법에 담는 방법으로는 여성성과 남성성의 의미와 차이를 끊임없이 재해석할 수 있고, 그 해석에 전제된 편견과 고정관념을 비판하고 해체할 수 있는 소통의 과정이 중요하다. 하버마스가 다음과 같이 강조하는 공적 자율성도 이러한 소통의 중요성을 잘 보여 준다: "맥락에 섬세한 어떤 규율(kontextsensible Regelung)도 만약 여성이 정치적 공공 속에서 차지하는 지위를 동시에 강화하고 그에 따라 평등한 지위에 대한 의미 있는 관점들이 해명될 수 있는 정치적 의사소통과정에 대한 참여를 촉진하지 않는다면, 그 규율은 자율적으로 삶을 형성할 개인의 평등한 권리를 결코 적절하게 구체화시키지는 못할 것이다."[87] 남성성과 여성성의 문제에 관한 담론을 심도 깊게 수행하여 법에 반영할 수 있게 하는 법모델은 대화적 의사소통 속에서 합의 가능한 그때그때의 규범을 민주적 입법과정을 통해 법규범으로 만드는 절차주의 법모델일 수밖에 없다.

---

87 J. Habermas, *Faktizität und Geltung* (Suhrkamp, 1992), 515쪽.

가령 법적 대화에서 합의를 형성하는 대화적 의사소통은 법의 상징이 여성성과 남성성을 어떤 비율로 실현할 것인지를 성찰적으로 결정할 수 있게 한다.

★ 포스트페미니즘의 법과 할례문제　① 이슬람권 국가나 아프리카 지역에 있는 여성들의 할례풍습은 백인사회의 페미니즘에서 보면 가부장적 남성폭력의 절정이며, 식민지지배를 해서라도 폐기해야 할 여성억압의 악습이다. 그러면 법은 할례를 전면금지하고 할례풍습을 조장하는 남성성을 거세하고 그들을 강력히 처벌해야 한다. 이런 법은 서구의 가치가 할례풍습을 바라보는 잣대가 된다는 점에서는 자유주의 페미니즘과 자유주의 법모델이, 그리고 여성의 보호를 위해 적극적으로 풍습을 발본색원한다는 점에서는 급진주의 페미니즘과 사회국가적 법모델이 융합된 결과라고 할 수 있다. 하지만 ② 모든 할례는 아니더라도, '어떤' 할례는 짓밟힌 여성성이 아닌 또 다른 주체적인 여성성, 즉 친구간의 의리로 표현되는 남성성과 유사하게 자기들만의 내밀한 연대성을 지향하는 여성성의 표현일 가능성을 배제해서는 안 된다(여성성의 다양성). 이런 여성성은 탈식민주의 페미니즘의 권고처럼 제3세계 여성들의 하위주체(subaltern)로서의 삶을 억압하는 기제들을 서구사회의 가치들에서 뿐만 아니라 그 제3세계 사회의 문화적, 역사적 맥락 속에서 바라볼 때 드러난다(성차의 다원성). ③ 그렇다고 해서 할례풍습을 무조건 정상화해서도 안 된다. 그 사회 속에서도 여전히 할례는 여성의 인권을 침해할 수 있고, 그런 여성억압을 가져온 그 국가의 남성중심적 인습도 반성적으로 지양되어야 한다. 그러나 이 지양은 그 사회 내부에 전승되어 온 성담론의 분석과 해체를 통해 이루어져야 한다는 점이다. 이런 성담론의 해체와 재구성은 그곳 여성들 스스로가 할례에 대하여 '스토리텔링'을 하게 함으로써 비로소 가능해진다(성담론의 다원성). 이때 법은 할례풍습이 비판적으로 재해석되고 여성인권이 새롭게 구체화되는 보편적 절차를 그 사회(아프리카와 중동 문화권) 내부에 짜 넣는 역할을 수행한다. 이때 법은 자유주의적 법제나 사회국가적 법제처럼 결론(내용)을 예정하고 있지 않다. 단지 여성의 정숙성에 대한 폭력적인 강요가 지니는 문제점이나 할례의 비위생성과 위험성, 그리고 할례시술을 받은 소녀들이 느끼는 심

리적 공포와 상처 등이 이성적으로 그리고 감성적으로 대화의 절차 안에서 최대한 드러내 보이도록 함으로써 할례의 문제성에 대한 비판이 그 사회의 내부에서 보편성을 획득할 수 있게 할 뿐이다. 하지만 법은 그런 대화적 과정 이후에도 할례풍습이 그 문화권에서 단편적인 보편성을 유지할 가능성도 배제하지 않는다.

2. 역차별과 정상화 부작용 반성

여성을 특별히 고려하는 법은 역차별과 성이데올로기를 지속적으로 반성해야 한다. 이 반성은 주로 자유주의나 급진주의 페미니즘의 노선에서 여성을 고려하는 법이 특히 수행해야 할 과제이다.

(1) **역차별에 대한 반성** 여성주의적 법정책이 초래하는 역차별에 대한 반성의 가장 유명한 이론으로 한계적 불평등 배분의 원칙을 들 수 있다.

1) 한계적 불평등 배분의 원칙 가령 롤즈(Rawls)의 공정으로서 정의관을 재해석해 보면,[88] 남녀차별이 '명백하고도 중대한 과거의 부당한 차별에서 비롯된 경우라면 여성에게 잠정적인 우대조치', 즉 "여성에게 유리하도록 필요한 영역에서 일정기간 동안 수단관련적인 한계적 불평등 배분을 실행하는 것은 정당하다"[89]는 주장이 가능하다. 이를 한계적 불평등 배분의 원칙이라고 한다. 이 원칙에 따르면, 모든 역차별이 아니라 '수단관련적 한계'를 넘은 역차별만 정의롭지 못한 것이 된다. 이러한 한계적 불평등 배분의 원칙은 역차별이 평등원칙에 위반하는지를 결정할 때 매우 유용한 원칙이 될 수 있다.

2) 역차별적 여성우대조치의 보충성과 합법성 하지만 이 원칙이 남성 역차별의 문제를 더 진지하게 해결하려고 한다면, 이 원칙은 여성우

---

88 롤즈의 정의론은 성적 차별로 구조화된 사회에 여성이 정의에 어떤 연관을 갖고 있는지를 전혀 바라보지 못한다는 비판도 있다. 대표적으로 윤진숙, *여성주의 정의론* (탑북스, 2016), 35쪽 참조.

89 이런 해석으로 김도균, "공정으로서의 정의관에서 본 남녀평등: 잠정적 우대조치 개념의 분석", *법철학연구* (제5권 제2호, 2002), 257~258쪽 참조.

대적인 법의 조치를 취하지 않고도 과거에 축적된 남녀차별을 해소할 수 있는 다른 방법이 없는 경우에는 적용되어야 한다. 이를 한계적 불평등 배분 원칙의 '보충성'이라고 부를 수 있다.

★ 비례대표추천에서 여성우대정책의 남성 역차별 ① 가령 공직선거법은 정당의 비례대표후보로 '100분의 50 이상을 여성으로 추천하고 후보자 명부 순위의 홀수에는 여성을 추천'하도록 하고 있다(제47조 제3항). 이 규정은 여성 의원이 매우 적은 정치현실을 타개하기 위한 방편이기는 하다. ② 지역구 공천에서는 탈락해도 무소속후보로나마 의회에 다시 진입할 가능성이 남아 있는 데에 비해, 위와 같은 비례대표의원의 선정은 개별 남성후보자에게 명확하게 적은 기회만을 제공한다. 이런 기준은 의원의 성비구성에서 남녀평등이 실현되기 이전까지는 남성후보자에게 역차별이 된다. 이런 역차별이 김도균 교수가 말하는 수단관련적 한계적 불평등 배분 원칙에 위반한 것인지 여부는 불분명하다. ③ 여성의원수를 늘리는 정책은 비례대표제가 자유민주주의가 아니라 정당민주주의 제도적 표현임을 고려할 때 정당이 선정하는 비례대표의 성비구성은 공직선거법 제47조와 같은 방법이 아니라, 당내민주주의의 일환으로 가령 당원구성의 성비구성을 최대한 동등하게 만드는 방법으로도 상당한 정도 달성될 수 있다. 이 방법은 정당민주주의를 심화·발전시키고, 남성 역차별의 부수효과도 발생시키지 않는다.

(2) **성이데올로기의 언어해체와 정상화효과의 성찰** 첫째, 법이 여성을 적절하게 고려하기 위해서는 자유주의적 법체계의 법률언어에 내재된 성이데올로기를 비판적으로 해체하는 언어철학적, 지식고고학적 분석을 지속적으로 하여야 한다.

가령 과거 강간죄규정에 행위객체로 사용된 '부녀婦女'라는 개념은 가부장인 '시아버지'를 중심으로 여성을 며느리(시집 온 여자)아니면 딸(시집 안 간 여자)로만 바라보는 관계개념이었다. 이런 법언어의 폐기는 곧 가부장의 이데올로기의 해체를 가져온다.

둘째, 여성에 대한 법의 특별보호는 도리어 그 보호의 전제가 되는 남성중심 문화나 성이데올로기의 고정관념을 '정상적인 것으로 만들고, 그래서 그 고정관념의 잘못을 깨닫지 못하게 만드는 부작용'을 발휘할 수도 있다. 이를 정상화효과(Normalisierungseffekt)[90]라고 부를 수 있다. 여기서 정상화란 잘못된 것을 바르게 만드는 효과가 아니라 잘못된 것을 잘못으로 알지 못하게 만든 부작용을 말한다.

① 가령 남성근로자에게는 인정하지 않는 여성의 출산·육아휴가는 '출산과 육아는 여성의 몫'이라는 남성주의문화를 재생산할 가능성이 있다.[91] 물론 남성근로자에게도 인정한 출산·육아휴가가 실제로는 다른 용도로 오용될 가능성이 있지만, 그런 오용을 막는 일은 시민문화의 몫이고, 법은 그런 출산·육아에서 남성의 역할도 인정하고 그 역할을 수행할 수 있는 공간을 마련해주어야 한다. ② 성폭력처벌특별법은 친족에 의한 (준)강간 및 (준)강제추행을 가중처벌한다. 이는 같은 집안(가)에 속한 사람들끼리 지켜야 할 (성)윤리를 위반했다는 점을 고려한 것이다. 그러나 이는 전통적인 남성중심문화의 핵심을 확대재생산한다. 조선시대에 친족강간(친속강간)이 금기의 대상이었고, 통상의 강간보다 일등급 가중처벌하는 등 국가적·사회적 관심사로 취급되었던 점[92]은 바로 이를 입증해준다. ③ 성폭력처벌특별법은 장애여성에 대한 성폭력을 가중처벌하고, 공소시효도 배제하는데, 이는 장애여성을 특별히 보호하는 것이지만 동시에 (신체)'장애여성은 정상의 여성에 비하여 (정신도) 열등하다'는 이데올로기적인 장애인(여성)상을 생산한다.[93]

이처럼 여성에 대한 법의 고려는 법제도의 표피층에 머무르지 않고,

---

90 J. Habermas, *Faktizität und Geltung* (Suhrkamp, 1992), 510쪽.

91 그런 의미에서 박은정 교수의 다음과 같은 말은 설득력 있게 들린다. "… 즉 평등하게 된다 함은 — 여자와 같게 되는 것이 아니라 — 남자와 같게 인정되는 것이며, 특별보호를 받는다 함은 남자와 다르게 인정되는 것이 된다. 다르게 인정된다는 것은 곧 여성이 남성보다 더 좋게 혹은 더 나쁘게 취급될 수 있는 기회를 제공받는다는 것인데, 이는 그러나 언제나 (기왕의) 다름에 입각하여 판단될 수밖에 없는 한, 결국은 다름을 주장하는 사람들을 **그들의 기왕의 성역할로 고정시키는 결과**에 이르게 된다"(박은정, "여성주의와 정의론", *법철학과 사회철학* [제4집, 1994], 80~81쪽).

92 심희기, *한국법제사강의* (삼영사, 1997), 538쪽.

93 이상돈, *인권법* (세창출판사, 2005), 30~31쪽.

법의 생산에 사용되는 '지식'이 생성되는 문화와 언어의 차원에서 검토되어야 함을 알 수 있다. 그러므로 법여성학은 근본적으로는 곧 문화학이며 언어학이 되어야 하는 것이다.

3. 인간주의적 문화의 재구성

지금까지 여성학은 주로 이데올로기적인 남성주의 '문화'와 반反여성적인 문화를 해체하는 데 있었다. 하지만 이 해체가 끝날수록 법은 여성의 문제에만 관심을 두는 것이 아니라 궁극적으로 남성과 여성의 고유한 성차이를 존중하면서 남성성과 여성성이 있기에 더 행복한 사회를 구현하는 방향으로 나아가야 한다. 그러므로 이미 우리 시대의 법여성학은 이미 그런 기획을 갖고 있어야 한다. 즉 우리 시대에 법이 여성을 고려하는 것은 미래에 남성성과 여성성 그리고 다른 성정체성들도 모두 풍부하고 자유롭고 기회균등하게 발현되는 완전한 인간주의적 문화를 구축하기 위함이다.[94] 여성을 고려하는 법이 그와 같은 인간주의적인 문화를 형성하기 위해서는 적어도 다음 두 가지 점을 성찰하여야 한다. 물론 이런 류의 성찰점들은 미래에 더 확장될 수 있다.

(1) **성차이의 상징성 인정** 첫째, 법이 지향해야 할 인간주의적인 문화는 남성과 여성의 차이를 지워버리고, 인간이라는 종의 개념으로 통일해버리는 것이 아니다. 성차이는 인간본성[95]의 한 단면이며, 또한 인간들이 행복하게 살아갈 수 있기 위한 기본조건에 속하기 때문이다. 성차이는 성차별과 구별되어야 하는 것이다. 성놀이 없는 세상이 얼마나 삭막한 것인지를 상상해보면 알 수 있다. 남성과 여성의 성적 상징들이 풍부하고, 그것들을 자유롭고 기회균등하게 향유할 수 있는 권리는 인권에 속한다. 그러므로 법여성학은 여성주의 문화를 건립하고 남

---

94 그리고 이 점은 특히 자칫 보수적 문화로 회귀할 위험이 있는 포스트페미니즘의 노선에서 여성을 고려하는 법이 되돌아보아야 할 과제이다.

95 이때 본성은 '존재론적 본성'이 아니라 인간의 삶, 현존재의 보편적인 양식을 가리킨다.

성주의 문화를 파괴하는 목표를 가져서는 안 된다. 그런 목표는 여성주의 문화의 성장을 억압하고 남성주의 문화만을 성장시킨 인류의 오랜 역사와 마찬가지로 인간성의 결핍과 행복의 빈곤을 의미할 뿐이다. 그렇기에 다음의 말은 경청할 만하다: "'같음'과 '다름'의 경계와 조건, 그 의미내용을 확인하고 채움으로써 '탈해체적 젠더(gender)'개념을 만들어 내는 것이 오늘날 페미니즘의 '실천적' 과제일 것이"다.[96]

(2) **합리적 여성과 합리적 남성의 도그마 극복** 여성성이나 남성성이라는 성차이가 법에서 존속한다고 하여도, 여성을 합리적 여성과 비합리적 여성으로 나누거나 남성을 합리적 남성과 비합리적 남성으로 나누는 이분법을 지양해야 한다. '합리주의'(rationalism)는 이성법의 기초였고, 그 이성법이 여성을 외면했다면, 이 외면은 합리주의의 한계로서 빚어진 역사로 이해하여야 한다. 그러므로 여성을 고려하는 법은 합리주의의 도그마에서 벗어나야 한다. 급진주의 페미니즘이 합리적 여성과 비합리적 여성을 나누는 도그마는 여성을 고려하는 법이 지양해야 할 폐단이다.

★ 성희롱 범죄화의 한계 ① 급진주의 페미니즘은 현재 법적 통제를 받는 직장 내 성희롱(양성평등기본법 제3조), 범죄로 처벌되는 아동성희롱(아동복지법 제17조 제2호)뿐만 아니라 형법상 범죄(예: 강제추행, 업무상 위력추행, 모욕)가 아닌 모든 성희롱을 범죄로 처벌해야 한다고 주장한다. ② 그러나 그런 성희롱(예: 폭행·협박, 위력·위계을 사용하지 않은 사적 장소에서 이루어진 단순한 신체적 접촉, 사적인 말에 의한 희롱)[97]은 성놀이와 구분하는 규칙을 설정할 수가 없고, 명확성원칙을 위반하지 않고는 형벌법규로 입법하기 어렵다. ③ 성놀이와 성희롱의 구별은 페미니스트들이 말하는 합리적 여성과 비합리적 여성 또는 남성 사이에 차이가 있고, 이 차이는 문화의 일부이다. 특히 남녀 간 소통방식의 성차가

96 임미원, "페미니즘의 이론적 기초", *한양대 법학논총* (제24권 제3호, 2007), 11쪽.
97 이에는 "당신이 출장 가니 남편의 식사와 빨래가 걱정 안 돼요?"라고 묻는 것과 같은 성역할에 기반한 희롱(gender harassment)도 속한다.

늘 쟁점이 된다. ④ 문화의 변화는 아무리 바람직한 것일지라도 시민사회의 자율과 시민운동에 맡겨져야 하고, 명확성원칙을 준수할 수 없는 형법에 의해 강제하는 것은 부적절하다. 다만 개별 성'놀이성'에 대한 당사자의 관점차이로 인한 피해에 대해서는 불법행위책임을 인정함으로써 성놀이에서 상대의 관점에 더 세심한 관심을 갖도록 유도하는 것은 이미 적정한 법적 규제가 된다.

여성성과 남성성의 경직된 이분법이나 합리적 인간과 비합리적 인간의 이분법이 해체되면, '무성적인'(a-sexual) 것이 아니라 데리다(Derrida)처럼 '성적으로 표시된 목소리의 복수성'을 강조하게 된다.[98] 여성의 지층을 갖게 된 법의 인간주의적 문화는 여성과 남성, 합리성과 비합리성의 구분 없이 "셀 수 없는 춤을 찾아내려는 욕망"[99]을 고려하는 것이어야 한다. 남성성이든 여성성이든 아니면 제3의 성이든 모든 인간은 어떤 성적 상징을 자신의 현존재를 구성하는 양식으로 채택할 것인지를 결정할 자유를 누려야 한다.

98 J. Derrida, "Choreographies: Interview, Jacques Derrida and Christie V. McDonald", *Feminist Interpretations of Jacques Derrida* (Pennsylvania State University Press, 1997), 40쪽.
99 J. Derrida, 앞의 논문, 76쪽.

15 법과 무의식

I. 법정신분석학의 문제제기

1. 합리적 자아의 법과 그 한계

근대법은 이성법이다. 이성법이란 '생각하는 자아'(cogito)의 실현을 보장하는 법, 즉 '합리적인 자아의 법'이다. 여기서 무의식은 괄호 쳐 있다.

(1) **합리적 자아와 이성법** 합리적 자아는 윤리와 도덕을 존중하고, 선을 추구하고 악을 배척하며, 정신의 가치를 육체보다 높게 설정한다. 이처럼 윤리, 선, 정신의 우위를 실현하기 위해 이성법은 인간의 다양한 욕망을 재단하고 억압한다. 개인들은 그런 욕망포기에 대한 보상으로서 삶의 실존조건을 보장받는다. 계몽의 정치철학이 설계한 사회계약이론은 이와 같은 욕망포기와 생존보장의 교환관계를 개인들 간의 수평적 차원과 개인과 국가 간의 수직적 차원에서 정당화한다. 이런 이성법의 전통에서 법은 불법이나 비법非法에 양보할 수 없고, 법외적인 것마저 억압하기 쉽다. 특히 불법의 결정체인 범죄는 강력하고 단호하게 진압되어야 한다. 이처럼 이성과 합리성이 법의 기본범주가 됨으로써 인류역사상 획기적인 인권의 실현이 이루어졌다.

(2) **합리적 정신과 이성법의 한계** 그러나 이성적인 인간정신을 모

든 개인들에게 강제하는 것은 아도르노(Adorno)가 말하듯 동일성강제(Identitätszwang)를 일으킨다. 이성의 지배로 인해 비이성적인 인간정신에 깃들 수 있는 가치들은 외면되고, 인간적인 삶의 다양성은 억압될 수 있다. 포스트모던 사회에서도 법은 여전히 합리적 자아의 법으로 남아 있다. 그러나 근대사회 이후 계속된 이성법의 발전에도 불구하고 20세기에는 인종학살과 세계대전 등 재앙과 같은 현실이 벌어졌다. 그런 비극적인 현실을 프랑크푸르트학파는 '계몽의 변증'(Dialektik der Aufklärung)이라고 하여 그 원인이 근원적으로는 이성 자체에 내재해 있다고 주장했다. 이성의 변증이 초래한 비극적 역사는 비이성적이고, 불합리한 것으로 배제되었던 인간정신을 되돌아보게 한다. 그런 인간정신의 대표가 바로 무의식이다.

2. 법정신분석학의 과제

(1) 무의식의 의식화를 통한 이성법의 성찰 그처럼 이성에 배태된 광기狂氣가 반인간적인 역사현실로 전개되었던 바로 그 시대에 프로이트(Freud)는 자아(ego) 이외에 이드(id)와 초자아(superego)가 인간정신을 구성하는 새로운 심역임을 밝혀냈다. 자아가 초자아의 지배를 받아 물리쳤던 충동적인 욕망, 악 그리고 죽음충동 등과 같은 인격의 그림자들이 외면될수록, 그것을 보관해 온 무의식이 인간성을 파괴하는 현실을 초래하게 된다는 점('무의식의 보상작용')이 정신분석학의 발전에 의해 밝혀졌다. 이 발전에는 프로이트뿐만 아니라 융(Jung), 라캉(Lacan) 그리고 데리다(Derrida)의 사상도 크게 기여하였다.

1) 무의식의 의식화 포스트모던 사회에서 요구되는 이성법의 자기반성은 바로 합리적 자아를 중심으로 구축된 인격의 그림자들, 충동적인 욕망, 악 그리고 죽음충동 등을 법의 '구성적 요소'로 편입하는 작업이다. 이런 작업을 법의 정신분석학적 이해(법정신분석학)라고 부를 수 있다. 법과 정신분석학의 만남은 국민참여재판의 시행으로 그 중요성이

새롭게 인식된 법심리학에 의해 새롭게 주목받는 계기를 맞이하였다. 그러나 법정신분석학은 재판정에 선 피고인 개인의 정신병을 진단하고 치료하는 역할에 그치지 않는다. 법정신분석학은 법의 무의식 세계에 억압된 욕망의 지층들을 의식할 수 있게 하고(무의식의 의식화),[1] 법이 인간정신의 건강함을 돌보며 인간사회를 더욱 인간적인 사회로 만드는 데 기여하여야 한다.

2) 포스트모던 법의 배양지 하지만 법정신분석학은 역사가 짧은 학문이기 때문에 그 학문적 연구의 대상(주제)이나 방법 등이 충분하게 확립되어 있지 않다. 이 글은 법정신분석학이 어떤 학문인지를 보여주기 위해 내가 선별한 주제들을 중심으로, 프로이트와 융의 정신분석학과 라캉의 정신분석학적 철학, 그리고 때때로는 데리다의 철학이론을 응용하여 법정신분석학을 설명한다. 여기서 다루는 법정신분석학은 주제의 제한과 원용하는 정신분석학적 지식의 한계에도 불구하고 전통적인 법의 이념이나 합리성, 역할과 기능 등을 전복시키고 포스트모던 법의 풍요로운 배양지가 될 수 있음을 보여줄 것이다.

(2) 주체성의 과학으로서 법정신분석학 먼저 법정신분석학은 주체성(아래 2))의 과학임(아래 1))을 알 필요가 있다.

1) 과학성의 의미 흔히 정신분석학은 경험적이지 않다는 점에서는 인문학으로 분류되기 쉽다.

㈎ 라캉의 과학성 개념 그러나 라캉은 기존의 과학 개념이 인간의 목소리에 대한 고려가 박탈된 언어(language deprived of all reference to a voice)임을 비판하고, 과학 개념을 무의식의 담론을 형성하는 사회적 작업으로 재구성하였다.[2] 다시 말해 과학이란 기존의 과학

1 법학의 과제는 기존의 법과 법이 숨기는 억압의 형태를 이해하게 하는 틀을 실용화하는 것이고 이를 모스트모던 전환(postmodernist turn)이라고 부르는 Dragan Milovanovic, "The Postmodernist Turn: Lacan, Psychoanalytic Semiotics, and the Construction of Subjectivity in Law", *Emory International Law Review* (Vol. 8, 1994), 98~98쪽 참조.

2 이와 같은 라캉의 과학 개념에 관한 자세한 논의로 David S. Caudill, "Lacan and

개념에서 잊혀진 '주체성', 즉 의식의 담론을 넘어 무의식의 활동을 설명하는 주체성을 복원시키는 학문(science of subjectivity)이며, 바로 그 점에서 정신분석학은 진정한 과학이 된다고 보는 것이다.

(나) 법정신분석학의 과학성 가령 상고심은 원심의 자유심증이 경험칙과 논리칙論理則에 위배되면 원심의 판결을 파기환송 한다. 이때 경험칙 위배여부를 판단하는 데에는 감정의 한 방법으로 유전자분석(예: 미토콘드리아 분석)의 과학지식이 사용될 수 있다. 그러나 이 과학지식은 혈액형 감정에 사용되는 과학지식처럼 보편적으로 승인(general acceptance)되는 과학지식이 아니라 반증가능성, 오차율 등을 고려하여 단지 신뢰성(reliability)이 인정될 수 있을 뿐이다. 법원이 명한 감정인의 유전자분석 결과와 당사자 측 감정인의 유전자분석 결과가 다를 때 법관의 감정결과 채택은 일종의 과학적 판단이 된다. 그런데도 법관들은 흔히 자신의 재판은 보편성이나 적어도 신뢰성 있는 과학에 따라 판단한다고 생각한다. 이때 과학은 바로 라캉이 말하는 주체성이 결여된 담론언어일 뿐이다. 법정신분석학은 법관이 감정결과를 채택하는 과정에도 작용했을 수 있는 자신의 무의식(예: 컴플렉스, 트라우마적인 경험)과 마주할 것을 요구한다.

2) 주체성의 의미 법정신분석학은 법관을 자신의 무의식을 관리하는 주체로 자리매김하며, 그런 점에서 법정신분석학은 주체성의 과학이라 할 수 있다. 여기서 주체성의 의미를 좀 더 구체화해보자.

(가) 대타자로서 법의 기표부여기능 라캉의 이론용어를 따른다면 법은 대타자(The Other)[3]이다. 대타자로서 법은 자연상태에서 인간이 할 수 있는 모든 자유로운 행위(예: 살인, 성매매, 치료행위)를 금지와 허용, 명령과 요구의 대상으로 개념화한다. 여기서 개념화란 어떤 개인에게

---

the Discourse of Science in Law", *Cardozo Law Review* (Vol. 24, 2003), 2331~2347쪽, 특히 2336쪽 아래 참조.

3 이 개념에 대해 자세히는 아래 III. 1. (1) 2) (나) 참조.

어떤(예: '범죄자') 기표記標를 부여하는 것이다.

> 예를 들어 ① "구체적이고 즉각적인 지휘 · 감독"(大判 2006도4418)을 하지 않은 채 간호사로 하여금 입원환자에게 의약품을 조제 · 투약을 시킨 의사는 의약분업을 위반하여 보험사기를 행한 사기꾼의 기표를 받는다. ② 불가역적인 죽음의 과정에 돌입해 있고, 상상을 초월하는 고통과 초라함을 겪기만 하는 환자의 존엄사를 돕는 사람은 살인범의 기표를 부여받는다.

이때 범죄자라는 기표로써 정체성이 재정립되는 개인은 자신을 '대타자(예: 법)에 의해 정당성을 부여받지 못한 존재'로 받아들이게 된다.

(나) 히스테릭한 주체의 이데올로기비판 법정신분석학은 앞의 사례에서 의사를 '히스테릭한 주체'(hysterical subject)로 바라본다. 이 주체는 라캉이 말하는 '히스테릭한 질문'(hysterical question)을 다음과 같이 던지는 주체이다: "법, 당신은 도대체 (내게) 무엇을 원하는 것입니까? (Che vuoi?)" 법, 왜 나는 당신이 내게 말하는 그런 존재가 되어야 하는 건가요? 이 물음에 대해 법은 가령 어떤 사회(예: 의약품 오남용 없는 세상)를 만들기 위한 것이라고 대답할 수 있다. 이런 대답은 법이라는 대타자의 욕망의 공백을 메우는 시나리오이며, 환상(fantasy)이다.[4] 법은 이런 식의 환상을 계속 구성함으로써 타자의 욕망을 개인에게 강제하는 제도가 된다. 그 한에서 법은 초자아에 기초한 자신의 욕망을 이데올로기로 누비고 있다고 말할 수 있다.[5] 법정신분석학은 인간(과 법)의 무의식을 드러냄으로써 그와 같은 법의 이데올로기 누빔을 비판하고 해체할 수 있다.

(다) 금지한 것을 욕망하는 법의 무의식 법은 자신이 금지하는 것을 동시에 욕망하는 무의식을 갖고 있기도 하다. 법적 금지가 채우지 못하

---

4 Slavoj Žižek, *The Sublime Object of Ideology* (1989), 114쪽 참조.

5 지젝은 이를 '이데올로기로 누비는 것'(the ideological Quilt)라고 부른다. 자세히는 Slavoj Žižek, *The Sublime Object of Ideology* (1989), 87쪽 아래 참조.

는 대타자 욕망의 공백은 강화된 금지규범의 생산을 통해 채워진다는 환상을 낳지만, 정작 그런 환상은 법적 금지를 위반하는 현실에 의해 지탱될 수 있다.

> 가령 ① 의사와 간호사가 법이 금지하는 그런 원내조제분업 행위를 하지 않는다면 병원에 입원한 수많은 환자에 대해 제한된 수의 의사(와 약사)가 제대로 진료기능을 수행할 수 없다.[6] ② 불가역적인 죽음의 과정에 돌입해 있고, 상상을 초월하는 고통과 초라함을 겪기만 하는 환자는 존엄사 이외에 인간답게 죽을 방법이 없다.

그러므로 법정신분석학은 대타자인 법에 의해 정당성을 부여받지 못한 주체들의 히스테릭한 질문, '법, 당신은 도대체 (내게) 무엇을 원하는 건가요?'라는 식의 다음과 같은 수많은 질문들에 관심을 갖는 데서 시작한다.

> 가령 ① 간호사에게 원내조제투약을 시킨 의사에게서 그 투약과 관련한 모든 진료비를 환수해가고, 그를 사기죄로 처벌하고, 병원의 업무정지를 명령함으로써 파산을 사실상 강제하는 법에게 '법, 당신은 도대체 (의사로서 양심껏 의료분업의 정당한 범위에서 간호사에게 조제투약을 위임하여 효율적으로 진료를 수행하여 많은 환자를 치료하고 있는) 내게 무엇을 원하는 건가요? ② 불가역적인 죽음의 과정에 돌입해 있고, 상상을 초월하는 고통과 초라함을 겪기만 하는 환자의 존엄사를 금지하고 처벌하는 법에 대해 '당신은 도대체 죽음에서만이라도 인간답게 죽고 싶은 내게 무엇을 원하는 건가요?

법정신분석학은 인간으로 하여금 자신을 법에 대한 이와 같은 히스테릭한 질문을 던지는 주체로 재구성하게 만든다. 이런 점에서 법정신분석학은 개인의 정체성을 회복시키는 주체성의 학문이 된다.

---

6 원내조제분업의 현실과 이론 그리고 법과의 부정합성 및 그것을 극복하는 해석방안 등에 관해 자세히는 이상돈, *원내조제분업의 법리* (세창출판사, 2015) 참조.

Ⅱ. 무의식의 법

정신분석학의 기반은 무의식이다. 의식 중심의 이성법이 인간의 무의식을 바라보게 되면, 인간의 자유와 주체성 위에 서 있는 이성법[7]은 흔들릴 수밖에 없다. 왜 그런 것일까?

1. 무의식과 대화하는 법

여기서 무의식을 발견한 프로이트(Freud)의 정신분석학에 대한 최소한의 이해를 가질 필요가 있다.

(1) **초자아-자아-이드** 프로이트는 인간의 정신이 초자아(superego)－자아(ego)－이드(id)라는 세 심역으로 구조화되어 있다고 본다.[8]

1) 자아의 불완전한 소통기능 먼저 ① 초자아란 부모의 요구와 금지가 내면화된 도덕을 의미하며, ② 이드는 유전된 본능으로, 삶의 욕동인 에로스(eros)와 죽음의 욕동인 타나토스(thanatos)를 내용으로 하는 심리적 에너지(리비도)의 저장소를 의미한다. 인간 정신 안의 광활한 영역을 차지하는 이드는 신의 권위와 형이상학적·종교적 사고나 이성 중심적 사고로는 알 수가 없고, 통제할 수도 없다. ③ 자아는 초자아와 이드, 그리고 외부 현실[9]의 요구들을 중재하고 소통시키는 정신계의 중심이다. 하지만 초자아, 이드와 외부 현실의 요구들은 자아가 능숙하고 여유롭게 다룰 수 있는 것들이 아니어서 소통자로서 자아는 언제나 불

---

7 인간의 자유와 주관성 위에선 법의 전통에서 보면 법은 "역사 속에서 무의식적으로 생성되는 것이라고 생각하는 자는 거의 없다"(임미원, "칸트와 헤겔의 법철학", *법철학연구* [제8권 제1호, 2003], 205쪽)고 보이지만, 정신분석학은 바로 그런 법의 기반을 뒤흔드는 것이다.

8 프로이트는 1920년대 이전에는 <의식－전의식－무의식>의 개념틀을 사용했다. 그러나 이 개념틀(제1지형학)이 정신 작용의 '역동성'을 반영하기에 한계가 있다는 점을 깨닫고 1920년대 이후에는 <초자아－자아－이드>라는 개념틀(제2지형학)을 발전시켰다.

9 프로이트 이론에서 외부적 현실은 초자아, 자아, 이드 외에 제4의 심역으로 등장하기도 한다.

안정한 상태에 있다. 그렇기에 자아는 이드, 초자아, 외부 세계라는 "세 주인을 섬겨야 하고 따라서 세 가지 위험, 즉 외부세계, 이드의 리비도, 초자아의 가혹함에서 오는 위험으로부터 위협받고 있는 가련한 존재"[10] 이다.

★ 의식적 자아와 무의식적 자아　프로이트는 자아가 어떤 부분은 의식으로, 다른 어떤 부분은 무의식으로 이루어져 있다고 보았다. 미국의 자아 심리학은 프로이트의 자아 개념 중 합리성을 강조하였지만, 라캉은 자아의 무의식성을 더 강조했고, 자아의 합리성과 자아의 강화를 통한 사회 적응을 목표로 하는 미국의 자아 심리학이 반-프로이트적이라고 맹렬하게 비판했다. 그래서 라캉은 데카르트의 '나는 생각한다. 그러므로 나는 존재한다'(cogito ergo sum)를 뒤집어 '나는 존재하지 않는 곳에서 생각한다. 그러므로 나는 내가 생각하지 않는 곳에서 존재한다'고 말한다. 데카르트의 자아가 곧 의식적 자아였다면, 라캉의 자아는 무의식의 측면이 더 강조된 자아이다.[11]

2) 법의 소통적 과제　근대 이성법은 '합리적 자아의 법'이었지만, 주로 형이상학적, 종교적 윤리를 구축하는 '초자아'에 대항하여 독립성을 확보하는 법으로서 자리매김되었다. 그러나 이드를 고려하지는 못했다.

㈎ 소통하는 자아로서 법　무의식의 차원을 인정하는 법은 초자아-자아-이드, 이 셋의 관계를 다루어야 한다. 법은 자아의 발현이긴 하되, 초자아와 이드 사이의 '소통의 매체'가 되어야 한다.

ㄱ) 초자아와 이드 사이의 법　법은 '도덕을 따를 것을 명령하는 초자아'와 '욕망에 따를 것을 명령하는 이드', 그리고 '외부 현실' 사이를 중재하고, 이 요구들이 균형을 이루도록 소통시키는 '자아'의 역할을 맡아야 한다. 또한 초자아와 이드의 소통은 에로스와 타나토스의 길항

10　지그문트 프로이트, *정신분석학의 근본개념* (열린책들, 2007), 402쪽.

11　데카르트와 라캉의 자아 개념의 차이와, 라캉에게 무의식은 어둡거나 부정적인 것이 아니라는 점에 대해서는 마단 사럽, *알기쉬운 자끄 라깡* (백의, 1996), 72쪽 참조.

작용을 통해 매개되는데, 법은 삶을 추구하는 본능인 에로스와 죽음을 추구하는 본능인 타나토스가 변증적으로 균형을 이루도록 하는 소통의 매체이기도 하다. 그러니까 법은 초자아와 이드, 그 사이에(inbetween) 있는 것이고, 에로스와 타나토스, 그 사이에[12] 있는 것이다.

ㄴ) **소통적 자아와 춤추는 법** 소통적 자아로서 법은 춤으로 기호화할 수 있다.[13] 춤이란 규범적이거나 자연스러운 신체적 동작에서 벗어나서 부자연스러운 동작을 하는 것이고,[14] 이런 부자연스러움은 초자아의 억압이 주는 짐을 덜어내고, 그로부터 해방될 수 있는 가능성을 기호화한다. 춤은 끊임없는 '위치 바꾸기'[15]이고, 주체의 위치를 끊임없이 바꿈으로써 초자아와 이드 사이의 저울이 균형점에 도달하는 순간을 향해 감을 의미하는 기호인 것이다. 춤추는 모습의 자아는 '사유를 통해 존재하는 주체'와 같은 근대적 자아처럼 무의식의 심연에서 펼쳐지는 초자아와 이드의 동맹적 공격으로부터 관념적으로만 단절되고 고립된 자아가 아니다. 춤추는 자아는 초자아와 이드와 마주하고, 그것들 사이를 소통시킴으로써 자아의 건강함을 유지하고 관리할 줄 아는 '소통적 자아'를 의미한다. 정신분석학이 인도하는 미래의 법은 바로 그처럼 '춤추는 자아'를 근대법의 원형인 사유적 자아의 자리에 들여앉히는 법이다. 법이 춤추는 자아의 규범이라면 법을 실정화하는 법전도 춤의 악보, 즉 코리오그래피(choreography)가 된다.[16] 미래의 법은 초자아와 이드와도 '끊임없이 위치를 바꾸는 춤'을 추는 법이 된다.

---

12 민윤영, "에로스와 타나토스 사이의 법", *중앙대 법학논문집* (제34권 1호, 2010), 185~207쪽.

13 이러한 기호화의 상세한 내용은 이상돈, *법의 춤* (법문사, 2012) 참조.

14 춤의 힘은 몸에 대한 길들임에 저항하는 가능성에서 나온다는 Lior Barshack, "The body politic in dance", P. Goodrich · L. Barshack and A. Schutz 편, *Law, Text, Terror: essays for Pierre Legendre* (Routledge, 2006), 60쪽 참조.

15 위치 바꾸기로서 춤은 Jacques Derrida · Christie V. McDonald, "Choreographies: Interview", Nancy J. Holland 편, *Feminist Interpretations of Jaques Derrida* (Pennsylvania State University Press, 1997), 27~28쪽 참조.

16 이런 법춤학의 단초를 발전시키는 이상돈, *법미학* (법문사, 2008), 66~69쪽 참조.

(나) **에로스와 타나토스 사이의 법** 프로이트에 의하면 삶이란 '에로스와 타나토스라는 이원적인 두 힘 사이의 협력과 대립'이라는 끊임없는 작업의 소산인 것이다.[17] 에로스는 생물학적으로[18] 삶에로 향하는 힘(예: 성욕동과 자기보존욕동)으로서[19] 합일과 결합을 지향하는 힘이고, 타나토스는 죽음에로 향하는 힘(예: 죽음충동과 파괴본능)으로서 무생물 상태로 돌아가고자 하는 해체를 지향하는 힘이다. 에로스는 타나토스의 힘을 외부로 돌리는 작용을 하지만,[20] 죽음충동은 여전히 내부를 향해 있고, 자기처벌욕구와 죄책감으로 작용한다. 에로스와 타나토스의 균형은 건강한 삶을 위해 필요하고, 이 균형은 자아가 초자아와 이드 사이에서 중립을 지키며 그 둘의 요청이 서로 조화와 균형을 이루도록 만들 때 달성될 수 있다. 법이 초자아와 이드 사이의 소통적 매체라고 할 때, 법은 에로스와 타나토스 사이에 위치하고, 어느 한 쪽에 편향되지 않는 것이어야 한다. 가령 어떤 법률의 균형성 여부를 판단할 때 그 법률이 구체적인 문화적 조건 속에서 초자아와 이드 사이의 균형적 실현을 도모하는 지를 살펴보는 정신분석학적 작업은 헌법상 비례성원칙의 실현을 뒷받침할 수 있다.

(2) **도덕-현실-쾌락의 원칙과 법** 그런데 프로이트가 말하는 초자아, 이드 그리고 자아는 각기 다른 원칙을 따른다.

1) 도덕원칙과 쾌락원칙 사이에 ① 첫째, 이드(id)는 자신의 욕구를 외부 현실과의 조정 없이 무조건적으로 관철하려고 한다. 즉, 이드는

17 지그문트 프로이트, "문명 속의 불만", *문명 속의 불만* (열린책들, 2007), 297쪽.

18 프로이트는 에로스와 타나토스를 생물학적 개념으로 바라본다. 이에 대해서는 지그문트 프로이트, "자아와 이드", *정신분석학의 근본개념* (열린책들, 2007), 382~383쪽 참조.

19 "산다는 것은 사랑하는 것이고, 삶은 사랑을 통해 죽음을 연기시키는 것"이라는 나의 관점으로 이상돈, *욕망은 행복을 낯설게 한다* (연극과 인간, 2003), 19~23쪽 참조.

20 에로스와 타나토스가 에너지의 근원이며, 심리학과 생물학이 연결된 개념이라는 점은 R. J. Bocock, "Freud and the Centrality of Instincts in Psychoanalytic Sociology", *British Journal of Sociology* (Vol. 28, No. 4, Dec., 1977), 474쪽 참조.

쾌락원칙을 따른다. 이드에 따라서만 행동하는 주체는 자기를 보존할 수 없다. ② 둘째, 오이디푸스 콤플렉스의 시기를 지난 후에 부모의 명령을 내면화함으로써 생성되는 초자아는 자아에 대한 검열관이자 재판관으로 기능하며, 자아를 지배한다. 즉, 초자아는 '도덕원칙'을 따른다. ③ 초자아의 명령에 따라 무의식으로 억압된 것들은 결국 자기파괴적인 힘으로 분출되고 만다.[21] 법을 위반하고픈 욕망을 억압하기 때문에 죄책감을 느끼게 된다.[22] 법이라는[23] 초자아가 강할수록 그것에 의해 억압된 주체의 내부에 죄책감은 더 커지고, 그로 인해 개인의 공격적 본능, 즉 이드의 파괴적 본능도 더욱 커진다.[24] 이 점에서 초자아와 이드는 동맹군이 된다.[25]

(가) 주체의 신경증 그렇기 때문에 자아는 자기보존을 위해 외부적 현실, 초자아, 이드의 명령들을 중재하고 조율하라는 명령, 즉 '현실원칙'을 따른다. 자아의 중재와 조율은 주체성(subjectivity)이 형성되어 가는 과정이다.[26] 자아는 이 중재와 조율을 제대로 하지 못한 채, 초자아와 이드의 동맹관계 속에서 위축되기 쉽고, 자아의 주체는 신경증적 주체가 되어버리기 쉽다. 프로이트가 보기에 인간의 정신 작용은 언제나 이드의 쾌락원칙, 초자아의 도덕원칙, 자아의 현실원칙 사이의 역동적이고 역학적인 충돌과 타협형성의 결과물이다. 세 심역 중 어느 하나

21 무의식의 역동성과 회귀성에 대한 설명은 이창재, *프로이트와의 대화* (학지사, 2005), 126~129쪽 참조.

22 Calum Neil, *Lacanian Ethics and the Assumption of Subjectivity* (Palgrave Macmillan, 2011), 104쪽.

23 "초자아는 공적인 법의 그림자로 따라올 수밖에 없는 잔인한 밤의 법(obscene nightly law)이다"라는 지젝의 말이 더 정확하다. Slavoye Žižek, "Superego by Default", *Cardozo Law Review* (Vol. 16, Issue 3-4, 1995), 925쪽 참조.

24 죄책감이 문명의 핵심이고, 문명이 발달할수록 죄책감은 증대할 것이라는 통찰과, 죄책감과 신경증의 관계에 대한 프로이트의 설명은 지그문트 프로이트, "문명 속의 불만", *문명 속의 불만* (열린책들, 2007), 314~321쪽 참조.

25 초자아와 이드의 동맹에 대해서는 F. R. Ankersmit, "Freud as the Last Natural Law Theorist", *Political Representation* (Stanford University Press, 2002), 82~84쪽 참조.

26 Calum Neil, 앞의 책, 104쪽.

도 다른 것들을 완전히 지배하지 못하며, 상대적 자율성[27]만을 가질 뿐이다.

(나) **인간존재의 요소로서 트라우마** 하지만 인간은 도덕원칙과 쾌락원칙을 균형 있게 사용할 수 있을 때, 현실에 유연하게 적응하는 사람이 될 수 있다. 그러나 도덕원칙과 쾌락원칙 사이에는 언제나 메울 수 없는 간극이 존재한다. 이 간극은 때때로 트라우마를 발생시킨다. 트라우마는 주체의 고유한 '심리적 해석틀'에 따라 다르다.[28] 이를테면 도덕원칙'의 해석틀이 지배하는 사람에게 트라우마가 된 일도 쾌락원칙의 해석틀이 지배하는 사람에게는 아무것도 아닌 일이 될 수도 있다. 그래서 트라우마에 시달리는 인간은 "자연과 정신, 짐승과 천사 사이의 위치에서 과도한 긴장과 두드러진 어려움을 갖는 병적인 짐승"[29]이라고 환유할 수 있다. 여기서 도덕원칙과 쾌락원칙 사이의 간극과 트라우마는 인간존재의 구조적 요소가 됨을 알 수 있다.[30] 또한 그러한 트라우마의 해소는 인간존재의 실존적 과제가 된다.

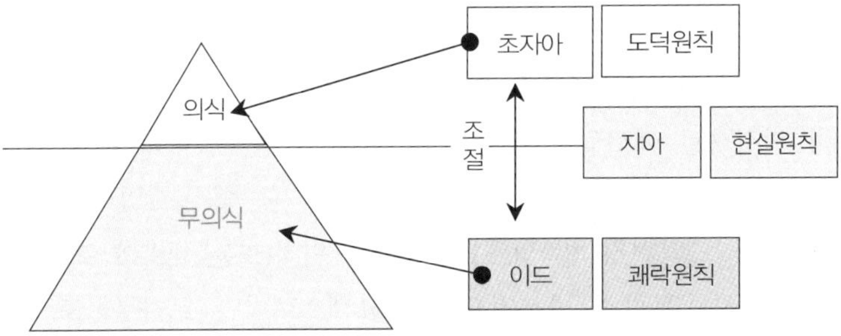

27 상대적 자율성은 장 라플랑슈·장 베르트랑 퐁탈리스, *정신분석사전* (열린책들, 2005), 355쪽 참조.

28 트라우마는 주체의 고유한 감수성, 심리적 역량 등 사람에 따라 상대적으로 다른 특성에 대한 고려 속에서 이해되어야 한다는 점은 장 라플랑슈·장 베르트랑 퐁탈리스, 앞의 책, 267, 273쪽 참조.

29 토마스 만, *쇼펜하우어·니체·프로이트* (세창미디어, 2009), 146쪽.

30 트라우마가 존재의 조건임에 관해서 Tim Dean, "Art as Symptom: Žižek and the Ethics of Psychoanalytic Criticism", *Diacritic* (Vol. 32, No. 2, Summer, 2002), 39쪽 참조.

2) 도덕원칙과 쾌락원칙의 구성요소 예시 법학적 관점에서 보면 도덕원칙의 구성요소는 '도덕', '책임', '제도의 긍정'을, 그리고 쾌락원칙의 구성요소는 '부도덕', '무책임', '제도의 부정'과 같은 것이다. 예를 들어 사랑과 섹스의 영역에 도덕원리와 쾌락원칙을 대입해보자. ① 첫째, 도덕원칙에 따르를 경우, '도덕'이란 섹스는 사랑이 있을 때에만 해야 함을, '책임'이란 사랑과 섹스를 책임 있게 지속해야 함을 그리고 '제도'의 요소는 사랑과 섹스는 결혼이라는 제도 속에서 이루어져야 함을 뜻한다. 그래서 연애의 도덕적인 최종목적은 결혼이 된다. 이와 같은 도덕원칙은 일반적으로 '선善'으로 평가된다. ② 둘째, 쾌락원칙은 도덕원칙의 관점에서 볼 때 악惡으로 평가되는 것들이다. 예컨대 '부도덕'이란 사랑 없는 섹스, 마치 '물 한 모금'을 먹는 것과 다를 바 없는 것으로 여기는 섹스를 가리키고,[31] '무책임'이란 사랑을 시작했다고 해도 아무런 이유 없이 언제든지 끝낼 수 있다는 것이며, 제도의 부정은 성과 사랑이 결혼이라는 제도와 무관하게 이루어짐을 가리킨다. 성은 결혼 이전에도, 결혼 밖에서도 그리고 결혼 속에서도 어떤 제한도 없이 가능한 것이 된다.

3) 쾌락원칙과 도덕원칙 사이의 법 프로이트는 오직 일시적인 에로스만이 진정으로 에로틱한 것이라고 보았다. 그런 찰나적 에로스에서만 책임이나 의무로부터 해방된 순수한 사랑이 숨 쉴 수 있다는 것이다. 그에 의하면 도덕원칙(쾌락의 포기)과 쾌락원칙(또는 쾌락의 포기에 대한 보상)의 사이를 무한히 반복적으로 오고감으로써만 트라우마도 해소될 수 있다.

(가) 갔다-왔다(Fort-Da) 놀이 그의 이런 통찰은 18개월 된 자신의 손자가 하는 놀이에서 발견했다. 프로이트의 손자는 실로 연결된 실패를 가지고 놀 때, 그것을 침대 가장자리 쪽으로 던져서 사라지게 하고는 "fort!(가버렸다)"라고 외치고, 그 다음에 실을 잡아당겨서 실패를

31 이에 관해 이상돈, *욕망은 행복을 낯설게 한다* (연극과 인간, 2003), 264~270쪽 참조.

끌어오고는 “Da!(여깄다)”라고 외치며 좋아했다. 프로이트는 아이의 이 행동이 어머니가 하루에도 몇 번씩 자신의 곁을 떠나 사라지는 것에 대한 심리적 충격을 주체적으로 장악하기 위한 것이라고 해석했다. 어머니가 사라지는 것은 ‘쾌락의 포기’이고 고통인데, 그 사건을 반복적으로 재현함으로써 고통에 지배되지 않고 오히려 그것을 장악하려고 한다는 것이다. 실패를 던지는 것이 쾌락의 포기라면, 실패를 다시 끌어오는 것은 쾌락의 포기에 대한 보상인 셈이다. 아이는 실패놀이를 통해서 쾌락의 포기라는 도덕원칙이 야기하는 심리적 충격을 주체적으로 지배하고, 동시에 쾌락의 포기에 대한 보상을 상징적으로 얻는 것이다. 아이는 이렇게 도덕원칙과 쾌락원칙을 오가면서 어머니의 상실이라는 트라우마적 사건을 재해석하고 주체적으로 지배해나간다. 어린아이의 놀이는 단순히 재미를 위한 것이 아니라, 이처럼 ‘고통을 지배’하고자 하는 심리적 메커니즘을 가지고 있는 것이다.[32]

(나) 법의 정신분석학적 구조 여기서 법이 새롭게 이해될 수 있는 지평이 열린다. 법은 쾌락의 포기와 그에 대한 보상, 즉 선과 악, 성聖과 속俗의 무한 반복이라는 것이다. 이를 법의 ‘정신분석학적 순환구조’라고 부를 수 있다. 법은 도덕원칙과 쾌락원칙 중 어느 한 편에만 서 있어서는 정의를 실현할 수 없다. 여기서 우리가 흔히 생각하는 선과 진실의 관계가 전복된다. 법은 자신이 진실을 발견하려 한다면서 도덕원칙에 편향된 결정을 내릴 수 있음을 성찰해야만 한다. 법이 진정으로 인간을 위한 것이 되기 위해서는 ‘도덕원칙을 넘어서’ 있어야 하는 것이다. 즉 법은 도덕원칙과 쾌락원칙을 넘어서, 선과 악, 성과 속을 넘어서 작동해야 한다. 사랑이 도덕원칙과 쾌락원칙 중 어느 하나에 의해서 모두 다 성취될 수 있는 것이 아니며 둘 사이의 순환을 통해 비로소

32 자세히는 Ludwig Marcuse, “Freud's Aesthetics”, *The Journal of Aesthetics and Art Criticism* (Vol. 17, No. 1, Sep., 1958), 5쪽 참조; Richard King, “Memory and Phantasy”, *MLN* (Vol. 98, No. 5, Comparative Literature, Dec., 1983), 1204쪽 참조.

실현되는 것처럼 법도 마찬가지이다. 그러나 이러한 법은 정신분석학적 이해가 미미하고 도덕원칙이 강하게 지배하는 사회에서는 단지 미래의 법으로 남아 있을 뿐이다.

2. 무의식의 보상작용과 법의 그림자

정신분석학에서 발견한 무의식은 그것을 주체가 소홀히 하였을 경우에는 자신에게 파괴적인 힘을 발휘하는 작용, 즉 보상작용을 행한다. 법이 인간의 무의식을 과도하게 억압하는 경우에, 무의식의 보상작용은 법의 합리성을 파괴하고, 법의 실효성도 무력화시킬 수 있다. 융(Carl Gustav Jung)은 이러한 법의 보상작용이론을 더욱 발전시켰다.

(1) 인격의 그림자로서 무의식 융에 의하면 무의식은 인격의 그림자이다. 그림자는 이상적인 자아가 도덕률(예: 문란한 성생활을 하지 말라!)을 지키기 위해서 억압해온 인격적 특성(예: 공격충동, 성충동)들을 의미한다.[33]

1) 제2의 인격 이 억압된 성향들은 사라지지 않고 제2의 인격('내적 인격')을 형성한다. 그림자는 나의 외적 인격(페르소나 persona)을 선하고, 아름답고, 우월한 모습으로 만들기 위해 무의식 속으로 밀어 넣고 망각해버린, 악하고, 추하고, 열등한 인격의 퇴적층과 같다.

㈎ 체험의 이중적 차원과 법 ① 개인이 갖는 체험은 의식의 영역에서는 상징적 의미를 형성하는 이성적 과정으로, 그리고 무의식의 영역에서는 그 체험의 고통이 눌리고 쌓여가는 감각적 과정으로 진행된다.[34] 예컨대 엄마가 아이를 야단치는 사건은 의식의 차원에서는 엄마가 선하고 아이를 보살피는 존재로 상징화되고, 그 야단치는 근거는

---

33 E. C. Whitmont, *The Symbolic Quest* (Princeton University Press, 1978), 160쪽 참조.

34 이 두 과정을 구분한 것은 Sandra Pipp인데, 이 이론에 의거하여 이 두 차원의 모델을 법과 인간의 상호작용을 안내하는 것으로 보는 Richard E. Redding, "Socialization by the Legal System: The Scientific Validity of a Lacanian Socio-Legal Psychoanalysis", *Oregon Law Review* (Vol. 75, 1996), 802~808쪽 아래 참조.

(법)규범으로 의미화 되지만, 무의식의 차원에서 엄마는 나를 때리는 존재라는 고통의 감각이 눌려 쌓인다. ② 이렇게 감각이 눌려 쌓인 퇴적층으로서 무의식은 파괴적인 잠재성을 갖고 있다. 이 파괴성을 잠재우기 위해서 무의식에 대한 고려가 필요하다. ③ 법체계와 우리의 상호작용을 이끄는 것은 이성적인 의미화·상징화의 차원이지만 이 차원은 진실을 왜곡할 수도 있기에, 레딩(Redding)은 감각적 과정에 눌려 쌓인 '자기에 대한 감각'(sense of self)이 법규범의 정신구조가 되어야 한다고 본다. 법규범은 자기시스템의 감각적 차원(sensorimotor level self-system)에 통합되어야 한다는 것이다.[35] ④ 이에 따르면 법은 개인의 무의식과 마주하고, 그 속에 억압되어 있는 욕망을 해소하는 통로를 어느 정도는 마련하여야 한다.

(나) **유포리아** 그렇기에 내적 인격과 외적 인격은 서로 대조를 이루게 된다. 이 제2의 인격(무의식)은 의식화하지 않고 모르는 척하면 할수록 더욱 더 강해져서, 자아가 통제할 수 없는 순간에 튀어나와 자아를 장악해버린다. 인격해리와 같은 정신적 장애들도 무의식이 자아를 장악해버린 결과이다. 그러나 그와 같이 무의식의 외면을 통해 일어나는 고통이 극에 달한 경우에도 인간은 때때로 병적인 행복감, 즉 유포리아(euphoria)를 느끼기도 한다. 또한 나의 그림자는 내가 관계하는 타인에 대한 비합리적인 분노와 혐오감으로 투사되는데, 이와 같은 그림자 투사의 효과는 그 대상의 특성 때문이 아니라 나의 그림자 때문에 발생하는 것이다. 예를 들어, 유태인 학살은 유태인 때문이 아니라, 학살을 주도한 자들의 어둡고 추하고 악한 그림자인격(예: 나치의 집단그림자)이 유태인에게 투사되었기 때문에 발생한 것이다.[36]

2) 의식의 전일성과 무의식의 보상기능 융은 무의식이 창조성과 자

---

35 Richard E. Redding, 앞의 논문, 808쪽 아래 참조

36 나치 학살, 아메리칸 원주민 학살 등의 사례들을 통해서 집단그림자의 투사 문제를 고찰하는 존 A. 샌포드, *융학파 정신분석가가 본 악* (심층목회연구원 출판부, 2003), 106~109쪽 참조.

율성을 가지고 있으며, 꿈이나 상징을 통해서 자신을 드러내어, 의식으로 하여금 자신을 인식하도록 독려한다고 보았다. 꿈은 그림자와 만나는 장소인 것이다. 체면을 중시하는 사람이 꿈속에서는 바지를 안 입은 모습으로 나타나거나, 깡패나 창녀에게 시달리는 꿈을 꾸기도 한다는 융의 임상사례[37]에서 보듯, 그림자는 꿈으로 나타나 의식의 편향성을 보상하기도 한다. 이 보상작용(compensation)[38]은 무의식이 '의식의 전일성'(Einheit des Bewußtseins)을 구현해나가는 '자율적인 조절작용'인 것이다. 여기서 '의식의 전일성'이란 의식에 대극大極의 균형, 즉 선과 악, 남성성과 여성성, 아름다움과 추함, 성과 속, 신사성과 깡패성(숙녀성과 창녀성) 등과 같이 서로 대립하는 특질이 '균형'있게 실현되는 상태를 의미한다.[39] 또한 대극의 '균형'이란 대극의 '통합'이나 단일화가 아니라, 대극들이 공존하면서 — 마치 융이 '의식의 전일성'을 상징화하는 도형으로 삼은 원圓(산스크리트어로 만다라[Mandala][40])에서 보듯 중심점으로부터 각각의 점들이 동일한 거리에 놓이는 것처럼 — 균형 있게 실현되는 것, 즉 그 대극들의 '중앙'(die Mitte)[41]에 위치하는 것을 말한다. 또한 이러한 균형은 특정한 페르소나를 소유하는 것이 아니라 무수히 변하는 모습, 즉 다형성(polykorph)을 띠는 페르소나를 연기하는 것, 즉 "페르소나-하기"(doing persona)[42]를 통해서 달성될 수 있다.

(2) 그림자의 의식화와 동화 그림자의 부정적인 면을 희석해서 긍

---

37 이에 대해서는 이부영, *자기와 자기실현* (한길사, 2008), 123쪽 참조.

38 이에 관해 자세히는 이부영, *그림자* (한길사, 2009), 38쪽 참조.

39 니체(Nietzsche)의 초인 개념도 이 균형과 비슷한 면이 있다. 자세히는 John Linarelli, "Nietzsche in Law's Cathedral: Beyond Reason and Postmodernism", *Catholic University Law Review* (Vol. 53, 2004), 30~31쪽 참조.

40 만다라에 대한 융의 설명은 카를 융, *꿈에 나타난 개성화 과정의 상징* (솔출판사, 2006), 121~130쪽 참조.

41 융이 말하는 대극 사이의 중앙에 대해서는 카를 융, "분석심리학에서의 선과 악", *인간과 문화* (솔출판사, 2004), 144쪽; 이부영, *그림자* (한길사, 2009), 208~209쪽 참조.

42 이에 관해 자세히는 민윤영, "다형적 페르소나로서 법-낙태의 자유와 잊혀질 권리를 예로 하여", *고려법학* (제61호, 2011), 102쪽 아래 참조.

정적인 계기로 전환시키려면, 그림자를 의식화하여 의식에 동화同化시키는 과정이 필요하다. 이를 위해 각 개인은 자신이 도덕적인 특성(예: 선, 아름다움, 성스러움, 신사다움)만을 가진 것이 아니라 대극점에 있는 특성(예: 악, 추함, 속됨, 깡패다움)도 가지고 있음을 인정해야 한다. 그림자를 의식화한다는 것은 그림자를 있는 그대로 수용함으로써 부도덕하고 방종한 사람이 되는 것이 아니다. 그렇다고 그림자를 완전히 정화해서 종교나 사회윤리가 말하는 선을 실행하는 주체가 되는 것도 아니다. 그림자의 의식화는 선과 악이 균형을 이룬 의식의 전일성을 도모하는 것이다.

> '그림자는 인간의 실존을 풍부하게 해줄 수 있는 원시적 요소를 내포하고 있다'는 융의 말처럼[43] 창녀성에는 원시적 요소가 내포되어 있다. 바흐호펜은 이를 포착해서 선사시대의 모계중심 질서 이전의 질서를 인류 창녀적 단계(hetaeric statge)라고 말한다. 카프카는 바흐호펜의 인류 창녀적 단계, 또는 늪의 세계(swamp world)가 인류 최초의 시대이면서 현재의 시대이기도 하다는 전제 속에서 자신의 작품 세계를 만들어 나갔다.[44]

융에 따르면 그림자는 개인무의식의 그림자와 집단무의식의 그림자(예: 집단학살의 무의식적 경향)가 있다. 개인무의식의 그림자는 "대개 단지 낮은 것, 저급한 것, 미개한 것, 적응이 안 된 것, 다루기 힘든 것일 뿐 절대적으로 악한 것이 아니"[45]라 상대적으로 악할 뿐인 것이며, 의식화되고 의식으로 통합되면 오히려 긍정적인 힘으로 변화된다.[46] 이에

43 C. G. Jung, *Aion* (Zürich: Rascher Verlag, 1951), 380쪽(이부영, *그림자* [한길사, 2009], 81쪽에서 재인용).

44 이에 대해 자세히는 Rodolphe Gasché, "Kafka's Law: In the Field of Forcees between Judaism and Hellenism", *MLN* (Vol. 117, No. 5, Comparative Literature Issue, Dec., 2002), 978~979쪽 참조.

45 C. G. Jung, *Aion* (Zürich: Rascher Verlag, 1951)(이부영, *그림자* [한길사, 2009], 81쪽에서 재인용).

46 그림자를 실현하는 것의 궁극적 목표는 어둠 속에 있는 빛을 찾는 것이지 어둠 그 자체가 되는 것이 아니라고 설명하는 이부영, *그림자* (한길사, 2009), 207~211쪽 참조.

비해 집단무의식의 그림자는 절대악을 내용으로 하고 있어서 의식하여 경계할 수 있을 뿐, 의식으로 통합할 수는 없다.

1) 그림자의 법 여기서 그림자의 법을 그려볼 수 있다. 첫째, 법은 가령 수범자들이 도덕적 존재(예: 신사와 숙녀)가 되는 것을 돕되, 수범자들에게 그 그림자가 갖는 특성(예: 깡패성과 창녀성)을 마주할 수 있는 자유의 공간을 보장해주어야 한다. 즉 의식의 전일성을 달성하기 위해서 법은 도덕적 존재(예: 신사와 숙녀)를 지향하면서도 그것이 지나치게 그림자의 특성을 지닌 존재(예: 창녀성과 깡패성)임을 배척하거나 억압하게 하지 말아야 한다. 이런 법은 그림자를 의식화하게 하는 법, 곧 그림자의 법이다.

(가) 다형적 페르소나로서 법 이런 법은 다형적인 페르소나-하기(doing persona)를 보장하는 법(줄여서 "다형적 페르소나로서 법"[47])이라고도 볼 수 있다. 현실의 법은 특정한 페르소나와 개인을 동일시하는 특성을 갖고 있다.[48] 그러한 동일시는 특정한 페르소나-하기의 권리를 보장하는 것이지만, 동시에 다른 페르소나-하기의 기회를 박탈하는 것이기도 하다. 그러므로 정의로운 법은 역설적인 과제, 특정한 페르소나-하기의 권리를 보장하면서도 그 페르소나를 해체하고 다른 페르소나-하기의 가능성을 보장하는 것이어야 한다.[49] 그런 점에서 법은 약물과 독을 동시에 주는 파르마콘(pharrmakon)이 된다.

(나) 불법과 함께 하는 법 법이 이처럼 그림자와 마주하기의 도우미가 되고, 다형적 페르소나-하기의 법이 되기 위해서는 무엇보다도

---

47 민윤영, "다형적 페르소나로서 법-낙태의 자유와 잊혀질 권리를 예로 하여", *고려법학* (제61호, 2011), 95~129쪽.

48 이는 특히 페르소나를 사회적 역할을 수행하는 존재(~로서 존재 als-Sein)로 바라보는 마이호퍼(W. Maihofer)의 존재론적 자연법론에서 두드러진다. 인간으로 자기존재(Selbst-Sein)과 로서-존재(Als-Sein)로 바라보는 W. Maihofer(심재우 역), *법치국가와 인간의 존엄* (삼영사, 1996) 참조.

49 이런 점에서 과거 온라인상에 남긴 댓글 등에 의해 형성된 페르소나에 현재의 인격이 고착되지 않을 수 있기 위해서는 온라인상에서 '잊혀질 권리'(the right to be forgotten)가 보장되어야 한다고 보는 민윤영, 앞의 논문, 118, 121쪽 아래 참조.

합법과 불법이라는 전통적인 이원적 코드(binary code)[50]의 옹벽에 통로를 마련하는 것이 필요하다. 이것은 법의 이원적 코드를 폭파해버리는 것이 아니라, 두 코드를 서로 구분하여 유효하게 작동시키되 그 둘 사이에 상호작용과 소통을 가능하게 하는 것이다. 이는 하이멘(Hymen)으로서 법이 갖는 의미이기도 하다.

ㄱ) 성매매의 법적 규제 흔히 창녀라고 불리는 여성의 성매매를 직업으로 인정하는 것은 성매매를 반윤리적 범죄로 비난하고 공격하는 신사와 숙녀들이 자신의 신사성과 숙녀성의 그림자를 의식화하는 작업이다. 그러므로 법은 성매매 여성의 직업권을 지금처럼 불법의 세계에 놔두지 말고, 합법의 세계로 옮겨줄 필요가 있다. 물론 이것이 성매매를 가치가 높은 일로서 승인하는 것을 의미하지는 않는다. 법은 깡패성과 창녀성을 긍정적인 가치로서 지향할 수 없다. 그러므로 성매매 여성들에게 사회권적 인권을 보장하기는 하되, 노동조합의 인정과 같은 도덕화 기획까지 수용할 필요는 없다. 그런 법적 조치는 숙녀와 창녀의 코드적 구분을 지워버리고,[51] 숙녀성과 창녀성을 하나의 코드로 융합시켜 버리기 때문이다.

ㄴ) 재산분할청구권의 비법적 성격 전업주부인 부인(남편)의 재산분할청구권을 가사노동의 사회적 가치를 훨씬 넘어서는 정도까지—남편(부인)의 경제적 능력과 재산의 크기를 고려하지 않고 전체재산의 절반에 가깝게—인정하는 것도 이런 점에서 매우 우려스러운 일이다. 그런 법

---

50 루만(N. Luhmann)이 말하는 합법과 불법의 이원적 코드에 대해 자세히는 이상돈·홍성수, *법사회학* (신영사, 2000), 211~212쪽; Michael King, "Future Uncertainty as a Challenge to Law's Programmes: the dilemma of parental disputes", *The Modern Law Review* (Vol. 63, No. 4, Jul., 2000), 532쪽 참조.

51 포스트페미니즘적 시각에서 법이 갖고 있는 "여성의 성에 대한 이분법"(마돈나와 창녀)을 떨쳐버리고 각자가 다양한 성에 대해 자유로이 말할 수 있어야 한다고 보는 오정진, "성에 관한 법적 담론의 전개와 전망", *법철학연구* (제6권 제2호, 2003), 263쪽 참조. 이분법에 따른 이데올로기적 차별만을 해체(예: 성매매의 인정과 사회권적 인권 보장)하고, 이분법에 내재해 온 도덕적 기획의 최소한은 유지(예: 성노동조합의 불인정)할 필요가 있다.

은 남자(여자)가 소유한 부의 크기에 따라 배우자를 선택하는 경향을 높이고, 시민들로 하여금 신사성과 숙녀성을 심각하게 잃어버리게 만들 수 있기 때문이다.

ㄷ) **낙태** 현행 모자보건법이 금지하는 임신중절, 가령 임신중절사유가 없는 데도 예컨대 10주(또는 12주) 미만의 태아를 낙태하는 것을 인정하는 방향으로 개정된다고 가정하자. 그런 법은 전통적인 모성성의 페르소나뿐만 아니라 어린 태아에 대한 낙태에 별 느낌을 갖지 않는 여성성의 페르소나까지 인정하는 법이 된다. 그처럼 다형적인 페르소나-하기를 보장하는 법은 오히려 불법낙태의 폐해도 줄여 줄 수 있다.[52]

	선	악
미	④ 미선	② 미악
추	③ 추선	① 추악

㈐ **추한 선과 아름다운 악** 그림자의 법을 한 단계 더 섬세하게 구체화해보자. 인간이 좇는 욕망을 선과 악으로 구분하는 것 이외에 정상인의 욕망을 아름다운 욕망으로, 비정상인의 욕망을 추한 욕망으로 구분하고, 선과 악, 미와 추의 대립을 매트릭스로 만들면 옆의 도표처럼 인간의 욕망은 4가지 유형(① 추·악醜惡 ② 미·악美惡 ③ 추·선醜善 ④ 미·선美善)으로 구분할 수 있게 된다. 현실의 법은 어떤 욕망은 선택(합법화)하고, 다른 어떤 욕망은 배제(불법화)한다. 이를 통해 법은 사회에 정의를 확실하게 실현하는 것을 욕망한다. 그러나 법은 자신의 욕망을 온전하게 실현할 수 없다. 왜냐하면 법이 수행하는 선택과 배제의 기능은 합법과 불법이라는 '이원적 코드'에 의해 수행되는 데에 반해, 법적 평가의 대상이 되는 인간의 욕망과 행동은 적어도 4가지 유형의 코드로 나눠지기 때문이다. 법이 추악醜惡을 불법으로 낙인찍어 사회에서 배제하고, 미선美善을 합법으로 추앙하여 사회 안에 포용하는 것은 분명하다. 하지만 미악과 추선의 욕망에 대해서는 법의 이원적 코드

52 이런 관점으로 민윤영 "다형적 페르소나로서 법-낙태의 자유와 잊혀질 권리를 예로 하여", *고려법학* (제61호, 2011).

를 명확하게 갖다 맞출 수가 없다. 이처럼 합법과 불법의 이원적 코드로 인간 욕망에 대해 가치평가를 내리고 그 욕망들을 제어하려는 법의 욕망은 모두 충족되기에는 어려운 구조적 한계를 갖고 있다.

ㄱ) 반대극으로의 역전 그런데 융의 이론에서 보면, 악은 선의 그림자이기 때문에, 그 둘은 분리할 수가 없다. 그림자가 선의 뒷면임을 인정하지 않고 그 둘을 분리해서 선만을 자신의 특성으로 하고자 할 때, 다시 말해 '그림자 없는 자'[53]가 되고자 할 때, 그림자는 더 더욱 짙어져서 결국 그 사람을 삼켜버리고 만다. 융은 이처럼 대극 사이의 균형이 깨졌을 때, 불균형이 견딜 수 없는 수준에 이르면 그 소외되었던 측면이 반대로 지배적 성향으로 발현되는 심리법칙을 "반대 극極으로의 역전"이라고 설명한다.[54]

기독교적 페르소나는 종종 그림자가 존재할 수밖에 없음을 인정하지 않고 순수한 선 그 자체가 되기를 요구하는데, 이는 특히 성직자에게 강박적으로 요구된다.[55] 가톨릭의 사제는 '성욕'과 '물욕'이라는 자신의 그림자와 완전히 단절되어서 '그림자 없는 자'가 되어야 한다.[56] 이런 기독교적 사고는 인디언들의 사고와 대조적이다.[57] 인디언들이 말하

---

53 이 개념은 카를 융, "정신의 본질에 관한 이론적 고찰", 한국융연구원 C. G. 융 저작 번역위원회 옮김, *원형과 무의식* (솔출판사, 2006), 73쪽.

54 이에 대해서는 마리안느 쉬스 엮음, *사랑에 대한 칼 융의 아포리즘* (솔, 2007), 114쪽.

55 ★ 선과 악에 대한 그리스도의 가르침 선과 악에 대한 기독교의 태도는 역사적으로 변해 왔다. 구약과 예수 그리스도의 가르침에서는 선과 악이 모두 하느님께 속하는 것이었다. 그러나 그 후 바울이 악은 선을 실현하기 위해 반드시 제거되어야 하는 것이라고 가르쳤고, 이런 경향은 요한에 와서 더욱 강화되어서 선과 악을 전면적으로 대립시키고 악의 철저한 응징을 요구하는 적그리스도 개념으로 나아갔다. 이러한 분석으로 김성민, "악의 문제와 그 극복에 관한 고찰-C. G. 융의 그림자 이론과 흥부전에 대한 분석심리학적 해석을 중심으로-", *한국기독교신학논총* (제22집, 2001), 378~380쪽 참조.

56 인간은 인간이 알 수 없는 하느님의 법에 의해 심판되며, 인간의 죄의 완전한 구속은 오직 죽음을 통해서만 가능하다는 유대교의 사고도 인간의 악을 의식으로 통합하지 않고, 제거해내야 할 '불결한 무언가'로 설정하고 있다. 이에 관해 김임구, "근세의 종언-카프카의 소설 '소송'에 대한 잠재정신사적 해석", *카프카연구* (제21집, 2009), 18쪽 참조.

57 융의 분석심리학의 관점에서 기독교와 인디언의 사상을 비교하고, 바울과 달리 예수

는 '신성한 사람'인 위차사 와칸(wicasa wakan)은 치유와 예언을 행하고 자연현상을 움직일 수 있는 주술사이다. 이런 주술사는 '좋지도 나쁘지도 않고, 그냥 살며', 여러 규범들에 매여서 자기 자신을 갈고 닦아야 하는 서구의 성직자와는 달리 자기 자신으로서 살아간다. 감옥을 가게 될 경우도 있고, 술집도 가며, 여자와 난잡하게 놀기도 한다. 하지만 그런 생활을 하더라도, 위차사 와칸이 주술사일 수 있게 만드는 비전과 권능은 그 주술사를 떠나지 않는다. 또 인디언 말로 위대한 영을 의미하는 '와칸 탄카'는 '만물이 자신의 본성에 따라, 자기 내면의 충동에 따라 알아서 행동하는 것'을 바라면서 사람과 자연이 서로를 사랑하게 만드는 주술사이다.[58] 이런 인디언들의 사고 속에서 악 또한 우리 자신을 이루는 한 요소가 된다.

ㄴ) **추한 선으로서 법** 폭력으로 선을 실현하는 것이 바로 법의 통상적인 현실이다. 법은 본질적으로[59] 폭력에 속하는 것이지만,[60] 악을 제거한다는 점에서 선에 위치한다. 가장 극단적인 예가 바로 사형제도이다. 사형을 하는 법은 선과 악 사이, 폭력과 비폭력 사이에 위치하는 것이다. 이처럼 법은 본질적으로 어느 정도 악을 수반하며, 법에서 악

그리스도는 악을 선의 그림자로서 이해했다고 분석하는 존 A. 샌포드, *융학파 정신분석가가 본 악(惡)* (심층목회연구원 출판부, 2003), 130~134쪽.

58 존 파이어 · 레임 디어, *무엇 하나 소중하지 않은 것이 없다* (아름드리미디어, 2004), 292~299쪽 참조.

59 법의 기원은 야만적인 폭력이며 현재의 법도 폭력의 지원 없이는 유지될 수 없다는 프로이트의 고찰은 Costas Douzinas · Adam Gearey, "Psychoanalysis becomes the Law", *Critical Jurisprudence: The Political Philosophy of Justice* (Hart Publishing, 2005), 308쪽 참조(이상돈 · 이소영 · 민윤영 · 정채연, *문헌연구 포스트모더니즘과 법* [세창출판사, 2006], 139~148쪽 참조). 카프카에게서 법은 원시적이고 무자비한 폭력의 제도화라는 신화적 성격을 갖는다는 벤야민의 분석은 Rodolphe Gasché, "Kafka's Law: In the Field of Forcees between Judaism and Hellenism", *MLN* (Vol. 117, No. 5, Comparative Literature, Dec., 2002), 983~984쪽 참조.

60 예컨대 중세에는 문서로 된 권리증서가 없었고 땅의 잔디와 잔가지를 건네주는 의식으로 토지를 사고 팔았는데, 그 때 이 의식을 목격하는 어린아이를 채찍질함으로써 그 고통 때문에 아이가 평생 그 의식을 기억하도록 했다. 자세히는 John Linarelli, "Nietzsche in Law's Cathedral: Beyond Reason and Postmodernism", *Catholic University Law Review* (Vol. 53, 2004), 35~36쪽 참조.

을 완전히 떼어낼 수가 없다. 온전한 선은 법이 아니라 종교의 몫이다. 법은 자연법론이 상정하듯 온전히 선하고 비폭력적인 것이 아니다. 법은 폭력을 진압하기 위해 폭력을 사용한다. 폭력적이지 않은 법은 없다. 그리고 때로는 법이 진압하고자 했던 폭력보다 그 법의 폭력이 더 크다. 나아가 이 세상의 모든 폭력이 진압되어서 유토피아가 도래한다면 법은 죽는다. 이와 같은 법의 모습을 법의 '제도적 차원'이라고 할 수 있다. 그렇기에 법은 일종의 추한 선이다.

인간이 공격성과 비공격성, 에로스와 타나토스, 선과 악 사이에서 끊임없이 균형을 잡아가는 존재인 것과 마찬가지로, 법도 그런 균형을 잡는 존재이다. 법의 작동이 수범자들의 정신세계에서 초자아와 이드의 균형 잡기에 기여하는지를 법은 스스로 성찰해야 한다. 그렇기 때문에 법이 일정량의 악을 실현한다고 해서 그 법이 폐지되어야 하는 것은 아니다. 법이 절대적으로 선만을 실현하려고 해서도 안 된다. 그런 법은 사람들의 무의식 속에 악에 대한 의지를 강화시켜 놓는 부작용('반대극으로의 역전')을 초래할 것이기 때문이다.

ㄷ) 그림자 없는 형법의 한계 이와 같은 법에 대한 정신분석학적 성찰은 실천적으로는 법의 신중한 사용이라는 요청으로 나타날 수 있다. 예컨대 범죄에 대항하여 더 강한 형법을 내세우는 것은 악을 제거하는 방법이 아니다. 그런 형법은 법이 '그림자가 없는 선함'이라는 착각 속에 빠져 있기 때문이다. 우리는 범죄자들이 인류가 공유하는 집단무의식인 그림자 원형에 사로잡힌 채 삶을 살아가는 자들이며, "인류가 그림자를 보다 잘 의식할 때까지" 그림자를 구현하며 살아가도록 운명 지어진 사람들일지도 모른다는 정신분석학의 충고[61]에 귀 기울일 필요가 있다. 그림자를 이기는 유일한 방법은 그것을 끌어안는 것뿐이다.

2) 법의 그림자 근대 이성법은 근대적 자아(cogito)의 법이다. 근대적 자아로서 법은 언제나 그림자를 갖는다. 예컨대 상습마약복용자를

61 존 A. 샌포드, *융학파 정신분석가가 본 악(惡)* (심층목회연구원 출판부, 2003), 103쪽.

처벌하는 법은 '국민보건 향상'이라는 도덕적 가치를 기획함으로써 숙녀와 신사의 삶을 지향하는 법이다. 그러나 의료인에게 신고의무를 부과하고 치료보다는 처벌을 위주로 하는 법은 상습마약복용자를 도움받기 어려운 고립무원의 상태로 몰아넣고, 마약복용자가 음지에서 확산되도록 만들기도 한다. 이런 법의 부작용은 마치 깡패와 같은 것이다. 이처럼 근대적 자아 위에 구축된 법이 공식적으로 기획하는 도덕적 가치와 반대되는, 그러나 의식되지 않은 반가치反價値를 초래하는 법의 부작용을 '법(근대적 자아)의 무의식에 있는 그림자' 또는 줄여서 법의 그림자라고 부를 수 있다. 법이 수범자들로 하여금 그들의 무의식에 있는 그림자와 마주하는 것을 도와야 하는 것처럼, 법의 자아(법의 공식적인 도덕적 기획)도 자신의 무의식(법이 의식하지 못한 부작용)과 마주하여야 한다. 그리고 그 그림자를 응시하고 자신의 일부로 수용하고, 그것과 소통하면서 자신의 자아를 언제나 새롭게 재구성해나가야 한다. 그럴 때 법은 파괴적이지 않고, 안정된 것일 수 있다.

(3) 의식의 전일성과 법무의식의 보상작용 융은 '사면의 만다라'의 형상을 대극의 균형을 뜻하는 의식의 전일성의 상징으로 사용한다.

1) 사고, 감정, 직관, 감각 융이 개념화한 '의식의 전일성'은 네 가지 정신적 기능을 각각의 꼭지점으로 하는 사각형으로도 표현될 수 있다. 융은 정신기능을 사고(thinking), 감정(feeling), 감각(sensation), 직관(intuition)으로 분류하고, 각 기능의 발달 정도에 따라 심리학적 유형을 파악할 수 있다고 보았다. 즉, 네 가지 정신기능 중 사람마다 우월한 기능과 열등한 기능이 다른데, 우월한 기능은 자아가 좋은 것으로 의식하며 더 발전시킨 기능이고, 열등한 기능은 자아가 별로 가치가 없는 것으로 여기면서 방치해둔 기능이다. 그래서 우월한 기능과 열등한 기능은 대극을 이루게 되고, 열등한 기능은 무의식 속

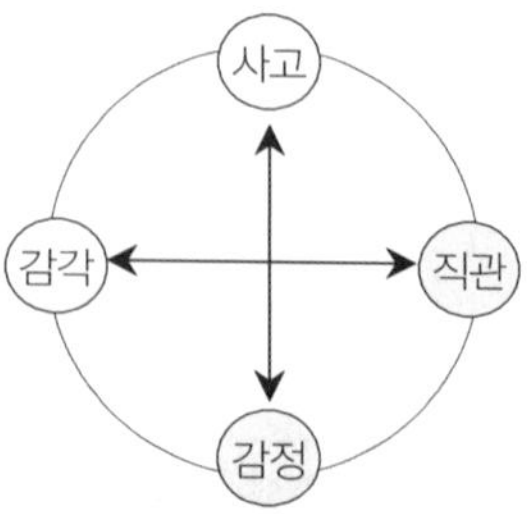

으로 잠재되어져 그림자를 형성한다. 이렇게 정신의 기능을 분석함으로써 자신의 그림자를 파악하고, 그림자인 열등한 기능을 의식화하고 개발해서 네 가지 정신 기능이 정사각형으로 균형을 이루도록 할 때, 의식의 전일성이 더 완전한 모습으로 구현된다.

2) 법무의식의 보상작용 법이 의식의 전일성을 구현하는 것에 실패하고 불균형이 한계지점에 도달하게 되면, 법이 대극의 균형을 이룩하지 못한 것에 대한 (법)무의식의 보상작용이 일어날 수 있다. 그런 보상작용의 증상으로는 법(의 법치국가성)을 파괴하는 현상을 들 수 있다. 성매매처벌법을 예로 설명해보자. 이 법은 자발적 성매매를 비롯해서 일체의 성매매를 금지하고 있다. 성매매처벌법의 윤리주의적 기획으로 인해 '감각'은 희생되고 억압되며, 이로 인한 불균형성은 '의식의 전일성'을 실현하는 법의 기능을 마비시킨다. 그 결과 불균형과 감각의 결핍을 보상하기 위해서 '성의 쓰나미'가 발생한다. 성매매처벌법이 시행된 이후에 성매매가 근절되기보다는 더 음성화되고 더 일상화되는 부작용(예: 학교나 주택가에 성매매의 침투)이 나타난 점이 바로 그 증거라고 할 수 있다. 이처럼 법에 의한 법의 파괴를 두고 법무의식의 보상작용이라고 부를 수 있다.

(4) 범죄자의 주체화와 주체화의 법 이상의 설명은 범죄와 법을 주체화(subjectivization)의 과정으로 보는 정신분석학적 토대를 마련해 준다.

1) 자아, 자기, 초자아의 범죄 라캉은 범죄를 자아의 범죄, 자기(self)의 범죄 그리고 초자아(superego)의 범죄로 유형화한 바 있다. ① 자아의 범죄란 이익을 위한 살인처럼 계산적 합리성이 지배하는 범죄인 반면, ② 자기의 범죄는 성적 충동 때문에 길 가던 여자를 강간하는 것처럼 어떤 자극에 대한 반응으로 일어나는 본능적 범죄이다. ③ 이에 비해 초자아의 범죄란 트라우마와 같은 내면의 품고 있기 힘겨운 긴장을 해체하는 범죄를 말한다. 이런 범죄는 정신분석학의 큰 관심을 받는다.[62]

2) 범죄의 주체화 기능 초자아의 범죄란 이름과는 달리 초자아가 지배하는 범죄가 아니라, 개인의 정신에서 '자아와 초자아 사이의 분열'(split between the Ego and the Superego)을 메우려고 노력하는 행위를 말한다. 가령 자신이 존경하는 선한 사람에게 증오하는 그래서 벗어나고픈 아버지의 모습이 전이되는 경우에 그 선한 사람을 존경해야 한다는 초자아의 도덕적 명령과 배제하고픈 자아의 판단 사이의 분열은 품고 있기 어려운 내면의 긴장을 준다. 이 경우에 그 선한 사람을 살해하는 범죄[63]는 범죄자 자신을 자유롭게 하려는 행동의 표출이다. 여기서 초자아와 분열되어 있는 자아란 실은 합리적 사고의 주체가 아니라 자아가 중개하는 무의식 속에 억압되어 있는 충동본능을 가리킨다고 보아야 한다. 범죄는 초자아와 무의식에 억압된 충동본능 사이의 간극이 너무 커지는 경우에 심한 정신적 혼돈과 견디기 어려운 긴장 속에서 자신이 파멸되어 감을 막는 행위이다. 이 범죄는 범죄자가 자신의 주체성을 유지하거나 주체성을 회복하려는 행위, 즉 '주체화'(subjectivization)의 특수한 모습이다.

3) 법의 주체화 기능 정신분석학이 범죄를 주체화의 과정으로 바라본다고 해서 정신분석학이 범죄자를 처벌하지 않아야 한다는 주장하는 것으로 오해해서는 안 된다. 범죄를 통한 주체화는 언제나 초자아와 충동본능 사이의 균형을—범죄 이전과는 정반대로—충동본능 쪽으로 기울게 하고, 이런 초자아의 과소화는 또 다른 주체성의 상실에 이르는 위험을 가져오기 때문이다. 사실 범죄자는 자아의 결단으로 범죄를 범

---

62 Salecl은 정신분석학이 '오로지' 초자아의 범죄에 대해서만 관심을 갖는다고 한다. Renata Salecl, "Crime as a Mode of Subjectivization: Lacan and the Law", *Law and Critique* (Vol. Ⅳ, No. 1, 1993), 4쪽 참조.

63 ★ 파핀(Papin)자매 사건 편집증적인 엄마의 모습이 전이된 착한 고용주 란슬랭(Lancelin) 부인이 다림질을 했냐고 물었을 때 언니 크리스티나가 주전자로 그 부인의 머리를 때리고 눈을 뽑아 버렸으며, 동생 레아가 곧이어 부엌칼을 가져와 란슬랭 부인의 딸을 죽이는 것을 도운 살인사건을 예로 삼아 주체화의 의미를 분석하는 Renata Salecl, "Crime as a Mode of Subjectivization: Lacan and the Law", *Law and Critique* (Vol. Ⅳ, No. 1, 1993).

하면서 무의식에서는 처벌받기를 욕망하는 이중성을 갖는다. 범죄는 일종의 주이상스(jouissance)다. 그 처벌받기에 원하는 욕망에 응답하는 것이 법이며, 따라서 법은 — 범죄의 주체화 기능에 대응하여 — 범죄자를 주체화하는 기능을 수행한다. 다시 말해 범죄가 충동본능을 배려하는 주체화의 과정이라면, 법은 초자아를 배려하는 주체화의 과정인 것이다. 이렇게 볼 때, 정신분석학과 달리 법정신분석학은 라캉이 말하는 초자아의 범죄에만 관심을 갖지 않는다. 가령 도색광의 강간살인과 같은 자기(self)의 범죄는 그런 범죄를 지켜보는 일반인의 무의식 속에 억압된 충동본능(id)을 대리 충족시켜 줌으로써 일반인의 정신 속에서 억압된 충동본능을 배려해주며, 그런 배려가 초자아의 지나친 감소를 가져오지 않도록 법은 그 범죄를 행한 자를 처벌하는 것이다.[64]

Ⅲ. 욕망과 질투로서 법

무의식에 억압되어 쌓이는 대표적인 것은 욕망과 질투이다. 법이 무의식을 의식화하고, 대화하려 한다면, 욕망과 질투와 자신의 관계를 이성적인 자아와는 다르게 설정할 수 있어야 한다. 이를 위해 법은 순수욕망을 실현하는 매체(아래 1.)로, 또는 미래의 힘이 되고픈 현재의 힘에 대한 도덕적 질투로(아래 2.), 그리고 팰러스로(아래 3.) 재해석할 필요가 있다.

1. 욕망과 법

순수욕망의 실현매체로서 법을 이해하기 위해서는 먼저 라캉(Lacan)이 전개한 욕망에 관한 정신분석학에 주목할 필요가 있다.

(1) **욕망이론** 라캉은 욕구(needs), 욕망(demand) 그리고 순수욕망

64 이와 같은 형법의 기능을 설명하는 Franz Streng, “Schuld, Vergeltung, Generalprävention”, *ZStW* (Bd.92, 1980), 637쪽 아래 참조.

(pure desire)을 구별한다. ① 욕구는 식욕, 성욕 등 생물학적 욕구를 가리키며, 현실에서 그때그때 충족할 수 있다. ② 이에 비해 언어를 통해서만 표제화 되는 욕망(demand)은 사랑과 (사회적) 인정을 향한 바람들(예: 남보다 더 나은 물질, 명예, 지식에 대한 욕망)의 총체를 말한다. 이런 욕망은 언제나 완전하게 충족될 수 없고, 늘 결핍에 시달린다. 왜냐하면 욕망은 궁극적으로 그 무엇에 대한 것(desire for what)이 아니라 욕망을 향해(desire to desire) 있고 그래서 욕망은 무한히 확대 재생산되기 때문이다. ③ 순수욕망은 욕망의 주체가 죽음을 무릅씀으로써 그 욕망이 순수함으로 거듭난 경우를 말한다.

1) 숭고미의 주체 죽음을 무릅쓰는 것은 죽음에 대한 인간의 지향성, 즉 모든 인간의 보편적인 심리적 구조인 '죽음충동'의 작용이기도 하다.[65] 욕망을 순수하게 만드는 것은 그 욕망의 어떤 내용 때문이 아니라 '죽음'을 무릅씀 때문이다. 라캉은 두려워하지 않고 죽음에 직면하는 주체를 숭고미의 주체, 즉 아름답고 숭고한 주체라고 말한다.

★ 안티고네의 법위반과 숭고미 라캉은 이와 같은 숭고미를 보여준 대표적인 인물로 소포클레스의 안티고네를 든다.[66] 그녀는 크레온의 법에 두려워하지 않고 맞서면서 자신의 무조건적인 욕망을 고집한다. 안티고네의 오빠 폴리니케스는 국가에 반역하여 전쟁을 벌이다가 죽었다. 그래서

65 쇼펜하우어, 니체, 프로이트 등으로 이어지는 사상의 흐름에서 죽음이 긍정적인 것으로, 심지어 열렬히 욕망되어야 하는 것으로 이해된다는 점에 대해서는 Linda Hutcheon · Michael Hutcheon, "Death Drive: Eros and Thanatos in Wagner's "Tristan und Isolde"", *Cambridge Opera Journal* (Vol. 11, No. 3, 1999), 267~268쪽 참조.

66 미적 주체로서 라캉의 안티고네에 대한 설명은 조현준, "안티고네: 숭고미에서 퀴어 주체로", *라깡과 현대정신분석* (제8권 제2호, 2006), 187~196쪽 참조; 안티고네를 자연법론으로 다루지 않고, 라캉의 안티고네 해석을 응용해서 법의 무의식으로서 욕망의 법을 고찰하는 Costas Douzinas · Ronnie Warrington, "Antigone's Law: a Genealogy of Jurisprudence", C. Douzinas · R. Warrington 편, *Politics, Postmodernity and Critical Legal Studies* (Routledge, 1994), 187~225쪽 참조. 이 글에 대한 요약서평으로는 이상돈 · 이소영 · 민윤영 · 정채연, *문헌연구 포스트모더니즘과 법* (세창출판사, 2006), 179~190쪽 참조.

테베의 통치자인 크레온은 폴리니케스의 시체를 묻지 못하도록 명령한다. 그러나 안티고네는 크레온의 명령에 거역하고 오빠 폴리니케스의 장례를 치러줌으로써 공동체에서 추방된다. 이 추방은 그녀 스스로 추구한 바이기에, 그녀는 죽음충동에 따라 행동한 것이라 할 수 있다.

그런데 순수욕망의 구성요소로서 죽음은 상징적 죽음이다. 상징적 죽음에 직면한다는 것은 이를테면 안티고네와 같이 주체가 공동체로부터 이탈되는 것, 즉 공동체의 이방인이 되는 것을 말한다.[67] 죽음을 무릅쓴다는 것은 생명을 던지는 것이라든가 사회적 명망을 잃어버리는 것, 즉 사회적 죽음 등도 포함하는 개념으로 이해되어야 한다. 이처럼 주체가 자신의 순수욕망을 추구하는 일은 언제나 "자살적인 황홀경"[68]을 추구하는 것이 되고[69] 그 행위는 때때로 공동체의 규범에서 일탈하는 범죄가 될 수 있다. 이처럼 미학적 주체는 죽음을 알면서도 자신의 욕망을 향해 돌진하기에, 숭고하고 눈부시게 아름다운 존재가 되는 것이다.

2) 정신분석학적 윤리 정신분석학이 주는 윤리가 있다면, 그것은 자기이해를 높임으로써 (초자아가 주는) 고통을 줄이고, 라캉의 욕망이론에서 보면[70] '자신의 (무의식적) 욕망에 따라',[71] 순수욕망인 죽음충동에 따라 행동하라는 것이다. 라캉은 정신분석의 목적을 '주체에게 욕망을 명명하고 말함으로써, 욕망을 존재하게 하도록 가르치는 것'이라고 본다.[72]

---

67 슬라보예 지젝, *당신의 징후를 즐겨라! 할리우드의 정신분석* (한나래, 1997), 96쪽, 117쪽.

68 슬라보예 지젝, 앞의 책, 100쪽.

69 이는 거꾸로 보면, 욕망하는 대상에 대한 환상은 그것에 대한 순수욕망을 좇는 힘이 된다.

70 박민정, *라깡의 욕망이론과 정신분석학적 인권* (고려대 석사학위논문, 2017), 73쪽 참조.

71 라캉은 1년간의 정신분석학윤리 세미나를 마무리하면서, "당신은 당신의 욕망에 따라 행위한 적이 있습니까?"라고 묻는다. Jacques Lacan(Jacques-Alain Miller 편), *The Seminar of Jacques Lacan. Book VII. The ethics of psychoanalysis. 1959-1960* (Norton, 1992), 311쪽.

(가) **욕망과 주이상스** 주체의 무의식적 욕망의 실행은 욕망을 표명하는 데서 시작한다. 욕망의 표명은 발화를 통해서 수행되며, 이와 같은 욕망의 표명은 이미 실체로서 존재하는 욕망을 '발견'하는 것이 아니라, 발화를 통해 비로소 그것을 존재하게 만드는 것이다.[73]

ㄱ) **욕망의 대상에 대한 환상과 고통쾌락** 그러나 무의식적 욕망을 실현하는 것은 전통적인 윤리의 관점에서 볼 때는 악이 되기 쉽다. 그러한 악에 대해 문명은 제재와 처벌로 답한다. 그렇기에 순수욕망을 추구하는 것은 언제나 고통스러운 쾌락, 즉 주이상스(jouissance)를 좇는 것이다. 이때 주이상스를 체험하는 과정은 어떤 대상(예: 금지된 사랑의 상대)에 대한 환상(fantasms)이 생산되어 그 대상에 대한 욕망이 순수욕망이 될 정도로 추구하게 되고, 그로써 겪는 고통(상징적 죽음) 속에서 그 환상이 제거되는 과정이라 할 수 있다.

ㄴ) **욕망을 향한 욕망** 라캉의 상상계, 상징계, 실재계의 구분에서 보면 순수욕망을 좇는 것은 인간이 언어에 의한 상징과 의미(예: 법과 규범)의 세계('상징계')에 들어감으로써 잊혀지고 차단되었던 실재계의 사물(the Thing)에 접근하는, 다시 말해 상징계의 장벽(즉, 언어의 감옥)을 깨고 실재계의 경계를 넘어 들어가는 시도이다. 인간이 상징계의 틈새에서 빠져나오려는 시도를 하지만 결코 사물 자체에는 영원히 도달하지 못한다. 라캉에게 사물은 칸트의 물자체(Ding an sich)에 상응하며, 기독교적 의미의 하나님인 것이다. 그것을 향한 욕망은 인간의 언어가 생산한 규범과 법의 장벽을 뚫는 고통을 감수하는 순수한 것이지만 고통스럽고 비극적인 것이다. 여기서 인간의 욕망은 언제나 그 무엇(사물)을 향해(desire for what) 있는 것이 아니라 욕망 자체를 향해

---

72 Jacques Lacan(Sylvana Tomaselli 역), *The Seminar. Book II. The Ego in Freud's Theory and in the Technique of Psychoanalysis, 1954–55* (Norton, 1991), 228쪽.

73 욕망의 표명에 대해 딜런 에반스, *라깡 정신분석 사전* (인간사랑, 2004), 279~280쪽 참조.

있는 것(desire to desire)임을 알 수 있다.

(나) 역겨운 초자아로서 법 이러한 주이상스의 추구는 정신분석학적 윤리에는 부합하지만 당연히 현실의 법에서는 범죄가 되기도 한다. 그렇기에 문명화의 기초로서 법은 금기를 말하면서 혼자서만 그 금기된 욕망을 실현하는 역겨운 아버지(obscene father)[74]의 모습과 흡사하다.

ㄱ) 역겨운 가부장의 법과 주이상스 법은 모든 인간들에게 자유로운 실존을 가능케 하면서도(쾌락을 줌) 그 대가로 개인들에게 수많은 금기를 설정하고, 위반할 경우 처벌한다(고통을 줌). 이 한에서 법은 역겨운 주이상스를 내포한다고 할 수 있다. 그러면서도 법은 그 금기된 것을 자신의 집행대리인인 국가만 독점하게 한다는 점에서 바로 역겨운 아버지의 모습에 다가선다. 근대사회 이후 아버지는 국가의 이데올로기를 등에 업고 가족들에게 권력을 확립하는 가부장적 아버지이며, 그 한에서 근대법은 가부장적 법(patriarchal law)[75]이라고 볼 수 있다. 바로 이 점에서 법은 역겨운 초아자(obscene superego)이기도 하다.[76]

---

74 ★ 역겨운 아버지와 법 지젝(Slavoj Žižek)이 말하는 역겨운 아버지가 왜 그런 것인지를 간단히 설명해보자. 첫째, 아버지란 생존에 필요한 자원을 공급해준다는 점에서 '좋은' 아버지이지만, 그 이면에는 모든 권력과 (아들의 입장에서는 어머니에 대한) 쾌락을 독점하는 욕망으로 가득 찬 '나쁜' 아버지이다. 둘째, 그런데 이 나쁜 아버지의 모습을 덮고 그것을 미화하는 것이 바로 정의로운 법과 아름다운 질서와 같은 초자아이다. 셋째, 아버지나 초자아의 역겨움은 바로 나쁜 모습을 정의로움이나 아름다움으로 포장하고 있다는 데서 비롯된다.

75 근대법이 가부장적 법이라는 의미는 법이 '여성을 그녀의 육체적 특질로만 평가하게 하고, 여성의 머리에는 남성을 그 상징적 머리(symbolic head)로 자리하게 만드는 사회적 표현'(이런 해석으로 Juliet Flower MacCannell, "Between the Two Fears", *Cardozo Law Review* [Vol. 24, 2003], 2395쪽)으로 기능함을 뜻한다. MacCannell은 가부장적 법은 전근대적 또는 고대법(예: 로마 제국 황제의 이름 하에 제정된 법)의 특성으로만 바라본다(앞의 논문, 2397쪽). 그러나 서구근대사회는 이성법을 배후에 두고 이성의 주체로서 남자, 그리고 아버지가 후견인의 권력을 누렸고, 그런 한에서 근대 이성법은 가부장의 법이라고 할 수 있다.

76 이와 같은 점에서 법은 두 얼굴을 갖고 있는 것인데, 이 점을 노벨문학상 수상자 쿠체(J. M. Coetzee)의 소설 "야만인을 기다리며"(Waiting for the Barbarians)에 대한 비평을 통해 자세히 분석하는 Sinkwan Cheng, "Civilization and the Two Faces of Law", *Cardozo Law Review* (Vol. 24, 2003), 2349~2370쪽, 특히 2350쪽 아래 참조.

다시 말해 법은 욕망의 충족이라는 점에서 쾌락을 제공하면서도 그 쾌락은 어디까지나 또 다른 욕망을 억압하는 고통을 수반한다는 점에서 역겨운 주이상스가 된다. 법은 그처럼 고통을 주면서 그것을 법이 실현하는 정의(이성적으로 옳고, 윤리적으로 좋은 것)로 포장한다는 점에서 역겨운 초자아가 되는 것이다.

ㄴ) **대타자로서 법** 법은 라캉의 또 다른 언어로는 대타자(Big Other)이다. ① 대타자란 역겨운 초자아에 지배된 주체들이 그들 자신의 욕망이라고 인식하고 그것을 말할 때 닮으려고 하는 가상의 주체를 말한다. 이에 비해 소타자는 일정한 욕망을 달성하고 있고, 그래서 질투하게 되는 현실 속의 타자를 가리킨다. 그러나 현실 속의 타자가 누리는 욕망의 충족은 언제나 제한적이다. 그래서 대타자에 대비해 소타자(other)라고 부를 수 있다. ② 이런 소타자에 대한 질투의 경험 속에서 그리고 현실에서는 결코 완전하게 충족되지 않는 욕망을 (소타자에 대한 질투의 경험 속에서) 말함으로써 대타자가 형성된다. 법은 바로 이렇게 욕망을 말하는 주체이다.[77] 그렇기에 법의 언어(예: "모든 국민은 인간으로서의 존엄과 가치를 가지며, 행복을 추구할 권리를 가진다"[헌법 제10조 제1문])는 욕망을 말하는 매체이고, 법은 바로 대타자가 된다. ③ 대타자로서 법은 개인들의 정체성(예: 욕망을 도덕적으로 실현하는 주체)에 대한 환영幻影을 구성한다. 그렇기에 우리는 대타자로서 법을 객관적으로 해석하고 사용할 수 없게 된다.[78] 이는 법의 근원적인 '불명확성'과 데리다가 말하는 법언어의 '의미의 차연'이기도 하다. ④ 대타자는 그 욕망의 실체가 존재하지 않는, '빗금 쳐진'(barred) 존재라고도 볼

77 이처럼 욕망을 "말하는 주체"(speaking subject)의 영역은 무의식이며, 라캉의 대타자(the Other)는 이를 말한다고 보는 Dragan Milovanovic, "The Postmodernist Turn: Lacan, Psychoanalytic Semiotics, and the Construction of Subjectivity in Law", *Emory International Law Review* (Vol. 8, 1994), 73쪽 참조.

78 이런 관점으로 Richard E. Redding, "Does Law Need an Analyst? Prospects for Lacanian Psychoanalysis in Law", *Washington and Lee Law Review* (Vol. 54, 1997), 1128쪽.

수 있다. 라캉이 말하는 “barred”는 흔히 ‘빗장 걸린’으로 해석된다.[79] 그러면 법은 ‘빗장 걸린 대타자’가 된다. 이때 빗장 걸림이란 법이 역겨운 초자아이면서도 비례성원칙에 의한 제한을 받는 역겨운 초자아라는 의미로 이해할 수 있다.

(다) 숭고성을 바라보는 법의 미학적 정의 정신분석학적으로 이해해보면 법은 단지 욕망의 추구를 순수하게 만드는 전제인 금기를 생산하는 매체이기만 한 것은 아니다. 법 위반을 통한 순수욕망의 추구는 바로 법이 언어를 통하여 억압한 무의식의 타나토스를 돌보는 것이고, 이는 모든 개인들의 정신을 건강하게 만드는 원천이며, 더 나아가 법과 윤리의 상징질서를 떠받드는 기반이 된다. 바로 그렇기 때문에 법은 법을 위반하여 좇는 욕망의 숭고성에 대해 그 사회적 가치를 평가하고(social valuing of sublimation)[80] 다시금 그것을 법에 반영하는 성찰적 과제를 수행하여야 한다. 이로써 법이 상정하는 인간상은 근대법처럼 합리적 인간, 경제적 인간에 머무르지 않게 된다. 법은 라캉이 지적하듯이 인간이 선악의 추구만으로는 그의 고유한 본질을 실현할 수 없고, 도덕으로는 다 해소할 수 없는 욕망의 차원을 가지고 있음을 바라본다.[81] 법은 인간이란 죽음을 무릅쓰고 욕망을 향해 나아가는 미학적 존재임을 받아들이는 것이다. 즉, 법이 상정하는 인간상은 한편으로는 윤리적 욕구를 통해 생존과 공존을 보장받는 인간이면서, 다른 한편 미학적 욕망으로 죽음에로의 유혹과 마주하고, 숭고하게 아름다운 존재가 되려고 하는 인간이다. 이와 같은 인간상을 전제로 욕망추구의 숭고성에 대한

---

79 이런 의미로 사용하는 Sinkwan Cheng, “Civilization and the Two Faces of Law”, *Cardozo Law Review* (Vol. 24, 2003), 2353쪽.

80 이를 숭고성의 사회적 가치평가(the social valuing of sublimation)라고 말하는 Colin Leslie Dean, “The Tragic Human and Desire of Psychoanalysis”, *Seminar VII of Lacan: Sublimation in the Psychoanalysis of Lacan and Freud* (Gamahucher Press, 2005), 17쪽.

81 라캉은 욕망이 인간을 인간이게 하는 고유한 구조라고 보았다는 점에 대해서는 김석, *에크리 읽기-라캉으로 이끄는 마법의 문자들* (살림, 2007), 58쪽 참조.

사회적 가치를 매개 규범화하는 법은 바로 미학적 정의를 구현하는 법이 된다.

(2) **욕망을 위한 법의 기능화** 지금까지 설명에서 욕망과 법은 서로 이중적이며, 역설적인 관계를 맺는다는 것을 알 수 있다. 즉, 인간의 욕망이 법에 의해 가치론적으로 재단되는 한편, 인간 욕망의 순수화 과정에서 법은 심미적 체험의 대상으로 변화한다.

1) 순수욕망의 주체화 수단으로서 법 인간이 순수욕망의 주체가 되는 과정에서 법은 더 이상 개인을 객체화하는 가치평가의 '주체'로 남지 않고, '주체화의 수단'으로 위치를 바꾸게 된다. 즉 법은 한 개인이 '물적 욕망'의 주체에서 '순수욕망'의 주체로 승화되어 가는 과정을 구성하는 하나의 수단적 요소로 전위된다. 왜냐하면 법을 위반하는 관문을 통과하지 않고는, 욕망하는 주체는 죽음충동을 실현할 수 없고, 또한 아름답고 숭고한 주체가 될 수도 없기 때문이다.[82] 그러나 이렇게 되면, 법이 현실에서 구축하려고 하는 가치체계의 의미가 전복될 수 있다.

(가) 법의 욕망 밖의 기능 이렇게 볼 때 법은 '윤리적 욕망' 뿐만 아니라, '미학적 욕망'에도 — 비록 그것이 법의 욕망은 아니지만 — 기능하는 것임을 알 수 있다. 하지만 이런 법의 기능은 법이 의식적으로 설정한 목표, 즉 법의 임무가 아니다. 현실의 법은 "인간의 윤리적 열망이 선과 악 모두를 향하도록 이끈다"[83]는 점을 의식하지 못한다. 현실의 법은 윤리적 욕망과 미학적 욕망을 대립시키고, 그 둘이 충돌할 경우에는 언제나 윤리적 욕망을 우선한다.

(나) 법의 무의식 만일 실정법의 위반과 제재의 두려움을 넘어서는 순수욕망으로서 미학적 욕망이 인간에게 근원적인 것이라면, 법의 그와 같은 기능을 더 이상 법의 정의 밖에 놓아 둘 수가 없다. 하지만

82 욕망과 법의 변증법적 관계와 안티고네의 욕망의 법에 대한 논의는 맹정현, "칸트와 정신분석의 윤리", *포스트모던 칸트* (문학과 지성사, 2006), 66~71쪽 참조.

83 Mohammad Kowsar, "Lacan's "Antigone": A Case Study in Psychoanalytical Ethics", *Theatre Journal* (Vol. 42, No. 1, Mar., 1990), 97쪽.

그런 기능을 법의 욕망으로 공식화하는 것도 불가능하다. 그럴 경우에 법은 더 이상 순수욕망에 이르는 죽음의 관문이 될 수 없으며, 인간욕망을 순수욕망으로 승화시킬 수도 없기 때문이다. 그러므로 여기서 법의 무의식이라는 개념을 사용할 필요가 있다. 순수욕망을 생성시키는 법의 기능은 인정하되, 의식 속의 역할로서는 부정하는 이율배반성은 바로 무의식의 심연에서만 가능하기 때문이다.

2) 정신분석학적 윤리로서 법 이상의 논의에서 법은 미학적 욕망의 추구를 또 다른 윤리로 받아들여야 함을 알 수 있다. 법이 인간의 미학적 욕망을 비윤리적인 것으로 단죄하기만 한다면, 법은 인간을 죽음으로부터 구해주는 것이 아니라 오히려 영원한 죽음 속으로, 또는 박제되어버린 좀비와 같은 삶 속으로 밀어 넣는 것이 된다. 따라서 법은 '아름답고 선한' 욕망을 합법으로 기획하면서도 불법적인 욕망이 때로는 숭고하게 아름다운 존재를 가능케 하는 것일 수 있음을 성찰해야 한다.

㈎ 법(타자의 욕망)의 순수욕망 생성기능 이러한 성찰은 바로 정신분석학적 윤리가 법의 새로운 도덕적 기반으로 들어옴으로써 가능해진다. 즉 법은 순수욕망을 자신의 범주적 요소로 수용하는 것이다. 이를 프로이트의 언어로 설명해보자. 내면화된 법(또는 금기)은 프로이트가 말하는 리비도의 에너지를 생산하는 '주체에게 내면화된 자체적 기제'라고 할 수 있다. 라캉이 말하는 순수욕망, 사랑의 숭고한 태도도 인간주체의 구조적 조건이다. 그렇다면 순수욕망을 생성시키기 위해 인간은 법으로 하여금 욕망의 순수화를 가능케 하는 금기를 생산해야만 한다.

예컨대 라캉에 따르면, 남근은 아버지에 의해 그것이 거세되는 위협을 받음으로써 비로소 순수욕망의 대상으로 존재하게 된다. 이처럼 순수욕망의 대상은 "그것을 금지하는 법에 의해서 존재하기 시작"[84]하는 것이다.[85] 순수욕망은 법과 윤리를 초월하여 독립하여 존재하는 것이

84 브루스 핑크, *라캉과 정신의학* (민음사, 2008), 329쪽.

아니라 법과 윤리을 위반함으로써 생성된다.[86] 이 과정을 통해 개인은 자기(self)에게 다가간다. 그러므로 금지가 없다면 순수욕망도 없다. 인간존재의 삶에서 법의 순수욕망 생성기능을 떼어낼 수 없다면, 인간이 법을 만들 때에도 그 (법)무의식의 입법취지는 순수욕망의 실현에 있다고 볼 수 있고, 그 한에서 순수욕망은 이제 법의 범주적 요소라고 말할 수 있게 된다.

(나) 법에서 순수욕망의 발현 따라서 법이 자신의 욕망(정의실현)을 제대로 실현하려면 순수욕망의 발현가능성을 배려해야만 한다.

ㄱ) 목소리에 귀 기울이기 이를 위해서는 첫째, 현실의 사법기관은 사람들의 '소리 내지 않은 그 목소리'에 귀를 기울여야 한다.

★ 미학적 욕망의 주체성을 거세당한 장애여성의 목소리 입법기관은 신체적 장애여성에게 정신적 장애나 심미적 장애를 덧씌우는 제도를 성찰해야 한다. 예컨대 (2012.12.18.) 단순강간죄의 친고죄규정(제306조)을 삭제해버리기 이전에 비장애여성이 단순강간의 피해자인 경우에는 피해자의 고소가 있을 때에만 범죄자를 처벌하는 반면, 장애여성이 피해자인 경우에는 피해자의 고소가 없어도 범죄자를 처벌할 수 있게 하였던 성폭력특별법을 생각해보자.[87] 이 법에 의해 강간의 문제에 있어서 장애여성들은 비장애여성들과는 달리 '윤리적 욕구'의 주체로만 인정되고, '미학적 욕망'의 주체로는 인정되지 않는다. 이런 법은 장애여성에게 '아름다움'은 없고, '생존'만이 있는 삶을 보장해준다. 장애여성의 욕망은 스스로에 의해 이름 붙여지지 못하며, 오직 타자에 의해 규정된 대로만 발현되어

---

85 프로이트의 쾌락원칙(pleasure principle)은 욕망을 쾌락의 이름으로 해방시키려는 것으로서 인간의 욕망이 기만과 환각적인 만족에 빠지는 것을 폭로해준다. 하지만 라캉의 욕망이론에서 바라보면, 쾌락원칙은 오히려 윤리에서 해방된 주체에게 더 많은 이론과 사회비평 그리고 다양한 의무를 부담지움으로써 역사적으로는 실패할 수밖에 없다는 문제점이 드러난다. 이런 분석으로 David S. Caudill, "Lacanian Ethics and the Desire for Law: Law and the Postmodern Mind", *Cardozo Law Review* (Vol. 16, 1995), 798쪽.

86 Caudill, 앞의 논문, 801쪽.

87 이런 법정책이 이데올로기적인 장애인상에 기반한 것이라는 비판으로 이상돈, "성찰적 법여성주의", *법철학: 법, 이성, 사회* (법문사, 2003), 391~392쪽 참조.

야 하는 것이다. 정신분석학적 윤리는 바로 이런 제도의 폐기를 요구한다.

주체 각자에게 고유한 욕망[88]은 보편적인 도덕적 윤리에 다 담기지 못한다. 그렇기에 모든 인간 주체는 자신의 욕망을 스스로 명명함으로써 아름다운 존재로 나아갈 수 있는 자유를 누려야 한다. 정신분석학적 윤리의 관점에서 볼 때, 자신의 욕망에 이름을 붙임으로써 욕망을 실존케 할 가능성을 막아버리는 것은 다른 어떤 것보다도 비윤리적이다.

ㄴ) 법을 위반하는 순수욕망 발현의 구체적 맥락에 대한 법의 고려

실증주의적으로 해석·적용되는 법은 욕망을 좇는 인간의 행위 하나하나에 제재와 처벌로 응답할 것이다. 이 응답의 과정은 추악한 욕구가 아름답고 숭고한 사랑에 대한 순수욕망으로 발전하는 과정이기도 하다. 하지만 순수욕망이 법적 처벌을 무릅쓰는 죽음충동에 의해 생성된다고 해서, 심미적 욕망의 주체가 반드시 처벌되어야 하는 것은 아니다. 처벌될 가능성이 일반적으로 존재하면 심미적 욕망의 주체는 그 처벌위험을 무릅써야 하고, 그로써 순수욕망으로 나아갈 수 있기 때문이다. 그러므로 일반적인 처벌가능성을 둠으로써 윤리적 욕망을 실현하되, 개별사안의 심미적 차원을 고려하여 처벌을 하지 않거나 완화하는 것은 법이 정신분석적 윤리를 실현하기 위해 필요하다. 이런 고려가 활성화되기 위해 (라캉이 지향하는) 법학은 "법과 문명화에 포획되지 않으면서 법과 문명화의 역겨운 주이상스(the obscene jouissance of law and civilization)를 드러내는"[89] 작업을 수행해야 한다.

(3) 모더니즘과 포스트모더니즘 사이의 욕망이론 지금까지 설명한 욕망과 법의 상호작용 관계를 간명하게 정리해보면 라캉의 욕망이론은

---

88 라캉은 '욕망의 진실' 개념을 언제나 단수형으로 말하는데, 그 이유는 한 주체의 욕망의 진실이란 그 주체에게 고유하며 특수한 것이기 때문이다. 이에 대해서는 딜런 에반스, *라깡 정신분석 사전* (인간사랑, 2004), 384쪽 참조.

89 라캉의 사상에서 볼 때 이와 같은 과제가 우리시대의 (문명에 대한) 도전과제라고 해석하는 Sinkwan Cheng, "Civilization and the Two Faces of Law", *Cardozo Law Review* (Vol. 24, 2003), 2369−2370쪽.

모더니즘과 포스트모더니즘 사이에(inbetween) 위치한다고 볼 수 있다.

1) 법에서 미끄러져 나온 욕망의 법 ① 자기(self)를 실현하는 욕망은 법(대타자)에 일방적으로 억압되는 대상이 되거나 정반대로 법으로부터 해방되어 존재하는 것이 아니라, 법의 장벽을 넘어 미끄러질 때[90] 생성되는 것이다. 다시 말해 법의 금지가 전제되지 않은 순수욕망이란 없으며, 욕망으로 위반되지 않는 법도 없는 것이다. ② 따라서 욕망이란—프로이트의 쾌락원칙을 전적으로 승인하지 않는 한—인간이 전면적으로 자신의 행동 목표로 삼을 수 있는 것이 아니다. 인간의 행동은 법(예: 이성법 patriarchal law)을 준수하는 방향으로 가면서도, 바로 그 법에서 미끄러져 나오는 경향성을 가질 뿐이다.[91] ③ 또한 욕망을 좇는 주체는 법 위반으로 인한 사회적 죽음을 무릅써야만 하고, 그렇게 함으로써 숭고성을 띠게 된다. ④ 아울러 욕망이란 법(또는 정치적 지배질서)에 의해 통제될 수 있는 것이 아니다. 왜냐하면 어떤 법이 확립되든, 그 법으로부터 미끄러질 때에야 비로소 (순수)욕망이 생성되기 때문이다. ⑤ 오히려 현재의 법에서 미끄러져 나온 욕망은 언젠가는 미래의 새로운 법이 되어 돌아오기 마련이다.[92] 가령 동성애, 자발적 성매매에 대한 욕망은 그것을 금지했던 법에서 미끄러져 나온 욕망이지만, 그런 욕망은 미래의 새로운 법이 될 수 있다. 그리고 이런 측면만을 명제화

---

90 이 표현은 "욕망은 선한 행위라는 장벽을 넘어 미끄러지는 것"(since desire slips beyond the barriers of our good deeds)이라는 David S. Caudill, "Lacanian Ethics and the Desire for Law: Law and the Postmodern Mind", *Cardozo Law Review* (Vol. 16, 1995), 802쪽을 참조하여 만든 표현이다.

91 ★ 공간욕망에서 미끄러짐으로서 건축과 법 이처럼 법에 담으려는 욕망은 어떤 욕망을 법에 담은 후에도 바로 욕망은 그 법으로부터 미끄러져 나오는 것이라는 점은 법과 다른 영역에서도 마찬가지이다. 가령 "건축이 담으려는 모든 욕망의 내용은 어느 시기에서든 완벽하게 부합하지 않고 항상 상대적으로 끊임없이 미끄러진다"(안은희·이정욱, "실내건축의 욕망유형을 통한 욕망구조 특성에 관한 연구: 라깡의 욕망이론을 중심으로", *한국실내디자인학회* [제16권 제4호, 2007], 22쪽). 또한 실내건축이란 "공간으로 환원될 수 없는 공간(non-space)을 반복적으로 생성"(안은희·이정욱, 앞의 논문, 30쪽)한다고 말하는 것은 법해석이란 '법으로 환원될 수 없는 법을 생성'하는 것이라는 말로 전유될 수 있다.

92 Caudill, 앞의 논문, 802쪽.

한다면 '욕망은 법이 된다'(desire becomes the law)고 말할 수 있다. 이 점에서 라캉의 욕망이론은 포스트모더니즘의 이론에 속한다.

2) 법의 욕망 비판의 이성적 성격 하지만 이렇게 미래의 새로운 법이 된 욕망은 더 이상 순수욕망이 아니며, 그 새로운 법에서 다시 미끄러져 나오는 욕망이 생길 수 있다.

> 가령 동성애자의 혼인 욕망이 현재 그것을 금지하는 법에서 미끄러져 나온 욕망이며, 이 욕망이 미래에 새로운 법의 내용이 될 수 있지만, 그런 법으로부터 다시 미끄러져 나온 욕망, 예컨대 동성혼을 금지하는 욕망이 생성될 수 있다. 이 욕망은 더욱 더 먼 미래에 동성혼을 폐기하고, 이성애자들의 결혼과 구별되는 파트너등록제의 법이 될 수도 있다.

⑥ 이처럼 ≪법→욕망→법→≫의 상호작용이 지속될 수 있고, 그런 상호작용의 '역사적 전개' 속에서 인간의 욕망 충족이 총량적으로 꾸준히 확장한다면, 라캉의 욕망이론도 '근대성 기획'의—이성과 법의 역사적 진보에 대한 믿음의—정신분석학적인 버전이 될 수 있다. 또한 법이 그것에서 미끄러져 나오는 욕망을 통해 반성적으로 변화하는 과정은 법의 이데올로기 비판(Ideologiekritik)이며, 법이 더 나아지는 진보의 과정이 된다. 이런 점에서 라캉의 욕망이론은 모더니즘의 이론으로도 남을 수 있게 된다.

3) 사이의 욕망이론 그러나 법과 욕망의 상호작용 속에서 인간의 욕망 충족이 총량적으로 줄어들거나 제자리걸음을 하는 경우라면 라캉의 욕망이론은 모더니즘의 기획에서 벗어나고, 전형적인 포스트모더니즘의 이론으로 남게 된다. 라캉 자신이 이에 대한 어떤 입장을 보인 바는 없다. 그렇기에 법정신분석학은 라캉의 욕망이론을 잠정적으로 모더니즘과 포스트모더니즘 사이에, 성찰적 모더니즘과 반성적 포스트모더니즘의 접점에 위치시켜도 좋을 것이다.

2. 질투로서 법

욕망을 다루는 법의 또 다른 정신분석학적 이해는 법을 (오이디푸스 콤플렉스에서 나오는) 아버지의 힘에 대한 질투로 바라보는 것이다.

(1) **오이디푸스 콤플렉스와 질투의 보편성** 프로이트는 유년기에 남아가 어머니에 대해서 성적 욕망을 가지면서, 아버지를 경쟁자로 인식하는 현상의 원형을 그리스 비극 『오이디푸스』에서 발견하고, 이를 오이디푸스 콤플렉스라고 이름 지었다. 즉, 남아는 자신의 경쟁자인 아버지를 질투하며 그를 제거하고 싶은 공격적 마음을 갖지만, 아버지의 막강한 힘과 자신의 미약한 힘의 차이를 절감하면서 어머니에 대한 성적 욕망을 포기하고 아버지에게 복종한다. 이 과정에서 아들은 아버지의 힘에 대한 질투를 갖는다. 이런 질투는 인간에게 보편적으로 내재하는 욕망인 것이다.

★ 프로이트의 유아성욕론 유아가 무성無性적이고 순수한 존재라고 생각했던 시대[93]에 프로이트는 비록 성인들이 유년기 기억상실(Infantile amnesia)로 기억하지는 못하지만[94] 유년기에도 성욕[95]이 존재한다는 유아성욕론을 주장했다. 그에 따르면 마음껏 성적 욕망을 향유하던 유아는 오이디푸스 단계에 오게 되면 '더 이상 그렇게 해서는 안 된다'는 규범적 금지에 의해 억압을 당하게 되고, 그런 금지규범을 내면화함으로써 도덕적, 사회적 존재로 변화하게 된다.[96] 오이디푸스 콤플렉스의 시기에

---

93 프로이트의 유아성욕론은 당시 많은 반박과 분노에 직면했다. 이에 관해 프로이트, "나의 이력서", *정신분석학 개요* (열린책들, 2004), 234쪽.

94 실제로는 유년기의 기억은 '상실'된 것이 아니라 억압된 것이다. 유년기 기억상실을 문명의 발전과의 관계 속에서 심도 있게 고찰하는 글로는 Abraham Drassinower, *Freud's Theory of Culture: Eros, Loss and Politics* (Rowman & Littlefield, 2003), 141~155쪽 참조.

95 프로이트의 성욕 개념은 흔히 오해되듯이 성기를 중심으로 한 쾌락만을 의미하는 것이 아니며, 결합하고자 하는 욕망 등 흔히 '사랑'이라고 말해지는 것을 모두 포함한다. 이에 대한 프로이트 자신의 설명은 지그문트 프로이트, "나의 이력서", *정신분석학 개요* (열린책들, 2004), 239쪽.

96 이런 점에서 프로이트의 오이디푸스 콤플렉스론은 헤겔의 정신철학과도 상응점들을

아이들은 남아에게는 남근이 있지만 여아에게는 남근이 없다는 사실과 어머니에게도 남근이 없다는 사실을 알게 된다. 이때 남아는 자신이 어머니의 남근이 되겠다는 욕망을 가지면서 아버지를 경쟁자로 여기게 되는 반면, 여아는 자신에게 남근이 없는 것이 어머니의 탓이라고 생각하고 원망하게 되며, 어머니에게 전적으로 귀속되던 자신의 사랑을 거두고 대신 남근을 가지고 있는 아버지를 성적 대상으로 삼게 된다. 프로이트는 이런 여아의 심리적 변화를 남근 선망이라고 개념화했다. 이런 변화의 과정을 지나면서 이 시기의 아이에게 이성의 부모는 사랑의 대상이 되고, 동성의 부모는 질투와 경쟁의 대상이 된다.[97] 이는 남아에게는 부친살해의 욕망으로, 여아에게는 모친 살해의 욕망으로 나타나기도 한다.[98] 그런데 사랑의 대상인 이성의 부모가 자신보다 자신의 경쟁자인 동성의 부모를 더 좋아한다고 아이가 느끼게 됨으로써, 아이는 사랑의 대상인 이성의 부모에 대해 양가감정을 가지게 된다. 또한 아이는 자신의 경쟁자인 동성의 부모가 강력한 힘을 가지고 자신을 거세하거나 처벌할 것이라는 불안을 가지게 되고, 이 공포에 굴복하면서 이성의 부모에 대한 욕망을 포기한다. 그래서 남아는 아버지의 요구를 내면화하여 어머니에 대한 욕망을 포기하고 아버지와의 동일시를 추구하게 된다. 이는 강력한 힘을 가진 아버지와 동일시함으로써 언젠가는 아버지의 '힘'을 자신도 소유하겠다는 욕망의 표현이기도 하다. 여기서 아버지는 남근이라는 기표를 '소유하고 있는' 존재인데,[99] 아들에게 이 남근은 아버지의 힘의 상징임과 동시에 자신이 미래에 갖게 될 힘을 상징한다.[100] 반

가진다. 이에 대해서는 Clark Butler, "Hegel and Freud: A Comparison", *Philosophy and Phenomenological Research* (Vol. 36, No. 4, Jun., 1976), 506~522쪽 참조.

97 아들과 아버지의 관계를 이성애적 요소와 동성애적 요소로 바라보는 장 라플랑슈·장 베르트랑 퐁탈리스, *정신분석 사전* (열린책들, 2005), 261~262쪽 참조.

98 물론 여기서 말하는 심층심리적 의미의 부친살해를 현실의 존속살인사건에서 아들의 부친살해고의를 인정하는 증거로 사용해서는 안된다. 이 점에 관해 Deborah W. Denno, "Criminal Law in a Post-Freudian World", *University of Illinois Law Review* (2005), 636쪽 참조.

99 오이디푸스 콤플렉스의 단계를 통해 주체는 '내가 어머니의 남근인가 아닌가'라는 존재론적 차원에서 '내가 남근을 소유하고 있는가 아닌가'라는 소유의 문제로 넘어간다는 라캉의 설명에 대해 조엘 도르, *라깡 세미나·에크리 독해* (아난케, 2009), 141~143, 150~151쪽 참조.

면 여아는 거세불안 대신 사랑의 상실에 대한 불안[101]을 가짐으로써 아버지에 대한 욕망을 포기하고 동성인 어머니와 동일시한다. 여아는 이로써 어머니의 여성성을 획득하고, 언젠가는 어머니처럼 남근을 향유하게 되기를 욕망한다.[102] 오이디푸스 콤플렉스의 시기 이후 성욕의 잠복기가 진행되다가, 성욕을 현실로 옮길 수 있는 '힘'을 갖게 되는 사춘기에 들어서면서 다시 유년기에 남겨뒀던 오이디푸스 콤플렉스의 해결이 중대한 과제로 등장하게 된다.[103]

(2) **법의 생성기제로서 질투** 오이디푸스 콤플렉스의 이론에서 보면 질투의 의미는 '부덕한 것'으로부터 힘이라는 '긍정적인 에너지'로 뒤집어진다. 그런데 질투하는 자의 힘은 아직 성취된 것이 아니라 미래의 가능성일 뿐인 반면, 질투 받는 자의 힘은 이미 성취된 것, 즉 과거에 형성되어 현재에까지 이르는 것이다. 그렇기에 질투는 과거에 형성된 힘을 질투하는 자가 미래에 성취할 것으로 기대되는 자신의 힘으로 이어지도록 하는 행위가 된다. 이 행위의 핵심은 질투하는 자가 질투 받는 자를 비판하면서도 질투 받는 자와 자신을 동일시하는 것이다. 이 동일시의 주된 방법은 질투 받는 자의 사고와 행동방식을 따라하는 것이다. 이 '따라함'이 일반화되면, 질투 받는 자의 사고와 행동방식은 곧 규범이 된다. 여기서 질투는 규범을 생성시키는 심리적 기제가 됨을 알 수 있다. 질투하는 대상들에 구현된 이익은 법적으로 보호할 가치가 있는 이익, 즉 '법익'으로 제도화된다. 그렇기에 질투는 법을 생성시키는

---

100 마이클 칸, *21세기에 다시 읽는 프로이트 심리학* (학지사, 2008), 93쪽 참조.

101 지그문트 프로이트, "불안과 본능적 삶", *새로운 정신분석 강의* (열린책들, 2007), 118쪽.

102 프로이트는 여성의 심리에 대한 나름의 해명을 시도하면서도 여성성의 복잡함을 인정하고 '여자는 무엇을 원하는가?'라는 물음의 과제를 남겼다. 이 물음에 답을 해보는 여성 정신분석학자 줄리아 크리스테바의 분석은 줄리아 크리스테바(박선영 옮김), *정신병, 모친살해, 그리고 창조성: 멜라니 클라인* (아난케, 2006), 272~276쪽 참조.

103 사춘기의 성적 발달 특성에 대해서는 데이비드 스태포드 클라크, *한권으로 읽는 프로이트* (푸른숲, 2005), 131쪽; 마이클 칸, *21세기에 다시 읽는 프로이트 심리학* (학지사, 2008), 101~106쪽 참조.

심리적 기제가 된다. 이런 점에서 수범자들이 보편적으로 공유하는[104] 오이디푸스 콤플렉스는 법을 생성시키는 심리적 기반이 된다고 할 수 있다.

(3) **질투의 양면성** 질투는 '선망과 동일시' 그리고 '반항과 공격'이라는 양면성을 갖는다. 그에 따라 법도 그와 같은 양면성을 갖는다.

1) 법의 양면적 효력구조 이를테면 선망과 동일시는 시민들이 법을 자신의 행동규범으로 내면화하여 수용하는 것을 의미한다. 형법학의 개념으로 표현하면 적극적 일반예방(positive Generalprävention)을 의미한다. 이에 비해 반항과 공격은 실정법의 권위의 정당성에 불복종하는 법의 부정을 의미한다. 현대적인 법이론의 개념으로는 시민불복종이나 인권운동, 공익소송운동 등[105]을 가리킨다. 여기서 질투의 양면성이 본질적이라면 법의 양면적인 효력구조도 본질적임을 알 수 있다. 그러니까 법은 부정될 수 있음이 전제되면서 긍정될 때 비로소 효력을 갖는다는 것이다. 만일 모든 수범자들이 어떤 법을 모두 지킨다고 가정해보자. 역설적이게도 그 법은 더 이상 법이 아니며, 법일 필요가 없게 된다. 법 이외의 규범이거나 그냥 사람들의 통일된 행동방식과 같은 것이 되는 것이다. 또한 법의 효력에서 이러한 양면성은 시민불복종이나 인권운동, 공익소송운동이 — 민주적 법치국가의 입법과정에서 실현되는 민주성의 한계 때문에 완전히 확보될 수 없는 — 실정법의 민주적 정당성의 한계를 보충해주는 것으로서 민주적 법치국가의 필수 불가결한 요소임을 말해주기도 한다.

2) 근대성의 법 질투로서 법은 오이디푸스 콤플렉스 이론에서 보듯 아버지(하느님)의 법, 곧 남성인 부성父性의 법이었다. 근대 이성법은

---

104 오이디푸스 콤플렉스 이론의 서구편향성이 비판되기도 하지만(이에 대해서 간략히는 마이클 칸, *21세기에 다시 읽는 프로이트 심리학* [학지사, 2008], 81~85쪽 참조), 오이디푸스 콤플렉스가 자연상태를 문화의 영역으로 바꾸는 심리적 기제라고 보는 것(이에 대해서는 아니카 르메르, *자크 라캉* [문예출판사, 1998], 139~140쪽 참조)은 적어도 서구 문화를 공유하는 문화권에서는 충분히 유효할 수 있을 것이다.

105 시민운동의 법적 의미에 관하여 이상돈, *시민운동론* (법문사, 2007) 참조.

아버지의 엄격한 규율과 훈육을 이성의 개념으로 재해석한 법이라고 이해할 수 있다. 법을 질투로 이해할 때 근대 이성법은 포스트모던 시대에는 관철될 수 없는 것처럼 보인다. 왜냐하면 포스트모던의 시대에는 '아버지의 죽음' 또는 '아버지의 몰락'이 펼쳐지기 때문이다. 그러나 포스트모던의 시대는 탈중심적이고 다원적인 힘의 원천들이 존재하는 다수의 부성(poly-father)의 체제라고 볼 수 있다. 바로 그런 점에서 우리는 여전히 오이디푸스적 시대를 살고 있다고 할 수 있다. 지젝의 분석처럼, 오늘날 아버지는 몰락한 것이 아니라, '향유하라'는 명령을 내리는 외설적 아버지로 여전히 건재하고 있다.[106] 오이디푸스 콤플렉스의 이론을 통한 법의 정신분석학적 이해는 포스트모던의 시대에도 여전히 유효하다.

(4) **힘과 도덕 사이의 법** 법의 핵심은 도덕이다. 질투가 법을 생성하고, 도덕을 생성시키는 것은 (아버지의) 힘에 대한 반항심에 기반한다.

1) 힘을 선망하는 도덕적 질투로서 법 니체(Nietzsche)가 '노예도덕'을 말한 데서 보듯이, 도덕이란 있는 자에게서 없는 자에게로, 강한 자에게서 약한 자에게로 힘을 이동시키는 것이다. 따라서 법은 근원적으로 약자들의 도덕이라는 기반 위에서 생성된 것이라 할 수 있다. 질투의 심리 속에서 형성되는 도덕이 (아버지의) 힘보다 약할 때, 질투는 불행한 현실이 아니라 더 행복한 미래를 향하는 것이 된다. 이에 반해 질투의 도덕적 요소가 질투되는 힘을 완전히 제압해버리게 되면, 질투를 통한 행복은 사라지게 된다. 이로써 법과 도덕 및 힘의 관계가 명확해진다. 법이란 힘을 선망하면서 도덕을 생산해내는 질투와 같다는 것이다. 이를 풀어서 설명해보면, 법은 힘을 가진 주체를 선망하고 그와 동일시하는 것임과 동시에, 도덕의 힘을 빌어서 힘을 가진 자에게 공격을

106 이에 대해 자세히는 홍준기, "슬라보이 지젝의 포스트모던 문화 분석-문화적·정치적 무의식과 행위(환상을 통과하기)-", *철학과 현상학 연구* (제22권, 2004), 특히 197~204쪽; 슬라보예 지젝, *까다로운 주체* (도서출판b, 2005) 참조.

가하지만, 결코 도덕이 힘을 능가하지는 않는 것을 말한다.

2) 사이성의 의미 이런 의미에서 법은 전통적인 법철학이 생각했던 것처럼 힘을 도덕과 이성의 틀 안에 제어하고 억압하는 데 있는 것이 아니라, 오직 '힘과 도덕 그 사이'(inbetween)에 존재한다고 할 수 있다.[107] 그러므로 첫째, 법은 '도덕을 모르는 힘'으로서 존재하지 않는다. 예컨대 '성공한 쿠데타'의 이론, 즉 5·18광주민주화운동이나 군부의 내란행위가 '성공했으면 불법이 제거된다'는 헌법재판소의 입장은 법을 올바르게 파악한 것이라고 할 수 없다.[108] 둘째, 다른 한편 법은 '힘을 모르는 도덕'으로도 존재하지 않는다. (구) 형법상의 혼인빙자간음죄를 들 수 있다. 혼인빙자간음죄는 사랑의 관계에서 힘의 유동성을 바라보지 않고 사랑을 얻지 못한, 또는 잃어버린 약한 여자의 욕망을 도덕으로만 포장한다. 이는 '힘을 모르는 도덕'의 전형을 이룬다. 혼인빙자간음죄가 위헌결정[109]을 받은 것은 '힘을 모르는 도덕'이 법이 아님을 보여주는 것이기도 하다.

(5) 질투의 미래적 시제와 법의 전미래시제 현재 팰러스를 소유한 자(아버지)를 중심으로 한 사회화와 규범의 내면화, 규범의 재생산은 질투하는 자(수범자)에게 미래에 그러한 힘을 얻을 수 있을 것이라는 '기대'가 주어질 때에만 유지된다. 주체는 미래에 자신이 남근성의 소유자가 될 것이라는 기대를 토대로 '아버지(법)의 이름'을 수용하는 것이다.[110] 물론 그렇게 기대한 미래가 실현될 것인지는 불투명하다. 하지만 성취되지 않을 수도 있는 '미래에 대한 기대'가 현재의 법을 법으로 존립할 수 있게 하며, 미래의 불확실성은 현재의 법이 존재할 수 있는 조

---

107 법학에서 전통적으로 힘은 법실증주의를, 도덕은 자연법론을 의미하는 것이어왔는데, 법은 힘과 도덕을 모두 자신의 요소로 한다. 합법성은 정당성과 실정성 사이에 존재하는 것이다. 이상돈, *기초법학* (법문사, 2010), 116쪽 참조.

108 한인섭, "정치군부의 내란행위와 성공한 구테타론의 반법치성: 형사법적 검토를 중심으로", *5.18 법적책임과 역사적 책임* (이화여자대학교 출판부, 1995) 참조.

109 憲裁決 2009.11.26. 2008헌바58, 2009헌바191(병합)<전원재판부>.

110 김석, *에크리 읽기-라캉으로 이끄는 마법의 문자들* (살림, 2007), 136쪽 참조.

건이 된다. 이것을 법의 '시간적 차원'이라 할 수 있다. 이런 '미래에 대한 기대'(Antizipation)가 없이 사람들은 법을 자신의 행위규범으로 내면화하지 않는다. 사회계약이론에서 개인들이 폭력을 포기하는 것도 바로 이런 법의 미래적 시제를 보여준다. 이런 점에서 보면 법은 힘의 균분을 현재의 내용으로 삼는 것이 아니라 미래의 기획으로 설정하는 것이다. 법이 기획한 실제의 내용은 언제나 미래로 미루어져 있는 것이다. 데리다의 개념을 빌면, 법은 언제나 전미래 시제(futur antérieur)[111]로서 성립할 뿐이다. 현재의 법은 언제나 '미래의 어느 시점에 가서야 (그때의 법은) 올바른 것이었던 게 될 것이다'라는 전미래시제를 띠는 것이다.

(6) 법의 욕망이론적 정의 이상의 논의로부터 법은 새롭게 정의된다. 법은 '미래의 힘이 되고픈 현재의 힘에 대한 도덕적 질투'이다. 풀어서 말하면, 법은 미래의 힘을 향해 현재의 힘을 도덕적으로 비판하면서도, 그 힘을 선망하고 수용함으로써 그 힘과 같아지려는, 그러나 그 힘의 획득이 아직은 불확실한 기획인 것이다.

3. 남근성으로서 법

인간의 가장 오래되고 보편적인 욕망과 질투의 대상은 남근(성)이다. 정신분석학에서 보면 법은 남근성의 기호라고 할 수 있다.

(1) 법의 기호로서 남근성 태초에 법은 하느님과 아버지(父)의 법이었다. 근대의 이성법도 이런 부성父性의 법을 이성으로 재해석한 것이라 할 수 있다. 근대법체계가 확립된 이후에도 오랜 동안 여성이 남성과 같은 정도로 법이 제도화하는 권익을 누리지 못한 역사도 이를 입증해준다. 이때 남성을 정신분석학적으로 재해석하면 팰러스(phallus), 곧 남근성이 된다. 여기서 남근성을 법의 기호로 볼 수 있는 논리적 토

---

111 이상돈·이소영, *법문학* (신영사, 2005), 167~168쪽; 자크 데리다(진태원 역), *마르크스의 유령들* (이제이북스, 2007), 392~395쪽 참조.

대가 놓인다.

1) 남근성과 사랑의 성별화된 주체 위치 기호학적으로 남근성의 부정은 곧 법의 부정을 의미한다. 이처럼 남근성이 법의 기호이라면, 여성성은 사랑의 기호가 된다. 적어도 근대사회의 역사 속에서 여성은 사랑을 통해 남근성을 향유하고, 그로부터 법의 보호와 이익을 향유하기 때문이다. 프로이트에 의하면 남성이 거세불안을 겪는다면, 여성은 사랑상실에 대한 불안을 갖는다.[112] 또한 융도 여성에게는 사랑이, 남성에게는 일이 본성적으로 더 강하게 발현된다고 본다.[113] 라캉 역시 남자가 어떤 여자를 사랑한다고 할 때, 남자는 여자 그 자체를 사랑하는 것이라기보다는 여자가 충족시켜 주는 자신의 남근성에 대한 나르시시즘에 빠지는 자기애적(narcissistic) 사랑을 하는 것이라고 본다. 그렇기에 라캉은 '남자는 팰러스(남근성)와 결혼했으며, 그는 그것 이외에 다른 여자를 갖고 있지 않다'[114]고 말한다.

그러나 여성성(femininity)이란 여성주의(feminism)의 주장처럼 여성에게만 내재하는 덕목인 것이 아니라[115] 남성에게도 내재하는 '심리적 코드'임에 주의할 필요가 있다. 그렇기에 데리다는 여성의 본질적 자리를 찾는 노력에 대해서, '여성의 단일한 자리는 없다(there is no one place for woman)'고 말한다.[116] 그러므로 남근성과 여성성의 개념을 남

112 지그문트 프로이트, "불안과 본능적 삶", *새로운 정신분석 강의* (열린책들, 2007), 118쪽.

113 아니마와 아니무스라는 개념을 통해 여성성과 남성성의 문제를 심도 있게 고찰한 융의 이와 같은 견해는 마리안느 쉬스 엮음, *사랑에 대한 칼 융의 아포리즘* (솔, 2007), 30쪽 참조.

114 홍준기, "라깡과 프로이트·키에르케고르: 불안의 정신분석 I", *라깡의 재탄생* (창비, 2009), 215쪽.

115 여성성과 여성주의가 구별되는 것임을 강조하는 같은 지적으로 Ellie Ragland-Sullivan, "Jacques Lacan: Feminism and the Problem of Gender Identity", *SubStance* (Vol. 11, No. 3, Issue 36, 1982), 16쪽 참조.

116 데리다는 이 말이 여성주의적인 것도, 그렇다고 반여성주의적인 것도 아니며, 단지 긍정적인 자리바꿈의 춤에 관한 것이라고 설명한다. Jacques Derrida · Christie V. McDonald, "Choreographies: Interview", Nancy J. Holland 편, *Feminist Interpretations of Jaques Derrida* (Pennsylvania State University Press, 1997),

자와 여자의 개념이 아니라 "남녀 모두에게 가능한 두 가지의 '성별화된(sexed)' 주체 위치"[117]를 나타내는 것으로 이해할 수 있고, 그렇게 함으로써 팰러스로서 법의 이해는 현대사회의 법에도 적용될 수 있게 된다.

★ 라캉의 '성관계는 없다' 라캉은 그의 독특한 이론개념인 상징계 속으로 남성과 여성이 들어오면서 남성과 여성 모두 '상징적으로 거세된 존재'(팰러스가 없는 존재)가 된다는 사고실험을 한다.[118] 라캉에 의하면 남성과 여성은 이런 팰러스의 결여에 대해서 서로 다른 태도를 취한다. 남성은 팰러스를 소유하고자 하는 팰러스적 향유만을 누리지만, 여성은 팰러스적 향유와 '다른 향유(l'Autre jouissance)'를 함께 누린다. 즉 여성은 팰러스를 소유하고 있는 척 위장하고 있는 남성을 향유함으로써 팰러스적 향유를 누리며, 동시에 스스로 팰러스가 된 것처럼 가장함으로써[119] 남성으로부터 욕망'(향유)됨'이라는 향유를 누린다. 여성이 팰러스가 된 것처럼 가장한다는 것은 여성의 남성에 대한 인정과 북돋움을 통해 남성으로 하여금 팰러스를 가졌다는 심리를 줄 수 있다는 것을 말한다. 이처럼 남성은 팰러스를 이미 가지고 있는 것이 아니라 여성과의 관계 속에서 비로소 그것을 갖게 되는 것이다. 또한 남성은 자신에게 팰러스를 주는, 그러니까 자신이 팰러스를 가졌다는 심리를 가질 수 있게 해주는 여자를 사랑하기 쉽다. 남성이 어떤 여성을 사랑하게 되었더라도 그 여성이 그에게 팰러스(의 심리)를 주지 않는다면 그녀는 결국 사랑을 잃어버리게 된다. 그렇기 때문에 정신분석학적으로 볼 때 남성에게 궁극의 거세자는 결국 여성이 된다. 예쁜 부인을 놔두고 못생긴 여자를 사귀는 남성의 심리는 바로 이런 점에서 이해할 수 있다. 이처럼 "여자는 남자로 하여금 그녀를 향유하도록 만듦으로써 그녀 스스로 자신을 향

26~27쪽 참조.

117 숀 호머, *라캉읽기* (은행나무, 2009), 195쪽.

118 라캉에게 거세는 언어적 주체가 되기 위해 치러야 하는 대가이다. 그러므로 성별에 관계없이 모든 언어적 주체는 상징적으로 거세되어 있다. 자세히는 박찬부 · 조윤숙, "대타자에 대한 주체의 위치-라깡의 성담론", *영어영문학* (제51권 1호, 2005), 75쪽 참조.

119 자세히는 숀 호머, *라캉읽기* (은행나무, 2009), 184~205쪽

유"[120]한다. 이런 향유를 라캉은 '팰러스적 향유'를 넘어서는 '다른 향유'라고 본다. 이처럼 성관계는 남성과 여성이 자신이 팰러스가 없음을 숨기는 겉치레이며, 그렇기에, 라캉은 '성관계는 없다'라고까지 말한다.

2) 남근성의 코드로서 사랑, 일, 자식 ① 남근성(phallus)이란 여성을 만족시키는 능력으로 환원된 사랑의 코드를 말한다. 남근성을 구성하는 으뜸 요소는 물론 사랑이다. 그러나 남근성에는 또 다른 코드들이 있다. ② 남자의 '일'이 그것이다. 백수 아들을 둔 친구에 대해 옛 어머니들이 말할 때, "그 집 애는 남자 구실을 못한다"고 했다. 이것은 여성이 가정에서 가사와 양육을 담당하고 남자는 밖에서 일을 하여 여자와 아이들을 부양했던 역사에서 형성된 인식이다. 그래서 남편을 두고 바깥양반이라고 하고 부인을 두고 아내, 즉 집안의 사람(안사람)이라고 불렀다. 결국 남자의 남자다움, 즉 남근성은 바깥에서 일을 하는 주체일 때 인정되는 것이다. ③ 남근성의 마지막 코드는 '자식'이다. 부계중심의 사회에서 남자에게 자식은 자신의 생명과 존재를 영원히 연장시키는 필수적인 요소였다. 그렇기에 조선시대에는 자식을 낳지 못하는 여인은 칠거지악七去之惡의 하나로 남자의 집에서 쫓겨났다('無子去'). 이처럼 남근성이란 기호에는 오랜 역사 속에서 문화적으로 형성된 의미가 축적되었고, 그 결과로 사랑, 일, 자식이라는 세 가지 코드를 갖게 되었다고 할 수 있다.

(2) 팰러스의 정신분석학적 의미 남자들은 자신의 실존이 남근성, 즉 팰러스(phallus)를 구성하는 세 가지 코드들로 충족되지 않을 때 무기력해진다. ① 이 무기력함을 정신분석학적 개념으로는 '남근성의 거세'라고 할 수 있다. 남성들은 이 세 가지 요소의 상실에 대한 불안을 늘 갖고 있는데, 이 불안을 정신분석학적으로는 '거세불안'이라고 부른다. 남성은 자신을 거세하는 존재에 대해 투쟁적이다. 불가피할 경우에는 그 존재를 살해함으로써 자신의 남근성을 보존하고 회복하고자 한

120 홍준기, *오이디푸스 콤플렉스, 남자의 성, 여자의 성* (아난케, 2008), 295, 307쪽.

다. 남근성에 뿌리를 둔 이런 의지는 심층심리적으로는 에로스(eros), 즉 성충동의 형태를 띠며, 따라서 에로스는 일, 사랑, 그리고 자식이라는 세 가지 요소를 충족하고자 하는 충동이 된다. ② 에로스의 반대편인 죽음충동, 즉 타나토스(thanatos)는 남근성의 거세자를 살해하고자 하는 충동이 된다. 남편이 부인을 살해하고, 남친이 여친을 살해하는 것은 바로 팰러스의 회복을 위한 것이다. 이때 살해는 '사랑의 죽음'(Liebestod)[121]이다. 살해방법이 잔인하면 할수록 그 잔인함에 비례하여 '사랑의 죽음'의 아리아는 강하게 울려 퍼진다.

(3) **비법과 함께 하는 법** 여성성은 남근성과 '대립'하는 것이 아니다. 또한 여성성을 프로이트처럼 '거세된 남근성'으로 보는 것도 옳지 않다. 여성성을 거세된 남근성이라고 말하는 것은 — 남근성을 법의 기호로 바라볼 경우에 — '여성성은 불법이다'라고 말하는 것이 되기 때문이다. 따라서 여성성은 남근성이 아닌 것, 그래서 남근성과는 다른 또 하나의 '인간의 성적 코드'이다. 여성성은 남근성의 밖에 있으며, 남근성'을' 필요로 하고, 또한 남근성'이' 필요로 하는 파트너이다. 그렇기에 남근성을 법의 기호로 삼을 때에 여성성은 '불법'이 아니라, 법이 아닌 것, 즉 '비법非法'으로 기호화해야 한다.

1) 비법으로서 여성성 ① 비법이라고 하는 것은 법의 바깥에 있으면서 법이 법으로 생성될 수 있게 하고, 다시 그 법의 좋은 기능을 향유하는 법외적인 생성적 존재, 곧 사랑을 말한다. 이렇게 볼 때 법은 비법인 사랑과 파트너가 된다. 이때의 사랑은 법의 질서로 파악되지 않는 모든 존재들의 승인을 향한 욕망과 죽음을 무릅쓰는 순수욕망이다. 여기서 '법은 항상 비법[122]과 함께 한다'(legality with illegality)고 말할

---

121 '사랑의 죽음'은 오페라 트리스탄과 이졸데에서 이졸데의 아리아로, 이를 정신분석한 Linda Hutcheon · Michael Hutcheon, "Death Drive: Eros and Thanatos in Wagner's "Tristan und Isolde"", *Cambridge Opera Journal* (Vol. 11, No. 3, 1999), 284쪽 참조.

122 영어의 illegality는 사전적으로는 불법으로 번역되지만, 여기서는 비법(非法)으로 번역한다.

수 있다. ② 남성적 구조는 주체가 팰러스의 질서에 온전히 지배·복속되는 것이고, 여성적 구조는 팰러스의 질서에 부분적으로, 다시 말해 비전체적으로만 지배되는 것이다. 그러니까 여성적 구조를 가진 주체는 팰러스의 질서 '밖'에도 존재한다. 그러나 팰러스의 질서 밖이라는 것이 '결여'를 의미하는 것은 아니며,[123] 단지 '차이'(difference)를 말하는 것이다. 팰러스의 작용은 총체성과 획일성을 요구하는 것이기에, 여성성은 보편성, 총체성이 아닌 순수한 '차이'로서 존재한다.[124] 팰러스의 질서는 언어적 질서이기에, 팰러스의 질서는 곧 법의 질서가 된다. 여성성은 그런 팰러스의 질서에 부분적으로만 지배되며 부분적으로는 팰러스의 질서 밖에 있다. 그래서 여성성은 법이 아닌 것, 즉 비법非法이 된다. '성性에 대해서는 무언가가 법의 회로 너머에 남아 있으며, 법의 한 계지점에서 성에 대해 더 정확한 의미가 부여될 수 있다'[125]는 말은 팰러스의 질서로 다 포착되지 않는 여성성이 갖는 비법의 성격을 잘 나타내준다.

2) 법다원주의 비법과 함께 하는 법을 현대의 법이론으로 재해석하면 법다원주의(legal pluralism)의 개념으로 옮길 수 있다. 법은 법 안에서 법을 구성하는 요소들을 완전하게 생산하는 것이 아니라, 법 밖의 규범이나 관습, 문화로부터 자신을 생성시키는 실질을 가져온다. 그러므로 법은 단지 공식적인 입법기구만이 아니라 법 밖에서 법의 실질을 생산하는 다양한 사회적 행위자들이 함께 생산하는 것이다. 남성이 여성성을 죽이면 남성성도 소멸하는 것처럼, 법이 법 밖의 규범들을 외면하면 법의 생명도 소멸하는 것이다. 그러므로 법은 끊임없이 비법과 교

---

123 여성적 기표는 기표의 불완전성이 아니라 기표 자체의 불가능성을 의미하는 것이라는 민승기, "라깡과 레비나스-타자의 윤리학", *라깡의 재탄생* (창작과 비평사, 2009), 332쪽 참조.

124 자세히는 홍준기, *오이디푸스 콤플렉스, 남자의 성, 여자의 성* (아난케, 2008), 271~272쪽.

125 박찬부·조윤숙, "대타자에 대한 주체의 위치-라깡의 성담론", *영어영문학* (제51권 1호, 2005), 95쪽 참조.

류를 펼쳐야 한다.

> 몇 가지 예를 들자면, 의료사고책임법은 의료과실을 판단할 때 비법적인 규범으로서 의료인들의 임상의료지침과 교류해야 하고, 공인회계사의 부실감사책임법은 부실감사를 판단할 때 비법적인 규범으로서 '국제적인' 회계기준과 교류해야 한다. 또한 소프트웨어의 특허권 부여여부를 판단할 때 특허법은 법 밖의 규범, 이를테면 카피레프트운동의 일환인 프리소프트웨어재단(FSF)의 일반공공사용규약(GPL)을 고려하면서 특허권을 설정해야 한다.

이것은 민족국가(nation)의 법체계로부터 세계시민사회로 발전하는 오늘의 역사적 단락에서 절실히 요청되는 바이기도 하다. 법다원주의의 활성화, 완전화, 전면화가 없이는 지구촌은 기술적으로 더욱 위험해진 갈등 속에 처할 것이기 때문이다. 세계화의 시대는 이미 법다원주의에 대한 순수욕망을 필요로 하고 있다.

Ⅳ. 법의 외밀성, 사이성, 치유성

지금까지 정신분석학의 이론을 활용하여 다양한 각도로 법을 새롭게 이해해보았다. 이 이해를 바탕으로 법은 선과 악, 내부와 외부, 정상과 비정상, 도덕과 힘, 성과 속, 남성성과 여성성, 에로스와 타나토스의 어느 한편에 속하지 않고, 그 둘의 경계를 이루면서 그 둘을 소통시키는 매체로 자리잡았다.

1. 꿈의 배꼽과 법의 말할 수 없음

(1) 경계 허물기 그러면 무의식을 포함한 정신의 세계에서 법은 선과 악, 정상과 비정상 등의 이분법을 어떻게 허무는 것일까? 그 대극 사이의 경계를 허물게 되면 법은 법으로 존립할 수 있는 것일까?

1) 경계허물기의 두려운 낯설음 그와 같은 대극의 경계가 사라지는

것을 이를테면 '가장 내밀한 내부가 외부와 만나는 것'에 비유할 수 있다. 그런 만남 속에서 인간은 낯설음과 두려움, 공포를 느낀다. 프로이트는 '익숙한 것에서 낯설음을 느낄 때 수반되는 두려움, 공포' 등을 '두려운 낯설음'(Unheimliche)이라고 개념화했다. 라캉은 이를 '외밀함'(extimité)이라고 번역했다.[126] 익숙한 내부에서 외계성을 발견하고 익숙한 정상성에서 이상성을 발견할 때, 인간은 그 '내적 이질성'[127]에서 섬뜩함을 느낀다. 이는 크리스테바의 논의를 참조하면 더 잘 이해된다. 크리스테바는 공포를 야기하는 것은 사실 더러움과 관련이 있으며, 더러움이란 '경계 밖에 있는 것'을 의미한다고 보았다. 내부와 외부의 경계가 흐려지며 내부에 있는 것이 외부로 나올 때, 그것은 '더러운 것', 그리고 '두려운 것'으로 인식된다는 것이다.[128] 예를 들어 체액이 경계를 지키며 그 안에 있을 때에는 촉촉함을 주는 아름다운 것이지만, 그것이 경계를 넘어서서 찐득하게 배어나올 때에는 더러움과 두려움, 공포감을 주는 것이 되어버린다.[129] 이처럼 경계를 넘어선 비체(abject)[130]들은 이분법적 경계에 기반한 이성적 사고로는 이해할 수 없고 포착할 수 없는 낯선 것들이기에 공포감과 혐오감을 갖게 한다.[131]

---

126 라캉의 extimité은 프로이트의 unheimliche의 불어번역어로 라캉이 만들어 낸 단어이다. 프로이트의 unheimliche를 '두려운 낯설음'으로 번역한 것에 대해서는 지그문트 프로이트, "두려운 낯설음", *예술, 문학, 정신분석* (열린책들, 2007), 399~452쪽 참조; unheimliche는 프로이트의 정신분석적 개념들이 결집되는 핵심개념이다. 이에 관해서는 Mladen Dolar, ""I shall be with you on your wedding-night": Lacan and the Uncanny", *October* (Vol. 58, Rendering the Real, Autumn, 1991), 6쪽 참조.

127 '내적 이질성'에 대한 설명은 조현준, "『프랑켄슈타인』에 나타난 "낯선 두려움"-서사 구조, 응시, 비체에 대한 정신분석학적 접근", *19세기 영어권 문학* (제13권 1호, 2009), 162쪽 참조.

128 이에 대해서는 줄리아 크리스테바, *공포의 권력* (동문선, 2001), 113~116쪽 참조.

129 조현준, 앞의 논문, 177쪽 참조.

130 비체는 주체와 객체의 경계를 넘어선 '무엇인지 알 수 없는 어떤 것'을 의미하는 크리스테바의 개념으로, 이에 대해서는 줄리아 크리스테바, *공포의 권력* (동문선, 2001), 22~25쪽 참조.

131 이와 같은 영역을 라캉은 '실재'라고 일컬었다. 실재는 '미끄러운'(slippery) 것으로서 이분법에 기초한 이성적 언어 질서로는 포착할 수 없다는 Fred Botting, "Relations

2) 프로이트의 '꿈의 배꼽' 이러한 경계의 해체 속에서도 경계는 여전히 새로운 형태로 존재할 수 있다. 프로이트가 말하는 '꿈의 배꼽'(dream's navel)이 바로 그것이다. 꿈의 배꼽이란 "꿈이 미지의 세계에 도달하는 지점"[132]을 가리키는데, 프로이트는 이 개념으로 '분석의 불완전한 종결'을 설명했다. 그에 의하면 아무리 잘 분석된 꿈이라 해도, 분석되지 않는 미지의 부분은 언제나 남는다는 것이다.[133]

> 프로이트는 '이르마의 주사 꿈'을 분석하면서 기존의 해석틀로 더 이상 해석되지 않고, 해석하기 위해서는 분석이 영원히 종결될 수 없을 만큼 막대한 작업을 해야 하는 지점에 직면한다. 그는 더 이상 분석을 진행하지 않기로 결정하고, 분석되지 않는 영역을 탐구하지 않은 채 분석을 종결 짓는다.

프로이트는 분석을 진행할 수 없는 영역이 시작되는 지점이 '해석되지 않는 무의식적 내용들이 밀집된 매듭과 같다'고 하면서, 그 지점을 '꿈의 배꼽(navel)'이라고 불렀다. 그렇기에 꿈의 배꼽은 '아는 것'(known)과 '알지 못하는 미지의 것'(unknown) 사이의 가장 첨단의 경계이며, 분석의 불완전성의 징표이다.[134] 프로이트의 '꿈의 배꼽'은 내 안에 있지만 알 수 없는 것, 즉 '내 안의 타자'인 무의식에 가장 가까이 직면하고 있는 경계로서, 가장 큰 두려움과 조우하고 있는 지점인 것이다.

(2) **꿈의 배꼽으로서 법** 법의 기호를 바로 이 프로이트의 '꿈의 배꼽'이란 개념으로 표현할 수 있다.

1) 두려운 경계긋기로서 법 법은 우리가 생각하듯 '선과 정상인(평

---

of the Real in Lacan, Bataille and Blanchot", *SubStance* (Vol. 23, No. 1, Issue 73, 1994), 24~26쪽 참조.

132 지그문트 프로이트, *꿈의 해석* (열린책들, 2007), 612쪽 참조. 이 번역본에는 꿈의 탯줄이라고 번역되어 있는데, dream's navel은 꿈의 배꼽이 더 정확한 번역일 것이다.

133 꿈의 배꼽 개념을 중층해석과의 관련 속에서 이해하는 장 라플랑슈·장 베르트랑 퐁탈리스, *정신분석 사전* (열린책들, 2005), 442쪽 참조.

134 프로이트의 '꿈의 배꼽' 개념에 대해 자세히는 Fred Botting, "Relations of the Real in Lacan, Bataille and Blanchot", *SubStance* (Vol. 23, No. 1, Issue 73, 1994), 36쪽 참조.

균인)'의 의미로만 구성되는 것이 아니다. 법은 정상성과 비정상성이, 그리고 선과 악이 가장 적나라하게 서로를 마주하는 최극단의 경계에 자리하는 것으로서 정상성과 비정상성 사이에, 선과 악 사이에 있는 것이다. 그렇기에 법은 자신이 추구하는 선과 정상성에 관해 '알지 못함'(unknown)에 직면한다.[135] 다시 말해 법은 카프카의 '법 앞에서'(vor dem Gesetz)처럼[136] 자신이 기획하는 것의 '말할 수 없음'(unsagbarkeit)에 시달린다. 바로 그런 상황에서 법은 '평균인', '일반인'이라는 허구적 개념을 사용하여 자신의 존립기반을 구축한다. 즉 법이 선과 악의 경계가 사라지는 것에 대한 두려움에 직면하고, 그 두려움에 동요하면서도 법은 (선과 악, 정상과 비정상을 분별하는) 경계를 긋는다.[137] 그러므로 법은 선과 악의 가장 최전방의 경계로서 프로이트가 말하는 '꿈의 배꼽'에 비유할 수 있다.

2) 법의 외밀성 그러나 법은 어떤 순간에도 (선과 악, 내부와 외부, 정상과 비정상 등의) 경계의 어느 한 편에 전속될 수 없으며, 말을 할 수 없고, 결정을 내리고도 불안하게 동요할 수밖에 없다. 배꼽에서 위와 아래, 안과 밖이 만나듯, 법은 정상과 비정상, 선과 악, 내부와 외부가 만나는 지점에서 등장하는 — 라캉이 상상계, 상징계, 실재계를 구분할 때의 그 — 실재, 즉 이미지와 언어로 포착되지 않는 존재를 가리킨다.

★ 상상계-상징계-실재계의 이론 ① 라캉의 이론 가운데 상상계, 상징계, 실재계라는 세 가지의 '계'界에 대한 논의도 법의 이해에 중요한 기초가 된다. 라캉에게 있어 상상계想像界는 '이미지'와 관련된 세계이며, 상

135 법의 무지에 대해서는 알리싸 리 존스, "편집자의 말: 법의 무지", *법은 아무것도 모른다* (인간사랑, 2008), 22~23쪽 참조.

136 이에 관해서는 Jacques Derrida, "Before the Law", Derek Attridge 편, *Act of Literature* (Routledge, 1992), 181~220쪽 참조.

137 법은 옳고 그름의 경계문제를 다루지만, 법의 결단은 자기-준거성의 순환에서 빠져나올 수가 없기에 언제나 불확정적이다. 이 점을 아동복지문제와 관련해서 다루는 Michael King, "Future Uncertainty as a Challenge to Law's Programmes: the Dilemma of Parental Disputes", *The Modern Law Review* (Vol. 63, No. 4, Jul., 2000), 523~525쪽 참조.

징계는 '언어'와 관련되어 있고, 실재계는 상상계와 상징계의 잉여, 즉 이미지나 언어로 포착되지 않는 '존재'의 영역을 의미한다. 이는 칸트의 '물자체'(Ding an sich)와 유사한 개념이지만, 때로는 물리적 현실 자체를 의미하기도 한다. ② 라캉은 인간은 다른 동물종과는 달리 유아기에 거울에 비춰진 자신의 이미지에 열광한다는 점에 주목하였다. 그는 이 인간발달의 시기를 거울단계라고 이름 붙였다. 유아는 자신의 이미지를 환희에 차서 관찰하며 나르시시즘적으로 사랑한다. 유아는 거울에 비친 이미지를 통해서 비로소 자신을 '전체'로서 인식하기 시작한다. 유아는 상상계 속에서 자신을 인식하는 것이다. 그런데 거울 단계의 이미지는 비춰진 상像에 불과하고 실재가 아니며, 그 점에서 필연적으로 실재의 소외를 수반하게 된다. ③ 이러한 인간존재의 소외는 유아가 언어를 습득하는 과정에서 즉, 상징계 속에서 더 심화된다. 상징계는 주체가 언어를 습득하여 언어의 주체로 다시 태어나는 단계이다. 주체는 상징계의 단계에 와서야 비로소 사회적 존재가 될 수 있다. 오감을 이용하는 상상계에서, 오감보다는 추상적인 언어로 세계를 파악해야 하는 상징계로 이동함으로써 인간이 상상계에서 가질 수 있었던 미미한 사물(존재)과의 만남조차도 더 이상 불가능한 것이 되고 만다. 바꿔 말해 '상징계는 사물 대신 단어를 제공한다'.[138] 이처럼 라캉의 상징계 개념은 언어가 세계를 개시한다는 비트겐슈타인의 이론(언어의 세계 개시성 Erschlossenheit)과는 달리 인간존재를 실재계로부터 소외시킨다는 비판적 관점을 내재하고 있다.

실재는 이미지나 언어로 파악될 수 없다는 점에서 '불가능성'을 의미하며,[139] 그럼에도 불구하고 분명히 존재하고, 언어적 상징세계의 틈을 끊임없이 비집고 들어오면서 예기치 못한 순간에 갑작스럽게 출몰

138 Mladen Dolar, ""I shall be with you on your wedding-night": Lacan and the Uncanny", *October* (Vol. 58, Rendering the Real, Autumn, 1991), 15쪽; 이런 언어의 한계에 대해서, 니체는 언어의 역사는 단축 과정의 역사이며, 언어적 의사소통은 심오한 것을 담을 수 없고 오직 평균적이고 비속한 것만 담을 수 있다고 비판한다(Philippe Nonet, "What is positive law?", *The Yale Law Journal* [Vol. 100, No. 3, Dec., 1990], 689~690쪽).

139 불가능한 것으로서 실재는 딜런 에반스, *라깡 정신분석 사전* (인간사랑, 2004), 217쪽 참조.

함으로써 불안과 두려움을 야기하는 것[140]을 의미한다. 이렇듯 실재는 내부에 있는 것도 아니고 외부에 있는 것도 아니며, 내부와 외부의 경계를 흩뜨리는 '외밀성'을 갖는다고 할 수 있다. 법도 바로 그런 외밀성의 존재가 된다.

(3) **법의 배꼽기능 회복** 그러나 법은 확정적인 것이 아니라 불확정적인 것이며, '단절시키는 경계'에 머물러서는 안 되는 것이다. 다시 말해 법은 '경계지우면서 경계 사이를 소통시키는 경계'가 되어야 한다. 이와 같이 재해석된 법을 실현하는 것은 사회체계가 분화된 현대사회에서 법이 정의로울 수 있기 위한 미래적 과제이다. 예컨대 사회체계의 하나인 법체계에 전승되어온 규범과 법원칙에 의해 정의로 승인되는 내용은 또 다른 사회체계인 경제체계에서는 비효율을 낳는 것이 될 수 있다. 이때 전통적인 법은 법체계의 정의를 경제체계의 효율성과 경계짓고, 앞의 것을 합법으로, 뒤의 것을 불법으로 선택하고 결정하는 모습을 보여 왔다. 그러나 미래의 법은 법의 전승된 정의내용과 경제체계의 효율성 사이에 충돌이 있을 경우에 그 둘 사이를 소통시키는 과제를 수행할 수 있어야 한다.[141] 이를 위해서 다른 사회체계와 법체계 사이의 합리성 충돌을 해소하고 그 편차를 조율하는 체계 간 원칙(intersystemic priciple)을 — 예컨대 경영의 합리성과 법적 정의를 소통시키는 경영판단원칙[142]을 — 활성화해야 한다. 체계 간 원칙은 배꼽으로서 법의 표현이며, 법률가들에게 낯설은 두려움을 갖게 한다.

140 상징계로의 실재계의 출몰과, 이로 인한 불안은 '결여의 결여' 때문이라는 관점은 Mladen Dolar, ""I shall be with you on your wedding-night": Lacan and the Uncanny", *October* (Vol. 58, Rendering the Real, Autumn, 1991), 6, 13쪽 참조.

141 이런 점에 대해 이상돈, *윤리경영과 형법* (신영사, 2005) 참조.

142 경영판단원칙에 관해 자세히는 이상돈, *경영판단원칙과 형법. 체계간 원칙(intersystemic principle)으로서 경영판단원칙의 기능과 형사법에서의 적용문제들* (박영사, 2015) 참조.

2. 하이멘으로서 법

법이 초자아와 이드를 소통시키는 기능은 초자아와 이드의 이항대립과 유사한 법적인 이항대립들, 예컨대, 남성성과 여성성, 자본주의와 사회주의와 같은 극단의 대립항들을 서로 소통시키는 기능이기도 하다. 그와 같은 소통을 수행하는 법은 데리다가 말하는 하이멘(Hymen)에 해당한다.

(1) **데리다의 하이멘 이론과 그 재해석** 하이멘(Hymen)은 어원적으로 그리스 신화의 '결혼의 신'과 '처녀막'이라는 두 가지 의미를 갖는다.

1) 사이성의 하이멘 데리다에 따르면 하이멘은 결혼이 상징하는 '융합'과 처녀막이 상징하는 '분리'를 동시에 의미하는[143] 모순적 상태의 사이성(inbetweenness)을 의미한다. 하이멘(처녀막)은 여성의 몸의 내부도 아니고 외부도 아니기에 외부와 내부라는 이항대립을 해체하며, 마찬가지로 남성성과 여성성의 이항대립도 유지될 수 없는 허구임을 드러낸다. 또한 하이멘(결혼, 성교)을 통해 남성성과 여성성이 융합됨으로써 이항대립이 해체되고, 그 경계가 희미해지면서 '정체성이 확정되지 않은, 성적으로 표시된 다성적 목소리들'이 출현할 수 있게 된다.[144] 하지만 하이멘의 '사이성'과 하이멘의 쾌락은 성차의 '융합'이 아니라, 여성성과 남성성이라는 성차 코드가 유지되면서[145] 그 둘이 '소통'함으로써 발생하는 행복감이다.

---

143 자세히는 Robert Greer Cohn, "Mallarmé on Derrida", *The French Review* (Vol. 61, No. 6, May, 1988), 884쪽 참조.

144 데리다는 이원적이지 않은 차이로서 성(nonbinarized differential understanding of the relations between the sexes)을 말하면서, 성차가 부여되기 이전의 섹슈얼리티는 이원적 구조로 포착되지 않는 근원적 불확정성을 가지고 있다고 한다. 이에 대해서는 Elizabeth Grosz, "Ontology and Equivocation: Derrida's Politics of Sexual Difference", Nancy J. Holland 편, *Feminist Interpretations of Jacques Derrida* (Pennsylvania State University Press, 1997), 88~89쪽 참조.

145 이런 입장의 이리가레이에 관해서 신경원, "데리다의 하이멘 경제와 이라가라이의 타자의 타자", *영미문학 페미니즘* (제8권 제1호, 2000), 105~106쪽 참조.

2) 소통가능성으로서 하이멘 그러므로 하이멘은 융합도 분리도 아닌 소통가능성으로 읽힐 수 있다. 하이멘이 "처녀성(virginity)을 보호하는 것으로서 폭력적으로 뚫리거나 파괴(violently piercing or breaking)" 되는 것이라는 생각[146]은 하이멘의 소통적 차원을 간과하는 것이다.[147] 하이멘은 성차 해체의 기호가 아니라, 성차를 통한 행복감의 기호이다. '절대적으로 소통이 금지된', '너무나 가까우면서도 날카롭게 경계지운' 공간의 성격은 인간의 심층심리에 들어가서 보면, 오히려 소통의 욕망을 강렬하게 불러일으키는 잠재성을 갖는다. 만남이 금지된 두 극단의 만남과 소통은 행복감과 쾌감을 가져온다. 두 극단이 어느 하나로 통합되면 그런 행복감과 쾌감도 사라진다.

(2) 하이멘의 소통으로서 법과 휴머니즘 하이멘은 이분법의 코드를 유지하면서도 이분법을 넘어서는 성격, '경계지우면서 소통시키는' 성격을 가진다. 이런 성격은 상대방의 입장으로 관점을 옮길 수 있는 상호성을 전제로 하고, 그런 상호성은 진정한 휴머니즘의 단초이다. 휴머니즘은 인종과 혈통, 체제와 이념을 넘어서서, 각자가 각자의 모습을 한 채로, 즉 다른 것들이 다른 것으로 존재하면서 전개되는 소통을 내용으로 할 때, 비로소 진정한 것이다. 법이 살아 있는 휴머니즘의 제도가 되기 위해서는 법이 대립하는 두 극단 사이에 소통의 매체가 되어야 함을 보여준다. 그러나 이는 물론 법의 현실이 아니라 법의 미래이다.

1) 국가보안법의 하이멘적 성격 이런 법의 예로서 국가보안법을 들 수 있다. 법이 하이멘이라는 소통의 논리에서 바라보면, 꾸준히 존폐논란이 이어져 온 국가보안법의 존폐 문제도 새롭게 읽힌다. 이항대립적

---

146 Jacques Derrida · Christie V. McDonald, "Choreographies: Interview", *Feminist Interpretations of Jacques Derrida* (Pennsylvania State University Press, 1997), 32쪽.

147 하이멘은 막이 아니며, 구멍이다. 처녀막은 막이 아니기에, 파괴되거나 사라질 수도 없다. 처녀막이나 처녀성이라는 개념은 허구다. 하이멘은 소통가능성을 가진 구멍일 뿐이기에 처녀도 없고, 또한 처녀가 아닌 여자도 없다. 모든 여성은 단지 하이멘을 가지고 있을 뿐이다.

인 사상의 국가보안법으로는 과거의 반공법을 들 수 있다. 반공법은 하이멘을 완전히 막아버림으로써 소통을 할 수 없도록 만든다. 이에 반해 방어민주주의의 이념을 실현하는 방향으로 작동하는 현재의 국가보안법은 하이멘의 소통을 방해하는 것이 아니다. 민주적 법치국가는 사회주의 체제와 소통하는 경우에는 자신의 체제가 현실사회주의의 체제가 되어버리지 않도록 경계해야만 한다. 그렇지 않으면 더 이상의 소통도 불가능해진다. 하이멘으로서 국가보안법이 분단을 극복하는 과제를 진다고 할 때, '분단'이란 '통일'의 반대말이 아니라, '소통'의 반대말로 이해되어야 한다. 통일이 아닌 소통을 위해 민주적 법치국가가 자기방어적 기제를 갖는 것은 반드시 필요하다. 국가보안법은 사회주의체제와 소통하면서 휴머니즘을 실현하면서도, 민주적 법치국가라는 정체성을 유지하는 '민주적 법치국가의 자기방어기제'로 기능하는 것이어야 한다. 따라서 적화통일의 위험을 경계하는 국가보안법은 분단을 극복하는 데 필요한 법이라 할 수 있다.

2) 포스트모던 법에토스 통일이 아니라 소통을 지향하는 하이멘은 국가보안법만이 아니라 포스트모던 사회의 새로운 법에토스가 될 수 있다. 예컨대 여성 정체성을 가졌지만 성전환수술을 하지 않은 생물학적 남성에게 남성이라는 통일된 성별을 부여하지 않고, 또 다른 성(제3의 성)으로 인정하는 식의 유연한 개방성을 가진 법이 더 정의로울 수 있다. 이런 법은 트랜스젠더를 '괴물스러운 것'으로 상징화하는 지식과 권력을 해체함으로써 가능해진다. 이런 해체는 물론 트랜스젠더에 대한 미적 체험이 프로이트가 말하는 두려운 낯설음'[148]의 아름다움, 즉 기괴미奇怪美나 라캉이 말하는 숭고미[149]가 됨으로써 즉, 미학적 정의를 근거지음으로써 가능해진다.[150] 여기서 기괴미란 인간의 생래적인 양성성에

148 S. Freud(정장진 역), "두려운 낯설음", *예술, 문학, 정신분석* (열린책들, 2007), 404~407쪽.

149 자세히는 이상돈, *미술비평과 법* (법문사, 2014), 221~232쪽 참조.

150 나의 *법미학* (법문사, 2008)의 이론을 응용하여 트랜스젠더 문제를 분석한 민윤영,

도 불구하고, 남성, 여성 중 어느 하나로(암수구별주의 dimorphism)[151] 정체성을 형성하고, 다른 성의 심리적 특성을 무의식에 억압시켜 놓는 사회화 과정을 겪었지만, 그 억압된 다른 성적 특성이 다시 의식에 드러나는 것에 대한 두려움을 느낄 때 매혹감도 동시에 체험하게 되는 것을 말한다. 또한 숭고미란 트랜스젠더로 젠더하기를 수행하는 것이 남성과 여성의 이분법을 넘어섬으로써 상징적인 죽음을 무릅쓰는 것이 된다는 점에서 라캉이 말하는 숭고미를 발산할 수 있다.

3. 대안적 해석모드로서 법

정신분석학적으로 이해된 법의 과제 가운데 가장 중요하고 어려운 임무는 바로 무의식의 심연에 자리한 '이드'와 대화하는 것이다. 이드와의 대화는 자아의 법에서 무의식의 법으로 확장하는 작업의 핵심이 된다.

(1) **연민의 공동체로서 법공동체** 이를 위해 먼저 법이 왜 인간의 본능인 에로스를 억압하고 규제하는 것인지를 이해할 필요가 있다. 법의 에로스 억압과 규제는 에로스의 에너지를 문명을 일구는 데 필요한 노동의 에너지로 전환시키고, 에로스를 우정, 가족 간의 사랑, 동료애, 인간애 등의 '목적이 제한된(aim−prohibited) 형태'로 변형시켜 공동체를 형성하기 위한 것이다.[152] 문명은 '모든 구성원들'에게 똑같은 정도로 본능의 포기를 요구함으로써 구성원들이 자신의 희생에 대해 억울한 마음을 갖지 않고, 서로의 희생에 대해 '연민'을 하도록 만든다. 그

"트랜스젠더 문제에 대한 법미학적 조명", *법철학연구* (제16권 제2호, 2013), 167~198쪽.

151 암수구별주의를 "성별 이분법"이라고 부르면서 성별 정체성은 주어지는 것이 아니라 만들어지는 것임을 강조하는 오정진, "한국 최고재판소 판결에 대한 여성주의적 분석−여성 당사자 사건을 중심으로", *법철학연구* (제10권 제1호, 2007), 66~67쪽.

152 자세히는 R. J. Bocock, "Freud and the Centrality of Instincts in Psychoanalytic Sociology", *British Journal of Sociology* (Vol. 28, No. 4, Dec., 1977), 476~478쪽 참조.

러므로 문명은 '연민의 공동체'이며, 법공동체도 바로 그런 연민의 공동체이다. 그러나 사람은 연민만으로 살 수 없고, 연민으로만 사랑할 수도 없다. 연민의 연대는 서로에게 죽음으로 치달아 가는 충동, 즉 타나토스(thanatos)를 강화시킬 것이고, 그 죽음충동을 막기 위한 각자의 몸부림은 다양한 신경증적 일탈행위로 발현될 수 있다. 프로이트가 말하는 신경증에 걸린 현대인[153]이란 바로 모노가미로 제도화된 성윤리의 자화상인 것이다.

★ 부친살해신화　프로이트는 연민 공동체의 기원을 부친살해신화로 설명한다. 아버지만이 성적 욕망을 마음껏 채울 수 있었던 문명 이전의 부족에서 아들들이 힘을 합해 아버지를 살해하고 그의 몸을 먹었는데, 그로 인한 죄책감과 아버지에 대한 사랑으로 자신들의 본능을 포기하고 서로를 살해하지 않으며 함께 공동체를 이루기로 약속한다. 이런 약속이 바로 터부(taboo)의 생성원이며, 토템은 약속에 대한 징표이다. 따라서 문명은 공평한 본능의 포기에 기반한 '연민'의 공동체이며, 동시에 '죄책감의 연대'[154]라고 할 수 있다. 본능 포기에 대한 연민의 공동체에서, 그 연민의 고리를 빠져나가는 구성원은 증오의 대상이 되고 범죄자로 낙인찍힌다.[155]

(2) **초자아와 환상적 자아의 법**　문명의 법은 에로스를 모노가미와 남녀 간의 '영원한 사랑'(eternal love)[156]에 대한 갈구를 인간의 보편적

153 프로이트, "문명적 성도덕과 현대인의 신경병", *문명 속의 불만* (열린책들, 2005), 10쪽 참조.

154 부친살해가 문명의 기초가 됨을 설명하는 F. R. Ankersmit, "Freud as the Last Natural Law Theorist", *Political Representation* (Stanford University Press, 2002), 77~80쪽 참조; 프로이트의 이론에서 '죄책감의 제도화'가 문명의 도구임에 대해서는 Robin West, "Law, Rights and Other Totemic Illusions: Legal Liberalism and Freud's Theory of the Rule of Law", *University of Pennsylvania Law Review* (Vol. 134, No. 4., Apr., 1986), 834쪽.

155 니체의 초인은 연민의 고리를 빠져나가는 구성원이라 할 수 있는데, 이에 대해서는 프리드리히 니체, *우상의 황혼* (책세상, 2005), 186~188쪽; Friedrich Balke, "From a Biopolitical Point of View: Nietzsche's Philosophy of Crime", P. Goodrich · M. Valverde 편, *Nietzsche and Legal Theory: Half-Written Laws* (Routledge, 2005), 54~55쪽 참조.

본성으로 바라본다. 그러나 사랑의 영원성은 사랑에 대한 책임과 의무에 의해 실현될 수 있고, 따라서 영원한 사랑은 초자아의 명령이 되기 쉽다. 그러나 프로이트에 의하면 "오직 일시적인 것, 그리고 무상한 것에 대한 사랑만이 진실로 에로스적인 것"[157]이 된다. 영원한 사랑은 유아적 환상에서 해방되지 못한 환상적 자아(illusory self)[158]를 만들어 내고, 이는 부모가 자신의 모든 갈망을 충족시켜 줄 것이라는 아이의 비현실적 환상이 연장된 것이라는 점에서 유아적인 것이며, 자기애적인 것이다.[159] 영원한 사랑은 자신이 '아기폐하'[160]이던 시절에 누렸던 소유적 행복감, 말하자면 '상실된 천국'을 재현시켜 줄 대상으로 선택되기

---

156 '영원한 사랑'에 대한 집착은 기독교의 이데아적 사랑이 연장된 '사랑의 종교적 이상화'라 할 수 있으며, 영원히 살고 싶은 영생에 대한 욕망이 투영된 것이라는 분석으로 이상돈, *욕망은 행복을 낯설게 한다* (연극과 인간, 2003), 24~28쪽 참조.

157 Abraham Drassinower, *Freud's Theory of Culture: Eros, Loss, and Politics* (Rowman & Littlefield, 2003), 30쪽.

158 모노가미적 환상을 가진 주체를 환상적 자아라는 개념으로 분석하는 Marilyn Charles, "Monogamy and its Discontents: On Winning the Oedipal War", *The American Journal of Psychoanalysis* (Vol. 62, No. 2, June 2002), 120~121쪽 참조.

159 로맨틱 러브는 자신의 환상을 투사하는 것이므로, 다른 사람을 향한 사랑이 아니라 자기자신을 향한 사랑이라는 분석은 로버트 A. 존슨(고혜경 옮김), *로맨틱 러브에 대한 융 심리학적 이해: We* (동연, 2009), 311~312쪽 참조; 로맨틱 러브는 사랑이 아니라 자아확장의 환상만이 있는 자기애적인 것이라는 분석은 Marilyn Charles, "Monogamy and its Discontents: On Winning the Oedipal War", *The American Journal of Psychoanalysis* (Vol. 62, No. 2, June 2002), 129쪽 참조.

160 ★ 아기폐하와 예수 아기폐하는 아기 시절 부모와의 관계에서 누렸던 왕과 같은 지위를 말하는 개념이다(지그문트 프로이트, "나르시시즘 서론", *정신분석학의 근본개념* [열린책들, 2007], 69쪽). 아기폐하의 마음구조가 청소년기를 거쳐 성인이 되어도 그대로 남아 있게 되면, 어떤 욕망의 추구에 뒤따르는 책임은 지지 않으면서 욕망을 주장하고 좇기만 하는 <책임의식의 결핍→무조건적 욕망주장→타인이해와 배려(사랑)의 결핍>의 인격적 특성을 보이게 된다. 이런 인격은 모든 삶의 상황에서 불만과 불행감에 빠지게 되고 가족이나 애정관계의 타인을 괴롭히는 행동(예: 유아기의 땡깡, 청소년기의 가출, 성년기의 자살발언에 의한 협박)을 하게 된다. 예수님과 같은 메시아(구세주)는 <무한책임→자기욕망의 극한 절제→타인(인류)에 대한 무한 사랑>이라는 구조적 특성을 보이는데, 이는 아기폐하의 마음구조와 극적인 대립항을 이룬다. 이 둘 사이에 위치하는 마마보이(마마걸)는 아기폐하의 마음구조가 약하게 터 잡은 인격이며, 영웅(heroism)은 구세주의 특성이 약하게 터 잡은 인격이라 할 수 있다.

쉽다. 환상적 자아의 영원한 사랑은 현재 사랑의 파트너를 유아기 시절의 부모의 대용품으로 전락시킨다.[161] 그러나 자기애적 사랑의 그릇된 욕망은 충족될 수 없는 것이고, 이런 욕망충족의 실패는 주체에게 신경증적 불만을 불러일으킨다. 이런 신경증적 불만은 문명사회의 (특히 가족)법에서 피할 수 없는 증상이 된다.

(3) **무의식의 의식화** 그러므로 법은 초자아의 명령을 따르면서도 그 명령에 의해 억압된 이드와 대화할 필요가 있다. 이는 개인이 자신의 '무의식을 의식화하게 하는 것'이다. 무의식의 의식화는 궁극적으로는 성숙한 자아로 만드는 사랑에 의해서 이루어진다. 타인과의 사랑이 성숙할 때, 사랑(에로스)은 초자아, 자아 그리고 이드 사이의 대화의 물꼬를 터주고 자신의 본능을 돌볼 수 있게 해준다. 성숙한 사랑은 어린 시절 아버지라는 절대적, 환상적 권위로부터 분리되는 고통스러운 애도의 작업[162]을 가능하게 하고, 성인이 된 후에도 주체를 지배하는 '억압적 아버지'인 문명적 초자아를 해체하고, 진정한 자아를 찾을 수 있게 해준다.[163] 성숙한 사랑은 초자아의 성윤리가 지배하는 모노가미의 갇힌 사랑을 넘어서는 사랑일 뿐만 아니라 자신의 무의식 속에 억압되고 잠재된 욕망과 가치편향 등을 인식함으로써 자기 자신과 타인을 새롭게 해석하고 이해할 수 있게 해준다. 이를 대안적 해석모드의 형성이라고 할 수 있다.

(4) **정신분석학적 인권** 포스트모던 사회에서 인권은 인류의 보편적 권리라는 차원을 넘어 이러한 대안적 자기해석의 권리로 이해할 수

---

161 성인이 된 후 사랑의 관계에 오이디푸스 콤플렉스가 반영된다는 점은 마이클 칸, *21세기에 다시 읽는 프로이트 심리학* (학지사, 2008), 112~132쪽 참조.

162 정신분석학의 작업은 환상적 권위로부터의 분리를 위한 애도 작업이라는 점은 Abraham Drassinower, *Freud's Theory of Culture: Eros, Loss, and Politics* (Rowman & Littlefield, 2003), 6쪽 참조.

163 이런 반성을 '문명에 대한 감수성'이라고도 말할 수 있다. 이에 관해 Harold D. Lasswell, "The Contribution of Freud's Insight Interview to the Social Sciences", *The American Journal of Sociology* (Vol. 45, No. 3, Nov., 1939), 384~386쪽 참조.

있다.

1) 대안적 자기해석 이 권리를 설명하기에 앞서 프로이트가 말한 모든 생명의 첫 번째 의무, 즉 '삶을 견디는 것'(enduring life)[164]을 이해할 필요가 있다. 프로이트에게 인권은 '삶을 견디는 의무를 이행할 권리'이다.[165] '삶을 견딘다'[166]는 것은 '끊임없이 대안적 자기해석'을 하는 것을 의미한다. 즉 삶을 살아가면서 발생한 억압과 고통을 치유할 수 있도록 끊임없이 대안적 자기해석을 하는 것이 곧 삶을 견디는 것이 된다. 따라서 '삶을 견딘다는 의무를 이행할 권리'는 '끊임없이 대안적 자기해석을 할 수 있는 권리'를 의미한다. 대안적 자기해석을 더 이상 할 수 없을 때, 주체의 삶은 더 이상 견딜 수 없는 것이 되어 버린다.

★ 소송에서 대안적 자기해석 대안적 자기해석모드 개념은 소송의 목표를 새롭게 이해할 가능성을 열어준다. 이를테면 소송의 이상적인 목표를 소송참여인 모두에게 소통가능한 자기해석의 대안모드를 만들어 가는 것으로 이해하는 것이다. 물론 이것은 재판의 이상(ideal)일 뿐 현실이 되기는 쉽지 않다. 그러나 소송에 참여하는 모든 참여자들은 나름의 심리적 문제들을 안고 있으며, 그 문제들로 인해 그들 사이에 갈등이 발생한 것일 때가 많다. 따라서 소송참여자 모두가 함께 자기해석의 대안모드를 만듦으로써 과거를 재구성할 때, 잃어버린 상징체계의 의미가 회복되고, 비로소 정의를 실현하는 재판이 가능해질 수 있다. 대안적 해석모드를 만들지 못한 질병상태에서의 서술은 서로에게 의미가 되지 못하며 질병을 심화시킬 뿐이다. 여기서 법관의 권위는 전이적 권위로 재해석할 수 있다. 여러 소송참여인들의 의사소통을 중재하는 소통자로서, 법관은 참여자들로부터 전이를 받고 그 전이를 잘 다룸으로써, 신경증을 해소하

164 지그문트 프로이트, "전쟁과 죽음에 대한 고찰", *문명 속의 불만* (열린책들, 2005), 69쪽.

165 삶을 견딜 의무에 대한 프로이트의 명제에서 프로이트의 인권 의식을 끌어낸 것은 Abraham Drassinower, *Freud's Theory of Culture: Eros, Loss, and Politics* (Rowman & Littlefield, 2003), 96~97쪽 참조.

166 현실은 누구에게나 견디기 힘든 것이라는 프로이트의 관점과 그의 미학적 사고에 대해서는 Ludwig Marcuse, "Freud's Aesthetics", *The Journal of Aesthetics and Art Criticism* (Vol. 17, No. 1, Sep., 1958), 4쪽 참조.

고 대안적 자기해석모드를 형성하는 과정을 돕는 자로 자리매김되어야 한다. 이런 법관 개념에서는 전이를 능숙하게 다룰 수 있는 능력이 법관의 권위를 형성한다. 최근 우리나라에서도 다각도로 추진되고 있는 치료적 사법[167]도 바로 이런 법정신분석학의 중요한 실천영역이 될 수 있다.

타인과의 성숙한 사랑의 관계는 가장 중요한 대안적 자기해석의 기제이다. 성숙한 에로스 속에서 우리는 서로에게 전이를 하고 전이 받으며 함께 새로운 해석모드들을 만들어 감으로써, 과거의 고통을 다른 관점에서 이해하고 비로소 그 고통으로부터 자유로워질 수 있고, 현재와 미래를 새롭게 열어갈 수 있다.

★ 대안적 자기해석모드와 에로스의 파트너　정신분석은 주체가 기존에 가지고 있는 해석모드에 대안이 될 수 있는 '대안적 자기해석모드'를 분석가와 피분석자가 함께 형성하는 과정이다.[168] 그래서 정신분석학은 '심층해석학'일 수밖에 없다.[169] 자신에 대한 심층해석은 예컨대 주체가 이해할 수 없었고 감당할 수 없었던 심적 충격으로 인해 발생한 트라우마를 치유할 수 있다. 사랑이란 파트너의 무의식적 소망들과 욕망들에 가장 가까이 다가가는 것이다. 에로스의 깊이는 '서로의 실존을 어느 정도의 깊이로 이해하고 있는가'를 의미하는 것이고, '누군가의 실존을 이해한다'는 것은 그 사람의 무의식을 보듬어 안아주고[170] 그 사람의 심층심리적

---

167 이에 관한 이론적 통찰로는 이상돈, "형사사법의 세 가지 지층과 피해자의 지위", *피해자학연구* (제17권 제1호, 2009), 33~55쪽 참조.

168 프로이트의 정신분석이 자기-해석의 대안적 모드를 구성하는 작업이라는 점은 Abraham Drassinower, *Freud's Theory of Culture: Eros, Loss, and Politics* (Rowman & Littlefield, 2003), 79쪽 참조; 정신분석은 피분석가의 자기분석(self-analysis) 기술을 증대시키는 것으로, 이미 선호되는 해석기술이 결정되어 있는 종교와는 달리, 다양하고 고유한 자기분석기술에 집중한다는 점은 Harold D. Lasswell, "The Contribution of Freud's Insight Interview to the Social Sciences", *The American Journal of Sociology* (Vol. 45, No. 3, Nov., 1939), 381~382쪽 참조.

169 이에 대해서는 알프레트 쉐프, *프로이트와 현대철학* (열린책들, 2001), 225~226쪽 참조; 반면 정신분석학은 반-해석학으로 이해되어야 한다는 라플랑슈의 입장에 대해서는 Tim Dean, "Art as Symptom: Žižek and the Ethics of Psychoanalytic Criticism", *Diacritics* (Vol. 32, No. 2, Summer, 2002), 33~35쪽 참조.

170 그래서 융의 분석심리학은 진정한 사랑이란 '그 사람의 그림자도 사랑하며 상대의 총체성을 받아들이는 것'이라 말한다. 이에 대해서는 로버트 A. 존슨, *로맨틱 러브에*

결핍을 보살펴주는 것이기 때문이다. 그렇기에 우리는 "살기 위해 사랑하고, 사랑함으로써 살아있게" 되는 것이고, "사랑은 죽음을 연기시키는 인간적 실존의 의미"[171]인 것이다. 이런 사랑은 '불멸'의 사랑도 '영원한' 사랑도 아닌, 매 순간 일시적이고 무상한 에로스이다. 불멸과 영원에 대한 약속은 에로스를 통해 해체해야 할 '억압적 초자아'의 다른 이름일 뿐이다. 사랑의 불멸성에 집착할 때 에로스는 사그라지게 되고 죽음을 연기시키는 사랑도 사라져버리며, 오히려 에로스의 일시성을 수용할 때에야 죽음이 아닌 생명이 찾아온다.

2) 자기 자신이 될 권리 정신분석학에서 바라보면 인권은 융(Jung)이 말하는 '자기실현'의 권리이다. 자기(self)는 자아(ego)와 구분된다. 자아는 의식의 중심이며, 자기는 의식과 무의식을 포함한 '전체정신'의 중심이다. 그래서 융은 삶이란 자아실현이 아니라 자기실현, 즉 전체정신을 실현하는 과정이라고 본다.[172] 우리가 '무엇이 되고 싶다'고 말할 때, 욕망은 '무엇'이라는 대상을 향해 있다. 이 무엇은 사회적으로 규정된 것이고, 규범적으로 그렇게 인정된 것이기에, 그 욕망은 나의 욕망이 아니라, '타자'의 욕망이다. 그것은 타자가 욕망하는 것을 욕망하는 것이고, 타자의 욕망을 욕망하는 것이다. 따라서 '무엇'에 고정되지 않고, '그저 살고 싶은 것'이 진정으로 고유한 나의 욕망일 수 있다.

㈎ 탈인권으로서 법 그러므로 진정한 인권이란 푸코의 윤리학이 말하는 '자기가 되는 것'(becoming oneself), 니체가 말하는 자기 자신이 되는 것(to become what one is)[173] 또는 바흐친이 말하는 '자기 자신의

대한 융 심리학적 이해: We (동연, 2009), 309~310쪽; 에로스는 지배가 아니고, 대결 또는 융합도 아니며, 나와 절대적으로 다른 타자와의 관계맺음이라는 레비나스의 사고는 이희원, "레비나스, 타자 윤리학, 페미니즘", *영미문학페미니즘* (제17권 1호, 2009), 247쪽 참조.

171 이상돈, *욕망은 행복을 낯설게 한다* (연극과 인간, 2003), 19쪽.

172 그래서 융은 자서전의 첫 문장을 "나의 생애는 무의식의 자기실현의 역사이다. 무의식에 있는 모든 것은 외부로 나타나 사건이 되려 하고, 인격 역시 무의식의 조건에 따라 발달하며 스스로를 전체로서 체험하려 한다"고 쓴 것이다. 이는 카를 융(A. 야페 편집), *기억, 꿈, 사상* (김영사, 2007), 11쪽.

173 니체의 자기자신 되기 개념에 대해서는 Simon May, *Nietzsche's Ethics and his*

유일성 실현하기'[174]이다. 이는 자신을 끊임없이 새롭게 창조(self-fashioning)[175]하는 것을 말한다. 나의 무의식은 그 어떤 고정되거나 안정된 정체성도 해체하고 뒤흔들며,[176] 나 스스로 인식조차 하지 못했던 새로운 욕망들을 계속 나에게 던진다. 그렇기에 '자기 자신'은 계속 연기되고 차연된다. 내가 무엇이 될 것인지, 내가 누구인지는 나조차도 미리 알 수 없으며 불확정적이다. 나(self)는 유예되어 있는 것이며, 미래로 유예된 자기가 되어 가는 과정은 끊임없는 대안적 자기해석을 필요로 한다. 법은 이러한 자기 자신이 될 수 있는 권리를 승인해주어야 한다.[177] 이것은 인간이라는 보편적 개념에 기대지 않는 탈인권(post-human rights)이기도 하다.

★ 성적 자기결정권의 정신분석학적 이해　예를 들어 성전환수술을 해야만[178] 여성성을 인정해주는 법은 '성별의 자기결정권'은 보장해 줄 수 있을지 모르지만, 자신만의 성적 정체성을 주체적으로 결정할 권리를 보장하지는 못한다. 따라서 남성 성기를 가지고도 정신적 성적 정체성을 근거로 주민등록번호가 2번을 부여받거나 제3의 성으로 인정받을 수 있는 권리를 법은 보장해주어야 한다. 성적 자기결정권이라는 법개념은 이와 같이 정신분석학적 의미로 이해됨으로써 비로소 성적 정체성에서 '인간

War on 'Morality' (Oxford University Press, 1999), 108~111쪽 참조.

174 바흐친의 책임의 건축학(the architectonics of answerability)에서 말하는 '자기완성을 위한 윤리적 책임'에 관해서 자세히는 신동룡, "대화윤리와 저작권법", *법철학연구* (제9권 제1호, 2006), 215~242쪽 참조. 신동룡 교수는 배타적 저작권은 작가가 자신의 대화윤리적 책임을 다하는 한에서만 인정되어야 한다고 본다. 그럴 때에만 "내적으로 설득력 있는 대화와 다성적 통일이 이루어지는 문화발전이 가능할 것이다"(앞의 논문, 240쪽)라고 본다.

175 Self-fashioning이라는 푸코의 윤리학의 개념은 Ben Golder · Peter Fitzpatrick, *Foucault and Law* (Routledge, 2009), 107~121쪽 참조.

176 숀 호머, *라캉읽기* (은행나무, 2009), 186쪽 참조.

177 정체성 인정의 기제로서 법의 한계는 Costas Douzinas, "Identity, Recognition, Rights or What Can Hegel Teach Us about Human Rights", *Journal of Law and Society* (Vol. 29, No. 3, Sep., 2002), 404~405쪽 참조.

178 예컨대 대법원의 *성전환자의 성별정정허가신청사건 등 사무처리지침* (호적예규 제716호) 참조. 대법원의 위와 같은 입장에 대한 비판적 논의는 이준일, "트랜스젠더(transgender)의 헌법적 문제", *고려법학* (제51호, 2008), 63~65쪽 참조.

됨'과 '자기됨'을 함께 실현할 수 있게 된다.

(나) **암수구별주의와 성차에 관한 문화적 코드로서 법** 자기되기의 권리의 또 다른 예로 성씨姓氏제도의 전면폐지를 생각할 수 있다. 여성주의자의 부모 성 함께 쓰기 운동은 부성과 모성, 남성성과 여성성의 이항대립을 해체하는 것이 아니라, 프로이트가 일종의 신경증이라고 비판한 문화인 남녀구별주의(암수구별주의 dimorphism)[179]와 이를 문화적 코드로 만드는 권력으로서 법[180]을 오히려 확대 재생산한다. 인간은 생물적으로는 남성 또는 여성으로 구별되지만, 심리적으로는 양성적 구조[181]나 각양각색의 도착(polymorph-pervers)[182]을 갖고 있다.[183] 자기되기를 보장하는 법은 성씨제도의 전면폐지[184]나 성씨를 쓸 자유와 쓰지 않을 자유를 모두 보장하는 법이어야 한다. 물론 이런 법은 성차 개념을 포기하는 것이 아니다. 성차는 주체가 상징계 속에 자신의 자리를 갖는,

---

179 Dimorphism을 젠더정체성의 암수구별주의(여성/남성), 생물학적 성기의 암수구별주의(vagina/penis)로 설명하는 Myra J. Hird, "Considerations for a Psychoanalytic Theory of Gender Identity and Sexual Desire: the Case of Intersex", *Signs* (Vol. 28, No. 4, Summer, 2003), 1075쪽 참조.

180 이와 같은 법과 권력의 상호관계에 대한 푸코의 이론의 응용은 Ben Golder · Peter Fitzpatrick, *Foucault and Law* (Routledge, 2009), 특히 60~85쪽 참조.

181 주디스 버틀러도 동성애의 억압은 근친상간의 금기 이전부터이며, 동성애적 욕망은 이성애주의 속에 '부인된 애착'(disavowed attachment)으로 존재한다고 본다. 이에 대해서는 이명호, "젠더 트러블과 성차의 윤리: 주디스 버틀러의 논의를 중심으로", *안과 밖: 영미문학연구* (제21호, 2006), 103쪽 참조.

182 프로이트는 생식을 목적으로 하지 않는 모든 성적 활동을 도착이라고 개념화 했는데, 이런 견해를 따르자면 '각양각색의 도착'은 인간 성욕의 중심이며, 따라서 인간의 성은 본질적으로 도착적이라고 하는 브루스 핑크, *라캉과 정신의학* (민음사, 2008), 286쪽 참조.

183 라캉도 생물학적으로 고정된 남성성과 여성성은 없으며 오직 '심인성 성차'로서 남성적 구조(structure)와 여성적 구조가 있을 뿐이고, 성차는 (대)타자와의 관계 속에서 만들어지는 역사적 사건이라고 보았다. 이에 관해 박찬부 · 조윤숙, "대타자에 대한 주체의 위치—라캉의 성담론", *영어영문학* (제51권 1호, 2005), 70, 78쪽 참조.

184 이상돈 · 이소영, *법문학* (신영사, 2005), 340~344쪽 참조; 우리나라에서 '성(姓)불변의 원칙'이 확고해진 것은 혈통주의가 강화된 조선시대에 이르러서이며, 고려시대에는 성씨 변경이 인정되었다는 점에 대해서는 손현경, "한국의 성씨제도와 부계혈통주의", *여성과 사회* (Vol. 11, 2000), 211쪽.

주체가 존재하기 위한 구조적 조건이기 때문이다.[185] 정신분석학은 남성성과 여성성의 이분법적 코드를 해체하지 않으면서도 남성과 여성의 이항대립을 넘어서고자 하는 것이며, 탈인권의 법은 그 두 가지 코드가 어느 정도의 비율로 발현할지를 개인의 자유로 인정하는 법이 된다. 남성에게도 육아휴직을 보장하고, 여성에게도 단기간의 대체복무를 허용하는 군복무를 인정하는 법도 성적 코드의 지속적 호환을 실현하는 법이다.

★ 아니마와 아니무스, 대극의 단일성　융(Jung)의 분석심리학에 의하면, 무의식은 아니마(anima)와 아니무스(animus), 그리고 그림자로 나타난다. 융은 남성 속에 여성성이 있고, 여성 속에 남성성이 있음에 주목하는데 이를 각각 아니마와 아니무스라 불렀다. 이는 인류의 역사를 통해 축적된 집단적 원형이기도 하다.[186] 그러므로 융에게 있어 '자기실현'이란 남성이 자신 안에서 들려오는 — 또 다른 나인 — 여성의 목소리에 귀를 기울이고, 여성도 자신 안에서 들려오는 남성의 목소리에 귀를 기울임으로써 '본래의 자기'를 실현하는 것이 된다. 이런 자기실현은 자아가 외적·사회적 인격인 페르소나(예: 어머니 또는 교사 등과 같이 집단정신의 발현으로서 사회적 정체성)가 아니라, 내적 인격(또는 제2의 인격)과 소통적 관계를 형성함으로써 달성되는 것이다. 남성성과 여성성은 '빛과 그림자' 또는 '선과 악'과 같이 대극을 이룬다. 대극 중 하나는 의식으로 구현되는 반면 다른 하나는 무의식으로 억압된다. 남성성이 의식으로 구현되어 있다면 남성성의 대극인 여성성은 무의식에 억압되어 있으며, 선이 의식으로 구현되어 있다면 선의 대극인 악은 무의식 속에 억압되어 있다. 그러나 대극을 이루는 두 측면은 둘이 '함께' 전체('대극으로 이루어진 단일성')를 이루는 것이다. 대극 중 어느 하나가 다른 하나에 대하여 완전히 승리하는 것은 불가능하며, 빛이 강하면 강할수록 그림자 또한 더욱 더 짙어지듯이, 대극의 이원적 구조는 영원히 지속된다. 그렇기

185 민승기, "라깡과 레비나스－타자의 윤리학", *라깡의 재탄생* (창비, 2009), 310, 327, 332쪽.

186 자세히는 캘빈 S. 홀·버논 J. 노드비, *융 심리학 입문* (문예출판사, 2004), 73~78쪽 참조.

에 대극 중 긍정적인 하나를 선택하여 그것만 성취하는 것, 이를테면 궁극의 선을 추구함으로써 자기 안의 악을 완전히 지워버리는 것은 불가능하며, 자기실현이란 '대극을 철저하게 체험'[187]하고 대극을 '모두' 의식화함으로써 그에 대해 통찰하고 '균형'을 유지하는 것이다.[188] 이렇게 균형을 유지할 때 무의식의 어둡고 부정적인 면이 희석되고 무의식은 '창조적인 힘'으로 작동하게 된다. 이 힘은 매우 광대하며, 모두가 나름의 신화적 존재가 되기를 꿈꿀 수 있게 한다.

4. 집단트라우마와 법

정신분석학적으로 이해된 법은 개인의 트라우마를 치유하는 수단이 될 수 있다. 그런데 트라우마는 법공동체가 집단적으로 갖고 있는 경우가 있다. 이를 집단트라우마(collective trauma)라고 부를 수 있다. 우리 사회의 집단트라우마로는 5·18민주화운동의 아픈 기억을 들 수 있다.

(1) 집단트라우마에 의한 법의 기능왜곡 그런데 집단트라우마는 종종 이성적 관점교환을 마비시키고 의사소통에 지속적인 장애를 불러일으키며 강력한 이데올로기적 효과를 가지기 때문에, 법적 정의를 왜곡할 수도 있다. 이런 법의 왜곡을 집단기억(collective memory)과 문화기억을 소통시키는 법의 기능에 대한 장애로 설명할 수 있다.

1) 집단기억과 문화기억 먼저 집단기억이란 수없이 다양하고 이질적인 개인의 기억들이 일종의 정치적 행위에 의해 만들어지는 공유된 기억을 가리킨다. 개인들의 공유된 기억은 데리다가 말하는 유령(spectrality)에 의해 매개되는 것으로서, 명확한 것도, 진리도 아니며, 단지 정치적, 사회적 운동에 의해 구성되는 것일 뿐이다.[189] 집단기억은 특정

---

187 이부영, *자기와 자기실현* (한길사, 2008), 60쪽 참조.

188 두 극단 사이의 균형(balance)과 평형(equilibrium)의 중요성과, 양 극단은 언제나 상호작용하며 홀로 작동하지 않는다는 점에 대해서는 Vernon W. Gras, "Myth and the Reconciliation of Opposites: Jung and Levi-Strauss", *Journal of the History of Ideas* (Vol. 42, No. 3, Jul.-Sep., 1981), 481쪽 참조.

189 Mariana Valverde, "Derrida's Justice and Foucault's Freedom: Ethics, History, and Social Movements", *Law & Social Inquiry* (Vol. 24, No. 3, Summer,

한 집단의 기억을 제도화함으로써 다른 기억들과 내러티브를 배제하는 정치성을 띠기 마련이다. 이에 반해 문화기억은 예컨대 '우리나라는 자유민주적 법치국가이다'라는 기억과 같이 공동체(또는 국가) 전체가 공유하고 있고, 그 공동체의 정체성을 형성하는 기억을 말한다. 국가는 문화기억의 공동체이며, 법은 문화기억의 저장소이다. 즉, 문화기억은 규범성을 가지며, 공동체의 정체성을 유지, 재생산하는 수행적 성격을 갖는다.[190] 공동체 전체가 집단기억에 공감할 때 그 집단기억은 비로소 문화기억이 된다.[191]

이때 공감은 여러 집단기억들 사이의 상호적 관점교환[192]에 의해서 달성될 수 있다. 따라서 법은 특정한 집단기억을 규범적 내용으로 수용하여 관철해서는 안 되고,[193] 오히려 '여러 집단기억들이 의견을 개진하고 상호적으로 관점을 교환하는 의사소통의 통로'로만 기능해야 한다.[194] 규범성을 갖는 핵심적인 문화기억들은 법에 침전되어 있으며, 거꾸로 법은 핵심적인 문화기억들과의 상호교류 속에서 집단기억을 재해석하고 재생산하는 기능도 수행한다. 그러니까 법은 현재 우리나라 국

1999), 662~663쪽 참조.

190 이러한 문화기억의 특성은 기억문제가 핵심적인 학문적 주제로 부각되는 데 중요한 계기를 마련했다고 평가되는 얀 아스만의 견해인데, 이에 대해서는 탁선미, "포스트 트라우마 시대의 기억문화-그 쟁점과 함의", *독일어문학* (제44집, 2009), 468~469쪽 참조.

191 이는 히로시마원폭사건이 일본의 국가정체성을 형성하는 국가트라우마로 변환되는 과정에서, 일본 국민들의 히로시마 사건에 대한 감정적 태도가 동정(pity)에서 공감(empathy)으로 변환되었다는 점을 설명한 사이토(Saito)의 분석을 집단기억과 문화기억의 문제로 응용한 것이다. 사이토(Saito)의 분석에 대해 자세히는 Hiro Saito, "Reiterated Commemoration: Hiroshima as National Trauma", *Sociological Theory* (Vol. 24, No. 4, Dec., 2006), 359쪽 참조.

192 이와 같은 관점으로 전진성, "과거는 청산되어야 하는가?-독일의 '과거극복' 개념에 비추어본 한국의 '과거청산'", *역사가 기억을 말하다* (휴머니스트, 2005), 159쪽 참조.

193 특정한 집단기억에 반하는 농담적 표현을 처벌하는 법은 토이브너의 트릴레마를 초래할 수 있다고 보는 이소영(Soyoung Lee), "Taking Laughter Seriously: the Politics of Memory in Regulating Jokes on Korea's Colonial/Dictatorial Past", *Asia Europe Journal* (Vol. 15, No. 3, 2017), 299~318쪽 참조.

194 입법과정은 민주적 참여를 보장하는 의사소통의 통로화라는 이상돈, *기초법학* (법문사, 2010), 45쪽 참조.

가정체성의 핵심인 '민주적 법치국가'[195]와 같이, '우리는 어떤 문화적 기억을 가진 공동체이어야 한다'라는 규범을 (특히 차세대의) 집단기억의 재생산 과정 속으로 이식하는 기제이기도 하다. 법은 이런 순환적 과정 속에서 집단기억과 문화기억이 서로를 파괴하지 않는 방향으로 형성될 수 있도록 끊임없이 관점을 교환시키는 가교로서의 역할을 해야 한다.

2) 법의 기능장애 집단트라우마가 발생하고, 그것에 의해 추진되어 제정되는 법은 현재의 문화기억, 즉 민주적 법치국가라는 국가 정체성의 훼손으로 이어질 수도 있다.[196] 이때 집단트라우마는 한 집단의 경계를 넘어서서 공동체 전체를 단위로 하는 문화트라우마로 확장되기도 한다. 그 예로 1980년대의 에로물에 대한 집착이나,[197] 시대에 뒤떨어진 체제이데올로기 논쟁이 오랜 기간 지속되고(예: 80년대 말까지도 지속된 사회구성체론의 논쟁), 1980년대 말부터 1990년대 중·후반까지 다분히 좌파적인 도덕적 엘리트주의로 각인된 시민운동이 우리사회의 주류를 이루었던 점, 그리고 재정조달의 합리성을 고려함이 없이 보편적 복지를 확장하는 정치의 유행과 같은 것들을 들 수 있다.

(2) 기억소통매체로서 법의 집단트라우마 치유 사회역사적 차원에서 집단트라우마의 문제를 고찰하는 연구들에 의하면 집단트라우마는 이데올로기적인 정치적 작업을 통해서 치유될 수 없다. 집단트라우마의 진정한 치유는 트라우마적 효과로부터의 해방을 필요로 하고, 이 해방은 '트라우마를 객관화하고 성찰함으로써'[198] 가능해진다. 이런 치유를

---

195 이에 대해서는 이상돈, *로스쿨을 위한 법학입문* (법문사, 2009), 19~28쪽 참조.

196 트라우마적 사건과 관련된 사법은 그것을 반복하는 증상적 표현이 된다는 Kirsten Campbell, "The Trauma of Justice: Sexual Violence, Crimes against Humanity and the International Criminal Tribunal for the Former Yugoslavia", *Social Legal Studies* (Vol. 13, 2004), 344쪽 참조.

197 1982년 <애마부인>이 본격적인 에로영화의 시대를 열었고 80년대에서 90년대 중반 정도까지 에로영화 붐이 있었다는 점은 문학산, "에로비디오의 섹슈얼리티: 시선을 호객하는 몸, 남근이 된 시선", *한국영화 섹슈얼리티를 만나다* (생각의 나무, 2004), 190쪽 아래 참조.

위해 법은 트라우마와 관련된 이질적인 개인기억들을 접합시키고, 서로 대항적인 집단기억들을 소통시키며, 아울러 표현되지 못했던 목소리들을 복원시키는 소통의 매체로 기능하여야 한다. 그렇게 함으로써 집단기억을 성찰적으로 재구성하고, 그로부터 추출할 수 있는 규범들을 문화기억으로 전환시켜 공동체를 구성하는 원리로 만드는 것이다.

1) 5·18특별법에서 문화기억의 성찰 가령 5·18민주화운동 관련자 보상 등에 관한 법률이 배상이 아닌 보상으로 규정된 것은 법이 문화기억과 소통하면서 집단기억을 형성하는 측면을 보여준다. 피해자를 돌보더라도 배상이 아닌 보상이라는 개념을 사용함으로써 어느 한 쪽에 편향된 집단기억이 만들어지는 것을 반성하는 것이다. 이는 5·18민주화운동에 관한 문화기억을 형성함에 있어서—쿠데타와 민간인 살상의 불법성은 물론 의문의 여지가 없지만—당시에 저항권을 발동할 요건이 완전히 갖추어진 것이었는지, 현대적인 법이론의 개념으로 옮기면 시민불복종의 한계는 어디까지인지에 대한 성찰의 공간도 미래사회를 위해 남겨둠을 의미한다.

2) 악인의 타자화, 치유가 아닌 독 법을 통한 집단트라우마의 치유를 위해서는 융이 말하는 인격의 그림자나 프로이트가 말하는 죽음충동에서 보는 바와 같은 인간의 양면성[199]에 대한 정신분석학적 통찰이 필요하다. 모든 인간에게 공격성과 잔인함에 대한 본성이 내재해 있음을 직시하면, 어떤 개인들을 오로지 선인善人으로, 다른 개인들을 오로지 악인惡人으로 이분화 하는 것은 불가능해진다. 따라서 5.18.사태에서 진압군인은 모두 악인이고, 항쟁하는 시민들은 모두 선인이라는 이분법은 5.18.사태에서 생성된 집단트라우마를 오히려 치유하기 어렵게 만든다. 그와 같은 이분법적 태도는 진압군인들을 광주시민들이라는 도덕적으

198 육영수, "기억, 트라우마, 정신분석학: 도미니크 라카프라와 홀로코스트", *치유의 역사학으로: 라카프라와 정신분석학적 역사학* (푸른역사, 2008), 393~395쪽 참조.

199 정신분석학의 인간관은 성선설도, 성악설도 아니라는 점은 지그문트 프로이트, "전쟁과 죽음에 대한 고찰", *문명 속의 불만* (열린책들, 2005), 45쪽 참조.

로 선한 사람들과는 질적으로 구분되는 타자로서의 악, 즉 절대악으로 위치 지운다.[200] 이런 타자화의 과정은 국민의 의무인 병역의무 때문에 진압군에 어쩔 수 없이 참여해야만 했던 젊은이들의 목소리를 외면하고, 그들의 인권을 소홀히 하게 만든다. 또한 이런 태도는 내 안의 '악'을 성찰할 수 없게 만든다. 따라서 당시 진압군인들이 행한 살인을 혹독하게 비판하고 처벌해야 하지만, 그들을 절대악으로 위치시키는 상징화는 경계하여야 하며, 그런 경계는 집단트라우마의 치유를 위한 시작이 된다.

200 사형제도의 작동을 미학적 관점에서 분석하고, 사형제도는 사형수를 비인간화, 타자화하고, 사형수에게 짐승의 이미지를 부여함으로써 유지된다고 분석하는 Desmond Manderson, "Requiem: Green Death－Aesthetic Interpretations and Influences in the Death Penalty", *Songs without Music: Aesthetic Dimension of Law and Justice* (University of California Press, 2000), 114~119쪽 참조.

인명색인

사항색인

ㅅ

ㅈ

ㅍ

ㅎ

저자 약력

서울 출생
중앙중학교 졸업
서울고등학교 졸업
고려대학교 법과대학 졸업(총장상 수상)
고려대학교 대학원 법학과 졸업(법학석사)
독일 프랑크푸르트(Johann Wolfgang Goethe)
대학교 대학원 졸업(Dr. jur.)
고려대학교 법과대학 교수
현 고려대학교 법학전문대학원 정교수

[주요경력]

검찰제도개혁위원회 위원
법무부 인권옹호자문단 위원장
법원행정처 국선변호위원회 위원
국가생명윤리심의위원회 위원
보건복지부 보건의료미래위원회 위원
고려대학교 법학연구원 원장
한국법철학회 회장

[대표저서]

법의 예술, 법문사, 2020
법의 깊이, 법문사, 2018
의료법강의 제3판, 법문사, 2017
형법강론, 박영사, 2015
경영과 형법, 법문사, 2011
기초법학 제2판, 법문사, 2010

법의 깊이

2018년 5월 5일 초판 인쇄
2020년 8월 15일 초판 2쇄 발행
저 자 이 상 돈
발행인 배 효 선

발행처 도서출판 法 文 社

주 소 10881 경기도 파주시 회동길 37-29
등 록 1957년 12월 12일 / 제2-76호(윤)
전 화 031-955-6500~6, 팩 스 031-955-6525
e-mail(영업) : bms@bobmunsa.co.kr
(편집) : edit66@bobmunsa.co.kr
홈페이지 http ://www.bobmunsa.co.kr
조 판 성 지 이 디 피

정가 45,000원 ISBN 978-89-18-09150-1

불법복사는 지적재산을 훔치는 범죄행위입니다.
이 책의 무단전재 또는 복제행위는 저작권법 제136조 제1항에 의거, 5년 이하의 징역 또는 5,000만원 이하의 벌금에 처하게 됩니다.